권별주삶

아가페 주삶

• 주야로 묵상하는 삶 •

열왕기상

JN432119

주삶의 정신 1

'주삶'은 에티오피아 내시에게
말씀을 해석해 준 빌립 집사의 역할을 하기 원합니다.

말씀을 올바르게 깨닫기 위해서는 빌립과 같은 신령한 조력자가 필요합니다.
이제 주삶은 '객관적이고 정확한 절별 해설'을 통해
그리스도인의 매일 말씀묵상을 돕고자 합니다.

주삶의 정신 2

'묵상'은 하루 중 가장 방해받지 않는
귀중한 시간에 하는 것입니다.
그리고 깨달은 말씀을 종일 생각하는 것입니다.

진정한 그리스도인이 되기 위해서는 묵상한 말씀을 늘 되새겨야 합니다.
그것이 주야로 묵상하는 삶이며, '주삶'의 정신입니다.

주삶의 정신 3

'오늘 말씀묵상을 하지 않으면 밥을 먹지 않겠다.'
참된 성도는 굳은 결심의 소유자여야 합니다.

매일 말씀묵상을 하지 않으면 영혼이 병들고 성장하지 않기 때문입니다.
일주일에 한두 끼만 먹는 사람이
건강한 삶을 살 수 없는 것과 마찬가지 이치입니다.

Contents

● **해설 집필자** 소개

이준우 목사_ 열왕기상

· 총신대학교신학대학원 실천신학 수료
· 숭실대학교대학원 사회복지학 석사·박사(MA, Ph.D)
· 미국 사우스웨스턴침례신학대학원 목회학 박사(D.Min)
· 강남대학교 복지융합대학 사회복지학부 교수
· 강남대학교 일반대학원 수화언어통번역학과 주임교수
· 지구촌교회 농아부 지도목사

김건일 목사_ GBS 및 해설서

· 침례신학대학교신학대학원(신학 M.Div)
· 미국 사우스웨스턴침례신학대학원(신약학 Th.M)
· 미국 사우스웨스턴침례신학대학원(신약학 Ph.D 과정중)
· 뿌리깊은교회 협동목사

권별주삶

아가페

주삶

• 주야로 묵상하는 삶 •

열왕기상

AGAPE
[주]아가페출판사

아가페 주삶 단체 활용법

「권별주삶」의 특징

- 「권별주삶」은 가족, 교회 소그룹, 직장 신우회 등 각종 성경공부 모임에 활용하면 좋습니다.
- 「권별주삶」은 날짜에 구애받지 않는 5일 동안의 개인 묵상과 1일의 주간성경공부(GBS)로 구성되어 있습니다.

「권별주삶」의 단체 활용법

➤ 5일 동안 개인적으로 묵상하고, 1주일에 1회씩 모여 GBS 모임을 가지면 좋습니다.

- 주중 첫날부터 5일째까지, 개인묵상 시간을 통해 말씀을 묵상하고, 6일째는 지난 5일간 주신 메시지를 거듭 기억하며 복습합니다.
- 7일째 주간성경공부 모임에서, 한 주 동안 묵상한 말씀을 삶에 적용하고 체험과 깨달음을 서로 공유합니다.

➤ 단체 성경공부 모임의 말씀묵상을 하면서 아래의 구체적인 활용법을 따라하세요.

예) 토요일이나 일요일에 GBS 모임을 할 경우

예) 금요일에 GBS 모임을 할 경우

「권별주삶」은 각종 성경공부 모임의 계획에 맞춰 차별화 된 스케줄 구성이 가능합니다.

아가페 주삶 개인 활용법

「권별주삶」의 특징

- 「권별주삶」은 날짜가 특정되지 않아 순차적으로 깊이 있는 말씀묵상이 가능합니다.
- 「권별주삶」은 개인별 맞춤 스케줄에 따라 시간을 활용함으로써, 하나님의 말씀을 거듭 상고하고 깊이 체험할 수 있게 도와줍니다.

「권별주삶」의 개인 활용법

➤ 아래 「권별주삶」의 개인 활용법을 따라 꾸준히 묵상하면서 하나님과 동행하세요.

- 먼저 묵상을 시작하는 날짜를 기록합니다. 개인 스케줄에 맞춰 날짜와 관계없이 성경을 이어서 빠짐없이 묵상할 수 있습니다.

- 주중 첫날부터 5일째까지, 개인묵상 시간을 통해 말씀을 묵상하고, 6일째는 지난 5일간 주신 메시지를 거듭 기억하며 복습합니다.

- 7일째 주간성경공부 모임에서, 한 주 동안 묵상한 말씀을 삶에 적용하고 체험과 깨달음을 서로 공유합니다.

- 교훈과 묵상한 것을 메모합니다. 묵상과 적용이 「권별주삶」의 깊이 있는 해설과 곁들여져 말씀을 더욱 쉽게 이해하는 나만의 묵상노트가 됩니다.

- 「권별 주삶 시리즈」를 권별로 모아두세요. 성경의 문맥을 살려 그 자체로 말씀을 쉽게 이해하게 해주는 훌륭한 성경해설서로 활용할 수 있습니다.

＊「권별주삶」을

나만의 묵상노트이자 성경해설서로 만든다는 목표를 가지고 꾸준히 하면,
하나님과의 친밀한 교제 안에서 변화된 자신을 체험할 수 있습니다.

아가페 주삶 활용법

1 날짜 기록

묵상한 날짜를
기록합니다.

2 찬양과 기도

먼저 찬양한 후, 성령님의
도우심을 구하는 기도를
드립니다.

3 본문요약

'본문요약'을 읽고
흐름을 파악합니다.

4 개역개정성경 읽기

성경 본문을 정독합니다.

☐ 묵상 체크

03 월 일

하나님의 약속 앞에 다시 서는 다윗

열왕기상 1:22-31 • 새찬송 545장 | 통일 344장

• 말씀묵상 전에 성령님의 인도하심을 구하는 기도를 드리십시오.

본문요약 | 다윗 앞에 선 나단은 겸손하면서도 단호하게 일어나고 있는 일을 알려준다. 이에 다윗은 하나님을 생명의 구원자이며 이스라엘의 주권자로 고백한다. 하나님만이 자기 인생의 참 왕이시며, 이스라엘의 현재와 앞날을 결정하는 유일한 분으로 믿은 것이다.

22 밧세바가 왕과 말할 때에 선지자 나단이
들어온지라
23 어떤 사람이 왕께 말하여 이르되 선지자
나단이 여기 있나이다 하니 그가 왕 앞에
들어와서 얼굴을 땅에 대고 왕께 절하고
24 이르되 내 주 왕께서 이르시기를 아도니
야가 나를 이어 왕이 되어 내 왕위에 앉으
리라 하셨나이까
25 그가 오늘 내려가서 수소와 살찐 송아지
와 양을 많이 잡고 왕의 모든 아들과 군사
령관들과 제사장 아비아달을 청하였는데
그들이 아도니야 앞에서 먹고 마시며 아
도니야 왕은 만세수를 하옵소서 하였나이
다
26 그러나 왕의 종 나와 제사장 사독과 여호
야다의 아들 브나야와 왕의 종 솔로몬은
청하지 아니하였사오니
27 이것이 내 주 왕께서 정하신 일이니이까
그런데 왕께서 내 주 왕을 이어 그 왕위에
앉을 자를 종에게 알게 하지 아니하셨나
이다
28 다윗 왕이 명령하여 이르되 밧세바를 내
앞으로 부르라 하매 그가 왕의 앞으로 들
어가 그 앞에 서는지라
29 왕이 이르되 내 생명을 모든 환난에서 구
하신 여호와께서 살아계심을 두고 맹세하
노라
30 내가 이전에 이스라엘의 하나님 여호와를
가리켜 네게 맹세하여 이르기를 네 아들
솔로몬이 반드시 나를 이어 왕이 되고 나
를 대신하여 내 왕위에 앉으리라 하였으
니 내가 오늘 그대로 행하리라
31 밧세바가 얼굴을 땅에 대고 절하며 내 주
다윗 왕은 만세수를 하옵소서 하니라

1. 오늘 하나님께서 나에게 주신 깨달음은 무엇입니까?

2. 말씀을 어떻게 내 삶에 구체적으로 적용해야 합니까?

20

7 묵상과 적용

'묵상과 적용' 질문을 통해 깨달은 말씀과
적용한 내용을 적습니다.

'말씀묵상'은

말씀과 기도를 통해 날마다 하나님의 음성에 귀 기울이고 그 음성을 따라 살아가고자 하는 그리스도인을 위한 경건의 시간입니다. '말씀묵상'은 하루 중 가장 귀중한 시간에 아무도 방해하지 않는 곳에서 해야 합니다. 그리고 깨달은 말씀을 주야로 묵상하는 것입니다.

절별 해설

22 밧세바가 왕과 말할 때에 선지자 나단이 들어온지라 미리 계획한 대로 밧세바가 다윗과 대화를 나누는 동안, 나단도 왕과 면담하기 위해 들어온다. 히브리 원문에는 "보라! 나단 선지자가 들어오는 것을"이라고 역동적으로 나타나 있다. 선지자 나단의 개입은 다윗이 왕으로서 권위를 회복하고 다시 하나님의 약속 앞에 설 것을 암시한다.

25 그들이 아도니야 앞에서 먹고 마시며 아도니야 왕은 만세수를 하옵소서 하였나이다 다윗은 밧세바에게 듣지 못한 이야기를 나단에게서 듣는다. 아도니야의 추종자 중에 군사령관 요압과 제사장 아비아달이 있다는 것과, 그들이 아도니야를 왕으로 부르며 장수를 기원했다는 내용이다. 군사령관 요압은 원래 이망이 큰 사람이었다. 그러나 자기가 보호해 준 제사장 아비아달이 반란에 동조할 줄을 다윗은 몰랐을 것이다.

27 이것이 내 주 왕께서 정하신 일이니이까 그런데 왕께서 내 주 왕을 이어 그 왕위에 앉을 자를 종에게 알게 하지 아니하셨나이다 선지자 나단은 논리적이다. 다윗이 밧세바를 부당하게 취했을 때도 불현듯 찾아와 '부자와 가난한 자의 비유'로 다윗을 꼼짝 못하게 만들었다(삼하 12:1-4). 하나님이 허락하신 왕권을 자기 욕심을 따라 그릇 사용했기 때문이다. 나단은 그때처럼 분명하게 이야기하기 시작한다. 다
세웠으면서 어떻게 종(나단)에게 알려
다. 나단은 다윗의 가계에 왕위가 끊
기에(삼하 7:12), 자기를 제외하고 결정
말했다. 다윗의 결단을 촉구하기 위한
곧바로 효과를 보았다.

29-30 내가 이전에 이스라엘의 하나님 ... 세하여 이르기를 네 아들 솔로몬이 반드
다윗은 나단의 호소가 끝나자마자 신속
다시 하나님의 약속 앞에 선다. 그리고
자신을 보호하신 하나님을 회상하며,
고 솔로몬을 왕으로 세우겠다고 맹세
니 그분이 하신 약속도 변치 않는다는
보이던 다윗이 하나님의 살아계심과
기력을 회복한다. 이는 육체의 기능
대리 통치자로서 왕권을 회복한 것이다

쉬운성경

22 밧세바가 왕에게 말하고 있을 때에 예언자 나단이 들어왔습니다.

23 신하들이 왕에게 말했습니다. "예언자 나단이 오셨습니다." 나단은 왕에게 가까이 나아가서 엎드려 절을 했습니다.

24 나단이 말했습니다. "내 주 왕이여, 왕의 뒤를 이어 아도니야가 왕이 되어 왕의 보좌에 앉으라고 말씀하셨습니까?

25 오늘 아도니야가 소와 살진 송아지와 양을 많이 잡아 제사를 드리고 왕의 아들들과 왕의 군대 사령관과 제사장 아비아달도 초대했습니다. 지금 그들은 아도니야와 더불어 먹고 마시고 있습니다. 그들은 '아도니야 왕 만세!'를 외치고 있습니다.

26 그러나 아도니야는 나와 제사장 사독과 여호야다의 아들 브나야와 왕의 아들 솔로몬은 초대하지 않았습니다.

27 이 일은 왕이 하신 것입니까? 그

5 쉬운성경 읽기

쉬운성경을 정독하며 본문을 대조합니다.

6 절별 해설

'절별 해설'을 참고하며 읽습니다.

저자의 묵상

사람들은 전혀 예상치 못한 반전을 기대한다. 성경의 반전은 하나님이 떠나가는 그분의 백성을 돌이킬 때 자주 드러난다. 언제나 그렇듯 저항하는 우리의 의지보다 회복하는 하나님의 의지가 강하기 때문이다. 아도니야의 왕권은 늙은 다윗을 무시하고 하나님의 뜻을 공개적으로 거부하여 세워졌다. 그에 대한 하나님의 반전은 다윗의 회복에서 출발한다. 압살롬의 반역에는 잘 버텨냈지만, 또 다른 아들의 반란을 대하기엔 기력이 모두 쇠잔하여 그대로 무너질 것 같았던 다윗에게 평생의 심복인 선지자 나단이 찾아온다. 나단은 늙고 초라해진 다윗이 숨을 거두기 전, 그가 하나님의 대리 통치자로서 왕권을 회복하도록 돕는다. 긴장감을 지닌 채 시작된 열왕기서는 다윗의 회복으로 새로운 국면을 맞는다. 반전은 이전까지의 긴장을 해소하는 동시에 새로운 시작을 알리기 때문이다. 하나님은 반전을 통해 자신의 뜻을 종종 드러내시기에 성도는 포기하지 않고 하나님의 약속을 기억해야 한다.

무릎 기도 하나님, 쓰러질 것 같았던 다윗이 하나님의 약속을 기억하며 회복된 것처럼, 힘겨운 시간을 지날 때 회복의 하나님을 기대하며 살게 하소서.

9 무릎 기도

'무릎 기도'로 기도합니다.

8 저자의 묵상

절별 해설 집필자가 묵상 후 전하는 메시지입니다.

NLT - 1 Kings 1

22 While she was still speaking with the king, Nathan the prophet arrived.
23 The king's officials told him, "Nathan the prophet is here to see you." Nathan went in and bowed before the king with his face to the ground.
24 Nathan asked, "My lord the king, have you decided that Adonijah will be the next king and that he will sit on your throne?
25 Today he has sacrificed many cattle, fattened calves, and sheep, and he has invited all the king's sons to attend the celebration. He also invited the commanders of the army and Abiathar the priest. They are feasting and drinking with him and shouting, 'Long live King Adonijah!'
26 But he did not invite me or Zadok the priest or Benaiah or your servant Solomon.
27 Has my lord the king really done this without letting any of his officials know who should be the next king?"
28 King David responded, "Call Bathsheba!" So she came back in and stood before the king.
29 And the king repeated his vow: "As surely as the LORD lives, who has rescued me from every danger,
30 your son Solomon will be the next king and will sit on my throne this very day, just as I vowed to you before the LORD, the God of Israel."
31 Then Bathsheba bowed down with her face to the ground before the king and exclaimed, "May my lord King David live forever!"

22 prophet 예언자 23 official 공무원, 관리 bow before ~ ~앞에서 절하다 24 sit on one throne 왕위에 오르다 25 cattle 소 celebration 축하 행사 commander 사령관 army 군 feast 실컷 먹다 29 repeat 반복하다 as surely as ~ ~처럼 확실하게 rescue ··· from ~ ···를 ~에서 구조하다 30 vow 맹세하다 31 exclaim 외치다

10

한글과 영어 본문(NLT) 대조를 통해 본문의 바른 뜻을 파악할 수 있습니다.

"복 있는 사람은
악인들의 꾀를 따르지 아니하며
죄인들의 길에 서지 아니하며
오만한 자들의 자리에 앉지 아니하고
오직 여호와의 율법을 즐거워하여
그의 율법을 주야로 묵상하는도다"

- 시편 1:1-2 -

1~60 days

열왕기서를 묵상하기 전에

저자 및 저작 연대

열왕기서의 본래 히브리어 명칭은 '왕들'이라는 뜻의 멜레킴(Melechim)이다. BC 2세기경 헬라어 구약역본인 70인역에서 상·하 두 권으로 나누어 편집했다. 이 분류법에 따라 여러 왕의 기록이라는 뜻으로, 대부분의 성경에서 열왕기상·하로 편집되어 왔다. 유대교 전통은 열왕기서를 전선지서로 분류하며 예레미야를 저자로 간주한다. 그러나 열왕기의 마지막 부분(왕하 25:27-30), 즉 여호야긴 왕이 포로로 잡혀간 지 37년 후 이야기가 있기에 바벨론 포로생활을 겪은 익명의 저자로 보아야 한다. 예레미야는 다 무너진 예루살렘 성전에서 슬픈 노래(애가)를 부르며 남아 있었기 때문이다. 본서는 여호야긴 왕이 석방된 BC 561년에서 고레스 칙령에 의해 가나안으로 귀환한 BC 536년 사이에 기록되었다. BC 586년 남유다까지 멸망하고 바벨론 포로생활이 시작되자, 이스라엘 백성은 왜 이러한 일이 일어났는지를 묻게 된다. 열왕기서는 '이스라엘의 패망은 하나님과 맺은 언약을 저버리고 스스로 타락한 죄 때문'이라고 말한다. 징계의 회초리를 맞으면서도 왜 맞는지 모르는 이스라엘 백성에게 조상의 역사를 통해 깨달음을 준다.

역사적 배경

열왕기서에 담겨 있는 역사는 약 410년간의 왕정사다. 솔로몬이 왕이 된 BC 970년부터 여호야긴이 바벨론 포로로 끌려가 수감되었다가(BC 597년) 37년 만에 석방된 BC 561년까지를 배경으로 삼고 있다. 역사적 교훈을 담아 이야기체로 구성되었다. 다윗이 이룩한 이스라엘 열두 지파 통일왕국은 솔로몬 이후 남과 북으로 나뉘었다(BC 931년). 북이스라엘은 BC 722년 앗수르에 의해 멸망할 때까지 209년 동안 아홉 왕조 19명의 왕이 등장하는데, 그중 일곱 번은 반란과 암살로 왕권이 바뀐다. 남유다는 BC 586년 바벨론에 의해 멸망할 때까지 345년 동안 20명의 왕이 다스리는데, 전무후무한 여왕 아달랴(북이스라엘 아합 왕의 딸)를 제외하고는 다윗 왕조가 이어진다. 하나님이 다윗의 집과 왕위를 견고하게 하시겠다던 언약(삼하 7:8-16)을 지키신 것이다. 또 인간의 어떠한 저항 앞에서도 언약을 지켜내시는 하나님을 드러낸다.

단락 구분

1. 망해 가는 단일왕국: 솔로몬

왕상 1:1–1:10	다윗의 외로운 노년과 아도니야의 반란
1:11–4:34	솔로몬의 왕권 획득과 지혜로운 통치
5:1–7:51	성전 건축 준비와 준공
8:1–8:66	솔로몬의 기도와 기쁨에 찬 성전 봉헌
9:1–9:14	성전을 완공한 솔로몬과 하나님의 염려
9:15–11:43	부를 얻으면 얻을수록 어리석게 되는 솔로몬

2. 시작되는 분열왕국: 솔로몬의 죽음과 단일왕국 분열, 계속되는 우상숭배

12:1–14:31	두 왕국(남유다와 북이스라엘) 탄생, 본격적으로 시작되는 우상숭배
15:1–16:28	계속되는 우상숭배와 북이스라엘 오므리 왕조 탄생
16:29–22:28	바알을 국가의 신으로 인정한 북이스라엘, 아합, 엘리야 등장
22:29–왕하 8:29	아합의 죽음과 아들들의 그릇된 통치, 엘리사 등장
9:1–10:36	하나님의 심판 몽둥이, 예후와 오므리 왕조 멸망
11:1–14:29	북이스라엘 예후 왕조, 엘리사 죽음

3. 다시 망해 가는 분열왕국: 불나방처럼 우상에게 뛰어드는 남북왕국

15:1–17:41	파국으로 치닫는 북이스라엘, 앗수르에 의한 멸망
18:1–20:21	북이스라엘 멸망을 교훈 삼아 바르게 통치한 히스기야
21:1–21:26	천하에 둘도 없는 악한 왕, 므낫세
22:1–23:30	칠흑같이 어두워져가는 남유다와 작은 빛 요시야
23:31–25:30	끝끝내 돌이키지 않는 남유다, 바벨론에 의한 멸망

특징 및 주요 내용

열왕기서의 주제는 '떠나가는 이스라엘과 돌이키는 하나님의 역사'다. 따라서 저자는 이스라엘을 향한 하나님의 아픔을 지닌 채 회복을 갈망한 왕들의 이야기를 전한다. 하나님은 모세를 통해 이스라엘과 언약을 맺고, 그분의 백성으로 살아가는 길을 자세히 알려주셨다. 그러나 이스라엘은 주변 강대국들 틈에서 살아남기 위해 언약을 저버리고 하나님에게서 등을 돌린다. 저자는 그 책임을 일차적으로 왕들에게 묻는다. 북이스라엘 19명의 왕과 남유다 20명의 왕 중 선하다고 평가한 왕은 겨우 7명(아비얌, 아사, 여호사밧, 요아스, 요담, 히스기야, 요시야)이다. 그들은 남유다의 왕이며 북이스라엘의 왕들은 모두 악하다고 평가한다.

그렇다면 저자는 무엇에 근거하여 왕들을 평가하는가? 그것은 그들이 떠나버린 하나님과의 관계, 즉 언약이다. 하나님은 이미 모세를 통해 왕의 직무를 말씀하셨다(신 17:14–20). 광야 시대부터 이스라엘은 이방 나라 같은 강력한 권력을 지닌 왕을 원했기 때문이다. 왕이 반드시 해야 하는 것은 율법서를 평생 자기 옆에 두고 읽어, 하나님 경외하기를 배우며 율법의 모든 말과 규례를 지켜 행하는 것이다(신 17:19). 또 하지 말아야 하는 것은 병마를 많이 두는 것과 아내를 많이 두는 것, 그리고 은과 금을 많이 쌓는 것이다(신 17:16–17). 이처럼 열왕기서는 남북왕국 왕들이 하나님과 맺은 언약에 어떻게 반응했는지 그 과정과 결과를 밝혀, 다시금 언약 백성으로 살게 하기 위하여 기록되었다. 그래서 하나님의 아픔에 초점을 맞추어 떠나가는 이스라엘을 돌이키고자 애쓰시는 하나님의 사랑이 담겨 있다.

결국 하나님은 떠나가고자 몸부림치는 북이스라엘을 앗수르에, 남유다를 바벨론에 망하게 하신다. 언약을 저버리고 우상에게 향하는 그들을 우상의 본거지로 보내 잘못을 깨닫게 하려 함이다. 하나님은 이미 모세에게 그들이 하나님과 맺은 언약을 저버릴 때 어떤 저주를 받을지 상세히 알려주셨다(신 28장). 대표적인 저주는 '적군에게 에워싸이고 맹렬한 공격을 받을 것이며 결국 포로로 잡혀가는 것'(신 28:41,53)이다. 실제로 그러한 일이 일어났고, 그들은 바벨론 포로생활 중에 죄악을 깨닫기 시작한다. 이처럼 열왕기서 저자는 가고 오는 세대에게 통한의 역사를 전한다.

북이스라엘과 남유다 왕의 연대기

통일왕국 시대

- 사울을 초대 왕으로 선출함으로 지파 연합체에서 단일 지도 체제인 왕정이 시작됨
- 이스라엘의 실제 건국자라 할 수 있는 다윗의 등극으로 신정 왕국의 면모를 갖춤
- 하나님은 다윗과의 언약을 통해 그 후손이 이스라엘 왕위를 계승하리라 약속하심
- 솔로몬이 예루살렘에 성전을 건축함

이스라엘 분열왕국 시대

- 솔로몬 사후 왕국이 남북으로 분열됨
- 남왕국 유다는 수도 예루살렘을 중심으로 다윗의 후손이 왕통을 이었고, 북왕국 이스라엘은 사마리아를 수도로 삼음
- 남북 왕국의 거듭된 타락과 범죄
- 지도자와 백성의 죄악을 고발하고 회개하여 하나님의 법을 따르라는 선지자들의 활동이 활발했던 시기

왕국의 쇠락 시대

- 북왕국 이스라엘이 BC 722년 앗수르에 의해 패망함
- BC 605년 이후 바벨론의 침탈로 유다 백성이 포로로 끌려가기 시작함
- 남왕국 유다는 BC 586년(혹은 587년) 바벨론에 의해 수도 예루살렘이 함락되고 성전이 파괴됨

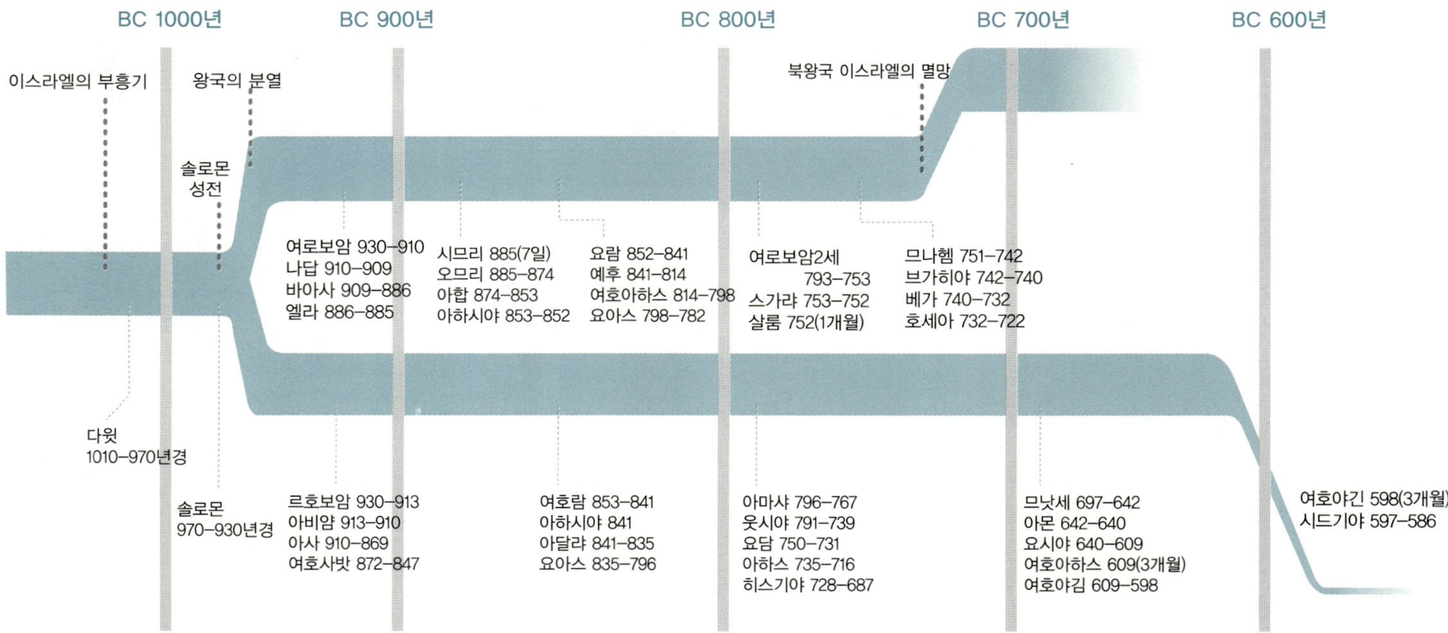

발췌_ 라이프 성경사전(생명의말씀사) p.1098–1099

☐ 묵상 체크

01 다윗의 쓸쓸한 노년과 아도니야의 반란

월 일

열왕기상 1:1-10 • 새찬송 338장 | 통일 364장

• 말씀묵상 전에 성령님의 인도하심을 구하는 기도를 드리십시오.

본문요약 I 통일왕국을 이룬 다윗이 후계자를 정하지 않은 채 기력이 쇠한다. 다윗이 쓸쓸히 노년을 보내는 동안 그의 아들 아도니야는 스스로 왕이 되고자 반란을 꾀한다. 열왕기서는 하나님이 선택하신 다윗의 퇴장과 스스로 왕이 되고자 세력을 규합한 아도니야의 등장으로 시작한다.

1 다윗 왕이 나이가 많아 늙으니 이불을 덮어도 따뜻하지 아니한지라
2 그의 시종들이 왕께 아뢰되 우리 주 왕을 위하여 젊은 처녀 하나를 구하여 그로 왕을 받들어 모시게 하고 왕의 품에 누워 우리 주 왕으로 따뜻하시게 하리이다 하고
3 이스라엘 사방 영토 내에 아리따운 처녀를 구하던 중 수넴 여자 아비삭을 얻어 왕께 데려왔으니
4 이 처녀는 심히 아름다워 그가 왕을 받들어 시중들었으나 왕이 잠자리는 같이하지 아니하였더라
5 그때에 학깃의 아들 아도니야가 스스로 높여서 이르기를 내가 왕이 되리라 하고 자기를 위하여 병거와 기병과 호위병 오십 명을 준비하니
6 그는 압살롬 다음에 태어난 자요 용모가 심히 준수한 자라 그의 아버지가 네가 어찌하여 그리 하였느냐고 하는 말로 [1)]한 번도 그를 섭섭하게 한 일이 없었더라
7 아도니야가 스루야의 아들 요압과 제사장 아비아달과 모의하니 그들이 따르고 도우나
8 제사장 사독과 여호야다의 아들 브나야와 선지자 나단과 시므이와 레이와 다윗의 용사들은 아도니야와 같이하지 아니하였더라
9 아도니야가 에느로겔 근방 소헬렛 바위 곁에서 양과 소와 살찐 송아지를 잡고 왕자 곧 자기의 모든 동생과 왕의 신하 된 유다 모든 사람을 다 청하였으나
10 선지자 나단과 브나야와 용사들과 자기 동생 솔로몬은 청하지 아니하였더라

1) 평생에

1. 오늘 하나님께서 나에게 주신 깨달음은 무엇입니까?

2. 말씀을 어떻게 내 삶에 구체적으로 적용해야 합니까?

절별 해설

1 다윗 왕이 나이가 많아 늙으니 다윗은 하나님의 마음에 합한 왕(행 13:22)으로 통일왕국을 이루어낸다. 그러나 그의 청년기는 망명생활과 전쟁으로, 장년기는 집안의 불화와 반란 그리고 복수로 가득 차 있었다. 충신 우리아를 죽이고 그의 아내 밧세바를 취한 일(삼하 11장)은 평생에 올무가 된다. 이 모든 일로 다윗의 노년기는 외롭고 쓸쓸하며 몸과 마음까지 지쳐 있었다. 다윗은 더 이상 국가를 통치하기 어려운 상황에 이른다.

4 이 처녀는 심히 아름다워 그가 왕을 받들어 시중들었으나 왕이 잠자리는 같이 하지 아니하였더라 다윗은 이불을 덮어도 따뜻하지 않을 만큼 체온이 떨어졌다. 다윗이 죽어가자 신하들은 수넴에서 젊은 처녀 아비삭을 데려온다. 아비삭은 아름다웠지만 왕은 잠자리를 함께하지 않는다. 건강, 여자, 정치, 권력 등을 붙잡기에는 너무 늦었다는 것을 알았기 때문이다.

5-6 그는 압살롬 다음에 태어난 자요 용모가 심히 준수한 자라 본문은 아도니야가 당시 살아있는 다윗의 아들 중 장자라고 말한다. 다윗의 맏아들 암논은 근친상간으로 압살롬에게 죽었고(삼하 13:28), 셋째아들 압살롬은 반역을 꾀하다 죽었다(삼하 18:15). 둘째 다니엘(대상 3:1)은 별다른 기록이 없기에 어려서 죽은 것으로 본다. 아도니야는 스스로 왕이 되고자 뜻을 세울 만큼 외모가 뛰어나고 재능이 있었으나, 마음은 교만으로 가득 차 있었다.

7 아도니야가 스루야의 아들 요압과 제사장 아비아달과 모의하니 아도니야는 군사를 통제하기 위해 군대장관 요압을, 종교를 통제하기 위해 제사장 아비아달을 포섭한다. 이는 즉흥적인 반란이 아니었음을 의미한다. 다윗이 후계자를 세우지 않고 늙어가자 오랜 시간 공들여 준비한 것이다. 요압은 전투력이 뛰어나 다윗을 지켰지만 그와 자주 충돌하였다(삼하 3:27; 20:10). 아비아달은, 다윗을 보호해 준 놉의 제사장들을 사울이 학살할 때 도주하여 다윗의 보호를 받은 인물이다(삼상 22장).

9 아도니야가 에느로겔 근방 소헬렛 바위 곁에서 양과 소와 살찐 송아지를 잡고 에느로겔(삼하 17:17) 또는 엔로겔(수 15:7)은 '정탐의 우물'이라는 뜻으로, 예루살렘 남동쪽 기드론 골짜기에 있으며 잔치를 벌이기에 적합한 장소다. 아도니야는 그곳에서 반란을 꾀한 자들과 제사 잔치를 벌인다. 반란에 신적 권위를 부여하고 종교계와 군부를 통합하며,

쉬운성경

1 다윗 왕은 이제 나이가 아주 많이 들었습니다. 신하들이 이불을 많이 덮어 줘도 그의 몸은 따뜻해지지 않았습니다.

2 그래서 신하들이 다윗에게 말했습니다. "젊은 여자를 데려다가 왕의 시중을 들게 하겠습니다. 그 여자가 왕의 품에 누우면, 왕의 몸이 따뜻해질 것입니다."

3 신하들은 이스라엘 온 땅을 누비면서 젊고 아름다운 여자를 찾아다녔습니다. 그러다가 수넴 여자 아비삭을 찾아서 왕에게 데려왔습니다.

4 아비삭은 매우 아름다웠습니다. 그 여자는 왕의 시중을 들고 왕을 섬겼으나, 다윗 왕은 그 여자와 잠자리를 함께하지 않았습니다.

5 다윗에게는 아도니야라는 아들이 있었는데, 그의 어머니는 학깃이었습니다. 아도니야는 스스로를 높이며 "나는 왕이 될 것이다"라고 말하면서 전차와 말을 준비했습니다. 그리고 자신을 호위하는 병사 오십 명을 데리고 다녔습니다.

6 그런데도 다윗 왕은 "왜 왕처럼 행세하고 다니느냐?"라고 묻지 않았습니다. 그리고 그가 하는 일에 대해 한 번도 간섭하지 않았습니다. 아도니야는 압살롬 바로 밑의 동생이었으며, 매우 잘생겼습니다.

7 아도니야는 스루야의 아들 요압과 제사장 아비아달과 의논했습니다. 그들은 아도니야를 도왔습니다.

8 그러나 제사장 사독과 여호야다의 아들 브나야와 예언자 나단과 시므이와 레이와 다윗 왕을 특별히 경호하는 사람들은 아도니야 편을 들지 않았습니다.

9 아도니야는 양과 소와 살진 송아지를 잡아 엔로겔 샘 가까이에 있는 소헬렛 바위에서 제사를 드렸습니다. 그리고 자기의

사람들을 영적으로 묶기 위해서다. 이 제사는 하나님의 뜻은 사라지고 인간의 탐욕만 가득했다.

10 자기 동생 솔로몬은 청하지 아니하였더라 아도니야는 제사 잔치에 동생들을 초청했으나 솔로몬은 청하지 않았다. 선지자 나단은 솔로몬에게 '여디디야'(하나님의 사랑을 받은 자)라는 이름을 주었고(삼하 12:24-25), 사람들은 그를 다윗의 왕위를 계승할 자로 여겼다. 그래서 아도니야는 솔로몬이 왕으로 세워지기 전에 스스로 왕이 되었다. 하나님의 뜻을 알고 있었으나 자신의 탐욕으로 이를 덮어버린 것이다.

모든 형제들, 곧 다윗 왕의 다른 아들들을 초대했습니다. 유다의 지도자들과 장로들도 초대했습니다.

10 그러나 예언자 나단과 브나야와 자기 아버지의 특별 경호대와 자기 동생 솔로몬은 초대하지 않았습니다.

저자의 묵상

"폭풍 전야의 바다는 잠잠하다"는 말이 있다. 열왕기서의 초반은 폭풍을 기다리는 바다와 같다. 다윗은 노년에 몸뿐 아니라 마음도 지쳤고, 스스로 잘못을 돌아보며 회개의 나날을 보낸다. 그의 침실은 고요했으나 문 밖에서는 폭풍이 일어난다. 하나님의 뜻은 온데간데없고, 아도니야는 스스로 왕이 되고자 반란을 일으킨다. 다윗이 그토록 애써서 이룬 신정국가는 이대로 끝날 것인가? 다윗이 아직 죽지 않았는데도 이러한 일이 일어났다면 그가 죽은 후는 어떻겠는가? 다윗은 이 소식을 접하며 무슨 생각을 했을까? 열왕기서의 저자는 하나님이 함께하시는 신정국가가 위기에 처해 있다는 것으로 이야기를 시작한다. 하나님의 뜻이 무엇인지 아는 것과 살아내는 것은 별개의 문제다. 말씀을 묵상하며 늘 기도해야 하는 것은 바르게 알고 바르게 살기 위해서다.

무릎 기도 하나님, 하나님의 뜻을 거스르고 교만과 탐욕으로 스스로 왕이 되려는 아도니야의 길에 서지 않도록, 하나님의 마음을 알게 하시고 그 마음으로 살게 하소서.

NLT - 1 Kings 1

1 King David was now very old, and no matter how many blankets covered him, he could not keep warm.
2 So his advisers told him, "Let us find a young virgin to wait on you and look after you, my lord. She will lie in your arms and keep you warm."
3 So they searched throughout the land of Israel for a beautiful girl, and they found Abishag from Shunem and brought her to the king.
4 The girl was very beautiful, and she looked after the king and took care of him. But the king had no sexual relations with her.
5 About that time David's son Adonijah, whose mother was Haggith, began boasting, "I will make myself king." So he provided himself with chariots and charioteers and recruited fifty men to run in front of him.
6 Now his father, King David, had never disciplined him at any time, even by asking, "Why are you doing that?" Adonijah had been born next after Absalom, and he was very handsome.
7 Adonijah took Joab son of Zeruiah and Abiathar the priest into his confidence, and they agreed to help him become king.
8 But Zadok the priest, Benaiah son of Jehoiada, Nathan the prophet, Shimei, Rei, and David's personal bodyguard refused to support Adonijah.
9 Adonijah went to the Stone of Zoheleth* near the spring of En-rogel, where he sacrificed sheep, cattle, and fattened calves. He invited all his brothers—the other sons of King David—and all the royal officials of Judah.
10 But he did not invite Nathan the prophet or Benaiah or the king's bodyguard or his brother Solomon.

* 1:9 Or *to the Serpent's Stone;* Greek version supports reading *Zoheleth* as a proper name.

1 no matter how ~ 아무리 ~해도 blanket 담요 2 adviser 자문가 virgin 처녀 3 throughout 도처에 4 take care of ~ ~를 돌보다 have relations with ~ ~와 관계를 가지다 5 boasting 자랑하는 provide oneself with ~ ~을 갖추다 chariot 전차 recruit 채용하다 6 discipline 징계하다 at any time 언제라도 7 take ~ into one confidence ~에게 비밀로 이야기하다 priest 제사장 9 sacrifice 제물로 바치다 cattle 소 fattened 살찐 official 공무원, 관리

• MEMO •

02 아도니야의 반란을 알게 된 다윗

월 일

열왕기상 1:11-21 • 새찬송 365장 | 통일 484장

• 말씀묵상 전에 성령님의 인도하심을 구하는 기도를 드리십시오.

본문요약 | 다윗은 여전히 아도니야의 반란을 알지 못하고, 아도니야의 반란에 합류하지 않은 나단 선지자는 이 소식을 다윗에게 어떻게 전할지 고심한다. 기력이 쇠한 다윗에게 아들의 반란, 그리고 요압과 아비아달의 배신은 충격적인 소식이기 때문이다.

11 나단이 솔로몬의 어머니 밧세바에게 말하여 이르되 학깃의 아들 아도니야가 왕이 되었음을 듣지 못하였나이까 우리 주 다윗은 알지 못하시나이다
12 이제 내게 당신의 생명과 당신의 아들 솔로몬의 생명을 구할 계책을 말하도록 허락하소서
13 당신은 다윗 왕 앞에 들어가서 아뢰기를 내 주 왕이여 전에 왕이 여종에게 맹세하여 이르시기를 네 아들 솔로몬이 반드시 나를 이어 왕이 되어 내 왕위에 앉으리라 하지 아니하셨나이까 그런데 아도니야가 무슨 이유로 왕이 되었나이까 하소서
14 당신이 거기서 왕과 말씀하실 때에 나도 뒤이어 들어가서 당신의 말씀을 확증하리이다
15 밧세바가 이에 침실에 들어가 왕에게 이르니 왕이 심히 늙었으므로 수넴 여자 아비삭이 시중들었더라
16 밧세바가 몸을 굽혀 왕께 절하니 왕이 이르되 어찌 됨이냐
17 그가 왕께 대답하되 내 주여 왕이 전에 왕의 하나님 여호와를 가리켜 여종에게 맹세하시기를 네 아들 솔로몬이 반드시 나를 이어 왕이 되어 내 왕위에 앉으리라 하셨거늘
18 이제 아도니야가 왕이 되었어도 내 주 왕은 알지 못하시나이다
19 그가 수소와 살찐 송아지와 양을 많이 잡고 왕의 모든 아들과 제사장 아비아달과 군사령관 요압을 청하였으나 왕의 종 솔로몬은 청하지 아니하였나이다
20 내 주 왕이여 온 이스라엘이 왕에게 다 주목하고 누가 내 주 왕을 이어 그 왕위에 앉을지를 공포하시기를 기다리나이다
21 그렇지 아니하면 내 주 왕께서 그의 조상들과 함께 잘 때에 나와 내 아들 솔로몬은 죄인이 되리이다

1. 오늘 하나님께서 나에게 주신 깨달음은 무엇입니까?

2. 말씀을 어떻게 내 삶에 구체적으로 적용해야 합니까?

절별 해설

11 학깃의 아들 아도니야가 왕이 되었음을 듣지 못하였나이까 선지자 나단은 다윗이 믿고 사랑하는 밧세바에게 아도니야의 반란을 이야기한다. 노쇠한 다윗은 침실에 누워 지냈는데, 밧세바는 그곳을 자유롭게 출입할 수 있었다. 나단은 이 사건이 그녀의 아들 솔로몬과 관련된 일이고 워낙 민감한 사항이라 밧세바가 적격이라 생각했다. 그래서 나단은 밧세바에게 당장 왕에게 갈 것을 요청한다. 아도니야가 이대로 왕이 되면 솔로몬과 밧세바는 목숨을 잃게 될 것이므로, 나단은 밧세바에게 다윗을 찾아가 "솔로몬이 다윗 왕의 대를 잇게 하겠다고 맹세하셨는데 어떻게 아도니야가 왕이 되었습니까?"라는 말을 하라고 요청한다. 이는 다윗의 무능함을 책망하는 것이 아니라 이스라엘의 왕인 다윗이 아직 살아있는데도 반란이 일어났다는 사실을 직접적으로 알리려는 계략이었다.

14 당신이 거기서 왕과 말씀하실 때에 나도 뒤이어 들어가서 당신의 말씀을 확증하리이다 나단은 밧세바가 다윗과 대화하는 동안 들어와 긴박하게 돌아가는 상황을 보고하여 정세의 변화를 바꾸도록 지원하겠다고 한다. 나단은 다윗으로 하여금 밧세바 사건을 회개하게 한 선지자다. 나단은 하나님의 뜻을 받들어 성전을 건축하려는 다윗의 계획을 막았으며, 다윗 왕에 이어 솔로몬이 왕위에 오르는 데 큰 역할을 하였다. 나단 선지자는 마음으로 다윗을 깊이 아끼고 사랑했다. 그만큼 다윗 왕에게 사실을 말할 수 있는 충분한 신뢰를 받고 있었다.

17 네 아들 솔로몬이 반드시 나를 이어 왕이 되어 내 왕위에 앉으리라 본문은 밧세바가 무엇에 근거하여 다윗을 만났는지 소개한다. 다윗이 밧세바에게 맹세한 내용은 다른 곳에서 찾을 수 없지만, 하나님이 솔로몬을 이미 선택하셨다는 것과 다윗의 집안이 이를 알고 있었다는 것은 분명하다(대상 22:9). 나단 역시 이를 알고 있었기에 아도니야의 편에 서지 않았다. 나단은 밧세바에게 다윗 앞에 가서 솔로몬을 선택하신 하나님과 다윗의 약속을 근거로 이야기할 것을 권한다. 다윗은 아도니야의 반란과 솔로몬을 향한 약속 앞에서 가장 그다운 결정을 내리게 된다.

20 누가 내 주 왕을 이어 그 왕위에 앉을지를 공포하시기를 기다리나이다 아도니야의 반란은 거의 완성되었지만 한 가지 해결되지 않은 것이 있었다. 다윗이 아직 살아있다는 것이다. 아도니야는 종교계와 군부의 일부를 통제했지만, 이스라엘 백성은 이에 동조하지 않았다. 지도자들은 발 빠르게 아도니야 편에 섰고, 일반 백성은 다윗 편에 남아 그가 어떤 결정을 내릴지 기다렸다.

쉬운성경

11 나단이 이 소식을 듣고, 솔로몬의 어머니인 밧세바에게 가서 말했습니다. "학깃의 아들 아도니야가 스스로 왕이 된 것을 듣지 못하였습니까? 우리의 주이신 다윗 왕도 그 사실을 모르고 계십니까?

12 이제 당신과 당신 아들의 목숨이 위태롭게 되었습니다. 그러니 제가 하라는 대로 하십시오.

13 다윗 왕에게 가서 이렇게 말씀하십시오. '내 주 왕이여, 왕은 나에게 왕의 뒤를 이어 내 아들 솔로몬이 왕의 보좌에 앉을 것이라고 약속하지 않으셨습니까? 그런데 어찌하여 아도니야가 왕이 되었습니까?'

14 당신이 왕에게 말씀하실 때에 나도 들어가서 당신이 아도니야에 대해 한 말이 사실이라고 왕에게 말씀드리겠습니다."

15 그리하여 밧세바는 왕을 만나러 왕의 침실로 갔습니다. 왕이 매우 늙었으므로, 수넴 여자 아비삭이 시중을 들고 있었습니다.

16 밧세바가 왕 앞에 나아가 절을 했습니다. 왕이 물었습니다. "무엇을 원하시오?"

17 밧세바가 대답했습니다. "내 주여, 왕은 나에게 왕의 하나님 여호와의 이름으로 '그대의 아들 솔로몬이 내 뒤를 이어 왕이 될 것이오. 솔로몬이 내 보좌에 앉아 다스릴 것이오'라고 약속하셨습니다.

18 그런데 지금 아도니야가 왕이 된 것을 어찌 모르고 계십니까?

19 아도니야가 소와 살진 송아지와 양을 많이 잡아 제사를 드리고 왕의 아

21 내 주 왕께서 그의 조상들과 함께 잘 때에 나와 내 아들 솔로몬은 죄인이 되리이다 다윗이 솔로몬에게 양위하지 않고 죽는다면, 스스로 왕이 된 아도니야가 나라를 자신의 것으로 만들 것이다. 가장 먼저 숙청될 대상은 솔로몬과 그의 어머니 밧세바다. 밧세바가 다윗에게 "조상들과 함께 잘 때에"라고 말한 것은, 존경하는 남편 다윗의 죽음까지 말할 정도로 절박한 상황임을 보여준다. 온 이스라엘이 다윗의 결정을 기다리는 동안, 밧세바는 자신과 아들의 목숨을 담보로 다윗에게 호소한다. 하나님의 선택과 그에 대한 다윗의 약속을 기억하라는 것이다. 나아가 솔로몬이 왕이 되지 않으면 자신과 솔로몬은 죄인이 되어 죽을 것이라고 하여 다윗이 속히 결정하도록 재촉한다.

들들을 다 초대했습니다. 제사장 아비아달과 왕의 군대 사령관 요압도 초대했습니다. 그러나 왕을 섬기는 왕의 아들 솔로몬은 초대하지 않았습니다.

20 내 주 왕이여, 모든 이스라엘 백성이 왕을 지켜 보고 있습니다. 누가 왕의 뒤를 이을 사람인지 왕이 결정해 주시기를 기다리고 있습니다.

21 왕이 돌아가시면 솔로몬과 나는 죄인 취급을 받을 것입니다."

저자의 묵상

아도니야의 반란으로 사태가 심각하고 다급했지만, 나단 선지자는 효과적인 설득을 위해 그 모든 일을 진행할 수 있을 만한 사람과 해야 할 말을 준비했다. 바로 왕비 밧세바가 겸손하게 나아가 왕이 한 맹세를 상기시킨 후, 자신이 왕을 찾아가 이를 확증하기로 계획한 것이다. 옳고 그름이나 대의명분도 중요하지만, 어떻게 일을 진행할지 아는 지혜로운 실행 능력이 없으면 안 된다는 것을 나단은 분명하게 인식하고 있었다. 이렇게 다윗 곁에 신실하고 용기 있는 나단이 있었기에, 눈과 귀가 어두운 노년의 다윗이 끝까지 왕의 역할을 잘 감당할 수 있었다. 또 밧세바도 솔로몬을 왕으로 삼겠다는 다윗의 약속을 근거로 남편 다윗에게 가서 사력을 다해 이 사실을 알렸다. 다윗 시대뿐 아니라 오늘날 우리도 변치 않는 하나님의 약속과 급변하는 세상 가치관 사이에 놓여 있다. 판단 기준을 하나님 말씀에 두지 않으면 급류에 쓸려가는 배처럼 방향을 잃을 것이다. 죽어가는 그리스도인을 깨우는 것은 하나님의 말씀이자 약속임을 기억해야 한다.

무릎 기도 하나님, 이 세대를 잘 분별하고 상황과 조건이 어떠해도 하나님의 약속이 여전하다는 것을 알게 하소서. 오직 하나님 말씀만이 삶의 분명한 기준이 되게 하소서.

NLT - 1 Kings 1

11 Then Nathan went to Bathsheba, Solomon's
mother, and asked her, "Haven't you heard
that Haggith's son, Adonijah, has made
himself king, and our lord David doesn't
even know about it?
12 If you want to save your own life and the life
of your son Solomon, follow my advice.
13 Go at once to King David and say to him,
'My lord the king, didn't you make a vow
and say to me, "Your son Solomon will
surely be the next king and will sit on my
throne?" Why then has Adonijah become
king?'
14 And while you are still talking with him, I will
come and confirm everything you have
said."
15 So Bathsheba went into the king's bedroom.
(He was very old now, and Abishag was
taking care of him.)
16 Bathsheba bowed down before the king.
"What can I do for you?" he asked her.
17 She replied, "My lord, you made a vow
before the LORD your God when you said to
me, 'Your son Solomon will surely be the
next king and will sit on my throne.'
18 But instead, Adonijah has made himself king,
and my lord the king does not even know
about it.
19 He has sacrificed many cattle, fattened
calves, and sheep, and he has invited all the
king's sons to attend the celebration. He also
invited Abiathar the priest and Joab, the
commander of the army. But he did not
invite your servant Solomon.
20 And now, my lord the king, all Israel is
waiting for you to announce who will
become king after you.
21 If you do not act, my son Solomon and I will
be treated as criminals as soon as my lord
the king has died."

13 at once 즉시 surely 분명히 sit on one throne 왕위에 오르다 14 confirm 입증하다 15 take care of ~ ~를 보살피다 16 bow down 절하다 17 make a vow 맹세하다 19 sacrifice 제물로 바치다 cattle 소 fattened 살찐 celebration 축하행사 commander 사령관, 지휘관 20 wait for ~ ~를 기다리다 announce 발표하다 21 treat 치료하다, 대우하다 criminal 범죄자 as soon as ~ ~하자마자

• MEMO •

☐ 묵상 체크

03 하나님의 약속 앞에 다시 서는 다윗

월 일

열왕기상 1:22-31 • 새찬송 545장 | 통일 344장

• 말씀묵상 전에 성령님의 인도하심을 구하는 기도를 드리십시오.

본문요약 | 다윗 앞에 선 나단은 겸손하면서도 단호하게 일어나고 있는 일을 알려준다. 이에 다윗은 하나님을 생명의 구원자이며 이스라엘의 주권자로 고백한다. 하나님만이 자기 인생의 참 왕이시며, 이스라엘의 현재와 앞날을 결정하는 유일한 분으로 믿은 것이다.

22 밧세바가 왕과 말할 때에 선지자 나단이
들어온지라
23 어떤 사람이 왕께 말하여 이르되 선지자
나단이 여기 있나이다 하니 그가 왕 앞에
들어와서 얼굴을 땅에 대고 왕께 절하고
24 이르되 내 주 왕께서 이르시기를 아도니
야가 나를 이어 왕이 되어 내 왕위에 앉으
리라 하셨나이까
25 그가 오늘 내려가서 수소와 살찐 송아지
와 양을 많이 잡고 왕의 모든 아들과 군사
령관들과 제사장 아비아달을 청하였는데
그들이 아도니야 앞에서 먹고 마시며 아
도니야 왕은 만세수를 하옵소서 하였나이
다
26 그러나 왕의 종 나와 제사장 사독과 여호
야다의 아들 브나야와 왕의 종 솔로몬은
청하지 아니하였사오니
27 이것이 내 주 왕께서 정하신 일이니이까
그런데 왕께서 내 주 왕을 이어 그 왕위에
앉을 자를 종에게 알게 하지 아니하셨나
이다
28 다윗 왕이 명령하여 이르되 밧세바를 내
앞으로 부르라 하매 그가 왕의 앞으로 들
어가 그 앞에 서는지라
29 왕이 이르되 내 생명을 모든 환난에서 구
하신 여호와께서 살아계심을 두고 맹세하
노라
30 내가 이전에 이스라엘의 하나님 여호와를
가리켜 네게 맹세하여 이르기를 네 아들
솔로몬이 반드시 나를 이어 왕이 되고 나
를 대신하여 내 왕위에 앉으리라 하였으
니 내가 오늘 그대로 행하리라
31 밧세바가 얼굴을 땅에 대고 절하며 내 주
다윗 왕은 만세수를 하옵소서 하니라

1. 오늘 하나님께서 나에게 주신 깨달음은 무엇입니까?

2. 말씀을 어떻게 내 삶에 구체적으로 적용해야 합니까?

절별 해설

22 밧세바가 왕과 말할 때에 선지자 나단이 들어온지라 미리 계획한 대로 밧세바가 다윗과 대화를 나누는 동안, 나단도 왕과 면담하기 위해 들어온다. 히브리 원문에는 "보라! 나단 선지자가 들어오는 것을"이라고 역동적으로 나타나 있다. 선지자 나단의 개입은 다윗이 왕으로서 권위를 회복하고 다시 하나님의 약속 앞에 설 것을 암시한다.

25 그들이 아도니야 앞에서 먹고 마시며 아도니야 왕은 만세수를 하옵소서 하였나이다 다윗은 밧세바에게 듣지 못한 이야기를 나단에게서 듣는다. 아도니야의 추종자 중에 군사령관 요압과 제사장 아비아달이 있다는 것과, 그들이 아도니야를 왕으로 부르며 장수를 기원했다는 내용이다. 군사령관 요압은 원래 야망이 큰 사람이었다. 그러나 자기가 보호해 준 제사장 아비아달이 반란에 동조할 줄을 다윗은 몰랐을 것이다.

27 이것이 내 주 왕께서 정하신 일이니이까 그런데 왕께서 내 주 왕을 이어 그 왕위에 앉을 자를 종에게 알게 하지 아니하셨나이다 선지자 나단은 논리적이다. 다윗이 밧세바를 부당하게 취했을 때도 불현듯 찾아와 '부자와 가난한 자의 비유'로 다윗을 꼼짝 못하게 만들었다(삼하 12:1-4). 하나님이 허락하신 왕권을 자기 욕심을 따라 그릇 사용했기 때문이다. 나단은 그때처럼 분명하게 이야기하기 시작한다. 다윗이 아도니야를 왕으로 세웠으면서 어떻게 종(나단)에게 알려주지 않았느냐는 질문이다. 나단은 다윗의 가계에 왕위가 끊어지지 않을 것을 예언했기에(삼하 7:12), 자기를 제외하고 결정한 것이 못내 섭섭한 듯 말했다. 다윗의 결단을 촉구하기 위한 나단의 이러한 언변은 곧바로 효과를 보았다.

29-30 내가 이전에 이스라엘의 하나님 여호와를 가리켜 네게 맹세하여 이르기를 네 아들 솔로몬이 반드시 나를 이어 왕이 되고 다윗은 나단의 호소가 끝나자마자 신속하게 마음을 추슬렀고, 다시 하나님의 약속 앞에 선다. 그리고 지난날의 환난 속에서 자신을 보호하신 하나님을 회상하며, 하나님의 살아계심을 두고 솔로몬을 왕으로 세우겠다고 맹세한다. 하나님이 살아계시니 그분이 하신 약속도 변치 않는다는 것이다. 무기력하게만 보이던 다윗이 하나님의 살아계심과 자신의 약속을 기억하며 기력을 회복한다. 이는 육체의 기능 회복이 아니다. 하나님의 대리 통치자로서 왕권을 회복한 것이다.

쉬운성경

22 밧세바가 왕에게 말하고 있을 때에 예언자 나단이 들어왔습니다.

23 신하들이 왕에게 말했습니다. "예언자 나단이 오셨습니다." 나단은 왕에게 가까이 나아가서 엎드려 절을 했습니다.

24 나단이 말했습니다. "내 주 왕이여, 왕의 뒤를 이어 아도니야가 왕이 되어 왕의 보좌에 앉으라고 말씀하셨습니까?

25 오늘 아도니야가 소와 살진 송아지와 양을 많이 잡아 제사를 드리고 왕의 아들들과 왕의 군대 사령관과 제사장 아비아달도 초대했습니다. 지금 그들은 아도니야와 더불어 먹고 마시고 있습니다. 그들은 '아도니야 왕 만세!'를 외치고 있습니다.

26 그러나 아도니야는 나와 제사장 사독과 여호야다의 아들 브나야와 왕의 아들 솔로몬은 초대하지 않았습니다.

27 이 일을 왕이 하신 것입니까? 그런데 어찌하여 왕의 뒤를 이을 사람이 누구인지 우리에게 알려 주지 않으셨습니까?"

28 다윗 왕이 말했습니다. "밧세바를 불러 오시오." 밧세바가 다시 들어와서 왕 앞에 섰습니다.

29 왕이 말했습니다. "나를 온갖 재앙에서 구해 주신 여호와 앞에서 맹세하오.

30 내가 전에 이스라엘 하나님 여호와의 이름으로 약속했던 것, 곧 당신 아들 솔로몬이 내 뒤를 이어 왕이 되며 내 왕위에 앉게 될 것이라고 약속했던 것을 오늘 시행하겠소."

31 밧세바가 왕 앞에서 엎드려 절하며 "내 주 다윗 왕이여, 만수무강하소서"라고 말했습니다.

저자의 묵상

사람들은 전혀 예상치 못한 반전을 기대한다. 성경의 반전은 하나님이 떠나가는 그분의 백성을 돌이킬 때 자주 드러난다. 언제나 그렇듯 저항하는 우리의 의지보다 회복하는 하나님의 의지가 강하기 때문이다. 아도니야의 왕권은 늙은 다윗을 무시하고 하나님의 뜻을 공개적으로 거부하여 세워졌다. 그에 대한 하나님의 반전은 다윗의 회복에서 출발한다. 압살롬의 반역에는 잘 버텨냈지만, 또 다른 아들의 반란을 대하기엔 기력이 모두 쇠잔하여 그대로 무너질 것 같았던 다윗에게 평생의 심복인 선지자 나단이 찾아온다. 나단은 늙고 초라해진 다윗이 숨을 거두기 전, 그가 하나님의 대리 통치자로서 왕권을 회복하도록 돕는다. 긴장감을 지닌 채 시작된 열왕기서는 다윗의 회복으로 새로운 국면을 맞는다. 반전은 이전까지의 긴장을 해소하는 동시에 새로운 시작을 알리기 때문이다. 하나님은 반전을 통해 자신의 뜻을 종종 드러내시기에 성도는 포기하지 않고 하나님의 약속을 기억해야 한다.

무릎기도 | 하나님, 쓰러질 것 같았던 다윗이 하나님의 약속을 기억하며 회복된 것처럼, 힘겨운 시간을 지날 때 회복의 하나님을 기대하며 살게 하소서.

NLT - 1 Kings 1

22 While she was still speaking with the king, Nathan the prophet arrived.
23 The king's officials told him, "Nathan the prophet is here to see you." Nathan went in and bowed before the king with his face to the ground.
24 Nathan asked, "My lord the king, have you decided that Adonijah will be the next king and that he will sit on your throne?
25 Today he has sacrificed many cattle, fattened calves, and sheep, and he has invited all the king's sons to attend the celebration. He also invited the commanders of the army and Abiathar the priest. They are feasting and drinking with him and shouting, 'Long live King Adonijah!'
26 But he did not invite me or Zadok the priest or Benaiah or your servant Solomon.
27 Has my lord the king really done this without letting any of his officials know who should be the next king?"
28 King David responded, "Call Bathsheba!" So she came back in and stood before the king.
29 And the king repeated his vow: "As surely as the LORD lives, who has rescued me from every danger,
30 your son Solomon will be the next king and will sit on my throne this very day, just as I vowed to you before the LORD, the God of Israel."
31 Then Bathsheba bowed down with her face to the ground before the king and exclaimed, "May my lord King David live forever!"

22 prophet 예언자 23 official 공무원, 관리 bow before ~ ~앞에서 절하다 24 sit on one throne 왕위에 오르다 25 cattle 소 celebration 축하 행사 commander 사령관 army 군 feast 실컷 먹다 29 repeat 반복하다 as surely as ~ ~처럼 확실하게 rescue … from ~ …를 ~에서 구조하다 30 vow 맹세하다 31 exclaim 외치다

04
월 일

위기를 딛고 왕으로 등극하는 솔로몬

열왕기상 1:32-40 • 새찬송 585장 | 통일 384장

• 말씀묵상 전에 성령님의 인도하심을 구하는 기도를 드리십시오.

본문요약 | 음모와 반란으로 뒤엉킨 이스라엘 국가의 운명은 이제 다윗의 결정을 기다리고 있다. 드디어 다윗은 하나님의 대리 통치권을 회복한 자로 차기 왕권을 솔로몬에게 물려준다. 끝까지 다윗 편에 남은 자들과 온 백성은 기뻐한다.

32 다윗 왕이 이르되 제사장 사독과 선지자
나단과 여호야다의 아들 브나야를 내 앞
으로 부르라 하니 그들이 왕 앞에 이른지
라
33 왕이 그들에게 이르되 너희는 너희 주의
신하들을 데리고 내 아들 솔로몬을 내 노
새에 태우고 기혼으로 인도하여 내려가고
34 거기서 제사장 사독과 선지자 나단은 그
에게 기름을 부어 이스라엘 왕으로 삼고
너희는 뿔나팔을 불며 솔로몬 왕은 만세
수를 하옵소서 하고
35 그를 따라 올라오라 그가 와서 내 왕위에
앉아 나를 대신하여 왕이 되리라 내가 그
를 세워 이스라엘과 유다의 통치자로 지
명하였느니라
36 여호야다의 아들 브나야가 왕께 대답하여
이르되 아멘 내 주 왕의 하나님 여호와께
서도 이렇게 말씀하시기를 원하오며
37 또 여호와께서 내 주 왕과 함께 계심같이
솔로몬과 함께 계셔서 그의 왕위를 내 주
다윗 왕의 왕위보다 더 크게 하시기를 원
하나이다 하니라
38 제사장 사독과 선지자 나단과 여호야다의
아들 브나야와 그렛 사람과 블렛 사람이
내려가서 솔로몬을 다윗 왕의 노새에 태
우고 인도하여 기혼으로 가서
39 제사장 사독이 성막 가운데에서 기름 담
은 뿔을 가져다가 솔로몬에게 기름을 부
으니 이에 뿔나팔을 불고 모든 백성이 솔
로몬 왕은 만세수를 하옵소서 하니라
40 모든 백성이 그를 따라 올라와서 피리를
불며 크게 즐거워하므로 땅이 그들의 소
리로 말미암아 갈라질 듯하니

1. 오늘 하나님께서 나에게 주신 깨달음은 무엇입니까?

2. 말씀을 어떻게 내 삶에 구체적으로 적용해야 합니까?

절별 해설

32 제사장 사독과 선지자 나단과 여호야다의 아들 브나야를 내 앞으로 부르라 하니 다윗은 하나님의 뜻과 밧세바와 맺은 약속을 기억하고 기력을 되찾는다. 그 후 왕권을 솔로몬에게 넘기고자 사독과 나단과 브나야를 부른다. 브나야는 블레셋 사람이었으나 한결같이 다윗에게 충성하였다. 끝까지 다윗의 편에 남은 자들이 왕 앞에 이르러 왕의 명령을 기다린다.

33 너희 주의 신하들을 데리고 내 아들 솔로몬을 내 노새에 태우고 기혼으로 인도하여 내려가고 왕은 기혼 샘물로 가서 솔로몬에게 기름을 부어 왕으로 삼으라고 지시한다. 당시에는 성막이 기혼에 있었던 것 같다. 즉, '기혼 샘'은 왕의 허락이 없어 성전에서 왕이 되지 못했던 아도니야와 대조되는 분명한 정통성이 부각되는 곳이다.

38 그렛 사람과 블렛 사람이 내려가서 솔로몬을 다윗 왕의 노새에 태우고 인도하여 기혼으로 가서 "그렛 사람"은 지중해 중앙에 있는 그레데 섬 용병이며, "블렛 사람"은 이스라엘 서편 블레셋 지역 용병이다. 여호야다의 아들 브나야는 주로 외인 용병들을 지휘하였기에(삼하 8:18), 용병들은 솔로몬이 즉위하는 과정에서 상당한 역할을 한다. 결과적으로 이 용병들은 외국인들로 구성된 왕의 친위 부대가 된다.

39 제사장 사독이 성막 가운데에서 기름 담은 뿔을 가져다가 솔로몬에게 기름을 부으니 이에 뿔나팔을 불고 제사장이 왕에게 기름(거룩한 기름, 관유, 출 30:22-25)을 붓는 것은 하나님의 대리 통치자 역할을 부여하는 행위다. 제사장 사무엘은 사울과 다윗에게 기름을 부어 왕으로 세웠다. 당시 성막은 시온 산에 있었고, 거룩한 기름은 법궤가 보관되어 있는 성막 안에 있었다. 제사장 사독은 이를 가져와 솔로몬에게 기름 부었고, 양의 뿔로 만든 나팔이 울려 퍼졌다.

40 땅이 그들의 소리로 말미암아 갈라질 듯하니 성경에서 땅은 지리적인 의미 이상으로 사용된다. 레위기 26장에 따르면, 이스라엘 백성에게 내리는 대표적인 복과 저주는 땅에 관한 것이다. 이스라엘 백성의 영적인 상태가 땅에 영향을 끼친다는 의미다. 솔로몬이 왕으로 등극할 때 온 백성이 기뻐하였고, 땅은 그 소리로 말미암아 갈라질 듯했다. 이는 땅이 흔들릴 정도의 환호와 외침이 있었다는 것이다. 반면, 반란을 꾀한 자들에게 이 진동은 두려움이자 공포 그 자체였다. 아도니야는 스스로 마련한 잔치에서 소수의 동조자들만의 왕으로 군림했지만, 하나님이 인정하신 왕 솔로몬은 모든 백성의 환호를 받으며 왕위에 오른다.

쉬운성경

32 다윗 왕이 말했습니다. "제사장 사독과 예언자 나단과 여호야다의 아들 브나야를 내 앞에 오게 하시오." 그러자 그들이 왕 앞으로 나아왔습니다.

33 왕이 그들에게 말했습니다. "내 신하들을 데리고 내 아들 솔로몬을 내 노새에 태워 기혼 샘으로 내려가시오.

34 거기에서 제사장 사독과 예언자 나단은 솔로몬에게 올리브 기름을 부어 그를 이스라엘의 왕으로 세우시오. 그리고 나팔을 불며 '솔로몬 왕 만세!'를 외치시오.

35 그런 다음에 솔로몬과 함께 돌아오시오. 솔로몬이 내 왕위에 앉아 나를 대신해서 나라를 다스릴 것이오. 내가 솔로몬을 이스라엘과 유다를 다스리는 왕으로 세우기를 명령하오."

36 여호야다의 아들 브나야가 왕에게 대답했습니다. "옳은 말씀입니다. 왕의 하나님께서도 그렇게 하시기를 바랍니다.

37 여호와께서 우리의 왕이신 당신을 언제나 도와주셨던 것처럼 이제 솔로몬도 도와주시기를 바랍니다. 그리고 솔로몬이 왕보다도 더 위대한 왕이 되시기를 바랍니다."

38 제사장 사독과 예언자 나단과 여호야다의 아들 브나야는 왕의 경호대인 그렛 사람들과 블렛 사람들과 함께 솔로몬을 다윗 왕의 노새에 태워 기혼 샘으로 내려갔습니다.

39 제사장 사독은 성막에서 기름을 담은 뿔을 가져왔습니다. 사독은 그 기름을 솔로몬의 머리에 부었습니다. 사람들이 나팔을 불고 모든 백성은 '솔로몬 왕 만세!' 하고 외쳤습니다.

40 모든 백성이 솔로몬을 따라 성으로 들어갔습니다. 그들은 피리를 불고 소리를 지르며 기뻐했습니다. 그들이 지르는 소리에 땅이 흔들릴 정도였습니다.

저자의 묵상

"믿을 수 있는 친구 세 명만 있어도 성공한 사람"이라고 한다. 친구(親舊)는 '가깝게 오래 사귄 사람'을 뜻한다. 아무리 많은 사람이 주위에 있어도 진실한 친구 세 명을 고르기가 어렵다. 늙은 다윗은 아들 아도니야, 평생을 함께 전쟁터에 나간 군대장관 요압, 죽음의 위기에서 구해 준 제사장 아비아달에게 배신당한다. 이러한 위기에 처한 다윗이 왕권을 회복한 것은 세 명의 친구 때문이다. 제사장 사독, 선지자 나단, 그리고 외인 용병을 통솔한 브나야는 다윗이 손을 내밀기조차 힘들 때 다가가 그를 일으켜 세웠다.

실리(實利)가 없으면 사람을 얻기 힘든 요즘이다. 이러한 분위기는 교회 안에도 고스란히 전해져, 교인들 간에 형제이자 친구로서 지녀야 하는 우정이 점차 사라지고 있다. 실리를 따져 관계 맺는 외식적인 사랑이 아닌, 그 사람이 처해 있는 상황을 끌어안고 함께하는 우정이 교회 안에서 넘쳐 나길 기도할 때다.

무릎 기도 | 하나님, 다윗을 일으켜 세운 우정이 부럽습니다. 혼자서는 믿음을 지키기가 힘겨운데, 하나님의 뜻을 함께 분별하며 우정을 나눌 친구를 허락하소서.

NLT - 1 Kings 1

32 Then King David ordered, "Call Zadok the priest, Nathan the prophet, and Benaiah son of Jehoiada." When they came into the king's presence,
33 the king said to them, "Take Solomon and my officials down to Gihon Spring. Solomon is to ride on my own mule.
34 There Zadok the priest and Nathan the prophet are to anoint him king over Israel. Blow the ram's horn and shout, 'Long live King Solomon!'
35 Then escort him back here, and he will sit on my throne. He will succeed me as king, for I have appointed him to be ruler over Israel and Judah."
36 "Amen!" Benaiah son of Jehoiada replied. "May the LORD, the God of my lord the king, decree that it happen.
37 And may the LORD be with Solomon as he has been with you, my lord the king, and may he make Solomon's reign even greater than yours!"
38 So Zadok the priest, Nathan the prophet, Benaiah son of Jehoiada, and the king's bodyguard* took Solomon down to Gihon Spring, with Solomon riding on King David's own mule..
39 There Zadok the priest took the flask of olive oil from the sacred tent and anointed Solomon with the oil. Then they sounded the ram's horn and all the people shouted, "Long live King Solomon!"
40 And all the people followed Solomon into Jerusalem, playing flutes and shouting for joy. The celebration was so joyous and noisy that the earth shook with the sound.

* 1:38 Hebrew *the Kerethites and Pelethites;* also in 1:44.

32 presence 존재 33 mule 노새 34 anoint 기름을 붓다 horn 뿔 35 escort 인도하다, 호위하다 succeed…as king ~ …를 계승하여 ~가 되다 appoint … to be ~ …를 ~로 임명하다 36 decree 법령, 포고 37 reign 통치 38 bodyguard 경호원 39 take … from ~ ~로부터 …를 취하다 flask 병, 보온병 sacred 신성한 40 shout for joy 환성을 지르다 celebration 축하 행사 joyous 즐거운

05 스스로 왕이 되고자 했으나 끝내 실패한 아도니야

월 일

열왕기상 1:41-53 • 새찬송 26장 | 통일 14장

• 말씀묵상 전에 성령님의 인도하심을 구하는 기도를 드리십시오.

본문요약 I '자칭 왕'이 되었던 아도니야는 동생 솔로몬에게 생명을 구걸하는 신세가 된다. 아도니야와 반역자들은 솔로몬 왕을 기뻐하는 백성의 환호를 듣고 두려워한다. 아도니야는 스스로 왕이 되고자 했으나 끝내 실패하고, 목숨을 부지하고자 제단 뿔을 잡는 수치를 보인다.

41 아도니야와 그와 함께한 손님들이 먹기를 마칠 때에 다 들은지라 요압이 뿔나팔 소리를 듣고 이르되 어찌하여 성읍 중에서 소리가 요란하냐
42 말할 때에 제사장 아비아달의 아들 요나단이 오는지라 아도니야가 이르되 들어오라 너는 용사라 아름다운 소식을 가져오는도다
43 요나단이 아도니야에게 대답하여 이르되 과연 우리 주 다윗 왕이 솔로몬을 왕으로 삼으셨나이다
44 왕께서 제사장 사독과 선지자 나단과 여호야다의 아들 브나야와 그렛 사람과 블렛 사람을 솔로몬과 함께 보내셨는데 그들 무리가 왕의 노새에 솔로몬을 태워다가
45 제사장 사독과 선지자 나단이 기혼에서 기름을 부어 왕으로 삼고 무리가 그곳에서 올라오며 즐거워하므로 성읍이 진동하였나니 당신들에게 들린 소리가 이것이라
46 또 솔로몬도 왕좌에 앉아 있고
47 왕의 신하들도 와서 우리 주 다윗 왕에게 축복하여 이르기를 왕의 하나님이 솔로몬의 이름을 왕의 이름보다 더 아름답게 하시고 그의 왕위를 왕의 위보다 크게 하시기를 원하나이다 하매 왕이 침상에서 몸을 굽히고
48 또한 이르시기를 이스라엘의 하나님 여호와를 찬송하리로다 여호와께서 오늘 내 왕위에 앉을 자를 주사 내 눈으로 보게 하셨도다 하셨나이다 하니
49 아도니야와 함께한 손님들이 다 놀라 일어나 각기 갈 길로 간지라
50 아도니야도 솔로몬을 두려워하여 일어나 가서 제단 뿔을 잡으니
51 어떤 사람이 솔로몬에게 말하여 이르되 아도니야가 솔로몬 왕을 두려워하여 지금 제단 뿔을 잡고 말하기를 솔로몬 왕이 오늘 칼로 자기 종을 죽이지 않겠다고 내게 맹세하기를 원한다 하나이다
52 솔로몬이 이르되 그가 만일 [1]선한 사람일진대 그의 머리털 하나도 땅에 떨어지지 아니하려니와 그에게 악한 것이 보이면 죽으리라 하고
53 사람을 보내어 그를 제단에서 이끌어 내리니 그가 와서 솔로몬 왕께 절하매 솔로몬이 이르기를 네 집으로 가라 하였더라

1) 그럴만한 사람

1. 오늘 하나님께서 나에게 주신 깨달음은 무엇입니까?

2. 말씀을 어떻게 내 삶에 구체적으로 적용해야 합니까?

절별 해설

41 요압이 뿔나팔 소리를 듣고 이르되 어찌하여 성읍 중에서 소리가 요란하냐 아도니야와 반역자들은 반란이 성공했다고 생각하여 잔치를 벌였을 것이고, 그 잔치는 제법 요란하게 진행되었을 것이다. 그러나 그것보다 더 큰 소리가 울려 퍼졌고, 요압은 이내 좋지 않은 낌새를 눈치챈다. 요압은 평생을 전쟁터에서 보냈기에 뿔나팔 소리가 무엇을 의미하는지 알고 있었다. 성읍은 하나인데 왕을 기뻐하는 잔치가 두 곳에서 진행된 것이다.

43-48 우리 주 다윗 왕이 솔로몬을 왕으로 삼으셨나이다, 여호와께서 오늘 내 왕위에 앉을 자를 주사 내 눈으로 보게 하셨도다 하셨나이다 아도니야는 좋은 소식을 기대하며 요나단을 기다렸다. 요나단은 반란의 중심에 있던 제사장 아비아달의 아들이었고, 반대파를 정탐하는 역할을 맡았다. 그는 다윗을 "우리 주 다윗 왕"이라 부르며, 그들의 반란이 실패했다는 소식을 전한다. 다윗은 이미 왕권을 회복했고, 왕위는 하나님의 뜻에 따라 솔로몬에게 이양되었다. 그들의 계획은 철저하게 실패했고, 하나님의 뜻은 인간의 저항을 뚫고 실체를 드러냈다.

50 아도니야도 솔로몬을 두려워하여 일어나 가서 제단 뿔을 잡으니 아도니야는 반란에 실패하자 죽음을 두려워한다. 죽음을 인식하면 사람은 본연의 모습을 드러낸다. 아도니야는 곧바로 제단으로 뛰어가 제단 뿔을 잡는다. 제단 뿔은 번제단의 네 모퉁이에 있는 뿔인데(출 38:1-7), 자기 백성을 용서하시는 하나님의 능력을 상징한다(출 29:12). 제단 뿔을 잡고 용서를 구하는 행위가 언제부터 어떻게 시작되었는지는 명확하지 않지만, 광야생활 중 제단은 사람을 고의로 죽인 사람의 도피처 역할을 했다(출 21:12-14). 이러한 행위가 제단 뿔을 잡는 것으로 이어졌을 것이다.

52 그에게 악한 것이 보이면 죽으리라 하고 솔로몬이 아도니야의 협상 제안을 받아준 것은 그에 대한 배려였다. 그러면서도 아도니야가 요구한 대로 맹세하지 않았다. 오히려 아도니야를 살려주는 것에 조건을 달았다.

쉬운성경

41 아도니야와 그의 모든 손님들은 음식을 다 먹을 즈음에 그 소리를 들었습니다. 나팔 소리가 들려오자 요압이 말했습니다. "성 안이 왜 저렇게 소란스러운가?"

42 요압이 말을 마치기도 전에 제사장 아비아달의 아들 요나단이 왔습니다. 아도니야가 말했습니다. "어서 오시오. 그대는 용사이니 틀림없이 좋은 소식을 가져왔을 줄로 믿소."

43 요나단이 대답했습니다. "아닙니다. 우리 주 다윗 왕은 솔로몬을 왕으로 세웠습니다.

44 다윗 왕은 솔로몬을 제사장 사독과 예언자 나단과 여호야다의 아들 브나야와 그렛 사람들과 블렛 사람들과 함께 보냈습니다. 그들은 솔로몬을 왕의 노새에 태웠습니다.

45 제사장 사독과 예언자 나단이 기혼 샘에서 솔로몬에게 기름을 부어 그를 왕으로 세웠습니다. 그리고 그들은 기뻐하며 성으로 들어갔습니다. 지금 온 성은 흥분으로 들떠 있습니다. 여러분이 들은 소리가 바로 그 소리입니다.

46 이제 솔로몬이 왕이 되었습니다.

47 왕의 신하들도 다윗 왕이 한 일을 축하하고 있습니다. 그들은 '왕의 하나님께서 솔로몬을 왕보다 더 유명하게 만드시기 바랍니다'라고 말하고 있습니다. 다윗 왕은 침대에서 여호와께 절하고

48 '이스라엘의 하나님 여호와를 찬양하여라. 여호와께서는 오늘 내 아들 가운데서 하나를 왕으로 삼으시고 내 눈으로 그것을 보게 해 주셨다'라고 말했습니다."

49 그러자 아도니야의 손님들이 다 두려워하면서 각자 자기의 길로 떠났습니다.

53 그가 와서 솔로몬 왕께 절하매 솔로몬이 이르기를 네 집으로 가라 하였더라 제단에서 끌려 내려온 '자칭 왕' 아도니야는 '하나님이 세우신 왕' 솔로몬에게 생명을 구걸한다. 솔로몬은 반역자를 단칼에 죽일 수 있었으나 집으로 돌려보낸다. "집으로 가라"는 표현은 무조건적인 용서를 의미하지 않는다. 반란에 실패한 이상 잠잠히 처벌을 기다리라는 뜻이며, 앞으로 이어질 심판을 예고한다.

50 아도니야도 솔로몬이 두려워 자리에서 일어나 제단으로 가서 제단 뿔을 잡았습니다.

51 누군가가 솔로몬에게 일러 주었습니다. "아도니야가 솔로몬 왕을 두려워하여 제단 뿔을 잡고 있습니다. 그는 '솔로몬 왕에게 가서 그의 종인 나를 칼로 죽이지 않겠다고 맹세하게 해 달라고 전해 주시오'라고 말했습니다."

52 솔로몬이 대답했습니다. "아도니야가 믿을 만한 사람이라면 그의 머리카락 하나라도 땅에 떨어지지 않을 것이다. 그러나 만약 그에게서 악한 것이 발견되면 죽을 것이다."

53 그러면서 솔로몬 왕은 사람을 보내어 아도니야를 제단에서 끌어오게 했습니다. 아도니야가 와서 솔로몬에게 절을 했습니다. 그러자 솔로몬이 "집으로 가시오" 하고 말했습니다.

저자의 묵상

열왕기서 저자는 두 가지 질문을 던진다. 하나님의 뜻을 기다릴 것인가, 아니면 스스로 자기의 뜻을 세울 것인가? 또 이스라엘이 그 질문 앞에서 어떤 선택을 했는지, 그리고 하나님은 그들의 선택에 어떻게 반응하시는지를 전한다. 하나님은 구원과 심판을 통해 피조세계를 향한 의지를 드러내신다. 그러나 하나님은 우리가 기대하는 것보다 더 늦게 반응하실지도 모른다. 아도니야의 반란 역시 나단이 개입하지 않았다면 뒤집기 어려웠을 것이다. 이 정도 되었으면 악이 득세하지 못하게 뒤엎으셔야 하는데, 하나님은 아무런 말씀도 행동도 하지 않으실 때가 있다. 그래서 우리는 도대체 얼마나 더 버티며 기다려야 하는지를 묻는다. 하나님은 위기에 처한 그분의 백성을 내버려 두지 않으신다. 그분의 기다림은 방관이나 포기가 아니다. 백성 스스로 하나님의 본의를 깨닫고 일어서게 하는 기회다. 늘 그렇듯 하나님은 우리가 참을 수 있을 정도까지만 기다리신다.

무릎기도 하나님, 솔로몬이 하나님의 뜻을 따라 인내하며 왕으로 세워졌듯이, 하나님의 마음과 계획을 제 생각 안에 가두지 않게 하소서.

NLT - 1 Kings 1

41 Adonijah and his guests heard the celebrating and shouting just as they were finishing their banquet. When Joab heard the sound of the ram's horn, he asked, "What's going on? Why is the city in such an uproar?"

42 And while he was still speaking, Jonathan son of Abiathar the priest arrived. "Come in," Adonijah said to him, "for you are a good man. You must have good news."

43 "Not at all!" Jonathan replied. "Our lord King David has just declared Solomon king!

44 The king sent him down to Gihon Spring with Zadok the priest, Nathan the prophet, and Benaiah son of Jehoiada, protected by the king's bodyguard. They had him ride on the king's own mule,

45 and Zadok and Nathan have anointed him at Gihon Spring as the new king. They have just returned, and the whole city is cele-brating and rejoicing. That's what all the noise is about.

46 What's more, Solomon is now sitting on the royal throne as king.

47 And all the royal officials have gone to King David and congratulated him, saying, 'May your God make Solomon's fame even greater than your own, and may Solomon's reign be even greater than yours!' Then the king bowed his head in worship as he lay in his bed,

48 and he said, 'Praise the LORD, the God of Israel, who today has chosen a successor to sit on my throne while I am still alive to see it.'"

49 Then all of Adonijah's guests jumped up in panic from the banquet table and quickly scattered.

50 Adonijah was afraid of Solomon, so he rushed to the sacred tent and grabbed onto the horns of the altar.

51 Word soon reached Solomon that Adonijah had seized the horns of the altar in fear, and that he was pleading, "Let King Solomon swear today that he will not kill me!"

52 Solomon replied, "If he proves himself to be loyal, not a hair on his head will be touched. But if he makes trouble, he will die."

53 So King Solomon summoned Adonijah, and they brought him down from the altar. He came and bowed respectfully before King Solomon, who dismissed him, saying, "Go on home."

41 just as ~ 마침 ~할 때 banquet 연회 uproar 소동, 소란 43 not at all 절대로 그렇지 않다 44 mule 노새 45 anoint 기름을 붓다 rejoice 기뻐하다 46 what is more 게다가 47 congratulate 축하하다 reign 통치 48 successor 후계자 49 jump up 벌떡 일어나다 scatter 흩어지다 50 be afraid of ~ ~을 두려워하다 sacred 신성한 grab 잡다, 붙들다 altar 제단 51 seize 잡다 plead 애원하다 swear 맹세하다 52 make trouble 소동을 일으키다 53 summon 소환하다 respectfully 공손하게 dismiss 일축하다, 기각하다

• MEMO •

06 다윗의 죽음과 그의 마지막 이야기

월 일

열왕기상 2:1-12 • 새찬송 373장 | 통일 503장

• 말씀묵상 전에 성령님의 인도하심을 구하는 기도를 드리십시오.

본문요약 | 아도니야의 반란을 수습한 다윗은 솔로몬을 부른다. 피할 수 없는 죽음 앞에서 왕국을 어떻게 통치해야 하는지 유언을 통해 솔로몬에게 알려주기 위해서다. 다윗은 솔로몬이 하나님을 향해 어떠한 삶을 살아야 하는지, 사람을 어떻게 대해야 하는지를 알려준다.

1 다윗이 죽을 날이 임박하매 그의 아들 솔
로몬에게 명령하여 이르되
2 내가 이제 세상 모든 사람이 가는 길로 가
게 되었노니 너는 힘써 대장부가 되고
3 네 하나님 여호와의 명령을 지켜 그 길로
행하여 그 법률과 계명과 율례와 증거를
모세의 율법에 기록된 대로 지키라 그리
하면 네가 무엇을 하든지 어디로 가든지
형통할지라
4 여호와께서 내 일에 대하여 말씀하시기를
만일 네 자손들이 그들의 길을 삼가 마음
을 다하고 성품을 다하여 진실히 내 앞에
서 행하면 이스라엘 왕위에 오를 사람이
네게서 끊어지지 아니하리라 하신 말씀을
확실히 이루게 하시리라
5 스루야의 아들 요압이 내게 행한 일 곧 이
스라엘 군대의 두 사령관 넬의 아들 아브
넬과 예델의 아들 아마사에게 행한 일을
네가 알거니와 그가 그들을 죽여 태평 시
대에 전쟁의 피를 흘리고 전쟁의 피를 자
기의 허리에 띤 띠와 발에 신은 신에 묻혔
으니
6 네 지혜대로 행하여 그의 백발이 평안히
스올에 내려가지 못하게 하라
7 마땅히 길르앗 바르실래의 아들들에게 은
총을 베풀어 그들이 네 상에서 먹는 자 중
에 참여하게 하라 내가 네 형 압살롬의 낯
을 피하여 도망할 때에 그들이 내게 나왔
느니라
8 바후림 베냐민 사람 게라의 아들 시므이
가 너와 함께 있나니 그는 내가 마하나임
으로 갈 때에 악독한 말로 나를 저주하였
느니라 그러나 그가 요단에 내려와서 나
를 영접하므로 내가 여호와를 두고 맹세
하여 이르기를 내가 칼로 너를 죽이지 아
니하리라 하였노라
9 그러나 그를 무죄한 자로 여기지 말지어
다 너는 지혜 있는 사람이므로 그에게 행
할 일을 알지니 그의 백발이 피 가운데 스
올에 내려가게 하라
10 다윗이 그의 조상들과 함께 누워 다윗 성
에 장사되니
11 다윗이 이스라엘 왕이 된 지 사십 년이라
헤브론에서 칠 년 동안 다스렸고 예루살
렘에서 삼십삼 년 동안 다스렸더라
12 솔로몬이 그의 아버지 다윗의 왕위에 앉
으니 그의 나라가 심히 견고하니라

1. 오늘 하나님께서 나에게 주신 깨달음은 무엇입니까?

2. 말씀을 어떻게 내 삶에 구체적으로 적용해야 합니까?

절별 해설

2 너는 힘써 대장부가 되고 왕의 권좌는 화려한 자리가 아니라 힘들고 외로운 자리이므로 마음을 강하게 할 준비를 해야 한다. 대장부가 되어야 한다는 말에는 비장함과 절박함이 담겨 있다.

3 모세의 율법에 기록된 대로 지키라 다윗의 유언은 하나님이 모세의 후계자인 여호수아에게 주신 명령(수 1:6-9)과 유사하다. 지도자는 하나님의 뜻에 따라 나라를 통치해야 한다. 다윗 역시 솔로몬에게 여호와의 명령을 지켜 그 길로 행하라고 명령한다. 또 선과 악을 임의로 선택하여 엉망이 되어버린 왕국을 모세의 율법으로 바로잡으라고 명령한다.

4 만일 네 자손들이 그들의 길을 삼가 마음을 다하고 성품을 다하여 진실히 내 앞에서 행하면 이스라엘 왕위에 오를 사람이 네게서 끊어지지 아니하리라 다윗은 솔로몬이 하나님께 순종하면 자신이 세운 왕조가 영원히 보존될 것이라 말한다. 즉, 다윗의 집안이 계속해서 왕위를 지키려면 최선을 다해 여호와의 율법을 지켜야 하는 것이다.

7 마땅히 길르앗 바르실래의 아들들에게 은총을 베풀어 그들이 네 상에서 먹는 자 중에 참여하게 하라 다윗은 아들 압살롬의 반역을 피해 도망 다니던 중에 바르실래를 만났다. 바르실래는 다윗 일행의 배고픔과 갈증을 해소해 주었고, 이에 다윗은 다시 일어설 수 있는 힘을 얻었다(삼하 17:27-29). 다윗은 다시 왕궁으로 돌아갈 때 바르실래에게 그의 후손을 돌아보겠노라고 약속한다(삼하 19:31-39). 다윗은 바르실래와의 약속을 지켰고, 왕위를 이어받은 솔로몬도 그렇게 하기를 바랐다. 식사할 때 왕의 상에 바르실래의 아들들을 참여하게 하라는 것은, 다윗이 바르실래에게 얼마나 큰 은혜를 입었는지를 알게 한다.

8-9 바후림 베냐민 사람 게라의 아들 시므이가 너와 함께 있나니 그는 내가 마하나임으로 갈 때에 악독한 말로 나를 저주하였느니라 시므이는 압살롬의 반란 때 도망가는 다윗에게 저주를 퍼부었으나, 후에 다윗은 그를 심판하지 않았다(삼하 16:5-13). 시므이는 이스라엘의 초대 왕 사울이 속한 베냐민 지파의 유지였다. 다윗이 그를 용서했다기보다는 압살롬의 반란 이후 민심을 수습하기 위해 심판을 유보한 것이라고 보아야 한다. 솔로

쉬운성경

1 다윗은 죽을 날이 가까워지자 솔로몬에게 유언을 했습니다.

2 "나는 이제 세상 모든 사람들이 가야 할 길로 간다. 너는 훌륭하고 용감한 지도자가 되어라.

3 너의 하나님 여호와께서 명령하신 것을 잘 지켜라. 그분께서 주신 계명을 지키고, 율법에 복종하며 그분께서 말씀하신 대로만 하여라. 모세의 율법에 적힌 것을 지켜라. 그렇게 하면 너는 무엇을 하든지, 어디를 가든지 성공할 것이다.

4 여호와께서 나에게 하신 약속, 곧 '네 자손이 내 말을 잘 따르고 마음과 정성을 다하여 내 앞에서 행하기만 하면 이스라엘 백성을 다스릴 왕이 네 집안에서 끊이지 않고 나오게 하겠다'라고 하신 약속을 지켜 주실 것이다.

5 그리고 너는 스루야의 아들 요압이 내게 한 일을 잊지 마라. 요압은 이스라엘의 훌륭한 두 장군인 넬의 아들 아브넬과 예델의 아들 아마사를 암살했다. 전쟁 때도 아닌 평화의 때에 그들의 피를 흘렸다. 요압은 죄 없는 사람들을 죽여서 그의 허리띠와 신에 피를 묻혔다.

6 너는 지혜롭게 행동하여 그에게 벌을 주어라. 그가 오래도록 살다가 평안히 죽게 내버려 두지 마라.

7 그러나 길르앗 사람 바실래*의 자녀에게는 자비를 베풀어 주어라. 그들이 네 상에서 함께 먹을 수 있도록 하여라. 그들은 내가 네 형 압살롬을 피해 도망갈 때에 나를 도와 주었다.

8 바후림 출신의 베냐민 사람이요, 게라의 아들인 시므이가 너와 함께 있다는 것을 잊지 마라. 그는 내가 마하나

*2:7 '바실래'는 '바르실래'와 동일 인물임.

몬에게 왕위를 넘기는 상황에서, 다윗은 더 이상 시므이를 무죄한 자로 여기지 않는다. 자신을 모독한 시므이가 아들 솔로몬에게 어떤 위협을 가할지 알기 때문이다.

10 다윗이 그의 조상들과 함께 누워 다윗 성에 장사되니 통일왕국 이스라엘의 위대한 다윗 왕도 마침내 죽어 장사되었다. 다윗은 마지막 재임 기간을 새 왕 솔로몬과 백성을 준비시키는 일로 보냈다(대상 22:6-19; 28:1-21; 29:1-22). 다윗은 죽는 순간까지 맡은 바 소임을 다했다.

임으로 가던 날 나를 저주한 사람이다. 그러나 그가 나를 맞이하러 요단 강까지 내려왔으므로, 나는 여호와 앞에서 그에게 '시므이야, 내가 칼로 너를 죽이지 않겠다'라고 약속했다.

9 그러나 그를 죄 없는 사람으로 여기지 마라. 너는 지혜로운 사람이니 시므이를 어떻게 처리해야 할지 알 것이다. 그 노인이 피를 흘리며 음부에 내려가게 하여라."

10 그 후, 다윗은 죽어서 그의 조상들과 함께 다윗 성에 묻혔습니다.

11 다윗은 사십 년 동안, 이스라엘을 다스렸습니다. 헤브론에서 칠 년을 다스리고 예루살렘에서 삼십삼 년을 다스렸습니다.

12 솔로몬은 아버지 다윗의 뒤를 이어 왕이 되었습니다. 그리고 그의 나라를 굳건하게 세웠습니다.

저자의 묵상

죽음의 문턱에 선 다윗은 왕위를 이어갈 아들 솔로몬에게 구시대의 잔재를 청산하고 새로운 시대를 열 것을 당부한다. 다윗은 모세의 율법, 즉 하나님과 맺은 언약을 마음과 뜻을 다해 지키라고 명령한다. 하나님은 이스라엘 백성의 행복을 위해 율법을 수여하셨고(신 10:13), 백성들에게 이를 지킴으로 복을 누리라고 하셨다. 이렇게 하나님의 뜻에 따른 통치는 개인의 형통을 넘어 '다윗의 후손에게서 왕위가 끊어지지 않을 것'이라는 나단의 예언을 성취하게 할 것이다. 다윗의 유언 중 가장 중요한 부분은 언약을 지키는 삶이다. 이것을 근간으로 성전 건축과 제사 제도를 이야기했고, 사람을 다룰 때 지켜야 하는 원칙을 알려주었다. 다윗은 모세의 율법 이후 이어진 이스라엘 국가의 타락을 알고 있었기에 솔로몬에게 언약을 가장 중요하게 전달하였다. 지금 이 시대에도 여전히 모세의 율법에 대한 오해가 크지만, 그것은 하나님의 백성을 형통하게 하는 그분의 바람이다.

무릎기도 하나님, 다윗이 마지막 힘을 다해 형통을 위한 모세의 율법을 이야기했듯, 저 또한 하나님과 맺은 언약을 소중히 여기며 살게 하소서.

NLT - 1 Kings 2

1 As the time of King David's death approached, he gave this charge to his son Solomon:

2 "I am going where everyone on earth must someday go. Take courage and be a man.

3 Observe the requirements of the LORD your God, and follow all his ways. Keep the decrees, commands, regulations, and laws written in the Law of Moses so that you will be successful in all you do and wherever you go.

4 If you do this, then the LORD will keep the promise he made to me. He told me, 'If your descendants live as they should and follow me faithfully with all their heart and soul, one of them will always sit on the throne of Israel.'

5 "And there is something else. You know what Joab son of Zeruiah did to me when he murdered my two army commanders, Abner son of Ner and Amasa son of Jether. He pretended that it was an act of war, but it was done in a time of peace,[*] staining his belt and sandals with innocent blood.[*]

6 Do with him what you think best, but don't let him grow old and go to his grave in peace.[*]

7 "Be kind to the sons of Barzillai of Gilead. Make them permanent guests at your table, for they took care of me when I fled from your brother Absalom.

8 "And remember Shimei son of Gera, the man from Bahurim in Benjamin. He cursed me with a terrible curse as I was fleeing to Mahanaim. When he came down to meet me at the Jordan River, I swore by the LORD that I would not kill him.

9 But that oath does not make him innocent. You are a wise man, and you will know how to arrange a bloody death for him.[*]"

10 Then David died and was buried with his ancestors in the City of David.

11 David had reigned over Israel for forty years, seven of them in Hebron and thirty-three in Jerusalem.

12 Solomon became king and sat on the throne of David his father, and his kingdom was firmly established.

* 2:5a Or *He murdered them during a time of peace as revenge for deaths they had caused in time of war.*

* 2:5b As in some Greek and Old Latin manuscripts; Hebrew reads *with the blood of war.*

* 2:6 Hebrew *don't let his white head go down to Sheol in peace.*

* 2:9 Hebrew *how to bring his white head down to Sheol in blood.*

2 take courage 용기를 내다 3 observe 지키다 requirement 요건, 요구 decree 법령, 명령 command 명령, 지시 regulation 규정 4 keep promise 약속을 지키다 descendant 후손 faithfully 성실하게 5 murder 살해하다 pretend ~인 척하다 stain … with ~ ~로 …를 더럽히다 innocent 죄 없는, 순수한 6 do with ~ ~를 처리하다 7 permanent 영구적인 flee from ~ ~에서 달아나다 8 come down 내려오다 9 oath 선서, 맹세 arrange 준비하다 bloody 유혈의 11 reign over ~ ~을 통치하다 12 firmly 확고하게 establish 설립하다

• MEMO •

☐ 묵상 체크

07 아도니야의 욕심과 그 결과

월 일

열왕기상 2:13-25 • 새찬송 212장 | 통일 347장

• 말씀묵상 전에 성령님의 인도하심을 구하는 기도를 드리십시오.

본문요약 | 반역을 꾀한 아도니야는 목숨을 건졌음에도 다윗이 죽자마자 여전히 왕권에 대한 욕망을 노골적으로 드러낸다. 밧세바를 통해 다윗의 첩이었던 수넴 여자 아비삭을 아내로 달라 청하자, 솔로몬은 브나야를 보내 아도니야를 죽인다.

13 학깃의 아들 아도니야가 솔로몬의 어머니
밧세바에게 나아온지라 밧세바가 이르되
네가 화평한 목적으로 왔느냐 대답하되
화평한 목적이니이다
14 또 이르되 내가 말씀드릴 일이 있나이다
밧세바가 이르되 말하라
15 그가 이르되 당신도 아시는 바이거니와
이 왕위는 내 것이었고 온 이스라엘은 다
얼굴을 내게로 향하여 왕으로 삼으려 하
였는데 그 왕권이 돌아가 내 아우의 것이
되었음은 여호와께로 말미암음이니이다
16 이제 내가 한 가지 소원을 당신에게 구하
오니 내 청을 거절하지 마옵소서 밧세바
가 이르되 말하라
17 그가 이르되 청하건대 솔로몬 왕에게 말
씀하여 그가 수넴 여자 아비삭을 내게 주
어 아내를 삼게 하소서 왕이 당신의 청을
거절하지 아니하리이다
18 밧세바가 이르되 좋다 내가 너를 위하여
왕께 말하리라
19 밧세바가 이에 아도니야를 위하여 말하려
고 솔로몬 왕에게 이르니 왕이 일어나 영
접하여 절한 후에 다시 왕좌에 앉고 그의
어머니를 위하여 자리를 베푸니 그가 그
의 오른쪽에 앉는지라
20 밧세바가 이르되 내가 한 가지 작은 일로
왕께 구하오니 내 청을 거절하지 마소서
왕이 대답하되 내 어머니여 구하소서 내
가 어머니의 청을 거절하지 아니하리이다
21 이르되 청하건대 수넴 여자 아비삭을 아
도니야에게 주어 아내로 삼게 하소서
22 솔로몬 왕이 그의 어머니에게 대답하여
이르되 어찌하여 아도니야를 위하여 수넴
여자 아비삭을 구하시나이까 그는 나의
형이오니 그를 위하여 왕권도 구하옵소서
그뿐 아니라 제사장 아비아달과 스루야의
아들 요압을 위해서도 구하옵소서 하고
23 여호와를 두고 맹세하여 이르되 아도니야
가 이런 말을 하였은즉 그의 생명을 잃지
아니하면 하나님은 내게 벌 위에 벌을 내
리심이 마땅하니이다
24 그러므로 이제 나를 세워 내 아버지 다윗
의 왕위에 오르게 하시고 허락하신 말씀
대로 나를 위하여 집을 세우신 여호와께
서 살아계심을 두고 맹세하노니 아도니야
는 오늘 죽임을 당하리라 하고
25 여호야다의 아들 브나야를 보내매 그가
아도니야를 쳐서 죽였더라

1. 오늘 하나님께서 나에게 주신 깨달음은 무엇입니까?

2. 말씀을 어떻게 내 삶에 구체적으로 적용해야 합니까?

절별 해설

13-14 학깃의 아들 아도니야가 솔로몬의 어머니 밧세바에게 나아온지라 아도니야는 밧세바를 몰래 찾아가 수넴 여인 아비삭을 자신의 아내로 달라고 한다. 아비삭은 노년에 다윗을 수종들던 여인으로서, 사실상 아버지 다윗의 후궁이었다. 아도니야는 이 같은 일을 통해 은연중에 자신의 왕위 계승권을 확인해 두려 한 것이다. 고대 근동에서는 선왕(先王)의 첩을 아내로 삼음으로써 후왕(後王)이 자신의 왕위를 널리 인정받는 관습이 있었다. 아도니야는 여전히 왕권에 대한 야심을 버리지 못했다.

15 이 왕위는 내 것이었고 온 이스라엘은 다 얼굴을 내게로 향하여 왕으로 삼으려 하였는데 그 왕권이 돌아가 내 아우의 것이 되었음은 여호와께로 말미암음이니이다 어리석은 아도니야는 나이가 많다는 것만으로 왕위의 정통성이 자기에게 있다고 생각했다. 그러나 일곱 형들을 제쳐 두고 다윗을 택하신 하나님은 인간적인 판단 기준으로 왕을 택하신 것이 아니다. 또 "온 이스라엘은 다 얼굴을 내게로 향하여 왕으로 삼으려 하였는데"라는 말도 한심한 자기평가다. 추종자 몇 명이 있을 뿐인데 모든 백성이 자신을 원하는 것처럼 부풀려 말한 것이다.

18 좋다 내가 너를 위하여 왕께 말하리라 밧세바는 아도니야를 대신해 솔로몬 왕에게 부탁해 보겠다고 약속한다. 그러나 밧세바는 왕대비였고 정치적 계산이 빠른 여자였다. 그러니 자신이 전한 말에 솔로몬이 어떻게 반응할지 예측했을 것이다. 아마도 밧세바는 솔로몬이 이 기회를 잘 활용하여 그의 왕권을 안정시킬 것으로 생각한 것 같다.

22 그는 나의 형이오니 그를 위하여 왕권도 구하옵소서 그뿐 아니라 제사장 아비아달과 스루야의 아들 요압을 위해서도 구하옵소서 아도니야의 요청에 크게 진노한 솔로몬은 아도니야를 비난하면서 아비아달과 요압까지 거론한다. 솔로몬은 이 일을 왕권을 탈취하려는 자들의 음모로 단정한다. 오히려 이 일은 솔로몬의 왕권을 위협할 수 있는 모든 정적을 제거할 기회가 된다.

쉬운성경

13 그때에 학깃의 아들 아도니야가 솔로몬의 어머니 밧세바에게 갔습니다. 밧세바가 물었습니다. "좋은 일로 왔느냐?" 아도니야가 대답했습니다. "그렇습니다. 좋은 일로 왔습니다.

14 한 가지 꼭 부탁드릴 말씀이 있어서 왔습니다." 밧세바가 말했습니다. "말해 보아라."

15 아도니야가 말했습니다. "당신도 아시듯이 이 나라는 내 것이었고, 모든 이스라엘 백성은 내가 왕이 되기를 기대했습니다. 그런데 여호와께서 내 동생을 선택하셔서 이 나라의 왕이 되게 하셨습니다.

16 이제 한 가지 부탁드릴 것이 있습니다. 거절하지 마십시오." 밧세바가 말했습니다. "말해 보아라."

17 아도니야가 말했습니다. "솔로몬 왕은 당신의 말이라면 거절하지 않을 것입니다. 그러니 왕에게 말씀드려 수넴 여자 아비삭을 내 아내로 삼을 수 있게 해 주십시오."

18 밧세바가 말했습니다. "좋다. 너를 위해 왕에게 말씀드려 보겠다."

19 그리하여 밧세바는 아도니야가 부탁한 것을 말하기 위해 솔로몬 왕에게 갔습니다. 솔로몬은 밧세바를 보자 자리에서 일어나 맞이하며, 밧세바에게 절을 한 뒤 다시 자리에 앉았습니다. 솔로몬은 자기 어머니를 위해 의자를 마련하였고, 밧세바는 솔로몬의 오른쪽에 앉았습니다.

20 밧세바가 말했습니다. "한 가지 작은 부탁이 있어서 왔으니 거절하지 마십시오." 왕이 대답했습니다. "어머니, 말씀하십시오. 거절하지 않겠습니다."

21 밧세바가 말했습니다. "수넴 여자 아비삭을 왕의 형 아도니야의 아내로 주시기를 부탁하오."

24-25 이제 나를 세워 내 아버지 다윗의 왕위에 오르게 하시고 허락하신 말씀대로 나를 위하여 집을 세우신 여호와께서 살아계심을 두고 맹세하노니 아도니야는 오늘 죽임을 당하리라 솔로몬의 명령으로 아도니야는 즉시 처형당한다. 일찍이 아도니야의 반란 때 살려주면서 다시 그런 악한 기미가 보이면 죽이리라 경고했던 대로 행한다. 우매한 행동이 자초한 아도니야의 죽음에서, 욕심이 사람을 얼마나 어리석은 행동으로 이끄는지 분명히 볼 수 있다.

22 솔로몬 왕이 자기 어머니에게 대답했습니다. "왜 아도니야에게 아비삭을 주라고 말씀하십니까? 그는 나의 형이니 아예 왕의 자리까지 그에게 주라고 말씀하시지요. 제사장 아비아달과 스루야의 아들 요압을 위해서도 그렇게 하시지요."

23 그러더니 솔로몬 왕은 여호와의 이름으로 맹세를 했습니다. "아도니야가 감히 이런 부탁을 했으니, 내가 아도니야의 목숨을 살려 둔다면 여호와께서 나에게 무서운 벌을 내리실 것입니다.

24 여호와께서는 내 아버지 다윗의 왕위를 나에게 주셨습니다. 여호와께서는 약속을 지키셔서 그 나라를 나와 내 백성에게 주셨습니다. 여호와의 살아계심을 두고 맹세하오니 아도니야는 반드시 죽을 것입니다."

25 그리고 나서 솔로몬 왕은 여호야다의 아들 브나야를 보내어 아도니야를 쳐죽였습니다.

저자의 묵상

아도니야는 아비삭을 아내로 달라고 요청함으로써 목숨을 살려준 솔로몬의 은혜를 저버리고 자신의 욕심을 드러내고 말았다. 어리석은 욕심 때문에 그는 결국 죽임을 당했다. 인간적인 꾀를 내어 욕심을 부린 아도니야의 모습이 오늘 우리의 삶에도 얼마나 많은가? 제단 뿔을 잡고 간청하여 겨우 목숨을 건진 은혜를 잊고, 탐욕에 이끌려 죽음을 자초하는 것과 유사한 일이 우리에게도 얼마든지 있다. 더욱이 아도니야는 솔로몬의 왕위가 자신의 것이고 모든 백성도 그렇게 원했는데, 하나님이 틀어서 자신이 왕위를 빼앗겼다고 생각했다. 아도니야는 어리석은 사람이었다. 권력을 잡겠다는 욕심만 있었지 자신이 과연 그 자리에 합당한 능력과 인격을 갖추었는지에 대한 생각은 없었다. 이렇게 욕심은 사람을 아둔하게 만들고, 현상을 사실 그대로 보지 못하게 한다. 믿음의 사람은 겸손해야 하고, 정직하게 자신을 평가해야 한다. 사람들의 환호는 언제든 비판으로 바뀔 수 있다.

무릎 기도 하나님, 아도니야처럼 욕심을 부리다 멸망하지 않도록 겸손한 마음을 허락하소서. 늘 겸손한 자세로 자신을 돌아보고 하나님의 은혜를 구하게 하소서.

NLT - 1 Kings 2

13 One day Adonijah, whose mother was
Haggith, came to see Bathsheba, Solomon's
mother. "Have you come with peaceful
intentions?" she asked him. "Yes," he said,
"I come in peace.
14 In fact, I have a favor to ask of you." "What
is it?" she asked.
15 He replied, "As you know, the kingdom was
rightfully mine; all Israel wanted me to be the
next king. But the tables were turned, and
the kingdom went to my brother instead; for
that is the way the LORD wanted it.
16 So now I have just one favor to ask of you.
Please don't turn me down." "What is it?"
she asked.
17 He replied, "Speak to King Solomon on my
behalf, for I know he will do anything you
request. Ask him to let me marry Abishag,
the girl from Shunem."
18 "All right," Bathsheba replied. "I will speak to
the king for you."
19 So Bathsheba went to King Solomon to
speak on Adonijah's behalf. The king rose
from his throne to meet her, and he bowed
down before her. When he sat down on his
throne again, the king ordered that a throne
be brought for his mother, and she sat at his
right hand.
20 "I have one small request to make of you,"
she said. "I hope you won't turn me down."
"What is it, my mother?" he asked. "You
know I won't refuse you."
21 "Then let your brother Adonijah marry
Abishag, the girl from Shunem," she replied.
22 "How can you possibly ask me to give
Abishag to Adonijah?" King Solomon
demanded. "You might as well ask me to
give him the kingdom! You know that he is
my older brother, and that he has Abiathar
the priest and Joab son of Zeruiah on his
side."
23 Then King Solomon made a vow before the
LORD: "May God strike me and even kill me
if Adonijah has not sealed his fate with this
request.
24 The LORD has confirmed me and placed me
on the throne of my father, David; he has
established my dynasty as he promised. So
as surely as the LORD lives, Adonijah will die
this very day!"
25 So King Solomon ordered Benaiah son of
Jehoiada to execute him, and Adonijah was
put to death.

13 intention 의도, 의사 14 in fact 사실상 15 rightfully 정당하게 16 turn ~ down ~을 거절하다 17 on one behalf ~를 위해서 19 bow down 절하다 20 refuse 거부하다 22 possibly 어쩌면 might as well ~ ~하는 편이 낫다 priest 성직자 23 seal one fate 운명을 결정짓다 24 confirm 확증하다 establish 설립하다 dynasty 왕조 this very day 바로 오늘 25 execute 실행하다 put to death 처형하다

• MEMO •

☐ 묵상 체크

08 요압에게 내린 심판

월 일

열왕기상 2:26-35 • 새찬송 456장 | 통일 509장

• 말씀묵상 전에 성령님의 인도하심을 구하는 기도를 드리십시오.

본문요약 | 이스라엘의 용맹한 장군이었지만 지나치게 독단적이고 인간적인 생각으로 아도니야의 반란에 동참했던 요압은, 자신의 죄에 대한 책임을 당당하게 지지 못했다. 하나님은 진정으로 회개하는 자, 애통하고 가난한 마음을 가진 자를 용서하신다.

26 왕이 제사장 아비아달에게 이르되 네 고
향 아나돗으로 가라 너는 마땅히 죽을 자
이로되 네가 내 아버지 다윗 앞에서 주 여
호와의 궤를 메었고 또 내 아버지가 모든
환난을 받을 때에 너도 환난을 받았은즉
내가 오늘 너를 죽이지 아니하노라 하고
27 아비아달을 쫓아내어 여호와의 제사장 직
분을 파면하니 여호와께서 실로에서 엘리
의 집에 대하여 하신 말씀을 응하게 함이
더라
28 그 소문이 요압에게 들리매 그가 여호와
의 장막으로 도망하여 제단 뿔을 잡으니
이는 그가 다윗을 떠나 압살롬을 따르지
아니하였으나 아도니야를 따랐음이더라
29 어떤 사람이 솔로몬 왕에게 아뢰되 요압
이 여호와의 장막으로 도망하여 제단 곁
에 있나이다 솔로몬이 여호야다의 아들
브나야를 보내며 이르되 너는 가서 그를
치라
30 브나야가 여호와의 장막에 이르러 그에
게 이르되 왕께서 나오라 하시느니라 그
가 대답하되 아니라 내가 여기서 죽겠노
라 브나야가 돌아가서 왕께 아뢰어 이르
되 요압이 이리이리 내게 대답하더이다
31 왕이 이르되 그의 말과 같이 하여 그를 죽
여 묻으라 요압이 까닭 없이 흘린 피를 나
와 내 아버지의 집에서 네가 제하리라
32 여호와께서 요압의 피를 그의 머리로 돌려
보내실 것은 그가 자기보다 의롭고 선한
두 사람을 쳤음이니 곧 이스라엘 군사령관
넬의 아들 아브넬과 유다 군사령관 예델의
아들 아마사를 칼로 죽였음이라 이 일을
내 아버지 다윗은 알지 못하셨나니
33 그들의 피는 영영히 요압의 머리와 그의
자손의 머리로 돌아갈지라도 다윗과 그의
자손과 그의 집과 그의 왕위에는 여호와
께로 말미암는 평강이 영원히 있으리라
34 여호야다의 아들 브나야가 곧 올라가서
그를 쳐 죽이매 그가 광야에 있는 자기의
집에 매장되니라
35 왕이 이에 여호야다의 아들 브나야를 요압
을 대신하여 군사령관으로 삼고 또 제사장
사독으로 아비아달을 대신하게 하니라

1. 오늘 하나님께서 나에게 주신 깨달음은 무엇입니까?

2. 말씀을 어떻게 내 삶에 구체적으로 적용해야 합니까?

절별 해설

26 내가 오늘 너를 죽이지 아니하노라 솔로몬은 아도니야 편에 서서 반역적인 거사에 종교적인 정당성을 부여했던 아비아달의 제사장 직을 파면하고 그를 고향 아나돗으로 추방한다. 하나님이 세우신 왕 다윗 곁에서 하나님의 뜻을 왕과 백성에게 올바로 전해야 할 최고 종교지도자가 정치적 야심 때문에 본분을 망각하고 반역에 앞장선 것은 용서받을 수 없는 과오였다. 그러나 솔로몬은 아비아달이 사울에 쫓기던 다윗을 도와 고난의 대열에 참여한 것과 언약궤를 멘 것을 감안하여 죽음은 면하게 해준다.

27 여호와께서 실로에서 엘리의 집에 대하여 하신 말씀을 응하게 함이더라 솔로몬은 정적이 될 수 있는 아비아달을 쫓아냄으로 제거한다. 이는 약 100여 년 전 사무엘상 2장에서 엘리 제사장의 집에 선포되었던 하나님의 사람의 예언이 마침내 성취된 것이다(삼상 2:27-36).

28 그 소문이 요압에게 들리매 그가 여호와의 장막으로 도망하여 제단 뿔을 잡으니 이는 그가 다윗을 떠나 압살롬을 따르지 아니하였으나 아도니야를 따랐음이더라 아비아달의 추방 소식을 들은 요압은 거사가 완전히 실패했음을 알고, 장막으로 도망가 제단 뿔을 잡고 버틴다. 죽음을 피할 수 없음을 알면서도 조금이라도 더 생명을 연장하고자 안간힘을 쓰는 모습이다. 그에게서 이스라엘의 통일을 이루고 주변 나라들을 섬멸하던 시절의 모습은 찾아볼 수 없다.

30-34 아니라 내가 여기서 죽겠노라, 여호야다의 아들 브나야가 곧 올라가서 그를 쳐 죽이매 솔로몬은 아비아달을 살려준 것과 달리 요압은 가차 없이 처형한다. 아버지의 나라를 위한 요압의 막대한 기여를 생각하면 쉽지 않은 결정이었을 것이다. 그러나 솔로몬이 세우려는 나라는 자기 야망을 더 중요하게 여기는 유능한 장군의 나라가 아니라 하나님의 정의를 굳게 세우고, 하나님이 세우신 왕께 충성하고, 하나님의 율법에 순종하는 신하들의 나라였다. 그래서 솔로몬은 요압을 죽이는 이유가 자신의 왕권을 위협해서가 아니라 오랜 세월 동안 정의가 실현되지 않은 살인죄 때문임을 분명히 한다. 즉, 요압이 사울의 군대 장관이었던 아브넬과 압살롬의 군대 장관 아마사를 개인적인 복수심과 질투로 평화 시에 무참히 살해한 죄(삼하 3:22-27; 20:4-12)에 대한 대가를 치르게 한 것이다.

쉬운성경

26 솔로몬 왕이 제사장 아비아달에게 말했습니다. "그대를 그대의 집이 있는 아나돗으로 보낼 테니 그리로 가시오. 그대는 죽어야 마땅하오. 그러나 그대는 내 아버지 다윗과 함께 행진할 때에 여호와 하나님의 궤를 메었고 내 아버지가 온갖 고통을 당했을 때에도 그 고통을 함께했으므로 지금은 그대를 죽이지 않겠소."

27 솔로몬은 아비아달이 여호와를 섬기는 제사장 일을 하지 못하도록 쫓아냈습니다. 그리하여 여호와께서 실로에 있던 제사장 엘리와 그의 집안에 대해서 말씀하신 일이 그대로 이루어졌습니다.

28 요압은 이 소식을 듣고 두려워했습니다. 그는 압살롬의 편은 들지 않았으나 아도니야의 편을 들었으므로 여호와의 장막으로 도망쳐 제단 뿔을 붙잡았습니다.

29 누군가가 솔로몬 왕에게 요압이 여호와의 장막으로 도망쳐 제단 뿔 곁에 있다고 일러 주었습니다. 그래서 솔로몬은 브나야에게 요압을 죽이라고 명령했습니다.

30 브나야가 여호와의 장막으로 들어가서 요압에게 말했습니다. "왕의 명령이니, 밖으로 나오시오." 요압이 대답했습니다. "아니다. 나는 여기에서 죽겠다." 브나야가 왕에게 돌아가서 요압이 한 말을 전했습니다.

31 그러자 왕이 브나야에게 명령했습니다. "그가 말한 대로 요압이 나와 나의 아버지 집에서 무모하게 흘린 피를 이제 네가 거두어라.

32 요압은 자기보다 선한 두 사람, 곧 이스라엘 군대의 사령관이었던 넬의 아들 아브넬과 유다 군대의 사령관이었던 예델의 아들 아마사를 죽였다. 내 아버지 다윗은 요압이 그들을 죽인 것

35 왕이 이에 여호야다의 아들 브나야를 요압을 대신하여 군 사령관으로 삼고 또 제사장 사독으로 아비아달을 대신하게 하니라 브나야와 사독이 군사령관과 제사장에 임명된다. 이렇게 충성스런 신하들이 부름받은 것은 솔로몬의 인물들로 왕국이 새롭게 체제가 개편됨을 말해 준다. 여기서 브나야는 시위대장에서 군사령관으로 영전된 것이며, 사독은 명실공히 대제사장으로 그 지위가 격상되었다.

을 몰랐다. 그러므로 여호와께서 요압이 흘린 피를 그의 머리로 돌려 보내실 것이다.

33 그들을 죽인 죄는 요압과 그의 집안에 영원히 돌아갈 것이다. 그러나 다윗과 그의 자손과 그의 집안과 그의 왕좌에는 여호와께서 주시는 평화가 영원토록 있게 될 것이다."

34 그러자 여호야다의 아들 브나야가 올라가서 요압을 죽였습니다. 요압은 광야에서 가까운 자기 집에 묻혔습니다.

35 왕은 요압을 대신해서 여호야다의 아들 브나야를 군대 사령관으로 삼았습니다. 또 아비아달의 자리에는 제사장 사독을 세웠습니다.

저자의 묵상

다윗이 환난을 당하여 도망하던 시절에 아비아달의 아버지 집안이 다윗을 숨겨준 일로 일가 전체가 사울에게 몰살당한 적이 있었다. 솔로몬은 그 선대를 기억하여, 아비아달의 죽음만은 면해 주고 그를 고향으로 추방하는 것으로 끝냈다. 선한 일을 위해 희생의 대가를 치르면 하나님은 반드시 보상하신다. 당대가 아니면 후손의 때에라도 말이다. 그러므로 우리는 늘 하나님을 위해 선한 일을 하는 데 힘써야 한다. 반면, 하나님의 법을 자신의 죄를 가리기 위한 수단으로 이용할 때 하나님은 용서하지 않으신다. 요압은 여호와의 장막으로 도망쳐 제단 뿔을 잡음으로써 목숨을 부지하고자 했으나 결국 비참하게 처형당한다. 고의적으로 살인하거나 엄청난 해악을 끼친 자는 제단 뿔을 잡더라도 죽임을 당했다. 의식이나 법보다 중요한 것은 겸손하고 정직한 마음이다.

무릎 기도 하나님, 자신의 능력이나 힘에 취해 하나님이 부여하신 권위에 순복할 줄 모르는 교만을 없애주소서. 오직 삶의 주인이 하나님임을 고백하며 겸손하고 정직하게 하소서.

NLT - 1 Kings 2

26 Then the king said to Abiathar the priest,
"Go back to your home in Anathoth. You
deserve to die, but I will not kill you now,
because you carried the Ark of the
Sovereign LORD for David my father and you
shared all his hardships."
27 So Solomon deposed Abiathar from his
position as priest of the LORD, thereby
fulfilling the prophecy the LORD had given
at Shiloh concerning the descendants of Eli.
28 Joab had not joined Absalom's earlier
rebellion, but he had joined Adonijah's
rebellion. So when Joab heard about
Adonijah's death, he ran to the sacred tent
of the LORD and grabbed onto the horns of
the altar.
29 When this was reported to King Solomon, he
sent Benaiah son of Jehoiada to execute
him.
30 Benaiah went to the sacred tent of the LORD
and said to Joab, "The king orders you to
come out!" But Joab answered, "No, I will
die here." So Benaiah returned to the king
and told him what Joab had said.
31 "Do as he said," the king replied. "Kill him
there beside the altar and bury him. This will
remove the guilt of Joab's senseless murders
from me and from my father's family.
32 The LORD will repay him* for the murders of
two men who were more righteous and
better than he. For my father knew nothing
about the deaths of Abner son of Ner,
commander of the army of Israel, and of
Amasa son of Jether, commander of the
army of Judah.
33 May their blood be on Joab and his des-
cendants forever, and may the LORD grant
peace forever to David, his descendants, his
dynasty, and his throne."
34 So Benaiah son of Jehoiada returned to the
sacred tent and killed Joab, and he was
buried at his home in the wilderness.
35 Then the king appointed Benaiah to
command the army in place of Joab, and he
installed Zadok the priest to take the place
of Abiathar.

* 2:32 Hebrew *will return his blood on his own head.*

26 Sovereign 주권자 hardship 고난 27 depose 물러나게 하다 thereby 그것에 의하여 fulfill 성취하다 prophecy 예언 concerning ~에 관하여 descendant 후손 28 rebellion 반역, 반란 sacred 신성한 grab 잡다 horn 뿔 altar 제단 29 execute 처형하다 31 bury 묻다 remove … from ~ ~에게서 …를 제거하다 senseless 무의미한 murder 살인 32 repay … for ~ …에게 ~에 대해 갚다 righteous 공정한 commander 지휘관, 사령관 33 dynasty 왕조 35 appoint 임명하다 take the place of ~ ~을 대신하다

• MEMO •

09

월 일

철저한 회개와 돌이킴이 없는 인생의 말로

열왕기상 2:36-46 • 새찬송 274장 | 통일 332장

• 말씀묵상 전에 성령님의 인도하심을 구하는 기도를 드리십시오.

본문요약 I 시므이는 사울 가문에 속한 자로 앞으로도 다윗 왕조를 대적할 가능성이 컸다. 그러나 솔로몬은 명분 없이 함부로 그의 심판을 집행할 수 없었다. 그래서 시므이에게 확실한 경계선을 그어줌으로써 지혜롭게 경고의 메시지를 준다.

36 왕이 사람을 보내어 시므이를 불러서 이
르되 너는 예루살렘에서 너를 위하여 집
을 짓고 거기서 살고 어디든지 나가지 말
라
37 너는 분명히 알라 네가 나가서 기드론 시
내를 건너는 날에는 반드시 죽임을 당하
리니 네 피가 네 머리로 돌아가리라
38 시므이가 왕께 대답하되 이 말씀이 좋사
오니 내 주 왕의 말씀대로 종이 그리 하겠
나이다 하고 이에 날이 오래도록 예루살
렘에 머무니라
39 삼 년 후에 시므이의 두 종이 가드 왕 마
아가의 아들 아기스에게로 도망하여 간지
라 어떤 사람이 시므이에게 말하여 이르
되 당신의 종이 가드에 있나이다
40 시므이가 그 종을 찾으려고 일어나 그의
나귀에 안장을 지우고 가드로 가서 아기
스에게 나아가 그의 종을 가드에서 데려
왔더니
41 시므이가 예루살렘에서부터 가드에 갔다
가 돌아온 일을 어떤 사람이 솔로몬에게
말한지라
42 왕이 사람을 보내어 시므이를 불러서 이
르되 내가 너에게 여호와를 두고 맹세하
게 하고 경고하여 이르기를 너는 분명히
알라 네가 밖으로 나가서 어디든지 가는
날에는 죽임을 당하리라 하지 아니하였느
냐 너도 내게 말하기를 내가 들은 말씀이
좋으니이다 하였거늘
43 네가 어찌하여 여호와를 두고 한 맹세와
내가 네게 이른 명령을 지키지 아니하였
느냐
44 왕이 또 시므이에게 이르되 네가 네 마음
으로 아는 모든 악 곧 내 아버지에게 행한
바를 네가 스스로 아나니 여호와께서 네
악을 네 머리로 돌려보내시리라
45 그러나 솔로몬 왕은 복을 받고 다윗의 왕
위는 영원히 여호와 앞에서 견고히 서리
라 하고
46 여호야다의 아들 브나야에게 명령하매 그
가 나가서 시므이를 치니 그가 죽은지라
이에 나라가 솔로몬의 손에 견고하여지니
라

1. 오늘 하나님께서 나에게 주신 깨달음은 무엇입니까?

2. 말씀을 어떻게 내 삶에 구체적으로 적용해야 합니까?

절별 해설

36 너는 예루살렘에서 너를 위하여 집을 짓고 거기서 살고 어디든지 나가지 말라 원래 시므이의 고향은 기드론 시내를 건너 베냐민 지파가 거하는 바후림이었다. 만약 시므이가 그곳에 간다면 다윗 왕조에 감정이 좋지 못한 베냐민 지파와 결탁하여 모반을 꾀할 가능성이 컸다. 그래서 솔로몬은 그를 격리시켜 예루살렘에만 거하도록 약조를 맺는다. 이 약조가 생명을 담보로 한다는 점에서 시므이 역시 다윗에 대한 악행이 온전히 해결된 것으로 생각하지 않았음을 알 수 있다. 시므이는 솔로몬이 주거 지역을 제한하는 정도로 징벌을 내린 것에 감사하고 평생 조심했어야 했다. 그런데 시므이는 매우 감정적이고 충동적이어서 기분대로 하는 경솔한 성격이었다. 솔로몬은 그것을 알고, 그가 언제까지나 진중하게 이 약속을 지킬 수 없다는 것을 예상하여 이런 제안을 한 것이다.

37 기드론 시내를 건너는 날에는 반드시 죽임을 당하리니 기드론 시내는 예루살렘의 동쪽 경계선인데, 시므이가 바후림에 있는 자기 밭을 돌아보려면 이곳을 건너야 했다. 즉, 솔로몬의 경고는 시므이의 재산권 행사를 제한하겠다는 의미를 담고 있다.

39 시므이의 두 종이 가드 왕 마아가의 아들 아기스에게로 도망하여 간지라 어떤 사람이 시므이에게 말하여 이르되 당신의 종이 가드에 있나이다 가드는 블레셋 영토에 속한 도시로, 예루살렘에서 남서쪽으로 40km 떨어진 곳에 위치해 있다. 마아가는 사무엘상 27장 2절의 마옥과 동일시 되는 인물이다. 아기스는 일찍이 사울을 피해 망명한 다윗을 보호해 준 인물이다.

39-42 내가 너에게 여호와를 두고 맹세하게 하고 경고하여 이르기를 너는 분명히 알라 네가 밖으로 나가서 어디든지 가는 날에는 죽임을 당하리라 하지 아니하였느냐 솔로몬의 예상대로 이 약조는 3년 만에 깨진다. 시므이가 두 종이 도망 갔다는 소식을 듣고는 앞뒤를 재어보지도 않고 나귀를 타고 달려가 종들을 끌어온 것이다(39-41절). 시므이는 자기에게 내려진 행동 범위를 제한한 법령을 잊어버리고 예루살렘을 벗어났다. 이에 솔로몬은 지체 없이 시므이를 잡아들여 예전의 약조를 상기시킨다.

46 여호야다의 아들 브나야에게 명령하매 그가 나가서 시므이를 치니 그가 죽은지라 이에 나라가 솔로몬의 손에 견고하여지니라 마침내 솔로몬은 시므이를 처형한다. 이로써 시므이가 다윗에게 했던 저주는 결국 자신을 향한 것이 되었다. 시므이는 젊은 날 다윗 왕이 환난당할 때 충동적인 악한

쉬운성경

36 왕은 시므이에게 사람을 보내어 그를 불러 놓고 말했습니다. "너는 예루살렘에서 집을 짓고 거기서 살아라. 예루살렘을 벗어난 다른 어떤 곳으로도 가면 안 된다.

37 만약 예루살렘을 떠나 기드론 골짜기를 건너는 날에는 반드시 죽게 될 것이다. 네가 죽으면, 그것은 네 책임이 될 것이다."

38 시므이가 왕에게 대답했습니다. "왕의 말씀은 정당합니다. 내 주 왕이여, 왕의 말씀대로 하겠습니다." 그리하여 시므이는 오랫동안 예루살렘에서 살았습니다.

39 삼 년 후에 시므이의 두 종이 마아가의 아들이며 가드의 왕인 아기스에게로 도망쳤습니다. 시므이는 자기 종들이 가드에 있다는 소식을 들었습니다.

40 시므이가 일어나 나귀에 안장을 얹었습니다. 그리고 가드의 아기스에게로 가서 그 종들을 찾아 데려왔습니다.

41 솔로몬은 시므이가 예루살렘을 떠나서 가드로 갔다가 다시 돌아왔다는 소식을 들었습니다.

42 그래서 솔로몬은 사람을 보내어 시므이를 불러 놓고 말했습니다. "내가 너에게 예루살렘을 떠나지 말라고 여호와의 이름으로 맹세하게 하지 않았느냐? 그리고 어디든지 예루살렘을 떠나 다른 곳으로 가면 죽을 것이라고 경고하지 않았느냐? 너도 말하기를 그 말이 정당하니 그대로 하겠다고 하지 않았느냐?

43 그런데 어찌하여 여호와께 한 약속을 어겼느냐? 어찌하여 내 명령을 따르지 않았느냐?

44 너도 잘 알겠지만 너는 내 아버지 다윗에게 악한 짓을 많이 했다. 이제 여호와께서 네가 저지른 악한 일들을 갚으실 것이다.

45 그러나 나 솔로몬 왕은 복을 받고 다윗의 왕좌는 여호와 앞에서 영원히 굳건할 것이다."

46 왕이 여호야다의 아들 브나야에게 시므이를 죽이라고 명령했습니다. 솔로몬은 자기 나라를 굳건하게 세웠습니다.

말로 심한 저주를 퍼부어 다윗의 진노를 샀고, 솔로몬의 매서운 경고를 받았음에도 충동적인 성격을 자제하지 못해 결국 비참한 죽음을 자초했다. 반면, 이 일로 나라는 솔로몬의 손에 의해 굳건해진다.

저자의 묵상

죄를 지어 실패했으면 제대로 회개해야 한다. 욕심이 가득 차고, 욕심으로 인생이 좌우된다고 깨달았으면 철저하게 돌이켜야 한다. 그런 후에 자신의 영혼 깊숙이 성령 하나님이 들어가셔서 만지고 고치실 수 있게 해야 한다. 그래야 진짜 살아난다. 그렇지 않으면 갈수록 더한 재앙의 길로 들어서고 만다. 이런 점에서 다윗은 위대한 믿음의 사람이었다. 반면, 시므이는 어리석었다. 다윗은 밧세바 사건 이후 평생 회개하고 조심하여, 노년에는 신하들이 왕의 시중을 들라고 보낸 수넴 여인과도 잠자리를 같이하지 않았다. 완전한 인간은 없다. 그러나 실수하고 죄를 지었을 때는 그런 실수를 반복하지 않겠다는 뼈아픈 회개와 제대로 된 반성과 결심이 있어야 한다. 그렇지 않으면 같은 악을 되풀이해 화를 자초하게 된다. 함부로 살지 않고 늘 조심하고 절제하며 겸손한 것이 진정으로 참회하는 사람의 자세다.

무릎 기도 하나님, 잘못했을 때 철저하게 깨닫고 회개할 수 있는 믿음을 주소서. 빠르게 죄에서 돌이켜 하나님 자녀로서 합당한 삶을 살게 하소서.

NLT - 1 Kings 2

36 The king then sent for Shimei and told him, "Build a house here in Jerusalem and live there. But don't step outside the city to go anywhere else.
37 On the day you so much as cross the Kidron Valley, you will surely die; and your blood will be on your own head."
38 Shimei replied, "Your sentence is fair; I will do whatever my lord the king commands." So Shimei lived in Jerusalem for a long time.
39 But three years later two of Shimei's slaves ran away to King Achish son of Maacah of Gath. When Shimei learned where they were,
40 he saddled his donkey and went to Gath to search for them. When he found them, he brought them back to Jerusalem.
41 Solomon heard that Shimei had left Jerusalem and had gone to Gath and returned.
42 So the king sent for Shimei and demanded, "Didn't I make you swear by the LORD and warn you not to go anywhere else or you would surely die? And you replied, 'The sentence is fair; I will do as you say.'
43 Then why haven't you kept your oath to the LORD and obeyed my command?"
44 The king also said to Shimei, "You certainly remember all the wicked things you did to my father, David. May the LORD now bring that evil on your own head.
45 But may I, King Solomon, receive the LORD's blessings, and may one of David's descendants always sit on this throne in the presence of the LORD."
46 Then, at the king's command, Benaiah son of Jehoiada took Shimei outside and killed him. So the kingdom was now firmly in Solomon's grip.

36 anywhere else 다른 어느 곳에도 37 on the day ~ ~하는 날에는 so much as ~ ~까지도, ~조차도 surely 확실히, 분명히 on one own head ~의 책임으로 38 sentence 판결 fair 공정한, 공평한 39 slave 노예 40 saddle 안장을 얹다 donkey 당나귀 42 swear 맹세하다 43 keep one oath 맹세를 지키다 obey 복종하다 44 certainly 분명히 wicked 사악한 45 descendant 후손 in the presence of ~ ~의 면전에서 46 firmly 확고하게 grip 지배력, 힘

10 월 일

솔로몬의 소원

열왕기상 3:1-15 • 새찬송 375장 | 통일 421장

• 말씀묵상 전에 성령님의 인도하심을 구하는 기도를 드리십시오.

본문요약 | 다윗의 죽음 이후 반대 세력을 척결함으로써 통치 기반을 다진 솔로몬은, 이스라엘이 대외적인 안정을 꾀하면서 하루라도 빨리 강대국으로 발전하기를 원했다. 그래서 강대국 애굽과 정치적 동맹을 맺기 위해 정략결혼을 하는데, 이는 옳지 못한 결정이었다.

1 솔로몬이 애굽의 왕 바로와 더불어 혼인 관계를 맺어 그의 딸을 맞이하고 다윗 성에 데려다가 두고 자기의 왕궁과 여호와의 성전과 예루살렘 주위의 성의 공사가 끝나기를 기다리니라
2 그때까지 여호와의 이름을 위하여 성전을 아직 건축하지 아니하였으므로 백성들이 [1]산당에서 제사하며
3 솔로몬이 여호와를 사랑하고 그의 아버지 다윗의 법도를 행하였으나 산당에서 제사하며 분향하더라
4 이에 왕이 제사하러 기브온으로 가니 거기는 산당이 큼이라 솔로몬이 그 제단에 일천 번제를 드렸더니
5 기브온에서 밤에 여호와께서 솔로몬의 꿈에 나타나시니라 하나님이 이르시되 내가 네게 무엇을 줄꼬 너는 구하라
6 솔로몬이 이르되 주의 종 내 아버지 다윗이 성실과 공의와 정직한 마음으로 주와 함께 주 앞에서 행하므로 주께서 그에게 큰 은혜를 베푸셨고 주께서 또 그를 위하여 이 큰 은혜를 항상 주사 오늘과 같이 그의 자리에 앉을 아들을 그에게 주셨나이다
7 나의 하나님 여호와여 주께서 종으로 종의 아버지 다윗을 대신하여 왕이 되게 하셨사오나 종은 작은 아이라 출입할 줄을 알지 못하고
8 주께서 택하신 백성 가운데 있나이다 그들은 큰 백성이라 수효가 많아서 셀 수도 없고 기록할 수도 없사오니

1) 제단이 있는 높은 곳

9 누가 주의 이 많은 백성을 재판할 수 있사오리이까 듣는 마음을 종에게 주사 주의 백성을 재판하여 선악을 분별하게 하옵소서
10 솔로몬이 이것을 구하매 그 말씀이 주의 마음에 든지라
11 이에 하나님이 그에게 이르시되 네가 이것을 구하도다 자기를 위하여 장수하기를 구하지 아니하며 부도 구하지 아니하며 자기 원수의 생명을 멸하기도 구하지 아니하고 오직 송사를 듣고 분별하는 지혜를 구하였으니
12 내가 네 말대로 하여 네게 지혜롭고 총명한 마음을 주노니 네 앞에도 너와 같은 자가 없었거니와 네 뒤에도 너와 같은 자가 일어남이 없으리라
13 내가 또 네가 구하지 아니한 부귀와 영광도 네게 주노니 네 평생에 왕들 중에 너와 같은 자가 없을 것이라
14 네가 만일 네 아버지 다윗이 행함같이 내 길로 행하며 내 법도와 명령을 지키면 내가 또 네 날을 길게 하리라
15 솔로몬이 깨어 보니 꿈이더라 이에 예루살렘에 이르러 여호와의 언약궤 앞에 서서 번제와 감사의 제물을 드리고 모든 신하들을 위하여 잔치하였더라

1. 오늘 하나님께서 나에게 주신 깨달음은 무엇입니까?

2. 말씀을 어떻게 내 삶에 구체적으로 적용해야 합니까?

절별 해설

1 솔로몬이 애굽의 왕 바로와 더불어 혼인 관계를 맺어 그의 딸을 맞이하고 다윗 성에 데려다가 두고 정략결혼은 하나님을 모르는 사람들이 하는 일이다. 하나님은 이방인과의 통혼을 가나안 땅에 들어올 때부터 철저히 금하셨다. 이방 민족과 결혼하면 순식간에 그들의 음란한 습관과 우상숭배에 물들어버리기 때문이다. 훗날 솔로몬 통치 말기의 수많은 정략결혼의 시발점이 된 이 사건은, 결국 올바르게 시작한 왕으로서의 통치와 하나님이 주신 귀한 사역을 병들게 하는 가장 큰 원인이 되었다.

3 산당에서 제사하며 분향하더라 성전이 아직 건축되지 않았기 때문에 솔로몬은 산당을 찾아다니며 하나님께 제사를 드렸다. 그러나 산당은 우상을 숭배하던 장소로, 비록 예배드릴 성전이 없었다고는 하나 산당에서의 제사는 옳지 않았다. 솔로몬의 산당 행위는 향후 솔로몬의 말년이 어떻게 될지를 보여주는 안타까운 처신이다.

4 솔로몬이 그 제단에 일천 번제를 드렸더니 솔로몬은 하나님의 회막이 있던 기브온 산당에서 일천 번제를 드린다(대하 1:3-6). 여기서 일천 번제에 대한 견해는 대체로 두 가지로 나뉜다. 첫째, 문자 그대로 번제를 천 번 혹은 천 일 동안 드린 것이라는 주장이다. 둘째, 1천 마리의 짐승을 드린 제사라고 보는 입장이다. 본문의 히브리어 원문에는 단지 솔로몬이 1천 제물을 드렸다고 나온다. 초점은 솔로몬이 몇 차례 혹은 몇 번 예배를 드렸는지가 아니라 얼마만큼의 제물을 드렸는지에 맞춰져 있다. 그러므로 번제를 천 번 드린 것이 아니라 한 번의 번제를 드릴 때 천 마리의 짐승(제물)을 드리는 대규모 제사였다고 봐야 한다. 즉, 솔로몬이 일천 번제를 드렸다는 뜻은, 그가 할 수 있는 최대한의, 최상의, 지극한 정성이 담긴 제사를 드렸다는 뜻이다.

7 나의 하나님 여호와여 주께서 종으로 종의 아버지 다윗을 대신하여 왕이 되게 하셨사오나 종은 작은 아이라 출입할 줄을 알지 못하고 솔로몬은 스스로 작은 아이라 칭했다. 힘없는 어린아이가 아니라, 한 나라를 통치하는 데 필요한 자질과 경험이 매우 부족하다는 말이다. 이처럼 하나님 앞에서 자신의 한계와 약함을 인정하는 겸손한 사람에게 하나님은 큰 은혜를 베푸신다.

9 누가 주의 이 많은 백성을 재판할 수 있사오리이까 듣는 마음을 종에게 주사 주의 백성을 재판하여 선악을 분별하게 하옵소서 솔로몬은 이것저것 다 달라고 장황하게 하나님 앞

쉬운성경

1 솔로몬이 이집트 왕 파라오와 조약을 맺고 그의 딸과 결혼하여 그녀를 다윗 성으로 데려왔습니다. 솔로몬은 자기 왕궁과 여호와의 성전과 예루살렘 성벽을 완공할 때까지 그녀를 다윗 성에서 살게 하였습니다.

2 여호와의 이름을 위한 성전이 아직 지어지지 않은 때였으므로, 그때까지 백성들은 제각기 산당에서 제사를 드렸습니다.

3 솔로몬은 여호와를 사랑했고 자기 아버지 다윗의 교훈을 잘 지켰지만, 여전히 산당에서 제사를 드리며 향을 피웠습니다.

4 솔로몬 왕이 제사를 드리려고 기브온으로 갔습니다. 그곳에는 가장 유명한 산당이 있었는데, 솔로몬은 천 마리의 짐승을 잡아 제단에서 태워 드리는 제사를 드렸습니다.

5 기브온에 있던 그날 밤, 여호와께서 솔로몬의 꿈 속에 나타나셨습니다. 하나님께서 말씀하셨습니다. "무엇이든지 네가 원하는 것을 구하여라. 내가 들어주겠다."

6 솔로몬이 대답했습니다. "여호와께서는 주님의 종인 내 아버지 다윗에게 큰 은혜를 베풀어 주셨습니다. 다윗은 주님 앞에서 진실되고 공의로우며 정직한 마음으로 살았습니다. 주님은 다윗에게 큰 자비를 베푸셔서 그의 아들인 저에게 그의 뒤를 이어 왕이 되게 하시고 오늘날까지 이르게 하셨습니다.

7 나의 하나님 여호와여, 주께서는 주의 종인 저를 종의 아버지 다윗을 대신해서 왕이 되게 하셨습니다. 그러나 저는 어린아이와 같아서 무슨 일을 해야 하는지 판단할 수 있는 지혜가 없습니다.

8 그럼에도 불구하고 주님의 종인 저에게 주님께서 선택하신 수많은 백성을 다스리도록 하셨습니다.

9 저에게 주님의 백성을 다스릴 수 있도록 옳고 그름을 가려 판결할 수 있는 지

에서 말하지 않았다. 그는 핵심을 짚었다. 말씀과 성령으로 충만하면 핵심을 짚을 수 있다. 솔로몬은 사람을 만날 때, 사람의 마음과 생각을 알고 이해하고 다루는 지혜는 오직 하나님께로부터 온다는 것을 잘 알고 있었다.

13 내가 또 네가 구하지 아니한 부귀와 영광도 네게 주노니 네 평생에 왕들 중에 너와 같은 자가 없을 것이라 솔로몬의 대답에 흡족하신 하나님은 그가 구한 지혜와 더불어 구하지 않은 부귀와 영광까지 주겠다고 말씀하신다. 하나님을 위한 올바른 마음과 하나님의 뜻대로 살겠다는 진실한 결심이 있는 자에게 하나님은 훨씬 더한 복을 덤으로 주신다.

혜를 주십시오. 주께서 지혜를 주지 않으시면 이렇게 많은 주님의 백성을 어떻게 다스릴 수 있겠습니까?"

10 주께서는 솔로몬이 지혜를 달라고 하자 기뻐하셨습니다.

11 하나님께서 솔로몬에게 말씀하셨습니다. "너는 오래 사는 것이나 부자가 되는 것을 구하지 않았고 네 원수를 죽여 달라고 하지도 않았다. 너는 바르게 판결할 수 있는 지혜를 구했다.

12 그러므로 내가 너의 말대로 하겠다. 나는 너에게 지혜와 슬기를 주겠다. 너처럼 지혜로운 사람은 전에도 없었고, 앞으로도 없을 것이다.

13 뿐만 아니라 네가 구하지 않은 것까지도 주겠다. 너는 부와 영광을 누릴 것이며 네 평생토록 너와 같은 왕은 어디에도 없을 것이다.

14 만일 네 아버지 다윗처럼 네가 나를 따르고 내 율법과 명령을 잘 지켜 행하면, 너를 오래 살도록 해 주겠다."

15 솔로몬이 깨어 보니 꿈이었습니다. 솔로몬은 예루살렘으로 가서 여호와의 언약궤 앞에 섰습니다. 그는 여호와께 태워 드리는 제물인 번제물과 화목 제물을 바치고, 모든 신하들에게 잔치를 베풀었습니다.

저자의 묵상

하나님은 그분의 자녀가 아무리 어리석은 짓을 해도 끝까지 버리지 아니하시고 사랑으로 품으시며 지혜로운 삶을 살게 도우신다. 비록 인간적인 방법으로 정략결혼까지 했던 솔로몬이지만, 그는 기도하는 가운데 하나님의 은혜를 경험하며 점차 안정을 찾게 된다. 그리고 하나님을 향해 믿음의 사람으로서 해야 할 일을 감당해 나가기 시작한다. 그러면서 기브온에서 일천 번제를 드렸다. 솔로몬은 백성과 함께 하나님께 제사를 드렸는데, 이것은 하나님께 대한 뜨거운 헌신을 표현한 것이다. 솔로몬은 지혜롭게도 제사, 즉 예배를 드리는 것으로 사역을 시작했다. 이는 철저하게 하나님께 무릎 꿇는 왕이 되겠다는 의지다. 하나님의 도우심을 절대적으로 의지하겠다는 믿음의 표현이기도 하다. 나아가 하나님을 향한 솔로몬의 뜨거운 사랑을 단적으로 보여준 것이다. 이것이 하나님의 마음을 흡족하게 했다. 축복받을 그릇으로 스스로 준비한 것이다.

무릎 기도 하나님, 솔로몬에게 주셨던 그 놀라운 지혜를 저희에게도 허락하소서. 무엇보다 하나님을 뜨겁고 순전하게 사랑하며, 주신 모든 것으로 하나님을 섬기게 하소서.

NLT - 1 Kings 3

1 Solomon made an alliance with Pharaoh, the king of Egypt, and married one of his daughters. He brought her to live in the City of David until he could finish building his palace and the Temple of the LORD and the wall around the city.

2 At that time the people of Israel sacrificed their offerings at local places of worship, for a temple honoring the name of the LORD had not yet been built.

3 Solomon loved the LORD and followed all the decrees of his father, David, except that Solomon, too, offered sacrifices and burned incense at the local places of worship.

4 The most important of these places of worship was at Gibeon, so the king went there and sacrificed 1,000 burnt offerings.

5 That night the LORD appeared to Solomon in a dream, and God said, "What do you want? Ask, and I will give it to you!"

6 Solomon replied, "You showed great and faithful love to your servant my father, David, because he was honest and true and faithful to you. And you have continued to show this great and faithful love to him today by giving him a son to sit on his throne.

7 "Now, O LORD my God, you have made me king instead of my father, David, but I am like a little child who doesn't know his way around.

8 And here I am in the midst of your own chosen people, a nation so great and numerous they cannot be counted!

9 Give me an understanding heart so that I can govern your people well and know the difference between right and wrong. For who by himself is able to govern this great people of yours?"

10 The Lord was pleased that Solomon had asked for wisdom.

11 So God replied, "Because you have asked for wisdom in governing my people with justice and have not asked for a long life or wealth or the death of your enemies—

12 I will give you what you asked for! I will give you a wise and understanding heart such as no one else has had or ever will have!

13 And I will also give you what you did not ask for—riches and fame! No other king in all the world will be compared to you for the rest of your life!

14 And if you follow me and obey my decrees and my commands as your father, David, did, I will give you a long life."

15 Then Solomon woke up and realized it had been a dream. He returned to Jeru-salem and stood before the Ark of the Lord's Covenant, where he sacrificed burnt offer-ings and peace offerings. Then he invited all his officials to a great banquet.

1 make on alliance with ~ ~와 동맹을 맺다 2 offering 제물 honor 찬미하다 3 decree 법령, 명령 except that ~ ~인 것 외에는(말고는) incense 향 4 burnt 불에 탄 5 appear to ~ ~에 나타나다 6 faithful 충실한, 독실한 7 know one way around 사정에 정통하다 8 in the midst of ~ ~중에, 가운데에 numerous 매우 많은 9 by oneself 혼자서, 혼자 힘으로 govern 통치하다 10 ask for ~ ~를 구하다 wisdom 지혜 11 justice 정의, 공의 wealth 부, 재산 12 such as 그와 같은 것(사람) 13 be compared to ~ ~와 비교되다 15 Covenant 계약, 서약 banquet 연회

• MEMO •

11 월 일

지혜로운 판결

열왕기상 3:16-28 • 새찬송 383장 | 통일 433장

• 말씀묵상 전에 성령님의 인도하심을 구하는 기도를 드리십시오.

본문요약 | 하나님께 지혜를 받은 솔로몬은 매우 지혜로운 재판을 한다. 바로 아이의 죽음을 둘러싼 두 창기의 소송에 대한 재판이다. 이 재판은 솔로몬에게 하나님의 지혜가 주어졌음을 입증하는 계기가 된다.

16 그때에 창기 두 여자가 왕에게 와서 그 앞
에 서며
17 한 여자는 말하되 내 주여 나와 이 여자가
한집에서 사는데 내가 그와 함께 집에 있
으며 해산하였더니
18 내가 해산한 지 사흘 만에 이 여자도 해산
하고 우리가 함께 있었고 우리 둘 외에는
집에 다른 사람이 없었나이다
19 그런데 밤에 저 여자가 그의 아들 위에 누
우므로 그의 아들이 죽으니
20 그가 밤중에 일어나서 이 여종 내가 잠든
사이에 내 아들을 내 곁에서 가져다가 자
기의 품에 누이고 자기의 죽은 아들을 내
품에 뉘었나이다
21 아침에 내가 내 아들을 젖 먹이려고 일어
나 본즉 죽었기로 내가 아침에 자세히 보
니 내가 낳은 아들이 아니더이다 하매
22 다른 여자는 이르되 아니라 산 것은 내 아
들이요 죽은 것은 네 아들이라 하고 이 여
자는 이르되 아니라 죽은 것이 네 아들이
요 산 것이 내 아들이라 하며 왕 앞에서
그와 같이 쟁론하는지라
23 왕이 이르되 이 여자는 말하기를 산 것은
내 아들이요 죽은 것은 네 아들이라 하고
저 여자는 말하기를 아니라 죽은 것이 네
아들이요 산 것이 내 아들이라 하는도다
하고
24 또 이르되 칼을 내게로 가져오라 하니 칼
을 왕 앞으로 가져온지라
25 왕이 이르되 산 아이를 둘로 나누어 반은
이 여자에게 주고 반은 저 여자에게 주라
26 그 산 아들의 어머니 되는 여자가 그 아들
을 위하여 마음이 불붙는 것 같아서 왕께
아뢰어 청하건대 내 주여 산 아이를 그에
게 주시고 아무쪼록 죽이지 마옵소서 하되
다른 여자는 말하기를 내 것도 되게 말고
네 것도 되게 말고 나누게 하라 하는지라
27 왕이 대답하여 이르되 산 아이를 저 여자
에게 주고 결코 죽이지 말라 저가 그의 어
머니이니라 하매
28 온 이스라엘이 왕이 심리하여 판결함을 듣
고 왕을 두려워하였으니 이는 하나님의 지
혜가 그의 속에 있어 판결함을 봄이더라

1. 오늘 하나님께서 나에게 주신 깨달음은 무엇입니까?

2. 말씀을 어떻게 내 삶에 구체적으로 적용해야 합니까?

절별 해설

16 그때에 창기 두 여자가 왕에게 와서 그 앞에 서며 솔로몬은 창기 두 명이 찾아와 서로 자기가 아이의 진짜 어머니라고 주장하는 것을 귀 기울여 들어준다. 하위 재판관들 선에서 해결하지 못하고 왕에게까지 온 것을 볼 때, 이는 대단히 어려운 사건이었을 것이다. 그렇다고 왕의 입장에서 이 사건을 굳이 맡을 필요도 없었다. 그러나 솔로몬은 사회에서 가장 천대받는 창기라도 하나님이 선택하신 백성이기에 자신이 섬겨야 한다고 생각했다. 사람을 차별하지 않고 하나님의 눈으로 보고 가치 있는 존재로 여기는 마음이 지혜로운 마음이며 지혜로운 판결의 시작이다.

17-22 본문은 그 어떤 재판관이라도 판단하기 쉽지 않은 상황임을 보여준다. 아이가 죽었는데, 외적인 증거나 증인이 전혀 없다. 두 여인 외에는 그 집에 다른 사람이 아무도 없었기 때문이다. 결국 재판관은 가장 확실한 증인이자 고소인인 두 창기의 내적인 진심을 드러내게 할 수밖에 없었다. 이는 매우 어려운 재판이었다.

25 왕이 이르되 산 아이를 둘로 나누어 반은 이 여자에게 주고 반은 저 여자에게 주라 당사자 간의 증언이 엇갈리고 증인이 전혀 없는 상황에서 솔로몬은 전혀 다른 새로운 방법으로 아이의 진짜 어머니를 찾아준다. 솔로몬도 이런 상황에서는 보통의 방법으로 해결하기 어렵다는 것을 직감했다. 따라서 논리적인 상황 판단이나 과학적인 증거를 들어 밝히기보다는 인간의 본성을 들추어낸다. 일단 두 여인의 주장을 모두 인정해 주면서, 그들에게 아이를 칼로 나눠서 반씩 가지라는 섬뜩한 제의를 한다. 그렇게 함으로써 참 어미의 모성애와 거짓 어미의 질투심을 당사자들 스스로 드러내게 했다.

28 온 이스라엘이 왕이 심리하여 판결함을 듣고 왕을 두려워하였으니 이는 하나님의 지혜가 그의 속에 있어 판결함을 봄이더라 솔로몬의 재판은 솔로몬이 기브온 산당에서 하나님께 응답받은 대로(11-14절), 하나님께로부터 총명한 지혜를 부여받았다는 사실을 보여준다. 이스라엘 백성에게 있어 참

쉬운성경

16 어느 날, 창녀 두 명이 솔로몬 왕에게 왔습니다.

17 그 중 한 여자가 말했습니다. "내 주여, 이 여자와 나는 한 집에서 살고 있는데, 내가 아이를 낳았습니다.

18 내가 아이를 낳은 지 삼 일 만에 이 여자도 아이를 낳았습니다. 우리는 함께 있었고, 우리 두 사람 말고는 아무도 집에 없었습니다.

19 그런데 어느 날 밤, 이 여자가 자기 아이를 깔고 자는 바람에 아이가 죽어 버렸습니다.

20 이 여자는 내가 자는 사이에 내 곁에 있던 내 아들을 데려가서 자기 품에 안고는 자기의 죽은 아이를 내 품에 뉘여 놓았습니다.

21 이튿날 아침, 내 아들에게 젖을 먹이려고 보니, 아이는 이미 죽어 있었습니다. 그런데 자세히 봤더니 그 아이는 내 아이가 아니었습니다."

22 그러자 다른 여자가 말했습니다. "아니다. 살아있는 아이가 내 아들이고, 죽은 아이가 당신 아들이다." 첫 번째 여자가 말했습니다. "아니다. 죽은 아이가 당신 아들이고, 살아있는 아이가 내 아들이다." 이처럼 두 여자가 왕 앞에서 다투었습니다.

23 솔로몬 왕이 말했습니다. "두 사람 모두, 살아있는 아이는 자기 아들이고, 죽은 아이는 다른 여자의 아들이라고 하는구나."

24 솔로몬 왕은 신하들을 시켜 칼을 가져오게 했습니다. 신하들이 칼을 가져오자,

25 왕이 말했습니다. "살아있는 아이를 둘로 나누어라. 그래서 두 여자에게 반쪽씩 나누어 주어라."

된 권위는 하나님이 함께하시는 사람에게 주어지는 것으로 간주되었으며, 동시에 두려워하며 순복해야 할 지도력이기도 했다(1:37; 수 1:17). 그런데 솔로몬에게 하나님이 함께하심의 표징은 재판의 지혜로운 판결이었다. 이것은 이전의 지도자들이 군사적 승리로서 권위의 표징을 보여주었던 것에 비해 평화와 번영의 시대에 요구되는 권위였다(삿 6:12,14; 삼상 11:11,15; 18:27-28).

26 살아있는 아이의 진짜 어머니는 자기 아들을 위하는 마음이 불붙듯 일어났습니다. 그래서 왕에게 말했습니다. "내 주여, 제발 그 아이를 죽이지 말고 저 여자에게 주십시오." 그러나 다른 여자는 "우리 둘 가운데서 아무도 그 아이를 가지지 못하게 그냥 나누어 주십시오"라고 말했습니다.

27 그러자 솔로몬 왕이 말했습니다. "아이를 죽이지 마라. 그 아이를 첫 번째 여자에게 주어라. 저 여자가 진짜 어머니다."

28 솔로몬 왕의 판결 이야기를 들은 이스라엘 백성은 왕을 두려워했습니다. 왜냐하면 그들은 솔로몬 왕이 하나님의 지혜로써 재판한다는 것을 알게 되었기 때문입니다.

저자의 묵상

솔로몬이 지혜롭게 재판할 수 있었던 이유는, 하나님께 지혜를 구한 후 기도의 응답으로 주어진 하나님의 지혜로 어미의 마음을 가졌기 때문이다. 지혜로운 마음, 역지사지(易地思之)해 볼 수 있는 마음, 상대방의 마음으로 생각하도록 하나님께서 인도하셨기 때문에 지혜로운 재판을 할 수 있었다. 능력 있는 사람이 되려면 하나님의 심정으로 상대방의 마음을 공감하고 아픔까지도 공유할 수 있어야 한다. 솔로몬의 이 같은 기막힌 판결은 단지 어려운 사건을 올바르게 처리한 것으로 끝나지 않는다. 온 백성이 이 소식을 전해 듣고 감탄하며 왕의 권위를 두려워하게 된다. 어떤 불의나 악, 교활함, 거짓, 사기도 통하지 않는다는 것을 안 그들은 이제 악을 행할 생각조차 하지 않을 것이며, 왕의 지혜가 공의와 평안을 줄 것이라 믿게 되었다. 이렇게 지혜로 나라를 다스리게 되자, 솔로몬은 위대한 왕으로서 세움을 받게 된다. 지혜는 자신의 약함을 인정하는 사람에게 하나님이 은혜로 주신다. 그러므로 믿음의 사람들은 기도로 하나님께 지혜를 구하면 된다.

무릎 기도 하나님, 나라를 다스리는 위정자들이 솔로몬과 같이 하나님의 지혜를 구하게 하시고, 그들을 바른 길로 인도해 주소서. 제게도 지혜를 주셔서 하나님의 일을 지혜롭게 행하게 하소서.

NLT - 1 Kings 3

16 Some time later two prostitutes came to the king to have an argument settled.

17 "Please, my lord," one of them began, "this woman and I live in the same house. I gave birth to a baby while she was with me in the house.

18 Three days later this woman also had a baby. We were alone; there were only two of us in the house.

19 "But her baby died during the night when she rolled over on it.

20 Then she got up in the night and took my son from beside me while I was asleep. She laid her dead child in my arms and took mine to sleep beside her.

21 And in the morning when I tried to nurse my son, he was dead! But when I looked more closely in the morning light, I saw that it wasn't my son at all."

22 Then the other woman interrupted, "It certainly was your son, and the living child is mine." "No," the first woman said, "the living child is mine, and the dead one is yours." And so they argued back and forth before the king.

23 Then the king said, "Let's get the facts straight. Both of you claim the living child is yours, and each says that the dead one belongs to the other.

24 All right, bring me a sword." So a sword was brought to the king.

25 Then he said, "Cut the living child in two, and give half to one woman and half to the other!"

26 Then the woman who was the real mother of the living child, and who loved him very much, cried out, "Oh no, my lord! Give her the child—please do not kill him!" But the other woman said, "All right, he will be neither yours nor mine; divide him between us!"

27 Then the king said, "Do not kill the child, but give him to the woman who wants him to live, for she is his mother!"

28 When all Israel heard the king's decision, the people were in awe of the king, for they saw the wisdom God had given him for rendering justice.

16 prostitute 매춘부 argument 주장, 논쟁 settle 해결하다 17 give birth to ~ ~을 낳다 20 asleep 자고 있는 21 nurse 양육하다 not ~ at all 전혀 ~이 아니다 22 interrupt 방해하다 certainly 분명히 back and forth 이리저리 23 claim 주장하다 belong to ~ ~에 속하다 24 sword 칼 26 neither … nor ~ …도 아니고 ~도 아니다 28 decision 결정, 판결 be in awe of ~ ~을 두려워하다 wisdom 지혜 render 언도하다 justice 정의, 재판

• MEMO •

12

월 일

솔로몬의 고위 관료들

열왕기상 4:1–6 • 새찬송 595장 | 통일 372장

• 말씀묵상 전에 성령님의 인도하심을 구하는 기도를 드리십시오.

본문요약 I 솔로몬은 정권을 유지하고 효과적으로 통치하기 위해 왕국의 행정 제도와 그 제도를 운용할 관리를 세운다. 본문은 특히 솔로몬이 발탁한 고위 관료를 구체적으로 나열한다.

1 솔로몬 왕이 온 이스라엘의 왕이 되었고
2 그의 신하들은 이러하니라 사독의 아들
아사리아는 제사장이요
3 시사의 아들 엘리호렙과 아히야는 서기관
이요 아힐룻의 아들 여호사밧은 사관이요
4 여호야다의 아들 브나야는 군사령관이요
사독과 아비아달은 제사장이요
5 나단의 아들 아사리아는 지방 관장의 두
령이요 나단의 아들 사붓은 제사장이니
왕의 벗이요
6 아히살은 궁내대신이요 압다의 아들 아도
니람은 노동 감독관이더라

1. 오늘 하나님께서 나에게 주신 깨달음은 무엇입니까?

2. 말씀을 어떻게 내 삶에 구체적으로 적용해야 합니까?

절별 해설

1 솔로몬 왕이 온 이스라엘의 왕이 되었고 솔로몬이 왕이 된 사실을 새삼스럽게 기술하는 까닭은 계속해서 내각, 행정구역, 문화와 건축 등 솔로몬 왕국의 전반을 드러내 보이기 위해서다. 마치 국정 보고서의 첫 서두와 흡사하다. 왕국의 생존과 형성을 위해 끊임없이 전쟁을 치른 아버지 다윗 왕과는 달리, 솔로몬은 부왕 다윗이 숱한 피를 흘려 이룩해 놓은 거대한 왕국을 순순히 이어받았다. 따라서 솔로몬의 역할은 거대한 왕국 이스라엘을 더욱 결속력 있게 하나로 결합시켜 유지해 나가며, 대내외로 국력을 확장하는 일이었다.

2 사독의 아들 아사리아는 제사장이요 "사독의 아들 아사리아"에서 '아들'은 성경 용례상 종종 나타나듯이 실제 아들이라기보다는 후손(손자)을 의미하는 것으로 보아야 한다(창 29:5; 31:28 등). 일반적으로 아사리아는 사독의 손자일 것으로 본다. 당시 사독은 매우 고령이었을 뿐 아니라 솔로몬의 통치 기간이 길었기 때문에, 사독의 손자가 대제사장의 직위에 오를 수 있는 나이는 계산상 충분히 가능하다. 따라서 아사리아는 매우 젊은 나이였을 것이고, 거의 솔로몬과 비슷한 세대의 사람이었을 것이다. 솔로몬은 젊은 그를 자기 사람으로 썼다.

3 아힐룻의 아들 여호사밧은 사관이요 사관(史官) 여호사밧은 역사를 기록하는 사람으로, 솔로몬의 아버지 다윗 세대의 사람이다. 그러나 솔로몬은 그 또한 중용한다. 솔로몬은 새롭고 젊은 신하도 중용했지만, 필요하다면 아버지 세대부터 있던 원로들까지 대우하여 함께 정치에 참여하게 했다. 이것이 바로 솔로몬의 지혜다.

4-6 여호야다의 아들 브나야는 군사령관이요 사독과 아비아달은 제사장이요 나단의 아들 아사리아는 지방 관장의 두령이요 나단의 아들 사붓은 제사장이니 왕의 벗이요 아히살은 궁내대신이요 압다의 아들 아도니람은 노동 감독관이더라 본문에 명시되어 있는 고위 관료를 정리해 보면, 제사장(사독의 아들 아사리아, 사독, 아비아달, 나단의 아들 사붓), 서기관(시사의 아들 엘리호렙, 아히야), 사관(아힐룻의 아들 여호사밧), 군사령관(여호야다의 아들 브나야), 지방 관장의 두령(나단의 아들 아사리아), 궁내대신(아히살), 노동 감독관(압다의 아들 아도니람)이다. 여기서 주목할 만한 것은 이미 추방된 아비아달이 여전히 제사장들 사이에서 언급된다는 사실이다. 이는 아비아달이 복귀한 것일 수도 있고, 단순히 동명이인일 수도 있다. 또 선지자 나단의 아들들이 두각을 나타내고 있다. 솔로몬이 자신을 향한 나단의 충성과 헌신에 대한 보답으로 그의 자식들을 발탁한 것이라 추측해 볼 수 있다.

쉬운성경

1 솔로몬 왕은 온 이스라엘의 왕이 되었습니다.

2 솔로몬이 거느렸던 중요한 신하들의 이름은 이러합니다. 사독의 아들 아사리아는 제사장입니다.

3 시사의 아들 엘리호렙과 아히야는 서기관이었습니다. 아힐룻의 아들 여호사밧은 백성의 역사를 기록하는 사람입니다.

4 여호야다의 아들 브나야는 군대 사령관입니다. 사독과 아비아달은 제사장입니다.

5 나단의 아들 아사리아는 지방의 관리들을 감독하는 사람입니다. 나단의 아들 사붓은 제사장이자 왕의 친구였습니다.

6 아히살은 왕궁 안의 모든 것을 관리하는 사람입니다. 압다의 아들 아도니람은 노예들을 감독하는 사람입니다.

저자의 묵상

솔로몬의 관리를 살펴보면 다윗 때 활동한 노련한 사람을 다시 중용하되, 새 직책에 새 인물도 등용한다. 또 하나님이 솔로몬에게 그를 돕는 많은 인재를 붙여주셨음을 알 수 있다. 세상만사를 혼자 감당할 수는 없다. 하나님이 조력자를 보내주실 때 우리는 승리할 수 있다. 더욱이 군대장관을 앞세운 다윗과 달리 솔로몬이 제사장을 맨 먼저 거론한 것은, 다윗이 전쟁을 통해 기반을 닦은 나라를 솔로몬이 신앙 위에 세우는 역할을 했음을 보여준다. 솔로몬은 과거의 유산을 존중할 줄 알았으며, 무엇보다 신앙을 앞세운 통치자였다. 또 아도니야의 반역을 잠재우고 솔로몬을 왕으로 세우는 데 앞장섰던 세 사람이 행정제도의 중심을 차지한다. 브나야는 군사령관으로 군대를 책임졌고, 사독은 대를 이어 대제사장 직을 맡았으며, 나단의 두 아들 아사리아와 사붓은 솔로몬을 가장 가까이서 보좌했다. 하나님은 지금도 어디로 보내든 무슨 일을 시키든, 주님의 가장 가까이서 충성할 사람을 부르신다.

무릎 기도 하나님, 대통령과 정부 각료들이 성실함과 겸손함으로 국가를 위해 일할 수 있게 하소서. 우리가 위정자들을 위해 먼저 간절히 기도하는 삶을 살게 하소서.

NLT - 1 Kings 4

1 King Solomon now ruled over all Israel,
2 and these were his high officials: Azariah son of Zadok was the priest.
3 Elihoreph and Ahijah, the sons of Shisha, were court secretaries. Jehoshaphat son of Ahilud was the royal historian.
4 Benaiah son of Jehoiada was commander of the army. Zadok and Abiathar were priests.
5 Azariah son of Nathan was in charge of the district governors. Zabud son of Nathan, a priest, was a trusted adviser to the king.
6 Ahishar was manager of the palace property. Adoniram son of Abda was in charge of forced labor.

1 rule over ~ ~을 통치하다 2 official 관계자 3 secretary 장관, 비서 royal 왕실의 historian 역사가 4 commander 사령관 5 district 지역, 관할구 governor 지사, 관리자 6 property 재산 be in charge of ~ ~을 담당하다 labor force 전 종업원, 노동 인구

☐ 묵상 체크

13 열두 지방의 장관들

월 일

열왕기상 4:7-19 • 새찬송 69장 | 통일 33장

• 말씀묵상 전에 성령님의 인도하심을 구하는 기도를 드리십시오.

본문요약 | 솔로몬은 아버지 다윗이 이룩한 통일국가를 이어받아 이스라엘을 열두 행정구역으로 나누고, 지역별로 책임자인 관장을 세워 다스린다. 솔로몬 당시 이스라엘은 역사상 최고의 전성기를 누린다.

7 솔로몬이 또 온 이스라엘에 열두 지방 관장을 두매 그 사람들이 왕과 왕실을 위하여 양식을 공급하되 각기 일 년에 한 달씩 양식을 공급하였으니

8 그들의 이름은 이러하니라 에브라임 산지에는 벤훌이요

9 마가스와 사알빔과 벧세메스와 엘론벧하난에는 벤데겔이요

10 아룹봇에는 벤헤셋이니 소고와 헤벨 온 땅을 그가 주관하였으며

11 [1]나밧 돌 높은 땅 온 지방에는 벤아비나답이니 그는 솔로몬의 딸 다밧을 아내로 삼았으며

12 다아낙과 므깃도와 이스르엘 아래 사르단가에 있는 벧스안 온 땅은 아힐룻의 아들 바아나가 맡았으니 벧스안에서부터 아벨므홀라에 이르고 욕느암 바깥까지 미쳤으며

13 길르앗 라못에는 벤게벨이니 그는 길르앗에 있는 므낫세의 아들 야일의 모든 마을을 주관하였고 또 바산 아르곱 땅의 성벽과 놋빗장 있는 육십 개의 큰 성읍을 주관하였으며

14 마하나임에는 잇도의 아들 아히나답이요

15 납달리에는 아히마아스이니 그는 솔로몬의 딸 바스맛을 아내로 삼았으며

16 아셀과 아롯에는 후새의 아들 바아나요

17 잇사갈에는 바루아의 아들 여호사밧이요

18 베냐민에는 엘라의 아들 시므이요

19 아모리 사람의 왕 시혼과 바산 왕 옥의 나라 길르앗 땅에는 우리의 아들 게벨이니 그 땅에서는 그 한 사람만 지방 관장이 되었더라

1) 또는 돌 높은 땅

1. 오늘 하나님께서 나에게 주신 깨달음은 무엇입니까?

2. 말씀을 어떻게 내 삶에 구체적으로 적용해야 합니까?

절별 해설

7 솔로몬이 또 온 이스라엘에 열두 지방 관장을 두매 그 사람들이 왕과 왕실을 위하여 양식을 공급하되 각기 일 년에 한 달씩 양식을 공급하였으니 솔로몬은 필요한 물량을 일정하게 확보하기 위해 각 지역 생산량의 많고 적음에 따라 이스라엘을 열두 지방으로 나누었다. 지방 관장들이 왕과 왕의 가족에게 음식을 모아 바쳤다는 것은, 솔로몬 왕국의 중앙집권화가 강력했을 뿐 아니라 체계적이었음을 나타낸다.

8-9 에브라임 산지에는 벤훌이요 마가스와 사알빔과 벧세메스와 엘론벧하난에는 벤데겔이요 에브라임 산지는 에브라임 지파에 속한 땅으로, 예루살렘 북쪽으로 16km 떨어진 세겜 건너편까지를 말한다. 이곳은 팔레스타인 중부의 산악지대로, 정착하여 살기 좋은 비옥한 땅이다. 마가스는 성경 다른 곳에서는 찾아볼 수 없는데, 위치 또한 분명하지 않다. 아마도 단 지파 지역의 어느 곳으로 추정된다. 사알빔은 여호수아 19장 42절의 사알랍빈과 동일 지역이며, 오늘날의 위치는 요르단 북서부의 도시인 얄로(Yalo) 북서쪽의 셀빗으로 추정된다. 본절의 벧세메스는 여호수아 19장 41절의 이르세메스와 동일한 지역으로 추정된다. 엘론벧하난은 여호수아 19장 43절의 엘론의 변형된 명칭이거나 벧하난이라는 또 다른 성읍과 결합된 명칭으로 본다. 즉, 엘론에서 벧하난까지의 지역을 통칭하는 것이다. 모두 단 지파에 속한 땅이다.

10-11 아룹봇에는 벤헤셋이니 소고와 헤벨 온 땅을 그가 주관하였으며 나밧 돌 높은 땅 온 지방에는 벤아비나답이니 아룹봇은 헤벨 땅에 속한 어느 한 지역을 말한다. 소고와 헤벨 두 성읍도 크게는 헤벨 땅에 속하는 지역이다. 돌은 갈멜산 남쪽으로 지중해 연안의 한 성읍이다. 비옥한 샤론 평야를 끼고 있어서 왕실에 곡물을 넉넉히 댈 수 있었다. 한편, 본절의 벤아비나답과 아히마아스(15절)는 솔로몬의 사위다. 솔로몬은 사위들의 집안을 정권 강화와 유지에 적극 활용했던 것 같다.

12-13 다아낙과 므깃도와 이스르엘 아래 사르단 가에 있는 벧스안, 길르앗 라못 다아낙과 므깃도는 므낫세 지파에 속한 성읍으로, 갈멜산의 동쪽 기슭 곧 이스라엘 평원 끝에 위치한다. 길르앗 라못은 갓 지파의 성읍이다. 길르앗 라못은 길르앗 지방 동북쪽의 중요 요새로서 레위인의 성읍이었을 뿐 아니라, 요단 동쪽의 세 도피성 중 하나였다. 역사적으로 이곳에서 수많은 전투가 있었다.

14-18 마하나임, 납달리, 아셀과 아롯, 잇사갈, 베냐민 마하나임은 얍복 강 북쪽에 위치한 길르앗 지방의 주요 도시로, 갓 지파에 속한 땅이다. 이 지명은 야곱이 지은 것으로 '하

쉬운성경

7 솔로몬은 이스라엘 각 지방에 열두 명의 장관을 두었습니다. 그들은 각 지방에서 음식을 모아 왕과 왕의 가족에게 바치는 일을 하였습니다. 각 장관은 일 년에 한 달씩 왕에게 음식을 바쳐야 했습니다.

8 열두 지방 장관의 이름은 이러합니다. 에브라임 산지를 다스리는 장관은 벤훌입니다.

9 마가스와 사알빔과 벧세메스와 엘론벧하난을 다스리는 장관은 벤데겔입니다.

10 아룹봇과 소고와 헤벨을 다스리는 장관은 벤헤셋입니다.

11 높은 지대인 돌을 다스리는 장관은 벤아비나답입니다. 그는 솔로몬의 딸 다밧과 결혼했습니다.

12 다아낙과 므깃도와 사르단에서 가까운 벧스안 모든 지역을 다스리는 장관은 아힐룻의 아들 바아나입니다. 이곳은 이스르엘 아래, 곧 벧스안에서 아벨므홀라를 지나 욕느암 건너편까지 이릅니다.

13 길르앗 라못을 다스리는 장관은 벤게벨입니다. 그는 길르앗에 있는 므낫세의 아들 야일이 다스리던 마을을 담당했습니다. 벤게벨은 바산에 있는 아르곱의 장관이기도 합니다. 그는 성문에 놋빗장이 걸려 있는 큰 성을 육십 개나 다스렸습니다.

14 마하나임은 잇도의 아들 아히나답이 장관이 되어 다스렸습니다.

15 납달리를 다스리는 장관은 아히마아스입니다. 그는 솔로몬의 딸 바스맛과 결혼했습니다.

16 아셀과 아롯을 다스리는 장관은 후새의 아들 바아나입니다.

17 잇사갈을 다스리는 장관은 바루아의 아들 여호사밧입니다.

18 베냐민을 다스리는 장관은 엘라의 아들 시므이입니다.

19 길르앗을 다스리는 장관은 우리의 아들 게벨입니다. 길르앗은 아모리 백성의 왕인 시혼이 살았던 곳입니다. 바산 왕 옥도 그곳에 살았습니다. 그러나 그 지방에서는 게벨만이 장관으로 있었습니다.

나님의 군대'라는 뜻이다. 납달리는 열두 행정구역 중 최북단에 위치한 납달리 지파의 영토다. 아셀은 납달리 서쪽 곧 지중해에 인접한 지역으로 아셀 지파의 영토다. 아롯은 그 위치가 분명치 않다. 잇사갈은 잇사갈 지파의 영토로서 이스르엘 평야지역을 가리킨다. 베냐민은 여타 지역에 비해 수도 예루살렘에 가장 근접해 있었다.

저자의 묵상

이스라엘 열두 지방을 다스리는 관장(장관)들의 기본적인 의무는 왕실에 필요한 것을 채워주는 것이었다. 그런데 본문에서 일부 장관들에게는 다른 사람보다 더 넓은 지역을 맡기고 있음을 볼 수 있다. 이것은 솔로몬이 실력과 능력에 따라 장관을 등용한 것이다. 그들의 능력에 따라 적절한 책임을 맡기는 솔로몬의 지혜를 보게 된다. 이렇게 각 지역을 맡은 장관이 일 년에 한 달씩 왕과 왕실에서 소비할 음식을 충당하는 책임을 맡았기에 솔로몬 왕국은 풍요로웠다. 각 지역의 장관들은 솔로몬의 인정을 받기 위해 경쟁적으로 충성했을 것이다. 솔로몬은 지역별 할당제를 운영하면서 국가적 시스템을 가동할 정도로 명석한 지혜를 발휘했다. 그 결과 솔로몬은 번영한 국가를 이룩했고, 동시에 자신에게 주어진 부귀영화도 마음껏 누렸다. 여기서 솔로몬이 절대 잊어서는 안 되는 것은, 이 모든 풍요와 성공의 기초는 하나님이 주신 지혜라는 사실이다.

무릎 기도 | 하나님, 지방자치 단체장들이 교만하지 않고 진정으로 지역 주민들을 섬기게 하소서. 이 사회의 모든 일이 하나님 뜻 가운데 이루어지길 기도합니다.

NLT - 1 Kings 4

7 Solomon also had twelve district governors who were over all Israel. They were responsible for providing food for the king's household. Each of them arranged provisions for one month of the year.
8 These are the names of the twelve governors: Ben-hur, in the hill country of Ephraim.
9 Ben-deker, in Makaz, Shaalbim, Beth-shemesh, and Elon-bethhanan.
10 Ben-hesed, in Arubboth, including Socoh and all the land of Hepher.
11 Ben-abinadab, in all of Naphoth-dor.* (He was married to Taphath, one of Solomon's daughters.)
12 Baana son of Ahilud, in Taanach and Megiddo, all of Beth-shan* near Zarethan below Jezreel, and all the territory from Beth-shan to Abel-meholah and over to Jokmeam.
13 Ben-geber, in Ramoth-gilead, including the Towns of Jair (named for Jair of the tribe of Manasseh*) in Gilead, and in the Argob region of Bashan, including sixty large fortified towns with bronze bars on their gates.
14 Ahinadab son of Iddo, in Mahanaim.
15 Ahimaaz, in Naphtali. (He was married to Basemath, another of Solomon's daughters.)
16 Baana son of Hushai, in Asher and in Aloth.
17 Jehoshaphat son of Paruah, in Issachar.
18 Shimei son of Ela, in Benjamin.
19 Geber son of Uri, in the land of Gilead,* including the territories of King Sihon of the Amorites and King Og of Bashan. There was also one governor over the land of Judah.*

* 4:11 Hebrew *Naphath-dor,* a variant spelling of Naphoth-dor.
* 4:12 Hebrew *Beth-shean,* a variant spelling of Beth-shan; also in 4:12b.
* 4:13 Hebrew *Jair son of Manasseh;* compare 1 Chr 2:22.
* 4:19a Greek version reads *of Gad;* compare 4:13.
* 4:19b As in some Greek manuscripts; Hebrew lacks *of Judah.* The meaning of the Hebrew is uncertain.

7 district 지역, 지방 governor 장관 be responsible for ~ ~에 대해 책임이 있다 provide … for ~ ~에게 …를 제공하다 household 가족 arranged 계획된 provision 지원 8 country 나라, 지역 11 be married to ~ ~에게 장가(시집)가다 12 territory 영토 13 including ~을 포함해 tribe 부족, 집단 fortified 강화된 bronze 청동 bar 빗장

14 솔로몬의 지혜로 이룬 번영

월 일

열왕기상 4:20-34 • 새찬송 428장 | 통일 488장

• 말씀묵상 전에 성령님의 인도하심을 구하는 기도를 드리십시오.

본문요약 | 솔로몬 왕국은 강하고 효율적인 통치 체제를 바탕으로 정치 경제 군사 외교 등 모든 면에서 이스라엘 역사상 유래를 찾아볼 수 없는 번영을 누리게 된다. 솔로몬의 번영은 하나님이 주신 탁월한 지혜로 인한 결과였다. 솔로몬의 지혜를 들으려고 천하 모든 나라에서 수많은 사람들이 찾아온다.

20 유다와 이스라엘의 인구가 바닷가의 모래 같이 많게 되매 먹고 마시며 즐거워하였으며

21 솔로몬이 그 [1)]강에서부터 블레셋 사람의 땅에 이르기까지와 애굽 지경에 미치기까지의 모든 나라를 다스리므로 솔로몬이 사는 동안에 그 나라들이 조공을 바쳐 섬겼더라

22 솔로몬의 하루의 음식물은 가는 밀가루가 삼십 고르요 굵은 밀가루가 육십 고르요

23 살진 소가 열 마리요 초장의 소가 스무 마리요 양이 백 마리이며 그 외에 수사슴과 노루와 암사슴과 살진 새들이었더라

24 솔로몬이 그 [1)]강 건너편을 딥사에서부터 가사까지 모두, 그 [1)]강 건너편의 왕을 모두 다스리므로 그가 사방에 둘린 민족과 평화를 누렸으니

25 솔로몬이 사는 동안에 유다와 이스라엘이 단에서부터 브엘세바에 이르기까지 각기 포도나무 아래와 무화과나무 아래에서 평안히 살았더라

26 솔로몬의 병거의 말 외양간이 사만이요 마병이 만 이천 명이며

27 그 지방 관장들은 각각 자기가 맡은 달에 솔로몬 왕과 왕의 상에 참여하는 모든 자를 위하여 먹을 것을 공급하여 부족함이 없게 하였으며

28 또 그들이 각기 직무를 따라 말과 준마에게 먹일 보리와 꼴을 그 말들이 있는 곳으로 가져왔더라

1) 유브라데 강

29 하나님이 솔로몬에게 지혜와 총명을 심히 많이 주시고 또 넓은 마음을 주시되 바닷가의 모래같이 하시니

30 솔로몬의 지혜가 동쪽 모든 사람의 지혜와 애굽의 모든 지혜보다 뛰어난지라

31 그는 모든 사람보다 지혜로워서 예스라 사람 에단과 마홀의 아들 헤만과 갈골과 다르다보다 나으므로 그의 이름이 사방 모든 나라에 들렸더라

32 그가 잠언 삼천 가지를 말하였고 그의 노래는 천다섯 편이며

33 그가 또 초목에 대하여 말하되 레바논의 백향목으로부터 담에 나는 우슬초까지 하고 그가 또 짐승과 새와 기어다니는 것과 물고기에 대하여 말한지라

34 사람들이 솔로몬의 지혜를 들으러 왔으니 이는 그의 지혜의 소문을 들은 천하 모든 왕들이 보낸 자들이더라

1. 오늘 하나님께서 나에게 주신 깨달음은 무엇입니까?

2. 말씀을 어떻게 내 삶에 구체적으로 적용해야 합니까?

절별 해설

20-21 유다와 이스라엘의 인구가 바닷가의 모래같이 많게 되매 먹고 마시며 즐거워하였으며 솔로몬이 그 강에서부터 블레셋 사람의 땅에 이르기까지와 애굽 지경에 미치기까지의 모든 나라를 다스리므로 "인구가 바닷가의 모래같이 많게 되매"라는 표현은, 일찍이 조상 아브라함에게 주신 자손 번성의 약속이 솔로몬 때 이르러서야 비로소 완전하게 성취되었음을 보여준다. 더욱이 본문은 솔로몬 왕국의 판도가 북으로는 유프라테스 강에서 서쪽으로는 지중해 연안의 블레셋, 그리고 남으로는 애굽 국경까지 이르는 광활한 지역임을 말해 준다. 이 사실은 이 범위 안의 모든 국가가 솔로몬 왕국의 속국이었음을 의미한다.

22-23 솔로몬의 하루의 음식물은 가는 밀가루가 삼십 고르요 굵은 밀가루가 육십 고르요 살진 소가 열 마리요 초장의 소가 스무 마리요 양이 백 마리이며 그 외에 수사슴과 노루와 암사슴과 살진 새들이었더라 이것은 솔로몬 정부에서 녹을 받는 사람들의 한 끼 식사량을 말한다. 이는 솔로몬의 재정이 얼마나 풍부했는지, 정부 기관에서 일하는 사람이 얼마나 많아졌는지를 구체적으로 묘사한다. 정부가 커진다는 것은 나라가 강대해졌다는 뜻이다. 다시 말해, 솔로몬에게 녹을 받는 사람이 이렇게 많을 정도로 나라가 강성해졌음을 보여준다.

25 솔로몬이 사는 동안에 유다와 이스라엘이 단에서부터 브엘세바에 이르기까지 각기 포도나무 아래와 무화과나무 아래에서 평안히 살았더라 저자는 유다와 이스라엘이 분열되기 전의 번영기, 즉 솔로몬 시대를 회상하며 이 부분을 기록한다. 여기서 단은 이스라엘 본토의 최북단에 위치한 성읍이며, 브엘세바는 최남단의 성읍이다. "단에서부터 브엘세바에 이르기까지"라는 말은 이스라엘 전 지역을 가리키는 표현이다(삿 20:1). 또 "포도나무와 무화과나무"는 이스라엘의 대표적인 작물이다. 따라서 그것들은 종종 평화와 안정 그리고 번영의 상징으로 사용되었다(사 36:16; 미 4:4; 학 2:19; 슥 3:10). 이 말씀도 태평성대를 맞아 백성이 안정되고 편안한 생활을 하고 있음을 비유적으로 말해 준다.

29 하나님이 솔로몬에게 지혜와 총명을 심히 많이 주시고 여기서 지혜는 매우 실용적인 지혜를 말한다. 즉, 옳고 그름을 잘 분별하고, 해야 할 것과 하지 말아야 할 것을 적절히 결정할 수 있는 능력을 의미한다. 또 온전한 영적 상태를 가리킨다. 즉, 가장 실제적인 능력은 자신과 하나님 간의 온전한 영적 관계에서 나옴을 뜻한다. 이는 궁극적으로 인간의 지혜가 하나님께로부터 주어진 선물이라는 생각에서 나온 것이다(시 104:24; 잠 3:19; 렘 10:12; 단 2:20). 또 총명은 예리한 판단력으로, 어렵고 복잡한 문제를 정확하게 해결하는 능력을 말한다. 이것 역시 지혜와 마찬가지로 매우 실제적이며 실용적이다.

쉬운성경

20 유다와 이스라엘에는 바닷가의 모래알처럼 많은 백성들이 있었습니다. 백성은 먹고 마시며 즐거워했습니다.

21 솔로몬은 유프라테스 강에서부터 블레셋 사람의 땅에 이르는 모든 지역과 이집트 국경에 이르는 곳을 다스렸습니다. 이 지역 안에 있는 나라들은 솔로몬이 살아 있는 동안, 조공을 바치면서 솔로몬을 섬겼습니다.

22 솔로몬 왕에게 바치는 하루 분량의 음식은 고운 가루 약 6.5킬로리터와 거친 가루 약 13.2킬로리터,

23 살진 소 열 마리와 들에서 기른 소 스무 마리와 양 백 마리, 그리고 세 종류의 사슴과 살진 새들이었습니다.

24 솔로몬은 유프라테스 강 서쪽의 모든 나라, 곧 딥사에서 가사에 이르는 지역을 다스렸습니다. 그리고 모든 이웃 나라와 평화롭게 지냈습니다.

25 솔로몬이 살아있는 동안, 단에서부터 브엘세바 지역에 사는 이스라엘과 유다 백성들은 각자 자기의 무화과나무와 포도나무 아래에서 평안을 누렸습니다.

26 솔로몬에게는 전차를 끄는 말의 마구간 사천 개와 전차를 타는 군인 만 이천 명이 있었습니다.

27 각 지방의 장관들은 자기가 맡은 달에 솔로몬에게 음식을 가져다주었습니다. 음식은 왕의 상에서 함께 먹는 사람들까지 먹고 남을 정도로 많았습니다. 장관들은 솔로몬에게 필요한 것이 모자라지 않도록 잘 준비했습니다.

28 그들은 또 전차를 끄는 말과 일하는 말에게 먹일 보리와 짚도 각자 맡은 분량대로 가져왔습니다.

29 하나님께서는 솔로몬에게 큰 지혜와 슬기로운 마음을 주셨습니

30 솔로몬의 지혜가 동쪽 모든 사람의 지혜와 애굽의 모든 지혜보다 뛰어난지라 "동쪽 모든 사람"은 팔레스타인 동쪽과 동남쪽에 분포하는 넓은 의미의 아라비아인들을 가리킨다. 동쪽, 즉 동방은 고대 문명과 문화의 발상지로 알려졌으며, 동방 사람들은 신화적 내용을 담고 있는 많은 지혜 문서와 다양한 격언으로 나타나는 지혜로 유명하였다(욥 1:8; 렘 49:7). 한편, "애굽의 모든 지혜"는 대단히 실용적이며 과학적인 지혜를 말한다. 피라미드에서 알 수 있듯 고대 애굽은 기하학, 천문학, 의학 등 오늘날 자연과학과 관련된 실제적인 지식이 매우 발달하였다. 결국 본문은 솔로몬의 지혜가 고대 중동의 최고 학문의 산실이었던 애굽보다도, 수학과 기초 과학, 역사, 언어 등에서 명성을 떨치던 동방 학자들의 능력보다도 훨씬 더 뛰어났음을 말해 준다.

32-34 솔로몬은 3천 가지의 잠언을 말했고 1,005편의 노래를 지었으며, 자연과 식물과 동물에 해박한 지식을 가졌다. 고대 근동 사람들은 이러한 지식을 매우 귀하게 여겼는데, 자연에 대한 박식함은 모든 사람에게 선망의 대상이었다.

34 사람들이 솔로몬의 지혜를 들으러 왔으니 이는 그의 지혜의 소문을 들은 천하 모든 왕들이 보낸 자들이더라 솔로몬의 탁월한 지혜에 대한 명성은 열방에 널리 퍼졌고, 많은 나라의 왕들로 하여금 예루살렘을 방문하게 하였다. 솔로몬 또한 개방 정책을 펼침으로써 많은 방문객을 맞아들였다.

다. 그리고 바닷가의 모래알처럼 헤아릴 수 없는 넓은 마음을 주셨습니다.

30 솔로몬의 지혜는 동방의 그 어떤 사람의 지혜보다 컸으며, 이집트의 그 어떤 사람의 지혜보다 더 컸습니다.

31 솔로몬은 이 땅의 어느 누구보다도 지혜로웠습니다. 예스라 사람 에단보다도, 마홀의 아들 헤만과 갈골과 다르다보다도 더 지혜로웠습니다. 솔로몬의 명성은 모든 나라에 널리 퍼졌습니다.

32 솔로몬 왕은 평생 동안, 지혜로운 가르침을 삼천 가지나 말했으며, 천다섯 편이나 되는 노래를 지었습니다.

33 그는 레바논의 백향목으로부터 돌담에서 자라는 우슬초에 이르기까지 온갖 식물과 짐승과 새와 기어다니는 것과 물고기에 대해서도 가르칠 수 있었습니다.

34 모든 민족들이 솔로몬 왕의 지혜를 들으려고 몰려왔습니다. 그들은 솔로몬의 지혜를 듣도록 세상의 모든 왕들이 보낸 사람들입니다.

저자의 묵상

솔로몬 왕국은 바닷가의 모래알같이 많은 백성이 배불리 먹고 마시며 즐거워하는 풍요의 시대를 누렸다. 그 땅의 경계가 북쪽으로는 유프라테스 강, 서쪽으로는 블레셋, 남쪽으로는 애굽에 이르렀으며, 주변 나라들에게 조공을 받을 만큼 강한 나라로 성장하였다. 더욱이 솔로몬 시대에는 각 지방에서 매달 왕과 관리들에게 필요한 양식을 공급하는 일뿐 아니라, 각 지역에 흩어져 있던 수만 개나 되는 국가 외양간을 관리하는 데도 전혀 부족함이 없었다. 솔로몬은 그 뛰어난 지혜로 많은 시와 잠언을 지었고, 식물학과 동물학 등 자연과학에 이르기까지 많은 저술을 남겼다. 그의 이런 해박한 지식과 그것을 기반으로 한 엄청난 업적을 보고 듣기 위해 열방의 많은 왕들이 예루살렘을 방문할 정도였다. 정말 솔로몬이 보여준 지혜의 능력은 놀라움 그 자체였다. 그런데 절대 잊지 말아야 할 것이 있다. 이 모든 지혜가 하나님께로부터 왔다는 사실이다. 솔로몬의 번영과 풍요로움, 탁월한 성과는 모두 하나님이 복 주신 결과다. 하나님을 보지 않고 화려하고 세속적인 성공만 바라보면 그 즉시 타락하게 된다. 왕의 왕이신 주님도 예루살렘에 들어오실 때 어린 나귀를 타고 오는 겸손을 보이셨다. 높은 자리에 오르고 부요함을 누릴수록 더욱 겸손하며, 오직 하나님만 의지하는 소탈한 삶을 살아야 한다.

무릎기도 하나님, 우리 자녀에게도 하나님의 지혜를 허락하소서. 아울러 지혜를 주신 하나님만 바라보는 겸손한 자녀들이 되게 하소서.

20 The people of Judah and Israel were as numerous as the sand on the seashore. They were very contented, with plenty to eat and drink.

21 *Solomon ruled over all the kingdoms from the Euphrates River* in the north to the land of the Philistines and the border of Egypt in the south. The conquered peoples of those lands sent tribute money to Solomon and continued to serve him throughout his lifetime.

22 The daily food requirements for Solomon's palace were 150 bushels of choice flour and 300 bushels of meal*;

23 also 10 oxen from the fattening pens, 20 pasture-fed cattle, 100 sheep or goats, as well as deer, gazelles, roe deer, and choice poultry.*

24 Solomon's dominion extended over all the kingdoms west of the Euphrates River, from Tiphsah to Gaza. And there was peace on all his borders.

25 During the lifetime of Solomon, all of Judah and Israel lived in peace and safety. And from Dan in the north to Beersheba in the south, each family had its own home and garden.*

26 Solomon had 4,000* stalls for his chariot horses, and he had 12,000 horses.*

27 The district governors faithfully provided food for King Solomon and his court; each made sure nothing was lacking during the month assigned to him.

28 They also brought the necessary barley and straw for the royal horses in the stables.

29 God gave Solomon very great wisdom and understanding, and knowledge as vast as the sands of the seashore.

30 In fact, his wisdom exceeded that of all the wise men of the East and the wise men of Egypt.

31 He was wiser than anyone else, including Ethan the Ezrahite and the sons of Mahol—Heman, Calcol, and Darda. His fame spread throughout all the surrounding nations.

32 He composed some 3,000 proverbs and wrote 1,005 songs.

33 He could speak with authority about all kinds of plants, from the great cedar of Lebanon to the tiny hyssop that grows from cracks in a wall. He could also speak about animals, birds, small creatures, and fish.

34 And kings from every nation sent their ambassadors to listen to the wisdom of Solomon.

* 4:21a Verses 4:21-34 are numbered 5:1-14 in Hebrew text.
* 4:21b Hebrew *the river;* also in 4:24.
* 4:22 Hebrew *30 cors* [6.6 kiloliters] *of choice flour and 60 cors* [13.2 kiloliters] *of meal.*
* 4:23 Or *and fattened geese.*
* 4:25 Hebrew *each family lived under its own grapevine and under its own fig tree.*
* 4:26a As in some Greek manuscripts (see also 2 Chr 9:25); Hebrew reads *40,000.*
* 4:26b Or *12,000 charioteers.*

20 as numerous as ~ ~처럼 무수한 seashore 해변 contented 만족한 plenty 많은, 충분하게 21 rule over ~ ~을 통치하다 conquer 정복하다 tribute 감사의 표시 throughout one lifetime ~의 일생 동안 22 requirement 요건, 요구 flour 밀가루, 가루 23 cattle 소 goat 염소 as well as 그리고, 게다가 deer 사슴 gazelle 가젤(작은 영양의 일종) poultry 가금, 사육조류 24 dominion 지배권 extend 연장하다 over all 끝에서 끝까지 26 stall 마구간 27 district 지역, 지방 faithfully 성실하게 assign to ~ ~에게 할당하다 28 barley 보리 straw 짚, 지푸라기 stable 마구간, 외양간 29 vast 광대한
30 exceed 우월하다 31 throughout 도처에 surrounding 둘러싸는 32 compose 작곡하다 proverbs 잠언, 격언
33 authority 당국, 권한 tiny 작은, 조금 hyssop 우슬초, 히솝풀 crack 균열, 틈 34 ambassador 대사, 대표

15 성전 건축을 위한 준비작업

월 일

열왕기상 5:1-18 • 새찬송 370장 | 통일 455장

• 말씀묵상 전에 성령님의 인도하심을 구하는 기도를 드리십시오.

본문요약 | 솔로몬은 성전 건축을 준비한다. 본문은 솔로몬이 추진하는 성전 건축이 혼자만의 힘으로 이룬 것이 아님을 보여준다. 아버지 다윗 왕의 오랜 준비와 백성들의 헌신적인 협력, 그리고 두로 왕 히람의 적극적인 도움 없이는 불가능했다. 히람은 솔로몬의 요구대로 재목과 벌목꾼과 건축자를 제공할 것을 약속하고, 목재 운송 방법까지 알려주면서 지속적으로 솔로몬을 지원한다.

1 솔로몬이 기름부음을 받고 그의 아버지를 이어 왕이 되었다 함을 두로 왕 히람이 듣고 그의 신하들을 솔로몬에게 보냈으니 이는 히람이 평생에 다윗을 사랑하였음이라
2 이에 솔로몬이 히람에게 사람을 보내어 이르되
3 당신도 알거니와 내 아버지 다윗이 사방의 전쟁으로 말미암아 그의 하나님 여호와의 이름을 위하여 성전을 건축하지 못하고 여호와께서 그의 원수들을 그의 발바닥 밑에 두시기를 기다렸나이다
4 이제 내 하나님 여호와께서 내게 사방의 태평을 주시매 원수도 없고 재앙도 없도다
5 여호와께서 내 아버지 다윗에게 하신 말씀에 내가 너를 이어 네 자리에 오르게 할 네 아들 그가 내 이름을 위하여 성전을 건축하리라 하신 대로 내가 내 하나님 여호와의 이름을 위하여 성전을 건축하려 하오니
6 당신은 명령을 내려 나를 위하여 레바논에서 백향목을 베어내게 하소서 내 종과 당신의 종이 함께할 것이요 또 내가 당신의 모든 말씀대로 당신의 종의 삯을 당신에게 드리리이다 당신도 알거니와 우리 중에는 시돈 사람처럼 벌목을 잘하는 자가 없나이다
7 히람이 솔로몬의 말을 듣고 크게 기뻐하여 이르되 오늘 여호와를 찬양할지로다 그가 다윗에게 지혜로운 아들을 주사 그 많은 백성을 다스리게 하셨도다 하고
8 이에 솔로몬에게 사람을 보내어 이르되 당신이 사람을 보내어 하신 말씀을 내가 들었거니와 내 백향목 재목과 잣나무 재목에 대하여는 당신이 바라시는 대로 할지라
9 내 종이 레바논에서 바다로 운반하겠고 내가 그것을 바다에서 뗏목으로 엮어 당신이 지정하는 곳으로 보내고 거기서 그것을 풀리니 당신은 받으시고 내 원을 이루어 나의 궁정을 위하여 음식물을 주소서 하고
10 솔로몬의 모든 원대로 백향목 재목과 잣나무 재목을 주매
11 솔로몬이 히람에게 그의 궁정의 음식물로 밀 이만 고르와 맑은 기름 이십 고르를 주고 해마다 그와 같이 주었더라
12 여호와께서 그의 말씀대로 솔로몬에게 지혜를 주신 고로 히람과 솔로몬이 친목하여 두 사람이 함께 약조를 맺었더라
13 이에 솔로몬 왕이 온 이스라엘 가운데서 역군을 불러일으키니 그 역군의 수가 삼만 명이라
14 솔로몬이 그들을 한 달에 만 명씩 번갈아 레바논으로 보내매 그들이 한 달은 레바논에 있고 두 달은 집에 있으며 아도니람은 감독이 되었고
15 솔로몬에게 또 짐꾼이 칠만 명이요 산에서 돌을 뜨는 자가 팔만 명이며

16 이외에 그 사역을 감독하는 관리가 삼천 삼백 명이라 그들이 일하는 백성을 거느렸더라
17 이에 왕이 명령을 내려 크고 귀한 돌을 떠다가 다듬어서 성전의 기초석으로 놓게 하매
18 솔로몬의 건축자와 히람의 건축자와 그발 사람이 그 돌을 다듬고 성전을 건축하기 위하여 재목과 돌들을 갖추니라

1. 오늘 하나님께서 나에게 주신 깨달음은 무엇입니까?

2. 말씀을 어떻게 내 삶에 구체적으로 적용해야 합니까?

절별 해설

1 솔로몬이 기름부음을 받고 그의 아버지를 이어 왕이 되었다 함을 두로 왕 히람이 듣고 그의 신하들을 솔로몬에게 보냈으니 이는 히람이 평생에 다윗을 사랑하였음이라 위대한 성과는 항상 오랜 시간에 걸친 노력과 협력 그리고 상생의 결과물이다. 성전 건축 전에 솔로몬이 두로 왕 히람의 도움을 얻었다는 사실에서 그것을 다시금 확인하게 된다. "히람이 평생에 다윗을 사랑하였음이라"고 했는데, 이는 다윗이 통치하던 기간 내내 서로 우호적인 관계를 유지해 왔다는 의미다. 그 좋은 관계를 솔로몬 대에도 계속 유지하길 바란 것이다. 즉, 솔로몬은 아버지 다윗의 오랜 세월에 걸친 좋은 외교 관계에 빚을 진 것이다.

3 당신도 알거니와 내 아버지 다윗이 사방의 전쟁으로 말미암아 그의 하나님 여호와의 이름을 위하여 성전을 건축하지 못하고 여호와께서 그의 원수들을 그의 발바닥 밑에 두시기를 기다렸나이다 다윗은 성전 건축을 위해 생전에 많은 준비를 했다(대상 22장). 그중에는 많은 기술자 및 백향목을 두로와 시돈에서부터 공급받는 일이 포함되어 있었다. 당시 히람의 통치 영역에 속했던 레바논에서 생산된 백향목은 썩지 않고 좀먹지 않는 최고의 목재였다. 더욱이 그 백향목을 가장 잘 다루는 기술자들이 바로 두로 왕국 사람들이었다. 따라서 성전 건축을 위해서는 두로 왕 히람의 도움이 절실하게 필요했다. 이에 솔로몬은 먼저 성전 건축이 하나님의 뜻에 따라 이루어진 일이라는 사실을 강조한다. 이를 위해 하나님이 아버지 다윗으로 하여금 사방의 원수들을 이기고 승리하도록 역사하셨음을 분명히 한다. 솔로몬은 바로 이 점을 강조하여 "당신도 알거니와"라고 함으로써 아버지 다윗과 히람 왕의 각별했던 관계를 상기시킨다.

쉬운성경

1 두로 왕 히람은 다윗의 친구였습니다. 히람은 솔로몬이 다윗의 뒤를 이어 왕이 되었다는 소식을 듣고, 심부름하는 사람들을 솔로몬에게 보냈습니다.
2 솔로몬도 히람 왕에게 다음과 같은 말을 전했습니다.
3 "왕도 아시겠지만 내 아버지 다윗은 주변의 여러 나라들과 전쟁을 해야 했기 때문에 여호와 하나님께 예배드릴 성전을 지을 수 없었습니다. 원수들을 다 물리칠 수 있도록 여호와께서 허락하실 때까지 기다려야 했습니다.
4 그러나 이제 내 하나님 여호와께서 나와, 내 나라 어느 곳에나 평화를 주셨습니다. 이제는 적도 없고 나쁜 일도 일어나지 않습니다.
5 여호와께서는 내 아버지 다윗에게 '네 뒤를 이어 네 아들이 왕이 되게 할 것이다. 그리고 그가 나에게 예배드릴 성전을 지을 것이다'라고 말씀하셨습니다. 보십시오, 이제 나는 내 하나님 여호와께 예배드릴 성전을 지으려 합니다.
6 이제 레바논의 백향목을 베어 나에게 보내라고 명령을 내려 주십시오. 내 종들이 왕의 종들과 함께 일할 것입니다. 왕의 종들에게는 왕이 정하시는 대로 품삯을 주겠습니다. 우리 중에는 시돈 사람만큼 나무를 잘 벨 줄 아는 사람이 없습니다."
7 히람이 솔로몬의 말을 듣고 크게 기뻐하면서 말했습니다. "오늘 여호와께 감사를 드립니다. 여호와께서는 이 큰 나라를

5 내가 내 하나님 여호와의 이름을 위하여 성전을 건축하려 하오니 솔로몬은 자신이 성전을 건축하는 것이 여호와 하나님의 말씀을 성취하는 것이라고 확신했다. 그래서 히람에게 과거 그가 다윗의 왕궁을 건축하는 일에 도움을 준 것처럼 자기를 도와달라고 부탁한다.

6-7 히람이 솔로몬의 말을 듣고 크게 기뻐하여 이르되 오늘 여호와를 찬양할지로다 그가 다윗에게 지혜로운 아들을 주사 그 많은 백성을 다스리게 하셨도다 사실 히람 왕이 새 왕 솔로몬에게 사신을 보낸 것은 단순히 새로운 왕과 친분을 다지려는 것만은 아니었을 것이다. 히람은 다윗의 인품과 지도력에 대해서는 잘 알고 있었지만, 그의 젊은 아들 솔로몬에 대해서는 소문만 들었지 실제로 아는 것이 별로 없었다. 그 때문에 이 새로운 군주의 인물됨이 어느 정도인지를 파악하려는 의도가 컸다. 그런데 젊은 왕 솔로몬은 자신이 생각했던 것보다 훨씬 더 큰 인물이었다. 이에 히람은 첫마디에 "오늘 여호와를 찬양할지로다"라고 한다. 이는 "당신의 모든 말씀대로 당신의 종의 삯을 당신에게 드리리이다"(6절)라며 정당한 대가를 치르겠다고 약속했을 뿐 아니라, "시돈 사람처럼 벌목을 잘하는 자가 없나이다"라며 상대의 전문성을 크게 인정한 솔로몬의 말에 히람이 크게 고무된 결과였다.

9 내 종이 레바논에서 바다로 운반하겠고 내가 그것을 바다에서 뗏목으로 엮어 당신이 지정하는 곳으로 보내고 엄청난 크기의 목재들을 묶어서 물길로 운반하는 방법은 육로로 운반하는 것보다 훨씬 빠르고 쉬웠지만, 고도의 기술을 요하는 일이었다. 이것은 솔로몬이 미처 생각하지 못했거나 아니면 차마 그것까지는 부탁할 수 없었던 일이었을 것이다. 그런데 히람 왕이 자청해 이를 시원스럽게 해결해 준다.

10-12 두 사람이 함께 약조를 맺었더라 조약을 맺은 결과 히람은 성전 건축에 필요한 목재를 충분히 공급해 주었고, 이에 솔로몬은 히람에게 밀과 기름을 풍성히 공급해 준다. 밀과 기름은 해상무역에 치중하는 두로에서 없어선 안 될 요긴한 생필품이었다. 양국은 합리적인 약속을 하고 철저히 수행함으로써 건강한 관계를 형성한다.

13-14 이에 솔로몬 왕이 온 이스라엘 가운데서 역군을 불러일으키니 그 역군의 수가 삼만 명이라 솔로몬이 그들을 한 달에 만 명씩 번갈아 레바논으로 보내매 그들이 한 달은 레바논에 있고 두 달은 집에 있으며 멀리 레바논 산중

다스릴 지혜로운 아들을 다윗에게 주셨습니다."

8 그리고 히람이 솔로몬에게 이런 말을 전했습니다. "왕이 전하신 말씀을 받았습니다. 왕이 바라시는 백향목과 잣나무를 다 보내겠습니다.

9 내 종들이 레바논에서 바다까지 나무를 나르면, 그것을 뗏목으로 엮어 왕께서 바라시는 곳으로 띄워 보내겠습니다. 그곳에 나무가 이르면 나무를 풀어 드릴 테니 왕은 가져가시기만 하면 됩니다. 그 대신 나와 함께 사는 모든 사람들이 먹을 음식을 주십시오."

10 히람은 솔로몬이 바라는 대로 백향목과 잣나무를 보냈습니다.

11 솔로몬은 히람에게 해마다 밀 약 4,400킬로리터를 주었습니다. 그것은 히람과 함께 사는 모든 사람들이 먹을 수 있는 음식이었습니다. 솔로몬은 해마다 맑은 올리브 기름 약 440킬로리터도 주었습니다.

12 여호와께서는 약속하신 대로 솔로몬에게 지혜를 주셨습니다. 히람과 솔로몬은 평화롭게 지냈습니다. 두 왕은 서로 조약을 맺었습니다.

13 솔로몬 왕은 이스라엘에서 일꾼 삼만 명을 불러모았습니다.

14 솔로몬은 그들을 한 달에 만 명씩 번갈아 레바논으로 보냈습니다. 그들은 레바논에서 한 달을 일하고 자기 나라에서 두 달을 일했습니다. 아도니람은 그들을 감독하였습니다.

15 솔로몬은 산지에서 돌을 깎는 사람 팔만 명을 두었으며, 깎은 돌을 운반하는 사람 칠만 명을 두었습니다.

16 일꾼을 감독하는 사람도 삼천삼백 명이나 두었습니다.

17 솔로몬 왕은 그들에게 성전의 기초를 놓는 데에 쓸 크고 고운 돌을 깎도록 명령했습니다.

18 솔로몬의 건축자들과 히람의 건축자들, 그리고 그발에서 온 사람들은 돌을 다듬었으며, 성전을 짓는 데에 쓸 돌과 나무를 준비했습니다.

에 3만 명의 노동자를 보낸다는 것은 보통 일이 아니었다. 그러나 솔로몬은 한 달에 1만 명씩 입산시켜, 그들이 한 달의 노역을 마치면 두 달은 가정에서 지낼 수 있게 한다. 솔로몬은 일과 쉼을 어느 정도로 병행해야 할지 절묘하게 그 균형을 잡고 있었다. 그리하여 적당한 선에서 일과 휴식을 배합하는 운용의 묘를 잘 발휘했다. 그러나 시간이 지나면서 솔로몬의 이 엄청난 강제 징집은 점차 수많은 백성의 희생을 강요하게 된다.

15-16 솔로몬에게 또 짐꾼이 칠만 명이요 산에서 돌을 뜨는 자가 팔만 명이며 이외에 그 사역을 감독하는 관리가 삼천삼백 명이라 그들이 일하는 백성을 거느렸더라 짐꾼 7만 명과 석공 8만 명, 그리고 관리 3천3백 명의 인력으로 에브라임 산악지에서 돌을 떼어냈다. 그 당시 석공들의 돌 다루는 기술은 실로 대단했다. 마치 떡 자르듯 육중한 돌을 정확히 다듬고 잘라 운반한 까닭에, 실제 성전 공사 현장에서는 망치나 정 울리는 소리가 나지 않았다고 한다. 이미 정확히 치수대로 자른 돌을 조립하듯 짜맞추기만 하면 되었다.

18 솔로몬의 건축자와 히람의 건축자와 그발 사람이 그 돌을 다듬고 성전을 건축하기 위하여 재목과 돌들을 갖추니라 에브라임 산지에서 떼어낸 돌을 다듬는 일은 히람의 건축자와 그발 사람이 담당했다. 그발에 살던 사람들은 대대로 전문적인 석공으로 유명했다.

저자의 묵상

전임자가 후임자에게 제공할 수 있는 가장 큰 자산은 좋은 관계를 유산으로 물려주는 것이다. 동시에 그 소중한 자산을 잘 활용하는 후임자의 능력도 중요하다. 솔로몬의 입장에서, 아버지 때부터 긴밀한 관계를 유지해 오던 히람 왕이 먼저 사신을 보내 우호적인 관계를 보인 것은 크게 반가운 일이었다. 성전을 건축하려면 히람의 도움이 반드시 필요했기 때문이다. 이에 솔로몬은 성전 건축 준비를 위해 두로 왕 히람에게 지혜롭게 부탁했다. 솔로몬은 하나님과 아버지 다윗에게 지극한 존경을 보이고, 성전 건축이 자신의 위엄을 과시하거나 개인적 야심이 아님을 밝힌다. 솔로몬은 겸손하게 하나님의 지혜대로 히람을 대한다. 히람도 솔로몬이 최선을 다해 요구하지 않았던 것, 미처 몰랐던 것까지 챙겨 가며 솔로몬을 도와준다. 이렇게 하나님께 순종하는 사람, 하나님의 일을 하기 위해 자신을 온전히 드리는 사람은, 일이 되어가는 과정 곳곳에서 생각지도 않은 아름다운 신뢰가 형성되는 축복을 경험한다. 신뢰가 쌓이면 모든 일은 자연스럽게 이루어진다. 신뢰는 그저 좋은 매너와 처세술로 형성되는 것이 아니다. 행동으로 신뢰를 얻어야 한다. 성전 건축에는 수많은 사람이 동원되었다. 이들은 최선을 다해 자신에게 주어진 업무를 감당했다. 이들은 모두 솔로몬을 신뢰했다. 더욱이 석공들의 경우 대부분 이스라엘에 거주하는 이방인이었다. 성전 건축 사역에 이방인들과 수많은 사람이 함께한 것은 오직 하나님의 영광을 위하여, 그리고 하나님이 아버지 다윗을 통해 계획하신 뜻을 이루기 위해 성전을 건축한다는 솔로몬에 대한 신뢰가 있었기 때문에 가능했다. 이처럼 자신이 하는 일이 하나님의 영광을 위한 것인지, 또 그 일을 이루기 위해 함께하는 사람들에게 시간과 마음을 정성껏 쏟고 있는지 점검해야 한다. 하나님의 일은 그렇게 이루어진다.

무릎기도 하나님, 이 세상 가운데 주님의 거룩한 영향력을 미칠 수 있는 신뢰의 사람이 되게 하소서. 하나님의 일에 귀하게 쓰임받기 원합니다.

NLT - 1 Kings 5

1 [*]King Hiram of Tyre had always been a loyal friend of David. When Hiram learned that David's son Solomon was the new king of Israel, he sent ambassadors to congratulate him.

2 Then Solomon sent this message back to Hiram:

3 "You know that my father, David, was not able to build a Temple to honor the name of the LORD his God because of the many wars waged against him by surrounding nations. He could not build until the LORD gave him victory over all his enemies.

4 But now the LORD my God has given me peace on every side; I have no enemies, and all is well.

5 So I am planning to build a Temple to honor the name of the LORD my God, just as he had instructed my father, David. For the LORD told him, 'Your son, whom I will place on your throne, will build the Temple to honor my name.'

6 "Therefore, please command that cedars from Lebanon be cut for me. Let my men work alongside yours, and I will pay your men whatever wages you ask. As you know, there is no one among us who can cut timber like you Sidonians!"

7 When Hiram received Solomon's message, he was very pleased and said, "Praise the LORD today for giving David a wise son to be king of the great nation of Israel."

8 Then he sent this reply to Solomon: "I have received your message, and I will supply all the cedar and cypress timber you need.

9 My servants will bring the logs from the Lebanon mountains to the Mediterranean Sea[*] and make them into rafts and float them along the coast to whatever place you choose. Then we will break the rafts apart so you can carry the logs away. You can pay me by supplying me with food for my household."

10 So Hiram supplied as much cedar and cypress timber as Solomon desired.

11 In return, Solomon sent him an annual payment of 100,000 bushels[*] of wheat for his household and 110,000 gallons[*] of pure olive oil.

12 So the LORD gave wisdom to Solomon, just as he had promised. And Hiram and Solomon made a formal alliance of peace.

13 Then King Solomon conscripted a labor force of 30,000 men from all Israel.

14 He sent them to Lebanon in shifts, 10,000 every month, so that each man would be one month in Lebanon and two months at home. Adoniram was in charge of this labor force.

15 Solomon also had 70,000 common laborers, 80,000 quarry workers in the hill country,

16 and 3,600[*] foremen to supervise the work.

17 At the king's command, they quarried large blocks of high-quality stone and shaped them to make the foundation of the Temple.

18 Men from the city of Gebal helped Solomon's and Hiram's builders prepare the timber and stone for the Temple.

* 5:1 Verses 5:1-18 are numbered 5:15-32 in Hebrew text.
* 5:9 Hebrew *the sea.*
* 5:11a Hebrew *20,000 cors* [4,400 kiloliters].
* 5:11b As in Greek version, which reads *20,000 baths* [420 kiloliters] (see also 2 Chr 2:10); Hebrew reads *20 cors,* about 1,000 gallons or 4.4 kiloliters in volume.
* 5:16 As in some Greek manuscripts (see also 2 Chr 2:2, 18); Hebrew reads *3,300.*

1 ambassador 대사, 대표 congratulate 축하하다 3 be able to ~ ~을 할 수 있다 war wage against ~ ~와 전쟁하다 surrounding 둘러싸는 4 on every side 모든 곳에 5 be planning to ~ ~할 작정이다 just as ~ 반드시 ~처럼 instruct 알려주다 place on ~ ~에 앉히다 6 therefore 따라서, 그러므로 command 명령 cedar 개잎갈나무 alongside 함께 timber 목재 8 supply 공급하다 cypress 사이프러스 속의 침엽수 9 servant 종, 하인 Mediterranean 지중해의 raft 뗏목 float 띄우다 along the coast 해안을 따라 carry ~ away ~를 가져가다 log 통나무 10 timber 목재 11 payment 지불, 보상 12 alliance 동맹, 연합 13 conscript 징집하다 labor 노동, 근로 14 so that 그래서 be in charge of ~ ~을 담당하다 15 quarry 채석장 16 foreman 감독, 현장 주임 supervise 감독하다 17 shape 형성하다 foundation 재단, 기반

□ 묵상 체크

16

월 일

성전 외부 공사

열왕기상 6:1-13 • 새찬송 320장 | 통일 350장

• 말씀묵상 전에 성령님의 인도하심을 구하는 기도를 드리십시오.

본문요약 | 하나님은 믿음의 사람들에게 각자의 은사와 여건에 가장 적합하면서도 행복하게 할 수 있는 과업을 주신다. 오늘 본문에는 솔로몬 왕이 간절하게 소원하던 과업이 나온다. 바로 하나님의 성전을 건축하는 일이다.

1 이스라엘 자손이 애굽 땅에서 나온 지 사
백팔십 년이요 솔로몬이 이스라엘 왕이
된 지 사 년 시브 월 곧 둘째 달에 솔로몬
이 여호와를 위하여 성전 건축하기를 시
작하였더라
2 솔로몬 왕이 여호와를 위하여 건축한 성
전은 길이가 육십 [1]규빗이요 너비가 이십
규빗이요 높이가 삼십 규빗이며
3 성전의 성소 앞 주랑의 길이는 성전의 너
비와 같이 이십 규빗이요 그 너비는 성전
앞에서부터 십 규빗이며
4 성전을 위하여 창틀 있는 붙박이 창문을
내고
5 또 성전의 벽 곧 성소와 지성소의 벽에 연
접하여 돌아가며 다락들을 건축하되 다락
마다 돌아가며 골방들을 만들었으니
6 하층 다락의 너비는 다섯 규빗이요 중층
다락의 너비는 여섯 규빗이요 셋째 층 다
락의 너비는 일곱 규빗이라 성전의 벽 바
깥으로 돌아가며 턱을 내어 골방 들보들
로 성전의 벽에 박히지 아니하게 하였으
며
7 이 성전은 건축할 때에 돌을 그 뜨는 곳에
서 다듬고 가져다가 건축하였으므로 건축
하는 동안에 성전 속에서는 방망이나 도
끼나 모든 철 연장 소리가 들리지 아니하
였으며
8 중층 골방의 문은 성전 오른쪽에 있는데
나사 모양 층계로 말미암아 하층에서 중
층에 오르고 중층에서 셋째 층에 오르게
하였더라
9 성전의 건축을 마치니라 그 성전은 백향
목 서까래와 널판으로 덮었고
10 또 온 성전으로 돌아가며 높이가 다섯 규
빗 되는 다락방을 건축하되 백향목 들보
로 성전에 연접하게 하였더라
11 여호와의 말씀이 솔로몬에게 임하여 이르
시되
12 네가 지금 이 성전을 건축하니 네가 만일
내 법도를 따르며 내 율례를 행하며 내 모
든 계명을 지켜 그대로 행하면 내가 네 아
버지 다윗에게 한 말을 네게 확실히 이룰
것이요
13 내가 또한 이스라엘 자손 가운데에 거하
며 내 백성 이스라엘을 버리지 아니하리
라 하셨더라

1) 히. 암마

1. 오늘 하나님께서 나에게 주신 깨달음은 무엇입니까?

2. 말씀을 어떻게 내 삶에 구체적으로 적용해야 합니까?

절별 해설

1 이스라엘 자손이 애굽 땅에서 나온 지 사백팔십 년이요 성전 건축이 시작된 시기는 이스라엘 자손이 애굽에서 나온 지 480년이 되는 해였다. 이 기록을 남긴 것은 대단히 중요하다. 성전이 상징하는 바가 광야 시절의 성막이었기 때문에, 성전을 건축한다는 것은 이스라엘 백성에게 출애굽 사건을 더욱 선명하게 상기시키는 일이었다. 하나님의 역사에는 항상 어떤 흐름이 있다. 준비가 있고 섭리가 있음을 보여준다.

2 솔로몬 왕이 여호와를 위하여 건축한 성전은 길이가 육십 규빗이요 너비가 이십 규빗이요 높이가 삼십 규빗이며 성전은 당시의 이방 신전이나 현대의 건축물과 비교하면 상대적으로 왜소하다. 1규빗이 약 0.45m이므로 세로는 27-32m 정도, 가로는 9-11m, 높이는 13-16m 정도였을 것이다. 이스라엘 일반 주택의 두 배 정도 되는 크기였지만 구조는 비슷했을 것이다. 그러나 성전을 하나님의 영광스러운 임재의 공간이 되게 하는 것은 규모가 아니라 하나님의 약속이고 말씀이며 그 말씀에 대한 순종이다. 하나님은 크고 화려한 곳이 아니라, 하나님이 정하신 대로 짓고 살고 지키는 거룩한 백성이 있는 곳에 거하신다.

3 성전의 성소 앞 주랑의 길이는 성전의 너비와 같이 이십 규빗이요 그 너비는 성전 앞에서부터 십 규빗이며 성전 본당 앞에는 현관[주랑]이 있었는데, 이 현관의 폭은 성전 너비인 9m와 같았고 길이는 4.5m였다.

6 하층 다락의 너비는 다섯 규빗이요 중층 다락의 너비는 여섯 규빗이요 셋째 층 다락의 너비는 일곱 규빗이라 성전은 3층으로 된 건물이었다. 1층에 있는 방의 폭은 약 2.3m, 2층 방의 폭은 약 2.7m, 3층 방의 폭은 약 3.2m였다.

7 건축하는 동안에 성전 속에서는 방망이나 도끼나 모든 철 연장 소리가 들리지 아니하였으며 솔로몬의 성전 건축 현장에서는 소리가 나지 않았다. 이미 다듬어진 돌을 사용했기 때문이다. 성전은 하나님과 사람의 화해, 즉 평화의 장소이므로 시끄러운 소리를 내는 것이 금지되었다. 평화의 하나님을 모시는 곳은 침묵과 경건으로 거룩해야 했다. 성전은 인간의 소리를 시끄럽게 내는 곳이 아니다. 하나님의 임재 앞에 잠잠해야 한다. 성전은 더 크고 더 화려한 재료로 지을 때가 아니라 하나님이 시키시는 대로 지을 때 영광스럽다.

10 다락방을 건축하되 백향목 들보로 성전에 연접하게 하였더라 다락방은 아마도 제사장들이 사용하는 방이었을 것이다. 성전은 매우 아름답고 정교한 동시에 대단히 기능적이었다.

쉬운성경

1 이처럼 솔로몬은 성전을 짓기 시작했습니다. 그때는 이스라엘이 이집트에서 나온 지 사백팔십 년 되던 해였으며, 솔로몬이 왕이 된 지 사 년 둘째 달, 곧 시브 월*이었습니다.

2 솔로몬이 여호와를 위해 지은 성전은 길이가 육십 규빗,* 너비가 이십 규빗,* 높이가 삼십 규빗*이었습니다.

3 성전의 성소 앞 현관의 너비는 성전의 너비와 마찬가지로 이십 규빗이었고, 앞뒤 길이는 십 규빗*이었습니다. 현관은 성전 앞쪽으로 성전과 이어져 있었습니다.

4 성전 벽에는 자그마한 창을 내었습니다.

5 솔로몬은 또 성전 본당을 빙 돌아가며 곁방을 만들었는데, 각 방은 여러 층으로 이루어져 있었습니다.

6 아래층은 너비가 오 규빗*이었고, 가운데 층은 너비가 육 규빗*이었으며 그 위층은 너비가 칠 규빗*이었습니다. 솔로몬은 성전 벽 바깥 둘레에 턱을 만들어 서까래가 성전 벽에 박히지 않게 했습니다.

7 돌은 채석장에서 다듬은 뒤에 가져왔습니다. 그래서 망치나 정, 그 밖의 쇠 연장으로 작업하는 소리가 성전에서는 들리지 않았습니다.

8 가운데 층으로 올라가는 문은 성전 오른쪽에 있었는데, 나사 모양의 계단으로 이루어져 있었습니다. 가운데 층에서 삼 층으로 올라가는 계단도 있었습니다.

*6:1 이 달은 4월에서 5월 사이에 해당된다.
*6:2 60규빗은 약 27m에 해당되고, 20규빗은 약 9m에 해당되며, 30규빗은 약 13.5m에 해당된다.
*6:3 10규빗은 약 4.5m에 해당된다.
*6:6 5규빗은 약 2.25m에 해당되고, 6규빗은 약 2.7m에 해당되며, 7규빗은 약 3.15m에 해당된다.

11-13 여호와의 말씀이 솔로몬에게 임하여 이르시되, 내 백성 이스라엘을 버리지 아니하리라 하셨더라 성전의 외부 공사가 마무리된 후에 하나님은 솔로몬에게 말씀을 주셨다. 먼저 '내 모든 율법과 계명을 잘 지킬 것'을 말씀하신다. 이 같은 순종이 전제될 때, 하나님은 두 가지 약속을 이루신다. 첫째, 다윗에게 하신 약속을 확실하게 이루어주실 것이다. 즉, 다윗 왕조가 오래 보존될 것이라는 약속이다. 둘째, 이스라엘 가운데 임재하시고 결코 그들을 버리지 않으실 것이라는 약속이다. 하나님이 함께하시면 어떤 외부의 침입이나 질병, 가난도 걱정 없다. 반면, 하나님이 함께하시지 않으면 어떤 외형적 성공도 불안하다. 성전이 하나님의 임재를 보장하는 것이 아니라, 하나님 말씀에 대한 순종이 그분의 임재를 보장한다.

9 솔로몬은 백향목 서까래와 널빤지로 성전 지붕을 덮었습니다. 이렇게 하여 성전 짓는 일을 다 마쳤습니다.

10 솔로몬은 성전을 돌아가며 다락방 짓는 일을 마쳤는데, 그 아래층의 높이는 오 규빗이었습니다. 그 방은 백향목 들보로 만들었는데, 성전에 연결되어 있었습니다.

11 여호와께서 솔로몬에게 말씀하셨습니다.

12 "네가 이 성전을 건축하였도다. 이제 내 모든 율법과 계명을 잘 지켜라. 그러면 내가 네 아버지 다윗에게 약속했던 것을 너에게 이루어 주겠다.

13 나는 이스라엘 자손과 더불어 살 것이며 결코 이스라엘 백성을 저버리지 않을 것이다."

저자의 묵상

교회는 하나님이 임하시는 거룩한 곳이다. 그러므로 교회에서는 인간의 생각과 소리를 많이 내지 않는 것이 좋다. 하나님은 "내 집은 만민이 기도하는 집이라"(사 56:7)고 하셨다. 간절하고 진실하게 기도하지 않고 하나님을 진정으로 예배하지 않으면서, 남을 험담하거나 쓸데없이 잡담하는 것은 삼가는 것이 좋다. 하나님을 제대로 체험한 사람들이 모이고 정말 정성으로 준비한 사람들이 일한다면, 교회 일은 소리 없이 이루어져야 한다. 조용하면서도 물 흐르듯 매끄럽게 행해져야 한다. 솔로몬의 성전 공사에서 작업하는 소리가 들리지 않았다는 사실에 주목할 필요가 있다. 그만큼 정성을 기울여 철저하게 준비한 것이다. 이외에도 성전 내외부 공사를 보면 구석구석 하나하나에 정성을 다했음을 볼 수 있다. 하나님의 교회를 세우는 일은 어느 하나도 대충해서는 안 된다. 자신의 가장 귀한 것을 최고의 정성으로 쏟아부어야 한다. 그렇게 하나님과 사람이 최선으로 만나는 곳이 성전이다.

무릎 기도 하나님, 교회학교 봉사, 성가대 연습, 예배 안내, 주보를 만들고, 간식을 챙기며, 부서 뒷정리 등의 모든 일에서 하나님의 성전을 이루어가는 데 정성을 다하게 하소서.

NLT - 1 Kings 6

1 It was in midspring, in the month of Ziv,* during the fourth year of Solomon's reign, that he began to construct the Temple of the LORD. This was 480 years after the people of Israel were rescued from their slavery in the land of Egypt.

2 The Temple that King Solomon built for the LORD was 90 feet long, 30 feet wide, and 45 feet high.*

3 The entry room at the front of the Temple was 30 feet* wide, running across the entire width of the Temple. It projected outward 15 feet* from the front of the Temple.

4 Solomon also made narrow recessed windows throughout the Temple.

5 He built a complex of rooms against the outer walls of the Temple, all the way around the sides and rear of the building.

6 The complex was three stories high, the bottom floor being 7½ feet wide, the second floor 9 feet wide, and the top floor 10½ feet wide.* The rooms were connected to the walls of the Temple by beams resting on ledges built out from the wall. So the beams were not inserted into the walls themselves.

7 The stones used in the construction of the Temple were finished at the quarry, so there was no sound of hammer, ax, or any other iron tool at the building site.

8 The entrance to the bottom floor* was on the south side of the Temple. There were winding stairs going up to the second floor, and another flight of stairs between the second and third floors.

9 After completing the Temple structure, Solomon put in a ceiling made of cedar beams and planks.

10 As already stated, he built a complex of rooms along the sides of the building, attached to the Temple walls by cedar timbers. Each story of the complex was 7½ feet* high.

11 Then the LORD gave this message to Solomon:

12 "Concerning this Temple you are building, if you keep all my decrees and regulations and obey all my commands, I will fulfill through you the promise I made to your father, David.

13 I will live among the Israelites and will never abandon my people Israel."

* 6:1 Hebrew *It was in the month of Ziv, which is the second month.* This month of the ancient Hebrew lunar calendar usually occurs within the months of April and May.

* 6:2 Hebrew *60 cubits* [27.6 meters] *long, 20 cubits* [9.2 meters] *wide, and 30 cubits* [13.8 meters] *high.*

* 6:3a Hebrew *20 cubits* [9.2 meters]; also in 6:16, 20.

* 6:3b Hebrew *10 cubits* [4.6 meters].

* 6:6 Hebrew *the bottom floor being 5 cubits* [2.3 meters] *wide, the second floor 6 cubits* [2.8 meters] *wide, and the top floor 7 cubits* [3.2 meters] *wide.*

* 6:8 As in Greek version; Hebrew reads *middle floor.*

* 6:10 Hebrew *5 cubits* [2.3 meters].

1 reign 통치 construct 건설하다 rescue from ~ ~에서 구하다 slavery 노예제 3 width 폭, 넓이 outward 표면상의 4 narrow 좁은 recessed 오목한 throughout 도처에 5 complex 복합체 6 be connected to ~ ~와 연결되다 ledge 문턱, 선반 build out 증축하다 insert into ~ ~에 끼워넣다 7 quarry 채석장, 원천 hammer 망치 ax 도끼 8 winding 구불구불한 go up 오르다 9 put in 넣다, 꽂다 ceiling 천장 plank 판자, 널빤지 10 be attached to ~ ~에 붙어있다 timber 목재 12 concerning ~에 관하여 decree 법령, 명령 regulation 규제 fulfill 실행하다, 이루다 13 abandon 버리다

• MEMO •

17 성전 내부 장식

월 일

열왕기상 6:14-38 • 새찬송 213장 | 통일 348장

• 말씀묵상 전에 성령님의 인도하심을 구하는 기도를 드리십시오.

본문요약 I 성전은 성소와 지성소로 구성된다. 지성소(내소)는 성소(외소)의 절반 크기다. 성전의 벽과 천장은 백향목 널판으로, 마루는 잣나무로 만들어 건물의 기초가 된 돌이 보이지 않게 하면서 금을 입힌 백향목을 내부 벽에 입혔다. 지성소 안에는 감람나무로 두 개의 그룹을 만들었다. 이 두 그룹에도 금을 입혔다. 지성소와 성소의 모든 벽에는 그룹과 종려나무와 꽃 모양이 조각되었다. 성전이 건축되는 모든 과정과 내부 장식은 하나님의 계획하심 가운데 설계된 대로 정확하게 지어졌다.

14 솔로몬이 성전 건축하기를 마치고
15 백향목 널판으로 성전의 안벽 곧 성전 마
루에서 천장까지의 벽에 입히고 또 잣나
무 널판으로 성전 마루를 놓고
16 또 성전 뒤쪽에서부터 이십 규빗 되는 곳
에 마루에서 천장까지 백향목 널판으로
가로막아 성전의 내소 곧 지성소를 만들
었으며
17 내소 앞에 있는 외소 곧 성소의 길이가 사
십 규빗이며
18 성전 안에 입힌 백향목에는 박과 핀 꽃을
아로새겼고 모두 백향목이라 돌이 보이지
아니하며
19 여호와의 언약궤를 두기 위하여 성전 안
에 내소를 마련하였는데
20 그 내소의 안은 길이가 이십 규빗이요 너
비가 이십 규빗이요 높이가 이십 규빗이
라 정금으로 입혔고 백향목 제단에도 입
혔더라
21 솔로몬이 정금으로 외소 안에 입히고 내
소 앞에 금사슬로 건너지르고 내소를 금
으로 입히고
22 온 성전을 금으로 입히기를 마치고 내소
에 속한 제단의 전부를 금으로 입혔더라
23 내소 안에 감람나무로 두 그룹을 만들었
는데 그 높이가 각각 십 규빗이라
24 한 그룹의 이쪽 날개도 다섯 규빗이요 저
쪽 날개도 다섯 규빗이니 이쪽 날개 끝으
로부터 저쪽 날개 끝까지 십 규빗이며
25 다른 그룹도 십 규빗이니 그 두 그룹은 같
은 크기와 같은 모양이요
26 이 그룹의 높이가 십 규빗이요 저 그룹도
같았더라
27 솔로몬이 내소 가운데에 그룹을 두었으니
그룹들의 날개가 펴져 있는데 이쪽 그룹
의 날개는 이쪽 벽에 닿았고 저쪽 그룹의
날개는 저쪽 벽에 닿았으며 두 날개는 성
전의 중앙에서 서로 닿았더라
28 그가 금으로 그룹을 입혔더라
29 내 외소 사방 벽에는 모두 그룹들과 종려
와 핀 꽃 형상을 아로새겼고
30 내외 성전 마루에는 금으로 입혔으며
31 내소에 들어가는 곳에는 감람나무로 문을
만들었는데 그 문 인방과 문설주는 벽의
오분의 일이요
32 감람나무로 만든 그 두 문짝에 그룹과 종
려와 핀 꽃을 아로새기고 금으로 입히되
곧 그룹들과 종려에 금으로 입혔더라
33 또 외소의 문을 위하여 감람나무로 문설
주를 만들었으니 곧 벽의 사분의 일이며
34 그 두 문짝은 잣나무라 이쪽 문짝도 두 짝
으로 접게 되었고 저쪽 문짝도 두 짝으로
접게 되었으며
35 그 문짝에 그룹들과 종려와 핀 꽃을 아로
새기고 금으로 입히되 그 새긴 데에 맞게
하였고

36 또 다듬은 돌 세 켜와 백향목 두꺼운 판자
한 켜로 둘러 안뜰을 만들었더라
37 넷째 해 시브 월에 여호와의 성전 기초를
쌓았고
38 열한째 해 불 월 곧 여덟째 달에 그 설계
와 식양대로 성전 건축이 다 끝났으니 솔
로몬이 칠 년 동안 성전을 건축하였더라

1. 오늘 하나님께서 나에게 주신 깨달음은 무엇입니까?

2. 말씀을 어떻게 내 삶에 구체적으로 적용해야 합니까?

절별 해설

16 마루에서 천장까지 백향목 널판으로 가로막아 지성소와 성소를 구분하는 칸막이를 백향목 널판으로 세웠다. 원래 모세의 성막에서는 홍색, 청색, 자색 실과 가늘게 꼰 베실로 짜서 그 위에 그룹을 수놓은 휘장이 드리워져 있었다(출 26:31; 36:35). 그런데 이제 솔로몬의 성전에는 휘장뿐만 아니라 백향목 칸막이가 더해진 것이다.

19-22 여호와의 언약궤를 두기 위하여 성전 안에 내소를 마련하였는데 언약궤를 둔 지성소가 성전의 핵심이다. 언약궤 안에 언약의 조건이며 하나님의 통치 원리가 담긴 돌판이 들어 있기 때문이다. 지성소(내소)의 백향목 제단과 내부를 금으로 입혔으며, 외소(성소)도 금으로 입히고 내소 앞에는 금사슬을 쳤다. 이는 하나님의 하늘 성전의 모형인 성전이 하나님의 임재로 얼마나 영광스러운 곳이 되었는지를 보여주기 위함이다. 금이 아니라 언약궤와 하나님의 임재가 성전을 영광스럽게 하듯, 우리 공동체를 영광스럽게 하는 것은 말씀의 통치에 순종하여 영과 진리로 예배하는 성도들과 그들 가운데 임마누엘 하시는 예수 그리스도시다.

23 내소 안에 감람나무로 두 그룹을 만들었는데 그룹은 천사와도 같은 영적 존재의 한 부류다. 성경에서 둘이라는 숫자는 선포와 증거의 수다. 따라서 두 그룹은 하나님의 영광과 거룩함을 선포하며 증거하고 있음을 상징한다. 한편, 모세의 성막 안에 있던 두 그룹은 법궤 쪽을 향해 서로 마주 보는 자세를 취하였으나(출 25:20; 37:9), 솔로몬 성전에서는 입구 쪽을 향해 정면으로 나란히 놓였다(대하 3:13). 그리고 두 그룹의 바깥쪽 날개는 각각 지성소의 중앙 지점에서 서로 맞닿은 형태를 띠고 있었다(27절). 그 그룹들의 날개는 20규빗 길이의 지성소

쉬운성경

14 솔로몬이 성전 짓기를 마쳤습니다.

15 성전 안쪽 벽은 바닥에서 천장까지 백향목 널빤지로 덮었습니다. 마루에는 잣나무 널빤지를 깔았습니다.

16 성전 안쪽에는 길이가 이십 규빗 되는 방을 만들었는데, 바닥에서 천장까지 백향목 널빤지로 가로막았습니다. 그곳은 성전의 안쪽에 해당하는 지성소였습니다.

17 지성소 앞에 있는 큰 성소의 길이는 사십 규빗*이었습니다.

18 성전 안쪽 벽에는 백향목을 입히고 꽃과 식물로 장식하여 돌이 보이지 않게 했습니다.

19 솔로몬은 성전 안에 여호와의 언약궤를 놓아 둘 지성소를 만들었습니다.

20 이 지성소의 크기는 길이가 이십 규빗, 너비가 이십 규빗, 높이가 이십 규빗이었습니다. 솔로몬은 이 방을 순금으로 입혔습니다. 그는 백향목 제단을 만들고 그것을 순금으로 입혔습니다.

21 솔로몬은 성소 안을 순금으로 입힌 다음, 지성소 앞쪽으로 금사슬을 드리웠습니다. 그는 지성소도 금으로 입혔습니다.

22 이처럼 솔로몬은 성전 안을 온통 금으로 입혔습니다. 지성소에 놓일 모

* 6:17 40규빗은 약 18m에 해당된다.

좌우편에 닿았다. 즉, 그룹이 지성소 전체를 지킨다는 의미다. 이것은 에덴동산 동편을 지켰던 그룹과 모세 성막의 법궤 위에 있던 그룹을 생각나게 한다.

28 그가 금으로 그룹을 입혔더라 금을 입혔다는 것이 구체적으로 무엇을 말하는지는 정확하지 않다. 금으로 입힌다는 것은 금으로 두껍게 싸는 것일 수도 있고, 도금(鍍金)을 의미하는 것일 수도 있기 때문이다. 혹자는 얇은 금판을 못으로 목재에 부착시키는 방식일 거라고 말한다. 실제 성전 내부에 사용된 금은 600달란트(약 20,400kg으로 1달란트는 약 34kg)나 되었다(대하 3:8).

29 내 외소 사방 벽에는 모두 그룹들과 종려와 핀 꽃 형상을 아로새겼고 그룹은 하나님이 영적으로 성도들과 함께 계신다는 의미다. 종려는 기쁨의 상징이며, 활짝 핀 꽃은 싱싱한 생명력을 상징한다. 이러한 조각들은 하나님의 성전을 생명력이 가득한 장소로 표현한 것이다. 하나님의 성전은 거룩한 기쁨이 가득하고 생명이 충만한 곳이다.

30 내외 성전 마루에는 금으로 입혔으며 내외 성전은 지성소와 성소를 말한다. 두 성전의 마루 전체에 금을 입혔다는 것은 지성소와 성소의 거룩하게 구별된 성격을 강조한다.

31 문 인방과 문설주 인방이란 기둥과 기둥 사이 또는 문이나 창의 아래나 위로 가로지르는 나무를 말한다. '문설주'는 문의 양쪽에 세워 문짝을 끼워 달게 된 기둥을 말한다.

32 감람나무로 만든 그 두 문짝 지성소 문의 이 문짝들은 7장 50절 말씀으로 미루어 볼 때 금 돌쩌귀로 문설주에 연결되었음을 알 수 있다. 돌쩌귀란 문짝을 문설주에 달아 여닫는 데 쓰이는 쇠붙이로, 암수 두 개가 한 벌로 된 물건을 말한다. 암짝은 문설주에, 수짝은 문짝에 박아 맞추어 꽂는다.

37 넷째 해 시브 월 시브 월은 히브리 종교력의 둘째 달이다. 시브는 '밝음' '찬란함' 등을 의미하는 가나안어에서 생긴 말로 추정된다. 시브 월은 오늘날의 태양력으로는 4–5월경으로 꽃이 만발할 때다. 꽃의 찬란함에서 유래된 명칭이다.

든 제단도 금으로 입혔습니다.

23 솔로몬은 지성소 안에 올리브 나무로 두 그룹*을 만들었습니다. 각 그룹의 높이는 십 규빗이었습니다.

24 각 그룹에는 날개가 있었는데, 각 날개의 길이는 오 규빗이었습니다. 그룹의 한 쪽 날개 끝에서 다른 쪽 날개 끝까지의 길이는 십 규빗이 되었습니다.

25 다른 그룹의 길이도 십 규빗이었으며, 두 그룹은 크기와 모양이 똑같았습니다.

26 그리고 높이는 모두 십 규빗이었습니다.

27 이 두 그룹은 지성소 안에 나란히 놓여 있었습니다. 이 그룹들의 날개는 펼쳐져 있었기 때문에, 한 그룹의 날개는 한 쪽 벽에 닿았고 다른 그룹의 날개는 다른 쪽 벽에 닿았습니다. 그리고 방 한가운데에서 두 그룹의 날개가 맞닿아 있었습니다.

28 솔로몬은 이 두 그룹에도 금을 입혔습니다.

29 지성소와 성소의 모든 벽에는 조각을 했는데, 그룹과 종려나무와 꽃 모양을 새겨 넣었습니다.

30 두 방*의 마루도 모두 금으로 입혔습니다.

31 지성소 입구에는 올리브 나무로 만든 문을 달았습니다. 인방과 문설주는 오각형으로 만들었습니다.

32 솔로몬은 올리브 나무로 만든 그 두 문짝에 그룹과 종려나무와 꽃 모양을 새겼습니다. 그리고 그 새긴 것 위에 금을 입혔습니다.

33 솔로몬은 거룩한 곳인 성소에 올리브 나무로 문틀을 만들었는데, 그 문설주는 사각형이었습니다.

34 그리고 잣나무로 문 두 짝을 만들

* 6:23 '그룹'은 하나님을 가장 가까이에서 모시고 있는 천사를 말한다.
* 6:30 지성소와 성소.

38 열한째 해 불 월 곧 여덟째 달에 그 설계와 식양대로 성전 건축이 다 끝났으니 솔로몬이 칠 년 동안 성전을 건축하였더라 여기서 불 월은 히브리 종교력의 여덟째 달로, 태양력으로는 10–11월에 해당한다. 불의 어원은 '열매'다. 즉, 불 월은 과수의 열매를 추수하는 달이다. 불 월까지 약 7년 6개월 동안의 공사 끝에 성전이 완공되었다. 성전은 하나님이 보여주신 설계와 양식대로 지어졌다.

었습니다. 각 문은 두 부분으로 만들어져서 접히게 되어 있었습니다.

35 그 문에도 그룹과 종려나무와 꽃 모양을 새기고 그 위에 골고루 금을 입혔습니다.

36 안뜰에는 벽을 둘렀습니다. 그 벽은 다듬은 돌 세 겹과 백향목 널빤지 한 겹으로 쌓은 것입니다.

37 성전을 짓기 시작한 때는 솔로몬이 이스라엘의 왕으로 있은 지 사 년째 되는 해의 시브 월, 곧 둘째 달이었습니다.

38 성전 짓는 일을 마친 때는 솔로몬이 왕으로 있은 지 십일 년째 되는 해의 여덟째 달, 곧 불 월*이었습니다. 성전은 설계한 대로 정확하게 지어졌습니다. 솔로몬이 성전을 짓는 데는 칠 년이 걸렸습니다.

* 6:38 이 달은 10월에서 11월 사이에 해당된다.

저자의 묵상

지성소 안에는 법궤가 놓여 있었다. 말씀이 새겨진 법궤는 하나님의 임재를 상징했다. 성전의 원동력은 하나님의 말씀이다. 말씀은 하나님의 임재이며, 하나님이 그 백성에게 힘을 주시고 지혜를 주시는 복의 통로다. 한편, 성전은 돌로 건조되었지만 금을 입힌 백향목 널판을 내부 벽에 입혔다. 여기서 금은 하나님의 순결하심, 존귀하심, 영원하심을 상징한다. 주님과 가장 깊은 교제를 나누는 지성소에서 우리는 인생의 가장 귀한 존재가 주님이심을 확인한다. 또 내부 벽을 골고루 비싼 금으로 발랐다는 것은, 주님께는 무엇을 드려도 아깝지 않으며 주님만이 최고의 헌신을 받기에 합당한 분이심을 의미한다. 또 지성소 안에 두 그룹을 만든 것은 그룹들을 예배하게 하기 위함이 아니고, 하나님께 대한 그들의 섬김을 배우라는 이유에서였다. 하나님이 출애굽 당시 모세에게 성막의 모양을 자세히 알려주신 것처럼, 성전을 짓고자 한 다윗에게도 그의 아들 솔로몬이 지을 성전의 모양에 대해 자세히 알려주셨다. 다윗은 그 설계도를 아들 솔로몬에게 주면서 그대로 지으라고 했다. 이처럼 하나님의 성전은 인간의 생각으로, 인간의 마음대로 짓는 게 아니다. 주님 앞에 우리가 내세울 수 있는 것은 하나도 없다. 우리는 하나님의 종이다. 인간의 계급과 지위를 모두 내려놓고 함께 섬기는 곳이 바로 성전이다. 오늘 한국 교회와 그리스도인들은 다시 성전으로 돌아가야 한다. 한국 교회가 하나님의 성전이 되도록 참회하며 삶으로 행동해야 한다.

무릎기도 하나님, 솔로몬의 성전 건축을 보면서 우리의 마음과 가정과 직장과 교회에 진정한 하나님의 성전을 건축해 나가겠다는 결단이 있게 하소서.

14 So Solomon finished building the Temple.
15 The entire inside, from floor to ceiling, was paneled with wood. He paneled the walls and ceilings with cedar, and he used planks of cypress for the floors.
16 He partitioned off an inner sanctuary—the Most Holy Place—at the far end of the Temple. It was 30 feet deep and was paneled with cedar from floor to ceiling.
17 The main room of the Temple, outside the Most Holy Place, was 60 feet* long.
18 Cedar paneling completely covered the stone walls throughout the Temple, and the paneling was decorated with carvings of gourds and open flowers.
19 He prepared the inner sanctuary at the far end of the Temple, where the Ark of the LORD's Covenant would be placed.
20 This inner sanctuary was 30 feet long, 30 feet wide, and 30 feet high. He overlaid the inside with solid gold. He also overlaid the altar made of cedar.*
21 Then Solomon overlaid the rest of the Temple's interior with solid gold, and he made gold chains to protect the entrance* to the Most Holy Place.
22 So he finished overlaying the entire Temple with gold, including the altar that belonged to the Most Holy Place.
23 He made two cherubim of wild olive* wood, each 15 feet* tall, and placed them in the inner sanctuary.
24 The wingspan of each of the cherubim was 15 feet, each wing being 7½ feet* long.
25 The two cherubim were identical in shape and size;
26 each was 15 feet tall.
27 He placed them side by side in the inner sanctuary of the Temple. Their outspread wings reached from wall to wall, while their inner wings touched at the center of the room.
28 He overlaid the two cherubim with gold.
29 He decorated all the walls of the inner sanctuary and the main room with carvings of cherubim, palm trees, and open flowers.
30 He overlaid the floor in both rooms with gold.
31 For the entrance to the inner sanctuary, he made double doors of wild olive wood with five-sided doorposts.*
32 These double doors were decorated with carvings of cherubim, palm trees, and open flowers. The doors, including the decorations of cherubim and palm trees, were overlaid with gold.
33 Then he made four-sided doorposts of wild olive wood for the entrance to the Temple.
34 There were two folding doors of cypress wood, and each door was hinged to fold back upon itself.
35 These doors were decorated with carvings of cherubim, palm trees, and open flowers—all overlaid evenly with gold.
36 The walls of the inner courtyard were built so that there was one layer of cedar beams between every three layers of finished stone.
37 The foundation of the LORD's Temple was laid in midspring, in the month of Ziv,* during the fourth year of Solomon's reign.
38 The entire building was completed in every detail by midautumn, in the month of Bul,* during the eleventh year of his reign. So it took seven years to build the Temple.

* 6:17 Hebrew *40 cubits* [18.4 meters].
* 6:20 Or *overlaid the altar with cedar.* The meaning of the Hebrew is uncertain.
* 6:21 Or *to draw curtains across.* The meaning of the Hebrew is uncertain.
* 6:23a Or *pine;* Hebrew reads *oil tree;* also in 6:31, 33.
* 6:23b Hebrew *10 cubits* [4.6 meters]; also in 6:24, 26.
* 6:24 Hebrew *5 cubits* [2.3 meters].
*6:31 The meaning of the Hebrew is uncertain.
*6:37 Hebrew was *laid in the month of Ziv.* This month of the ancient Hebrew lunar calendar usually occurs within the months of April and May.
*6:38 Hebrew *by the month of Bul, which is the eighth month.* This month of the ancient Hebrew lunar calendar usually occurs within the months of October and November.

15 ceiling 천장 panel 널판을 대다 cedar 개잎갈나무 plank 판자, 널빤지 cypress 사이프러스 속의 침엽수 16 partition off ~ ~를 칸막이하다 sanctuary 피난처, 성소 18 completely 완전히 throughout 도처에 be decorated with ~ ~로 장식되다 gourd 호리병박(조롱박) 19 Covenant 계약, 약속 20 overlay … with ~ …에 ~을 입히다 solid 고체의 altar 제단 21 interior 내부 entrance 입구, 현관 22 belong to ~ ~에 속하다 23 cherubim 그룹 24 wingspan 날개 길이 25 identical 똑같은 27 side by side 나란히 outspread 펼쳐진 reach from … to ~ ~에서 …에 닿다 29 inner 내면의 carving 조각 palm 종려나무 30 overlay 씌우다 31 doorpost 문설주 34 be hinged to ~ ~에 경첩을 달다 35 evenly 고르게 36 courtyard 마당, 안뜰 layer 층 cedar 개잎갈나무 37 foundation 재단, 기반 be laid in ~ ~에 놓이다 reign 통치 38 entire 전체의 complete 끝마치다

18

월 일

왕궁 건축

열왕기상 7:1–12 • 새찬송 40장 | 통일 43장

• 말씀묵상 전에 성령님의 인도하심을 구하는 기도를 드리십시오.

본문요약 | 본문은 솔로몬이 자신이 지낼 왕궁을 건축하는 부분이다. 전체 성전 건축 기사 중간에 솔로몬의 왕궁과 바로의 딸이 거할 집 건축 이야기가 등장한다. 그 왕궁은 13년에 걸쳐 완공된다. 본문 1–8절은 왕궁 안의 여러 건축물에 관해 기록하고, 9–12절은 각 건물에 사용한 돌에 관해 언급한다.

1 솔로몬이 자기의 왕궁을 십삼 년 동안 건축하여 그 전부를 준공하니라

2 그가 레바논 나무로 왕궁을 지었으니 길이가 백 규빗이요 너비가 오십 규빗이요 높이가 삼십 규빗이라 백향목 기둥이 네 줄이요 기둥 위에 백향목 들보가 있으며

3 기둥 위에 있는 들보 사십오 개를 백향목으로 덮었는데 들보는 한 줄에 열 다섯이요

4 또 창틀이 세 줄로 있는데 창과 창이 세 층으로 서로 마주 대하였고

5 모든 문과 문설주를 다 큰 나무로 네모지게 만들었는데 창과 창이 세 층으로 서로 마주 대하였으며

6 또 기둥을 세워 주랑을 지었으니 길이가 오십 규빗이요 너비가 삼십 규빗이며 또 기둥 앞에 한 주랑이 있고 또 그 앞에 기둥과 섬돌이 있으며

7 또 심판하기 위하여 보좌의 주랑 곧 재판하는 주랑을 짓고 온 마루를 백향목으로 덮었고

8 솔로몬이 거처할 왕궁은 그 주랑 뒤 다른 뜰에 있으니 그 양식이 동일하며 솔로몬이 또 그가 장가 든 바로의 딸을 위하여 집을 지었는데 이 주랑과 같더라

9 이 집들은 안팎을 모두 귀하고 다듬은 돌로 지었으니 크기대로 톱으로 켠 것이라 그 초석에서 처마까지와 외면에서 큰 뜰에 이르기까지 다 그러하니

10 그 초석은 귀하고 큰 돌 곧 십 규빗 되는 돌과 여덟 규빗 되는 돌이라

11 그 위에는 크기대로 다듬은 귀한 돌도 있고 백향목도 있으며

12 또 큰 뜰 주위에는 다듬은 돌 세 켜와 백향목 두꺼운 판자 한 켜를 놓았으니 마치 여호와의 성전 안뜰과 주랑에 놓은 것 같더라

1. 오늘 하나님께서 나에게 주신 깨달음은 무엇입니까?

2. 말씀을 어떻게 내 삶에 구체적으로 적용해야 합니까?

절별 해설

1 솔로몬이 자기의 왕궁을 십삼 년 동안 건축하여 그 전부를 준공하니라 솔로몬은 자신의 왕궁을 13년에 걸쳐 건축한다. 성전 건축 기간인 7년보다 무려 6년이 더 걸렸다. 이는 솔로몬의 궁전이 성전에 비해 상대적으로 규모가 큰 공사였기 때문이다. 그럼에도 왕궁 건축에 관한 내용은 12절로 짧게 나온다. 그것도 성전 내외부 공사와 성전 기구 제작 사이에 끼워 넣어 간략하게 다룬다. 이는 성전 건축이라는 큰 과정 속에 왕궁 건축을 잠깐 넣어 둔 느낌을 준다.

2 레바논 나무 레바논 나무는 백향목(柏香木, cedar)을 말한다. 그런데 특별히 여기서 나무는 '모으다' '소집하다'라는 뜻이다. 즉, 백향목의 밀집 상태, 수풀을 이루고 있는 상태를 가리킨다. 그러므로 레바논 나무라는 말은 '레바논 숲의 궁'으로 이해해야 한다. 따라서 이 궁은 매우 서늘하고 쾌적한 장소였을 것이다(삿 3:20 참조). 백향목 숲은 근동의 더위를 잊게 할 만큼 시원한 그늘을 형성했기 때문이다.

6 또 기둥을 세워 주랑을 지었으니 솔로몬은 왕궁을 하나의 독립된 건물이 아닌 여러 건물이 서로 연결된 복합건물로 건축한다. 규모는 대략 성전의 두 배 가까이 된다.

7 또 심판하기 위하여 보좌의 주랑 곧 재판하는 주랑을 짓고 왕궁 안에는 솔로몬이 재판하기 위해 만든 법정이 있었는데, 솔로몬은 이곳에서 재판하였다. 그는 자신의 장점인 지혜를 극대화하였다.

8 그가 장가 든 바로의 딸을 위하여 집을 지었는데 이 주랑과 같더라 솔로몬이 크고 화려한 왕궁을 건축한 이유 중 하나가 솔로몬의 부인, 즉 바로의 딸과 연관이 있음을 추측하게 한다.

9 다듬은 돌로 지었으니 크기대로 톱으로 켠 것이라 울퉁불퉁한 부분을 잘라내어 고르고 반듯하게 만든 돌이라는 뜻이다.

12 마치 여호와의 성전 안뜰과 주랑에 놓은 것 같더라 본절은 왕궁을 짓는 데 사용한 재료와 성전을 짓는 데 사용한 재료가 거의 차이가 없음을 강조한다.

쉬운성경

1 솔로몬 왕은 자기가 살 왕궁도 지었습니다. 왕궁을 짓는 데는 모두 십삼 년이 걸렸습니다.

2 솔로몬은 레바논 나무로 궁을 지었습니다. 그 궁은 길이가 백 규빗,* 너비가 오십 규빗,* 높이가 삼십 규빗*이었습니다. 그 궁에 있는 네 줄로 된 백향목 기둥이 백향목 서까래를 받치고 있었습니다.

3 천장에는 서까래 위에 백향목을 덮었습니다. 서까래는 한 줄에 열다섯 개씩 모두 마흔다섯 개가 있었습니다.

4 창틀은 세 줄로 되어 있고, 또 창은 삼단으로 되어 있는데 서로 마주 보고 있었습니다.

5 문과 문설주는 모두 네모난 모양이었습니다. 삼단으로 된 창문은 서로 마주 보고 있었습니다.

6 솔로몬은 기둥들이 늘어선 현관을 만들었습니다. 그 길이는 오십 규빗, 너비는 삼십 규빗이었습니다. 현관 앞에도 기둥들이 늘어서 있었는데, 그 위에는 처마 끝에 덧붙인 작은 지붕이 덮여 있었습니다.

7 솔로몬은 법정을 만든 뒤에 왕좌를 놓고 재판을 했습니다. 이 방에는 마루에서 천장까지 백향목이 깔려 있었습니다.

8 솔로몬이 살 왕궁은 법정 뒤뜰에 있었습니다. 왕궁은 법정과 비슷하게 지어졌습니다. 솔로몬은 그가 결혼한 파라오의 딸을 위해서도 같은 모양의 궁을 지었습니다.

9 이 모든 건물은 톱으로 자른 다음 앞면과 뒷면을 곱게 다듬은 같은 크기의 돌로 지었습니다. 건물의 기초에서부터 벽의 꼭대기에 이르기까지 이러한 돌을 사용하여 지었습니다. 심지어 뜰까지도 이러한 돌을 사용하여 만들었습니다.

10 건물의 기초가 되는 돌도 값지고 큰 것이었습니다. 어떤 돌은 길이가 십 규빗*이었고, 어떤 돌은 길이가 팔 규빗*이었습니다.

11 그 돌들 위에는 치수대로 다듬은 값진 돌과 백향목을 쌓았습니다.

12 큰 뜰 둘레에는 두꺼운 판자로 둘러 현관을 만들었습니다. 그것은 마치 여호와의 성전 안뜰에 만든 현관과 같았습니다.

* 7:2 100규빗은 약 45m에 해당되고, 50규빗은 약 22.5m에 해당되며, 30규빗은 약 13.5m 정도이다.
* 7:10 10규빗은 약 4.5m에 해당되고, 8규빗은 약 3.6m에 해당된다.

저자의 묵상

본문은 왕궁 건축의 이중적인 모습을 보여준다. 우선 13년이나 걸려 지을 만큼 웅장한 왕궁은 성전을 건축한 솔로몬에게 하나님이 복 주신 것이다. 영광스러운 왕궁은 영광스러운 성전에 하나님이 임재하심으로 이스라엘이 누린 번영과 평화의 자연스러운 결과다. 하늘 왕의 영광을 땅의 왕인 솔로몬에게도 내려주신 것이다. 스스로 이름을 내고 자신의 영광을 드러내려 하지 않고 하나님의 영광을 위해 살 때, 하나님은 감당할 수 없는 것으로 갚아주신다. 그러나 솔로몬은 성전이 아닌 자기 왕궁 건축을 위해 백성에게 13년 동안이나 노역을 시킨 것이나, 하나님만 의지하지 않고 애굽과 동맹을 맺어 나라의 안전을 유지하려고 바로의 딸을 아내로 맞은 행위는, 선물로 주신 왕궁이 얼마든지 탐욕스러운 권력의 중심지로 전락할 수 있음을 암시한다. 본문은 우리가 은혜와 선물로 누리고 있는 성전의 영광에 안주하거나 세상 영광에 미혹된다면, 돌이킬 수 없는 후회의 날을 맞이할 것을 말해 준다.

무릎 기도 하나님, 현재의 평안하고 번영된 삶이 내 능력과 지혜로 된 것이라 생각하여 교만하지 않게 하소서. 모든 것이 하나님의 은혜임을 고백하며 겸손하기 원합니다.

NLT - 1 Kings 7

1 Solomon also built a palace for himself, and it took him thirteen years to complete the construction.

2 One of Solomon's buildings was called the Palace of the Forest of Lebanon. It was 150 feet long, 75 feet wide, and 45 feet high.* There were four rows of cedar pillars, and great cedar beams rested on the pillars.

3 The hall had a cedar roof. Above the beams on the pillars were forty-five side rooms,* arranged in three tiers of fifteen each.

4 On each end of the long hall were three rows of windows facing each other.

5 All the doorways and doorposts* had rectangular frames and were arranged in sets of three, facing each other.

6 Solomon also built the Hall of Pillars, which was 75 feet long and 45 feet wide.* There was a porch in front, along with a canopy supported by pillars.

7 Solomon also built the throne room, known as the Hall of Justice, where he sat to hear legal matters. It was paneled with cedar from floor to ceiling.*

8 Solomon's living quarters surrounded a courtyard behind this hall, and they were constructed the same way. He also built similar living quarters for Pharaoh's daughter, whom he had married.

9 From foundation to eaves, all these buildings were built from huge blocks of high-quality stone, cut with saws and trimmed to exact measure on all sides.

10 Some of the huge foundation stones were 15 feet long, and some were 12 feet* long.

11 The blocks of high-quality stone used in the walls were also cut to measure, and cedar beams were also used.

12 The walls of the great courtyard were built so that there was one layer of cedar beams between every three layers of finished stone, just like the walls of the inner courtyard of the LORD's Temple with its entry room.

* 7:2 Hebrew *100 cubits* [46 meters] *long, 50 cubits* [23 meters] *wide, and 30 cubits* [13.8 meters] *high.*
* 7:3 Or *45 rafters,* or *45 beams,* or *45 pillars.* The architectural details in 7:2-6 can be interpreted in many different ways.
* 7:5 Greek version reads *windows.*
* 7:6 Hebrew *50 cubits* [23 meters] *long and 30 cubits* [13.8 meters] *wide.*
* 7:7 As in Syriac version and Latin Vulgate; Hebrew reads *from floor to floor.*
* 7:10 Hebrew *10 cubits* [4.6 meters] ... *8 cubits* [3.7 meters].

1 construction 건설, 공사 2 row 줄 pillar 기둥, 지주 beam 들보, 서까래 rest on ~ ~에 의존하다 3 arrange 배열하다 5 doorway 문간 rectangular 직사각형의 frame 틀, 구조 6 porch 현관, 문간 canopy 닫집 supported by ~ ~로 받쳐진 7 legal 법적인 panel 널판을 대다 ceiling 천장 8 quarter 구역, 처소 surround 둘러싸다 9 eaves 처마 trim 장식하다, 다듬다 exact 정확한 measure 치수, 측정 12 layer 층 entry 입구, 현관

19 성전 기물 제작

월 일

열왕기상 7:13-51 • 새찬송 410장 | 통일 468장

• 말씀묵상 전에 성령님의 인도하심을 구하는 기도를 드리십시오.

본문요약 I 솔로몬은 두로에서 놋 기술자인 히람을 불러와 놋기둥과 놋바다를 만들게 한다. 성전의 주랑 앞에 세워진 두 놋기둥의 이름은 야긴과 보아스다. 히람은 물두멍과 그 받침 수레도 만든다. 히람은 솔로몬 왕이 지시한 성전의 모든 기물을 다 만들었다. 마침내 솔로몬 왕은 여호와의 성전 건축을 마무리한다.

13 솔로몬 왕이 사람을 보내어 히람을 두로
에서 데려오니
14 그는 납달리 지파 과부의 아들이요 그의
아버지는 두로 사람이니 놋쇠 대장장이라
이 히람은 모든 놋 일에 지혜와 총명과 재
능을 구비한 자이더니 솔로몬 왕에게 와
서 그 모든 공사를 하니라
15 그가 놋기둥 둘을 만들었으니 그 높이는
각각 십팔 규빗이라 각각 십이 규빗 되는
줄을 두를 만하며
16 또 놋을 녹여 부어서 기둥 머리를 만들어
기둥 꼭대기에 두었으니 한쪽 머리의 높
이도 다섯 규빗이요 다른쪽 머리의 높이
도 다섯 규빗이며
17 기둥 꼭대기에 있는 머리를 위하여 바둑
판 모양으로 얽은 그물과 사슬 모양으로
땋은 것을 만들었으니 이 머리에 일곱이
요 저 머리에 일곱이라
18 기둥을 이렇게 만들었고 또 두 줄 석류를
한 그물 위에 둘러 만들어서 기둥 꼭대기
에 있는 머리에 두르게 하였고 다른 기둥
머리에도 그렇게 하였으며
19 주랑 기둥 꼭대기에 있는 머리의 네 규빗
은 백합화 모양으로 만들었으며
20 이 두 기둥머리에 있는 그물 곁 곧 그 머
리의 공같이 둥근 곳으로 돌아가며 각기
석류 이백 개가 줄을 지었더라
21 이 두 기둥을 성전의 주랑 앞에 세우되 오
른쪽 기둥을 세우고 그 이름을 [1]야긴이라
하고 왼쪽의 기둥을 세우고 그 이름을 [2]보
아스라 하였으며
22 그 두 기둥 꼭대기에는 백합화 형상이 있
더라 두 기둥의 공사가 끝나니라
23 또 바다를 부어 만들었으니 그 직경이 십
규빗이요 그 모양이 둥글며 그 높이는 다
섯 규빗이요 주위는 삼십 규빗 줄을 두를
만하며
24 그 가장자리 아래에는 돌아가며 박이 있
는데 매 규빗에 열 개씩 있어서 바다 주위
에 둘렸으니 그 박은 바다를 부어 만들 때
에 두 줄로 부어 만들었으며
25 그 바다를 소 열두 마리가 받쳤으니 셋은
북쪽을 향하였고 셋은 서쪽을 향하였고
셋은 남쪽을 향하였고 셋은 동쪽을 향하
였으며 바다를 그 위에 놓았고 소의 뒤는
다 안으로 두었으며
26 바다의 두께는 한 손 너비만 하고 그것의
가는 백합화의 양식으로 잔가와 같이 만
들었으니 그 바다에는 이천 밧을 담겠더
라
27 또 놋으로 받침 수레 열을 만들었으니 매
받침 수레의 길이가 네 규빗이요 너비가
네 규빗이요 높이가 세 규빗이라
28 그 받침 수레의 구조는 이러하니 사면 옆
가장자리 가운데에는 판이 있고
29 가장자리 가운데 판에는 사자와 소와 그
룹들이 있고 또 가장자리 위에는 놓는 자
리가 있고 사자와 소 아래에는 화환 모양
이 있으며

1) 저가 세우리라 2) 그에게 능력이 있다

30 그 받침 수레에 각각 네 놋바퀴와 놋축이
있고 받침 수레 네 발 밑에는 어깨 같은
것이 있으며 그 어깨 같은 것은 물두멍 아
래쪽에 부어 만들었고 화환은 각각 그 옆
에 있으며
31 그 받침 수레 위로 들이켜 높이가 한 규빗
되게 내민 것이 있고 그 면은 직경 한 규
빗 반 되게 반원형으로 우묵하며 그 나머
지 면에는 아로새긴 것이 있으며 그 내민
판들은 네모지고 둥글지 아니하며
32 네 바퀴는 옆판 밑에 있고 바퀴축은 받침
수레에 연결되었는데 바퀴의 높이는 각각
한 규빗 반이며
33 그 바퀴의 구조는 병거 바퀴의 구조 같은
데 그 축과 테와 살과 통이 다 부어 만든
것이며
34 받침 수레 네 모퉁이에 어깨 같은 것 넷이
있는데 그 어깨는 받침 수레와 연결되었
고
35 받침 수레 위에 둥근 테두리가 있는데 높
이가 반 규빗이요 또 받침 수레 위의 버팀
대와 옆판들이 받침 수레와 연결되었고
36 버팀대 판과 옆판에는 각각 빈 곳을 따라
그룹들과 사자와 종려나무를 아로새겼고
또 그 둘레에 화환 모양이 있더라
37 이와 같이 받침 수레 열 개를 만들었는데
그 부어 만든 법과 크기와 양식을 다 동일
하게 만들었더라
38 또 물두멍 열 개를 놋으로 만들었는데 물
두멍마다 각각 사십 밧을 담게 하였으며
매 물두멍의 직경은 네 규빗이라 열 받침
수레 위에 각각 물두멍이 하나씩이더라
39 그 받침 수레 다섯은 성전 오른쪽에 두었
고 다섯은 성전 왼쪽에 두었고 성전 오른
쪽 동남쪽에는 그 바다를 두었더라
40 히람이 또 [3)]물두멍과 부삽과 대접들을 만
들었더라 이와 같이 히람이 솔로몬 왕을
위하여 여호와의 전의 모든 일을 마쳤으
니
41 곧 기둥 둘과 그 기둥 꼭대기의 공 같은
머리 둘과 또 기둥 꼭대기의 공 같은 머리
를 가리는 그물 둘과

3) 대하 4:11에는 [솥]

42 또 그 그물들을 위하여 만든 바 매 그물에
두 줄씩으로 기둥 위의 공 같은 두 머리를
가리게 한 석류 사백 개와
43 또 열 개의 받침 수레와 받침 수레 위의
열 개의 물두멍과
44 한 바다와 그 바다 아래의 소 열두 마리와
45 솥과 부삽과 대접들이라 히람이 솔로몬
왕을 위하여 여호와의 성전에 이 모든 그
릇을 빛난 놋으로 만드니라
46 왕이 요단 평지에서 숙곳과 사르단 사이
의 차진 흙에 그것들을 부어 내었더라
47 기구가 심히 많으므로 솔로몬이 다 달아
보지 아니하고 두었으니 그 놋 무게를 능
히 측량할 수 없었더라
48 솔로몬이 또 여호와의 성전의 모든 기구
를 만들었으니 곧 금 단과 진설병의 금 상
과
49 내소 앞에 좌우로 다섯씩 둘 정금 등잔대
며 또 금 꽃과 등잔과 불집게며
50 또 정금 대접과 불집게와 주발과 숟가락
과 불을 옮기는 그릇이며 또 내소 곧 지성
소 문의 금 돌쩌귀와 성전 곧 외소 문의
금 돌쩌귀더라
51 솔로몬 왕이 여호와의 성전을 위하여 만
드는 모든 일을 마친지라 이에 솔로몬이
그의 아버지 다윗이 드린 물건 곧 은과 금
과 기구들을 가져다가 여호와의 성전 곳
간에 두었더라

1. 오늘 하나님께서 나에게 주신 깨달음은 무엇입니까?

2. 말씀을 어떻게 내 삶에 구체적으로 적용해야 합니까?

절별 해설

13-14 이 히람은 모든 놋 일에 지혜와 총명과 재능을 구비한 자이더니 솔로몬 왕에게 와서 그 모든 공사를 하니라 솔로몬은 히람을 두로에서 불러와 놋으로 성전 기물 만드는 일을 맡긴다. 히람은 놋을 다루는 일에 지혜와 총명(기술)과 재능(전문 지식)을 갖춘 사람이었다.

15 그가 놋기둥 둘을 만들었으니 히람은 성전 입구에 세울 커다란 놋기둥 두 개를 만든다. 놋은 금과 색깔이 비슷하지만 값이 덜한 재료다. 금으로 입힌 성전 내부가 천상의 상징이라면, 놋은 그 천상적인 것의 지상적 모형이기 때문이다. 각 놋기둥의 높이는 8.1m였고, 둘레는 각각 5.4m였다.

20 석류 이백 개 석류는 겉으로 보기에는 푸르고 아름답지 않지만, 속을 열어보면 붉은 색으로 단맛이 난다. 그래서 유대인들은 석류가 하나님께서 명령하신 율법의 말씀을 의미한다고 생각했다. 하나님의 말씀은 겉으로 보기에는 딱딱하고 재미없고 시대에 뒤떨어진 것 같지만, 그 안에는 하나님의 뜨거운 사랑과 살아있는 능력이 있음을 빗대었다.

21 이 두 기둥을 성전의 주랑 앞에 세우되 오른쪽 기둥을 세우고 그 이름을 야긴이라 하고 왼쪽의 기둥을 세우고 그 이름을 보아스라 하였으며 이 두 기둥의 이름과 뜻은 하나님의 주권과 능력을 신뢰하는 고백이다. 성전은 하나님이 세우시는 것이며, 모든 능력은 하나님께 있다는 확신의 표현이다.

22 그 두 기둥 꼭대기에는 백합화 형상이 있더라 백합화는 나리꽃이라고도 불린다. 백합화는 하나님나라 백성의 순결을 나타낸다.

23-25 또 바다를 부어 만들었으니, 그 바다를 소 열두 마리가 받쳤으니 히람은 놋으로 바다 모양의 큰 물통을 만든다. 이것은 높이가 약 2.3m이고 둘레는 약 13.5m, 직경은 4.5m로 약 43,000리터의 물을 담을 수 있을 정도

쉬운성경

13 솔로몬 왕은 사람을 보내어 두로에 있는 히람을 불러왔습니다.

14 히람의 어머니는 납달리 지파 사람이며 과부입니다. 히람의 아버지는 두로 사람으로서 놋을 다루는 대장장이였습니다. 히람도 놋을 다루는 기술이 뛰어났고 지혜와 총명이 있었습니다. 히람이 솔로몬 왕에게 불려 와서 모든 일을 도맡아 했습니다.

15 히람은 놋기둥 두 개를 만들었습니다. 각 놋기둥의 높이는 십팔 규빗*이었고 둘레는 십이 규빗*이었습니다.

16 그는 또 오 규빗* 되는 높이의 기둥 머리를 만들어서 기둥 위에 놓았습니다.

17 그리고 기둥 머리를 장식할 그물을 일곱 개씩 만들어서 두 기둥 위에 놓여 있는 기둥 머리 위에 덮었습니다.

18 또 놋석류 두 줄을 만들어서 그물 위에 두었습니다. 그것은 기둥 꼭대기에 있는 기둥 머리를 덮는 것이었습니다.

19 기둥 꼭대기의 기둥 머리는 나리꽃 모양으로 만들었습니다. 그 높이는 사 규빗*이었습니다.

20 기둥 머리는 두 기둥의 꼭대기에 놓였습니다. 그것은 그물 곁에 둥그렇게 튀어 나온 부분 위에 놓였습니다. 그 둘레에는 석류 이백 개가 줄을 지어 있었습니다.

21 히람은 이 두 놋기둥을 성전 현관에 세웠습니다. 그리고 남쪽 기둥의 이름을 '하나님이 세우다'라는 뜻의 야긴이라고 했고, 북쪽 기둥의 이름은 '그에게 힘이 있다'라는 뜻의 보아스라고 붙였습니다.

22 기둥 위의 기둥 머리는 나리꽃 모양으로 만들었습니다. 이렇게 해서 기둥 만드는 일이 끝났습니다.

23 그리고 나서 히람은 놋으로 크고 둥근 그릇을 만들어 바다라고 불렀습니다. 바다는 둘레가 삼십 규빗, 지름이 십 규빗, 깊이가 오 규빗이었습니다.

* 7:15 18규빗은 약 8.1m에 해당되고, 12규빗은 약 5.4m에 해당된다.
* 7:16 5규빗은 약 2.25m에 해당된다.
* 7:19 4규빗은 약 1.8m에 해당된다.

로 켰다. 이 물통은 제사장들이 손과 발을 씻는 데 사용되었다. 특히 제사장은 희생제사를 인도하러 가기 전에 이곳에서 씻었다(대하 4:6). 바다는 풍요를 상징하는 열두 마리의 소가 떠받치고 있다.

27 놋으로 받침 수레 열을 만들었으니 받침 수레는 물두멍(대야)을 받쳐 주는 기구다. 물두멍의 크기는 직경이 4규빗(1.8m)이었고, 용량은 40밧(871리터)이었다. 놋바다가 성전에서 제사를 주도하는 제사장들이 물로 씻을 수 있게 만든 것이라면, 물두멍은 제사를 드리는 자들과 제물을 정결하게 하기 위해 마련했다. 물두멍의 물로 정결함을 입지 않고 성막에 들어갔다가는 죽음을 당할 수도 있었다(출 30:18-21). 그리고 제사를 드린 후 제물의 피로 얼룩진 제단과 성전 뜰을 깨끗하게 하는 데도 물두멍의 물이 사용되었다. 여기서 주목해야 할 점은, 히람이 크고 굵직한 놋기둥과 놋바다뿐 아니라 작고 보잘것없는 받침 수레와 물두멍까지도 세심하게 공을 들여 만들었다는 것이다. 더욱이 이 모든 작업이 히람의 뜻대로 된 것이 아니라 솔로몬을 통해 전달된 하나님의 말씀대로 진행되었다는 사실이다.

29 받침 수레에는 사자, 소, 그룹 등의 문양을 새겼다. 사자와 소 문양은 성전을 건축하는 다윗과 솔로몬 왕권의 위엄과 견고함을 상징하며, 그룹은 하나님의 임재를 의미한다.

30 네 놋바퀴와 놋축 받침 수레에는 바퀴가 달려 있어서 물을 담아 쉽게 이동할 수 있었다. 그래서 필요하면 이 열 개의 작은 대야를 안뜰로 끌고 갈 수 있었다. 따라서 제사장들은 거룩한 제물을 손으로 옮기지 않을 수 있었으며, 특히 이 받침 수레들은 제물을 담는 그릇을 정결하게 유지하는 데도 매우 유용했다.

37 이와 같이 받침 수레 열 개를 만들었는데 그 부어 만든 법과 크기와 양식을 다 동일하게 만들었더라 받침 수레와 물두멍은 놋기둥과 놋바다만큼 크거나 중요한 역할을 하는 것은 아니지만, 성전에서 제사 드리는 데 꼭 필요한

24 그 가장자리 아래로는 빙 둘러가며 놋으로 박 모양이 새겨졌는데, 매 규빗마다 박이 열 개씩 새겨졌습니다. 그것은 놋을 녹여 그릇을 만들 때에 두 줄로 만든 것입니다.

25 이 바다는 놋황소 열두 마리의 등 위에 올려져 있었습니다. 세 마리는 북쪽을 바라보고, 세 마리는 동쪽을 바라보고, 세 마리는 남쪽을 바라보고, 세 마리는 서쪽을 바라보고 있었습니다.

26 그릇의 두께는 한 손 너비만했고, 그 가장자리는 잔의 테두리 같기도 했고, 나리꽃 같기도 했습니다. 그 그릇은 물을 이천 바트* 가량 담을 수 있었습니다.

27 히람은 또 놋받침대 열 개를 만들었는데, 각 받침대는 길이와 너비가 사 규빗이고, 높이는 삼 규빗*이었습니다.

28 받침대에는 널빤지 테두리가 있었고, 그 테두리는 틀 안에 있었습니다.

29 테두리 위에는 사자와 소와 날개 달린 생물인 그룹 모양이 있었습니다. 사자와 소의 위, 아래 틀에는 꽃무늬를 새겨 넣었습니다.

30 각 받침대에는 놋바퀴 네 개와 놋축이 있었습니다. 네 모퉁이에는 물동이를 괴기 위한 놋버팀대가 있었습니다. 그 버팀대에는 꽃무늬가 새겨져 있었습니다.

31 물동이 위쪽으로 일 규빗* 높이 되는 곳에 테두리가 있었습니다. 둥그런 모양의 물동이 입구는 그 지름이 일 규빗 반*이었습니다. 입구에는 무늬를 아로새겼으며 테두리는 둥글지 않고 네모난 모양이었습니다.

32 테두리 아래에는 네 바퀴가 있었는데 그 높이는 일 규빗 반이었습니다. 바퀴 사이의 축은 받침대와 한 몸으로 만들었습니다.

33 바퀴는 전차 바퀴처럼 만들었습니다. 바퀴 위에 있는 것은 다 놋으로 만들었으

*7:26 2,000바트는 약 44kℓ에 해당된다.
*7:27 3규빗은 약 1.35m에 해당된다.
*7:31 1규빗은 약 45cm에 해당되고, 1.5규빗은 약 67.5cm에 해당된다.

소품 중 하나다. 이렇게 작은 것 하나까지도 철저하게 말씀대로 제작한 히람의 정성이 돋보인다.

38-39 1밧은 때에 따라 22리터에서 45리터에 달했다. 그러므로 각 대야가 40밧의 물을 담았다는 것은 적게는 880리터, 많게는 거의 2톤의 물을 담은 상당히 큰 그릇임을 뜻한다. 받침 수레 위에 놓인 대야(물두멍) 역시 놋으로 만들었으며, 성전 오른쪽과 왼쪽에 각각 다섯 개씩 모두 열 개를 두었다. 그리고 놋바다는 성전의 오른쪽인 동남쪽 모퉁이에 두었다.

45-46 솥과 부삽과 대접들이라 히람이 솔로몬 왕을 위하여 여호와의 성전에 이 모든 그릇을 빛난 놋으로 만드니라 왕이 요단 평지에서 숙곳과 사르단 사이의 차진 흙에 그것들을 부어 내었더라 성전에 쓰이는 그릇도 놋으로 만들었다. 놋 합금에 탁월한 재능이 있었던 히람은 솔로몬에게 요청했을 것이다. 그래서 솔로몬은 성전 놋 기물을 만들기 위해 숙곳과 사르단 사이에 있는 차진 흙을 사용하게 했다. 고고학자들에 따르면 그곳의 흙은 대부분 찰흙이었다고 한다. 아무리 질이 좋은 놋이라 할지라도 찰흙으로 만든 틀에 부어 주조하지 않으면 적절한 형상으로 굳어질 수 없기 때문이다.

47 기구가 심히 많으므로 솔로몬이 다 달아 보지 아니하고 두었으니 솔로몬은 하나님의 성전을 위해서는 무엇이든 아낌없이 바쳤다. 무게를 달 수 없을 만큼 많은 성전 기물을 마련했다. 더욱이 7년 반 동안 하나님이 보여 주신 설계대로 성전 바깥에서 사용하는 기구들을 정성스럽게 만들었다.

51 솔로몬이 그의 아버지 다윗이 드린 물건 곧 은과 금과 기구들을 가져다가 여호와의 성전 곳간에 두었더라 솔로몬은 다윗이 성전을 위해 따로 구별한 은과 금과 여러 기구를 여호와의 성전 곳간에 둠으로써 성전 건축을 마무리한다. 성전 기물은 놋으로 만들기도 했으나 어떤 것은 금으로 만들었다. 이는 하나님의 보좌 앞에 더 가까이 나

며, 축과 테두리와 바퀴살과 바퀴통도 다 놋으로 만들었습니다.

34 각 받침대의 네 모퉁이에는 네 버팀대가 있었습니다. 버팀대와 받침대는 하나로 만들었습니다.

35 받침대 꼭대기에는 반 규빗* 높이의 둥그런 띠가 있었습니다. 그것도 받침대와 하나로 만들었습니다.

36 받침대의 곁과 널빤지 테두리에는 날개 달린 생물인 그룹과 사자와 종려나무와 꽃을 새겨 넣었습니다.

37 히람은 이런 방법으로 받침대 열 개를 만들었습니다. 모두 다 같은 틀에 부어 만들었기 때문에 크기와 모양이 똑같았습니다.

38 히람은 또 놋대야 열 개를 만들었습니다. 받침대 열 개에 대야가 하나씩 있었습니다. 각 대야는 지름이 사 규빗*이었고 사십 바트* 가량의 물을 담을 수 있었습니다.

39 받침대 다섯 개는 성전 남쪽에 두고 나머지 다섯 개는 성전 북쪽에 두었습니다. 그리고 바다는 남동쪽 모퉁이에 두었습니다.

40 히람은 솥과 부삽과 대접들도 만들었습니다. 마침내 히람은 솔로몬 왕이 지시한 것을 다 만들었습니다. 히람이 여호와의 성전을 위해 만든 것들은 이러합니다.

41 기둥 두개와 두 기둥 꼭대기에 얹는 공 모양의 기둥 머리 두 개, 두 기둥 꼭대기에 얹는 공 모양의 기둥머리를 덮는 그물 두 개,

42 그물에 장식할 석류 사백 개,

43 받침대 열 개와 받침대 위에 놓을 대야 열 개,

44 바다와 바다를 받치는 황소 열두 마리,

45 솥과 부삽과 대접과 여호와의 성전에서 쓸 온갖 접시들입니다. 히람은 솔로몬 왕을 위하여 이것들을 모두 놋으로 만들었습니다.

46 솔로몬 왕은 이 모든 것을 숙곳과 사르단 사이에 있는 요단 강 가까이에서 진흙틀에 부어 만들게 했습니다.

* 7:35 0.5규빗은 약 22.5cm에 해당된다.
* 7:38 4규빗은 약 1.8m에 해당되고, 40바트는 약 880ℓ에 해당된다.

아가기 위해서는 더 온전한 거룩함이 요구된다는 사실을 보여준다. 그리고 다윗은 성전 건축의 뜻은 이루지 못했지만, 마지막 순간까지 성전 건축을 위해 필요한 자재를 준비했다. 하나님의 일은 이렇게 합심하여 이루어진다.

47 너무 많이 만들었으므로 솔로몬은 그
무게를 달아 보지 못했습니다. 그래서 놋
의 무게가 모두 얼마인지는 알 수가 없습
니다.

48 솔로몬은 성전에 두기 위해 금으로 여
러 가지 물건을 만들게 했습니다. 금 제단,
하나님의 백성이 하나님 앞에 있음을 보
여주는 빵을 차려 놓는 금상,

49 지성소 앞의 오른쪽과 왼쪽에 다섯 개
씩 놓을 순금 등잔대와 금꽃 장식과 등잔,
부집게,

50 순금 잔, 심지 다듬는 집게, 작은 그릇,
향로, 불 옮기는 접시, 지성소와 성소에 달
금돌쩌귀들이었습니다.

51 그리하여 솔로몬 왕은 여호와의 성전을
짓는 일을 마쳤습니다. 솔로몬은 그의 아
버지 다윗이 거룩하게 구별하여 여호와께
드린 은과 금과 여러 기구들을 성전으로
가져가서 성전의 창고에 넣어 두었습니다.

저자의 묵상

성전을 짓는다는 것은 건물뿐 아니라 그 안에 들어가는 가구와 기구까지 모두 포함한다. 성전 건축은 집 하나만 덩그러니 짓는 게 아니다. 그 안에 온갖 장식과 가구, 그릇과 집기까지 마련해 놓아야 한다. 그곳에 하나님이 임재하시므로 하나님이 원하시는 대로 정성을 다해 세워야 한다. 솔로몬은 당대 최고의 놋 기술자인 히람으로 하여금 하나님의 말씀대로 성전 기물을 만들게 했다. 히람의 전문성과 헌신으로 성전 건축은 성공적으로 마무리될 수 있었다. '하나님이 능력으로 성전을 지켜주신다'는 신앙을 의미하는 두 개의 놋기둥을 하나님은 히람을 통해 성전 전면에 세우셨다. 두 놋기둥은 이스라엘 백성을 세우시는 분이 하나님이며, 그 하나님의 능력으로 이스라엘이 지탱됨을 뜻한다. 하나님은 작고 보잘것없는 것 하나도 그냥 지나치지 않으신다. 하나님 앞에서는 모든 것이 소중하다. 성전 기물도 마찬가지다. 하나님은 히람을 통해 모든 성전 기물을 귀하게 제작하셨다. 여기에는 히람의 철저한 순종이 있었다. 전문가라고 해서 자기의 뜻대로 하지 않았다. 이렇게 사람을 중용하고 좋은 재료를 준비하여 아낌없이 사용하는 모든 일이 어우러져 영광스러운 성전이 세워질 수 있었다. 솔로몬은 존귀하신 하나님이 우리와 함께 거하시는 곳이 바로 성전이기에 최선을 다한 것이다. 그리스도인의 삶도 그러해야 한다. 각자에게 주어진 시간과 삶의 자리에서 하나님의 성전을 세워 가듯 말씀대로 순종하며 최선을 다해 살아야 한다.

무릎 기도 하나님, 제게 주신 재주와 능력이 화려하지 않을지라도 주어진 환경 속에서 최선을 다해 주님의 사명을 감당하게 하소서.

NLT - 1 Kings 7

13 King Solomon then asked for a man named Huram* to come from Tyre.

14 He was half Israelite, since his mother was a widow from the tribe of Naphtali, and his father had been a craftsman in bronze from Tyre. Huram was extremely skillful and talented in any work in bronze, and he came to do all the metal work for King Solomon.

15 Huram cast two bronze pillars, each 27 feet tall and 18 feet in circumference.*

16 For the tops of the pillars he cast bronze capitals, each 7½ feet* tall.

17 Each capital was decorated with seven sets of latticework and interwoven chains.

18 He also encircled the latticework with two rows of pomegranates to decorate the capitals over the pillars.

19 The capitals on the columns inside the entry room were shaped like water lilies, and they were six feet* tall.

20 The capitals on the two pillars had 200 pomegranates in two rows around them, beside the rounded surface next to the latticework.

21 Huram set the pillars at the entrance of the Temple, one toward the south and one toward the north. He named the one on the south Jakin, and the one on the north Boaz.*

22 The capitals on the pillars were shaped like water lilies. And so the work on the pillars was finished.

23 Then Huram cast a great round basin, 15 feet across from rim to rim, called the Sea. It was 7½ feet deep and about 45 feet in circumference.*

24 It was encircled just below its rim by two rows of decorative gourds. There were about six gourds per foot* all the way around, and they were cast as part of the basin.

25 The Sea was placed on a base of twelve bronze oxen,* all facing outward. Three faced north, three faced west, three faced south, and three faced east, and the Sea rested on them.

26 The walls of the Sea were about three inches* thick, and its rim flared out like a cup and resembled a water lily blossom. It could hold about 11,000 gallons* of water.

27 Huram also made ten bronze water carts, each 6 feet long, 6 feet wide, and 4½ feet tall.*

28 They were constructed with side panels braced with crossbars.

29 Both the panels and the crossbars were decorated with carved lions, oxen, and cherubim. Above and below the lions and oxen were wreath decorations.

30 Each of these carts had four bronze wheels and bronze axles. There were supporting posts for the bronze basins at the corners of the carts; these supports were decorated on each side with carvings of wreaths.

31 The top of each cart had a rounded frame for the basin. It projected 1½ feet* above the cart's top like a round pedestal, and its opening was 2¼ feet* across; it was decorated on the outside with carvings of wreaths. The panels of the carts were square, not round.

32 Under the panels were four wheels that were connected to axles that had been cast as one unit with the cart. The wheels were 2¼ feet in diameter

33 and were similar to chariot wheels. The axles, spokes, rims, and hubs were all cast from molten bronze.

34 There were handles at each of the four corners of the carts, and these, too, were cast as one unit with the cart.

35 Around the top of each cart was a rim nine inches wide.* The corner supports and side panels were cast as one unit with the cart.

36 Carvings of cherubim, lions, and palm trees decorated the panels and corner supports wherever there was room, and there were wreaths all around.

37 All ten water carts were the same size and were made alike, for each was cast from the same mold.

38 Huram also made ten smaller bronze basins, one for each cart. Each basin was six feet across and could hold 220 gallons* of water.

39 He set five water carts on the south side of the Temple and five on the north side. The great bronze basin called the Sea was placed near the southeast corner of the Temple.

40 He also made the necessary washbasins, shovels, and bowls. So at last Huram completed everything King Solomon had assigned him to make for the Temple of the LORD:

41 the two pillars; the two bowl-shaped capitals on top of the pillars; the two networks of interwoven chains that decorated the capitals;

42 the 400 pomegranates that hung from the chains on the capitals (two rows of pomegranates for each of the chain networks that decorated the capitals on top of the pillars);

43 the ten water carts holding the ten basins;

44 the Sea and the twelve oxen under it;

45 the ash buckets, the shovels, and the bowls. Huram made all these things of burnished bronze for the Temple of the LORD, just as King Solomon had directed.

46 The king had them cast in clay molds in the Jordan Valley between Succoth and Zarethan.

47 Solomon did not weigh all these things because there were so many; the weight of the bronze could not be measured.

48 Solomon also made all the furnishings of the Temple of the LORD: the gold altar; the gold table for the Bread of the Presence;

49 the lampstands of solid gold, five on the south and five on the north, in front of the Most Holy Place; the flower decorations, lamps, and tongs—all of gold;

50 the small bowls, lamp snuffers, bowls, ladles, and incense burners—all of solid gold; the doors for the entrances to the Most Holy Place and the main room of the Temple, with their fronts overlaid with gold.

51 So King Solomon finished all his work on the Temple of the LORD. Then he brought all the gifts his father, David, had dedicated—the silver, the gold, and the various articles—and he stored them in the treasuries of the LORD's Temple.

* 7:13 Hebrew *Hiram* (also in 7:40, 45); compare 2 Chr 2:13. This is not the same person mentioned in 5:1.
* 7:15 Hebrew *18 cubits* [8.3 meters] *tall and 12 cubits* [5.5 meters] *in circumference.*
* 7:16 Hebrew *5 cubits* [2.3 meters].
* 7:19 Hebrew *4 cubits* [1.8 meters]; also in 7:38.
* 7:21 *Jakin* probably means "he establishes"; *Boaz* probably means "in him is strength."
* 7:23 Hebrew *10 cubits* [4.6 meters] *across* .... *5 cubits* [2.3 meters] *deep and 30 cubits* [13.8 meters] *in circumference.*
* 7:24 Or 20 *gourds per meter;* Hebrew reads *10 per cubit.*
* 7:25 Hebrew *12 oxen;* compare 2 Kgs 16:17, which specifies *bronze oxen.*
* 7:26a Hebrew *a handbreadth* [8 centimeters].
* 7:26b Hebrew *2,000 baths* [42 kiloliters].
* 7:27 Hebrew *4 cubits* [1.8 meters] *long, 4 cubits wide, and 3 cubits* [1.4 meters] *high.*
* 7:31a Hebrew *a cubit* [46 centimeters].
* 7:31b Hebrew *1 1/2 cubits* [69 centimeters]; also in 7:32.
* 7:35 Hebrew *half a cubit wide* [23 centimeters].
* 7:38 Hebrew *40 baths* [840 liters].

14 widow 미망인 craftsman 장인 bronze 동, 청동 extremely 매우, 극도로 skillful 능숙한 talented in ~ ~에 재능이 있는 15 pillar 기둥, 지주 circumference 원주, 주변 16 cast 주조하다, 만들다 17 be decorated with ~ ~로 장식되다 latticework 격자 세공 interweave 섞어 짜다 18 encircle … with ~ …을 ~로 둘러싸다 pomegranate 석류나무 19 column 기둥 20 surface 표면 21 at the entrance of ~ ~의 입구에 23 basin 그릇, 대야 rim 가장자리 24 gourd 조롱박 25 be placed on ~ ~에 놓이다 outward 표면상의 26 flare out 나팔꽃 모양으로 퍼지다 resemble 닮다 blossom 꽃 28 construct 건설하다 panel 판자, 틀 brace with ~ ~으로 떠받치다 crossbar 빗장 29 carve 새기다 wreath 화환 30 axle 차축, 회전축 31 pedestal 받침대 32 be connected to ~ ~과 연결되다 diameter 지름, 직경 33 be similar to ~ ~과 비슷하다 spoke 바퀴살 hub 바퀴통 34 handle 처리하다 36 palm 종려나무 all around 사방에 37 make alike 균등히 하다 mold 주형, 돌 40 washbasin 세숫대야 shovel 부삽 at last 마침내 complete 완성하다 assign … to ~ …에게 ~을 할당하다 41 decorated 장식된 42 row 줄 45 ash 재 bucket 버킷, 양동이 burnish ~을 닦다 46 cast in ~ ~로 주조하다 clay 진흙, 점토 47 measure 측정하다 48 furnishing 가구 49 solid 단단한 tongs 집게, 부젓가락 50 snuffer 심지 자르는 가위 incense 향 overlay with ~ ~으로 씌우다 51 dedicate 봉헌하다

봉헌된 솔로몬 성전

솔로몬 성전 존속 기간: BC 960-586년

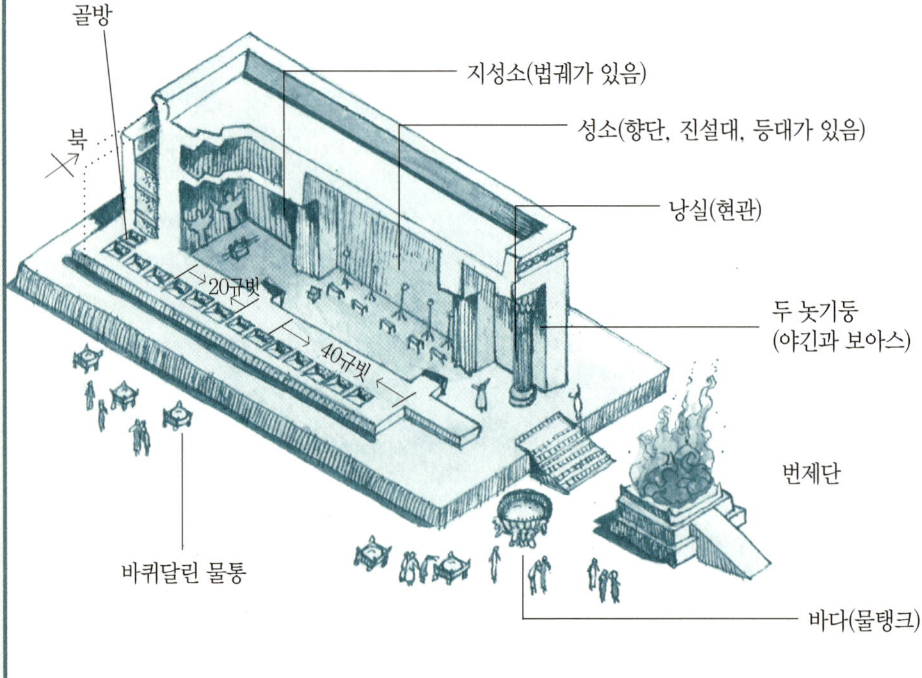

20 언약궤 안치와 솔로몬의 설교

월 일

열왕기상 8:1–21 • 새찬송 20장 | 통일 41장

• 말씀묵상 전에 성령님의 인도하심을 구하는 기도를 드리십시오.

본문요약 I 성전이 완공된 후 장막에 놓았던 언약궤를 솔로몬의 성전 안 지성소로 옮겨 놓음으로써 정식으로 성전이 봉헌된다. 그러자 성소에 하나님의 임재를 나타내는 구름이 가득 덮이고 주의 영광이 가득 찬다. 이에 솔로몬은 온 이스라엘 앞에서 성전 건축이야말로 하나님이 다윗을 통해 약속하신 것을 자신을 통해 이루신 일이라고 말한다. 나아가 성전 완공과 봉헌식이야말로 이스라엘을 향한 하나님의 지속적인 사랑의 일부임을 선언한다.

1 이에 솔로몬이 여호와의 언약궤를 다윗 성 곧 시온에서 메어 올리고자 하여 이스라엘 장로와 모든 지파의 우두머리 곧 이스라엘 자손의 족장들을 예루살렘에 있는 자기에게로 소집하니
2 이스라엘 모든 사람이 다 에다님 월 곧 일곱째 달 절기에 솔로몬 왕에게 모이고
3 이스라엘 장로들이 다 이르매 제사장들이 궤를 메니라
4 여호와의 궤와 회막과 성막 안의 모든 거룩한 기구들을 메고 올라가되 제사장과 레위 사람이 그것들을 메고 올라가매
5 솔로몬 왕과 그 앞에 모인 이스라엘 회중이 그와 함께 그 궤 앞에 있어 양과 소로 제사를 지냈으니 그 수가 많아 기록할 수도 없고 셀 수도 없었더라
6 제사장들이 여호와의 언약궤를 그 처소로 메어 들였으니 곧 성전의 내소인 지성소 그룹들의 날개 아래라
7 그룹들이 그 궤 처소 위에서 날개를 펴서 궤와 그 채를 덮었는데
8 채가 길므로 채 끝이 내소 앞 성소에서 보이나 밖에서는 보이지 아니하며 그 채는 오늘까지 그곳에 있으며
9 그 궤 안에는 두 돌판 외에 아무것도 없으니 이것은 이스라엘 자손이 애굽 땅에서 나온 후 여호와께서 저희와 언약을 맺으실 때에 모세가 호렙에서 그 안에 넣은 것이더라
10 제사장이 성소에서 나올 때에 구름이 여호와의 성전에 가득하매
11 제사장이 그 구름으로 말미암아 능히 서서 섬기지 못하였으니 이는 여호와의 영광이 여호와의 성전에 가득함이었더라
12 그때에 솔로몬이 이르되 여호와께서 캄캄한 데 계시겠다 말씀하셨사오나
13 내가 참으로 주를 위하여 계실 성전을 건축하였사오니 주께서 영원히 계실 처소로소이다 하고
14 얼굴을 돌이켜 이스라엘의 온 회중을 위하여 축복하니 그때에 이스라엘의 온 회중이 서 있더라
15 왕이 이르되 이스라엘의 하나님 여호와를 송축할지로다 여호와께서 그의 입으로 내 아버지 다윗에게 말씀하신 것을 이제 그의 손으로 이루셨도다 이르시기를
16 내가 내 백성 이스라엘을 애굽에서 인도하여 낸 날부터 내 이름을 둘 만한 집을 건축하기 위하여 이스라엘 모든 지파 가운데에서 아무 성읍도 택하지 아니하고 다만 다윗을 택하여 내 백성 이스라엘을 다스리게 하였노라 하신지라
17 내 아버지 다윗이 이스라엘의 하나님 여호와의 이름을 위하여 성전을 건축할 마음이 있었더니
18 여호와께서 내 아버지 다윗에게 이르시되

네가 내 이름을 위하여 성전을 건축할 마
음이 있으니 이 마음이 네게 있는 것이 좋
도다
19 그러나 너는 그 성전을 건축하지 못할 것
이요 네 몸에서 낳을 네 아들 그가 내 이
름을 위하여 성전을 건축하리라 하시더니
20 이제 여호와께서 말씀하신 대로 이루시도
다 내가 여호와께서 말씀하신 대로 내 아
버지 다윗을 이어서 일어나 이스라엘의
왕위에 앉고 이스라엘의 하나님 여호와의
이름을 위하여 성전을 건축하고
21 내가 또 그곳에 우리 조상들을 애굽 땅에
서 인도하여 내실 때에 그들과 세우신 바
여호와의 언약을 넣은 궤를 위하여 한 처
소를 설치하였노라

1. 오늘 하나님께서 나에게 주신 깨달음은 무엇입니까?

2. 말씀을 어떻게 내 삶에 구체적으로 적용해야 합니까?

절별 해설

1 이스라엘 장로와 모든 지파의 우두머리 곧 이스라엘 자손의 족장들을 예루살렘에 있는 자기에게로 소집하니 솔로몬은 그동안 다윗 성에 머물러 있던 언약궤를 완성된 성전으로 옮기기 위해 이스라엘 장로들과 각 지파의 대표들을 소집한다. 이는 과거 이스라엘이 시내산에서 1년 동안 머물며 율법을 받은 후, 온 회중이 하나님의 언약궤를 행진 대열의 중앙에 놓고 행군한 일을 연상케 한다.

2 에다님 월 곧 일곱째 달 절기 일곱째 달 절기는 속죄일과 초막절을 두고 하는 말이다(레 23:33-43). 언약궤가 이때 성전으로 운반되었다는 것은 큰 의미가 있다. 초막절이 되면 이스라엘은 출애굽 사건을 기념하기 위해 임시 숙소인 초막에서 살아야 한다. 모세는 이 절기에 출애굽 2세들과 언약을 새로이 했고, 7년마다 이 절기에 율법을 읽으라고 지시했다(신 31:9-13). 이러한 절기에 성막과 언약궤를 성전으로 옮겼다는 것은, 출애굽의 하나님이 임시 거처에서 영구적인 거처로 옮기셨음을 상징한다(삼하 7:6).

4 여호와의 궤와 회막과 성막 안의 모든 거룩한 기구들을 메고 올라가되 여호와의 궤는 그야말로 작은 상자로, 조각목이라고 하는 아주 다루기 힘든 아카시아 나무로 만들었다. 조

쉬운성경

1 솔로몬 왕이 이스라엘의 모든 지도자를 불러 자기가 있는 예루살렘으로 나오게 했습니다. 솔로몬은 장로들과 각 지파의 지도자들과 각 집안의 어른들을 불렀습니다. 솔로몬이 그들을 부른 까닭은 여호와의 언약궤를 다윗 성에서 옮겨 오기 위해서였습니다.

2 그래서 이스라엘의 모든 백성이 솔로몬 왕 앞으로 모였습니다. 그때는 에다님 월,* 곧 일곱째 달의 절기였습니다.

3 이스라엘의 모든 장로들이 모이고, 제사장들은 궤를 메어 옮겼습니다.

4 그들은 여호와의 궤와 회막과 그 안에 있는 거룩한 물건들을 옮겼습니다. 제사장과 레위 사람들이 함께 옮겼습니다.

5 솔로몬 왕과 이스라엘의 모든 백성이

* 8:2 이 달은 9월 말에서 10월 초 사이에 해당된다.

각목은 나무 중간에 옹이가 있고 나뭇결이 뒤틀려 있어 목재로 서는 가장 질이 좋지 않다. 그런데 이런 나무를 다듬어 상자를 만들고 안팎을 금으로 싸면 멋진 금상자가 된다. 이처럼 보잘 것없는 이스라엘 백성일지라도 하나님이 함께하시면 영광스럽게 변화될 수 있음을 여호와의 궤, 즉 언약궤를 통해 보여준다.

9 그 궤 안에는 두 돌판 외에 아무것도 없으니 본절은 언약궤 안에 모세가 호렙산에서 받은 두 돌판 외에는 아무것도 없음을 강조한다. 이는 아론의 지팡이(민 17:10)와 만나를 담은 항아리(출 16:33)가 언약궤 안에 있을 것이라는 추측을 잠재우기 위함이다. 그렇다면 왜 이 물건들이 사라졌을까? 아마도 모세 시대 이후 세월이 지나면서 사람들이 아론의 지팡이와 만나 항아리를 신성시했기 때문으로 생각된다. 사람들이 자꾸 하나님이 아니라 아론의 지팡이와 만나 항아리에 관심을 두자 누군가가 이 물건들을 파괴한 것으로 추측된다.

10-11 구름이 여호와의 성전에 가득하매 제사장이 그 구름으로 말미암아 능히 서서 섬기지 못하였으니 제사장들이 언약궤 운송 작업을 마무리하고 성소에서 나왔을 때, 여호와의 성전에 구름이 가득 찼다. 이는 하나님의 임재와 영광에 대한 상징이다. 제사장들은 아마도 엎드려 경배하며 그 위엄 앞에 무릎으로 기어가며 일했을 것으로 생각된다. 이는 시내산에 구름으로 임한 하나님의 영광, 광야에서 이스라엘 백성을 뜨거운 태양 아래 보호하고 인도하신 그 영광이 동일하게 성전에 임한 것이다.

12 여호와께서 캄캄한 데 계시겠다 말씀하셨사오나 성전에 임한 하나님의 영광에 압도된 솔로몬은 하나님께 기도한다. 하나님을 보는 자는 죽을 수밖에 없기에, 하나님은 인간이 자신을 볼 수 없게 캄캄한 구름 속에 자신의 영광을 감추신 것이다. 이는 하나님의 보좌가 있는 천상천국의 모형이라 할 수 있는 지성소가 항상 어둠으로 가득한 채 유지되는 것과 비교할 수 있다.

13 주께서 영원히 계실 처소로소이다 솔로몬은 어두운 구름 속에 거하시는 하나님께 자신이 건축한 성전에 임하시기를 간구한다. 여기에는 주의 백성 중에 거하시겠다는 하나님의 임재를 성전을 통해 체험하고자 하는 강렬한 열망이 담겨 있다.

15 이스라엘의 하나님 여호와를 송축할지로다 솔로몬은 인간의 역사를 친히 주관하여 하나님의 계획을 뜻하신 바대로 이루어 가시는 주권적인 섭리를 찬양한다. 여기서 자칫 착각할 수 있는 것은 마치 세상사의 흐름이 인간의 계획대로 된다고 생각

궤 앞에 모였습니다. 그들은 셀 수도 없을 만큼 많은 양과 소를 제물로 바쳤습니다.

6 그런 다음에 제사장들이 여호와의 언약궤를 제자리, 곧 성전 안의 지성소에 놓았습니다. 언약궤는 금을 두드려서 만든 날개 달린 생물인 그룹의 날개 아래에 두었습니다.

7 그 그룹들의 날개는 궤를 놓아 둔 곳에 펼쳐져 궤와 그 궤를 메는 채를 덮었습니다.

8 궤를 메는 채는 매우 길었습니다. 지성소 앞에 있는 성소에서도 채의 끝을 볼 수 있었습니다. 그러나 성소 밖에서는 보이지 않았습니다. 그 채들은 아직까지도 거기에 놓여 있습니다.

9 궤 안에는 돌판 두 개만 들어 있었습니다. 그 돌판은 이스라엘 백성이 이집트에서 나온 뒤, 여호와께서 시내* 산에서 그들과 언약을 맺을 때에 모세가 넣었던 것입니다.

10 제사장들이 성소에서 나오자, 구름이 여호와의 성전에 가득 찼습니다.

11 제사장들은 일을 계속할 수 없었습니다. 왜냐하면 여호와의 영광이 성전 안에 가득 찼기 때문입니다.

12 솔로몬이 말했습니다. "여호와께서는 캄캄한 구름 속에 계시겠다고 말씀하셨습니다.

13 그러나 저는 주님을 위해 훌륭한 성전을 지었습니다. 이 성전은 주께서 영원히 계실 곳입니다."

14 그리고 나서 솔로몬 왕은 몸을 돌려

* 8:9 개역 성경에는 (히)'호렙'이라고 표기되어 있다.

하고, 스스로 그것을 이루려 하는 것이다.

16 다만 다윗을 택하여 내 백성 이스라엘을 다스리게 하였노라 하나님이 이스라엘을 애굽에서 이끌어내신 은혜에 근거한 시내산 언약과, 다윗과 그 후손에게 영원한 나라를 주겠다고 약속하신 다윗 언약은, 각기 독특성이 있지만 동시에 연속성을 지닌다. 다윗 언약이 매우 미래지향적이라는 점을 감안하면, 하나님이 과거 이스라엘에 베풀어주신 은혜, 즉 시내산 언약은 이들의 미래까지 축복하는 것이다.

17-21 내 아버지 다윗이 이스라엘의 하나님 여호와의 이름을 위하여 성전을 건축할 마음이 있었더니, 네 몸에서 낳을 네 아들 그가 내 이름을 위하여 성전을 건축하리라 다윗이 성전을 지어 드리겠다고 제안하지만 하나님은 이를 거절하신다. 도리어 하나님이 다윗을 위하여 집을 지어주겠다고 약속하신다. 또 다윗의 아들을 통해 지을 성전을 자신의 이름을 둘 곳으로 제한하신다. 하나님은 성전 안에 거하시지만, 결코 성전이라는 공간에만 있는 것이 아닌 자유의 하나님이기 때문이다. 그래서 솔로몬도 성전이 여호와의 이름을 위한 곳이며, 언약을 넣은 궤를 보관하는 처소일 뿐이라고 말한 것이다. 따라서 본문은 성전 완공이 솔로몬 때까지 늦어지게 된 데는 하나님의 계획과 뜻이 있음을 말해 준다.

거기에 서 있는 이스라엘의 모든 백성에게 복을 빌어 주었습니다.

15 솔로몬이 말했습니다. "이스라엘 하나님 여호와를 찬양합시다. 여호와께서는 내 아버지 다윗에게 약속하신 것을 이루어 주셨습니다. 여호와께서는 내 아버지에게 이렇게 말씀하셨습니다.

16 '나는 내 백성 이스라엘을 이집트에서 인도해 냈다. 그러나 아직 이스라엘의 어느 지파에서도 나에게 예배드릴 성전을 선택하지 않았다. 나는 다윗을 선택하여 내 백성 이스라엘을 다스리게 하였다.'

17 내 아버지 다윗은 이스라엘 하나님 여호와께 예배드릴 성전을 짓고 싶어했습니다.

18 그러나 여호와께서는 내 아버지 다윗에게 이렇게 말씀하셨습니다. '나는 네가 나의 이름을 위하여 성전을 짓고 싶어한다는 것을 알고 있다. 그것은 좋은 일이다.

19 그러나 너는 성전을 지을 사람이 아니다. 내 이름을 위한 성전은 네 몸에서 태어날 네 아들이 지을 것이다.'

20 이제 여호와께서는 약속하신 것을 이루어 주셨습니다. 나는 이제 여호와께서 약속하신 대로 내 아버지 다윗의 뒤를 이어 이스라엘 왕이 되었습니다. 그리고 나는 이스라엘 하나님 여호와께 예배드릴 성전을 지었습니다.

21 나는 여호와께서 우리 조상을 이집트에서 인도해 내실 때에 그들과 맺으신 언약의 궤를 넣어 둘 곳을 이 성전 안에 마련해 놓았습니다."

저자의 묵상

성전 봉헌식에서 가장 먼저 해야 할 일은 언약궤를 새로 지은 성전으로 옮겨 오는 일이었다. 아무리 새 성전 건물이 웅장하고 화려해도, 그 안에 하나님의 임재를 상징하는 언약궤가 없으면 아무 소용이 없기 때문이다. 그런데 이 언약궤를 운반하는 일은 여간 힘든 일이 아니었다. 그 과정에서 수많은 양과 소로 희생제사를 드려야 했다. 이는 죄를 정결하게 함을 상징하는 것으로, 하나님께 나아갈 때는 먼저 우리 죄를 정결하게 하는 과정이 필요함을 의미한다. 마침내 성전이 완공되고 언약궤가 지성소로 옮겨지자, 하나님은 성전을 가득 덮는 구름과 영광으로 자신의 임재를 알리셨다. 솔로몬의 성전이 이름 그대로 하나님의 거룩한 처소가 되기 위해서는 언약궤가 놓이고 하나님의 영광이 그곳에 임해야 했다. 아무리 훌륭한 건축물이라도 하나님의 임재가 없으면 그곳은 성전이 될 수 없다. 아울러 솔로몬의 성전 봉헌에서 또 하나 중요한 사실은, 새 성전을 통해 하나님이 다윗의 언약을 지키셨다는 것이다. 성전 봉헌식에 참여한 온 이스라엘 회중 앞에서 솔로몬은 '이 성전은 하나님이 친히 세우신 것'이라고 선언한다. 하나님의 계획과 도움 그리고 인도함이 있어야 하나님의 일은 성취된다. 또 하나님의 모든 역사에는 적절한 때가 있기 때문에 결코 인간의 의지만으로는 이루어낼 수 없다. 하나님은 모든 것을 아시고 가장 필요하고 합당한 때 섭리하신다. 다윗에게 약속하신 성전 건축의 예언이 그대로 이루어짐을 보면서, 더욱더 하나님 앞에서 겸손히 순종하는 자가 되어야 함을 깨닫는다. 또 우리의 인생에도 하나님이 늘 임하시고 주의 영광을 가리지 않는 삶이 되도록 늘 간구하며 하나님의 말씀에 순종해야 한다.

무릎 기도 하나님, 주님의 뜻을 알고 순종하여 이 땅에 하나님의 나라를 온전히 이루어가는 믿음의 백성이 되게 하소서. 모든 것이 하나님의 뜻대로 이루어짐을 믿습니다.

NLT - 1 Kings 8

1 Solomon then summoned to Jerusalem the elders of Israel and all the heads of the tribes—the leaders of the ancestral families of the Israelites. They were to bring the Ark of the LORD's Covenant to the Temple from its location in the City of David, also known as Zion.

2 So all the men of Israel assembled before King Solomon at the annual Festival of Shelters, which is held in early autumn in the month of Ethanim.*

3 When all the elders of Israel arrived, the priests picked up the Ark.

4 The priests and Levites brought up the Ark of the LORD along with the special tent* and all the sacred items that had been in it.

5 There, before the Ark, King Solomon and the entire community of Israel sacrificed so many sheep, goats, and cattle that no one could keep count!

6 Then the priests carried the Ark of the LORD's Covenant into the inner sanctuary of the Temple—the Most Holy Place—and placed it beneath the wings of the cherubim.

7 The cherubim spread their wings over the Ark, forming a canopy over the Ark and its carrying poles.

8 These poles were so long that their ends could be seen from the Holy Place, which is in front of the Most Holy Place, but not from the outside. They are still there to this day.

9 Nothing was in the Ark except the two stone tablets that Moses had placed in it at Mount Sinai,* where the LORD made a covenant with the people of Israel when they left the land of Egypt.

10 When the priests came out of the Holy Place, a

thick cloud filled the Temple of the LORD.
11 The priests could not continue their service because of the cloud, for the glorious presence of the LORD filled the Temple of the LORD.
12 Then Solomon prayed, "O LORD, you have said that you would live in a thick cloud of darkness.
13 Now I have built a glorious Temple for you, a place where you can live forever!*"
14 Then the king turned around to the entire community of Israel standing before him and gave this blessing:
15 "Praise the LORD, the God of Israel, who has kept the promise he made to my father, David. For he told my father,
16 'From the day I brought my people Israel out of Egypt, I have never chosen a city among any of the tribes of Israel as the place where a Temple should be built to honor my name. But I have chosen David to be king over my people Israel.'"
17 Then Solomon said, "My father, David, wanted to build this Temple to honor the name of the LORD, the God of Israel.
18 But the LORD told him, 'You wanted to build the Temple to honor my name. Your intention is good,
19 but you are not the one to do it. One of your own sons will build the Temple to honor me.'
20 "And now the LORD has fulfilled the promise he made, for I have become king in my father's place, and now I sit on the throne of Israel, just as the LORD promised. I have built this Temple to honor the name of the LORD, the God of Israel.
21 And I have prepared a place there for the Ark, which contains the covenant that the LORD made with our ancestors when he brought them out of Egypt."

* 8:2 Hebrew *at the festival in the month Ethanim, which is the seventh month.* The Festival of Shelters began on the fifteenth day of the seventh month of the ancient Hebrew lunar calendar. This day occurred in late September, October, or early November.

* 8:4 Hebrew *the Tent of Meeting;* i.e., the tent mentioned in 2 Sam 6:17 and 1 Chr 16:1.

* 8:9 Hebrew *at Horeb,* another name for Sinai.

* 8:13 Some Greek texts add the line *Is this not written in the Book of Jashar?*

1 summon 소환하다 ancestral 조상의 Ark 궤 location 장소, 위치 2 assemble 모이다 annual 연간의 Shelter 보호, 대피소 3 pick up ~ ~을 들어 올리다 4 sacred 신성한 5 goat 염소 cattle 소 keep count 헤아리다, 수를 세다 6 carry … into ~ …를 ~로 운반하여 들이다 inner 안쪽의 sanctuary 피난처, 성소 beneath 아래에 7 spread … over ~ …을 ~위로 펼치다 canopy 닫집, 천개 9 make a covenant with ~ ~와 언약을 맺다 10 come out of ~ ~에서 나오다
11 glorious 영광스러운 presence 존재, 면전 12 pray 기도하다 darkness 어둠, 암흑 14 turn around to ~ ~쪽으로 돌아서다 entire 전체의, 내내 blessing 축복 15 praise 찬양하다 16 bring … out of ~ …을 ~로부터 데려오다 tribe 부족, 집단 18 intention 의도, 의지 20 fulfill 성취하다 sit on the throne 왕위에 오르다 21 contain 담다 covenant 계약

• MEMO •

21

월 일

솔로몬의 봉헌 기도

열왕기상 8:22-53 • 새찬송 368장 | 통일 486장

• 말씀묵상 전에 성령님의 인도하심을 구하는 기도를 드리십시오.

본문요약 | 솔로몬의 기도가 시작된다. 먼저 솔로몬은 언약을 신실하게 지키시는 하나님을 찬양한다. 아울러 하나님의 뜻 가운데 드려진 이 성전을 향하여 자신과 백성들이 기도할 때 하나님이 들으시고 응답해 주실 것을 간청한다. 그런 다음 이스라엘에 위기가 찾아올 경우를 대비한 실제적인 기도를 드린다. 정의가 위협받는 위기, 전쟁에서 적국에게 패한 위기, 가뭄과 자연적 재앙 및 질병의 위기, 이방인의 위기, 전쟁의 위기, 마지막으로 포로가 되는 위기를 언급한다. 솔로몬의 마지막 기도는 특별히 온 나라가 망하고 모든 백성이 이방 나라에 잡혀가는 위기상황을 말하고 있다.

22 솔로몬이 여호와의 제단 앞에서 이스라엘의 온 회중과 마주서서 하늘을 향하여 손을 펴고

23 이르되 이스라엘의 하나님 여호와여 위로 하늘과 아래로 땅에 주와 같은 신이 없나이다 주께서는 온 마음으로 주의 앞에서 행하는 종들에게 언약을 지키시고 은혜를 베푸시나이다

24 주께서 주의 종 내 아버지 다윗에게 하신 말씀을 지키사 주의 입으로 말씀하신 것을 손으로 이루심이 오늘과 같으니이다

25 이스라엘의 하나님 여호와여 주께서 주의 종 내 아버지 다윗에게 말씀하시기를 네 자손이 자기 길을 삼가서 네가 내 앞에서 행한 것같이 내 앞에서 행하기만 하면 네게서 나서 이스라엘의 왕위에 앉을 사람이 내 앞에서 끊어지지 아니하리라 하셨사오니 이제 다윗을 위하여 그 하신 말씀을 지키시옵소서

26 그런즉 이스라엘의 하나님이여 원하건대 주는 주의 종 내 아버지 다윗에게 하신 말씀이 확실하게 하옵소서

27 하나님이 참으로 땅에 거하시리이까 하늘과 하늘들의 하늘이라도 주를 용납하지 못하겠거든 하물며 내가 건축한 이 성전이오리이까

28 그러나 내 하나님 여호와여 주의 종의 기도와 간구를 돌아보시며 이 종이 오늘 주 앞에서 부르짖음과 비는 기도를 들으시옵소서

29 주께서 전에 말씀하시기를 내 이름이 거기 있으리라 하신 곳 이 성전을 향하여 주의 눈이 주야로 보시오며 주의 종이 이곳을 향하여 비는 기도를 들으시옵소서

30 주의 종과 주의 백성 이스라엘이 이곳을 향하여 기도할 때에 주는 그 간구함을 들으시되 주께서 계신 곳 하늘에서 들으시고 들으시사 사하여 주옵소서

31 만일 어떤 사람이 그 이웃에게 범죄함으로 맹세시킴을 받고 그가 와서 이 성전에 있는 주의 제단 앞에서 맹세하거든

32 주는 하늘에서 들으시고 행하시되 주의 종들을 심판하사 악한 자의 죄를 정하여 그 행위대로 그 머리에 돌리시고 의로운 자를 의롭다 하사 그의 의로운 바대로 갚으시옵소서

33 만일 주의 백성 이스라엘이 주께 범죄하여 적국 앞에 패하게 되므로 주께로 돌아와서 주의 이름을 인정하고 이 성전에서 주께 기도하며 간구하거든

34 주는 하늘에서 들으시고 주의 백성 이스라엘의 죄를 사하시고 그들의 조상들에게 주신 땅으로 돌아오게 하옵소서

35 만일 그들이 주께 범죄함으로 말미암아 하늘이 닫히고 비가 없어서 주께 벌을 받을 때에 이곳을 향하여 기도하며 주의 이

름을 찬양하고 그들의 죄에서 떠나거든
36 주는 하늘에서 들으사 주의 종들과 주의
백성 이스라엘의 죄를 사하시고 그들이
마땅히 행할 선한 길을 가르쳐 주시오며
주의 백성에게 기업으로 주신 주의 땅에
비를 내리시옵소서
37 만일 이 땅에 기근이나 전염병이 있거나
곡식이 시들거나 깜부기가 나거나 메뚜기
나 황충이 나거나 적국이 와서 성읍을 에
워싸거나 무슨 재앙이나 무슨 질병이 있
든지 막론하고
38 한 사람이나 혹 주의 온 백성 이스라엘이
다 각각 자기의 마음에 재앙을 깨닫고 이
성전을 향하여 손을 펴고 무슨 기도나 무
슨 간구를 하거든
39 주는 계신 곳 하늘에서 들으시고 사하시
며 각 사람의 마음을 아시오니 그들의 모
든 행위대로 행하사 갚으시옵소서 주만
홀로 사람의 마음을 다 아심이니이다
40 그리하시면 그들이 주께서 우리 조상들에
게 주신 땅에서 사는 동안에 항상 주를 경
외하리이다
41 또 주의 백성 이스라엘에 속하지 아니한
자 곧 주의 이름을 위하여 먼 지방에서 온
이방인이라도
42 그들이 주의 크신 이름과 주의 능한 손과
주의 펴신 팔의 소문을 듣고 와서 이 성전
을 향하여 기도하거든
43 주는 계신 곳 하늘에서 들으시고 이방인
이 주께 부르짖는 대로 이루사 땅의 만민
이 주의 이름을 알고 주의 백성 이스라엘
처럼 경외하게 하시오며 또 내가 건축한
이 성전을 주의 이름으로 일컫는 줄을 알
게 하옵소서
44 주의 백성이 그들의 적국과 더불어 싸우
고자 하여 주께서 보내신 길로 나갈 때에
그들이 주께서 택하신 성읍과 내가 주의
이름을 위하여 건축한 성전이 있는 쪽을
향하여 여호와께 기도하거든
45 주는 하늘에서 그들의 기도와 간구를 들
으시고 그들의 일을 돌아보옵소서
46 범죄하지 아니하는 사람이 없사오니 그들
이 주께 범죄함으로 주께서 그들에게 진
노하사 그들을 적국에게 넘기시매 적국이
그들을 사로잡아 원근을 막론하고 적국의
땅으로 끌어간 후에
47 그들이 사로잡혀 간 땅에서 스스로 깨닫
고 그 사로잡은 자의 땅에서 돌이켜 주께
간구하기를 우리가 범죄하여 반역을 행하
며 악을 지었나이다 하며
48 자기를 사로잡아 간 적국의 땅에서 온 마
음과 온 뜻으로 주께 돌아와서 주께서 그
들의 조상들에게 주신 땅 곧 주께서 택하
신 성읍과 내가 주의 이름을 위하여 건축
한 성전 있는 쪽을 향하여 주께 기도하거
든
49 주는 계신 곳 하늘에서 그들의 기도와 간
구를 들으시고 그들의 일을 돌아보시오며
50 주께 범죄한 백성을 용서하시며 주께 범
한 그 모든 허물을 사하시고 그들을 사로
잡아 간 자 앞에서 그들로 불쌍히 여김을
얻게 하사 그 사람들로 그들을 불쌍히 여
기게 하옵소서
51 그들은 주께서 철 풀무 같은 애굽에서 인
도하여 내신 주의 백성, 주의 소유가 됨이
니이다
52 원하건대 주는 눈을 들어 종의 간구함과
주의 백성 이스라엘의 간구함을 보시고
주께 부르짖는 대로 들으시옵소서
53 주 여호와여 주께서 우리 조상을 애굽에
서 인도하여 내실 때에 주의 종 모세를 통
하여 말씀하심같이 주께서 세상 만민 가
운데에서 그들을 구별하여 주의 기업으로
삼으셨나이다

1. 오늘 하나님께서 나에게 주신 깨달음은 무엇입니까?

2. 말씀을 어떻게 내 삶에 구체적으로 적용해야 합니까?

절별 해설

22 솔로몬이 여호와의 제단 앞에서 이스라엘의 온 회중과 마주서서 하늘을 향하여 손을 펴고 솔로몬은 여호와의 제단 앞에 서서 이스라엘의 온 회중을 마주하고 하늘을 향해 팔을 들어 손을 펴고 기도한다. 이것은 솔로몬이 왕으로서 이스라엘 백성을 대표하고 있음을 나타낸다. 솔로몬은 이스라엘 백성의 중보자로서 봉헌 기도를 드리고 있는 것이다. 이것은 형식적으로 드리는 기도가 아니라 매일 수없이 많은 기도와 묵상을 통해 다져진 진실하고 뜨거운 기도였다.

25 이제 다윗을 위하여 그 하신 말씀을 지키시옵소서 하나님은 한 번 맺은 언약을 꼭 지키시는 분이기에 미래에도 그렇게 하실 것을 믿는다는 고백이다. 지금까지 체험한 것이 미래에 대한 기대와 확신으로 연결된다.

29 주의 눈이 주야로 보시오며 주의 종이 이곳을 향하여 비는 기도를 들으시옵소서 이 구절은 성전 봉헌 기도의 핵심이라고 할 수 있다. "주야로"라고 한 것은 항상 하나님의 임재하심을 바라는 간청이다. 이는 하나님이 성전에 거처 두시기를 바라는 간구라기보다는, 왕과 백성의 기도가 성전에서 하나님께 받아들여지기를 바라는 의미로 볼 수 있다. 즉, 솔로몬은 성전이 사람의 기도와 하나님의 긍휼이 만나는 장소가 되기를 간구한다. 예수님도 하나님의 성전은 기도하는 곳이라고 말씀하셨다.

30 주께서 계신 곳 하늘에서 들으시고 들으시사 사하여 주옵소서 이 말은 죄를 지었을 때 용서해 주시라는 기도다. 솔로몬은 확실히 정곡을 꿰뚫고 있다. 백성이 정말 간절히 기도해야 할 제목은 죄 사함이다. 하나님의 용서는 회개하며 기도하는 자에게 흘러드는 축복이다.

31-32 악한 자의 죄를 정하여 그 행위대로 그 머리에 돌리시고 의로운 자를 의롭다 하사 그의 의로운 바대로 갚으시옵소서 어떤 문제가 발생했는데 이에 관한 사실 여부가 확인되지 않을 경우, 혐의가 있는 자로 하여금 성전에서 결백을 맹세하게 한 법을 근거로 한 기도다. 솔로몬은 어떤 문제를 두고 성전에서 맹세했을 때, 그 맹세가 진실한 것인지 아닌지 밝혀주시기를 간구한다. 아무리 억울해도 객관적 증거가 없어 어려움을 겪는 경우가 있다. 이렇게 인간의 지식과 법의 한계에 도달했을 때, 솔로몬은 사람의 영혼을 꿰뚫어보시는 하나님의 간섭을 구한다. 그럼으로써 하나님의 올바른 정의가 실현될 수 있기를 기도하는 것이다.

쉬운성경

22 솔로몬은 여호와의 제단 앞에 이스라엘의 모든 백성과 마주 보고 서 있었습니다. 솔로몬은 하늘을 향해 팔을 치켜들었습니다.

23 그리고 이렇게 말했습니다. "이스라엘 하나님 여호와여, 주님 같으신 분은 어디에도 없습니다. 저 하늘에도 없고, 저 땅에도 없습니다. 주께서는 주님의 백성을 사랑하셔서 그들과 언약을 맺어 주셨습니다. 그리고 참마음으로 주님을 따르는 사람들에게는 그 언약을 지켜 주셨습니다.

24 주께서는 주의 종인 내 아버지 다윗에게 하신 약속을 지켜 주셨습니다. 주님의 입으로 말씀하신 그 약속을 오늘 주님의 크신 능력으로 이루어 주셨습니다.

25 이스라엘의 하나님 여호와시여, 주의 종이요, 내 아버지인 다윗에게 하신 다른 약속도 지켜 주십시오. 주께서는 '네가 나에게 복종했듯이 네 자손도 조심하여 나에게 복종하면, 이스라엘을 다스릴 사람이 네 집안에서 끊이지 않고 나올 것이다'라고 말씀하셨습니다.

26 이스라엘의 하나님이시여, 주의 종이요, 내 아버지인 다윗에게 하신 약속을 이루어주십시오.

27 하나님이시여, 하나님께서 정말로 땅에서 사시겠습니까? 하늘과 하늘의 가장 높은 곳이라도 하나님을 모실 수 없을 텐데, 제가 지은 이 집에 주님을 모실 수 있겠습니까?

28 그러나 저의 기도와 소원을 들어주십시오. 저는 여호와의 종이고, 주님은 저의 주 하나님이십니다. 제가 오늘 주께 드리는 이 기도를 들어주십시오.

29 주께서는 전에 '내 이름이 거기 있을 것이다'라고 말씀하셨습니다. 그러니 밤낮으로 이 성전을 지켜봐 주십시오. 이곳에서 제가 드리는 기도를 들어주십시오.

30 저와 주님의 백성 이스라엘이 이곳을 향해 기도할 때에 주님은 하늘에서 들으시고 우리 죄를 용서해 주십시오.

31 만약 어떤 사람이 이웃에게 죄를 지었다고 생각되면, 이 성전으로 나아오게 될 것입니다. 그런데 그 사람이 자기에게는 죄가 없다고 제단에서 맹세하면,

33-34 만일 주의 백성 이스라엘이 주께 범죄하여 적국 앞에 패하게 되므로 주께로 돌아와서 주의 이름을 인정하고 이 성전에서 주께 기도하며 간구하거든 주는 하늘에서 들으시고 주의 백성 이스라엘의 죄를 사하시고 그들의 조상들에게 주신 땅으로 돌아오게 하옵소서 하나님은 주의 백성이 말씀에 순종하면 많은 복을 내리시지만, 순종하지 않으면 징계를 내리신다. 솔로몬이 기도하는 것은, 만일 이스라엘이 하나님의 심판을 받아 전쟁에서 지게 되면, 그 패배가 하나님의 징계임을 깨닫고 회개할 수 있게 하시고, 그들이 회개하면 용서해 주시라는 것이다.

38 다 각각 자기의 마음에 재앙을 깨닫고 이 성전을 향하여 손을 펴고 무슨 기도나 무슨 간구를 하거든 하나님은 나라 전체의 재앙에 대하여 온 백성의 기도뿐 아니라 한 사람의 기도에도 응답하신다. 모든 사람이 회개할 때만 용서하시는 것이 아니라, 한 사람의 진실한 회개와 기도에도 징계의 손길을 거두신다.

39 주만 홀로 사람의 마음을 다 아심이니이다 하나님만이 각 사람의 마음과 숨은 의도까지 다 아신다. 정의로운 심판은 오직 하나님께 속해 있다. 하나님 앞에서까지 핑계하거나 회피하거나 감추려 하는 모습은 옳지 않다.

41-43 먼 지방에서 온 이방인이라도 그들이 주의 크신 이름과 주의 능한 손과 주의 펴신 팔의 소문을 듣고 와서 이 성전을 향하여 기도하거든 주는 계신 곳 하늘에서 들으시고 이방인이 주께 부르짖는 대로 이루사 솔로몬은 기도의 초점을 이스라엘 백성에게서 이방인에게로 돌린다. 솔로몬이 여호와의 명성을 듣고 예루살렘과 성전을 찾는 이방인을 위하여 기도한다는 것이 이례적이다. 동기가 무엇이든 간에 솔로몬은, 세상의 모든 백성에게 하나님이 필요하기에 그들이 하나님을 알아야 한다는 사실을 깨닫고 있었다. 솔로몬은 이스라엘이 열방에 하나님을 알게 하는 도구가 되어야 한다는 사명을 의식한 것이다.

44-45 주는 하늘에서 그들의 기도와 간구를 들으시고 그들의 일을 돌아보옵소서 솔로몬은 하나님이 허락하신 전쟁에 나갈 때 주의 백성이 주께서 택하신 성 예루살렘과 성전을 향하여 기도하면 들으시고 돌보아주실 것을 기도한다. 하나님 백성의 전쟁은 모두 하나님

32 주께서는 하늘에서 그 맹세를 들으시고 판단해 주십시오. 죄 있는 사람에게는 벌을 내리시고, 올바른 사람에게는 죄가 없음을 밝혀 주십시오.

33 주님의 백성 이스라엘이 주께 죄를 지어 적에게 패한 후, 주께 돌아와 주님을 찬양하고 이 성전에서 주께 기도드리면,

34 주께서는 하늘에서 그들의 기도를 들으시고, 주님의 백성 이스라엘의 죄를 용서해 주십시오. 주께서 그들의 조상에게 주신 그 땅을 다시 찾을 수 있게 해 주십시오.

35 만약 주님의 백성 이스라엘이 주께 죄를 지어 주님이 그 벌로 비를 내리지 않으실 때, 그들이 이곳을 향해 기도하고 주님을 찬양하며 죄에서 돌아서면,

36 주님은 하늘에서 그들이 하는 기도를 들으시고, 주님의 종들과 이스라엘 백성의 죄를 용서해 주십시오. 그들에게 올바르게 살아가는 법을 가르쳐 주십시오. 그리고 주께서 주님의 백성에게 주신 이 땅에 비를 내려 주십시오.

37 만약 이 땅에 가뭄이 들거나 백성들 사이에 무서운 전염병이 돌거나 병충해나 메뚜기 떼가 온갖 곡식을 갉아먹거나 주님의 백성이 적의 공격을 받게 되거나 그들에게 병이 생길 때,

38 그들이 참마음으로 죄를 뉘우치고 주님의 백성 이스라엘 가운데서 어느 누구든지 이 성전을 향해 팔을 벌려 기도드리면,

39 주께서는 하늘에서 그 기도를 들으시고, 백성을 용서해 주십시오. 주님만이 사람의 속마음을 아십니다. 그러니 각 사람을 판단하시고 그들이 한 일대로 그들에게 갚아 주십시오.

40 그렇게 하시면 주님의 백성은 주께서 우리 조상에게 주신 이 땅에서 사는 동안, 늘 주님을 섬길 것입니다.

41-42 이스라엘에 속하지 아니한 외국인이 주의 크신 이름과 주께서 행하신 큰 일에 대해 듣고 먼 땅에서 와서 이 성전을 향하여 기도하면,

43 주께서는 하늘에서 그들의 기도를 들으시고 그들이 구하는 대로 이루어주십시오. 그

의 전쟁이기 때문이다. 하늘과 땅 사이에 홀로 참 신이신 하나님이 나서면 당해낼 나라가 없음을 고백한다.

46 적국이 그들을 사로잡아 원근을 막론하고 적국의 땅으로 끌어간 후에 솔로몬이 죄를 범하기 쉬운 인간의 속성과, 죄로 인해 백성이 타국에 포로로 잡혀갈 수 있다는 모세의 경고(신 28:36-37; 30:1-10)를 늘 기억하고 있었음을 알 수 있다.

47-48 그들이 사로잡혀 간 땅에서 스스로 깨닫고 그 사로잡은 자의 땅에서 돌이켜 주께 간구하기를 우리가 범죄하여 반역을 행하며 악을 지었나이다 하며 솔로몬은 포로 된 적국의 땅에서도 그들이 기도하면 응답해 주실 것을 하나님께 간구한다. 나라가 망하고 성전이 무너져도 하늘의 하나님은 여전히 역사의 주인이시기 때문이다. 예루살렘이 아니라 먼 타국에서도 하나님은 자기 백성의 기도를 들으실 수 있다. 따라서 이스라엘이 진심으로 회개하고 돌이킨다면 그들은 분명히 본국으로 돌아올 수 있다. 본문은 회피가 아니라 회개만이 회복의 길이라고 말한다. 회개가 회복의 길인 것은 맞지만, 온 마음과 온 뜻으로 주께 돌아오는 회개여야 한다.

50-51 그들을 사로잡아 간 자 앞에서 그들로 불쌍히 여김을 얻게 하사 그 사람들로 그들을 불쌍히 여기게 하옵소서 그들은 주께서 철 풀무 같은 애굽에서 인도하여 내신 주의 백성, 주의 소유가 됨이니이다 솔로몬은 백성이 유배지에서 드리는 기도를 하나님이 들으시고 그들을 불쌍히 여기셔야 하는 이유를 말한다. 비록 그들이 죄를 지어 하나님의 징계를 받았지만, 여전히 하나님의 백성이며 소유이고 기업이기 때문이다. 솔로몬이 하나님의 이러한 은혜를 확신할 수 있는 근거는 출애굽 사건이다. 그때부터 시작된 하나님과 이스라엘 사이의 특별한 관계가 깨지지 않을 것을 솔로몬은 확신했다.

53 그들을 구별하여 주의 기업으로 삼으셨나이다 여호와는 이스라엘 백성의 하나님이 되셨고, 그들은 하나님의 특별한 소유가 되도록 구별되었다. 솔로몬은 기도를 시작할 때 하나님과 다윗 간의 언약을 근거로 간구했으며(24-26절), 기도를 마칠 때는 시내산 언약에 근거하여 간구한다(출 19:5-6; 레 20:24,26; 신 7:6).

러면 주님의 백성 이스라엘처럼 온 땅의 백성이 주님을 알고 주님을 두려워할 것입니다. 또한 제가 지은 이 성전이 주님의 이름이 있는 곳임을 알게 될 것입니다.

44 주님의 백성이 적과 싸우라는 주님의 명령을 받고 나갈 때에 그들이 주께서 선택하신 이 성과 제가 주님의 이름을 위하여 지은 이 성전을 향해 여호와께 기도드리면,

45 주께서는 하늘에서 그들의 기도를 들으시고, 그들을 도와주십시오.

46 죄를 짓지 않는 사람은 없습니다. 주님의 백성도 주께 죄를 지을 것입니다. 이것 때문에 주께서 분노하시어 그들을 싸움에서 지게 하시면, 적들은 그들을 사로잡아 자기 나라로 끌고 갈 것입니다.

47 그때, 주님의 백성이 포로로 끌려간 그 땅에서 정신을 차리고 마음을 돌려 '우리가 죄를 지었습니다. 우리가 잘못했습니다'라고 주께 기도하며,

48 그들이 포로로 있는 원수의 땅에서 온 마음과 정성을 다하여 주께 회개하고, 주께서 그들의 조상에게 주신 땅과 주께서 선택하신 이 성과 제가 주님의 이름을 위하여 지은 이 성전을 향해 주께 기도드리면,

49 주께서는 하늘에서 그들이 하는 기도를 들으시고 사정을 살펴 주십시오.

50 주님의 백성을 용서해 주십시오. 주님을 배반한 그들을 용서해 주십시오. 그래서 그들을 사로잡아 간 사람들이 그들을 불쌍히 여기도록 해 주십시오.

51 그들이 주님의 백성이라는 것을 기억해 주십시오. 주께서 그들을 용광로와도 같은 이집트에서 인도해 내셨다는 것을 기억해 주십시오.

52 제가 드리는 기도와 주님의 백성 이스라엘이 드리는 기도에 귀를 기울여 주십시오. 그들이 주께 부르짖을 때마다 그 기도를 들어주십시오.

53 주 여호와여, 주께서는 우리의 조상을 이집트에서 인도해 내실 때에 주의 종 모세를 통하여 약속하신 대로 이 땅의 모든 나라들 가운데서 우리를 선택하셔서 주님의 백성으로 삼으셨습니다.

저자의 묵상

이스라엘 역사에서 가장 빛나는 예루살렘 성전을 봉헌하는 상황과는 대조적으로, 솔로몬은 인간 범죄의 필연성을 강조한다. 즉, 이스라엘이 가장 평화롭고 가장 강대한 국력을 펼쳤던 이 시점에 솔로몬이 불행한 미래를 예상한 기도를 드렸다는 것은 성령의 특별한 계시였다. 솔로몬의 기도와 같은 불행한 상황이 몇 백 년도 안 되어 이스라엘 민족에게 실제로 벌어졌기 때문이다. 하나님의 지도자는 하나님께 불순종하면 모든 것이 무너질 수 있다는 분명한 위기의식이 있어야 한다. 성숙한 기도는 처절한 실패와 재앙 속에서도 자신의 잘못을 회개하고 정신을 차려 다시 일어설 수 있는 길을 준비하는 것이다. 이스라엘은 적국에 포로로 끌려가 비인간적인 대우를 받고 갖은 고생을 한다. 그들은 자존심이 땅에 떨어지고, 사는 것이 죽는 것보다 힘든 상황에 봉착한다. 그래도 하나님의 사람은 여호와 하나님의 이름이 있는 성전을 향하여 죄를 회개하고 다시 일어서야 한다. 중요한 것은 마음 깊은 곳에서부터 솟아나는 절절한 회개다. 생명을 건 회개가 있어야 하나님이 죄를 사하신다. 모든 문제의 해법은 오로지 정직한 회개에 있다.

무릎 기도 하나님, 회개의 영을 부어주시어 회개할 것을 철저하게 회개하는 믿음의 사람이 되게 하소서. 죄악의 길에 섰을 때라도 곧바로 깨닫게 하시고, 통회하며 주님께 나아가게 하소서.

NLT - 1 Kings 8

22 Then Solomon stood before the altar of the LORD in front of the entire community of Israel. He lifted his hands toward heaven,

23 and he prayed, "O LORD, God of Israel, there is no God like you in all of heaven above or on the earth below. You keep your covenant and show unfailing love to all who walk before you in wholehearted devotion.

24 You have kept your promise to your servant David, my father. You made that promise with your own mouth, and with your own hands you have fulfilled it today.

25 "And now, O LORD, God of Israel, carry out the additional promise you made to your servant David, my father. For you said to him, 'If your descendants guard their behavior and faithfully follow me as you have done, one of them will always sit on the throne of Israel.'

26 Now, O God of Israel, fulfill this promise to your servant David, my father.

27 "But will God really live on earth? Why, even the highest heavens cannot contain you. How much less this Temple I have built!

28 Nevertheless, listen to my prayer and my plea, O LORD my God. Hear the cry and the prayer that your servant is making to you today.

29 May you watch over this Temple night and day, this place where you have said, 'My name will be there.' May you always hear the prayers I make toward this place.

30 May you hear the humble and earnest requests from me and your people Israel when we pray toward this place. Yes, hear us from heaven where you live, and when you hear, forgive.

31 "If someone wrongs another person and is required to take an oath of innocence in front of your altar in this Temple,

32 then hear from heaven and judge between your servants—the accuser and the accused. Punish the guilty as they deserve. Acquit the innocent because of their innocence.

33 "If your people Israel are defeated by their enemies because they have sinned against you, and if they turn to you and acknow-ledge your name and pray to you here in this Temple,

34 then hear from heaven and forgive the sin of your people Israel and return them to this land you gave their ancestors.

35 "If the skies are shut up and there is no rain because your people have sinned against you, and if they pray toward this Temple and

acknowledge your name and turn from their
sins because you have punished them,
36 then hear from heaven and forgive the sins
of your servants, your people Israel. Teach
them to follow the right path, and send rain
on your land that you have given to your
people as their special possession.
37 "If there is a famine in the land or a plague
or crop disease or attacks of locusts or
caterpillars, or if your people's enemies are
in the land besieging their towns—whatever
disaster or disease there is—
38 and if your people Israel pray about their
troubles, raising their hands toward this
Temple,
39 then hear from heaven where you live, and
forgive. Give your people what their actions
deserve, for you alone know each human
heart.
40 Then they will fear you as long as they live
in the land you gave to our ancestors.
41 "In the future, foreigners who do not belong
to your people Israel will hear of you. They
will come from distant lands because of your
name,
42 for they will hear of your great name and
your strong hand and your powerful arm.
And when they pray toward this Temple,
43 then hear from heaven where you live, and
grant what they ask of you. In this way, all
the people of the earth will come to know
and fear you, just as your own people Israel
do. They, too, will know that this Temple I
have built honors your name.
44 "If your people go out where you send them
to fight their enemies, and if they pray to the
LORD by turning toward this city you have
chosen and toward this Temple I have built
to honor your name,
45 then hear their prayers from heaven and
uphold their cause.
46 "If they sin against you—and who has never
sinned?—you might become angry with
them and let their enemies conquer them
and take them captive to their land far away
or near.
47 But in that land of exile, they might turn to
you in repentance and pray, 'We have
sinned, done evil, and acted wickedly.'
48 If they turn to you with their whole heart and
soul in the land of their enemies and pray
toward the land you gave to their ancestors
—toward this city you have chosen, and
toward this Temple I have built to honor your
name—
49 then hear their prayers and their petition from
heaven where you live, and uphold their
cause.
50 Forgive your people who have sinned
against you. Forgive all the offenses they
have committed against you. Make their
captors merciful to them,
51 for they are your people—your special
possession—whom you brought out of the
iron-smelting furnace of Egypt.
52 "May your eyes be open to my requests and
to the requests of your people Israel. May
you hear and answer them whenever they
cry out to you.
53 For when you brought our ancestors out of
Egypt, O Sovereign LORD, you told your
servant Moses that you had set Israel apart
from all the nations of the earth to be your
own special possession."

22 altar 제단 23 covenant 계약 unfailing 무한한 wholehearted 전심전력의 devotion 헌신, 정성 24 fulfill 성취하다 25 carry out 실행하다 additional 추가의 behavior 행동, 행위 faithfully 성실하게 28 nevertheless 그럼에도 불구하고 plea 청원, 기도 29 watch over ~ ~을 지켜보다 30 earnest 진지한 31 be required to ~ ~하도록 요구받다 take an oath 맹세하다 innocence 순결, 무죄 32 accuser 고소인 punish 처벌하다 guilty 유죄의 acquit 무죄를 선고하다 33 defeat 패배시키다 enemy 적, 원수 sin against ~ ~에게 죄를 짓다 acknowledge 인정하다 34 ancestor 조상 35 shut up 닫히다 pray toward ~ ~을 향해 기도하다 36 send rain on ~ ~에 비를 내리다 possession 소유, 재산 37 famine 기근 plague 전염병 crop 농작물 disease 질병, 병 locust 메뚜기 caterpillar 애벌레 besiege 포위하다 disaster 재난 38 raise one hands 손을 들다 40 as long as ~ ~하는 동안 43 grant 부여하다, 주다 45 uphold 인정하다 46 become angry with ~ ~에게 진노하게 되다 conquer 정복하다 47 exile 망명, 추방 repentance 회개 wickedly 사악하게 49 petition 청원, 탄원 50 offense 죄, 범죄 captor 사로잡는 사람 merciful 자비로운 51 bring out of ~ ~에서 (데리고) 나가다 furnace 용광로 52 request 요청, 요구 53 Sovereign 주권의 set … apart from ~ ~에서 …을 구별하다

22 영적 지도자 솔로몬

월 일

열왕기상 8:54-66 • 새찬송 331장 | 통일 375장

• 말씀묵상 전에 성령님의 인도하심을 구하는 기도를 드리십시오.

본문요약 I 솔로몬은 이스라엘 모든 백성에게 축복과 권면의 말씀을 전하며 희생제물을 드리고 큰 축제를 벌인다. 솔로몬은 하나님을 찬양하고 백성을 위해 하나님의 함께하심을 빌어준다. 그리고 온 백성과 함께 제사(화목제와 번제, 소제와 감사제)를 드리고 즐겁게 초막절을 지킨다.

54 솔로몬이 무릎을 꿇고 손을 펴서 하늘을
향하여 이 기도와 간구로 여호와께 아뢰기
를 마치고 여호와의 제단 앞에서 일어나
55 서서 큰 소리로 이스라엘의 온 회중을 위
하여 축복하며 이르되
56 여호와를 찬송할지로다 그가 말씀하신 대
로 그의 백성 이스라엘에게 태평을 주셨
으니 그 종 모세를 통하여 무릇 말씀하신
그 모든 좋은 약속이 하나도 이루어지지
아니함이 없도다
57 우리 하나님 여호와께서 우리 조상들과
함께 계시던 것같이 우리와 함께 계시옵
고 우리를 떠나지 마시오며 버리지 마시
옵고
58 우리의 마음을 주께로 향하여 그의 모든
길로 행하게 하시오며 우리 조상들에게
명령하신 계명과 법도와 율례를 지키게
하시기를 원하오며
59 여호와 앞에서 내가 간구한 이 말씀이 주
야로 우리 하나님 여호와께 가까이 있게
하시옵고 또 주의 종의 일과 주의 백성 이
스라엘의 일을 날마다 필요한 대로 돌아
보사
60 이에 세상 만민에게 여호와께서만 하나님
이시고 그 외에는 없는 줄을 알게 하시기
를 원하노라
61 그런즉 너희의 마음을 우리 하나님 여호
와께 온전히 바쳐 완전하게 하여 오늘과
같이 그의 법도를 행하며 그의 계명을 지
킬지어다
62 이에 왕과 및 왕과 함께한 이스라엘이 다
여호와 앞에 희생제물을 드리니라
63 솔로몬이 화목제의 희생제물을 드렸으니
곧 여호와께 드린 소가 이만 이천 마리요
양이 십이만 마리라 이와 같이 왕과 모든
이스라엘 자손이 여호와의 성전의 봉헌식
을 행하였는데
64 그날에 왕이 여호와의 성전 앞뜰 가운데
를 거룩히 구별하고 거기서 번제와 소제
와 감사제물의 기름을 드렸으니 이는 여
호와의 앞 놋 제단이 작으므로 번제물과
소제물과 화목제의 기름을 다 용납할 수
없음이라
65 그때에 솔로몬이 칠 일과 칠 일 도합 십사
일간을 우리 하나님 여호와 앞에서 절기
로 지켰는데 하맛 어귀에서부터 애굽 강
까지의 온 이스라엘의 큰 회중이 모여 그
와 함께하였더니
66 여덟째 날에 솔로몬이 백성을 돌려보내매
백성이 왕을 위하여 축복하고 자기 장막
으로 돌아가는데 여호와께서 그의 종 다
윗과 그의 백성 이스라엘에게 베푸신 모
든 은혜로 말미암아 기뻐하며 마음에 즐
거워하였더라

1. 오늘 하나님께서 나에게 주신 깨달음은 무엇입니까?

2. 말씀을 어떻게 내 삶에 구체적으로 적용해야 합니까?

절별 해설

54 솔로몬이 무릎을 꿇고 손을 펴서 하늘을 향하여 이 기도와 간구로 여호와께 아뢰기를 마치고 여호와의 제단 앞에서 선 채로 시작한 솔로몬의 기도는 어느새 무릎을 꿇은 채로 끝난다. 무릎을 꿇는다는 것은 복종을 상징한다. 하나님께 간곡하게 기도하다 보니 스스로 더 겸비하게 된 것이다. 백성을 대표한 솔로몬의 기도에는 간절한 마음과 기도의 깊이가 있었다.

55, 66 축복하며 이르되, 백성이 왕을 위하여 축복하고 자기 장막으로 돌아가는데 솔로몬은 백성을 축복하고, 백성은 왕을 위해 축복하고 떠나간다. 약속의 성취로서 성전 건축과 하나님의 임재, 그리고 말씀을 향한 순종의 다짐으로 한마음 된 아름다운 신앙 공동체의 모습이다.

56 그가 말씀하신 대로 그의 백성 이스라엘에게 태평을 주셨으니 솔로몬은 백성을 축복하기 전에 하나님의 신실하심을 고백한다. 하나님의 신실하심은 모세에게 하신 말씀이 하나도 빠짐없이 모두 이루어진 것을 통해 증명된다. 특히 하나님이 약속하신 안식이 이루어졌다. 여기서 안식이란, 이스라엘 백성이 약속의 땅에 평안히 안착한 것을 말한다.

57-60 우리 하나님 여호와께서 우리 조상들과 함께 계시던 것같이 우리와 함께 계시옵고 솔로몬은 하나님이 백성의 삶에서 함께하시며, 율법과 계명을 지키게 해주시고, 기도에 응답하시며, 모든 다른 민족도 참 하나님을 알게 되기를 축복한다.

61 그런즉 너희의 마음을 우리 하나님 여호와께 온전히 바쳐 완전하게 하여 솔로몬은 이스라엘 백성을 향해 하나님 마음에 들도록 마음을 바로잡고, 율법과 계명을 지킴으로써 삶으로 실천해 보이라고 촉구한다. 성전이 아니라 마음을 다한 충성이 있을 때만 솔로몬이 빌어준 축복을 누리고 안식이 지속될 것이기 때문이다.

62-66 이에 왕과 및 왕과 함께한 이스라엘이 다 여호와 앞에 희생제물을 드리니라 화목제를 드리는 동기가 성전 봉헌에 따른 즐거움과 감사였기에, 솔로몬은 엄청난

쉬운성경

54 솔로몬은 제단 앞에 무릎을 꿇고 하늘을 향해 팔을 벌리고 이런 기도를 드렸습니다. 기도를 마친 솔로몬은 여호와의 제단 앞에서 일어났습니다.

55 솔로몬은 서서 큰 소리로 이스라엘 모든 백성에게 복을 빌어 주었습니다.

56 "여호와를 찬양합시다! 주께서는 당신의 백성 이스라엘에게 약속하신 대로 안식을 주셨습니다. 주께서 그의 종 모세를 통해 말씀하신 좋은 약속 가운데서 하나라도 이루시지 않은 것이 없습니다.

57 우리의 하나님 여호와께서 우리 조상들과 함께 계셨던 것처럼 우리와도 함께 계시기를 원합니다. 결코 우리를 떠나시지도 않고 버리시지도 않기를 원합니다.

58 우리의 마음이 주께 기울게 하시고 주님을 따르게 하시기를 바랍니다. 주께서 우리 조상에게 주신 모든 율법과 계명을 우리가 지킬 수 있도록 해 주시기를 원합니다.

59 우리의 주 하나님께서 제가 드린 이 기도를 언제나 기억해 주시기를 바랍니다. 주님의 종과 주님의 백성 이스라엘에 가까이 계시기를 바랍니다. 날마다 우리가 필요한 대로 우리를 도와주시기 바랍니다.

60 그러면 세계의 모든 백성이 주님만이 참하나님이심을 알게 될 것입니다.

61 여러분은 우리의 주 하나님 여호와께 완전히 복종하십시오. 주님의 모든 율법과 계명을 지키십시오."

62 그런 다음에 솔로몬 왕과 온 이스라엘은 여호와께 제사를 드렸습니다.

63 솔로몬은 화목 제물로 소 이만 이천 마리와 양 십이만 마리를 잡아서 여호와께 바쳤습니다. 이러한 방법으로 왕과 이스라엘 백성은 여호와께 성전을 바쳤습니다.

양의 희생제물을 하나님께 드린다. 화목제는 하나님과 사람, 사람과 사람 사이의 평화로운 교제를 위해 드리는 제사다. 화목제의 희생제물은 소가 2만2천 마리, 양이 12만 마리나 되었다. 번제단(놋제단)이 너무 많은 제물을 감당할 수 없어서 성전 앞 뜰 가운데를 특별히 구별하여 번제, 소제, 감사제를 드렸다. 한편, 이같이 많은 제물을 드린 것은 솔로몬의 부가 어느 정도였는지를 암시한다. 모든 백성은 14일 동안 축제를 즐기고 그 감격을 안고 돌아갔다.

64 그날에 솔로몬 왕은 성전 앞뜰을 거룩하
게 구별했습니다. 솔로몬은 거기서 태워 드
리는 제물인 번제물과 곡식 제물을 바쳤습니
다. 그리고 화목 제물의 기름도 바쳤습니다.
여호와 앞에 있는 놋제단이 너무 작아서 제
물들을 다 담을 수 없었기 때문에 성전 앞뜰
에서 이 제물들을 바쳤습니다.

65 그때에 솔로몬 왕과 이스라엘의 모든 백
성은 절기를 지켰습니다. 북쪽으로는 하맛
어귀에서부터 남쪽으로는 이집트 시내에 이
르기까지, 그 지역에 사는 많은 사람들이 모
여들었습니다. 그들은 칠 일을 두 번 합한 십
사 일 동안, 절기를 지켰습니다.

66 절기 팔 일째 되는 날에 솔로몬은 백성을
집으로 돌려 보냈습니다. 그들은 왕에게 복
을 빌어 주며 집으로 돌아갔습니다. 그들은
여호와께서 그의 종 다윗과 그의 백성 이스
라엘에게 베풀어 주신 온갖 은혜로 말미암아
기뻐했습니다.

저자의 묵상

솔로몬은 영적 안목이 있는 지도자로, 성전 봉헌식을 백성의 신앙을 한 단계 높이는 영적인 기회로 삼았다. 그리고 백성으로 하여금 하나님께 사랑과 희생을 드림으로 성전 봉헌식이 하나님 은혜에 감사하고 영적인 기쁨을 누리는 온 백성의 축제가 되게 하였다. 축제가 끝난 후 모든 백성은 기쁜 마음으로 각자 자기 집으로 돌아갔다. 백성의 마음을 즐겁고 행복하게 한 솔로몬은 훌륭한 지도자였다. 솔로몬은 성전 봉헌식을 통해 자신을 드러내지 않고 하나님을 경외하였다. 또 백성을 지극히 사랑하고 그들을 위로하며 온 백성과 함께 기쁨을 나누었다. 솔로몬의 이 같은 리더십은 하나님을 경외한 데서 나왔다. 참된 지도자는 하나님을 경외함으로 얻어진다. 한국 교회에도 하나님을 경외하는 진정한 영적 지도자가 많이 세워지기를 기도하자.

무릎 기도 하나님, 이 나라에 주님이 기뻐하시는 영적인 지도자가 많아지게 하소서. 각계각층에 있는 그리스도인들이 영적인 지도력으로 사역할 수 있게 하소서.

NLT - 1 Kings 8

54 When Solomon finished making these
prayers and petitions to the LORD, he stood
up in front of the altar of the LORD, where he
had been kneeling with his hands raised
toward heaven.
55 He stood and in a loud voice blessed the
entire congregation of Israel:
56 "Praise the LORD who has given rest to his
people Israel, just as he promised. Not one
word has failed of all the wonderful promises
he gave through his servant Moses.
57 May the LORD our God be with us as he
was with our ancestors; may he never leave
us or abandon us.
58 May he give us the desire to do his will in
everything and to obey all the commands,
decrees, and regulations that he gave our
ancestors.
59 And may these words that I have prayed in
the presence of the LORD be before him
constantly, day and night, so that the LORD
our God may give justice to me and to his
people Israel, according to each day's
needs.
60 Then people all over the earth will know that
the LORD alone is God and there is no other.
61 And may you be completely faithful to the
LORD our God. May you always obey his
decrees and commands, just as you are
doing today."
62 Then the king and all Israel with him offered
sacrifices to the LORD.
63 Solomon offered to the LORD a peace
offering of 22,000 cattle and 120,000 sheep
and goats. And so the king and all the
people of Israel dedicated the Temple of the
LORD.
64 That same day the king consecrated the
central area of the courtyard in front of the
LORD's Temple. He offered burnt offerings,
grain offerings, and the fat of peace offerings
there, because the bronze altar in the LORD's
presence was too small to hold all the burnt
offerings, grain offerings, and the fat of the
peace offerings.
65 Then Solomon and all Israel celebrated the
Festival of Shelters* in the presence of the
LORD our God. A large congregation had
gathered from as far away as Lebo-hamath
in the north and the Brook of Egypt in the
south. The celebration went on for fourteen
days in all—seven days for the dedication of
the altar and seven days for the Festival of
Shelters.*
66 After the festival was over,* Solomon sent
the people home. They blessed the king and
went to their homes joyful and glad because
the LORD had been good to his servant
David and to his people Israel.

* 8:65a Hebrew *the festival;* see note on 8:2.
* 8:65b Hebrew *seven days and seven days, fourteen days;* compare parallel text at 2 Chr 7:8-10.
* 8:66 Hebrew *On the eighth day,* probably referring to the day following the seven-day Festival of Shelters; compare parallel text at 2 Chr 7:9-10.

54 petition 청원, 탄원 altar 제단 kneel 무릎을 꿇다 55 in a loud voice 큰 목소리로 congregation 회중, 집회 56 just as ~ ~와 꼭 마찬가지로 57 ancestor 조상 abandon 저버리다 58 command 명령 decree 법령, 포고 regulation 규제, 규정 59 in the presence of ~ ~의 면전에서 constantly 계속 61 completely 완전히 62 sacrifice 희생, 제물 63 dedicate 바치다 64 consecrate 성별하다 central 중앙의 courtyard 마당, 뜰 65 Shelter 보호, 대피소 celebration 기념일 66 be over 끝나다 joyful 즐거운 be good to ~ ~을 선대하다

• MEMO •

23 하나님의 두 번째 나타나심

월 일

열왕기상 9:1-9 • 새찬송 433장 | 통일 490장

• 말씀묵상 전에 성령님의 인도하심을 구하는 기도를 드리십시오.

본문요약 l 기브온에서 나타나신 하나님이 성전 건축을 다 끝마쳤을 때 다시 솔로몬에게 나타나 복 받는 길과 멸망하는 길을 동시에 알려주신다. 하나님께 순종하면 솔로몬과 그 후손을 비롯한 이스라엘 백성과 함께 하실 것이나, 그렇지 않으면 재앙이 있을 것이라고 말씀하신다.

1 솔로몬이 여호와의 성전과 왕궁 건축하기를 마치며 자기가 이루기를 원하던 모든 것을 마친 때에
2 여호와께서 전에 기브온에서 나타나심같이 다시 솔로몬에게 나타나사
3 여호와께서 그에게 이르시되 네 기도와 네가 내 앞에서 간구한 바를 내가 들었은즉 나는 네가 건축한 이 성전을 거룩하게 구별하여 내 이름을 영원히 그곳에 두며 내 눈길과 내 마음이 항상 거기에 있으리니
4 네가 만일 네 아버지 다윗이 행함같이 마음을 온전히 하고 바르게 하여 내 앞에서 행하며 내가 네게 명령한 대로 온갖 일에 순종하여 내 법도와 율례를 지키면
5 내가 네 아버지 다윗에게 말하기를 이스라엘의 왕위에 오를 사람이 네게서 끊어지지 아니하리라 한 대로 네 이스라엘의 왕위를 영원히 견고하게 하려니와
6 만일 너희나 너희의 자손이 아주 돌아서서 나를 따르지 아니하며 내가 너희 앞에 둔 나의 계명과 법도를 지키지 아니하고 가서 다른 신을 섬겨 그것을 경배하면
7 내가 이스라엘을 내가 그들에게 준 땅에서 끊어 버릴 것이요 내 이름을 위하여 내가 거룩하게 구별한 이 성전이라도 내 앞에서 던져 버리리니 이스라엘은 모든 민족 가운데에서 속담거리와 이야기거리가 될 것이며
8 이 성전이 높을지라도 지나가는 자마다 놀라며 비웃어 이르되 여호와께서 무슨 까닭으로 이 땅과 이 성전에 이같이 행하셨는고 하면
9 대답하기를 그들이 그들의 조상들을 애굽 땅에서 인도하여 내신 그들의 하나님 여호와를 버리고 다른 신을 따라가서 그를 경배하여 섬기므로 여호와께서 이 모든 재앙을 그들에게 내리심이라 하리라 하셨더라

1. 오늘 하나님께서 나에게 주신 깨달음은 무엇입니까?

2. 말씀을 어떻게 내 삶에 구체적으로 적용해야 합니까?

절별 해설

2 여호와께서 전에 기브온에서 나타나심같이 다시 솔로몬에게 나타나사 하나님이 처음 솔로몬에게 나타나셨을 때는 기브온에 있는 산당에서 제사를 드린 후였다(3:4-14). 그때 하나님은 솔로몬에게 지혜와 함께 부와 영광을 약속하시고 말씀 순종을 요구하셨다. 그 후 20년이 걸려 성전과 왕궁 건축을 마친 솔로몬에게 다시 나타나신다. 전에는 스스로 작은 아이라 할 만큼 불안정한 정치 상황을 두려워하던 솔로몬을 격려하기 위해 나타나셨다면, 이제는 성전과 왕궁 건축으로 강력한 집권 체제를 확립한 솔로몬에게 도전을 주기 위해 찾아오신 것이다.

3 네가 건축한 이 성전을 거룩하게 구별하여 내 이름을 영원히 그곳에 두며 내 눈길과 내 마음이 항상 거기에 있으리니 하나님은 솔로몬이 건축한 성전을 거룩하게 하시고 거기에 임할 것을 약속하신다. 이는 솔로몬의 구체적인 기도(8:22-53)의 응답이다. 하나님은 자신의 이름이 성전에 영원히 있을 것과 그 성전을 보살피며 항상 지킬 것을 약속하신다.

4-5 내가 네게 명령한 대로 온갖 일에 순종하여 내 법도와 율례를 지키면 내가 네 아버지 다윗에게 말하기를 이스라엘의 왕위에 오를 사람이 네게서 끊어지지 아니하리라 하나님은 기쁜 마음으로 솔로몬의 기도에 응답하시지만, 동시에 순종을 권면하신다. 하나님이 주신 말씀에 순종하여 규례와 계명대로 행하며 아버지 다윗처럼 살아간다면, 다윗에게 주신 동일한 복을 솔로몬에게도 주리라 약속하신다. 하나님은 솔로몬 개인에게 시작하신 말씀을 온 이스라엘 백성으로 확대하신다.

6-8 하나님은 솔로몬의 첫 번째 꿈에서는 언급하지 않은 우상숭배에 대한 경고를 덧붙이신다. 말씀에 불순종하고 우상을 숭배하면 이스라엘을 땅에서 쫓아내고 성전도 헐어버리고 세상의 조롱거리가 되게 하겠다는 말이다. 말씀에 순종하는 것이 그들의 안전을 보장하는 유일한 길이다.

9 하나님 여호와를 버리고 다른 신을 따라가서 그를 경배하여 섬기므로 여호와께서 이 모든 재앙을 그들에게 내리심이라 하리라 말씀을 버린 백성은 수치를 당할 것이다. 이방인들마저 그들이 배은망덕하게 우상을 숭배했기에 망했다는 사실을 알고 비웃을 것이다. 이스라엘에 임할 수치도 하나님이 하시는 일이기 때문이다. 이러한 경고가 8장에서 솔로몬이 드린 봉헌 기도에 따른 하나님의 응답으로 임했다는 것을 주목해야 한다. 인간이 하나님께 드리는 최고의 헌신이라 할 수 있는 성전마저도, 하나님이 우리에게 요구하시는 순종의 삶을 대신할 수 없음을 보여준다.

쉬운성경

1 솔로몬은 여호와의 성전과 자기가 살 왕궁과 자기가 짓고 싶어 하던 모든 것을 다 지었습니다.

2 여호와께서 기브온에서 나타나셨던 것처럼 솔로몬에게 나타나셔서

3 "내 앞에서 기도한 것과 네가 나에게 구한 것을 들었다. 네가 지은 이 성전을 내가 거룩하게 구별하였으므로, 내가 내 이름을 영원히 거기에 둘 것이다. 내가 그 성전을 보살피며 항상 지킬 것이다.

4 만약 네가 네 아버지 다윗처럼 올바르고 성실하게 내 율법과 내가 명령한 모든 것을 지키면,

5 네 집안이 영원토록 이스라엘을 다스릴 수 있게 해 주겠다. 나는 다윗의 집안에서 이스라엘을 다스릴 왕이 끊이지 않고 나올 것이라고 다윗에게 약속했다.

6 그러나 만약 너나 네 자녀가 나를 따르지 않고 내가 너에게 준 규례와 계명도 지키지 않고 다른 신들을 섬기거나 예배한다면,

7 나는 이스라엘 백성들을 이 땅에서 쫓아 내겠다. 그리고 내 이름을 위하여 내가 거룩히 구별한 성전도 헐어 버리겠다. 이스라엘은 다른 백성들에게 속담거리와 웃음거리가 되고 말 것이다.

8 성전이 무너지면, 그 모습을 보는 모든 사람들이 놀랄 것이다. 그들은 너희를 놀리며 '여호와께서 어찌하여 이 땅과 이 성전을 이런 지경으로 만드셨을까?' 하고 비웃을 것이다.

9 그러면 다른 백성이 '이렇게 된 까닭은 그들의 조상을 이집트에서 인도해 낸 여호와 하나님을 그들이 버렸기 때문이다. 그들은 다른 신들에게 마음이 끌려 그들을 예배하고 섬겼다. 그래서 여호와께서 이런 재앙을 그들에게 내린 것이다'라고 대답할 것이다" 하고 솔로몬에게 말씀하셨습니다.

저자의 묵상

하나님이 솔로몬에게 다시 나타나신 때는 태평성대를 노래하는 시대였다. 사람은 모든 것이 좋아 보이고 잘 될 때 안일하고 나태하며 잘못되기 쉽다. 하나님은 이때 솔로몬을 깨우치려고 나타나셔서 다윗처럼 행하라고 말씀하셨다. 다윗은 하나님을 전적으로 의지하고 말씀에 순종했다. 그는 왕이었지만 왕 위의 왕이신 하나님을 경외하며 그 앞에 겸손히 엎드리는 사람이었다. 하나님은 이 같은 다윗의 모습을 따르도록 권면하신다. 아울러 자신을 버리고 우상을 숭배하면 이스라엘을 땅에서 쫓아낼 것이며 성전이라도 헐어버리겠다고 경고하신다. 모든 것이 잘되는 것 같고 절실히 하나님께 간구할 필요를 느끼지 않을 때 주의해야 한다. 자기도 모르는 사이에 하나님을 의지하지 않고 자신의 뜻대로 행하기 때문이다. 그러지 않도록 늘 말씀으로 깨우침 받고 겸손히 기도해야 한다.

무릎 기도 하나님, 스스로 영적 상태를 성찰하며 겸손히 하나님을 의지하고 순종하게 하소서. 늘 다윗 같은 태도로 솔로몬에게 주신 경고를 마음에 새기는 지혜로운 자가 되게 하소서.

NLT - 1 Kings 9

1 So Solomon finished building the Temple of the LORD, as well as the royal palace. He completed everything he had planned to do.
2 Then the LORD appeared to Solomon a second time, as he had done before at Gibeon.
3 The LORD said to him, "I have heard your prayer and your petition. I have set this Temple apart to be holy—this place you have built where my name will be honored forever. I will always watch over it, for it is dear to my heart.
4 "As for you, if you will follow me with integrity and godliness, as David your father did, obeying all my commands, decrees, and regulations,
5 then I will establish the throne of your dynasty over Israel forever. For I made this promise to your father, David: 'One of your descendants will always sit on the throne of Israel.'
6 "But if you or your descendants abandon me and disobey the commands and decrees I have given you, and if you serve and worship other gods,
7 then I will uproot Israel from this land that I have given them. I will reject this Temple that I have made holy to honor my name. I will make Israel an object of mockery and ridicule among the nations.
8 And though this Temple is impressive now, all who pass by will be appalled and will gasp in horror. They will ask, 'Why did the LORD do such terrible things to this land and to this Temple?'
9 "And the answer will be, 'Because his people abandoned the LORD their God, who brought their ancestors out of Egypt, and they worshiped other gods instead and bowed down to them. That is why the LORD has brought all these disasters on them.'"

1 as well as 그리고, 게다가 3 petition 청원, 탄원 set … apart to ~ …을 ~하게 구별하다 watch over ~ ~을 지키다 4 integrity 도덕성 godliness 신앙심 decree 법령, 명령 regulation 법규 5 establish 설립하다, 세우다 dynasty 왕조 descendant 후손 6 abandon 버리다, 포기하다 disobey 거역하다 7 uproot … from ~ …을 ~로부터 뿌리 뽑다 reject 거절하다 mockery 조롱, 비웃음 ridicule 조소, 놀림 8 impressive 인상적인 pass by 지나가다 be appalled 기겁하다 amazement 놀라움 9 bow down to ~ ~에게 절하다 disaster 재앙

24

월 일

솔로몬 시대의 다른 사역들

열왕기상 9:10-28 • 새찬송 311장 | 통일 185장

• 말씀묵상 전에 성령님의 인도하심을 구하는 기도를 드리십시오.

본문요약 I 히람이 제공한 백향목과 잣나무와 금에 대한 대가로 솔로몬은 갈릴리 땅의 성읍 스무 곳을 준다. 그러나 히람은 솔로몬이 준 성읍들을 좋아하지 않았다. 한편, 솔로몬은 수많은 건축 사업을 벌인다. 처음 성전을 건축할 때만 해도 하나님의 영광을 위해 최선을 다했으나, 그 후의 사역은 대부분 자신의 권위와 능력을 드러내기 위함이었다. 더욱이 백성과 가나안 민족을 노예 역군으로 삼았으며, 무역을 통해 얻은 수입으로 화려한 삶을 이어 갔다.

10 솔로몬이 두 집 곧 여호와의 성전과 왕궁을 이십 년 만에 건축하기를 마치고
11 갈릴리 땅의 성읍 스무 곳을 히람에게 주었으니 이는 두로 왕 히람이 솔로몬에게 그 온갖 소원대로 백향목과 잣나무와 금을 제공하였음이라
12 히람이 두로에서 와서 솔로몬이 자기에게 준 성읍들을 보고 눈에 들지 아니하여
13 이르기를 내 형제여 내게 준 이 성읍들이 이러한가 하고 이름하여 가불 땅이라 하였더니 그 이름이 오늘까지 있느니라
14 히람이 금 일백이십 달란트를 왕에게 보내었더라
15 솔로몬 왕이 역군을 일으킨 까닭은 이러하니 여호와의 성전과 자기 왕궁과 밀로와 예루살렘 성과 하솔과 므깃도와 게셀을 건축하려 하였음이라
16 전에 애굽 왕 바로가 올라와서 게셀을 탈취하여 불사르고 그 성읍에 사는 가나안 사람을 죽이고 그 성읍을 자기 딸 솔로몬의 아내에게 예물로 주었더니
17 솔로몬이 게셀과 아래 벧호론을 건축하고
18 또 바알랏과 그 땅의 들에 있는 다드몰과
19 자기에게 있는 모든 국고성과 병거성들과 마병의 성들을 건축하고 솔로몬이 또 예루살렘과 레바논과 그가 다스리는 온 땅에 건축하고자 하던 것을 다 건축하였는데
20 이스라엘 자손이 아닌 아모리 사람과 헷 사람과 브리스 사람과 히위 사람과 여부스 사람 중 남아 있는 모든 사람
21 곧 이스라엘 자손이 다 멸하지 못하므로 그 땅에 남아 있는 그들의 자손들을 솔로몬이 노예로 역군을 삼아 오늘까지 이르렀으되
22 다만 이스라엘 자손은 솔로몬이 노예를 삼지 아니하였으니 그들은 군사와 그 신하와 고관과 대장이며 병거와 마병의 지휘관이 됨이었더라
23 솔로몬에게 일을 감독하는 우두머리 오백오십 명이 있어 일하는 백성을 다스렸더라
24 바로의 딸이 다윗 성에서부터 올라와 솔로몬이 그를 위하여 건축한 궁에 이를 때에 솔로몬이 밀로를 건축하였더라
25 솔로몬이 여호와를 위하여 쌓은 제단 위에 해마다 세 번씩 번제와 감사의 제물을 드리고 또 여호와 앞에 있는 제단에 분향하니라 이에 성전 짓는 일을 마치니라
26 솔로몬 왕이 에돔 땅 홍해 물가의 엘롯 근처 에시온게벨에서 배들을 지은지라
27 히람이 자기 종 곧 바다에 익숙한 사공들을 솔로몬의 종과 함께 그 배로 보내매
28 그들이 오빌에 이르러 거기서 금 사백이십 달란트를 얻고 솔로몬 왕에게로 가져왔더라

1. 오늘 하나님께서 나에게 주신 깨달음은 무엇입니까?

2. 말씀을 어떻게 내 삶에 구체적으로 적용해야 합니까?

절별 해설

10 솔로몬이 두 집 곧 여호와의 성전과 왕궁을 이십 년 만에 건축하기를 마치고 성전 건축에 7년, 왕궁 건축에 13년이 걸렸다. 모두 합치면 20년이 된다.

11 두로 왕 히람 솔로몬이 성전과 왕궁을 건축하는 데 두로의 히람 왕이 결정적인 역할을 한다. 그는 솔로몬이 원한 만큼 백향목과 잣나무와 금을 제공했다.

12-13 성읍들을 보고 눈에 들지 아니하여 이르기를 내 형제여 내게 준 이 성읍들이 이러한가 하고 이름하여 가불 땅이라 하였더니 솔로몬은 히람의 노고에 대한 답례로 갈릴리 지역에 있는 성읍 20개를 내준다. 갈릴리는 이스라엘의 가장 북쪽 지역이다. 솔로몬 당시의 갈릴리는 오늘날 갈릴리 지역의 북쪽 일부 지역에 해당한다. 역사상 이 지역은 여러 민족이 끊임없이 많이 들고 나는 곳이었다. 특히 솔로몬 시대의 갈릴리 지역은 히람의 나라 두로와 국경을 접하고 있었는데, 실제로는 이스라엘과 두로가 거의 공유하다시피 했던 황무한 길목이었다. 그래서 히람이 이 성읍들을 돌아보고는 마음에 들지 않아 '쓸모없는 땅'이라는 뜻인 '가불 땅'이라고 부른 것이다. 히람은 솔로몬에게 귀한 것을 주고 그 대가로 쓸모없는 땅을 받았다. 그럼에도 크게 반발하지 않고 그대로 수용한 것은, 두로가 솔로몬의 통치 아래 있었기 때문이다. 즉, 히람이 솔로몬을 두려워한 것이다. 안타깝게도 솔로몬은 권력을 남용하고 있었다.

14 히람이 금 일백이십 달란트를 왕에게 보내었더라 히람이 솔로몬에게 제공한 금은 무려 120달란트였다. 1달란트의 무게는 대략 35–59kg 정도이므로, 금 120달란트는 엄청난 가치를 지녔다. 아무리 적게 잡아도 무게만 무려 4,200kg에 이른다. 아마도 솔로몬은 이 많은 금으로 성전과 왕궁을 치장하고, 그 안에서 사용하는 도구를 만들었을 것이다. 전통적으로 대부분의 신학자들은 솔로몬의 금을 긍정적으로 해석해 왔다. 하나님이 솔로몬에게 복을 주신 결과라는 것이다. 그러나 한편에서는 금으로 상징되는 지나친 솔로몬의 부(富)가 하나님에게서 멀어지는 결정적인 이유가 되었다는 견해를 내놓는다. 솔로몬은 엄청난 양의 금을 받았으면서도 그 대가에는 인색했다. 하나님의 복을 누리는 데서 불안한 미래로 나아가고 있었던 것이다.

15-18 솔로몬 왕이 역군을 일으킨 까닭은 이러하니 여호와의 성전과 자기 왕궁과 밀로와 예루살렘 성과 하솔과 므깃도와 게셀을 건축하려 하였음이라 솔로몬은 강제로 노동력을 동

쉬운성경

10 이십 년에 걸쳐 솔로몬 왕은 여호와의 성전과 왕궁을 완성하였습니다.

11 솔로몬 왕은 그가 원하는 대로 백향목과 잣나무와 금을 보내 주었던 두로 왕 히람에게 갈릴리에 있는 스무 개의 마을을 주었습니다.

12 히람은 두로에 와서 솔로몬이 준 마을들을 둘러보았습니다. 그러나 그 마을들은 그의 마음에 들지 않았습니다.

13 히람이 말했습니다. "나의 형제여, 그대가 나에게 준 마을들이 이 정도밖에 안 되오?" 그래서 지금까지 사람들은 그 마을들을 '쓸모없는 땅'이라는 뜻으로 가불 땅이라고 부르고 있습니다.

14 히람이 솔로몬에게 보낸 금은 전부 다 하여 백이십 달란트*였습니다.

15 솔로몬 왕은 일꾼들을 불러모아 성전과 왕궁을 지었습니다. 솔로몬은 일꾼들에게 밀로와 예루살렘 성벽 쌓는 일을 시켰습니다. 또한 하솔과 므깃도와 게셀 성을 다시 쌓는 일도 시켰습니다.

16 옛날에 이집트 왕이 게셀을 공격하여 점령한 일이 있었습니다. 이집트 왕은 게셀을 불태우고 거기에 살던 가나안 사람들을 죽였습니다. 그리고 그 성을 자기 딸의 결혼 선물로 솔로몬에게 주었습니다.

17 솔로몬은 게셀과 아래쪽 벧호론과

18 바알랏과 유다 광야에 있는 다드몰을 세웠습니다.

19 솔로몬 왕은 또 곡식과 그밖의 물건을 저장해 둘 수 있는 성과 전차를 두는 성과 전차 모는 군인들을 위한 성도 세웠습니다. 솔로몬은 예루살렘과 레바논과 그가 다스리는 모든 땅에 원하는 것을 다 지었습니다.

20 그 땅에는 이스라엘 백성이 아닌 사람들, 곧 아모리 사람과 헷 사람과 브리

* 9:14 120달란트는 약 4.11t에 해당된다.

원해 성전과 왕궁을 건축한 것 외에도 밀로 궁, 예루살렘 성벽, 하솔, 므깃도, 게셀의 성읍을 재건한다. 밀로는 원래 여부스 사람들의 성읍이었으나 다윗이 정복하였다(삼하 5:6-9). 다윗은 밀로에서부터 성을 쌓아 수도 예루살렘의 성벽을 건축하였다(대상 11:8). 그런데 솔로몬이 바로 이곳 밀로를 증축한다. 갈릴리 호수에서 북쪽으로 약 16km 가량 떨어진 하솔은 북쪽에서 뻗어 내려오는 두 개의 주요 도로가 합쳐지는 전략적 요충지로, 이스라엘의 북방 국경을 방어하는 데 요긴하였다. 므깃도와 게셀도 군사적으로 중요하면서 동시에 주요 교통로였다. 그뿐 아니라 솔로몬은 벧호론, 바알랏, 다드몰 등도 건설한다(17-18절). 이 모든 건축 사업은 솔로몬의 끊임없는 야심을 고스란히 반영한다. 성읍을 군사적으로 요새화함으로써 주변 국가를 공격하거나 방어하는 데 용이한 목적으로 대규모 건축 사업을 진행한 것이다.

19 그가 다스리는 온 땅에 건축하고자 하던 것을 다 건축하였는데 솔로몬이 왕으로 있는 동안 나라 전역에는 건축 공사가 끊이지 않았다. 엄청난 건축 사업을 전개한 솔로몬의 모습은 이스라엘 사람들을 노예로 삼아 도시를 건설한 애굽의 왕들과 흡사하다.

20-21 그들의 자손들을 솔로몬이 노예로 역군을 삼아 오늘까지 이르렀으되 솔로몬은 진멸해야 할 가나안 족속을 노예 역군으로 삼고, 이스라엘 사람들을 공사 감독으로 삼아 대형 건축 공사를 진행했다. 이는 지혜로운 행정력을 발휘하는 것으로 보이지만, 애굽 바로의 지배 아래서 이스라엘 백성이 강제 노동에 시달리던 잔혹했던 시절로 돌아가고 있음을 볼 수 있다.

24 바로의 딸이 다윗 성에서부터 올라와 솔로몬이 그를 위하여 건축한 궁에 이를 때에 이미 3장과 7장에서 부정적인 요소로 언급된 바로의 딸이 다시 언급된다. 드디어 바로의 딸이 다윗의 궁을 떠나 솔로몬이 그녀를 위해 건축한 궁에 들어가게 된 것이다. 이 바로의 딸은 솔로몬의 몰락을 결정짓는 중요한 원인이 된다.

28 그들이 오빌에 이르러 거기서 금 사백이십 달란트를 얻고 솔로몬 왕에게로 가져왔더라 솔로몬은 배를 만들어 탁월한 해상무역을 전개할 만큼 지혜로웠다. 솔로몬의 명성을 듣고 사람들이 많은 금을 가지고 찾아올 정도로 솔로몬은 세상적으로 큰 성공을 이루었다.

스 사람과 히위 사람과 여부스 사람들이 남아서 살고 있었습니다.

21 이스라엘 백성은 그들을 완전히 멸망시키지 못했습니다. 그래서 솔로몬은 그들을 노예로 삼아서 일을 시켰습니다. 그들은 지금까지도 노예로 있습니다.

22 솔로몬은 이스라엘 백성 중에서는 어느 누구도 노예로 삼지 않았습니다. 이스라엘 백성은 솔로몬의 군인, 신하, 장교, 전차 지휘관, 전차병으로 일했습니다.

23 솔로몬이 맡긴 일을 지휘하는 감독은 오백오십 명이었습니다. 그들은 사람들이 하는 일을 감독하였습니다.

24 파라오의 딸이 다윗 성에서 왕궁으로 옮겨 왔습니다. 그 왕궁은 솔로몬이 이집트 왕의 딸을 위해 지어 준 것입니다. 솔로몬은 밀로*를 건축하였습니다.

25 솔로몬은 한 해에 세 번씩 자기가 여호와를 위해 쌓은 제단 위에 태워 드리는 제물인 번제물과 화목 제물을 바쳤습니다. 그리고 여호와 앞에 놓인 향단에서 향을 피웠습니다. 이렇게 솔로몬은 성전 짓는 일을 마쳤습니다.

26 솔로몬은 에돔 땅 홍해 해안에 있는 엘랏 근처 에시온게벨에서 배를 만들기도 했습니다.

27 히람 왕은 바다에 대해 잘 알고 있는 뱃사람들을 두고 있었습니다. 히람은 그 사람들을 솔로몬에게 보내어 솔로몬의 신하들을 돕게 했습니다.

28 그들은 솔로몬의 배를 타고 오빌에 이르러 금 사백이십 달란트*를 솔로몬 왕에게 가져왔습니다.

* 9:24 '밀로'는 예루살렘 동쪽편 움푹 파진 곳이었을 것으로 추측된다. 그래서 "밀로를 건축하였다"라는 말을 "성의 동쪽 땅을 메웠다"라고 하기도 한다.

* 9:28 420달란트는 약 14.39t에 해당된다.

저자의 묵상

본문은 하나님께 받은 지혜와 명철을 자기 자신의 이익만을 위해 사용할 때 무참하게 변질될 수 있음을 보여준다. 온갖 정성을 다해 힘껏 후원해 준 히람에게 쓸모없는 땅을 넘긴 솔로몬의 탐욕을 보면서, 이후 직면하게 될 솔로몬의 암울한 말년을 그릴 수 있다. 절대 권력이 부패하면 어느 수준까지 오만할 수 있는지 극명하게 보여준다. 솔로몬은 히람과의 거래에서 자신의 위치와 권력을 최대한 이용해 많은 것을 착취하였다. 그뿐 아니라 이스라엘 백성이 애굽에서 400년간 끔찍한 노예생활을 하면서 피라미드를 지었던 일이 엊그제 같은데, 국력이 강해지자 이번에는 솔로몬이 이방 노예들을 큰 건설 공사에 거리낌 없이 투입한다. 처음 성전을 지을 때만 해도 노동자들이 3교대로 집에 돌아가도록 배려했던 솔로몬이, 화려한 국가 공사에 발동이 걸리자 마음이 변한 것이다. 그러나 약한 자들의 피와 땀을 요구해 얻어낸 업적은 반드시 그 대가를 치르게 된다. 훗날 이스라엘은 망하여 강대국에 끌려가 노예 부역을 한다. 모든 성공 속에는 파멸로 이끄는 가시가 도사리고 있다. 안타깝게도 솔로몬은 하나님이 주신 것에 만족하지 못하고 세상 영화에 서서히 마음을 빼앗기고 말았다. 하나님이 그토록 강조하신 하나님만 바라보고 의지하는 마음, 하나님께만 순종하는 모습을 점점 잃어 갔다. 복에 취해 복을 주신 분을 서서히 망각해 간 것이다. 우리도 자신을 깊이 성찰해야 한다. 자기가 가진 힘으로 하나님과 타인을 속이고 있지는 않은지, 나아가 착취하고 학대하고 있지는 않은지 면밀히 돌아보아야 한다.

무릎 기도 하나님, 제가 가진 재능과 능력을 저만을 위해 사용하는 것이 아니라 하나님과 이웃을 위해 풍성히 흘려보내게 하소서. 그것을 주신 분이 하나님임을 기억하게 하소서.

NLT - 1 Kings 9

10 It took Solomon twenty years to build the LORD's Temple and his own royal palace. At the end of that time,

11 he gave twenty towns in the land of Galilee to King Hiram of Tyre. (Hiram had previously provided all the cedar and cypress timber and gold that Solomon had requested.)

12 But when Hiram came from Tyre to see the towns Solomon had given him, he was not at all pleased with them.

13 "What kind of towns are these, my brother?" he asked. So Hiram called that area Cabul (which means "worthless"), as it is still known today.

14 Nevertheless, Hiram paid* Solomon 9,000 pounds* of gold.

15 This is the account of the forced labor that King Solomon conscripted to build the LORD's Temple, the royal palace, the supporting terraces,* the wall of Jerusalem, and the cities of Hazor, Megiddo, and Gezer.

16 (Pharaoh, the king of Egypt, had attacked and captured Gezer, killing the Canaanite population and burning it down. He gave the city to his daughter as a wedding gift when she married Solomon.

17 So Solomon rebuilt the city of Gezer.) He also built up the towns of Lower Beth-horon,

18 Baalath, and Tamar* in the wilderness within his land.

19 He built towns as supply centers and constructed towns where his chariots and horses* could be stationed. He built everything he desired in Jerusalem and Lebanon and throughout his entire realm.

20 There were still some people living in the land who were not Israelites, including Amorites, Hittites, Perizzites, Hivites, and Jebusites.

21 These were descendants of the nations whom the people of Israel had not completely destroyed.* So Solomon conscripted

them as slaves, and they serve as forced laborers to this day.
22 But Solomon did not conscript any of the Israelites for forced labor. Instead, he assigned them to serve as fighting men, government officials, officers and captains in his army, commanders of his chariots, and charioteers.
23 Solomon appointed 550 of them to supervise the people working on his various projects.
24 Solomon moved his wife, Pharaoh's daughter, from the City of David to the new palace he had built for her. Then he constructed the supporting terraces.
25 Three times each year Solomon presented burnt offerings and peace offerings on the altar he had built for the LORD. He also burned incense to the LORD. And so he finished the work of building the Temple.
26 King Solomon also built a fleet of ships at Ezion-geber, a port near Elath* in the land of Edom, along the shore of the Red Sea.*
27 Hiram sent experienced crews of sailors to sail the ships with Solomon's men.
28 They sailed to Ophir and brought back to Solomon some sixteen tons* of gold.

* 9:14a Or *For Hiram had paid.*
* 9:14b Hebrew *120 talents* [4,000 kilograms].
* 9:15 Hebrew *the millo;* also in 9:24. The meaning of the Hebrew is uncertain.
* 9:18 An alternate reading in the Masoretic Text reads *Tadmor*.
* 9:19 Or *and charioteers.*
* 9:21 The Hebrew term used here refers to the complete consecration of things or people to the LORD, either by destroying them or by giving them as an offering.
* 9:26a As in Greek version (see also 2 Kgs 14:22; 16:6); Hebrew reads *Eloth,* a variant spelling of Elath.
* 9:26b Hebrew *sea of reeds.*
* 9:28 Hebrew *420 talents* [14 metric tons].

11 previously 이전에 cedar 개잎갈나무 cypress 사이프러스 속의 침엽수 timber 목재 12 be pleased with ~ ~로 인해서 기뻐하다 13 worthless 쓸모 없는 14 nevertheless 그럼에도 불구하고 15 the account of ~ ~의 내력 forced 강제적인 labor 노동자 conscript 징집하다 16 population 인구 burn ~ down ~을 불살라 무너뜨리다 18 wilderness 광야 19 construct 건설하다 chariot 전차 station 배치하다 realm 영역 21 descendant 후손 completely 완전히, 전적으로 22 assign … to ~ …에게 ~을 맡기다 23 appoint … to ~ …을 ~하도록 임명하다 supervise 감독하다 25 offering 제물, 공물 altar 제단 incense 향 26 fleet 함대 port 항구 27 experienced 노련한 crew 승무원 sailor 뱃사람 28 bring back 가져오다

• MEMO •

☐ 묵상 체크

25
월 일

스바 여왕의 방문

열왕기상 10:1-13 • 새찬송 288장 | 통일 204장

• 말씀묵상 전에 성령님의 인도하심을 구하는 기도를 드리십시오.

본문요약 ㅣ 솔로몬의 지혜에 대한 명성을 듣고 이를 시험하기 위해 스바의 여왕이 방문한다. 솔로몬의 지혜와 그로 이룬 성과를 직접 확인한 스바 여왕은 여호와를 송축하고, 많은 금과 향품과 보석을 솔로몬에게 선물한다.

1 스바의 여왕이 여호와의 이름으로 말미암
은 솔로몬의 명성을 듣고 와서 어려운 문
제로 그를 시험하고자 하여
2 예루살렘에 이르니 수행하는 자가 심히
많고 향품과 심히 많은 금과 보석을 낙타
에 실었더라 그가 솔로몬에게 나아와 자
기 마음에 있는 것을 다 말하매
3 솔로몬이 그가 묻는 말에 다 대답하였으
니 왕이 알지 못하여 대답하지 못한 것이
하나도 없었더라
4 스바의 여왕이 솔로몬의 모든 지혜와 그
건축한 왕궁과
5 그 상의 식물과 그의 신하들의 좌석과 그
의 시종들이 시립한 것과 그들의 관복과
술 관원들과 여호와의 성전에 올라가는
층계를 보고 크게 감동되어
6 왕께 말하되 내가 내 나라에서 당신의 행
위와 당신의 지혜에 대하여 들은 소문이
사실이로다
7 내가 그 말들을 믿지 아니하였더니 이제
와서 친히 본즉 내게 말한 것은 절반도 못
되니 당신의 지혜와 복이 내가 들은 소문
보다 더하도다
8 복되도다 당신의 사람들이여 복되도다 당
신의 이 신하들이여 항상 당신 앞에 서서
당신의 지혜를 들음이로다
9 당신의 하나님 여호와를 송축할지로다 여
호와께서 당신을 기뻐하사 이스라엘 왕위
에 올리셨고 여호와께서 영원히 이스라엘
을 사랑하시므로 당신을 세워 왕으로 삼
아 정의와 공의를 행하게 하셨도다 하고
10 이에 그가 금 일백이십 달란트와 심히 많
은 향품과 보석을 왕에게 드렸으니 스바
의 여왕이 솔로몬 왕에게 드린 것처럼 많
은 향품이 다시 오지 아니하였더라
11 오빌에서부터 금을 실어온 히람의 배들이
오빌에서 많은 백단목과 보석을 운반하여
오매
12 왕이 백단목으로 여호와의 성전과 왕궁의
난간을 만들고 또 노래하는 자를 위하여
수금과 비파를 만들었으니 이 같은 백단
목은 전에도 온 일이 없었고 오늘까지도
보지 못하였더라
13 솔로몬 왕이 왕의 규례대로 스바의 여왕
에게 물건을 준 것 외에 또 그의 소원대로
구하는 것을 주니 이에 그가 그의 신하들
과 함께 본국으로 돌아갔더라

1. 오늘 하나님께서 나에게 주신 깨달음은 무엇입니까?

2. 말씀을 어떻게 내 삶에 구체적으로 적용해야 합니까?

절별 해설

1-3 스바의 여왕이 여호와의 이름으로 말미암은 솔로몬의 명성을 듣고 와서 어려운 문제로 그를 시험하고자 하여, 솔로몬이 그가 묻는 말에 다 대답하였으니 왕이 알지 못하여 대답하지 못한 것이 하나도 없었더라 솔로몬의 지혜는 이스라엘뿐 아니라 온 세상에 널리 알려졌다. 스바의 여왕이 직접 찾아와 여러 질문으로 그 지혜를 시험했는데, 솔로몬은 막힘없이 대답하여 그 명성을 확인해 준다. 많은 학자들이 스바를 오늘날의 에티오피아로 추정한다. 이럴 경우 여왕은 거의 3,000km를 달려온 것이다. 일부에서는 스바를 오늘날의 예멘으로 보기도 한다. 이 때에도 스바의 여왕은 2,500km를 달려온 셈이다. 솔로몬의 명성이 얼마나 널리 퍼져 있었는지 짐작하게 한다.

4-8 복되도다 당신의 사람들이여 복되도다 당신의 이 신하들이여 항상 당신 앞에 서서 당신의 지혜를 들음이로다 스바의 여왕은 솔로몬의 박식함과 지혜로 이룬 성과인 건축물, 식탁 위에 놓인 음식, 신하들, 관원들, 관복, 성전에 올라가는 층계 등을 보고 넋을 잃는다. 솔로몬의 지혜는 관념적인 것이 아니라 실제적인 지혜였다. 여왕이 소문으로 들은 솔로몬의 명성은 직접 보고 확인한 것의 절반에도 미치지 못했다. 여왕은 그 지혜를 날마다 들을 수 있는 신하들이 참으로 행복한 자라며 극찬한다.

9 당신의 하나님 여호와를 송축할지로다 스바의 여왕은 솔로몬의 지혜가 하나님께로부터 왔음을 인정하고 하나님을 찬양한다. 여호와께서 솔로몬을 좋아하실 뿐 아니라 이스라엘을 영원히 사랑하시어 그를 왕으로 삼으시고 공평과 정의로 다스리게 하셨다.

10 그가 금 일백이십 달란트와 심히 많은 향품과 보석을 왕에게 드렸으니 솔로몬의 지혜에 감격한 스바의 여왕은 많은 선물을 준다. 금 120달란트(4,200kg)와 엄청난 양의 향품과 보석을 선물한다.

11 오빌에서부터 금을 실어온 히람의 배들이 오빌에서 많은 백단목과 보석을 운반하여 오매 오빌의 위치는 학자들 간에 이견이 많지만, 가장 타당성 있는 주장은 인도 해안 지역이라는 견해다. 실제로 금, 은, 상아, 각양각색의 진귀한 보석 등이 인도 봄베이 근처의 '수파라'라는 항구에서 배에 실려 여러 곳으로 팔

쉬운성경

1 스바의 여왕이 솔로몬의 명성을 듣고 솔로몬을 시험해 보기 위해 어려운 문제를 가지고 왔습니다.

2 스바의 여왕은 수많은 신하들을 거느리고 예루살렘으로 왔습니다. 향료와 보석과 금을 실은 낙타도 매우 많았습니다. 스바의 여왕은 솔로몬에게 와서 마음속에 있는 모든 생각을 솔로몬과 함께 이야기했습니다.

3 솔로몬은 여왕의 질문에 빠짐없이 대답해 주었습니다. 설명할 수 없는 어려운 문제는 하나도 없었습니다.

4 스바의 여왕은 솔로몬이 매우 지혜롭다는 것을 깨달았습니다. 여왕은 솔로몬이 지은 왕궁과

5 솔로몬의 식탁 위에 놓인 음식과 솔로몬의 신하들과 왕궁 관리들과 그들이 차려 입은 옷, 식탁에서 시중드는 종들의 모습, 그리고 솔로몬이 여호와의 성전에서 드리는 번제를 보고 너무나 놀랐습니다.

6 여왕이 솔로몬 왕에게 말했습니다. "내 나라에서 들은 왕의 업적과 지혜에 대한 소문이 사실이군요.

7 거기에서는 믿을 수 없었는데, 여기에 와서 내 눈으로 보니 듣던 것보다도 더 놀랍군요. 왕의 지혜와 부유함은 내가 듣던 것보다 훨씬 뛰어납니다.

8 언제나 왕을 섬기면서 왕의 지혜를 들을 수 있는 왕의 백성과 신하들은 행복할 것입니다.

9 왕의 하나님 여호와를 찬양합니다. 여호와께서는 당신을 좋아하셔서 이스라엘의 왕좌에 앉히셨습니다. 여호와께서는 언제나 이스라엘을 사랑하십니다. 그래서 당신을 왕좌에 앉게 하시고 정의를 지키면서 공평하게 다스리도록 하셨습니다."

10 스바의 여왕은 솔로몬 왕에게 금

려 나갔다. 특히 이스라엘은 오빌에서 많은 금을 수입하였다. 솔로몬은 오빌에서 금 외에도 백단목과 보석 등을 가져왔다.

13 솔로몬 왕이 왕의 규례대로 스바의 여왕에게 물건을 준 것 외에 또 그의 소원대로 구하는 것을 주니 솔로몬도 규례대로 스바 여왕에게 정성껏 답례한다. 고대 근동에서 왕들끼리의 대면은 상호 예물을 주고받는 것으로 시작되고 끝맺는 것이 관례였다. 따라서 솔로몬 왕국에서도 예물에 대한 답례물의 규정이 관례로서 확립되어 있었을 것이다.

백이십 달란트*와 많은 향료와 보석을 주었습니다. 그때부터 지금까지 스바의 여왕이 솔로몬 왕에게 가져온 것보다 더 많은 향료를 가져온 사람은 없었습니다.

11 (히람의 배는 오빌에서 금을 가져왔고, 그밖에도 백단목과 보석을 매우 많이 가져왔습니다.

12 솔로몬은 백단목을 여호와의 성전과 왕궁의 계단을 만드는 데 썼습니다. 그리고 음악가들이 쓸 수금과 비파를 만드는 데도 썼습니다. 지금까지 그렇게 좋은 백단목은 들어온 일도 없었고 본 적도 없었습니다.)

13 솔로몬 왕은 스바의 여왕에게 많은 선물을 주었습니다. 보통 관례에 따라 한 나라 왕이 다른 통치자에게 주는 만큼의 선물 외에도 여왕이 가지고 싶어하는 것과 달라는 것을 다 주었습니다. 여왕은 신하들과 함께 자기 나라로 돌아갔습니다.

* 10:10 120달란트는 약 4.11t에 해당된다.

저자의 묵상

솔로몬은 하나님이 복 주셔서 온 세계에 명성을 드높였다. 이에 따라 수많은 귀빈이 솔로몬을 찾아왔는데, 솔로몬 통치 기간 중에 있었던 가장 큰 규모의 해외 귀빈 방문은 스바 여왕의 방문이었다. 향료와 금, 은, 보석의 무역으로 유명했던 스바는 아라비아 남서쪽에 위치한 부유한 국가였다. 이런 나라의 여왕이니 그 여왕도 매우 뛰어난 통치자였음이 분명하다. 그 여왕이 소문으로만 듣던 솔로몬의 업적과 지혜를 확인하기 위해 먼 길을 온 것이다. 솔로몬을 직접 만나 본 스바의 여왕은 솔로몬이 소문보다 훨씬 더 위대한 인물임을 알았다. 그러나 솔로몬의 화려하고 영화로운 삶을 지탱하는 것은 백성들로부터 착취한 노동력이며 억울한 사람들의 신음과 고통이었다. 세상에서 가장 지혜로웠다고 할 수 있는 솔로몬이 정작 하나님의 뜻에 따라 백성을 공평과 정의로 다스리는 지혜는 상실하고 말았다.

무릎 기도 하나님, 진정한 지혜가 무엇인지 깨닫게 하시고 그 지혜로 사람을 섬기고 사랑하게 하소서. 이 땅의 위정자들이 국민을 겸손한 자세로 섬기게 하소서.

NLT - 1 Kings 10

1 When the queen of Sheba heard of
Solomon's fame, which brought honor to the
name of the LORD,* she came to test him
with hard questions.
2 She arrived in Jerusalem with a large group
of attendants and a great caravan of camels
loaded with spices, large quantities of gold,
and precious jewels. When she met with
Solomon, she talked with him about every-
thing she had on her mind.
3 Solomon had answers for all her questions;
nothing was too hard for the king to explain
to her.
4 When the queen of Sheba realized how very
wise Solomon was, and when she saw the
palace he had built,
5 she was overwhelmed. She was also
amazed at the food on his tables, the
organization of his officials and their splendid
clothing, the cup-bearers, and the burnt
offerings Solomon made at the Temple of the
LORD.
6 She exclaimed to the king, "Everything I
heard in my country about your achieve-
ments* and wisdom is true!
7 I didn't believe what was said until I arrived
here and saw it with my own eyes. In fact, I
had not heard the half of it! Your wisdom
and prosperity are far beyond what I was
told.
8 How happy your people* must be! What a
privilege for your officials to stand here day
after day, listening to your wisdom!
9 Praise the LORD your God, who delights in
you and has placed you on the throne of
Israel. Because of the LORD's eternal love for
Israel, he has made you king so you can
rule with justice and righteousness."
10 Then she gave the king a gift of 9,000
pounds* of gold, great quantities of spices,
and precious jewels. Never again were so
many spices brought in as those the queen
of Sheba gave to King Solomon.
11 (In addition, Hiram's ships brought gold from
Ophir, and they also brought rich cargoes of
red sandalwood* and precious jewels.
12 The king used the sandalwood to make
railings for the Temple of the LORD and the
royal palace, and to construct lyres and
harps for the musicians. Never before or
since has there been such a supply of
sandalwood.)
13 King Solomon gave the queen of Sheba
whatever she asked for, besides all the
customary gifts he had so generously given.
Then she and all her attendants returned to
their own land.

* 10:1 Or *which was due to the name of the LORD.* The meaning of the Hebrew is uncertain.
* 10:6 Hebrew *your words.*
* 10:8 Greek and Syriac versions and Latin Vulgate read *your wives.*
* 10:10 Hebrew *120 talents* [4,000 kilograms].
* 10:11 Hebrew *almug wood;* also in 10:12.

1 bring honor to ~ ~에 영예를 돌리다 2 attendant 수행원 caravan 대상 loaded 짐을 실은 quantity 양, 수량 precious 소중한 have on one mind 마음에 품다 5 overwhelm 압도하다 amaze at ~ ~에 크게 놀라다 organization 조직 splendid 화려한 bearer 나르는 사람 6 exclaim 외치다 hear … about ~ …에서 ~에 관해 듣다 achievement 업적, 성취 7 prosperity 번영, 번창 8 privilege 특권 9 delight in ~ ~을 기뻐하다 eternal 영원한, 불멸의 righteousness 정직, 고결 11 cargo 화물, 짐 sandalwood 백단 12 railing 난간, 가드레일 lyre 수금 13 customary 관습상의 generously 관대하게

• MEMO •

☐ 묵상 체크

26 솔로몬의 부와 영광

월 일

열왕기상 10:14-29 • 새찬송 435장 | 통일 492장

• 말씀묵상 전에 성령님의 인도하심을 구하는 기도를 드리십시오.

본문요약 I 하나님은 솔로몬과 약속하신 것을 확실하게 지키셨다. 하나님은 솔로몬에게 엄청난 지혜를 주셨고, 솔로몬은 이 지혜로 부와 명예를 얻었다. 그 결과 솔로몬의 지혜에 대한 명성이 온 세상에 퍼져 많은 나라가 금을 가지고 솔로몬을 찾아왔다. 솔로몬의 권세와 부는 군사력에서도 분명하게 드러난다. 솔로몬의 병거가 1,400대, 그것을 모는 마병이 1만2천 명이나 되었다. 그뿐 아니라 수입한 말을 되파는 것으로 경제적 이익을 도모했다.

14 솔로몬의 세입금의 무게가 금 육백육십육 달란트요
15 그 외에 또 상인들과 무역하는 객상과 아라비아의 모든 왕들과 나라의 고관들에게서도 가져온지라
16 솔로몬 왕이 쳐서 늘인 금으로 큰 방패 이백 개를 만들었으니 매 방패에 든 금이 육백 세겔이며
17 또 쳐서 늘인 금으로 작은 방패 삼백 개를 만들었으니 매 방패에 든 금이 삼 [1]마네라 왕이 이것들을 레바논 나무 궁에 두었더라
18 왕이 또 상아로 큰 보좌를 만들고 정금으로 입혔으니
19 그 보좌에는 여섯 층계가 있고 보좌 뒤에 둥근 머리가 있고 앉는 자리 양쪽에는 팔걸이가 있고 팔걸이 곁에는 사자가 하나씩 서 있으며
20 또 열두 사자가 있어 그 여섯 층계 좌우편에 서 있으니 어느 나라에도 이같이 만든 것이 없었더라
21 솔로몬 왕이 마시는 그릇은 다 금이요 레바논 나무 궁의 그릇들도 다 정금이라 은 기물이 없으니 솔로몬의 시대에 은을 귀히 여기지 아니함은
22 왕이 바다에 다시스 배들을 두어 히람의 배와 함께 있게 하고 그 다시스 배로 삼 년에 한 번씩 금과 은과 상아와 원숭이와 공작을 실어 왔음이더라

1) 1마네는 5세겔

23 솔로몬 왕의 재산과 지혜가 세상의 그 어느 왕보다 큰지라
24 온 세상 사람들이 다 하나님께서 솔로몬의 마음에 주신 지혜를 들으며 그의 얼굴을 보기 원하여
25 그들이 각기 예물을 가지고 왔으니 곧 은 그릇과 금 그릇과 의복과 갑옷과 향품과 말과 노새라 해마다 그리하였더라
26 솔로몬이 병거와 마병을 모으매 병거가 천사백 대요 마병이 만이천 명이라 병거 성에도 두고 예루살렘 왕에게도 두었으며
27 왕이 예루살렘에서 은을 돌같이 흔하게 하고 백향목을 평지의 뽕나무같이 많게 하였더라
28 솔로몬의 말들은 애굽에서 들여왔으니 왕의 상인들이 값 주고 산 것이며
29 애굽에서 들여온 병거는 한 대에 은 육백 세겔이요 말은 한 필에 백오십 세겔이라 이와 같이 헷 사람의 모든 왕과 아람 왕들에게 그것들을 되팔기도 하였더라

1. 오늘 하나님께서 나에게 주신 깨달음은 무엇입니까?

2. 말씀을 어떻게 내 삶에 구체적으로 적용해야 합니까?

절별 해설

14-15 솔로몬의 세입금의 무게가 금 육백육십육 달란트요 그 외에 또 상인들과 무역하는 객상과 아라비아의 모든 왕들과 나라의 고관들에게서도 가져온지라 당대에 솔로몬 왕의 재산과 지혜를 능가할 왕이 없었다. 매해 금 666달란트(약 25톤)라는 엄청난 세금이 걷혔고, 그 외에도 교역이나 주변 나라들로부터 들어오는 수입이 엄청났다. 금으로 만든 방패도 무려 500개나 되었다. 그러나 솔로몬은 그 많은 재물을 자신을 위해서만 쌓아 두었다. 그것을 나누는 일에는 인색했다. 그러면서도 세금은 계속 무겁게 거둬들였다.

16-17 육백 세겔, 삼 마네, 레바논 나무 궁에 두었더라 1마네는 대략 50세겔로 계산한다. 작은 방패 한 개에 소모된 금은 큰 방패의 4분의 1인 150세겔(1.7kg)이었다. 큰 방패 한 개에 600세겔의 금이 필요했다면, 200개를 만드는 데 약 1,400kg, 작은 방패를 만드는 데 총 510kg으로, 두 종류의 방패를 만드는 데 거의 2,000kg의 금이 사용되었다. 솔로몬은 이 방패들을 만들어 레바논 나무 궁에 보관했다. 이 방패들은 전투용이 아니라 군대의 예식 때 쓰는 전시용이었다.

18-19 왕이 또 상아로 큰 보좌를 만들고 정금으로 입혔으니, 팔걸이 곁에는 사자가 하나씩 서 있으며 보좌를 상아로 만들고 금을 입혔다. 더욱이 여섯 계단의 각 층마다 사자를 양쪽에 새겼다. 솔로몬의 보좌는 팔걸이와 그 곁의 사자 장식으로 미루어 보아 애굽 방식에 가까웠던 것으로 보인다. 사자는 백수의 왕으로 성경에서는 흔히 통치와 심판을 상징한다(암 3:8; 계 10:3).

21 솔로몬 왕이 마시는 그릇은 다 금이요 레바논 나무 궁의 그릇들도 다 정금이라 은 기물이 없으니 솔로몬의 시대에 은을 귀히 여기지 아니함은 왕궁에서 사용하는 모든 그릇은 금그릇이었고, 은그릇은 전혀 가치를 인정받지 못했다. 은은 적어도 바사 시대(BC 500년경) 이전까지는 금에 비견되는 가장 값진 보석이었다. 바사 시대에 이르러 많은 은이 쏟아져 나오면서 금에 비해 그 가치가 크게 하락하였다. 그런데 BC 10세기경 솔로몬 시대에 이미 은을 귀하게 여기지 않았다는 것은 매우 이례적인 일이라 할 수 있다. 그만큼 솔로몬 왕국의 부가 절정에 달했음을 드러낸다.

22 왕이 바다에 다시스 배들을 두어 히람의 배와 함께 있게 하고 솔로몬은 두로 왕 히람과 함께 다시스의 배를 바다에 띄워 많은 수익을 올렸다. 다시스 배들은 큰 규모의 상선을 뜻하

쉬운성경

14 솔로몬은 해마다 금 육백육십육 달란트*를 세금으로 받았습니다.

15 그것 말고도 무역업자와 상인들이 바치는 금과 함께 아라비아 왕들과 이스라엘 땅의 장관들이 바치는 금도 받았습니다.

16 솔로몬 왕은 금을 두드려서 큰 방패 이백 개를 만들었습니다. 방패 하나에 들어간 금은 육백 세겔*이나 되었습니다.

17 솔로몬은 또 금을 두드려서 작은 방패 삼백 개를 만들었습니다. 그 방패 하나에 들어간 금은 삼 마네*였습니다. 왕은 그 방패들을 '레바논 수풀의 궁'에 두었습니다.

18 솔로몬 왕은 상아로 커다란 왕좌를 만들었습니다. 그리고 거기에 금을 입혔습니다.

19 왕좌로 올라가는 계단은 여섯 개였습니다. 왕좌의 꼭대기는 뒤가 둥그렇게 되어 있었습니다. 왕좌의 양쪽에는 팔걸이가 있었고, 팔걸이 양 옆에는 사자 상이 있었습니다.

20 여섯 계단 양 옆에는 열두 사자 상이 있었습니다. 다른 어떤 나라에서도 이런 것은 만들지 못했습니다.

21 솔로몬 왕이 마시는 데 쓰는 모든 그릇은 금으로 만들었습니다. 그리고 '레바논 수풀의 궁'에서 쓰는 모든 그릇도 다 순금으로 만들었습니다. 은으로 만든 것은 하나도 없었는데, 솔로몬의 시대에는 사람들이 은을 귀하게 여기지 않았기 때문입니다.

* 10:14 666달란트는 약 22.82t에 해당된다.
* 10:16 600세겔은 약 6.84kg에 해당된다.
* 10:17 3마네는 약 1.71kg에 해당된다.

는 것으로, 험한 날씨에도 먼 곳까지 항해할 수 있었다. 그래서 3년에 한 번씩 상아와 원숭이와 공작 등을 다시스 배로 실어 왔다.

23, 25 솔로몬 왕의 재산과 지혜가 세상의 그 어느 왕보다 큰지라, 그들이 각기 예물을 가지고 왔으니 본서 3장에서부터는 솔로몬의 지혜가 줄곧 높이 평가되었으나, 본절부터는 재산이 지혜보다 앞서 강조된다. 이는 사치와 번영으로 솔로몬의 타락이 조금씩 구체화됨을 말해 준다. 하나님의 은혜로 많은 재물이 모인 것은 제왕 자신의 부귀영화를 위함이 아니었다. 하나님은 솔로몬이 백성과 그 복을 나누는 축복의 통로가 되길 원하셨다. 안타깝게도 솔로몬은 많은 재물을 모으는 데만 집중했다. 가난하고 약한 백성을 위해 나누었다는 기록은 없다. 이러한 솔로몬의 탐욕스러운 통치는 점차 백성의 마음에 원망과 고통을 불러일으켰다.

26 솔로몬이 병거와 마병을 모으매 병거가 천사백 대요 마병이 만이천 명이라 솔로몬은 엄청난 군사력을 보유했다. 이런 군사력은 솔로몬이 의도적으로 모은 결과였다. 그런데 이스라엘은 산악 지대가 많아 병거(전차)가 많이 필요하지 않았다. 실례로 다윗은 하닷에셀에게서 빼앗은 병거 천 대 중 백 대만을 제외하고는 모두 부숴버렸다(대상 18:4). 더욱이 병거를 끄는 말을 왕이 모으는 일은 신명기 규례상으로도 명백히 금지되었다(신 17:16). 그럼에도 솔로몬은 병거와 말을 크게 늘렸다. 이는 왕국의 위세를 과시하기 위함이었다. 안타깝게도 솔로몬은 이제 하나님보다도 병거와 말과 마병을 더 의지하고 귀하게 여기는 듯한 행보를 보인다.

28 솔로몬의 말들은 애굽에서 들여왔으니 왕의 상인들이 값주고 산 것이며 신명기 규례가 왕이 병마를 많이 두는 것을 강하게 금지한 것은, 무엇보다도 이스라엘 백성이 다시 애굽에 마음 빼앗길 것을 염려하시는 하나님의 마음을 반영한 것이다. 당시 말의 주산지였던 애굽과의 잦은 외교나 거래는 결국 애굽의 우상과 타락한 이방 문화를 끌어들이게 되고, 나아가 정치적 종속 관계마저 형성될 우려가 컸다. 그렇게 되면 애굽에서 해방시켜 주신 하나님의 출애굽 은총이 이방에게 업신여김을 당하는 결과를 초래할 수 있었다. 그러나 솔로몬은 많은 말을 애굽에서 수입한다. 이로써 솔로몬 왕에게 드리워지는 실패와 타락의 전조를 보게 된다.

22 솔로몬 왕은 바다에 다시스 배들을 두어 히람의 배들과 함께 있게 했습니다. 그 배들은 삼 년에 한 번씩 금과 은과 상아와 원숭이와 공작새들을 싣고 돌아왔습니다.

23 솔로몬은 이 세상의 어떤 왕보다 재산이 많았으며 뛰어난 지혜를 갖고 있었습니다.

24 모든 세상의 백성들이 솔로몬을 보고 싶어했습니다. 그들은 하나님께서 솔로몬에게 주신 지혜를 듣고 싶어했습니다.

25 그래서 그들은 해마다 선물을 가지고 찾아왔습니다. 그들은 금이나 은으로 만든 물건들과 옷과 무기와 향료와 말과 노새를 가지고 찾아왔습니다.

26 솔로몬은 전차와 말을 많이 가지고 있었습니다. 솔로몬은 전차 천사백 대와 전차를 모는 사람 만 이천 명을 두고 있었습니다. 솔로몬은 그들을, 전차를 두는 성과 예루살렘에 두었습니다.

27 솔로몬이 왕으로 있는 동안, 예루살렘에서는 은이 돌처럼 흔했습니다. 그리고 백향목은 언덕에서 자라는 뽕나무처럼 흔했습니다.

28 솔로몬은 이집트와 길리기아에서 말을 수입했습니다. 말은 솔로몬의 무역업자들이 길리기아에서 값을 치르고 사 왔습니다.

29 이집트에서 들여오는 전차의 값은 한 대에 은 육백 세겔이었습니다. 그리고 말 한 마리의 값은 은 백오십 세겔* 이었습니다. 무역업자들은 전차와 말을 헷 사람과 아람 사람의 왕들에게도 팔았습니다.

* 10:29 150세겔은 약 1.7kg에 해당된다.

29 병거는 한 대에 은 육백 세겔, 말은 한 필에 백오십 세겔, 헷 사람의 모든 왕과 아람 왕들에게 그것들을 되팔기도 하였더라 당시 애굽은 말과 병거의 주요 수출국이었다. 애굽과 정략결혼으로 동맹관계를 맺은 솔로몬은 애굽에서 병거를 많이 공급받을 수 있었다. 병거 한 대당 은 600세겔(6.9kg), 말은 한 마리당 150세겔(1.7kg)을 지불했다. 헷 사람은 히타이트족을 가리킨다. 히타이트족은 BC 2000년대 초에는 거대한 제국을 건설했지만, 솔로몬 당시에는 작은 왕국들로 나뉘어 있었다. 이 왕국들은 팔레스타인 북쪽 변경에 있었고, 솔로몬 왕국은 남쪽 애굽과 북쪽 헷 왕국들 사이에 있어 병거와 말 매매의 중간 상인 역할을 했다. 한편, 아람 민족은 유브라데 강 주변, 즉 이스라엘의 북쪽과 북동쪽 경계에 여러 개의 작은 국가로 나뉘어 있었다. 본절의 아람 왕들은 바로 이 작은 국가들의 왕을 가리킨다.

저자의 묵상

솔로몬의 권력과 그에 따른 찬란함과 영광, 명예, 재물 등은 인간이 이 세상에서 소망하거나 갈구하는 모든 것이 한 사람의 삶 속에 있음을 보여준다. 그러나 솔로몬의 화려함 뒤에는 백성의 희생이 있었는데, 결국 사회를 파탄내고 나라를 분열하게 하는 촉진제가 되었다. 솔로몬의 부귀영화로 인한 사치와 낭비는 백성을 가난하게 만들었으며, 백성의 불만으로 이어져 여로보암의 주도하에 나라를 분열시키는 원인이 되었다. 더구나 솔로몬은 길리기아의 말을 사들이는 것에 만족하지 않고 애굽에서도 전차와 말을 사들였다. 그리고 그것을 헷과 아람에 되팔아 막대한 수익을 남겼다. 여기서 솔로몬이 아람 사람들에게도 전차와 말을 되팔았다는 데 주목할 필요가 있다. 아람은 이전부터 이스라엘과 적대 관계였다. 놀랍게도 이러한 적대 관계는 솔로몬 통치 이후 분열왕국 시대에도 계속된다. 솔로몬은 결국 적에게도 무기를 팔았던 셈이다. 마치 바다의 밀물이 최고 수위에 도달하면 빠져나가듯, 솔로몬의 부귀영화가 최고점에 도달하자 피할 수 없는 파탄의 징표들이 나타나기 시작한 것이다. 하나님은 솔로몬에게 뛰어난 지혜를 주셨고, 솔로몬은 이 지혜로 막강한 권력과 부귀영화를 누렸다. 하나님이 이토록 많은 복을 솔로몬에게 주셨는데, 솔로몬은 그것을 불순종으로 되갚았다. 하나님이 주신 복에 감사하며 겸손하게 믿음의 사람다운 삶을 살고 있는지 자신을 늘 성찰해야 한다.

무릎기도 하나님, 세상의 부귀영화를 향한 탐욕을 버리게 하시고, 우리의 모든 소유가 하나님의 것임을 잊지 않게 하소서. 우리가 하나님께 받은 은혜를 헛되이 흘려버리지 않고 복의 통로가 되게 하소서.

NLT - 1 Kings 10

14 Each year Solomon received about 25 tons*
of gold.
15 This did not include the additional revenue
he received from merchants and traders, all
the kings of Arabia, and the governors of the
land.
16 King Solomon made 200 large shields of
hammered gold, each weighing more than
fifteen pounds.*
17 He also made 300 smaller shields of ham-
mered gold, each weighing nearly four
pounds.* The king placed these shields in
the Palace of the Forest of Lebanon.
18 Then the king made a huge throne, deco-
rated with ivory and overlaid with fine gold.
19 The throne had six steps and a rounded
back. There were armrests on both sides of
the seat, and the figure of a lion stood on
each side of the throne.
20 There were also twelve other lions, one
standing on each end of the six steps. No
other throne in all the world could be
compared with it!
21 All of King Solomon's drinking cups were
solid gold, as were all the utensils in the
Palace of the Forest of Lebanon. They were
not made of silver, for silver was considered
worthless in Solomon's day!
22 The king had a fleet of trading ships that
sailed with Hiram's fleet. Once every three
years the ships returned, loaded with gold,
silver, ivory, apes, and peacocks.*
23 So King Solomon became richer and wiser
than any other king on earth.
24 People from every nation came to consult
him and to hear the wisdom God had given
him.
25 Year after year everyone who visited brought
him gifts of silver and gold, clothing,
weapons, spices, horses, and mules.
26 Solomon built up a huge force of chariots
and horses.* He had 1,400 chariots and
12,000 horses. He stationed some of them in
the chariot cities and some near him in
Jerusalem.
27 The king made silver as plentiful in Jerusalem
as stone. And valuable cedar timber was as
common as the sycamore-fig trees that grow
in the foothills of Judah.*
28 Solomon's horses were imported from Egypt*
and from Cilicia*; the king's traders acquired
them from Cilicia at the standard price.
29 At that time chariots from Egypt could be
purchased for 600 pieces of silver,* and
horses for 150 pieces of silver.* They were
then exported to the kings of the Hittites and
the kings of Aram.

* 10:14 Hebrew *666 talents* [23 metric tons].
* 10:16 Hebrew *600 [shekels] of gold* [6.8 kilograms].
* 10:17 Hebrew *3 minas* [1.8 kilograms].
* 10:22 Or *and baboons*.
* 10:26 Or *charioteers;* also in 10:26b.
* 10:27 Hebrew *the Shephelah*.
* 10:28a Possibly *Muzur,* a district near Cilicia; also in 10:29.
* 10:28b Hebrew *Kue,* probably another name for Cilicia.
* 10:29a Hebrew *600 [shekels] of silver,* about 15 pounds or 6.8 kilograms in weight.
* 10:29b Hebrew *150 [shekels],* about 3.8 pounds or 1.7 kilograms in weight.

15 additional 추가의 revenue 매출 merchant 상인 trader 무역업자 16 hammered 두드려서 만든 17 nearly 거의, 가까이 18 huge 큰, 엄청난 overlay with ~ ~으로 씌우다 19 rounded 둥근 armrest 팔걸이 figure 형상, 모습 20 compare with ~ ~과 비교하다 21 solid 단단한, 확실한 utensil 식기, 기구 consider 고려하다 worthless 무의미한, 가치 없는 22 ape 유인원, 영장류 peacock 공작 25 year after year 해마다 weapon 무기, 총기 mule 노새 26 huge 큰, 엄청난 station … in ~ …을 ~에 주둔시키다 27 as … as ~ ~처럼 …한 plentiful 풍부한 valuable 가치있는, 귀중한 cedar 개잎갈나무 timber 목재 sycamore 플라타너스 foothill 산기슭 28 import 수입하다 acquire 얻다, 인수하다 standard price 기준 시가 29 purchase 구입하다 export to ~ ~로 수출하다

27 은혜받은 자의 타락

월 일

열왕기상 11:1-13 • 새찬송 521장 | 통일 253장

• 말씀묵상 전에 성령님의 인도하심을 구하는 기도를 드리십시오.

본문요약 I 하나님을 사랑했던 솔로몬이 이제는 바로의 딸을 비롯한 많은 이방 여인들을 사랑한다. 솔로몬은 하나님의 경고를 무시하고 이방 여인들과의 정략결혼을 통해 나라의 안전을 지키려고 했다. 그러나 그것은 우상숭배를 낳았고, 결국 하나님께 심판 선고를 받는다.

1 솔로몬 왕이 바로의 딸 외에 이방의 많은 여인을 사랑하였으니 곧 모압과 암몬과 에돔과 시돈과 헷 여인이라
2 여호와께서 일찍이 이 여러 백성에 대하여 이스라엘 자손에게 말씀하시기를 너희는 그들과 서로 통혼하지 말며 그들도 너희와 서로 통혼하게 하지 말라 그들이 반드시 너희의 마음을 돌려 그들의 신들을 따르게 하리라 하셨으나 솔로몬이 그들을 사랑하였더라
3 왕은 후궁이 칠백 명이요 첩이 삼백 명이라 그의 여인들이 왕의 마음을 돌아서게 하였더라
4 솔로몬의 나이가 많을 때에 그의 여인들이 그의 마음을 돌려 다른 신들을 따르게 하였으므로 왕의 마음이 그의 아버지 다윗의 마음과 같지 아니하여 그의 하나님 여호와 앞에 온전하지 못하였으니
5 이는 시돈 사람의 여신 아스다롯을 따르고 암몬 사람의 가증한 밀곰을 따름이라
6 솔로몬이 여호와의 눈앞에서 악을 행하여 그의 아버지 다윗이 여호와를 온전히 따름 같이 따르지 아니하고
7 모압의 가증한 그모스를 위하여 예루살렘 앞 산에 산당을 지었고 또 암몬 자손의 가증한 몰록을 위하여 그와 같이 하였으며
8 그가 또 그의 이방 여인들을 위하여 다 그와 같이 한지라 그들이 자기의 신들에게 분향하며 제사하였더라
9 솔로몬이 마음을 돌려 이스라엘의 하나님 여호와를 떠나므로 여호와께서 그에게 진노하시니라 여호와께서 일찍이 두 번이나 그에게 나타나시고
10 이 일에 대하여 명령하사 다른 신을 따르지 말라 하셨으나 그가 여호와의 명령을 지키지 않았으므로
11 여호와께서 솔로몬에게 말씀하시되 네게 이러한 일이 있었고 또 네가 내 언약과 내가 네게 명령한 법도를 지키지 아니하였으니 내가 반드시 이 나라를 네게서 빼앗아 네 신하에게 주리라
12 그러나 네 아버지 다윗을 위하여 네 세대에는 이 일을 행하지 아니하고 네 아들의 손에서 빼앗으려니와
13 오직 내가 이 나라를 다 빼앗지 아니하고 내 종 다윗과 내가 택한 예루살렘을 위하여 한 지파를 네 아들에게 주리라 하셨더라

1. 오늘 하나님께서 나에게 주신 깨달음은 무엇입니까?

2. 말씀을 어떻게 내 삶에 구체적으로 적용해야 합니까?

절별 해설

2 너희는 그들과 서로 통혼하지 말며 그들도 너희와 서로 통혼하게 하지 말라 솔로몬은 이방인과의 결혼을 금하신 하나님의 말씀을 어기면서까지 이방 여인들에게 마음을 주고, 하나님께 쏟아야 할 열정을 이방인 아내들에게 쏟는다. 하나님은 겸손하고 낮은 솔로몬의 마음에 지혜를 선물로 주시고, 그 지혜로 부와 명예와 정치적 평화를 누리게 하셨는데, 솔로몬은 하나님의 은혜를 다 잊고 만다. 하나님을 경외하지 않고 말씀을 망각한 그는 더 이상 지혜로운 사람이 아니다. 이방 여인들에게 마음을 빼앗긴 솔로몬은 더는 부와 명예와 영광을 누릴 자격이 없는 사람이 되었다.

3 왕은 후궁이 칠백 명이요 첩이 삼백 명이라 솔로몬은 후궁 700명에 첩 300명을 두었다. 더 큰 문제는 이 아내들이 모두 다른 나라의 공주였다는 것이다. 이른바 정략결혼이었다. 솔로몬은 이 같은 결혼으로 인해 영적으로 타락하게 되고, 그 결과 하나님의 심판을 자초한다. 모세가 이미 경고한 멸망의 길을 그대로 밟고 있는 것이다.

4-8 솔로몬의 나이가 많을 때에 그의 여인들이 그의 마음을 돌려 다른 신들을 따르게 하였으므로 솔로몬은 늙어가면서 판단력과 신앙이 급격하게 시들어갔다. 솔로몬은 시돈 사람들의 여신 아스다롯, 모압 사람들의 신 그모스, 그리고 암몬 사람들의 신 밀곰과 몰록을 숭배했다. 아스다롯은 성(性)의 신이며, 암몬 사람들의 밀곰과 몰록은 동일한 신으로 인간 번제를 선호하는 별의 신이었다. 그모스 역시 별의 신이었다. 하나님의 마음에 들었던 지혜로운 젊은 솔로몬 대신, 분별력과 절제력과 통제력을 잃은 채 여인들에게 둘러싸여 하나님의 도성 예루살렘을 잡다한 우상의 소굴로 만들어버린 늙은 솔로몬의 모습을 볼 수 있다.

9-10 여호와께서 일찍이 두 번이나 그에게 나타나시고 이 일에 대하여 명령하사 다른 신을 따르지 말라 하셨으나 하나님은 솔로몬을 어릴 적부터 사랑하셨고, 상상을 초월하는 복으로 그의 삶을 채우셨다. 심지어 두 번이나 직접 솔로몬을 찾아오셨다. 그런데도 솔로몬은 타락했다. 본절은 솔로몬이 타락한 가장 큰 동기가, 그의 마음이 하나님 여호와를 떠났기 때문이라고 말한다. 솔로몬의 범죄는 단지 늙어 감에 따라 판단력이 흐려졌기 때문이 아니다. 여호와를 향한 마음이 온전하지 못한 데 그 이유가 있었다.

쉬운성경

1 솔로몬 왕은 다른 여러 나라 여자들을 좋아했습니다. 솔로몬은 파라오의 딸을 좋아했을 뿐만 아니라 모압 여자, 암몬 여자, 에돔 여자, 시돈 여자, 헷 여자도 좋아했습니다.

2 여호와께서 전에 이스라엘 백성에게 이렇게 말씀하셨습니다. "너희는 다른 나라의 백성과 결혼하지 마라. 그들과 결혼하면, 그들이 너희의 마음을 돌려 놓아 너희가 그들의 우상을 섬기도록 만들 것이다." 그러나 솔로몬은 이 여자들과 사랑에 빠졌습니다.

3 솔로몬은 칠백 명의 후궁과 삼백 명의 첩을 두었습니다. 솔로몬의 아내들은 솔로몬의 마음이 하나님으로부터 멀어지도록 만들었습니다.

4 솔로몬이 늙어 감에 따라, 그의 아내들은 그의 마음을 돌려 다른 우상들을 섬기게 했습니다. 솔로몬은 그의 아버지 다윗처럼 여호와를 참되게 섬기지 못했습니다.

5 솔로몬은 시돈 백성의 여신 아스다롯을 섬겼습니다. 그리고 암몬 사람들이 섬기는 역겨운 신인 밀곰*에게 예배했습니다.

6 이처럼 솔로몬은 여호와께서 보시기에 악한 일을 저질렀습니다. 솔로몬은 그의 아버지 다윗처럼 여호와를 참되게 섬기지 않았습니다.

7 솔로몬은 예루살렘 양쪽 언덕 위에 산당을 지었습니다. 그곳에서 모압 사람들은 역겨운 신인 그모스를 섬겼고, 암몬 사람들은 역겨운 신인 몰렉을 섬겼습니다.

8 솔로몬은 외국인 아내 모두에게 이와 같은 일을 해 주었습니다. 그래서 그 아내들은 자기들의 신에게 향을 피우고 제물을 바쳤습니다.

* 11:5 암몬 족속의 주요 신으로, '말감'으로 발음되기도 한다.

11-13 내가 반드시 이 나라를 네게서 빼앗아 네 신하에게 주리라 결국 하나님은 하나님의 법도를 무시한 솔로몬을 심판하신다. 하나님은 솔로몬의 나라를 나누어 그의 신하에게 주겠다고 선언하신다. 다행히 하나님은 다윗을 생각하여 솔로몬이 살아있는 동안에는 이런 일이 없게 하고, 그의 아들 시대에 가서 나라의 분열이 있을 것이라고 말씀하신다. 그 신하에게 나라의 대부분을 주고 한 지파, 즉 베냐민 지파까지를 포함한 유다 한 지파만 솔로몬의 아들에게 주겠다고 하신다. 물론 이렇게 하는 것도 솔로몬 때문이 아니라 다윗 때문이라고 강조하신다. 즉, 모두 빼앗겨 마땅하나 다윗과 맺은 언약으로 최소한의 것, 바로 유다 지파만 남기겠다는 것이다. 실제로 하나님의 심판은 그대로 이루어진다. 솔로몬의 신하인 여로보암이 이스라엘의 열 개 지파를 떼어내 독립한다.

9 여호와께서는 솔로몬에게 두 번이나 나타나셔서 다른 신을 섬기지 말라고 말씀하셨습니다. 그럼에도 솔로몬이 이스라엘의 하나님 여호와를 따르지 않자, 여호와께서 솔로몬에게 분노하셨습니다.

10 여호와께서는 솔로몬에게 다른 신을 따르지 말라고 명령하셨지만, 솔로몬은 여호와의 명령에 복종하지 않았습니다.

11 그래서 여호와께서는 솔로몬에게 "너는 나와 맺은 언약을 어기고 내 명령을 따르지 않았다. 그러므로 나는 네 나라를 너에게서 빼앗아 네 신하에게 줄 것이다.

12 그러나 네가 살아 있는 동안에는 그렇게 하지 않겠다. 왜냐하면 내가 네 아버지 다윗을 사랑하기 때문이다. 네 아들이 왕이 될 때에 이 나라를 갈라 놓겠다.

13 나라 전체를 다 빼앗지 않는 것은 내 종 다윗과 내가 선택한 성 예루살렘을 위해서 한 지파를 네 아들에게 남겨 주어 다스리도록 하기 위함이다" 라고 말씀하셨습니다.

저자의 묵상

솔로몬이 이방의 많은 여인과 결혼한 것은 하나님 말씀에 대한 불순종이었다. 더욱이 700명의 후궁과 300명의 첩을 거느린 것은 큰 잘못이었다. 정욕이든 과시욕이든 혹은 고도로 계산된 통치 차원의 외교 전략이든 간에, 솔로몬이 "왕은 아내를 많이 두어 마음이 미혹되게 하지 말라"(신 17:17)고 하신 하나님의 말씀에 불순종한 것은 명백한 사실이다. 솔로몬이 이방의 우상을 위해 산당을 짓게 허용한 사실은, 그가 우상을 섬기는 자들과 가까이 교제함으로 그들의 종교를 인정했음을 의미한다. 결국 지혜의 왕으로 하나님을 섬기던 솔로몬도 자기를 미혹할 대상을 가까이 두고 생활할 때 여지없이 타락했다는 사실은 우리의 경각심을 일깨운다. 아무리 전무후무한 복과 은혜를 입었다 할지라도 끝까지 하나님만을 사랑할 수 있다고는 누구도 장담할 수 없다. 그래서 늘 겸손하게 기도해야 한다.

무릎 기도 하나님, 말씀에 순종하면 복이 임하고 불순종하면 심판이 다가옴을 항상 깨닫게 하소서. 늘 주님 앞에 겸손하고 온전한 모습으로 서게 하소서.

NLT - 1 Kings 11

1 Now King Solomon loved many foreign women. Besides Pharaoh's daughter, he married women from Moab, Ammon, Edom, Sidon, and from among the Hittites.

2 The LORD had clearly instructed the people of Israel, 'You must not marry them, because they will turn your hearts to their gods.' Yet Solomon insisted on loving them anyway.

3 He had 700 wives of royal birth and 300 concubines. And in fact, they did turn his heart away from the LORD.

4 In Solomon's old age, they turned his heart to worship other gods instead of being completely faithful to the LORD his God, as his father, David, had been.

5 Solomon worshiped Ashtoreth, the goddess of the Sidonians, and Molech,* the detestable god of the Ammonites.

6 In this way, Solomon did what was evil in the LORD's sight; he refused to follow the LORD completely, as his father, David, had done.

7 On the Mount of Olives, east of Jerusalem,* he even built a pagan shrine for Chemosh, the detestable god of Moab, and another for Molech, the detestable god of the Ammonites.

8 Solomon built such shrines for all his foreign wives to use for burning incense and sacrificing to their gods.

9 The LORD was very angry with Solomon, for his heart had turned away from the LORD, the God of Israel, who had appeared to him twice.

10 He had warned Solomon specifically about worshiping other gods, but Solomon did not listen to the LORD's command.

11 So now the LORD said to him, "Since you have not kept my covenant and have disobeyed my decrees, I will surely tear the kingdom away from you and give it to one of your servants.

12 But for the sake of your father, David, I will not do this while you are still alive. I will take the kingdom away from your son.

13 And even so, I will not take away the entire kingdom; I will let him be king of one tribe, for the sake of my servant David and for the sake of Jerusalem, my chosen city."

* 11:5 Hebrew *Milcom,* a variant spelling of Molech; also in 11:33.

* 11:7 Hebrew *On the mountain east of Jerusalem.*

2 clearly 분명하게 instruct 지시하다 insist on ~ ~을 강력히 주장하다 3 concubine 내연의 처 turn ··· away from ~ ···이 ~로부터 떠나다 4 completely 완전히 faithful 충실한 5 goddess 여신 detestable 가증한 7 pagan 우상숭배의 shrine 성지, 제단 8 incense 향 9 be angry with ~ ~에 진노하다 appear to ~ ~에게 나타나다 10 specifically 특히 11 covenant 계약, 서약 disobey 불순종하다 12 for the sake of ~ ~을 위해서

• MEMO •

28
월 일

솔로몬의 대적들

열왕기상 11:14-36 • 새찬송 278장 | 통일 336장

• 말씀묵상 전에 성령님의 인도하심을 구하는 기도를 드리십시오.

본문요약 | 하나님께 등을 돌린 솔로몬에게 하나님도 등을 돌리신다. 하나님은 외부적으로는 하닷과 르손의 반란으로, 내부적으로는 여로보암의 반란으로 솔로몬을 심판하신다. 하나님은 아히야 선지자를 통해 여로보암을 세워 우상숭배에 빠진 솔로몬을 심판하겠다고 말씀하신다. 여로보암에게 열 지파를 주고, 솔로몬의 아들에게는 두 지파를 한 지파로 묶어 다스리게 할 것이라고 하신다.

14 여호와께서 에돔 사람 하닷을 일으켜 솔
로몬의 대적이 되게 하시니 그는 왕의 자
손으로서 에돔에 거하였더라
15 전에 다윗이 에돔에 있을 때에 군대 지휘
관 요압이 가서 죽임을 당한 자들을 장사
하고 에돔의 남자를 다 쳐서 죽였는데
16 요압은 에돔의 남자를 다 없애기까지 이
스라엘 무리와 함께 여섯 달 동안 그곳에
머물렀더라
17 그때에 하닷은 작은 아이라 그의 아버지
신하 중 에돔 사람 몇몇과 함께 도망하여
애굽으로 가려 하여
18 미디안을 떠나 바란에 이르고 거기서 사
람을 데리고 애굽으로 가서 애굽 왕 바로
에게 나아가매 바로가 그에게 집과 먹을
양식을 주며 또 토지를 주었더라
19 하닷이 바로의 눈앞에 크게 은총을 얻었
으므로 바로가 자기의 처제 곧 왕비 다브
네스의 아우를 그의 아내로 삼으매
20 다브네스의 아우가 그로 말미암아 아들
그누밧을 낳았더니 다브네스가 그 아이를
바로의 궁중에서 젖을 떼게 하매 그누밧
이 바로의 궁에서 바로의 아들 가운데 있
었더라
21 하닷이 애굽에 있어서 다윗이 그의 조상
들과 함께 잔 것과 군대 지휘관 요압이 죽
은 것을 듣고 바로에게 아뢰되 나를 보내
어 내 고국으로 가게 하옵소서
22 바로가 그에게 이르되 네가 나와 함께 있
어 무슨 부족함이 있기에 네 고국으로 가
기를 구하느냐 대답하되 없나이다 그러나
아무쪼록 나를 보내옵소서 하였더라
23 하나님이 또 엘리아다의 아들 르손을 일
으켜 솔로몬의 대적자가 되게 하시니 그
는 그의 주인 소바 왕 하닷에셀에게서 도
망한 자라
24 다윗이 소바 사람을 죽일 때에 르손이 사
람들을 자기에게 모으고 그 무리의 괴수
가 되어 다메섹으로 가서 살다가 거기서
왕이 되었더라
25 솔로몬의 일평생에 하닷이 끼친 환난 외
에 르손이 수리아 왕이 되어 이스라엘을
대적하고 미워하였더라
26 솔로몬의 신하 느밧의 아들 여로보암이
또한 손을 들어 왕을 대적하였으니 그는
에브라임 족속인 스레다 사람이요 그의
어머니의 이름은 스루아이니 과부더라
27 그가 손을 들어 왕을 대적하는 까닭은 이
러하니라 솔로몬이 밀로를 건축하고 그의
아버지 다윗의 성읍이 무너진 것을 수축
하였는데
28 이 사람 여로보암은 큰 용사라 솔로몬이
이 청년의 부지런함을 보고 세워 요셉 족
속의 일을 감독하게 하였더니
29 그즈음에 여로보암이 예루살렘에서 나갈
때에 실로 사람 선지자 아히야가 길에서
그를 만나니 아히야가 새 의복을 입었고
그 두 사람만 들에 있었더라
30 아히야가 자기가 입은 새 옷을 잡아 열두
조각으로 찢고

31 여로보암에게 이르되 너는 열 조각을 가
지라 이스라엘의 하나님 여호와의 말씀이
내가 이 나라를 솔로몬의 손에서 찢어 빼
앗아 열 지파를 네게 주고
32 오직 내 종 다윗을 위하고 이스라엘 모든
지파 중에서 택한 성읍 예루살렘을 위하
여 한 지파를 솔로몬에게 주리니
33 이는 그들이 나를 버리고 시돈 사람의 여
신 아스다롯과 모압의 신 그모스와 암몬
자손의 신 밀곰을 경배하며 그의 아버지
다윗이 행함 같지 아니하여 내 길로 행하
지 아니하며 나 보기에 정직한 일과 내 법
도와 내 율례를 행하지 아니함이니라
34 그러나 내가 택한 내 종 다윗이 내 명령과
내 법도를 지켰으므로 내가 그를 위하여
솔로몬의 생전에는 온 나라를 그의 손에
서 빼앗지 아니하고 주관하게 하려니와
35 내가 그의 아들의 손에서 나라를 빼앗아
그 열 지파를 네게 줄 것이요
36 그의 아들에게는 내가 한 지파를 주어서
내가 거기에 내 이름을 두고자 하여 택한
성읍 예루살렘에서 내 종 다윗이 항상 내
앞에 등불을 가지고 있게 하리라

1. 오늘 하나님께서 나에게 주신 깨달음은 무엇입니까?

2. 말씀을 어떻게 내 삶에 구체적으로 적용해야 합니까?

절별 해설

14 여호와께서 에돔 사람 하닷을 일으켜 솔로몬의 대적이 되게 하시니 솔로몬이 하나님께 불순종하자 하나님이 그의 대적을 일으키신다. 하나님의 심판이 선언된 후 솔로몬에게 대항하는 사람들, 바로 대적들이 출현한다. 물론 이들은 이미 오래 전 솔로몬의 아버지 다윗 시대 때부터 이스라엘에 앙심을 품고 복수할 기회를 엿보던 세력들이다. 그동안에는 하나님이 솔로몬을 보호하셨기에 잠잠히 있을 수밖에 없었다. 그러나 하나님이 반역한 솔로몬을 벌하기로 작정하신 이후로 상황은 급변한다. 잠재되어 있던 대적이 실제로 원수가 되었다.

15–17 에돔 왕의 아들인 하닷이 솔로몬에게 반기를 들고 독립왕국을 세운다. 에돔은 이스라엘 동남쪽에 있는 사각형 모양의 국가였다. 에돔이란 붉은 지역이라는 뜻인데, 이 지역에 붉은 바위와 흙이 많기 때문이다. 에돔의 선조는 이스라엘의 조상 야곱의 형인 에서다. 이는 이스라엘과 에돔이 혈통적으로 매우 가까움을 말해 준다. 그러나 열왕기 시대에 에돔은 계속하여 남왕국 유다의 적이었다. 본절에 의하면, 하닷은 다윗의 군대장관 요압이 에돔 사람들을 죽일 때 피

쉬운성경

14 그때, 여호와께서 에돔 사람 하닷을 일으켜 솔로몬의 적이 되게 하셨습니다. 하닷은 에돔의 왕족이었습니다.

15 전에 다윗이 에돔에 있을 때에 다윗의 군대 사령관이었던 요압이 죽은 사람을 묻어 주려고 갔다가 에돔의 남자들을 다 죽인 일이 있었습니다.

16 요압과 모든 이스라엘 백성은 에돔에 여섯 달 동안 머물러 있으면서 에돔의 남자들을 다 죽였습니다.

17 그때, 아직 어린아이였던 하닷은 그의 아버지의 신하들과 함께 이집트로 도망쳤습니다.

18 그들은 미디안을 떠나 바란에 이르렀습니다. 그들은 바란에서 몇 사람을 데리고 이집트로 가서 이집트 왕 파라오를 만났습니다. 파라오가 하닷에게 집과 땅과 먹을 것을 주었습니다.

하여 애굽으로 도망갔다.

18–22 하닷은 바로의 왕궁에서 억울함을 달래며 성장했고, 바로의 처제를 부인으로 맞았다. 그 후 하닷은 다윗과 요압이 죽었다는 소문을 듣고, 자기 나라로 돌아와 에돔 왕이 되고 애굽의 승인을 받는다. 이 사건의 주관자는 하나님으로, 하나님이 솔로몬을 심판하기 위해 하닷을 도구로 사용하신 것이다. 한편, 애굽의 바로는 솔로몬에게도 공주를 보내 왕비를 삼게 했다. 그리고 이를 이용해 많은 말과 전차를 이스라엘에 팔아 큰 이득을 챙겼다. 그러면서 이스라엘의 대적인 하닷에게도 왕실의 여인을 아내로 주고, 그의 세력을 은밀히 후원한다. 바로는 아주 간교한 양다리 외교를 펼친 것이다.

23 하나님이 또 엘리아다의 아들 르손을 일으켜 솔로몬의 대적자가 되게 하시니 르손은 소바 왕 하닷에셀의 군대장교로, 소바 왕국이 다윗에게 정복당할 때 다메섹으로 피신했다. 후에 다메섹(수리아, 혹은 시리아)으로 가서, 거기서 왕이 되어 이스라엘을 대적하며 솔로몬을 괴롭힌다. 르손의 활동은 사실 너무 미약하여 솔로몬의 관심 밖에 있었으나, 뜻밖에도 솔로몬을 대적할 만한 위치로 성장했다.

26 느밧의 아들 여로보암 여로보암은 '번성하는 백성'이라는 뜻을 지닌 이름이다. 그는 에브라임 지파에 속한 사람으로 한동안은 솔로몬의 신하였다. 그러나 여로보암은 이스라엘에 상당한 해악을 끼쳤다. 북쪽 열 지파와 함께 반란을 일으켰을 뿐 아니라 우상숭배에 있어서도 대표적인 인물이다. 그는 북왕국의 백성이 예루살렘으로 순례하는 것을 막기 위해 금송아지 숭배를 부활시킨다.

27–28 하나님은 솔로몬의 충성스러운 신하였던 여로보암을 통해 우상숭배에 빠진 솔로몬을 대적하게 하신다. 밀로 성을 건축하고 다윗 성 보수공사의 감독을 맡을 만큼 유능했던 신하 여로보암에게 솔로몬이 배반당한 것은, 하나님을 배반한 솔로몬에게 합당한 심판이었다.

31 내가 이 나라를 솔로몬의 손에서 찢어 빼앗아 열 지파를 네게 주고 하나님은 아히야 선지자를 여로보암에게 보내 북쪽 열 지파를 넘기겠다고 말씀하신다. 아히야는 에브라임 지파의 성읍인 실로의 제사장 가문의 선지자다. 아히야는 나단 선지자 이후부터 솔로몬과 르호보암 시대에 이르기까지 하나님의 사자로서 강력한 영향력을 행사한다.

19 파라오는 하닷을 매우 좋아하여 자기 아내, 곧 다브네스 왕비의 동생을 그의 아내로 주었습니다.

20 그들은 그누밧이라는 아들을 낳았고, 다브네스 왕비는 그누밧을 왕궁에서 길렀습니다. 그래서 그누밧은 왕의 자녀들과 함께 자랐습니다.

21 하닷은 이집트에 있는 동안, 다윗이 그 조상의 무덤에 묻힌 것과 군대 사령관인 요압이 죽었다는 소식을 듣고 파라오에게 말했습니다. "나를 보내 주십시오. 내 나라로 돌아가고 싶습니다."

22 그러자 파라오가 말했습니다. "왜 네 나라로 돌아가려고 하느냐? 내가 너에게 잘못한 것이라도 있느냐?" 하닷이 대답했습니다. "아닙니다. 그냥 돌아가게 해 주십시오."

23 하나님께서는 또 엘리아다의 아들 르손을 일으켜서 솔로몬의 적이 되게 하셨습니다. 르손은 자기의 주인인 소바 왕 하닷에셀로부터 도망친 사람입니다.

24 다윗이 소바의 군대를 물리친 뒤에 르손은 사람들을 모아 작은 군대를 만들고 그들의 지도자가 되었습니다. 르손과 그 무리들은 다마스커스로 가서 살다가 르손을 다마스커스의 왕으로 세웠습니다.

25 르손은 아람*을 다스리면서 이스라엘을 미워했습니다. 그래서 르손은 솔로몬이 살아있는 동안 끊임없이 이스라엘을 괴롭혔습니다. 르손과 하닷은 계속하여 이스라엘을 적으로 삼고 미워했습니다.

26 느밧의 아들 여로보암은 솔로몬의 신하였습니다. 여로보암은 에브라임 사람으로서 스레다 마을 출신이었고, 그의 어머니는 스루아라는 과부였습니다. 여로보암은 솔로몬 왕에게 반역했습니다.

27 여로보암이 솔로몬 왕을 반역하게 된 까닭은 이러합니다. 솔로몬 왕이 밀로를 건축하고 자기 아버지의 성인 다윗 성의 성벽을 고치고 있었습니다.

* 11:25 '아람'은 '시리아'라고도 불렸다.

32 오직 내 종 다윗을 위하고 이스라엘 모든 지파 중에서 택한 성읍 예루살렘을 위하여 한 지파를 솔로몬에게 주리니 여기서 한 지파란 실제로는 유다와 베냐민 두 지파를 말한다. 그럼에도 남왕국 유다에 속한 한 지파로 말하는 이유는 두 가지다. 첫째, 유다와 베냐민 지파는 서로 인접해 있을 뿐 아니라 그 경계에 위치한 예루살렘을 중심으로 거의 하나의 생활권이었기 때문이다. 둘째, 사사 시대의 내란으로 인구가 격감하게 된 베냐민 지파를 독립된 하나의 지파로 보지 않고 유다 지파에 종속된 것으로 보았기 때문이다.

34 다윗이 내 명령과 내 법도를 지켰으므로 내가 그를 위하여 솔로몬의 생전에는 온 나라를 그의 손에서 빼앗지 아니하고 주관하게 하려니와 솔로몬 때 나라가 둘로 나뉘지 않고, 솔로몬의 아들을 통해 예루살렘에 왕권이 지속되는 것은 다윗의 충성 때문이었다. 그렇게 우상숭배를 하는데도 나라를 이방에 넘기지 않고 성전에 여호와의 이름을 계속 두시는 것만도 큰 은혜이며 긍휼이다.

36 내가 거기에 내 이름을 두고자 하여 택한 성읍 예루살렘에서 내 종 다윗이 항상 내 앞에 등불을 가지고 있게 하리라 한 나라 두 왕국이라는 특이한 체제가 하나님에 의해 나타난다. 이는 다윗 언약에 근거한 믿음의 삶을 살기 싫어하는 이스라엘을 향한 하나님의 극약처방이다. 이제 여로보암도 다윗처럼 영원한 왕권을 받을 가능성이 열렸다. 하나님은 다윗 왕조와 여로보암 왕조가 선의의 경쟁을 하게 하셨다. 명백하게 누가 더 언약적인 삶을 잘 살 수 있느냐는 것이다. 이후 다윗 왕조의 후손은 다윗처럼 일심으로 언약적인 삶을 살려고 노력하지 않는 한, 비록 예루살렘과 하나로 묶인 두 지파를 다스릴 수는 있겠으나 그 풍성함은 체험하지 못할 것이다. 더구나 계속 불충성할 때는 그마저도 박탈당하고 예루살렘이 붕괴되는 수모를 경험할 것이다. 그러나 안타깝게도 여로보암마저 언약을 저버리고 악행을 일삼는다.

28 여로보암은 유능한 사람이었는데, 솔로몬은 이 젊은이가 일을 잘한다는 것을 알고 그에게 에브라임과 므낫세 지파, 즉 요셉 가문의 모든 일꾼들을 감독하는 일을 맡겼습니다.

29 어느 날, 여로보암이 예루살렘을 떠나 다른 곳으로 가는 길에 실로 사람 예언자 아히야를 만났습니다. 아히야는 새 옷을 입고 있었습니다. 들에는 그 두 사람만 있었습니다.

30 아히야는 입고 있던 새 옷을 찢어 열두 조각으로 나누었습니다.

31 아히야가 여로보암에게 말했습니다. "열 조각은 당신이 가지시오. 이스라엘 하나님 여호와께서 말씀하셨소. '내가 솔로몬에게서 그 나라를 빼앗겠다. 그래서 열 지파는 여로보암에게 주겠다.

32 그러나 한 지파는 내 종 다윗과 내가 선택한 예루살렘 성을 위해서 솔로몬에게 남겨 줄 것이다.

33 내가 이렇게 하는 까닭은 솔로몬이 나를 버렸기 때문이다. 솔로몬은 시돈 사람의 신 아스다롯과 모압 사람의 신 그모스와 암몬 사람의 신 밀곰을 섬기고 있다. 솔로몬은 내 말을 듣지 않았고, 내가 보기에 옳은 일도 하지 않았다. 내 율법과 계명을 지키지도 않았다. 그는 그의 아버지 다윗을 본받아 살지 않고 있다.

34 그러나 내가 선택한 내 종 다윗이 내 계명과 규례를 지킨 것을 생각하여 솔로몬이 살아있는 동안에는 그의 나라를 다 빼앗지 않고 왕으로 있게 해 주겠다.

35 그의 아들로부터 이 나라를 빼앗아 열 지파를 너에게 주겠다.

36 솔로몬의 아들에게는 한 지파를 남겨 주어 계속 다스리게 할 것이다. 그래서 내가 내 이름을 두려고 선택한 성, 예루살렘에서 다윗의 후손이 계속해서 나라를 다스릴 수 있게 하겠다.

저자의 묵상

솔로몬이 하나님께 순종하고 축복 속에 있을 때는 천하가 솔로몬을 흠모하고 이스라엘과 화친하여 조공을 바쳤다. 그러나 솔로몬이 하나님의 지혜보다 자기 지혜를 의지하여 정략결혼을 하고 우상숭배까지 용인하는 등 하나님을 떠나 그릇 행할 때, 숨어 있던 복병들이 일어나 그를 대적하고 괴롭혔다. 특히 솔로몬의 수족 같은 신하 느밧의 아들 여로보암의 배반은 뼈아픈 사건이었을 것이다. 여로보암은 일찍이 건축 사업에서 뛰어난 능력을 보여 솔로몬이 직접 감독자로 발탁한 인물이다. 솔로몬은 여로보암이 부지런히 일 잘하는 것을 보고 그를 세웠다. 그러나 솔로몬이 벌인 많은 건축 사업은 백성에게 과중한 부담이 되었고, 건축 총감독자로서 여로보암은 이런 백성의 마음을 읽었을 것이다. 그리고 그 불만을 절묘하게 이용해 자신의 지지 세력으로 돌려 결국 반란을 일으킨다. 이 모든 일은 하나님이 솔로몬을 심판하신 것이다. 그러나 솔로몬은 여로보암의 반란을 하나님의 징계로 알아차리고 회개하려 하지 않았다. 회개하지 않고는 어려움에서 근본적으로 벗어날 수 없다. 범죄로 눈이 어두워진 솔로몬은 이 사실을 깨닫지 못한다. 누군가 혹은 어떤 사건이 자신을 괴롭혀 올 때는, 지금 하나님을 대적하고 있지는 않은지 되돌아보아야 한다. 그리스도인이 죄를 지으면 하나님이 주변의 환경과 인물을 일으켜 징계의 도구로 삼으실 때가 종종 있기 때문이다. 바로 그때가 회개할 기회다. 하나님이 기뻐하시지 않는 성공은 가장 치명적인 실패를 가져온다. 정말 두려워해야 할 것은 우리에게 등을 돌린 사람이 아니라 우리에게 등을 돌리시는 하나님이다.

무릎 기도 하나님, 오늘 내 행위가 하나님을 위한 것인지, 아니면 하나님을 대적한 것인지 분별할 수 있게 하소서. 일평생 하나님과 동행하며 말씀으로 자신을 점검하여 영적인 복을 누리는 인생이 되게 하소서.

NLT - 1 Kings 11

14 Then the LORD raised up Hadad the Edomite, a member of Edom's royal family, to be Solomon's adversary.

15 Years before, David had defeated Edom. Joab, his army commander, had stayed to bury some of the Israelite soldiers who had died in battle. While there, they killed every male in Edom.

16 Joab and the army of Israel had stayed there for six months, killing them.

17 But Hadad and a few of his father's royal officials escaped and headed for Egypt. (Hadad was just a boy at the time.)

18 They set out from Midian and went to Paran, where others joined them. Then they traveled to Egypt and went to Pharaoh, who gave them a home, food, and some land.

19 Pharaoh grew very fond of Hadad, and he gave him his wife's sister in marriage—the sister of Queen Tahpenes.

20 She bore him a son named Genubath. Tahpenes raised him* in Pharaoh's palace among Pharaoh's own sons.

21 When the news reached Hadad in Egypt that David and his commander Joab were both dead, he said to Pharaoh, "Let me return to my own country."

22 "Why?" Pharaoh asked him. "What do you lack here that makes you want to go home?" "Nothing," he replied. "But even so, please let me return home."

23 God also raised up Rezon son of Eliada as Solomon's adversary. Rezon had fled from his master, King Hadadezer of Zobah,

24 and had become the leader of a gang of rebels. After David conquered Hadadezer, Rezon and his men fled to Damascus, where he became king.

25 Rezon was Israel's bitter adversary for the rest of Solomon's reign, and he made trouble, just as Hadad did. Rezon hated Israel intensely and continued to reign in Aram.

26 Another rebel leader was Jeroboam son of

Nebat, one of Solomon's own officials. He came from the town of Zeredah in Ephraim, and his mother was Zeruah, a widow.

27 This is the story behind his rebellion. Solomon was rebuilding the supporting terraces* and repairing the walls of the city of his father, David.

28 Jeroboam was a very capable young man, and when Solomon saw how industrious he was, he put him in charge of the labor force from the tribes of Ephraim and Manasseh, the descendants of Joseph.

29 One day as Jeroboam was leaving Jerusalem, the prophet Ahijah from Shiloh met him along the way. Ahijah was wearing a new cloak. The two of them were alone in a field,

30 and Ahijah took hold of the new cloak he was wearing and tore it into twelve pieces.

31 Then he said to Jeroboam, "Take ten of these pieces, for this is what the LORD, the God of Israel, says: 'I am about to tear the kingdom from the hand of Solomon, and I will give ten of the tribes to you!

32 But I will leave him one tribe for the sake of my servant David and for the sake of Jerusalem, which I have chosen out of all the tribes of Israel.

33 For Solomon has* abandoned me and worshiped Ashtoreth, the goddess of the Sidonians; Chemosh, the god of Moab; and Molech, the god of the Ammonites. He has not followed my ways and done what is pleasing in my sight. He has not obeyed my decrees and regulations as David his father did.

34 "'But I will not take the entire kingdom from Solomon at this time. For the sake of my servant David, the one whom I chose and who obeyed my commands and decrees, I will keep Solomon as leader for the rest of his life.

35 But I will take the kingdom away from his son and give ten of the tribes to you.

36 His son will have one tribe so that the descendants of David my servant will continue to reign, shining like a lamp in Jerusalem, the city I have chosen to be the place for my name.

** weaned him.*
** the millo. For they have.*

14 royal 왕실의 adversary 적, 상대 15 defeat 패배시키다 commander 사령관 bury 묻다 die in battle 전사하다 17 escape 탈출하다 head for ~ ~로 향하다 18 set out from ~ ~로부터 출발하다 19 grow fond of ~ ~을 좋아하게 되다 22 even so 그럴지라도 23 flee from ~ ~에서 달아나다 24 a gang of ~ ~의 무리 rebel 반역자 conquer 정복하다 25 bitter 가증스러운 reign 통치 intensely 격렬히 26 widow 미망인 27 story behind ~ ~배후의 이야기 rebellion 반란 repair 수선하다 28 capable 능력 있는 industrious 부지런한 put … in charge of ~ …에게 ~의 책임을 맡기다 descendant 후손 29 cloak 외투, 겉옷 30 take hold of ~ ~를 꽉 잡다 32 for the sake of ~ ~을 위해서 33 abandon 버리다, 포기하다 goddess 여신 obey 순종하다, 따르다 decree 법령 regulation 규제, 규정 34 entire 전체의

• MEMO •

29 솔로몬의 죽음

월 일

열왕기상 11:37-43 • 새찬송 425장 | 통일 217장

• 말씀묵상 전에 성령님의 인도하심을 구하는 기도를 드리십시오.

본문요약 | 하나님이 여로보암에게도 다윗 언약과 동일한 약속을 주신다. 한편, 솔로몬이 여로보암을 죽이려고 하자 그는 애굽으로 도망가 솔로몬이 죽을 때까지 그곳에 머무른다. 본문은 솔로몬의 모든 행적과 그의 지혜에 관한 이야기의 출처가 '솔로몬의 실록'임을 암시한다. 또 솔로몬의 통치 기간과 그의 대를 이어 왕위에 오를 아들의 이름이 언급된다.

37 내가 너를 취하리니 너는 네 마음에 원하
는 대로 다스려 이스라엘 위에 왕이 되되
38 네가 만일 내가 명령한 모든 일에 순종하
고 내 길로 행하며 내 눈에 합당한 일을
하며 내 종 다윗이 행함같이 내 율례와 명
령을 지키면 내가 너와 함께 있어 내가 다
윗을 위하여 세운 것같이 너를 위하여 견
고한 집을 세우고 이스라엘을 네게 주리
라
39 내가 이로 말미암아 다윗의 자손을 괴롭
게 할 것이나 영원히 하지는 아니하리라
하셨느니라 한지라
40 이러므로 솔로몬이 여로보암을 죽이려 하
매 여로보암이 일어나 애굽으로 도망하여
애굽 왕 시삭에게 이르러 솔로몬이 죽기
까지 애굽에 있으니라
41 솔로몬의 남은 사적과 그의 행한 모든 일
과 그의 지혜는 솔로몬의 실록에 기록되
지 아니하였느냐
42 솔로몬이 예루살렘에서 온 이스라엘을 다
스린 날 수가 사십 년이라
43 솔로몬이 그의 조상들과 함께 자매 그의
아버지 다윗의 성읍에 장사되고 그의 아
들 르호보암이 대신하여 왕이 되니라

1. 오늘 하나님께서 나에게 주신 깨달음은 무엇입니까?

2. 말씀을 어떻게 내 삶에 구체적으로 적용해야 합니까?

절별 해설

38 내 눈에 합당한 일을 하며 내 종 다윗이 행함같이 내 율례와 명령을 지키면 내가 너와 함께 있어 내가 다윗을 위하여 세운 것 같이 너를 위하여 견고한 집을 세우고 이스라엘을 네게 주리라 하나님이 선지자 아히야를 통해 여로보암에게도 다윗에게 주신 약속만큼이나 놀라운 말씀을 주신다. 그 내용이 본절에 고스란히 담겨 있다. 여로보암이 다윗처럼 하나님 앞에 신실하고 하나님의 율법에 순종하기만 하면 그와 그의 자손의 장래가 보장된다는 약속이다.

39 다윗의 자손을 괴롭게 할 것이나 영원히 하지는 아니하리라 이스라엘이 남북으로 분열되는 것은 솔로몬이 하나님께 지은 죄 때문이다. 다윗 집안은 분명히 대가를 치러야 한다. 그러나 중요한 것은 어느 정도의 징계가 이루어지면 하나님이 다시 다윗 집안을 용서하실 것을 확고히 하셨다는 점이다.

40 솔로몬이 여로보암을 죽이려 하매 여로보암이 일어나 애굽으로 도망하여 여로보암에게 괴로움을 당한 솔로몬은 자신의 죄악을 회개하거나 돌아보지 않고, 오히려 여로보암을 제거하려 한다. 이에 여로보암은 애굽으로 도피한다.

41 솔로몬의 남은 사적과 그의 행한 모든 일과 그의 지혜는 솔로몬의 실록에 기록되지 아니하였느냐 솔로몬은 이스라엘 역사에서 가장 찬란한 업적을 남겼다. 그런데 그가 한 모든 일과 그의 지혜에 대하여 성경은 솔로몬의 실록에 적혀 있다고 간략하게 요약한다. 솔로몬의 즉위 과정과 통치, 업적, 하나님이 베풀어 주신 엄청난 복이 지나치리만큼 상세하게 기록되어 있는 데 비해, 그의 최후는 간략하게 소개되었다. 이를 통해 말년에 하나님을 경외하지 않음으로 용두사미로 끝난 솔로몬의 인생을 향한 하나님의 큰 안타까움과 배신감을 볼 수 있다.

42 솔로몬이 예루살렘에서 온 이스라엘을 다스린 날 수가 사십 년이라 본절에서 솔로몬의 통치 기간과 통치 당시의 행정 수도를 알 수 있다. 일반적으로 솔로몬이 즉위했을 때를 20세 전후로 본다. 그러면 솔로몬이 대략 60세 정도까지 이스라엘을 통치한 것이 된다. 한편, 솔로몬이 통치한 기간은 40년으로, 아버지 다윗의 통치 기간과 같다. 그런데 일부 학자들은 솔로몬의 재위 기간을 다윗이 생존했던 섭정 기간도 포함해 40년 이상이라고도 한다. 그러나 다윗의 40년 통치 기간에 섭정 기간이 있었는지의 여부는 분명하지 않아 본절에서 말하는 대로 40년으로 보는 것이 타당하다. 또 솔로몬은 예루살렘에서 이스라엘을 통치했다. 이는 그가 죽을 때까지는 다윗의 언약 안에서 보호받았음을 보여준다.

쉬운성경

37 여로보암아, 나는 너를 선택하여 네가 원하는 모든 것을 다스릴 수 있도록 할 것이다. 너는 온 이스라엘을 다스리는 왕이 될 것이다.

38 내가 보기에 옳은 일을 하기만 하면, 나는 너와 함께하겠다. 너는 내 명령을 지켜라. 다윗처럼 내 율법과 계명을 지키면 너와 함께해 주겠다. 다윗에게 해 준 것처럼 네 집안을 왕의 집안에서 끊이지 않게 하겠다. 이스라엘을 너에게 주겠다.

39 솔로몬의 죄 때문에 다윗의 후손들에게 벌을 주겠지만, 그 벌이 영원히 계속되지는 않을 것이다.'"

40 솔로몬이 여로보암을 죽이려 하자, 여로보암은 이집트로 도망쳤습니다. 여로보암은 이집트 왕 시삭에게 도망가서 솔로몬이 죽을 때까지 이집트에 머물렀습니다.

41 솔로몬이 한 다른 모든 일과 그의 지혜에 관한 것은 솔로몬의 역사책에 적혀 있습니다.

42 솔로몬은 예루살렘에서 사십 년 동안 온 이스라엘을 다스렸습니다.

43 솔로몬은 죽어서 그의 아버지 다윗의 성에 묻혔습니다. 그의 아들 르호보암이 뒤를 이어 왕이 되었습니다.

43 그의 아들 르호보암이 대신하여 왕이 되니라 르호보암이 통치하게 될 나라의 크기는 솔로몬의 나라보다 훨씬 작을 것이다. 또 성경에 르호보암에 대한 어떤 기대나 설명이 나오지 않는다. 다윗을 이어 즉위한 솔로몬의 경우와 사뭇 다름을 알 수 있다.

저자의 묵상

솔로몬은 뛰어난 지혜의 사람이었다. 그는 조직과 행정적인 면에서 탁월한 역량을 발휘했다. 솔로몬은 이스라엘을 효율적으로 운영했다. 엄청난 세금을 징수했고, 노동력을 동원하는 능력이 뛰어났다. 그러나 이 과정에서 백성의 원성을 크게 샀다. 또 외교 정책에 능숙해 정치적인 목적으로 여러 나라의 공주들과 정략결혼을 하였다. 그럼으로써 자신의 입지를 대외적으로 공고히 할 수 있었다. 그러나 말년에 이 이방 아내들이 솔로몬을 몰락하게 만들었다.

솔로몬은 한때 하나님을 전적으로 의지하는 겸손하며 순전한 믿음의 사람이었다. 그러나 겸손이 오래가지 못했고, 그 결과 패망의 선봉이 되고 말았다. 하나님을 섬기고 의지해야 한다는 지혜의 근본을 망각하고 어리석게도 우상을 섬겼다. 이를 통해 하나님께 아무리 많은 복을 받아도 소용이 없음을 깨닫는다. 하나님이 주신 복을 겸손한 마음으로 끝까지 잘 받아 그 은혜를 흘려보내는 자가 되길 늘 기도하자.

무릎 기도 하나님, 용두사미 같은 믿음이 되지 않도록 한결같이 하나님만 의지하는 겸손한 믿음을 주소서. 처음부터 끝까지 하나님이 기뻐하시는 사람이 되기 원합니다.

NLT - 1 Kings 11

37 And I will place you on the throne of Israel, and you will rule over all that your heart desires.
38 If you listen to what I tell you and follow my ways and do whatever I consider to be right, and if you obey my decrees and commands, as my servant David did, then I will always be with you. I will establish an enduring dynasty for you as I did for David, and I will give Israel to you.
39 Because of Solomon's sin I will punish the descendants of David—though not forever.'"
40 Solomon tried to kill Jeroboam, but he fled to King Shishak of Egypt and stayed there until Solomon died.
41 The rest of the events in Solomon's reign, including all his deeds and his wisdom, are recorded in The Book of the Acts of Solomon.
42 Solomon ruled in Jerusalem over all Israel for forty years.
43 When he died, he was buried in the City of David, named for his father. Then his son Rehoboam became the next king.

37 place … on ~ …를 ~에 앉히다 throne 왕위, 왕좌 rule over ~ ~을 통치하다 38 consider 고려하다 decree 법령, 명령 establish 설립하다 enduring 영속적인 39 descendant 후손 40 flee to ~ ~로 도피하다 41 including ~을 포함해 deed 행위, 행동 wisdom 지혜, 교훈 be recorded in ~ ~에 기록되다 43 be buried in ~ ~에 묻히다

☐ 묵상 체크

30 실망스러운 선택

월 일

열왕기상 12:1-11 • 새찬송 342장 | 통일 395장

• 말씀묵상 전에 성령님의 인도하심을 구하는 기도를 드리십시오.

본문요약 I 인생 말년에 솔로몬이 보여준 실망스러운 선택들 때문에, 그가 죽자 영원히 견고하게 계속될 것 같았던 이스라엘 왕국도 크게 흔들리기 시작한다. 온 이스라엘이 솔로몬의 아들 르호보암과 만나기 위해 세겜에 모인다. 북쪽 지파들은 솔로몬의 실정을 거론하면서 르호보암에게 개선을 요구한다.

1 르호보암이 세겜으로 갔으니 이는 온 이
스라엘이 그를 왕으로 삼고자 하여 세겜
에 이르렀음이더라
2 느밧의 아들 여로보암이 전에 솔로몬 왕
의 얼굴을 피하여 애굽으로 도망하여 있
었더니 이제 그 소문을 듣고 여전히 애굽
에 있는 중에
3 무리가 사람을 보내 그를 불렀더라 여로
보암과 이스라엘의 온 회중이 와서 르호
보암에게 말하여 이르되
4 왕의 아버지가 우리의 멍에를 무겁게 하
였으나 왕은 이제 왕의 아버지가 우리에
게 시킨 고역과 메운 무거운 멍에를 가볍
게 하소서 그리하시면 우리가 왕을 섬기
겠나이다
5 르호보암이 대답하되 갔다가 삼 일 후에
다시 내게로 오라 하매 백성이 가니라
6 르호보암 왕이 그의 아버지 솔로몬의 생
전에 그 앞에 모셨던 노인들과 의논하여
이르되 너희는 어떻게 충고하여 이 백성
에게 대답하게 하겠느냐
7 대답하여 이르되 왕이 만일 오늘 이 백성
을 섬기는 자가 되어 그들을 섬기고 좋은
말로 대답하여 이르시면 그들이 영원히
왕의 종이 되리이다 하나
8 왕이 노인들이 자문하는 것을 버리고 자
기 앞에 모셔 있는 자기와 함께 자라난 어
린 사람들과 의논하여
9 이르되 너희는 어떻게 자문하여 이 백성
에게 대답하게 하겠느냐 백성이 내게 말
하기를 왕의 아버지가 우리에게 메운 멍
에를 가볍게 하라 하였느니라
10 함께 자라난 소년들이 왕께 아뢰어 이르
되 이 백성들이 왕께 아뢰기를 왕의 부친
이 우리의 멍에를 무겁게 하였으나 왕은
우리를 위하여 가볍게 하라 하였은즉 왕
은 대답하기를 내 새끼손가락이 내 아버
지의 허리보다 굵으니
11 내 아버지께서 너희에게 무거운 멍에를
메게 하였으나 이제 나는 너희의 멍에를
더욱 무겁게 할지라 내 아버지는 채찍으
로 너희를 징계하였으나 나는 전갈 채찍
으로 너희를 징계하리라 하소서

1. 오늘 하나님께서 나에게 주신 깨달음은 무엇입니까?

2. 말씀을 어떻게 내 삶에 구체적으로 적용해야 합니까?

절별 해설

1 르호보암이 세겜으로 갔으니 이는 온 이스라엘이 그를 왕으로 삼고자 하여 세겜에 이르렀음이더라 르호보암은 왕권을 인정받기 위해 세겜에 갔다. 르호보암이 즉위할 당시 이스라엘의 국력은 많이 약해져 있었고, 급격히 늘어난 불만 세력의 핵심은 모두 북쪽 이스라엘에 모여 있었다. 이들 북쪽 열 지파는 솔로몬 통치 시절에 무리한 부역과 계속되는 세금 징수에 고통을 겪었다. 새 왕은 그들의 고통을 덜어주는 획기적인 새 정책을 제시해 주어야 했다. 그래서 그들은 르호보암의 왕권을 인정하는 문제를 두고, 북쪽 열 지파 중 가장 큰 세력인 여호수아 가문인 에브라임 지파의 중심지 세겜으로 르호보암을 불러 자신들의 요구사항을 전하려 했다.

3 무리가 사람을 보내 그를 불렀더라 여로보암과 이스라엘의 온 회중이 와서 르호보암에게 말하여 이르되 솔로몬 왕 때 반역 사건의 주모자로 지목되어 애굽으로 도망쳤던 여로보암이 귀환한다. 솔로몬이 죽자 자신의 때가 왔음을 직감하고 즉시 귀국한 것이다. 이에 세겜으로 집결하는 북쪽 열 지파의 지도자들이 여로보암을 불러 자신들의 대표로 세운다. 열 지파는 자신들을 공평하게 하나로 묶어줄 구심점이 필요했는데, 솔로몬 정부의 허와 실을 속속들이 아는 여로보암이 최적임자였다.

4 왕은 이제 왕의 아버지가 우리에게 시킨 고역과 메운 무거운 멍에를 가볍게 하소서 그리하시면 우리가 왕을 섬기겠나이다 르호보암은 북쪽 지파들과 세겜에서 만나 다시 협력을 약속받으려고 했고, 북쪽 지파들도 자신들의 권익을 보호해 줄 왕인지 확인하려 했다. 그들은 솔로몬이 강행한 과중한 강제 노역을 완화해 줄 것을 요청한다.

6-7 르호보암 왕이 그의 아버지 솔로몬의 생전에 그 앞에 모셨던 노인들과 의논하여 르호보암은 원로들을 찾아가 자문을 구한다. 원로들은 왕의 역할이 백성을 섬기는 것임을 상기시키며, 백성을 섬기고 좋은 말로 대답하라고 조언한다.

8 왕이 노인들이 자문하는 것을 버리고 자기 앞에 모셔 있는 자기와 함께 자라난 어린 사람들과 의논하여 반면에 왕의 젊은 친구들은 무소불위의 권력을 휘두를 수 있는 왕의 권력에 주의를 환기시키며, 불만 세력을 힘으로 강력히 제압하라고 조언한다.

쉬운성경

1 온 이스라엘이 르호보암을 왕으로 세우려고 세겜에 모였습니다. 르호보암도 세겜으로 갔습니다.

2 솔로몬을 피해서 이집트로 도망쳤던 느밧의 아들 여로보암은 이집트에 있을 때에 르호보암이 왕이 되었다는 소식을 들었습니다.

3 그러자 이스라엘 백성들은 여로보암을 불렀습니다. 여로보암이 이스라엘 모든 무리와 함께 르호보암에게 가서 말했습니다.

4 "왕의 아버지는 우리에게 매우 고된 일을 시켰습니다. 이제 우리의 일을 좀 덜어 주십시오. 왕의 아버지처럼 우리에게 고된 일을 시키지 마십시오. 그렇게 해 주시면 왕을 섬기겠습니다."

5 르호보암이 대답했습니다. "삼 일 뒤에 다시 오너라. 그때에 대답해 주겠다." 그래서 백성은 그 자리를 떠났습니다.

6 르호보암 왕은 솔로몬을 섬겼던 나이 든 지도자들과 의논했습니다. "이 백성에게 어떻게 대답하면 좋겠소?"

7 그들이 대답했습니다. "왕은 오늘 이 백성들에게 종이 하는 것처럼 그들을 섬겨야 합니다. 그들에게 친절한 말로 대답해 주십시오. 그러면 그들이 언제나 왕을 섬길 것입니다."

8 그러나 르호보암은 그들의 충고를 듣지 않고, 자기와 함께 자라 자기를 섬기고 있는 젊은 사람들과 의논을 했습니다.

9 르호보암이 그들에게 말했습니다. "백성이 '왕의 아버지처럼 우리에게 고된 일을 시키지 마십시오'라고 말하고 있는데, 내가 어떻게 대답하면 좋겠소? 그대들의 생각은 어떠하오?"

10 내 새끼손가락이 내 아버지의 허리보다 굵으니 이 말은 르호보암이 아버지 솔로몬보다 훨씬 능력이 많다는 의미다. 즉, 르호보암의 능력에 과장된 찬사를 보내기 위한 비유적 표현이다. 원로들의 충정 어린 자문이 노련한 경험에서 나온 지혜로운 것이었음에 반해, 젊은 사람들의 조언은 아첨으로 가득 찼다.

11 나는 너희의 멍에를 더욱 무겁게 할지라 르호보암은 유화책을 조언한 원로들의 권면을 거절하고 강경책을 선택한다. 자기를 비워 섬김의 자리로 내려가는 대신 백성을 엄하게 다스리는 힘의 통치를 강행한다.

10 왕과 함께 자란 젊은 사람들이 대답했습니다. "이 백성이 왕에게 '왕의 아버지는 우리에게 매우 고된 일을 시켰지만 왕은 우리의 일을 덜어 주십시오'라고 말했습니다. 그러니 왕은 이렇게 말하십시오. '내 새끼손가락은 내 아버지의 허리보다 더 굵다.

11 내 아버지는 너희에게 고된 일을 시켰지만, 나는 너희에게 훨씬 더 고된 일을 시키겠다. 내 아버지는 너희를 가죽 채찍으로 쳤지만, 나는 너희를 가시 돋친 채찍으로 치겠다.'"

저자의 묵상

여로보암이 이끄는 백성의 대표가 세겜에서 르호보암에게 요구한 조건은 간단했다. 솔로몬이 강행한 고통스러운 노역을 가볍게 해달라는 것이었다. 막 왕좌에 오른 르호보암에게 이것은 처음 맞는 중대한 고비였고 시험이었다. 이스라엘 왕국의 찬란한 영화를 마음껏 누리면서 성장한 젊은 왕자 르호보암은, 왕이 된다는 것이 막강한 권력을 휘두르는 것으로만 알았을 것이다. 그런데 정작 왕이 되고 나서 가장 먼저 맞닥뜨린 것은 참고 참았던 백성의 불만이었다. 르호보암은 3일의 말미를 달라고 한다. 이런 중대한 문제를 그 자리에서 답하지 않고, 여러 사람의 조언을 듣고 생각할 여유를 갖기 위해 답변을 미룬 것은 아주 지혜로운 결정이었다. 그는 원로들과 젊은 신하들의 의견을 다 경청하는 신중함을 보였다. 그러나 선택은 매우 어리석었다. 선택의 순간에 하나님이 주시는 지혜로 그 지식과 정보를 정확하게 분석하여 올바른 결정을 내리는 것이 중요하다.

무릎기도 하나님, 인생에서 중요한 선택을 해야 할 때, 주님의 뜻을 구하며 결정하는 지혜를 허락하소서. 우리의 생각이 아닌 하나님의 뜻대로 살아가기 원합니다.

NLT - 1 Kings 12

1 Rehoboam went to Shechem, where all Israel had gathered to make him king.

2 When Jeroboam son of Nebat heard of this, he returned from Egypt,* for he had fled to Egypt to escape from King Solomon.

3 The leaders of Israel summoned him, and Jeroboam and the whole assembly of Israel went to speak with Rehoboam.

4 "Your father was a hard master," they said. "Lighten the harsh labor demands and heavy taxes that your father imposed on us. Then we will be your loyal subjects."

5 Rehoboam replied, "Give me three days to think this over. Then come back for my answer." So the people went away.

6 Then King Rehoboam discussed the matter with the older men who had counseled his father, Solomon. "What is your advice?" he asked. "How should I answer these people?"

7 The older counselors replied, "If you are willing to be a servant to these people today and give them a favorable answer, they will always be your loyal subjects."

8 But Rehoboam rejected the advice of the older men and instead asked the opinion of the young men who had grown up with him and were now his advisers.

9 "What is your advice?" he asked them. "How should I answer these people who want me to lighten the burdens imposed by my father?"

10 The young men replied, "This is what you should tell those complainers who want a lighter burden: 'My little finger is thicker than my father's waist!

11 Yes, my father laid heavy burdens on you, but I'm going to make them even heavier! My father beat you with whips, but I will beat you with scorpions!'"

* 12:2 As in Greek version and Latin Vulgate (see also 2 Chr 10:2); Hebrew reads *he lived in Egypt.*

2 escape 탈출하다 3 summon 소환하다, 불러내다 assembly 의회, 집회 4 harsh 가혹한, 거친 impose on ~ ~에게 부과하다 loyal 충성스러운 subject 신하 6 discuss … with ~ ~와 …를 논하다 counsel 충고하다, 조언하다 7 be willing to ~ ~할 의지가 있다 favorable 유리한, 호의적인 8 reject 거부하다 opinion 의견 grow up with ~ ~와 함께 자라다 9 burden 부담, 짐 10 complainer 불평을 말하는 사람 thicker than ~ ~보다 굵은 11 whip 때리다, 휘몰아치다 scorpion 가시 달린 채찍

• MEMO •

☐ 묵상 체크

31 이스라엘의 분열

월 일

열왕기상 12:12-24 • 새찬송 387장 | 통일 440장

• 말씀묵상 전에 성령님의 인도하심을 구하는 기도를 드리십시오.

본문요약 I 르호보암이 젊은 측근들의 조언대로 백성의 요구를 거절한다. 이에 북쪽 열 지파가 르호보암에게 등을 돌리고 여로보암을 왕으로 추대한다. 르호보암은 그들과 전쟁하려고 하지만 하나님이 막으신다. 마침내 이스라엘은 남북 왕국으로 분열된다.

12 삼 일 만에 여로보암과 모든 백성이 르호보암에게 나아왔으니 이는 왕이 명령하여 이르기를 삼 일 만에 내게로 다시 오라 하였음이라

13 왕이 포학한 말로 백성에게 대답할새 노인의 자문을 버리고

14 어린 사람들의 자문을 따라 그들에게 말하여 이르되 내 아버지는 너희의 멍에를 무겁게 하였으나 나는 너희의 멍에를 더욱 무겁게 할지라 내 아버지는 채찍으로 너희를 징계하였으나 나는 전갈 채찍으로 너희를 징치하리라 하니라

15 왕이 이같이 백성의 말을 듣지 아니하였으니 이 일은 여호와께로 말미암아 난 것이라 여호와께서 전에 실로 사람 아히야로 느밧의 아들 여로보암에게 하신 말씀을 이루게 하심이더라

16 온 이스라엘이 자기들의 말을 왕이 듣지 아니함을 보고 왕에게 대답하여 이르되 우리가 다윗과 무슨 관계가 있느냐 이새의 아들에게서 받을 유산이 없도다 이스라엘아 너희의 장막으로 돌아가라 다윗이여 이제 너는 네 집이나 돌아보라 하고 이스라엘이 그 장막으로 돌아가니라

17 그러나 유다 성읍들에 사는 이스라엘 자손에게는 르호보암이 그들의 왕이 되었더라

18 르호보암 왕이 역군의 감독 아도람을 보냈더니 온 이스라엘이 그를 돌로 쳐 죽인지라 르호보암 왕이 급히 수레에 올라 예루살렘으로 도망하였더라

19 이에 이스라엘이 다윗의 집을 배반하여 오늘까지 이르렀더라

20 온 이스라엘이 여로보암이 돌아왔다 함을 듣고 사람을 보내 그를 공회로 청하여 온 이스라엘의 왕으로 삼았으니 유다 지파 외에는 다윗의 집을 따르는 자가 없으니라

21 르호보암이 예루살렘에 이르러 유다 온 족속과 베냐민 지파를 모으니 택한 용사가 십팔만 명이라 이스라엘 족속과 싸워 나라를 회복하여 솔로몬의 아들 르호보암에게 돌리려 하더니

22 하나님의 말씀이 하나님의 사람 스마야에게 임하여 이르시되

23 솔로몬의 아들 유다 왕 르호보암과 유다와 베냐민 온 족속과 또 그 남은 백성에게 말하여 이르기를

24 여호와의 말씀이 너희는 올라가지 말라 너희 형제 이스라엘 자손과 싸우지 말고 각기 집으로 돌아가라 이 일이 나로 말미암아 난 것이라 하셨다 하라 하신지라 그들이 여호와의 말씀을 듣고 그 말씀을 따라 돌아갔더라

1. 오늘 하나님께서 나에게 주신 깨달음은 무엇입니까?

2. 말씀을 어떻게 내 삶에 구체적으로 적용해야 합니까?

절별 해설

13-14 왕이 포학한 말로 백성에게 대답할새 노인의 자문을 버리고 어린 사람들의 자문을 따라 그들에게 말하여 이르되 르호보암은 백성을 섬기고 좋은 말로 대답하라는 원로들의 조언을 거절하고, 젊은 친구들의 말에 따라 포악한 말로 더 혹독한 통치를 예고한다.

15, 24 이 일은 여호와께로 말미암아 난 것이라 이는 하나님이 사람의 잘못까지도 사용하셔서 그분의 뜻을 이루신다는 의미다. 솔로몬이 우상숭배로 하나님과의 언약을 깨뜨린 죄를 징계하신다는 뜻이다(잠 16:4).

15 여호와께서 전에 실로 사람 아히야로 느밧의 아들 여로보암에게 하신 말씀을 이루게 하심이더라 하나님은 이스라엘을 둘로 나누신다. 르호보암이 18만 용사로 북이스라엘을 제압하여 되돌리려고 하지만 하나님이 막으신다. 르호보암이 의지할 것은 18만 용사가 아니라 하나님이고, 꺾어야 할 것은 북이스라엘이 아니라 자기 오만이며, 되돌려야 할 것은 깨어진 나라가 아니라 우상숭배에 물든 나라였다.

16 우리가 다윗과 무슨 관계가 있느냐 어리석은 르호보암으로 인해 다윗과 그 아버지 이새까지 다 거명되며 욕을 먹는다.

17 그러나 유다 성읍들에 사는 이스라엘 자손에게는 르호보암이 그들의 왕이 되었더라 다윗 왕과 북쪽 이스라엘 간에 맺은 헤브론 약속(삼하 5:1-3)을 르호보암이 어긴 것을 확인하고, 북쪽 지파들은 남쪽 유다 지파와의 관계 단절을 선언한다. 르호보암은 남쪽의 유다 지파와 베냐민 지파만의 왕으로 전락하고, 북이스라엘은 여로보암을 왕으로 추대한다. 이로써 온 세상이 부러워했던 강대한 나라 이스라엘은 1세기도 못 가서 조각나고 만다.

18 르호보암 왕이 역군의 감독 아도람을 보냈더니 온 이스라엘이 그를 돌로 쳐 죽인지라 북쪽 열 지파의 단호하고 거센 반발에 르호보암은 부하 아도람을 보내 수습하려고 한다. 그러나 무리한 부역과 세금 때문에 불만을 토로한 백성을 화나게 만들고 그 현장을 지휘했던 아도람을 중재자로 보냈으니, 백성은 더더욱 격분할 수밖에 없었다. 백성은 아도람을 돌로 쳐 죽이고 르호보암까지 죽이려고 몰려든다. 이에 르호보암은 간신히 예루살렘으로 도망친다.

쉬운성경

12 르호보암이 백성에게 "삼 일 뒤에 다시 오라"고 말했으므로, 모든 백성이 삼 일 뒤에 다시 르호보암에게 왔습니다.

13 르호보암 왕은 백성에게 무자비한 말을 했습니다. 르호보암은 나이 든 지도자들의 충고를 듣지 않고

14 젊은 사람들이 일러 준 대로 말했습니다. "내 아버지는 너희에게 힘든 일을 시켰지만, 나는 너희에게 훨씬 더 힘든 일을 시키겠다. 내 아버지는 너희를 가죽 채찍으로 쳤지만, 나는 너희를 가시 돋친 채찍으로 치겠다."

15 이처럼 르호보암 왕은 백성이 원하는 것을 들어주지 않았습니다. 이 일은 여호와께서 그렇게 되도록 하신 것이었는데, 이는 실로 사람 아히야를 통해 느밧의 아들 여로보암에게 하신 약속을 이루시기 위함이었습니다.

16 이스라엘 모든 백성은 새 왕이 자기들의 말을 듣지 않으려는 것을 보고 왕에게 이렇게 대답했습니다.

> "우리가 다윗과 무슨 관계가 있느냐?
> 우리는 이새의 아들과 상관이 없다.
> 이스라엘 백성아, 우리 집으로 돌아가자. 다윗의 아들이여, 이제 네 가족이나 다스려라."

이스라엘 백성은 집으로 돌아갔습니다.

17 그러나 유다의 여러 마을에 사는 이스라엘 백성만은 르호보암을 왕으로 섬겼습니다.

18 아도니람은 강제로 동원된 일꾼들을 감독하는 사람이었습니다. 르호보암 왕이 아도니람을 백성에게 보냈습니다. 모든 이스라엘 백성이 돌을 던져 아도니람을 죽였습니다. 그러자 르호보암 왕은 서둘러 수레를 타고 예루살렘으로 도망쳤습니다.

19 그때부터 이스라엘은 다윗의 집안을 반역하기 시작하여 오늘날까지 이르게 되었습니다.

20 모든 이스라엘 백성은 여로보암이 돌아왔다는 소식을 듣고 사람을 보내어 그를 이스라엘 백성의 모임에 나오게 하였습니다.

22-24 하나님의 말씀이 하나님의 사람 스마야에게 임하여 이르시되, 이 일이 나로 말미암아 난 것이라 하셨다 하라 하신지라 엄청난 내란과 동족상잔의 비극이 일어날 상황에서 하나님의 말씀이 스마야라는 선지자를 통해 임한다. 이 일은 하나님이 하신 일이기에 서로 싸우지 말고 각자 집으로 돌아가 분열왕국을 현실로 받아들이라는 말씀이다.

그들은 그를 온 이스라엘의 왕으로 세웠습니다. 그러나 유다 지파는 여전히 다윗의 집안을 따랐습니다.

21 르호보암은 예루살렘에 이르러서 유다와 베냐민 지파를 모았습니다. 그러자 십팔만 명의 군사가 모였습니다. 르호보암은 이스라엘 백성과 싸워 자기 나라를 되찾으려 했습니다.

22 하나님께서 하나님의 사람 스마야에게 말씀하셨습니다.

23 "유다 왕 솔로몬의 아들 르호보암에게 전하여라. 그리고 유다와 베냐민 백성과 그 밖의 모든 백성에게 전하여라.

24 '너는 너희 형제인 이스라엘 백성과 싸우러 나가지 마라. 모두 집으로 돌아가거라. 이 일은 나의 뜻대로 된 일이다.'" 그러자 르호보암의 군대 사람들은 여호와의 명령에 복종했습니다. 그들은 여호와의 말씀대로 모두 집으로 돌아갔습니다.

저자의 묵상

젊은 왕 르호보암은 3일 뒤에 모여든 이스라엘 열 지파 대표들에게 오만한 태도로 젊은 참모들의 의견을 그대로 통보한다. 그로 인한 후폭풍은 매우 컸다. 능력과 지혜는 아버지 솔로몬에 한참 못 미치는 왕이 훨씬 독하고 잔인하니 누가 그 지도력을 따르겠는가? 르호보암의 독설을 들은 백성의 대표들은 왕과 결별을 선언했다. 다윗과 솔로몬이 피땀 흘려 이룩한 통일 이스라엘 왕국은 르호보암의 어리석은 결정으로 순식간에 두 동강이 나고 말았다. 더욱이 르호보암은 왕국이 분열되어 가는데도 하나님의 간섭하심을 깨닫지 못하고, 도리어 백성의 반감을 사고 있는 감독 아도람을 보내 결국 그를 죽게 만들었다. 어리석은 지도자의 잘못된 결정이 가져오는 파장은 이렇게 크다. 무엇인가를 결정하거나 선택할 때는 하나님의 뜻을 묻고 하나님의 뜻에 따라 결정해야 한다.

무릎 기도 하나님, 이 땅의 정치·종교 지도자들에게 하늘과 백성의 소리를 듣는 귀와 겸손한 마음, 그리고 선한 분별력을 주소서. 그들을 위해 먼저 기도하게 하소서.

NLT - 1 Kings 12

12 Three days later Jeroboam and all the
people returned to hear Rehoboam's
decision, just as the king had ordered.
13 But Rehoboam spoke harshly to the people,
for he rejected the advice of the older
counselors
14 and followed the counsel of his younger
advisers. He told the people, "My father laid
heavy burdens on you, but I'm going to
make them even heavier! My father beat you
with whips, but I will beat you with scorpions!"
15 So the king paid no attention to the people.
This turn of events was the will of the LORD,
for it fulfilled the LORD's message to Jeroboam
son of Nebat through the prophet Ahijah
from Shiloh.
16 When all Israel realized that the king had
refused to listen to them, they responded,
"Down with the dynasty of David! We have
no interest in the son of Jesse. Back to your
homes, O Israel! Look out for your own
house, O David!" So the people of Israel
returned home.
17 But Rehoboam continued to rule over the
Israelites who lived in the towns of Judah.
18 King Rehoboam sent Adoniram,* who was in
charge of forced labor, to restore order, but
the people of Israel stoned him to death.
When this news reached King Rehoboam,
he quickly jumped into his chariot and fled to
Jerusalem.
19 And to this day the northern tribes of Israel
have refused to be ruled by a descendant of
David.
20 When the people of Israel learned of
Jeroboam's return from Egypt, they called an
assembly and made him king over all Israel.
So only the tribe of Judah remained loyal to
the family of David.
21 When Rehoboam arrived at Jerusalem, he
mobilized the men of Judah and the tribe of
Benjamin—180,000 select troops—to fight
against the men of Israel and to restore the
kingdom to himself.
22 But God said to Shemaiah, the man of God,
23 "Say to Rehoboam son of Solomon, king of
Judah, and to all the people of Judah and
Benjamin, and to the rest of the people,
24 'This is what the LORD says: Do not fight
against your relatives, the Israelites. Go back
home, for what has happened is my doing!'"
So they obeyed the message of the LORD
and went home, as the LORD had com-
manded.

* 12:18 As in some Greek manuscripts and Syriac version (see also 4:6; 5:14); Hebrew reads *Adoram*.

12 decision 결정 13 harshly 맹비난, 심하게 reject 거부하다 14 burden 부담, 짐 beat … with ~ …를 ~로 치다 scorpion 가시 달린 채찍 15 pay attention to ~ ~을 주의하다 fulfill 다하다, 성취하다 16 respond 대답하다 down with ~ ~을 타도하다 dynasty 왕조 18 be in charge of ~ ~을 맡다 labor 노동, 근로 restore 복원하다 chariot 전차 19 to this day 오늘날까지 descendant 후손 20 assembly 의회, 집회 remain loyal to ~ ~에게 충성을 유지하다 21 mobilize 전시 동원하다 troop 군대, 무리 24 relative 친척, 동족

• MEMO •

☐ 묵상 체크

32 하나님을 배신한 여로보암

월 일

열왕기상 12:25-33 • 새찬송 135장 | 통일 133장

• 말씀묵상 전에 성령님의 인도하심을 구하는 기도를 드리십시오.

본문요약 | 북이스라엘을 통치하면서 여로보암은 북이스라엘이 다시 다윗의 나라가 될 것을 염려한다. 나라의 안전은 하나님께 대한 순종과 충성에 달려 있다고 했는데도, 여로보암은 하나님을 신뢰하지 못하고 세겜과 단에 금송아지를 만들어 숭배하게 한다.

25 여로보암이 에브라임 산지에 세겜을 건축
하고 거기서 살며 또 거기서 나가서 부느
엘을 건축하고
26 그의 마음에 스스로 이르기를 나라가 이
제 다윗의 집으로 돌아가리로다
27 만일 이 백성이 예루살렘에 있는 여호와
의 성전에 제사를 드리고자 하여 올라가
면 이 백성의 마음이 유다 왕 된 그들의
주 르호보암에게로 돌아가서 나를 죽이고
유다의 왕 르호보암에게로 돌아가리로다
하고
28 이에 계획하고 두 금송아지를 만들고 무
리에게 말하기를 너희가 다시는 예루살렘
에 올라갈 것이 없도다 이스라엘아 이는
너희를 애굽 땅에서 인도하여 올린 너희
의 신들이라 하고
29 하나는 벧엘에 두고 하나는 단에 둔지라
30 이 일이 죄가 되었으니 이는 백성들이 단
까지 가서 그 하나에게 경배함이더라
31 그가 또 산당들을 짓고 레위 자손 아닌 보
통 백성으로 제사장을 삼고
32 여덟째 달 곧 그달 열다섯째 날로 절기를
정하여 유다의 절기와 비슷하게 하고 제
단에 올라가되 벧엘에서 그와 같이 행하
여 그가 만든 송아지에게 제사를 드렸으
며 그가 지은 산당의 제사장을 벧엘에서
세웠더라
33 그가 자기 마음대로 정한 달 곧 여덟째 달
열다섯째 날로 이스라엘 자손을 위하여
절기로 정하고 벧엘에 쌓은 제단에 올라
가서 분향하였더라

1. 오늘 하나님께서 나에게 주신 깨달음은 무엇입니까?

2. 말씀을 어떻게 내 삶에 구체적으로 적용해야 합니까?

절별 해설

25 세겜, 부느엘 북이스라엘의 왕이 된 여로보암이 가장 먼저 한 일은 세겜을 수도로 정한 것이다. 세겜은 아브라함 시대 때부터 이스라엘의 유서 깊은 지역으로, 북이스라엘의 동과 서를 잇는 전략적인 곳이기도 했다. 그러나 여로보암은 얼마 안 가 어떤 이유에서인지 부느엘로 수도를 옮긴다. 이곳 역시 이스라엘 역사에서 큰 의미가 있다. 야곱이 이곳에서 하나님과 씨름한 적이 있다. 부느엘은 요단강 동편, 얍복 강변에 위치했다. 길르앗에서 다메섹(다마스쿠스)으로 가는 길이 이 지역에 걸쳐 있었다. 여로보암이 이곳으로 행정수도를 옮긴 것은, 북쪽 침략자들로부터 길르앗을 보호하기 위해서라는 해석도 있고, 시간이 지나면서 강해지고 있는 애굽의 바로 시삭의 영향력에서 벗어나기 위한 조치였다는 주장도 있다.

26-27 그의 마음에 스스로 이르기를 나라가 이제 다윗의 집으로 돌아가리로다 여로보암은 북이스라엘을 통치하면서 큰 걱정거리가 하나 있었다. 여호와의 성전이 예루살렘에 있는 한 이스라엘 남자들이 예루살렘을 방문하지 않을 수 없었고, 그들이 예루살렘을 방문할 때마다 르호보암이 그들을 상대로 정치적인 공세 등을 통하여 영향력을 행사할 거라는 걱정이었다. 그래서 여로보암은 온갖 수단과 방법을 동원해 백성이 예루살렘으로 순례 가는 것 자체를 원천적으로 봉쇄하려 했다. 여로보암은 백성이 율법에 순종하는 삶을 사는 것보다 자신의 왕권 유지에 관심이 더 많았다.

28-29 두 금송아지를 만들고, 하나는 벧엘에 두고 하나는 단에 둔지라 여로보암은 자신의 정치적 입지를 강화하기 위해 북이스라엘 최남단 벧엘과 최북단 단에 금송아지를 만든다. 여로보암은 이 금송아지들이 바로 그들의 조상을 애굽에서 구해 낸 신이라고 한다. 사실 금송아지는 그 당시의 문화적 상황에서 보면 다산 종교와 밀접한 관련이 있다. 소의 형상은 강력한 힘과 능력을 나타내는 전통적인 상징이었다. 그래서 모세가 시내산 정상에서 내려오지 않았을 때도 금송아지를 만든 것이다.

31-32 레위 자손 아닌 보통 백성으로 제사장을 삼고 여덟째 달 곧 그달 열다섯째 날로 절기를 정하여 유다의 절기와 비슷하게 하고 여로보암은 이스라엘 백성에게 최대한의 종교적 편의를 제공하기 위해 여러 산당을 지었다. 또 남유다의 종교와 차별을 두기 위해 레위 지파가 아닌 일반 사람을 제사장으로 임명한다. 그뿐 아니라 7월 15일(히브리 종교력)에 지켜야 할 초막절을 8월 15일로 변경해 지키게 한다. 여로보암의 모든 정책은 종교적 원칙과 풍습을 철저히 배제했다. 이로써 북이스라엘과 남유다는 정치적 종교적으로 완전히 독립된 두 국가가 된다. 여로보암에게는 살아계신 하나님은 없고 왕권 유지를 위해 자신이 조종하고 이용할 하나님만 있었다.

쉬운성경

25 여로보암은 에브라임 산지에 있는 세겜 성을 건축하고 그곳에서 살았습니다. 그리고 그곳에서 나와 부느엘 성을 세웠습니다.

26 여로보암이 속으로 생각했습니다. '이 나라가 다시 다윗의 집으로 돌아갈지도 모르겠다.

27 백성은 앞으로도 예루살렘에 있는 여호와의 성전으로 제사드리러 갈 것이다. 그렇게 가다 보면 그들의 마음이 다시 유다 왕 르호보암에게 기울어질지도 모른다. 결국 그들은 나를 죽이고 유다 왕 르호보암을 따를 것이다.'

28 여로보암 왕은 신하들과 의논한 끝에 금송아지 두 개를 만들고 백성에게 말했습니다. "예루살렘으로 가서 예배드리는 것은 너무 어려운 일이다. 이스라엘아, 너희를 이집트에서 인도해 내신 너희의 신이 여기에 계시다."

29 여로보암 왕은 금송아지 하나를 벧엘 성에 두고 다른 하나는 단 성에 두었습니다.

30 이 일은 여호와께 매우 큰 죄가 되었습니다. 백성은 단까지 가서 그곳의 금송아지 앞에 예배드렸습니다.

31 여로보암은 여러 산당을 지었습니다. 그리고 레위 사람이 아닌 보통 백성 가운데서 제사장을 뽑았습니다.

32 여로보암은 여덟째 달 십오 일*에 새로운 절기를 정했습니다. 그 절기는 유다의 절기와 비슷하게 지켜졌습니다. 여로보암은 그 절기 때에 제단 위에 제물을 바쳤습니다. 그리고 그는 그가 만든 벧엘의 송아지에게 제물을 바쳤습니다. 그는 또 그가 뽑은 산당의 제사장들을 벧엘의 제사장으로 일하게 했습니다.

33 여로보암은 자기 마음대로 정한 여덟째 달 십오 일 절기 때에 자기가 만든 벧엘의 제단에 가서 제물을 바쳤습니다. 이처럼 그는 이스라엘 백성을 위해 절기를 정하고 제단으로 올라가 향을 피웠습니다.

* 12:32 이 날은 10월 말에서 11월 초 사이에 해당된다.

저자의 묵상

하나님은 여로보암에게 이스라엘 열 지파를 주겠다고 예언하시면서 다윗과 같이 될 수 있는 기회를 주셨다. 여로보암이 하나님 말씀에 순종하고 율법대로 살아가기만 하면, 다윗과 그의 후손이 누린 만큼이나 크고 영원한 복을 누릴 것이라 약속하셨다. 그러나 여로보암은 하나님께 이스라엘의 열 지파를 받자마자 등을 돌렸다. 여로보암은 처음부터 자신이 탁월한 정치력을 발휘했거나 자격이 있어서 왕이 된 것이 아니고, 하나님이 솔로몬의 죄악을 심판하는 징계의 수단으로 자신을 선택하신 것을 잊어버린 것이다. 여로보암이야말로 솔로몬의 우상숭배가 나라를 분열시켰다는 것을 누구보다 잘 알았을 것이다. 하나님을 잘 섬기면 다윗이 누린 복을 주겠다는 말씀을 망각하고 배은망덕한 길을 걸어간 여로보암은 오늘을 살아가고 있는 우리의 모습이기도 하다. 늘 말씀 앞에 자신을 비추며 성찰하는 자세가 필요하다.

무릎 기도 하나님, 말씀에 순종하고 그 말씀대로 살아갈 수 있는 지혜와 힘을 허락하소서. 주님을 의지하며 주께서 늘 함께하심을 기억하게 하소서.

NLT - 1 Kings 12

25 Jeroboam then built up the city of Shechem in the hill country of Ephraim, and it became his capital. Later he went and built up the town of Peniel.*

26 Jeroboam thought to himself, "Unless I am careful, the kingdom will return to the dynasty of David.

27 When these people go to Jerusalem to offer sacrifices at the Temple of the LORD, they will again give their allegiance to King Rehoboam of Judah. They will kill me and make him their king instead."

28 So on the advice of his counselors, the king made two gold calves. He said to the people,* "It is too much trouble for you to worship in Jerusalem. Look, Israel, these are the gods who brought you out of Egypt!"

29 He placed these calf idols in Bethel and in Dan—at either end of his kingdom.

30 But this became a great sin, for the people worshiped the idols, traveling as far north as Dan to worship the one there.

31 Jeroboam also erected buildings at the pagan shrines and ordained priests from the common people—those who were not from the priestly tribe of Levi.

32 And Jeroboam instituted a religious festival in Bethel, held on the fifteenth day of the eighth month,* in imitation of the annual Festival of Shelters in Judah. There at Bethel he himself offered sacrifices to the calves he had made, and he appointed priests for the pagan shrines he had made.

33 So on the fifteenth day of the eighth month, a day that he himself had designated, Jeroboam offered sacrifices on the altar at Bethel. He instituted a religious festival for Israel, and he went up to the altar to burn incense.

* 12:25 Hebrew *Penuel*, a variant spelling of Peniel.

* 12:28 Hebrew *to them*.

* 12:32 This day of the ancient Hebrew lunar calendar occurred in late October or early November, exactly one month after the annual Festival of Shelters in Judah (see Lev 23:34).

25 capital 수도, 자본 26 dynasty 왕조 27 sacrifice 제물 give allegiance to ~ ~에 충성하다 28 on the advice of ~ ~의 조언을 받아 calf 송아지 29 idol 우상 31 erect 세우다 pagan 이교도 shrine 성지, 제단 ordain 정하다, 명령하다 priestly 성직자의 tribe 부족, 집단 32 institute 제정하다 religious 종교의 imitation 모조품 33 designate 지정하다 incense 향

33 하나님의 사람의 심판 선언

월 일

열왕기상 13:1-10 • 새찬송 502장 | 통일 259장

• 말씀묵상 전에 성령님의 인도하심을 구하는 기도를 드리십시오.

본문요약 | 벧엘에서 제사하고 있는 여로보암에게 하나님의 사람이 나타나 약 300년 후 유다 왕 요시야 때에 있을 심판을 선포한다. 이에 제단이 갈라지고 재가 쏟아지는 징조가 나타나 선언의 확실성을 증명한다. 그럼에도 여로보암은 마지막까지 하나님의 사람을 대적하고 자신의 죄를 회개하지 않는다.

1 보라 그때에 하나님의 사람이 여호와의
말씀으로 말미암아 유다에서부터 벧엘에
이르니 마침 여로보암이 제단 곁에 서서
분향하는지라
2 하나님의 사람이 제단을 향하여 여호와의
말씀으로 외쳐 이르되 제단아 제단아 여
호와께서 이와 같이 말씀하시기를 다윗의
집에 요시야라 이름하는 아들을 낳으리니
그가 네 위에 분향하는 산당 제사장을 네
위에서 제물로 바칠 것이요 또 사람의 뼈
를 네 위에서 사르리라 하셨느니라 하고
3 그날에 그가 징조를 들어 이르되 이는 여
호와께서 말씀하신 징조라 제단이 갈라지
며 그 위에 있는 재가 쏟아지리라 하매
4 여로보암 왕이 하나님의 사람이 벧엘에
있는 제단을 향하여 외쳐 말함을 들을 때
에 제단에서 손을 펴며 그를 잡으라 하더
라 그를 향하여 편 손이 말라 다시 거두지
못하며
5 하나님의 사람이 여호와의 말씀으로 보인
징조대로 제단이 갈라지며 재가 제단에서
쏟아진지라
6 왕이 하나님의 사람에게 말하여 이르되
청하건대 너는 나를 위하여 네 하나님 여
호와께 은혜를 구하여 내 손이 다시 성하
게 기도하라 하나님의 사람이 여호와께
은혜를 구하니 왕의 손이 다시 성하도록
전과 같이 되니라
7 왕이 하나님의 사람에게 이르되 나와 함
께 집에 가서 쉬라 내가 네게 예물을 주리
라
8 하나님의 사람이 왕께 대답하되 왕께서
왕의 집 절반을 내게 준다 할지라도 나는
왕과 함께 들어가지도 아니하고 이곳에서
는 떡도 먹지 아니하고 물도 마시지 아니
하리니
9 이는 곧 여호와의 말씀이 내게 명령하여
이르시기를 떡도 먹지 말며 물도 마시지
말고 왔던 길로 되돌아가지 말라 하셨음
이니이다 하고
10 이에 다른 길로 가고 자기가 벧엘에 오던
길로 되돌아가지도 아니하니라

1. 오늘 하나님께서 나에게 주신 깨달음은 무엇입니까?

2. 말씀을 어떻게 내 삶에 구체적으로 적용해야 합니까?

절별 해설

1-2 하나님의 사람이 여호와의 말씀으로 말미암아 유다에서부터 벧엘에 이르니 하나님은 여로보암의 죄에 대해 즉각 하나님의 사람을 보내 경고하신다. 하나님의 사람이 유다에서부터 왔다는 사실은, 북이스라엘에 하나님의 말씀을 제대로 대언할 선지자가 거의 없음을 보여준다. 또 여로보암은 벧엘의 산당에서 직접 제사를 주관했는데, 이는 제사장의 직무를 침해한 월권행위다. 하나님의 사람은 여로보암에게 무서운 심판을 선언한다. 심판이 임하는 날에는 산당 제사장들을 제물로 바치고 사람의 뼈를 단 위에서 불태울 것이다.

3 제단이 갈라지며 그 위에 있는 재가 쏟아지리라 하나님의 심판이 확실히 임할 것이라는 증거로, 제단이 갈라지고 그 위에 있는 재가 쏟아질 것을 선언한다. 실제로 이 경고는 약 300년 후에 그대로 성취된다. 즉, 300년 후에 태어날 유다 왕 요시야가 이 예언대로 벧엘을 침략하여 엄격하게 이들을 다스린다(왕하 23:15-20).

5 여호와의 말씀으로 보인 징조대로 제단이 갈라지며 재가 제단에서 쏟아진지라 본절은 심판 예언이 반드시 이루어질 것을 증명한다. 재는 제단 동편의 정해진 곳에 버려야 했다. 그런데 이 재가 제단에 쏟아졌다는 것은 벧엘의 단이 거룩하지 않으며, 이 제사는 부정하고 저주받은 것임을 보여준다.

6-7 왕이 하나님의 사람에게 이르되 나와 함께 집에 가서 쉬라 내가 네게 예물을 주리라 여로보암은 하나님의 사람을 강제로 붙잡아 잠자리와 선물로 유혹함으로써 하나님의 말씀에 저항한다. 그러나 힘의 상징이던 그의 손이 마비된 것처럼, 그는 하나님의 약속을 잊고 하나님을 경외하는 마음도 잃어버렸다. 여로보암은 힘으로 할 수 없으니 가식적인 환대로 하나님이 보내신 사람의 마음을 훔치려고 했을 뿐, 그의 마른 손이 회복된 것처럼 마음을 돌이키지는 않았다.

8-9 왕께서 왕의 집 절반을 내게 준다 할지라도 나는 왕과 함께 들어가지도 아니하고 이곳에서는 떡도 먹지 아니하고 물도 마시지 아니하리니 하나님의 사람은 하나님의 명령에 순종하기 위해 왕의 호의를 거절한다. 여로보암은 하나님을 버리면서도 왕위에 연연했지만, 하나님의 사람은 왕의 집 절반보다도 순종을 더 중요하게 여겼다. 더욱이 하나님의 사람은 하나님이 자신에게 먹지도 마시지도 말고 온 길로 되돌아가지도 말라고 명령하셨다는 말을 덧붙인다. 즉, 벧엘에 말씀만 선포하고 즉시 떠나라는 것이었다.

쉬운성경

1 여호와께서 하나님의 사람에게 명령하여 유다를 떠나 벧엘로 가게 하셨습니다. 그가 이르렀을 때에 여로보암은 제단 곁에 서서 제물을 바치고 있었습니다.

2 하나님의 사람이 그 제단을 향하여, 여호와의 말씀으로 외쳤습니다. "제단아, 제단아! 여호와께서 너에게 이렇게 말씀하셨다. '다윗의 집안에 요시야라는 아들이 태어날 것이다. 그는 네 위에서 제사를 드리고 있는 산당의 제사장들을 네 위에 제물로 바칠 것이며 인간의 뼈를 네 위에서 태울 것이다.'"

3 하나님의 사람은 이 일이 일어날 것이라는 증거로 "이 제단은 갈라질 것이고, 그 위의 재는 땅에 쏟아질 것이다"라고 말했습니다.

4 여로보암 왕은 하나님의 사람이 벧엘의 제단에 대해 말한 것을 듣고 제단 위에서 손을 뻗어 그 사람을 가리키며 "저 놈을 잡아라" 하고 소리쳤습니다. 그러나 왕이 내민 팔은 마비되어 움직일 수가 없었습니다.

5 곧이어 제단이 갈라지고, 그 모든 재가 땅에 쏟아졌습니다. 하나님의 사람이 말한 증거대로 일이 이루어졌습니다.

6 왕이 하나님의 사람에게 말했습니다. "나를 위해 그대의 하나님 여호와께 기도해 주시오. 제발 내 팔을 고쳐 달라고 기도해 주시오." 하나님의 사람이 여호와께 은혜를 베풀어 달라고 기도드리자, 왕의 팔은 나아서 그 전처럼 되었습니다.

7 왕이 하나님의 사람에게 말했습니다. "나와 함께 집으로 가서 음식을 듭시다. 그대에게 선물을 드리고 싶소."

8 하나님의 사람이 왕에게 대답했습니다. "왕과 함께 갈 수 없습니다. 왕이 나라의 절반을 준다 해도 갈 수 없습니다. 이곳에서는 아무것도 먹거나 마실 수 없습니다.

9 여호와께서 나에게 아무것도 먹거나 마시지 말라고 명령하셨습니다. 그리고 내가 온 길로 되돌아가지도 말라고 명령하셨습니다."

10 그래서 그 사람은 다른 길로 갔습니다. 벧엘에 올라왔던 길로 되돌아가지 않았습니다.

저자의 묵상

하나님의 사람이 선포하는 심판의 경고를 듣고도 여로보암은 자신의 죄를 깨닫지 못했다. 오히려 하나님의 사람에게 대적하였다. 여로보암은 왕의 권위로 손을 들어 "그를 잡으라"고 소리쳤다. 이러한 행위는 더 큰 하나님의 진노를 사서 곧바로 손이 마비되었다. 그리고 하나님의 사람이 예언한 대로 제단이 갈라지고 그 위에 있는 재가 쏟아져내렸다. 놀란 여로보암은 자신의 손만을 고쳐달라고 사정했을 뿐, 끝내 모든 것이 자신의 죄 때문임을 깨닫지 못했다.

한편, 여로보암의 요청대로 하나님의 사람이 기도하자 하나님은 즉시 여로보암의 마비된 손을 고쳐주셨다. 그럼에도 여로보암은 이 모든 일을 행하신 하나님의 능력을 깨닫지 못했다. 오히려 하나님의 사람을 매수하여 회유하려고 했다. 하나님의 진노를 피하려면 회개해야 할 때 회개하고 순종해야 할 때 순종해야 함을 기억하자.

무릎 기도 하나님, 날마다 자신을 스스로 성찰하여 하나님께 순종하는 일에 게으르지 않게 하소서. 순종이 제사보다 낫다고 하신 말씀을 늘 기억하기 원합니다.

NLT - 1 Kings 13

1 At the LORD's command, a man of God from Judah went to Bethel, arriving there just as Jeroboam was approaching the altar to burn incense.
2 Then at the LORD's command, he shouted, "O altar, altar! This is what the LORD says: A child named Josiah will be born into the dynasty of David. On you he will sacrifice the priests from the pagan shrines who come here to burn incense, and human bones will be burned on you."
3 That same day the man of God gave a sign to prove his message. He said, "The LORD has promised to give this sign: This altar will split apart, and its ashes will be poured out on the ground."
4 When King Jeroboam heard the man of God speaking against the altar at Bethel, he pointed at him and shouted, "Seize that man!" But instantly the king's hand became paralyzed in that position, and he couldn't pull it back.
5 At the same time a wide crack appeared in the altar, and the ashes poured out, just as the man of God had predicted in his message from the LORD.
6 The king cried out to the man of God, "Please ask the LORD your God to restore my hand again!" So the man of God prayed to the LORD, and the king's hand was restored and he could move it again.
7 Then the king said to the man of God, "Come to the palace with me and have something to eat, and I will give you a gift."
8 But the man of God said to the king, "Even if you gave me half of everything you own, I would not go with you. I would not eat or drink anything in this place.
9 For the LORD gave me this command: 'You must not eat or drink anything while you are there, and do not return to Judah by the same way you came.'"
10 So he left Bethel and went home another way.

1 at one command ~의 명령에 따라 altar 제단 incense 향 2 dynasty 왕조 sacrifice 제물로 바치다 pagan 이교도 shrine 성지, 제단 3 that same day 그날에 to prove one message ~의 메시지를 입증하다 split apart 쪼개지다 ash 재 be poured out on ~ ~에 쏟아지다 4 speak against ~ ~을 헐뜯다 seize 잡다, 장악하다 instantly 즉시 paralyze 마비시키다 pull ~ back ~을 끌어오다 5 crack 균열, 틈 predict 예측하다 6 cry out to ~ ~에게 외치다 restore 복원하다 8 even if ~ ~할지라도

☐ 묵상 체크

34 늙은 선지자의 유혹

월 일

열왕기상 13:11-19 • 새찬송 449장 | 통일 377장

• 말씀묵상 전에 성령님의 인도하심을 구하는 기도를 드리십시오.

본문요약 I 하나님의 사람은 벧엘의 늙은 선지자가 하는 거짓말에 속는다. 늙은 선지자는 천사가 자신에게 와서 하나님의 사람을 대접하라 했다고 속인다. 그러자 하나님의 사람은 하나님의 명령을 어기고 그의 집으로 들어가 먹을 것과 마실 것을 대접받는다.

11 벧엘에 한 늙은 선지자가 살더니 그의 아
들들이 와서 이날에 하나님의 사람이 벧
엘에서 행한 모든 일을 그에게 말하고 또
그가 왕에게 드린 말씀도 그들이 그들의
아버지에게 말한지라
12 그들의 아버지가 그들에게 이르되 그가
어느 길로 가더냐 하니 그의 아들들이 유
다에서부터 온 하나님의 사람의 간 길을
보았음이라
13 그가 그의 아들들에게 이르되 나를 위하
여 나귀에 안장을 지우라 그들이 나귀에
안장을 지우니 그가 타고
14 하나님의 사람을 뒤따라가서 상수리나무
아래에 앉은 것을 보고 이르되 그대가 유
다에서 온 하나님의 사람이냐 대답하되
그러하다
15 그가 그 사람에게 이르되 나와 함께 집으
로 가서 떡을 먹으라
16 대답하되 나는 그대와 함께 돌아가지도
못하겠고 그대와 함께 들어가지도 못하겠
으며 내가 이곳에서 그대와 함께 떡도 먹
지 아니하고 물도 마시지 아니하리니
17 이는 여호와의 말씀이 내게 이르시기를
네가 거기서 떡도 먹지 말고 물도 마시지
말며 또 네가 오던 길로 되돌아가지도 말
라 하셨음이로다
18 그가 그 사람에게 이르되 나도 그대와 같
은 선지자라 천사가 여호와의 말씀으로
내게 이르기를 그를 네 집으로 데리고 돌
아가서 그에게 떡을 먹이고 물을 마시게
하라 하였느니라 하니 이는 그 사람을 속
임이라
19 이에 그 사람이 그와 함께 돌아가서 그의
집에서 떡을 먹으며 물을 마시니라

1. 오늘 하나님께서 나에게 주신 깨달음은 무엇입니까?

2. 말씀을 어떻게 내 삶에 구체적으로 적용해야 합니까?

절별 해설

11 벧엘에 한 늙은 선지자가 살더니 그의 아들들이 와서 이날에 하나님의 사람이 벧엘에서 행한 모든 일을 그에게 말하고 또 그가 왕에게 드린 말씀도 그들이 그들의 아버지에게 말한지라 벧엘의 제단에서 있었던 일을 목격한 늙은 선지자의 아들들이 자신의 아버지에게 그 모든 자초지종을 말한다. '늙은 선지자' 라고 표현된 것을 볼 때, 그는 옛적에는 여호와의 선지자였지만 지금은 여로보암이 새롭게 제정한 종교를 전적으로 따르는 사람이었을 것이다.

14-15 나와 함께 집으로 가서 떡을 먹으라 늙은 선지자는 아들들에게서 하나님의 사람이 행한 일과 왕에게 전한 말을 듣고 서둘러 그 사람을 뒤쫓기 시작한다. 오래지 않아 상수리나무 밑에서 쉬고 있는 하나님의 사람을 발견하고는 집으로 초청한다. 즉, 왕이 제안한 것과 똑같이 하나님의 사람에게 잠자리와 음식을 제안한 것이다.

16-18 나는 그대와 함께 돌아가지도 못하겠고 하나님의 사람은 선지자의 제안을 분명하게 거절한다. 그러나 늙은 선지자는 포기하지 않는다. 오히려 더 적극적으로 "나도 그대와 같은 선지자"라고 거짓말하면서 하나님의 사람을 유혹한다.

18 천사가 여호와의 말씀으로 내게 이르기를 그를 네 집으로 데리고 돌아가서 그에게 떡을 먹이고 물을 마시게 하라 하였느니라 벧엘 종교를 믿는 사람을 대표하는 늙은 선지자가 거짓말을 하는 것은, 곧 북이스라엘의 종교가 거짓과 위선으로 가득 차 있음을 나타낸다. 놀랍게도 하나님의 사람은 '천사'라는 말에 깜빡 속아 넘어간다. 하나님의 말씀보다 천사의 말이 더 권위 있다고 생각했던 것 같다.

19 이에 그 사람이 그와 함께 돌아가서 그의 집에서 떡을 먹으며 물을 마시니라 하나님의 사람은 왕의 제안과 벧엘의 늙은 선지자의 첫 제안을 단호하게 거절하지만, 천사가 말했다는 거짓말과 계속되는 늙은 선지자의 유혹에 넘어가 결국 불순종의 길을 걷는다. 하나님의 사람은 자신이 직접 들은 하나님의 말씀보다 간접적으로 전해진 불분명한 예언을 더 믿었으며, 자신이 하나님께 직접 받은 예언이 있음에도 사람의 말에 쉽게 흔들렸다.

쉬운성경

11 그때에 벧엘에 늙은 예언자가 한 사람 살고 있었습니다. 그의 아들들이 와서 그날, 하나님의 사람이 한 일에 대해 이야기해 주었고, 하나님의 사람이 여로보암에게 한 말도 들려주었습니다.

12 그러자 그 아버지는 "그 사람이 어느 길로 돌아갔느냐?" 하고 물었습니다. 그의 아들들은 유다에서 온 하나님의 사람이 돌아간 길을 아버지에게 일러 주었습니다.

13 그 예언자는 아들들에게 자기 나귀에 안장을 얹어 달라고 말했습니다. 아들들이 안장을 얹어 주자, 그 예언자는 나귀를 탔습니다.

14 그는 하나님의 사람을 뒤쫓아가서 그가 상수리나무 아래에 앉아 있는 것을 발견하고 다가가서 물었습니다. "그대가 유다에서 온 하나님의 사람이오?" 그 사람이 대답했습니다. "그렇습니다. 내가 그 사람입니다."

15 예언자가 말했습니다. "나와 함께 집으로 가서 음식을 같이 드십시다."

16 그러자 하나님의 사람이 대답했습니다. "당신과 함께 돌아갈 수 없습니다. 그리고 당신의 집에 들어갈 수도 없습니다. 이곳에서 당신과 함께 무엇이든 먹거나 마실 수 없습니다.

17 여호와께서 나에게 '너는 그곳에서 아무것도 먹거나 마시지 마라. 그리고 오던 길로 다시 돌아가지 마라' 하고 말씀하셨습니다."

18 그러자 늙은 예언자가 "하지만 나도 그대와 같은 예언자요"라고 하면서 거짓말을 했습니다. "주님의 천사가 나에게 와서 그대를 내 집으로 데려가 먹을 것과 마실 것을 대접하라고 하셨소."

19 하나님의 사람은 그 늙은 예언자의 집으로 가서 그와 함께 먹고 마셨습니다.

저자의 묵상

하나님의 사람은 하나님의 명령에 따라 벧엘에 왔다. 그는 하나님의 말씀을 담대하게 전하고, 여로보암의 손을 마비되게 했다가 다시 회복시켰으며, 제단이 갈라져 재가 쏟아지는 이적까지 행했다. 그러나 그의 속마음은 여로보암이 함께 가자고 제안했던 것으로 가득 차 있었다. 그래서 결국 벧엘의 늙은 선지자의 거짓말에 속아 넘어간 것이다. 그러나 그의 마음이 여로보암의 제안에 흔들렸다고 해도 끝까지 하나님이 명령하신 대로 그곳에서 먹지도 마시지도 않고 곧장 유다로 돌아갔다면 결과는 달라졌을 것이다.

참된 그리스도인은 어떤 협박과 유혹에도 끝까지 하나님의 진리만을 선포하고 누리며 살아야 한다. 하나님의 사람의 문제는 가던 길을 멈추고 상수리나무 밑에서 쉬고 있을 때부터 시작된 것이다. 하나님은 하나님의 말씀을 끝까지 준행하는 사람과 함께하신다.

무릎기도 하나님, 처음부터 끝까지 하나님의 뜻에 순종하는 믿음의 사람이 되게 하시고, 하나님과의 친밀한 교제로 흔들리지 않는 영적 중심을 갖게 하소서.

NLT - 1 Kings 13

11 As it happened, there was an old prophet living in Bethel, and his sons* came home and told him what the man of God had done in Bethel that day. They also told their father what the man had said to the king.

12 The old prophet asked them, "Which way did he go?" So they showed their father* which road the man of God had taken.

13 "Quick, saddle the donkey," the old man said. So they saddled the donkey for him, and he mounted it.

14 Then he rode after the man of God and found him sitting under a great tree. The old prophet asked him, "Are you the man of God who came from Judah?" "Yes, I am," he replied.

15 Then he said to the man of God, "Come home with me and eat some food."

16 "No, I cannot," he replied. "I am not allowed to eat or drink anything here in this place.

17 For the LORD gave me this command: 'You must not eat or drink anything while you are there, and do not return to Judah by the same way you came.'"

18 But the old prophet answered, "I am a prophet, too, just as you are. And an angel gave me this command from the LORD: 'Bring him home with you so he can have something to eat and drink.'" But the old man was lying to him.

19 So they went back together, and the man of God ate and drank at the prophet's home.

* 13:11 As in Greek version; Hebrew reads *son.*
* 13:12 As in Greek version; Hebrew reads *They had seen.*

11 as it happened 마침, 공교롭게도 prophet 예언자 13 saddle 안장을 얹다 donkey 당나귀 mount 타다, 오르다
14 ride after ~ ~의 뒤를 쫓다 16 be allowed to ~ ~하도록 허락받다 in this place 여기에 17 command 명령
18 just as ~ 꼭 ~처럼 be lying to ~ ~에게 거짓말하고 있다

35 월 일

심판의 확실성

열왕기상 13:20-34 • 새찬송 524장 | 통일 313장

• 말씀묵상 전에 성령님의 인도하심을 구하는 기도를 드리십시오.

본문요약 I 유다에서 왔던 하나님의 사람이 사자에게 물려 죽는다. 이 소식을 들은 벧엘의 늙은 선지자는 하나님의 사람이 선포한 심판 예언이 확실함을 깨닫는다. 늙은 선지자는 죽은 그 사람을 묻어주고, 하나님의 심판이 반드시 임할 것을 아들들에게 말한다. 그러나 여로보암은 회개하지 않는다.

20 그들이 상 앞에 앉아 있을 때에 여호와의 말씀이 그 사람을 데려온 선지자에게 임하니
21 그가 유다에서부터 온 하나님의 사람을 향하여 외쳐 이르되 여호와의 말씀에 네가 여호와의 말씀을 어기며 네 하나님 여호와께서 네게 내리신 명령을 지키지 아니하고
22 돌아와서 여호와가 너더러 떡도 먹지 말고 물도 마시지 말라 하신 곳에서 떡을 먹고 물을 마셨으니 네 시체가 네 조상들의 묘실에 들어가지 못하리라 하셨느니라 하니라
23 그리고 자기가 데리고 온 선지자가 떡을 먹고 물을 마신 후에 그를 위하여 나귀에 안장을 지우니라
24 이에 그 사람이 가더니 사자가 길에서 그를 만나 물어 죽이매 그의 시체가 길에 버린 바 되니 나귀는 그 곁에 서 있고 사자도 그 시체 곁에 서 있더라
25 지나가는 사람들이 길에 버린 시체와 그 시체 곁에 선 사자를 보고 그 늙은 선지자가 사는 성읍에 가서 말한지라
26 그 사람을 길에서 데리고 돌아간 선지자가 듣고 말하되 이는 여호와의 말씀을 어긴 하나님의 사람이로다 여호와께서 그에게 하신 말씀과 같이 여호와께서 그를 사자에게 넘기시매 사자가 그를 찢어 죽였도다 하고
27 이에 그의 아들들에게 말하여 이르되 나를 위하여 나귀에 안장을 지우라 그들이 안장을 지우매
28 그가 가서 본즉 그의 시체가 길에 버린 바 되었고 나귀와 사자는 그 시체 곁에 서 있는데 사자가 시체를 먹지도 아니하였고 나귀를 찢지도 아니하였더라
29 늙은 선지자가 하나님의 사람의 시체를 들어 나귀에 실어 가지고 돌아와 자기 성읍으로 들어가서 슬피 울며 장사하되
30 곧 그의 시체를 자기의 묘실에 두고 오호라 내 형제여 하며 그를 위하여 슬피우니라
31 그 사람을 장사한 후에 그가 그 아들들에게 말하여 이르되 내가 죽거든 하나님의 사람을 장사한 묘실에 나를 장사하되 내 뼈를 그의 뼈 곁에 두라
32 그가 여호와의 말씀으로 벧엘에 있는 제단을 향하고 또 사마리아 성읍들에 있는 모든 산당을 향하여 외쳐 말한 것이 반드시 이룰 것임이니라
33 여로보암이 이 일 후에도 그의 악한 길에서 떠나 돌이키지 아니하고 다시 일반 백성을 산당의 제사장으로 삼되 누구든지 자원하면 그 사람을 산당의 제사장으로 삼았으므로
34 이 일이 여로보암 집에 죄가 되어 그 집이 땅 위에서 끊어져 멸망하게 되니라

1. 오늘 하나님께서 나에게 주신 깨달음은 무엇입니까?

2. 말씀을 어떻게 내 삶에 구체적으로 적용해야 합니까?

절별 해설

21-22 여호와의 말씀에 네가 여호와의 말씀을 어기며 네 하나님 여호와께서 네게 내리신 명령을 지키지 아니하고, 네 시체가 네 조상들의 묘실에 들어가지 못하리라 그들이 식사하는 도중에 하나님의 말씀이 늙은 선지자에게 임한다. 유다에서 온 선지자, 즉 하나님의 사람이 하나님의 말씀을 어겼기 때문에 죽어서 가족의 무덤에 묻히지 못할 것이라는 내용이다.

24 사자가 길에서 그를 만나 물어 죽이매 잠시 인간적인 욕심에 사로잡혀 사리분별을 못했던 하나님의 사람이 정신을 차리고 황급히 그곳을 떠나 집으로 향한다. 그러나 이미 하나님의 말씀은 선포되었다. 결국 하나님의 사람은 돌아가는 길에 사자에게 물려 죽는다.

25 지나가는 사람들 이 사람들은 하나님의 사람이 죽게 된 원인을 알고 두려웠을 것이다. 하나님의 말씀을 어기고 벧엘 사람과 함께 음식을 나누었다는 이유로 이러한 징벌을 받은 것이라면, 우상숭배하며 하나님께 등을 돌린 자신들에게 임할 심판이 더욱 무서우리라 확신했기 때문이다.

28-29 사자가 시체를 먹지도 아니하였고 나귀를 찢지도 아니하였더라 이 일이 하나님이 하신 일임을 알려주는 듯, 사자는 그 사람의 시체를 먹거나 옆에 있던 나귀를 해치지 않고 지켜보고만 있었다. 이 일은 늙은 선지자가 그의 시체를 가져다가 자기의 묘실에 묻는 것으로 마무리된다.

32 그가 여호와의 말씀으로, 외쳐 말한 것이 반드시 이룰 것임이니라 늙은 선지자의 마지막 말이 본문이 전하려는 메시지를 정리해 준다. 하나님의 사람이 죽은 일은, 이 사람을 통해 벧엘에 선포된 여호와의 말씀이 반드시 성취될 것임을 확인하는 징표라는 것이다.

33 여로보암이 이 일 후에도 그의 악한 길에서 떠나 돌이키지 아니하고 여로보암은 하나님의 사람에게 심판의 선언을 들었고 심판의 징조까지 보았을 뿐 아니라, 하나님의 사람이 말씀을 어겨 죽임당한 것을 보았다. 그럼에도 나쁜 짓을 계속하였다. 거듭 하나님의 경고가 오는 데도 회개하지 않았다.

쉬운성경

20 그들이 식탁에 앉아 있는데, 여호와의 말씀이 하나님의 사람을 데리고 온 늙은 예언자에게 내렸습니다.

21 늙은 예언자가 유다에서 온 하나님의 사람에게 외쳤습니다. "여호와께서 당신에게 이렇게 말씀하셨소. '너는 여호와의 말씀을 듣지 않았다. 너는 너의 하나님 여호와께서 명령하신 것을 따르지 않았다.

22 여호와께서 너에게 이곳에서는 아무것도 먹지 말고 마시지도 말라고 하셨는데, 너는 길을 돌이켜 먹기도 하고 마시기도 했다. 그러므로 너의 시체는 너의 가족 무덤에 묻히지 못할 것이다.'"

23 하나님의 사람이 먹고 마시기를 마치자, 늙은 예언자는 그의 나귀에 안장을 채워 주었습니다.

24 그 사람이 집으로 돌아가고 있는데, 사자 한 마리가 나타나 그를 물어 죽였습니다. 그의 시체는 길에 버려졌으며, 나귀와 사자가 시체 곁에 서 있었습니다.

25 마침 그때, 어떤 사람들이 그 길을 가고 있었는데, 그들은 시체 옆에 사자가 서 있는 것을 보았습니다. 그래서 그들은 늙은 예언자가 살고 있는 성으로 가서 그 사실을 알려 주었습니다.

26 하나님의 사람을 자기 집으로 데려왔던 늙은 예언자도 그 소식을 듣고 말했습니다. "그 사람은 여호와의 명령을 따르지 않았던 하나님의 사람이다. 그래서 여호와께서 전에 말씀하신 대로 사자를 보내어 그 사람을 죽이신 것이다."

27 늙은 예언자가 자기 아들들에게 말했습니다. "나귀에 안장을 채워라." 아들들은 말씀대로 했습니다.

28 늙은 예언자는 밖으로 나가서 길에 버려져 있는 그 사람의 시체를 찾아냈습니다. 그 곁에는 나귀와 사자가 서 있었습니다. 사자는 그 시체를 먹지 않았을 뿐더러 나귀도 해치지 않았습니다.

34 이 일이 여로보암 집에 죄가 되어 그 집이 땅 위에서 끊어져 멸망하게 되니라 정말 심각한 문제는 죄를 지어 하나님의 경고를 접하고도 깨닫지 못하는 것이다. 영적인 깨달음이 없으면 왜 하나님의 매를 맞는지 모르기에 파멸의 길로 갈 수밖에 없다. 여로보암이 회개하고 돌아오기를 기다리시던 하나님은 결국 그를 강력하게 징계하신다. 하나님은 여로보암이 세운 왕조가 땅에서 흔적도 없이 사라지게 하셨다.

29 늙은 예언자가 그 시체를 자기 나귀에 싣고 성으로 돌아왔습니다. 그리고 그의 죽음을 슬퍼해 주고 그를 묻어 주었습니다.

30 늙은 예언자는 그의 시체를 자기 집안 무덤에 묻었습니다. 그리고 "오, 내 형제여!" 하면서 하나님의 사람이 죽은 것을 슬퍼했습니다.

31 예언자가 그를 묻어 준 다음에 자기 아들들에게 말했습니다. "내가 죽거든 하나님의 사람이 묻혀 있는 이 무덤에 나를 묻어라. 내 뼈를 그의 뼈 옆에 두어라.

32 여호와께서 이 사람을 통해 벧엘의 제단과 사마리아의 여러 마을의 산당들에 대해 말씀하신 것은 반드시 이루어질 것이다."

33 그러나 여로보암 왕은 나쁜 짓을 그만두지 않았습니다. 그는 여전히 일반 백성 가운데서 산당의 제사장을 뽑았고, 누구든지 산당의 제사장이 되고 싶은 사람은 그렇게 될 수 있게 하였습니다.

34 이와 같이 여로보암의 집안은 죄를 지었습니다. 그 죄 때문에 그의 집안은 멸망하여 땅에서 사라졌습니다.

저자의 묵상

여로보암은 벧엘에서 하나님의 기적을 체험했다. 그러나 회개하지 않았다. 하나님의 사람이 직접 들려주는 심판의 메시지도 들었고, 손이 마비되었다가 회복되는 능력도 체험했다. 자기 눈앞에서 제단이 갈라지고 재가 쏟아지는 기적도 목도했다. 하나님의 사람이 죽음에 이른 것도 알았다. 그러나 여로보암은 끝내 하나님에게서 등을 돌렸다. 이를 통해 환상도 중요하고 기적도 소중하며 체험도 귀하지만, 그것이 참된 회개와 삶의 변화를 불러일으키는 것이 아님을 알게 된다. 그리스도인들이 사모해야 할 것은 죽은 사람을 살리고 병을 낫게 하는 기적이 아니라, 삶의 지침이 되어 우리를 진정으로 변화시키는 하나님의 말씀이다. 그 말씀으로 인해 하나님을 경외하는 겸손한 마음이 있어야 새사람이 된다.

무릎 기도 하나님, 징계가 있기 전에 죄악을 반드시 회개하게 하소서. 교만한 마음을 버리고 겸손하게 하나님을 바라보게 하소서.

NLT - 1 Kings 13

20 Then while they were sitting at the table, a command from the LORD came to the old prophet.

21 He cried out to the man of God from Judah, "This is what the LORD says: You have defied the word of the LORD and have disobeyed the command the LORD your God gave you.

22 You came back to this place and ate and drank where he told you not to eat or drink. Because of this, your body will not be buried in the grave of your ancestors."

23 After the man of God had finished eating and drinking, the old prophet saddled his own donkey for him,

24 and the man of God started off again. But as he was traveling along, a lion came out and killed him. His body lay there on the road, with the donkey and the lion standing beside it.

25 People who passed by saw the body lying in the road and the lion standing beside it, and they went and reported it in Bethel, where the old prophet lived.

26 When the prophet heard the report, he said, "It is the man of God who disobeyed the LORD's command. The LORD has fulfilled his word by causing the lion to attack and kill him."

27 Then the prophet said to his sons, "Saddle a donkey for me." So they saddled a donkey,

28 and he went out and found the body lying in the road. The donkey and lion were still standing there beside it, for the lion had not eaten the body nor attacked the donkey.

29 So the prophet laid the body of the man of God on the donkey and took it back to the town to mourn over him and bury him.

30 He laid the body in his own grave, crying out in grief, "Oh, my brother!"

31 Afterward the prophet said to his sons, "When I die, bury me in the grave where the man of God is buried. Lay my bones beside his bones.

32 For the message the LORD told him to proclaim against the altar in Bethel and against the pagan shrines in the towns of Samaria will certainly come true."

33 But even after this, Jeroboam did not turn from his evil ways. He continued to choose priests from the common people. He appointed anyone who wanted to become a priest for the pagan shrines.

34 This became a great sin and resulted in the utter destruction of Jeroboam's dynasty from the face of the earth.

21 cry out to ~ ~에게 외치다 defy 거역하다 disobey 불복종하다 22 be buried in ~ ~에 묻히다 grave 무덤 ancestor 조상 23 saddle 안장을 얹다 donkey 당나귀 24 start off 출발하다 26 fulfill 다하다, 성취하다 29 mourn over ~ ~을 애도하다 30 in grief 슬픔에 젖어 31 afterward 그 후 32 proclaim 선언하다 altar 제단 certainly 분명히, 확실히 33 common 보통의 appoint 임명하다 34 result in ~ 결과적으로 ~이 되다 utter 철저한, 완전한 destruction 파괴 dynasty 왕조

• MEMO •

36 하나님이 보시는 중심

월 일

열왕기상 14:1-11 • 새찬송 424장 | 통일 216장

• 말씀묵상 전에 성령님의 인도하심을 구하는 기도를 드리십시오.

본문요약 I 여로보암의 죄악이 극에 달하고 하나님의 사람의 죽음을 통해 심판의 확실성이 증명된 때에, 여로보암의 아들 아비야가 낫지 못할 병에 걸린다. 본문에서 다루는 이 사건은 여로보암이나 이스라엘의 상태가 어떠한지와 앞으로 닥칠 일을 미리 보여준다.

1 그때에 여로보암의 아들 아비야가 병든지라
2 여로보암이 자기 아내에게 이르되 청하건대 일어나 변장하여 사람들이 그대가 여로보암의 아내임을 알지 못하게 하고 실로로 가라 거기 선지자 아히야가 있나니 그는 이전에 내가 이 백성의 왕이 될 것을 내게 말한 사람이니라
3 그대의 손에 떡 열 개와 과자와 꿀 한 병을 가지고 그에게로 가라 그가 그대에게 이 아이가 어떻게 될지를 알게 하리라
4 여로보암의 아내가 그대로 하여 일어나 실로로 가서 아히야의 집에 이르니 아히야는 나이가 많아 눈이 어두워 보지 못하더라
5 여호와께서 아히야에게 이르시되 여로보암의 아내가 자기 아들이 병 들었으므로 네게 물으러 오나니 너는 이러이러하게 대답하라 그가 들어올 때에 다른 사람인 체함이니라
6 그가 문으로 들어올 때에 아히야가 그 발소리를 듣고 말하되 여로보암의 아내여 들어오라 네가 어찌하여 다른 사람인 체하느냐 내가 명령을 받아 흉한 일을 네게 전하리니
7 가서 여로보암에게 말하라 이스라엘의 하나님 여호와의 말씀이 내가 너를 백성 중에서 들어 내 백성 이스라엘의 주권자가 되게 하고
8 나라를 다윗의 집에서 찢어내어 네게 주었거늘 너는 내 종 다윗이 내 명령을 지켜 전심으로 나를 따르며 나 보기에 정직한 일만 행하였음과 같지 아니하고
9 네 이전 사람들보다도 더 악을 행하고 가서 너를 위하여 다른 신을 만들며 우상을 부어 만들어 나를 노엽게 하고 나를 네 등 뒤에 버렸도다
10 그러므로 내가 여로보암의 집에 재앙을 내려 여로보암에게 속한 사내는 이스라엘 가운데 매인 자나 놓인 자나 다 끊어 버리되 거름 더미를 쓸어버림같이 여로보암의 집을 말갛게 쓸어버릴지라
11 여로보암에게 속한 자가 성읍에서 죽은즉 개가 먹고 들에서 죽은즉 공중의 새가 먹으리니 이는 여호와께서 말씀하셨음이니라 하셨나니

1. 오늘 하나님께서 나에게 주신 깨달음은 무엇입니까?

2. 말씀을 어떻게 내 삶에 구체적으로 적용해야 합니까?

절별 해설

1 그때에 여로보암의 아들 아비야가 병든지라 하나님은 회개하지 않는 여로보암에 대한 징계로 아들 아비야를 치신다.

2-4 여로보암이 자기 아내에게 이르되 청하건대 일어나 변장하여 사람들이 그대가 여로보암의 아내임을 알지 못하게 하고 실로로 가라 여로보암이 아내를 변장시켜 선지자 아히야에게 보낸 것은, 단지 아들의 병에 대해 듣기 위함이 아니라 유리한 예언을 듣기 위함이다. 구약에서 변장은 흔히 하나님의 심판 예언을 피하려 할 때 사용된다. 아마 여로보암은 아들이 병들자 아들의 죽음을 염려하면서, 이 모든 일이 자신의 죄 때문임을 직감했을 것이다. 여기서 주목해야 할 것은, 아히야가 누구길래 여로보암이 아내를 변장시켜서까지 그에게 보냈는가 하는 것이다. 여로보암을 왕으로 세우겠다는 하나님의 의지를 여로보암에게 알려준 선지자가 바로 아히야였다(11:29-39). 아히야는 여로보암 당시에는 쇠퇴했지만 옛적에는 이스라엘의 북쪽 지역에서 가장 중요한 성지였던 실로에 사는 선지자였다. 한때 실로에는 하나님의 성막이 있었다. 이러한 정황을 고려할 때, 아히야는 대단한 권위를 지닌 선지자였다.

5 여호와께서 아히야에게 이르시되, 그가 들어올 때에 다른 사람인 체함이니라 하나님은 아히야에게 여로보암의 아내가 변장하고 방문할 것을 미리 알려주신다. 하나님 앞에서는 모든 것이 숨김없이 드러나고, 하나님이 정하신 것은 누구도 피할 수 없다.

6 네가 어찌하여 다른 사람인 체하느냐 여로보암의 아내는 눈이 어두운 선지자를 속이기 위해 변장했는데, 시력이 약한 선지자가 대번에 알아챘다. 이는 여로보암의 영적인 어리석음을 적나라하게 보여준다. 그는 자기를 왕으로 세우신 하나님을 여전히 모르는 어리석음을 보인다.

7-9 가서 여로보암에게 말하라, 너를 위하여 다른 신을 만들며 우상을 부어 만들어 나를 노엽게 하고 나를 네 등 뒤에 버렸도다 아히야의 예언은 고소와 형벌의 선언이라는 구약의 전형적인 심판 예언 양식을 따른다. 본절은 바로 고소 내용이다. 여로보암은 하나님의 은혜로 하나님의 백성을 다스릴 왕으로 세워지는 복을 받았다. 그러나 다윗이 온전히 행한 것처럼 온전하지 않았다. 여로보암은 여호와를 버리고 다른 신을 만들었다. 가까운 미래와 먼 미래에 있을 처벌, 즉 구체적인 심판의 내용은 10-18절에서 다룬다.

쉬운성경

1 그때에 여로보암의 아들 아비야가 병들었습니다.

2 여로보암이 자기 아내에게 말했습니다. "실로로 가서 예언자 아히야를 만나시오. 그는 전에 내가 이스라엘의 왕이 될 것이라고 말한 사람이오. 당신이 내 아내라는 것을 사람들이 모르게 변장하고 가시오.

3 그 예언자에게 빵 열 개와 과자와 꿀 한 병을 선물로 가져가시오. 그가 우리 아들이 어떻게 될 것인지 알려 줄 것이오."

4 여로보암의 아내는 그대로 했습니다. 그는 실로에 있는 아히야의 집으로 갔습니다. 아히야는 너무 늙어서 앞을 보지 못했습니다.

5 여호와께서 그에게 말씀하셨습니다. "여로보암의 아들이 병들었다. 그래서 여로보암의 아내가 그 아들에 대해 물어보려고 너에게 오고 있다. 그는 다른 사람인 것처럼 변장을 하고 올 것이다." 여호와께서는 아히야에게 무슨 말을 해야 할지 가르쳐 주셨습니다.

6 여로보암의 아내가 문에 들어서는 소리를 듣고 아히야가 말했습니다. "여로보암의 아내여, 들어오시오. 어찌하여 다른 사람인 것처럼 변장을 했소? 내가 하나님의 명령을 받아 좋지 않은 소식을 당신에게 전해야겠소.

7 돌아가서 여로보암에게 전하시오. 이스라엘의 하나님 여호와께서 이렇게 말씀하셨소. '여로보암아, 나는 너를 이스라엘 모든 백성 가운데서 뽑아 내 백성의 지도자가 되게 하였다.

8 다윗의 집안에서 나라를 쪼개어 너에게 주었다. 그러나 너는 내 종 다윗이 언제나 내 계명을 지키고 온 마음으로 나에게 복종하며 정직하게 행하였던 것처럼 살지 않았다.

10-11 내가 여로보암의 집에 재앙을 내려 여로보암에게 속한 사내는 이스라엘 가운데 매인 자나 놓인 자나 다 끊어 버리되 아히야 선지자를 통해 전해진 하나님의 말씀은 무서운 심판이었다. 내용을 요약하면 여로보암의 집이 망한다는 것이다. 집안 남자들의 시신을 개와 새가 먹게 함으로써 여로보암에 이어 왕위를 이을 사람이 없게 하고, 또 죽은 후까지 수치를 당할 것이라는 심판의 내용이다.

9 너는 너보다 먼저 나라를 다스렸던 자들보다도 더 나쁜 일을 했다. 너는 나를 배반하고 다른 신들과 우상을 만들어 나를 크게 화나게 했다.

10 그러므로 내가 여로보암 집안에 벌을 주겠다. 종이든지 자유인이든지 네 집안의 모든 남자는 다 죽이겠다. 쓰레기를 불로 태우듯이 네 집안을 완전히 멸망시키겠다.

11 네 집안 사람 가운데 성에서 죽는 사람은 개들이 그 시체를 먹을 것이요, 들에서 죽는 사람은 새들이 그 시체를 먹을 것이다.'"

저자의 묵상

여로보암은 아들 아비야가 병들자 아내를 변장시켜 선지자 아히야에게 보냈다. 여로보암은 하나님께 악을 범하고 있음을 자기 자신이 가장 잘 알고 있었기에, 아들의 안위를 직접 선지자에게 물어볼 수 없었다. 미래를 예언할 능력이 하나님께 있는데, 변장하여 정체를 숨기면 모르실 거라 생각한 여로보암의 판단은 그가 영적으로 얼마나 흐려져 있는지를 말해 준다. 또 여로보암은 자기가 만든 송아지에게서 영적 계시를 받지 못할 것을 알면서도 백성에게는 송아지 숭배를 권장했다.

여로보암이 마땅히 취했어야 할 태도는, 자식의 병을 통해 자기의 죄악을 돌아보고 하나님 앞에 회개할 길을 묻는 것이었다. 안타깝게도 끝까지 회개하지 않는 여로보암을 향한 하나님의 예언은 실로 무서웠다. 여로보암에게 주신 하나님의 은혜는 매우 컸으나, 그는 그 복을 내던져버렸다.

무릎 기도 하나님, 우리에게 주어지는 매일의 삶에서 순종을 선택할 수 있는 자가 되기를 원합니다. 주님이 항상 중심을 보신다는 사실을 기억하며 오늘도 순종의 삶을 살게 하소서.

NLT - 1 Kings 14

1 At that time Jeroboam's son Abijah became very sick.

2 So Jeroboam told his wife, "Disguise yourself so that no one will recognize you as my wife. Then go to the prophet Ahijah at Shiloh —the man who told me I would become king.

3 Take him a gift of ten loaves of bread, some cakes, and a jar of honey, and ask him what will happen to the boy."

4 So Jeroboam's wife went to Ahijah's home at Shiloh. He was an old man now and could no longer see.

5 But the LORD had told Ahijah, "Jeroboam's wife will come here, pretending to be someone else. She will ask you about her son, for he is very sick. Give her the answer I give you."

6 So when Ahijah heard her footsteps at the door, he called out, "Come in, wife of Jeroboam! Why are you pretending to be someone else?" Then he told her, "I have bad news for you.

7 Give your husband, Jeroboam, this message from the LORD, the God of Israel: 'I promoted you from the ranks of the common people and made you ruler over my people Israel.

8 I ripped the kingdom away from the family of David and gave it to you. But you have not been like my servant David, who obeyed my commands and followed me with all his heart and always did whatever I wanted.

9 You have done more evil than all who lived before you. You have made other gods for yourself and have made me furious with your gold calves. And since you have turned your back on me,

10 I will bring disaster on your dynasty and will destroy every one of your male descendants, slave and free alike, anywhere in Israel. I will burn up your royal dynasty as one burns up trash until it is all gone.

11 The members of Jeroboam's family who die in the city will be eaten by dogs, and those who die in the field will be eaten by vultures. I, the LORD, have spoken.'"

2 disguise oneself 변장하다 recognize 알아채다 3 loaf 덩어리, 빵 jar 병, 단지 5 pretend to ~ ~인 체하다 someone else 다른 누군가, 딴사람 6 footstep 발자국 7 promote 승격시키다 ruler 통치자 8 rip 찢다 9 furious 격노한 turn one back on ~ ~에 대해 등을 돌리다 10 bring disaster on ~ ~에게 재앙을 내리다 descendant 후손 slave 노예 trash 쓰레기 11 be eaten by ~ ~에게 먹히다 vulture 독수리

• MEMO •

37
월 일

여로보암 통치의 종말

열왕기상 14:12-20 • 새찬송 267장 | 통일 201장

• 말씀묵상 전에 성령님의 인도하심을 구하는 기도를 드리십시오.

본문요약 | 여로보암 집안의 심판이 아들 아비야의 죽음을 시작으로 실현되기 시작한다. 하나님의 예언은 그대로 이루어진다는 사실을 본문이 분명하게 보여준다. 하나님을 버린 여로보암의 통치는 그의 죽음으로 막을 내린다.

12 너는 일어나 네 집으로 가라 네 발이 성읍
에 들어갈 때에 그 아이가 죽을지라
13 온 이스라엘이 그를 위하여 슬퍼하며 장
사하려니와 여로보암에게 속한 자는 오
직 이 아이만 묘실에 들어가리니 이는 여
로보암의 집 가운데에서 그가 이스라엘의
하나님 여호와를 향하여 선한 뜻을 품었
음이니라
14 여호와께서 이스라엘 위에 한 왕을 일으
키신즉 그가 그날에 여로보암의 집을 끊
어 버리리라 언제냐 하니 곧 이제라
15 여호와께서 이스라엘을 쳐서 물에서 흔들
리는 갈대같이 되게 하시고 이스라엘을
그의 조상들에게 주신 이 좋은 땅에서 뽑
아 그들을 [1]강 너머로 흩으시리니 그들이
아세라 상을 만들어 여호와를 진노하게
하였음이니라
16 여호와께서 여로보암의 죄로 말미암아 이
스라엘을 버리시리니 이는 그도 범죄하고
이스라엘로 범죄하게 하였음이니라 하니
라
17 여로보암의 아내가 일어나 디르사로 돌아
가서 집 문지방에 이를 때에 그 아이가 죽
은지라
18 온 이스라엘이 그를 장사하고 그를 위하
여 슬퍼하니 여호와께서 그의 종 선지자
아히야를 통하여 하신 말씀과 같이 되었
더라
19 여로보암의 그 남은 행적 곧 그가 어떻게
싸웠는지와 어떻게 다스렸는지는 이스라
엘 왕 역대지략에 기록되니라
20 여로보암이 왕이 된 지 이십이 년이라 그
가 그의 조상들과 함께 자매 그의 아들 나
답이 대신하여 왕이 되니라

1) 유브라데 강

1. 오늘 하나님께서 나에게 주신 깨달음은 무엇입니까?

2. 말씀을 어떻게 내 삶에 구체적으로 적용해야 합니까?

절별 해설

12-13 여로보암에게 속한 자는 오직 이 아이만 묘실에 들어가리니 이는 여로보암의 집 가운데에서 그가 이스라엘의 하나님 여호와를 향하여 선한 뜻을 품었음이니라 아히야는 여로보암의 아내가 돌아가 집에 도착하는 순간 그 아들이 죽을 것이라고 예언한다. 그러나 앞으로 여로보암 집안에 임할 하나님의 심판을 감안하면 아들의 죽음은 불행이 아니라 축복이라고 한다. 여로보암 집안 사람들 가운데서 유일하게 아비야만 하나님을 기쁘게 하였으므로, 더 참혹한 일을 당하지 않고 일찍 죽도록 하나님이 배려해 주신 것이다. 이렇게 일찍 죽은 것이 오히려 복이라고 할 정도니, 앞으로 여로보암 집안에 임할 심판이 얼마나 혹독할 것인지를 짐작할 수 있다.

14 여호와께서 이스라엘 위에 한 왕을 일으키신즉 그가 그날에 여로보암의 집을 끊어 버리리라 언제냐 하니 곧 이제라 아히야는 자신이 예언하는 일이 곧 일어날 것이라고 말한다. 하나님이 여로보암의 집안을 멸망시킬 사람을 곧 세우실 것이라는 말이다. 여로보암 이후에 그의 아들 나답이 왕이 되어 2년을 통치하다가 바아사에게 죽임을 당한다는 점을 볼 때, 이 말씀은 실제로 가까운 장래에 일어나게 될 것이다.

15 여호와께서 이스라엘을 쳐서 물에서 흔들리는 갈대같이 되게 하시고, 그들을 강 너머로 흩으시리니 그들이 아세라 상을 만들어 여호와를 진노하게 하였음이니라 아히야는 지금 200여 년 후인 BC 722년의 사건을 예측한다(왕하 17장). 물에서 흔들리는 갈대같이 된다는 것은 강대국(앗수르)에 시달리는 약소국의 처지를 말한다. 흩으신다는 것은 이스라엘이 멸망한 후 앗수르로 끌려갈 것을 말해 준다. 한편, 아세라는 베니게(페니키아)와 가나안의 우상으로 풍요의 여신이다. 아세라 여신은 분열왕국 시대에 하나님을 대적하는 주요한 우상으로 등장한다. 엘리야가 활동할 즈음, 이세벨의 식탁에서 먹고 사는 아세라의 선지자는 무려 400여 명이나 되었다. 아세라 숭배는 남왕국까지 잠식해 들어갔는데, 요시야의 종교개혁이 아세라 숭배를 근절시키는 것에 초점을 둘 정도로 아세라는 심각한 우상이었다.

17 집 문지방에 이를 때에 그 아이가 죽은지라 선지자 아히야를 통해 전달된 하나님의 말씀은 정확하게 이루어진다. 여로보암의 아들은 어머니의 얼굴을 다시 보지도 못하고 곧바로 죽었다.

19 여로보암의 그 남은 행적 곧 그가 어떻게 싸웠는지와 어떻게 다스렸는지는 이스라엘 왕 역대지략에 기록되니라 여로

쉬운성경

12 아히야가 다시 여로보암의 아내에게 말했습니다. "집으로 돌아가시오. 당신이 성문에 들어설 시간에 당신 아들이 죽을 것이오.

13 온 이스라엘이 그의 죽음을 슬퍼하며 당신 아들을 묻어 줄 것이오. 여로보암의 집안 사람 가운데 그 아들만이 무덤에 묻힐 수 있을 것이오. 여로보암의 집안 사람 가운데 그 아들만 여호와를 기쁘게 했기 때문이오.

14 여호와께서 이스라엘에 새 왕을 세우실 텐데, 그 왕은 여로보암의 집안을 멸망시킬 것이오. 이 일은 곧 일어날 것이오.

15 또 여호와께서 이스라엘을 심판하셔서 이스라엘은 마치 물에 떠다니는 풀과 같이 될 것이며, 여호와께서는 그들의 조상에게 주신 좋은 땅에서 이스라엘을 쫓아내어 유프라테스 강 저쪽으로 흩어 버리실 것이오. 이런 일이 일어나는 것은 그들이 아세라 상을 만들어 섬김으로 여호와를 진노하시게 만들었기 때문이오.

16 여로보암은 자기 자신도 죄를 지었을 뿐 아니라, 이스라엘 백성에게도 죄를 짓게 했소. 그러므로 여호와께서 이스라엘 백성을 버리실 것이오."

17 여로보암의 아내는 일어나서 디르사로 돌아갔습니다. 그가 집 안으로 들어설 때에 아이가 죽었습니다.

18 온 이스라엘은 그를 묻어 주고 그의 죽음을 슬퍼했습니다. 이 모든 일이 여호와께서 그의 종 예언자 아히야를 통해서 말씀하신 대로 이루어졌습니다.

19 여로보암이 한 다른 모든 일, 곧 그가 전쟁을 하고 백성을 다스린 모든 일은 이스라엘 왕들의 역사책에 적혀 있습니다.

20 여로보암은 이십이 년 동안, 이스라엘을 다스렸습니다. 그가 죽자, 그의 아들 나답이 뒤를 이어 왕이 되었습니다.

보암의 통치는 전쟁과 다스림이라는 두 단어로 요약된다. 이스라엘 왕 역대지략이라고 말한 요약 형식은 여로보암의 통치가 종말을 고했음을 간략하게 말해 준다.

저자의 묵상

아히야 선지자가 예언한 대로 여로보암의 아들이 죽었다. 그 아들의 죽음은 아히야 선지자의 예언이 하나도 빠짐없이 그대로 이루어질 것을 보여주는 징표이기도 했다. 사람들은 그의 죽음을 애곡하고 장례를 치러주었다. 여로보암의 아들 아비야는 비록 왕위에 오르지는 못했지만, 하나님이 그 중심의 선한 뜻을 아셨다. 그의 병과 죽음이 그 자신에게는 징계가 아니었다. 또 온 이스라엘이 그를 위해 슬퍼하였다. 그러나 여로보암에 대해서는 그러한 기록이 없다. 여로보암은 끝까지 하나님을 거역하다가 죽었다. 그는 이스라엘을 22년간 통치했으며 아들 나답이 대를 이었다. 마지막까지 온전히 회개하지 않은 여로보암의 악한 행적은 본인과 가문의 비극적인 종말로 그 대가를 혹독하게 치른다. 하나님께 순종하면 복을 받고 불순종하면 멸망당한다는 진리를 다시금 깨달으면서, 순종의 삶을 살아가도록 최선을 다해야 한다.

무릎 기도 | 하나님, 여로보암과 그 가문의 비참한 종말을 교훈 삼아, 우리 가정이 하나님 말씀에 순종함으로 하나님의 크신 복을 누리게 하소서.

NLT - 1 Kings 14

12 Then Ahijah said to Jeroboam's wife, "Go on home, and when you enter the city, the child will die.

13 All Israel will mourn for him and bury him. He is the only member of your family who will have a proper burial, for this child is the only good thing that the LORD, the God of Israel, sees in the entire family of Jeroboam.

14 "In addition, the LORD will raise up a king over Israel who will destroy the family of Jeroboam. This will happen today, even now!

15 Then the LORD will shake Israel like a reed whipped about in a stream. He will uproot the people of Israel from this good land that he gave their ancestors and will scatter them beyond the Euphrates River,* for they have angered the LORD with the Asherah poles they have set up for worship.

16 He will abandon Israel because Jeroboam sinned and made Israel sin along with him."

17 So Jeroboam's wife returned to Tirzah, and the child died just as she walked through the door of her home.

18 And all Israel buried him and mourned for him, as the LORD had promised through the prophet Ahijah.

19 The rest of the events in Jeroboam's reign, including all his wars and how he ruled, are recorded in The Book of the History of the Kings of Israel.

20 Jeroboam reigned in Israel twenty-two years. When Jeroboam died, his son Nadab became the next king.

* 14:15 Hebrew *the river.*

13 mourn for ~ ~를 애도하다 bury 묻다 proper 적절한, 제대로 된 burial 매장, 묘소 in the entire family of ~ ~의 가문 전체 중에서 14 in addition 게다가 15 shake 흔들다 reed 갈대 whipped 녹초가 된 stream 강, 시내 uproot ~을 뿌리째 뽑다 ancestor 조상 scatter 흩어지다 pole 장대, 기둥 16 abandon 버리다, 포기하다 19 reign 통치 including ~을 포함해 be recorded in ~ ~에 기록되다

38 유다 왕 르호보암

월 일

열왕기상 14:21-31 • 새찬송 25장 | 통일 25장

• 말씀묵상 전에 성령님의 인도하심을 구하는 기도를 드리십시오.

본문요약 | 솔로몬의 아들 르호보암 왕 시대에 유다는 이전보다 훨씬 더 심각하게 우상을 숭배했다. 르호보암부터 모든 백성에 이르기까지 유다는 우상숭배로 철저하게 망가졌다. 결국 애굽 왕에게 성전과 왕궁의 보물을 약탈당하고, 북이스라엘과는 늘 전쟁을 벌인다.

21 솔로몬의 아들 르호보암은 유다 왕이 되었으니 르호보암이 왕위에 오를 때에 나이가 사십일 세라 여호와께서 자기 이름을 두시려고 이스라엘 모든 지파 가운데에서 택하신 성읍 예루살렘에서 십칠 년 동안 다스리니라 그의 어머니의 이름은 나아마요 암몬 사람이더라

22 유다가 여호와 보시기에 악을 행하되 그의 조상들이 행한 모든 일보다 뛰어나게 하여 그 범한 죄로 여호와를 노엽게 하였으니

23 이는 그들도 산 위에와 모든 푸른 나무 아래에 산당과 우상과 아세라 상을 세웠음이라

24 그 땅에 또 남색하는 자가 있었고 여호와께서 이스라엘 자손 앞에서 쫓아내신 국민의 모든 가증한 일을 무리가 본받아 행하였더라

25 르호보암 왕 제오 년에 애굽의 왕 시삭이 올라와서 예루살렘을 치고

26 여호와의 성전의 보물과 왕궁의 보물을 모두 빼앗고 또 솔로몬이 만든 금 방패를 다 빼앗은지라

27 르호보암 왕이 그 대신 놋으로 방패를 만들어 왕궁 문을 지키는 시위대 대장의 손에 맡기매

28 왕이 여호와의 성전에 들어갈 때마다 시위하는 자가 그 방패를 들고 갔다가 시위소로 도로 가져갔더라

29 르호보암의 남은 사적과 그가 행한 모든 일은 유다 왕 역대지략에 기록되지 아니하였느냐

30 르호보암과 여로보암 사이에 항상 전쟁이 있으니라

31 르호보암이 그의 조상들과 함께 자니 그의 조상들과 함께 다윗 성에 장사되니라 그의 어머니의 이름은 나아마요 암몬 사람이더라 그의 아들 아비얌이 대신하여 왕이 되니라

1. 오늘 하나님께서 나에게 주신 깨달음은 무엇입니까?

2. 말씀을 어떻게 내 삶에 구체적으로 적용해야 합니까?

절별 해설

21 솔로몬의 아들 르호보암은 유다 왕이 되었으니 르호보암이 왕위에 오를 때에 나이가 사십일 세라 르호보암은 41세에 왕이 되었고 17년 동안 유다를 통치한다. 그의 어머니는 암몬 여자였다. 그가 암몬 여인의 아들이라는 점이 31절에서 다시 언급되는 것으로 볼 때, 이는 솔로몬이 이방 여인을 가까이했음을 강조하는 것으로 보인다. 그의 대를 이을 왕도 이방 여인의 아들로 삼은 모습을 통해 이를 짐작하게 한다. 동시에 암몬이 유다의 정치와 종교에 많은 부정적인 영향을 미쳤음도 알 수 있다.

22-24 악을 행하되 그의 조상들이 행한 모든 일보다 뛰어나게 하여 그 범한 죄로 여호와를 노엽게 하였으니 르호보암은 그 어느 시대보다 더 지독하게 우상을 숭배했다. 산당과 우상과 아세라 신상을 세우고 성전에 창기들도 두었다. 그는 우상숭배의 전도자이고 타락의 방관자였다. 하나님이 쫓아내라고 명하신 가나안 사람들의 행태를 그대로 따랐다. 구체적으로는 유다 곳곳에 우상을 숭배하는 산당을 세웠고, 남색을 허락했으며, 제사 중에 매춘 행위를 하는 가증한 이방 신들의 제사 행위도 답습했다. 이것은 모두 하나님의 율법을 저버리는 행동이었다.

25-28 애굽의 왕 시삭이 올라와서 예루살렘을 치고 여호와의 성전의 보물과 왕궁의 보물을 모두 빼앗고 애굽 왕 시삭이 예루살렘을 침공하여 보물과 금 방패를 빼앗아간다. 이는 시삭의 약탈이 얼마나 심했는지를 말해 준다. 그래서 르호보암은 놋 방패를 만들어 시위대장에게 자신의 신변을 지키게 한다. 솔로몬의 영화를 상징했던 금이 모두 사라졌다. 놋은 유다의 빈곤을 상징한다. 시삭이 예루살렘을 치도록 하나님이 허락하신 이유는, 이스라엘 백성에게 하나님을 섬기는 것과 세상 나라를 섬기는 것 중 어느 것이 더 복된 일인지를 깨닫게 하기 위함이다(대하 12:8).

30 르호보암과 여로보암 사이에 항상 전쟁이 있으니라 솔로몬 시대를 장식했던 평안은 사라지고 전쟁이 끊이지 않는다. 르호보암과 여로보암은 계속하여 전쟁을 벌였다. 두 나라 모두 하나님 말씀에 순종해야 하는 제사장 나라임에도, 그들이 변하여 새로운 한 나라가 되길 바라시는 하나님의 뜻과는 달리, 남북 왕국은 더욱 악한 길로 치닫는 경쟁을 하였다. 결국 한 세대를 지나면서 다윗 왕조는 영적인 타락으로 몰락한다.

쉬운성경

21 솔로몬의 아들 르호보암이 유다의 왕이 되었을 때, 그의 나이는 사십일 세였습니다. 그의 어머니는 암몬 사람 나아마였습니다. 르호보암은 예루살렘에서 십칠 년 동안, 다스렸습니다. 예루살렘은 여호와께서 자기 이름을 두시려고 이스라엘 온 땅 중에서 선택하신 성읍이었습니다.

22 유다 백성은 여호와께서 보시기에 악한 일을 저질렀습니다. 그들은 조상들보다도 더 많은 죄를 지어 여호와를 화나게 만들었습니다.

23 백성은 높은 언덕과 푸른 나무 아래마다 산당과 우상과 아세라 신상을 만들어 세웠습니다.

24 심지어 산당에는 남자 창기들까지 있었습니다. 이스라엘 백성보다 먼저 그 땅에 살던 사람들은 악한 일을 많이 했기 때문에, 여호와께서는 그들을 그 땅에서 쫓아내셨습니다. 그런데 유다 백성까지 그들과 똑같은 일을 했습니다.

25 르호보암이 왕으로 있은 지 오 년째 되던 해에 이집트 왕 시삭이 예루살렘에 쳐들어왔습니다.

26 시삭은 여호와의 성전과 왕궁에서 보물을 모두 빼앗아 갔습니다. 솔로몬이 만든 금방패들까지 가져갔습니다.

27 르호보암 왕은 그 대신에 놋방패를 만들어서 왕궁 문을 지키는 경호대장에게 주었습니다.

28 왕이 여호와의 성전에 들어갈 때마다 경호원들은 그 방패들을 가지고 갔다가 일이 끝나면 다시 경호실에 놓아 두었습니다.

29 르호보암 왕이 한 다른 모든 일은 유다 왕들의 역사책에 적혀 있습니다.

30 르호보암과 여로보암은 살아있는 동안, 늘 서로 전쟁을 했습니다.

31 르호보암은 죽어서 조상들과 함께 예루살렘에 묻혔습니다. 암몬 여자인 나아마의 아들 르호보암이 죽자, 그의 아들 아비얌이 그의 뒤를 이어 왕이 되었습니다.

저자의 묵상

북이스라엘에 새로운 종교를 만들어 백성들에게 섬기도록 강요함으로 여로보암이 하나님의 징계를 받은 것은, 그나마 남유다와의 차별화를 지향하는 정치적인 배경에서 설명될 수 있다. 그러나 하나님의 성전이 있는 유다가 이스라엘보다 더 부패한 것은 참으로 아이러니한 일이다. 남유다의 타락과 영적 부패는 지도자인 르호보암의 무능력과 그의 어머니가 암몬 여인이라는 사실에서 원인을 찾을 수 있다. 다시 말해, 르호보암이 하나님의 율법을 버리고 우상숭배를 하자 온 이스라엘이 그것을 본받았다는 것이다. 왕이 하나님의 율법을 버리니 백성도 따라서 하나님의 율법을 버린 것이다.

지도자의 가장 큰 책임은 삶의 모범을 보이고 공동체에 덕을 끼치는 것이다. 세상은 그리스도인들을 유심히 지켜본다. 그들의 일거수일투족이 주목의 대상이다. 그러므로 그리스도인은 항상 영적으로 깨어 기도하며 세상의 빛과 소금 된 삶을 살아야 한다.

무릎 기도 | 하나님, 믿음의 지도자들이 영적으로 무장하여 늘 깨어 있게 하소서. 하나님 중심의 건강한 영성을 갖게 하시며, 스스로 먼저 깨어 빛과 소금 된 삶을 살게 하소서.

NLT - 1 Kings 14

21 Meanwhile, Rehoboam son of Solomon was king in Judah. He was forty-one years old when he became king, and he reigned seventeen years in Jerusalem, the city the LORD had chosen from among all the tribes of Israel as the place to honor his name. Rehoboam's mother was Naamah, an Ammonite woman.

22 During Rehoboam's reign, the people of Judah did what was evil in the LORD's sight, provoking his anger with their sin, for it was even worse than that of their ancestors.

23 For they also built for themselves pagan shrines and set up sacred pillars and Asherah poles on every high hill and under every green tree.

24 There were even male and female shrine prostitutes throughout the land. The people imitated the detestable practices of the pagan nations the LORD had driven from the land ahead of the Israelites.

25 In the fifth year of King Rehoboam's reign, King Shishak of Egypt came up and attacked Jerusalem.

26 He ransacked the treasuries of the LORD's Temple and the royal palace; he stole everything, including all the gold shields Solomon had made.

27 King Rehoboam later replaced them with bronze shields as substitutes, and he entrusted them to the care of the commanders of the guard who protected the entrance to the royal palace.

28 Whenever the king went to the Temple of the LORD, the guards would also take the shields and then return them to the guardroom.

29 The rest of the events in Rehoboam's reign and everything he did are recorded in The Book of the History of the Kings of Judah.

30 There was constant war between Rehoboam and Jeroboam.

31 When Rehoboam died, he was buried among his ancestors in the City of David. His mother was Naamah, an Ammonite woman. Then his son Abijam* became the next king.

* 14:31 Also known as *Abijah*.

21 meanwhile 한편으로는 reign 통치하다 22 provoke 자극하다 even worse than ~ ~보다 훨씬 악한 ancestor 조상 23 pagan 이교도 shrine 성지, 제단 sacred 신성한 pillar 기둥 pole 장대 24 prostitute 매춘부 throughout 도처에 imitate 흉내내다, 모방하다 detestable 가증스러운 ahead of ~ ~의 앞에 26 ransack 약탈하다 27 replace 대신하다 substitute 대체물 entrust 맡기다 28 guardroom 위병소 29 the rest of the events 나머지 30 constant 지속적인

39 유다 왕 아비얌

월 일

열왕기상 15:1-8 • 새찬송 148장 | 통일 142장

• 말씀묵상 전에 성령님의 인도하심을 구하는 기도를 드리십시오.

본문요약 I 르호보암의 아들 아비얌이 유다를 통치하게 된다. 아비얌은 아버지의 종교적 악행을 그대로 따르지만, 하나님은 다윗에게 하신 약속 때문에 긍휼을 베푸신다. 아비얌은 아버지를 이어 북이스라엘과 전쟁을 벌인다.

1 느밧의 아들 여로보암 왕 열여덟째 해에
아비얌이 유다 왕이 되고
2 예루살렘에서 삼 년 동안 다스리니라 그
의 어머니의 이름은 마아가요 아비살롬의
딸이더라
3 아비얌이 그의 아버지가 이미 행한 모든
죄를 행하고 그의 마음이 그의 조상 다윗
의 마음과 같지 아니하여 그의 하나님 여
호와 앞에 온전하지 못하였으나
4 그의 하나님 여호와께서 다윗을 위하여
예루살렘에서 그에게 등불을 주시되 그의
아들을 세워 뒤를 잇게 하사 예루살렘을
견고하게 하셨으니
5 이는 다윗이 헷 사람 우리아의 일 외에는
평생에 여호와 보시기에 정직하게 행하고
자기에게 명령하신 모든 일을 어기지 아
니하였음이라
6 르호보암과 여로보암 사이에 사는 날 동
안 전쟁이 있었더니
7 아비얌과 여로보암 사이에도 전쟁이 있으
니라 아비얌의 남은 사적과 그 행한 모든
일은 유다 왕 역대지략에 기록되지 아니
하였느냐
8 아비얌이 그의 조상들과 함께 자니 다윗
성에 장사되고 그 아들 아사가 대신하여
왕이 되니라

1. 오늘 하나님께서 나에게 주신 깨달음은 무엇입니까?

2. 말씀을 어떻게 내 삶에 구체적으로 적용해야 합니까?

절별 해설

1-2 아비얌이 유다 왕이 되고, 그의 어머니의 이름은 마아가요 아비살롬의 딸이더라 르호보암의 뒤를 이어 유다의 왕이 된 아비얌의 통치 기간은 3년에 불과했다. 그런데 아비얌은 원래 장자가 아니다. 그는 르호보암이 장자로 삼은 아들, 즉 후계자로 지명받은 아들로 나타난다(대하 11:21-22). 이는 아비얌의 어머니 마아가가 르호보암이 지극히 사랑하는 왕비였기 때문이다. 이와 같은 르호보암의 모습은 할아버지 다윗의 행위와 흡사하다. 과거 다윗도 장자를 배제하고 총애하는 밧세바의 아들 솔로몬을 후계자로 삼았기 때문이다. 그러나 다윗의 경우와 달리 르호보암은 일찍이 아비얌을 왕위 계승자로 선포함으로써 왕위를 둘러싼 경쟁 가능성을 사전에 봉쇄했다는 점에서 차이가 있다.

3 아비얌이 그의 아버지가 이미 행한 모든 죄를 행하고 아비얌은 르호보암의 악행과 아세라 상을 만든 어머니 마아가의 우상숭배를 그대로 따른다. 여호와 앞에서 산 다윗의 온전한 신앙 전통은 솔로몬과 르호보암의 탐욕과 타락의 시대를 거치면서 거의 자취를 감춘다. 부모가 하나님과 우상을 겸하여 섬기는 혼합종교에 열중하는 동안, 아들은 그 문화를 고스란히 이어받는다.

4 그의 하나님 여호와께서 다윗을 위하여 예루살렘에서 그에게 등불을 주시되 아비얌은 다윗의 길에서 떠났지만, 하나님은 다윗의 신실함을 기억하시고 다윗의 자손이 예루살렘에서 계속 왕이 되게 하신다. 다윗이 완벽해서가 아니다. 다윗 역시 간음과 살인이라는 죄를 지었지만 돌이킬 줄 알았으며, 은혜를 기억하여 하나님의 말씀에 순종할 줄 알았기 때문이다.

6 르호보암과 여로보암 사이에 사는 날 동안 전쟁이 있었더니 남유다 왕 르호보암과 북이스라엘 왕 여로보암 사이에는 항상 전쟁이 있었다. 이곳저곳 국경 지역에서 산발적으로 서로 치고받는 지엽적 분쟁의 양상을 띤 전투들이었다. 르호보암이 죽자 아들 아비얌이 그 전쟁을 이어받아 계속했는데, 이때 와서는 마침내 전면전으로 치닫게 된다. 놀라운 사실은 하나님의 기적 같은 도우심으로 엄청난 열세에 있던 아비얌이 에브라임에서 여로보암을 물리치고 승리했다는 것이다. 결과적으로 아비얌의 통치는 북이스라엘을 대적하는 데 있어서는 상당한 군사적 성공을 가져왔다. 그러나 영적으로는 전쟁에서 승리한 후 나머지 통치 기간에 악을 행했다. 본문의 3절이 바로 그 결과를 말해 준다.

쉬운성경

1 느밧의 아들 여로보암이 이스라엘을 다스린 지 십팔 년째 되던 해에 아비얌이 유다의 왕이 되었습니다.

2 아비얌은 예루살렘에서 삼 년 동안 다스렸습니다. 그의 어머니는 아비살롬의 딸 마아가였습니다.

3 아비얌은 그의 아버지가 지은 모든 죄를 그대로 따라 했습니다. 아비얌은 그의 조상인 다윗과는 달리 그의 하나님 여호와께 충성하지 않았습니다.

4 하나님 여호와께서는 다윗을 위하여 예루살렘을 지켜 주셨습니다. 그리고 그의 아들이 예루살렘에서 왕위를 이어 가도록 해 주셨습니다.

5 왜냐하면 다윗은 언제나 여호와께서 보시기에 옳은 일을 했기 때문입니다. 다윗은 헷 사람 우리아의 일 외에는 그의 평생에 하나님의 명령을 어긴 적이 없었습니다.

6 르호보암과 여로보암 사이에는 사는 날 동안 계속 전쟁이 있었습니다.

7 아비얌이 다스리는 동안에도 아비얌과 여로보암 사이에 전쟁이 있었습니다. 아비얌이 한 모든 일은 유다 왕들의 역사책에 적혀 있습니다.

8 아비얌은 죽어 예루살렘에 묻혔습니다. 아비얌의 아들 아사가 뒤를 이어 왕이 되었습니다.

저자의 묵상

역대하 13장에는 남유다와 북이스라엘 사이의 전쟁과 아비얌의 승리가 구체적으로 기술된다. 군사적으로 아비얌의 유다 군은 여로보암의 이스라엘 군에 비해 절대 열세였다. 당시 두 지파밖에 없었던 유다 왕국 군대의 수는 40만, 열 지파가 있는 이스라엘의 병력은 그 두 배인 80만이나 되었다. 더욱이 남유다는 르호보암 때 세계 최강대국 애굽 군대의 침략을 받아 인명과 재산상의 큰 피해를 입은 상황이었다. 애굽의 침략이 있고 난 후 12년 정도 지나 아비얌이 왕위를 이어받고 바로 북쪽 이스라엘과 전면전에 들어간 것이므로, 아직 군사력이 제대로 회복되지 않았다. 그럼에도 아비얌은 크게 승리하고 이후에 점점 더 강성해졌다.

그러나 전쟁에서 이겨 교만해진 아비얌은 그의 아버지처럼 말년에 악을 행하였다. 하나님이 진정으로 원하시는 것은 믿음의 사람들이 하나님 중심의 거룩한 삶을 사는 것이다. 세상의 성공도 실패도 하나님이 주관하시기에 그리스도인은 겸손히 하나님 앞에서 올바른 신앙인의 삶을 살아가도록 힘써야 한다.

무릎 기도 | 하나님, 세상의 성공이나 부귀영화보다 하나님의 뜻에 합당한 삶을 살아가는 데 더욱 관심을 갖게 하소서. 하나님 중심의 거룩하고 온전한 삶을 살게 하소서.

NLT - 1 Kings 15

1 Abijam* began to rule over Judah in the eighteenth year of Jeroboam's reign in Israel.
2 He reigned in Jerusalem three years. His mother was Maacah, the granddaughter of Absalom.*
3 He committed the same sins as his father before him, and he was not faithful to the LORD his God, as his ancestor David had been.
4 But for David's sake, the LORD his God allowed his descendants to continue ruling, shining like a lamp, and he gave Abijam a son to rule after him in Jerusalem.
5 For David had done what was pleasing in the LORD's sight and had obeyed the LORD's commands throughout his life, except in the affair concerning Uriah the Hittite.
6 There was war between Abijam and Jeroboam* throughout Abijam's reign.
7 The rest of the events in Abijam's reign and everything he did are recorded in The Book of the History of the Kings of Judah. There was constant war between Abijam and Jeroboam.
8 When Abijam died, he was buried in the City of David. Then his son Asa became the next king.

* 15:1 Also known as *Abijah*.
* 15:2 Hebrew *Abishalom* (also in 15:10), a variant spelling of Absalom; compare 2 Chr 11:20.
* 15:6 As in a few Hebrew and Greek manuscripts; most Hebrew manuscripts read *between Rehoboam and Jeroboam*.

1 rule over ~ ~을 통치하다 reign 통치, 치세 3 commit 저지르다 be faithful to ~ ~에 충실하다 ancestor 조상 4 for one sake ~를 위해서 allow 허락하다 descendant 후손 5 in one sight ~의 시각에 throughout one life ~의 평생에 affair 사건, 일 concerning ~에 관한 8 be buried in ~ ~에 묻히다

40 아사 왕

월 일

열왕기상 15:9-24 • 새찬송 276장 | 통일 334장

• 말씀묵상 전에 성령님의 인도하심을 구하는 기도를 드리십시오.

본문요약 | 아비얌의 아들 아사가 유다 왕이 된다. 아사는 우상을 없애고 남자 창기들을 쫓아내는 등 대대적인 종교개혁을 단행한다. 그러나 산당만은 없애지 않는다. 이는 아사의 삶에 오점이 된다. 한편, 아사와 북이스라엘의 바아사 간에는 늘 전쟁이 있었다. 이에 아사는 아람 왕 벤하닷을 뇌물로 회유하여 북이스라엘과 맞서게 한다. 이는 하나님을 의지하기보다는 지극히 인간적인 술수였다. 그 결과 아사는 늙어서 발에 병이 난다.

9 이스라엘의 여로보암 왕 제이십 년에 아사가 유다 왕이 되어
10 예루살렘에서 사십일 년 동안 다스리니라 그의 어머니의 이름은 마아가라 아비살롬의 딸이더라
11 아사가 그의 조상 다윗같이 여호와 보시기에 정직하게 행하여
12 남색하는 자를 그 땅에서 쫓아내고 그의 조상들이 지은 모든 우상을 없애고
13 또 그의 어머니 마아가가 혐오스러운 아세라 상을 만들었으므로 태후의 위를 폐하고 그 우상을 찍어 기드론 시냇가에서 불살랐으나
14 다만 산당은 없애지 아니하니라 그러나 아사의 마음이 일평생 여호와 앞에 온전하였으며
15 그가 그의 아버지가 성별한 것과 자기가 성별한 것을 여호와의 성전에 받들어 드렸으니 곧 은과 금과 그릇들이더라
16 아사와 이스라엘의 왕 바아사 사이에 일생 동안 전쟁이 있으니라
17 이스라엘의 왕 바아사가 유다를 치러 올라와서 라마를 건축하여 사람을 유다 왕 아사와 왕래하지 못하게 하려 한지라
18 아사가 여호와의 성전 곳간과 왕궁 곳간에 남은 은금을 모두 가져다가 그 신하의 손에 넘겨 다메섹에 거주하고 있는 아람의 왕 헤시온의 손자 다브림몬의 아들 벤하닷에게 보내며 이르되
19 나와 당신 사이에 약조가 있고 내 아버지와 당신의 아버지 사이에도 있었느니라 내가 당신에게 은금 예물을 보냈으니 와서 이스라엘의 왕 바아사와 세운 약조를 깨뜨려서 그가 나를 떠나게 하라 하매
20 벤하닷이 아사 왕의 말을 듣고 그의 군대 지휘관들을 보내 이스라엘 성읍들을 치되 이욘과 단과 아벨벧마아가와 긴네렛 온 땅과 납달리 온 땅을 쳤더니
21 바아사가 듣고 라마를 건축하는 일을 중단하고 디르사에 거주하니라
22 이에 아사 왕이 온 유다에 명령을 내려 한 사람도 모면하지 못하게 하여 바아사가 라마를 건축하던 돌과 재목을 가져오게 하고 그것으로 베냐민의 게바와 미스바를 건축하였더라
23 아사의 남은 사적과 모든 권세와 그가 행한 모든 일과 성읍을 건축한 일이 유다 왕 역대지략에 기록되지 아니하였느냐 그러나 그는 늘그막에 발에 병이 들었더라
24 아사가 그의 조상들과 함께 자매 그의 조상들과 함께 그의 조상 다윗의 성읍에 장사되고 그의 아들 여호사밧이 대신하여 왕이 되니라

1. 오늘 하나님께서 나에게 주신 깨달음은 무엇입니까?

2. 말씀을 어떻게 내 삶에 구체적으로 적용해야 합니까?

절별 해설

9 아사가 유다 왕이 되어 아사는 아비얌의 아들이다. 아비얌은 하나님의 도우심으로 북이스라엘 대군을 상대로 기적적인 승리를 거두나, 그 후 악을 행하다 3년밖에 왕위에 있지 못한다. 그 뒤를 이어 왕이 된 아사는 무려 41년간 통치한다. 아사는 하나님이 주신 복을 풍성히 누린 왕이었다.

10 그의 어머니의 이름은 마아가라 아비살롬의 딸이더라 어머니가 일찍 죽고 어린 나이에 왕이 된 아사에게 할머니 마아가는 거의 어머니 역할을 할 정도로 영향력이 컸다. 당시 태후였던 마아가의 권세가 막강하였기에 어머니로 기록되었을 것이다. 마아가는 유다로 하여금 우상 신 아세라를 섬기게 한 악한 여인이었다.

11 아사가 그의 조상 다윗같이 여호와 보시기에 정직하게 행하여 아비얌 밑에서 훌륭한 신앙인이 태어났다는 것은 놀라운 일이다. 아사는 다윗처럼 여호와께서 보시기에 올바르게 살았다.

12 남색하는 자를 그 땅에서 쫓아내고 그의 조상들이 지은 모든 우상을 없애고 본절은 하나님을 향한 아사의 신실한 마음과 종교개혁 의지가 어느 정도인지를 설명한다. 왕이 된 후, 아사는 아버지 아비얌과 할아버지 르호보암이 통치하는 동안 남유다에 깊숙이 스며든 우상숭배를 일소하는 대대적인 개혁을 단행한다. 남자 창기들은 물론 조상들이 만든 모든 우상을 없앤다. 심지어 혐오스러운 우상인 아세라 상을 만들었다는 이유로 할머니 마아가의 태후 지위를 박탈하고 아세라 상을 불태워버린다.

14 다만 산당은 없애지 아니하니라 그러나 아사의 마음이 일평생 여호와 앞에 온전하였으며 아사가 모든 일을 하나님 보시기에 잘한 것은 아니지만, 하나님은 그의 삶을 다윗과 같이 정직하고 일평생 여호와 앞에 온전했다고 평가하신다. 그러나 다윗에게 밧세바 사건이라는 오점이 있듯, 아사에게도 넘지 못한 한계가 있었다. 이유는 정확히 알 수 없지만, 산당은 철거하지 못했다.

15 그가 그의 아버지가 성별한 것과 자기가 성별한 것을 여호와의 성전에 받들어 드렸으니 아사는 예루살렘 성전에 필요한 것을 채우기 위해 아버지 때부터 모아 둔 금과 은과 그 밖의 물건을 성전에 바쳤다. 구체적으로 아버지 아비얌이 여로보암과 싸워 획득한 전리품과 자신이 구스인들과 싸워 얻은 전리품 중 은과 금과 그릇 등을 모두 하나님께 드렸다.

쉬운성경

9 여로보암이 이스라엘의 왕으로 있은 지 이십 년째 되는 해에 아사가 유다의 왕이 되었습니다.

10 아사는 사십일 년 동안, 예루살렘을 다스렸습니다. 그의 할머니는 아비살롬의 딸 마아가입니다.

11 아사는 그의 조상 다윗처럼 여호와께서 보시기에 올바르게 살았습니다.

12 그는 남자 창기들을 그 땅에서 쫓아버리고, 그의 조상들이 만든 온갖 우상을 없애 버렸습니다.

13 그의 할머니 마아가는 더러운 아세라 우상을 만들어 가지고 있었는데, 아사는 그것 때문에 마아가를 왕비의 자리에서 쫓아냈습니다. 그리고 그 우상을 부숴 기드론 골짜기에서 태웠습니다.

14 아사는 평생토록 여호와께 충성했습니다. 그러나 그는 산당만은 없애지 않았습니다.

15 아사는 그의 아버지가 준비한 거룩한 물건인 성물과 자신이 준비한 성물을 여호와의 성전에 바쳤습니다. 그것은 금과 은과 그 밖의 물건들이었습니다.

16 아사와 이스라엘 왕 바아사 사이에는 늘 전쟁이 있었습니다.

17 바아사는 유다를 공격하기 위해서 올라왔습니다. 그는 어느 누구도 유다로 들어가지 못하게 하고 또 유다에서 나오지 못하게 하려고 했습니다. 그래서 그는 라마 성을 굳건하게 쌓았습니다.

18 아사는 여호와의 성전과 자기 왕궁의 보물 가운데 남아 있는 금과 은을 다 모아 신하들에게 주었습니다. 그리고 그들을 아람 왕 벤하닷에게 보냈습

16 아사와 이스라엘의 왕 바아사 사이에 일생 동안 전쟁이 있으니라 남북 간의 전쟁이 각각 3대 왕에 이르도록 계속되었음을 말한다. 분열왕국 시대의 특징 중 하나가 끝없는 전쟁의 악순환이다. 비극적인 시대의 한 표징으로서 열왕기서는 전쟁을 자주 언급한다.

17-18 라마를 건축하여 사람을 유다 왕 아사와 왕래하지 못하게 하려 한지라 아사가 여호와의 성전 곳간과 왕궁 곳간에 남은 은금을 모두 가져다가, 벤하닷에게 보내며 북이스라엘 왕 바아사가 국경 근처 라마에 성을 쌓아 긴장을 고조시킨다. 그러자 아사는 성전 곳간과 왕궁 곳간의 은금으로 벤하닷을 매수해, 북이스라엘과 관계를 단절하고 자신과 동맹을 맺게 한다. 아람 왕 벤하닷은 벤하닷 1세(BC 900-860)를 말한다. 벤하닷 1세 때 아람은 남동쪽의 무역로를 확보하기 위해 북이스라엘과 적대적인 관계에 있었으면서도 앗수르에 대항하기 위해 동맹을 맺는다. 일종의 전략적 우방 관계였다. 그런데 아사 왕이 뇌물을 써서 동맹을 배신하도록 종용한다.

20 벤하닷이 아사 왕의 말을 듣고 아람 왕 벤하닷이 아사 왕의 요구대로 북이스라엘의 배후를 공격하자, 이에 놀란 북이스라엘 군이 철수한다. 이렇게 아사의 계략은 계획대로 성공을 거두는 것처럼 보인다. 그러나 영적으로 보면 큰 실패다. 아사 왕은 하나님을 의지하여 기도하지 않고 인간적인 술수만으로 위기를 극복하려고 했다. 아사 왕 집권 초기의 처음 신앙이 느슨해지고 점점 변질되어 가는 모습이 나타난다.

21 바아사가 듣고 라마를 건축하는 일을 중단하고 디르사에 거주하니라 라마는 '높음'이라는 뜻이며, 원래 베냐민 지파의 성읍으로서 예루살렘 북방 약 6km 지점에 위치해 있다. 바아사는 이곳에 요새를 건축하여 남유다를 압박했다.

22 바아사가 라마를 건축하던 돌과 재목을 가져오게 하고 그것으로 베냐민의 게바와 미스바를 건축하였더라 게바는 '언덕'이라는 뜻이다. 게바는 라마의 동쪽 그리고 예루살렘 북동쪽 9.6km 지점에 위치한 베냐민 지파의 성읍으로, 유다 왕국의 전통적인 북쪽 경계로 간주되었다. 이곳은 예로부터 군사적 요충지로서 중요하게 여겼다. 미스바는 '바라보다' '정탐하다'라는 뜻에서 유래한 지명이다. 이름에서 예상할 수 있듯, 이

니다. 벤하닷은 다브림몬의 아들이고, 다브림몬은 헤시온의 아들입니다. 벤하닷은 다마스커스 성에서 다스리고 있었습니다. 그들이 아사의 말을 벤하닷에게 전했습니다.

19 "내 아버지와 그대의 아버지는 평화 조약을 맺었습니다. 그대에게 금과 은을 선물로 보냅니다. 이스라엘 왕 바아사와 맺은 조약을 끊고, 그가 내 땅에서 떠나게 해 주십시오."

20 벤하닷은 아사 왕의 말을 들어주었습니다. 그래서 그는 자기 군대를 보내어 이스라엘 마을들을 공격하게 했습니다. 그는 이욘과 단, 아벨벧마아가와 긴네렛 전 지역과 납달리 지역을 침입했습니다.

21 바아사가 그 소식을 듣고는, 라마 성 쌓는 일을 멈추고 디르사로 돌아갔습니다.

22 아사는 유다의 모든 백성에게 명령을 내려, 한 사람도 빠짐없이 바아사가 라마 성을 쌓을 때 쓰던 돌과 나무를 나르게 했습니다. 아사는 그것으로 베냐민 땅에 있는 게바와 미스바 성을 건축하였습니다.

23 아사가 한 다른 모든 일, 곧 그가 전쟁에서 승리한 일과 그가 성들을 건축한 것에 대한 이야기는 유다 왕들의 역사책에 적혀 있습니다. 아사는 늙어서 발에 병이 났습니다.

24 아사가 죽어 조상들과 함께 그의 조상 다윗의 성에 묻혔습니다. 아사의 아들 여호사밧이 뒤를 이어 왕이 되었습니다.

곳은 예루살렘 북쪽 8km 지점에 위치한 고지대로, 역시 군사적 요충지로서 베냐민 지파의 성읍이다.

23 그는 늘그막에 발에 병이 들었더라 아사는 벤하닷의 도움으로 북이스라엘의 라마 성 건축은 막았다. 그렇지만 위급한 상황에서 하나님께 구하지 않고 이방 왕 벤하닷에게 도움을 요청한 것은 분명 잘못되었다. 아사는 말년에 발병을 얻어 죽을 때까지 3년 동안 아들 여호사밧에게 통치를 맡긴 채 누워 있었다.

저자의 묵상

모든 우상을 없애는 종교개혁을 단행하면서, 아사는 먼저 자기 자신과 가정을 하나님 앞에 바로 세우고 죄악된 것은 단호히 끊어버리는 지도자로서 훌륭한 면모를 보여준다. 그러나 단 한 가지, 산당은 제거하지 못했다. 안타깝게도 아사는 말년으로 가면서 커다란 잘못을 범했다. 벤하닷을 끌어들여 북이스라엘을 공격하게 한 일도 문제지만, 발에 병이 생겼을 때도 하나님을 의지했다는 기록이 없다. 역대하 16장 12절에 의하면, 실제로 아사는 하나님을 의지하기보다는 의사들의 도움만 구했다. 아사는 집권 초에는 하나님 중심으로 살았으나, 말년에는 오히려 하나님을 멀리하였다. 처음 왕위에 오른 후 그 아름다운 개혁으로 하나님의 마음을 흡족하게 했던 아사 왕은, 늙어가면서 초심을 잃고 결국 병으로 고통받으며 쓸쓸히 죽음을 맞이한다. 이를 통해 그리스도인은 처음부터 끝까지 하나님께 순종해야 함을 다시금 깨닫는다. 오점을 남기지 않는 삶을 살도록 자신을 거룩한 성전으로 가꾸고 지키는 데 힘써야 한다.

무릎기도 하나님, 신앙적 승리와 복이 있은 후에도 하나님 앞에서 한결같이 하나님 중심의 신앙을 지키게 하소서. 최후 승리를 얻을 때까지 믿음의 경주를 하도록 지켜주소서.

9 Asa began to rule over Judah in the twentieth year of Jeroboam's reign in Israel.

10 He reigned in Jerusalem forty-one years. His grandmother* was Maacah, the granddaughter of Absalom.

11 Asa did what was pleasing in the LORD's sight, as his ancestor David had done.

12 He banished the male and female shrine prostitutes from the land and got rid of all the idols* his ancestors had made.

13 He even deposed his grandmother Maacah from her position as queen mother because she had made an obscene Asherah pole. He cut down her obscene pole and burned it in the Kidron Valley.

14 Although the pagan shrines were not removed, Asa's heart remained completely faithful to the LORD throughout his life.

15 He brought into the Temple of the LORD the silver and gold and the various items that he and his father had dedicated.

16 There was constant war between King Asa of Judah and King Baasha of Israel.

17 King Baasha of Israel invaded Judah and fortified Ramah in order to prevent anyone from entering or leaving King Asa's territory in Judah.

18 Asa responded by removing all the silver and gold that was left in the treasuries of the Temple of the LORD and the royal palace. He sent it with some of his officials to Ben-hadad son of Tabrimmon, son of Hezion, the king of Aram, who was ruling in Damascus, along with this message:

19 "Let there be a treaty* between you and me like the one between your father and my father. See, I am sending you a gift of silver and gold. Break your treaty with King Baasha of Israel so that he will leave me alone."

20 Ben-hadad agreed to King Asa's request and sent the commanders of his army to attack the towns of Israel. They conquered the towns of Ijon, Dan, Abel-beth-maacah, and all Kinnereth, and all the land of Naphtali.

21 As soon as Baasha of Israel heard what was happening, he abandoned his project of fortifying Ramah and withdrew to Tirzah.

22 Then King Asa sent an order throughout Judah, requiring that everyone, without exception, help to carry away the building stones and timbers that Baasha had been using to fortify Ramah. Asa used these materials to fortify the town of Geba in Benjamin and the town of Mizpah.

23 The rest of the events in Asa's reign—the extent of his power, everything he did, and the names of the cities he built—are recorded in The Book of the History of the Kings of Judah. In his old age his feet became diseased.

24 When Asa died, he was buried with his ancestors in the City of David. Then Jehoshaphat, Asa's son, became the next king.

* 15:10 Or *The queen mother;* Hebrew reads *His mother* (also in 15:13); compare 15:2.

* 15:12 The Hebrew term (literally *round things*) probably alludes to dung.

* 15:19 As in Greek version; Hebrew reads *There is a treaty.*

9 reign 통치, 치세 11 pleasing 만족을 주는 ancestor 조상 12 banish 추방하다 prostitute 매춘부 get rid of ~ ~을 없애다 13 depose … from ~ …를 ~에서 면직시키다 obscene 외설한 14 pagan 이교도 shrine 성지, 제단 remain faithful to ~ ~에 충실하다 completely 완전히 15 dedicate 바치다 16 constant 지속적인 17 invade 침략하다 fortify 강화하다 in order to ~ ~하기 위해 prevent … from ~ …가 ~하는 것을 막다 territory 영토, 지역 18 respond by ~ ~로 대응하다 19 treaty 조약 20 conquer 정복하다 21 abandon 포기하다 withdraw to ~ ~로 철수하다 22 require 필요하다 without exception 예외 없이 carry away ~ ~을 운반해 가다 timber 목재 material 재료 23 extent 범위 in one old age ~의 노년에

41 여로보암 왕조의 멸망

월 일

열왕기상 15:25-34 • 새찬송 499장 | 통일 277장

• 말씀묵상 전에 성령님의 인도하심을 구하는 기도를 드리십시오.

본문요약 | 본문은 다시 북이스라엘의 왕들에게 초점을 맞춘다. 여로보암의 아들 나답이 북이스라엘의 왕이 되어 2년 동안 다스린다. 그러나 아버지의 악행을 답습하다 바아사의 반역으로 자신과 온 가문이 진멸된다.

25 유다의 아사 왕 둘째 해에 여로보암의 아들 나답이 이스라엘 왕이 되어 이 년 동안 이스라엘을 다스리니라

26 그가 여호와 보시기에 악을 행하되 그의 아버지의 길로 행하며 그가 이스라엘에게 범하게 한 그 죄 중에 행한지라

27 이에 잇사갈 족속 아히야의 아들 바아사가 그를 모반하여 블레셋 사람에게 속한 깁브돈에서 그를 죽였으니 이는 나답과 온 이스라엘이 깁브돈을 에워싸고 있었음이더라

28 유다의 아사 왕 셋째 해에 바아사가 나답을 죽이고 대신하여 왕이 되고

29 왕이 될 때에 여로보암의 온 집을 쳐서 생명 있는 자를 한 사람도 남기지 아니하고 다 멸하였는데 여호와께서 그의 종 실로 사람 아히야를 통하여 하신 말씀과 같이 되었으니

30 이는 여로보암이 범죄하고 또 이스라엘에게 범하게 한 죄로 말미암음이며 또 그가 이스라엘의 하나님 여호와를 노엽게 한 일 때문이었더라

31 나답의 남은 사적과 행한 모든 일은 이스라엘 왕 역대지략에 기록되지 아니하였느냐

32 아사와 이스라엘의 바아사 왕 사이에 일생 동안 전쟁이 있으니라

33 유다의 아사 왕 셋째 해에 아히야의 아들 바아사가 디르사에서 모든 이스라엘의 왕이 되어 이십사 년 동안 다스리니라

34 바아사가 여호와 보시기에 악을 행하되 여로보암의 길로 행하며 그가 이스라엘에게 범하게 한 그 죄 중에 행하였더라

1. 오늘 하나님께서 나에게 주신 깨달음은 무엇입니까?

2. 말씀을 어떻게 내 삶에 구체적으로 적용해야 합니까?

절별 해설

25 여로보암의 아들 나답이 이스라엘 왕이 되어 남유다에서는 그래도 하나님께 순종하는 선한 왕들이 간헐적이나마 있었는데, 북이스라엘의 경우는 여로보암 때부터 시작해서 선한 왕이 없었다. 북이스라엘의 역사는 세상 권력의 사악함과 추태를 고스란히 보여준다.

26 그의 아버지의 길로 행하며 그가 이스라엘에게 범하게 한 그 죄 중에 행한지라 나답은 왕권을 잡은 직후부터 하나님을 저버리고 우상을 숭배하며 아버지 여로보암의 악행을 그대로 재현한다. 나답과 함께 북이스라엘은 새롭게 출발할 기회를 얻지만, 그것을 영적 갱신과 희생의 기회로 삼지 못한다. 아사가 자기 조상 솔로몬·르호보암·아비얌의 길을 단호하게 떠난 것과 달리, 나답은 다윗이 아니라 아버지 여로보암이 걸은 패역의 길을 따른다. 더 큰 문제는 왕이 우상숭배에 앞장서자 자연히 백성도 따랐다는 것이다.

27 잇사갈 족속 아히야의 아들 바아사가 그를 모반하여 블레셋 사람에게 속한 깁브돈에서 그를 죽였으니 이는 나답과 온 이스라엘이 깁브돈을 에워싸고 있었음이더라 나답은 내적으로 하나님을 진노케 하고 백성을 죄악의 길로 몰아가면서도, 외적으로는 블레셋을 공격한다. 그러나 나답이 먼저 싸워야 할 대상은 블레셋이 아니라 우상숭배를 하면서도 하나님을 두려워하지 않는 자기 안에 있는 불신앙이었다. 결국 나답은 바아사에게 암살당한다.

28-30 바아사가 나답을 죽이고 선지자 아히야를 통해 여로보암에게 내린 심판(14:10-11)을 하나님이 성취하신다. 나답을 향한 반역에 성공하고 왕이 된 바아사는 나답을 죽이는 데 그치지 않고, 후환을 없애기 위해 여로보암의 온 집안을 쳐서 단 한 명도 남기지 않고 다 죽인다. 인간적으로 보면 잔혹한 일이지만, 이것은 하나님의 말씀이 얼마나 철저하게 성취되는지를 보여준다.

33 바아사가 디르사에서 모든 이스라엘의 왕이 되어 이십사 년 동안 다스리니라 바아사의 재위 기간 동안(BC 909-886년) 북쪽의 아람이 북이스라엘에 상당한 부담을 주고 있었다. 아람은 지중해 교역로를 확보하기 위해 부단히 북이스라엘과 분쟁을 일으켰다. 또 이때 유브라데 강 동편에 있는 앗수르가 서서히 강대국으로 힘을 키우고 있었다. 따라서 바아사는 24년의 통치 기간 동안 강한 군사력을 키우는 데 치중했을 것이다. 이런 바아사가 남침에 힘을 쏟자, 남유다의 아사조차도 위급하여 벤하닷을 매수하지 않으면 안 되었다. 한편, 디르사는 북방 전략에 치중하기 위한 군사적 목적으로 여로보암이 세겜에서부터 천도한 성읍이다. 요단강 동편

쉬운성경

25 아사가 유다의 왕으로 있은 지 이 년째 되던 해에 여로보암의 아들 나답이 이스라엘의 왕이 되었습니다. 나답은 이 년 동안 이스라엘을 다스렸습니다.

26 나답은 여호와께서 보시기에 악한 왕이었습니다. 전에 여로보암이 이스라엘 백성에게 죄를 짓게 했는데, 나답 역시 여로보암이 지은 모든 죄를 그대로 따라 했습니다.

27 잇사갈 지파 사람 아히야의 아들 바아사가 나답을 배반했습니다. 나답과 온 이스라엘이 블레셋 사람의 마을인 깁브돈을 공격하고 있을 때, 바아사는 그곳에서 나답을 죽였습니다.

28 아사가 유다의 왕으로 있은 지 삼 년째 되던 해에 바아사가 나답을 죽이고, 그의 뒤를 이어 이스라엘의 왕이 되었습니다.

29 바아사는 왕이 되자마자 여로보암의 집안 사람들을 한 사람도 남김없이 다 죽였습니다. 그리하여 여호와께서 그의 종 실로 사람 아히야를 통해서 하신 말씀을 그대로 이루셨습니다.

30 그런 일이 일어난 것은 여로보암 왕이 많은 죄를 지었기 때문입니다. 뿐만 아니라 그는 이스라엘 백성들까지도 죄를 짓게 하여 여호와를 노하게 하였습니다.

31 나답이 한 다른 모든 일은 이스라엘 왕들의 역사책에 적혀 있습니다.

32 유다 왕 아사와 이스라엘 왕 바아사 사이에 전쟁이 끊이지 않았습니다.

33 아사가 유다의 왕이 된 지 삼 년째 되는 해에 아히야의 아들 바아사가 이스라엘의 왕이 되었습니다. 바아사는 이십사 년 동안, 디르사에서 다스렸습니다.

34 그러나 바아사는 여호와께서 보시기에 악하게 살았습니다. 전에 여로보암이 이스라엘 백성에게 죄를 짓게 했는데, 바아사도 여로보암이 지은 모든 죄를 그대로 따라 했습니다.

에서 에브라임 산지로 가는 길목에 위치한 이곳은 빼어난 경치로 유명했다. 디르사는 오므리가 수도를 사마리아로 옮기기 전까지 계속 북이스라엘의 수도였다.

34 바아사가 여호와 보시기에 악을 행하되 여로보암의 길로 행하며 여로보암 가문을 멸족시킨 바아사도 여호와 보시기에 악을 행하며, 여로보암의 죄를 그대로 따른다. 바아사가 여로보암 집안을 멸한 것은 정치적인 야심과 개인적인 이익 때문이다. 바아사는 나답에 반역하여 주권자가 되고, 악한 왕을 심판하는 하나님의 도구로 사용되었다. 그러나 정작 자신은 하나님의 말씀을 따라 자기를 부인하고 겸손히 백성을 섬기는 왕이 되기보다는, 쾌락과 번영을 부추기는 우상숭배 쪽을 택했다.

저자의 묵상

본문은 나답이 몰락한 가장 큰 이유로 그의 아버지 여로보암의 죄를 그대로 답습했음을 든다. 더욱이 본인뿐 아니라 가문 전체가 멸족했다. 성경은 하나님이 선지자 아히야를 통해 여로보암에게 주신 예언이 이루어진 것임을 선언한다. 하나님은 자기 백성의 우상숭배를 결코 용납하지 않으며, 이를 조장한 왕의 불순종을 반드시 무섭게 심판할 거라고 분명히 경고하셨다. 시작하자마자 끝나버린 나답 정권을 보면서, 전통을 고수하는 것이 늘 좋은 것이 아님을 깨닫는다. 어떤 신앙의 전통을 계승하고 또 단절해야 할지 잘 분별해야 한다. 여로보암의 죄는 결국 아들 대에 와서 가문의 씨가 마르는 끔찍한 재앙을 불러왔다. 죄의 결과는 영원한 사망이다. 누구도 예외일 수 없다. 죄는 오직 예수 그리스도만이 해답이다.

무릎기도 하나님, 아무리 좋은 전통이며 관례라 하더라도 하나님의 뜻이 아니면 따르지 않을 용기를 허락하소서. 하나님 안에서 늘 선하고 바른 길로만 가기 원합니다.

NLT - 1 Kings 15

25 Nadab son of Jeroboam began to rule over Israel in the second year of King Asa's reign in Judah. He reigned in Israel two years.
26 But he did what was evil in the LORD's sight and followed the example of his father, continuing the sins that Jeroboam had led Israel to commit.
27 Then Baasha son of Ahijah, from the tribe of Issachar, plotted against Nadab and assassinated him while he and the Israelite army were laying siege to the Philistine town of Gibbethon.
28 Baasha killed Nadab in the third year of King Asa's reign in Judah, and he became the next king of Israel.
29 He immediately slaughtered all the descendants of King Jeroboam, so that not one of the royal family was left, just as the LORD had promised concerning Jeroboam by the prophet Ahijah from Shiloh.
30 This was done because Jeroboam had provoked the anger of the LORD, the God of Israel, by the sins he had committed and the sins he had led Israel to commit.
31 The rest of the events in Nadab's reign and everything he did are recorded in The Book of the History of the Kings of Israel.
32 There was constant war between King Asa of Judah and King Baasha of Israel.
33 Baasha son of Ahijah began to rule over all Israel in the third year of King Asa's reign in Judah. Baasha reigned in Tirzah twenty-four years.
34 But he did what was evil in the LORD's sight and followed the example of Jeroboam, continuing the sins that Jeroboam had led Israel to commit.

25 rule over ~ ~을 통치하다 reign 통치, 치세 26 follow the example of ~ ~를 본받다 commit 저지르다 27 plot against ~ ~에 대해 음모를 꾸미다 assassinate 암살하다 lay siege to ~ ~을 포위 공격하다 29 immediately 즉시 slaughter 도살하다 descendant 후손 concerning ~에 관하여 30 provoke 자극하다 32 constant 지속적인

☐ 묵상 체크

42 여로보암을 답습한 바아사

월 일

열왕기상 16:1-5 • 새찬송 523장 | 통일 262장

• 말씀묵상 전에 성령님의 인도하심을 구하는 기도를 드리십시오.

본문요약 | 이스라엘 왕 바아사도 여로보암의 길을 따라 악행을 반복한다. 결국 하나님이 선지자 예후를 보내 바아사를 꾸짖으신다. 하나님은 바아사와 그의 가문을 여로보암의 가문처럼 만드실 것을 선언하신다.

1 여호와의 말씀이 하나니의 아들 예후에게 임하여 바아사를 꾸짖어 이르시되
2 내가 너를 티끌에서 들어 내 백성 이스라엘 위에 주권자가 되게 하였거늘 네가 여로보암의 길로 행하며 내 백성 이스라엘에게 범죄하게 하여 그들의 죄로 나를 노엽게 하였은즉
3 내가 너 바아사와 네 집을 쓸어버려 네 집이 느밧의 아들 여로보암의 집같이 되게 하리니
4 바아사에게 속한 자가 성읍에서 죽은즉 개가 먹고 그에게 속한 자가 들에서 죽은즉 공중의 새가 먹으리라 하셨더라
5 바아사의 남은 사적과 행한 모든 일과 권세는 이스라엘 왕 역대지략에 기록되지 아니하였느냐

1. 오늘 하나님께서 나에게 주신 깨달음은 무엇입니까?

2. 말씀을 어떻게 내 삶에 구체적으로 적용해야 합니까?

절별 해설

1 여호와의 말씀이 하나니의 아들 예후에게 임하여 바아사를 꾸짖어 이르시되 바아사라는 이름은 '바알은 태양이다'라는 뜻이다. 신기하게도 그 이름의 의미처럼 바아사는 하나님을 배역한다. 선지자 예후는 그런 바아사를 책망한다.

2 내가 너를 티끌에서 들어 내 백성 이스라엘 위에 주권자가 되게 하였거늘 네가 여로보암의 길로 행하며 내 백성 이스라엘에게 범죄하게 하여 그들의 죄로 나를 노엽게 하였은즉 바아사는 신분이 낮은 사람이었지만 하나님이 보잘것없는 바아사를 이스라엘을 다스릴 지도자로 세워주셨다. 사실 하나님이 바아사를 이스라엘의 지도자로 삼으실 때 많은 것을 기대하셨다. 그런데 바아사는 아무것도 아닌 사람처럼 일하고 말았다. 자신이 잘났기 때문이 아니라 오직 하나님의 은혜와 하나님의 섭리로 하나님의 일을 하라고 그 자리까지 올려주셨다. 그러나 바아사는 이 크나큰 은혜를 외면했다. 악을 행한 여로보암의 후손을 진멸하는 일에는 열심이었지만, 정작 여로보암 왕 때부터 시작된 잘못된 종교정책을 바로잡고 개혁할 수 있는 절호의 기회를 살리지 못하고 놓쳐버렸다. 즉, 바아사는 안타깝게도 여로보암이 행한 죄악을 제거하지 않았던 것이다. 여로보암과 바아사는 하나님의 예언의 말씀대로 왕위에 올랐다. 그러나 하나님이 그들에게 주신 정치적 권위를 하나님을 영화롭게 하고 맡은 사명을 감당하는 데 사용하지 않고, 자신들의 권력을 보존하는 데 사용했다. 결국 두 사람 모두 하나님의 약속의 말씀대로 제거된다.

3 내가 너 바아사와 네 집을 쓸어버려 심판의 도구로 사용하셨던 바아사를 하나님이 심판하신다. 여로보암의 집안에 내린 심판을 집행했던 바아사는 그의 아들 때에 똑같은 심판을 받아 진멸된다. 하나님은 격노하시어 바아사와 그의 가문을 송두리째 멸절시켜 여로보암의 집안처럼 사라지게 하기를 원하셨다. 실제로 그 집안 사람들의 시체는 성읍에서는 개가, 들에서는 새가 먹을 정도로 방치된다. 아무것도 아닌(2절) 자리에서 왕의 자리로 올라갔지만, 은혜를 망각하고 하나님 말씀을 가볍게 여긴 교만한 왕을 하나님은 왕의 자리에서 내려 비참한 자리로 떨어뜨리신다.

4 바아사에게 속한 자가 성읍에서 죽은즉 개가 먹고 그에게 속한 자가 들에서 죽은즉 공중의 새가 먹으리라 하셨더라 본절의 예언은 바아사의 가문에 속한 자들이 당하게 될 비참한 종말을 구체적으로 묘사한다. 고대 이스라엘에는 죽은 자의 시신이 어떻게 취급되는지에 따라 하나님 앞에서 복 받은 자인지 아니면 저주 받은 자인지 평가되는 풍습이 있었다. 이것에 비추어볼 때 바아사와 그 집안 사람들이 하나님 앞에서 저주를 받았다는 사실은 분명하다.

쉬운성경

1 여호와의 말씀이 하나니의 아들 예후에게 내려왔습니다. 예후가 바아사를 향하여 말했습니다.

2 "너는 아무것도 아니었는데, 내가 너를 높여서 내 백성 이스라엘의 지도자로 삼았다. 그런데 너는 여로보암처럼 내 백성 이스라엘이 죄를 짓도록 했고, 그들의 죄 때문에 나를 화나게 만들었다.

3 바아사야, 그러므로 내가 너와 네 집안을 멸망시키겠다. 느밧의 아들 여로보암에게 벌을 내렸던 것처럼 너에게 벌을 내려

4 네 집안 사람 가운데 성에서 죽는 사람은 개들이 그 시체를 먹을 것이고, 들에서 죽는 사람은 새들이 그 시체를 먹을 것이다."

5 바아사가 한 다른 모든 일과 전쟁에서 승리한 이야기는 이스라엘 왕들의 역사책에 적혀 있습니다.

저자의 묵상

바아사는 자신이 완전히 멸망시킨 여로보암의 길을 그대로 답습한다. 바아사는 하나님의 전적인 주권으로 그분의 백성을 다스리는 왕이 되었다. 그런데 막상 왕이 되고 나서는 자신이 수행했던 하나님의 심판을 망각하고, 본인도 그 심판의 대상이 되고 만다. 단지 심판의 사건을 보고 접한다고 해서 사람이 변화되는 것은 아니다. 말씀에 대한 지식이 사람을 변화시키는 것도 아니다. 인생의 경륜이 사람을 변화시키는 것은 더더욱 아니다. 성령으로 거듭나고, 주님 안에서 옛사람이 죽고 새사람이 될 때 비로소 진정한 변화가 일어난다.

무릎 기도 하나님, 우리에게 새 영을 부어 새롭게 하소서. 성령님의 능력으로 죄악 된 모습을 답습하지 않게 하소서.

NLT - 1 Kings 16

1 This message from the LORD was delivered to King Baasha by the prophet Jehu son of Hanani:

2 "I lifted you out of the dust to make you ruler of my people Israel, but you have followed the evil example of Jeroboam. You have provoked my anger by causing my people Israel to sin.

3 So now I will destroy you and your family, just as I destroyed the descendants of Jeroboam son of Nebat.

4 The members of Baasha's family who die in the city will be eaten by dogs, and those who die in the field will be eaten by vultures."

5 The rest of the events in Baasha's reign and the extent of his power are recorded in The Book of the History of the Kings of Israel.

1 be delivered to ~ ~에게 전달되다 prophet 예언자, 선지자 2 ruler 통치자, 지배자 provoke 자극하다, 일으키다 cause … to ~ …이 ~하도록 유발하다 3 descendant 자손 4 vulture 독수리 5 rest 나머지 reign 통치, 지배 extent 범위

43

월 일

바아사에게 선포된 메시지의 실현

열왕기상 16:6-14 • 새찬송 393장 | 통일 447장

• 말씀묵상 전에 성령님의 인도하심을 구하는 기도를 드리십시오.

본문요약 | 엘라도 아버지 바아사와 마찬가지로 여로보암의 악행을 답습한다. 그 결과 바아사에게 전해진 예언대로 엘라의 집안 역시 여로보암의 가문처럼 완전히 멸족된다.

6 바아사가 그의 조상들과 함께 자매 디르
사에 장사되고 그의 아들 엘라가 대신하
여 왕이 되니라
7 여호와의 말씀이 하나니의 아들 선지자
예후에게도 임하사 바아사와 그의 집을
꾸짖으심은 그가 여로보암의 집과 같이
여호와 보시기에 모든 악을 행하며 그의
손의 행위로 여호와를 노엽게 하였음이며
또 그의 집을 쳤음이더라
8 유다의 아사 왕 제이십육 년에 바아사의
아들 엘라가 디르사에서 이스라엘의 왕이
되어 이 년 동안 그 왕위에 있으니라
9 엘라가 디르사에 있어 왕궁 맡은 자 아르
사의 집에서 마시고 취할 때에 그 신하 곧
병거 절반을 통솔한 지휘관 시므리가 왕
을 모반하여
10 시므리가 들어가서 그를 쳐죽이고 그를
대신하여 왕이 되니 곧 유다의 아사 왕 제
이십칠 년이라
11 시므리가 왕이 되어 왕위에 오를 때에 바
아사의 온 집안 사람들을 죽이되 남자는
그의 친족이든지 그의 친구든지 한 사람
도 남기지 아니하고
12 바아사의 온 집을 멸하였는데 선지자 예
후를 통하여 바아사를 꾸짖어 하신 여호
와의 말씀같이 되었으니
13 이는 바아사의 모든 죄와 그의 아들 엘라
의 죄 때문이라 그들이 범죄하고 또 이스
라엘에게 범죄하게 하여 그들의 헛된 것
들로 이스라엘의 하나님 여호와를 노하시
게 하였더라
14 엘라의 남은 사적과 행한 모든 일은 이스
라엘 왕 역대지략에 기록되지 아니하였느
냐

1. 오늘 하나님께서 나에게 주신 깨달음은 무엇입니까?

2. 말씀을 어떻게 내 삶에 구체적으로 적용해야 합니까?

절별 해설

7 여호와의 말씀이 하나니의 아들 선지자 예후에게도 임하사 바아사와 그의 집을 꾸짖으심은 예후라는 이름은 '그는 여호와시다'라는 뜻이다. 그런데 본절의 예후(Jehu)는 오므리 왕조에 반란을 일으킨 북이스라엘의 제10대 왕 예후와 동명이인이다(왕하 9:2). 한편, 예후의 아버지 하나니(Hanani)는 유다 왕 아사의 실책을 경고하다 옥에 갇힌 인물이다(대하 16:7-10). 그리고 그의 아들인 예후는 본문에 나온 바와 같이 바아사를 책망했을 뿐 아니라 아합 왕과 연합한 일로 여호사밧 왕을 책망한 자다(대하 19:2). 하나니와 예후 부자는 하나님의 신실하면서도 용맹스러운 선견자였다.

8 유다의 아사 왕 제이십육 년에 바아사의 아들 엘라가 디르사에서 이스라엘의 왕이 되어 이 년 동안 그 왕위에 있으니라 아사가 유다의 왕으로 있은 지 26년째 되는 해에, 바아사가 이스라엘을 통치한 지 24년 만에 죽고 그의 아들 엘라가 왕위에 오른다. 엘라도 아버지의 길을 따랐다. 엘라는 아버지를 통해 여로보암 가문이 멸절되는 것을 보고도 여호와의 말씀을 무시한다.

9 엘라가 디르사에 있어 왕궁 맡은 자 아르사의 집에서 마시고 취할 때에 그 신하 곧 병거 절반을 통솔한 지휘관 시므리가 왕을 모반하여 북이스라엘의 군대가 깁브돈에 출정하여 공략 중에 있는데, 왕이 신하의 집에서 연회를 열고 술에 취했다는 것은 매우 방탕하며 기강이 느슨해졌다는 인상을 준다. 더욱이 신하의 향응을 받았다는 것은 왕의 품위에 심각한 손상을 주기에 충분하다. 시므리의 반역도 어느 정도는 이런 면에서 기인했을 것으로 추측된다. 즉, 시므리는 내심 엘라를 왕으로 인정하지 못했을 것이다. 시므리에 대해서는 구체적으로 기록되어 있지 않아 정확하게 말하기는 어렵다. 그러나 정황상 시므리는 오므리와 함께 군부 내의 실력자였을 것이다. 북이스라엘의 병거 가운데 절반을 지휘하는 장군이었다는 기록이 이를 반증한다.

10 곧 유다의 아사 왕 제이십칠 년이라 엘라가 죽은 때는 엘라가 즉위한 이듬해인 BC 885년경이다. 무력으로 왕위를 빼앗은 자의 아들이 나라를 통치한 지 2년을 넘기지 못하고 피살된다.

11 시므리가 왕이 되어 왕위에 오를 때에 바아사의 온 집안 사람들을 죽이되 남자는 그의 친족이든지 그의 친구든지 한 사람도 남기지 아니하고 반역으로 차지한 왕권을 굳히기 위한 시므리의 첫 조치는 앞서 바아사가 행한 것보다 훨씬 더 광범위한 학살이었다. 시므리는 엘라의 친족들뿐 아니라 친구들까지 몰살한다.

쉬운성경

6 바아사는 죽어 디르사에 묻혔습니다. 그의 아들 엘라가 뒤를 이어 왕이 되었습니다.

7 여호와께서 하나니의 아들인 예언자 예후를 통하여 바아사와 그의 집안에 대하여 말씀하셨습니다. 바아사는 여호와께서 보시기에 악한 일을 많이 했습니다. 그래서 주께서 크게 노하셨습니다. 바아사는 전에 여로보암의 집안이 한 일과 똑같이 악한 일을 저질렀습니다. 게다가 그는 여로보암의 집안 사람들을 다 죽여 여호와를 더욱 화나게 했습니다.

8 아사가 유다의 왕으로 있은 지 이십육 년째 되는 해에 바아사의 아들 엘라가 이스라엘의 왕이 되었습니다. 엘라는 디르사에서 이 년 동안 다스렸습니다.

9 시므리는 엘라의 신하로서 엘라의 전차들 가운데 절반을 지휘하는 장군이었습니다. 엘라가 왕궁을 관리하는 아르사의 집에서 술에 취해 있을 때에 시므리는 엘라를 반역했습니다.

10 시므리가 아르사의 집으로 들어가 엘라를 죽였습니다. 그때는 아사가 유다의 왕으로 있은 지 이십칠 년째 되는 해였습니다. 시므리가 엘라의 뒤를 이어 이스라엘의 왕이 되었습니다.

11 시므리는 왕이 되자마자 바아사의 집안 사람들을 다 죽였습니다. 그는 바아사의 집안 사람과 그 친구들을 한 사람도 살려 두지 않았습니다.

12 이처럼 시므리는 바아사의 집안을 완전히 멸망시켰습니다. 그리하여 여호와께서 예언자 예후를 통해 바아사에게 말씀하신 것이 그대로 이루어졌습니다.

13 이런 일은 바아사와 그의 아들 엘라가 저지른 모든 죄 때문에 일어났습니다. 그들은 자기들뿐만 아니라 이스라엘 백성까지 죄를 짓게 만들었습니다. 그들은 헛된 우상들을 만들어 이스라엘 하나님 여호와를 노하시게 했습니다.

14 엘라가 행한 다른 모든 일은 이스라엘 왕들의 역사책에 적혀 있습니다.

12 선지자 예후를 통하여 바아사를 꾸짖어 하신 여호와의 말씀같이 되었으니 시므리의 무자비한 행동이 본의 아니게 하나님이 바아사에게 선포하신 말씀을 성취하고 있음을 밝힌다. 시므리는 자신의 야심을 채우기 위해 엘라를 살해하고 그의 집안을 살육했지만, 넓게 보면 시므리의 야만적인 행위마저도 하나님의 역사가 이루어져가는 과정의 한 부분이다. 악인인 시므리는 자신도 모르게 하나님의 섭리 속에 활용되고 있었다.

저자의 묵상

엘라는 아버지 바아사의 대를 이어 왕위에 올라 2년 동안 통치했다. 아버지의 비참한 종말을 보았을 텐데도, 엘라는 아버지와 마찬가지로 여로보암의 악을 고스란히 재현하고 말았다. 엘라의 신하 시므리가 엘라를 암살했을 때, 엘라는 궁 대신 집에서 술에 취해 있었다. 북이스라엘의 역사에 기록된 두 번째 암살이었다. 처음 암살된 나답은 그래도 반군과의 전쟁에서 패배하여 처형당했다. 반면, 엘라는 방탕하게 처신하다가 비참한 죽음을 당했다. 무서운 사실은 이미 앞서 아버지 바아사에게 선포한 예언이 정확하게 이루어졌다는 것이다. 하나님은 지금도 우리에게 기회를 주며 많은 것을 기대하신다. 우리는 근신하며 하나님의 기대를 저버리지 않도록 노력해야 한다. 그렇지 않으면 또 다른 바아사와 엘라가 되고 만다.

무릎기도 하나님, 시므리처럼 악한 사람으로 활용되지 않도록, 또 엘라처럼 패역하지 않도록 지켜주소서. 하나님의 말씀에 근신하여 순종하는 삶을 살게 하소서.

NLT - 1 Kings 16

6 When Baasha died, he was buried in Tirzah. Then his son Elah became the next king.

7 The message from the LORD against Baasha and his family came through the prophet Jehu son of Hanani. It was delivered because Baasha had done what was evil in the LORD's sight (just as the family of Jeroboam had done), and also because Baasha had destroyed the family of Jeroboam. The LORD's anger was provoked by Baasha's sins.

8 Elah son of Baasha began to rule over Israel in the twenty-sixth year of King Asa's reign in Judah. He reigned in the city of Tirzah for two years.

9 Then Zimri, who commanded half of the royal chariots, made plans to kill him. One day in Tirzah, Elah was getting drunk at the home of Arza, the supervisor of the palace.

10 Zimri walked in and struck him down and killed him. This happened in the twenty-seventh year of King Asa's reign in Judah. Then Zimri became the next king.

11 Zimri immediately killed the entire royal family of Baasha, leaving him not even a single male child. He even destroyed distant relatives and friends.

12 So Zimri destroyed the dynasty of Baasha as the LORD had promised through the prophet Jehu.

13 This happened because of all the sins Baasha and his son Elah had committed, and because of the sins they led Israel to commit. They provoked the anger of the LORD, the God of Israel, with their worthless idols.

14 The rest of the events in Elah's reign and everything he did are recorded in The Book of the History of the Kings of Israel.

6 be buried in ~ ~에 묻히다 7 come through ~ ~에 임하다, 전해지다 in one sight ~가 보기에는 be provoked by ~ ~에 진노하다 8 rule over ~ ~을 통치하다 9 command 지휘하다 chariot 병거 make plans 계획을 세우다 get drunk 취하다 supervisor 관리자, 감독자 10 strike ~ down ~를 쓰러뜨리다 11 immediately 즉시 relative 친척 12 dynasty 왕조 13 commit 저지르다, 범하다 lead … to ~ …이 ~하게 하다, 유도하다 worthless 가치 없는

44 시므리와 오므리의 악행

월 일

열왕기상 16:15-27 • 새찬송 522장 | 통일 269장

• 말씀묵상 전에 성령님의 인도하심을 구하는 기도를 드리십시오.

본문요약 | 반역으로 왕이 된 시므리는 단 7일만 통치하고 오므리로 대체된다. 시므리와 오므리 모두 여호와께서 보시기에 악한 왕으로 평가된다.

15 유다의 아사 왕 제이십칠 년에 시므리가
디르사에서 칠 일 동안 왕이 되니라 그때
에 백성들이 블레셋 사람에게 속한 깁브
돈을 향하여 진을 치고 있더니
16 진중 백성들이 시므리가 모반하여 왕을
죽였다는 말을 들은지라 그날에 이스라엘
의 무리가 진에서 군대 지휘관 오므리를
이스라엘의 왕으로 삼으매
17 오므리가 이에 이스라엘의 무리를 거느리
고 깁브돈에서부터 올라와서 디르사를 에
워 쌌더라
18 시므리가 성읍이 함락됨을 보고 왕궁 요
새에 들어가서 왕궁에 불을 지르고 그 가
운데에서 죽었으니
19 이는 그가 여호와 보시기에 악을 행하여
범죄하였기 때문이니라 그가 여로보암의
길로 행하며 그가 이스라엘에게 죄를 범
하게 한 그 죄 중에 행하였더라
20 시므리의 남은 행위와 그가 반역한 일은
이스라엘 왕 역대지략에 기록되지 아니하
였느냐
21 그때에 이스라엘 백성이 둘로 나뉘어 그
절반은 기낫의 아들 디브니를 따라 그를
왕으로 삼으려 하고 그 절반은 오므리를
따랐더니
22 오므리를 따른 백성이 기낫의 아들 디브
니를 따른 백성을 이긴지라 디브니가 죽
으매 오므리가 왕이 되니라
23 유다의 아사 왕 제삼십일 년에 오므리가
이스라엘의 왕이 되어 십이 년 동안 왕위
에 있으며 디르사에서 육 년 동안 다스리
니라
24 그가 은 두 달란트로 세멜에게서 사마리아
산을 사고 그 산 위에 성읍을 건축하고 그
건축한 성읍 이름을 그 산 주인이었던 세
멜의 이름을 따라 사마리아라 일컬었더라
25 오므리가 여호와 보시기에 악을 행하되 그
전의 모든 사람보다 더욱 악하게 행하여
26 느밧의 아들 여로보암의 모든 길로 행하며
그가 이스라엘에게 죄를 범하게 한 그 죄
중에 행하여 그들의 헛된 것들로 이스라엘
의 하나님 여호와를 노하시게 하였더라
27 오므리가 행한 그 남은 사적과 그가 부린
권세는 이스라엘 왕 역대지략에 기록되지
아니하였느냐

1. 오늘 하나님께서 나에게 주신 깨달음은 무엇입니까?

2. 말씀을 어떻게 내 삶에 구체적으로 적용해야 합니까?

절별 해설

15 칠 일 동안 술에 취해 있던 엘라를 손쉽게 제거하고(9절) 왕이 된 시므리도 단 7일 만에 통치를 끝내고 만다. 시므리가 엘라를 암살했을 때, 이스라엘 군대는 블레셋에 속한 깁브돈 가까이에 진을 치고 있었다.

16-17 그날에 이스라엘의 무리가 진에서 군대 지휘관 오므리를 이스라엘의 왕으로 삼으매 오므리가 이에 이스라엘의 무리를 거느리고 깁브돈에서부터 올라와서 디르사를 에워쌌더라 엘라의 암살 소식이 전해지자 이스라엘 군대는 시므리를 왕으로 인정한 것이 아니라 그들의 군대 지휘관 오므리를 왕으로 세운다. 오므리를 새 왕으로 추대한 군사들은 깁브돈 치는 것을 포기하고 급히 시므리가 거하던 디르사로 향한다. 싸움은 처음부터 일방적이었음을 쉽게 상상할 수 있다. 사기가 충천해서 전쟁터에서 돌아오는 군대를 당해 내기가 쉽지 않았을 것이다.

18-19 시므리가 성읍이 함락됨을 보고 왕궁 요새에 들어가서 왕궁에 불을 지르고 그 가운데에서 죽었으니, 그가 여로보암의 길로 행하며 그가 이스라엘에게 죄를 범하게 한 그 죄 중에 행하였더라 시므리는 이 전쟁이 승산 없는 싸움임을 인식하고는 왕궁으로 들어가 불을 지르고 자기도 타 죽는다. 시므리는 여로보암이 지은 모든 죄를 그대로 따르다 비참한 종말을 맞는다.

21-22 그때에 이스라엘 백성이 둘로 나뉘어 그 절반은 기낫의 아들 디브니를 따라 그를 왕으로 삼으려 하고 그 절반은 오므리를 따랐더니, 디브니가 죽으매 오므리가 왕이 되니라 시므리의 자살로 북이스라엘의 왕권이 오므리에게 넘어가는 듯 했으나, 그 전에 잠시 소란이 있었다. 북이스라엘이 둘로 나뉘어 각기 왕을 세워 내전이 일어난 것이다. 한쪽은 디브니를 왕으로 내세웠고, 다른 한쪽은 오므리를 지지했다. 이 내란에서 결국 디브니가 죽고 오므리가 승리를 거둔다.

23 오므리가 이스라엘의 왕이 되어 십이 년 동안 왕위에 있으며 디르사에서 육 년 동안 다스리니라 오므리는 거침없이 군대를 끌고 왔지만 즉시 왕위에 오르지는 못한다. 디브니라는 새로운 지도자를 추종하는 백성들이 일어나 오므리의 군대에 맞서 싸웠기 때문이다. 그래서 오므리는 처음 6년 동안은 디르사에서 나라를 다스렸다. 결국 오므리가 북이스라엘 전역을 통치한 기간은 대략 6-7년밖에 되지 않는다.

쉬운성경

15 시므리는 아사가 유다의 왕으로 있은 지 이십칠 년째 되는 해에 이스라엘의 왕이 되어서 칠 일 동안 디르사에서 다스렸습니다. 그때에 이스라엘 군대가 블레셋 마을인 깁브돈에서 가까운 곳에 진을 치고 있었습니다.

16 진에 있던 사람들은 시므리가 반역하여 왕을 죽였다는 소식을 듣게 되었습니다. 그래서 그들은 그 날로 군대 사령관인 오므리를 이스라엘의 왕으로 세웠습니다.

17 오므리와 모든 이스라엘 백성은 깁브돈을 떠나 디르사로 쳐들어갔습니다.

18 시므리는 성이 점령되는 것을 보고 왕궁으로 들어가 불을 지르고 자기도 타 죽었습니다.

19 이와 같은 일은 시므리가 여호와께서 보시기에 악한 일을 하여 죄를 지었기 때문에 일어났습니다. 전에 여로보암이 이스라엘 백성에게 죄를 짓게 했는데, 시므리도 여로보암이 지은 모든 죄를 그대로 따라 했습니다.

20 시므리가 한 다른 모든 일과 엘라 왕에게 반역한 이야기는 이스라엘 왕들의 역사책에 적혀 있습니다.

21 이스라엘 백성이 두 무리로 나뉘었습니다. 한 무리는 기낫의 아들 디브니를 왕으로 삼길 원했고, 다른 무리는 오므리가 왕이 되는 것을 원했습니다.

22 오므리를 따르는 사람들은 기낫의 아들 디브니를 따르는 사람들보다 강했기 때문에 싸움에서 그들을 이겼습니다. 그래서 디브니가 죽고 오므리가 왕이 되었습니다.

23 아사가 유다의 왕으로 있은 지 삼십일 년째 되는 해에 오므리가 이스라엘의 왕이 되었습니다. 오므리는 십이 년 동안 이스라엘을 다스렸는데 처음 육 년은 디르사에서 다스렸습니다.

24-25 그가 은 두 달란트로 세멜에게서 사마리아 산을 사고, 오므리가 여호와 보시기에 악을 행하되 그 전의 모든 사람보다 더욱 악하게 행하여 오므리는 은 두 달란트를 주고 사마리아 산을 사서 성읍을 쌓고 이스라엘의 새로운 수도로 삼는다. 오므리는 모압의 비문에 그 업적이 기록되었고, 앗수르가 이스라엘을 가리켜 '오므리의 땅'으로 부를 만큼 안정되고 부강한 나라를 이룩했다. 그러나 성경은 오므리를 악한 일을 행한 왕이라고 평가한다.

24 오므리는 세멜에게 은 두 달란트*
를 주고 사마리아 언덕을 샀습니다. 오므리는 그 언덕 위에 성을 쌓고 그 성을 원래 주인이었던 세멜의 이름을 따서 사마리아라고 불렀습니다.

25 그러나 오므리는 여호와께서 보시기에 악한 일을 저질렀습니다. 오므리는 전에 있던 다른 왕들보다 더 악했습니다.

26 느밧의 아들 여로보암이 이스라엘 백성에게 죄를 짓게 했던 것처럼, 오므리도 여로보암이 지은 모든 죄를 그대로 따라 했습니다. 이스라엘 백성은 헛된 우상들을 섬겨서 이스라엘 하나님 여호와를 노하게 만들었습니다.

27 오므리가 한 다른 모든 일과 승리한 일들은 이스라엘 왕들의 역사책에 적혀 있습니다.

* 16:24 2달란트는 약 68.54kg에 해당된다.

저자의 묵상

시므리가 엘라를 죽이고 왕이 된 지 불과 7일 만에 비참한 종말을 맞게 된 이유는, 여호와께서 보시기에 악한 일을 행하여 죄를 지었기 때문이다. 하나님이 시므리의 일생을 두고 내리신 결론이 바로 시므리가 악행을 일삼는 죄인이었다는 것이다. 시므리는 엘라와 전혀 다를 바가 없는 악한 사람이었다. 그가 반역한 유일한 이유는 자신의 야심을 이루기 위함이었다. 하나님은 다시 한 번 악인을 악인의 손에 망하게 하셨다. 오므리도 결국은 여호와께서 보시기에 악을 행했는데, 이전의 다른 왕들보다 더욱 악한 일을 저질렀다고 평가한다. 그렇다면 우리는 훗날 하나님 앞에 서게 될 때, 하나님이 무엇에 근거하여 어떤 기준으로 평가하실지를 잘 알아야 한다. 이 세상에서 하나님의 기준에 합당한 삶을 살기 위해 최선을 다해야 한다.

무릎기도 하나님, 하나님과 사람 앞에서 악한 일을 행하지 않고, 하나님의 기준에 합당한 믿음의 삶을 살도록 인도하소서.

NLT - 1 Kings 16

15 Zimri began to rule over Israel in the twenty-
seventh year of King Asa's reign in Judah,
but his reign in Tirzah lasted only seven
days. The army of Israel was then attacking
the Philistine town of Gibbethon.
16 When they heard that Zimri had committed
treason and had assassinated the king, that
very day they chose Omri, commander of
the army, as the new king of Israel.
17 So Omri led the entire army of Israel up from
Gibbethon to attack Tirzah, Israel's capital.
18 When Zimri saw that the city had been
taken, he went into the citadel of the palace
and burned it down over himself and died in
the flames.
19 For he, too, had done what was evil in the
LORD's sight. He followed the example of
Jeroboam in all the sins he had committed
and led Israel to commit.
20 The rest of the events in Zimri's reign and
his conspiracy are recorded in The Book of
the History of the Kings of Israel.
21 But now the people of Israel were split into
two factions. Half the people tried to make
Tibni son of Ginath their king, while the other
half supported Omri.
22 But Omri's supporters defeated the sup-
porters of Tibni. So Tibni was killed, and
Omri became the next king.
23 Omri began to rule over Israel in the thirty-
first year of King Asa's reign in Judah. He
reigned twelve years in all, six of them in
Tirzah.
24 Then Omri bought the hill now known as
Samaria from its owner, Shemer, for 150
pounds of silver.* He built a city on it and
called the city Samaria in honor of Shemer.
25 But Omri did what was evil in the LORD's
sight, even more than any of the kings
before him.
26 He followed the example of Jeroboam son of
Nebat in all the sins he had committed and
led Israel to commit. The people provoked
the anger of the LORD, the God of Israel, with
their worthless idols.
27 The rest of the events in Omri's reign, the
extent of his power, and everything he did
are recorded in The Book of the History of
the Kings of Israel.

* 16:24 Hebrew *for 2 talents* [68 kilograms] *of silver.*

15 rule over ~ ~을 통치하다 last (특정시간 동안) 계속되다 16 commit 저지르다, 범하다 treason 반역죄 assassinate 암살하다 commander 지휘관 18 citadel 성채, 요새 burn ~ down ~을 태워버리다 flame 불꽃, 화염 19 lead … to ~ …이 ~하게 하다, 유도하다 20 conspiracy 음모, 모의 21 be split into ~ ~로 분열되다 faction 당파 support 지지하다 22 defeat 패배시키다 23 in all 전부, 도합 24 in honor of ~ ~을 기념하여 26 follow the example of ~ ~을 본받다 provoke 자극하다, 일으키다 idol 우상 27 extent 범위

• MEMO •

☐ 묵상 체크

45 아합의 통치

월 일

열왕기상 16:28-34 • 새찬송 350장 | 통일 393장

• 말씀묵상 전에 성령님의 인도하심을 구하는 기도를 드리십시오.

본문요약 I 아합은 하나님의 뜻을 따르지 않고 하나님 보시기에 악한 일을 저지른다. 아합은 철저하게 여호와 하나님을 반역한 악한 왕들 중에서도 단연 최고의 악인이었다.

28 오므리가 그의 조상들과 함께 자매 사마
리아에 장사되고 그의 아들 아합이 대신
하여 왕이 되니라
29 유다의 아사 왕 제삼십팔 년에 오므리의
아들 아합이 이스라엘의 왕이 되니라 오
므리의 아들 아합이 사마리아에서 이십이
년 동안 이스라엘을 다스리니라
30 오므리의 아들 아합이 그의 이전의 모든
사람보다 여호와 보시기에 악을 더욱 행
하여
31 느밧의 아들 여로보암의 죄를 따라 행하
는 것을 오히려 가볍게 여기며 시돈 사람
의 왕 엣바알의 딸 이세벨을 아내로 삼고
가서 바알을 섬겨 예배하고
32 사마리아에 건축한 바알의 신전 안에 바
알을 위하여 제단을 쌓으며
33 또 아세라 상을 만들었으니 그는 그 이전
의 이스라엘의 모든 왕보다 심히 이스라
엘 하나님 여호와를 노하시게 하였더라
34 그 시대에 벧엘 사람 히엘이 여리고를 건
축하였는데 그가 그 터를 쌓을 때에 맏아
들 아비람을 잃었고 그 성문을 세울 때에
막내 아들 스굽을 잃었으니 여호와께서
눈의 아들 여호수아를 통하여 하신 말씀
과 같이 되었더라

1. 오늘 하나님께서 나에게 주신 깨달음은 무엇입니까?

2. 말씀을 어떻게 내 삶에 구체적으로 적용해야 합니까?

절별 해설

29 오므리의 아들 아합이 사마리아에서 이십이 년 동안 이스라엘을 다스리니라 북이스라엘의 네 번째 왕조를 형성한 오므리가 죽자 아들 아합이 뒤를 이어 왕이 된다. 아합은 사마리아에 머물면서 22년간 통치한다. 아합이라는 이름은 '아버지의 형제'라는 뜻이다. 이는 아버지 오므리에 대한 존경의 표현으로 아버지와의 관련성을 강조하는 것이다. 또 오므리가 거둔 성공적인 업적을 본받고자 하는 마음을 표현한 것이기도 하다. 실제로 아합은 아버지 오므리 못지않게 군사적 정치적 외교적인 면에서 유능한 통치자였다. 그러나 열왕기서는 아합의 세상적인 능력이나 업적에는 전혀 관심을 두지 않는다. 열왕기서의 관점은 오로지 아합의 신앙생활에 집중된다. 아합은 아버지 오므리보다 더 악한 반신앙적인 인물이었다.

30-33 오므리의 아들 아합이 그의 이전의 모든 사람보다 여호와 보시기에 악을 더욱 행하여, 그는 그 이전의 이스라엘의 모든 왕보다 심히 이스라엘 하나님 여호와를 노하시게 하였더라 아합 때 이스라엘의 부패는 극에 달한다. 아합은 바알 숭배자인 시돈 사람 이세벨과 정략적으로 결혼하여 사마리아에 바알 신전을 만들어 숭배하고 아세라 우상도 만들었다. 오므리와 아합 부자는 전대나 후대 왕들에 비해 정치적으로는 비교적 안정을 이루었으나 영적으로는 여로보암과 같은 상태였으며, 정도에 있어서는 그보다 더 악했다. 이 사실은 한 사람의 정치적 외교적 역량은 신앙이나 영적인 자세와는 무관함을 말해 준다. 오히려 영적으로 무지한 사람이 인간적으로 큰 능력을 가지고 있을 때, 그 죄악이 더 심각할 수도 있음을 보여준다. 특히 아합이 정략결혼으로 시돈 왕 엣바알('바알과 함께한다'는 뜻의 이름)의 딸 이세벨을 아내로 맞이한 것은 아합의 종교적 부패에 결정적인 요인으로 작용한다. 이세벨의 영향력 아래서 아합은 북이스라엘을 바알과 아세라의 나라로 만들어갔다.

34 그 시대에 벧엘 사람 히엘이 여리고를 건축하였는데 그가 그 터를 쌓을 때에 맏아들 아비람을 잃었고 그 성문을 세울 때에 막내아들 스굽을 잃었으니 여리고는 본래 베냐민 지파에 배분되었던 땅이다(수 18:21). 그런데 열 지파의 반란으로 북이스라엘에 속하게 된다. 그 후 여리고는 북이스라엘의 국경 성읍이 된다. 아합은 이 여리고 성을 견고하게 재건함으로써 요단강을 가로지르는 길목을 확실하게 장악하려 했다. 그리고 히엘이 이 건축 사역의 책임자로 임명된다. 그러나 히엘은 여리고 성을 재건하는 도중 두 아들을 잃고 만다. 이는 곧 일찍이 여호수아가 예언한 경고(수 6:26)를 무시한 탓인데, 당시에 선포된 예언이 약 500년의 세월이 지나 그대로 성취된 것이다. 하나님의 말씀은 어김없이 온전히 이루어진다.

쉬운성경

28 오므리는 죽어서 조상들과 함께 사마리아에 묻혔습니다. 그의 아들 아합이 뒤를 이어 왕이 되었습니다.

29 아사가 유다의 왕으로 있은 지 삼십팔 년째 되던 해에 오므리의 아들 아합이 이스라엘의 왕이 되었습니다. 아합은 사마리아에서 이십이 년 동안 이스라엘을 다스렸습니다.

30 오므리의 아들 아합은 여호와께서 보시기에 악한 일을 많이 했습니다. 아합은 전에 있던 다른 왕들보다 더 악했습니다.

31 아합은 느밧의 아들 여로보암이 지은 죄를 그대로 따라 했을 뿐만 아니라 그보다 더 큰 죄도 지었습니다. 아합은 시돈 사람의 왕 엣바알의 딸 이세벨과 결혼했습니다. 아합은 바알 신을 섬기고 예배하기 시작했습니다.

32 아합은 사마리아에 바알의 신전을 세웠습니다. 그리고 그곳에 바알을 섬기는 제단을 쌓았습니다.

33 아합은 아세라 우상도 만들어 섬겼습니다. 아합은 전에 있던 다른 어떤 왕보다도 더 이스라엘의 하나님 여호와를 노하게 했습니다.

34 아합이 왕으로 있는 동안에 벧엘 사람 히엘이 여리고를 다시 세웠습니다. 히엘은 여리고 성을 쌓기 시작하면서 맏아들 아비람을 잃었습니다. 그리고 성문을 세울 때에는 막내아들 스굽을 잃었습니다. 그래서 여호와께서 눈의 아들 여호수아를 통해서 하신 말씀이 이루어졌습니다.

저자의 묵상

열왕기상 16장에는 바아사부터 아합에 이르기까지 북이스라엘 왕국의 왕들이 행한 범죄와 그로 인한 하나님의 징계가 기록되어 있다. 즉, 바아사와 그의 아들 엘라, 반역자 시므리, 오므리와 그의 아들 아합으로 이어지는 북이스라엘 왕가는 하나같이 하나님이 원하시지 않는 우상숭배와 죄의 길을 걸었다. 그리고 아합 때 그 절정을 이룬다. 하나님은 반드시 심판하신다. 바아사는 여로보암의 가문을 다 죽이고 왕위를 빼앗았다. 그러나 그의 아들 엘라는 즉위한 지 2년 만에 수하에 있던 장군 시므리에게 맞아 죽고, 온 집안이 완전히 멸망당한다. 그리고 시므리도 죽고 오므리도 죽었다. 아합도 그럴 것이다. 하나님은 악인의 죄를 절대로 간과하지 않으시고 정확하게 그 죗값을 계산하신다. 그러므로 그리스도인은 늘 자신의 모습을 말씀 앞에 비추어보아야 한다. 자신이 비판하던 그 죄를 스스로 범하고 있지는 않은지 늘 자신을 성찰해야 한다.

무릎기도 하나님, 하나님의 말씀 앞에 항상 자신을 내어놓고 그 말씀의 다스림을 받게 하소서. 생명의 말씀을 밝혀(빌 2:16) 나를 인도하소서.

NLT - 1 Kings 16

28 When Omri died, he was buried in Samaria. Then his son Ahab became the next king.

29 Ahab son of Omri began to rule over Israel in the thirty-eighth year of King Asa's reign in Judah. He reigned in Samaria twenty-two years.

30 But Ahab son of Omri did what was evil in the LORD's sight, even more than any of the kings before him.

31 And as though it were not enough to follow the sinful example of Jeroboam, he married Jezebel, the daughter of King Ethbaal of the Sidonians, and he began to bow down in worship of Baal.

32 First Ahab built a temple and an altar for Baal in Samaria.

33 Then he set up an Asherah pole. He did more to provoke the anger of the LORD, the God of Israel, than any of the other kings of Israel before him.

34 It was during his reign that Hiel, a man from Bethel, rebuilt Jericho. When he laid its foundations, it cost him the life of his oldest son, Abiram. And when he completed it and set up its gates, it cost him the life of his youngest son, Segub.* This all happened according to the message from the LORD concerning Jericho spoken by Joshua son of Nun.

* 16:34 An ancient Hebrew scribal tradition reads *He killed his oldest son when he laid its foundations, and he killed his youngest son when he set up its gates.*

28 be buried in ~ ~에 묻히다　29 reign 통치　30 in one sight ~가 보기에는　31 as though ~ 마치 ~인 것처럼　follow the example of ~ ~을 본받다　bow down 절하다　worship 예배, 숭배　32 temple 신전　altar 제단　33 pole 장대, 기둥　provoke 자극하다　34 lay a foundation 기초를 놓다　cost 잃게 하다, 희생시키다　according to ~ ~에 따라　concerning ~에 관하여

46 엘리야와 사르밧 과부

월 일

열왕기상 17:1-16 • 새찬송 515장 | 통일 256장

• 말씀묵상 전에 성령님의 인도하심을 구하는 기도를 드리십시오.

본문요약 I 엘리야는 아합 왕을 만나 이스라엘에 수년 동안 비나 이슬이 내리지 않을 것을 선언한다. 그런데 하나님께서는 엘리야에게 요단강 동쪽에 있는 그릿 시냇가에 숨어 지내라고 명령하신다. 시내가 마른 후, 하나님은 엘리야를 그릿 시냇가에서 시돈 땅 사르밧으로 옮기신다. 그리고 하나님의 섭리하심 가운데 한 과부에게서 음식을 공급받게 하신다.

1 길르앗에 우거하는 자 중에 디셉 사람 엘리야가 아합에게 말하되 내가 섬기는 이스라엘의 하나님 여호와께서 살아계심을 두고 맹세하노니 내 말이 없으면 수 년 동안 비도 이슬도 있지 아니하리라 하니라

2 여호와의 말씀이 엘리야에게 임하여 이르시되

3 너는 여기서 떠나 동쪽으로 가서 요단 앞 그릿 시냇가에 숨고

4 그 시냇물을 마시라 내가 까마귀들에게 명령하여 거기서 너를 먹이게 하리라

5 그가 여호와의 말씀과 같이 하여 곧 가서 요단 앞 그릿 시냇가에 머물매

6 까마귀들이 아침에도 떡과 고기를, 저녁에도 떡과 고기를 가져왔고 그가 시냇물을 마셨으나

7 땅에 비가 내리지 아니하므로 얼마 후에 그 시내가 마르니라

8 여호와의 말씀이 엘리야에게 임하여 이르시되

9 너는 일어나 시돈에 속한 사르밧으로 가서 거기 머물라 내가 그곳 과부에게 명령하여 네게 음식을 주게 하였느니라

10 그가 일어나 사르밧으로 가서 성문에 이를 때에 한 과부가 그곳에서 나뭇가지를 줍는지라 이에 불러 이르되 청하건대 그릇에 물을 조금 가져다가 내가 마시게 하라

11 그가 가지러 갈 때에 엘리야가 그를 불러 이르되 청하건대 네 손의 떡 한 조각을 내게로 가져오라

12 그가 이르되 당신의 하나님 여호와께서 살아 계심을 두고 맹세하노니 나는 떡이 없고 다만 통에 가루 한 움큼과 병에 기름 조금 뿐이라 내가 나뭇가지 둘을 주워다가 나와 내 아들을 위하여 음식을 만들어 먹고 그 후에는 죽으리라

13 엘리야가 그에게 이르되 두려워하지 말고 가서 네 말대로 하려니와 먼저 그것으로 나를 위하여 작은 떡 한 개를 만들어 내게로 가져오고 그 후에 너와 네 아들을 위하여 만들라

14 이스라엘의 하나님 여호와의 말씀이 나 여호와가 비를 지면에 내리는 날까지 그 통의 가루가 떨어지지 아니하고 그 병의 기름이 없어지지 아니하리라 하셨느니라

15 그가 가서 엘리야의 말대로 하였더니 그와 엘리야와 그의 식구가 여러 날 먹었으나

16 여호와께서 엘리야를 통하여 하신 말씀같이 통의 가루가 떨어지지 아니하고 병의 기름이 없어지지 아니하니라

1. 오늘 하나님께서 나에게 주신 깨달음은 무엇입니까?

2. 말씀을 어떻게 내 삶에 구체적으로 적용해야 합니까?

절별 해설

1 길르앗에 우거하는 자 중에 디셉 사람 엘리야가 아합에게 말하되 내가 섬기는 이스라엘의 하나님 여호와께서 살아계심을 두고 맹세하노니 내 말이 없으면 수 년 동안 비도 이슬도 있지 아니하리라 하니라 전능하신 하나님이 우리를 부르신 이유는 하나님이 일하시는 데 일손이 부족해서가 아니다. 하나님은 더 큰 은혜와 공급을 주려고 우리를 부르신다. 하나님은 우리에게 필요한 것을 충분히 베풀어주실 수 있는 분이기에 우리를 부르신다. 하나님은 엘리야를 불러 아합 왕에게 가뭄의 메시지를 선포하게 하신다. 하나님이 전하라고 하신 메시지가 매우 무서운 심판의 내용이었기에 엘리야도 몹시 두려웠을 것이다.

3 너는 여기서 떠나 동쪽으로 가서 요단 앞 그릿 시냇가에 숨고 엘리야가 예고한 가뭄의 메시지는 농업을 주산업으로 하는 그 시대에 충격적인 내용이었다. 그러나 타락한 세대에 하나님의 개입을 갈망하며 날마다 가슴 아파하던 참된 언약의 백성들에게는 장쾌한 일이었다. 엘리야 자신도 마찬가지였을 것이다. 그런데 하나님의 음성은 엘리야나 하나님의 의로운 백성들이 예상하고 바라던 내용이 아니었다. 하나님은 엘리야 선지자에게 그릿 시냇가로 도망쳐서 숨으라고 명령하신다. 그릿 시냇가에서 '그릿'은 '분리' '단절'이라는 뜻이다. 그러므로 이 시내는 어떤 지역을 구분하는 경계선 역할을 한 것으로 추정된다. 그릿 시내의 정확한 위치는 알 수 없으나, 엘리야가 길르앗 사람인 것으로 봐서, 이곳은 요단 동편 길르앗 협곡의 동굴 지대에 있는 시내 중 하나일 것이다.

4 그 시냇물을 마시라 내가 까마귀들에게 명령하여 거기서 너를 먹이게 하리라 하나님은 엘리야에게 가뭄의 선포를 큰 소리로 한 번 힘껏 외치게 하고는 엘리야를 한적한 곳으로 보내시고, 먹고 마시는 일에 구애받음 없이 3년간 숨어 살게 하신다(18:1). 하나님은 이때 엘리야에게 말씀을 묵상하게 하신다. 하나님은 엘리야로 하여금 가뭄의 선포를 곰곰이 묵상하게 하셨다. 엘리야는 가뭄의 메시지를 선포했지만, 그 메시지에 담겨 있는 하나님의 깊은 뜻까지는 깨닫지 못했다. 엘리야로서는 왜 이 메시지가 필요한지, 그 의미가 무엇인지 알아야 했다. 그뿐 아니라 선포된 메시지를 자기 자신에게 적용시키는 직접적인 신앙훈련을 반드시 거쳐야만 했다.

5 그가 여호와의 말씀과 같이 하여 엘리야 선지자는 숨으라는 하나님의 명령에 곧 순종하여 그릿 시냇가에 가서 살았다. 엘리야는 하나님이 동쪽으로 가라시면 동쪽으로 가고,

쉬운성경

1 길르앗 땅 디셉 사람인 예언자 엘리야가 아합 왕에게 말했습니다. "나는 이스라엘 하나님 여호와를 섬깁니다. 여호와의 살아 계심을 두고 맹세하지만, 내가 다시 명령하기까지 앞으로 몇 년 동안 비나 이슬이 내리지 않을 것입니다."

2 여호와께서 엘리야에게 말씀하셨습니다.

3 "여기를 떠나 동쪽으로 가서 요단 강 동쪽에 있는 그릿 시냇가에 숨고

4 그곳의 시냇물을 마셔라. 내가 까마귀들을 시켜 네게 먹을 것을 가져다주겠다."

5 엘리야는 여호와께서 명령하신 대로 했습니다. 그는 요단 강 동쪽에 있는 그릿 시냇가로 가서 살았습니다.

6 까마귀들이 아침저녁으로 엘리야에게 빵과 고기를 가져다주었습니다. 그리고 엘리야는 그곳의 시냇물을 마셨습니다.

7 땅에 비가 내리지 않자, 얼마 뒤에 그 시냇물도 말라 버렸습니다.

8 여호와께서 엘리야에게 말씀하셨습니다.

9 "너는 일어나서 시돈 땅 사르밧으로 가서 살아라. 그곳의 한 과부에게 너를 돌보아 주라고 명령했다."

10 그래서 엘리야는 사르밧으로 갔습니다. 그가 성문으로 들어설 때에 한 과부가 땔감을 줍고 있었습니다. 엘리야가 말했습니다. "마실 물을 한 그릇만 떠다 주시오."

11 그 과부가 물을 가지러 가려고 할 때, 엘리야가 또 말했습니다. "빵도 조금만 가져다 주시오."

12 그 여자가 대답했습니다. "당신의 하나님 여호와께서 살아계심을 두고 맹세

지정된 곳에 숨으라시면 그대로 가서 숨고, 또다시 어디로 나오라고 하실 때까지 오래 참고 기다리는 자였다.

6 까마귀들이 아침에도 떡과 고기를, 저녁에도 떡과 고기를 가져왔고 그 당시에 까마귀는 불결하고 기분 나쁜 날짐승으로 인식되었다. 시체와 썩은 것들을 즐겨 먹었기 때문이다. 그런데 그런 까마귀가 엘리야에게 음식을 날라다 주었다는 사실에서 하나님의 기적적인 역사하심이 드러난다. 하나님의 능력은 까마귀도 순종하게 하신다.

7 땅에 비가 내리지 아니하므로 얼마 후에 그 시내가 마르니라 그릿 시냇가의 물이 말랐다는 것은 가뭄의 메시지가 실현되고 있음을 보여준다. 엘리야의 예언이 현실로 드러난 것이다.

8 여호와의 말씀이 엘리야에게 임하여 이르시되 하나님은 때가 되면 우리의 그릿 시내를 마르게 하시고 우리를 새로운 길로 인도하신다. 그러므로 하나님이 작정하신 '얼마 뒤'가 되면 우리의 시내는 마르게 된다. 그때는 하나님의 새로운 말씀을 듣는 또 다른 훈련과 사역이 기다리고 있다. 그때 여호와께서 우리에게 말씀하신다.

9 너는 일어나 시돈에 속한 사르밧으로 가서 거기 머물라 내가 그곳 과부에게 명령하여 네게 음식을 주게 하였느니라 엘리야는 그릿 시냇가보다 사르밧에서 더 큰 믿음을 발휘해야 했다. 사르밧은 시돈에서 불과 10마일(16km)밖에 안 되는 거리에 있었기 때문이다. 시돈은 엘리야의 목을 찾느라 혈안이 되어 있는 이세벨의 부왕 엣바알이 사는 곳으로 바알 경배의 본산지였다(16:31). 엘리야가 사르밧에서 더 큰 믿음을 가지고 살아야 할 또 하나의 이유는 과부에게서 밥을 얻어먹어야 했기 때문이다. 당시의 과부들은 생활대책이 없었으므로 가장 극빈한 생활을 했다.

10 그가 일어나 사르밧으로 가서 엘리야는 그릿 시냇가로 갔을 때처럼(5절) 이번에도 곧 여호와의 명령에 순종한다. 그런데 하나님은 엘리야가 가야 할 장소만 명시하셨을 뿐, 엘리야를 먹여줄 과부에 대해서는 아무런 설명을 하지 않으셨다. 단순히 "그곳(의) (한) 과부"(9절)라고만 하셨지 그 과부의 인적 사항에 대해서는 전혀 말씀해 주시지 않았다. 엘리야는 그릿 시냇가를 떠나기 전 그 과부의 신상에 대해 미리 하나님께 묻지 않는다. 그만큼 하나님을 온전히 신뢰하게 된 것이다.

하지만 나에게는 빵이 없습니다. 항아리에 밀가루가 조금 있고 기름병에 기름이 조금 있을 뿐입니다. 이곳에 땔감을 주으려고 왔는데 땔감을 주워 집에 가져가서 나와 내 아들이 죽기 전에 마지막으로 먹을 음식을 준비하려던 참이었습니다."

13 엘리야가 말했습니다. "걱정하지 마시오. 집으로 가서 당신이 말한 대로 음식을 준비하시오. 그러나 먼저 조그마한 빵을 만들어서 나에게 가져오시오. 그리고 나서 당신과 당신 아들이 먹을 것을 준비하시오.

14 이스라엘 하나님 여호와께서 말씀하셨소. '나 여호와가 이 땅에 비를 내리기까지 그 항아리의 밀가루가 결코 떨어지지 않을 것이며 병의 기름도 떨어지지 않을 것이다.'"

15 여자는 집으로 가서 엘리야가 말한 대로 했습니다. 그리고 엘리야와 여자와 그의 아들이 날마다 음식을 넉넉히 먹었습니다.

16 여호와께서 엘리야를 통해 말씀하신 대로 항아리의 밀가루와 병에 있는 기름은 떨어지지 않았습니다.

10-11 그릇에 물을 조금 가져다가 내가 마시게 하라, 네 손의 떡 한 조각을 내게로 가져오라 엘리야는 사르밧에서 한 과부를 만난다. 엘리야가 사르밧 과부에게 물과 떡을 달라고 요청한 것은 단순한 갈증이나 허기를 채우기 위함이라기보다, 하나님의 인도하심을 확인하려는 조심스러운 신앙의 자세였다.

12 나는 떡이 없고, 나와 내 아들을 위하여 음식을 만들어 먹고 그 후에는 죽으리라 엘리야가 만난 사르밧의 여자는 정말로 가난한 과부였다. 그녀에게 남은 가루는 최후에 먹을 최소한의 음식 재료였다. 그런데 그 적은 음식을 달라고 하는 엘리야의 요구는 그녀가 가진 전부를 달라는 엄청난 요청이었다.

저자의 묵상

이 세상에서 가장 힘든 훈련은 기다리는 일이다. 더욱이 아무도 찾아주지 않고 알아주지도 않는 외딴 곳에서 혼자 여러 해를 숨어 살 경우에는 더욱 그렇다. 그 일은 아합 왕 앞에서 크고 웅장한 목소리로 가뭄을 선포하는 일보다 훨씬 더 어렵다. 하나님은 엘리야를 그릿 시냇가로 보내실 때, 그곳에서 얼마 동안 머물게 될지 미리 알려주시지 않았다. 그러기에 엘리야의 기다림은 가장 진실한 믿음의 한 표현이었다. 드디어 하나님의 때가 되어 엘리야는 하나님의 명령에 따라 그릿 시냇가에서 사르밧으로 옮기게 된다. 이제 다시 아합 왕에게 강력한 하나님의 능력을 보여줘야 할 것만 같다. 그러나 하나님은 육신과 영혼의 궁핍에서 헤매던 한 가련한 과부를 먼저 만나게 하고 돕게 하셨다. 우리가 볼 때는 한시가 급한 것 같은데 하나님은 의외로 느긋해 보이신다. 그러면 우리도 하나님의 속도에 맞춰야 한다. 참된 신앙은 하나님의 때를 기다릴 줄 아는 신앙이다. 하나님은 기다리지 않는 자를 부르시지 않는다. 기다리지 않는 자는 하나님의 음성을 듣지 못한다. 하나님이 인도하시기 전에 설쳐대면 결국 아합 왕의 손에 잡히고 만다. 기다리는 일은 결코 시간 낭비가 아니다. 하나님은 기다리게 하면서 무엇보다도 한 영혼을 사랑하는 마음을 준비시키신다. 민족을 품기 전에 한 사람을 보듬어 안을 수 있도록 훈련시키신다. 가뭄의 선포처럼 하나님의 메시지를 전하는 어제의 영광스러웠던 사역에 현혹되지 않도록 하나님은 그릿 시냇가에서 엘리야를 훈련시키셨다. 철저히 자신을 내려놓고 비우게 하신 후, 연약한 사르밧 과부의 가정으로 인도하신 것이다. 이는 사랑의 훈련, 목양의 훈련을 위해서다.

무릎 기도 | 하나님, 처음부터 성공한 삶, 풍성한 영적 생활을 해나갈 수 없음을 깨닫고 조급해하지 않게 하소서. 기다림의 신앙으로 하나님의 인도하심을 의지하며 한 걸음씩 정진하는 삶을 살게 하소서.

NLT - 1 Kings 17

1 Now Elijah, who was from Tishbe in Gilead,
told King Ahab, "As surely as the LORD, the
God of Israel, lives—the God I serve—there
will be no dew or rain during the next few
years until I give the word!"
2 Then the LORD said to Elijah,
3 "Go to the east and hide by Kerith Brook,
near where it enters the Jordan River.
4 Drink from the brook and eat what the
ravens bring you, for I have commanded
them to bring you food."
5 So Elijah did as the LORD told him and
camped beside Kerith Brook, east of the
Jordan.
6 The ravens brought him bread and meat
each morning and evening, and he drank
from the brook.
7 But after a while the brook dried up, for
there was no rainfall anywhere in the land.
8 Then the LORD said to Elijah,
9 "Go and live in the village of Zarephath, near
the city of Sidon. I have instructed a widow
there to feed you."
10 So he went to Zarephath. As he arrived at
the gates of the village, he saw a widow
gathering sticks, and he asked her, "Would
you please bring me a little water in a cup?"
11 As she was going to get it, he called to her,
"Bring me a bite of bread, too."
12 But she said, "I swear by the LORD your God
that I don't have a single piece of bread in
the house. And I have only a handful of flour
left in the jar and a little cooking oil in the
bottom of the jug. I was just gathering a few
sticks to cook this last meal, and then my
son and I will die."
13 But Elijah said to her, "Don't be afraid! Go
ahead and do just what you've said, but
make a little bread for me first. Then use
what's left to prepare a meal for yourself and
your son.
14 For this is what the LORD, the God of Israel,
says: There will always be flour and olive oil
left in your containers until the time when the
LORD sends rain and the crops grow again!"
15 So she did as Elijah said, and she and Elijah
and her family continued to eat for many
days.
16 There was always enough flour and olive oil
left in the containers, just as the LORD had
promised through Elijah.

1 as surely as ~ ~와 마찬가지로 틀림없이 dew 이슬 give the word 명령을 내리다 3 brook 시내, 개울 4 raven 까마귀 command 명령하다 5 camp 천막을 치다, 야영하다 7 after a while 잠시 후에 dry up 바싹 마르다 rainfall 강우 anywhere 어느 곳이든 9 instruct 지시하다 widow 미망인 feed 부양하다 10 arrive at ~ ~에 도착하다 gather 모으다 stick 나뭇가지, 막대 11 a bite of ~ 한입의 ~ 12 swear 맹세하다 a single piece 단 한 조각 a handful of ~ 한 움큼의 ~ flour 밀가루 jar 항아리 in the bottom of ~ ~의 바닥에 jug 물주전자 13 be left (시간, 돈 등이) 남다 14 container 용기, 그릇 crop 농작물 15 continue to ~ ~을 계속하다

• MEMO •

47 은혜 받은 후에

월 일

열왕기상 17:17-24 • 새찬송 532장 | 통일 323장

• 말씀묵상 전에 성령님의 인도하심을 구하는 기도를 드리십시오.

본문요약 I 일용할 양식으로 이제 살 만해진 사르밧 과부의 가정에 큰일이 닥친다. 아들이 죽게 된 것이다. 이스라엘의 대선지자 엘리야는 사르밧 과부의 슬픔을 함께하며 전능하신 하나님께 기도한다. 과부의 아들이 살아나고, 그녀는 하나님의 말씀을 더욱더 신뢰하게 된다.

17 이 일 후에 그 집주인 되는 여인의 아들이
병들어 증세가 심히 위중하다가 숨이 끊
어진지라
18 여인이 엘리야에게 이르되 하나님의 사람
이여 당신이 나와 더불어 무슨 상관이 있
기로 내 죄를 생각나게 하고 또 내 아들을
죽게 하려고 내게 오셨나이까
19 엘리야가 그에게 그의 아들을 달라 하여
그를 그 여인의 품에서 받아 안고 자기가
거처하는 다락에 올라가서 자기 침상에
누이고
20 여호와께 부르짖어 이르되 내 하나님 여
호와여 주께서 또 내가 우거하는 집 과부
에게 재앙을 내리사 그 아들이 죽게 하셨
나이까 하고
21 그 아이 위에 몸을 세 번 펴서 엎드리고
여호와께 부르짖어 이르되 내 하나님 여
호와여 원하건대 이 아이의 혼으로 그의
몸에 돌아오게 하옵소서 하니
22 여호와께서 엘리야의 소리를 들으시므로
그 아이의 혼이 몸으로 돌아오고 살아난
지라
23 엘리야가 그 아이를 안고 다락에서 방으
로 내려가서 그의 어머니에게 주며 이르
되 보라 네 아들이 살아났느니라
24 여인이 엘리야에게 이르되 내가 이제야
당신은 하나님의 사람이시요 당신의 입에
있는 여호와의 말씀이 진실한 줄 아노라
하니라

1. 오늘 하나님께서 나에게 주신 깨달음은 무엇입니까?

2. 말씀을 어떻게 내 삶에 구체적으로 적용해야 합니까?

절별 해설

17 이 일 후에 오늘 본문은 '이 일 후에'라는 말로 시작된다. 14절을 보면 알 수 있듯이, 사르밧 과부의 가정은 엘리야가 하나님의 메시지(14절)를 전달한 때부터 하나님의 공급하심 속에서 살아간다. 그러나 좋은 시절은 갑작스러운 재난으로 일시에 막을 내리고 만다. 사르밧 과부의 아들이 중병을 앓다가 죽은 것이다.

18 당신이 나와 더불어 무슨 상관이 있기로 내 죄를 생각나게 하고 또 내 아들을 죽게 하려고 내게 오셨나이까 일이 잘될 때는 누구나 감사가 쉽게 터져 나온다. 그런 때는 매사에 적극적이고 기쁨이 넘친다. 그러나 갑자기 어려운 일이 닥치면 사람의 모습은 급변한다. 소극적이고, 수심에 잠기고, 기가 죽고, 마음이 우울해진다. 사르밧 과부는 양식이 떨어졌을 때는 자식과 함께 죽을 각오까지 했었다(12절). 그녀에게 아들은 결코 죽어서는 안 되는 존재였다. 이제 그녀는 자식이 없으면 못 사는 처지가 되었다.

19 그의 아들을 달라 하여 그를 그 여인의 품에서 받아 안고 자기가 거처하는 다락에 올라가서 사르밧 과부의 품에는 죽은 아들의 시신이 안겨 있었다. 그 시신은 곧 그녀의 슬픔과 설움의 결정체였다. 따라서 "그의 아들을 달라"는 말은 사르밧 과부의 처절한 고통과 슬픔을 함께하겠다는 사랑의 제안이었다. 엘리야는 사르밧 과부의 죽은 아들을 자기 품에 안는다. 이로써 사르밧 과부와 엘리야의 품은 동일한 슬픔을 끌어안게 된 셈이다.

20 여호와께 부르짖어 엘리야는 위대한 선지자다. 그럼에도 가난한 이방인 과부의 죽은 아들을 품에 안고 자기 방으로 가서 침상 위에 고이 눕히고는 간절히 기도한다. 모세와 어깨를 나란히 할 정도의 이스라엘 대선지자(막 9:1-8)가 미천하기 짝이 없는 한 이방인 과부의 죽은 자식에게 간절한 정성과 세심한 사랑을 쏟아붓는다.

23-24 보라 네 아들이 살아났느니라, 이제야 당신은 하나님의 사람이시요 하나님께 모든 문제를 아뢰고 맡기면 하나님이 해결해 주신다. 사르밧 과부의 슬픔과 고통이 모두 사라지고, 감격과 기쁨의 고백이 터져 나왔다. 그녀는 하나님의 자비의 기적을 체험하고 더욱더 하나님의 말씀을 신뢰하게 된다.

쉬운성경

17 얼마 뒤에 그 집 사르밧 과부의 아들이 병이 들었는데, 그 병이 점점 깊어지더니 마침내 숨을 거두고 말았습니다.

18 그러자 그 여자가 엘리야에게 말했습니다. "당신은 하나님의 사람입니다. 어째서 당신은 나에게 와서 내 죄를 생각나게 하십니까? 내 아들을 죽이려고 나에게 오셨습니까?"

19 엘리야가 말했습니다. "그 아이를 이리로 주시오." 엘리야는 여자가 내주는 아들을 받아 안고 위층으로 올라갔습니다. 엘리야는 그 아이를 자기가 묵고 있는 방 침상에 눕혀 놓았습니다.

20 그리고 여호와께 기도했습니다. "나의 하나님 여호와여! 이 과부는 나를 자기 집에서 묵게 해 주었습니다. 그런데 어찌하여 그녀에게 이런 재앙을 내리십니까? 어찌하여 그녀의 아이를 죽게 하셨습니까?"

21 그런 다음에 엘리야는 아이의 몸 위에 세 번 엎드렸습니다. 그리고 또 여호와께 기도했습니다. "내 하나님 여호와여, 이 아이가 다시 살아나게 해 주십시오."

22 여호와께서 엘리야의 기도를 들어주셨습니다. 그리하여 아이가 다시 숨을 쉬기 시작했습니다. 아이가 살아난 것입니다.

23 엘리야가 아이를 안고 아래층으로 내려갔습니다. 그리고 아이를 그의 어머니에게 보여주면서 말했습니다. "보시오. 당신 아들이 살아났소."

24 여자가 엘리야에게 말했습니다. "이제 보니 당신은 정말로 하나님의 사람입니다. 여호와께서 당신을 통해서 하시는 말씀이 참으로 진실인 줄 알겠습니다."

저자의 묵상

하나님은 능력이 많으신 분이다. 하나님은 우리가 믿음이 연약한 가운데 있지 않고 강하고 담대하게 무장하기를 원하신다. 하나님은 이를 위해 때때로 고통과 어려움을 주신다. 더욱이 은혜 받고 하나님께 열심히 헌신하고자 하는 성도에게도 고난을 주실 때가 있다. 그러나 그 모든 것을 주님께 아뢰고 맡기면 주님은 외면하지 않으신다. 하나님은 온유한 모습으로 우리의 모든 것을 굽어 살피시고, 풍성한 사랑과 따뜻한 온정으로 보살펴주신다. 하나님은 성도와 깊은 영적인 교제를 나누기 원하신다. 그러는 가운데 참된 평안과 기쁨을 주시고 모든 문제를 해결해 주신다. 그리고 이전에 받아 누렸던 은혜보다 더 큰 은혜를 물 붓듯 부어주신다. 이러한 은혜의 과정을 믿음으로 잘 통과한 성도는 믿음의 도약을 덤으로 얻는다. 이 고난의 과정을 이겨낸 성도는 다시는 주님의 사랑을 의심하지 않고, 일평생 주님만 의지하며 날마다 은혜를 누리며 살아가게 된다. 감사와 기쁨의 고백과 함께 말이다.

무릎 기도 하나님, 우리에게 지워진 갖가지 무거운 짐들을 주님께 맡깁니다. 주님께서 해결해 주실 줄 믿습니다. 오직 주님만이 우리의 안식처가 되심을 믿게 하소서.

NLT - 1 Kings 17

17 Some time later the woman's son became
sick. He grew worse and worse, and finally
he died.
18 Then she said to Elijah, "O man of God,
what have you done to me? Have you come
here to point out my sins and kill my son?"
19 But Elijah replied, "Give me your son." And
he took the child's body from her arms,
carried him up the stairs to the room where
he was staying, and laid the body on his
bed.
20 Then Elijah cried out to the LORD, "O LORD
my God, why have you brought tragedy to
this widow who has opened her home to
me, causing her son to die?"
21 And he stretched himself out over the child
three times and cried out to the LORD, "O
LORD my God, please let this child's life
return to him."
22 The LORD heard Elijah's prayer, and the life
of the child returned, and he revived!
23 Then Elijah brought him down from the
upper room and gave him to his mother.
"Look!" he said. "Your son is alive!"
24 Then the woman told Elijah, "Now I know for
sure that you are a man of God, and that the
LORD truly speaks through you."

17 some time later 얼마 후에 worse and worse 점점 나쁜 18 point out ~ ~를 지적하다, 언급하다 19 carry … up ~ to …를 ~로 데리고 올라가다 20 cry out 비명을 지르다, 외치다 tragedy 비극, 재난 widow 미망인 cause … to ~ …이 ~하도록 유발하다 21 stretch oneself out 길게 눕다 22 revive 되살아나다, 의식을 회복하다 23 upper 위쪽의 alive 살아 있는 24 know for sure 확실히 알다

48 엘리야와 아합

월 일

열왕기상 18:1-19 • 새찬송 539장 | 통일 483장

• 말씀묵상 전에 성령님의 인도하심을 구하는 기도를 드리십시오.

본문요약 | 하나님은 엘리야에게 아합 왕을 찾아가게 하신다. 엘리야는 가는 도중에 하나님을 경외하는 오바댜를 만난다. 엘리야는 오바댜에게 아합을 찾아가 자신에 대해 알리라고 명령한다. 오바댜는 크게 두려웠지만 아합에게 말하고, 엘리야는 아합을 만나게 된다. 엘리야는 아합에게 갈멜산에서 바알과 아세라 선지자들과의 대결을 제안한다.

1 많은 날이 지나고 제삼 년에 여호와의 말씀이 엘리야에게 임하여 이르시되 너는 가서 아합에게 보이라 내가 비를 지면에 내리리라
2 엘리야가 아합에게 보이려고 가니 그때에 사마리아에 기근이 심하였더라
3 아합이 왕궁 맡은 자 오바댜를 불렀으니 이 오바댜는 여호와를 지극히 경외하는 자라
4 이세벨이 여호와의 선지자들을 멸할 때에 오바댜가 선지자 백 명을 가지고 오십 명씩 굴에 숨기고 떡과 물을 먹였더라
5 아합이 오바댜에게 이르되 이 땅의 모든 물 근원과 모든 내로 가자 혹시 꼴을 얻으리라 그리하면 말과 노새를 살리리니 짐승을 다 잃지 않게 되리라 하고
6 두 사람이 두루 다닐 땅을 나누어 아합은 홀로 이 길로 가고 오바댜는 홀로 저 길로 가니라
7 오바댜가 길에 있을 때에 엘리야가 그를 만난지라 그가 알아보고 엎드려 말하되 내 주 엘리야여 당신이시니이까
8 그가 그에게 대답하되 그러하다 가서 네 주에게 말하기를 엘리야가 여기 있다 하라
9 이르되 내가 무슨 죄를 범하였기에 당신이 당신의 종을 아합의 손에 넘겨 죽이게 하려 하시나이까
10 당신의 하나님 여호와께서 살아계심을 두고 맹세하노니 내 주께서 사람을 보내어 당신을 찾지 아니한 족속이나 나라가 없었는데 그들이 말하기를 엘리야가 없다 하면 그 나라와 그 족속으로 당신을 보지 못하였다는 맹세를 하게 하였거늘
11 이제 당신의 말씀이 가서 네 주에게 말하기를 엘리야가 여기 있다 하라 하시나
12 내가 당신을 떠나간 후에 여호와의 영이 내가 알지 못하는 곳으로 당신을 이끌어 가시리니 내가 가서 아합에게 말하였다가 그가 당신을 찾지 못하면 내가 죽임을 당하리이다 당신의 종은 어려서부터 여호와를 경외하는 자라
13 이세벨이 여호와의 선지자들을 죽일 때에 내가 여호와의 선지자 중에 백 명을 오십 명씩 굴에 숨기고 떡과 물로 먹인 일이 내 주에게 들리지 아니하였나이까
14 이제 당신의 말씀이 가서 네 주에게 말하기를 엘리야가 여기 있다 하라 하시니 그리하면 그가 나를 죽이리이다
15 엘리야가 이르되 내가 섬기는 만군의 여호와께서 살아계심을 두고 맹세하노니 내가 오늘 아합에게 보이리라
16 오바댜가 가서 아합을 만나 그에게 말하매 아합이 엘리야를 만나러 가다가
17 엘리야를 볼 때에 아합이 그에게 이르되 이스라엘을 괴롭게 하는 자여 너냐
18 그가 대답하되 내가 이스라엘을 괴롭게 한 것이 아니라 당신과 당신의 아버지의 집이 괴롭게 하였으니 이는 여호와의 명령을 버렸고 당신이 바알들을 따랐음이라
19 그런즉 사람을 보내 온 이스라엘과 이세벨의 상에서 먹는 바알의 선지자 사백오십 명과 아세라의 선지자 사백 명을 갈멜 산으로 모아 내게로 나아오게 하소서

1. 오늘 하나님께서 나에게 주신 깨달음은 무엇입니까?

2. 말씀을 어떻게 내 삶에 구체적으로 적용해야 합니까?

절별 해설

1 제삼 년에 여호와의 말씀이 엘리야에게 임하여 이르시되 너는 가서 아합에게 보이라 내가 비를 지면에 내리리라 엘리야가 아합에게 가뭄을 선포한 지 3년이 지났다. 그리고 하나님은 엘리야에게 3년 만에 비 소식을 말씀하신다. 마침내 엘리야가 은둔을 끝내고 아합 왕을 만날 때가 왔다. 하나님과 바알의 한판 승부가 시작되는 순간이다.

2 그때에 사마리아에 기근이 심하였더라 하나님이 엘리야에게 아합을 만나라고 지시하셨기에 엘리야는 사마리아로 간다. 바알을 숭배하는 수도 사마리아도 3년 이상 계속되는 극심한 가뭄으로 큰 타격을 받고 있었다. 이러한 가뭄을 통해 바알은 완패한 것이나 마찬가지였다. 비와 천둥의 신이라던 바알이 자기 숭배자들을 위해 비 한 방울도 내리지 못했기 때문이다.

3 왕궁 맡은 자 오바댜를 불렀으니 이 오바댜는 여호와를 지극히 경외하는 자라 바알 숭배가 극에 달한 시대를 살면서도 왕궁 맡은 자로 아합의 최측근이던 오바댜는 여호와를 지극히 경외했다. 사실 오바댜는 고민하는 이스라엘의 신앙인을 대표한다. 물론 성경 기자는 오바댜의 신앙적인 갈등과 고민에 대해서는 말하지 않지만, 바알 정책을 펴는 아합의 밑에서 일하며 먹고 사는 관리로서, 공적인 직무와 개인적 신앙 사이에서 수많은 고민의 나날을 보냈을 것이다. 그럼에도 오바댜가 여호와의 선지자들을 위해 행한 목숨을 담보로 한 모험적인 행위는, 이스라엘 땅에 바알에게 무릎을 꿇지 않은 수많은 사람이 있음을 보여준다.

4 이세벨이 여호와의 선지자들을 멸할 때에 오바댜가 선지자 백 명을 가지고 오십 명씩 굴에 숨기고 떡과 물을 먹였더라 이세벨은 대놓고 여호와의 선지자들을 학살했다. 그때 오바댜는 자신의 힘과 재물로 담대하게 100명의 선지자를 구했다. 오바댜는 아무도 모르게 선지자 100명을 50명씩 나누어 굴에 숨기고 그들에게 떡과 물을 가져다주었다.

5 이 땅의 모든 물 근원과 모든 내로 가자 혹시 꼴을 얻으리라 3년 가뭄으로 바알 신앙의 허구성이 드러났는데도, 아합은 하나님의 말씀을 의지하려는 생각을 하지 않고 물의 근원을 찾아 헤맬 만큼 완고하고 어리석었다. 단지 자신의 말과 노새를 살리려고 물이 있는 물 근원과 내 그리고 꼴을 찾아다닌다. 이는 아합의 일차적 관심이 백성에게 있지 않음을 의미한다. 실제로 아합의 권력 기반은 말과 노새가 상징하듯 군사력과 상업력에 있었다.

쉬운성경

1 세월이 흘렀습니다. 가뭄이 든 지 삼 년째 되던 해에 여호와께서 엘리야에게 말씀하셨습니다. "가서 아합 왕을 만나라. 내가 곧 땅에 비를 내리겠다."

2 그리하여 엘리야는 아합을 만나러 갔습니다. 그 무렵, 사마리아에는 심한 가뭄이 들었습니다.

3 그래서 아합 왕은 왕궁을 관리하는 사람인 오바댜를 부르러 사람을 보냈습니다. 오바댜는 참마음으로 여호와를 따르는 사람이었습니다.

4 언젠가 이세벨이 여호와의 예언자들을 죽일 때에 오바댜는 그 가운데서 예언자 백 명을 오십 명씩 두 동굴에 나누어 숨겨 주고 그들에게 먹을 것과 마실 것을 가져다준 일이 있었습니다.

5 아합 왕이 오바댜에게 말했습니다. "모든 땅에 있는 샘과 시내를 다 뒤져 보자. 풀이 넉넉히 있는 곳을 알아내면 우리의 말과 노새들을 살릴 수 있을 것이고 더 이상 짐승들을 잃지 않게 될 것이다."

6 왕과 오바댜는 땅을 둘로 나누어 찾아다니기로 했습니다. 그래서 아합과 오바댜는 제각기 자기가 맡은 땅으로 떠났습니다.

7 오바댜가 길을 가다가 엘리야를 만났습니다. 오바댜가 엘리야를 알아보고 고개를 숙여 인사했습니다. "당신은 나의 주 엘리야가 아니십니까?"

8 엘리야가 대답했습니다. "그렇소. 그대의 왕에게 가서 내가 여기에 있다고 이르시오."

9 오바댜가 말했습니다. "내가 무슨 죄를 지었기에, 당신이 나를 아합의 손에 넘겨 나를 죽이려 하십니까?

10 당신의 하나님 여호와의 살아계심을 두고 맹세하지만 왕은 당신을 찾으려고 사람들을 보내어 모든 나라 안을 샅샅이 뒤졌습니다. 그 나라에서 '엘리야는 여기에 없소'라고 말하면 아합은 그 나라 왕까지 의심하면서 정말 엘리야를 찾지 못했다는 맹세를 하게 했습니다.

7 그가 알아보고 엎드려 말하되 내 주 엘리야여 당신이시니이까 오바댜는 바로 엘리야를 알아보았다. 엘리야도 오바댜에 대해 알고 있었다. 엘리야와 오바댜가 만난 것은 결코 우연이 아니다. 사람이 마음으로 자기의 길을 계획할지라도 그 걸음을 인도하시는 분은 하나님이다(잠 16:9).

8-9 그가 그에게 대답하되 그러하다 가서 네 주에게 말하기를 엘리야가 여기 있다 하라 이르되 내가 무슨 죄를 범하였기에 당신이 당신의 종을 아합의 손에 넘겨 죽이게 하려 하시나이까 엘리야는 오바댜에게 아합 왕에게 가서 자기가 여기에 있음을 보고하라고 지시한다. 그러나 오바댜는 엘리야의 지시를 수행할 경우 왕에게 죽임당할 것을 두려워한다. 대화 내용으로 볼 때, 당시 엘리야에게 전국적인 수배령이 내려졌을 것으로 보인다. 이를 감안하면 본절에 나타난 엘리야의 용기는 참으로 대단하다.

10 엘리야가 없다 하면 그 나라와 그 족속으로 당신을 보지 못하였다는 맹세를 하게 하였거늘 지난 3년 동안 아합은 엘리야를 찾으려고 온갖 수단과 방법을 다 동원했음에도 찾지 못했다. 그런데 오바댜가 엘리야를 찾았다며 아합을 데려오는 사이, 혹시라도 엘리야가 다른 곳으로 가버리면 오바댜는 왕을 능멸한 죄로 죽음을 면할 수 없다. 그래서 오바댜는 아합에게 엘리야를 만났다는 소식을 전하는 일에 지레 겁을 먹는다. 한편, 그의 말 속에는 가뭄 심판을 선포한 후 많은 선지자들이 고난받을 때, 엘리야가 혼자 은둔한 것에 대한 섭섭함과 원망도 동시에 담겨 있다. 안타깝게도 오바댜는 그것이 엘리야의 선택이 아니라 하나님의 결정이었음을 알지 못한다.

12-13 내가 당신을 떠나간 후에 여호와의 영이 내가 알지 못하는 곳으로 당신을 이끌어 가시리니, 당신의 종은 어려서부터 여호와를 경외하는 자라, 내 주에게 들리지 아니하였나이까 오바댜는 여호와의 영, 즉 하나님이 갑작스럽고도 신비한 방법으로 엘리야를 다른 곳으로 이동시키지 않으실까 심히 염려한다. 이러한 오바댜의 입장은 당시 이스라엘 사람들이 하나님을 초자연적인 능력의 신으로 확고하게 믿었음을 시사한다. 어쨌든 오바댜는 어렸을 때부터 여호와를 신실하게 경외했고, 지금까지 여호와의 선지자들을 최우선으로 보호해 왔음을 말하면서, 자기에게 엘리야가 사라져버림으로 인한 죽음의 위협이 닥쳐오지 않도록 호소하고 있다.

14 그가 나를 죽이리이다 실제로 당시의 오바댜는, 하나님이 엘리야를 아합과 맞닥뜨리는 죽음의 위협에서 건져주실

11 그런데 지금 당신은 나더러 가서 나의 왕에게 당신이 여기에 있다고 말하라는 것입니까?

12 내가 떠나면, 여호와의 영이 당신을 다른 곳으로 데려갈지도 모릅니다. 내가 가서 아합 왕에게 당신이 여기에 있다고 말하였다가 아합 왕이 이곳에 와서 당신을 찾지 못한다면 그는 나를 죽이고 말 것입니다. 나는 어릴 때부터 여호와를 따랐습니다.

13 혹시 내가 한 일을 듣지 못하셨습니까? 이세벨이 여호와의 예언자들을 죽일 때에 내가 그 가운데서 예언자 백 명을 오십 명씩 두 동굴에 나누어 숨겨 주고 먹을 것과 마실 것을 가져다 주었습니다.

14 그런데도 당신은 나더러 가서 나의 왕에게 엘리야가 여기에 있다고 말하라는 것입니까? 그는 틀림없이 나를 죽일 것입니다."

15 엘리야가 대답했습니다. "나는 만군의 여호와를 섬기는 사람이오. 여호와의 살아계심을 두고 맹세하지만, 나는 오늘 반드시 아합을 만날 것이오."

16 오바댜가 아합에게 가서 엘리야가 있는 곳을 일러 주었습니다. 그리하여 아합이 엘리야를 만나러 갔습니다.

17 아합이 엘리야를 보고 말했습니다. "바로 네가 이스라엘을 괴롭히는 자냐?"

18 엘리야가 대답했습니다. "이스라엘을 괴롭히는 사람은 내가 아니라 왕과 왕의 집안이오. 왕은 여호와의 명령에 복종하지 않았고 바알 신을 따랐소.

19 모든 이스라엘 백성에게 나를 만나러 갈멜 산으로 오라고 이르시오. 이세벨에게서 얻어 먹고 사는 바알의 예언자 사백오십 명과 아세라의 예언자 사백 명도 데려오시오."

것이라고 확신했다. 그에 반해 자신은 아무런 보호도 받지 못할 거라 생각했다. 그래서 엘리야가 사라지게 되면, 이는 곧 자신의 죽음을 의미한다고 여겼다.

15 내가 섬기는 만군의 여호와께서 살아계심을 두고 맹세하노니 내가 오늘 아합에게 보이리라 만군이란 '많은 군사'라는 뜻이다. 이처럼 하나님을 만군의 여호와로 칭하는 경우는 구약에서 무려 261회나 된다. 본래 이 명칭은 이스라엘의 군대를 지휘하시는 하나님(삼상 17:45)을 의미했으나, 이후에 점차 천군천사를 다스리시는 하나님을 뜻하게 되었다. 따라서 만군의 여호와란 강한 군사적 의미와 함께 온 세계에 대한 하나님의 통치권을 뜻한다. 엘리야는 이렇게 세상을 다스리시는 여호와 하나님의 살아계심을 두고 맹세하면서, 절대로 오바댜가 걱정하는 일이 생기지 않을 것을 강조한다. 엘리야가 오바댜를 안심시킨 것이다. 그런 후 엘리야는 반드시 오늘 아합을 만날 것이라는 의지를 밝힌다.

17 이스라엘을 괴롭게 하는 자여 너냐 오바댜가 아합에게 엘리야가 있는 곳을 일러주자, 아합은 곧바로 엘리야를 만나러 간다. 아합이 맨 처음 한 말은 "이스라엘을 괴롭게 하는 자여 너냐"였다. 아합은 가뭄으로 인한 모든 고통과 재앙이 엘리야 때문이라고 생각했다. 엘리야가 한 말(17:1) 때문에 바알이 화가 나서 가뭄이 들었다는 것이다.

저자의 묵상

지난 3년 동안 비를 내리지 않으신 하나님으로 인해 바알은 물론 아합도 크나큰 수모를 당했다. 아합과 그의 아내 이세벨은 바알이 비를 주어 이스라엘을 풍요롭게 한다면서 바알 종교를 국교로 만들었는데, 정작 비가 내리지 않은 것이다. 자기들이 강요한 종교가 거짓이고, 풍요를 약속한 자신도 무능한 왕이라는 사실이 만천하에 드러났다. 그래서 3년 동안 아합은 엘리야를 찾아 복수하려고 기를 썼지만 끝내 엘리야를 찾지 못했다. 하나님이 친히 엘리야를 보호하셨기 때문이다. 한편, 오바댜는 자신에게 주어진 환경과 직책을 이용하여 하나님을 섬김으로써, 엘리야의 갈멜산 승리의 길을 터놓는 교량 역할을 담당했다. 그러나 그 아름다운 결과에 이르기까지의 과정을 보면 오바댜의 인간적인 약점도 나타난다. 오바댜는 엘리야 선지자로부터 아합에게 가서 엘리야에 대한 소식을 전하라는 지시를 받고서 크게 두려워했다. 아합 왕이 자기를 죽일 것이라는 말을 세 번이나 반복했다(9,12,14절). 바로 이 시점에서 엘리야는 하나님을 만군의 여호와라고 강조한다. 아합 왕의 칼이 제아무리 예리해도, 진정으로 세상을 통치하시는 하나님이 살아계시므로 걱정할 필요가 없다는 뜻이다. 그리스도인은 만군의 여호와 하나님을 믿고 담대하게 살아가면 된다. 나머지는 하나님이 해결하신다. 세상의 그 어떤 것도 하나님을 이길 수 없다. 하나님은 살아계시며 우리의 자녀에게 승리를 가져다주시는 영광스러운 분이다. 필요하면 오바댜 같은 믿음의 사람들을 준비시켜, 하나님의 뜻을 이루는 삶을 살도록 인도하신다. 그러므로 그리스도인은 염려하고 걱정할 필요가 없다. 하나님이 지켜주신다.

무릎 기도 만군의 여호와 하나님, 세상에서 만나는 고통과 어려움으로 두려워하지 않게 하소서. 언제 어디서나 보호해 주시고 보살펴주시는 하나님만 바라보게 하소서.

NLT - 1 Kings 18

1 Later on, in the third year of the drought, the LORD said to Elijah, "Go and present yourself to King Ahab. Tell him that I will soon send rain!"

2 So Elijah went to appear before Ahab. Meanwhile, the famine had become very severe in Samaria.

3 So Ahab summoned Obadiah, who was in charge of the palace. (Obadiah was a devoted follower of the LORD.

4 Once when Jezebel had tried to kill all the LORD's prophets, Obadiah had hidden 100 of them in two caves. He put fifty prophets in each cave and supplied them with food and water.)

5 Ahab said to Obadiah, "We must check every spring and valley in the land to see if we can find enough grass to save at least some of my horses and mules."

6 So they divided the land between them. Ahab went one way by himself, and Obadiah went another way by himself.

7 As Obadiah was walking along, he suddenly saw Elijah coming toward him. Obadiah recognized him at once and bowed low to the ground before him. "Is it really you, my lord Elijah?" he asked.

8 "Yes, it is," Elijah replied. "Now go and tell your master, 'Elijah is here.'"

9 "Oh, sir," Obadiah protested, "what harm have I done to you that you are sending me to my death at the hands of Ahab?

10 For I swear by the LORD your God that the king has searched every nation and kingdom on earth from end to end to find you. And each time he was told, 'Elijah isn't here,' King Ahab forced the king of that nation to swear to the truth of his claim.

11 And now you say, 'Go and tell your master, "Elijah is here."'

12 But as soon as I leave you, the Spirit of the LORD will carry you away to who knows where. When Ahab comes and cannot find you, he will kill me. Yet I have been a true servant of the LORD all my life.

13 Has no one told you, my lord, about the time when Jezebel was trying to kill the LORD's prophets? I hid 100 of them in two caves and supplied them with food and water.

14 And now you say, 'Go and tell your master, "Elijah is here."' Sir, if I do that, Ahab will certainly kill me."

15 But Elijah said, "I swear by the LORD Almighty, in whose presence I stand, that I will present myself to Ahab this very day."

16 So Obadiah went to tell Ahab that Elijah had come, and Ahab went out to meet Elijah.

17 When Ahab saw him, he exclaimed, "So, is it really you, you troublemaker of Israel?"

18 "I have made no trouble for Israel," Elijah replied. "You and your family are the troublemakers, for you have refused to obey the commands of the LORD and have worshiped the images of Baal instead.

19 Now summon all Israel to join me at Mount Carmel, along with the 450 prophets of Baal and the 400 prophets of Asherah who are supported by Jezebel.*"

* 18:19 Hebrew *who eat at Jezebel's table.*

1 later on 나중에 drought 가뭄 present oneself 찾아가다 2 meanwhile 그 사이에 famine 기근 severe 심한, 맹렬한 3 summon 호출하다, 부르다 be in charge of ~ ~을 담당하다 devoted 헌신적인 4 prophet 예언자, 선지자 cave 동굴 supply … with ~ …에게 ~을 공급하다 5 valley 계곡 at least 적어도 mule 노새 6 by oneself 혼자서 7 walk along 계속 걷다, 산책하다 recognize 알아보다 bow low to the ground 큰절을 하다 8 master 주인 9 protest 항의하다 harm 손해 10 swear 맹세하다 from end to end 끝에서 끝까지 each time 매번 force … to ~ …에게 ~하도록 강요하다 claim 주장 12 as soon as ~ ~하자마자 servant 하인, 종 all one life 한평생 13 supply 공급하다 14 certainly 분명히 15 Almighty 전능한 presence 존재, 면전 this very day 바로 오늘 17 exclaim 외치다 troublemaker 말썽꾼 18 make trouble for ~ ~을 괴롭히다 command 명령 worship 예배하다 19 summon 소집하다 along with ~ ~과 함께 be supported by ~ ~에게 지원받다

☐ 묵상 체크

49 갈멜산 대결

월 일

열왕기상 18:20-46 • 새찬송 455장 | 통일 507장

• 말씀묵상 전에 성령님의 인도하심을 구하는 기도를 드리십시오.

본문요약 | 20-46절은 엘리야와 바알 선지자들의 갈멜산 대결을 보여준다. 바알 선지자들이 춤을 추며 크게 소리 지르고 심지어 몸을 상하기까지 하면서 기도하지만 아무런 응답이 없다. 엘리야는 백성을 불러 그들이 지켜보는 가운데 여호와의 제단을 수축하고 기도한다. 여호와의 불로 하나님이 응답하시고, 엘리야는 바알 선지자들을 기손 시내로 끌고 가 모두 죽인다. 마침내 가뭄이 끝날 것이라는 예언이 선포되고, 엘리야의 간절한 기도 후에 하늘에서 큰비가 쏟아진다.

20 아합이 이에 이스라엘의 모든 자손에게로
사람을 보내 선지자들을 갈멜 산으로 모
으니라
21 엘리야가 모든 백성에게 가까이 나아가
이르되 너희가 어느 때까지 둘 사이에서
머뭇머뭇 하려느냐 여호와가 만일 하나님
이면 그를 따르고 바알이 만일 하나님이
면 그를 따를지니라 하니 백성이 말 한마
디도 대답하지 아니하는지라
22 엘리야가 백성에게 이르되 여호와의 선지
자는 나만 홀로 남았으나 바알의 선지자
는 사백오십 명이로다
23 그런즉 송아지 둘을 우리에게 가져오게
하고 그들은 송아지 한 마리를 택하여 각
을 떠서 나무 위에 놓고 불은 붙이지 말며
나도 송아지 한 마리를 잡아 나무 위에 놓
고 불은 붙이지 않고
24 너희는 너희 신의 이름을 부르라 나는 여
호와의 이름을 부르리니 이에 불로 응답
하는 신 그가 하나님이니라 백성이 다 대
답하되 그 말이 옳도다 하니라
25 엘리야가 바알의 선지자들에게 이르되 너
희는 많으니 먼저 송아지 한 마리를 택하
여 잡고 너희 신의 이름을 부르라 그러나
불을 붙이지 말라
26 그들이 받은 송아지를 가져다가 잡고 아
침부터 낮까지 바알의 이름을 불러 이르
되 바알이여 우리에게 응답하소서 하나
아무 소리도 없고 아무 응답하는 자도 없
으므로 그들이 그 쌓은 제단 주위에서 뛰
놀더라
27 정오에 이르러는 엘리야가 그들을 조롱하
여 이르되 큰 소리로 부르라 그는 신인즉
묵상하고 있는지 혹은 그가 잠깐 나갔는
지 혹은 그가 길을 행하는지 혹은 그가 잠
이 들어서 깨워야 할 것인지 하매
28 이에 그들이 큰 소리로 부르고 그들의 규
례를 따라 피가 흐르기까지 칼과 창으로
그들의 몸을 상하게 하더라
29 이같이 하여 정오가 지났고 그들이 미친
듯이 떠들어 저녁 소제 드릴 때까지 이르
렀으나 아무 소리도 없고 응답하는 자나
돌아보는 자가 아무도 없더라
30 엘리야가 모든 백성을 향하여 이르되 내
게로 가까이 오라 백성이 다 그에게 가까
이 가매 그가 무너진 여호와의 제단을 수
축하되
31 야곱의 아들들의 지파의 수효를 따라 엘
리야가 돌 열두 개를 취하니 이 야곱은 옛
적에 여호와의 말씀이 임하여 이르시기를
네 이름을 이스라엘이라 하리라 하신 자
더라
32 그가 여호와의 이름을 의지하여 그 돌로
제단을 쌓고 제단을 돌아가며 곡식 종자
[1]두 세아를 둘 만한 도랑을 만들고
33 또 나무를 벌이고 송아지의 각을 떠서 나

1) 약 15리터

무 위에 놓고 이르되 통 넷에 물을 채워다
가 번제물과 나무 위에 부으라 하고
34 또 이르되 다시 그리하라 하여 다시 그리
하니 또 이르되 세 번째로 그리하라 하여
세 번째로 그리하니
35 물이 제단으로 두루 흐르고 도랑에도 물
이 가득 찼더라
36 저녁 소제 드릴 때에 이르러 선지자 엘리
야가 나아가서 말하되 아브라함과 이삭과
이스라엘의 하나님 여호와여 주께서 이스
라엘 중에서 하나님이신 것과 내가 주의
종인 것과 내가 주의 말씀대로 이 모든 일
을 행하는 것을 오늘 알게 하옵소서
37 여호와여 내게 응답하옵소서 내게 응답하
옵소서 이 백성에게 주 여호와는 하나님
이신 것과 주는 그들의 마음을 되돌이키
심을 알게 하옵소서 하매
38 이에 여호와의 불이 내려서 번제물과 나
무와 돌과 흙을 태우고 또 도랑의 물을 핥
은지라
39 모든 백성이 보고 엎드려 말하되 여호와
그는 하나님이시로다 여호와 그는 하나님
이시로다 하니
40 엘리야가 그들에게 이르되 바알의 선지자
를 잡되 그들 중 하나도 도망하지 못하게
하라 하매 곧 잡은지라 엘리야가 그들을
기손 시내로 내려다가 거기서 죽이니라
41 엘리야가 아합에게 이르되 올라가서 먹고
마시소서 큰비 소리가 있나이다
42 아합이 먹고 마시러 올라가니라 엘리야가
갈멜 산 꼭대기로 올라가서 땅에 꿇어 엎
드려 그의 얼굴을 무릎 사이에 넣고
43 그의 사환에게 이르되 올라가 바다쪽을
바라보라 그가 올라가 바라보고 말하되
아무것도 없나이다 이르되 일곱 번까지
다시 가라
44 일곱 번째 이르러서는 그가 말하되 바다
에서 사람의 손만한 작은 구름이 일어나
나이다 이르되 올라가 아합에게 말하기를
비에 막히지 아니하도록 마차를 갖추고
내려가소서 하라 하니라
45 조금 후에 구름과 바람이 일어나서 하늘
이 캄캄해지며 큰비가 내리는지라 아합이
마차를 타고 이스르엘로 가니
46 여호와의 능력이 엘리야에게 임하매 그가
허리를 동이고 이스르엘로 들어가는 곳까
지 아합 앞에서 달려갔더라

1. 오늘 하나님께서 나에게 주신 깨달음은 무엇입니까?

2. 말씀을 어떻게 내 삶에 구체적으로 적용해야 합니까?

절별 해설

20 아합이 이에 이스라엘의 모든 자손에게로 사람을 보내 선지자들을 갈멜 산으로 모으니라 아합 왕의 입장에서는 충분히 승산이 있다고 보았을 것이다. 갈멜산은 바알의 본산지기 때문이다. 즉, 바알은 갈멜산을 자신의 신령한 거처로 삼고 있었다는 것이다. 그래서 아합 왕은 신속하게 엘리야와의 대결을 진행시켰고 백성들까지 불러 모았다. 물론 모든 백성이 다 온 것은 아닐 것이다. 온 이스라엘을 대표하는 사람들이, 여호와 하나님과 바알 중에 과연 누가 진정한 신인지 목격하기 위해서 모였을 것이다. 마찬가지로 엘리야가 갈멜산에서 만나자는 것도 진정한 갈멜의 주인이 누구인지 판가름하자는 것이다.

22 여호와의 선지자는 나만 홀로 남았으나 바알의 선지자는 사백오십 명이로다 엘리야는 이 땅에 남은 유일한 여호와의 선지자가 자신뿐이라고 말한다. 이 말은 당시 여호와의 선지자가 정말로 단 한 명이 남았다는 의미가 아니라, 지금 여호와의 선지자로서 공적으로 활동하는 자가 엘리야 한 사람임을 뜻한다. 즉, 홀로 다수의 바알 선지자들과 맞서게 되었음을 강조하는 것이다. 그래서 바로 이어서 바알의 선지자들은 450명이나 됨을 상기시킨다. 물론 19절에 나오는 것처럼, 엘리야는 아합에게 아세라의 선지자 400명도 바알의 선지자 450명과 함께 나오라고 한다. 그러나 아세라의 선지자 400명은 오지 않았다. 아마도 이세벨의 입장에서는 바알의 선지자 450명으로도 충분하다고 여겨 보내지 않았을 가능성이 크다. 비록 갈멜산에 오지는 않았지만 아세라의 선지자들도 사실상 바알의 선지자와 뜻을 같이하는 한통속이었다. 그러니까 통상적으로 엘리야와 대적하는 선지자는 850명으로 볼 수 있다. 다만 죽임을 당한 집단은 바알의 선지자 450명이었다(40절).

26, 28 그들이 그 쌓은 제단 주위에서 뛰놀더라, 그들의 규례를 따라 피가 흐르기까지 칼과 창으로 그들의 몸을 상하게 하더라 고대 근동의 예배 의식에는 광신자들의 춤이 포함되는 경우가 흔했다. 또 피가 흐르기까지 자해하는 행위는, 피가 신비한 효능으로 신을 감동시킨다는 인식이 팽배해 있었기 때문이다. 우상숭배 종교에는 이렇게 자해와 고행을 함으로써 신에게 이르는 길을 열 수 있다는 신념이 굳게 자리 잡고 있었다.

쉬운성경

20 아합이 모든 이스라엘 백성과 그 예언자
들을 갈멜 산으로 불러 모았습니다.

21 엘리야가 백성 앞에 서서 말했습니다. "여
러분은 언제까지 바알과 여호와 두 사이에
서 머뭇거리고 있으렵니까? 여호와와 바알
을 함께 섬길 것이오? 여호와가 참 하나님이
시면 여호와를 따르고 바알이 참 하나님이면
바알을 따르시오." 그러나 백성은 아무 말도
하지 않고 잠잠히 있었습니다.

22 엘리야가 말했습니다. "여호와의 예언자
라고는 나밖에 남은 사람이 없소. 그러나 바
알의 예언자들은 사백오십 명이나 있소.

23 소 두 마리를 가져와 바알의 예언자들에
게 한 마리를 고르게 하고 그 소를 잡아서
여러 조각으로 나눈 다음에 장작 위에 올려
놓게 하시오. 그러나 거기에 불을 지피지는
마오. 나도 나머지 소 한 마리를 잡아서 장작
위에 올려놓겠소. 나도 거기에 불을 지피지
않겠소.

24 당신들 바알의 예언자들이여, 당신들의
신에게 기도하시오. 나도 여호와께 기도하겠
소. 기도를 들어주셔서 불을 내리시는 신이
참 하나님이시오." 그러자 모든 백성이 그렇
게 하는 것이 좋겠다고 말했습니다.

25 엘리야가 바알의 예언자들에게 말했습니
다. "당신들은 수가 많으니 먼저 하시오. 소
한 마리를 잡아서 준비하고 당신들의 신에게
기도하시오. 그러나 불을 지피지는 마시오."

26 그리하여 그들은 소 한 마리를 잡아다가
준비해 놓고 아침부터 한낮이 될 때까지 바
알에게 기도했습니다. 그들은 "바알이여, 우
리의 기도를 들어주십시오"라고 외쳤습니다.
그러나 아무런 소리도 들리지 않았으며 아무
런 대답도 없었습니다. 그들은 자기들이 만
든 제단 둘레를 돌며 춤을 추었습니다.

27 한낮이 되자, 엘리야가 그들을 부추겼습
니다. "더 크게 기도해 보시오. 바알이 정말
로 신이라면 지금 생각에 빠져 있는지도 모
르고, 아니면 다른 일로 바쁘거나 어디 먼 길
을 떠났는지도 모르지 않소? 어쩌면 자고 있
는지도 모르겠소. 그렇다면 깨워야 하지 않
겠소?"

30 백성이 다 그에게 가까이 가매 그가 무너진 여호와의 제단을 수축하되 엘리야는 무너진 여호와의 제단을 다시 고쳐 쌓는다. 지독한 가뭄으로 온 나라가 고통받는 근본적인 원인이 거기에 있음을 엘리야는 지적하고 있다. 동시에 방치된 하나님의 제단을 바로 세운 것은 하나님이 모든 일의 중심이 되심을 인정하는 행위다. 엘리야는 철저하게 하나님 중심으로 일을 진행한다.

31 야곱의 아들들의 지파의 수효를 따라 엘리야가 돌 열두 개를 취하니 북왕국의 선지자로 활동한 엘리야가 이처럼 돌 열두 개로 제단을 쌓은 데는 매우 큰 의미가 있다. 비록 하나님의 징계로 이스라엘이 남북으로 갈라졌지만, 엘리야는 그들이 모두 하나님의 언약 백성임을 분명히 상기시키고 있다.

33-34 통 넷에 물을 채워다가 번제물과 나무 위에 부으라 하고 하나님은 엘리야에게 통 네 개에 물을 가득 채워서 번제물과 나무 위에 세 번이나 붓게 하신다. 하나님이 이와 같은 일을 시키신 이유는 분명하다. 하늘에서 불이 내려와 번제물을 불살랐을 때, 이 일은 확실히 하나님이 하신 일임을 분명히 드러내기 위해서였다.

38 여호와의 불이 내려서 번제물과 나무와 돌과 흙을 태우고 또 도랑의 물을 핥은지라 엘리야는 바알의 선지자들처럼 큰 소리로 외치며 자기 몸을 상하게 하거나 광란적인 춤을 추지 않았다. 엘리야는 조용히 하나님께 기도했다. 반나절이 넘게 미친 듯이 춤추고 자해하면서 기도해도 아무 소용이 없던 거짓 신의 선지자들과는 아주 대조적이다. 엘리야의 기도에 대한 하나님의 응답은 지체되지 않았다. 엘리야의 기도가 끝나자마자 여호와의 불이 내려와 순식간에 번제물을 태우고 도랑의 물을 말려버렸다.

39-40 모든 백성이 보고 엎드려 말하되 여호와 그는 하나님이시로다, 엘리야가 그들을 기손 시내로 내려다가 거기서 죽이니라 여호와의 불이 행한 이적을 본 당시 백성들의 놀라움과 두려움이 어떠했는지는 즉각 땅에 엎드린 것을 보아 알 수 있다. 또 바알이 거짓 신이라는 사실이 폭로되자, 백성들은 엘리야의 명령에 따라 바알의 선지자들을 한 사람도 남김없이 기손 시내에서 죽인다. 이는 지나치게 보일 수도 있으나 여호와의 공의를 행하는 차

28 그들은 더 큰 소리로 기도했습니다. 그리고 그들은 자기들의 예배 관습에 따라 칼과 창으로 자기 몸을 찔러서 피가 나게 했습니다. 그들은 그런 식으로 자기들의 신을 예배하기도 했습니다.

29 낮이 지나서 저녁 제사를 드릴 시간이 다 되도록 바알의 예언자들은 계속해서 미친 듯이 날뛰었습니다. 그러나 아무런 소리도 들리지 않았습니다. 아무런 대답도 없었고 어떤 움직임도 보이지 않았습니다.

30 엘리야가 모든 백성에게 말했습니다. "이제는 나에게로 오시오." 백성이 엘리야 곁으로 모여들자, 엘리야는 무너진 여호와의 제단을 다시 쌓았습니다.

31 엘리야는 야곱의 아들들의 지파 수에 따라 돌 열두 개를 준비했습니다. 야곱은 옛날에 여호와께서 "네 이름을 이스라엘이라 하여라"고 말씀했던 사람입니다.

32 엘리야는 그 돌들을 가지고 여호와를 위해 제단을 쌓았습니다. 그리고 나서 제단 둘레에 곡식 종자를 두 세아* 정도 담을 수 있는 작은 도랑을 팠습니다.

33 엘리야는 제단 위에 장작을 놓고 소를 잡아서 여러 조각으로 나눈 다음에 장작 위에 올려놓았습니다. 그런 다음, "항아리 네 개에 물을 가득 채워서 제물과 장작 위에 부으시오"라고 말했습니다.

34 엘리야가 "한 번 더 부으시오"라고 말하자 사람들이 그대로 했습니다. 엘리야가 또 말했습니다. "한 번 더 부으시오." 사람들이 세 번째로 물을 부었습니다.

35 그리하여 물이 제단 위로 넘쳐 흘러 도랑을 가득 채웠습니다.

36 저녁 제사를 드릴 때가 되자, 예언자 엘리야가 제단 앞으로 나아가 기도했습니다. "여호와여, 주님은 아브라함과 이삭과 이스라엘의 하나님이십니다. 주님이 이스라엘의 하나님이심을 증명해 주십시오. 그리고 제가 주님의 종이라는 것과 주께서 저에게 명령하여 이 모든 일을 하게 하셨음을 이 백성에게 보여주십시오.

* 18:32 2세아는 약 15.2l에 해당된다.

원에서 반드시 순종해야 할 일이었다.

42 엘리야가 갈멜 산 꼭대기로 올라가서 땅에 꿇어 엎드려 그의 얼굴을 무릎 사이에 넣고 아합이 먹고 쉬는 동안 엘리야는 산꼭대기로 올라가 땅을 바라보며 기도한다. 엘리야는 하나님의 약속만을 믿고 가만히 앉아 있었던 것이 아니라, 하나님의 일이 구체적으로 실현될 것을 간절히 바라면서 다시금 기도했다. 더욱이 엘리야는 땅에 무릎을 꿇는 정도가 아니라 얼굴을 무릎 사이에 넣는 깊숙한 자세로 기도한다. 이는 하나님께 온전한 순종을 표현하는 무릎 꿇음과 겸손한 자세를 표현하는 깊숙한 머리 숙임이 결합된 올바른 기도다.

44 일곱 번째 이르러서는 그가 말하되 바다에서 사람의 손만 한 작은 구름이 일어나나이다, 올라가 아합에게 말하기를 비에 막히지 아니하도록 마차를 갖추고 내려가소서 엘리야는 사환을 일곱 번이나 가장 높은 산의 정상으로 보내 지중해 쪽을 살펴보고 오라고 지시한다. 여기서 일곱이라는 수는 히브리인이 즐겨 사용하는 상징적인 의미로도 볼 수 있다. 7 즉 일곱은 하나님의 수이자 완전한 승리의 수로 널리 쓰인다. 따라서 엘리야가 사환에게 일곱 번이나 확인한 것은 기도의 응답을 반드시 받으리라는 다부진 결의의 표현이면서, 동시에 하나님이 끝내는 응답하시리라는 완전한 신뢰의 표현이기도 하다. 마침내 사환이 일곱 번째 갔다 오더니 사람의 손만한 작은 구름이 일어나고 있음을 보고한다. 엘리야는 곧장 아합에게 비가 와서 길이 막히기 전에 하산하라고 권고한다.

46 여호와의 능력이 엘리야에게 임하매 그가 허리를 동이고 이스르엘로 들어가는 곳까지 아합 앞에서 달려갔더라 아합 왕이 탄 마차는 갈멜산에서 이스르엘로 앞서 떠났는데, 두 곳 사이의 거리는 22km가 넘는다. 이스르엘은 과거 솔로몬의 다섯 번째 행정구역에 속했던 성읍이다. 아합 왕 때 이곳에 왕궁을 세웠다. 그런데 엘리야가 허리를 동여매고 그 빗속을 달리는데, 얼마나 빨리 달렸는지 왕이 탄 마차를 앞질러 갔다. 엘리야는 사람의 힘으로 뛴 것이 아니라 하나님의 힘으로 뛴 것이다. 이는 하나님의 능력이 얼마나 큰지를 아합에게 계속 보여주기 위함이다.

37 여호와여, 제 기도를 들어주십시오. 여호와께서 하나님이시라는 것을 이 백성들이 알게 하소서. 주님이야말로 이 백성을 주께로 돌아오게 하시는 분이라는 것을 알게 하소서."

38 여호와의 불이 하늘에서 떨어져 제물과 장작과 제단 둘레의 돌과 흙을 태우고 도랑의 물을 말렸습니다.

39 모든 백성이 그 모습을 보고 땅에 엎드려 외쳤습니다. "여호와 그는 하나님이시다! 여호와 그는 하나님이시다!"

40 엘리야가 말했습니다. "바알의 예언자들을 붙잡으시오! 한 사람도 도망가지 못하게 하시오!" 백성이 예언자들을 다 붙잡자, 엘리야가 그들을 기손 시냇가로 끌고 가서 다 죽였습니다.

41 엘리야가 아합에게 말했습니다. "이제 올라가서 먹고 마시십시오. 곧 큰비가 내릴 것이오."

42 아합이 돌아가서 먹고 마셨습니다. 엘리야는 갈멜 산 꼭대기로 올라가서 몸을 굽혀 머리를 무릎 사이에 파묻었습니다.

43 엘리야가 자기 종에게 말했습니다. "가서 바다 쪽을 살펴보아라." 종이 가서 살펴본 후, 말했습니다. "아무것도 안 보입니다." 엘리야가 다시 가서 살펴보라고 말했습니다. 그가 가서 살펴보는 일이 일곱 번이나 되풀이되었습니다.

44 일곱 번째가 되자, 종이 말했습니다. "사람 손바닥만한 작은 구름이 바다에서 올라오고 있습니다." 엘리야가 종에게 말했습니다. "가서 아합에게 비가 와서 길이 막히기 전에 마차를 준비해서 당장 집으로 돌아가라고 전하여라."

45 얼마 지나지 않아서 검은 구름이 하늘을 덮었습니다. 그리고 바람이 불더니, 큰비가 내리기 시작했습니다. 아합은 자기 마차를 타고 이스르엘로 돌아갔습니다.

46 여호와께서 엘리야에게 큰 능력을 주셔서, 엘리야는 허리를 동여매고 아합 왕보다 앞서서 이스르엘로 달려갔습니다.

저자의 묵상

인생에서 부딪히는 문제의 대부분은 하나님과의 관계가 올바로 확립되지 못한 데서 기인한다. 개인의 문제, 사회와 국가의 문제를 해결하려면 무엇보다 먼저 하나님과의 관계가 회복되어야 한다. 그래서 엘리야는 이스라엘 열두 지파를 상징하는 열두 개의 돌을 가져다가 하나님께 예배드리던 제단을 고쳐 쌓았다. 이는 하나님과의 관계가 회복되면 민족이 화합하고 하나 되는 역사가 동시에 일어남을 의미하는 것이다. 하나님은 회복시키시고 하나 되게 하신다. 하나님을 우리 삶의 최우선 순위로 둘 때 비로소 진정한 예배와 기도를 드릴 수 있다. 하나님이 삶의 주인으로 계시지 않으면, 그분을 향해 가는 길은 이미 무너진 것이다. 허물어진 제단을 다시 고쳐 쌓고, 간절한 기도가 있어야 한다. 그렇게 하나님과의 온전한 관계가 확립되어야 한다. 그때 놀라운 기적이 삶 가운데서 펼쳐진다. 엘리야는 갈멜산에서 바알의 선지자들을 철저히 제압하였으나 교만하지 않았다. 계속해서 하나님께 머리 숙이고 무릎 꿇고 겸손히 기도했다. 하나님이 우리 같은 죄인을 불러주시고, 십자가의 희생으로 대속해 주시며, 영원한 하나님의 나라를 상속받게 하신다는 사실이 영혼을 압도할 때, 무릎이 꿇어지고 머리가 숙여지는 것이다. 엘리야의 기도가 그러했다. 그 결과 엘리야는 큰 비를 경험했다. 그 단비에 젖어 여호와가 주신 놀라운 능력으로 아합의 마차를 제치고 달려갔다. 우리의 기도도 엘리야에게 주신 능력의 응답처럼 하나님의 은혜로 모두 이루어질 것이다. 가뭄의 종식은 엘리야의 기도와 더불어 실현되었음을 기억해야 한다.

무릎 기도 | 하나님, 기도가 회복되게 도와주소서. 엘리야처럼 간절한 기도를 통해 놀라운 하나님의 능력을 응답으로 체험하게 하소서.

NLT - 1 Kings 18

20 So Ahab summoned all the people of Israel and the prophets to Mount Carmel.
21 Then Elijah stood in front of them and said, "How much longer will you waver, hobbling between two opinions? If the LORD is God, follow him! But if Baal is God, then follow him!" But the people were completely silent.
22 Then Elijah said to them, "I am the only prophet of the LORD who is left, but Baal has 450 prophets.
23 Now bring two bulls. The prophets of Baal may choose whichever one they wish and cut it into pieces and lay it on the wood of their altar, but without setting fire to it. I will prepare the other bull and lay it on the wood on the altar, but not set fire to it.
24 Then call on the name of your god, and I will call on the name of the LORD. The god who answers by setting fire to the wood is the true God!" And all the people agreed.
25 Then Elijah said to the prophets of Baal, "You go first, for there are many of you. Choose one of the bulls, and prepare it and call on the name of your god. But do not set fire to the wood."
26 So they prepared one of the bulls and placed it on the altar. Then they called on the name of Baal from morning until noontime, shouting, "O Baal, answer us!" But there was no reply of any kind. Then they danced, hobbling around the altar they had made.
27 About noontime Elijah began mocking them. "You'll have to shout louder," he scoffed, "for surely he is a god! Perhaps he is daydreaming, or is relieving himself.* Or maybe he is away on a trip, or is asleep and needs to be wakened!"
28 So they shouted louder, and following their normal custom, they cut themselves with knives and swords until the blood gushed out.
29 They raved all afternoon until the time of the evening sacrifice, but still there was no sound, no reply, no response.
30 Then Elijah called to the people, "Come over here!" They all crowded around him as he repaired the altar of the LORD that had been torn down.

31 He took twelve stones, one to represent each of the tribes of Israel,*

32 and he used the stones to rebuild the altar in the name of the LORD. Then he dug a trench around the altar large enough to hold about three gallons.*

33 He piled wood on the altar, cut the bull into pieces, and laid the pieces on the wood.* Then he said, "Fill four large jars with water, and pour the water over the offering and the wood."

34 After they had done this, he said, "Do the same thing again!" And when they were finished, he said, "Now do it a third time!" So they did as he said,

35 and the water ran around the altar and even filled the trench.

36 At the usual time for offering the evening sacrifice, Elijah the prophet walked up to the altar and prayed, "O LORD, God of Abraham, Isaac, and Jacob,* prove today that you are God in Israel and that I am your servant. Prove that I have done all this at your command.

37 O LORD, answer me! Answer me so these people will know that you, O LORD, are God and that you have brought them back to yourself."

38 Immediately the fire of the LORD flashed down from heaven and burned up the young bull, the wood, the stones, and the dust. It even licked up all the water in the trench!

39 And when all the people saw it, they fell face down on the ground and cried out, "The LORD—he is God! Yes, the LORD is God!"

40 Then Elijah commanded, "Seize all the prophets of Baal. Don't let a single one escape!" So the people seized them all, and Elijah took them down to the Kishon Valley and killed them there.

41 Then Elijah said to Ahab, "Go get something to eat and drink, for I hear a mighty rainstorm coming!"

42 So Ahab went to eat and drink. But Elijah climbed to the top of Mount Carmel and bowed low to the ground and prayed with his face between his knees.

43 Then he said to his servant, "Go and look out toward the sea." The servant went and looked, then returned to Elijah and said, "I didn't see anything." Seven times Elijah told him to go and look.

44 Finally the seventh time, his servant told him, "I saw a little cloud about the size of a man's hand rising from the sea." Then Elijah shouted, "Hurry to Ahab and tell him, 'Climb into your chariot and go back home. If you don't hurry, the rain will stop you!'"

45 And soon the sky was black with clouds. A heavy wind brought a terrific rainstorm, and Ahab left quickly for Jezreel.

46 Then the LORD gave special strength to Elijah. He tucked his cloak into his belt* and ran ahead of Ahab's chariot all the way to the entrance of Jezreel.

* 18:27 Or *is busy somewhere else,* or *is engaged in business.*

* 18:31 Hebrew *each of the tribes of the sons of Jacob to whom the LORD had said, "Your name will be Israel."*

* 18:32 Hebrew *2 seahs* [14.6 liters] *of seed.*

* 18:33 Verse 18:34 in the Hebrew text begins here.

* 18:36 Hebrew *and Israel.* The names "Jacob" and "Israel" are often interchanged throughout the Old Testament, referring sometimes to the individual patriarch and sometimes to the nation.

* 18:46 Hebrew *He bound up his loins.*

21 waver 머뭇거리다 hobble 절뚝거리다 completely 완전히 23 bull 황소 whichever 어느 ~이든지 cut ~ into pieces ~을 여러 조각으로 자르다 altar 제단 set fire to ~ ~에 불을 지르다 24 call on ~ ~을 부르다 26 noontime 한낮
27 mock 조롱하다 scoff 비웃다, 조롱하다 daydream 공상에 잠기다 relieve oneself 볼일을 보다 waken 깨우다 28 normal 표준의, 보통의 cut oneself with ~ ~로 자해하다 gush out 콸콸 흘러나오다 29 rave (미친듯이) 고함치다 response 반응 30 repair 수리하다 tear down 허물다, 헐다 31 represent 대표하다 tribe 집단, 부족 32 dig 파다 trench 도랑 gallon 갤런(액량 단위) 33 pile … on ~ ~위에 …을 쌓다 cut ~ into pieces ~을 여러 조각으로 자르다 fill … with ~ …을 ~로 채우다 pour … over ~ ~에 …을 붓다 offering 제물 36 sacrifice 제사, 제물 prophet 예언자, 선지자 walk up to ~ ~에 걸어서 다가가다 prove 입증하다 command 명령 37 bring … back to ~ …을 ~로 되돌리다 38 immediately 즉시 burn up ~ ~을 모두 태우다 lick up ~ ~을 죄다 핥아 먹다 40 seize 붙잡다 escape 도망치다 41 mighty 강력한 rainstorm 폭풍우 42 climb to the top 정상까지 오르다 bow low to the ground 큰절을 하다 43 servant 하인, 종 look out ~ ~을 관찰하다 44 chariot 병거 45 be black with ~ ~로 검게 되다 terrific 굉장한 leave for ~ ~을 향하여 떠나다 46 tuck … into ~ …을 ~에 걷어올리다 cloak 외투 run ahead of ~ ~을 능가하다 all the way 내내, 시종 entrance 입구

50 이세벨을 피해 도망한 엘리야

월 일

열왕기상 19:1-21 • 새찬송 374장 | 통일 423장

• 말씀묵상 전에 성령님의 인도하심을 구하는 기도를 드리십시오.

본문요약 | 이세벨의 살해 위협을 받은 엘리야는 브엘세바로 도망간다. 하나님은 지친 엘리야를 로뎀나무 아래서 깊이 재우고 먹이고 보살피신다. 그런 후에 호렙산으로 엘리야를 인도하신다. 하나님은 엘리야에게 다시 사명을 주고 새롭게 하신다. 그러고 나서 엘리야에게 동역자를 주신다.

1 아합이 엘리야가 행한 모든 일과 그가 어떻게 모든 선지자를 칼로 죽였는지를 이세벨에게 말하니

2 이세벨이 사신을 엘리야에게 보내어 이르되 내가 내일 이맘때에는 반드시 네 생명을 저 사람들 중 한 사람의 생명과 같게 하리라 그렇게 하지 아니하면 신들이 내게 벌 위에 벌을 내림이 마땅하니라 한지라

3 그가 이 형편을 보고 일어나 자기의 생명을 위해 도망하여 유다에 속한 브엘세바에 이르러 자기의 사환을 그곳에 머물게 하고

4 자기 자신은 광야로 들어가 하룻길쯤 가서 한 로뎀나무 아래에 앉아서 자기가 죽기를 원하여 이르되 여호와여 넉넉하오니 지금 내 생명을 거두시옵소서 나는 내 조상들보다 낫지 못하니이다 하고

5 로뎀나무 아래에 누워 자더니 천사가 그를 어루만지며 그에게 이르되 일어나서 먹으라 하는지라

6 본즉 머리맡에 숯불에 구운 떡과 한 병 물이 있더라 이에 먹고 마시고 다시 누웠더니

7 여호와의 천사가 또 다시 와서 어루만지며 이르되 일어나 먹으라 네가 갈 길을 다 가지 못할까 하노라 하는지라

8 이에 일어나 먹고 마시고 그 음식물의 힘을 의지하여 사십 주 사십 야를 가서 하나님의 산 호렙에 이르니라

9 엘리야가 그곳 굴에 들어가 거기서 머물더니 여호와의 말씀이 그에게 임하여 이르시되 엘리야야 네가 어찌하여 여기 있느냐

10 그가 대답하되 내가 만군의 하나님 여호와께 열심이 유별하오니 이는 이스라엘 자손이 주의 언약을 버리고 주의 제단을 헐며 칼로 주의 선지자들을 죽였음이오며 오직 나만 남았거늘 그들이 내 생명을 찾아 빼앗으려 하나이다

11 여호와께서 이르시되 너는 나가서 여호와 앞에서 산에 서라 하시더니 여호와께서 지나가시는데 여호와 앞에 크고 강한 바람이 산을 가르고 바위를 부수나 바람 가운데에 여호와께서 계시지 아니하며 바람 후에 지진이 있으나 지진 가운데에도 여호와께서 계시지 아니하며

12 또 지진 후에 불이 있으나 불 가운데에도 여호와께서 계시지 아니하더니 불 후에 세미한 소리가 있는지라

13 엘리야가 듣고 겉옷으로 얼굴을 가리고 나가 굴 어귀에 서매 소리가 그에게 임하여 이르시되 엘리야야 네가 어찌하여 여기 있느냐

14 그가 대답하되 내가 만군의 하나님 여호와께 열심이 유별하오니 이는 이스라엘 자손이 주의 언약을 버리고 주의 제단을 헐며 칼로 주의 선지자들을 죽였음이오며 오직 나만 남았거늘 그들이 내 생명을 찾아 빼앗으려 하나이다

15 여호와께서 그에게 이르시되 너는 네 길
을 돌이켜 광야를 통하여 다메섹에 가서
이르거든 하사엘에게 기름을 부어 아람의
왕이 되게 하고
16 너는 또 님시의 아들 예후에게 기름을 부
어 이스라엘의 왕이 되게 하고 또 아벨므
홀라 사밧의 아들 엘리사에게 기름을 부
어 너를 대신하여 선지자가 되게 하라
17 하사엘의 칼을 피하는 자를 예후가 죽일
것이요 예후의 칼을 피하는 자를 엘리사
가 죽이리라
18 그러나 내가 이스라엘 가운데에 칠천 명
을 남기리니 다 바알에게 무릎을 꿇지 아
니하고 다 바알에게 입맞추지 아니한 자
니라
19 엘리야가 거기서 떠나 사밧의 아들 엘리
사를 만나니 그가 열두 겨릿소를 앞세우
고 밭을 가는데 자기는 열두째 겨릿소와
함께 있더라 엘리야가 그리로 건너가서
겉옷을 그의 위에 던졌더니
20 그가 소를 버리고 엘리야에게로 달려가서
이르되 청하건대 나를 내 부모와 입맞추
게 하소서 그리한 후에 내가 당신을 따르
리이다 엘리야가 그에게 이르되 돌아가라
내가 네게 어떻게 행하였느냐 하니라
21 엘리사가 그를 떠나 돌아가서 한 겨릿소
를 가져다가 잡고 소의 기구를 불살라 그
고기를 삶아 백성에게 주어 먹게 하고 일
어나 엘리야를 따르며 수종 들었더라

1. 오늘 하나님께서 나에게 주신 깨달음은 무엇입니까?

2. 말씀을 어떻게 내 삶에 구체적으로 적용해야 합니까?

절별 해설

3 그가 이 형편을 보고 일어나 자기의 생명을 위해 도망하여 바알과 아세라의 선지자 850명을 대항해 홀로 싸우던 엘리야는 이스라엘의 영적 영웅이었으며 놀라운 능력의 소유자로 묘사된다. 그러나 본 장에서 소개되는 엘리야는 아주 다른 사람으로 나타난다. 자신을 죽이고 말겠다는 왕후 이세벨의 위협에 놀라 도망가는 비겁한 모습을 보인다. 엘리야는 유다 남쪽 경계인 브엘세바까지 도주한다. 브엘세바는 남왕국 유다의 남쪽 끝에 위치하여 이스라엘 왕과 왕후의 분노를 피하기에는 좋은 곳이었다. 엘리야가 이곳까지 와 있으면 아합과 이세벨의 군사가 쫓아오기에는 어렵다고 판단했을 것이다. 그뿐 아니라 갑자기 영적으로 탈진한 엘리야가 남유다의 성지 중 하나로 여겨지는 브엘세바에서 나름대로 영적 재충전을 하려고 도망했을 수도 있다. 사실 브엘세바는 아브라함이 만든 성소가 있던

쉬운성경

1 아합 왕은 이세벨에게 가서 엘리야가 한 일을 다 들려주었습니다. 엘리야가 모든 예언자들을 칼로 죽인 일도 말해 주었습니다.

2 그러자 이세벨이 엘리야에게 사자를 보내서 말했습니다. "내일 이맘때까지 너를 죽이고 말겠다. 네가 그 예언자들을 죽였듯이 나도 너를 죽이겠다. 내가 너를 죽이지 못한다면, 신들이 나에게 무서운 벌을 내려도 좋다."

3 엘리야는 이 말을 듣고 무서워서 도망쳤습니다. 엘리야는 자기 종을 데리고 갔는데, 유다 땅 브엘세바에 이르렀

장소다(창 21:33). 또 북이스라엘 사람들이 순례 기간 동안 방문하는 장소 중 하나이기도 했다(암 5:5; 8:14). 그리고 모세가 하나님의 계시를 받은 호렙산에 이르는 도중에 위치한 곳이기도 하다.

4 자기가 죽기를 원하여 이르되 여호와여 넉넉하오니 지금 내 생명을 거두시옵소서 엘리야는 홀로 광야 로뎀나무 아래서 하나님께 죽기를 간구한다. 어떤 일로 지나치게 낙심하고 우울해진 사람이 일반적으로 행동하는 것처럼, 엘리야도 자기와 함께한 사환들을 남겨 두고 홀로 있는 시간을 갖기 원했을 것이다. 그래서 혼자 광야로 하룻길을 걸어갔다. 아합 왕의 마차를 앞질러 질주했던 능력의 엘리야는 사라지고, 기진맥진한 엘리야는 광야로 들어가 하나님께 자기 생명을 거두어달라고 애원한다. 엘리야는 지쳐 있었다. 열정은 사라지고 의욕도 상실했다. 그저 죽고 싶을 뿐이었다.

5 로뎀나무 아래에 누워 자더니 천사가 그를 어루만지며 그에게 이르되 일어나서 먹으라 하는지라 본절에서 엘리야는 로뎀나무 아래 지쳐 쓰러져 잠들어 있다. 유다 광야에 있는 로뎀나무는 대략 150cm 정도다. 나무의 잎도 그리 넓지 않고 많지도 않다. 그래서 태양이 비추면 로뎀나무 아래 있어도 그늘이 많지 않다. 그럼에도 광야 길에 지친 엘리야가 로뎀나무가 만들어주는 그리 넓지 않은 그늘 아래서 햇볕을 피하고 있는 모습은 처량해 보인다. 그러나 하나님은 꾸중하거나 책임을 묻기 전에 지쳐 잠든 엘리야에게 위로와 음식으로 기운을 차리게 해주신다.

7-8 네가 갈 길을 다 가지 못할까 하노라 하는지라, 사십 주 사십 야를 가서 하나님의 산 호렙에 이르니라 육체적 정신적으로 엘리야를 회복시키신 하나님은 그의 영적인 회복을 위해 어떤 계획을 세우고 있음을 보여주신다. 드디어 엘리야가 사십 일 동안 걸어서 하나님의 산 호렙에 이른다.

9, 13 엘리야야 네가 어찌하여 여기 있느냐, 엘리야가 듣고 겉옷으로 얼굴을 가리고 하나님은 엘리야에게 소명지인 이스라엘을 떠나 호렙산에 와 있는 이유를 물으심으로써 영적 현주소를 점검하고 사명을 다시 붙잡게 하신다. 그러나 하나님의 의도를 한 번에 파악하지 못한 엘리야는 자신이 브엘세바를 통해 호렙산에 오게 된 이유를 두 번이나 변명한

을 때에 그 종을 거기에 남겨 두었습니다.

4 엘리야는 하루 종일, 광야로 걸어 들어갔습니다. 그러다가 한 로뎀나무 밑에 앉아서 하나님께 죽여 달라고 기도했습니다. "여호와여, 이제는 다 되었습니다. 내 목숨을 거두어 가십시오. 나는 내 조상들보다 나을 것이 없습니다."

5 그리고 엘리야는 로뎀나무 밑에 누워 잠이 들었습니다. 그때, 한 천사가 와서 엘리야를 깨우며 말했습니다. "일어나 먹어라."

6 엘리야가 보니, 뜨거운 돌 위에 놓인 구운 과자 하나와 물 한 병이 그의 머리맡에 있었습니다. 그는 먹고 마신 다음에 다시 자리에 누웠습니다.

7 여호와의 천사가 그에게 두 번째로 나타났습니다. 천사가 그를 깨우며 말했습니다. "일어나 먹어라. 아직도 갈 길이 멀다."

8 그래서 엘리야는 자리에서 일어나 먹고 마셨습니다. 그 음식을 먹고 힘을 얻어 엘리야는 사십 일 동안 밤낮으로 걸어서 하나님의 산인 시내 산*으로 갔습니다.

9 시내 산*에 도착한 엘리야는 한 동굴 속에 들어가 밤을 지냈습니다. 여호와께서 그에게 말씀하셨습니다. "엘리야야, 어찌하여 여기에 있느냐?"

10 엘리야가 대답했습니다. "만군의 하나님 여호와여, 저는 언제나 제 힘을 다해 주님을 섬겼습니다. 그러나 이스라엘 백성은 주님과 맺은 언약을 어겼습니다. 그들은 주님의 제단을 부수고 주님의 예언자들을 칼로 죽였습니다. 살아남은 예언자는 저밖에 없습니다. 그런데 지금 그들은 저까지 죽이려 합니다."

11 여호와께서 엘리야에게 말씀하셨습니다. "가거라. 산 위에서 내 앞에 서 있어라. 내가 네 앞으로 지나가겠다." 그러더니 매우 센 바람이 불어와 여호와 앞에서 산을 가르고 큰 바위를 쪼갰습니다. 그러나 여

* 19:8,9 '호렙' 산이라고도 불림.

다(10,14절). 그중 하나는 하나님을 섬기는 자신의 사역과 다른 사람의 사역을 항상 비교하여 자신이 가장 우월하기 때문이라는 주장이다. 이는 영적인 교만함이다. 다음으로는 하나님을 진정으로 섬기는 사람이 엘리야 자신뿐이라는 주장이다. 이러한 과도한 우월감이 엘리야를 쉽게 탈진하게 하고 고독하게 만들었을 것이다. 그런 가운데 하나님은 엘리야에게 임하셨다. 마침내 하나님의 임재를 의식한 엘리야는 하나님 앞에 경외심과 겸손함을 표현하기 위해 겉옷으로 얼굴을 가린다.

15 하사엘에게 기름을 부어 아람의 왕이 되게 하고 여호와께서 엘리야에게 하사엘을 아람의 왕으로, 예후를 이스라엘의 왕으로 세우라는 사명을 주신다. 하사엘은 본래 아람 왕 벤하닷의 군대장관이었다. 하사엘은 벤하닷을 죽이고 왕위에 올랐는데, 이후 지속적으로 이스라엘을 공격했다. 이는 하나님이 이스라엘을 징계하는 도구로 하사엘을 사용하실 계획을 알리는 것이다. 그런데 문제는 과연 엘리야가 하사엘에게 기름을 부었는가 하는 것이다. 왜냐하면 하사엘, 예후, 엘리사 중 어느 누구도 엘리야에게서 기름부음을 받지 않았기 때문이다. 기름부음의 뜻은 하나님의 도구로 사용되도록 어떤 사명을 부여하거나 따로 구별하는 것이다.

16 너는 또 님시의 아들 예후에게 기름을 부어 이스라엘의 왕이 되게 하고 님시의 아들 예후는 실은 님시의 손자이고 여호사밧의 아들이다. 아들이라는 히브리어에는 자손의 의미도 있으므로, 본절은 님시의 자손 예후로 보면 된다. 예후는 이스라엘 군대장관 중 한 사람이었다. 훗날 예후는 반란을 일으켜 오므리 왕조를 무너뜨린다. 이때 무자비한 학살과 숙청으로 아합 가문을 진멸한다. 이로써 하나님이 엘리야에게 하신 말씀은 정확하게 성취된다. 엘리야가 낙담하는 동안에도 하나님의 역사는 진행되고 있음을 보이셨다.

17 엘리사가 죽이리라 엘리사가 죽일 것이라는 표현도 앞서 '기름부음'의 경우와 마찬가지로 문자적으로만 이해하면 곤란하다. 이는 엘리사가 직접 죽인다는 뜻이 아니라, 그의 사역을 통해 결과적으로 하나님의 심판이 이스라엘에 임한다는 의미다.

호와께서는 그 바람 속에 계시지 않았습니다. 바람이 불고 난 뒤에 지진이 일어났습니다. 그러나 그 지진 속에도 여호와께서는 계시지 않았습니다.

12 지진이 일어난 뒤에 또 불이 났지만 그 불 속에도 여호와께서는 계시지 않았습니다. 불이 난 뒤에는 조용하고 부드러운 목소리가 들렸습니다.

13 엘리야는 그 소리를 듣고 겉옷으로 얼굴을 가렸습니다. 그리고 밖으로 나가서 동굴 입구에 섰습니다. 그때에 어떤 소리가 들려왔습니다. "엘리야야! 어찌하여 여기에 있느냐?"

14 엘리야가 대답했습니다. "만군의 하나님 여호와여, 저는 언제나 제 힘을 다해 주님을 섬겼습니다. 그러나 이스라엘 백성은 주님과 맺은 언약을 어겼습니다. 그들은 주님의 제단을 부수고 주님의 예언자들을 칼로 죽였습니다. 살아남은 예언자는 저밖에 없습니다. 그런데 지금 그들은 저까지 죽이려 합니다."

15 여호와께서 엘리야에게 말씀하셨습니다. "네가 왔던 광야 길로 돌아가 다마스커스로 가거라. 그 성에 들어가서 하사엘에게 기름을 부어 아람 왕으로 세워라.

16 그런 다음에 님시의 아들 예후에게 기름을 부어 이스라엘 왕으로 세워라. 그리고 아벨므홀라 사람 사밧의 아들 엘리사에게 기름을 부어라. 그는 너의 뒤를 이을 예언자가 될 것이다.

17 하사엘의 칼을 피해서 도망치는 사람은 예후가 죽일 것이요, 예후의 칼을 피해서 도망치는 사람은 엘리사가 죽일 것이다.

18 또한 내가 이스라엘에 칠천 명을 남겨 두었는데, 그들은 한 번도 바알에게 절한 적이 없고 바알의 우상에게 입을 맞춘 적이 없는 사람들이다."

19 엘리야가 그곳을 떠나서 사밧의 아들 엘리사를 찾았습니다. 엘리사는 밭에서 열두 쌍의 소가 끄는 쟁기로 밭을 갈고 있었

19 그가 열두 겨릿소를 앞세우고 밭을 가는데 길을 떠난 엘리야는 장차 후계자가 될 사밧의 아들 엘리사를 만난다. 엘리야가 엘리사를 만났을 때, 엘리사는 열두 쌍의 소가 끄는 쟁기로 밭을 갈고 있었다. 밭을 가는 데 열두 개의 쟁기를 사용한다는 것은 엘리사가 상당한 부를 누리던 사람임을 말해 준다. 그러므로 엘리사는 엘리야를 따르기 위해 희생과 헌신이 필요했을 것이다.

습니다. 엘리사는 열한 쌍의 소를 앞세우
고 열두 번째 소가 끄는 쟁기로 밭을 갈고
있었는데, 엘리야는 엘리사 곁으로 지나가
면서 입고 있던 겉옷을 그에게 입혀 주었
습니다.

20 그러자 엘리사가 소를 버려 두고 엘리
야에게 달려와서 말했습니다. "내 아버지
와 어머니에게 작별 인사를 하고 오게 해
주십시오. 그런 다음에 선생님을 따라가겠
습니다." 엘리야가 대답했습니다. "돌아가
거라. 말리지 않겠다."

21 엘리사가 집으로 돌아가 소 두 마리를
잡고 소가 메던 멍에로 불을 때서 고기 요
리를 만들어 사람들에게 주었습니다. 사람
들이 요리를 먹은 뒤에 엘리사는 그곳을
떠나 엘리야를 따라가 그의 제자가 되었
습니다.

저자의 묵상

상한 갈대는 만지면 부서지는 약한 것을 의미한다. 죄에서 태어나 죄 중에 있는 인간은 누구나 상한 갈대와 같다. 엘리야는 능력의 선지자였다. 그러나 이세벨이 자기를 죽이려 한다는 소식을 듣자 약해져서 로뎀나무 아래 앉아 하나님께 죽기를 구하는 연약한 모습을 드러낸다. 갈멜산에서의 놀라운 승리와 매우 대조적이다. 그도 인간이기 때문이다. 인간의 모든 불안은 자신의 존재가 위협받을 때 생겨난다. 우리도 어려움을 당할 때 사건 자체를 보면 약해질 수밖에 없다. 인간에게 낙심은 무서운 병이다. 인간은 예외 없이 모두 약하다. 그러나 성도는 낙심 속에서도 용기와 힘을 얻을 수 있다. 사건 자체를 보면 약해질 수밖에 없지만, 하나님을 의지하고 하나님의 역사를 믿을 때 오히려 강해지는 것이다. 엘리야가 극도로 약해졌을 때 하나님이 보내신 천사가 어루만져주었다. 하나님은 이렇게 엘리야의 탈진과 우울 그리고 낙심과 좌절을 치유해 주셨을 뿐 아니라 새로운 소명을 주셨다. 그런 후 지속적으로 사명을 잘 감당하도록 함께 일할 사람들까지 붙여주셨다. 먼저는 바알에게 무릎을 꿇지 않은 7천 명의 이스라엘 백성들이었다. 그리고 하나님은 엘리야의 사역에 조력자가 되도록 엘리사를 보내주셨다. 엘리야는 자신이 입고 있던 겉옷을 엘리사에게 입혀주었다. 이 행위는 자신의 영적 능력을 엘리사에게 전수해 준다는 의미다. 오늘 우리도 하나님이 허락해 주시는 육체적 정신적 영적 쉼을 받아 누려야 한다. 그런 후 회복되어야 한다. 하나님의 임재를 새롭게 느끼고 그분이 주시는 새로운 사명을 다시금 찾아야 한다. 그리고 동역할 일꾼을 찾아 함께 사명을 감당해 나가야 한다. 하나님은 약한 자가 바라볼 때 더욱 관심 갖고 자기 백성과 함께하신다.

무릎 기도 하나님, 약할 때 위로해 주시는 하나님을 의지하게 하소서. 어려움이 올 때 낙심하지 않고 하나님만 바라보게 하소서.

NLT - 1 Kings 19

1 When Ahab got home, he told Jezebel everything Elijah had done, including the way he had killed all the prophets of Baal.

2 So Jezebel sent this message to Elijah: "May the gods strike me and even kill me if by this time tomorrow I have not killed you just as you killed them."

3 Elijah was afraid and fled for his life. He went to Beersheba, a town in Judah, and he left his servant there.

4 Then he went on alone into the wilderness, traveling all day. He sat down under a solitary broom tree and prayed that he might die. "I have had enough, LORD," he said. "Take my life, for I am no better than my ancestors who have already died."

5 Then he lay down and slept under the broom tree. But as he was sleeping, an angel touched him and told him, "Get up and eat!"

6 He looked around and there beside his head was some bread baked on hot stones and a jar of water! So he ate and drank and lay down again.

7 Then the angel of the LORD came again and touched him and said, "Get up and eat some more, or the journey ahead will be too much for you."

8 So he got up and ate and drank, and the food gave him enough strength to travel forty days and forty nights to Mount Sinai,* the mountain of God.

9 There he came to a cave, where he spent the night. But the LORD said to him, "What are you doing here, Elijah?"

10 Elijah replied, "I have zealously served the LORD God Almighty. But the people of Israel have broken their covenant with you, torn down your altars, and killed every one of your prophets. I am the only one left, and now they are trying to kill me, too."

11 "Go out and stand before me on the mountain," the LORD told him. And as Elijah stood there, the LORD passed by, and a mighty windstorm hit the mountain. It was such a terrible blast that the rocks were torn loose, but the LORD was not in the wind. After the wind there was an earthquake, but the LORD was not in the earthquake.

12 And after the earthquake there was a fire, but the LORD was not in the fire. And after the fire there was the sound of a gentle whisper.

13 When Elijah heard it, he wrapped his face in his cloak and went out and stood at the entrance of the cave. And a voice said, "What are you doing here, Elijah?"

14 He replied again, "I have zealously served the LORD God Almighty. But the people of Israel have broken their covenant with you, torn down your altars, and killed every one of your prophets. I am the only one left, and now they are trying to kill me, too."

15 Then the LORD told him, "Go back the same way you came, and travel to the wilderness of Damascus. When you arrive there, anoint Hazael to be king of Aram.

16 Then anoint Jehu grandson of Nimshi* to be king of Israel, and anoint Elisha son of Shaphat from the town of Abel-meholah to replace you as my prophet.

17 Anyone who escapes from Hazael will be killed by Jehu, and those who escape Jehu will be killed by Elisha!

18 Yet I will preserve 7,000 others in Israel who have never bowed down to Baal or kissed him!"

19 So Elijah went and found Elisha son of Shaphat plowing a field. There were twelve teams of oxen in the field, and Elisha was plowing with the twelfth team. Elijah went over to him and threw his cloak across his

shoulders and then walked away.
20 Elisha left the oxen standing there, ran after
Elijah, and said to him, "First let me go and
kiss my father and mother good-bye, and
then I will go with you!" Elijah replied, "Go
on back, but think about what I have done
to you."
21 So Elisha returned to his oxen and slaugh-
tered them. He used the wood from the plow
to build a fire to roast their flesh. He passed
around the meat to the townspeople, and
they all ate. Then he went with Elijah as his
assistant.

* 19:8 Hebrew *to Horeb,* another name for Sinai.
* 19:16 Hebrew *descendant of Nimshi*; compare 2 Kgs 9:2, 14

1 including ~을 포함해 2 by this time tomorrow 내일 이맘때까지 3 flee 달아나다 for one life 필사적으로, 목숨 걸고 4 wilderness 광야 solitary 홀로 있는 broom tree 로뎀나무 no better than ~ ~보다 별로 나을 게 없는 ancestor 조상 5 lie down 눕다 6 bake 굽다 jar 병, 항아리 7 journey 여행 too much for ~ ~에게 힘에 겨운 10 zealously 열정적으로 covenant 계약, 약속 tear down ~ ~을 파괴하다 altar 제단 11 pass by 옆을 지나가다 mighty 강력한 windstorm 폭풍 blast 폭발, 강한 바람 tear loose 떨어져 나가다 earthquake 지진 12 gentle 평온한, 조용한 whisper 속삭임 13 wrap 감싸다 cloak 외투 15 anoint 기름을 붓다 16 replace 대신하다 17 escape from ~ ~에서 도망치다 18 preserve 보존하다 bow down 절하다 19 plow 경작하다 throw … across ~ …을 ~너머로 던지다 20 run after ~ ~의 뒤를 쫓다 21 slaughter 도살하다 roast 굽다 flesh 살, 고기 pass around … to ~ ~에게 …를 나누어 주다 assistant 조수, 보조자

• MEMO •

☐ 묵상 체크

51 벤하닷의 침략

월 일

열왕기상 20:1-12 • 새찬송 412장 | 통일 469장

• 말씀묵상 전에 성령님의 인도하심을 구하는 기도를 드리십시오.

본문요약 I 엘리야에 대한 이야기가 잠시 멈추고, 아람의 왕으로 세워야 할 하사엘 대신 벤하닷이 등장한다. 아람 왕 벤하닷이 침공하여 사마리아를 에워싸고 항복을 요구한다. 벤하닷의 지나친 요구를 듣고도 아합은 거절하지 못하고, 결국 장로들과 협의한 후 거절한다. 이에 벤하닷이 전쟁을 일으킨다.

1 아람의 벤하닷 왕이 그의 군대를 다 모으
니 왕 삼십이 명이 그와 함께 있고 또 말
과 병거들이 있더라 이에 올라가서 사마
리아를 에워싸고 그곳을 치며
2 사자들을 성 안에 있는 이스라엘의 아합
왕에게 보내 이르기를 벤하닷이 그에게
이르되
3 네 은금은 내 것이요 네 아내들과 네 자녀
들의 아름다운 자도 내 것이니라 하매
4 이스라엘의 왕이 대답하여 말하기를 내
주 왕이여 왕의 말씀같이 나와 내 것은 다
왕의 것이니이다 하였더니
5 사신들이 다시 와서 이르되 벤하닷이 이
르노라 내가 이미 네게 사람을 보내어 말
하기를 너는 네 은금과 아내들과 자녀들
을 내게 넘기라 하였거니와
6 내일 이맘때에 내가 내 신하들을 네게 보
내리니 그들이 네 집과 네 신하들의 집을
수색하여 네 눈이 기뻐하는 것을 그들의
손으로 잡아 가져가리라 한지라
7 이에 이스라엘 왕이 나라의 장로를 다 불
러 이르되 너희는 이 사람이 악을 도모하
고 있는 줄을 자세히 알라 그가 내 아내들
과 내 자녀들과 내 은금을 빼앗으려고 사
람을 내게 보냈으나 내가 거절하지 못하
였노라
8 모든 장로와 백성들이 다 왕께 아뢰되 왕
은 듣지도 말고 허락하지도 마옵소서 한
지라
9 그러므로 왕이 벤하닷의 사신들에게 이르
되 너희는 내 주 왕께 말하기를 왕이 처음
에 보내 종에게 구하신 것은 내가 다 그대
로 하려니와 이것은 내가 할 수 없나이다
하라 하니 사자들이 돌아가서 보고하니라
10 그때에 벤하닷이 다시 그에게 사람을 보
내어 이르되 사마리아의 [1]부스러진 것이
나를 따르는 백성의 무리의 손에 채우기
에 족할 것 같으면 신들이 내게 벌 위에
벌을 내림이 마땅하니라 하매
11 이스라엘 왕이 대답하여 이르되 갑옷 입
는 자가 갑옷 벗는 자같이 자랑하지 못할
것이라 하라 하니라
12 그때에 벤하닷이 왕들과 장막에서 마시다
가 이 말을 듣고 그의 신하들에게 이르되
너희는 진영을 치라 하매 곧 성읍을 향하
여 진영을 치니라

1) 티끌

1. 오늘 하나님께서 나에게 주신 깨달음은 무엇입니까?

2. 말씀을 어떻게 내 삶에 구체적으로 적용해야 합니까?

절별 해설

1 아람의 벤하닷 왕이 그의 군대를 다 모으니, 올라가서 사마리아를 에워싸고 그곳을 치며 북쪽에서 앗수르가 막강한 군사력으로 세력을 확장하자, 아람 왕 벤하닷은 자신의 속국으로 있는 도시 국가의 왕들을 규합하여 이스라엘을 침략한다.

3 네 은금은 내 것이요 네 아내들과 네 자녀들의 아름다운 자도 내 것이니라 하매 벤하닷은 사마리아를 포위한 채 아합에게 항복을 요구한다. 많은 조공은 물론이고 아합의 아내들과 자녀들까지 넘기라고 요구한다. 이스라엘은 하나님 두려운 줄을 모르고 바알과 아세라 등 각종 우상을 숭배했지만, 그 우상들이 이스라엘을 지켜주지는 못했다.

4 나와 내 것은 다 왕의 것이니이다 하였더니 아합은 벤하닷의 요구를 듣자마자 수락한다. 고대 근동에서는 과장된 언어를 사용하여 협상하는 것이 관례였기에, 아합은 벤하닷이 단순히 항복을 요구하는 것으로 이해하고 그렇게 하라고 쉽게 대답한다. 어리석게도 아합은 하나님께 묻지 않았을 뿐 아니라 함께 믿던 우상들에게도 도움을 구하지 않았다. 참 신앙은 고난과 위기 앞에서 드러난다. 아합은 하나님보다 벤하닷을 더 두려워했다. 아합에게 우상은 먹고살 만할 때 도움이 되는 존재에 불과했다.

6 내 신하들을 네게 보내리니 그들이 네 집과 네 신하들의 집을 수색하여 벤하닷은 아합의 조공 약속에 만족하지 않고, 직접 부하를 보내 왕궁과 신하들의 집을 샅샅이 뒤져 아합 왕이 귀하게 여기는 것을 다 가져오게 할 것을 명령한다.

7, 10 이에 이스라엘 왕이 나라의 장로를 다 불러 이르되, 사마리아의 부스러진 것이 나를 따르는 백성의 무리의 손에 채우기에 족할 것 같으면 신들이 내게 벌 위에 벌을 내림이 마땅하니라 하매 아합은 장로들에게 벤하닷의 지나친 요구를 수용해야 할지 묻는다. 장로들이 반대하자 아합은 벤하닷에게 거부 의사를 전한다. 이에 벤하닷은 사마리아를 완전히 멸망시키겠다고 호언장담한다.

9 처음에 보내 종에게 구하신 것은 내가 다 그대로 하려니와 이것은 내가 할 수 없나이다 아합은 어쩔 수 없이 벤하닷에게 은금은 얼마든지 줄 수 있지만 아내들과 자식들을 내놓으라는 요구는 들어줄 수 없다고 전한다. 마지막 수단으로 문제를 은과 금으로 해결할 수 있다면 그렇게 해보겠다는 의지다.

쉬운성경

1 아람 왕 벤하닷이 모든 군대를 모았습니다. 삼십이 명의 왕이 말과 전차를 이끌고 모여들었습니다. 벤하닷은 사마리아로 가서 그 성을 포위하고 공격했습니다.

2 벤하닷 왕이 성 안에 있는 이스라엘의 아합 왕에게 사자들을 보내어 말했습니다. "벤하닷이 이렇게 말씀하셨다.

3 '너의 은과 금도 내놓고 너의 아름다운 아내들과 자녀들도 내놓아라.'"

4 이스라엘의 아합 왕이 대답했습니다. "내 주 왕이시여, 왕의 말씀대로 하겠습니다. 나와 내가 가진 모든 것을 다 드리겠습니다."

5 그러자 사자들이 다시 아합에게 와서 말했습니다. "벤하닷이 이렇게 말씀하셨다. '전에 내가 너에게 은과 금도 내놓고 너의 아내들과 자녀들도 내놓으라고 말한 적이 있다.

6 내일 이맘때에 내 신하들을 보내 네 집과 네 신하들의 집을 뒤질 것이다. 마음에 드는 것이 있으면 다 가져갈 것이다.'"

7 아합이 온 나라의 장로들을 다 모아 놓고 말했습니다. "벤하닷이 우리를 괴롭히고 있소. 내 아내와 자녀, 그리고 내 은과 금을 내놓으라고 사람을 보내 왔는데, 나는 거절하지 못했소."

8 그러자 장로들과 모든 백성이 말했습니다. "그의 말을 무시하고 들어주지 마십시오."

9 아합이 벤하닷의 사자들에게 말했습니다. "내 주 왕에게 전하시오. 처음에 말씀하신 것은 들어줄 수 있지만, 두 번째로 말씀하신 것은 들어줄 수 없소." 그러자 벤하닷 왕의 사자들이 돌아가서 그 말을 전했습니다.

11-12 이스라엘 왕이 대답하여 이르되 갑옷 입는 자가 갑옷 벗는 자같이 자랑하지 못할 것이라 하라 하니라, 그의 신하들에게 이르되 너희는 진영을 치라 그때 벤하닷은 너무 자신만만한 나머지 장막에서 그와 함께한 왕들과 술을 마시고 있었다. 아합의 대답을 듣고 화가 치민 벤하닷은 모든 군대에게 출전 명령을 내린다.

10 벤하닷이 다시 아합에게 사람들을 보내어 말했습니다. "내가 내 군인들을 보내 사마리아를 완전히 멸망시켜 버리겠다. 내 군인들이 이 성에서 재를 한 줌이라도 모을 수 있다면, 신들이 나에게 무서운 벌을 내려도 좋다."

11 아합이 대답했습니다. "벤하닷에게 전하여라. 아직 싸우고 있는 군인은 이미 이긴 것처럼 뽐내어서는 안 된다고 일러라."

12 그때에 벤하닷은 자기 장막에서 다른 왕들과 함께 술을 마시고 있었습니다. 아합에게서 돌아온 사자들이 전한 말을 들은 벤하닷은 신하들에게 성을 공격할 준비를 하라고 명령했습니다. 그래서 모두들 싸울 준비를 갖추었습니다.

저자의 묵상

벤하닷의 무리한 요구에 치욕적으로 굴복하는 아합의 모습에 반해, 장로들과 백성들은 오히려 벤하닷을 크게 두려워하지 않았다. 이렇게 아합은 정작 용기를 내야 할 때 두려워 떨며 우유부단한 모습을 보인다. 하나님께 등을 돌리고 우상을 섬긴 아합이 정작 전쟁의 위협 앞에서는 부들부들 떠는 무력한 태도를 보인다. 그토록 섬기며 귀하게 여기던 우상 신들에게 가서 도움을 청할 엄두도 못냈다. 세상 세력에 단호하게 맞서지 못하고 굴복하는 아합의 모습은 하나님 없는 인간의 실체를 그대로 보여준다. 아합이 아람 왕 벤하닷의 침공 앞에서 드러낸 무기력한 모습은, 약한 자에게는 강하고 강한 자에게는 한없이 약한 악인의 전형으로 남게 되었다. 강하고 당당하게 살고 싶으면 하나님께 온전히 순종해야 한다.

무릎 기도 | 하나님, 이 세상에서 하나님의 사람답게 담대하고 당당하게 살아가도록 도와주소서.

NLT - 1 Kings 20

1 About that time King Ben-hadad of Aram
mobilized his army, supported by the
chariots and horses of thirty-two allied
kings. They went to besiege Samaria, the
capital of Israel, and launched attacks
against it.
2 Ben-hadad sent messengers into the city to
relay this message to King Ahab of Israel:
"This is what Ben-hadad says:
3 'Your silver and gold are mine, and so are
your wives and the best of your children!'"
4 "All right, my lord the king," Israel's king
replied. "All that I have is yours!"
5 Soon Ben-hadad's messengers returned
again and said, "This is what Ben-hadad
says: 'I have already demanded that you
give me your silver, gold, wives, and
children.
6 But about this time tomorrow I will send my
officials to search your palace and the
homes of your officials. They will take away
everything you consider valuable!'"
7 Then Ahab summoned all the elders of the
land and said to them, "Look how this man
is stirring up trouble! I already agreed with
his demand that I give him my wives and
children and silver and gold."
8 "Don't give in to any more demands," all the
elders and the people advised.
9 So Ahab told the messengers from Ben-
hadad, "Say this to my lord the king: 'I will
give you everything you asked for the first
time, but I cannot accept this last demand of
yours.'" So the messengers returned to
Ben-hadad with that response.
10 Then Ben-hadad sent this message to
Ahab: "May the gods strike me and even kill
me if there remains enough dust from
Samaria to provide even a handful for each
of my soldiers."
11 The king of Israel sent back this answer: "A
warrior putting on his sword for battle should
not boast like a warrior who has already
won."
12 Ahab's reply reached Ben-hadad and the
other kings as they were drinking in their
tents.* "Prepare to attack!" Ben-hadad
commanded his officers. So they prepared to
attack the city.

* 20:12 Or *in Succoth;* also in 20:16.

1 mobilize 동원하다 chariot 병거 allied 동맹한 besiege 포위하다 launch an attack against ~ ~의 공격을 시작하다 6 official 관리, 관료 take away 가져가다 consider 여기다, 생각하다 valuable 가치 있는 7 summon 호출하다, 부르다 elder 장로, 연장자 stir up trouble 분란을 일으키다 8 give in to ~ ~에 굴복하다 9 for the first time 처음으로 response 응답 10 dust 재, 티끌 handful 한 움큼 11 send back ~ ~을 돌려주다 warrior 군인 put on ~ ~을 입다, 차다 sword 칼 boast 자랑하다 12 command 명령하다

• MEMO •

☐ 묵상 체크

52 약속대로 주신 승리

월 일

열왕기상 20:13-21 • 새찬송 349장 | 통일 387장

• 말씀묵상 전에 성령님의 인도하심을 구하는 기도를 드리십시오.

본문요약 I 전쟁이 진행되는 동안 하나님은 한 선지자를 통해 이스라엘에게 승리를 약속하신다. 그런 후 하나님은 계속해서 선지자를 통해 이스라엘의 젊은 장교 232명과 7천 명의 군대로 전쟁하게 하셨고, 술에 취해 방심하고 있던 벤하닷과 그를 따르던 왕 32명은 패하고 만다. 하나님은 약속하신 대로 승리를 주셨다.

13 한 선지자가 이스라엘의 아합 왕에게 나
아가서 이르되 여호와의 말씀이 네가 이
큰 무리를 보느냐 내가 오늘 그들을 네 손
에 넘기리니 너는 내가 여호와인 줄을 알
리라 하셨나이다
14 아합이 이르되 누구를 통하여 그렇게 하
시리이까 대답하되 여호와의 말씀이 각
지방 고관의 청년들로 하리라 하셨나이다
아합이 이르되 누가 싸움을 시작하리이까
대답하되 왕이니이다
15 아합이 이에 각 지방 고관의 청년들을 계
수하니 이백삼십이 명이요 그 외에 모든
백성 곧 이스라엘의 모든 자손을 계수하
니 칠천 명이더라
16 그들이 정오에 나가니 벤하닷은 장막에서
돕는 왕 삼십이 명과 더불어 마시고 취한
중이라
17 각 지방의 고관의 청년들이 먼저 나갔더
라 벤하닷이 정탐꾼을 보냈더니 그들이
보고하여 이르되 사마리아에서 사람들이
나오더이다 하매
18 그가 이르되 화친하러 나올지라도 사로잡
고 싸우러 나올지라도 사로잡으라 하니라
19 각 지방 고관의 청년들과 그들을 따르는
군대가 성읍에서 나가서
20 각각 적군을 쳐 죽이매 아람 사람이 도망
하는지라 이스라엘이 쫓으니 아람 왕 벤
하닷이 말을 타고 마병과 더불어 도망하
여 피하니라
21 이스라엘 왕이 나가서 말과 병거를 치고
또 아람 사람을 쳐서 크게 이겼더라

1. 오늘 하나님께서 나에게 주신 깨달음은 무엇입니까?

2. 말씀을 어떻게 내 삶에 구체적으로 적용해야 합니까?

절별 해설

13 한 선지자가 이스라엘의 아합 왕에게 나아가서 이르되 여호와의 말씀이 네가 이 큰 무리를 보느냐 내가 오늘 그들을 네 손에 넘기리니 너는 내가 여호와인 줄을 알리라 하셨나이다 위기의 순간에 아합이 하나님을 찾지 않고 장로들을 먼저 찾았는데도, 하나님은 먼저 아합에게 한 선지자를 보내 승리를 약속해 주신다. 하나님은 아직 이스라엘을 포기하지 않으셨다. 아합이 벤하닷 앞에서 큰소리쳤지만 결국 희생당하는 것은 이스라엘 백성이고, 그중에는 바알에게 절하지 않은 신실한 백성도 있기 때문이다. 그러므로 이 전쟁이 승리하게 된 것은 아합으로 하여금 여호와가 하나님이심을 알게 하기 위함이었다.

14-15 대답하되 왕이니이다 아합이 이에 각 지방 고관의 청년들을 계수하니 하나님은 각 지방 고관들의 청년 232명과 7천 명의 군대를 전쟁에 나가게 명하신다. 그리고 그 싸움을 아합 왕이 먼저 시작하라고 명하신다. 왕이 먼저 순종하라는 뜻이다.

16, 18 벤하닷은 장막에서 돕는 왕 삼십이 명과 더불어 마시고 취한 중이라, 그가 이르되 화친하러 나올지라도 사로잡고 싸우러 나올지라도 사로잡으라 하니라 이스라엘 진영에서 전투할 군인들을 선발하여 철저히 준비할 때, 적진에서는 이미 승리를 거둔 것처럼 벤하닷과 왕 32명이 대낮임에도 술에 취해 있었다. 심지어 쳐들어오는 군인들을 보면서도 화친하러 오는 것으로 오해하여 생포하라고 명령한다. 벤하닷은 이스라엘이 자기 군대를 상대로 싸우러 나올 수 있다는 가능성을 완전히 배제한 것이다. 이것은 벤하닷의 교만이며, 동시에 아합 군대가 얼마나 오합지졸이었는지를 보여준다.

17 각 지방의 고관의 청년들이 먼저 나갔더라 청년들은 마치 기드온의 300용사 같았다. 전투 경험이 많지 않았지만, 하나님의 능력은 경험과 수를 뛰어넘으셨다. 하나님은 이미 이스라엘의 적들이 꼼짝 못하게 하셨다.

21 이스라엘 왕이 나가서 말과 병거를 치고 또 아람 사람을 쳐서 크게 이겼더라 아합은 대승을 거둔다. 아합이 7천 명(15절)의 군대로 승리한 것은 우연이 아니다. 하나님은 호렙산에서 엘리야에게 바알을 섬기지 않는 7천 명이 있음을 알려주셨다. 하나님은 약속하신 대로 이스라엘이 손쉽게 승리하게 하셨다. 이스라엘의 칼에 아람 왕 벤하닷과 군사들이 많이 죽었고 또 도망쳤다. 이스라엘이 객관적인 전력이 앞서서 이긴 것이 아니고 전술에 능해서 이긴 것도 아니다. 이 전쟁이 하나님께 속한 것이기에 이긴 것이다. 벤하닷은 교만과 술 때문에 패했고, 아합은 하나님의 약속하신 말씀이 있어서 승리했다.

쉬운성경

13 어떤 예언자가 이스라엘의 왕 아합에게 와서 말했습니다. "여호와께서 이렇게 말씀하셨소. '저 큰 군대가 보이느냐? 내가 오늘 저 군대를 너에게 넘겨주어 싸움에서 이기도록 해 주겠다. 그러면 너는 내가 여호와인 줄을 알게 될 것이다.'"

14 아합이 말했습니다. "누구를 통해서 저들을 물리치실 것입니까?" 예언자가 대답했습니다. "여호와께서 이렇게 말씀하셨소. '각 지역 장관들의 젊은 장교들이 그들을 물리칠 것이다.'" 왕이 다시 물었습니다. "누가 군대를 지휘합니까?" 예언자가 대답했습니다. "왕이 지휘하십시오."

15 아합이 각 지역 장관들의 젊은 장교들을 모았습니다. 모아 보니 모두 이백삼십이 명이었습니다. 그런 다음에 이스라엘 군대를 모아 보니 모두 칠천 명이었습니다.

16 그들은 낮 12시에 공격을 시작했습니다. 그때에 벤하닷과 그를 따르는 왕 삼십이 명은 장막 안에서 술에 취해 있었습니다.

17 각 지역 장관들의 젊은 장교들이 먼저 그들을 공격했습니다. 벤하닷의 정찰병들은 군인들이 사마리아에서 나오고 있다고 왕에게 보고했습니다.

18 그러자 벤하닷이 말했습니다. "싸우러 나오는 것이든지 협상을 하러 나오는 것이든지 저들을 무조건 잡아라."

19 각 지역 장관들의 젊은 장교들과 그들을 따르는 군대는 이미 성 바깥으로 나와 있었습니다.

20 이스라엘의 장교들은 적군을 닥치는 대로 죽였습니다. 아람 사람들은 도망쳤고 이스라엘 군인들은 그들을 뒤쫓았습니다. 아람 왕 벤하닷은 기병들과 함께 말을 타고 도망쳤습니다.

21 이스라엘의 왕이 군대를 이끌고 나가서 말과 전차들을 공격하고 아람 군대를 크게 무찔렀습니다.

저자의 묵상

하나님은 엄청난 적의 공격을 눈앞에 두고 두려워하는 상황에서 승리의 약속을 주셨다. 하나님은 하나님을 잘 믿지도 않을 뿐더러 우상숭배에 빠진 아합 왕과 백성들에게 왜 이런 승리의 약속을 주시는가? 마지막까지 포기하지 않으시기 때문이다. 아합과 이스라엘 백성이 이 기회를 통해 다시 한 번 여호와만이 참 하나님임을 깨닫기 원하셨다. 다행스럽게도 생각지도 못한 하나님의 말씀에 아합 왕은 순종했다. 스스로 해결할 수 없는 위기를 만나서야 비로소 하나님을 간절히 붙잡은 것이다. 하나님의 선지자는 전쟁 초보자나 다름없는 청년들을 전선의 선봉에 세우라는 의외의 지시를 하달했다. 더욱이 이들의 수는 다 합쳐도 232명에 불과했다. 그들을 뒷받침할 병사는 고작 7천 명이었다. 이처럼 보잘것없는 군대로 아람과 싸우라는 것은 언뜻 보기에 무모해 보인다. 그러나 여기에는 분명한 하나님의 뜻이 있다. 전쟁을 승리로 이끄는 분은 바로 하나님이라는 사실을 분명하게 드러내시겠다는 것이다.

무릎 기도 | 하나님, 두려워하지 말고 오직 하나님만 의지하고, 그 말씀에 순종하여 참된 승리를 얻도록 인도해 주소서.

NLT - 1 Kings 20

13 Then a certain prophet came to see King Ahab of Israel and told him, "This is what the LORD says: Do you see all these enemy forces? Today I will hand them all over to you. Then you will know that I am the LORD."
14 Ahab asked, "How will he do it?" And the prophet replied, "This is what the LORD says: The troops of the provincial commanders will do it." "Should we attack first?" Ahab asked. "Yes," the prophet answered.
15 So Ahab mustered the troops of the 232 provincial commanders. Then he called out the rest of the army of Israel, some 7,000 men.
16 About noontime, as Ben-hadad and the thirty-two allied kings were still in their tents drinking themselves into a stupor,
17 the troops of the provincial commanders marched out of the city as the first contingent. As they approached, Ben-hadad's scouts reported to him, "Some troops are coming from Samaria."
18 "Take them alive," Ben-hadad commanded, "whether they have come for peace or for war."
19 But Ahab's provincial commanders and the entire army had now come out to fight.
20 Each Israelite soldier killed his Aramean opponent, and suddenly the entire Aramean army panicked and fled. The Israelites chased them, but King Ben-hadad and a few of his charioteers escaped on horses.
21 However, the king of Israel destroyed the other horses and chariots and slaughtered the Arameans.

13 certain 어떤 enemy 적, 적군 force 군대, 힘 hand … over to ~ …을 ~에게 넘겨주다 14 troop 군대 provincial 지방의 commander 지휘관 15 muster 소집하다 call out ~ ~을 소집하다, 출동시키다 16 noontime 한낮, 정오 allied 동맹한 stupor 인사불성 17 march out of ~ ~에서 나와 진군하다 contingent 파견단 scout 정탐꾼 20 opponent 대적 panic 공포에 질리다 charioteer 마차를 모는 사람 21 slaughter 학살하다

53 평지에서의 승리

월 일

열왕기상 20:22-34 • 새찬송 00장 | 통일 00장

• 말씀묵상 전에 성령님의 인도하심을 구하는 기도를 드리십시오.

본문요약 I 아합이 전쟁에서 이긴 후 하나님의 선지자가 다시 찾아와 벤하닷이 또 공격해 올 것을 경고한다. 실제로 군대를 정비한 벤하닷은 이듬해 다시 이스라엘을 공격한다. 벤하닷은 여호와를 산의 신으로 생각하여 평지에서 전쟁을 벌이지만, 아합에게 목숨을 구걸할 정도로 패한다. 아합은 평화조약을 맺고 벤하닷을 풀어준다.

22 그 선지자가 이스라엘 왕에게 나아와 이르되 왕은 가서 힘을 기르고 왕께서 행할 일을 알고 준비하소서 해가 바뀌면 아람 왕이 왕을 치러 오리이다 하니라
23 아람 왕의 신하들이 왕께 아뢰되 그들의 신은 산의 신이므로 그들이 우리보다 강하였거니와 우리가 만일 평지에서 그들과 싸우면 반드시 그들보다 강할지라
24 또 왕은 이 일을 행하실지니 곧 왕들을 제하여 각각 그곳에서 떠나게 하고 그들 대신에 총독들을 두시고
25 또 왕의 잃어버린 군대와 같은 군대를 왕을 위하여 보충하고 말은 말대로, 병거는 병거대로 보충하고 우리가 평지에서 그들과 싸우면 반드시 그들보다 강하리이다 왕이 그 말을 듣고 그리하니라
26 해가 바뀌니 벤하닷이 아람 사람을 소집하고 아벡으로 올라와서 이스라엘과 싸우려 하매
27 이스라엘 자손도 소집되어 군량을 받고 마주 나가서 그들 앞에 진영을 치니 이스라엘 자손은 두 무리의 적은 염소 떼와 같고 아람 사람은 그 땅에 가득하였더라
28 그때에 하나님의 사람이 이스라엘 왕에게 나아와 말하여 이르되 여호와의 말씀에 아람 사람이 말하기를 여호와는 산의 신이요 골짜기의 신은 아니라 하는도다 그러므로 내가 이 큰 군대를 다 네 손에 넘기리니 너희는 내가 여호와인 줄을 알리라 하셨나이다 하니라
29 진영이 서로 대치한 지 칠 일이라 일곱째 날에 접전하여 이스라엘 자손이 하루에 아람 보병 십만 명을 죽이매
30 그 남은 자는 아벡으로 도망하여 성읍으로 들어갔더니 그 성벽이 그 남은 자 이만 칠천 명 위에 무너지고 벤하닷은 도망하여 성읍에 이르러 골방으로 들어가니라
31 그의 신하들이 그에게 말하되 우리가 들은즉 이스라엘 집의 왕들은 인자한 왕이라 하니 만일 우리가 굵은 베로 허리를 동이고 테두리를 머리에 쓰고 이스라엘의 왕에게로 나아가면 그가 혹시 왕의 생명을 살리리이다 하고
32 그들이 굵은 베로 허리를 동이고 테두리를 머리에 쓰고 이스라엘의 왕에게 이르러 이르되 왕의 종 벤하닷이 청하기를 내 생명을 살려 주옵소서 하더이다 아합이 이르되 그가 아직도 살아있느냐 그는 내 형제이니라
33 그 사람들이 좋은 징조로 여기고 그 말을 얼른 받아 대답하여 이르되 벤하닷은 왕의 형제니이다 왕이 이르되 너희는 가서 그를 인도하여 오라 벤하닷이 이에 왕에게 나아오니 왕이 그를 병거에 올린지라
34 벤하닷이 왕께 아뢰되 내 아버지께서 당신의 아버지에게서 빼앗은 모든 성읍을 내가 돌려보내리이다 또 내 아버지께서 사마리아에서 만든 것같이 당신도 다메섹

에서 당신을 위하여 거리를 만드소서 아
합이 이르되 내가 이 조약으로 인해 당신
을 놓으리라 하고 이에 더불어 조약을 맺
고 그를 놓았더라

1. 오늘 하나님께서 나에게 주신 깨달음은 무엇입니까?

2. 말씀을 어떻게 내 삶에 구체적으로 적용해야 합니까?

절별 해설

22 해가 바뀌면 아람 왕이 왕을 치러 오리이다 하니라 하나님은 아합 옆에서 하나님의 말씀을 전하고 작전을 도와주던 선지자를 통해, 벤하닷이 다시 쳐들어올 것이니 힘을 키우고 만반의 준비를 하라고 아합에게 말씀해 주신다.

23 그들의 신은 산의 신이므로, 평지에서 그들과 싸우면 반드시 그들보다 강할지라 아람 왕의 신하들은 이스라엘의 신은 산의 신이기에 평지에서 싸우면 자기들이 이길 것이라고 왕에게 조언한다. 아람 사람들의 눈에는 이스라엘의 여호와가 산의 신으로 보인 것이다. 이는 역사적인 경험에 따라 형성된 인식이었다. 이스라엘은 왕정시대가 도래하지 않았던 때부터 가나안 사람들과 끊임없는 분쟁과 전쟁을 치러 왔다. 그때 철 병거와 마병으로 무장한 가나안 족속에 맞서서, 이스라엘은 여러 산악 지대에 요새를 만들고 효과적으로 대응했다. 그곳에서는 가나안의 우수한 병기들이 무용지물이었고 수없이 패배를 거듭했다. 그래서 이들은 두려워하며 이스라엘의 신은 산의 신이라는 인상을 강하게 새겼다. 따라서 본절에 제시되는 것은 전략적으로는 매우 지혜로운 전술이었다.

26 벤하닷이 아람 사람을 소집하고 아벡으로 올라와서 이스라엘과 싸우려 하매 두 군대는 아벡에서 만난다. 이스라엘 안에는 아벡이라는 지역이 다섯 곳이나 있었다. 아마도 본문의 아벡은 오늘날의 골란 지역을 뜻하는 것으로 보인다. 이 지역에는 넓은 평지가 있었다.

28 내가 이 큰 군대를 다 네 손에 넘기리니 너희는 내가 여호와인 줄을 알리라 이번에도 하나님이 개입하여 다시 한 번 자신이 여호와임을 드러내고, 아람 사람들에게는 여호와의 능력이 산에만 제한된 것이 아님을 보여주시겠다는 말씀이다.

쉬운성경

22 그 예언자가 이스라엘의 왕 아합에게 가서 말했습니다. "아람의 왕은 이듬해 봄에 다시 쳐들어올 것입니다. 그러므로 이제 돌아가시면 강한 군대를 만들어야 합니다. 적을 막을 계획을 세우셔야 합니다."

23 아람 왕의 장교들이 그들의 왕에게 말했습니다. "이스라엘의 신은 산의 신입니다. 우리가 산에서 싸웠기 때문에 이스라엘이 이긴 것입니다. 그러므로 그들과 싸우려면 평지에서 싸워야 합니다. 그러면 우리가 이길 것입니다.

24 삼십이 명의 왕들을 자리에서 쫓아내고 그들 자리에 지휘관들을 임명하십시오.

25 싸움에 져서 잃어버린 군대만큼 다시 군대를 모으십시오. 그리고 말과 전차도 그만큼 모으십시오. 우리는 이제 평지에서 싸울 것입니다. 그러면 반드시 이깁니다." 벤하닷은 그들의 말을 좋게 여겨서 그대로 했습니다.

26 이듬해 봄에 벤하닷이 아람 백성을 모았습니다. 그는 이스라엘과 싸우려고 아벡으로 갔습니다.

27 이스라엘 백성도 전쟁 준비를 하여 아람 사람들을 맞으러 나가서 그들 앞에 진을 쳤습니다. 이스라엘 군대는 적은 수의 두 염소 떼처럼 보였으나, 아람 군대는 온 땅을 덮었습니다.

28 하나님의 사람이 이스라엘의 왕에게 와서 말했습니다. "여호와께서 이렇게 말씀하셨소. '아람 백성은 나 여호와가 산의 신이지 평지의 신이 아니라고 말하고 있다. 그러므로 내가 이 큰 군대를 너에게 넘겨주어 싸움에서 이기게 하겠다. 그러면 너희는 내가 여호와인 줄을 알게 될 것이다.'"

29 두 군대는 서로 마주 보며 칠 일 동안 진을 치고 있었습니다. 칠 일째 되는 날에 싸움이 시작되었습니다. 이스라엘 군대가 하루 만에 아람 군인 십만 명을 죽였습니다.

31-32 굵은 베로 허리를 동이고 테두리를 머리에 쓰고 베는 참회의 표시이며, 머리에 테두리를 쓰는 것은 굴복을 의미했다. 사실 머리에 테두리를 쓰는 것은 줄을 목에 거는 것으로 이해하는 것이 더 정확하다. 즉, 자신의 생사가 오로지 상대의 결정에 달렸다는 굴종의 의미다.

34 이에 더불어 조약을 맺고 그를 놓았더라 성읍 골방에 숨어 있던 벤하닷이 신하들의 조언대로 아합 왕에게 나아가 생명을 구걸하자, 아합 왕은 그를 형제라 칭하고 자기 병거에 함께 오르게 하는 등 그의 명예를 회복시켜 준다. 그 대가로 벤하닷에게서 선대 때 빼앗긴 성읍을 되찾고, 다메섹에 거리[상업 중심지인 광장-새번역]를 만들도록 조약을 맺는다. 이는 승자의 아량이요, 지혜로운 실리 외교로 보인다. 그러나 하나님 말씀을 따라 전쟁을 준비하고 하나님 말씀을 따라 전쟁에서 이겼으니, 전쟁 후에도 먼저 하나님께 여쭈어야 했다.

30 나머지는 아벡 성으로 도망쳤는데, 그 성의 성벽이 그들 위에 무너져 내려서 이만 칠천 명이 죽었습니다. 그때, 벤하닷은 그 성으로 도망쳐서 어떤 방 안에 숨었습니다.

31 벤하닷의 신하들이 그에게 말했습니다. "이스라엘의 왕들은 자비롭다고 들었습니다. 베옷을 입어 우리의 슬픔을 나타내고 머리에 줄을 동여매어 항복의 표시를 보입시다. 그리고 나서 이스라엘의 왕에게 갑시다. 왕이 우리를 살려 줄지도 모릅니다."

32 신하들은 베옷을 입고 머리에 줄을 동여맸습니다. 그리고 이스라엘의 왕에게 가서 말했습니다. "왕의 종 벤하닷이 제발 목숨만 살려 달라고 말했습니다." 아합이 대답했습니다. "그가 아직 살아있느냐? 그는 내 형제다."

33 벤하닷의 신하들은 아합의 말을 좋은 징조로 여겨 재빨리 그 말에 대답했습니다. "그렇습니다. 벤하닷은 왕의 형제입니다." 아합이 말했습니다. "벤하닷을 데려오너라." 벤하닷이 오자 아합은 그를 자기 전차에 태웠습니다.

34 벤하닷이 아합에게 말했습니다. "아합이여, 내 아버지가 왕의 아버지로부터 빼앗은 마을들을 다 돌려 드리겠습니다. 그리고 내 아버지가 사마리아에 상점들을 두었던 것같이 왕도 다마스커스에 상점들을 만드십시오." 아합이 말했습니다. "그런 조건이라면 당신을 보내 주겠소." 그리하여 두 왕은 평화 조약을 맺었습니다. 그런 다음에 아합은 벤하닷을 풀어 주었습니다.

저자의 묵상

사실 아람 군대가 다시 공격해 온다는 경고는 아합에게 매우 절망적인 소식이었을 것이다. 이스라엘이 이긴 것은 자신의 힘이 아니라 하나님의 지시에 따른 결과임을 잘 알기 때문이었다. 이제 중요한 것은 1년 동안 신앙적으로 무장하는 것이다. 하나님이 승리하게 해주셨기에 더욱 하나님을 의지해야 한다. 반면, 벤하닷은 잃어버린 군대를 다시 재정비하고 말과 병거를 보충해 평지에서 전쟁을 치를 만반의 태세를 갖추었다. 그러나 아무리 군사력을 새롭게 정비해도 하나님 앞에서는 아무 소용없는 일이다. 두 군대가 대치한 지 7일째 되었을 때 벌어진 전투에서, 이스라엘 군은 하루에만도 아람의 병사 10만을 죽이는 어마어마한 전과를 올렸다. 이로써 이스라엘의 하나님 여호와는 벤하닷과 아람 군대가 생각하는 것처럼 산의 신만이 아니라, 언제 어디서나 홀로 만물을 다스리는 전능의 하나님임을 선포하신 것이다. 그런데도 아합이 벤하닷을 그리 쉽게 풀어 준 것은 크나큰 실책이었을 뿐 아니라 하나님을 무시한 행위였다.

무릎 기도 우리의 힘이 되시는 여호와 하나님, 홀로 만물을 다스리시는 전능하신 하나님의 능력을 신뢰하도록 이끄소서.

NLT - 1 Kings 20

22 Afterward the prophet said to King Ahab, "Get ready for another attack. Begin making plans now, for the king of Aram will come back next spring.*"
23 After their defeat, Ben-hadad's officers said to him, "The Israelite gods are gods of the hills; that is why they won. But we can beat them easily on the plains.
24 Only this time replace the kings with field commanders!
25 Recruit another army like the one you lost. Give us the same number of horses, chariots, and men, and we will fight against them on the plains. There's no doubt that we will beat them." So King Ben-hadad did as they suggested.
26 The following spring he called up the Aramean army and marched out against Israel, this time at Aphek.
27 Israel then mustered its army, set up supply lines, and marched out for battle. But the Israelite army looked like two little flocks of goats in comparison to the vast Aramean forces that filled the countryside!
28 Then the man of God went to the king of Israel and said, "This is what the LORD says: The Arameans have said, 'The LORD is a god of the hills and not of the plains.' So I will defeat this vast army for you. Then you will know that I am the LORD."
29 The two armies camped opposite each other for seven days, and on the seventh day the battle began. The Israelites killed 100,000 Aramean foot soldiers in one day.
30 The rest fled into the town of Aphek, but the wall fell on them and killed another 27,000. Ben-hadad fled into the town and hid in a secret room.
31 Ben-hadad's officers said to him, "Sir, we have heard that the kings of Israel are merciful. So let's humble ourselves by wearing burlap around our waists and putting ropes on our heads, and surrender to the king of Israel. Then perhaps he will let you live."
32 So they put on burlap and ropes, and they went to the king of Israel and begged, "Your servant Ben-hadad says, 'Please let me live!'" The king of Israel responded, "Is he still alive? He is my brother!"
33 The men took this as a good sign and quickly picked up on his words. "Yes," they said, "your brother Ben-hadad!" "Go and get him," the king of Israel told them. And when Ben-hadad arrived, Ahab invited him up into his chariot.
34 Ben-hadad told him, "I will give back the towns my father took from your father, and you may establish places of trade in Damascus, as my father did in Samaria." Then Ahab said, "I will release you under these conditions." So they made a new treaty, and Ben-hadad was set free.

* 20:22 Hebrew *at the turn of the year;* similarly in 20:26. The first day of the year in the ancient Hebrew lunar calendar occurred in March or April.

22 get ready for ~ ~에 대비하다 23 defeat 패배 beat 이기다, 무찌르다 24 replace … with ~ …을 ~로 대체하다 25 recruit 모집하다 fight against ~ ~과 싸우다 there is no doubt that ~ ~라는 것에 의심의 여지가 없다 26 following 다음의 call up ~ ~을 소집하다 march against ~ ~을 목표로 진군하다 27 muster 소집하다 supply lines 물자 공급선 in comparison to ~ ~와 비교할 때 vast 막대한 29 opposite 정반대의 a foot soldier 보병 31 merciful 자비로운 humble oneself by ~ ~로써 겸손을 나타내다 burlap 굵은 삼베 surrender 항복하다 32 beg 간청하다 33 pick up on ~ ~에 덧붙이다 invite … up into ~ …를 ~으로 맞아들이다 34 establish 세우다 release 놓아주다 condition 조건 make a treaty 조약을 맺다

54 아합에 대한 심판 선포

월 일

열왕기상 20:35-43 • 새찬송 96장 | 통일 94장

• 말씀묵상 전에 성령님의 인도하심을 구하는 기도를 드리십시오.

본문요약 | 하나님의 뜻을 구하지 않고 벤하닷을 살려준 아합에게 선지자를 통해 하나님의 심판이 즉시 선포된다. 하나님의 말씀에 불순종하면 어떤 결과가 오는지를 보여준다. 선지자의 친구가 말씀대로 하지 않아 사자에 물려 죽었듯이, 벤하닷을 살려준 아합도 불순종의 대가를 치르게 될 것을 말한다.

35 선지자의 무리 중 한 사람이 여호와의 말
씀을 그의 친구에게 이르되 너는 나를 치
라 하였더니 그 사람이 치기를 싫어하는
지라
36 그가 그 사람에게 이르되 네가 여호와의
말씀을 듣지 아니하였으니 네가 나를 떠
나갈 때에 사자가 너를 죽이리라 그 사람
이 그의 곁을 떠나가더니 사자가 그를 만
나 죽였더라
37 그가 또 다른 사람을 만나 이르되 너는 나
를 치라 하매 그 사람이 그를 치되 상하도
록 친지라
38 선지자가 가서 수건으로 자기의 눈을 가
리어 변장하고 길가에서 왕을 기다리다가
39 왕이 지나갈 때에 그가 소리 질러 왕을 불
러 이르되 종이 전장 가운데에 나갔더니
한 사람이 돌이켜 어떤 사람을 끌고 내게
로 와서 말하기를 이 사람을 지키라 만일
그를 잃어 버리면 네 생명으로 그의 생명
을 대신하거나 그렇지 아니하면 네가 은
한 달란트를 내어야 하리라 하였거늘
40 종이 이리저리 일을 볼 동안에 그가 없어
졌나이다 이스라엘 왕이 그에게 이르되
네가 스스로 결정하였으니 그대로 당하여
야 하리라
41 그가 급히 자기의 눈을 가린 수건을 벗으
니 이스라엘 왕이 그는 선지자 중의 한 사
람인 줄을 알아본지라
42 그가 왕께 아뢰되 여호와의 말씀이 내가
멸하기로 작정한 사람을 네 손으로 놓았
은즉 네 목숨은 그의 목숨을 대신하고 네
백성은 그의 백성을 대신하리라 하셨나이
다
43 이스라엘 왕이 근심하고 답답하여 그의
왕궁으로 돌아가려고 사마리아에 이르니
라

1. 오늘 하나님께서 나에게 주신 깨달음은 무엇입니까?

2. 말씀을 어떻게 내 삶에 구체적으로 적용해야 합니까?

절별 해설

36 사자가 그를 만나 죽였더라 한 선지자가 하나님의 명령을 받아 친구에게 자기를 때리라고 말한다. 그러나 친구는 그대로 순종하기를 꺼리고, 그 결과 사자에게 물려 죽고 만다. 이것은 인간적인 판단으로 벤하닷을 살려준 아합에게 다가올 하나님의 심판을 상징한다. 축복의 말이 선지자를 통해 왔듯, 심판의 말도 하나님의 선지자를 통해서 선포된다.

37 그 사람이 그를 치되 상하도록 친지라 그 선지자는 또 다른 친구에게도 하나님의 말씀으로 자신을 때리라고 요청하고, 그 친구는 선지자를 때려 상하게 한다. 그 친구 선지자는 말뿐 아니라 행동과 삶 전체로 하나님의 메시지를 대언한 사람이었다.

39–40 네 생명으로 그의 생명을 대신하거나 그렇지 아니하면 네가 은 한 달란트를 내어야 하리라, 네가 스스로 결정하였으니 그대로 당하여야 하리라 선지자가 수건으로 눈을 가리고 변장하여 왕이 지나갈 때 한 사건을 판결해 달라고 요청한다. 어떤 사람이 포로 한 명을 맡으면서, 그를 제대로 지키지 못할 경우 그 생명을 대신하든지 은 한 달란트를 내야 한다는 약속을 했는데, 그 포로를 잃게 되었으니 어떻게 해야 하냐는 것이다. 이 사건에 대해 아합은 포로를 잃은 자가 약속대로 죗값을 치러야 한다고 판결한다. 문제는 이 비유적인 이야기가 바로 아합을 두고 한 것이었음을 정작 당사자는 몰랐다는 사실이다.

41–42 그가 급히 자기의 눈을 가린 수건을 벗으니, 네 목숨은 그의 목숨을 대신하고 네 백성은 그의 백성을 대신하리라 하셨나이다 선지자가 눈을 가린 수건을 벗자 비로소 왕은 그가 하나님의 선지자인 줄 알게 된다. 아람 왕 벤하닷은 여호와의 말씀대로 치러진 전쟁에서 얻은 하나님의 소유물이었다. 그런데 아합은 벤하닷이 마치 자기 소유인 양 자기 마음대로 풀어주는 오만을 부렸다. 패자를 향한 멋진 관용처럼 보이지만, 사실은 하나님의 것을 가지고 교만을 편 것이다. 즉, 아합이 자의적으로 벤하닷을 살려준 것은 명백한 죄다. 선지자는 그 죗값으로 하나님이 벤하닷의 목숨 대신 아합의 목숨을 거둬 가실 것이라고 선언한다.

43 이스라엘 왕이 근심하고 답답하여 그의 왕궁으로 돌아가려고 사마리아에 이르니라 아합 왕은 이 무서운 심판의 말을 듣고 마음이 무겁고 우울해졌다. 원어에는 분노했다는 의미도 담겨 있다. 아합은 근심스럽고 답답한 마음으로 사마리아로 돌아간다.

쉬운성경

35 예언자 가운데서 한 사람이 여호와의 명령을 받아 다른 예언자에게 자기를 때리라고 말했습니다. 그러나 그 예언자는 때리지 않았습니다.

36 첫 번째 예언자가 말했습니다. "당신은 여호와의 명령에 복종하지 않았소. 그러므로 당신이 나에게서 떠나가는 순간, 사자가 당신을 죽일 것이오." 두 번째 예언자가 떠나자, 사자가 나타나서 그를 죽였습니다.

37 첫 번째 예언자가 또 다른 예언자에게 가서 자기를 때리라고 말했습니다. 그러자 그 예언자가 첫 번째 예언자를 때려서 다치게 했습니다.

38 맞은 예언자가 천으로 얼굴을 가려서 아무도 자기를 알아보지 못하게 했습니다. 그리고 그는 길가로 나가서 왕을 기다렸습니다.

39 이스라엘의 아합 왕이 지나가자, 그가 왕을 불러서 말했습니다. "나는 전쟁터에 갔었습니다. 그런데 우리 편 군인 가운데 한 사람이 적군 한 명을 데려오더니 이렇게 말했습니다. '이 사람을 지켜라. 만약 이 사람이 도망치면, 네가 대신해서 죽어야 한다. 죽지 않으려면 은 한 달란트*를 내야 한다.'

40 그러나 내가 다른 일로 바쁜 사이에 그 사람이 도망치고 말았습니다." 이스라엘의 왕이 대답했습니다. "네가 스스로 정한 벌이니 너는 그 벌을 받아야 한다."

41 그 예언자가 재빨리 자기 얼굴을 가린 천을 벗어 버렸습니다. 이스라엘의 왕은 그를 보고 그가 예언자 가운데 한 사람이라는 것을 알았습니다.

42 예언자가 왕에게 말했습니다. "여호와께서 이렇게 말씀하셨소. '너는 내가 죽이라고 한 사람을 살려 주었다. 그러므로 그 대신에 네가 죽을 것이며, 그의 백성 대신에 네 백성이 죽을 것이다.'"

43 이스라엘 왕은 무겁고 우울한 마음으로 사마리아로 돌아갔습니다.

* 20:39 1달란트는 약 34.27kg에 해당된다.

저자의 묵상

하나님은 벤하닷을 살려주는 불순종을 저지른 아합에게 또다시 기회를 주셨다. 선지자를 통해 죄를 깨닫게 하셨다. 그러나 아합은 분노하고 우울해하면서도 정작 자신의 죄를 깨닫고 회개하지는 않았다. 하나님은 당신의 자녀가 회개하기를 원하신다. 죄를 회개하면 다시 돌이키시는 하나님을 아합은 끝까지 외면했다. 하나님이 죄를 지적하시는 것은 그를 정죄해서 멸망하게 하려는 데 목적이 있는 것이 아니다. 죄를 깨닫고 회개함으로써 멸망에서 구원을 얻게 하기 위한 질책인 것이다. 하나님에 대해 무지했던 아합은 이런 사실을 인정하려 들지 않았다. 그리스도인은 회개해야 할 때 회개해야 한다. 이것이 하나님께 돌아오는 첩경이다.

무릎 기도 하나님, 회개해야 할 때 마땅히 회개할 수 있는 마음을 허락하소서. 우리의 마음을 하나님께 돌이켜 순종하게 하소서.

NLT - 1 Kings 20

35 Meanwhile, the LORD instructed one of the group of prophets to say to another man, "Hit me!" But the man refused to hit the prophet.
36 Then the prophet told him, "Because you have not obeyed the voice of the LORD, a lion will kill you as soon as you leave me." And when he had gone, a lion did attack and kill him.
37 Then the prophet turned to another man and said, "Hit me!" So he struck the prophet and wounded him.
38 The prophet placed a bandage over his eyes to disguise himself and then waited beside the road for the king.
39 As the king passed by, the prophet called out to him, "Sir, I was in the thick of battle, and suddenly a man brought me a prisoner. He said, 'Guard this man; if for any reason he gets away, you will either die or pay a fine of seventy-five pounds* of silver!'
40 But while I was busy doing something else, the prisoner disappeared!" "Well, it's your own fault," the king replied. "You have brought the judgment on yourself."
41 Then the prophet quickly pulled the bandage from his eyes, and the king of Israel recognized him as one of the prophets.
42 The prophet said to him, "This is what the LORD says: Because you have spared the man I said must be destroyed,* now you must die in his place, and your people will die instead of his people."
43 So the king of Israel went home to Samaria angry and sullen.

* 20:39 Hebrew *1 talent* [34 kilograms].
* 20:42 The Hebrew term used here refers to the complete consecration of things or people to the LORD, either by destroying them or by giving them as an offering.

35 meanwhile 한편 instruct 지시하다 prophet 예언자 refuse to ~ ~을 거절하다 36 obey 순종하다 37 wound 부상을 입히다 38 place a bandage over ~ ~을 붕대로 가리다 disguise oneself 변장하다 39 pass by 지나가다 call out to ~ ~를 큰소리로 부르다 in the thick of ~ ~의 한창때에 prisoner 포로 get away 도망치다 pay a fine 벌금을 내다 40 fault 잘못 judgment 판결 41 recognize 알아보다, 분간하다 42 spare ~의 목숨을 살려주다 43 sullen 뚱한, 시무룩한

55 나봇의 포도원을 빼앗은 아합과 이세벨

월 일

열왕기상 21:1-16 • 새찬송 463장 | 통일 518장

• 말씀묵상 전에 성령님의 인도하심을 구하는 기도를 드리십시오.

본문요약 | 나봇의 포도원을 탐낸 아합 왕은 나봇에게 다른 포도원으로 교환하거나 매매하도록 요구하지만, 조상의 유산이라는 이유로 거절당하고 실의에 빠진다. 이에 이세벨은 남편 아합을 달래면서 대단히 악한 계책을 꾸민다. 나봇을 죽이고 강제로 포도원을 빼앗을 계획을 세운 것이다. 아합의 끝없는 탐심과 이세벨의 악한 음모로 나봇은 억울한 죽음을 당한다. 이스르엘의 장로들과 귀족들도 나봇의 죽음에 한몫했음을 본문은 보여준다. 아합은 마침내 소원하던 대로 나봇의 포도원을 차지한다.

1 그 후에 이 일이 있으니라 이스르엘 사람 나봇에게 이스르엘에 포도원이 있어 사마리아의 왕 아합의 왕궁에서 가깝더니
2 아합이 나봇에게 말하여 이르되 네 포도원이 내 왕궁 곁에 가까이 있으니 내게 주어 채소 밭을 삼게 하라 내가 그 대신에 그보다 더 아름다운 포도원을 네게 줄 것이요 만일 네가 좋게 여기면 그 값을 돈으로 네게 주리라
3 나봇이 아합에게 말하되 내 조상의 유산을 왕에게 주기를 여호와께서 금하실지로다 하니
4 이스르엘 사람 나봇이 아합에게 대답하여 이르기를 내 조상의 유산을 왕께 줄 수 없다 하므로 아합이 근심하고 답답하여 왕궁으로 돌아와 침상에 누워 얼굴을 돌리고 식사를 아니하니
5 그의 아내 이세벨이 그에게 나아와 이르되 왕의 마음에 무엇을 근심하여 식사를 아니하나이까
6 왕이 그에게 이르되 내가 이스르엘 사람 나봇에게 말하여 이르기를 네 포도원을 내게 주되 돈으로 바꾸거나 만일 네가 좋아하면 내가 그 대신에 포도원을 네게 주리라 한즉 그가 대답하기를 내가 내 포도원을 네게 주지 아니하겠노라 하기 때문이로다
7 그의 아내 이세벨이 그에게 이르되 왕이 지금 이스라엘 나라를 다스리시나이까 일어나 식사를 하시고 마음을 즐겁게 하소서 내가 이스르엘 사람 나봇의 포도원을 왕께 드리리이다 하고
8 아합의 이름으로 편지들을 쓰고 그 인을 치고 봉하여 그의 성읍에서 나봇과 함께 사는 장로와 귀족들에게 보내니
9 그 편지 사연에 이르기를 금식을 선포하고 나봇을 백성 가운데에 높이 앉힌 후에
10 불량자 두 사람을 그의 앞에 마주 앉히고 그에게 대하여 증거하기를 네가 하나님과 왕을 저주하였다 하게 하고 곧 그를 끌고 나가서 돌로 쳐 죽이라 하였더라
11 그의 성읍 사람 곧 그의 성읍에 사는 장로와 귀족들이 이세벨의 지시 곧 그가 자기들에게 보낸 편지에 쓴 대로 하여
12 금식을 선포하고 나봇을 백성 가운데 높이 앉히매
13 때에 불량자 두 사람이 들어와 그의 앞에 앉고 백성 앞에서 나봇에게 대하여 증언을 하여 이르기를 나봇이 하나님과 왕을 저주하였다 하매 무리가 그를 성읍 밖으로 끌고 나가서 돌로 쳐 죽이고
14 이세벨에게 통보하기를 나봇이 돌에 맞아 죽었나이다 하니
15 이세벨이 나봇이 돌에 맞아 죽었다 함을 듣고 이세벨이 아합에게 이르되 일어나 그 이스르엘 사람 나봇이 돈으로 바꾸어

주기를 싫어하던 나봇의 포도원을 차지하
소서 나봇이 살아 있지 아니하고 죽었나
이다
16 아합은 나봇이 죽었다 함을 듣고 곧 일어
나 이스르엘 사람 나봇의 포도원을 차지
하러 그리로 내려갔더라

1. 오늘 하나님께서 나에게 주신 깨달음은 무엇입니까?

2. 말씀을 어떻게 내 삶에 구체적으로 적용해야 합니까?

• • •

절별 해설

1 나봇에게 이스르엘에 포도원이 있어 이스르엘에 나봇이라는 사람이 살고 있었다. 이스르엘은 '하나님이 심으신다'라는 뜻을 지닐 정도로 매우 비옥한 땅이었다. 나봇은 '열매' '성장'이라는 뜻으로 농부에게 딱 어울리는 이름이다.

2 아합이 나봇에게 말하여 이르되 네 포도원이 내 왕궁 곁에 가까이 있으니 내게 주어 왕일지라도 땅을 함부로 사고팔 수 없는데, 아합은 단지 자기가 원한다는 이유로 나봇의 포도원을 갖고 싶어했다. 아합은 나봇에게 더 좋은 포도원과 교환하거나 대가를 지불하겠다고 제안한다.

3 나봇이 아합에게 말하되 내 조상의 유산을 왕에게 주기를 여호와께서 금하실지로다 하니 나봇은 조상에게서 물려받은 땅을 파는 것은 여호와가 금하신 일이라며 단호하게 거부한다. 나봇은 경제적 득실을 계산하지 않고 단지 땅의 기업을 임의로 팔아서는 안 된다는 율법을 지키려고 왕의 제안을 거절한 것이다. 구약에서는, 땅은 여호와의 소유이며 이스라엘 사람들은 그 땅을 잠시 사용하는 것뿐이라는 생각이 일반적이었다. 그래서 어쩔 수 없이 땅의 소유권이 다른 사람에게 넘어간 상황에서도, 희년이 되면 원래 그 땅을 소유했던 사람에게 돌려주어야 했다.

7 왕이 지금 이스라엘 나라를 다스리시나이까, 내가 이스르엘 사람 나봇의 포도원을 왕께 드리리이다 하고 남편의 이야기를 들은 이세벨은 어이없다는 생각을 했을 것이다. 왕의 권력을 사용해 빼앗으면 될 텐데, 나봇의 땅을 얻지 못해 상심해 있는 아합이 황당했을 것이다. 이세벨은 그 땅을 꼭 아합의 소유로 만들어 주겠다며 그를 달랜다. 이세벨은 추악한 권력의 속성을 모두 갖춘 여인이었다.

9 금식을 선포하고 나봇을 백성 가운데에 높이 앉힌 후에 이스라엘에서 공적인 금식 선포는 공동체 내의 악행이나 죄에 대해 집

쉬운성경

1 그 일이 있은 후였습니다. 나봇이라는 사람이 이스르엘에 포도밭을 가지고 있었습니다. 그 밭은 아합의 궁에서 가까운 곳에 있었습니다.

2 어느 날, 아합이 나봇에게 말했습니다. "그대의 포도밭이 내 왕궁에서 가까우니 나에게 주시오. 그 밭을 내 정원으로 만들고 싶소. 그 대신에 그대에게 더 좋은 포도밭을 주겠소. 그대가 원하면 그 값만큼 돈으로 줄 수도 있소."

3 나봇이 대답했습니다. "조상에게서 물려받은 땅을 왕에게 드리는 것은 여호와께서 금하신 일입니다."

4 그러자 아합은 분하고 상한 마음으로 집에 돌아왔습니다. 왜냐하면 이스르엘 사람 나봇이 '내 조상에게서 물려받은 땅을 왕에게 드릴 수 없습니다'라고 말했기 때문입니다. 아합은 침대에 누워 얼굴을 벽쪽으로 돌리고 음식도 먹지 않았습니다.

5 그의 아내 이세벨이 와서 물었습니다. "무슨 일로 그렇게 마음이 상하셨습니까? 왜 음식을 드시지 않습니까?"

6 아합이 대답했습니다. "이스르엘 사람 나봇에게 '그대의 포도밭을 파

단적으로 참회를 촉구하는 공적인 행위였다. 그러나 이세벨이 선포한 금식은 도리어 악행을 꾀하려는 음모에서 기인한 잘못된 일이었다. 이세벨은 아직 드러나지 않은 가증스러운 죄악으로 인해 이스르엘 성읍에 하나님의 저주가 임하고 있다는 위기의식을 불러일으키려고 금식을 선포한 것이다. 이세벨은 나봇이 하나님과 왕을 저주했다며 죄를 날조한다.

10 불량자 두 사람을 그의 앞에 마주 앉히고 그에게 대하여 증거하기를 네가 하나님과 왕을 저주하였다 하게 하고 곧 그를 끌고 나가서 돌로 쳐 죽이라 하였더라 이세벨은 거짓 증인을 세워 나봇이 왕과 하나님을 저주했다고 모함하여 돌로 쳐 죽이게 한다. 이스라엘의 율법에 의하면, 어떠한 경우에도 한 사람의 증언으로는 사람을 처형할 수 없다. 그래서 이세벨은 불량자 두 사람을 고용해 나봇에 대해 위증하게 했다.

11 그의 성읍에 사는 장로와 귀족들이 이세벨의 지시 곧 그가 자기들에게 보낸 편지에 쓴 대로 하여 이세벨의 음모가 거짓 증거와 살인을 금하는 율법을 어기는 것이 명백한데도, 이스르엘의 장로들과 귀족들은 지시를 고스란히 따른다. 아마도 그들은 아합이 나봇의 포도원을 사려다 거부당했다는 일을 알고 있었을 것이다. 그러므로 이 명령이 무엇을 의미하는지도 잘 알았을 것이다. 그런데도 그들은 악한 일에 동조하고 말았다.

13 나봇에게 대하여 증언을 하여 이르기를 나봇이 하나님과 왕을 저주하였다 하매 무리가 그를 성읍 밖으로 끌고 나가서 돌로 쳐 죽이고 나봇은 하나님께 망언했다는 모함을 받고 재판에 회부되는데, 자신을 변호할 기회도 제대로 갖지 못하고 돌에 맞아 처형된다. 본절에 나오는 재판은 그야말로 졸속으로 진행된다. 나봇은 영문도 모른 채 끌려 나와 형식적인 재판 끝에 희생된 것이다.

14 이세벨에게 통보하기를 나봇이 돌에 맞아 죽었나이다 하니 나봇을 처형한 장로들과 귀족들은 이세벨에게 소식을 알린다. 그들은 아합이 아닌 이세벨이 나봇을 죽이는 음모를 계획하여 자신들에게 지시한 장본인임을 알고 있었다. 어이없게도 나봇을 살해하는 데 함께한 장로들과 귀족들은 그 누구보다도 여호와의 법과 말씀이 보존될 수 있도록 열심히 노력해야 하는 지도자들이었다. 그런 그들이 악한 권력의 시녀가 되어 권력이 행하는 폭력에 가담했다.

15 나봇이 돈으로 바꾸어 주기를 싫어하던 나봇의 포도원을 차지하소서 나봇이 살아 있지 아니하고 죽었나이다 나봇이 죽었다는 소식을 전해 들은 이세벨은 자신의 계책이 확실하게 진

시오. 그대가 원하면 다른 포도밭을 주겠소'라고 말했더니 그가 자기 포도밭을 줄 수 없다고 하였소. 그래서 그러오."

7 이세벨이 말했습니다. "그러고도 당신이 이스라엘의 왕이십니까? 일어나셔서 음식을 드시고 기운을 차리십시오. 이스르엘 사람 나봇의 포도밭을 왕의 것으로 만들어 드리겠습니다."

8 이세벨이 아합의 이름으로 편지 몇 통을 쓰고 거기에 왕의 도장을 찍었습니다. 그리고 나서 그 편지들을 나봇의 마을에 사는 장로들과 귀족들에게 보냈습니다.

9 이세벨은 편지에 이렇게 썼습니다. "금식일을 선포하고 백성을 불러 모으시오. 그리고 나봇을 높은 자리에 앉히고

10 불량배 두 사람을 나봇의 맞은편에 앉히시오. 그들더러 나봇이 하나님과 왕을 욕하는 말을 들었다고 거짓으로 말하게 하시오. 그런 다음에 나봇을 성에서 끌어내 돌로 쳐 죽이시오."

11 이스르엘의 장로들과 귀족들은 이세벨의 명령을 그대로 따랐습니다.

12 그들은 백성이 아무 음식도 먹지 않는 날을 선포하고 백성을 불러 모았습니다. 그리고 나봇을 높은 자리에 앉혔습니다.

13 불량배 두 사람이 들어와서 나봇의 맞은편에 앉았습니다. 그들은 나봇이 하나님과 왕을 욕하는 말을 들었다고 말했습니다. 그러자 백성이 나봇을 성 밖으로 끌고 가서 돌로 쳐 죽였습니다.

행된 것을 확인하고는 그 결과를 아합에게 보고한다. 세속의 눈으로 보면 이세벨은 남편에게 헌신적인 여인으로 보인다. 남편을 위해서라면 못할 일이 없기 때문이다. 이세벨은 온갖 추악한 일을 서슴없이 저질렀다. 이세벨은 아마도 마음속으로 자신과 아합을 대적하는 자들은 모두 나봇처럼 만들겠노라고 다짐했을 것이다. 이세벨은 이미 수많은 여호와의 선지자들을 죽인 전력이 있다. 나봇을 죽인 이 사건을 통해 이세벨이야말로 여호와에 대한 경외심이 없을 뿐 아니라 도덕성도 전혀 없는 사람임을 알 수 있다.

16 아합은 나봇이 죽었다 함을 듣고 곧 일어나 이스르엘 사람 나봇의 포도원을 차지하러 그리로 내려갔더라 나봇이 죽었다는 말을 듣고 아합은 이스르엘로 내려가서 포도원을 차지한다. 충분히 이세벨을 의심할 만한 정황인데도, 아합은 나봇이 어떻게 죽었는지 묻지 않는다. 아합의 통치 아래 어느덧 이스라엘은 악의 소굴로 변했다.

14 마을의 지도자들이 나봇이 돌에 맞아 죽었다는 말을 이세벨에게 전했습니다.

15 이세벨은 나봇이 죽었다는 말을 전해 듣고 아합에게 말했습니다. "이스르엘 사람 나봇이 죽었습니다. 가셔서 왕에게 팔기를 거절했던 그의 포도밭을 차지하십시오."

16 아합은 나봇이 죽었다는 말을 듣고 이스르엘 사람 나봇의 포도밭을 차지하려고 그 포도밭으로 갔습니다.

저자의 묵상

나봇은 아합의 살벌한 명령에 맞섰다. 사실 인간적으로 보면 왕에게 포도원을 넘기는 것은 나봇에게는 별로 어려운 일이 아니었다. 왕을 기쁘게 함으로써 안전을 보장받고 막대한 이익을 챙길 수 있는 절호의 기회일 수도 있었다. 그러나 나봇은 신실한 하나님의 사람이었기에 하나님의 말씀을 어길 수 없었다. 나봇은 세상이 바알의 우상에 휩쓸릴 때 여호와의 법으로 산 진정한 믿음의 사람이었다. 나봇은 목숨을 걸고 왕 앞에서 자신의 믿음을 지키며 불의한 왕의 요구를 거절한 사람으로, 하나님의 백성이 본받아야 할 참된 양심이었다. 아합의 요구를 거절한 나봇의 결정은 하나님의 말씀에 따르겠다는 확고한 믿음의 결단이었다. 반면, 아합은 한 나라의 왕으로 재물에 부족함이 없는 사람이었다. 그런데도 나봇의 포도원을 탐내고, 그것을 소유하지 못해 상심했던 사람이다. 그의 아내 이세벨은 이 모습을 보고 흉계를 꾸며 나봇을 죽이고 포도원을 빼앗았다. 이런 자들은 하나님도 없고 이웃도 없다. 원하는 것을 소유하기 위해서 수단과 방법을 가리지 않는다. 욕심은 죄를 낳고 죄는 사망을 낳는다. 하나님이 재물을 주신 것은 그것을 품에 안고 즐기라는 것이 아니다. 오히려 하나님의 영광을 위해 사용하라고 주신 것이다. 욕심은 무서운 결과를 가져옴을 기억하고, 이미 있는 것에 자족해야 한다. 나봇의 용기 있는 결단은 오늘날 세상과 쉽게 타협하며 사는 그리스도인들에게 커다란 도전이 된다.

무릎 기도 하나님, 이 땅에 살면서 세상과 타협하지 않고 오직 하나님의 의를 따라 사는 참된 그리스도인이 되게 하소서.

NLT - 1 Kings 21

1 Now there was a man named Naboth, from Jezreel, who owned a vineyard in Jezreel beside the palace of King Ahab of Samaria.

2 One day Ahab said to Naboth, "Since your vineyard is so convenient to my palace, I would like to buy it to use as a vegetable garden. I will give you a better vineyard in exchange, or if you prefer, I will pay you for it."

3 But Naboth replied, "The LORD forbid that I should give you the inheritance that was passed down by my ancestors."

4 So Ahab went home angry and sullen because of Naboth's answer. The king went to bed with his face to the wall and refused to eat!

5 "What's the matter?" his wife Jezebel asked him. "What's made you so upset that you're not eating?"

6 "I asked Naboth to sell me his vineyard or trade it, but he refused!" Ahab told her.

7 "Are you the king of Israel or not?" Jezebel demanded. "Get up and eat something, and don't worry about it. I'll get you Naboth's vineyard!"

8 So she wrote letters in Ahab's name, sealed them with his seal, and sent them to the elders and other leaders of the town where Naboth lived.

9 In her letters she commanded: "Call the citizens together for a time of fasting, and give Naboth a place of honor.

10 And then seat two scoundrels across from him who will accuse him of cursing God and the king. Then take him out and stone him to death."

11 So the elders and other town leaders followed the instructions Jezebel had written in the letters.

12 They called for a fast and put Naboth at a prominent place before the people.

13 Then the two scoundrels came and sat down across from him. And they accused Naboth before all the people, saying, "He cursed God and the king." So he was dragged outside the town and stoned to death.

14 The town leaders then sent word to Jezebel, "Naboth has been stoned to death."

15 When Jezebel heard the news, she said to Ahab, "You know the vineyard Naboth wouldn't sell you? Well, you can have it now! He's dead!"

16 So Ahab immediately went down to the vineyard of Naboth to claim it.

1 vineyard 포도원 2 be convenient to ~ ~에 가까워 편리한 give ~ in exchange ~으로 바꿔주다 prefer 바라다 3 forbid 금하다 inheritance 유산 passed down by ~ ~가 물려준 ancestor 조상 4 sullen 뚱한, 시무룩한 5 make … so upset that ~ …를 화나게 하여 ~하게 하다 8 seal 봉인하다 9 fasting 단식 honor 명예 10 scoundrel 불량배 accuse 고발하다 curse 저주하다 stone ~ to death ~를 돌로 쳐죽이다 11 instruction 지시 12 fast 금식 prominent 잘 보이는 13 accuse 고발하다 drag 끌다 14 send word 말을 전하다 16 immediately 즉시 go down to ~ ~으로 내려가다 claim 차지하다

• MEMO •

56 멸망의 선언

월 일

열왕기상 21:17-29 • 새찬송 84장 | 통일 96장

• 말씀묵상 전에 성령님의 인도하심을 구하는 기도를 드리십시오.

본문요약 | 하나님은 엘리야를 통해 아합과 이세벨의 집안에 멸망을 선언하신다. 결국 아합과 이세벨은 비참한 종말을 맞이하게 될 것이다. 그 무서운 심판의 내용이 열거되고 있다.

17 여호와의 말씀이 디셉 사람 엘리야에게
임하여 이르시되
18 너는 일어나 내려가서 사마리아에 있는
이스라엘의 아합 왕을 만나라 그가 나봇
의 포도원을 차지하러 그리로 내려갔나니
19 너는 그에게 말하여 이르기를 여호와의
말씀이 네가 죽이고 또 빼앗았느냐고 하
셨다 하고 또 그에게 이르기를 여호와의
말씀이 개들이 나봇의 피를 핥은 곳에서
개들이 네 피 곧 네 몸의 피도 핥으리라
하였다 하라
20 아합이 엘리야에게 이르되 내 대적자여
네가 나를 찾았느냐 대답하되 내가 찾았
노라 네가 네 자신을 팔아 여호와 보시기
에 악을 행하였으므로
21 여호와의 말씀이 내가 재앙을 네게 내려
너를 쓸어버리되 네게 속한 남자는 이스
라엘 가운데에 매인 자나 놓인 자를 다 멸
할 것이요
22 또 네 집이 느밧의 아들 여로보암의 집처
럼 되게 하고 아히야의 아들 바아사의 집
처럼 되게 하리니 이는 네가 나를 노하게
하고 이스라엘이 범죄하게 한 까닭이니라
하셨고
23 이세벨에게 대하여도 여호와께서 말씀하
여 이르시되 개들이 이스르엘 성읍 곁에
서 이세벨을 먹을지라
24 아합에게 속한 자로서 성읍에서 죽은 자
는 개들이 먹고 들에서 죽은 자는 공중의
새가 먹으리라고 하셨느니라 하니
25 예로부터 아합과 같이 그 자신을 팔아 여
호와 앞에서 악을 행한 자가 없음은 그를
그의 아내 이세벨이 충동하였음이라
26 그가 여호와께서 이스라엘 자손 앞에서
쫓아내신 아모리 사람의 모든 행함같이
우상에게 복종하여 심히 가증하게 행하였
더라
27 아합이 이 모든 말씀을 들을 때에 그의 옷
을 찢고 굵은 베로 몸을 동이고 금식하고
굵은 베에 누우며 또 풀이 죽어 다니더라
28 여호와의 말씀이 디셉 사람 엘리야에게
임하여 이르시되
29 아합이 내 앞에서 겸비함을 네가 보느냐
그가 내 앞에서 겸비하므로 내가 재앙을
저의 시대에는 내리지 아니하고 그 아들
의 시대에야 그의 집에 재앙을 내리리라
하셨더라

1. 오늘 하나님께서 나에게 주신 깨달음은 무엇입니까?

2. 말씀을 어떻게 내 삶에 구체적으로 적용해야 합니까?

절별 해설

17 여호와의 말씀이 디셉 사람 엘리야에게 임하여 이르시되 아합이 이스르엘에서 나봇의 포도원을 빼앗는 동안, 하나님은 엘리야에게 아합에게 가서 여호와의 말씀을 전하라고 말씀하신다. 이세벨이 나봇 죽이는 일을 사주한 것에 대해 법적인 심판은 피할 수 있을지 모르나, 나봇의 포도원의 진짜 주인 되시는 하나님의 심판은 피해갈 수 없음을 분명히 하신다.

18 너는 일어나 내려가서 사마리아에 있는 이스라엘의 아합 왕을 만나라 그가 나봇의 포도원을 차지하러 그리로 내려갔나니 사마리아와 이스라엘은 불과 30km 정도 떨어진 거리다. 아합의 왕궁이 위치한 곳과 나봇의 포도원이 있는 지역을 통틀어 사마리아로 지칭한 것으로 보아 알 수 있다. 한편, 엘리야가 아합을 만나러 가는 곳은 이미 아합의 소유가 된 포도원이지만, 하나님은 그곳이 여전히 나봇의 소유임을 말씀하신다.

20 내 대적자여 네가 나를 찾았느냐 엘리야는 하나님의 말씀에 즉각 순종하여 아합을 찾아간다. 아합은 엘리야를 보자마자 소리를 지른다. 아합이 엘리야를 "내 대적자여"라고 부르는 데서 그가 평소에 얼마나 엘리야를 미워했는지 알 수 있다.

21-22 내가 재앙을 네게 내려 너를 쓸어버리되 네게 속한 남자는 이스라엘 가운데에 매인 자나 놓인 자를 다 멸할 것이요 또 네 집이 느밧의 아들 여로보암의 집처럼 되게 하고 아합이 나봇을 죽이고 포도원을 빼앗은 일에 분노하신 하나님은 엘리야를 통해 아합과 이세벨에게 멸망의 심판을 선언하신다. 결국 아합도 바아사와 엘라의 집안처럼 비참한 종말을 맞게 될 것이다.

23-24 개들이 이스르엘 성읍 곁에서 이세벨을 먹을지라 엘리야는 아합에게 그와 이세벨이 저지른 죄에 대한 책임을 물어, 하나님이 개들을 통해 그들의 죽음을 세상에서 가장 비참하게 만들 것이라고 예고한다. 개들이 이세벨의 시체를 먹을 뿐 아니라 아합 집안 사람들의 시체까지 먹을 것이라고 예언한 것이다. 이것은 그들이 제대로 된 장례식을 치르지 못할 것을 시사한다.

쉬운성경

17 그때에 여호와께서 디셉 사람 예언자
엘리야에게 말씀하셨습니다.

18 "너는 일어나 사마리아에서 다스리고
있는 이스라엘 왕 아합에게 가거라. 그는
나봇의 포도밭을 차지하려고 그곳으로
내려갔다.

19 아합에게 나의 말을 전하여라. '여호
와께서 말씀하셨다. 아합아, 너는 나봇
을 죽이고 그의 땅을 빼앗았다. 그러므로
개들이 나봇의 피를 핥았던 그곳에서 네
피도 핥을 것이다.'"

20 아합이 자기를 찾아온 엘리야를 보고
말했습니다. "이 원수, 네가 또 나를 찾아
왔구나." 엘리야가 대답했습니다. "그렇
소. 내가 왕을 찾아왔소. 내가 찾아온 까
닭은 왕이 여호와께서 보시기에 나쁜 짓
을 저질렀기 때문이오.

21 여호와께서 이렇게 말씀하셨소. '내가
너에게 재앙을 내리겠다. 너뿐만 아니라
종이든지 자유인이든지 네 집안의 남자
란 남자는 다 죽이겠다.

22 네 집안은 느밧의 아들 여로보암 왕
의 집안처럼 될 것이다. 그리고 아히야의
아들 바아사의 집안처럼 될 것이다. 내가
너의 집안에 이런 벌을 내리는 까닭은
네가 나를 화나게 했고 네가 이스라엘
백성으로 하여금 죄를 짓게 했기 때문이
다.'

23 여호와께서 이세벨에게도 이렇게 말
씀하셨소. '개들이 이스르엘 성에서 이세
벨의 시체를 먹을 것이다.

24 아합 집안의 사람이 성에서 죽으면
개들이 먹을 것이요, 들에서 죽으면 공중
의 새들이 먹을 것이다.'"

25 아합처럼 여호와 앞에서 나쁜 짓을
그렇게 자주 한 사람은 없었습니다. 아합
은 그의 아내 이세벨이 시키는 대로 나
쁜 짓을 했습니다.

26 아합은 아모리 백성들과 같이 우상들
을 섬기는 무서운 죄를 지었습니다. 아모

26 아모리 사람의 모든 행함같이 우상에게 복종하여 심히 가증하게 행하였더라 아모리 사람은 이스라엘이 팔레스타인에 이주하기 전의 거주민을 말한다. 그들은 우상을 섬겼고, 음란하고 부정한 행위를 일삼았다.

29 그가 내 앞에서 겸비하므로 내가 재앙을 저의 시대에는 내리지 아니하고 그 아들의 시대에야 그의 집에 재앙을 내리리라 하셨더라 놀랍게도 무서운 심판에 대한 엘리야의 선언을 듣고 회개하고 겸비한 아합에게 하나님은 심판을 유예하신다. 이렇게 아합의 근신은 의미 있고 중요했지만, 이미 그의 집안에 선포된 심판을 취소할 만큼의 영향력은 지니지 못했다.

리 사람들이 그런 죄를 지었기 때문에 여호와께서는 그들을 그 땅에서 쫓아 내셨습니다.

27 엘리야가 여호와의 말씀을 다 전하자, 아합이 자기 옷을 찢었습니다. 그는 베옷을 입고 음식을 먹지 않았습니다. 누울 때에도 베옷을 입은 채로 누웠습니다. 그가 그렇게 한 까닭은 여호와의 말씀을 듣고서 두렵고 슬펐기 때문입니다.

28 여호와께서 디셉 사람인 예언자 엘리야에게 말씀하셨습니다.

29 "아합이 내 앞에서 겸손해진 것을 보았다. 그가 내 앞에서 겸손해졌으므로 그가 살아 있는 동안에는 그에게 재앙을 내리지 않고, 그의 아들이 왕이 될 때, 그의 집안에 재앙을 내리겠다."

저자의 묵상

하나님은 모든 것을 알고 계신다. 인간이 세상에서 하나님 몰래 할 수 있는 일은 아무것도 없다. 아무리 어두운 곳에서 아무도 모르게 은밀한 계획 속에 진행되는 일이라도, 하나님은 모두 아시고 때가 되면 만천하에 드러내신다. 그러므로 하나님을 속이려 해서는 안 된다. 남을 속이거나 고통을 주어서도 안 된다. 그리스도인은 하나님 앞에서 살아가고 있음을 한시라도 잊어서는 안 된다. 악인을 심판하시는 하나님은 의인을 반드시 굳건하게 세우신다. 나봇은 죽었으나 그의 이름은 그가 죽은 다음에도 무려 여섯 차례(14-16절)나 언급되었다. 인간은 연약하기에 실수할 수 있고 잘못을 저지를 수도 있다. 문제는 감추려 하고 속이려 하는 데 있다. 남을 짓밟는 일도 남몰래 꾸미기 때문에 하나님이 분노하시는 것이다. 잘못했으면 잘못했다고 솔직하게 시인하고 회개해야 한다. 그리스도인은 그리스도인답게 살아야 한다.

무릎기도 하나님, 정직하고 바르게 살게 하소서. 남을 속이거나 하나님의 이름을 망령되게 하는 일이 없게 하소서.

NLT - 1 Kings 21

17 But the LORD said to Elijah,*

18 "Go down to meet King Ahab of Israel, who rules in Samaria. He will be at Naboth's vineyard in Jezreel, claiming it for himself.

19 Give him this message: 'This is what the LORD says: Wasn't it enough that you killed Naboth? Must you rob him, too? Because you have done this, dogs will lick your blood at the very place where they licked the blood of Naboth!'"

20 "So, my enemy, you have found me!" Ahab exclaimed to Elijah. "Yes," Elijah answered, "I have come because you have sold yourself to what is evil in the LORD's sight.

21 So now the LORD says,* 'I will bring disaster on you and consume you. I will destroy every one of your male descendants, slave and free alike, anywhere in Israel!

22 I am going to destroy your family as I did the family of Jeroboam son of Nebat and the family of Baasha son of Ahijah, for you have made me very angry and have led Israel into sin.'

23 "And regarding Jezebel, the LORD says, 'Dogs will eat Jezebel's body at the plot of land in Jezreel.*'

24 "The members of Ahab's family who die in the city will be eaten by dogs, and those who die in the field will be eaten by vultures."

25 (No one else so completely sold himself to what was evil in the LORD's sight as Ahab did under the influence of his wife Jezebel.

26 His worst outrage was worshiping idols* just as the Amorites had done—the people whom the LORD had driven out from the land ahead of the Israelites.)

27 But when Ahab heard this message, he tore his clothing, dressed in burlap, and fasted. He even slept in burlap and went about in deep mourning.

28 Then another message from the LORD came to Elijah:

29 "Do you see how Ahab has humbled himself before me? Because he has done this, I will not do what I promised during his lifetime. It will happen to his sons; I will destroy his dynasty."

* 21:17 Hebrew *Elijah the Tishbite;* also in 21:28.
* 21:21 As in Greek version; Hebrew lacks *So now the LORD says.*
* 21:23 As in several Hebrew manuscripts, Syriac, and Latin Vulgate (see also 2 Kgs 9:26, 36); most Hebrew manuscripts read *at the city wall.*
* 21:26 The Hebrew term (literally *round things*) probably alludes to dung.

18 rule 통치하다 vineyard 포도원 19 rob 빼앗다 lick 핥다 20 enemy 적 exclaim 외치다 sell oneself to ~ ~에 자신을 팔다 21 bring disaster on ~ ~에게 재앙을 내리다 consume 소멸시키다 descendant 후손 22 lead … into ~ …을 ~으로 인도하다 23 regarding ~에 관해서 plot of land 땅, 대지 24 vulture 독수리 25 completely 완전히 influence 영향 26 worst 최악의 outrage 무도한(불법) 행위 drive out from ~ ~로부터 몰아내다 27 burlap 굵은 삼베 mourning 슬픔, 비탄 29 humble oneself before ~ ~앞에서 겸손을 나타내다 lifetime 평생 dynasty 왕조

• MEMO •

57 말씀대로

월 일

열왕기상 22:1-14 • 새찬송 293장 | 통일 414장

• 말씀묵상 전에 성령님의 인도하심을 구하는 기도를 드리십시오.

본문요약 I 약속을 어긴 벤하닷을 응징하고자 길르앗 라못을 되찾기로 한 아합과 여호사밧은 하나님의 뜻을 묻기 위해 400명가량 되는 선지자를 부른다. 그들이 이구동성으로 전쟁을 찬성하자 여호사밧은 미가야를 부른다. 미가야를 부르러 온 사신이 회유하자, 미가야는 맹세코 여호와의 말씀대로 전하겠다고 대답한다.

1 아람과 이스라엘 사이에 전쟁이 없이 삼년을 지냈더라
2 셋째 해에 유다의 여호사밧 왕이 이스라엘의 왕에게 내려가매
3 이스라엘의 왕이 그의 신하들에게 이르되 길르앗 라못은 본래 우리의 것인 줄을 너희가 알지 못하느냐 우리가 어찌 아람의 왕의 손에서 도로 찾지 아니하고 잠잠히 있으리요 하고
4 여호사밧에게 이르되 당신은 나와 함께 길르앗 라못으로 가서 싸우시겠느냐 여호사밧이 이스라엘 왕에게 이르되 나는 당신과 같고 내 백성은 당신의 백성과 같고 내 말들도 당신의 말들과 같으니이다
5 여호사밧이 또 이스라엘의 왕에게 이르되 청하건대 먼저 여호와의 말씀이 어떠하신지 물어보소서
6 이스라엘의 왕이 이에 선지자 사백 명쯤 모으고 그들에게 이르되 내가 길르앗 라못에 가서 싸우랴 말랴 그들이 이르되 올라가소서 주께서 그 성읍을 왕의 손에 넘기시리이다
7 여호사밧이 이르되 이 외에 우리가 물을 만한 여호와의 선지자가 여기 있지 아니하니이까
8 이스라엘의 왕이 여호사밧 왕에게 이르되 아직도 이믈라의 아들 미가야 한 사람이 있으니 그로 말미암아 여호와께 물을 수 있으나 그는 내게 대하여 길한 일은 예언하지 아니하고 흉한 일만 예언하기로 내가 그를 미워하나이다 여호사밧이 이르되 왕은 그런 말씀을 마소서
9 이스라엘의 왕이 한 내시를 불러 이르되 이믈라의 아들 미가야를 속히 오게 하라 하니라
10 이스라엘의 왕과 유다의 여호사밧 왕이 왕복을 입고 사마리아 성문 어귀 광장에서 각기 왕좌에 앉아 있고 모든 선지자가 그들의 앞에서 예언을 하고 있는데
11 그나아나의 아들 시드기야는 자기를 위하여 철로 뿔들을 만들어 가지고 말하되 여호와의 말씀이 왕이 이것들로 아람 사람을 찔러 진멸하리라 하셨다 하고
12 모든 선지자도 그와 같이 예언하여 이르기를 길르앗 라못으로 올라가 승리를 얻으소서 여호와께서 그 성읍을 왕의 손에 넘기시리이다 하더라
13 미가야를 부르러 간 사신이 일러 이르되 선지자들의 말이 하나같이 왕에게 길하게 하니 청하건대 당신의 말도 그들 중 한 사람의 말처럼 길하게 하소서
14 미가야가 이르되 여호와께서 살아계심을 두고 맹세하노니 여호와께서 내게 말씀하시는 것 곧 그것을 내가 말하리라 하고

1. 오늘 하나님께서 나에게 주신 깨달음은 무엇입니까?

2. 말씀을 어떻게 내 삶에 구체적으로 적용해야 합니까?

절별 해설

1 아람과 이스라엘 사이에 전쟁이 없이 삼 년을 지냈더라 아합이 벤하닷을 돌려보낸 지 3년이 지났다. 그동안 이스라엘과 아람 두 나라 사이에 전쟁이 없었다. 사실 아람이 너무나 큰 타격을 입었기 때문에 당분간은 전쟁할 엄두를 내지 못했을 것이다.

3 길르앗 라못은 본래 우리의 것인 줄을 너희가 알지 못하느냐 벤하닷이 이스라엘에서 빼앗은 모든 땅을 돌려주겠다던 약속을 지키지 않았다. 특히 길르앗 라못을 돌려주지 않은 것이 아합은 못마땅했다. 아합은 벤하닷을 죽일 수 있었지만 평화조약을 맺고 살려주었다. 그러나 벤하닷은 약속을 이행하지 않는 것으로 답했다. 길르앗 라못은 길르앗 지역의 동북쪽에 위치한 고원의 주요 요새다. 그래서 이스라엘과 아람은 이곳을 쟁탈하기 위해 자주 싸웠다.

4 여호사밧이 이스라엘 왕에게 이르되 나는 당신과 같고 내 백성은 당신의 백성과 같고 내 말들도 당신의 말들과 같으니이다 아합은 여호사밧이 방문한 일을 계기로 신하들을 불러 길르앗 라못의 상황에 대한 대책을 함께 논의한다. 여호사밧과 아합은 길르앗 라못을 아람에서 되찾기로 의견을 모은다.

5 먼저 여호와의 말씀이 어떠하신지 물어보소서 그 땅은 하나님께 받은 이스라엘의 옛 영토다. 아합이 아벡 전투에서 승리한 후 벤하닷이 돌려주기로 했으나 약속을 어겼기에 분명 명분이 있는 전쟁이다. 그러나 여호사밧은 하나님이 전쟁 결정을 기뻐하시는지 묻자고 제안한다.

6 선지자 사백 명쯤 모으고 그들에게 이르되 내가 길르앗 라못에 가서 싸우랴 말랴 아합이 부른 400명가량의 선지자는 한결같이 전쟁이 하나님의 뜻이라고 예언한다. 그러나 그들은 하나님의 말씀으로 인간 왕을 견제하는 역할을 포기한 채, 왕의 입장을 종교적으로 정당화함으로써 생계를 유지하는 거짓 선지자들이었다. 그들은 하나님이 무엇을 말씀하시는지보다는 아합이 무슨 말을 듣고 싶어하는지에 관심이 있었다.

8 아직도 이믈라의 아들 미가야 한 사람이 있으니, 내가 그를 미워하나이다 아합 왕은 듣고 싶은 말을 전해 주지 않고 흉한 것만 예언하는 미가야 선지자를 미워했다. 미가야는 북이스라엘에서 활약하던 참된 선지자였다. 그는 아합의 주된 비판자였다.

쉬운성경

1 이스라엘과 아람 사이에 삼 년 동안 평화가 있었습니다.

2 삼 년째 되는 해에 유다의 여호사밧 왕이 이스라엘의 왕을 찾아왔습니다.

3 그때, 아합이 자기 신하들에게 말했습니다. "아람의 왕이 길르앗 라못을 우리에게서 빼앗아 간 것을 잊었소? 어찌하여 그대들은 그 땅을 다시 찾을 생각도 하지 않고 있소?"

4 아합이 여호사밧 왕에게 물었습니다. "우리와 함께 가서 길르앗 라못에 있는 아람의 군대와 싸우지 않겠습니까?" 여호사밧이 대답했습니다. "왕과 함께 가겠습니다. 내 군대와 말들은 당신의 군대와 말들과 마찬가지입니다."

5 그러나 여호사밧이 이스라엘 왕에게 다시 말했습니다. "싸우러 가기 전에 먼저 여호와께 여쭈어봅시다."

6 아합이 예언자들을 불렀습니다. 모인 예언자는 사백 명가량 되었습니다. 아합이 그들에게 물었습니다. "길르앗 라못에 있는 아람의 군대와 싸우러 나가는 것이 좋겠소, 아니면 기다리는 것이 좋겠소?" 예언자들이 대답했습니다. "싸우러 가십시오. 주께서 그들을 왕의 손에 넘겨주실 것입니다."

7 여호사밧이 물었습니다. "여호와께 여쭤 볼 다른 예언자는 없습니까?"

8 이스라엘의 왕이 대답했습니다. "여호와의 뜻을 여쭤볼 다른 예언자가 있기는 합니다. 그는 이믈라의 아들 미가야인데, 나는 그를 미워합니다. 그는 한 번도 나에게 좋은 예언을 해 준 적이 없습니다. 그는 언제나 나쁜 말만 합니다." 여호사밧이 말했습니다. "왕이여, 그렇게 말씀하시면 안 됩니다."

9 그래서 이스라엘의 왕이 신하들 가운데 한 사람을 불러 당장 미가야를 데려오라고 말했습니다.

10 이스라엘의 왕과 유다의 여호사밧 왕은 왕의 옷을 입고 있었습니다. 그들은 사마리아 성문 앞 마당에 보좌를 놓고 앉아 있었습니다. 모든 예언자들은 왕들 앞에 서서 예언을 하였습니다.

14 여호와께서 살아계심을 두고 맹세하노니 여호와께서 내게 말씀하시는 것 곧 그것을 내가 말하리라 미가야를 부르러 간 사신은 다른 선지자들이 모두 긍정적인 예언만 했으니 미가야에게도 그렇게 하라고 회유한다. 그러나 미가야는 맹세코 여호와께 받은 말씀만 말하겠다고 대답한다.

11 그 예언자들 가운데에 그나아나의 아들
시드기야가 있었는데, 그는 쇠뿔을 만들
어 가지고 있었습니다. 그가 아합에게 말
했습니다. "여호와께서 이렇게 말씀하셨습
니다. '너는 이 뿔들을 가지고 아람 사람과
싸워라. 너는 그들을 멸망시킬 것이다.'"

12 다른 예언자들도 다 똑같은 말을 했습
니다. "길르앗 라못을 치십시오. 그러면 이
기실 것입니다. 여호와께서 아람 사람을
왕에게 넘겨주실 것입니다."

13 미가야를 데리러 갔던 사람이 미가야
에게 말했습니다. "다른 예언자들은 한결
같이 왕이 이길 것이라고 말하고 있소. 당
신도 같은 말을 하시오. 왕에게 좋은 말을
해 주시오."

14 그러나 미가야가 대답했습니다. "여호
와께서 살아계심을 두고 맹세하지만, 나는
오직 여호와께서 말씀해 주시는 것만을
전할 뿐이오."

저자의 묵상

앞서 21장 말미에서, 많은 잘못을 저질렀지만 하나님의 말씀을 듣고 회개하고 겸비하여 용서받은 아합의 모습을 볼 수 있었다. 그러나 그 회개의 효력이 오래가지는 못했다. 더욱이 그렇게 된 원인을 제공한 사람 또한 아합이었다. 3년 전에 아람 왕 벤하닷을 죽여야 했는데 아합은 불순종했다. 벤하닷의 매력적인 제의에 속아 그를 풀어주고 말았다. 벤하닷은 약속을 이행하지 않았을 뿐 아니라 오히려 철저하게 복수를 준비하고 있었다. 이럴 때일수록 아합은 다시금 하나님 앞에 제대로 나아가야 했다. 그는 400명가량의 거짓 선지자들의 현혹에 넘어가지 말아야 했다. 아합은 하나님의 말씀을 전하게 될 미가야 선지자를 소중히 여기고, 그의 말에 귀를 기울여야 했다. 여태껏 그렇게 많은 시행착오 속에서도 버림받지 않고 하나님의 은혜로 지내온 복을 되새기면서, 아합은 겸손하게 하나님의 말씀을 들을 준비를 했어야 했다. 우리도 듣기 좋은 말보다는 듣고 싶지 않아도 들어야 하는 바른 소리를 듣는 그리스도인이 되어야 한다.

무릎기도 하나님, 듣고 싶고 듣기 좋은 말이 아니라 듣기 거북하더라도 그 말이 하나님의 말씀이라면 겸손하게 들을 수 있는 순전한 마음을 주소서.

NLT - 1 Kings 22

1 For three years there was no war between Aram and Israel.

2 Then during the third year, King Jehoshaphat of Judah went to visit King Ahab of Israel.

3 During the visit, the king of Israel said to his officials, "Do you realize that the town of Ramoth-gilead belongs to us? And yet we've done nothing to recapture it from the king of Aram!"

4 Then he turned to Jehoshaphat and asked, "Will you join me in battle to recover Ramoth-gilead?" Jehoshaphat replied to the king of Israel, "Why, of course! You and I are as one. My troops are your troops, and my horses are your horses."

5 Then Jehoshaphat added, "But first let's find out what the LORD says."

6 So the king of Israel summoned the prophets, about 400 of them, and asked them, "Should I go to war against Ramoth-gilead, or should I hold back?" They all replied, "Yes, go right ahead! The Lord will give the king victory."

7 But Jehoshaphat asked, "Is there not also a prophet of the LORD here? We should ask him the same question."

8 The king of Israel replied to Jehoshaphat, "There is one more man who could consult the LORD for us, but I hate him. He never prophesies anything but trouble for me! His name is Micaiah son of Imlah." Jehoshaphat replied, "That's not the way a king should talk! Let's hear what he has to say."

9 So the king of Israel called one of his officials and said, "Quick! Bring Micaiah son of Imlah."

10 King Ahab of Israel and King Jehoshaphat of Judah, dressed in their royal robes, were sitting on thrones at the threshing floor near the gate of Samaria. All of Ahab's prophets were prophesying there in front of them.

11 One of them, Zedekiah son of Kenaanah, made some iron horns and proclaimed, "This is what the LORD says: With these horns you will gore the Arameans to death!"

12 All the other prophets agreed. "Yes," they said, "go up to Ramoth-gilead and be victorious, for the LORD will give the king victory!"

13 Meanwhile, the messenger who went to get Micaiah said to him, "Look, all the prophets are promising victory for the king. Be sure that you agree with them and promise success."

14 But Micaiah replied, "As surely as the LORD lives, I will say only what the LORD tells me to say."

3 official 관리, 관료 belong to ~ ~에 속하다 recapture 되찾다 4 recover 되찾다, 회복하다 troop 군대 6 summon 소집하다 go to war against ~ ~와 전쟁하러 가다 hold back 억제하다 8 consult 의견을 묻다 prophesy 예언하다 anything but ~ ~이 결코 아닌 10 robe 겉옷 throne 왕위 threshing floor 타작 마당 11 horn 뿔 proclaim 선포하다 gore ~ to death ~을 찔러 죽이다 12 go up to ~ ~으로 올라가다 victorious 승리를 거둔 13 be sure that ~ 반드시 ~하다 14 as surely as ~ ~와 마찬가지로 틀림없이

• MEMO •

58

월 일

미가야의 예언

열왕기상 22:15-28 • 새찬송 380장 | 통일 424장

• 말씀묵상 전에 성령님의 인도하심을 구하는 기도를 드리십시오.

본문요약 | 미가야는 여호사밧과 아합에게 전쟁의 패배와 아합 왕의 죽음을 예언한다. 미가야는 자신이 환상에서 본 내용을 회고하면서 자신의 예언이 반드시 실현될 것을 강조한다. 아합은 분노하여 미가야를 감옥에 가두라고 명령한다.

15 이에 왕에게 이르니 왕이 그에게 이르되
미가야야 우리가 길르앗 라못으로 싸우러
가랴 또는 말랴 그가 왕께 이르되 올라가
서 승리를 얻으소서 여호와께서 그 성읍
을 왕의 손에 넘기시리이다
16 왕이 그에게 이르되 내가 몇 번이나 네게
맹세하게 하여야 네가 여호와의 이름으로
진실한 것으로만 내게 말하겠느냐
17 그가 이르되 내가 보니 온 이스라엘이 목
자 없는 양같이 산에 흩어졌는데 여호와
의 말씀이 이 무리에게 주인이 없으니 각
각 평안히 자기의 집으로 돌아갈 것이니
라 하셨나이다
18 이스라엘의 왕이 여호사밧 왕에게 이르되
저 사람이 내게 대하여 길한 것을 예언하
지 아니하고 흉한 것을 예언하겠다고 당
신에게 말씀하지 아니하였나이까
19 미가야가 이르되 그런즉 왕은 여호와의
말씀을 들으소서 내가 보니 여호와께서
그의 보좌에 앉으셨고 하늘의 만군이 그
의 좌우편에 모시고 서 있는데
20 여호와께서 말씀하시기를 누가 아합을 꾀
어 그를 길르앗 라못에 올라가서 죽게 할
꼬 하시니 하나는 이렇게 하겠다 하고 또
하나는 저렇게 하겠다 하였는데
21 한 영이 나아와 여호와 앞에 서서 말하되
내가 그를 꾀겠나이다
22 여호와께서 그에게 이르시되 어떻게 하겠
느냐 이르되 내가 나가서 거짓말하는 영
이 되어 그의 모든 선지자들의 입에 있겠
나이다 여호와께서 이르시되 너는 꾀겠고
또 이루리라 나가서 그리하라 하셨은즉
23 이제 여호와께서 거짓말하는 영을 왕의
이 모든 선지자의 입에 넣으셨고 또 여호
와께서 왕에 대하여 화를 말씀하셨나이다
24 그나아나의 아들 시드기야가 가까이 와서
미가야의 뺨을 치며 이르되 여호와의 영
이 나를 떠나 어디로 가서 네게 말씀하시
더냐
25 미가야가 이르되 네가 골방에 들어가서
숨는 그날에 보리라
26 이스라엘의 왕이 이르되 미가야를 잡아
성주 아몬과 왕자 요아스에게로 끌고 돌
아가서
27 말하기를 왕의 말씀이 이 놈을 옥에 가두
고 내가 평안히 돌아올 때까지 고생의 떡
과 고생의 물을 먹이라 하였다 하라
28 미가야가 이르되 왕이 참으로 평안히 돌
아오시게 될진대 여호와께서 나를 통하여
말씀하지 아니하셨으리이다 또 이르되 너
희 백성들아 다 들을지어다 하니라

1. 오늘 하나님께서 나에게 주신 깨달음은 무엇입니까?

2. 말씀을 어떻게 내 삶에 구체적으로 적용해야 합니까?

절별 해설

15-17 올라가서 승리를 얻으소서 여호와께서 그 성읍을 왕의 손에 넘기시리이다, 여호와의 말씀이 이 무리에게 주인이 없으니 각각 평안히 자기의 집으로 돌아갈 것이니라 하셨나이다 미가야는 자신의 말을 믿지 않는 아합 왕에게 거짓 선지자들을 흉내 내어 듣기 좋은 예언을 한다. 그러나 다시 한 번 진실을 말할 것을 요구받자, 전쟁에서 왕은 죽고 백성들은 도망하여 산에 흩어질 거라고 예언한다.

18 저 사람이 내게 대하여 길한 것을 예언하지 아니하고 흉한 것을 예언하겠다고 당신에게 말씀하지 아니하였나이까 아합이 진실을 원했기 때문에 미가야는 진실을 말해 준다. 그런데 오히려 아합 왕은 여호사밧을 바라보며 미가야에 대한 자신의 평가가 맞지 않느냐며 흥분한다. 아합은 미가야를 정말 미워했다. 여기서 미가야는 아합은 무시하다시피 하고 영적 분별력이 있는 여호사밧에게만 말하고 있다. 겉으로 보기에는 두 왕을 향해 말하고 있지만, 실은 믿음의 사람인 여호사밧에게 패할 전쟁이니 나가지 말라고 권면하는 것이다. 그럼에도 여호사밧은 미가야의 말을 무시하고 전쟁에 나선다.

22 내가 나가서 거짓말하는 영이 되어 그의 모든 선지자들의 입에 있겠나이다 미가야는 이런 상황에서도 계속하여 자신이 듣고 본 여호와의 말씀을 전한다. 거짓 선지자들이 승리를 예언하는 것은 하늘의 만군, 즉 천사들의 회의에서 거짓말하는 영이 파견되어 그들을 속였기 때문이라는 것이다.

24 그나아나의 아들 시드기야가 가까이 와서 미가야의 뺨을 치며 미가야의 말을 듣고 있던 거짓 선지자 시드기야가 패배를 예언하는 미가야의 뺨을 치며 대든다. 미가야가 아닌 자신이 여호와의 영으로부터 참 말씀을 받았다고 항의한다.

25 네가 골방에 들어가서 숨는 그날에 보리라 미가야는 시드기야에게, 몇 년 전 아합에게 패해 아벡 성읍의 어느 골방에 숨었던 벤하닷 같은 신세가 되어서야 비로소 자신의 말이 진실이었음을 알게 될 것이라고 말한다.

쉬운성경

15 미가야가 아합에게 오자 왕이 그에게 물
었습니다. "미가야여, 우리가 길르앗 라못으
로 싸우러 가는 것이 좋겠소, 가지 않는 것
이 좋겠소?" 미가야가 대답했습니다. "싸우
러 가서 이기시오. 여호와께서 그들을 왕에
게 넘겨주실 것이오."
16 왕이 그에게 말했습니다. "여호와의 이름
으로 진실만을 이야기하시오. 몇 번이나 말
해야 알아듣겠소?"
17 미가야가 대답했습니다. "온 이스라엘이
목자 없는 양처럼 이 산, 저 산에 흩어져 있
는 것이 보이오. 여호와께서 말씀하셨소. '이
들에게 지도자가 없으니 싸우지 말고 집으로
돌아가게 하여라.'"
18 이스라엘의 아합 왕이 여호사밧에게 말했
습니다. "그것 보십시오. 이 예언자는 한 번
도 좋은 말을 해 준 적이 없습니다. 언제나
나쁜 말만 합니다."
19 미가야가 계속해서 말했습니다. "여호와
의 말씀을 들으시오. 여호와께서 보좌에 앉
아 계시고 천사가 여호와의 양쪽 옆에 서 있
는 것이 보이오.
20 여호와께서 말씀하셨소. '누가 아합을 속
여 길르앗 라못으로 싸우러 나가게 하겠느
냐?' 그러자 천사들마다 서로 다른 의견을
말했소.
21 그때에 한 천사가 나아와 여호와 앞에 서
서 '내가 그를 속이겠습니다' 하고 말했소.
22 여호와께서 그에게 물으셨소. '어떻게 아
합을 속이겠느냐?' 그 천사가 대답했소. '아
합의 예언자들에게 가서 거짓말을 하도록 시
키겠습니다.' 그러자 여호와께서 말씀하셨소.
'좋다. 너는 그를 속일 수 있을 것이다. 가서
말한 대로 하여라.'"
23 미가야가 말했습니다. "아합이여, 이 일은
이미 일어났습니다. 여호와께서는 왕의 예
언자들이 왕에게 거짓말을 하게 하셨습니다.
여호와께서는 왕에게 큰 재앙을 내리셨습니
다."
24 그러자 그나아나의 아들 시드기야가 미
가야에게 가서 미가야의 뺨을 때리며 말했습
니다. "여호와의 영이 언제 내게서 나가 너

27-28 미가야가 이르되 왕이 참으로 평안히 돌아오시게 될진대 여호와께서 나를 통하여 말씀하지 아니하셨으리이다 또 이르되 너희 백성들아 다 들을지어다 하니라 듣고 싶지 않은 예언을 들은 아합은 미가야 선지자를 옥에 가두라고 명령한다. 미가야는 이에 굴하지 않고, 왕이 결코 살아 돌아오지 못할 것이며, 그것으로 자신이 참 선지자임이 증명될 것이라고 말한다.

에게 말씀하셨느냐?"

25 미가야가 대답했습니다. "네가 구석방
으로 들어가서 숨는 날에 그 사실을 알게
될 것이다."

26 이스라엘의 아합 왕이 명령했습니다.
"미가야를 붙잡아서 이 성의 영주인 아몬
과 왕자 요아스에게 데려가거라.

27 그리고 미가야를 감옥에 넣으라고 그
들에게 말하여라. 내가 전쟁터에서 돌아올
때까지 그를 감옥에 가두어 놓고 빵하고
물만 죽지 않을 만큼 조금씩 주어라."

28 미가야가 말했습니다. "아합이여, 만약
왕이 전쟁터에서 무사히 돌아온다면, 내가
전한 말은 여호와께서 하신 말씀이 아닙
니다. 여기에 있는 모든 백성이여, 내 말을
기억하시오."

저자의 묵상

신앙이 경건한 유다 왕 여호사밧은 북이스라엘의 아합 왕에게서 길르앗 라못 공격에 참여할 것을 요청받았다. 그러나 여호사밧은 먼저 하나님의 뜻을 알아보자고 제의했다. 아합은 400명가량의 선지자들을 모으고 그들에게서 출전하라는 응답을 받아낸다. 그러나 한 사람 미가야 선지자는 아합이 전사하고 이스라엘에 혼란이 닥쳐올 것을 예언한다. 그 결과 미가야는 거짓 선지자에게 뺨을 맞고 모욕을 당했다. 아합 왕은 미가야를 감옥에 가두라고 명령했다. 그렇다고 해서 미가야는 거짓과 타협할 수 없었다. 미가야는 끝까지 불의에 굴종하지 않고 오직 자기 길로 나아갔다. 400명의 선지자들이 모두 거짓으로 평안을 예언했지만, 진리는 수가 많음에 있지 않다. 외롭게 혼자 외쳐도 하나님의 말씀이면 그것이 진리다. 어떤 소리에 귀를 기울이느냐는 중요하다. 거짓이 판치는 세상에서 동요되어서는 안 된다. 진실을 말하는 것은 힘들지만, 하나님은 거짓과 타협하지 않는 우리를 원하신다.

무릎 기도 하나님, 거짓된 소리에는 귀를 닫고 진실을 말하며 정직을 이루어 가는 참된 그리스도인이 되게 하소서.

NLT - 1 Kings 22

15 When Micaiah arrived before the king, Ahab
asked him, "Micaiah, should we go to war
against Ramoth-gilead, or should we hold
back?" Micaiah replied sarcastically, "Yes,
go up and be victorious, for the LORD will
give the king victory!"
16 But the king replied sharply, "How many
times must I demand that you speak only
the truth to me when you speak for the
LORD?"
17 Then Micaiah told him, "In a vision I saw all
Israel scattered on the mountains, like sheep
without a shepherd. And the LORD said,
'Their master has been killed.* Send them
home in peace.'"
18 "Didn't I tell you?" the king of Israel exclaimed
to Jehoshaphat. "He never prophesies
anything but trouble for me."
19 Then Micaiah continued, "Listen to what the
LORD says! I saw the LORD sitting on his
throne with all the armies of heaven around
him, on his right and on his left.
20 And the LORD said, 'Who can entice Ahab to
go into battle against Ramoth-gilead so he
can be killed?' "There were many sug-
gestions,
21 and finally a spirit approached the LORD and
said, 'I can do it!'
22 "'How will you do this?' the LORD asked.
"And the spirit replied, 'I will go out and
inspire all of Ahab's prophets to speak lies.'
"'You will succeed,' said the LORD. 'Go
ahead and do it.'
23 "So you see, the LORD has put a lying spirit
in the mouths of all your prophets. For the
LORD has pronounced your doom."
24 Then Zedekiah son of Kenaanah walked up
to Micaiah and slapped him across the face.
"Since when did the Spirit of the LORD leave
me to speak to you?" he demanded.
25 And Micaiah replied, "You will find out soon
enough when you are trying to hide in some
secret room!"
26 "Arrest him!" the king of Israel ordered. "Take
him back to Amon, the governor of the city,
and to my son Joash.
27 Give them this order from the king: 'Put this
man in prison, and feed him nothing but
bread and water until I return safely from the
battle!'"
28 But Micaiah replied, "If you return safely, it
will mean that the LORD has not spoken
through me!" Then he added to those
standing around, "Everyone mark my
words!"

* 22:17 Hebrew *These people have no master.*

15 sarcastically 냉소적으로 victorious 승리의 16 sharply 날카롭게 17 scatter 흩어지다 18 exclaim 외치다 prophesy 예언하다 19 throne 왕위 20 entice … to ~ …을 유혹하여 ~하게 하다 suggestion 제안 22 inspire … to speak ~ …에게 ~라고 말하도록 영감을 주다 23 pronounce 선언하다 doom 파멸 24 slap ~ across the face ~의 뺨을 치다 26 arrest 체포하다 governor 군주 27 put ~ in prison ~을 옥에 가두다 feed 먹이다 nothing but ~ 단지 ~뿐 safely 안전하게 28 mark ~에 주의를 기울이다

• MEMO •

59 예언의 실현

월 일

열왕기상 22:29-40 • 새찬송 450장 | 통일 376장

• 말씀묵상 전에 성령님의 인도하심을 구하는 기도를 드리십시오.

본문요약 I 미가야의 예언을 무시한 채 전쟁에 나선 아합은 일반 병사로 변장하고, 여호사밧은 왕복을 입게 하여 만약의 사태에 대비한다. 그러나 아합은 허망하게도 적군이 쏜 화살에 우연히 맞아 전장에서 죽는다. 아합의 피로 흥건해진 병거를 사마리아의 연못에서 씻자 개들이 핥는다. 이로써 심판의 예언이 성취된다.

29 이스라엘의 왕과 유다의 여호사밧 왕이
길르앗 라못으로 올라가니라
30 이스라엘의 왕이 여호사밧에게 이르되 나
는 변장하고 전쟁터로 들어가려 하노니
당신은 왕복을 입으소서 하고 이스라엘의
왕이 변장하고 전쟁터로 들어가니라
31 아람 왕이 그의 병거의 지휘관 삼십이 명
에게 명령하여 이르기를 너희는 작은 자
나 큰 자와 더불어 싸우지 말고 오직 이스
라엘 왕과 싸우라 한지라
32 병거의 지휘관들이 여호사밧을 보고 그들
이 이르되 이가 틀림없이 이스라엘의 왕
이라 하고 돌이켜 그와 싸우려 한즉 여호
사밧이 소리를 지르는지라
33 병거의 지휘관들이 그가 이스라엘의 왕이
아님을 보고 쫓기를 그치고 돌이켰더라
34 한 사람이 무심코 활을 당겨 이스라엘 왕
의 갑옷 솔기를 맞힌지라 왕이 그 병거 모
는 자에게 이르되 내가 부상하였으니 네
손을 돌려 내가 전쟁터에서 나가게 하라
하였으나
35 이날에 전쟁이 맹렬하였으므로 왕이 병거
가운데에 붙들려 서서 아람 사람을 막다
가 저녁에 이르러 죽었는데 상처의 피가
흘러 병거 바닥에 고였더라
36 해가 질 녘에 진중에서 외치는 소리가 있
어 이르되 각기 성읍으로 또는 각기 본향
으로 가라 하더라
37 왕이 이미 죽으매 그의 시체를 메어 사마
리아에 이르러 왕을 사마리아에 장사하
니라
38 그 병거를 사마리아 못에서 씻으매 개들
이 그의 피를 핥았으니 여호와께서 하신
말씀과 같이 되었더라 거기는 창기들이
목욕하는 곳이었더라
39 아합의 남은 행적과 그가 행한 모든 일과
그가 건축한 상아궁과 그가 건축한 모든
성읍은 이스라엘 왕 역대지략에 기록되지
아니하였느냐
40 아합이 그의 조상들과 함께 자매 그의 아
들 아하시야가 대신하여 왕이 되니라

1. 오늘 하나님께서 나에게 주신 깨달음은 무엇입니까?

2. 말씀을 어떻게 내 삶에 구체적으로 적용해야 합니까?

절별 해설

29 이스라엘의 왕과 유다의 여호사밧 왕이 길르앗 라못으로 올라가니라 아합과 여호사밧은 미가야의 예언을 무시한 채 전쟁을 감행한다.

30 이스라엘의 왕이 변장하고 전쟁터로 들어가니라 아합은 미가야를 감옥에 가두지만 그가 한 말이 못내 마음에 걸린다. 아합은 일반 병사로 변장하고, 여호사밧에게는 왕복을 입게 한다. 자신에게 닥칠 위험을 여호사밧에게만 뒤집어씌우려는 것이다.

32 병거의 지휘관들이 여호사밧을 보고 그들이 이르되 이가 틀림없이 이스라엘의 왕이라 하고 아합의 변장 전술이 처음에는 잘 통하는 것처럼 보였다. 왕복을 입고 전쟁에 나선 여호사밧이 이스라엘의 왕으로 오인되어 죽을 고비를 맞았기 때문이다.

34 한 사람이 무심코 활을 당겨 이스라엘 왕의 갑옷 솔기를 맞힌지라 단단히 무장한 아합의 갑옷 가슴막이의 솔기를 꿰뚫은 한 발의 화살에 아합의 계략은 깨지고 미가야의 예언은 적중한다. 아람의 한 군인이 무심코 활을 쏜 것이 우연히 아합에게 명중한 것이다. 아합은 급소를 찔려 죽게 된다.

35 저녁에 이르러 죽었는데 상처의 피가 흘러 병거 바닥에 고였더라 아합은 치명적인 부상을 입는다. 그런데 전쟁이 얼마나 맹렬했던지 치료도 제대로 받지 못하고 저녁 무렵에 죽는다. 아합은 변장하여 아람 사람들을 속일 수는 있었지만, 하나님이 결정하신 그의 운명을 바꿀 수는 없었다.

36-38 각기 성읍으로 또는 각기 본향으로 가라 하더라, 그 병거를 사마리아 못에서 씻으매 개들이 그의 피를 핥았으니 미가야의 예언대로 아합 왕이 백성들보다 먼저 죽고, 그의 죽음이 확인되자 백성들은 흩어진다. 아합의 피 묻은 병거를 사마리아의 연못에서 씻을 때 개들이 와서 핥는다. 이 또한 예언 그대로 성취된다.

쉬운성경

29 이스라엘의 아합 왕과 유다의 여호사밧 왕은 길르앗 라못으로 갔습니다.

30 아합이 여호사밧에게 말했습니다. "나는 변장을 하고 싸움터에 갈 테니, 왕은 왕의 옷을 입으십시오." 아합은 변장을 하고 싸움터로 갔습니다.

31 아람의 왕은 삼십이 명의 전차 지휘관을 두고 있었습니다. 그가 그들에게 명령했습니다. "너희들은 높은 사람이든지 낮은 사람이든지 다른 사람과는 싸우지 말고 오직 이스라엘의 왕하고만 싸워라."

32 이 지휘관들은 여호사밧을 보고 그가 이스라엘의 왕인 줄 알았습니다. 그래서 그에게 달려들었습니다. 그러자 여호사밧이 소리를 질렀습니다.

33 그때에야 그 지휘관들은 그가 아합이 아니라는 것을 알았습니다. 그들은 여호사밧을 더 이상 뒤쫓지 않았습니다.

34 어떤 군인이 화살을 쏘았는데, 그 화살이 우연히 이스라엘의 아합 왕에게 맞았습니다. 화살이 갑옷 틈새를 뚫고 아합의 몸에 꽂혔습니다. 아합 왕이 전차를 모는 군인에게 말했습니다. "전차를 돌려서 이 싸움터에서 빠져나가거라. 내가 다쳤다."

35 싸움은 하루 종일 계속되었습니다. 아합 왕은 전차 안에서 겨우 버티고 서서 아람 사람들과 싸웠습니다. 그러다가 저녁때에 숨을 거두었습니다. 상처에서 흘러나온 피가 전차 바닥에 흥건히 고였습니다.

36 해질 무렵에 이스라엘 군대 안에서 외치는 소리가 들렸습니다. "각자 자기 성으로 돌아가거라. 각자 자기 고향으로 돌아가거라."

37 아합 왕은 이처럼 죽었습니다. 그의 시체는 사마리아로 옮겨져서 거기에 묻혔습니다.

38 사람들이 아합의 전차를 사마리아의 연못에서 씻었는데 개들이 와서 아합의 피를 핥았습니다. 그 연못은 창녀들이 목욕하는 곳이었

38 거기는 창기들이 목욕하는 곳이었더라 이 연못은 아합과 이세벨이 국교화한 종교에 종사하는 신전 창기들, 즉 우상을 숭배하는 여사제들이 목욕하는 곳이었다.

습니다. 모든 일이 여호와께서 말씀하신 대로 이루어졌습니다.

39 아합이 한 다른 모든 일은 이스라엘 왕들의 역사책에 적혀 있습니다. 그 책에는 또 아합이 짓고 상아로 장식한 왕궁과 아합이 지은 여러 성에 대한 이야기도 적혀 있습니다.

40 아합이 죽고, 그의 아들 아하시야가 뒤를 이어 왕이 되었습니다.

저자의 묵상

아합이 죽었다. 마침내 아합에게 선포된 하나님의 심판의 예언이 성취되었다. 악한 자가 죽는 것은 하나님의 사랑이 부족해서가 아니라, 그가 끝끝내 하나님의 은혜와 자비를 거부하고 죄의 길로 가기 때문임을 아합의 죽음을 보면서 깨닫게 된다. 하나님은 여러 번 돌이킬 기회를 주셨지만, 아합은 회개하지 않고 스스로 악을 행함으로 심판을 자초했다. 하나님의 심판은 그 어떤 인간적인 방법과 수단을 동원해서 막아보려고 해도 결국에는 실현된다. 그러므로 기회가 주어졌을 때 회개해야 한다. 하나님 앞에서 아무리 변장해도 하나님의 섭리를 막을 수 없다. 그 어떤 보호장치도 말씀의 성취를 막을 수는 없다. 하나님 앞에 엎드려야 할 때는 무조건 납작 엎드려 있는 그대로 고백하고 용서를 구해야 한다. 그러면 하나님은 용서하시고 우리는 다시 살게 된다.

무릎 기도 하나님, 무서운 심판을 생각하며 오늘 하루도 스스로 성찰하고 바른 믿음으로 살아가게 하소서.

NLT - 1 Kings 22

29 So King Ahab of Israel and King
Jehoshaphat of Judah led their armies
against Ramoth-gilead.
30 The king of Israel said to Jehoshaphat, "As
we go into battle, I will disguise myself so no
one will recognize me, but you wear your
royal robes." So the king of Israel disguised
himself, and they went into battle.
31 Meanwhile, the king of Aram had issued
these orders to his thirty-two chariot
commanders: "Attack only the king of Israel.
Don't bother with anyone else!"
32 So when the Aramean chariot commanders
saw Jehoshaphat in his royal robes, they
went after him. "There is the king of Israel!"
they shouted. But when Jehoshaphat called
out,
33 the chariot commanders realized he was not
the king of Israel, and they stopped chasing
him.
34 An Aramean soldier, however, randomly shot
an arrow at the Israelite troops and hit the
king of Israel between the joints of his armor.
"Turn the horses* and get me out of here!"
Ahab groaned to the driver of his chariot. "I'm
badly wounded!"
35 The battle raged all that day, and the king
remained propped up in his chariot facing
the Arameans. The blood from his wound
ran down to the floor of his chariot, and as
evening arrived he died.
36 Just as the sun was setting, the cry ran
through his troops: "We're done for! Run for
your lives!"
37 So the king died, and his body was taken to
Samaria and buried there.
38 Then his chariot was washed beside the
pool of Samaria, and dogs came and licked
his blood at the place where the prostitutes
bathed,* just as the LORD had promised.
39 The rest of the events in Ahab's reign and
everything he did, including the story of the
ivory palace and the towns he built, are
recorded in The Book of the History of the
Kings of Israel.
40 So Ahab died, and his son Ahaziah became
the next king.

* 22:34 Hebrew *Turn your hand.*
* 22:38 Or *his blood, and the prostitutes bathed [in it]*; or *his blood, and they washed his armor.*

29 lead ··· against ~ ···을 이끌고 ~로 진격하다 30 go into battle 출정하다 disguise oneself 변장하다 recognize 알아보다 31 issue an order to ~ ~에게 명령을 내리다 chariot 병거 commander 지휘관 34 randomly 무작위로 shoot an arrow at ~ ~에 화살을 쏘다 joint 이음매 armor 갑옷 get ~ out of here ~를 여기서 데리고 나가다 groan 신음하다
35 rage 고조에 달하다 prop up ~ ~을 받쳐 넘어지지 않게 하다 run down ~ ~로 흘러내리다 38 lick ~을 핥다
prostitute 매춘부 39 reign 통치 ivory 상아

• MEMO •

60

월 일

여호사밧과 아하시야의 통치

열왕기상 22:41-53 • 새찬송 483장 | 통일 532장

• 말씀묵상 전에 성령님의 인도하심을 구하는 기도를 드리십시오.

본문요약 I 남유다의 왕인 여호사밧과 북이스라엘 왕 아하시야의 행적이 소개된다. 여호사밧은 아버지 아사를 따라 정직하게 행하지만, 아하시야는 아버지 아합을 따라 우상숭배를 멈추지 않는다. 그러나 아쉽게도 여호사밧은 산당을 제거하지 않는다.

41 이스라엘의 아합 왕 제사 년에 아사의 아
들 여호사밧이 유다의 왕이 되니
42 여호사밧이 왕이 될 때에 나이가 삼십오
세라 예루살렘에서 이십오 년 동안 다스
리니라 그의 어머니의 이름은 아수바라
실히의 딸이더라
43 여호사밧이 그의 아버지 아사의 모든 길
로 행하며 돌이키지 아니하고 여호와 앞
에서 정직히 행하였으나 산당은 폐하지
아니하였으므로 백성이 아직도 산당에서
제사를 드리며 분향하였더라
44 여호사밧이 이스라엘의 왕과 더불어 화평
하니라
45 여호사밧의 남은 사적과 그가 부린 권세
와 그가 어떻게 전쟁하였는지는 다 유다
왕 역대지략에 기록되지 아니하였느냐
46 그가 그의 아버지 아사의 시대에 남아 있
던 [1]남색하는 자들을 그 땅에서 쫓아내었
더라
47 그때에 에돔에는 왕이 없고 섭정 왕이 있
었더라
48 여호사밧이 다시스의 선박을 제조하고 오
빌로 금을 구하러 보내려 하였더니 그 배
가 에시온게벨에서 파선하였으므로 가지
못하게 되매
49 아합의 아들 아하시야가 여호사밧에게 이
르되 내 종으로 당신의 종과 함께 배에 가
게 하라 하나 여호사밧이 허락하지 아니
하였더라
50 여호사밧이 그의 조상들과 함께 자매 그
의 조상 다윗 성에 그의 조상들과 함께 장
사되고 그의 아들 여호람이 대신하여 왕
이 되니라
51 유다의 여호사밧 왕 제십칠 년에 아합의
아들 아하시야가 사마리아에서 이스라엘
의 왕이 되어 이 년 동안 이스라엘을 다스
리니라
52 그가 여호와 앞에서 악을 행하여 그의 아
버지의 길과 그의 어머니의 길과 이스라
엘에게 범죄하게 한 느밧의 아들 여로보
암의 길로 행하며
53 바알을 섬겨 그에게 예배하여 이스라엘의
하나님 여호와를 노하시게 하기를 그의
아버지의 온갖 행위같이 하였더라

1) 우상 신전의 남자 창기

1. 오늘 하나님께서 나에게 주신 깨달음은 무엇입니까?

2. 말씀을 어떻게 내 삶에 구체적으로 적용해야 합니까?

절별 해설

43 여호사밧이 그의 아버지 아사의 모든 길로 행하며 돌이키지 아니하고 여호와 앞에서 정직히 행하였으나 산당은 폐하지 아니하였으므로 여호사밧은 아버지 아사처럼 신앙의 사람이었다. 여호와께서 보시기에 올바른 일을 행하였기에 하나님께 긍정적인 평가를 받는다. 아사는 우상 신전의 남자 창기들을 제거하는 데 앞장섰는데, 아들인 여호사밧이 그 남은 자들을 모두 쫓아낸다(46절). 여호사밧의 이러한 정책은 그가 얼마나 하나님을 사랑했는지 보여준다. 그러나 산당은 제거하지 않아 백성들이 실족하게 된다. 백성들은 계속 산당에서 제사를 드리고 분향했다.

44 여호사밧이 이스라엘의 왕과 더불어 화평하니라 여호사밧이 통치하는 동안 북이스라엘과 전쟁 없이 평화로운 관계를 유지한다. 이는 여호사밧의 아들 여호람과 아합의 딸 아달랴가 결혼했기 때문이기도 하지만, 여호사밧이 하나님 앞에 바로 섰기 때문에 형제 나라를 향한 전쟁이나 다툼을 제어했을 것이다. 한편으로는, 여호사밧이 북이스라엘과 연합하여 아람과 맞서 싸운 전투에서 패한 일이 두고두고 큰 교훈이 되었을 것이다.

47–49 그때에 에돔에는 왕이 없고 섭정 왕이 있었더라, 아합의 아들 아하시야가 여호사밧에게 이르되 내 종으로 당신의 종과 함께 배에 가게 하라 하나 여호사밧이 허락하지 아니하였더라 여호사밧의 정치적 업적 중에서 가장 중요한 것은 에돔에 대한 유다의 주권을 회복했다는 것이다. 더욱이 여호사밧은 에돔에 있는 에시온게벨 항구를 이용하여 솔로몬 시대에 성행했던 홍해 무역을 재개하려고 시도한다. 비록 배가 파선되어 실패했지만, 여호사밧은 바알을 숭배하는 아합의 아들 아하시야의 동업 제의를 거절한다. 경제적인 실리를 계산했겠지만 영적인 상태도 고려했을 것이다.

51–53 아하시야가 사마리아에서 이스라엘의 왕이 되어, 바알을 섬겨 그에게 예배하여 이스라엘의 하나님 여호와를 노하시게 하기를 그의 아버지의 온갖 행위같이 하였더라 여호사밧이 남유다의 왕이 된 지 17년째 되던 해에 아합의 아들 아하시야가 사마리아에서 북이스라엘의 왕이 된다. 아하시야는 2년 동안 이스라엘을 통치한다. 아하시야는 그의 부모 아합과

쉬운성경

41 아합이 이스라엘의 왕으로 있은 지 사 년째 되는 해에 아사의 아들 여호사밧이 유다의 왕이 되었습니다.

42 여호사밧은 삼십오 세에 왕이 되어 이십오 년 동안 예루살렘에서 다스렸습니다. 그의 어머니는 실히의 딸 아수바입니다.

43 여호사밧은 그의 아버지 아사처럼 살면서 여호와께서 보시기에 올바른 일을 했습니다. 그러나 산당은 없애 버리지 않았습니다. 그래서 백성들은 계속해서 산당에서 제물을 바치고 향을 피웠습니다.

44 여호사밧은 이스라엘의 왕과 평화롭게 지냈습니다.

45 여호사밧은 전쟁을 많이 했습니다. 그의 전쟁 이야기와 전쟁에서 승리한 이야기들은 유다 왕들의 역사책에 적혀 있습니다.

46 나쁜 신들을 섬기는 신전에는 남자 창기들이 있었습니다. 여호사밧의 아버지인 아사는 그 남자 창기들을 다 쫓아내지 않았습니다. 그러나 여호사밧은 남은 남자 창기들을 다 쫓아냈습니다.

47 그때에 에돔에는 왕이 없었습니다. 그래서 유다 왕이 보낸 장관이 에돔을 다스렸습니다.

48 여호사밧 왕은 오빌에서 금을 실어 오려고 다시스의 배를 만들었습니다. 그러나 그 배들은 에시온게벨에서 부서졌고 다시는 그 배들을 띄우지 못했습니다.

49 아합의 아들 아하시야가 여호사밧을 도와주러 갔습니다. 아하시야는 여호사밧의 사람들과 함께 배에 탈 사람들을 보내 주겠다고 말했지만, 여호사밧은 거절했습니다.

50 여호사밧은 죽어서 조상들과 함께 묻혔습니다. 그는 예루살렘, 곧 그의 조상

이세벨이 지은 죄를 그대로 따른다. 그는 자신도 모르는 사이에 철저한 바알 숭배자가 되어 있었다. 본문은 아하시야의 이러한 행위가 하나님을 크게 노하시게 했다고 밝힌다.

인 다윗 성에 묻혔습니다. 그의 아들 여호람이 왕이 되었습니다.

51 여호사밧이 유다의 왕으로 있은 지
십칠 년째 되는 해에 아합의 아들 아
하시야가 사마리아에서 이스라엘의 왕
이 되었습니다. 아하시야는 이 년 동안
이스라엘을 다스렸습니다.

52 아하시야는 여호와께서 보시기에
악한 일을 저질렀습니다. 그는 그의 아
버지 아합과 어머니 이세벨과 느밧의
아들 여로보암이 지은 죄를 그대로 따
라 했습니다. 이들은 모두 이스라엘을
죄의 길로 인도했습니다.

53 아하시야는 바알을 섬기고 그에게
예배했습니다. 그래서 아하시야는 그
의 아버지처럼 이스라엘 하나님 여호
와를 크게 노하게 했습니다.

저자의 묵상

여호사밧이 남유다의 왕이 되었다. 그는 하나님 앞에서 정직하게 행하였다. 그러나 성경은 여호사밧이 산당을 없애지 않았다고 말한다. 당시의 산당은 두 종류로, 하나는 완전히 우상만을 섬기는 곳이었고, 다른 하나는 여호와를 섬기는 산당이었다. 그러나 이곳은 불법적인 산당으로 하나님이 원하시는 것은 아니었다. 여호사밧이 산당을 완전히 헐지 않으므로 오히려 백성들로 하여금 죄를 짓도록 방조한 결과가 되었다. 여호사밧이 더 철저하게 하나님의 뜻에 순종했더라면 어땠을까. 신앙은 결단이라는 아픈 진통을 겪어야만 정금같이 찬란해질 수 있다. 그 진통의 과정을 겪으면서 도중에 포기해서는 안 된다.

무릎 기도 하나님, 하나님만 사랑하고 믿는다고 수없이 고백하면서도, 부득이해서 그렇게 했다고 변명하지 않도록 굳건한 신앙의 결단이 있게 하소서.

NLT - 1 Kings 22

41 Jehoshaphat son of Asa began to rule over Judah in the fourth year of King Ahab's reign in Israel.

42 Jehoshaphat was thirty-five years old when he became king, and he reigned in Jerusalem twenty-five years. His mother was Azubah, the daughter of Shilhi.

43 Jehoshaphat was a good king, following the example of his father, Asa. He did what was pleasing in the LORD's sight. *During his reign, however, he failed to remove all the pagan shrines, and the people still offered sacrifices and burned incense there.

44 Jehoshaphat also made peace with the king of Israel.

45 The rest of the events in Jehoshaphat's reign, the extent of his power, and the wars he waged are recorded in The Book of the History of the Kings of Judah.

46 He banished from the land the rest of the male and female shrine prostitutes, who still continued their practices from the days of his father, Asa.

47 (There was no king in Edom at that time, only a deputy.)

48 Jehoshaphat also built a fleet of trading ships* to sail to Ophir for gold. But the ships never set sail, for they met with disaster in their home port of Ezion-geber.

49 At one time Ahaziah son of Ahab had proposed to Jehoshaphat, "Let my men sail with your men in the ships." But Jehoshaphat refused the request.

50 When Jehoshaphat died, he was buried with his ancestors in the City of David. Then his son Jehoram became the next king.

51 Ahaziah son of Ahab began to rule over Israel in the seventeenth year of King Jehoshaphat's reign in Judah. He reigned in Samaria two years.

52 But he did what was evil in the LORD's sight, following the example of his father and mother and the example of Jeroboam son of Nebat, who had led Israel to sin.

53 He served Baal and worshiped him, provoking the anger of the LORD, the God of Israel, just as his father had done.

* 22:43 Verses 22:43b-53 are numbered 22:44-54 in Hebrew text.

* 22:48 Hebrew *fleet of ships of Tarshish.*

41 rule over ~ ~을 통치하다 reign 통치 43 remove 제거하다 pagan 이교의 shrine 사당 burn incense 향을 피우다 44 make peace with ~ ~와 화해하다 45 extent 범위 wage (전쟁을) 하다 46 banish from ~ ~로부터 추방하다 prostitute 매춘부 practice 관습 47 deputy 대리인 48 fleet 선단 set sail 출항하다 disaster 재앙 port 항구
49 propose to ~ ~에게 제안하다 50 be buried with ~ ~와 나란히 매장되다 ancestor 조상 53 provoke 화나게 하다

• MEMO •

권별주삶

아가페 주삶 GBS

- 1주(1회–5회) _ 열왕기상 1:1–10
  다윗의 노년
- 2주(6회–10회) _ 열왕기상 2:1–12
  다윗의 죽음과 그의 마지막 이야기
- 3주(11회–15회) _ 열왕기상 5:1–12
  지혜롭게, 평화롭게
- 4주(16회–20회) _ 열왕기상 7:13–26
  야긴과 보아스
- 5주(21회–25회) _ 열왕기상 8:22–32
  솔로몬의 기도
- 6주(26회–30회) _ 열왕기상 11:1–13
  은혜받은 자의 타락
- 7주(31회–35회) _ 열왕기상 13:1–10
  하나님의 사람과 여로보암
- 8주(36회–40회) _ 열왕기상 15:9–15
  아사의 개혁
- 9주(41회–45회) _ 열왕기상 15:33–16:7
  내가 너를 티끌에서 들어
- 10주(46회–50회) _ 열왕기상 17:1–10
  디셉 사람 엘리야
- 11주(51회–55회) _ 열왕기상 21:7–16
  나봇의 죽음
- 12주(56회–60회) _ 열왕기상 22:10–28
  하나님께서 내게 말씀하시는 것만 말하리라

* GBS 해설서는 뒷면에 있습니다

주간 그룹성경공부 • GBS

1주차 (1회~5회)

다윗의 노년

열왕기상 1:1–10 | 새찬송 70장 • 통일 79장

주간 말씀묵상 나눔

1 지난 한 주 동안 묵상하면서 깨달은 말씀을 그룹원들과 함께 나누어 봅시다.

2 깨달은 것을 실천함으로 삶에 변화를 가져온 것이 있다면 서로 나누어 봅시다.

• 오늘의 성경공부 목표

다윗의 노년에 일어난 사건을 통해 배울 수 있는 교훈은 무엇인지 생각해 봅니다.

1 다윗 왕이 나이가 많아 늙으니 이불을 덮
어도 따뜻하지 아니한지라
2 그의 시종들이 왕께 아뢰되 우리 주 왕을
위하여 젊은 처녀 하나를 구하여 그로 왕
을 받들어 모시게 하고 왕의 품에 누워
우리 주 왕으로 따뜻하시게 하리이다 하
고
3 이스라엘 사방 영토 내에 아리따운 처녀
를 구하던 중 수넴 여자 아비삭을 얻어
왕께 데려왔으니
4 이 처녀는 심히 아름다워 그가 왕을 받들
어 시중들었으나 왕이 잠자리는 같이하
지 아니하였더라
5 그때에 학깃의 아들 아도니야가 스스로
높여서 이르기를 내가 왕이 되리라 하고
자기를 위하여 병거와 기병과 호위병 오
십 명을 준비하니
6 그는 압살롬 다음에 태어난 자요 용모가
심히 준수한 자라 그의 아버지가 네가 어
찌하여 그리 하였느냐고 하는 말로 한 번
도 그를 섭섭하게 한 일이 없었더라
7 아도니야가 스루야의 아들 요압과 제사
장 아비아달과 모의하니 그들이 따르고
도우나
8 제사장 사독과 여호야다의 아들 브나야
와 선지자 나단과 시므이와 레이와 다윗
의 용사들은 아도니야와 같이하지 아니
하였더라
9 아도니야가 에느로겔 근방 소헬렛 바위
곁에서 양과 소와 살찐 송아지를 잡고 왕

자 곧 자기의 모든 동생과 왕의 신하 된 유다 모든 사람을 다 청하였으나

10 선지자 나단과 브나야와 용사들과 자기 동생 솔로몬은 청하지 아니하였더라

• 함께 읽어보기

늙는 것을 좋아하는 사람은 아마 없을 것입니다. 많은 사람이 늘어 가는 주름을 없애려고 성형외과의 시술을 받기도 하고, 오래도록 젊음을 유지하기 위해 다양한 요법을 시도해 보기도 합니다. 그러나 늙지 않는 사람은 없습니다. 이 땅에서 누렸던 높은 지위나 부귀영화도 가는 세월을 멈추게 하지 못합니다. 한 시대를 풍미한 이스라엘의 위대한 왕 다윗도 노년의 시기를 피할 수 없었습니다. 오늘 본문은 다윗이 노년에 겪은 위기가 어떤 것인지, 어떻게 그 위기를 극복할 수 있었는지 우리에게 가르쳐줍니다.

도입 질문

3 인생의 노년은 위기입니까, 기회입니까? 자유롭게 생각을 나누어 봅시다.

함께 나누기

4 열왕기상의 저자는 "다윗 왕이 나이가 많아 늙으니"라고 진술하며 이야기를 시작합니다. 노쇠한 다윗 왕의 육체적인 상태는 어떠했습니까? 1절

5 다윗의 육체적인 노쇠함은 정치적인 분열과 배신의 빌미를 제공했습니다. 안타깝게도 그 배신의 중심에는 다윗이 아끼고 사랑한 아들이 있었습니다. 그 아들의 이름은 무엇입니까? 그의 말과 행동은 어떠했습니까? 5절

6 아도니야의 도를 넘어선 행동에 대해 다윗의 태도는 어떠했습니까? 다윗의 태도는 적절했습니까? 6절

7 아도니야의 반란에 동조한 자는 누구이며, 동조하지 않은 자는 누구입니까? 7-8절

8 자신의 반란을 정당화하기 위해 아도니야가 취한 행동은 무엇입니까? 9절

9 겉으로 보기에는 부족함이 없었지만, 아도니야의 제사는 하나님이 기뻐하실 만한 것은 아니었습니다. 그 이유가 무엇이라 생각합니까? 오늘날 우리가 드리는 예배와 관련하여 얻을 수 있는 교훈은 무엇인지 생각해 봅시다.

10 인생의 노년을 잘 준비한다는 것은 무엇인지 생각해 보고 함께 의견을 나누어 봅시다.

주간 그룹성경공부 • GBS

2주차 (6회~10회)

다윗의 죽음과 그의 마지막 이야기

열왕기상 2:1-12 | 새찬송 212장 • 통일 347장

주간 말씀묵상 나눔

1 지난 한 주 동안 묵상하면서 깨달은 말씀을 그룹원들과 함께 나누어 봅시다.

2 깨달은 것을 실천함으로 삶에 변화를 가져온 것이 있다면 서로 나누어 봅시다.

• 오늘의 성경공부 목표

다윗의 죽음과 유언을 살펴보고, 인생의 마지막을 맞을 때 어떤 유언을 남길지 생각해 봅니다.

1 다윗이 죽을 날이 임박하매 그의 아들 솔로몬에게 명령하여 이르되
2 내가 이제 세상 모든 사람이 가는 길로 가게 되었노니 너는 힘써 대장부가 되고
3 네 하나님 여호와의 명령을 지켜 그 길로 행하여 그 법률과 계명과 율례와 증거를 모세의 율법에 기록된 대로 지키라 그리하면 네가 무엇을 하든지 어디로 가든지 형통할지라
4 여호와께서 내 일에 대하여 말씀하시기를 만일 네 자손들이 그들의 길을 삼가 마음을 다하고 성품을 다하여 진실히 내 앞에서 행하면 이스라엘 왕위에 오를 사람이 네게서 끊어지지 아니하리라 하신 말씀을 확실히 이루게 하시리라
5 스루야의 아들 요압이 내게 행한 일 곧 이스라엘 군대의 두 사령관 넬의 아들 아브넬과 예델의 아들 아마사에게 행한 일을 네가 알거니와 그가 그들을 죽여 태평 시대에 전쟁의 피를 흘리고 전쟁의 피를 자기의 허리에 띤 띠와 발에 신은 신에 묻혔으니
6 네 지혜대로 행하여 그의 백발이 평안히 스올에 내려가지 못하게 하라
7 마땅히 길르앗 바르실래의 아들들에게 은총을 베풀어 그들이 네 상에서 먹는 자 중에 참여하게 하라 내가 네 형 압살롬의 낯을 피하여 도망할 때에 그들이 내게 나왔느니라
8 바후림 베냐민 사람 게라의 아들 시므이

가 너와 함께 있나니 그는 내가 마하나
임으로 갈 때에 악독한 말로 나를 저주하
였느니라 그러나 그가 요단에 내려와서
나를 영접하므로 내가 여호와를 두고 맹
세하여 이르기를 내가 칼로 너를 죽이지
아니하리라 하였노라
9 그러나 그를 무죄한 자로 여기지 말지어
다 너는 지혜 있는 사람이므로 그에게 행
할 일을 알지니 그의 백발이 피 가운데
스올에 내려가게 하라
10 다윗이 그의 조상들과 함께 누워 다윗 성
에 장사되니
11 다윗이 이스라엘 왕이 된 지 사십 년이라
헤브론에서 칠 년 동안 다스렸고 예루살
렘에서 삼십삼 년 동안 다스렸더라
12 솔로몬이 그의 아버지 다윗의 왕위에 앉
으니 그의 나라가 심히 견고하니라

• 함께 읽어보기

다윗의 인생은 파란만장했습니다. 골리앗을 쓰러뜨리고 백성의 영웅으로 칭송받았으나, 사울의 시기심으로 힘든 시기를 보내야 했습니다. 또 밧세바와 간음하였고, 그것을 감추기 위해 충신 우리아를 전쟁터에서 죽게 만들었습니다. 압살롬과 아도니야의 반역은 다윗이 자녀들의 훈육에 대해서도 그리 훌륭한 아버지는 아니었음을 보여줍니다. 그러한 인간적인 많은 약점에도 불구하고, 오늘 본문에 기록된 다윗의 마지막 유언은 이스라엘의 위대한 왕으로서의 면모를 잘 보여줍니다. 하나님의 계명과 약속을 끝까지 붙잡았던 한 인간으로서의 다윗, 죽는 순간까지도 냉철함을 잃지 않고 솔로몬의 통치를 위해 정치적 조언을 아끼지 않는 아버지로서의 다윗을 오늘 본문은 잘 보여줍니다.

도입 질문

3 "내가 이제 세상 모든 사람이 가는 길로 가게 되었노니" 다윗이 남긴 유언은 이 한 문장으로 시작합니다. 우리 역시 언젠가는 그 길로 가게 될 것입니다. 어떤 삶을 살다가 어떤 이야기를 남기고 그 길로 가겠습니까?

함께 나누기

4 다윗은 솔로몬에게 어떤 지도자가 되라고 권면합니까? 2절

5 다윗은 솔로몬이 가장 우선적으로 지켜야 할 것이 무엇이라고 말합니까? 다윗이 언급한 몇 가지 내용을 나열해 봅시다. 3절

6 하나님이 다윗에게 하신 약속은 두 부분으로 나뉩니다. 하나님이 제시하신 조건은 무엇이고, 그것을 이행했을 때 얻게 되는 것은 무엇입니까? 4절

7 "그들의 길을 삼가 마음을 다하고 성품을 다하여 진실히 내 앞에서 행하면"(4절)이라는 구절은 두 개의 히브리어 동사 '샤마르'(따르다)와 '할라크'(행하다)를 포함합니다. '샤마르'가 말씀을 지키고 소중히 여기는 태도를 의미한다면, '할라크'는 삶에서 실천을 강조합니다. 하나님의 말씀에 대한 우리의 진심은 언제나 삶 속에서 실천으로 확인됩니다. 말씀을 사랑하는 만큼 실천하고 있습니까? 서로 이야기를 나누어 봅시다.

8 다윗은 솔로몬에게 요압에 대한 유언을 남기면서 지혜대로 행하여 벌하라고 이야기합니다. '지혜대로'라는 말 속에 담긴 다윗의 의도는 무엇일까요? 당시 요압의 정치적인 영향력과 인물됨을 고려하여 생각해 봅시다. 6절, 1:7; 2:5 참고; 대상 11:4–6; 삼하 8:16; 18:11–14

9 유언을 마무리하면서 다윗은 자비를 베풀 사람과(7절) 죄를 물어야 할 사람을(8절) 지명합니다. 그들은 각각 누구이며, 그 이유는 무엇입니까?

10 다윗의 유언은 그가 평생 무엇을 붙잡고 살았는지를 정확히 보여줍니다. 그것은 하나님께서 그에게 주신 약속입니다. 우리가 평생 붙잡아야 할 약속의 말씀은 무엇입니까? 자유롭게 이야기해 봅시다.

지혜롭게, 평화롭게

열왕기상 5:1-12 | 새찬송 327장 • 통일 361장

주간 말씀묵상 나눔

1 지난 한 주 동안 묵상하면서 깨달은 말씀을 그룹원들과 함께 나누어 봅시다.

2 깨달은 것을 실천함으로 삶에 변화를 가져온 것이 있다면 서로 나누어 봅시다.

• 오늘의 성경공부 목표

지혜롭고 평화롭게 하나님의 성전 짓는 일을 준비한 솔로몬을 살펴보고, 공동체 안에서 이루어지는 많은 일 가운데 지혜와 평화를 구하는 삶을 삽니다.

1 솔로몬이 기름부음을 받고 그의 아버지
를 이어 왕이 되었다 함을 두로 왕 히람
이 듣고 그의 신하들을 솔로몬에게 보냈
으니 이는 히람이 평생에 다윗을 사랑하
였음이라
2 이에 솔로몬이 히람에게 사람을 보내어
이르되
3 당신도 알거니와 내 아버지 다윗이 사방
의 전쟁으로 말미암아 그의 하나님 여호
와의 이름을 위하여 성전을 건축하지 못
하고 여호와께서 그의 원수들을 그의 발
바닥 밑에 두시기를 기다렸나이다
4 이제 내 하나님 여호와께서 내게 사방의
태평을 주시매 원수도 없고 재앙도 없도
다
5 여호와께서 내 아버지 다윗에게 하신 말
씀에 내가 너를 이어 네 자리에 오르게
할 네 아들 그가 내 이름을 위하여 성전
을 건축하리라 하신 대로 내가 내 하나님
여호와의 이름을 위하여 성전을 건축하
려 하오니
6 당신은 명령을 내려 나를 위하여 레바논
에서 백향목을 베어내게 하소서 내 종과
당신의 종이 함께할 것이요 또 내가 당신
의 모든 말씀대로 당신의 종의 삯을 당신
에게 드리리이다 당신도 알거니와 우리
중에는 시돈 사람처럼 벌목을 잘하는 자
가 없나이다
7 히람이 솔로몬의 말을 듣고 크게 기뻐하
여 이르되 오늘 여호와를 찬양할지로다

그가 다윗에게 지혜로운 아들을 주사 그 많은 백성을 다스리게 하셨도다 하고
8 이에 솔로몬에게 사람을 보내어 이르되 당신이 사람을 보내어 하신 말씀을 내가 들었거니와 내 백향목 재목과 잣나무 재목에 대하여는 당신이 바라시는 대로 할지라
9 내 종이 레바논에서 바다로 운반하겠고 내가 그것을 바다에서 뗏목으로 엮어 당신이 지정하는 곳으로 보내고 거기서 그것을 풀리니 당신은 받으시고 내 원을 이루어 나의 궁정을 위하여 음식물을 주소서 하고
10 솔로몬의 모든 원대로 백향목 재목과 잣나무 재목을 주매
11 솔로몬이 히람에게 그의 궁정의 음식물로 밀 이만 고르와 맑은 기름 이십 고르를 주고 해마다 그와 같이 주었더라
12 여호와께서 그의 말씀대로 솔로몬에게 지혜를 주신 고로 히람과 솔로몬이 친목하여 두 사람이 함께 약조를 맺었더라

• 함께 읽어보기

지혜롭지 못한 리더는 그를 따르는 자들을 불평하게 만들고, 지혜롭지 못한 계획은 설령 그 목적을 이룬다 할지라도 필요 이상으로 사람을 지치게 만듭니다. 지혜로운 리더는 그를 따르는 자들을 긍정적인 참여자로 만들고, 지혜로운 계획은 가끔 예상하지 못한 놀라운 성과를 만들어내기도 합니다. 오늘 본문은 한 명의 지혜로운 리더가 어떻게 주변 국가와 평화를 유지하며, 기쁨과 감사함으로 성전 건축이라는 큰 일을 준비하는지 잘 보여줍니다.

도입 질문

3 함께 일하는 과정에서 지혜롭지 못한 계획으로 인해 교회 혹은 공동체 전체가 어려움을 겪은 적이 있습니까? 경험을 나누어 봅시다.

함께 나누기

4 두로 왕 히람은 다윗과 어떤 관계였습니까? 1절, 삼하 5:11 참고

5 다윗 왕이 성전을 지을 수 없었던 이유는 무엇입니까? 3절, 삼하 7:4-13 참고

6 성전 건축에 앞서 하나님이 솔로몬과 이스라엘 온 나라에 주신 것은 무엇입니까? 4절 그리고 그것은 왜 중요합니까? 자유롭게 생각을 나누어 봅시다.

7 당시 최고의 목재였던 레바논의 백향목을 공급받기 위해 솔로몬이 히람에게 한 말은 그의 외교적 역량을 잘 보여줍니다. 어떤 내용이었습니까? 6절

8 두로 왕 히람은 솔로몬의 말을 듣고 크게 기뻐하며 누구에게 감사했습니까? 감사의 내용은 무엇입니까? 7절

9 솔로몬이 백향목과 잣나무의 대가로 히람에게 얼마만큼의 먹을 것을 주었습니까? 11절

10 "여호와께서 그의 말씀대로 솔로몬에게 지혜를 주신 고로"(12절)라는 구절은 성전 건축을 준비하는 솔로몬의 지혜가 약속을 성취하시는 하나님께로부터 온 것임을 나타냅니다. 4절에서 언급된 '태평'이라는 단어는 '친목하여'라는 표현을 통해 12절에서 다시 한 번 언급됩니다. 이것은 열왕기상의 저자가 하나님의 성전을 짓는 일이 나라 안팎의 평화로움 속에서 준비되고 진행되었다는 사실을 강조하고 있음을 보여줍니다. 오늘날 교회 공동체가 하나님의 일을 해나갈 때 지혜와 평화가 꼭 필요한 이유는 무엇인지 자유롭게 생각을 나누어 봅시다.

주간 그룹성경공부 • GBS

4주차 (16회~20회)

야긴과 보아스

열왕기상 7:13-26 | 새찬송 410장 • 통일 468장

주간 말씀묵상 나눔

1 지난 한 주 동안 묵상하면서 깨달은 말씀을 그룹원들과 함께 나누어 봅시다.

2 깨달은 것을 실천함으로 삶에 변화를 가져온 것이 있다면 서로 나누어 봅시다.

• 오늘의 성경공부 목표

히람이 만든 성전의 몇 가지 구조물이 가지고 있는 의미를 살펴보고, 성전 된 우리가 가져야 할 신앙의 자세는 무엇인지 기억합니다.

13 솔로몬 왕이 사람을 보내어 히람을 두로
에서 데려오니
14 그는 납달리 지파 과부의 아들이요 그의
아버지는 두로 사람이니 놋쇠 대장장이
라 이 히람은 모든 놋 일에 지혜와 총명
과 재능을 구비한 자이더니 솔로몬 왕에
게 와서 그 모든 공사를 하니라
15 그가 놋기둥 둘을 만들었으니 그 높이는
각각 십팔 규빗이라 각각 십이 규빗 되는
줄을 두를 만하며
16 또 놋을 녹여 부어서 기둥머리를 만들어
기둥 꼭대기에 두었으니 한쪽 머리의 높
이도 다섯 규빗이요 다른쪽 머리의 높이
도 다섯 규빗이며
17 기둥 꼭대기에 있는 머리를 위하여 바둑
판 모양으로 얽은 그물과 사슬 모양으로
땋은 것을 만들었으니 이 머리에 일곱이
요 저 머리에 일곱이라
18 기둥을 이렇게 만들었고 또 두 줄 석류를
한 그물 위에 둘러 만들어서 기둥 꼭대기
에 있는 머리에 두르게 하였고 다른 기둥
머리에도 그렇게 하였으며
19 주랑 기둥 꼭대기에 있는 머리의 네 규빗
은 백합화 모양으로 만들었으며
20 이 두 기둥머리에 있는 그물 곁 곧 그 머
리의 공같이 둥근 곳으로 돌아가며 각기
석류 이백 개가 줄을 지었더라
21 이 두 기둥을 성전의 주랑 앞에 세우되
오른쪽 기둥을 세우고 그 이름을 야긴이
라 하고 왼쪽의 기둥을 세우고 그 이름을

보아스라 하였으며
22 그 두 기둥 꼭대기에는 백합화 형상이 있
더라 두 기둥의 공사가 끝나니라
23 또 바다를 부어 만들었으니 그 직경이 십
규빗이요 그 모양이 둥글며 그 높이는 다
섯 규빗이요 주위는 삼십 규빗 줄을 두를
만하며
24 그 가장자리 아래에는 돌아가며 박이 있
는데 매 규빗에 열 개씩 있어서 바다 주
위에 둘렸으니 그 박은 바다를 부어 만들
때에 두 줄로 부어 만들었으며
25 그 바다를 소 열두 마리가 받쳤으니 셋은
북쪽을 향하였고 셋은 서쪽을 향하였고
셋은 남쪽을 향하였고 셋은 동쪽을 향하
였으며 바다를 그 위에 놓았고 소의 뒤는
다 안으로 두었으며
26 바다의 두께는 한 손 너비만 하고 그것의
가는 백합화의 양식으로 잔가와 같이 만
들었으니 그 바다에는 이천 밧을 담겠더
라

• 함께 읽어보기

건축물은 늘 건축가의 철학을 반영합니다. '누구를 혹은 무엇을 위한 건축인가?' '어떤 재료를 사용하는가?' '어떤 디자인을 사용하는가?' '어떤 이름을 붙여주는가?' 이러한 모든 것이 건축가의 의도와 관계가 있습니다. 그런 의미에서 건축물을 이루는 각 부분은 그것이 크든 작든 상관없이 모두 중요합니다. 그러나 각 부분이 서로 조화롭게 연결되지 못하면 그 건축물은 실패로 끝나게 됩니다. 오늘 본문에서 히람이 만든 두 기둥, 놋그릇, 놋 황소 열두 마리는 각각 중요한 의미를 담고 있을 뿐 아니라, 성전을 이루는 한 부분으로서 다른 구조물과 조화를 이루며 성전을 성전답게 함을 알 수 있습니다.

도입 질문

3 당신이 속해 있는 공동체 혹은 교회에서 당신은 의미 있는 사람입니까?

함께 나누기

4 열왕기상의 저자는 히람이 가지고 있는 세 가지 탁월함을 진술합니다. 그는 무엇을 다루는 기술이 뛰어납니까? 그에게는 무엇과 무엇이 있습니까? 14절

5 기둥 꼭대기의 기둥머리는 무슨 모양으로 만들었습니까? 19절

6 두 기둥의 이름은 각기 무엇입니까? 그 이름의 뜻은 무엇입니까? 21절

7 히람은 놋으로 크고 둥근 그릇을 만들었습니다. 그것의 이름은 무엇입니까? 23절

8 크고 둥근 놋그릇 바다는 무엇 위에 올려놓았습니까? 25절

9 바다와 소 열두 마리에 담긴 의미가 오늘날 교회에 주는 교훈은 무엇일까요? 자유롭게 이야기를 나누어 봅시다.

10 히람이 만든 각각의 구조물은 서로 다른 의미를 지니고 있지만, 성전이라는 커다란 전체를 이루는 하나의 중요한 부분으로서 역할을 감당합니다. 야긴과 보아스 자체만으로, 놋그릇 바다 자체만으로는 의미를 가질 수 없습니다. 성전이라는 큰 그림 안에서 의미를 갖는 것입니다. 교회를 이루는 혹은 공동체를 이루는 한 명의 구성원으로서, 당신은 어떤 의미가 있습니까? 자유롭게 이야기해 봅시다.

주간 그룹성경공부 • GBS

5주차 (21회~25회)

솔로몬의 기도

열왕기상 8:22-32 | 새찬송 368장 • 통일 486장

주간 말씀묵상 나눔

1 지난 한 주 동안 묵상하면서 깨달은 말씀을 그룹원들과 함께 나누어 봅시다.

2 깨달은 것을 실천함으로 삶에 변화를 가져온 것이 있다면 서로 나누어 봅시다.

• 오늘의 성경공부 목표

솔로몬의 기도를 살펴보고, 얻을 수 있는 교훈은 무엇인지 알아봅니다.

22 솔로몬이 여호와의 제단 앞에서 이스라
엘의 온 회중과 마주서서 하늘을 향하여
손을 펴고
23 이르되 이스라엘의 하나님 여호와여 위
로 하늘과 아래로 땅에 주와 같은 신이
없나이다 주께서는 온 마음으로 주의 앞
에서 행하는 종들에게 언약을 지키시고
은혜를 베푸시나이다
24 주께서 주의 종 내 아버지 다윗에게 하신
말씀을 지키사 주의 입으로 말씀하신 것
을 손으로 이루심이 오늘과 같으니이다
25 이스라엘의 하나님 여호와여 주께서 주
의 종 내 아버지 다윗에게 말씀하시기를
네 자손이 자기 길을 삼가서 네가 내 앞
에서 행한 것같이 내 앞에서 행하기만 하
면 네게서 나서 이스라엘의 왕위에 앉을
사람이 내 앞에서 끊어지지 아니하리라
하셨사오니 이제 다윗을 위하여 그 하신
말씀을 지키시옵소서
26 그런즉 이스라엘의 하나님이여 원하건대
주는 주의 종 내 아버지 다윗에게 하신
말씀이 확실하게 하옵소서
27 하나님이 참으로 땅에 거하시리이까 하
늘과 하늘들의 하늘이라도 주를 용납하
지 못하겠거든 하물며 내가 건축한 이 성
전이오리이까
28 그러나 내 하나님 여호와여 주의 종의 기
도와 간구를 돌아보시며 이 종이 오늘 주
앞에서 부르짖음과 비는 기도를 들으시
옵소서
29 주께서 전에 말씀하시기를 내 이름이 거
기 있으리라 하신 곳 이 성전을 향하여
주의 눈이 주야로 보시오며 주의 종이 이
곳을 향하여 비는 기도를 들으시옵소서

30 주의 종과 주의 백성 이스라엘이 이곳을
향하여 기도할 때에 주는 그 간구함을 들
으시되 주께서 계신 곳 하늘에서 들으시
고 들으시사 사하여 주옵소서
31 만일 어떤 사람이 그 이웃에게 범죄함으
로 맹세시킴을 받고 그가 와서 이 성전에
있는 주의 제단 앞에서 맹세하거든
32 주는 하늘에서 들으시고 행하시되 주의
종들을 심판하사 악한 자의 죄를 정하여
그 행위대로 그 머리에 돌리시고 의로운
자를 의롭다 하사 그의 의로운 바대로 갚
으시옵소서

• 함께 읽어보기

우리는 기도라는 단어에 아주 익숙합니다. 길을 걷다가도, 밥을 먹기 전에도, 중요한 일을 앞두고, 위기가 닥쳐왔을 때, 우리는 먼저 하나님을 찾고 기도합니다. 그렇기 때문에 우리가 어떤 기도를 하는가는 우리의 신앙이 어떠한지를 알 수 있게 해주는 척도가 됩니다. 철없는 어린 시절에는 아이들이 자신이 원하는 것을 얻기 위해 부모에게 떼를 쓰며 조르지만, 성장한 후에는 부모의 뜻을 먼저 헤아리게 됩니다. 기도도 마찬가지입니다. 성숙한 기도자는 하나님의 뜻을 먼저 구합니다. 기도는 내가 원하는 것을 하나님이 하시도록 만드는 것이 아닙니다. 하나님이 원하시는 것을 내가 구할 수 있을 때까지 겸손히 자신을 낮추는 것입니다.

도입 질문

3 요즘 자신의 기도생활을 되돌아봅시다. 주로 어떤 것을 기도하고 있습니까?

함께 나누기

4 하나님께 성전을 봉헌하며 솔로몬은 기도를 시작합니다. 오늘 본문은 그가 어디에 서 있다고 말하고 있습니까? 그는 어떤 자세를 취하고 있습니까? 22절

5 본문 24-26절에는 어떤 단어가 공통적으로 쓰였습니까? 결국 솔로몬은 무엇을 의지해서 자신의 기도를 시작하고 있습니까? 24-26절

6 27절을 함께 읽어 봅시다. 솔로몬은 하나님의 위대하심을 어떻게 표현하고 있습니까? 솔로몬은 자신이 봉헌한 성전이 하나님의 크심을 감당할 수 없음을 잘 알고 있습니다. 그럼에도 그는 하나님이 그 성전에 거하실 것을 기대하고 있습니다. 그 근거는 무엇입니까? 열왕기상 6장 13절을 참고해서 이야기해 봅시다.

7 28절을 함께 읽어 봅시다. 솔로몬은 자신을 어떻게 정의합니까? 하나님을 어떻게 정의합니까? 하나님께 드리는 기도는 어떤 관계에서 드리는 것입니까? 28절

8 솔로몬은 이스라엘 백성이 성전에서 기도할 때, 하나님이 어떤 일을 해주시기를 구하고 있습니까? 30절

9 어떤 사람이 성전에 나아와 자신의 무죄를 맹세할 경우, 하나님이 어떤 일을 해주시기를 구하고 있습니까? 32절

10 올바른 기도란 무엇일까요? 오늘 솔로몬의 기도를 통해 깨닫게 된 것을 자유롭게 나누어 봅시다.

주간 그룹성경공부 • GBS

6주차 (26회~30회)

은혜받은 자의 타락

열왕기상 11:1-13 | 새찬송 315장 • 통일 512장

주간 말씀묵상 나눔

1 지난 한 주 동안 묵상하면서 깨달은 말씀을 그룹원들과 함께 나누어 봅시다.

2 깨달은 것을 실천함으로 삶에 변화를 가져온 것이 있다면 서로 나누어 봅시다.

• 오늘의 성경공부 목표

솔로몬이 타락해 가는 과정을 살펴보고 타산지석의 교훈으로 삼습니다.

1 솔로몬 왕이 바로의 딸 외에 이방의 많은 여인을 사랑하였으니 곧 모압과 암몬과 에돔과 시돈과 헷 여인이라
2 여호와께서 일찍이 이 여러 백성에 대하여 이스라엘 자손에게 말씀하시기를 너희는 그들과 서로 통혼하지 말며 그들도 너희와 서로 통혼하게 하지 말라 그들이 반드시 너희의 마음을 돌려 그들의 신들을 따르게 하리라 하셨으나 솔로몬이 그들을 사랑하였더라
3 왕은 후궁이 칠백 명이요 첩이 삼백 명이라 그의 여인들이 왕의 마음을 돌아서게 하였더라
4 솔로몬의 나이가 많을 때에 그의 여인들이 그의 마음을 돌려 다른 신들을 따르게 하였으므로 왕의 마음이 그의 아버지 다윗의 마음과 같지 아니하여 그의 하나님 여호와 앞에 온전하지 못하였으니
5 이는 시돈 사람의 여신 아스다롯을 따르고 암몬 사람의 가증한 밀곰을 따름이라
6 솔로몬이 여호와의 눈앞에서 악을 행하여 그의 아버지 다윗이 여호와를 온전히 따름같이 따르지 아니하고
7 모압의 가증한 그모스를 위하여 예루살렘 앞산에 산당을 지었고 또 암몬 자손의 가증한 몰록을 위하여 그와 같이 하였으며
8 그가 또 그의 이방 여인들을 위하여 다 그와 같이 한지라 그들이 자기의 신들에게 분향하며 제사하였더라
9 솔로몬이 마음을 돌려 이스라엘의 하나님 여호와를 떠나므로 여호와께서 그에게 진노하시니라 여호와께서 일찍이 두 번이나 그에게 나타나시고

10 이 일에 대하여 명령하사 다른 신을 따르
지 말라 하셨으나 그가 여호와의 명령을
지키지 않았으므로
11 여호와께서 솔로몬에게 말씀하시되 네게
이러한 일이 있었고 또 네가 내 언약과
내가 네게 명령한 법도를 지키지 아니하
였으니 내가 반드시 이 나라를 네게서 빼
앗아 네 신하에게 주리라
12 그러나 네 아버지 다윗을 위하여 네 세대
에는 이 일을 행하지 아니하고 네 아들의
손에서 빼앗으려니와
13 오직 내가 이 나라를 다 빼앗지 아니하고
내 종 다윗과 내가 택한 예루살렘을 위하
여 한 지파를 네 아들에게 주리라 하셨더
라

• 함께 읽어보기

"내가 약한 그때에 강함이라"(고후 12:10). 인간은 누구나 약점이 있습니다. 그것은 육체적인 약함일 수도 있고, 성격적인 결함일 수도 있으며, 때로는 환경적인 열악함일 수도 있습니다. 그러나 약점이 필연적으로 인생을 실패로 이끄는 것은 아닙니다. 사도 바울은 육체적인 약점이 있었습니다. 때로는 경제적인 어려움을 겪었고 핍박도 받았습니다. 그러나 사도 바울의 약점은 그를 강하게 만들었습니다. 약함을 인식하는 순간 하나님을 더 의지하게 되었기 때문입니다. 그리스도인은 약점을 강점으로 만드는 사람들입니다. 우리의 약점을 겸손하게 인정하고 하나님을 더욱 의지할 수 있다면, 하나님은 그 약함을 통해 일하실 것이기 때문입니다.

도입 질문

3 자신의 약점에 대해 알고 있습니까? 당신의 약점은 무엇이며 어떻게 대처하고 있습니까?

함께 나누기

4 여호와께서 전에 이스라엘에게 하신 말씀은 무엇입니까? 2절

5 '그러나' 솔로몬은 이방 여자들과 사랑에 빠졌습니다. 솔로몬은 몇 명의 아내를 두었습니까? 아내들로 인해 솔로몬의 마음은 어떻게 변해 갔습니까? 3절

6 하나님께 마음이 멀어진 솔로몬은 결국 무엇을 하게 됩니까? 4–5절, 7–8절

7 열왕기상의 저자는 솔로몬의 우상숭배를 무엇이라고 정의합니까? 6절

8 두 번이나 솔로몬에게 자신을 나타내신(3:5; 9:2 참고) 하나님이 다른 신을 섬기지 말라고 말씀하셨음에도 솔로몬은 하나님을 따르지 않았습니다. 두 번이나 나타날 만큼 솔로몬을 사랑하신 하나님은 어떤 심정이었을까요? 자유롭게 이야기해 봅시다. 11–13절

9 솔로몬에게 내린 하나님의 징계는 무엇입니까? 11–12절

10 본문에 언급된 징계의 내용을 통해 알 수 있는 하나님은 어떤 분입니까?

주간 그룹성경공부 • GBS

7주차 (31회~35회)

하나님의 사람과 여로보암

열왕기상 13:1-10 | 새찬송 502장 • 통일 259장

주간 말씀묵상 나눔

1 지난 한 주 동안 묵상하면서 깨달은 말씀을 그룹원들과 함께 나누어 봅시다.

2 깨달은 것을 실천함으로 삶에 변화를 가져온 것이 있다면 서로 나누어 봅시다.

• 오늘의 성경공부 목표

하나님의 사람과 여로보암의 이야기를 살펴보고, 순종의 중요성을 깨닫습니다.

1 보라 그때에 하나님의 사람이 여호와의
말씀으로 말미암아 유다에서부터 벧엘에
이르니 마침 여로보암이 제단 곁에 서서
분향하는지라
2 하나님의 사람이 제단을 향하여 여호와
의 말씀으로 외쳐 이르되 제단아 제단아
여호와께서 이와 같이 말씀하시기를 다
윗의 집에 요시야라 이름하는 아들을 낳
으리니 그가 네 위에 분향하는 산당 제사
장을 네 위에서 제물로 바칠 것이요 또
사람의 뼈를 네 위에서 사르리라 하셨느
니라 하고
3 그날에 그가 징조를 들어 이르되 이는 여
호와께서 말씀하신 징조라 제단이 갈라
지며 그 위에 있는 재가 쏟아지리라 하매
4 여로보암 왕이 하나님의 사람이 벧엘에
있는 제단을 향하여 외쳐 말함을 들을 때
에 제단에서 손을 펴며 그를 잡으라 하더
라 그를 향하여 편 손이 말라 다시 거두
지 못하며
5 하나님의 사람이 여호와의 말씀으로 보
인 징조대로 제단이 갈라지며 재가 제단
에서 쏟아진지라
6 왕이 하나님의 사람에게 말하여 이르되
청하건대 너는 나를 위하여 네 하나님 여
호와께 은혜를 구하여 내 손이 다시 성하
게 기도하라 하나님의 사람이 여호와께
은혜를 구하니 왕의 손이 다시 성하도록
전과 같이 되니라
7 왕이 하나님의 사람에게 이르되 나와 함
께 집에 가서 쉬라 내가 네게 예물을 주
리라
8 하나님의 사람이 왕께 대답하되 왕께서
왕의 집 절반을 내게 준다 할지라도 나는

왕과 함께 들어가지도 아니하고 이곳에
서는 떡도 먹지 아니하고 물도 마시지 아
니하리니
9 이는 곧 여호와의 말씀이 내게 명령하여
이르시기를 떡도 먹지 말며 물도 마시지
말고 왔던 길로 되돌아가지 말라 하셨음
이니이다 하고
10 이에 다른 길로 가고 자기가 벧엘에 오던
길로 되돌아가지도 아니하니라

• 함께 읽어보기

"순종이 제사보다 낫고 듣는 것이 숫양의 기름보다 나으니"(삼상 15:22)라고 성경은 말합니다. 아담과 하와는 순종하지 않고 동산 한 가운데 있는 나무의 열매를 먹었고, 온 인류는 죄의 영향력 아래 있게 되었습니다. "아말렉에게 하나님의 진노를 보여주라"는 명령에 순종하지 않았기 때문에, 하나님은 사울을 폐하고 다윗을 왕으로 삼으셨습니다(삼상 28:18). 요나는 니느웨로 가라는 말씀에 순종하지 않았기 때문에, 큰 물고기 배 속에서 삼일 밤낮을 갇혀 있었습니다(욘 1:17). 불순종이 개인, 국가, 심지어는 온 인류에 부정적인 결과를 가져올 수 있음은 성경의 진술을 통해 충분히 증명됩니다.

도입 질문

3 최근에 당신에게 보내주신 하나님의 사람은 누구입니까?

함께 나누기

4 여로보암의 우상숭배를 경고하기 위해 하나님은 누구를 보내셨습니까? 1절

5 하나님의 사람이 외친 두 가지 예언은 무엇입니까? 2–3절

6 예언의 말씀에 대한 여로보암의 반응은 어떠했습니까? 4절

7 "너는 나를 위하여 네 하나님께 은혜를 구하여"(6절)라는 여로보암의 말에 있는 문제점은 무엇입니까?

8 하나님의 사람이 기도하자 하나님은 여로보암에게 은혜를 베푸셨고 그의 손은 낫게 되었습니다(6절). 어떤 하나님이 느껴집니까?

9 여로보암은 하나님의 사람에게 어떤 제안을 했습니까? 그 제안은 하나님이 베풀어주신 은혜를 여로보암이 진심으로 받아들였다는 의미입니까? 열왕기상 13장 33절을 참고하여 대답해 봅시다. 7절

10 하나님의 사람은 여로보암의 제안을 거절합니다. 그 이유는 무엇입니까? 9절

아사의 개혁

열왕기상 15:9–15 | 새찬송 276장 • 통일 334장

주간 말씀묵상 나눔

1 지난 한 주 동안 묵상하면서 깨달은 말씀을 그룹원들과 함께 나누어 봅시다.

2 깨달은 것을 실천함으로 삶에 변화를 가져온 것이 있다면 서로 나누어 봅시다.

• 오늘의 성경공부 목표

아사의 개혁에 대해 배우고, 자신의 삶을 돌아보는 계기로 삼습니다.

9 이스라엘의 여로보암 왕 제이십 년에 아
사가 유다 왕이 되어
10 예루살렘에서 사십일 년 동안 다스리니
라 그의 어머니의 이름은 마아가라 아비
살롬의 딸이더라
11 아사가 그의 조상 다윗같이 여호와 보시
기에 정직하게 행하여
12 남색하는 자를 그 땅에서 쫓아내고 그의
조상들이 지은 모든 우상을 없애고
13 또 그의 어머니 마아가가 혐오스러운 아
세라 상을 만들었으므로 태후의 위를 폐
하고 그 우상을 찍어 기드론 시냇가에서
불살랐으나
14 다만 산당은 없애지 아니하니라 그러나
아사의 마음이 일평생 여호와 앞에 온전
하였으며
15 그가 그의 아버지가 성별한 것과 자기가
성별한 것을 여호와의 성전에 받들어 드
렸으니 곧 은과 금과 그릇들이더라

• **함께 읽어보기**

"해마다 다른 것의 피로써 성소에 들어가는 것같이"(히 9:25). 하나님이 자신의 독생자를 십자가 위에서 희생시키신 이유를 이보다 더 잘 설명해 주는 구절은 없을 것입니다. 예수 그리스도의 죽음은 죄 아래서 고통받는 백성들을 구하기 위한 하나님의 결단이고 희생이었습니다. "하나님이 세상을 이처럼 사랑하사 독생자를 주셨으니"(요 3:16). 구원받은 우리는 이 구절을 대할 때 대부분 감사의 고백을 합니다. 잠깐 동안만 하나님의 입장이 되어 생각해 봅시다. 독생자를 주셔야만 하는 하나님의 마음은 어땠을까요? 아버지의 뜻을 이루기 위해 십자가에 매달려 고통받는 아들을 지켜보던 기억이 어찌 아프지 않고 고통스럽지 않겠습니까? 그러나 하나님은 그것을 감수하셨고, 결국 당신의 백성을 구하셨습니다. 희생이 없이는 아무런 대가도 얻을 수 없습니다.

도입 질문

3 희생을 감수하고 고통을 참아가며 하나님을 사랑해 본 적이 있습니까?

함께 나누기

4 여로보암이 이스라엘 왕으로 있은 지 몇 년째 되는 해에 아사가 유다의 왕이 되었습니까? 9절 몇 년 동안 예루살렘을 다스렸습니까? 10절

5 열왕기상의 저자는 아사의 삶을 어떻게 묘사합니까? 11절

6 아사의 할머니(본절에는 어머니로 기록됨, p.171 참고)는 누구입니까? 그녀가 범한 죄는 무엇입니까? 10,13절

7 아사가 개혁한 내용을 구체적으로 나열해 봅시다. 12–13절

8 열왕기상의 저자는 "일평생 여호와 앞에 온전하였으며"(14절)라고 아사를 평가합니다. 여호와 앞에 온전한 삶은 어떤 삶입니까? 자유롭게 의견을 나누어 봅시다.

9 아사가 남긴 오점은 무엇입니까? 14절

10 아사는 자신의 할머니를 왕비의 자리에서 쫓아내면서까지 하나님 앞에서 올바르게 살려고 노력했습니다. 희생 없는 개혁은 없습니다. 하나님 앞에서 올바른 삶을 살기 위해 지금 자신이 희생해야 할 것은 무엇입니까? 깊이 생각해 보고 서로 나누어 봅시다.

주간 그룹성경공부 • GBS

9주차 (41회~45회)

내가 너를 티끌에서 들어

열왕기상 15:33–16:7 | 새찬송 304장 • 통일 404장

주간 말씀묵상 나눔

1 지난 한 주 동안 묵상하면서 깨달은 말씀을 그룹원들과 함께 나누어 봅시다.

2 깨달은 것을 실천함으로 삶에 변화를 가져온 것이 있다면 서로 나누어 봅시다.

• 오늘의 성경공부 목표

하나님께 받은 은혜를 늘 기억하는 겸손한 그리스도인이 되도록 합니다.

33 유다의 아사 왕 셋째 해에 아히야의 아들
바아사가 디르사에서 모든 이스라엘의
왕이 되어 이십사 년 동안 다스리니라
34 바아사가 여호와 보시기에 악을 행하되
여로보암의 길로 행하며 그가 이스라엘
에게 범하게 한 그 죄 중에 행하였더라
1 여호와의 말씀이 하나니의 아들 예후에
게 임하여 바아사를 꾸짖어 이르시되
2 내가 너를 티끌에서 들어 내 백성 이스라
엘 위에 주권자가 되게 하였거늘 네가 여
로보암의 길로 행하며 내 백성 이스라엘
에게 범죄하게 하여 그들의 죄로 나를 노
엽게 하였은즉
3 내가 너 바아사와 네 집을 쓸어버려 네
집이 느밧의 아들 여로보암의 집같이 되
게 하리니
4 바아사에게 속한 자가 성읍에서 죽은즉
개가 먹고 그에게 속한 자가 들에서 죽은
즉 공중의 새가 먹으리라 하셨더라
5 바아사의 남은 사적과 행한 모든 일과 권
세는 이스라엘 왕 역대지략에 기록되지
아니하였느냐
6 바아사가 그의 조상들과 함께 자매 디르
사에 장사되고 그의 아들 엘라가 대신하
여 왕이 되니라
7 여호와의 말씀이 하나니의 아들 선지자
예후에게도 임하사 바아사와 그의 집을
꾸짖으심은 그가 여로보암의 집과 같이
여호와 보시기에 모든 악을 행하며 그의
손의 행위로 여호와를 노엽게 하였음이
며 또 그의 집을 쳤음이더라

• **함께 읽어보기**

요즘 상품 광고를 보면 '신소재'를 사용했다는 문구를 종종 볼 수 있습니다. 신소재(advanced materials, 新素材)라는 용어는 기존의 원료를 새로운 기술로 조합 및 제조하여 이전에 없던 혹은 더욱 향상된 성능을 갖게 된 소재를 가리킵니다. 상식적으로 생각할 때 신소재를 사용하면 더 나은 제품을 만들 수 있습니다. 인간은 스스로 만물의 영장이라고 하지만, 사실 하나님께서 인간을 만드실 때 사용하신 소재는 특별한 성능을 가진 신소재가 아니라 땅에 뒹구는 티끌 혹은 먼지(dust)였습니다. 그 흔한 티끌로 만든 인간이 어떻게 특별해질 수 있었을까요? 그것은 바로 하나님께서 그 티끌로 만든 몸뚱이에 '생기' 즉 생명의 바람을 불어넣어 주셨기 때문입니다(창 2:7). 하나님께서 생명으로 가득 채워주지 않으시면 나는 그저 티끌일 뿐, 그 이상도 그 이하도 아닙니다. 그러니 하나님 앞에서 늘 겸손해야 하지 않겠습니까?

도입 질문

3 자신의 인생 중에 꼭 잊지 말아야 할 은혜가 있다면 무엇입니까? 각자의 이야기를 나누어 봅시다.

함께 나누기

4 유다의 아사 왕 셋째 해에 누가 이스라엘의 왕이 되었습니까? 그리고 몇 년을 다스렸습니까? 33절

5 열왕기서의 저자는 바아사를 어떤 왕으로 평가합니까? 34절

6 여호와의 말씀이 누구에게 임했습니까? 16장 1절

7 바아사를 티끌에서 들어 이스라엘의 왕이 되게 하신 분은 누구입니까? 2절

8 하나님께서는 바아사와 그의 집안이 어떤 최후를 맞게 될 것이라고 말씀하셨습니까? 3절

9 바아사의 남은 사적과 행한 모든 일과 권세는 어디에 기록되었습니까? 5절

10 바아사 왕의 몰락은 언제부터 시작되었을까요? 하나님께서 바아사를 "티끌에서 들어" 이스라엘의 왕이 되게 하셨지만, 왕이 된 후 그가 하나님의 은혜를 잊고 악을 행했다는 사실을 참고하여 생각해 보고 각자의 의견을 나누어 봅시다.

디셉 사람 엘리야

열왕기상 17:1-10 | 새찬송 515장 • 통일 256장

주간 말씀묵상 나눔

1 지난 한 주 동안 묵상하면서 깨달은 말씀을 그룹원들과 함께 나누어 봅시다.

2 깨달은 것을 실천함으로 삶에 변화를 가져온 것이 있다면 서로 나누어 봅시다.

• 오늘의 성경공부 목표

엘리야의 자기 인식이 그의 삶 속에서 어떻게 드러났는지 살펴보고, 스스로 자신을 어떤 사람으로 규정할지 생각해 봅니다.

1 길르앗에 우거하는 자 중에 디셉 사람 엘리야가 아합에게 말하되 내가 섬기는 이스라엘의 하나님 여호와께서 살아계심을 두고 맹세하노니 내 말이 없으면 수 년 동안 비도 이슬도 있지 아니하리라 하니라
2 여호와의 말씀이 엘리야에게 임하여 이르시되
3 너는 여기서 떠나 동쪽으로 가서 요단 앞 그릿 시냇가에 숨고
4 그 시냇물을 마시라 내가 까마귀들에게 명령하여 거기서 너를 먹이게 하리라
5 그가 여호와의 말씀과 같이 하여 곧 가서 요단 앞 그릿 시냇가에 머물매
6 까마귀들이 아침에도 떡과 고기를, 저녁에도 떡과 고기를 가져왔고 그가 시냇물을 마셨으나
7 땅에 비가 내리지 아니하므로 얼마 후에 그 시내가 마르니라
8 여호와의 말씀이 엘리야에게 임하여 이르시되
9 너는 일어나 시돈에 속한 사르밧으로 가서 거기 머물라 내가 그곳 과부에게 명령하여 네게 음식을 주게 하였느니라
10 그가 일어나 사르밧으로 가서 성문에 이를 때에 한 과부가 그곳에서 나뭇가지를 줍는지라 이에 불러 이르되 청하건대 그릇에 물을 조금 가져다가 내가 마시게 하라

• **함께 읽어보기**

'나는 누구인가?'라는 질문에 바울은 이렇게 대답합니다. "나는 사도 중에 가장 작은 자라 나는 하나님의 교회를 박해하였으므로 사도라 칭함 받기를 감당하지 못할 자니라 그러나 내가 나 된 것은 하나님의 은혜로 된 것이니 내게 주신 그의 은혜가 헛되지 아니하여 내가 모든 사도보다 더 많이 수고하였으나 내가 한 것이 아니요 오직 나와 함께하신 하나님의 은혜로라"(고전 15:9-10). 바울의 대답은 짧은 몇 문장이지만 그의 일생을 담고 있습니다. 당신은 어떤 사람입니까?

도입 질문

3 '나는 누구입니까?' 간단한 몇 문장으로 자신에 대해 써 보고 함께 나누어 봅시다.

함께 나누기

4 엘리야의 출신 지역은 어디입니까? 아합 왕 앞에 선 엘리야는 자신을 어떻게 소개하고 있습니까? 1절

5 가뭄에 대한 예언을 선포한 후 신변의 위협을 느꼈을 엘리야에게 하나님께서 직접 하신 말씀은 무엇입니까? 3-4절

6 그릿 시냇가는 어떤 곳이라고 생각합니까? 까마귀가 먹을 것을 가져다주어야 살 수 있었던 곳(4,6절)이었던 점을 참고해서 대답해 봅시다.

7 하나님의 말씀에 대한 엘리야의 반응은 어떠했습니까? 5절

8 얼마 뒤 그릿 시냇가의 물도 말라버립니다. 생존의 위협을 느꼈을 엘리야에게 하나님께서 하신 말씀은 무엇입니까? 9절

9 하나님의 말씀에 대한 엘리야의 반응은 어떠했습니까? 10절

10 오늘 본문에서 엘리야는 어떤 사람입니까? 그것이 오늘 당신에게 주는 교훈은 무엇입니까?

나봇의 죽음

열왕기상 21:7–16 | 새찬송 463장 통일 518장

주간 말씀묵상 나눔

1 지난 한 주 동안 묵상하면서 깨달은 말씀을 그룹원들과 함께 나누어 봅시다.

2 깨달은 것을 실천함으로 삶에 변화를 가져온 것이 있다면 서로 나누어 봅시다.

• 오늘의 성경공부 목표

공동체 안에서 리더의 타락이 얼마나 치명적인 결과를 초래하는지 살펴보고 신앙생활의 교훈으로 삼습니다.

7 그의 아내 이세벨이 그에게 이르되 왕이 지금 이스라엘 나라를 다스리시나이까 일어나 식사를 하시고 마음을 즐겁게 하소서 내가 이스르엘 사람 나봇의 포도원을 왕께 드리리이다 하고
8 아합의 이름으로 편지들을 쓰고 그 인을 치고 봉하여 그의 성읍에서 나봇과 함께 사는 장로와 귀족들에게 보내니
9 그 편지 사연에 이르기를 금식을 선포하고 나봇을 백성 가운데에 높이 앉힌 후에
10 불량자 두 사람을 그의 앞에 마주 앉히고 그에게 대하여 증거하기를 네가 하나님과 왕을 저주하였다 하게 하고 곧 그를 끌고 나가서 돌로 쳐 죽이라 하였더라
11 그의 성읍 사람 곧 그의 성읍에 사는 장로와 귀족들이 이세벨의 지시 곧 그가 자기들에게 보낸 편지에 쓴 대로 하여
12 금식을 선포하고 나봇을 백성 가운데 높이 앉히매
13 때에 불량자 두 사람이 들어와 그의 앞에 앉고 백성 앞에서 나봇에게 대하여 증언을 하여 이르기를 나봇이 하나님과 왕을 저주하였다 하매 무리가 그를 성읍 밖으로 끌고 나가서 돌로 쳐 죽이고
14 이세벨에게 통보하기를 나봇이 돌에 맞아 죽었나이다 하니
15 이세벨이 나봇이 돌에 맞아 죽었다 함을 듣고 이세벨이 아합에게 이르되 일어나

그 이스르엘 사람 나봇이 돈으로 바꾸어 주기를 싫어하던 나봇의 포도원을 차지하소서 나봇이 살아있지 아니하고 죽었나이다

16 아합은 나봇이 죽었다 함을 듣고 곧 일어나 이스르엘 사람 나봇의 포도원을 차지하러 그리로 내려갔더라

• 함께 읽어보기

아담은 하나님이 창조하신 세상을 다스릴 수 있는 권한을 부여받았지만(창 1:28) 타락하고 말았습니다. 아담의 타락으로 인류에 어떤 결과가 임했습니까? 아담과 같은 죄를 짓지 않은 사람까지도(롬 5:14) 죄와 사망의 지배 아래서 고통받게 되었습니다. 오늘 본문도 마찬가지입니다. 아합의 타락은 그 자신의 몰락뿐 아니라 종교지도자들의 몰락을 초래했고, 급기야 무고한 백성을 죽음에 이르게 했습니다. 나봇의 이야기는 리더의 타락이 얼마나 큰 결과를 가져오는지 잘 보여줍니다.

도입 질문

3 리더의 타락과 독선으로 어려움을 겪었던 경험이 있습니까? 혹은 그 반대의 경험이 있습니까? 서로 이야기를 나누어 봅시다.

함께 나누기

4 아합과 나봇 사이에 있었던 일(1–6절)을 들은 이세벨은 아합에게 무엇이라고 말합니까?
7절

5 이세벨이 나봇을 죽이기 위해 세운 계획은 무엇입니까? 9–10절

6 이세벨은 누구와 함께 나봇을 죽일 계획을 실행합니까? 8,11절

7 장로들과 귀족들은 누구를 매수했습니까? 10,13절

8 누가 나봇의 죽음을 이세벨에게 알렸습니까? 14절

9 나봇의 죽음을 전해들은 아합의 반응은 어떠했습니까? 16절

10 이스라엘 지도자들의 타락이 결국 무엇을 초래했습니까? 우리에게 주는 교훈은 무엇입니까?

주간 그룹성경공부 • GBS

12주차 (56회~60회)

하나님께서 내게 말씀하시는 것만 말하리라

열왕기상 22:10-28 | 새찬송 595장 • 통일 372장

주간 말씀묵상 나눔

1 지난 한 주 동안 묵상하면서 깨달은 말씀을 그룹원들과 함께 나누어 봅시다.

2 깨달은 것을 실천함으로 삶에 변화를 가져온 것이 있다면 서로 나누어 봅시다.

• 오늘의 성경공부 목표

소신 있는 그리스도인의 삶에 대해 생각해 봅니다.

10 이스라엘의 왕과 유다의 여호사밧 왕이
왕복을 입고 사마리아 성문 어귀 광장에
서 각기 왕좌에 앉아 있고 모든 선지자가
그들의 앞에서 예언을 하고 있는데
11 그나아나의 아들 시드기야는 자기를 위
하여 철로 뿔들을 만들어 가지고 말하되
여호와의 말씀이 왕이 이것들로 아람 사
람을 찔러 진멸하리라 하셨다 하고
12 모든 선지자도 그와 같이 예언하여 이르
기를 길르앗 라못으로 올라가 승리를 얻
으소서 여호와께서 그 성읍을 왕의 손에
넘기시리이다 하더라
13 미가야를 부르러 간 사신이 일러 이르되
선지자들의 말이 하나같이 왕에게 길하
게 하니 청하건대 당신의 말도 그들 중
한 사람의 말처럼 길하게 하소서
14 미가야가 이르되 여호와께서 살아계심을
두고 맹세하노니 여호와께서 내게 말씀
하시는 것 곧 그것을 내가 말하리라 하고
15 이에 왕에게 이르니 왕이 그에게 이르되
미가야야 우리가 길르앗 라못으로 싸우
러 가랴 또는 말랴 그가 왕께 이르되 올
라가서 승리를 얻으소서 여호와께서 그
성읍을 왕의 손에 넘기시리이다
16 왕이 그에게 이르되 내가 몇 번이나 네게
맹세하게 하여야 네가 여호와의 이름으
로 진실한 것으로만 내게 말하겠느냐
17 그가 이르되 내가 보니 온 이스라엘이 목
자 없는 양같이 산에 흩어졌는데 여호와
의 말씀이 이 무리에게 주인이 없으니 각
각 평안히 자기의 집으로 돌아갈 것이니
라 하셨나이다
18 이스라엘의 왕이 여호사밧 왕에게 이르
되 저 사람이 내게 대하여 길한 것을 예

언하지 아니하고 흉한 것을 예언하겠다
고 당신에게 말씀하지 아니하였나이까
19 미가야가 이르되 그런즉 왕은 여호와의
말씀을 들으소서 내가 보니 여호와께서
그의 보좌에 앉으셨고 하늘의 만군이 그
의 좌우편에 모시고 서 있는데
20 여호와께서 말씀하시기를 누가 아합을
꾀어 그를 길르앗 라못에 올라가서 죽게
할꼬 하시니 하나는 이렇게 하겠다 하고
또 하나는 저렇게 하겠다 하였는데
21 한 영이 나아와 여호와 앞에 서서 말하되
내가 그를 꾀겠나이다
22 여호와께서 그에게 이르시되 어떻게 하
겠느냐 이르되 내가 나가서 거짓말하는
영이 되어 그의 모든 선지자들의 입에 있
겠나이다 여호와께서 이르시되 너는 꾀
겠고 또 이루리라 나가서 그리하라 하셨
은즉
23 이제 여호와께서 거짓말하는 영을 왕의
이 모든 선지자의 입에 넣으셨고 또 여호
와께서 왕에 대하여 화를 말씀하셨나이
다
24 그나아나의 아들 시드기야가 가까이 와
서 미가야의 뺨을 치며 이르되 여호와의
영이 나를 떠나 어디로 가서 네게 말씀하
시더냐
25 미가야가 이르되 네가 골방에 들어가서
숨는 그날에 보리라
26 이스라엘의 왕이 이르되 미가야를 잡아
성주 아몬과 왕자 요아스에게로 끌고 돌
아가서
27 말하기를 왕의 말씀이 이 놈을 옥에 가두
고 내가 평안히 돌아올 때까지 고생의 떡
과 고생의 물을 먹이라 하였다 하라
28 미가야가 이르되 왕이 참으로 평안히 돌
아오시게 될진대 여호와께서 나를 통하
여 말씀하지 아니하셨으리이다 또 이르
되 너희 백성들아 다 들을지어다 하니라

• **함께 읽어보기**

2005년 우리나라의 한 증권회사 광고에서 이런 장면이 연출되었습니다. 정장을 입은 남자들이 모두 정면을 보며 "예"라고 외치는데, 뒤돌아있는 한 남자가 "아니오"라고 외칩니다. 그리고 성우의 내레이션이 흘러나옵니다. "모두가 '예'라고 할 때 '아니오'라고 할 수 있는 친구. 그 친구가 좋다. '예스'도 '노'도 소신 있게!" 당시에 많은 사람들이 이 광고에 호응했던 이유는, 어쩌면 소신 있는 삶을 살고 싶은 소망이 그들 속에 있었기 때문일 것입니다. 오늘 본문에 모두 "Yes"라고 말할 때 "No"를 외친 한 선지자가 소개됩니다. 바로 선지자 미가야입니다. 그가 "No"를 외친 이유는 간단합니다. 하나님이 "No"라고 말씀하셨기 때문입니다. 오늘 본문 말씀을 살펴보면서 남들의 시선과 왕의 위협에도 굴하지 않고 사명을 위해 용기 있게 "No"를 외친 믿음의 선배, 미가야 선지자를 함께 만나 보도록 하겠습니다.

도입 질문

3 사람들에게 잘 보이기 위해 마음에 없는 말과 행동을 했던 적이 있습니까? 각자의 경험을 나누어 봅시다.

함께 나누기

4 사마리아 성문 어귀의 광장에서 어떤 일이 벌어지고 있었습니까? 10절

5 그나아나의 아들 시드기야는 무엇을 만들었습니까? 그는 어떤 예언을 했습니까? 11절

6 이스라엘 왕의 사신이 미가야 선지자에게 어떤 부탁을 했습니까? 13절

7 미가야 선지자는 아합 왕의 사신에게 어떻게 대답했습니까? 14절

8 미가야 선지자가 아합 왕에게 처음 한 말은 무엇입니까? 미가야가 그렇게 말한 이유는 무엇일까요? 15절

9 미가야 선지자는 어떤 예언의 말을 했습니까? 17절

10 미가야 선지자는 거짓으로 예언한 선지자들의 입에 하나님께서 무엇을 넣으셨다고 말합니까? 23절

11 하나님의 말씀을 거짓 없이 전한 미가야 선지자는 감옥에 갇히게 됩니다(27절). 하나님의 선지자로서 책임을 다한 미가야를 기다리고 있던 것이 칭찬과 격려가 아닌 감옥과 고난이었다는 사실은 언뜻 보면 조금은 불공평해 보입니다. 우리는 어떻게 이 상황을 이해해야 할까요? 각자의 생각을 나누어 봅시다.

권별주삶

아가페 주삶 GBS 해설서

- 1주(1회–5회) _ 열왕기상 1:1–10
  다윗의 노년
- 2주(6회–10회) _ 열왕기상 2:1–12
  다윗의 죽음과 그의 마지막 이야기
- 3주(11회–15회) _ 열왕기상 5:1–12
  지혜롭게, 평화롭게
- 4주(16회–20회) _ 열왕기상 7:13–26
  야긴과 보아스
- 5주(21회–25회) _ 열왕기상 8:22–32
  솔로몬의 기도
- 6주(26회–30회) _ 열왕기상 11:1–13
  은혜받은 자의 타락
- 7주(31회–35회) _ 열왕기상 13:1–10
  하나님의 사람과 여로보암
- 8주(36회–40회) _ 열왕기상 15:9–15
  아사의 개혁
- 9주(41회–45회) _ 열왕기상 15:33–16:7
  내가 너를 티끌에서 들어
- 10주(46회–50회) _ 열왕기상 17:1–10
  디셉 사람 엘리야
- 11주(51회–55회) _ 열왕기상 21:7–16
  나봇의 죽음
- 12주(56회–60회) _ 열왕기상 22:10–28
  하나님께서 내게 말씀하시는 것만 말하리라

3 가이드》 그리스도인에게 노년은 기회가 될 수 있습니다. 하나님 앞에서 겸손히 자신의 삶을 돌아보고, 부족함을 깨달으며, 하나님을 더 깊이 의지할 수 있기 때문입니다. 때로는 육체의 노쇠함 때문에 고통을 받을 수도 있습니다. 그러나 그럴수록 하나님을 더욱 의지하는 사람들이 바로 그리스도인입니다. 우리는 노년을 기회로 삼아야 합니다.

4 답》 다윗은 노쇠하였고, 이불을 많이 덮어주어도 몸이 따뜻해지지 않음

해설》 몸이 따뜻해지지 않았다는 표현은 혈액순환이 잘 되지 않을 정도로 다윗의 몸이 노쇠했으며, 그의 임종이 임박했음을 암시합니다. 다윗의 노쇠함을 언급하면서, 열왕기상의 저자는 독자들로 하여금 '그렇다면 누가 왕위를 계승할 것인가?' 하는 질문을 던지게 합니다.

5 답》 아도니야 / 스스로 왕이 될 것이라 말하면서 병거와 기병을 준비함. 호위병 50명을 데리고 다니며 왕처럼 행세함

해설》 성경은 아도니야를 교만하고 호전적이며 소유욕이 강한 사람으로 묘사합니다. 그가 하나님을 경외하지 않았다는 사실은 "내가 왕이 되리라"는 말을 통해 알 수 있습니다. 전통적으로 이스라엘의 왕은 선지자를 통해 하나님이 선택했기 때문입니다.

6 답》 다윗은 "네가 어찌하여 그리 하였느냐"라고 아도니야에게 묻지 않고, 아도니야를 한 번도 섭섭하게 한 일이 없었음

해설》 다윗은 자녀를 훈육함에 있어서 훌륭한 아버지는 아니었습니다. 압살롬이 암논을 죽였을 때도(삼하 13:29,39), 압살롬이 반역의 계획을 꾸미고 있을 때도 다윗은 아무것도 모르고 있었습니다(삼하 15:13). 그가 자녀를 사랑한 아버지였음은 분명해 보이나(삼하 18:33), 훈육이 결여된 맹목적인 사랑은 자녀들을 방종의 길로 이끌었습니다.

7 답》 요압, 제사장 아비아달 / 제사장 사독, 브나야, 나단, 시므이, 레이, 다윗의 용사들

해설》 아도니야는 단지 두 명의 영향력 있는 지지자를 얻었을 뿐이지만, 다윗에게는 여전히 그를 지지하는 많은 유력한 인사들이 있었습니다. 그들의 도움으로, 다윗은 아도니야의 반역을 진압하고 솔로몬에게 왕위를 계승합니다.

8 답》 소할렛 바위에서 제사를 드림

해설》 하나님을 두려워하지 않은 아도니야의 교만한 성품은 9절에서 다시 한 번 드러납니다. 자신의 정치적인 목적을 이루기 위한 수단으로 하나님께 드리는 제사를 이용한 것입니다. 그는 제사의 참된 의미가 무엇인지조차 알지 못했습니다. 하나님은 인간의 욕심을 정당화하기 위한 수단이 아닙니다.

9 가이드》 아도니야가 드린 제사는 외형적으로 볼 때 아무런 부족함이 없는 제사였지만, 제사를 받으실 하나님이 빠져 있기 때문에 아무런 의미가 없습니다. 오늘날 예배는 갈수록 화려해지고, 심지어 눈과 귀를 만족시키는 많은 볼거리를 제공합니다. 그러나 예배의 주인은 하나님이심을 우리는 놓치지 말아야 합니다.

10 가이드》 혈기 왕성하던 다윗 왕의 젊음도, 강력한 왕권을 이루어낸 그의 정치적인 영민함도 육체의 노쇠함과 함께 점차 사라져 갔습니다. 그러나 다윗의 정신은 하나님의 약속을 정확히 기억했고(1:30), 그에게는 여전히 든든한 지지자들이 있었습니다(8절). 늙는다는 것은 누구도 피할 수 없지만, 하나님을 끝까지 붙잡는 삶을 살 수 있다면, 그리고 좋은 친구들과 함께할 수 있다면 의미 있는 노년이 될 것입니다.

*서로 기도 제목을 나누면서 뒤에 있는 기도 노트를 활용하십시오(p.307-309).

3 가이드》 모든 인생은 죽음을 맞이합니다. 이 땅의 삶은 끝나겠지만, 당신의 삶과 죽음을 기억하는 사람들은 이 땅에 남아서 당신을 추억할 것입니다. '그는 어떤 삶을 살았는가?' '어떤 것들을 남기고 갔는가?' 아마도 이런 질문을 던질 것입니다. 자녀들에게 혹은 사랑하는 사람들에게 기억되고 싶은 모습이 있습니까? 그 모습으로 살다가 죽으면 됩니다.

4 답》 대장부

해설》 "힘써 대장부가 되고"의 히브리어 성경 표현을 직역해 보면, '강해져라!' 그리고 '사내다워져라!' 정도가 될 수 있습니다. 블레셋 사람들은 전쟁터에서 서로 사기를 북돋기 위해 종종 똑같은 표현을 사용했습니다(삼상 4:9 참고). 한 나라의 왕이 된다는 것은 결코 쉬운 일이 아님을 다윗은 알고 있었기 때문입니다.

5 답》 여호와의 명령을 지켜 그 길로 행하라 / 계명과 율례와 증거를 모세의 율법에 기록된 대로 지키라

해설》 다윗이 여호와의 계명과 율법의 말씀을 얼마나 소중히 여겼는지 보여주는 대목입니다. 다윗의 이 권면은 하나님이 여호수아에게 하신 명령을 생각나게 합니다(수 1:8). 가장 먼저 갖추어야 할 왕의 덕목은 하나님의 말씀을 지키는 것입니다. 말씀을 지키는 자는 무엇을 하든 어디를 가든 성공할 것이라고 하나님이 약속하셨기 때문입니다.

6 답》 "네 자손들이 그들의 길을 삼가 마음을 다하고 성품을 다하여 진실히 내 앞에서 행하면"(조건) / "이스라엘 왕위에 오를 사람이 네게서 끊어지지 아니하리라"(결과)

해설》 다윗은 임종의 순간에 선지자 나단을 통해 주신 하나님의 약속의 말씀을 기억합니다(삼하 7:11-16). 더 넓은 의미에서, 예수 그리스도를 구원자로 믿는 우리에게 이 약속은 중요합니다. 다윗의 자손, 구원자 예수 그리스도가 이 땅에 오셔서 그 약속을 영원히 성취하셨기 때문입니다.

7 가이드》 많은 그리스도인이 말씀을 묵상하고 배우는 일에는 열심을 냅니다. 그러나 그것이 말씀을 행하는 것과 결코 동일시 될 수는 없습니다. 말씀을 실천하기 위해 포기해야 할 것도 생기기 때문입니다. 하나님의 말씀을 소중히 여기십니까? 그렇다면 실천하십시오.

8 가이드》 아도니야의 반란에 동조한 사실만으로도 요압의 죄는 컸습니다. 그는 다윗의 허락 없이 압살롬을 죽였으며, 개인의 목적을 위해 아브넬과 아마사를 암살한 인물입니다. 그러나 아도니야가 여전히 정치적 군사적으로 상당한 영향력을 가지고 있었기 때문에 그를 벌하기 위해서는 지혜가 필요했습니다. 다윗의 이러한 조언은 노년의 나이임에도 냉철한 정치적 판단을 할 수 있었음을 보여줍니다.

9 답》 바르실래: 압살롬을 피해 도망할 때 다윗을 도움 / 시므이: 다윗을 저주함

해설》 다윗은 시므이에 대해 "그의 백발이 피 가운데 스올에 내려가게 하라"(9절)고 말합니다. 이는 사사로운 복수만을 의미하지 않습니다. 시므이는 사울 집안의 사람이었고, 다윗에게 적대적인 세력이었습니다. 다윗은 솔로몬에게 위협이 될 수 있는 잠재적 요소를 깨끗이 정리하고 싶었던 것입니다.

10 가이드》 오늘을 사는 우리에게 하나님이 주신 약속은 예수 그리스도입니다. 약속대로 하나님은 독생자를 이 땅에 보내셨고, 십자가의 죽음과 부활을 통해 택하신 백성을 구원하셨습니다. 약속대로 예수님은 이 땅에 다시 오실 것이며, 하나님나라의 종말론적인 완성을 성취하실 것입니다. 예수 그리스도는 우리가 끝까지 붙잡아야 할 귀하고 소중한 하나님의 약속입니다.

3 가이드》 교회의 역량과 형편을 고려하지 않고 무리하게 세운 계획(전도, 건축, 봉사 등)은 많은 에너지를 소비하고도 긍정적인 결과를 얻지 못하는 경우가 종종 있습니다. 이것은 때로는 성도들을 지치게 하고, 회의감에 빠지게 만들고, 교회를 떠나게도 합니다. 이러한 점을 고려해 볼 때, 지금은 교회가 하나님께 지혜를 구할 때입니다.

4 답》 다윗의 친구

해설》 페니키아의 수도인 두로를 30년 이상 다스린 히람은 다윗과 우호적인 관계를 유지했습니다. 그는 레바논의 백향목은 물론이고, 목수와 석수들을 보내 다윗을 위한 왕궁을 짓게 했습니다(삼하 5:11). 해상무역의 강자였던 두로와 육로를 기반으로 하는 무역을 장악하고 있었던 이스라엘의 협력적 관계는 결국 양국의 평화와 번영으로 이어졌습니다.

5 답》 다윗은 주변 나라들과 전쟁을 해야 했기 때문

해설》 나단 선지자의 예언은 솔로몬의 이러한 진술 배경을 잘 설명합니다(삼하 7:1-13). 다윗은 주변 국가들과의 전쟁에 몰두하느라 성전을 짓지 못한 것이 아닙니다. 이스라엘의 모든 원수를 물리치고 평화를 이룩한 후에 다윗의 아들 중 하나를 세워 성전을 지을 것이라는 하나님의 말씀에 순종했고, 최선을 다해 자신이 해야 할 준비를 한 것입니다.

6 답》 사방의 태평

해설》 역사적으로 볼 때, 평화는 하나님과 이스라엘의 언약적 관계가 잘 유지될 때 온 백성이 누릴 수 있는 긍정적 결과였습니다. 하나님은 성전을 짓기 전에 왕과 백성이 하나님과의 바른 관계를 회복하기 원하셨습니다. 솔로몬의 통치에 이르러 이스라엘은 비로소 기쁨과 감사로 성전을 건축할 준비가 된 것입니다.

7 답》 "당신의 모든 말씀대로 당신의 종의 삯을 당신에게 드리리이다", "우리 중에는 시돈 사람처럼 벌목을 잘하는 자가 없나이다"

해설》 솔로몬은 품삯을 흥정하는 대신 히람에 대한 전폭적인 신뢰를 표현합니다. 솔로몬은 이러한 외교적 기술을 통해 적어도 두 가지 효과를 이끌어냈을 것입니다. 첫째, 히람에게 이스라엘이 경제적으로 매우 안정되어 있다는 사실을 부각시킬 수 있었습니다. 둘째, 히람 왕의 자발적인 협조를 얻어낼 수 있었습니다.

8 답》 여호와께 / "그가 다윗에게 지혜로운 아들을 주사"

해설》 솔로몬의 지혜로운 말에 히람은 크게 기뻐하며 하나님께 감사했습니다. 하나님 백성의 지혜로운 언행은 때로는 하나님의 이름이 이방인들 가운데 칭송받는 이유가 됩니다. 솔로몬으로 인해 이방국가의 왕이던 히람 역시 하나님께 예배할 성전 건축을 준비하는 일에 기쁨과 감사함으로 참여할 수 있게 되었습니다.

9 답》 밀 2만 고르, 맑은 기름 20고르

해설》 솔로몬은 유프라테스 강에서부터 블레셋 사람의 땅에 이르는 모든 지역과 애굽 국경에 이르는 곳을 다스렸고, 그 지역 안에 있는 나라들은 솔로몬에게 조공을 바쳤습니다(4:21). 솔로몬은 이스라엘에서 생산된 곡물과, 인근 국가들로부터 거두어들인 조공으로 필요한 곡물을 확보했을 것입니다. 이는 이스라엘이 당시에 누리고 있었을 풍요로움을 짐작하게 합니다.

10 가이드》 오늘날 교회는 내부적으로 다양한 요구에 직면하게 되었습니다. 이는 공동체의 분열과 불화의 원인이 될 수도 있기에 '교회의 사회적 책임' 또한 지혜와 평화의 기준을 가지고 접근해야 할 것입니다. 교회가 지혜롭지 못한 처신으로 사회의 지탄을 받고 사회 구성원들과 화평하지 못한다면, 그것은 결국 복음전파를 가로막는 커다란 걸림돌이 됩니다. '지혜롭게, 평화롭게'는 오늘날을 사는 그리스도인들이 함께 풀어 나가야 할 숙제입니다.

*서로 기도 제목을 나누면서 뒤에 있는 기도 노트를 활용하십시오(p.307-309).

3 가이드》 공동체 안에서 의미 있는 사람이 된다는 것은 남들보다 크고 중요한 역할을 맡아야 한다는 뜻이 아닙니다. 구성원들과 조화로운 관계 속에서 자신의 역할을 감당하며 그리스도의 몸인 교회를 함께 세워 나가는 사람이라면, 하나님나라의 기준에서는 누구나 의미 있는 사람입니다.

4 답》 놋 / 지혜와 총명

해설》 열왕기상의 저자는 히람이 가지고 있는 세 가지 탁월함을 진술합니다. 먼저 그는 놋을 다루는 기술이 뛰어났고, 지혜와 총명이 있었습니다. 이것은 회막 안의 구조물과 기구를 만든 브살렐과 오홀리압에게 하나님이 채워주신 탁월함을 생각나게 합니다(출 31:3-6 참고).

5 답》 백합화 모양

해설》 백합화는 보통 이스라엘의 북쪽 바위 산지에 서식하는 야생 백합화를 지칭하며, 하나님나라 백성의 순결함을 상징합니다.

6 답》 야긴, 보아스 / 야긴: 하나님이 세우다, 보아스: 그에게 힘이 있다

해설》 두 기둥은 하나님과 그의 백성들 사이에 세우신 언약을 상징합니다. 오른쪽 기둥 야긴은 이스라엘과 언약을 세우신 하나님의 주권과 능력을 나타냅니다. 왼쪽 기둥인 보아스는, 보아스가 다윗의 할아버지의 이름인 것을 고려할 때 다윗 왕조의 강성함과 안녕을 상징하는 것으로 추측됩니다. 성전에서 제사드리던 모든 백성은 그 두 기둥을 바라볼 때마다 다윗과 언약을 맺으신 전능하신 하나님을 기억함과 동시에, 그 언약 안에서 이스라엘의 앞날이 보장될 것임을 마음에 새겼을 것입니다.

7 답》 바다

해설》 바다의 높이는 약 2.3m, 둘레는 약 13.5m, 직경은 4.5m로 약 43,000리터의 물을 담을 수 있었습니다. 바다는 제사장들이 자신의 책무를 수행하기 전후에 손을 씻던 곳입니다. 손을 씻는 행위에는 늘 자신을 돌아보아 하나님 앞에서 성결한 모습으로 서겠다는 상징적 의미가 있습니다.

8 답》 소 열두 마리

해설》 열두 마리의 소는 이스라엘의 열두 지파를 상징하거나, 혹은 솔로몬의 열두 행정구획을 상징하는 것으로 추측됩니다. 그러므로 열두 마리의 소는 이스라엘 전체를 의미하는 것입니다. 모든 백성과 지파가 함께 놋그릇을 받들고 있는 형상은, 백성 전체가 하나님의 성전 앞에서 성결한 모습으로 서 있어야 함을 강조합니다.

9 가이드》 사도 바울은 고린도교회의 성도들에게 "너희는 너희가 하나님의 성전인 것과 하나님의 성령이 너희 안에 계시는 것을 알지 못하느냐"(고전 3:16)라고 질문합니다. 사도 베드로는 "왕 같은 제사장들이요"(벧전 2:9)라고 말합니다. 더 나아가 바울은 우리 자신이 "산 제물"(롬 12:1)이라고 말합니다. 결국 우리는 성전이며, 제사장이며, 동시에 제물인 것입니다. 놋그릇(바다)에 수시로 자신을 씻어 성결함을 유지한 제사장들처럼 우리도 늘 성결해야 합니다. 소 열두 마리는 성결함의 공동체성을 의미합니다. 이스라엘 백성이 함께 놋그릇을 받든 것처럼, 공동체로서 교회는 하나 되어 성결함을 지켜나가야 합니다.

10 가이드》 바울은 예수 그리스도가 머릿돌이 되시며, 성도들은 그 안에서 서로 연결되어 하나님의 거룩한 성전으로 자라간다고 이야기합니다(엡 2:20-21). 오늘 본문에서 히람이 만든 구조물은 성전을 이루는 하나의 부분이면서, 하나님의 성전이 가지고 있는 중요한 의미를 부여해 줍니다. 교회를 이루고 있는 우리 각자의 모습도 마찬가지입니다. 서로 연결되어 교회를 이루는 부분이면서, 동시에 교회를 교회답게 만드는 일에 중요한 역할을 감당하는 의미 있는 구성원이 되어야 합니다.

3 가이드》 자신의 기도 내용을 잘 살펴보면, 요즘 어떤 일에 관심을 쏟고 있는지 알 수 있습니다. 가족, 직장, 사업, 인간관계 등 많은 경우 자신의 처지를 하나님께 아뢰고 해결해 주실 것을 구하는 기도를 하게 됩니다. '하나님, 도와주세요! 해결해 주세요!'라고 기도하기 전에 '하나님, 주신 상황 속에서 내가 무엇을 하기 원하십니까?' 라고 기도해 보는 것은 어떨까요?

4 답》 여호와의 제단 앞 / 하늘을 향해 손을 폄

해설》 솔로몬이 여호와 하나님의 제단 앞에 서 있다는 진술은 기도의 대상이 누구인지를 정확하게 알려줍니다. 기도는 하나님께 하는 것입니다. 하늘을 향해 손을 편다는 표현은 솔로몬이 하나님의 도움을 간절히 구하고 있음을 보여줍니다(출 9:22,29; 17:12 참고).

5 답》 주의 종 내 아버지 다윗에게 하신 말씀

해설》 솔로몬은 하나님이 주신 약속을 근거로 자신의 기도를 시작하고 있습니다. 하나님은 이스라엘 백성에게 약속의 말씀을 주셨습니다(레 26장; 신 27–28장 참고). 솔로몬이 그 약속을 붙잡고 기도했다는 사실은, 그가 약속을 반드시 이루어주시는 하나님의 신실하심을 확신했다는 의미입니다.

6 답》 "하늘과 하늘들의 하늘이라도 주를 용납하지 못하겠거든" / 솔로몬은 "내가 또한 이스라엘 자손 가운데에 거하며…"(왕상 6:13)라는 하나님의 약속을 근거로 하나님이 자신이 지은 성전에 거하실 거라는 기대를 할 수 있었음

해설》 솔로몬은 자신이 지은 성전이 최상의 재료와 최고 기술자들의 손으로 만든 것이라도, 하나님의 위대하심 앞에서는 초라할 수밖에 없음을 알고 있었습니다. 그러나 하나님은 그 성전에 거하실 것입니다. 그것은 하나님 스스로 원하셨고 약속하신 것이기 때문입니다.

7 답》 주의 종 / 내 하나님 여호와 / 주인과 종의 관계

해설》 솔로몬은 이스라엘의 왕이지만, 하나님 앞에서 자신을 '종'으로 칭하고 있습니다. 기도는 주 되신 하나님께 종 된 그분의 백성이 하는 것입니다. 이 땅에서 아무리 높은 지위를 누리고 있을지라도, 하나님 앞에 기도자로 나아갈 때는 겸손하게 자신을 낮추어야 합니다. 하나님은 겸손한 자에게 은혜를 베푸십니다(잠 3:34; 약 4:6).

8 답》 하늘에서 들으시고 들으시사 사하여 주실 것

해설》 솔로몬은 백성들이 죄를 자복할 때, 하나님이 그들을 긍휼히 여기시고 용서해 주실 것을 구합니다. 역대하 7장에서 하나님이 밤에 솔로몬에게 나타나 하신 말씀은 오늘 본문의 기도와 같은 맥락에서 이해할 수 있습니다. "내 이름으로 일컫는 내 백성이 그들의 악한 길에서 떠나 스스로 낮추고 기도하여 내 얼굴을 찾으면 내가 하늘에서 듣고 그들의 죄를 사하고 그들의 땅을 고칠지라"(대하 7:14).

9 답》 맹세를 들으시고 판단해 주실 것을 구함

해설》 하나님은 백성들을 긍휼히 여겨 용서해 주시는 분이기도 하지만, 무죄와 유죄를 정확하게 판단하는 정의로운 재판장이기도 하십니다. 이 땅의 재판장은 때로 잘못 판단하여 무고한 자를 죄인으로 만들기도 하지만, 하나님은 결코 실수하지 않으십니다.

10 가이드》 오늘 본문에서 솔로몬의 기도는 기도의 내용이 어떤 것이어야 하며, 기도자의 자세는 어떠해야 하는지에 대해 중요한 몇 가지를 가르쳐줍니다. 첫째, 기도는 하나님의 약속의 말씀에 근거해야 합니다. 둘째, 기도는 종 된 우리가 주인 되신 하나님께 하는 것입니다. 주인의 뜻을 구하기 위해 기도가 필요한 것입니다. 셋째, 하나님은 성전에서 하는 기도를 기꺼이 받으십니다(사 56:7 참고). 삶의 현장 속에서 항상 하는 기도만큼이나 성전에서, 때로 함께 모여서 하는 기도도 중요한 것입니다.

*서로 기도 제목을 나누면서 뒤에 있는 기도 노트를 활용하십시오(p.307–309).

3 가이드》 가장 위험한 약점은 인식되지 못한 약점입니다. 그것은 자기도 모르는 사이에 자신을 실패로 이끌어 갈 것입니다. 두 번째로 위험한 약점은, 인식은 하고 있지만 적절하게 다루어지지 않은 약점입니다. 매번 같은 약점에 노출되는 경험은 자신에게 패배감을 안겨줄 것입니다. 그러나 자신이 인식하고 있고 적절하게 대처하고 있다면, 그것은 더 이상 약점이 아닐 뿐 아니라 때로는 개성과 강점이 되기도 합니다.

4 답》 너희는 그들과 서로 통혼하지 말며

해설》 솔로몬은 여호와를 사랑했고, 자기 아버지 다윗의 교훈을 잘 지켰던 사람이지만(왕상 3:3), 다른 나라의 백성과 결혼하지 말라고 하신 한 가지 명령을 지키지 못했습니다. 솔로몬은 어쩌면 '하나님, 그것만 빼고 다른 모든 명령은 지켰습니다!'라고 자신을 정당화할 수도 있습니다. 그러나 하나님은 온전한 순종을 원하십니다.

5 답》 칠백 명의 후궁, 삼백 명의 첩 / 솔로몬의 마음이 하나님으로부터 멀어짐

해설》 솔로몬은 모세의 율법이 '왕이 많은 아내를 두지 말 것'을 명하고 있음을 알고 있었을 것입니다(신 17:17). 그러나 어리석게도 칠백 명의 후궁과 삼백 명의 첩을 두었습니다. 하나님이 모세의 율법을 통해 경고하신 대로, 그의 마음은 이미 하나님으로부터 멀어져간 것입니다.

6 답》 다른 우상(아스다롯, 밀곰)을 섬김, 산당을 짓고 그모스와 몰록을 섬김

해설》 이방 여자들을 좋아했던 솔로몬의 작은 약점이 조금씩 그를 파멸의 길로 이끌었습니다. 이방 여자들을 통해 이방의 우상이 유입되었고, 결국 솔로몬은 역겨운 이방신들을 섬기고 예배했습니다. 참으로 어리석은 모습입니다. 그러나 솔로몬은 이미 올바른 판단을 할 수 없는 상태였습니다. 한 가지 죄를 용납한 그의 작은 실수가 인생 전체를 망치고 말았습니다.

7 답》 여호와의 눈앞에서 악을 행함

해설》 열왕기상의 저자는 다윗과 솔로몬을 비교하면서, 솔로몬이 여호와께서 보시기에 악한 일을 저질렀다고 진술합니다. 반면, 다윗은 여호와를 참되게 섬긴 왕으로 평가합니다. 참되게 섬긴다는 말은 온 마음을 다한다는 것을 의미합니다. 이방의 풍습을 따르는 우상숭배는 그 자체로 악한 것입니다. 그러나 우상숭배가 여호와 보시기에 악한 가장 큰 이유는, 우리가 참되게 하나님을 섬기지 못하게 하기 때문입니다. 하나님을 온 마음을 다해 참되게 섬기지 못하게 만드는 것, 그것이 우상입니다.

8 답》 분노하심

해설》 열왕기상의 저자는 여호와께서 솔로몬에게 나타나신 사건을 다시 언급하면서, 하나님이 친히 자신을 두 번이나 나타내실 만큼 솔로몬이 특별한 사랑과 복을 누린 사람이었음을 진술합니다. 누군가에게 많은 사랑을 주었음에도 그가 배신했을 때 우리는 큰 상실감을 느낍니다. 하나님은 솔로몬에게 분노하셨습니다. 분노는 때로 사랑의 또 다른 모습입니다(민 25:11 참고).

9 답》 "이 나라를 네게서 빼앗아 네 신하에게 주리라", "네 아들의 손에서 빼앗으려니와"

해설》 하나님은 솔로몬의 죄를 심판하셨습니다. 솔로몬의 신하 여로보암을 통해 그 심판은 이루어졌습니다(11:31-39 참고). 그리고 예언의 말씀대로 솔로몬의 아들 르호보암이 왕이 되었을 때 왕국은 둘로 나뉘었습니다(12:20 참고).

10 가이드》 본문에 언급된 징계의 내용 중 한 가지 주목해야 할 점은, 우상을 숭배한 솔로몬의 죄는 큰 것이었음에도 하나님은 다윗에 대한 신실함을 지키셨다는 사실입니다. 솔로몬이 살아있는 동안에는 나라가 둘로 나뉘지 않게 하셨을 뿐 아니라, 유다 지파를 통해 다윗과 맺은 언약을 이룰 것을 말씀하셨기 때문입니다(12-13절). 하나님은 불순종하는 자에게는 단호한 심판을 내리십니다. 그러나 순종하는 자에게는 끝까지 신실함을 지키십니다.

3 가이드》 하나님은 종종 우리에게 하나님의 사람을 보내십니다. 믿음 안에서 함께 교제하는 형제의 진실한 충고를 통해, 예배 중에 선포되는 말씀을 통해, 심지어 자기와 아무 상관없는 타인의 말과 행동을 통해서도, 하나님은 우리를 깨닫게 하시고 돌이킬 기회를 주십니다. 하나님이 누군가를 통해 말씀하실 때, 우리에게 필요한 것은 특별한 무엇이 아닙니다. 듣는 귀와 순종의 행동입니다.

4 답》 하나님의 사람

해설》 여로보암은 자기 마음대로 새로운 절기를 정하고, 자기가 만든 벧엘의 제단에 가서 제물을 바쳤습니다. 그리고 그가 만든 벧엘의 송아지에게 제물을 바쳤습니다. 여로보암의 제단은 우상숭배일 뿐이었습니다.

5 답》 다윗의 집에 요시야라는 아들을 낳으리니, 여로보암의 제단이 갈라지고 그 위의 재는 땅에 쏟아질 것임

해설》 하나님의 사람은 요시야의 개혁을 예언합니다(왕하 23:15–20 참고). 그리고 그 예언의 확실성을 증명하기 위해 제단이 갈라질 것을 말합니다. 이러한 경고의 말씀은 여로보암이 만들었던 벧엘의 제단이 하나님 앞에 어떤 정당성도 갖고 있지 않음을 보여줌과 동시에, 하나님이 여로보암의 행위를 얼마나 싫어하셨는지를 보여줍니다.

6 답》 하나님의 사람에게 "그를 잡으라" 하고 소리침

해설》 어리석게도 여로보암은 손을 뻗어 하나님의 사람을 잡으라고 소리칩니다. 자신의 잘못을 뉘우치고 돌이킬 기회를 붙잡지 못하고, 오히려 하나님을 대적한 것입니다. 그 결과 하나님은 여로보암의 손이 마비되게 하셨습니다. 곧이어 그는 하나님의 사람의 증거대로 일이 이루어지는 것을 목격합니다. 하나님이 말씀하실 때 즉각 회개하고 순종하는 것이 믿음입니다.

7 가이드》 여로보암은 금송아지 두 개를 만들고 백성들에게 "이스라엘아 이는 너희를 애굽 땅에서 인도하여 올린 너희의 신들이라"(12:28)고 말합니다. 여로보암은 아마도 출애굽의 하나님에 대해 배우기는 했지만, 삶으로는 경험하지 못한 사람이었을 것입니다. 오늘 본문에서도 "네 하나님 여호와께"라고 말합니다. 여로보암의 이러한 언행이 이상하게 느껴지는 이유는, 우리는 보통 한 분이신 하나님을 '나의 하나님' 혹은 '우리의 하나님'으로 고백하고 섬기기 때문입니다. 그대의 하나님이라는 말은 여로보암이 하나님과 아무런 관계가 없는 사람이었음을 암시합니다.

8 가이드》 하나님이 은혜를 베푸신 이유는 본문에 정확히 언급되어 있지 않지만, 두 가지 가능성에 대해 생각해 볼 수 있습니다. 첫째, 하나님의 사람이 기도했기 때문입니다. 둘째, 여로보암에게 돌이킬 기회를 주기 원하셨기 때문입니다. 어떤 경우이건 간에 하나님이 여로보암에게 은혜를 베푸셨다는 사실은 분명합니다. 그러나 여로보암은 하나님께 감사하지 않았습니다. 은혜를 받았음에도 감사하지 않는 모습이 우리에게도 종종 있지 않습니까?

9 답》 함께 집에 가서 쉬며 예물을 줄 것을 제안

해설》 여로보암은 자신의 손이 낫게 되는 경험을 하고 나서, 전략을 바꾸어 하나님의 사람을 회유하려고 했습니다. 그러나 여로보암이 "그의 악한 길에서 떠나 돌이키지 아니하고"(33절)라는 진술은 그가 진심으로 하나님의 은혜를 받지 않았음을 보여줍니다. 결국 그의 집안은 멸망하여 땅에서 사라졌습니다. 은혜를 깨닫지 못하는 백성은 망하게 됩니다.

10 답》 여호와께서 "떡도 먹지 말며 물도 마시지 말고 왔던 길로 되돌아가지 말라"고 명하셨기 때문

해설》 하나님의 사람이 여로보암의 제안을 거절한 이유는 위와 같이 간단합니다. 그러나 11절 이후에 하나님의 사람은 한 늙은 선지자의 꾐에 넘어가 하나님의 명령을 어기고 타협하게 됩니다. 하나님의 사람을 속인 그 선지자에게 일차적인 책임이 있습니다. 그러나 하나님은 자신의 명령을 온전히 지키지 않은 책임을 하나님의 사람에게 물으셨습니다. 겉으로 보기에는 작은 타협이지만, 그 결과는 치명적이었습니다.

*서로 기도 제목을 나누면서 뒤에 있는 기도 노트를 활용하십시오(p.307–309).

3 가이드》 하나님을 사랑하고 그분의 길을 걷는다는 것은 화려한 장밋빛 삶이 아닙니다. 매일의 삶 속에서 자신을 쳐서 복종시키는 것입니다. 희생과 고통을 감수하며 그분의 말씀을 치열하게 지켜내는 삶입니다. 따라서 하나님을 사랑한다는 우리의 고백은 어쩌면 우리가 생각하는 것보다 어려운 것일지도 모릅니다.

4 답》 제 이십 년 / 41년

해설》 열왕기상의 저자는 북왕국 이스라엘과 남왕국 유다의 역사를 함께 기술하는 방식을 취합니다. 그러한 방식은 독자들로 하여금 두 왕국의 상황을 비교 혹은 대조하며 전체적인 그림을 그릴 수 있게 해줍니다. 이스라엘 왕 여로보암은 하나님 보시기에 악한 왕이었고, 그의 집안은 멸망하게 됩니다. 그러나 그것과는 대조적으로 유다 왕 아사는 41년을 통치하며 하나님의 복을 누리게 됩니다. 그것을 읽는 독자들은 자연스럽게 하나님 앞에서 어떤 삶을 살아야 할지 깨닫게 됩니다.

5 답》 그의 조상 다윗처럼 여호와께서 보시기에 정직하게 행함

해설》 다윗은 헷사람 우리아의 일 외에는 평생에 하나님의 명령을 어긴 적이 없는 왕이었습니다(15:5). 유다와 이스라엘의 악한 왕들이 공통적으로 어긴 하나님의 명령은 우상숭배와 관련되어 있는 것을 고려할 때, 다윗이 여호와 보시기에 올바르게 살았다는 진술은 그가 우상을 멀리하고 온전히 하나님을 섬겼음을 의미한다고 볼 수 있습니다. 다윗처럼 정직하게 행했다는 말은 열왕기상의 저자가 할 수 있는 최고의 찬사였을 것입니다.

6 답》 마아가 / 아세라 상을 만듦

해설》 마아가는 아세라 우상을 만들어 가지고 있었습니다. 아마도 아사의 아버지 아비얌의 통치 기간에도 아세라 우상을 섬겼을 것입니다. 그러나 아사의 통치에 이르러서야 그녀는 왕비의 자리에서 쫓겨나게 됩니다.

7 답》 남색하는 자들을 쫓아버림, 그의 조상들이 만든 온갖 우상을 없앰, 아세라를 섬겼던 마아가를 태후의 위에서 폐함, 아세라 우상을 불사름

해설》 남자 창기는 르호보암과 아비얌의 통치 때도 존재했지만 묵인되었던 것으로 보입니다. 아사는 가장 먼저 그들을 쫓아냈습니다. 그리고 조상들이 만든 우상을 없애버립니다. 이것은 아사가 르호보암이나 아비얌과는 다른 길을 걸었음을 보여줍니다. 아사의 개혁은 어떤 의미에서 익숙하게 느껴졌을 조상들의 악한 행위로부터 자신을 구별하는 것에서 시작했습니다.

8 가이드》 평생토록 여호와 앞에 온전하다는 것은 많은 의미를 내포합니다. 오늘 본문에서는 아마도 우상에게 자신의 마음을 허비하지 않고 한결같은 마음으로 하나님을 사랑하고 섬기는 것을 의미할 것입니다.

9 답》 산당을 없애지 않음

해설》 아사가 산당을 없애지 않은 이유는 정확히 언급되지 않지만, 열왕기상의 저자는 '다만'이라는 접속사를 사용하여 부정적인 평가를 합니다. 무결점의 인생은 없습니다. 다윗에게도 헷사람 우리아를 죽게 만든 평생의 오점이 있습니다. 그러나 아사는 올바르게 살았던 왕으로 평가됩니다. 이러한 사실은 우리에게 위로가 됩니다. 이 땅에서 그리스도인이라는 이름으로 살지만, 우리는 많은 실수를 저지릅니다. 그러나 하나님이 보시는 것은 실수하고 넘어져 있는 그 순간에도 하나님을 신뢰하고 붙잡는 믿음입니다.

10 가이드》 정확히 언급되지는 않지만, 마아가는 아사의 통치 초반에 '왕비'로서 정치적인 영향력을 행사했던 사람이었음을 추측할 수 있습니다. 비교적 어린 나이에 왕이 된 아사에게 마아가는 정신적으로 의지할 사람이었을 뿐 아니라 정치적인 조언자였을 것입니다. 그러므로 우상숭배를 이유로 그녀를 징벌하는 것은 어쩌면 아사에게는 매우 어려운 일이었을 것입니다. 그럼에도 아사는 마아가의 지위를 박탈합니다. 그러한 희생을 통해 아사의 개혁은 성공하게 됩니다. 이처럼 자기가 좋아하고 깊이 의지하는 것이 때로 하나님과의 관계를 힘들게 할 때 필요한 것은 타협이 아닙니다. 결단이고 희생입니다.

3 가이드》 혼자의 힘으로 태어나고 먹고 자라고 배워서 어른이 된 사람은 세상에 아무도 없습니다. 다시 말해, 누군가에게 은혜를 입지 않고 살았다고 말할 수 있는 인간은 세상에 아무도 없다는 것입니다. 지금의 자기를 있게 해준 사람이 누구였는지 생각해 보고 각자의 이야기를 나누어 봅시다.

4 답》 아히야의 아들 바아사 / 24년

해설》 바아사는 선대왕 나답을 암살하고 여로보암의 가문 전체를 몰살시킵니다(왕상 15:27–29 참고). 여로보암 가문의 몰락은 예언의 성취였기 때문에(왕상 14:10–11), 어떤 의미에서 바아사는 하나님의 예언을 성취하기 위한 도구로 사용되었고, 그로 인해 왕위에 오를 수 있었을 것입니다.

5 답》 여호와 보시기에 악을 행하되 여로보암의 길로 행하였다.

해설》 바아사는 여로보암의 죄가 하나님 보시기에 얼마나 큰 것이었는지를 누구보다도 잘 알고 있는 사람이었습니다. 왜냐하면 여로보암의 남은 가족을 몰살한 장본인이 바로 바아사 자신이었기 때문입니다. 그러나 어리석게도 바아사는 왕이 된 후 여로보암의 길로 행하며 악행을 저지릅니다.

6 답》 하나니의 아들 예후

해설》 열왕기서에서 예후에 관한 기록은 오늘 본문이 유일하지만, 역대기서의 저자는 예후가 어떤 사람인지에 대해 몇 가지 정보를 제공해 줍니다. 예후의 아버지 하나니는 하나님을 의지하지 않던 아사 왕을 꾸짖은 사람이었고(대하 16:7–10 참고), 예후 역시 여호사밧 왕이 하나님을 미워하는 악한 자들과 어울리는 것을 지적하기도 했습니다(대하 19:2 참고).

7 답》 여호와 하나님

해설》 예후는 하나님께서 바아사를 티끌에서 들어 백성의 왕이 되게 하셨다는 하나님의 말씀을 전합니다. "티끌에서 들어" 왕이 되게 하셨다는 표현은, 바아사가 어떤 존재였고 하나님께서 어떤 주권적인 능력으로 그를 왕이 되게 하셨는지 대조적으로 표현해 줍니다. 하나님의 능력이 함께하지 않는다면, 바아사는 티끌과도 같은 미약한 존재에 불과하다는 것을 말해 줍니다.

8 답》 느밧의 아들 여로보암의 집같이 되게 하겠다.

해설》 하나님은 바아사가 두 가지 측면에서 죄를 지었다고 말씀하십니다. 첫째, 여로보암의 길로 행하였다. 둘째, 백성들을 범죄하도록 하여 하나님을 노엽게 만들었다. 하나님 앞에서 한 명의 백성으로서, 그리고 백성들의 지도자로서 바아사는 자격 미달이었습니다. 여로보암의 길을 따른 바아사는 여로보암의 길로 망하게 될 운명에 처하게 된 것입니다.

9 답》 이스라엘 왕 역대지략

해설》 열왕기상의 저자는 이스라엘 역대 왕들의 모든 행적은 "이스라엘 왕 역대지략"(the Book of the Chronicles of the Kings)에 기록되었다고 말합니다. 바아사의 후손은 물론이고, 오늘날 성경을 읽는 모든 사람에게 바아사는 악한 왕으로 기억될 것입니다. 그리스도인의 모든 행적 역시 영원히 지워지지 않는 생명책에 기록되고 있습니다. 그렇다면 우리는 어떻게 살아야겠습니까? "또 다른 책이 펴졌으니 곧 생명책이라 죽은 자들이 자기 행위를 따라 책들에 기록된 대로 심판을 받으니"(계 20:12).

10 가이드》 하나님께서는 바아사를 사용하여 악한 왕 나답을 심판하셨습니다. 바아사가 훌륭한 자질을 갖춘 사람이기 때문이 아니라 하나님께서 그에게 은혜를 베풀어주셨기 때문입니다. 오늘 본문에 기록된 것처럼 하나님께서 "티끌에서 들어" 바아사를 왕으로 세우신 것입니다. 그러나 왕이 된 이후 권력에 취해서였는지 바아사는 하나님의 은혜를 잊고 악을 행합니다. 아마도 바아사의 몰락은 은혜를 망각하기 시작한 때부터 시작되었을 것입니다. 하나님의 은혜를 잊고 살아도 당장은 괜찮을 수 있습니다. 그러나 당장은 괜찮아 보이는 그 삶은 이미 몰락의 길 위에 있는 것입니다.

*서로 기도 제목을 나누면서 뒤에 있는 기도 노트를 활용하십시오(p.307–309).

3 가이드》 '나는 누구인가?'라는 질문에 대한 대답은 자신에 대한 객관적 정보뿐 아니라, 자기가 어떤 가치와 신념을 가지고 살고 있는지, 어떤 사람들과 어떤 관계를 맺고 있는지, 앞으로 어떤 삶을 지향하며 살아갈 것인지에 대한 진술을 포함합니다. 스스로 자신을 어떤 사람이라고 생각합니까?

4 답》 길르앗에 우거하는 자 중에 디셉 사람 / "이스라엘의 하나님 여호와"를 섬기는 사람

해설》 디셉의 정확한 지리적 위치에 대해서는 알려진 바가 없을 뿐더러 성경 다른 곳에서도 다시 언급되지 않습니다. 역사적으로 그리 중요한 곳은 아니지만, 디셉 출신의 엘리야는 구약을 대표하는 위대한 선지자가 되었습니다. 출신지가 엘리야를 위대하게 만든 것이 아닙니다. 이스라엘 하나님 여호와를 섬기는 사람이라는 자기 정체성이 그를 위대하게 만든 것입니다.

5 답》 요단 앞 그릿 시냇가에 숨고 그 시냇물을 마시라 내가 까마귀들에게 명령하여 거기서 너를 먹이게 하리라

해설》 하나님께서는 엘리야에게 위협으로부터 숨을 것을 명령하십니다. 그리고 먹을 것을 공급해 주겠다고 약속하셨습니다. 그릿 시냇가의 정확한 위치 또한 알려진 바가 없습니다. 그러나 위험에 처한 자기 백성을 돌보시는 하나님의 신실하심이 깃든 장소였다는 것은 확실합니다.

6 답》 척박한 광야 같은 땅

해설》 아마도 그릿 시냇가는 요단 동편의 언덕과 요단강 사이에 위치해 있던 작은 지류들 중 하나였을 것입니다. 열왕기상의 저자는 하나님이 까마귀를 통해 엘리야에게 떡과 고기를 가져다주셨다고 기록합니다. 떡과 고기는 이스라엘 백성이 출애굽 후에 광야에서 공급받았던 만나와 메추라기를 생각나게 할 뿐 아니라, 그릿 시냇가 역시 하나님의 초자연적인 공급이 필요했던 척박한 땅이었음을 짐작하게 해줍니다.

7 답》 여호와의 말씀대로 따름

해설》 여호와를 섬기는 사람이라고 단호히 자신을 소개한(1절) 엘리야는, 5절에서 여호와를 섬기는 사람이 취할 태도가 무엇인지 명확하게 보여줍니다. 하나님께 받은 예언을 선포한 자신이 왜 숨어 살아야 하는지, 왜 척박한 땅에서 까마귀가 가져다주는 떡과 고기로 살아야 하는지에 대한 많은 질문이 있었을 것입니다. 그러나 엘리야는 하나님의 명령에 순종했습니다. 하나님을 전적으로 신뢰한 것입니다.

8 답》 시돈에 속한 사르밧으로 가서 거기 머물라

해설》 예언의 말씀대로 비가 멈추고 시냇가의 물도 마르자, 하나님은 엘리야를 시돈 땅 한 과부의 집으로 인도하십니다. 시돈은 이스라엘의 통치 영역이 아니었습니다. 그러나 하나님의 주권은 세상의 영토에 얽매이지 않습니다. 시돈 출신의 이세벨이 이스라엘을 우상으로 더럽혔다면, 하나님은 엘리야를 시돈 땅에 보내 이스라엘의 하나님이 온 열방의 참된 신임을 알게 하려 하셨을 것입니다. 그것은 사르밧 과부의 고백을 통해서도 알 수 있습니다(왕상 17:24).

9 답》 엘리야는 일어나 사르밧으로 갔음

해설》 열왕기상의 저자는 계속되는 엘리야의 순종을 기록하면서, 순종하는 한 명의 선지자를 통해 하나님이 일하신다는 사실을 보여줍니다. 당시 이스라엘의 총체적인 불순종은 단 한 사람 엘리야의 순종과 극명한 대조를 이룹니다. 그리스도인의 순종은 하나님이 일하시는 자리입니다.

10 가이드》 오늘 본문은 위험에 처한 엘리야를 인도하시는 하나님의 신실하심과 엘리야의 순종을 보여줍니다. 하나님의 신실하심은 순종하는 자가 누리는 특권입니다. 하나님은 순종하는 자를 통해 일하십니다. 엘리야는 자신을 '하나님을 섬기는 자'라 규정했고, 그에 합당한 순종의 삶을 살았습니다. 그가 행했던 위대한 일들의 출발은 어디였을까요? 바로 '나는 누구인가?'에 대한 대답이었습니다.

3 가이드》 교회는 특성상 규모가 큰 부서에서부터 작은 기도모임에 이르기까지 크고 작은 여러 관계로 이루어져 있고, 그 안에는 공식적이든 비공식적이든 리더의 역할을 하는 지체가 있습니다. 자기가 지금껏 만났던 공동체의 리더를 기억해 보면서, 아니면 자신이 한때 리더로 섬겼던 공동체를 떠올려보면서 그때의 경험을 솔직하게 나누어 봅니다.

4 답》 "왕이 지금 이스라엘 나라를 다스리시나이까?"

해설》 나봇이 포도원을 팔 수 없었던 이유는 간단합니다. 여호와께서 금하신 일이기 때문입니다(3절). 이스라엘의 왕이었지만 하나님이 정해 놓으신 법을 무시할 수 없었던 아합은 그로 인해 근심하고 답답해했습니다(4절). 그러나 이방 왕들이 가진 무소불위의 권력에 익숙한 이세벨은 아합의 그런 모습을 이해할 수 없었을 것입니다.

5 답》 나봇이 하나님과 왕을 저주했다고 모함하여 돌로 쳐 죽이라 지시함

해설》 이세벨은 급기야 거짓 모함으로 나봇을 죽일 계획을 세웁니다. 나봇의 포도원을 빼앗기 위해 살인 모의까지도 서슴지 않는 행동은 그녀의 성품이 얼마나 악했는지 짐작하게 해줍니다.

6 답》 나봇의 성읍에 사는 장로와 귀족들

해설》 이세벨은 이스라엘의 장로와 귀족들에게 편지를 보내 자신의 계획을 실행합니다. 이 장면은 이스라엘 왕실과 야합한 종교지도자들의 총체적인 타락이 극에 달했음을 보여줍니다. 하나님의 법을 지키고 백성을 이끌어야 할 종교지도자들은, 자신들의 의무를 다하지 않고 부패한 권력에 빌붙어 악을 행하는 일에 앞장섰던 것입니다.

7 답》 불량자 두 사람

해설》 그들은 나봇이 하나님과 왕을 저주했다고 거짓으로 증언합니다. 백성의 무리들은 그 증언에 따라 나봇을 돌로 쳐 죽입니다. 불량자라는 단어는 히브리어 '벨리알의 아들'이라는 말을 번역한 것입니다. 구약성경에 여러 번 등장하는 이 단어는 '쓸모없는 자' 혹은 '악한 자'를 뜻합니다.

8 답》 나봇의 성읍에 사는 장로와 귀족들

해설》 열왕기상의 저자는 나봇의 이야기를 기술하면서 종교지도자들의 악한 행위를 세 번이나 언급합니다(8,11,14절). 그것은 당시 이스라엘의 타락이 왕실과 종교지도자들의 주도와 묵인으로 이루어졌다는 사실을 암시합니다. 오늘 본문에서 이방 여인 이세벨의 악랄함보다 더 안타까운 것은, 죄책감을 느끼지 못하는 종교지도자들의 모습입니다.

9 답》 포도원을 차지하러 그리로 내려갔더라

해설》 나봇의 죽음을 전해 들은 아합은, 그가 왜 죽었는지 알아보려 하지 않습니다. 아합은 곧바로 포도원을 차지하러 갑니다. 언뜻 보면 비상식적인 아합의 행동은, 그가 이미 이세벨의 계획을 알고도 묵인했을 가능성을 암시합니다.

10 가이드》 어떤 종류의 공동체이건 리더의 타락은 개인적인 차원에서 끝나지 않습니다. 반드시 공동체 전체의 희생을 초래하게 될 뿐 아니라, 무고한 피해자를 만들어내기도 합니다. 교회는 더욱 그렇습니다. 타락한 한 명의 지도자는 자신뿐 아니라 예수 그리스도가 피 흘려 구원하신 성도들을 실족하게 만듭니다. 더 나아가 세상에서 하나님의 이름을 욕되게 합니다. 원수 마귀가 리더를 넘어뜨리려는 이유가 여기 있습니다. 그리고 우리가 리더를 위해 늘 기도해야 하는 이유도 여기 있습니다. 지금 리더의 위치에 있습니까? 늘 근신하고 깨어 있으십시오(벧전 5:8).

*서로 기도 제목을 나누면서 뒤에 있는 기도 노트를 활용하십시오(p.307-309).

3 가이드》 누구나 한 번쯤은 그런 경험을 했을 것입니다. 때때로 사람들에게 잘 보이기 위해 하나님을 외면하고 불의와 타협했던 때가 있을지도 모릅니다. 바울 사도는 이렇게 말합니다. “이제 내가 사람들에게 좋게 하랴 하나님께 좋게 하랴 사람들에게 기쁨을 구하랴 내가 지금까지 사람들의 기쁨을 구하였다면 그리스도의 종이 아니니라”(갈 1:10).

4 답》 모든 선지자들이 이스라엘 왕과 유다 왕 앞에서 예언하고 있었다.

해설》 아합과 여호사밧 앞에서 예언했던 선지자들의 수는 사백 명에 가까웠습니다(왕상 22:6 참고). 선지자라는 호칭은 당시 이스라엘뿐만 아니라 고대 근동 지방에서도 흔하게 사용되었습니다. 많은 선지자가 있었지만 그들은 모두 한결같이 왕에게 아첨하기에 급급했습니다. 그중에는 참된 선지자가 없었던 것입니다. 수많은 그리스도인 가운데 나는 참된 그리스도인입니까?

5 답》 철로 뿔들을 만들었다. / 왕이 그 뿔들로 아람 사람을 찔러 진멸할 것이다.

해설》 성경에서 철은 강한 힘을, 뿔은 왕권을 상징합니다(신 33:25; 시 2:9; 132:17; 렘 48:25 참고). 선지자 시드기야는 자신이 동원할 수 있는 모든 지식과 수단을 동원해 아합 왕에게 아첨한 것입니다. 다른 선지자들 역시 왕의 승리를 예언합니다. 그들의 거짓 예언이 일시적으로 왕의 사기를 북돋아주어 전쟁에 좋은 영향을 끼칠 수도 있었을 것입니다. 그러나 선지자는 하나님의 말씀을 전하는 사람이지 거짓으로 왕에게 아첨하는 사람이 아닙니다. 그들은 선지자로서 자신의 본분을 망각하고 있었던 것입니다.

6 답》 다른 모든 선지자들처럼 왕의 귀에 듣기 좋은 예언의 말을 해달라고 부탁했다.

해설》 아합 왕의 사신이 미가야 선지자에게 한 부탁은 당시 이스라엘의 왕과 유다의 왕이 어떤 하나님을 믿고 있었는지를 알게 해줍니다. 그들은 하나님을 자신의 귀에 듣기 좋은 말을 해줄 많은 신 중 하나로 여긴 것입니다. 하나님은 각자에게 필요한 말씀을 해주시는 분이지 듣기 좋은 말씀을 해주시는 분이 아닙니다.

7 답》 여호와의 살아계심을 두고 맹세하며 여호와께서 자신에게 말씀하시는 것만 말하겠다고 대답했다.

해설》 “여호와께서 살아계심을 두고 맹세하노니…” 이 구절은 미가야 선지자의 의지를 잘 보여줍니다. 당시 이스라엘 백성들은 하나님의 이름을 두고 하는 맹세는 꼭 지켜야 할 강한 의무로 여겼습니다. 사사 입다가 자신의 맹세를 취소하지 못하고 외동딸을 드린 기록은 그러한 사실을 증명해 줍니다(삿 11:29-31 참고).

8 답》 “올라가서 승리를 얻으소서 여호와께서 그 성읍을 왕의 손에 넘기시리이다” / 아합 왕과 거짓을 예언하던 선지자들을 조롱하기 위해서

해설》 미가야는 다른 선지자들이 이미 한 예언을 반복하며 그들을 조롱합니다. 흥미로운 것은 아합 왕의 반응입니다. 아합은 미가야가 다른 선지자들처럼 왕의 승리를 말했음에도 계속해서 진짜 예언(진실한 것)을 요구합니다. 아합 역시 400여 명의 선지자들이 거짓을 말하고 있음을 알았던 것입니다.

9 답》 온 이스라엘이 목자 없는 양같이 산에 흩어졌는데 그들에게 주인이 없으니 각각 평안히 자기 집으로 돌아갈 것이다.

해설》 목자 없는 양같이 흩어졌다는 표현은 이스라엘이 전쟁에서 패할 것과 아합 왕의 죽음을 암시합니다.

10 답》 거짓말하는 영

해설》 “이제 여호와께서 거짓말하는 영을 왕의 이 모든 선지자의 입에 넣으셨고”라는 구절은 우리에게 이런 질문을 하게 합니다. ‘하나님이 선지자들로 하여금 거짓말하도록 만드셨는가?’ 이 질문에 답하기는 어렵습니다. 그러나 오늘 우리가 꼭 기억해야 할 것은, 하나님께서 미가야의 예언을 통해 아합에게 회개할 기회를 주고 계시다는 것입니다. “아합아! 너에게 승리를 말한 저 선지자들은 거짓 선지자들이다. 정신 차리고 회개해라!”

11 가이드》 하나님과 마귀에게 동시에 칭찬받는 것은 불가능합니다. 하나님의 말씀을 전했다면 마귀와 그에게 속한 사람들에게 미움받는 것이 당연합니다. 마귀에게 속한 세상은 하나님을 미워하기 때문입니다. 그리스도인들은 이 땅에서 의를 행하고도 고난을 받을 수 있습니다. 그러나 하나님께서는 우리의 그 모든 수고를 기억해 주실 것입니다. “너희가 세상에 속하였으면 세상이 자기의 것을 사랑할 것이나 너희는 세상에 속한 자가 아니요 도리어 내가 너희를 세상에서 택하였기 때문에 세상이 너희를 미워하느니라”(요 15:19).

기도 노트 *Prayer Note*

- 하나님께서 기도에 응답하셨으면 'Yes', 거절하셨으면 'No', 보류 중이시면 'Wait'에 체크해 보세요. 시간이 흐른 뒤 하나님의 세심한 인도하심을 느낄 수 있습니다.

날짜 Date	기도 대상 Who	기도 제목 Title	응답 여부		
			Yes	No	Wait

Prayer Note

날짜 Date	기도 대상 Who	기도 제목 Title	응답 여부 Yes	 No	 Wait

Prayer Note

날짜 Date	기도 대상 Who	기도 제목 Title	응답 여부		
			Yes	No	Wait

권별주삶

아가페 주삶

열왕기상

초판 1쇄 발행 2019년 1월 17일

지은이 이준우

펴낸이 정형철
펴낸곳 ㈜아가페출판사
등록 제21-754호
등록일 1995년 4월 12일
편집장 이수진
편집 방재경, 이연우
디자인 박지영, 정육남

주소 (06698) 서울시 서초구 효령로8길 5 (방배동)
전화 584-4835(본사)
팩스 586-3078(본사)
홈페이지 www.iagape.co.kr

ISBN 978-89-537-1941-5 (04230)
ISBN 978-89-537-1934-7 (세트)

이 도서의 국립중앙도서관 출판시도서목록(CIP)은
서지정보유통지원시스템 홈페이지(http://seoji.nl.go.kr)와
국가자료공동목록시스템(http://nl.go.kr/kolisnet)에서 이용하실 수 있습니다.
(CIP제어번호: CIP2018042985)

아가페 출판사

권별주삶

아가페 주삶

• 주야로 묵상하는 삶 •

열왕기하

주삶의 정신 1

'주삶'은 에티오피아 내시에게
말씀을 해석해 준 빌립 집사의 역할을 하기 원합니다.

말씀을 올바르게 깨닫기 위해서는 빌립과 같은 신령한 조력자가 필요합니다.
이제 주삶은 '객관적이고 정확한 절별 해설'을 통해
그리스도인의 매일 말씀묵상을 돕고자 합니다.

주삶의 정신 2

'묵상'은 하루 중 가장 방해받지 않는
귀중한 시간에 하는 것입니다.
그리고 깨달은 말씀을 종일 생각하는 것입니다.

진정한 그리스도인이 되기 위해서는 묵상한 말씀을 늘 되새겨야 합니다.
그것이 주야로 묵상하는 삶이며, '주삶'의 정신입니다.

주삶의 정신 3

'오늘 말씀묵상을 하지 않으면 밥을 먹지 않겠다.'
참된 성도는 굳은 결심의 소유자여야 합니다.

매일 말씀묵상을 하지 않으면 영혼이 병들고 성장하지 않기 때문입니다.
일주일에 한두 끼만 먹는 사람이
건강한 삶을 살 수 없는 것과 마찬가지 이치입니다.

Contents

해설 집필자 소개

이준우 목사_ 열왕기하

- 총신대학교신학대학원 실천신학 수료
- 숭실대학교대학원 사회복지학 석사·박사(MA, Ph.D)
- 미국 사우스웨스턴침례신학대학원 목회학 박사(D.Min)
- 강남대학교 복지융합대학 사회복지학부 교수
- 강남대학교 일반대학원 수화언어통번역학과 주임교수
- 지구촌교회 농아부 지도목사

김건일 목사_ GBS 및 해설서

- 침례신학대학교신학대학원(신학 M.Div)
- 미국 사우스웨스턴침례신학대학원(신약학 Th.M)
- 미국 사우스웨스턴침례신학대학원(신약학 Ph.D 과정중)
- 뿌리깊은교회 협동목사

권별주삶

아가페

주삶

• 주야로 묵상하는 삶 •

열왕기하

AGAPE
(주)아가페출판사

아가페

주삶 단체 활용법

「권별주삶」의 특징

- 「권별주삶」은 가족, 교회 소그룹, 직장 신우회 등 각종 성경공부 모임에 활용하면 좋습니다.
- 「권별주삶」은 날짜에 구애받지 않는 5일 동안의 개인 묵상과 1일의 주간성경공부(GBS)로 구성되어 있습니다.

「권별주삶」의 단체 활용법

➤ 5일 동안 개인적으로 묵상하고, 1주일에 1회씩 모여 GBS 모임을 가지면 좋습니다.

- 주중 첫날부터 5일째까지, 개인묵상 시간을 통해 말씀을 묵상하고, 6일째는 지난 5일간 주신 메시지를 거듭 기억하며 복습합니다.
- 7일째 주간성경공부 모임에서, 한 주 동안 묵상한 말씀을 삶에 적용하고 체험과 깨달음을 서로 공유합니다.

➤ 단체 성경공부 모임의 말씀묵상을 하면서 아래의 구체적인 활용법을 따라하세요.

예) 토요일이나 일요일에 GBS 모임을 할 경우

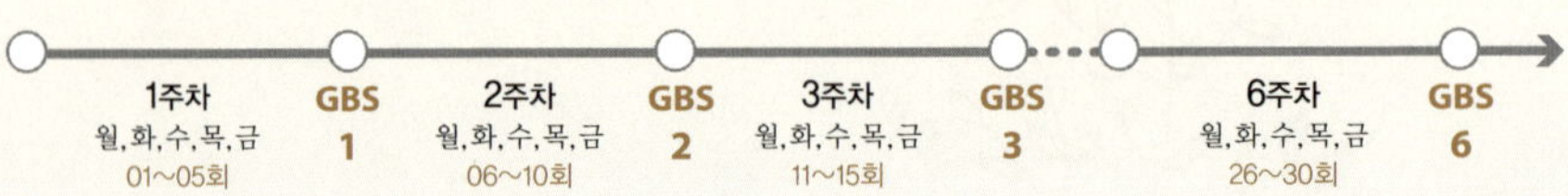

예) 금요일에 GBS 모임을 할 경우

「권별주삶」은 각종 성경공부 모임의 계획에 맞춰 차별화 된 스케줄 구성이 가능합니다.

아가페

주삶 개인 활용법

「권별주삶」의 특징

- 「권별주삶」은 날짜가 특정되지 않아 순차적으로 깊이 있는 말씀묵상이 가능합니다.
- 「권별주삶」은 개인별 맞춤 스케줄에 따라 시간을 활용함으로써, 하나님의 말씀을 거듭 상고하고 깊이 체험할 수 있게 도와줍니다.

「권별주삶」의 개인 활용법

➤ 아래 「권별주삶」의 개인 활용법을 따라 꾸준히 묵상하면서 하나님과 동행하세요.

- 먼저 묵상을 시작하는 날짜를 기록합니다. 개인 스케줄에 맞춰 날짜와 관계없이 성경을 이어서 빠짐없이 묵상할 수 있습니다.

- 주중 첫날부터 5일째까지, 개인묵상 시간을 통해 말씀을 묵상하고, 6일째는 지난 5일간 주신 메시지를 거듭 기억하며 복습합니다.

- 7일째 주간성경공부 모임에서, 한 주 동안 묵상한 말씀을 삶에 적용하고 체험과 깨달음을 서로 공유합니다.

- 교훈과 묵상한 것을 메모합니다. 묵상과 적용이 「권별주삶」의 깊이 있는 해설과 곁들여져 말씀을 더욱 쉽게 이해하는 나만의 묵상노트가 됩니다.

- 「권별 주삶 시리즈」를 권별로 모아두세요. 성경의 문맥을 살려 그 자체로 말씀을 쉽게 이해하게 해주는 훌륭한 성경해설서로 활용할 수 있습니다.

*** 「권별주삶」을**

나만의 묵상노트이자 성경해설서로 만든다는 목표를 가지고 꾸준히 하면,

하나님과의 친밀한 교제 안에서 변화된 자신을 체험할 수 있습니다.

아가페

주삶 활용법

1 날짜 기록

묵상한 날짜를
기록합니다.

2 찬양과 기도

먼저 찬양한 후, 성령님의
도우심을 구하는 기도를
드립니다.

3 본문요약

'본문요약'을 읽고
흐름을 파악합니다.

4 개역개정성경 읽기

성경 본문을 정독합니다.

☐ 묵상 체크

03 월 일

영적 능력의 계승

열왕기하 2:11-17 • 새찬송 323장 | 통일 355장

• 말씀묵상 전에 성령님의 인도하심을 구하는 기도를 드리십시오.

본문요약 | 엘리야가 회오리바람을 타고 하늘로 올라가고, 엘리사는 자신의 옷을 찢으며 슬퍼한다. 엘리사가 엘리야의 겉옷을 집어 들고 요단강을 내리치자 강물이 좌우로 갈라진다. 엘리사는 강을 건너고, 엘리야의 영적 능력이 그에게 주어진다. 엘리야의 승천을 의심하는 선지자의 제자들(선지생도들)은 엘리야의 시신을 찾아다니지만 발견하지 못한다.

11 두 사람이 길을 가며 말하더니 불수레와
불말들이 두 사람을 갈라놓고 엘리야가
회오리바람으로 하늘로 올라가더라
12 엘리사가 보고 소리 지르되 내 아버지여
내 아버지여 이스라엘의 병거와 그 마병
이여 하더니 다시 보이지 아니하는지라
이에 엘리사가 자기의 옷을 잡아 둘로 찢
고
13 엘리야의 몸에서 떨어진 겉옷을 주워 가
지고 돌아와 요단 언덕에 서서
14 엘리야의 몸에서 떨어진 그의 겉옷을 가
지고 물을 치며 이르되 엘리야의 하나님
여호와는 어디 계시니이까 하고 그도 물
을 치매 물이 이리저리 갈라지고 엘리사
가 건너니라
15 맞은편 여리고에 있는 선지자의 제자들이
그를 보며 말하기를 엘리야의 성령이 하
시는 역사가 엘리사 위에 머물렀다 하고
가서 그에게로 나아가 땅에 엎드려 그에
게 경배하고
16 그에게 이르되 당신의 종들에게 용감한
사람 오십 명이 있으니 청하건대 그들이
가서 당신의 주인을 찾게 하소서 염려하
건대 여호와의 성령이 그를 들고 가다가
어느 산에나 어느 골짜기에 던지셨을까
하나이다 하니라 엘리사가 이르되 보내지
말라 하나
17 무리가 그로 부끄러워하도록 강청하매 보
내라 한지라 그들이 오십 명을 보냈더니
사흘 동안을 찾되 발견하지 못하고

1. 오늘 하나님께서 나에게 주신 깨달음은 무엇입니까?

2. 말씀을 어떻게 내 삶에 구체적으로 적용해야 합니까?

22

7 묵상과 적용

'묵상과 적용' 질문을 통해 깨달은 말씀과
적용한 내용을 적습니다.

'말씀묵상'은

말씀과 기도를 통해 날마다 하나님의 음성에 귀 기울이고 그 음성을 따라 살아가고자 하는 그리스도인을 위한 경건의 시간입니다. '말씀묵상'은 하루 중 가장 귀중한 시간에 아무도 방해하지 않는 곳에서 해야 합니다. 그리고 깨달은 말씀을 주야로 묵상하는 것입니다.

절별 해설

11 불수레와 불말들이 두 사람을 갈라놓고 엘리야가 회오리바람으로 하늘로 올라가더라 두 사람 사이에 불덩이 같은 것이 떨어지는데, 그 모습이 불수레와 불말들 같았다. 그러고는 회오리바람이 엘리야를 하늘로 불러올린다. 불은 하나님의 영광과 임재를 상징한다.

12 엘리사가 보고 소리 지르되 내 아버지여 내 아버지여 이스라엘의 병거와 그 마병이여 하더니 다시 보이지 아니하는지라 이에 엘리사가 자기의 옷을 잡아 둘로 찢고 본절은 엘리야의 승천 모습을 엘리사가 '보았다'고 분명히 밝힌다. 이는 엘리사가 스승의 영적 능력을 계승했음을 의미한다. 병거와 마병은 나라를 지키는 힘을 뜻한다. 암울한 시절 불안한 나라를 지키는 힘은 바로 하나님의 지도자 엘리야의 영적 능력이었다. 하나님의 말씀으로 백성들을 일깨우고 나라를 지키던 스승이 이 세상에 없음을 엘리사는 자신의 옷을 찢으며 슬퍼한다.

13-14 엘리야의 몸에서 떨어진 겉옷을 주워 가지고 돌아와, 그도 물을 치매 물이 이리저리 갈라지고 엘리사가 건너니라 엘리야의 겉옷은 이제 엘리사의 손에 남겨진다. 겉옷은 하나님의 임재와 능력을 상징한다. 엘리야와 함께하셨던 하나님의 임재와 능력이 엘리사에게 옮겨졌다. 이 겉옷을 가지고 엘리사는 엘리야처럼 요단 강물을 치면서 "엘리야의 하나님 여호와는 어디 계시니이까"라고 외친다. 엘리야에
게도 베풀어 주실 것을 호소한 것이다
사는 그 갈라진 곳으로 강을 건넌다.

15 엘리야의 성령이 하시는 역사가 엘리
을 가르고 다시 마른 땅을 밟으며 요단
해, 엘리사는 엘리야와 함께하신 하나
는 사실을 분명히 깨닫는다. 이 광경을
자들은 엘리사가 엘리야의 영적 능력을

16 청하건대 그들이 가서 당신의 주인을
강을 건너서 여리고 성 쪽으로 오자
엘리야의 시체를 찾게 해 달라고 요청
천을 믿지 못했다. 엘리사는 스승이 여
갔고 이 땅에 없다는 사실을 잘 알았지
에 할 수 없이 찾아보라고 한다.

17 사흘 동안을 찾되 발견하지 못하고
흘 동안 엘리야의 시신을 찾으러 다니
로 결국 찾지 못한다. 엘리야는 죽지
승천했기 때문이다.

쉬운성경

11 엘리야와 엘리사가 걸어가며 이야기하고 있을 때에 불전차와 불말들이 나타나 두 사람을 갈라놓았습니다. 그러자 엘리야가 회오리바람을 타고 하늘로 올라갔습니다.

12 엘리사가 그 모습을 보고 외쳤습니다. "내 아버지여, 내 아버지여, 이스라엘의 전차와 기병이여!" 엘리야는 다시 보이지 않았습니다. 엘리사는 너무 슬퍼서 자기 옷을 두 조각으로 찢었습니다.

13 엘리사는 엘리야가 떨어뜨린 겉옷을 주워 들었습니다. 그리고 다시 돌아가 요단 강가에 섰습니다.

14 엘리사가 엘리야의 옷으로 강물을 치며 말했습니다. "엘리야의 하나님 여호와께서는 어디에 계십니까?" 그가 강물을 치자, 강물이 양쪽으로 갈라졌습니다. 엘리사가 그 갈라진 곳으로 강을 건넜습니다.

5 쉬운성경 읽기

쉬운성경을 정독하며
본문을 대조합니다.

6 절별 해설

'절별 해설'을 참고하며 읽습니다.

저자의 묵상

엘리사는 스승이 떠난 후 불안해하며 절박한 나머지 스승의 겉옷을 붙잡고 부르짖는다. 하나님은 엘리사의 간절한 외침에 응답하신다. 엘리야가 했던 것처럼 요단강이 갈라지고 길이 열린다. 이 기적을 지켜본 선지자의 제자들은 엘리야의 영적 능력이 엘리사에게 임한 것을 인정하며 그 앞에 순복한다. 하나님은 이 기적으로 엘리사의 영적 권위를 확고하게 세우셨다. 영적 권위는 이렇게 하나님이 영적인 능력으로 세워 주신다. 엘리야의 겉옷은 영적 지도자가 살아 낸 삶의 산물이자 그의 영성의 상징이다. 무수한 날을 기도로 채웠던 엘리야가 흘린 땀이 가득 밴 유품이었다. 그것은 엘리야의 신앙과 삶의 결정체였다. 엘리사는 선지자의 제자들과는 달리, 절대 타협하지 않고 끝까지 엘리야의 영적 능력을 받기 원했던 열정으로 하나님의 기름부으심을 받았다. 오늘 이 시대에도 믿음의 선배들의 영적 능력을 물려받는 새로운 믿음의 걸음이 많이 나와야 한다.

무릎 기도 하나님, 영적 선배들이 가졌던 영적 능력을 계승하는 신실한 믿음의 후배가 많아지게 하소서.

9 무릎 기도

'무릎 기도'로 기도합니다.

8 저자의 묵상

절별 해설 집필자가 묵상 후 전하는
메시지입니다.

NLT - 2 Kings 2

11 As they were walking along and talking, suddenly a chariot of fire appeared, drawn by horses of fire. It drove between the two men, separating them, and Elijah was carried by a whirlwind into heaven.

12 Elisha saw it and cried out, "My father! My father! I see the chariots and charioteers of Israel!" And as they disappeared from sight, Elisha tore his clothes in distress.

13 Elisha picked up Elijah's cloak, which had fallen when he was taken up. Then Elisha returned to the bank of the Jordan River.

14 He struck the water with Elijah's cloak and cried out, "Where is the LORD, the God of Elijah?" Then the river divided, and Elisha went across.

15 When the group of prophets from Jericho saw from a distance what happened, they exclaimed, "Elijah's spirit rests upon Elisha!" And they went to meet him and bowed to the ground before him.

16 "Sir," they said, "just say the word and fifty of our strongest men will search the wilderness for your master. Perhaps the Spirit of the LORD has left him on some mountain or in some valley." "No," Elisha said, "don't send them."

17 But they kept urging him until they shamed him into agreeing, and he finally said, "All right, send them." So fifty men searched for three days but did not find Elijah.

11 chariot 병거, 전차 appear 나타나다 be drawn by ~ ~에 이끌리다 separate 구분하다 be carried by ··· into ~ ···에 의해 이끌려 ~로 들어가다 12 disappear 사라지다 distress 비통, 비탄 13 bank 둑 15 bow to the ground 머리가 땅에 닿도록 절하다 16 wilderness 광야 valley 골짜기 17 urge 촉구하다

10

한글과 영어 본문(NLT)
대조를 통해
본문의 바른 뜻을
파악할 수 있습니다.

"복 있는 사람은
악인들의 꾀를 따르지 아니하며
죄인들의 길에 서지 아니하며
오만한 자들의 자리에 앉지 아니하고
오직 여호와의 율법을 즐거워하여
그의 율법을 주야로 묵상하는도다"

- 시편 1:1-2 -

1~60 days

열왕기서를 묵상하기 전에

저자 및 저작 연대

열왕기서의 본래 히브리어 명칭은 '왕들'이라는 뜻의 멜레킴(Melechim)이다. BC 2세기경 헬라어 구약역본인 70인역에서 상·하 두 권으로 나누어 편집했다. 이 분류법에 따라 여러 왕의 기록이라는 뜻으로, 대부분의 성경에서 열왕기상·하로 편집되어 왔다. 유대교 전통은 열왕기서를 전선지서로 분류하며 예레미야를 저자로 간주한다. 그러나 열왕기의 마지막 부분(왕하 25:27-30), 즉 여호야긴 왕이 포로로 잡혀간 지 37년 후 이야기가 있기에 바벨론 포로생활을 겪은 익명의 저자로 보아야 한다. 예레미야는 다 무너진 예루살렘 성전에서 슬픈 노래(애가)를 부르며 남아 있었기 때문이다. 본서는 여호야긴 왕이 석방된 BC 561년에서 고레스 칙령에 의해 가나안으로 귀환한 BC 536년 사이에 기록되었다. BC 586년 남유다까지 멸망하고 바벨론 포로생활이 시작되자, 이스라엘 백성은 왜 이러한 일이 일어났는지를 묻게 된다. 열왕기서는 '이스라엘의 패망은 하나님과 맺은 언약을 저버리고 스스로 타락한 죄 때문'이라고 말한다. 징계의 회초리를 맞으면서도 왜 맞는지 모르는 이스라엘 백성에게 조상의 역사를 통해 깨달음을 준다.

역사적 배경

열왕기서에 담겨 있는 역사는 약 410년간의 왕정사다. 솔로몬이 왕이 된 BC 970년부터 여호야긴이 바벨론 포로로 끌려가 수감되었다가(BC 597년) 37년 만에 석방된 BC 561년까지를 배경으로 삼고 있다. 역사적 교훈을 담아 이야기체로 구성되었다. 다윗이 이룩한 이스라엘 열두 지파 통일왕국은 솔로몬 이후 남과 북으로 나뉘었다(BC 931년). 북이스라엘은 BC 722년 앗수르에 의해 멸망할 때까지 209년 동안 아홉 왕조 19명의 왕이 등장하는데, 그중 일곱 번은 반란과 암살로 왕권이 바뀐다. 남유다는 BC 586년 바벨론에 의해 멸망할 때까지 345년 동안 20명의 왕이 다스리는데, 전무후무한 여왕 아달랴(북이스라엘 아합 왕의 딸)를 제외하고는 다윗 왕조가 이어진다. 하나님이 다윗의 집과 왕위를 견고하게 하시겠다던 언약(삼하 7:8-16)을 지키신 것이다. 또 인간의 어떠한 저항 앞에서도 언약을 지켜내시는 하나님을 드러낸다.

단락 구분

1. 망해 가는 단일왕국: 솔로몬

왕상 1:1-1:10	다윗의 외로운 노년과 아도니야의 반란
1:11-4:34	솔로몬의 왕권 획득과 지혜로운 통치
5:1-7:51	성전 건축 준비와 준공
8:1-8:66	솔로몬의 기도와 기쁨에 찬 성전 봉헌
9:1-9:14	성전을 완공한 솔로몬과 하나님의 염려
9:15-11:43	부를 얻으면 얻을수록 어리석게 되는 솔로몬

2. 시작되는 분열왕국: 솔로몬의 죽음과 단일왕국 분열, 계속되는 우상숭배

12:1-14:31	두 왕국(남유다와 북이스라엘) 탄생, 본격적으로 시작되는 우상숭배
15:1-16:28	계속되는 우상숭배와 북이스라엘 오므리 왕조 탄생
16:29-22:28	바알을 국가의 신으로 인정한 북이스라엘, 아합, 엘리야 등장
22:29-왕하 8:29	아합의 죽음과 아들들의 그릇된 통치, 엘리사 등장
9:1-10:36	하나님의 심판 몽둥이, 예후와 오므리 왕조 멸망
11:1-14:29	북이스라엘 예후 왕조, 엘리사 죽음

3. 다시 망해 가는 분열왕국: 불나방처럼 우상에게 뛰어드는 남북왕국

15:1-17:41	파국으로 치닫는 북이스라엘, 앗수르에 의한 멸망
18:1-20:21	북이스라엘 멸망을 교훈 삼아 바르게 통치한 히스기야
21:1-21:26	천하에 둘도 없는 악한 왕, 므낫세
22:1-23:30	칠흑같이 어두워져가는 남유다와 작은 빛 요시야
23:31-25:30	끝끝내 돌이키지 않는 남유다, 바벨론에 의한 멸망

특징 및 주요 내용

열왕기서의 주제는 '떠나가는 이스라엘과 돌이키는 하나님의 역사'다. 따라서 저자는 이스라엘을 향한 하나님의 아픔을 지닌 채 회복을 갈망한 왕들의 이야기를 전한다. 하나님은 모세를 통해 이스라엘과 언약을 맺고, 그분의 백성으로 살아가는 길을 자세히 알려주셨다. 그러나 이스라엘은 주변 강대국들 틈에서 살아남기 위해 언약을 저버리고 하나님에게서 등을 돌린다. 저자는 그 책임을 일차적으로 왕들에게 묻는다. 북이스라엘 19명의 왕과 남유다 20명의 왕 중 선하다고 평가한 왕은 겨우 7명(아비얌, 아사, 여호사밧, 요아스, 요담, 히스기야, 요시야)이다. 그들은 남유다의 왕이며 북이스라엘의 왕들은 모두 악하다고 평가한다.

그렇다면 저자는 무엇에 근거하여 왕들을 평가하는가? 그것은 그들이 떠나버린 하나님과의 관계, 즉 언약이다. 하나님은 이미 모세를 통해 왕의 직무를 말씀하셨다(신 17:14-20). 광야 시대부터 이스라엘은 이방 나라 같은 강력한 권력을 지닌 왕을 원했기 때문이다. 왕이 반드시 해야 하는 것은 율법서를 평생 자기 옆에 두고 읽어, 하나님 경외하기를 배우며 율법의 모든 말과 규례를 지켜 행하는 것이다(신 17:19). 또 하지 말아야 하는 것은 병마를 많이 두는 것과 아내를 많이 두는 것, 그리고 은과 금을 많이 쌓는 것이다(신 17:16-17). 이처럼 열왕기서는 남북왕국 왕들이 하나님과 맺은 언약에 어떻게 반응했는지 그 과정과 결과를 밝혀, 다시금 언약 백성으로 살게 하기 위하여 기록되었다. 그래서 하나님의 아픔에 초점을 맞추어 떠나가는 이스라엘을 돌이키고자 애쓰시는 하나님의 사랑이 담겨 있다.

결국 하나님은 떠나가고자 몸부림치는 북이스라엘을 앗수르에, 남유다를 바벨론에 망하게 하신다. 언약을 저버리고 우상에게 향하는 그들을 우상의 본거지로 보내 잘못을 깨닫게 하려 함이다. 하나님은 이미 모세에게 그들이 하나님과 맺은 언약을 저버릴 때 어떤 저주를 받을지 상세히 알려주셨다(신 28장). 대표적인 저주는 '적군에게 에워싸이고 맹렬한 공격을 받을 것이며 결국 포로로 잡혀가는 것'(신 28:41,53)이다. 실제로 그러한 일이 일어났고, 그들은 바벨론 포로생활 중에 죄악을 깨닫기 시작한다. 이처럼 열왕기서 저자는 가고 오는 세대에게 통한의 역사를 전한다.

북이스라엘과 남유다 왕의 연대기

통일왕국 시대

- 사울을 초대 왕으로 선출함으로 지파 연합체에서 단일 지도 체제인 왕정이 시작됨
- 이스라엘의 실제 건국자라 할 수 있는 다윗의 등극으로 신정 왕국의 면모를 갖춤
- 하나님은 다윗과의 언약을 통해 그 후손이 이스라엘 왕위를 계승하리라 약속하심
- 솔로몬이 예루살렘에 성전을 건축함

이스라엘 분열왕국 시대

- 솔로몬 사후 왕국이 남북으로 분열됨
- 남왕국 유다는 수도 예루살렘을 중심으로 다윗의 후손이 왕통을 이었고, 북왕국 이스라엘은 사마리아를 수도로 삼음
- 남북 왕국의 거듭된 타락과 범죄
- 지도자와 백성의 죄악을 고발하고 회개하여 하나님의 법을 따르라는 선지자들의 활동이 활발했던 시기

왕국의 쇠락 시대

- 북왕국 이스라엘이 BC 722년 앗수르에 의해 패망함
- BC 605년 이후 바벨론의 침탈로 유다 백성이 포로로 끌려가기 시작함
- 남왕국 유다는 BC 586년(혹은 587년) 바벨론에 의해 수도 예루살렘이 함락되고 성전이 파괴됨

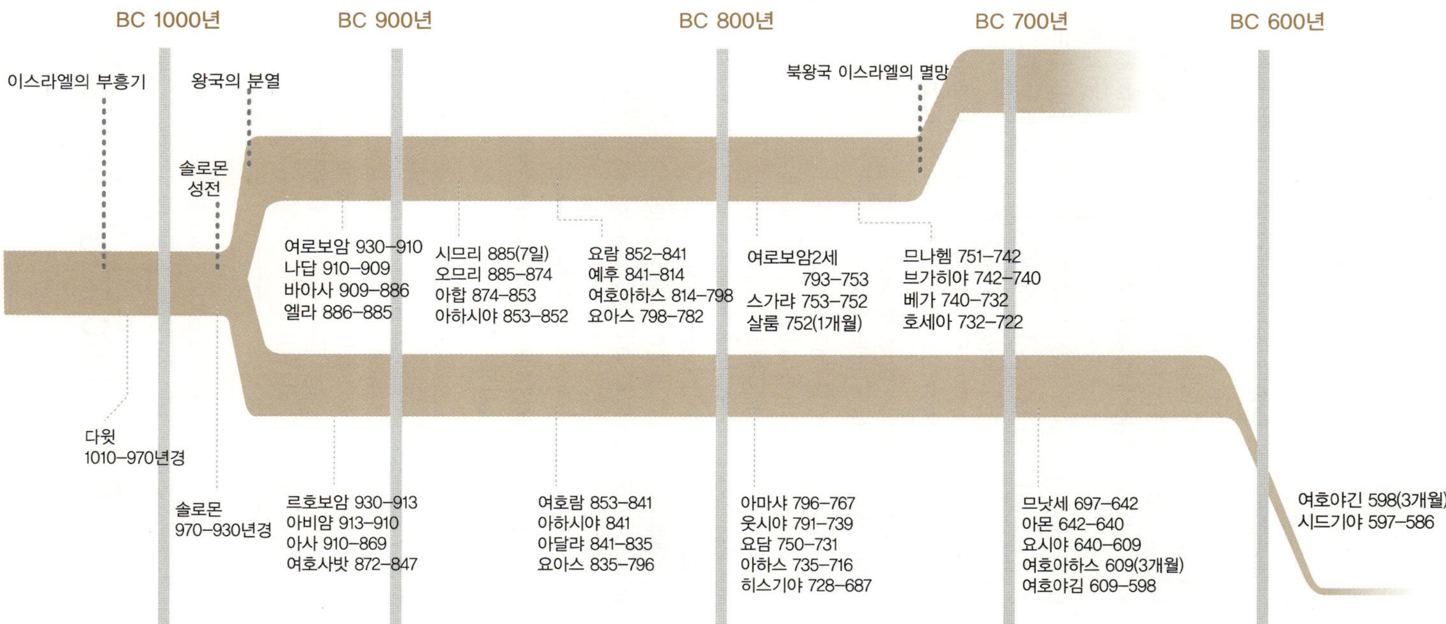

발췌_ 라이프 성경사전(생명의말씀사) p.1098–1099

☐ 묵상 체크

01 엘리야의 마지막 사역과 아하시야 왕

월 일

열왕기하 1:1–18 • 새찬송 424장 | 통일 216장

• 말씀묵상 전에 성령님의 인도하심을 구하는 기도를 드리십시오.

본문요약 | 아합의 대를 이은 북이스라엘 왕 아하시야가 난간에서 떨어져 크게 다친다. 엘리야는 왕이 보낸 사람들을 만나라는 천사의 명령대로, 그들에게 하나님의 뜻을 전하고 그들은 아하시야 왕에게 보고한다. 아하시야 왕은 엘리야에게 군대를 보내지만, 처음과 두 번째로 왔던 오십부장과 부하 오십 명 모두 엘리야가 말한 대로 불에 타 죽는다. 여호와의 사자가 엘리야에게 세 번째로 온 오십부장과 함께 내려가라고 명령한다. 아하시야 왕은 하나님의 말씀대로 죽음을 맞는다.

1 아합이 죽은 후에 모압이 이스라엘을 배반하였더라

2 아하시야가 사마리아에 있는 그의 다락 난간에서 떨어져 병들매 사자를 보내며 그들에게 이르되 가서 에그론의 신 바알세붑에게 이 병이 낫겠나 물어 보라 하니라

3 여호와의 사자가 디셉 사람 엘리야에게 이르되 너는 일어나 올라가서 사마리아 왕의 사자를 만나 그에게 이르기를 이스라엘에 하나님이 없어서 너희가 에그론의 신 바알세붑에게 물으러 가느냐

4 그러므로 여호와의 말씀이 네가 올라간 침상에서 내려오지 못할지라 네가 반드시 죽으리라 하셨다 하라 엘리야가 이에 가니라

5 사자들이 왕에게 돌아오니 왕이 그들에게 이르되 너희는 어찌하여 돌아왔느냐 하니

6 그들이 말하되 한 사람이 올라와서 우리를 만나 이르되 너희는 너희를 보낸 왕에게로 돌아가서 그에게 고하기를 여호와의 말씀이 이스라엘에 하나님이 없어서 네가 에그론의 신 바알세붑에게 물으려고 보내느냐 그러므로 네가 올라간 침상에서 내려오지 못할지라 네가 반드시 죽으리라 하셨다 하라 하더이다

7 왕이 그들에게 이르되 올라와서 너희를 만나 이 말을 너희에게 한 그 사람은 어떤 사람이더냐

8 그들이 그에게 대답하되 그는 [1]털이 많은 사람인데 허리에 가죽띠를 띠었더이다 하니 왕이 이르되 그는 디셉 사람 엘리야로다

9 이에 오십부장과 그의 군사 오십 명을 엘리야에게로 보내매 그가 엘리야에게로 올라가 본즉 산꼭대기에 앉아 있는지라 그가 엘리야에게 이르되 하나님의 사람이여 왕의 말씀이 내려오라 하셨나이다

10 엘리야가 오십부장에게 대답하여 이르되 내가 만일 하나님의 사람이면 불이 하늘에서 내려와 너와 너의 오십 명을 사를지로다 하매 불이 곧 하늘에서 내려와 그와 그의 군사 오십 명을 살랐더라

11 왕이 다시 다른 오십부장과 그의 군사 오십 명을 엘리야에게로 보내니 그가 엘리야에게 말하여 이르되 하나님의 사람이여 왕의 말씀이 속히 내려오라 하셨나이다 하니

12 엘리야가 그들에게 대답하여 이르되 내가 만일 하나님의 사람이면 불이 하늘에서 내려와 너와 너의 오십 명을 사를지로다 하매 하나님의 불이 곧 하늘에서 내려와 그와 그의 군사 오십 명을 살랐더라

13 왕이 세 번째 오십부장과 그의 군사 오십 명을 보낸지라 셋째 오십부장이 올라가서 엘리야 앞에 이르러 그의 무릎을 꿇어 엎드려 간구하여 이르되 하나님의 사람이여

1) 털옷 입은

원하건대 나의 생명과 당신의 종인 이 오
십 명의 생명을 당신은 귀히 보소서
14 불이 하늘에서 내려와 전번의 오십부장
둘과 그의 군사 오십 명을 살랐거니와 나
의 생명을 당신은 귀히 보소서 하매
15 여호와의 사자가 엘리야에게 이르되 너는
그를 두려워하지 말고 함께 내려가라 하
신지라 엘리야가 곧 일어나 그와 함께 내
려와 왕에게 이르러
16 말하되 여호와의 말씀이 네가 사자를 보
내 에그론의 신 바알세붑에게 물으려 하
니 이스라엘에 그의 말을 물을 만한 하나
님이 안 계심이냐 그러므로 네가 그 올라
간 침상에서 내려오지 못할지라 네가 반
드시 죽으리라 하셨다 하니라
17 왕이 엘리야가 전한 여호와의 말씀대로
죽고 그가 아들이 없으므로 여호람이 그
를 대신하여 왕이 되니 유다 왕 여호사밧
의 아들 여호람의 둘째 해였더라
18 아하시야가 행한 그 남은 사적은 모두 이
스라엘 왕 역대지략에 기록되지 아니하였
느냐

1. 오늘 하나님께서 나에게 주신 깨달음은 무엇입니까?

2. 말씀을 어떻게 내 삶에 구체적으로 적용해야 합니까?

절별 해설

1-2 모압이 이스라엘을 배반하였더라 아하시야가 사마리아에 있는 그의 다락 난간에서 떨어져 병들매 이스라엘의 왕이 된 아하시야에게 두 가지 위기가 닥친다. 하나는 국가적 위기고 다른 하나는 개인적 위기였다. 국가적으로는 모압이 이스라엘을 배반해서 떨어져 나간다. 속국인 모압이 조공을 중단함으로써 이스라엘은 경제적인 타격을 입는다. 개인적으로는 아하시야 자신이 다락 난간에서 떨어져 병이 든다.

3-4 엘리야는 왕이 보낸 사람들을 만나 여호와를 찾지 않은 것에 대한 책망과 그에 따른 대가로 왕이 죽게 될 것을 아하시야에게 전해야 했다. 에그론은 블레셋 평원에 있는 다섯 성읍 중의 하나(수 13:3)로 북쪽에 있었기에 이스라엘과는 상대적으로 가장 가까운 도시다. 바알세붑에서 '바알'은 주(lord), 주인, '세붑'은 파리라는 뜻이기에 바알세붑은 파리나 날벌레의 신이라는 의미가 있다. 즉, 바알세붑은 파리 형상으로 된 신으로서 질병을 보내기도 하고, 파리로부터 오는 질병에서 지켜주기도 하는 신이다. 이스라엘에는 세상의 그 어느 신보다 위대한 하나님이 계심에도, 아하시야는 하나님을 인정하지 않고 에그론의 우상인 파리의 신에게 사신을 보낸다.

쉬운성경

1 아합 왕이 죽은 뒤에 모압이 이스라엘을 배반했습니다.

2 아하시야 왕이 사마리아에 있는 그의 이층 방 난간에서 떨어져 크게 다쳤습니다. 그는 명령을 받고 심부름하는 사람들을 보내며 말했습니다. "에그론의 신 바알세붑에게 가서 내 다친 몸이 나을 수 있는지 물어보아라."

3 여호와의 천사가 디셉 사람 엘리야에게 말했습니다. "일어나 가서 아하시야 왕이 보낸 사람들을 만나라. 그들에게 이렇게 말하여라. '이스라엘에 하나님이 안 계셔서 에그론의 신 바알세붑에게 물으러 가느냐?

4 여호와께서 아하시야에게 말씀하셨다. 너는 지금 누워 있는 침대에서 일어나지 못하고 죽을 것이다.'" 그 후, 엘리야는 길을 떠나 여호와의 천사가 일러준 말을 그들에게 그대로 전했습니다.

5-6 사자들이 왕에게 돌아오니 왕이 그들에게 이르되 너희는 어찌하여 돌아왔느냐 하니 그들이 말하되 바알세붑을 찾아 가는 길에 엘리야의 말을 들은 왕의 사자들은 발길을 돌려 아하시야에게 가서 그대로 전한다. 사자들은 엘리야가 어떤 선지자인지 잘 알고 있었을 것이다. 처음 엘리야를 만났을 때, 그들은 엘리야의 영적 권위에 압도되었다. 왕보다 신하들의 믿음이 더 나은 것으로 판단된다.

7-8 그는 털이 많은 사람인데 허리에 가죽띠를 띠었더이다, 그는 디셉 사람 엘리야로다 털이 많다는 것은 엘리야가 입은 겉옷을 강조한 듯하다. 당시 선지자에게 겉옷은 사명자의 표시임과 동시에 권위를 상징했던 것으로 추정된다(왕하 2:13-14). 일반적으로 이스라엘 사람들은 가죽띠가 아닌 무명이나 면 같은 천으로 만든 띠를 두르고 다녔다. 대제사장이 매는 띠는 금실과 청색, 자색, 홍색 그리고 가늘게 꼰 베실로 만든 세마포띠였다. 반면 가죽띠는 촉감이 거칠고 착용하기도 불편해 주로 가난한 사람이나 고행자가 착용했다. 아하시야는 선지자의 생김새와 옷차림에 대한 신하들의 설명을 듣고 그가 엘리야라는 사실을 금방 알아차렸다. 더욱이 아하시야는 자신의 죽음을 예언한 엘리야가 전에 아버지 아합의 죽음을 예언한 바로 그 사람이라는 사실에 놀라 부들부들 떨었을 것이다. 이는 아하시야가 회개할 수 있는 마지막 기회였지만 그는 천금과 같은 기회를 끝내 놓치고 만다.

9 엘리야에게로 올라가 본즉 산꼭대기에 앉아 있는지라 그가 엘리야에게 이르되 하나님의 사람이여 왕의 말씀이 내려오라 하셨나이다 아하시야는 한 번에 50명의 군사를 보내 엘리야를 잡으려 한다. 50명의 군사면 별수 없이 붙잡혀 올 줄로 착각했지만 엘리야는 다른 사람들이 쉽게 올라올 수 없는 산꼭대기에 올라가 있었다. 그런 엘리야에게 오십부장은 "하나님의 사람이여"라고 부르면서 왕의 명령을 전한다. 그러나 이는 말이 안 되는 행동이다. 하나님의 사람이라 불러 놓고는 정작 왕의 명령을 내세우며, 하나님보다 왕의 권위를 더 높게 생각하고 있다. 한편, 각 부장제도는 모세가 처음으로 세운 이스라엘의 군사직제로 십부장, 오십부장, 백부장, 천부장으로 계급이 구분된다.

10 내가 만일 하나님의 사람이면 불이 하늘에서 내려와 너와 너의 오십 명을 사를지로다 오십부장의 조롱과 비아냥거림에 엘리야는 하나님의 능력을 힘입어 불로 이들을 응징한다. 왕의 권세를 믿고 오만불손했던 오십부장과 부하들은 비참

5 그러자 심부름하는 사람들이 즉시 아하시야 왕에게 돌아왔습니다. 아하시야 왕이 그들에게 물었습니다. "왜 돌아왔느냐?"

6 그들이 대답했습니다. "어떤 사람이 우리에게 오더니 왕께 이렇게 전하라고 했습니다. '여호와께서 말씀하셨다. 이스라엘에 하나님이 안 계셔서 에그론의 신 바알세붑에게 물으러 가느냐? 그러므로 너는 지금 누워 있는 침대에서 일어나지 못하고 죽을 것이다.'"

7 아하시야 왕이 그들에게 물었습니다. "그대들을 만나서 그 말을 한 사람이 어떻게 생겼더냐?"

8 심부름하는 사람들이 대답했습니다. "그 사람은 털옷을 입고,* 허리에는 가죽띠를 매고 있었습니다." 아하시야 왕이 말했습니다. "그 사람은 디셉 사람 엘리야다."

9 아하시야 왕이 오십부장과 그의 부하 오십 명을 엘리야에게 보냈습니다. 그들이 갔을 때, 엘리야는 산꼭대기에 앉아 있었습니다. 오십부장이 엘리야에게 말했습니다. "하나님의 사람이여, 왕이 내려오라고 말씀하셨소."

10 엘리야가 대답했습니다. "내가 하나님의 사람이라면, 하늘에서 불이 내려와 너와 네 부하 오십 명을 태워 버릴 것이다." 그러자 하늘에서 불이 내려와 오십부장과 그의 부하 오십 명을 태워 버렸습니다.

11 아하시야 왕이 다른 오십부장과 그의 부하 오십 명을 엘리야에게 보냈습니다. 오십부장이 엘리야에게 말했습니다. "하나님의 사람이여, 왕의 말씀이오. 어서 내려오시오."

12 엘리야가 대답했습니다. "내가 하나님의 사람이라면, 하늘에서 불이 내려와 너와 네 부하 오십 명을 태워 버릴

* 1:8 개역 성경에는 '털이 많은 사람'이라고 표기되어 있다.

한 죽음을 맞이한다.

11-12 왕이 다시 다른 오십부장과 그의 군사 오십 명을 엘리야에게로 보내니, 하나님의 불이 곧 하늘에서 내려와 그와 그의 군사 오십 명을 살랐더라 아하시야는 먼저 보낸 군사 50명이 불에 타 죽었는데도 겁을 내지 않고 또 새로운 50명을 보낸다. 새로 온 오십부장도 엘리야를 전혀 두려워하지 않고 지난번 오십부장처럼 똑같이 오만불손하게 말한다. 앞서 왔던 사람의 종말을 다 알면서도 두려움 없이 교만하게 처신한 이 오십부장과 부하들도 하늘에서 불이 떨어져서 모두 불에 타 죽었다.

13-14 왕이 세 번째 오십부장과 그의 군사 오십 명을 보낸지라, 하나님의 사람이여 원하건대 나의 생명과 당신의 종인 이 오십 명의 생명을 당신은 귀히 보소서, 나의 생명을 당신은 귀히 보소서 하매 다행스럽게도 세 번째로 간 오십부장은 매우 현명한 사람이었다. 그는 엘리야 앞에 꿇어 엎드려 겸손하고 간절하게 애원한다. 그는 자신을 보낸 왕보다 하나님의 종 엘리야를 더 두려워했다.

15 여호와의 사자가, 엘리야가 곧 일어나 그와 함께 내려와 왕에게 이르러 본장 3절에 언급되었던 여호와의 사자가 다시 등장한다. 이는 하나님이 바로 지금 이 순간까지 엘리야를 보호하고 계셨을 뿐만 아니라 하나님의 사람으로서 엘리야의 권위를 지탱해 주셨음을 의미한다. 이런 영적 권위에 순복한 세 번째 오십부장의 겸손한 간청 후, 여호와의 사자는 엘리야에게 두려워하지 말고 그와 함께 아하시야 왕에게 가라고 한다.

16-17 네가 그 올라간 침상에서 내려오지 못할지라 네가 반드시 죽으리라, 왕이 엘리야가 전한 여호와의 말씀대로 죽고 엘리야는 아하시야가 이스라엘의 하나님을 무시하고 에그론의 신 바알세붑에게 물으려고 사람을 보냈기에, 결국 침상에서 일어나지 못하고 반드시 죽을 것이라는 예언을 전한다. 결국 아하시야 왕은 그 예언대로 죽는다.

것이다." 그러자 또 하늘에서 불이 내려와 오십부장과 그의 부하 오십 명을 태워 버렸습니다.

13 아하시야 왕이 세 번째로 또 다른 오십부장과 그의 부하 오십 명을 엘리야에게 보냈습니다. 세 번째 오십부장이 가서 엘리야 앞에 무릎을 꿇었습니다. 그가 엘리야에게 빌었습니다. "하나님의 사람이여, 내 목숨과 내 부하 오십 명의 목숨을 하찮게 여기지 말아 주십시오.

14 보십시오. 하늘에서 불이 내려와 먼저 왔던 두 명의 오십부장과 그들의 부하들을 다 태워 버렸습니다. 그러나 이번에는 제 목숨을 귀하게 여겨 주십시오."

15 여호와의 천사가 엘리야에게 말했습니다. "저 사람과 함께 가거라. 저 사람을 두려워하지 마라." 그리하여 엘리야가 일어나 그 사람과 함께 왕을 보러 갔습니다.

16 엘리야가 아하시야 왕에게 말했습니다. "여호와께서 이렇게 말씀하셨소. '너는 에그론의 신 바알세붑에게 네 병에 관해 물어보려고 사람들을 보냈다. 이스라엘에는 여쭈어 볼 하나님이 계시지 않다고 생각했느냐? 그러므로 너는 네 병상에서 일어나지 못하고 죽을 것이다.'"

17 아하시야 왕은 여호와께서 엘리야를 통해 하신 말씀대로 죽었습니다. 아하시야 왕은 아들이 없었으므로, 여호람*이 아하시야의 뒤를 이어 왕이 되었습니다. 그때는 여호사밧의 아들 여호람이 유다의 왕으로 있은 지 이 년째 되던 해였습니다.

18 아하시야가 행한, 다른 모든 일은 이스라엘 왕들의 역사책에 적혀 있습니다.

*1:17 '요람'이라고 불리기도 한다.

저자의 묵상

아합이 죽자 이스라엘의 국력이 약해지고, 모압은 이스라엘을 배반한다. 설상가상으로 아하시야는 다락 난간에서 떨어져 중상을 입는다. '여호와께서 붙드셨다'는 뜻의 이름을 가진 아하시야가 하나님의 손길을 뿌리쳤을 때, 그는 하나님 대신 붙들던 것과 함께 추락하고 말았다. 그 밑바닥에서 아하시야는 깨닫고 하나님을 붙잡았어야 했다. 그러나 아하시야는 에그론의 신 바알세붑에게 자신의 사신을 보낸다. 하나님은 엘리야를 보내 아하시야의 사신을 만나게 하고 그를 통해 하나님의 메시지를 전하셨다. 그런데도 아하시야는 하나님의 메시지를 무시해 버린다. 자신이 죽을 것이라는 하나님의 말씀에 엎드려 회개하며 살려 달라고 기도하지 않았다. 하나님은 아합의 아들 아하시야가 왕으로 있는 2년 동안 그를 지켜보시다, 도저히 안 되겠다고 판단되자 엘리야를 보내 아하시야의 죽음을 선고하신다. 이것을 통해 죄로 인해 멸망이 확정되었다 해도 우리에게 끝까지 회개할 기회를 주시는 하나님의 자비하신 사랑을 보게 된다. 회개의 기회가 주어졌을 때 회개해야 살 수 있다. 참으로 안타깝게도, 아하시야는 역사상 가장 능력 있는 주의 종이 자신의 곁에 있었음에도 그로부터 영향을 받지 못하고 죽었다. 하나님보다 파리의 신(바알세붑)이 더 낫다고 생각하는 사람에게는 능력의 종이 아무리 가까이 있어도 무용지물이다. 우리의 삶 가운데서도 하나님은 주의 종을 통해 말씀하신다. 그때마다 하나님의 말씀에 귀를 기울이고 하나님께만 집중해야 한다.

무릎 기도 하나님, 지금까지 살아온 것은 내가 잘나서가 아니라 하나님의 은혜 덕분임을 알게 하소서.

NLT - 2 Kings 1

1 After King Ahab's death, the land of Moab rebelled against Israel.

2 One day Israel's new king, Ahaziah, fell through the latticework of an upper room at his palace in Samaria and was seriously injured. So he sent messengers to the temple of Baal-zebub, the god of Ekron, to ask whether he would recover.

3 But the angel of the LORD told Elijah, who was from Tishbe, "Go and confront the messengers of the king of Samaria and ask them, 'Is there no God in Israel? Why are you going to Baal-zebub, the god of Ekron, to ask whether the king will recover?

4 Now, therefore, this is what the LORD says: You will never leave the bed you are lying on; you will surely die.'" So Elijah went to deliver the message.

5 When the messengers returned to the king, he asked them, "Why have you returned so soon?"

6 They replied, "A man came up to us and told us to go back to the king and give him this message. 'This is what the LORD says: Is there no God in Israel? Why are you sending men to Baal-zebub, the god of Ekron, to ask whether you will recover? Therefore, because you have done this, you will never leave the bed you are lying on; you will surely die.'"

7 "What sort of man was he?" the king demanded. "What did he look like?"

8 They replied, "He was a hairy man,* and he wore a leather belt around his waist." "Elijah from Tishbe!" the king exclaimed.

9 Then he sent an army captain with fifty

soldiers to arrest him. They found him sitting
on top of a hill. The captain said to him,
"Man of God, the king has commanded you
to come down with us."
10 But Elijah replied to the captain, "If I am a
man of God, let fire come down from heaven
and destroy you and your fifty men!" Then
fire fell from heaven and killed them all.
11 So the king sent another captain with fifty
men. The captain said to him, "Man of God,
the king demands that you come down at
once."
12 Elijah replied, "If I am a man of God, let fire
come down from heaven and destroy you
and your fifty men!" And again the fire of
God fell from heaven and killed them all.
13 Once more the king sent a third captain with
fifty men. But this time the captain went up
the hill and fell to his knees before Elijah. He
pleaded with him, "O man of God, please
spare my life and the lives of these, your fifty
servants.
14 See how the fire from heaven came down
and destroyed the first two groups. But now
please spare my life!"
15 Then the angel of the LORD said to Elijah,
"Go down with him, and don't be afraid of
him." So Elijah got up and went with him to
the king.
16 And Elijah said to the king, "This is what the
LORD says: Why did you send messengers
to Baal-zebub, the god of Ekron, to ask
whether you will recover? Is there no God in
Israel to answer your question? Therefore,
because you have done this, you will never
leave the bed you are lying on; you will
surely die."
17 So Ahaziah died, just as the LORD had
promised through Elijah. Since Ahaziah did
not have a son to succeed him, his brother
Joram* became the next king. This took
place in the second year of the reign of
Jehoram son of Jehoshaphat, king of Judah.
18 The rest of the events in Ahaziah's reign and
everything he did are recorded in *The Book
of the History of the Kings of Israel.*

* 1:8 Or *He was wearing clothing made of hair.*
* 1:17 Hebrew *Jehoram,* a variant spelling of Joram.

1 rebel against ~ ~를 반역하다 2 latticework 난간, 격자창(문) seriously 심각하게 injure 부상을 입히다 to ask whether ~ ~의 여부를 묻기 위해서 recover 회복하다 3 confront 대면하다 4 deliver 전하다 6 come up to ~ ~에 도달하다 7 demand 묻다 look like ~처럼 보이다 8 hairy 털이 많은 exclaim 외치다, 말하다 9 command 명령하다 10 reply 대답하다 destroy 멸하다 fall from ~ (~로부터) 떨어지다 13 fall to one's knees (무릎을) 꿇다 plead with ~ ~에게 간청하다 spare … …의 목숨을 살려주다 15 be afraid of ~ ~을 두려워하다 16 leave 떠나다 17 succeed 계승하다 reign 치세, 정권

• MEMO •

02 거룩한 집념

월 일

열왕기하 2:1-10 • 새찬송 90장 | 통일 98장

• 말씀묵상 전에 성령님의 인도하심을 구하는 기도를 드리십시오.

본문요약 | 엘리야는 엘리사를 떼어놓으려고 했으나 엘리사는 끝까지 따르겠다고 대답한다. 엘리사와 선지자의 제자 50명과 함께 요단 강가로 간 엘리야는 강물을 치고, 그들은 갈라진 강을 건넌다. 엘리사는 엘리야의 성령이 하시는 역사를 갑절이나 달라고 요청한다. 엘리야는 엘리사에게 자신이 승천하는 것을 보면 그렇게 되겠지만 보지 못하면 안 될 것이라고 말한다.

1 여호와께서 회오리바람으로 엘리야를 하늘로 올리고자 하실 때에 엘리야가 엘리사와 더불어 길갈에서 나가더니
2 엘리야가 엘리사에게 이르되 청하건대 너는 여기 머물라 여호와께서 나를 벧엘로 보내시느니라 하니 엘리사가 이르되 여호와께서 살아계심과 당신의 영혼이 살아 있음을 두고 맹세하노니 내가 당신을 떠나지 아니하겠나이다 하는지라 이에 두 사람이 벧엘로 내려가니
3 벧엘에 있는 선지자의 제자들이 엘리사에게로 나아와 그에게 이르되 여호와께서 오늘 당신의 선생을 당신의 머리 위로 데려가실 줄을 아시나이까 하니 이르되 나도 또한 아노니 너희는 잠잠하라 하니라
4 엘리야가 그에게 이르되 엘리사야 청하건대 너는 여기 머물라 여호와께서 나를 여리고로 보내시느니라 엘리사가 이르되 여호와께서 살아계심과 당신의 영혼이 살아 있음을 두고 맹세하노니 내가 당신을 떠나지 아니하겠나이다 하니라 그들이 여리고에 이르매
5 여리고에 있는 선지자의 제자들이 엘리사에게 나아와 이르되 여호와께서 오늘 당신의 선생을 당신의 머리 위로 데려가실 줄을 아시나이까 하니 엘리사가 이르되 나도 아노니 너희는 잠잠하라
6 엘리야가 또 엘리사에게 이르되 청하건대 너는 여기 머물라 여호와께서 나를 요단으로 보내시느니라 하니 그가 이르되 여호와께서 살아계심과 당신의 영혼이 살아 있음을 두고 맹세하노니 내가 당신을 떠나지 아니하겠나이다 하는지라 이에 두 사람이 가니라
7 선지자의 제자 오십 명이 가서 멀리 서서 바라보매 그 두 사람이 요단 가에 서 있더니
8 엘리야가 겉옷을 가지고 말아 물을 치매 물이 이리저리 갈라지고 두 사람이 마른 땅 위로 건너더라
9 건너매 엘리야가 엘리사에게 이르되 나를 네게서 데려감을 당하기 전에 내가 네게 어떻게 할지를 구하라 엘리사가 이르되 당신의 성령이 하시는 역사가 갑절이나 내게 있게 하소서 하는지라
10 이르되 네가 어려운 일을 구하는도다 그러나 나를 네게서 데려가시는 것을 네가 보면 그 일이 네게 이루어지려니와 그렇지 아니하면 이루어지지 아니하리라 하고

1. 오늘 하나님께서 나에게 주신 깨달음은 무엇입니까?

2. 말씀을 어떻게 내 삶에 구체적으로 적용해야 합니까?

절별 해설

1 여호와께서 회오리바람으로 엘리야를 하늘로 올리고자 하실 때에 위대한 선지자 엘리야도 이제 그의 때가 다 되었다. 하나님이 그를 데려가기로 결정하신다. 그것도 회오리바람으로 하늘로 올리는 아주 특별한 방법을 통해서다. 하나님이 왜 그런 방법을 취하셨는지는 알 수 없다. 그 방법과 때는 오직 하나님의 손에 달려 있다. 생명을 주신 이도 하나님이며 거두시는 분도 하나님이기 때문이다.

1, 2, 4, 8 길갈, 벧엘, 여리고, 물이 이리저리 갈라지고 길갈, 벧엘, 여리고는 과거 여호수아가 군대를 이끌고 가나안을 정복할 때 순차적으로 지나간 곳이기도 하다. 또한 요단 강물이 갈라지는 것은 그 옛날 모세가 홍해를 가른 사건과 여호수아가 홍수로 범람하는 요단강을 가른 일을 연상시킨다. 마치 엘리야와 엘리사의 승계를 모세와 여호수아의 승계와 유사한 일로 나타내고 있다.

2, 4, 6 너는 여기 머물라 엘리야가 엘리사에게 세 번이나 "너는 여기 머물라"고 하는 명령은, 따라오는 것을 금하는 강력한 표현이 아니라 엘리사에게 지금이라도 다시 한 번 선지자로서 하나님의 소명을 확인하게 하는 권면이다.

2, 3, 4, 5, 6 여호와께서 살아계심과 당신의 영혼이 살아있음을 두고 맹세하노니 내가 당신을 떠나지 아니하겠나이다, 너희는 잠잠하라 엘리사는 엘리야에게 착 달라붙어 동행하길 원했다. 엘리야는 길갈을 떠나면서부터 엘리사를 떼어놓으려 했고, 벧엘에서도 그러했다. 그러나 엘리사는 포기하지 않는다. 그는 하나님이 스승 엘리야를 끝까지 어떻게 인도하시는지 직접 보고 스승과 운명을 함께하려 했다. 엘리야는 자신을 요단으로 인도하시는 하나님을 상기시키며 마지막으로 한 번 더 엘리사를 떼어놓으려 하지만 엘리사는 포기하지 않는다.

8-9 겉옷을 가지고 말아 물을 치매, 나를 네게서 데려감을 당하기 전에 내가 네게 어떻게 할지를 구하라, 당신의 성령이 하시는 역사가 갑절이나 내게 있게 하소서 요단 강가에 도착하자 엘리야는 자신의 겉옷을 벗어 말아서 강물을 친다. 강물이 갈라지고 엘리야와 엘리사는 마른 땅을 건너서 요단강 동편으로 간다. 강을 건넌 후 엘리야는 엘리사에게 소원을 말하라 했고, 엘리사는 엘리야의 성령이 하시는 역사가 갑절이나 자신에게 있게 해 달라고 대답한다. 여기서 갑절을 달라는 것은 상속권을 달라는 의미다. 즉, 엘리사는 엘리야로부터 장자권을 물려받기를 원하는 것으로, 바로 영적 지도력을 계승하고자 하는 것이다.

쉬운성경

1 여호와께서 엘리야를 회오리바람에 실어 하늘로 데려가려고 하셨습니다. 그때에 엘리야와 엘리사는 길갈에 있었습니다.

2 엘리야가 엘리사에게 말했습니다. "여기에 남아 있어라. 여호와께서 나에게 벧엘로 가라고 말씀하셨다." 그러자 엘리사가 말했습니다. "여호와의 살아계심과 선생님의 살아계심을 두고 맹세합니다. 저는 결코 선생님을 떠나지 않겠습니다." 그래서 그들은 함께 벧엘로 갔습니다.

3 벧엘에 있는 예언자의 무리가 엘리사에게 와서 말했습니다. "여호와께서 오늘 당신의 선생님을 하늘로 데려가실 것을 알고 있습니까?" 엘리사가 말했습니다. "그렇소. 알고 있소. 아무 말도 하지 마시오."

4 엘리야가 엘리사에게 말했습니다. "여기에 남아 있어라. 여호와께서 나를 여리고로 보내셨다." 엘리사가 말했습니다. "여호와의 살아계심과 선생님의 살아계심을 두고 맹세합니다. 저는 결코 선생님을 떠나지 않겠습니다." 그래서 두 사람은 함께 여리고로 갔습니다.

5 여리고에 있는 예언자의 무리가 엘리사에게 와서 말했습니다. "여호와께서 오늘 당신의 선생님을 하늘로 데려가실 것을 알고 있습니까?" 엘리사가 말했습니다. "그렇소. 알고 있소. 아무 말도 하지 마시오."

6 엘리야가 엘리사에게 말했습니다. "여기에 남아 있어라. 여호와께서 나를 요단 강으로 보내셨다." 엘리사가 대답했습니다. "여호와의 살아계심과 선생님의 살아계심을 두고 맹세합니다. 저는 결코 선생님을 떠나지 않겠습니다." 그래서 두 사람은 함께 요단 강으로 갔습니다.

10 나를 네게서 데려가시는 것을 네가 보면 그 일이 네게 이루어지려니와 그렇지 아니하면 이루어지지 아니하리라 엘리사가 계승하고자 하는 성령이 역사하시는 능력은 엘리야가 마음대로 넘겨줄 수 있는 것이 아니라 하나님이 그렇게 해 주셔야 가능하다는 뜻이다.

7 예언자의 무리 가운데 오십 명도 따라갔습니다. 그들은 요단 강가에 있는 엘리야와 엘리사에게서 멀찌감치 떨어져 두 사람을 바라보았습니다.

8 엘리야가 자기 겉옷을 벗어 둘둘 말더니 그것으로 강물을 쳤습니다. 그러자 강물이 양쪽으로 갈라졌습니다. 엘리야와 엘리사는 강물 사이로 드러난 마른 땅 위로 강을 건넜습니다.

9 강을 건넌 뒤에 엘리야가 엘리사에게 말했습니다. "여호와께서 나를 데려가시기 전에 내가 너에게 무엇을 해 주기를 원하느냐?" 엘리사가 말했습니다. "선생님의 영적인 능력에 두 배를 나에게 주십시오."

10 엘리야가 말했습니다. "어려운 것을 구하는구나. 그러나 여호와께서 나를 데려가시는 것을 네가 보면, 그것을 받을 수 있을 것이다. 하지만 보지 못하면, 받지 못할 것이다."

저자의 묵상

엘리야는 제자인 엘리사가 자신을 끝까지 따라온 데는 그만한 이유가 있다는 것을 알고 있었다. 엘리야와 엘리야의 하나님은 이런 엘리사를 높이 평가한다. 기회가 주어졌을 때, 엘리사는 엘리야보다 갑절이나 더 큰 영적 능력을 달라고 구한다. 엘리야에게 부어 주신 하나님의 능력, 하나님의 지혜, 하나님의 권능, 하나님의 영광, 탁월한 지도력, 성령의 특별한 기름부음을 자신에게도 허락해 달라는 것이다. 여기서 엘리사가 갑절이라고 말한 것은 장자의 몫을 구한 것이다. 신명기에 보면, 유산을 줄 때 장자에게 2배의 몫을 주라고 되어 있는데 이는 아버지의 권리를 계승한다는 의미다. 엘리사는 자신의 능력으로는 엘리야가 감당했던 사역을 해낼 자신이 없었다. 그는 자신의 부족함을 철저히 자각하고 하나님의 선지 사역을 제대로 감당할 수 있기를 간절히 소원했다. 이렇게 믿음의 사람은 모든 것을 걸고 하나님께 매달려야 한다.

무릎기도 하나님, 엘리사처럼 주어진 사명을 위해 간절하게 매달리는 거룩한 집념을 허락해 주소서.

NLT - 2 Kings 2

1 When the LORD was about to take Elijah up
to heaven in a whirlwind, Elijah and Elisha
were traveling from Gilgal.
2 And Elijah said to Elisha, "Stay here, for the
LORD has told me to go to Bethel." But
Elisha replied, "As surely as the LORD lives
and you yourself live, I will never leave you!"
So they went down together to Bethel.
3 The group of prophets from Bethel came to
Elisha and asked him, "Did you know that
the LORD is going to take your master away
from you today?" "Of course I know," Elisha
answered. "But be quiet about it."
4 Then Elijah said to Elisha, "Stay here, for the
LORD has told me to go to Jericho." But
Elisha replied again, "As surely as the LORD
lives and you yourself live, I will never leave
you." So they went on together to Jericho.
5 Then the group of prophets from Jericho
came to Elisha and asked him, "Did you
know that the LORD is going to take your
master away from you today?" "Of course I
know," Elisha answered. "But be quiet about
it."
6 Then Elijah said to Elisha, "Stay here, for the
LORD has told me to go to the Jordan River."
But again Elisha replied, "As surely as the
LORD lives and you yourself live, I will never
leave you." So they went on together.
7 Fifty men from the group of prophets also
went and watched from a distance as Elijah
and Elisha stopped beside the Jordan River.
8 Then Elijah folded his cloak together and
struck the water with it. The river divided,
and the two of them went across on dry
ground!
9 When they came to the other side, Elijah
said to Elisha, "Tell me what I can do for you
before I am taken away." And Elisha replied,
"Please let me inherit a double share of your
spirit and become your successor."
10 "You have asked a difficult thing," Elijah
replied. "If you see me when I am taken from
you, then you will get your request. But if
not, then you won't."

1 be about to ~ 막 ~하려고 하다 take … up to ~ …을 ~로 들어 올리다 whirlwind 회오리바람 2 as surely as ~ ~과 마찬가지로 틀림없이 3 prophet 선지자 7 from a distance 멀리서 8 fold 둘둘 말다 cloak 겉옷 strike 치다 9 inherit 상속하다 share 몫, 역할 successor 후계자, 상속자 10 request 요청

• MEMO •

☐ 묵상 체크

03

월 일

영적 능력의 계승

열왕기하 2:11-17 • 새찬송 323장 | 통일 355장

• 말씀묵상 전에 성령님의 인도하심을 구하는 기도를 드리십시오.

본문요약 I 엘리야가 회오리바람을 타고 하늘로 올라가고, 엘리사는 자신의 옷을 찢으며 슬퍼한다. 엘리사가 엘리야의 겉옷을 집어 들고 요단강을 내리치자 강물이 좌우로 갈라진다. 엘리사는 강을 건너고, 엘리야의 영적 능력이 그에게 주어진다. 엘리야의 승천을 의심하는 선지자의 제자들(선지생도들)은 엘리야의 시신을 찾아다니지만 발견하지 못한다.

11 두 사람이 길을 가며 말하더니 불수레와
불말들이 두 사람을 갈라놓고 엘리야가
회오리바람으로 하늘로 올라가더라
12 엘리사가 보고 소리 지르되 내 아버지여
내 아버지여 이스라엘의 병거와 그 마병
이여 하더니 다시 보이지 아니하는지라
이에 엘리사가 자기의 옷을 잡아 둘로 찢
고
13 엘리야의 몸에서 떨어진 겉옷을 주워 가
지고 돌아와 요단 언덕에 서서
14 엘리야의 몸에서 떨어진 그의 겉옷을 가
지고 물을 치며 이르되 엘리야의 하나님
여호와는 어디 계시니이까 하고 그도 물
을 치매 물이 이리저리 갈라지고 엘리사
가 건너니라
15 맞은편 여리고에 있는 선지자의 제자들이
그를 보며 말하기를 엘리야의 성령이 하
시는 역사가 엘리사 위에 머물렀다 하고
가서 그에게로 나아가 땅에 엎드려 그에
게 경배하고
16 그에게 이르되 당신의 종들에게 용감한
사람 오십 명이 있으니 청하건대 그들이
가서 당신의 주인을 찾게 하소서 염려하
건대 여호와의 성령이 그를 들고 가다가
어느 산에나 어느 골짜기에 던지셨을까
하나이다 하니라 엘리사가 이르되 보내지
말라 하나
17 무리가 그로 부끄러워하도록 강청하매 보
내라 한지라 그들이 오십 명을 보냈더니
사흘 동안을 찾되 발견하지 못하고

1. 오늘 하나님께서 나에게 주신 깨달음은 무엇입니까?

2. 말씀을 어떻게 내 삶에 구체적으로 적용해야 합니까?

절별 해설

11 불수레와 불말들이 두 사람을 갈라놓고 엘리야가 회오리바람으로 하늘로 올라가더라 두 사람 사이에 불덩이 같은 것이 떨어지는데, 그 모습이 불수레와 불말들 같았다. 그러고는 회오리바람이 엘리야를 하늘로 불러올린다. 불은 하나님의 영광과 임재를 상징한다.

12 엘리사가 보고 소리 지르되 내 아버지여 내 아버지여 이스라엘의 병거와 그 마병이여 하더니 다시 보이지 아니하는지라 이에 엘리사가 자기의 옷을 잡아 둘로 찢고 본절은 엘리야의 승천 모습을 엘리사가 '보았다'고 분명히 밝힌다. 이는 엘리사가 스승의 영적 능력을 계승했음을 의미한다. 병거와 마병은 나라를 지키는 힘을 뜻한다. 암울한 시절 불안한 나라를 지키는 힘은 바로 하나님의 지도자 엘리야의 영적 능력이었다. 하나님의 말씀으로 백성들을 일깨우고 나라를 지키던 스승이 이 세상에 없음을 엘리사는 자신의 옷을 찢으며 슬퍼한다.

13-14 엘리야의 몸에서 떨어진 겉옷을 주워 가지고 돌아와, 그도 물을 치매 물이 이리저리 갈라지고 엘리사가 건너니라 엘리야의 겉옷은 이제 엘리사의 손에 남겨진다. 겉옷은 하나님의 임재와 능력을 상징한다. 엘리야와 함께하셨던 하나님의 임재와 능력이 엘리사에게 옮겨졌다. 이 겉옷을 가지고 엘리사는 엘리야처럼 요단 강물을 치면서 "엘리야의 하나님 여호와는 어디 계시니이까"라고 외친다. 엘리야에게 베푼 능력을 자신에게도 베풀어 주실 것을 호소한 것이다. 강물이 갈라지고, 엘리사는 그 갈라진 곳으로 강을 건넌다.

15 엘리야의 성령이 하시는 역사가 엘리사 위에 머물렀다 강물을 가르고 다시 마른 땅을 밟으며 요단강을 건너게 된 일로 인해, 엘리사는 엘리야와 함께하신 하나님이 자신과도 함께한다는 사실을 분명히 깨닫는다. 이 광경을 지켜보던 선지자의 제자들은 엘리사가 엘리야의 영적 능력을 계승했음을 인정한다.

16 청하건대 그들이 가서 당신의 주인을 찾게 하소서 엘리사가 강을 건너서 여리고 성 쪽으로 오자 선지자의 제자들 50명이 엘리야의 시체를 찾게 해 달라고 요청한다. 그들은 스승의 승천을 믿지 못했다. 엘리사는 스승이 이미 하늘로 들려서 올라갔고 이 땅에 없다는 사실을 잘 알았지만, 이들의 집요한 부탁에 할 수 없이 찾아보라고 한다.

17 사흘 동안을 찾되 발견하지 못하고 선지자의 제자들은 사흘 동안 엘리야의 시신을 찾으러 다니지만 엘리사가 말한 대로 결국 찾지 못한다. 엘리야는 죽지 않고 회오리바람을 통해 승천했기 때문이다.

쉬운성경

11 엘리야와 엘리사가 걸어가며 이야기하고 있을 때에 불전차와 불말들이 나타나 두 사람을 갈라놓았습니다. 그러자 엘리야가 회오리바람을 타고 하늘로 올라갔습니다.

12 엘리사가 그 모습을 보고 외쳤습니다. "내 아버지여, 내 아버지여, 이스라엘의 전차와 기병이여!" 엘리야는 다시 보이지 않았습니다. 엘리사는 너무 슬퍼서 자기 옷을 두 조각으로 찢었습니다.

13 엘리사는 엘리야가 떨어뜨린 겉옷을 주워 들었습니다. 그리고 다시 돌아가 요단 강가에 섰습니다.

14 엘리사가 엘리야의 옷으로 강물을 치며 말했습니다. "엘리야의 하나님 여호와께서는 어디에 계십니까?" 그가 강물을 치자, 강물이 양쪽으로 갈라졌습니다. 엘리사가 그 갈라진 곳으로 강을 건넜습니다.

15 여리고에 있는 예언자의 무리가 엘리사를 지켜보고 있다가 말했습니다. "엘리야의 영이 지금은 엘리사 위에 있도다." 그들은 엘리사를 맞으러 나와서 그 앞에 엎드려 절했습니다.

16 그들이 엘리사에게 말했습니다. "우리에게 힘센 사람 오십 명이 있습니다. 그들을 보내서 당신의 선생님을 찾게 하십시오. 어쩌면 여호와의 영이 엘리야를 데려가시다가 산이나 골짜기에 떨어뜨렸는지도 모르지 않습니까?" 엘리사가 대답했습니다. "아니오. 보내지 마시오."

17 그러나 예언자의 무리가 하도 졸라대는 바람에 엘리사는 "그 사람들을 보내시오"라고 말했습니다. 그러자 그들은 예언자의 무리 오십 명을 보내어 삼일 동안, 찾아다녔으나 찾지 못했습니다.

저자의 묵상

엘리사는 스승이 떠난 후 불안해하며 절박한 나머지 스승의 겉옷을 붙잡고 부르짖는다. 하나님은 엘리사의 간절한 외침에 응답하신다. 엘리야가 했던 것처럼 요단강이 갈라지고 길이 열린다. 이 기적을 지켜본 선지자의 제자들은 엘리야의 영적 능력이 엘리사에게 임한 것을 인정하며 그 앞에 순복한다. 하나님은 이 기적으로 엘리사의 영적 권위를 확고하게 세우셨다. 영적 권위는 이렇게 하나님이 영적인 능력으로 세워 주신다. 엘리야의 겉옷은 영적 지도자가 살아 낸 삶의 산물이자 그의 영성의 상징이다. 무수한 날을 기도로 채웠던 엘리야가 흘린 땀이 가득 밴 유품이었다. 그것은 엘리야의 신앙과 삶의 결정체였다. 엘리사는 선지자의 제자들과는 달리, 절대 타협하지 않고 끝까지 엘리야의 영적 능력을 받기 원했던 열정으로 하나님의 기름부으심을 받았다. 오늘 이 시대에도 믿음의 선배들의 영적 능력을 물려받는 새로운 믿음의 걸물이 많이 나와야 한다.

무릎기도 하나님, 영적 선배들이 가졌던 영적 능력을 계승하는 신실한 믿음의 후배가 많아지게 하소서.

NLT - 2 Kings 2

11 As they were walking along and talking, suddenly a chariot of fire appeared, drawn by horses of fire. It drove between the two men, separating them, and Elijah was carried by a whirlwind into heaven.
12 Elisha saw it and cried out, "My father! My father! I see the chariots and charioteers of Israel!" And as they disappeared from sight, Elisha tore his clothes in distress.
13 Elisha picked up Elijah's cloak, which had fallen when he was taken up. Then Elisha returned to the bank of the Jordan River.
14 He struck the water with Elijah's cloak and cried out, "Where is the LORD, the God of Elijah?" Then the river divided, and Elisha went across.
15 When the group of prophets from Jericho saw from a distance what happened, they exclaimed, "Elijah's spirit rests upon Elisha!" And they went to meet him and bowed to the ground before him.
16 "Sir," they said, "just say the word and fifty of our strongest men will search the wilderness for your master. Perhaps the Spirit of the LORD has left him on some mountain or in some valley." "No," Elisha said, "don't send them."
17 But they kept urging him until they shamed him into agreeing, and he finally said, "All right, send them." So fifty men searched for three days but did not find Elijah.

11 chariot 병거, 전차 appear 나타나다 be drawn by ~ ~에 이끌리다 separate 구분하다 be carried by … into ~ …에 의해 이끌려 ~로 들어가다 12 disappear 사라지다 distress 비통, 비탄 13 bank 둑 15 bow to the ground 머리가 땅에 닿도록 절하다 16 wilderness 광야 valley 골짜기 17 urge 촉구하다

04 두 가지 기적

월 일

열왕기하 2:18-25 • 새찬송 15장 | 통일 55장

• 말씀묵상 전에 성령님의 인도하심을 구하는 기도를 드리십시오.

본문요약 I 엘리야의 승계자가 된 엘리사는 두 가지 기적을 행한다. 첫째로 여리고에서의 기적은 생명을 주는 일이었고, 둘째로 벧엘에서의 기적은 생명을 앗아가는 이적이었다. 그 후 엘리사는 갈멜 산으로 갔다가 다시 사마리아로 돌아간다.

18 엘리사가 여리고에 머무는 중에 무리가
그에게 돌아오니 엘리사가 그들에게 이르
되 내가 가지 말라고 너희에게 이르지 아
니하였느냐 하였더라
19 그 성읍 사람들이 엘리사에게 말하되 우
리 주인께서 보시는 바와 같이 이 성읍의
위치는 좋으나 물이 나쁘므로 토산이 익
지 못하고 떨어지나이다
20 엘리사가 이르되 새 그릇에 소금을 담아
내게로 가져오라 하매 곧 가져온지라
21 엘리사가 물 근원으로 나아가서 소금을
그 가운데에 던지며 이르되 여호와의 말
씀이 내가 이 물을 고쳤으니 이로부터 다
시는 죽음이나 열매 맺지 못함이 없을지
니라 하셨느니라 하니
22 그 물이 엘리사가 한 말과 같이 고쳐져서
오늘에 이르렀더라
23 엘리사가 거기서 벧엘로 올라가더니 그가
길에서 올라갈 때에 작은 아이들이 성읍
에서 나와 그를 조롱하여 이르되 대머리
여 올라가라 대머리여 올라가라 하는지라
24 엘리사가 뒤로 돌이켜 그들을 보고 여호
와의 이름으로 저주하매 곧 수풀에서 암
곰 둘이 나와서 아이들 중의 사십이 명을
찢었더라
25 엘리사가 거기서부터 갈멜 산으로 가고
거기서 사마리아로 돌아왔더라

1. 오늘 하나님께서 나에게 주신 깨달음은 무엇입니까?

2. 말씀을 어떻게 내 삶에 구체적으로 적용해야 합니까?

절별 해설

18-19 엘리사가 여리고에 머무는 중에, 이 성읍의 위치는 좋으나 물이 나쁘므로 토산이 익지 못하고 떨어지나이다 하나님은 엘리사의 영적 권위를 세워 주기 위해 두 가지 기적을 차례로 행하신다. 첫 번째 기적은 여리고 성의 물이 좋지 않아 고통당하는 사람들을 위해 먹을 수 있는 물로 바꾸어 준 것이다. 엘리사는 하나님의 능력으로 물을 고쳐 준다. 원래 여리고 성은 광활한 사막의 오아시스와 같이 경치가 좋고 살기 좋은 곳이었다. 그런데 언제부터인가 여리고의 물에 독소가 생겨나 열매가 익지 못하고 떨어져 썩을 정도로 수질이 아주 나빠졌다.

20-21 새 그릇에 소금을 담아 내게로 가져오라, 여호와의 말씀이 내가 이 물을 고쳤으니 여기서 말하는 소금은 특별한 것이 아니고 흔히 요리할 때 사용하는 보통의 소금이다. 그러니까 소금 자체에 어떤 신비한 능력이 있는 것이 아니었다. 엘리사가 우물에 무엇을 던지든지 하나님이 고치시려고 한 이상 물은 맑아졌을 것이다. 당시 소금은 하나님께 제사 드릴 때 제물과 함께 사용되었다. 소금을 쓴 이유는 하나님을 향한 경배 예식과 더불어 소금 뿌리는 일이 수행되었기 때문이었을 것이다.

22 그 물이 엘리사가 한 말과 같이 고쳐져서 오늘에 이르렀더라 엘리사가 행한 기적으로 여리고 성의 물은 깨끗한 생수로 거듭난다.

23-24 대머리여 올라가라 대머리여 올라가라 하는지라, 여호와의 이름으로 저주하매 곧 수풀에서 암곰 둘이 나와서 아이들 중의 사십이 명을 찢었더라 두 번째 기적은 엘리사가 벧엘로 갔을 때 일어난다. 엘리사를 조롱하는 작은 아이들, 정확하게 말하면 12세에서 30세에 이르는 매우 광범위한 청년층에 속한 이들은 엘리사를 에워싸고 대머리라고 놀린다. 머리숱이 적은 엘리사의 신체적 결함을 빗대며 비하한 것이다. 대표적인 우상숭배 지역인 벧엘에서 어린아이들이 자행했던 조롱은 이 지역의 타락한 영성, 즉 하나님을 우습게 여기고 무시하는 영적 상태를 보여 준다. 엘리사는 여호와의 이름으로 그들을 저주한다. 그 결과 수풀에서 암곰 두 마리가 나와 42명의 무례한 아이들을 즉시로 찢어 죽인다.

25 엘리사가 거기서부터 갈멜 산으로 가고 거기서 사마리아로 돌아왔더라 엘리사는 벧엘을 떠나 스승 엘리야가 바알 선지자들을 무찌른 갈멜 산으로 간다. 엘리사는 스승의 발자취를 따라갔다. 그 다음 갈멜을 떠나 사마리아로 간다. 선임자 엘리야가 바알 종교와 싸우던 곳을 돌아본 엘리사는, 선임자가 멈추었던 곳을 떠나 새로운 전투지인 사마리아로 향한다.

쉬운성경

18 그들이 여리고에 머무르고 있는 엘리사에게 돌아왔을 때, 엘리사는 "그것 보시오. 내가 가지 말라고 하지 않았소?" 하고 말했습니다.

19 그 성에 사는 사람들이 엘리사에게 말했습니다. "선생님, 보십시오. 선생님도 보시듯이 이 성은 살기 좋은 곳이지만 물이 좋지 않습니다. 그래서 이 땅에서는 열매가 익지 못하고 곧 떨어집니다."

20 엘리사가 말했습니다. "새 대접에 소금을 담아 오시오." 사람들이 소금을 담아 왔습니다.

21 엘리사가 샘이 솟는 곳으로 가서 소금을 뿌리며 말했습니다. "여호와께서 이렇게 말씀하셨소. '내가 이 물을 고치니 지금부터는 이 물 때문에 죽는 일이 없을 것이다. 그리고 이 물 때문에 열매 맺지 못하는 일도 없을 것이다.'"

22 엘리사가 말한 것과 같이 그 물은 오늘날까지도 깨끗한 상태로 남아 있습니다.

23 엘리사가 그곳을 떠나 벧엘로 갔습니다. 벧엘로 가는 길에 어린아이들이 성에서 나와 엘리사를 놀려 대며 말했습니다. "가거라, 이 대머리야. 가거라, 이 대머리야."

24 엘리사가 몸을 돌려 그들을 바라보며 여호와의 이름으로 저주했습니다. 그러자 암곰 두 마리가 숲에서 나와 어린아이 마흔두 명을 찢어 죽였습니다.

25 엘리사가 그곳을 떠나 갈멜 산으로 갔다가, 다시 사마리아로 돌아갔습니다.

저자의 묵상

이제 엘리사의 시대가 왔다. 엘리야에서 엘리사로 이어지는 영적 능력의 승계는 철저하게 하나님이 주관하신 일이다. 영적 능력은 하나님이 세우고 거두신다. 당연히 그 시기와 방법도 온전히 하나님께 달려 있다. 엘리사는 하나님의 섭리 가운데 두 가지 기적을 행한다. 너무도 상반되는 두 가지 기적이야말로 엘리사를 통해 드러내신 하나님의 능력을 구체적으로 보여 준다. 하나님은 살리기도 하고 죽이기도 하시는 분이다. 즉, 하나님은 당신의 백성에게 복을 내릴 수도 있고 화를 내릴 수도 있는 분이다. 그러므로 하나님을 함부로 대해서는 안 된다. 생명과 죽음이 하나님께 달려 있다. 하나님은 존귀하시다. 그리스도인은 하나님을 경외해야 한다. 하나님은 우리 인생의 시작과 끝을 모두 주관하신다. 세상의 중심이 내가 되어야 마땅하다고 여기는 풍조 속에서도, 세상의 중심은 내가 아니며 하나님이심을 분명하게 고백할 수 있어야 한다. 이 땅의 완전한 주인인 하나님의 인도하심대로 삶을 그분께 의탁하면 된다. 나머지는 하나님이 알아서 하신다.

무릎기도 하나님, 저희의 삶 가운데도 강력한 영적 능력을 보여 주소서. 그 힘으로 승리하며 살아가게 하소서. 하나님을 무시하는 사람들을 회개하게 하소서.

NLT - 2 Kings 2

18 Elisha was still at Jericho when they returned. "Didn't I tell you not to go?" he asked.
19 One day the leaders of the town of Jericho visited Elisha. "We have a problem, my lord," they told him. "This town is located in pleasant surroundings, as you can see. But the water is bad, and the land is unproductive."
20 Elisha said, "Bring me a new bowl with salt in it." So they brought it to him.
21 Then he went out to the spring that supplied the town with water and threw the salt into it. And he said, "This is what the LORD says: I have purified this water. It will no longer cause death or infertility.*"
22 And the water has remained pure ever since, just as Elisha said.
23 Elisha left Jericho and went up to Bethel. As he was walking along the road, a group of boys from the town began mocking and making fun of him. "Go away, baldy!" they chanted. "Go away, baldy!"
24 Elisha turned around and looked at them, and he cursed them in the name of the LORD. Then two bears came out of the woods and mauled forty-two of them.
25 From there Elisha went to Mount Carmel and finally returned to Samaria.

* 2:21 Or *or make the land unproductive;* Hebrew reads *or barrenness.*

19 be located in ~ ~에 자리잡고 있다 pleasant 좋은 surrounding 주변 환경 unproductive 수확이 없는 20 bowl 그릇
21 supply … with ~ …에 ~를 공급하다 purify 정화하다 infertility (토지 등의) 불모 22 remain (변함없이) …의 상태이다
23 mocking 조롱하는 chant 되풀이해서 이야기하다 baldy 대머리(인 사람) 24 maul ~에게 상처를 입히다

☐ 묵상 체크

05 모압 진격과 위기 상황

월 일

열왕기하 3:1-12 • 새찬송 400장 | 통일 463장

• 말씀묵상 전에 성령님의 인도하심을 구하는 기도를 드리십시오.

본문요약 I 모압이 이스라엘에 반역하자 여호람은 유다 왕 여호사밧과 에돔 왕과 동맹하여 모압을 향해 진격한다. 길을 떠난 지 7일 만에 군사와 가축을 먹일 물이 다 떨어지자, 세 왕은 하나님의 뜻을 묻기 위해 엘리사를 찾아간다.

1 유다의 여호사밧 왕 열여덟째 해에 아합의 아들 여호람이 사마리아에서 이스라엘을 열두 해 동안 다스리니라
2 그가 여호와 보시기에 악을 행하였으나 그의 부모와 같이 하지는 아니하였으니 이는 그가 그의 아버지가 만든 바알의 주상을 없이하였음이라
3 그러나 그가 느밧의 아들 여로보암이 이스라엘에게 범하게 한 그 죄를 따라 행하고 떠나지 아니하였더라
4 모압 왕 메사는 양을 치는 자라 새끼 양 십만 마리의 털과 숫양 십만 마리의 털을 이스라엘 왕에게 바치더니
5 아합이 죽은 후에 모압 왕이 이스라엘 왕을 배반한지라
6 그때에 여호람 왕이 사마리아에서 나가 온 이스라엘을 둘러보고
7 또 가서 유다의 왕 여호사밧에게 사신을 보내 이르되 모압 왕이 나를 배반하였으니 당신은 나와 함께 가서 모압을 치시겠느냐 하니 그가 이르되 내가 올라가리이다 나는 당신과 같고 내 백성은 당신의 백성과 같고 내 말들도 당신의 말들과 같으니이다 하는지라
8 여호람이 이르되 우리가 어느 길로 올라가리이까 하니 그가 대답하되 에돔 광야 길로니이다 하니라
9 이스라엘 왕과 유다 왕과 에돔 왕이 가더니 길을 둘러 간 지 칠 일에 군사와 따라가는 가축을 먹일 물이 없는지라
10 이스라엘 왕이 이르되 슬프다 여호와께서 이 세 왕을 불러 모아 모압의 손에 넘기려 하시는도다 하니
11 여호사밧이 이르되 우리가 여호와께 물을 만한 여호와의 선지자가 여기 없느냐 하는지라 이스라엘 왕의 신하들 중의 한 사람이 대답하여 이르되 전에 엘리야의 손에 물을 붓던 사밧의 아들 엘리사가 여기 있나이다 하니
12 여호사밧이 이르되 여호와의 말씀이 그에게 있도다 하는지라 이에 이스라엘 왕과 여호사밧과 에돔 왕이 그에게로 내려가니라

1. 오늘 하나님께서 나에게 주신 깨달음은 무엇입니까?

2. 말씀을 어떻게 내 삶에 구체적으로 적용해야 합니까?

절별 해설

1 아합의 아들 여호람이 사마리아에서 이스라엘을 열두 해 동안 다스리니라 북이스라엘의 악한 왕 아합의 뒤를 이어 왕위에 오른 아하시야는 아버지 아합과 마찬가지로 악행을 일삼다가 2년 만에 죽는다. 아들이 없던 아하시야의 뒤를 이어 동생 여호람이 왕위에 올라 12년 동안 이스라엘을 다스린다. 이 여호람은 유다 왕 여호사밧의 아들 여호람과 동명이인이다.

2-3 그가 여호와 보시기에 악을 행하였으나 그의 부모와 같이 하지는 아니하였으니, 그 죄를 따라 행하고 떠나지 아니하였더라 아합의 아들 여호람이 악을 행하긴 했지만 그 정도가 자기 부모인 아합이나 이세벨 정도까지는 아니었다고 성경은 말한다. 이를테면, 부모인 아합과 이세벨과는 달리 여호람이 바알의 주상은 제거했지만 여로보암의 길을 떠나 우상숭배까지 근절하지는 않았다는 사실을 들 수 있다. 즉, 악한 선조 여로보암 때부터 내려온 죄를 붙잡고 놓지 못했다.

4-5 모압 왕 메사는 양을 치는 자라 새끼 양 십만 마리의 털과 숫양 십만 마리의 털을 이스라엘 왕에게 바치더니, 모압 왕이 이스라엘 왕을 배반한지라 모압 왕 메사는 무려 40년 동안 예속되었던 이스라엘에 대항해 반란을 일으킨다. "양을 치는 자"라는 표현에서 '친다'는 말은 소유하다 혹은 관리하다라는 의미다. 메사는 모압의 양을 실질적으로 소유한 권력자로서, 그로 인해 다윗 이래로 속국이었던 모압이 반역하여 조공이 끊어진다. 이스라엘은 심각한 경제적 타격을 받는다. 매년 새끼 양 십만 마리의 털과 숫양 십만 마리의 털을 조공으로 받아왔으니 조공이 끊긴 이후 손실이 엄청났을 것이다.

6-8 그때에 여호람 왕이 사마리아에서 나가 온 이스라엘을 둘러보고, 그가 이르되 내가 올라가리이다, 에돔 광야 길로니이다 하니라 여호람은 이스라엘에 총동원령을 내린다. 그리고 유다 왕 여호사밧과 에돔 왕과 동맹군을 형성하여 에돔 광야 길을 통해 모압으로 진격한다.

9 길을 둘러 간 지 칠 일에 군사와 따라가는 가축을 먹일 물이 없는지라 기세등등하던 동맹군의 진격은 7일 만에 멈춰 선다. 모압 광야에 도착했을 즈음에 물이 바닥난 것이다. 사실 이는 예상 밖의 일이었다. 연합군이 7일 동안 지나간 곳은 에돔과 모압의 경계가 되는 아시(Ashi) 지역의 계곡으로, 사시사철 계속 물이 흘렀다. 그런데 지금 이곳이 가뭄으로 말라 있었다.

쉬운성경

1 여호사밧이 유다 왕으로 있은 지 십팔 년째 되는 해에 아합의 아들 요람이 사마리아에서 이스라엘의 왕이 되었습니다. 요람 왕은 십이 년 동안, 이스라엘을 다스렸습니다.

2 요람 왕은 여호와께서 보시기에 악한 일을 했으나, 그의 부모처럼 악하지는 않았습니다. 그는 그의 아버지가 바알을 위해 세운 돌 우상들을 없애 버렸습니다.

3 그러나 이스라엘 백성이 죄를 짓도록 만든 느밧의 아들 여로보암의 죄는 그대로 따라 했습니다. 그는 죄에서 돌이키지 않았습니다.

4 모압 왕 메사는 양을 치는 사람이었습니다. 그는 이스라엘의 왕에게 어린 양 십만 마리와 숫양 십만 마리의 털을 바쳐야 했습니다.

5 그러나 아합이 죽자, 모압 왕은 이스라엘을 배반했습니다.

6 요람 왕은 사마리아에 나가서 모든 이스라엘 백성을 불러 모았습니다.

7 요람이 유다의 왕 여호사밧에게 사람들을 보내어 말했습니다. "모압 왕이 우리를 반역했습니다. 나와 함께 모압과 싸우러 가지 않겠습니까?" 여호사밧이 말했습니다. "왕과 함께 가겠습니다. 기꺼이 왕과 함께 싸우러 가겠습니다. 나는 당신과 하나이고, 내 군인들과 내 말들은 왕의 군대나 마찬가지입니다."

8 그리고 나서 여호사밧*이 물었습니다. "어느 길로 모압을 치러 가는 것이 좋겠습니까?" 요람*이 대답했습니다. "에돔 광야 길로 갑시다."

*3:8 히브리어 원문은 3인칭 남성 단수 '그'이다. 각각의 '그'가 누구를 가리키는지는 학자 간에 이견을 보이는 부분으로, 물어본 사람을 요람, 대답한 사람을 여호사밧으로 번역하기도 한다.

10-12 이스라엘 왕이 이르되 슬프다, 여호사밧이 이르되 우리가 여호와께 물을 만한 여호와의 선지자가 여기 없느냐 하는지라, 엘리사가 여기 있나이다 하니, 여호와의 말씀이 그에게 있도다 여호람은 뜻하지 않은 상황을 맞닥뜨리게 되자 여호와가 심판하신다고 탄식하며 성급하게 단정한다. 그러나 하나님을 믿었던 여호사밧은 엘리사를 찾아가 하나님의 뜻을 묻는 길을 선택한다.

9 그리하여 이스라엘 왕과 유다 왕은 에돔 왕과 함께 길을 떠났습니다. 그들이 칠일 동안, 행군하던 중에 군인들과 짐승들이 마실 물이 다 떨어졌습니다.

10 이스라엘 왕이 말했습니다. "이런 일이 일어나다니! 여호와께서 우리 세 왕을 모압 사람들에게 넘겨주시려고 부르셨나 보다."

11 여호사밧이 물었습니다. "혹시 여기에 여호와의 예언자는 없습니까? 예언자가 있으면 그를 통해서 여호와의 뜻을 여쭈어 볼 수 있을 것입니다." 이스라엘 왕의 신하들이 대답했습니다. "엘리야를 섬겼던 그의 제자, 사밧의 아들 엘리사가 여기에 있습니다."

12 여호사밧이 말했습니다. "여호와께서 그를 통해 말씀하실 것입니다." 그래서 이스라엘 왕과 여호사밧과 에돔 왕이 엘리사를 만나러 갔습니다.

저자의 묵상

여호람은 자신이 하나님을 배신하는 것에는 관대하면서도 모압의 배신은 용납할 수 없었다. 그에게는 전쟁의 명분도 있었고, 동맹군도 있었고, 전략도 있었다. 하나님을 떠난 악한 왕에게는 그것이 승리를 위해 꼭 필요한 조건이었기에, 하나님께 물을 필요가 없었다. 여호람은 다 갖추었다고 하면서 정작 하나님은 배제하고 그분의 뜻을 구하지 않았다. 그러고는 자신만만하게 세 나라의 막강한 군대를 연합하여 모압으로 진격한다. 심지어 모압을 침공하는 길도 철두철미하게 계산하여 결정한다. 두 개의 길 가운데 아주 멀 뿐만 아니라 험하고 위험한 길을 의도적으로 선택한다. 그러나 철저한 계획에도 불구하고 그 계획은 온전히 이루어지지 않는다. 그리스도인은 인식해야 한다. 사람이 마음으로 자기의 길을 계획할지라도 그의 걸음을 인도하시는 이는 여호와이심을 깨달아야 한다(잠 16:9). 이 세상에 완벽함이란 존재하지 않는다. 이 땅의 완전한 주인이 있으며 그분은 우리의 아버지 하나님이다. 그분은 우리를 향한 뜻과 계획이 있으시다. 그러니 완전하신 하나님만 의지해야 한다.

무릎기도 하나님, 우리의 인생길에 길이 되어 주소서. 늘 하나님의 뜻을 구하며 겸손히 살아가게 하소서.

NLT - 2 Kings 3

1 Ahab's son Joram* began to rule over Israel in the eighteenth year of King Jehoshaphat's reign in Judah. He reigned in Samaria twelve years.

2 He did what was evil in the LORD's sight, but not to the same extent as his father and mother. He at least tore down the sacred pillar of Baal that his father had set up.

3 Nevertheless, he continued in the sins that Jeroboam son of Nebat had committed and led the people of Israel to commit.

4 King Mesha of Moab was a sheep breeder. He used to pay the king of Israel an annual tribute of 100,000 lambs and the wool of 100,000 rams.

5 But after Ahab's death, the king of Moab rebelled against the king of Israel.

6 So King Joram promptly mustered the army of Israel and marched from Samaria.

7 On the way, he sent this message to King Jehoshaphat of Judah: "The king of Moab has rebelled against me. Will you join me in battle against him?" And Jehoshaphat replied, "Why, of course! You and I are as one. My troops are your troops, and my horses are your horses."

8 Then Jehoshaphat asked, "What route will we take?" "We will attack from the wilderness of Edom," Joram replied.

9 The king of Edom and his troops joined them, and all three armies traveled along a roundabout route through the wilderness for seven days. But there was no water for the men or their animals.

10 "What should we do?" the king of Israel cried out. "The LORD has brought the three of us here to let the king of Moab defeat us."

11 But King Jehoshaphat of Judah asked, "Is there no prophet of the LORD with us? If there is, we can ask the LORD what to do through him." One of King Joram's officers replied, "Elisha son of Shaphat is here. He used to be Elijah's personal assistant.*"

12 Jehoshaphat said, "Yes, the LORD speaks through him." So the king of Israel, King Jehoshaphat of Judah, and the king of Edom went to consult with Elisha.

* 3:1 Hebrew *Jehoram*, a variant spelling of Joram; also in 3:6.

* 3:11 Hebrew *He used to pour water on the hands of Elijah*.

1 reign 치세, 다스리다 2 extent 정도(규모) tear down 무너뜨리다 sacred 신성시되는, 종교적인 3 nevertheless 그럼에도 불구하고 continue 계속 (…)이다 commit 죄를 저지르다, 범하다 4 breeder 사육자 tribute 조공 5 rebel against ~ ~에 대항(배반)하다 6 promptly 지체 없이 muster 소집하다 8 route 노정 9 roundabout route 둘러 가는 길, 우회로 10 defeat 물리치다 12 consult with ~ ~와 상의하다

• MEMO •

☐ 묵상 체크

06 불완전한 승리

월 일

열왕기하 3:13-27 • 새찬송 585장 | 통일 384장

• 말씀묵상 전에 성령님의 인도하심을 구하는 기도를 드리십시오.

본문요약 | 엘리사는 자신을 찾아온 세 왕에게 여호와께서 물을 주고 전쟁에서 승리하게 하실 것이라 예고한다. 그 일은 현실이 되지만 모압 왕이 맏아들을 번제로 드리는 모습을 보고, 이스라엘 군대와 동맹군은 퇴각한다.

13 엘리사가 이스라엘 왕에게 이르되 내가
당신과 무슨 상관이 있나이까 당신의 부
친의 선지자들과 당신의 모친의 선지자들
에게로 가소서 하니 이스라엘 왕이 그에
게 이르되 그렇지 아니하니이다 여호와께
서 이 세 왕을 불러 모아 모압의 손에 넘
기려 하시나이다 하니라
14 엘리사가 이르되 내가 섬기는 만군의 여
호와께서 살아계심을 두고 맹세하노니 내
가 만일 유다의 왕 여호사밧의 얼굴을 봄
이 아니면 그 앞에서 당신을 향하지도 아
니하고 보지도 아니하였으리이다
15 이제 내게로 거문고 탈 자를 불러오소서
하니라 거문고 타는 자가 거문고를 탈 때
에 여호와의 손이 엘리사 위에 있더니
16 그가 이르되 여호와의 말씀이 이 골짜기
에 개천을 많이 파라 하셨나이다
17 여호와께서 이르시기를 너희가 바람도 보
지 못하고 비도 보지 못하되 이 골짜기에
물이 가득하여 너희와 너희 가축과 짐승
이 마시리라 하셨나이다
18 이것은 여호와께서 보시기에 작은 일이라
여호와께서 모압 사람도 당신의 손에 넘
기시리니
19 당신들이 모든 견고한 성읍과 모든 아름
다운 성읍을 치고 모든 좋은 나무를 베고
모든 샘을 메우고 돌로 모든 좋은 밭을 헐
리이다 하더니
20 아침이 되어 소제 드릴 때에 물이 에돔 쪽
에서부터 흘러와 그 땅에 가득하였더라
21 모압의 모든 사람은 왕들이 올라와서 자
기를 치려 한다 함을 듣고 갑옷 입을 만한
자로부터 그 이상이 다 모여 그 경계에 서
있더라
22 아침에 모압 사람이 일찍이 일어나서 해
가 물에 비치므로 맞은편 물이 붉어 피와
같음을 보고
23 이르되 이는 피라 틀림없이 저 왕들이 싸
워 서로 죽인 것이로다 모압 사람들아 이
제 노략하러 가자 하고
24 이스라엘 진에 이르니 이스라엘 사람이
일어나 모압 사람을 쳐서 그들 앞에서 도
망하게 하고 그 지경에 들어가며 모압 사
람을 치고
25 그 성읍들을 쳐서 헐고 각기 돌을 던져 모
든 좋은 밭에 가득하게 하고 모든 샘을 메
우고 모든 좋은 나무를 베고 길하레셋의
돌들은 남기고 물매꾼이 두루 다니며 치
니라
26 모압 왕이 전세가 극렬하여 당하기 어려
움을 보고 칼찬 군사 칠백 명을 거느리고
돌파하여 지나서 에돔 왕에게로 가고자
하되 가지 못하고
27 이에 자기 왕위를 이어 왕이 될 맏아들을
데려와 성 위에서 번제를 드린지라 이스
라엘에게 크게 격노함이 임하매 그들이
떠나 각기 고국으로 돌아갔더라

1. 오늘 하나님께서 나에게 주신 깨달음은 무엇입니까?

2. 말씀을 어떻게 내 삶에 구체적으로 적용해야 합니까?

절별 해설

13 엘리사가 이스라엘 왕에게 이르되 내가 당신과 무슨 상관이 있나이까 당신의 부친의 선지자들과 당신의 모친의 선지자들에게로 가소서, 여호와께서 이 세 왕을 불러 모아 모압의 손에 넘기려 하시나이다 엘리사는 악한 부모와 똑같이 하나님을 떠나 바알을 섬기는 여호람 왕에게 바알의 선지자들에게나 갈 것이지 왜 자기에게 왔느냐고 책망한다. 그러나 여호람은 자신의 잘못을 깨닫지 못하고 오히려 모든 책임을 하나님께 돌린다.

14 유다의 왕 여호사밧의 얼굴을 봄이 아니면 엘리사는 당장에라도 이 패역한 왕을 떠나고 싶었지만 함께 있던 여호사밧 왕을 보면서 인내한다. 동맹군이 위기 상황에서 엘리사를 통해 하나님의 도우심을 받게 된 것은 하나님이 유다 왕 여호사밧을 생각하셨기 때문이다.

15 이제 내게로 거문고 탈 자를 불러오소서 하니라 거문고 타는 자가 거문고를 탈 때에 여호와의 손이 엘리사 위에 있더니 엘리사는 거문고 타는 사람을 불러 달라고 하여 거문고 소리가 울리는 동안 하나님의 말씀을 받는다. 차분하게 묵상하는 가운데 말씀의 능력을 받은 것이다.

16-19 이 골짜기에 개천을 많이 파라, 이것은 여호와께서 보시기에 작은 일이라, 당신들이 모든 견고한 성읍과 모든 아름다운 성읍을 치고 모든 좋은 나무를 베고 모든 샘을 메우고 돌로 모든 좋은 밭을 헐리이다 엘리사는 하나님의 말씀을 전한다. 바람과 비가 없어도 광야 골짜기에 많은 도랑이 생길 만큼 엄청난 양의 물로 가득 차게 될 것이다. 그러나 이는 모압을 초토화하는 승리에 비하면 작은 일일 뿐이다. "모든 견고한 성읍, 모든 아름다운 성읍, 모든 좋은 나무, 모든 샘, 모든 좋은 밭"이 무용지물이 될 것이다.

20-25 물이 에돔 쪽에서부터 흘러와 그 땅에 가득하였더라, 갑옷 입을 만한 자로부터 그 이상이 다 모여, 물이 붉어 피와 같음을 보고, 이는 피라 틀림없이 저 왕들이 싸워 서로 죽인 것이로다, 모압 사람을 쳐서 그들 앞에서 도망하게 하고, 물매꾼이 두루 다니며 치니라 하나님이 약속하신 그대로 물과 승리를 얻는다. 에돔에서부터 흘러온 물이 골짜기를 가득 채우고, 어마어마한 불안감이 모압을 엄습한다. 갑옷 입을 만한 사람은 다 동원된다. 동시에 극단적인 낙관론이 모압을 둘러싼다. 강물이 붉은 것을 보고 동맹군의 내분으로 오판한 모압은 섣부른 공격을 한다. 이로 인해 동맹군은 손쉽게 승리하고 모압을 황폐화한다. 특히 물매꾼들이 전투에서 큰 공을 세웠는데,

쉬운성경

13 엘리사가 이스라엘 왕에게 말했습니다. "나는 왕과 아무런 상관이 없습니다. 왕의 부모님의 예언자들에게 가 보십시오." 이스라엘 왕이 엘리사에게 말했습니다. "아니오. 여호와께서 우리 세 왕을 부르시더니 우리를 모압 사람들에게 넘겨주려 하오."

14 엘리사가 말했습니다. "내가 섬기는 만군의 여호와의 살아계심을 두고 맹세하지만, 유다의 왕 여호사밧만 여기에 없었어도 나는 왕을 쳐다보지도 않았고 왕에게 관심을 두지도 않았을 것이오.

15 거문고를 타는 사람을 데려오시오." 거문고를 타는 사람이 거문고를 타자, 여호와께서 엘리사에게 능력을 주셨습니다.

16 엘리사가 말했습니다. "여호와께서 골짜기에 도랑을 여러 개 파라고 말씀하셨소.

17 여호와께서 이렇게 말씀하셨소. '너희는 바람이 부는 것도, 비가 내리는 것도 보지 못할 것이나, 이 골짜기에는 물이 가득 차게 될 것이다. 그리하여 너희와 너희가 기르는 가축과 짐승이 물을 마시게 될 것이다.'

18 여호와께서 보시기에 이 일은 작은 일에 불과하오. 여호와께서 왕들이 모압을 이길 수 있게 해 주실 것이오.

19 왕들은 성벽이 있는 굳건한 성과 모든 중요한 성을 멸망시킬 것이오. 모든 좋은 나무를 넘어뜨릴 것이며, 모든 우물도 못 쓰게 만들 것이오. 그리고 그 땅의 모든 기름진 들을 돌무더기로 만들 것이오."

20 이튿날 아침, 제물을 바칠 때에 에돔 쪽에서 물이 흘러나오기 시작하더니, 골짜기에 물이 가득 찼습니다.

21 모든 모압 백성들은 왕들이 자기들과 싸우러 왔다는 소식을 들었습니다. 군복을 입을 나이가 된 사람은 다 모여서 국경에 줄을 지어 섰습니다.

22 이튿날 아침, 모압 사람들이 일찍 일어나 보니 해가 물 위를 비추고 있었는데, 건너편 물이 피처럼 붉게 보였습니다.

23 모압 사람들이 말했습니다. "이것은 피

동맹군의 최선봉에서 돌을 던져 모압의 좋은 밭을 못 쓰게 하고, 모든 샘을 메웠으며, 모든 좋은 나무를 베어 버렸다.

26-27 모압 왕이, 칼찬 군사 칠백 명을 거느리고 돌파하여 지나서 에돔 왕에게로 가고자 하되, 자기 왕위를 이어 왕이 될 맏아들을 데려와 성 위에서 번제를 드린지라 이스라엘에게 크게 격노함이 임하매 그들이 떠나 각기 고국으로 돌아갔더라 모압 왕은 상대적으로 약한 공격선인 에돔 왕 쪽으로 돌파하려고 하다가 실패하자, 왕자를 성 위에서 번제로 바치는 극악한 짓을 저지른다. 이를 본 모압 군은 후퇴하던 걸음을 되돌려 죽기를 각오하고 반격한다. 반면 사그라지던 모압 군이 오히려 더욱 거세게 저항해오고, 왕자를 죽이면서까지 전의를 불태우는 모압 왕의 모습에 어마어마한 살기를 느낀 이스라엘 군대와 동맹군은 공격을 멈추고 퇴각한다.

다! 왕들이 자기들끼리 싸우다가 서로 죽인 것이 틀림없다. 모압 사람들이여, 가자! 물건들을 빼앗으러 가자!"

24 모압 사람들이 이스라엘의 진에 이르렀을 때, 이스라엘 사람들은 일어나 모압 사람들을 공격했습니다. 모압 사람들이 도망치니, 이스라엘 사람들은 모압 땅까지 쳐들어가 그들과 싸웠습니다.

25 이스라엘 백성은 모압의 성들을 무너뜨리고 모든 기름진 들에 돌을 던져 돌무더기를 만들었습니다. 모든 우물도 못 쓰게 만들었습니다. 그리고 모든 좋은 나무를 넘어뜨렸습니다. 오직 길하레셋 성에만 돌 성벽이 남아 있었는데, 물매를 든 사람들이 그곳마저 점령했습니다.

26 모압 왕은 전쟁이 자기에게 불리하게 돌아가는 것을 보고 칼을 쓰는 군인 칠백 명을 이끌고 에돔 왕이 있는 쪽을 뚫고 나가려 했습니다. 그러나 그들은 그것조차도 실패했습니다.

27 그러자 모압 왕은 자기의 뒤를 이어 왕이 될 맏아들을 성벽 위에서 자기 신에게 태워 드리는 번제로 바쳤습니다. 그러자 이스라엘을 향한 맹렬한 분노가 일어났습니다. 이것을 본 이스라엘 군대는 그곳을 떠나 자기 나라로 돌아갔습니다.

저자의 묵상

하나님은 신실한 한 사람을 통해 신실하지 않은 사람들에게도 은혜를 베푸신다. 하나님은 유다 왕 여호사밧을 생각해 여호람과 동맹군에게 승리를 주신다. 그럼에도 그들은 감사도 회개도 없었다. 그 결과 여호람과 동맹군은 다 가졌던 승리를 놓쳐 버린다. 전세가 불리해진 모압 왕이 자신의 맏아들을 번제로 드리자, 모압 사람들은 격렬하게 분노한다. 독기로 가득한 적의 모습을 보면서, 동맹군은 하나님이 주신 분명한 승리를 끝까지 챙기지 못하고 스스로 공격을 중단함으로써 완전한 승리를 저버린다. 기사회생한 모압은 이후에 더욱 깊은 원한을 품고 지속적으로 이스라엘을 괴롭힌다. 하나님께서 확고한 약속을 해 주셨는데도 믿음으로 끝까지 나아가지 못하면, 받을 수 있는 풍성한 은혜마저도 누리지 못한다. 악한 세력은 무섭게 발악한다. 그 기세에 눌려 마땅히 싸워야 할 선한 싸움을 중간에서 포기하면 안 된다. 최후 승리를 얻기 위해 마지막까지 최선을 다해야 한다. 담대해야 한다. 중요한 것은 하나님이 우리와 함께하신다는 사실이다.

무릎기도 하나님, 최후의 승리를 얻기까지 선한 싸움을 해 나갈 수 있는 능력을 주소서. 세상 끝 날까지 주님과 함께 살게 해 주소서.

NLT - 2 Kings 3

13 "Why are you coming to me?"* Elisha asked the king of Israel. "Go to the pagan prophets of your father and mother!" But King Joram of Israel said, "No! For it was the LORD who called us three kings here—only to be defeated by the king of Moab!"

14 Elisha replied, "As surely as the LORD Almighty lives, whom I serve, I wouldn't even bother with you except for my respect for King Jehoshaphat of Judah.

15 Now bring me someone who can play the harp." While the harp was being played, the power* of the LORD came upon Elisha,

16 and he said, "This is what the LORD says: This dry valley will be filled with pools of water!

17 You will see neither wind nor rain, says the LORD, but this valley will be filled with water. You will have plenty for yourselves and your cattle and other animals.

18 But this is only a simple thing for the LORD, for he will make you victorious over the army of Moab!

19 You will conquer the best of their towns, even the fortified ones. You will cut down all their good trees, stop up all their springs, and ruin all their good land with stones."

20 The next day at about the time when the morning sacrifice was offered, water suddenly appeared! It was flowing from the direction of Edom, and soon there was water everywhere.

21 Meanwhile, when the people of Moab heard about the three armies marching against them, they mobilized every man who was old enough to strap on a sword, and they stationed themselves along their border.

22 But when they got up the next morning, the sun was shining across the water, making it appear red to the Moabites—like blood.

23 "It's blood!" the Moabites exclaimed. "The three armies must have attacked and killed each other! Let's go, men of Moab, and collect the plunder!"

24 But when the Moabites arrived at the Israelite camp, the army of Israel rushed out and attacked them until they turned and ran. The army of Israel chased them into the land of Moab, destroying everything as they went.*

25 They destroyed the towns, covered their good land with stones, stopped up all the springs, and cut down all the good trees. Finally, only Kir-hareseth and its stone walls were left, but men with slings surrounded and attacked it.

26 When the king of Moab saw that he was losing the battle, he led 700 of his swordsmen in a desperate attempt to break through the enemy lines near the king of Edom, but they failed.

27 Then the king of Moab took his oldest son, who would have been the next king, and sacrificed him as a burnt offering on the wall. So there was great anger against Israel,* and the Israelites withdrew and returned to their own land.

* 3:13 Hebrew *What is there in common between you and me?*
* 3:15 Hebrew *the hand.*
* 3:24 The meaning of the Hebrew is uncertain.
* 3:27 Or *So Israel's anger was great.* The meaning of the Hebrew is uncertain.

13 pagan 이교의 15 come upon ~ ~에게 임하다 19 conquer 정복하다 fortify 강화하다, 요새화하다 stop up (구멍 등을) 막다 spring 샘 ruin 파괴하다 20 at about ~ ~쯤에 sacrifice 제물 21 march against ~ ~를 목표로 진군하다 mobilize 동원하다 strap on a sword 칼을 차다(put on armor 갑옷을 입다, ESV) station along ~ ~을 따라 배치하다 23 plunder 전리품 24 rush out 돌격(습격)하다 26 lose the battle 전투에서 패하다 desperate 필사적인

☐ 묵상 체크

07 기적을 체험하는 믿음

월 일

열왕기하 4:1-7 • 새찬송 310장 | 통일 410장

• 말씀묵상 전에 성령님의 인도하심을 구하는 기도를 드리십시오.

본문요약 | 선지자의 제자들의 아내 중의 한 여인이 엘리사를 찾아와 호소한다. 남편은 죽었고 빚쟁이가 두 아들을 종으로 삼으려고 데려가려 한다는 것이다. 엘리사는 여인에게 남은 기름 한 그릇에서 시작해 빌려 온 그릇 모두에 기름을 가득 채우는 기적을 행한다. 여인은 기름을 팔아 빚을 갚고 남은 것으로 두 아들과 생활할 수 있게 된다.

1 선지자의 제자들의 아내 중의 한 여인이
엘리사에게 부르짖어 이르되 당신의 종
나의 남편이 이미 죽었는데 당신의 종이
여호와를 경외한 줄은 당신이 아시는 바
니이다 이제 빚 준 사람이 와서 나의 두
아이를 데려가 그의 종을 삼고자 하나이
다 하니
2 엘리사가 그에게 이르되 내가 너를 위하
여 어떻게 하랴 네 집에 무엇이 있는지 내
게 말하라 그가 이르되 계집종의 집에 기
름 한 그릇 외에는 아무것도 없나이다 하
니
3 이르되 너는 밖에 나가서 모든 이웃에게
그릇을 빌리라 빈 그릇을 빌리되 조금 빌
리지 말고
4 너는 네 두 아들과 함께 들어가서 문을 닫
고 그 모든 그릇에 기름을 부어서 차는 대
로 옮겨 놓으라 하니라
5 여인이 물러가서 그의 두 아들과 함께 문
을 닫은 후에 그들은 그릇을 그에게로 가
져오고 그는 부었더니
6 그릇에 다 찬지라 여인이 아들에게 이르
되 또 그릇을 내게로 가져오라 하니 아들
이 이르되 다른 그릇이 없나이다 하니 기
름이 곧 그쳤더라
7 그 여인이 하나님의 사람에게 나아가서
말하니 그가 이르되 너는 가서 기름을 팔
아 빚을 갚고 남은 것으로 너와 네 두 아
들이 생활하라 하였더라

1. 오늘 하나님께서 나에게 주신 깨달음은 무엇입니까?

2. 말씀을 어떻게 내 삶에 구체적으로 적용해야 합니까?

절별 해설

1 당신의 종 나의 남편이 이미 죽었는데, 이제 빚 준 사람이 와서 나의 두 아이를 데려가 그의 종을 삼고자 하나이다 유대 역사가 요세푸스와 랍비들에 의하면, 여인의 남편은 궁내대신 오바댜(왕상 18:3)로 추정된다. 아합의 궁내대신인 오바댜가 핍박당하는 예언자들에게 필요한 양식을 공급했는데, 이때 자신의 재산을 다 써버려 빚을 지게 되었다는 것이다. 오바댜가 죽은 후 남겨진 빚은 고스란히 그 가족의 노동으로 갚아야 했다. 실제로 채무자가 빚을 갚지 못할 경우 채권자가 빚진 자의 자녀를 종으로 삼는 것은 율법에 의하면 허용될 수 있는 일이었다(레 25:39,40). 동시에 율법은 가난한 자들의 고통을 경감해 주기 위해 빚 때문에 종살이하는 경우 과도하게 억압적으로 부리지 말고, 품꾼이나 동거인과 같이 대우해야 할 것과 기한은 희년까지로 하며 그 후에는 다시 조상의 기업을 회복하게끔 천명한다.

2 내가 너를 위하여 어떻게 하랴 네 집에 무엇이 있는지 내게 말하라 그가 이르되 계집종의 집에 기름 한 그릇 외에는 아무것도 없나이다 엘리사는 여인에게 집에 무엇이 있는가를 물었고, 여인은 고작해야 기름 한 그릇밖에는 없다고 대답한다.

3 너는 밖에 나가서 모든 이웃에게 그릇을 빌리라 빈 그릇을 빌리되 조금 빌리지 말고 엘리사는 여인에게 이웃으로부터 가능한 한 많이 빈 그릇을 빌려 오라고 한다. 엘리사는 여인이 그 일을 꺼릴 수 있다는 사실을 알았다. 또한 여인이 그렇게 많은 그릇이 필요하다고 생각지 않을 것이라는 점도 알았다. 그래서 엘리사는 "조금 빌리지 말고"라고 말한다. 이 말에는 여인의 믿음을 시험해 보려는 의도가 내포되어 있다. 믿음이 클수록 많은 그릇을 빌려 올 것이고, 반대로 믿음이 적으면 조금만 빌려 올 것이었다.

4 너는 네 두 아들과 함께 들어가서 문을 닫고 이와 동일한 구절이 여러 번 나타난다. 문을 닫는 행위에는 아무것에도, 어느 누구에게도 방해를 받지 않게 하시는 하나님의 뜻이 담겨 있다. 하나님은 닫힌 문 안에서 위대한 기적을 행하셨다. 이웃들은 자기가 빌려준 빈 그릇 안에서 기름이 불어나는 기적을 지켜보지 못했다. 그들은 자기가 선뜻 내어 준 작은 그릇 하나가 남편을 잃은 여인과 두 아들을 얼마나 도와줬는지 결코 알지 못했다.

5-6 그들은 그릇을 그에게로 가져오고 그는 부었더니 그릇에 다 찬지라, 다른 그릇이 없나이다 하니 기름이 곧 그쳤더라 여인은 엘리사가 하라는 대로 순종한다. 놀랍게도 엘리사가 말한 대로 기적이 일어나, 한 그릇밖에 되지 않던 기름으로 빌려 온 그릇을 다 채울 수 있었다. 모든 그릇에 기름이 가득 찬 후에는 더 이상 기름이 나오지 않았다. 이처럼 하나님의 말씀에 순종할 때 놀라운 이적을 경험할 수 있다. 하나님은 말씀에 순종하는 사람에게 큰 은혜를 베푸신다.

쉬운성경

1 예언자의 무리에 속한 한 사람의 아내가 엘리사에게 와서 말했습니다. "선생님의 종인 내 남편이 죽었습니다. 선생님도 아시듯이 내 남편은 여호와를 잘 섬기던 사람이었습니다. 그런데 내 남편이 죽자, 빚쟁이가 찾아와 내 두 아들을 데려다가 종으로 삼으려 하고 있습니다."

2 엘리사가 대답했습니다. "내가 어떻게 하는 것이 도움이 되겠소? 당신 집에 무엇이 있는지 알려 주시오." 여자가 말했습니다. "가진 것이라고는 기름 한 병이 전부입니다."

3 엘리사가 말했습니다. "이웃 사람들에게 가서 빈 그릇을 있는 대로 빌려 오시오. 그릇을 조금 빌리지 말고 많이 빌리시오.

4 그리고 당신은 두 아들만 데리고 집에 들어가서 문을 닫으시오. 그런 다음, 빌려 온 항아리마다 기름을 부어 채워지는 대로 옮겨 놓으시오."

5 그 여자는 엘리사 앞에서 물러난 뒤, 아들들만 데리고 집으로 들어가 문을 닫았습니다. 아들들이 빈 그릇을 가져오면, 여자가 거기에 기름을 부었습니다.

6 그릇마다 기름이 가득 차게 되자, 여자가 아들에게 말했습니다. "다른 그릇을 가져오너라." 아들이 말했습니다. "이제는 그릇이 더 없습니다." 그러자 기름이 더 이상 나오지 않았습니다.

7 여자가 엘리사에게 가서 그 사실을 알려 주었습니다. 엘리사가 여자에게 말했습니다. "가서 기름을 팔아 빚을 갚으시오. 당신과 당신의 아들들은 남은 것을 가지고 살아갈 수 있을 것이오."

7 너는 가서 기름을 팔아 빚을 갚고 남은 것으로 너와 네 두 아들이 생활하라 엘리사는 여인에게 기름을 내다팔아 빚을 갚고 나머지는 생활비로 쓰라고 말한다. 단순하게 그저 순종한 믿음의 행위 하나로 여인의 모든 빚은 청산된다. 나아가 여생을 아들과 함께 편안히 살 만큼 충족하게 되었다.

저자의 묵상

엘리사는 여인에게 "내가 너를 위하여 어떻게 하랴"라고 묻는다. 이 질문이야말로 목자의 심정으로 다가가는 엘리사를 극명하게 나타낸다. 이는 그리스도인이 날마다 서로서로 물어야 할 질문이기도 하다. 이렇게 질문할 때, 비로소 예수 그리스도의 마음을 갖기 시작하는 것이다. 엘리사는 한 가지 질문을 더한다. "네 집에 무엇이 있는지 내게 말하라." 여인은 "기름 한 그릇 외에는 아무것도 없나이다"라고 대답한다. 기름 한 그릇이 별것 아니라고 여겼겠지만, 하나님은 그것을 사용해 여인의 필요를 충족시키셨다. 중요한 것은, 부족하다고 생각해도 그것을 전부 내어놓는 자세다. 하나님의 기적은 도움이 필요한지를 사랑의 마음으로 묻는 데서부터 시작된다. 그 다음에는 자신에게 있는 모두를 적든 많든 내어놓아야 한다. 그렇게 할 때, 하나님께서는 복을 주고 이웃에게 축복의 근원이 되게 하신다. 기적을 체험하는 믿음은 하나님의 도우심을 기대하며 순종함으로 이루어진다.

무릎 기도 하나님, 오직 하나님만이 모든 은혜를 넉넉하게 베풀어 주신다는 사실을 믿고 순종하게 하소서.

NLT - 2 Kings 4

1 One day the widow of a member of the group of prophets came to Elisha and cried out, "My husband who served you is dead, and you know how he feared the LORD. But now a creditor has come, threatening to take my two sons as slaves."
2 "What can I do to help you?" Elisha asked. "Tell me, what do you have in the house?" "Nothing at all, except a flask of olive oil," she replied.
3 And Elisha said, "Borrow as many empty jars as you can from your friends and neighbors.
4 Then go into your house with your sons and shut the door behind you. Pour olive oil from your flask into the jars, setting each one aside when it is filled."
5 So she did as she was told. Her sons kept bringing jars to her, and she filled one after another.
6 Soon every container was full to the brim! "Bring me another jar," she said to one of her sons. "There aren't any more!" he told her. And then the olive oil stopped flowing.
7 When she told the man of God what had happened, he said to her, "Now sell the olive oil and pay your debts, and you and your sons can live on what is left over."

1 creditor 채권자 threaten 위협하다 2 flask 병(하나에 가득한 양) 3 borrow 빌리다 4 set aside (다시 필요할 때까지) ~을 한쪽으로 치워 놓다 5 one after another 하나씩 6 container 그릇 full to the brim 넘칠 만큼, 가득 찬 7 debt 빚 live on ~ ~을 먹고 살다 left over 남겨진, 팔다 남은

08 엘리사와 수넴 여인

월 일

열왕기하 4:8-37 • 새찬송 212장 | 통일 347장

• 말씀묵상 전에 성령님의 인도하심을 구하는 기도를 드리십시오.

본문요약 | 수넴 여인의 친절함에 보답하기를 원했던 엘리사는 자기 종 게하시에게 여인의 형편을 살피게 한다. 엘리사는 아들이 없는 그 여인이 아들을 낳도록 하나님께 기도드린다. 엘리사의 기도와 예언대로 이듬해 수넴 여인은 아들을 얻는다. 그러나 그 아들이 두통을 호소하다가 어머니 품에서 죽는다. 여인은 아들의 죽음을 남편에게도 알리지 않고, 죽은 아들을 엘리사의 침대에 눕혀 놓은 후 엘리사를 찾아가 직접 만나서 호소한다. 엘리사는 자신의 방에 누워 있는 아이를 기도로 살려 낸다.

8 하루는 엘리사가 수넴에 이르렀더니 거기
에 한 귀한 여인이 그를 간권하여 음식을
먹게 하였으므로 엘리사가 그곳을 지날
때마다 음식을 먹으러 그리로 들어갔더라
9 여인이 그의 남편에게 이르되 항상 우리
를 지나가는 이 사람은 하나님의 거룩한
사람인 줄을 내가 아노니
10 청하건대 우리가 그를 위하여 작은 방을
담 위에 만들고 침상과 책상과 의자와 촛
대를 두사이다 그가 우리에게 이르면 거
기에 머물리이다 하였더라
11 하루는 엘리사가 거기에 이르러 그 방에
들어가 누웠더니
12 자기 사환 게하시에게 이르되 이 수넴 여
인을 불러오라 하니 곧 여인을 부르매 여
인이 그 앞에 선지라
13 엘리사가 자기 사환에게 이르되 너는 그
에게 이르라 네가 이같이 우리를 위하여
세심한 배려를 하는도다 내가 너를 위하
여 무엇을 하랴 왕에게나 사령관에게 무
슨 구할 것이 있느냐 하니 여인이 이르되
나는 내 백성 중에 거주하나이다 하니라
14 엘리사가 이르되 그러면 그를 위하여 무
엇을 하여야 할까 하니 게하시가 대답하
되 참으로 이 여인은 아들이 없고 그 남편
은 늙었나이다 하니
15 이르되 다시 부르라 하여 부르매 여인이
문에 서니라
16 엘리사가 이르되 한 해가 지나 이때쯤에
네가 아들을 안으리라 하니 여인이 이르
되 아니로소이다 내 주 하나님의 사람이
여 당신의 계집종을 속이지 마옵소서 하
니라
17 여인이 과연 잉태하여 한 해가 지나 이때
쯤에 엘리사가 여인에게 말한 대로 아들
을 낳았더라
18 그 아이가 자라매 하루는 추수꾼들에게
나가서 그의 아버지에게 이르렀더니
19 그의 아버지에게 이르되 내 머리야 내 머
리야 하는지라 그의 아버지가 사환에게
말하여 그의 어머니에게로 데려가라 하매
20 곧 어머니에게로 데려갔더니 낮까지 어머
니의 무릎에 앉아 있다가 죽은지라
21 그의 어머니가 올라가서 아들을 하나님의
사람의 침상 위에 두고 문을 닫고 나와
22 그 남편을 불러 이르되 청하건대 사환 한
명과 나귀 한 마리를 내게로 보내소서 내
가 하나님의 사람에게 달려갔다가 돌아오
리이다 하니
23 그 남편이 이르되 초하루도 아니요 안식
일도 아니거늘 그대가 오늘 어찌하여 그
에게 나아가고자 하느냐 하는지라 여인이
이르되 평안을 비나이다 하니라
24 이에 나귀에 안장을 지우고 자기 사환에
게 이르되 몰고 가라 내가 말하지 아니하
거든 나를 위하여 달려가기를 멈추지 말
라 하고
25 드디어 갈멜 산으로 가서 하나님의 사람

에게로 나아가니라 하나님의 사람이 멀리
서 그를 보고 자기 사환 게하시에게 이르
되 저기 수넴 여인이 있도다
26 너는 달려가서 그를 맞아 이르기를 너는
평안하냐 네 남편이 평안하냐 아이가 평
안하냐 하라 하였더니 여인이 대답하되
평안하다 하고
27 산에 이르러 하나님의 사람에게 나아가
서 그 발을 안은지라 게하시가 가까이 와
서 그를 물리치고자 하매 하나님의 사람
이 이르되 가만두라 그의 영혼이 괴로워
하지마는 여호와께서 내게 숨기시고 이르
지 아니하셨도다 하니라
28 여인이 이르되 내가 내 주께 아들을 구하
더이까 나를 속이지 말라고 내가 말하지
아니하더이까 하니
29 엘리사가 게하시에게 이르되 네 허리를
묶고 내 지팡이를 손에 들고 가라 사람을
만나거든 인사하지 말며 사람이 네게 인
사할지라도 대답하지 말고 내 지팡이를
그 아이 얼굴에 놓으라 하는지라
30 아이의 어머니가 이르되 여호와께서 살아
계심과 당신의 영혼이 살아계심을 두고
맹세하노니 내가 당신을 떠나지 아니하리
이다 엘리사가 이에 일어나 여인을 따라
가니라
31 게하시가 그들보다 앞서가서 지팡이를 그
아이의 얼굴에 놓았으나 소리도 없고 듣
지도 아니하는지라 돌아와서 엘리사를 맞
아 그에게 말하여 아이가 깨지 아니하였
나이다 하니라
32 엘리사가 집에 들어가 보니 아이가 죽었
는데 자기의 침상에 눕혔는지라
33 들어가서는 문을 닫으니 두 사람 뿐이라
엘리사가 여호와께 기도하고
34 아이 위에 올라 엎드려 자기 입을 그의 입
에, 자기 눈을 그의 눈에, 자기 손을 그의
손에 대고 그의 몸에 엎드리니 아이의 살
이 차차 따뜻하더라
35 엘리사가 내려서 집 안에서 한 번 이리저
리 다니고 다시 아이 위에 올라 엎드리니
아이가 일곱 번 재채기 하고 눈을 뜨는지
라
36 엘리사가 게하시를 불러 저 수넴 여인을
불러오라 하니 곧 부르매 여인이 들어가
니 엘리사가 이르되 네 아들을 데리고 가
라 하니라
37 여인이 들어가서 엘리사의 발 앞에서 땅
에 엎드려 절하고 아들을 안고 나가니라

1. 오늘 하나님께서 나에게 주신 깨달음은 무엇입니까?

2. 말씀을 어떻게 내 삶에 구체적으로 적용해야 합니까?

절별 해설

8 하루는 엘리사가 수넴에 이르렀더니 거기에 한 귀한 여인이 수넴은 잇사갈 지파의 영토에 속했으며, 블레셋 군이 사울과 길보아에서 전쟁하기 전에 주둔하던 곳이다. 특히 수넴은 곡식 재배로 유명했으며 갈멜 산을 한눈에 바라볼 수 있는 곳이기도 했다. 한편, 성경에 기록된 수넴 여인은 둘이 있다. 한 명은 '아비삭'(왕상 1:3)이며 또 다른 한 명은 본절의 '한 귀한 여인'이다. 여기서 귀한 여인이란 부유한 여인이라는 의미다.

9 여인이 그의 남편에게 이르되 항상 우리를 지나가는 이 사람은 하나님의 거룩한 사람인 줄을 내가 아노니 엘리사는 자주 갈멜(왕하 2:25)에서부터 이곳을 지나 갈릴리에 있는 성읍들까지 다녔다. 특히 엘리사는 갈멜의 남쪽 지역을 집중적으로 사역의 현장으로 삼았다. 한편, 지속적으로 엘리사를 섬겼던 수넴 여인은 그가 참된 하나님의 사람임을 스스로 고백하고 있다.

12 자기 사환 게하시에게 이르되 엘리사의 사환인 게하시가 성경에 처음으로 등장한다. 여기서 사환은 노예와 같이 개인적인 자유를 완전히 상실한 상태가 아니라, 주로 주인의 시종을 들거나 개인적인 심부름을 하는 종을 가리킨다. 또한 이들은 자유롭게 가정생활도 할 수 있는 신분이었다.

13 '세심한'이라는 말은 '상대를 존경하는 마음에서 행동이 조심스럽고 치밀하게'라는 뜻이다. 엘리사는 수넴 여인의 정성 어린 세심한 도움에 대한 답례로 무언가를 해 주고 싶어서 게하시를 통해 여인에게 제안한다. 왕에게 미치는 자신의 영향력을 사용하여 여인의 필요를 왕에게 부탁하겠다고 한 것이다. 그러나 여인은 "나는 내 백성 중에 거주하나이다"라고 하며 정중하게 거절한다.

16 한 해가 지나 이때쯤에 네가 아들을 안으리라 부유하게 잘 살고 있는 수넴 여인이라고 해도 엘리사는 무언가 꼭 해 주고 싶었다. 게하시를 통해 여인에게 아이가 없다는 사실을 알게 된 엘리사는 하나님께 간절히 기도드렸고 응답을 받는다. 곧바로 엘리사는 여인이 이듬해에 아들을 낳을 것이라고 예언한다.

19 내 머리야 내 머리야 하는지라 아이는 추수하는 들로 나갔다가 일사병에 걸렸다. 일사병은 당시 이스라엘에서 흔한 병이었다. 추수 때는 일 년 중 가장 더운 시기이기 때문에 일사병에 걸리기 쉬웠다.

쉬운성경

8 어느 날, 엘리사가 수넴으로 갔습니다. 그곳에는 한 귀부인이 살고 있었습니다. 그 여자는 엘리사에게 자기 집에서 머물며 음식을 먹으라고 간절히 부탁했습니다. 그래서 엘리사는 그곳을 지날 때마다 그 집에 들러 음식을 먹고 갔습니다.

9 여자가 자기 남편에게 말했습니다. "내가 보기에 우리집 앞으로 자주 지나다니는 엘리사는 하나님께서 거룩하다고 여기는 사람입니다.

10 지붕 위에 작은 방 하나를 만들고 그 방에 엘리사를 위해 침대와 책상과 의자와 등잔대를 들여놓읍시다. 그래서 엘리사가 우리 집에 들를 때마다 그 방에서 묵어갈 수 있게 합시다."

11 어느 날, 엘리사가 그 여자의 집에 와서 그 방에 들어가 쉬었습니다.

12 엘리사가 자기 종 게하시에게 말했습니다. "수넴 여자를 불러오너라." 게하시가 수넴 여자를 불러왔습니다. 그녀가 엘리사 앞에 섰습니다.

13 엘리사가 게하시에게 말했습니다. "여자에게 이렇게 말하여라. '보시오. 당신이 우리를 위해 이렇게 세밀하게 준비했군요. 내가 당신을 위해 무엇을 해 주면 좋겠소? 왕이나 군대 사령관에게 부탁할 것이 있으면 말해 보시오.'" 여자가 대답했습니다. "아닙니다. 나는 내 백성과 함께 살고 있으니, 별 어려움이 없습니다."

14 엘리사가 말했습니다. "그렇다면 저 여자를 위해 무엇을 해 주면 좋을까?" 게하시가 대답했습니다. "저 여자는 아들이 없고 남편은 늙었습니다."

15 엘리사가 말했습니다. "여자를 불러오너라." 게하시가 다시 여자를 부르자, 여자가 문간에 와서 섰습니다.

16 엘리사가 말했습니다. "내년 이맘때쯤에 당신은 아들을 품에 안고 있을 것이오." 여자가 말했습니다. "아닙니다. 하나님의 사람이시여, 당신의 여종을 속이지 마십시오."

17 그 여자는 엘리사가 말한 대로 임신하여 그 다음 해에 아들을 낳았습니다.

20 아이가 들판에서 병을 얻은 것은 대략 오전 중에 일어난 것으로 추정된다. 그런데 여기서 '낮까지'라는 표현을 써서 시간의 경과를 드러낸 것은, 아이의 죽음이 실제 사건이었음을 입증한다. 수넴 여인은 아들을 무릎에 안고 아들의 임종을 지켜보았으며 아들의 죽음에 대한 가장 확실한 증인이었다.

21 그의 어머니가 올라가서 아들을 하나님의 사람의 침상 위에 두고 문을 닫고 나와 수넴 여인은 아들의 시신을 자신의 방이나 아들의 방에 두지 않고 선지자의 침상 위에 두었다. 그리고 아들의 죽음을 아무에게도 알리지 않았을 뿐만 아니라 죽음을 감추기 위해서 문을 꼭 닫아 놓았다. 이런 행동은 무엇보다도 남편이 아들의 죽음을 알고 근심하는 일이 없게 하기 위함이었으며, 궁극적으로는 엘리사가 오기만 하면 자신의 아들이 다시 살아날 것을 확신하는 신앙에 근거했다.

22 청하건대 사환 한 명과 나귀 한 마리를 내게로 보내소서 내가 하나님의 사람에게 달려갔다가 돌아오리이다 여인은 엘리사에게 가는 길이 멀고 험하기 때문에 나귀 한 마리와 그 나귀를 몰고 갈 종을 남편에게 요청한다. 한편, 여인은 하나님의 사람을 찾아가기만 하면 모든 문제가 해결될 것이라는 확신에 차 있었다. 이러한 믿음은, 먼저 아이를 가질 수 없었던 부부가 하나님의 능력으로 아들을 낳았던 사실과, 다음으로 엘리사를 오랜 시간 접하면서 느끼게 된 영적인 깨달음과 엘리사에 대한 신뢰 때문이었다.

23 초하루도 아니요 안식일도 아니거늘 초하루 혹은 월삭과 안식일은 백성들의 종교적 휴일이다. 아마도 엘리사는 절기일이나 안식일에만 방문자를 만났던 것으로 보인다. 다른 날은 백성들을 두루 살피고 다니며 사역했을 것이다. 또한 방문자들도 각자 생업이 있었기에 특별한 절기 때나 안식일에야 시간을 내기가 용이했을 것이다.

29 사람을 만나거든 인사하지 말며 사람이 네게 인사할지라도 대답하지 말고 내 지팡이를 그 아이 얼굴에 놓으라 엘리사는 게하시를 통해 지팡이를 들려 보냄으로써 아이를 살려 보려고 했다. 그리고 최대한 신속하게 아이에게 가게 하려고 게하시가 가는 길에 누구를 만나도 인사하지 말라고 했다. 엘리사가 취한 조치는 지팡이 자체에 어떤 신비

18 아이가 자랐습니다. 어느 날, 그 아이가 자기 아버지에게 갔습니다. 그의 아버지는 곡식을 거두는 사람들과 함께 있었습니다.

19 아이가 갑자기 자기 아버지 앞에서 외쳤습니다. "아이고, 머리야. 아이고, 내 머리야." 아버지가 종에게 말했습니다. "이 아이를 어머니에게 데려가거라."

20 종이 그 아이를 그의 어머니에게 데려갔습니다. 아이는 낮 12시까지 어머니 무릎 위에 누워 있다가 죽고 말았습니다.

21 어머니가 아이를 안고 올라가 하나님의 사람이 쓰는 침대에 눕혀 놓았습니다. 그리고 문을 닫고 나왔습니다.

22 여자가 자기 남편을 불러 말했습니다. "종 한 명과 나귀 한 마리를 보내 주세요. 빨리 하나님의 사람에게 다녀와야겠어요."

23 여자의 남편이 말했습니다. "왜 오늘 그에게 가려 하오? 오늘은 초하루도 아니고, 안식일도 아니지 않소?" 여자가 말했습니다. "걱정하지 말아요. 괜찮을 거예요."

24 여자가 나귀에 안장을 지우고 종에게 말했습니다. "나귀를 몰아라. 내가 말하기 전에는 늦추지 마라."

25 그리하여 여자는 갈멜 산에 있는 엘리사에게 갔습니다. 엘리사는 멀리서 여자가 오는 모습을 보고 자기 종 게하시에게 말했습니다. "저기를 보아라. 수넴 여자가 오고 있구나.

26 달려가 여자를 맞이하여라. 그리고 '안녕하십니까? 남편도 안녕하시고 아이도 잘 있습니까?' 하고 물어보아라." 여자가 대답했습니다. "다들 잘 있습니다."

27 그러더니 여자가 산에 있는 엘리사에게 와서 그의 발을 붙잡았습니다. 게하시가 가까이 와서 여자를 떼어 놓으려 하자, 엘리사가 말했습니다. "그대로 두어라. 여자가 큰 슬픔에 빠져 있다. 여호와께서는 이 일을 나에게 숨기시고 아무 말씀도 해 주지 않으셨다."

28 여자가 말했습니다. "선생님, 나는 아들을 달라고 말한 적이 없습니다. 오히려 거짓말을 하지 말라고 말씀드리지 않았습니까?"

29 엘리사가 게하시에게 말했습니다. "길을 떠날 채비를 하여라. 내 지팡이를 손에

한 능력이 있어서가 아니라 이 같은 상징적인 행위를 통해 하나님의 능력을 온전히 나타내게 하기 위함이었다.

31 게하시가 그들보다 앞서가서 지팡이를, 아이가 깨지 아니하였나이다 게하시가 아이를 살리지 못했던 이유로는 몇 가지 신학적 견해가 있는데 크게 두 가지가 설득력을 가진다. 첫째, 엘리사가 수넴 여인과 함께 가기로 작정한 후 게하시에게 위임된 것은 무효가 되었다는 주장이다. 둘째, 게하시는 엘리사가 준 지팡이에 어떤 신령한 마술적인 힘이 있을 것으로 믿었기에 그 능력을 속히 나타내기 위해 미리 앞서갔다는 주장이다. 이런 불손한 의도로는 하나님의 이적을 행할 수 없다는 사실을 하나님이 보여 주셨다는 것이다.

32-33 아이가 죽었는데 자기의 침상에 눕혔는지라 들어가서는 문을 닫으니 두 사람 뿐이라 엘리사가 여호와께 기도하고 엘리사가 집에 들어갔을 때, 아이는 자기 어머니가 눕혀 놓은 엘리사의 침상 위에 그대로 있었다. 엘리사는 어떤 방해도 받지 않고 오직 하나님과의 직접적인 대화를 위해 문을 닫고 간절히 기도한다. 더욱이 "문을 닫으니 두 사람 뿐이라"고 엘리사와 아이 두 사람을 강조한 것은, 비록 아이가 죽었다 해도 하나님의 입장에서는 잠시 잠자고 있는 것이었음을 역설적으로 말해 준다.

35-37 엘리사는 아이의 상태를 살피기 위해 방 안을 왔다 갔다했다. 마침내 여인의 아들은 살아났다. 마치 엘리야가 사르밧 성에 사는 여인의 아들을 살린 것처럼 엘리사도 수넴 여인의 아들을 살렸다. 수넴 여인은 엘리사의 방에서 아들이 다시 살아난 것을 보고 엘리사의 발 앞에 엎드려 절한다. 여인은 엘리사에게 존경과 감사를 표현했는데, 이는 궁극적으로 여호와 하나님께 드리는 찬양의 표시였다.

들고 서둘러 떠나라. 가다가 누구를 만나도 인사하지 마라. 누가 인사를 하더라도 대꾸하지 마라. 내 지팡이를 그 아이의 얼굴 위에 놓아라."

30 그러나 아이의 어머니가 말했습니다. "여호와의 살아계심과 당신의 살아계심을 두고 맹세하지만 나는 선생님 곁을 떠나지 않겠습니다." 그래서 엘리사도 자리에서 일어나 여자를 따라갔습니다.

31 게하시가 먼저 가서 지팡이를 아이의 얼굴 위에 올려놓았습니다. 그러나 아이는 소리도 내지 않고 움직이지도 않았습니다. 게하시가 돌아와서 엘리사를 맞이하며 말했습니다. "아이가 깨어나지 않습니다."

32 엘리사가 집으로 들어가 보니, 아이가 죽은 채 자기 침대에 누워 있었습니다.

33 엘리사는 방으로 들어가서 문을 닫았습니다. 방 안에는 엘리사와 아이밖에 없었습니다. 엘리사가 여호와께 기도를 드렸습니다.

34 그리고 나서 침대로 가서 아이 위에 엎드렸습니다. 자기 입을 아이의 입에 맞추고 자기 눈을 아이의 눈에 맞추고 자기 손을 아이의 손 위에 올려놓았습니다. 그렇게 아이 위에 엎드려 있는 사이에 아이의 몸이 따뜻해지기 시작했습니다.

35 엘리사는 침대에서 내려와 방 안에서 왔다갔다한 다음, 다시 침대에 올라가 아이 위에 엎드렸습니다. 그러자 아이가 재채기를 일곱 번 하더니 눈을 떴습니다.

36 엘리사가 게하시를 불러 말했습니다. "수넴 여자를 불러오너라." 게하시가 수넴 여자를 불렀습니다. 여자가 오자, 엘리사가 말했습니다. "아들을 데리고 가시오."

37 여자가 들어와서 엘리사의 발 앞에 엎드려 절한 다음, 아이를 데리고 밖으로 나갔습니다.

저자의 묵상

아들이 자기 무릎에서 죽었는데 어머니인 수넴 여인은 이상하게 반응한다. 아이를 잃은 여인이라면 자연스레 보일 수 있는 반응은 장사 지낼 준비를 하고 애도하는 일일 것이다. 그러나 여인은 죽은 아들을 엘리사의 방에 데려가 침상 위에 뉘이고 문을 닫고 나간다. 그 아들은 여인이 아이를 갖지 못했을 때 하나님이 엘리사의 기도를 통해 주신 선물이었다. 아마도 여인은 슬퍼하던 중에 하나님께서 아들을 다시 살려 주시리라는 믿음의 확신이 들었던 듯하다. 엘리사를 만나러 가겠다고 알리자, 남편은 이유를 묻지만 여인은 오히려 걱정하지 말라고 한다. 여인의 믿음은 더 담대해졌다. 엘리사를 만나게 된 수넴 여인은 간절하게 아들을 살려 달라고 엘리사의 발을 붙잡고 호소한다. 이토록 절박하게 요청하는 수넴 여인을 위한 엘리사의 사역은, 엘리사가 여인의 아들을 위해 자신의 시간과 노력을 희생해서 아이에게 드리워져 있던 죽음의 고통 속으로 기꺼이 들어갔을 때 비로소 완성된다. 엘리사는 수넴 여인을 위한 진심 어린 헌신을 통해 그녀의 고통과 함께했다. 그리고 기도함으로써 고통을 하나님과 나눌 수 있었다. 엘리사가 최선을 다한 결과는 죽었던 아들의 부활이었다. 하나님은 당신의 일꾼을 통해 인간의 필요를 채우고 아픔을 치유하며 위로하고 회복시키신다.

무릎 기도 | 하나님, 세상에서 만나는 심각한 어려움을 진정으로 해결해 주실 분은 하나님 한 분뿐임을 확신하며 끈질기게 기도하는 사람이 되게 하소서.

NLT - 2 Kings 4

8 One day Elisha went to the town of Shunem. A wealthy woman lived there, and she urged him to come to her home for a meal. After that, whenever he passed that way, he would stop there for something to eat.

9 She said to her husband, "I am sure this man who stops in from time to time is a holy man of God.

10 Let's build a small room for him on the roof and furnish it with a bed, a table, a chair, and a lamp. Then he will have a place to stay whenever he comes by."

11 One day Elisha returned to Shunem, and he went up to this upper room to rest.

12 He said to his servant Gehazi, "Tell the woman from Shunem I want to speak to her." When she appeared,

13 Elisha said to Gehazi, "Tell her, 'We appreciate the kind concern you have shown us. What can we do for you? Can we put in a good word for you to the king or to the commander of the army?'" "No," she replied, "my family takes good care of me."

14 Later Elisha asked Gehazi, "What can we do for her?" Gehazi replied, "She doesn't have a son, and her husband is an old man."

15 "Call her back again," Elisha told him. When the woman returned, Elisha said to her as she stood in the doorway,

16 "Next year at this time you will be holding a son in your arms!" "No, my lord!" she cried. "O man of God, don't deceive me and get my hopes up like that."

17 But sure enough, the woman soon became pregnant. And at that time the following year she had a son, just as Elisha had said.

18 One day when her child was older, he went out to help his father, who was working with the harvesters.

19 Suddenly he cried out, "My head hurts! My head hurts!" His father said to one of the servants, "Carry him home to his mother."

20 So the servant took him home, and his mother held him on her lap. But around noontime he died.

21 She carried him up and laid him on the bed of the man of God, then shut the door and left him there.

22 She sent a message to her husband: "Send one of the servants and a donkey so that I can hurry to the man of God and come right back."

23 "Why go today?" he asked. "It is neither a new moon festival nor a Sabbath." But she said, "It will be all right."

24 So she saddled the donkey and said to the servant, "Hurry! Don't slow down unless I tell you to."

25 As she approached the man of God at Mount Carmel, Elisha saw her in the distance. He said to Gehazi, "Look, the woman from Shunem is coming.

26 Run out to meet her and ask her, 'Is everything all right with you, your husband, and your child?'" "Yes," the woman told Gehazi, "everything is fine."

27 But when she came to the man of God at the mountain, she fell to the ground before him and caught hold of his feet. Gehazi began to push her away, but the man of God said, "Leave her alone. She is deeply troubled, but the LORD has not told me what it is."

28 Then she said, "Did I ask you for a son, my lord? And didn't I say, 'Don't deceive me and get my hopes up'?"

29 Then Elisha said to Gehazi, "Get ready to travel*; take my staff and go! Don't talk to anyone along the way. Go quickly and lay the staff on the child's face."

30 But the boy's mother said, "As surely as the LORD lives and you yourself live, I won't go home unless you go with me." So Elisha returned with her.

31 Gehazi hurried on ahead and laid the staff on the child's face, but nothing happened. There was no sign of life. He returned to meet Elisha and told him, "The child is still dead."

32 When Elisha arrived, the child was indeed dead, lying there on the prophet's bed.

33 He went in alone and shut the door behind him and prayed to the LORD.

34 Then he lay down on the child's body, placing his mouth on the child's mouth, his eyes on the child's eyes, and his hands on the child's hands. And as he stretched out on him, the child's body began to grow warm again!

35 Elisha got up, walked back and forth across the room once, and then stretched himself out again on the child. This time the boy sneezed seven times and opened his eyes!

36 Then Elisha summoned Gehazi. "Call the child's mother!" he said. And when she came in, Elisha said, "Here, take your son!"

37 She fell at his feet and bowed before him, overwhelmed with gratitude. Then she took her son in her arms and carried him downstairs.

* 4:29 Hebrew *Bind up your loins.*

8 wealthy 부유한 urge 권하다, 간청하다 9 stop in 잠깐 들르다 from time to time 가끔씩 13 concern 관심 put in a good word for ~ ~를 위해 한마디 거들다 commander 지휘관, 사령관 16 deceive 속이다 17 sure enough 과연, 확실히 pregnant 임신한 18 harvester 추수꾼 20 lap 무릎 noontime 정오 24 saddle 안장을 얹다 25 approach 다가가다 in the distance 먼 곳에 27 fall to the ground 땅에 쓰러지다 catch hold of ~ ~을 잡다 push ~ away 밀어젖히다 troubled 걱정하는, 불안해하는 29 staff 지팡이 30 as surely as ~ ~와 마찬가지로 틀림없이 34 lay down 아래에 놓다 stretch out 길게 눕다 35 back and forth 왔다갔다하는 sneeze 재채기하다 36 summon (오라고) 부르다 37 fall at one's feet ~의 발밑에 엎드리다 bow before ~ ~앞에 절하다 be overwhelmed with ~ ~에 압도되다 gratitude 감사(하는 마음)

□ 묵상 체크

09 신실한 헌신에 따른 놀라운 기적

월 일

열왕기하 4:38-44 • 새찬송 66장 | 통일 20장

• 말씀묵상 전에 성령님의 인도하심을 구하는 기도를 드리십시오.

본문요약 | 들호박을 썰어 넣어 끓인 국에서 독기를 제거하는 엘리사의 기적이 일어난다. 그런 후 또 하나의 기적이 나타난다. 한 사람이 보리떡과 채소를 엘리사에게 가져왔는데 곡물이 부족했다. 엘리사는 이 음식으로 선지자의 제자들을 먹이라고 지시한다. 종이 순종하여 배분하니 100명이나 되는 제자들이 배불리 먹고도 남는다.

38 엘리사가 다시 길갈에 이르니 그 땅에 흉
년이 들었는데 선지자의 제자들이 엘리사
의 앞에 앉은지라 엘리사가 자기 사환에
게 이르되 큰 솥을 걸고 선지자의 제자들
을 위하여 국을 끓이라 하매
39 한 사람이 채소를 캐러 들에 나가 들포도
덩굴을 만나 그것에서 들호박을 따서 옷
자락에 채워가지고 돌아와 썰어 국 끓이
는 솥에 넣되 그들은 무엇인지 알지 못한
지라
40 이에 퍼다가 무리에게 주어 먹게 하였더
니 무리가 국을 먹다가 그들이 외쳐 이르
되 하나님의 사람이여 솥에 죽음의 독이
있나이다 하고 능히 먹지 못하는지라
41 엘리사가 이르되 그러면 가루를 가져오
라 하여 솥에 던지고 이르되 퍼다가 무리
에게 주어 먹게 하라 하매 이에 솥 가운데
독이 없어지니라
42 한 사람이 바알 살리사에서부터 와서 처
음 만든 떡 곧 보리떡 이십 개와 또 자루
에 담은 채소를 하나님의 사람에게 드린
지라 그가 이르되 무리에게 주어 먹게 하
라
43 그 사환이 이르되 내가 어찌 이것을 백 명
에게 주겠나이까 하나 엘리사는 또 이르
되 무리에게 주어 먹게 하라 여호와의 말
씀이 그들이 먹고 남으리라 하셨느니라
44 그가 그들 앞에 주었더니 여호와께서 말
씀하신 대로 먹고 남았더라

1. 오늘 하나님께서 나에게 주신 깨달음은 무엇입니까?

2. 말씀을 어떻게 내 삶에 구체적으로 적용해야 합니까?

절별 해설

38 엘리사가 다시 길갈에 이르니 그 땅에 흉년이 들었는데 땅에 흉년이 들자 궁핍한 엘리사와 선지자의 제자들의 삶은 더더욱 빈궁해진다. 이 흉년은 이후에 수넴 여인으로 하여금 고향을 떠나게 한 7년 동안의 가뭄(왕하 8:1-6)이다.

39 들에 나가 들포도덩굴을 만나 그것에서 들호박을 따서 옷자락에 채워가지고 돌아와 썰어 국 끓이는 솥에 넣되 그들은 무엇인지 알지 못한지라 엘리사는 자기 사환에게 선지자의 제자들을 위해 국을 끓이라고 말한다. 한 제자가 채소를 캐려고 들에 나갔다가 들포도덩굴을 발견한다. 그 덩굴에서 들호박을 따 와 국을 끓이고 있는 솥에 썰어 넣었다. 그것은 식용 식물이 아닌 독초였는데, 많은 학자가 이 들포도덩굴을 콜로신스(colocynth)라는 식물로 보고 있다. 이 식물은 둥글고 황갈색을 띤 오렌지 같은 열매를 맺으며, 매우 쓰고 먹으면 복통과 신경통을 일으킨다고 한다.

41 엘리사가 이르되 그러면 가루를 가져오라 하여 솥에 던지고 이르되 퍼다가 무리에게 주어 먹게 하라 하매 이에 솥 가운데 독이 없어지니라 엘리사가 독을 제거하기 위해 솥에 넣은 가루는 그가 여리고의 물을 고치기 위해 넣은 소금과 마찬가지로 매우 중요한 의미가 있다. 이 가루는 유해한 것을 이로운 것으로 변화시키는 하나님의 역사하심을 위한 도구로 사용되었다.

42 한 사람이 바알 살리사에서부터 와서 처음 만든 떡 곧 보리떡 이십 개와 또 자루에 담은 채소를 하나님의 사람에게 드린지라 그가 이르되 무리에게 주어 먹게 하라 바알 살리사는 대략 세겜의 서쪽 20km 지점에 있는 지역으로 예상된다. 사울이 아버지의 나귀를 찾아다닌 지역 중 하나가 바로 살리사라는 곳이다(삼상 9:4). 이 지역의 땅은 매우 기름졌다. 한편, 당시에 보리떡 하나는 일반적으로 성인 한 명이 먹을 수 있는 한끼 분의 식사에 해당했기에 보리떡 20개는 20명이 먹을 수 있는 양이었다. 또한 여기서 자루에 담은 채소는 햇곡식 이삭을 가리킨다. 이처럼 곡물의 첫 결실인 보리떡과 햇곡식을 제사장이나 선지자에게 가져가서 여호와의 제단에 바치는 것은 이스라엘의 유월절에 흔히 행해진 풍습이었다.

43 그 사환이 이르되 내가 어찌 이것을 백 명에게 주겠나이까 하나 엘리사는 또 이르되 무리에게 주어 먹게 하라 여호와의 말씀이 그들이 먹고 남으리라 하셨느니라 보리떡 20개와 햇곡식 한 자루를 가지고 선지자의 제자들 100명이 먹기에는 현실적으로 무리였다. 그러나 "먹고 남으리라"는 여호와 하나님의 메시지를 엘리사가 말했을 때, 그 말씀이 온전히 성취되는 기적이 일어난다. 이러한 기적이야말로 장차 예수 그리스도가 행하실 '오병이어' 기적의 예표가 된다.

쉬운성경

38 엘리사가 길갈로 돌아왔을 때, 그 땅에는 가뭄이 들었습니다. 예언자의 무리가 엘리사 앞에 앉아 있었습니다. 엘리사가 자기 종에게 말했습니다. "불 위에 큰 솥을 올려놓고 이 사람들을 위해 국을 끓여라."

39 그 가운데서 한 사람이 나물을 캐려고 들에 나갔다가 야생 덩굴을 발견했습니다. 그는 그 야생 덩굴에서 박을 따서 자기 옷에 가득 담아 왔습니다. 그리고 그것을 국을 끓이고 있는 솥에 썰어 넣었습니다. 그들은 그것이 어떤 열매인지 몰랐습니다.

40 사람들이 국을 그릇에 담은 뒤, 먹기 시작했습니다. 그러던 중에 그들이 소리를 질렀습니다. "하나님의 사람이여, 국에 독이 있습니다." 그들은 더 이상 국을 먹을 수 없었습니다.

41 엘리사가 사람들에게 밀가루를 가져오라고 말했습니다. 밀가루를 가져오자 엘리사가 그것을 국에다 넣고 말했습니다. "사람들에게 국을 떠 주어 먹게 하시오." 그러자 국 안에 있는 독이 없어졌습니다.

42 어떤 사람이 바알 살리사에서 엘리사에게 왔습니다. 그는 햇곡식으로 만든 보리빵 이십 개와 햇곡식을 자루에 담아서 엘리사에게 가져왔습니다. 엘리사가 말했습니다. "그것을 사람들에게 주어서 먹게 하여라."

43 엘리사의 종이 말했습니다. "이렇게 적은 것을 가지고 어떻게 백 명에게 먹일 수 있겠습니까?" 엘리사가 말했습니다. "그 빵을 사람들에게 주어서 먹게 하여라. 여호와께서 이렇게 말씀하셨다. '그들이 먹고도 남을 것이다.'"

44 그래서 그 빵을 사람들에게 주니, 여호와께서 말씀하신 대로 사람들이 먹고도 남았습니다.

저자의 묵상

엘리사는 하나님의 능력으로 국에서 독을 없애고, 그 결과 제자의 커다란 실수를 덮을 수 있었다. 엘리사는 자기 백성을 진정으로 돌보고 그들의 실수로 인한 모든 문제를 직접 나서서 해결해 나간 훌륭한 지도자다. 이런 면에서 엘리사는 무조건적인 사랑과 무제한적인 능력으로 제자들의 허물을 감싸 주고 극복하신 예수 그리스도를 예표한다. 더욱이 오늘날 실패와 좌절에 빠져 있는 현대 그리스도인의 연약함을 품어 주시는 예수 그리스도의 예표가 된다. 또한 계속되는 가뭄 중에 땀의 결실로 얻은 첫 수확물을 엘리사와 그 제자들 공동체에 선물로 가져온 농부가 있었다. 농부에게 그것은 큰 희생이자 사랑의 표현이었다. 보리떡 20개와 햇곡식 한 자루는 선지자의 제자들 100명에 비하면 보잘것없었으나, 자신이 얻은 첫 수확을 모두 드린 농부에게는 엄청난 헌신이었다. 하나님은 이 헌신의 신실함을 보고 그들이 배불리 먹고도 남게 하셨다. 우리는 치열하고 각박한 이 땅에서 살펴야 할 사람과 챙기고 돌봐야 할 일이 없다면, 나는 더 많은 일을 하고 더 많이 이뤄낼 것이라고 생각하며 속상해한다. 심지어 나와 경쟁하는 사람들은 이런 나를 거침없이 추월해 바쁘게 내 앞으로 달려 나가고 나는 멈춰 서 있는 것 같은 때가 있다. 그러나 만일 내가 멈춰 있는 이유가 하나님이 내게 붙이신 일과 사람들 때문이라면 멈춰 있는 게 아니라 끊임없이 걷고 있는 중임을 기억해야 한다. 하나님께서 보내 주신 사람이고 일이라면 기쁘게 섬겨야 한다. 그 다음은 하나님이 하신다. 열매도 하나님께서 풍성하게 맺어 주신다.

무릎 기도 | 하나님, 형제자매의 허물과 부족을 품고 섬기게 하시며 저희가 가진 재능과 능력을 어렵고 힘든 이웃에게 나눌 수 있는 마음을 허락해 주소서.

NLT - 2 Kings 4

38 Elisha now returned to Gilgal, and there was a famine in the land. One day as the group of prophets was seated before him, he said to his servant, "Put a large pot on the fire, and make some stew for the rest of the group."

39 One of the young men went out into the field to gather herbs and came back with a pocketful of wild gourds. He shredded them and put them into the pot without realizing they were poisonous.

40 Some of the stew was served to the men. But after they had eaten a bite or two they cried out, "Man of God, there's poison in this stew!" So they would not eat it.

41 Elisha said, "Bring me some flour." Then he threw it into the pot and said, "Now it's all right; go ahead and eat." And then it did not harm them.

42 One day a man from Baal-shalishah brought the man of God a sack of fresh grain and twenty loaves of barley bread made from the first grain of his harvest. Elisha said, "Give it to the people so they can eat."

43 "What?" his servant exclaimed. "Feed a hundred people with only this?" But Elisha repeated, "Give it to the people so they can eat, for this is what the LORD says: Everyone will eat, and there will even be some left over!"

44 And when they gave it to the people, there was plenty for all and some left over, just as the LORD had promised.

38 famine 기근 pot 항아리, 냄비 stew 국 39 field 들판, 밭 gather herbs 식물을 채집하다 gourd 박 shred 잘게 자르다, 썰다 poisonous 독이 있는 41 throw … into ~ …을 ~에 던져 넣다 42 sack 부대, 자루 grain 낟알, 특히 알곡(밀, 옥수수, 쌀 등) barley 보리 43 be left over (쓰고 난 뒤) 남다 44 plenty 많은

10 용기

월 일

열왕기하 5:1-14 • 새찬송 342장 | 통일 395장

• 말씀묵상 전에 성령님의 인도하심을 구하는 기도를 드리십시오.

본문요약 I 나병에 걸린 아람 왕의 군대 장관 나아만은 이스라엘 출신 하녀의 말을 따라 엘리사를 찾아간다. 나아만은 자신을 특별하게 대우하지 않는 엘리사 때문에 자존심이 상한다. 그러나 중도에 포기하지 않고 요단강에 몸을 일곱 번 씻으라는 말에 순종하자 깨끗이 병이 낫는다.

1 아람 왕의 군대 장관 나아만은 그의 주인 앞에서 크고 존귀한 자니 이는 여호와께서 전에 그에게 아람을 구원하게 하셨음이라 그는 큰 용사이나 나병환자더라
2 전에 아람 사람이 떼를 지어 나가서 이스라엘 땅에서 어린 소녀 하나를 사로잡으매 그가 나아만의 아내에게 수종들더니
3 그의 여주인에게 이르되 우리 주인이 사마리아에 계신 선지자 앞에 계셨으면 좋겠나이다 그가 그 나병을 고치리이다 하는지라
4 나아만이 들어가서 그의 주인께 아뢰어 이르되 이스라엘 땅에서 온 소녀의 말이 이러이러하더이다 하니
5 아람 왕이 이르되 갈지어다 이제 내가 이스라엘 왕에게 글을 보내리라 하더라 나아만이 곧 떠날새 은 십 달란트와 금 육천 개와 의복 열 벌을 가지고 가서
6 이스라엘 왕에게 그 글을 전하니 일렀으되 내가 내 신하 나아만을 당신에게 보내오니 이 글이 당신에게 이르거든 당신은 그의 나병을 고쳐 주소서 하였더라
7 이스라엘 왕이 그 글을 읽고 자기 옷을 찢으며 이르되 내가 사람을 죽이고 살리는 하나님이냐 그가 어찌하여 사람을 내게로 보내 그의 나병을 고치라 하느냐 너희는 깊이 생각하고 저 왕이 틈을 타서 나와 더불어 시비하려 함인줄 알라 하니라
8 하나님의 사람 엘리사가 이스라엘 왕이 자기의 옷을 찢었다 함을 듣고 왕에게 보내 이르되 왕이 어찌하여 옷을 찢었나이까 그 사람을 내게로 오게 하소서 그가 이스라엘 중에 선지자가 있는 줄을 알리이다 하니라
9 나아만이 이에 말들과 병거들을 거느리고 이르러 엘리사의 집 문에 서니
10 엘리사가 사자를 그에게 보내 이르되 너는 가서 요단 강에 몸을 일곱 번 씻으라 네 살이 회복되어 깨끗하리라 하는지라
11 나아만이 노하여 물러가며 이르되 내 생각에는 그가 내게로 나와 서서 그의 하나님 여호와의 이름을 부르고 그의 손을 그 부위 위에 흔들어 나병을 고칠까 하였도다
12 다메섹 강 아바나와 바르발은 이스라엘 모든 강물보다 낫지 아니하냐 내가 거기서 몸을 씻으면 깨끗하게 되지 아니하랴 하고 몸을 돌려 분노하여 떠나니
13 그의 종들이 나아와서 말하여 이르되 내 아버지여 선지자가 당신에게 큰일을 행하라 말하였더면 행하지 아니하였으리이까 하물며 당신에게 이르기를 씻어 깨끗하게 하라 함이리이까 하니
14 나아만이 이에 내려가서 하나님의 사람의 말대로 요단 강에 일곱 번 몸을 잠그니 그의 살이 어린아이의 살같이 회복되어 깨끗하게 되었더라

1. 오늘 하나님께서 나에게 주신 깨달음은 무엇입니까?

2. 말씀을 어떻게 내 삶에 구체적으로 적용해야 합니까?

절별 해설

1 아람 왕의 군대 장관 나아만은 그의 주인 앞에서 크고 존귀한 자니 이는 여호와께서 전에 그에게 아람을 구원하게 하셨음이라 그는 큰 용사이나 나병환자더라 아람은 셈족의 후예로서 수리아(오늘날의 시리아)라고도 불린다. 이 시기 아람은 국력이 강력했는데, 이스라엘과의 사이는 아주 나빴다. 아합이 아람과 전쟁을 하다가 목숨을 잃고 그 뒤를 이어 아합의 아들이 이스라엘을 통치하고 있었기에, 양국의 관계가 개선될 기미는 전혀 없었다. 아람의 군사력은 이스라엘보다 한수 위였기에 전쟁과 외교의 주도권은 아람이 쥐고 있었다. 이렇게 아람이 막강할 수 있었던 이유는 나아만이란 장군 때문이다. 그런 그가 나병을 앓고 있었다.

2-3 이스라엘 땅에서 어린 소녀 하나를 사로잡으매, 그의 여주인에게 이르되 우리 주인이 사마리아에 계신 선지자 앞에 계셨으면 좋겠나이다 그가 그 나병을 고치리이다 어린 소녀는 포로로 잡혀 온 종이었다. 나아만 아내의 시중을 드는 비천한 포로에 불과했지만 하나님의 선지자의 능력을 알고 믿었던 소녀는 용기를 내어 여주인에게 선지자 엘리사를 소개한다.

5 아람 왕이 이르되 갈지어다 이제 내가 이스라엘 왕에게 글을 보내리라 하더라 나아만이 곧 떠날새 은 십 달란트와 금 육천 개와 의복 열 벌을 가지고 가서 나아만은 하녀의 말을 듣고 즉각 행동으로 옮길 만큼 간절했기에 곧장 아람 왕에게 보고하고 이스라엘 방문을 허락받는다. 소녀의 용기도 대단하고, 적국인 이스라엘에 가서라도 병을 고쳐 보겠다는 나아만의 결단도 놀랍다. 나아만은 아람 왕의 편지와 어마어마한 선물을 가지고 이스라엘 왕을 찾았다. 은 10달란트는 대략 300kg에서 600kg 정도다. 금 1개가 한 세겔, 즉 11.5g이었으니까 금 6천 개는 69kg 가량이 된다. 상상할 수 없는 거액의 금과 은이다. 나아만은 이같이 엄청난 값을 치러서라도 병이 낫기를 원했고 아람 왕도 나아만을 살리고 싶었다.

7-8 이스라엘 왕이 그 글을 읽고 자기 옷을 찢으며 이르되, 저 왕이 틈을 타서 나와 더불어 시비하려 함인줄 알라, 하나님의 사람 엘리사가, 그 사람을 내게로 오게 하소서 나아만은 여호와의 능력을 기대하며 나아오는데, 이스라엘 왕은 침략의 빌미를 얻으려는 전략이라고 여기며 비통해한다. 더욱이 왕은 이스라엘에 하나님의 선지자가 있고 여호와 하나님이 계신다는 사실을 의식하지 못한다.

쉬운성경

1 아람 왕의 군대 사령관인 나아만은 왕이 사랑하고 아끼던 사람이었습니다. 왜냐하면 여호와께서 그를 통해 아람이 승리하게 하셨기 때문입니다. 그는 강하고 용감한 사람이었지만 문둥병에 걸려 있었습니다.

2 아람 사람들이 전에 이스라엘에 쳐들어가서 어린 소녀 한 명을 잡아온 일이 있었습니다. 그 소녀는 나아만 아내의 시중을 들었습니다.

3 그 소녀가 여주인에게 말했습니다. "주인님이 사마리아에 사는 예언자를 만나 보시면 좋겠습니다. 그 예언자는 주인님의 병을 고칠 수 있을 것입니다."

4 나아만이 왕에게 가서 이스라엘에서 잡아온 소녀가 한 말을 일러 주었습니다.

5 아람 왕이 말했습니다. "그렇다면 가 보시오. 내가 이스라엘 왕에게 편지를 써 보내겠소." 나아만은 은 십 달란트* 가량과 금 육천 세겔*과 옷 열 벌을 가지고 길을 떠났습니다.

6 나아만은 이스라엘 왕에게 편지를 전해 주었습니다. 그 편지에는 "내 종 나아만을 왕에게 보내니 그의 문둥병을 고쳐 주시오"라고 적혀 있었습니다.

7 그 편지를 읽은 이스라엘 왕은 기가 막혀 자기 옷을 찢었습니다. 왕이 말했습니다. "나는 하나님이 아니다. 내가 어떻게 사람을 죽이기도 하고 살리기도 하겠느냐? 어찌하여 이렇게 사람을 보내어 나더러 문둥병을 고치라고 하느냐? 아람 왕이 싸울 구실을 찾으려고 이런 일을 꾸민 것이 틀림없다."

8 하나님의 사람인 엘리사는 이스라엘 왕이 자기 옷을 찢었다는 소식을 들었습니다. 그래서 왕에게 심부름꾼을 보내어 말했습니다. "어찌하여 옷을 찢으셨습니까? 그 사람을 나에게 보내십시오. 이스라엘에 예언자가 있음을 그에게 알려 주겠습니다."

9 그래서 나아만은 말과 전차를 몰아 엘리사의 집으로 가서 문 밖에 섰습니다.

*5:5 10달란트는 약 342.7kg에 해당되며, 6,000세겔은 약 68.4kg에 해당된다.

13 내 아버지여 선지자가 당신에게 큰일을 행하라 말하였더면 행하지 아니하였으리이까 하물며 당신에게 이르기를 씻어 깨끗하게 하라 함이리이까 하니 나아만은 엘리사가 자신을 특별하게 대할 줄 알았지만 엘리사는 그렇게 하지 않았다. 자존심이 상한 나아만이 화를 내며 돌아가려고 하자 부하들이 그를 달랜다. 나아만은 하녀의 말을 들었던 것처럼 부하들의 말에도 귀를 기울였다.

14 요단 강에 일곱 번 몸을 잠그니 그의 살이 어린아이의 살 같이 회복되어 깨끗하게 되었더라 선지자의 말에 순종한 결과 나아만의 병은 완전히 낫는다. 의학적으로 치유가 불가능할 수밖에 없었던 무서운 나병이 단 일곱 번 요단강에 몸을 담그는 것으로 치유된다. 하나님의 말씀은 그것을 그대로 온전히 순종하는 자에게 기적이 된다.

10 엘리사가 나아만에게 심부름하는 사람을 보내어 말했습니다. "요단 강으로 가서 일곱 번 씻으시오. 그러면 당신의 피부가 고침을 받아 깨끗해질 것이오."

11 나아만이 화가 나서 그곳을 떠나며 말했습니다. "나는 적어도 엘리사가 밖으로 나와 내 앞에 서서 그의 주 하나님의 이름을 부르며, 병든 자리에 손을 얹고 문둥병을 고칠 줄 알았다.

12 다마스커스에 있는 아마나 강이나 바르발 강이 이스라엘에 있는 어떤 강보다 좋지 않느냐? 몸을 씻어서 병이 낫는다면 그런 강에서 씻는 것이 낫겠다." 나아만은 크게 화를 내며 발길을 돌렸습니다.

13 그러자 나아만의 종들이 가까이 와서 말했습니다. "주인님, 만약 저 예언자가 그보다 더 큰일을 하라고 했더라도 그대로 하지 않았겠습니까? 그런데 기껏해야 몸을 씻으라는 것뿐인데 그 정도도 하지 못하시겠습니까?"

14 그리하여 나아만은 내려가서 엘리사가 말한 대로 요단 강에 몸을 일곱 번 담갔습니다. 그러자 나아만의 살결이 마치 어린아이의 살결처럼 깨끗해졌습니다. 그렇게 해서 나아만의 병이 나았습니다.

저자의 묵상

나아만은 아람 왕의 군대 장관이자 왕의 두터운 신임을 받는 측근 중의 측근이었지만 나병환자였다. 반면 어린 소녀는 보잘것없는 노예에 불과했다. 어린 하녀는 주인어른을 도와주고 싶었다. 할 수 있는 게 별로 없었지만 엘리사 선지자에 대한 생각이 번뜩 났다. 그리 대단한 일도 아니었고, 보잘것없는 계집종의 말에 귀를 기울이기나 할지 확신도 안 섰지만 일단 말씀드리기로 마음먹었다. 엘리사! 그는 정말 하나님의 사람이기 때문에 소녀는 엘리사 선지자가 주인을 반드시 고칠 수 있을 것이라 확신했다. 어린 소녀는 입을 다문 채 눈에 띄지 않게 조용히 지낼 수도 있었으나 담대하게 나아만 장군에게 엘리사에 대해 전해 주었다. 자신의 믿음을 행동으로 옮겼다. 주님이 원하시는 믿음이 이런 믿음이다. 이 소녀와 같이 단순하고 소박하지만 자신의 신념을 작은 데서부터 구체적으로 실천하며 확장시켜 나가는 바로 그런 믿음을 주님은 원하신다.

무릎기도 하나님, 저희가 믿고 있는 생각을 불신자들이 가득한 이 세상에서 실천할 수 있는 용기를 허락하소서.

NLT - 2 Kings 5

1 The king of Aram had great admiration for Naaman, the commander of his army, because through him the LORD had given Aram great victories. But though Naaman was a mighty warrior, he suffered from leprosy.*

2 At this time Aramean raiders had invaded the land of Israel, and among their captives was a young girl who had been given to Naaman's wife as a maid.

3 One day the girl said to her mistress, "I wish my master would go to see the prophet in Samaria. He would heal him of his leprosy."

4 So Naaman told the king what the young girl from Israel had said.

5 "Go and visit the prophet," the king of Aram told him. "I will send a letter of introduction for you to take to the king of Israel." So Naaman started out, carrying as gifts 750 pounds of silver, 150 pounds of gold,* and ten sets of clothing.

6 The letter to the king of Israel said: "With this letter I present my servant Naaman. I want you to heal him of his leprosy."

7 When the king of Israel read the letter, he tore his clothes in dismay and said, Am I God, that I can give life and take it away? Why is this man asking me to heal someone with leprosy? I can see that he's just trying to pick a fight with me."

8 But when Elisha, the man of God, heard that the king of Israel had torn his clothes in dismay, he sent this message to him: "Why are you so upset? Send Naaman to me, and he will learn that there is a true prophet here in Israel."

9 So Naaman went with his horses and chariots and waited at the door of Elisha's house.

10 But Elisha sent a messenger out to him with this message: "Go and wash yourself seven times in the Jordan River. Then your skin will be restored, and you will be healed of your leprosy."

11 But Naaman became angry and stalked away. "I thought he would certainly come out to meet me!" he said. "I expected him to wave his hand over the leprosy and call on the name of the LORD his God and heal me!

12 Aren't the rivers of Damascus, the Abana and the Pharpar, better than any of the rivers of Israel? Why shouldn't I wash in them and be healed?" So Naaman turned and went away in a rage.

13 But his officers tried to reason with him and said, "Sir,* if the prophet had told you to do something very difficult, wouldn't you have done it? So you should certainly obey him when he says simply, 'Go and wash and be cured!'"

14 So Naaman went down to the Jordan River and dipped himself seven times, as the man of God had instructed him. And his skin became as healthy as the skin of a young child, and he was healed!

* 5:1 Or *from a contagious skin disease.* The Hebrew word used here and throughout this passage can describe various skin diseases.

* 5:5 Hebrew *10 talents* [340 kilograms] *of silver, 6,000 [shekels]* [68 kilograms] *of gold.*

* 5:13 Hebrew *My father.*

1 admiration for … …에 대한 흠모 suffer from ~ ~로 고통받다 leprosy 나병 2 raider 침입자 captive 포로 3 mistress 여주인 heal of ~ ~를 고치다 5 start out ~ ~에 착수하다 7 in dismay 낙심하여, 실망하여 pick a fight with ~ ~에게 싸움을 걸다 10 restore 회복시키다 11 stalk (화난 발걸음으로) 걷다 12 in a rage 격노하여 13 reason with ~ (이치를 따져) ~를 설득하다 14 dip 담그다

11 나아만과 게하시

월 일

열왕기하 5:15-27 • 새찬송 542장 | 통일 340장

• 말씀묵상 전에 성령님의 인도하심을 구하는 기도를 드리십시오.

본문요약 I 나병이 나은 나아만은 엘리사에게 도로 와서 이스라엘의 하나님만을 참 신으로 인정하고 그분께만 경배하겠다고 한다. 게하시는 나아만을 속이고 엘리사가 거절한 나아만의 예물을 거짓말로 도적질하여 취한다. 이로 인해 게하시는 나병에 걸린다.

15 나아만이 모든 군대와 함께 하나님의 사
람에게로 도로 와서 그의 앞에 서서 이르
되 내가 이제 이스라엘 외에는 온 천하에
신이 없는 줄을 아나이다 청하건대 당신
의 종에게서 예물을 받으소서 하니
16 이르되 내가 섬기는 여호와께서 살아계심
을 두고 맹세하노니 내가 그 앞에서 받지
아니하리라 하였더라 나아만이 받으라고
강권하되 그가 거절하니라
17 나아만이 이르되 그러면 청하건대 노새
두 마리에 실을 흙을 당신의 종에게 주소
서 이제부터는 종이 번제물과 다른 희생
제사를 여호와 외 다른 신에게는 드리지
아니하고 다만 여호와께 드리겠나이다
18 오직 한 가지 일이 있사오니 여호와께서
당신의 종을 용서하시기를 원하나이다 곧
내 주인께서 림몬의 신당에 들어가 거기
서 경배하며 그가 내 손을 의지하시매 내
가 림몬의 신당에서 몸을 굽히오니 내가
림몬의 신당에서 몸을 굽힐 때에 여호와
께서 이 일에 대하여 당신의 종을 용서하
시기를 원하나이다 하니
19 엘리사가 이르되 너는 평안히 가라 하니
라 그가 엘리사를 떠나 조금 가니라
20 하나님의 사람 엘리사의 사환 게하시가
스스로 이르되 내 주인이 이 아람 사람 나
아만에게 면하여 주고 그가 가지고 온 것
을 그의 손에서 받지 아니하였도다 여호
와께서 살아계심을 두고 맹세하노니 내가
그를 쫓아가서 무엇이든지 그에게서 받으
리라 하고
21 나아만의 뒤를 쫓아가니 나아만이 자기
뒤에 달려옴을 보고 수레에서 내려 맞이
하여 이르되 평안이냐 하니
22 그가 이르되 평안하나이다 우리 주인께서
나를 보내시며 말씀하시기를 지금 선지
자의 제자 중에 두 청년이 에브라임 산지
에서부터 내게로 왔으니 청하건대 당신은
그들에게 은 한 달란트와 옷 두 벌을 주라
하시더이다
23 나아만이 이르되 바라건대 두 달란트를
받으라 하고 그를 강권하여 은 두 달란트
를 두 전대에 넣어 매고 옷 두 벌을 아울
러 두 사환에게 지우매 그들이 게하시 앞
에서 지고 가니라
24 언덕에 이르러서는 게하시가 그 물건을
두 사환의 손에서 받아 집에 감추고 그들
을 보내 가게 한 후
25 들어가 그의 주인 앞에 서니 엘리사가 이
르되 게하시야 네가 어디서 오느냐 하니
대답하되 당신의 종이 아무데도 가지 아
니하였나이다 하니라
26 엘리사가 이르되 한 사람이 수레에서 내
려 너를 맞이할 때에 내 마음이 함께 가지
아니하였느냐 지금이 어찌 은을 받으며
옷을 받으며 감람원이나 포도원이나 양이
나 소나 남종이나 여종을 받을 때이냐
27 그러므로 나아만의 나병이 네게 들어 네
자손에게 미쳐 영원토록 이르리라 하니
게하시가 그 앞에서 물러나오매 나병이
발하여 눈같이 되었더라

1. 오늘 하나님께서 나에게 주신 깨달음은 무엇입니까?

2. 말씀을 어떻게 내 삶에 구체적으로 적용해야 합니까?

절별 해설

15 나아만이 모든 군대와 함께 하나님의 사람에게로 도로 와서 그의 앞에 서서 이르되 내가 이제 이스라엘 외에는 온 천하에 신이 없는 줄을 아나이다 치유된 나아만은 돌아와 엘리사 앞에서 하나님의 위대하심을 고백한다. 이스라엘의 하나님만이 참 신이시고 나머지 나라의 신들은 모두 거짓이라는 것이다.

15-16 청하건대 당신의 종에게서 예물을 받으소서, 나아만이 받으라고 강권하되 그가 거절하니라 나아만은 엘리사에게 예물을 바치고자 했다. 여기서 '예물'로 번역된 히브리어 단어는 원래 '축복'이라는 의미다. 하나님이 치유해 주신 축복을 하나님의 사람에게 감사의 표시로서 축복으로 주고 싶었던 것이다. 그러나 엘리사는 단호히 나아만의 예물을 거절한다. 나아만이 치유된 것은 전적으로 하나님의 은혜임을 강조하기 위해서였다.

17 노새 두 마리에 실을 흙을 당신의 종에게 주소서 이제부터는, 다만 여호와께 드리겠나이다 엘리사가 예물을 거절하자 나아만은 더 이상 강권하지 못하고 대신 노새 두 마리에 실을 정도의 흙을 달라고 요청한다. 이는 본국으로 귀환한 후에도 하나님을 잊지 않고 오직 그분께만 제사를 드리겠다는 순전한 마음의 표현이다.

18-19 오직 한 가지 일이 있사오니 여호와께서 당신의 종을 용서하시기를 원하나이다, 너는 평안히 가라 나아만은 엘리사에게 한 가지 양해를 구한다. 아람의 군대 장관으로서 공무와 관련해 우상에게 절하는 의식에 참여하는 경우가 있는데, 아람 왕이 림몬 신전에서 예배할 때 그를 부축하는 공적 임무에 대해서만은 하나님이 문제 삼지 않으셨으면 하는 바람이었다. 나아만은 진정으로 은혜를 받은 사람이다. 이 정도의 타협은 적당히 넘어가도 될 법한데, 그는 비록 작은 부분일지라도 정직하게 하나님 앞에 내어놓는다. 이런 자세에 엘리사는 "평안히 가라"고 답한다. 나아만의 바람대로 하나님이 그런 일은 이해해 주실 것이라는 덕담이었다.

22-23 청하건대 당신은 그들에게 은 한 달란트와 옷 두 벌을 주라 하시더이다 나아만이 이르되 바라건대 두 달란트를 받으라 하고 그를 강권하여 은 두 달란트를 두 전대에 넣어 매고 게하시는 나아만에게 엘리사가 선지자의 제자

쉬운성경

15 나아만과 그를 따르는 모든 무리가 엘리사에게 돌아왔습니다. 나아만이 엘리사 앞에 서서 말했습니다. "온 땅 가운데서 하나님이 계시는 곳은 오직 이스라엘밖에 없다는 것을 이제야 알았소. 부디 내 선물을 받아 주시오."

16 엘리사가 말했습니다. "내가 섬기는 여호와의 살아계심을 두고 맹세하지만, 나는 아무것도 받지 않겠소." 나아만이 선물을 받아 달라고 간청했으나, 엘리사는 거절했습니다.

17 그러자 나아만이 말했습니다. "그러시다면 나에게 나귀 두 마리에 실을 수 있는 분량의 흙을 주시오. 이제부터 불에 태워 드리는 제물인 번제물이나 그 밖의 제물을 바칠 때는 다른 신들에게 바치지 않고 오직 여호와께만 바치겠소.

18 그러나 여호와께서 한 가지만은 용서해 주시기 원합니다. 내 주인이 림몬 신전에 들어가서 예배할 때는 내 부축을 받아서 신전에 들어갑니다. 그때는 나도 머리를 숙여야 하는데 이것만은 여호와께서 용서해 주시기 원합니다."

19 엘리사가 말했습니다. "평안히 가시오." 나아만이 엘리사를 떠나 얼마쯤 가고 있었습니다.

20 하나님의 사람 엘리사의 종 게하시가 생각했습니다. '내 주인은 아람 사람 나아만이 가져온 것을 받지 않았다. 내가 하나님께서 살아계심으로 결심하노니 나아만을 뒤쫓아가서 뭔가 하나라도 꼭 받아 오고 말 것이다.'

21 그리하여 게하시는 나아만을 뒤쫓아갔습니다. 나아만은 누군가가 자기를 뒤쫓아오는 것을 보고 전차에서 내려 그를 맞이하며 말했습니다. "안녕하시오?"

22 게하시가 말했습니다. "그렇습니다. 그런데 내 주인이 나를 보내며 말했습니다. '지금 막 예언자의 무리 가운데 두 사람이 에브라임 산지에서 왔습니다. 그들에게 필요한 은 한 달란트*와 옷 두 벌을 주면 좋겠습니다.'"

*5:22 1달란트는 약 34.27kg에 해당된다.

들을 위해서 은 한 달란트와 옷 두 벌을 얻어 오라 했다고 거짓말한다. 엘리사가 단호하게 예물을 거절한 것이 몹시 아쉬웠던 나아만은 기쁜 마음으로 한 달란트가 아닌 두 달란트의 은을 준다.

27 나아만의 나병이 네게 들어 네 자손에게 미쳐 영원토록 이르리라 게하시가 거짓으로 속여 얻은 재물을 숨기고 앞에 섰을 때, 엘리사는 이미 모든 일을 다 파악하고 있었다. 회개할 기회를 주기 위해 게하시에게 물었으나 그는 끝까지 거짓말을 했다. 회개하지 않는 게하시에게 엘리사는 그와 후손들이 자손 대대로 나아만의 나병을 대신 앓게 될 것을 선언한다.

23 나아만이 말했습니다. "은 두 달란트*
를 받으시오." 그러면서 나아만은 게하시
에게 은을 억지로 주었습니다. 나아만은
은 두 달란트를 자루 두 개에 담아 옷 두
벌과 함께 자기 종들에게 주며 게하시 앞
에서 지고 가게 했습니다.
24 그들이 언덕에 이르렀을 때에 게하시
는 그 물건들을 나아만의 종에게서 받아
집에 들여놓았습니다. 그리고 나아만의
종들을 돌려보냈습니다.
25 게하시가 들어가 주인 앞에 섰습니다.
엘리사가 그에게 물었습니다. "게하시야,
어디에 갔다 왔느냐?" 게하시가 대답했
습니다. "아무 데도 가지 않았습니다."
26 엘리사가 말했습니다. "어떤 사람이
전차에서 내려 너를 맞이할 때 내 영이
너와 함께 있었다. 지금이 돈이나 옷이나
기름이나 포도를 받을 때냐? 지금이 양
이나 소나 남종이나 여종을 받을 때냐?
27 나아만의 문둥병이 너와 네 자손에게
영원히 옮겨질 것이다." 게하시가 엘리사
앞에서 물러나오자, 그에게 문둥병이 생
겨 눈처럼 하얗게 되었습니다.

*5:23 2달란트는 약 68.54kg에 해당된다.

저자의 묵상

한 사람은 순종을 통해 나병에서 치유함을 얻어 집으로 돌아가고, 다른 한 사람은 거짓과 탐욕으로 행하며 하나님을 두려워하지 않다가 나병을 얻는다. 게하시는 하나님에 대해 나아만보다 훨씬 많이 알았다. 그러나 신앙은 아는 것이 전부가 아니다. 신앙은 삶으로 실천되어야 한다. 게하시는 엘리사 곁에서 엘리사에게 주어진 하나님의 놀라운 능력을 지켜보았고 분명하게 알고 있었을 것이다. 그러나 물질에 욕심을 부리는 순간, 가장 소중한 영적 능력을 상실하고 만다. 하나님을 아는 지식은 있었을지 모르나 하나님의 뜻대로 살아내려는 노력은 없었던 것이다. 믿음은 지식으로 시작해서 삶으로 펼쳐져야만 진짜가 된다. 나아만과 게하시는 '아는 믿음'과 알고 있는 믿음을 삶으로 살아내는 '참 믿음'의 차이가 무엇인지를 극명하게 드러내 주는 사례다. 삶으로 살아져야만 진짜 믿음이다. 순종과 헌신으로 살아져야만 믿음이라 할 수 있다. 그렇지 않으면 가짜다.

무릎기도 하나님, 나아만과 같이 '알게 된 믿음' 의 지식을 순종함으로 삶 가운데에서 펼쳐내는 믿음의 사람이 되게 하소서.

15 Then Naaman and his entire party went
back to find the man of God. They stood
before him, and Naaman said, "Now I know
that there is no God in all the world except
in Israel. So please accept a gift from your
servant."
16 But Elisha replied, "As surely as the LORD
lives, whom I serve, I will not accept any
gifts." And though Naaman urged him to
take the gift, Elisha refused.
17 Then Naaman said, "All right, but please
allow me to load two of my mules with earth
from this place, and I will take it back home
with me. From now on I will never again offer
burnt offerings or sacrifices to any other god
except the LORD.
18 However, may the LORD pardon me in this
one thing: When my master the king goes
into the temple of the god Rimmon to
worship there and leans on my arm, may the
LORD pardon me when I bow, too."
19 "Go in peace," Elisha said. So Naaman
started home again.
20 But Gehazi, the servant of Elisha, the man of
God, said to himself, "My master should not
have let this Aramean get away without
accepting any of his gifts. As surely as the
LORD lives, I will chase after him and get
something from him."
21 So Gehazi set off after Naaman. When
Naaman saw Gehazi running after him, he
climbed down from his chariot and went to
meet him. "Is everything all right?" Naaman
asked.
22 "Yes," Gehazi said, "but my master has sent
me to tell you that two young prophets from
the hill country of Ephraim have just arrived.
He would like 75 pounds* of silver and two
sets of clothing to give to them."
23 "By all means, take twice as much* silver,"
Naaman insisted. He gave him two sets of
clothing, tied up the money in two bags, and
sent two of his servants to carry the gifts for
Gehazi.
24 But when they arrived at the citadel,* Gehazi
took the gifts from the servants and sent the
men back. Then he went and hid the gifts
inside the house.
25 When he went in to his master, Elisha asked
him, "Where have you been, Gehazi?" "I
haven't been anywhere," he replied.
26 But Elisha asked him, "Don't you realize that I
was there in spirit when Naaman stepped
down from his chariot to meet you? Is this
the time to receive money and clothing, olive
groves and vineyards, sheep and cattle, and
male and female servants?
27 Because you have done this, you and your
descendants will suffer from Naaman's
leprosy forever." When Gehazi left the room,
he was covered with leprosy; his skin was
white as snow.

* 5:22 Hebrew *1 talent* [34 kilograms].
* 5:23 Hebrew *take 2 talents* [150 pounds or 68 kilograms].
* 5:24 Hebrew *the Ophel.*

16 as surely as ~ ~과 마찬가지로 틀림없이 urge 촉구하다 17 load with ~ ~를 싣다 mule 노새 burnt offering 번제 제물 sacrifice 제물 18 pardon 용서하다 lean 기대다 20 chase after ~ ~를 뒤쫓다 21 set off 출발하다 23 by all means 반드시, 꼭 tie up 단단히 묶다 24 citadel 성채, 요새 26 in spirit 마음속으로 step down from ~ ~에서 내리다

• MEMO •

12 다시 찾아야 할 믿음의 능력

월 일

열왕기하 6:1-7 • 새찬송 382장 | 통일 432장

• 말씀묵상 전에 성령님의 인도하심을 구하는 기도를 드리십시오.

본문요약 | 선지자의 제자들의 거처를 마련하기 위해 엘리사와 제자들이 함께 요단 강가로 간다. 한 제자가 그곳에서 나무를 찍어 베다가 쇠도끼를 물에 빠뜨린다. 엘리사가 나뭇가지 하나를 꺾어서 도끼가 빠진 곳에 던지자 쇠도끼가 떠오른다.

1 선지자의 제자들이 엘리사에게 이르되 보
소서 우리가 당신과 함께 거주하는 이곳
이 우리에게는 좁으니
2 우리가 요단으로 가서 거기서 각각 한 재
목을 가져다가 그곳에 우리가 거주할 처
소를 세우사이다 하니 엘리사가 이르되
가라 하는지라
3 그 하나가 이르되 청하건대 당신도 종들
과 함께하소서 하니 엘리사가 이르되 내
가 가리라 하고
4 드디어 그들과 함께 가니라 무리가 요단
에 이르러 나무를 베더니
5 한 사람이 나무를 벨 때에 쇠도끼가 물에
떨어진지라 이에 외쳐 이르되 아아, 내 주
여 이는 빌려온 것이니이다 하니
6 하나님의 사람이 이르되 어디 빠졌느냐
하매 그곳을 보이는지라 엘리사가 나뭇가
지를 베어 물에 던져 쇠도끼를 떠오르게
하고
7 이르되 너는 그것을 집으라 하니 그 사람
이 손을 내밀어 그것을 집으니라

1. 오늘 하나님께서 나에게 주신 깨달음은 무엇입니까?

2. 말씀을 어떻게 내 삶에 구체적으로 적용해야 합니까?

절별 해설

1 우리가 당신과 함께 거주하는 이곳이 우리에게는 좁으니 엘리사가 길갈에서 선지생도들(선지자의 제자들)과 함께 거주하고 있을 때였다. 열왕기하 4장 43절에 의하면, 학생의 수는 대략 100명 정도였다. 거처가 비좁아 더 넓은 터전이 필요했다. 엘리사는 능력 있는 선지자였으므로 많은 선지생도들이 몰려온 것이다. 선지생도들은 함께 먹고 일하는 공동체를 형성하면서 동시에 각기 가족과 함께 살았을 것이다. 일종의 선지자 마을을 이루어 살던 이들은 시간이 흐르면서 거주 공간이 부족할 정도로 큰 공동체가 되었을 것이다.

2-3 우리가 요단으로 가서 거기서 각각 한 재목을 가져다가 그곳에 우리가 거주할 처소를 세우사이다, 청하건대 당신도 종들과 함께하소서 선지생도들은 비좁은 공간의 문제를 해결하기 위해 팔을 걷어붙이고 모두 발 벗고 나선다. 신축 공사를 하기 위해 선지생도들은 요단 근처에서 나무를 베어다가 거처를 짓기로 했다. 그러면서도 자기들끼리만 생전 처음 경험하는 집 짓는 일을 하러 가기가 불안했는지 엘리사에게 같이 가자고 요청한다. 이는 매우 지혜로운 일이었다. 엘리사만 함께 간 것이 아니라 엘리사의 하나님이 함께 가신 것이기 때문이다. 하나님의 사람에게는 하나님이 동행하신다. 그것을 믿어야 하고 이 믿음에 기초해서 믿음의 사람은 늘 하나님의 동행하심을 간구해야 한다. 그러면 하나님이 도와주신다.

5 한 사람이 나무를 벨 때에 쇠도끼가 물에 떨어진지라 이에 외쳐 이르되 아아, 내 주여 이는 빌려온 것이니이다 하니 너무나 가난했던 엘리사의 제자들은 도끼 하나도 제대로 갖고 있지 않아서 도끼를 빌려 와 일을 했다. 더욱이 도끼질조차 제대로 하지 못해 도끼를 물에 빠뜨려 버린다. 돈이 있는 사람에게는 대수롭지 않은 일이라도 가난한 사람에게는 아주 심각한 문제가 될 수 있는 일이었다. 엘리사와 그의 제자들은 모두 크게 난처해진다. 당장 도끼 값을 물어내야만 할 상황이었다.

6 하나님의 사람이 이르되 어디 빠졌느냐, 엘리사가 나뭇가지를 베어 물에 던져 쇠도끼를 떠오르게 하고 엘리사는 당황하지 않고 쇠도끼가 어디에 빠졌는지 물어본 후 나뭇가지를 베어 물에 던진다. 그랬더니 쇠로 된 무거운 도끼가 수면 위로 떠오른다. 이렇게 하나님의 능력으로 엘리사는 자연법칙을 뛰어넘어서 쇠도끼를 떠오르게 했다.

7 이르되 너는 그것을 집으라 하니 그 사람이 손을 내밀어 그것을 집으니라 쇠도끼는 반드시 필요한 도구였다. 선지생도는 도끼를 물에 빠뜨린 후 그 도끼를 잃었다는 사실을 알았다. 또한 어디에서 쇠도끼를 잃어버렸는지도 알았다. 그러고는 엘리사의 지시대

쉬운성경

1 예언자의 무리가 엘리사에게 말했습니다. "우리가 선생님을 모시고 사는 이곳은 너무나 좁습니다.

2 모두들 요단 강으로 가서 나무를 주워다가 살 곳을 짓도록 합시다." 엘리사가 말했습니다. "그렇게 하자."

3 그 가운데 한 사람이 말했습니다. "선생님도 같이 가시지요." 엘리사가 말했습니다. "그래, 나도 가마."

4 그리하여 엘리사도 그들과 함께 갔습니다. 그들은 요단 강에 이르러서 나무를 베기 시작했습니다.

5 어떤 사람이 나무를 찍다가 도끼를 물에 빠뜨리고 말았습니다. 그러자 그가 소리쳤습니다. "선생님, 빌려 온 도끼인데 어쩌면 좋습니까?"

6 엘리사가 물었습니다. "어디에 빠졌느냐?" 그 사람이 엘리사에게 도끼가 빠진 곳을 가리켰습니다. 엘리사가 나뭇가지 하나를 꺾어서 그곳에 던지자, 도끼가 떠올랐습니다.

7 엘리사가 말했습니다. "도끼를 건져 내어라." 그가 손을 내밀어 도끼를 건져 냈습니다.

로 순종했다. 주목할 사실은 엘리사의 행동이다. 엘리사는 쇠도끼가 수면 위로 떠오르게만 했지 직접 쇠도끼를 다시 집는 것은 선지생도가 스스로 하게끔 했다.

저자의 묵상

우리도 본문의 엘리사와 선지생도들과 같이 인생을 살아 가면서 어려운 상황에 직면할 때가 많다. 그러나 순수한 믿음을 가지고, 자신이 잃어버린 것이 무엇이며 그것을 왜 잃어버렸는지를 알고 솔직하게 하나님 앞에 나아가면, 하나님의 위로와 도우시는 손길로 기적을 경험하게 된다. 즉, 문제의 원인을 알고 그 원인을 해결해 달라고 고백하면서, 하나님을 의지하고 하나님이 지시하시는 대로 순종하면 문제가 해결되는 체험을 하게 된다. 문제를 깨닫고 고백한 후 하나님의 말씀에 순종하면 기적이 일어난다. 그동안 이기심과 교만, 불순종, 탐욕 등으로 하나님이 창조해 주신 아름다운 본래 모습을 잃어버리지는 않았는지 돌아보아야 한다. 우리 또한 선지생도같이 도끼를 잃어버린 것은 아닌지 살펴보고, 잃어버린 도끼를 다시 찾는 지혜가 필요하다. 수면 위로 떠오른 쇠도끼를 직접 집듯이 잃어버린 믿음의 능력을 말씀에 순종하여 스스로 회복해야 한다.

무릎 기도 성령 하나님, 믿음의 능력을 다시 회복하게 도와주소서. 하나님의 말씀에 순종하게 하소서.

NLT - 2 Kings 6

1 One day the group of prophets came to Elisha and told him, "As you can see, this place where we meet with you is too small.
2 Let's go down to the Jordan River, where there are plenty of logs. There we can build a new place for us to meet." "All right," he told them, "go ahead."
3 "Please come with us," someone suggested. "I will," he said.
4 So he went with them. When they arrived at the Jordan, they began cutting down trees.
5 But as one of them was cutting a tree, his ax head fell into the river. "Oh, sir!" he cried. "It was a borrowed ax!"
6 "Where did it fall?" the man of God asked. When he showed him the place, Elisha cut a stick and threw it into the water at that spot. Then the ax head floated to the surface.
7 "Grab it," Elisha said. And the man reached out and grabbed it.

2 go down to ~ ~로 내려가다 log 통나무 3 suggest 제안하다 4 cut down (나무를) 베어 넘어뜨리다 5 ax 도끼 fall into ~ ~에 빠지다 borrow 빌리다 6 throw … into ~ …을 ~에 빠뜨리다 float 떠오르다 surface 수면 7 reach out (손 등을) 뻗다 grab 붙잡다

13 엘리사와 아람 군대

월 일

열왕기하 6:8-23 • 새찬송 353장 | 통일 391장

• 말씀묵상 전에 성령님의 인도하심을 구하는 기도를 드리십시오.

본문요약 | 아람 왕의 시도는 하나님의 선지자 때문에 번번이 실패한다. 엘리사가 아람 군대의 침략 사실을 이스라엘 왕에게 미리 알려 대비하게 한 것이다. 이에 아람 왕은 엘리사를 잡으러 군사를 보내 도단 성을 에워싸지만 하나님은 엘리사의 사환의 눈을 열어 불말과 불병거를 보게 하신다. 아울러 아람 군대의 눈을 어둡게 하여 사마리아까지 포로로 잡혀가게 한 후 엘리사를 통해 포로 된 그들을 죽이지 않게 하고, 오히려 먹고 마시게 하고는 본국으로 돌려보내게 하신다.

8 그때에 아람 왕이 이스라엘과 더불어 싸우며 그의 신복들과 의논하여 이르기를 우리가 아무데 아무데 진을 치리라 하였더니
9 하나님의 사람이 이스라엘 왕에게 보내 이르되 왕은 삼가 아무 곳으로 지나가지 마소서 아람 사람이 그곳으로 나오나이다 하는지라
10 이스라엘 왕이 하나님의 사람이 자기에게 말하여 경계한 곳으로 사람을 보내 방비하기가 한두 번이 아닌지라
11 이러므로 아람 왕의 마음이 불안하여 그 신복들을 불러 이르되 우리 중에 누가 이스라엘 왕과 내통하는 것을 내게 말하지 아니하느냐 하니
12 그 신복 중의 한 사람이 이르되 우리 주 왕이여 아니로소이다 오직 이스라엘 선지자 엘리사가 왕이 침실에서 하신 말씀을 이스라엘의 왕에게 고하나이다 하는지라
13 왕이 이르되 너희는 가서 엘리사가 어디 있나 보라 내가 사람을 보내어 그를 잡으리라 왕에게 아뢰어 이르되 보라 그가 도단에 있도다 하나이다
14 왕이 이에 말과 병거와 많은 군사를 보내매 그들이 밤에 가서 그 성읍을 에워쌌더라
15 하나님의 사람의 사환이 일찍이 일어나서 나가보니 군사와 말과 병거가 성읍을 에워쌌는지라 그의 사환이 엘리사에게 말하되 아아, 내 주여 우리가 어찌하리이까 하니
16 대답하되 두려워하지 말라 우리와 함께한 자가 그들과 함께한 자보다 많으니라 하고
17 기도하여 이르되 여호와여 원하건대 그의 눈을 열어서 보게 하옵소서 하니 여호와께서 그 청년의 눈을 여시매 그가 보니 불말과 불병거가 산에 가득하여 엘리사를 둘렀더라
18 아람 사람이 엘리사에게 내려오매 엘리사가 여호와께 기도하여 이르되 원하건대 저 무리의 눈을 어둡게 하옵소서 하매 엘리사의 말대로 그들의 눈을 어둡게 하신지라
19 엘리사가 그들에게 이르되 이는 그 길이 아니요 이는 그 성읍도 아니니 나를 따라오라 내가 너희를 인도하여 너희가 찾는 사람에게로 나아가리라 하고 그들을 인도하여 사마리아에 이르니라
20 사마리아에 들어갈 때에 엘리사가 이르되 여호와여 이 무리의 눈을 열어서 보게 하옵소서 하니 여호와께서 그들의 눈을 여시매 그들이 보니 자기들이 사마리아 가운데에 있더라
21 이스라엘 왕이 그들을 보고 엘리사에게 이르되 내 아버지여 내가 치리이까 내가 치리이까 하니
22 대답하되 치지 마소서 칼과 활로 사로잡

은 자인들 어찌 치리이까 떡과 물을 그들
앞에 두어 먹고 마시게 하고 그들의 주인
에게로 돌려보내소서 하는지라
23 왕이 위하여 음식을 많이 베풀고 그들이
먹고 마시매 놓아 보내니 그들이 그들의
주인에게로 돌아가니라 이로부터 아람 군
사의 부대가 다시는 이스라엘 땅에 들어
오지 못하니라

1. 오늘 하나님께서 나에게 주신 깨달음은 무엇입니까?

2. 말씀을 어떻게 내 삶에 구체적으로 적용해야 합니까?

• • •

절별 해설

8-9 그때에 아람 왕이 이스라엘과 더불어 싸우며, 왕은 삼가 아무 곳으로 지나가지 마소서 아람 사람이 그곳으로 나오나이다 하는지라 아람은 틈만 나면 이스라엘을 공격하는 일에 최선을 다하는 나라였다. 이런 아람 군대의 공격을 이스라엘은 감당할 수가 없었다. 그런데 놀랍게도 엘리사 한 사람이 아람 군대의 모든 기습 공격을 다 막아낸다. 아람 왕이 장군들과 세우는 모든 작전을 엘리사가 하나님의 능력으로 다 들었기 때문이었다. 엘리사는 이스라엘 왕에게 아람 군대가 매복한 곳에는 가지 말라고 하고 또 아람 군대가 기습 공격을 할 때는 반드시 대비하고 있다가 물리치게 했다. 이스라엘 왕은 엘리사가 하라는 대로만 하면 아람의 어떤 공격도 막아낼 수 있었다.

12 그 신복 중의 한 사람이 이르되 우리 주 왕이여 아니로소이다 오직 이스라엘 선지자 엘리사가 왕이 침실에서 하신 말씀을 이스라엘의 왕에게 고하나이다 이스라엘을 공격할 때마다 비밀이 새어 나가자 아람 왕은 진상 조사에 나선다. 이미 엘리사의 명성은 이스라엘뿐 아니라 이방 나라인 아람에서도 자자했다. 이것은 아마 나아만 장군의 나병 치유나 그 밖의 여러 이적까지 아람에 전해졌기 때문일 것이다. 여기서 다소 의아한 것은 나아만 사건이 있은 지 얼마 안 되어 아람과 이스라엘이 전쟁을 했다는 사실이다. 그러나 당시에는 시시각각 이해관계에 따라 국지적인 전쟁이 아람과 이스라엘 사이에 빈번했다. 어쨌든 아람 왕은 이 모든 정보가 알려지게 된 것이 엘리사라는 이스라엘의 선지자가 행한 일이었음을 알게 된다.

13-14 그가 도단에 있도다, 왕이 이에 말과 병거와 많은 군사를 보내매 그들이 밤에 가서 그 성읍을 에워쌌더라 아람 왕은 자

쉬운성경

8 아람 왕이 이스라엘과 전쟁을 할 때였습니다. 아람 왕이 신하들과 회의를 하던 중에 말했습니다. "이곳에 진을 쳐야겠소."

9 엘리사가 이스라엘 왕에게 심부름하는 사람을 보내어 말했습니다. "조심하시오. 그곳으로 지나가지 마시오. 아람 사람들이 그리로 내려가고 있소."

10 이스라엘 왕은 엘리사가 말해 준 곳에 사람들을 보냈습니다. 그리고 그 곳을 특별히 잘 지키게 했습니다. 엘리사가 그렇게 알려 주어 미리 방비한 것이 한두 번이 아니었습니다.

11 아람 왕이 그 일 때문에 화가 났습니다. 그가 신하들을 불러 놓고 말했습니다. "우리 가운데서 이스라엘 왕과 내통하는 사람이 도대체 누구요?"

12 신하들 가운데서 한 사람이 아람 왕에게 말했습니다. "내 주 왕이시여, 그렇지 않습니다. 그런 일을 하는 사람은 이스라엘의 예언자 엘리사입니다. 그는 왕이 침대에서 하는 말까지도 이스라엘 왕에게 알려 주는 사람입니다."

13 왕이 말했습니다. "가서 그 사람이 어디에 있는지 알아보시오. 내가 사람

기들의 가장 큰 원수가 엘리사라는 사실을 알게 된다. 그러나 아무리 엘리사가 아람 군대의 작전 계획을 안다 해도 그에게는 군대가 없다는 사실을 알았기에 아람 왕은 엘리사를 잡기 위해 많은 군사를 도단에 보낸다. 여기서 많은 군사란 대규모 병력으로 구성된 군대라는 의미다. 도단 성을 다 에워쌀 정도로 많은 군사였다. 한편, 도단은 '두 우물'이란 뜻으로 오늘날 텔 도단(Tell Dothan)으로 알려진 곳이다. 도단은 사마리아에서 동북쪽으로 약 18km 정도 떨어진 도단 계곡의 동남쪽에 위치한다. 세겜과도 멀지 않은 곳이었으며, 요셉이 자기 형들에 의해 팔렸던 장소기도 하다. 안타깝게도 본절은 아람 왕의 어리석음을 극명하게 보여 준다. 만일 엘리사가 가장 은밀한 곳에서 진행하는 작전 회의도 모두 알고 있다면, 그를 잡으려는 이 계획도 알고 있지 않았겠는가!

17-18 그가 보니 불말과 불병거가 산에 가득하여 엘리사를 둘렀더라, 엘리사의 말대로 그들의 눈을 어둡게 하신지라 엘리사는 사환의 눈을 열어 달라고 기도한다. 그리고 자신을 에워싼 불말과 불병거를 보았다. 적군이 다가오자 엘리사는 반대로 아람 군사들의 눈을 어둡게 해 달라고 기도한다. 전쟁의 승패는 군사력이 아니라 '보는 능력'에 달려 있다. 약한 이스라엘이라도 하나님의 능하심을 보고 의지하면 당해낼 자가 없다. 반면 아무리 강한 아람이라도 눈이 어두워지면 아무 소용이 없다.

19-20 엘리사가, 그들을 인도하여 사마리아에 이르니라, 여호와께서 그들의 눈을 여시매 그들이 보니 자기들이 사마리아 가운데에 있더라 눈이 어두워진 아람 군대는 엘리사를 따라 사마리아로 끌려온다. 눈이 열리자 대적을 에워쌌던 자신들이 이제는 대적에게 에워싸인 것을 발견한다. 어둠은 결코 빛을 당해낼 수 없고, 하나님이 개입하시면 한순간에 모든 것이 뒤집어진다.

21-22 이스라엘 왕이 그들을 보고 엘리사에게 이르되 내 아버지여 내가 치리이까 내가 치리이까 하니 대답하되 치지 마소서, 떡과 물을 그들 앞에 두어 먹고 마시게 하고 그들의 주인에게로 돌려보내소서 전쟁의 주도권은 하나님의 사람 엘리사가 철저히 쥐고 있었다. 적들을 공격할지 여부와 그들에 대한 처분은 왕의 조급한 바람이 아니라 엘리사의 명령에 따라 결정되었다. 이스라엘 왕은 무방비 상태인 아람 군대를 치고 싶었지만, 엘리사는 그들을 잘 먹여서 안전하게 돌려보내 주도록 했다. 즉, 엘리사는 원수인 그들에게 오히려 친절을 베푼 것이다.

을 보내어 그를 붙잡아 오겠소." 신하들이 돌아와서 왕에게 보고했습니다. "그는 도단에 있습니다."

14 그러자 왕이 말과 전차와 큰 군대를 도단으로 보냈습니다. 그들은 밤에 그곳에 이르러 그 성을 에워쌌습니다.

15 엘리사의 종이 일찍 일어나 바깥으로 나가 보니, 큰 군대가 말과 전차를 이끌고 성을 에워싸고 있었습니다. 종이 엘리사에게 말했습니다. "주인님, 어떻게 하면 좋겠습니까?"

16 엘리사가 말했습니다. "두려워하지 마라. 우리를 위해 싸우는 군대는 저 군대보다 더 강하다."

17 그리고 나서 엘리사가 기도드렸습니다. "여호와여, 내 종의 눈을 열어 주셔서 볼 수 있게 해 주십시오." 여호와께서 종의 눈을 열어 주시니 온 산에 불말과 불전차가 가득하여 엘리사를 에워싸고 있는 모습이 보였습니다.

18 적군이 엘리사에게 다가오자, 엘리사가 여호와께 기도드렸습니다. "저 사람들의 눈이 멀게 해 주십시오." 그러자 엘리사의 기도대로 여호와께서 아람 군대의 눈을 멀게 하셨습니다.

19 엘리사가 그들에게 말했습니다. "이 길은 다른 길이요, 이 성도 다른 성이니 나를 따라오시오. 당신들이 찾고 있는 사람에게 데려다 주겠소." 그리하여 엘리사는 그들을 사마리아로 데려갔습니다.

20 그들이 사마리아에 들어서자, 엘리사가 말했습니다. "여호와여, 이 사람들의 눈을 열어 주셔서 볼 수 있게 해 주십시오." 여호와께서 그들의 눈을 열어 주셨습니다. 아람 군대는 자기들이 사마리아 성에 와 있는 것을 알게 되었습니다.

21 이스라엘 왕이 아람 군대를 보고 엘리사에게 물었습니다. "내가 저들을 죽

23 이로부터 아람 군사의 부대가 다시는 이스라엘 땅에 들어오지 못하니라 엘리사의 결정으로 죽을 줄 알았던 아람 군대는 고국으로 돌아간다. 이 일로 아람 군대는 하나님의 능력과 사랑을 체험하게 된다. 결과적으로 엘리사의 행동은 하나님의 크신 능력과 사랑을 아람의 군사들로 하여금 느끼게 해 주었을 것이다. 실제로 그 결정이 이스라엘과 아람 간에 얼마 동안의 평화를 가져다준다. 결국 하나님은 이스라엘의 필요를 채울 뿐만 아니라 적군의 손에서 자신의 백성을 보호하는 사랑을 엘리사를 통해 충분하게 표현하셨다.

여도 되겠습니까?"

22 엘리사가 대답했습니다. "죽이지 마십시오. 저 사람들은 왕의 칼과 활로 사로잡은 것이 아니지 않습니까? 그들에게 먹을 것과 물을 주어서 먹고 마시게 한 다음, 그들의 주인에게 돌려보내십시오."

23 그리하여 왕은 아람 군대를 위해 큰 잔치를 베풀었습니다. 그들이 먹고 마시게 한 뒤, 왕은 그들을 돌려보냈습니다. 그들은 자기 주인에게 돌아갔습니다. 그 뒤로 얼마 동안, 아람 군대는 이스라엘 땅에 쳐들어오지 않았습니다.

저자의 묵상

인간적인 눈으로만 보면 포위당한 것은 분명 엘리사와 이스라엘이었다. 그러나 믿음의 눈으로 보면 문제보다 더 크신 주님을 보게 된다. 아람 군대가 강한 것은 사실이지만 아람보다 훨씬 강하고 크신 주님의 군대가 지켜 주신다. 이 놀라운 사실을 알고 확신한다면 어떤 어려움 앞에서도 담대할 수 있다. 인생을 살아가면서 문제가 너무 크고 무서워서 벌벌 떤 적이 있는가? 잠도 못 자면서 불안해한 적이 있는가? 눈을 들어 살아계신 하나님을 바라보아야 한다. 하나님과 하나님의 군대를 보게 되면 사람이나 문제 앞에 주눅들지 않을 수 있다. 그렇다면 어떻게 해야 하나님을 볼 수 있는가? 어떻게 해야 하나님의 군대가 나를 호위한다는 것을 발견할 수 있는가? 기도해야 한다. 기도하면 보여 주신다. 깨닫게 해 주신다. 힘을 주신다. 소망이 회복된다. 하나님은 그분의 자녀들이 이 험한 세상에서 악한 사탄의 세력에 굴복하지 않고 승리하며 살 수 있도록 도와주신다. 마귀의 공격에 대비할 수 있도록 미리 알려 주신다. 때로는 하나님의 말씀을 통해서, 혹은 기도의 응답으로, 그리고 주변의 상황을 변화시켜 주시거나 기타 여러 방법으로 대비할 수 있도록 우리와 함께해 주신다. 하나님의 말씀을 붙잡고 나아가면 하나님이 모든 것을 책임져 주신다. 그러므로 하나님을 보고 하나님을 붙잡아야 한다.

무릎 기도 전능하신 하나님, 어떤 일을 만나도 하나님께서 대비하게 해 주실 것을 믿고 담대히 나아가게 하소서. 나를 둘러싼 문제를 볼 것이 아니라, 문제를 해결하기 위해 내 주위를 에워싸고 계신 하나님과 하나님의 군대를 보게 하소서.

NLT - 2 Kings 6

8 When the king of Aram was at war with Israel, he would confer with his officers and say, "We will mobilize our forces at such and such a place."

9 But immediately Elisha, the man of God, would warn the king of Israel, "Do not go near that place, for the Arameans are planning to mobilize their troops there."

10 So the king of Israel would send word to the place indicated by the man of God. Time and again Elisha warned the king, so that he would be on the alert there.

11 The king of Aram became very upset over this. He called his officers together and demanded, "Which of you is the traitor? Who has been informing the king of Israel of my plans?"

12 "It's not us, my lord the king," one of the officers replied. "Elisha, the prophet in Israel, tells the king of Israel even the words you speak in the privacy of your bedroom!"

13 "Go and find out where he is," the king commanded, "so I can send troops to seize him." And the report came back: "Elisha is at Dothan."

14 So one night the king of Aram sent a great army with many chariots and horses to surround the city.

15 When the servant of the man of God got up early the next morning and went outside, there were troops, horses, and chariots everywhere. "Oh, sir, what will we do now?" the young man cried to Elisha.

16 "Don't be afraid!" Elisha told him. "For there are more on our side than on theirs!"

17 Then Elisha prayed, "O LORD, open his eyes and let him see!" The LORD opened the young man's eyes, and when he looked up, he saw that the hillside around Elisha was filled with horses and chariots of fire.

18 As the Aramean army advanced toward him, Elisha prayed, "O LORD, please make them blind." So the LORD struck them with blindness as Elisha had asked.

19 Then Elisha went out and told them, "You have come the wrong way! This isn't the right city! Follow me, and I will take you to the man you are looking for." And he led them to the city of Samaria.

20 As soon as they had entered Samaria, Elisha prayed, "O LORD, now open their eyes and let them see." So the LORD opened their eyes, and they discovered that they were in the middle of Samaria.

21 When the king of Israel saw them, he shouted to Elisha, "My father, should I kill them? Should I kill them?"

22 "Of course not!" Elisha replied. "Do we kill prisoners of war? Give them food and drink and send them home again to their master."

23 So the king made a great feast for them and then sent them home to their master. After that, the Aramean raiders stayed away from the land of Israel.

8 confer with ~ ~와 협의하다 mobilize 동원하다 such and such 이러이러한 10 indicate 암시하다 time and again 자주, 되풀이하여 11 become upset over ~ ~에 대해 분개하다, 당황하다 traitor 반역자 inform of ~ ~를 알리다 12 in the privacy 남몰래 13 command 명령하다 seize 붙잡다, 체포하다 17 hillside 산허리 chariot of fire 불병거 18 advance 진군하다 blindness 눈이 멈, 맹목 20 discover (…라는 것을) 알다, 깨닫다 be in the middle of ~ ~의 한가운데에 있다 21 shout 소리치다 22 prisoner 포로 23 make a feast 잔치를 열다 raider 침략자 stay away from ~ ~에서 멀리 떨어져 있다

14

월 일

포위된 사마리아

열왕기하 6:24-33 • 새찬송 234장 | 통일 220장

• 말씀묵상 전에 성령님의 인도하심을 구하는 기도를 드리십시오.

본문요약 I 아람 왕 벤하닷이 온 군대를 동원해 사마리아를 포위한다. 성중에 먹을 것이 거의 떨어지고, 남은 음식은 엄청나게 비싼 가격에 거래된다. 어떤 여인들은 자식까지 잡아먹는다. 왕은 선지자를 원망하며 죽이려 한다.

24 이후에 아람 왕 벤하닷이 그의 온 군대를
모아 올라와서 사마리아를 에워싸니
25 아람 사람이 사마리아를 에워싸므로 성중
이 크게 주려서 나귀 머리 하나에 은 팔십
세겔이요 비둘기 똥 사분의 일 갑에 은 다
섯 세겔이라 하니
26 이스라엘 왕이 성 위로 지나갈 때에 한 여
인이 외쳐 이르되 나의 주 왕이여 도우소
서
27 왕이 이르되 여호와께서 너를 돕지 아니
하시면 내가 무엇으로 너를 도우랴 타작
마당으로 말미암아 하겠느냐 포도주 틀로
말미암아 하겠느냐 하니라
28 또 이르되 무슨 일이냐 하니 여인이 대답
하되 이 여인이 내게 이르기를 네 아들을
내놓아라 우리가 오늘 먹고 내일은 내 아
들을 먹자 하매
29 우리가 드디어 내 아들을 삶아 먹었더니
이튿날에 내가 그 여인에게 이르되 네 아
들을 내놓아라 우리가 먹으리라 하나 그
가 그의 아들을 숨겼나이다 하는지라
30 왕이 그 여인의 말을 듣고 자기 옷을 찢으
니라 그가 성 위로 지나갈 때에 백성이 본
즉 그의 속살에 굵은 베를 입었더라
31 왕이 이르되 사밧의 아들 엘리사의 머리
가 오늘 그 몸에 붙어 있으면 하나님이 내
게 벌 위에 벌을 내리실지로다 하니라
32 그때에 엘리사가 그의 집에 앉아 있고 장
로들이 그와 함께 앉아 있는데 왕이 자기
처소에서 사람을 보냈더니 그 사자가 이
르기 전에 엘리사가 장로들에게 이르되
너희는 이 살인한 자의 아들이 내 머리를
베려고 사람을 보내는 것을 보느냐 너희
는 보다가 사자가 오거든 문을 닫고 문 안
에 들이지 말라 그의 주인의 발소리가 그
의 뒤에서 나지 아니하느냐 하고
33 무리와 말을 할 때에 그 사자가 그에게 이
르니라 왕이 이르되 이 재앙이 여호와께
로부터 나왔으니 어찌 더 여호와를 기다
리리요

1. 오늘 하나님께서 나에게 주신 깨달음은 무엇입니까?

2. 말씀을 어떻게 내 삶에 구체적으로 적용해야 합니까?

절별 해설

24 이후에 아람 왕 벤하닷이 그의 온 군대를 모아 올라와서 사마리아를 에워싸니 엘리사가 자신을 잡으러 온 아람의 군대를 하나님의 능력으로 유인하여 모두 생포했다가 풀어 준 사건 이후, 한동안은 이스라엘과 아람 사이에 평화가 유지된다. 그러나 전열을 재정비한 벤하닷 왕은 온 군대, 즉 가능한 한 모든 군사를 모아 전면전을 벌인다. 한편, 아람 왕 중 여러 명이 '벤하닷'이라 나오는 것으로 보아 이 이름은 매우 흔했던 것으로 추정된다. 하닷은 아람의 국가 신으로서 태양을, 벤은 아들을 의미했다. 따라서 벤하닷은 '태양신의 아들'이란 뜻이다. 아람 군대는 수도 사마리아 성을 에워싸고 공격했다.

25 성중이 크게 주려서 나귀 머리 하나에 은 팔십 세겔이요 비둘기 똥 사분의 일 갑에 은 다섯 세겔이라 하니 아람 군대의 포위 전략은 적중했다. 시간이 지나면서 성중에 먹을 것이 바닥났다. 음식이 얼마나 귀했는지 사람들은 평소에는 쳐다보지도 않던 나귀 머리 하나에 은 80세겔을 지불했고, 비둘기 똥 사분의 일 갑은 은 5세겔을 지불해야 했다. 여기서 똥 한 갑이 2리터 정도니까 사분의 일은 대략 500밀리리터 정도 되는 양이다. 비둘기 똥까지 거래하고 먹을 정도였던 것을 보면, 이때의 굶주림이 극에 달했음을 알 수 있다.

28-29 한 여인이 왕에게 상소했다. 너무 배가 고팠던 이 여인과 이웃의 여인은 서로의 자식을 잡아먹기로 하고 먼저 자기 자식을 삶아 나누어 먹었다. 그런데 그 후에 이웃 여인이 자신의 아이는 숨겨 두고 내놓지 않는다는 하소연이었다.

30-31 왕이 그 여인의 말을 듣고 자기 옷을 찢으니라, 왕이 이르되 사밧의 아들 엘리사의 머리가 오늘 그 몸에 붙어 있으면 하나님이 내게 벌 위에 벌을 내리실지로다 굶주림 때문에 인간성과 모성애까지 저버린 참담한 상황 앞에서 왕은 기가 막혀 이성을 잃은 채 옷을 찢는다. 그러나 왕이 자신의 죄를 진정으로 뉘우치고 회개한 것은 아니었다. 오히려 이 모든 끔찍한 현실의 책임을 아무런 죄도 없는 엘리사에게 돌렸다.

32 왕이 자기 처소에서 사람을 보냈더니, 엘리사가 장로들에게 이르되, 문을 닫고 문 안에 들이지 말라 그의 주인의 발소리가 그의 뒤에서 나지 아니하느냐 장로들과 함께 있던 엘리사는 이스라엘 왕이 자신을 죽이려고 사람을 보내고 왕도 뒤따라오는 것을 알고는 그들이 들어오지 못하도록 막았다. 여기서 장로들이란 성의 관리가 아니라 사마리아 성에 사는 백성의 대표자였다.

쉬운성경

24 얼마 뒤에 아람의 벤하닷 왕이 온 군대를 불러 모아 사마리아로 가서 그곳을 에워싸고 공격했습니다.

25 그래서 사마리아에 엄청난 굶주림이 있었습니다. 심지어 나귀 머리 하나가 은 팔십 세겔* 가량에 팔리고, 비둘기 똥 사분의 일 가량이 은 오 세겔*에 팔렸습니다.

26 이스라엘의 왕이 성벽 위를 지나가고 있는데 어떤 여자가 왕에게 부르짖었습니다. "내 주 왕이여, 좀 도와주십시오."

27 왕이 말했습니다. "여호와께서 돕지 않으시는데, 내가 어찌 도울 수 있겠느냐? 나에게는 너를 도울 곡식도 없고, 포도주도 없다."

28 그리고 왕이 또 물었습니다. "그런데 무슨 일로 그러느냐?" 여자가 대답했습니다. "이 여자가 나에게 '당신 아들을 내놓아라. 오늘은 당신 아들을 잡아먹고 내일은 내 아들을 잡아먹자'라고 말했습니다.

29 그래서 내 아들을 삶아서 먹었습니다. 다음 날, 내가 여자에게 '당신 아들을 내놓아라. 그 아이를 같이 잡아먹자' 하고 말했더니, 이 여자가 아이를 감추어 버렸습니다."

30 왕은 여자의 말을 듣고 너무나 기가 막혀 자기 옷을 찢었습니다. 왕이 성벽을 따라 걷고 있었기 때문에 왕이 겉옷 안에 베옷을 입고 있는 것을 백성이 볼 수 있었습니다.

31 왕이 말했습니다. "오늘 사밧의 아들 엘리사의 머리를 반드시 베어 내고 말겠다. 만약 그렇게 하지 못하면 하나님께서 나에게 무서운 벌을 내리실 것이다."

32 왕이 엘리사에게, 명령을 받고 심부름하는 사람을 보냈습니다. 엘리사는 자기 집에 앉아 있었고, 장로들도 엘리사 곁에 앉아 있었습니다. 왕이 보낸 사람이 이르기도 전에 엘리사가 장로들에게 말했습니다. "보시오. 이 살인자가 사람들을 보내어 내 머리를 베려 하고 있소. 사자가 이르거든 문을 잠그고 열어 주지 마시오. 왕의 발자국 소리도 들리오."

33 엘리사가 아직 장로들과 말하고 있는데, 왕의 심부름꾼이 와서 말했습니다. "이 재앙은 여호와께서 내리신 것이오. 내가 어찌 여호와께 더 기대할 수 있겠소?"

*6:25 80세겔은 약 912g에 해당되고, 5세겔은 약 57g에 해당된다.

저자의 묵상

이스라엘 왕은 자신과 백성의 잘못을 성찰하기는커녕 애꿎은 엘리사를 죽이려 한다. 왕은 자기 자신의 죄와 부족한 리더십으로 인한 모든 문제에 대한 책임을 엘리사에게 전가한다. 이를 미리 간파한 엘리사는 집 문을 닫고 왕이 보낸 사람들을 들이지 않았다. 무리를 뒤따라온 왕은 하나님을 원망하는 말을 한다. 안타깝게도 왕은 전혀 회개하지 않았다. 이스라엘 왕은 엘리사를 죽이려 할 것이 아니라 왕 자신과 백성의 죄를 용서받기 위해 엘리사에게 중보기도를 요청했어야 한다. 그는 자신이 하나님 편에 속해 있지 않음을 철저하게 반성하고 눈물로 기도하지 않았다. 오히려 하나님이 도와주시지 않는다고 분노했다. 엘리사는 이렇게 불의를 행하고도 정신을 차리지 못하는 어리석은 왕과의 대화를 마침내 포기한다. 우리는 어떠한가? 나는 이런 일을 했고 이런 것을 포기했으며, 내가 얼마나 열심히 살아왔는지 내가 어떤 사람인지 말하고 싶을 때가 많다. 그럴 때마다 마음속 깊이 고백해야 한다. 나는 아무것도 아니라고 말이다. 하나님이 하시고 주님이 나의 구원자이며 주님이 나를 살게 하셨음을 깨달아야 한다. 이것이 참된 회개다. 그러므로 하나님의 사람은 회개해야 할 때 회개해야 한다. 남의 탓을 하면 안 된다. 자기 자신을 성찰할 줄 알아야 한다. 그래야 진짜 살 수 있다.

무릎 기도 하나님, 남의 탓을 하거나 남에게 책임을 전가하지 않고 늘 자기 자신을 돌아볼 줄 아는 사람이 되게 하소서.

NLT - 2 Kings 6

24 Some time later, however, King Ben-hadad of Aram mustered his entire army and besieged Samaria.

25 As a result, there was a great famine in the city. The siege lasted so long that a donkey's head sold for eighty pieces of silver, and a cup of dove's dung sold for five pieces* of silver.

26 One day as the king of Israel was walking along the wall of the city, a woman called to him, "Please help me, my lord the king!"

27 He answered, "If the LORD doesn't help you, what can I do? I have neither food from the threshing floor nor wine from the press to give you."

28 But then the king asked, "What is the matter?" She replied, "This woman said to me: 'Come on, let's eat your son today, then we will eat my son tomorrow.'

29 So we cooked my son and ate him. Then the next day I said to her, 'Kill your son so we can eat him,' but she has hidden her son."

30 When the king heard this, he tore his clothes in despair. And as the king walked along the wall, the people could see that he was wearing burlap under his robe next to his skin.

31 "May God strike me and even kill me if I don't separate Elisha's head from his shoulders this very day," the king vowed.

32 Elisha was sitting in his house with the elders of Israel when the king sent a messenger to summon him. But before the messenger arrived, Elisha said to the elders, "A murderer has sent a man to cut off my head. When he arrives, shut the door and keep him out. We will soon hear his master's steps following him."

33 While Elisha was still saying this, the messenger arrived. And the king* said, "All this misery is from the LORD! Why should I wait for the LORD any longer?"

* 6:25 Hebrew *sold for 80 [shekels]* [2 pounds or 0.9 kilograms] *of silver, and 1/4 of a cab* [0.3 liters] *of dove's dung sold for 5 [shekels]* [2 ounces or 57 grams]. *Dove's dung* may be a variety of wild vegetable.
* 6:33 Hebrew *he*.

24 muster 소집하다 besiege 포위하다, 공격하다 25 siege 포위 공격 sell for ~ ~의 값에 팔리다 27 threshing floor 타작마당 30 in despair 낙심하여, 실망하여 burlap 올이 굵은 삼베 robe 의복 next to one's skin 피부에 직접, 맨몸에 32 cut off 베어내다 33 misery 재앙, 고통

15 엘리사의 예언과 성취

월 일

열왕기하 7:1-20 • 새찬송 518장 | 통일 252장

• 말씀묵상 전에 성령님의 인도하심을 구하는 기도를 드리십시오.

본문요약 | 엘리사가 하루 만에 상황이 변하여 식량 문제가 해결될 것이라는 하나님의 말씀을 전하지만, 이스라엘 사람들은 아무도 그것을 믿지 않는다. 그런데 굶주려서 거의 죽게 된 나병환자 네 사람이 아람 진영으로 들어가고, 아람 군대가 물러간 곳에서 배불리 먹고는 이 사실을 알린다. 왕은 곧바로 믿지 못하고 정탐꾼을 보내 확인한다. 그 결과 아람 군대가 물러간 것을 알고, 백성들이 나가서 그들이 버려두고 간 의복과 병기와 식량을 노략한다. 백성들의 허기가 채워지고 성안의 식량 매매가 정상화된다.

1 엘리사가 이르되 여호와의 말씀을 들을지
어다 여호와께서 이르시되 내일 이맘때에
사마리아 성문에서 고운 밀가루 한 스아
를 한 세겔로 매매하고 보리 두 스아를 한
세겔로 매매하리라 하셨느니라
2 그때에 왕이 그의 손에 의지하는 자 곧 한
장관이 하나님의 사람에게 대답하여 이르
되 여호와께서 하늘에 창을 내신들 어찌
이런 일이 있으리요 하더라 엘리사가 이
르되 네가 네 눈으로 보리라 그러나 그것
을 먹지는 못하리라 하니라
3 성문 어귀에 나병환자 네 사람이 있더니
그 친구에게 서로 말하되 우리가 어찌하
여 여기 앉아서 죽기를 기다리랴
4 만일 우리가 성읍으로 가자고 말한다면
성읍에는 굶주림이 있으니 우리가 거기서
죽을 것이요 만일 우리가 여기서 머무르
면 역시 우리가 죽을 것이라 그런즉 우리
가 가서 아람 군대에게 항복하자 그들이
우리를 살려 두면 살 것이요 우리를 죽이
면 죽을 것이라 하고
5 아람 진으로 가려 하여 해 질 무렵에 일어
나 아람 진영 끝에 이르러서 본즉 그곳에
한 사람도 없으니
6 이는 주께서 아람 군대로 병거 소리와 말
소리와 큰 군대의 소리를 듣게 하셨으므
로 아람 사람이 서로 말하기를 이스라엘
왕이 우리를 치려 하여 헷 사람의 왕들과
애굽 왕들에게 값을 주고 그들을 우리에
게 오게 하였다 하고
7 해 질 무렵에 일어나서 도망하되 그 장막
과 말과 나귀를 버리고 진영을 그대로 두
고 목숨을 위하여 도망하였음이라
8 그 나병환자들이 진영 끝에 이르자 한 장
막에 들어가서 먹고 마시고 거기서 은과
금과 의복을 가지고 가서 감추고 다시 와
서 다른 장막에 들어가 거기서도 가지고
가서 감추니라
9 나병환자들이 그 친구에게 서로 말하되
우리가 이렇게 해서는 아니되겠도다 오늘
은 아름다운 소식이 있는 날이거늘 우리
가 침묵하고 있도다 만일 밝은 아침까지
기다리면 벌이 우리에게 미칠지니 이제
떠나 왕궁에 가서 알리자 하고
10 가서 성읍 문지기를 불러 그들에게 말하
여 이르되 우리가 아람 진에 이르러서 보
니 거기에 한 사람도 없고 사람의 소리도
없고 오직 말과 나귀만 매여 있고 장막들
이 그대로 있더이다 하는지라
11 그가 문지기들을 부르매 그들이 왕궁에
있는 자에게 말하니
12 왕이 밤에 일어나 그의 신복들에게 이르
되 아람 사람이 우리에게 행한 것을 내가
너희에게 알게 하노니 그들이 우리가 주
린 것을 알고 있으므로 그 진영을 떠나서
들에 매복하고 스스로 이르기를 그들이

성읍에서 나오거든 우리가 사로잡고 성읍
에 들어가겠다 한 것이니라 하니
13 그의 신하 중 한 사람이 대답하여 이르되
청하건대 아직 성중에 남아 있는 말 다섯
마리를 취하고 사람을 보내 정탐하게 하
소서 그것들이 성중에 남아 있는 이스라
엘 온 무리 곧 멸망한 이스라엘 온 무리와
같으니이다 하고
14 그들이 병거 둘과 그 말들을 취한지라 왕
이 아람 군대 뒤로 보내며 가서 정탐하라
하였더니
15 그들이 그들의 뒤를 따라 요단에 이른즉
아람 사람이 급히 도망하느라고 버린 의
복과 병기가 길에 가득하였더라 사자가
돌아와서 왕에게 알리니
16 백성들이 나가서 아람 사람의 진영을 노
략한지라 이에 고운 밀가루 한 스아에 한
세겔이 되고 보리 두 스아가 한 세겔이 되
니 여호와의 말씀과 같이 되었고
17 왕이 그의 손에 의지하였던 그의 장관을
세워 성문을 지키게 하였더니 백성이 성
문에서 그를 밟으매 하나님의 사람의 말
대로 죽었으니 곧 왕이 내려왔을 때에 그
가 말한 대로라
18 하나님의 사람이 왕에게 말한 바와 같으
니 이르기를 내일 이맘때에 사마리아 성
문에서 보리 두 스아를 한 세겔로 매매하
고 고운 밀가루 한 스아를 한 세겔로 매매
하리라 한즉
19 그때에 이 장관이 하나님의 사람에게 대
답하여 이르되 여호와께서 하늘에 창을
내신들 어찌 이 일이 있으랴 하매 대답하
기를 네가 네 눈으로 보리라 그러나 그것
을 먹지는 못하리라 하였더니
20 그의 장관에게 그대로 이루어졌으니 곧
백성이 성문에서 그를 밟으매 죽었더라

1. 오늘 하나님께서 나에게 주신 깨달음은 무엇입니까?

2. 말씀을 어떻게 내 삶에 구체적으로 적용해야 합니까?

절별 해설

1 여호와께서 이르시되 내일 이맘때에 사마리아 성문에서 고운 밀가루 한 스아를 한 세겔로 매매하고 보리 두 스아를 한 세겔로 매매하리라 엘리사는 하루만 있으면 상황이 완전히 바뀌어서 곡식이 평상시와 같이 정상적인 가격으로 유통될 것이라고 예언한다. 한 스아는 한 에바의 약 삼분의 일에 해당되는 부피로서 대략 7.2리터 정도다. 은 한 세겔은 일반 노동자의 4일치 품삯에 해당하는 금액이다. 앞서 살펴본 6장 25절에 비하면 엄청나게 인하된 가격이다.

2 왕이 그의 손에 의지하는 자 곧 한 장관이 하나님의 사람에게 대답하여 이르되 여호와께서 하늘에 창을 내신들 어찌 이런 일이 있으리요, 네가 네 눈으로 보리라 그러나 그것을 먹지는 못하리라 왕의 장관은 엘리사의 예언을 믿을 수 없다고 반론하며 하나님이 하늘에 창을 내어 곡식을 내려 주신다 해도 엘

쉬운성경

1 엘리사가 말했습니다. "여호와의 말씀을 들어 보시오. 여호와께서 이렇게 말씀하셨소. '내일 이맘때쯤에 사마리아 성문에서 고운 밀가루 한 스아*를 은 한 세겔*에, 보리 두 스아*를 은 한 세겔에 살 수 있을 것이다.'"

2 그러자 왕 곁에 있던 보좌관이 엘리사에게 대답했습니다. "여호와께서 하늘의 창을 열고 곡식을 쏟아부어 주신다 하더라도 그런 일은 일어날 수 없소." 엘리사가 말했습니다. "당신은 당신 눈으로 그것을 볼 수 있을 것이오. 그러나 그것을 먹지는 못할 것이오."

*7:1 1스아는 약 7.6ℓ에 해당되고, 1세겔은 약 11.4g에 해당되며, 2스아는 약 15.2ℓ에 해당된다.

리사의 예언은 일어나지 않을 것이라고 단언한다. 그는 엘리사의 능력이 아니라 하나님의 능력을 빈정대며 무시한 것이다. 이에 엘리사는 분노하여 그에게 죽음을 선포한다.

3-4 성문 어귀에 나병환자 네 사람이 있더니, 우리가 가서 아람 군대에게 항복하자 그들이 우리를 살려 두면 살 것이요 우리를 죽이면 죽을 것이라 버림받아 성밖으로 쫓겨나 살아야 했던 나병환자 네 사람은 굶주림으로 거의 죽게 되자 차라리 아람 군대에게 가서 항복하면 음식이라도 얻어먹지 않겠느냐고 생각했다. 만약 그들이 죽이려 한다 해도 어차피 굶어 죽을 것이니 시도나 한번 해 보자는 것이다.

5-7 해 질 무렵에, 이르러서 본즉 그곳에 한 사람도 없으니 이는 주께서 아람 군대로 병거 소리와 말 소리와 큰 군대의 소리를 듣게 하셨으므로, 진영을 그대로 두고 목숨을 위하여 도망하였음이라 나병환자 네 사람은 황혼 무렵에 아람 군대 진영에 도착하지만, 뜻밖에도 그곳에는 아무도 없었다. 하나님이 아람 군대로 하여금 큰 군대의 진군 소리를 듣게 하신 것이다. 물론 사마리아에 갇혀 있는 이스라엘 사람들의 귀에는 들리지 않았다. 아람 사람들은 이스라엘이 애굽을 포함한 주변 민족에게 요청한 용병이 도착한 소리인 줄 알고 기겁하며 도주했다. 너무나도 급박했기에 모든 것을 놓아두고 몸만 간신히 빠져나갔다.

8-9 한 장막에 들어가서 먹고 마시고, 만일 밝은 아침까지 기다리면 벌이 우리에게 미칠지니 이제 떠나 왕궁에 가서 알리자 나병환자들은 예상하지 못한 상황에 기뻐하며, 장막에 남겨진 음식을 먹고 마시고 은과 금과 의복을 감추며 신나는 시간을 보낸다. 그러다가 문득 이 기쁜 소식을 성안에 있는 백성들에게도 알려야 한다는 생각을 하게 된다.

12 왕이 밤에 일어나 그의 신복들에게 이르되 아람 사람이 우리에게 행한 것을 내가 너희에게 알게 하노니 이스라엘 왕은 나병환자들이 전한 소식을 즉시 믿지 않고, 이것을 아람 군대의 책략이라고 판단한다. 왕의 생각은 인간적인 입장에서만 보면 이해 못할 일은 아니었

3 성문 입구에 문둥병자 네 명이 있었습니다. 그들이 서로 말했습니다. "이렇게 앉아서 죽을 수는 없지 않느냐?

4 성안에 들어가 봐야 먹을 것이 없으니 굶어 죽을 테고, 여기에 가만히 앉아 있어도 죽기는 마찬가지다. 그러니 아람 군대에게 가서 항복하자. 그들이 우리를 살려 주면 사는 것이고, 죽이면 죽는 것이다."

5 그들은 땅거미가 질 무렵 자리에서 일어나 아람 군대의 진으로 갔습니다. 그런데 그곳에는 아무도 없었습니다.

6 주께서는 아람 군대의 귀에 전차와 말과 큰 군대의 소리가 들리도록 하셨습니다. 그들이 서로 말했습니다. "이스라엘 왕이 헷과 이집트의 왕들을 불러 우리를 치려 한다."

7 그래서 그들은 땅거미가 질 때에 장막과 말과 나귀들을 버려두고 도망쳤습니다. 그들은 목숨을 건지려고 진을 그대로 내버려 둔 채 도망친 것입니다.

8 문둥병자들이 진의 가장자리로 가서 어느 장막 안으로 들어갔습니다. 그들은 거기에서 먹고 마셨습니다. 그리고 은과 금과 옷가지들을 진에서 가지고 나와 숨겨 두었습니다. 그런 다음에 그들은 다시 진으로 돌아가서 다른 장막으로 들어갔습니다. 거기에서도 여러 물건을 챙긴 뒤, 숨겨 두었습니다.

9 그러다가 그들이 서로 말했습니다. "우리는 지금 옳지 않은 일을 하고 있네. 이렇게 좋은 소식이 있는데도 아무 말을 않고 해가 뜰 때까지 기다린다면, 우리는 벌을 받을 것이네. 당장 가서 왕궁에 있는 사람들에게 이 사실을 알려 주세."

10 그리하여 그들은 성으로 가서 성의 문지기를 불러 말했습니다. "아람 군대의 진으로 갔더니 거기에 아무도 없었고 아무 소리도 들리지 않았습니다. 말과 나귀들은 그대로 매여 있고, 장막들도 그대로 세워져 있었습니다."

11 그러자 성의 문지기들이 소리를 지르며 왕궁 안에 있는 사람들에게 그 사실을 알려 주었습니다.

12 그 소리를 들은 왕이 밤중에 자리에서 일어나 신하들에게 말했습니다. "아람 사람들이 꾸민 계략을 내가 말해 보겠소. 그들은 우리가

다. 이스라엘 공동체와 격리되어 살던 나병환자들의 말을 선뜻 믿기는 어려웠을 것이기 때문이다.

15-16 아람 사람이 급히 도망하느라고 버린 의복과 병기가 길에 가득하였더라, 백성들이 나가서 아람 사람의 진영을 노략한지라 아람 군대의 진영을 정탐한 결과, 작전상 막사를 비운 것이 아니라 무언가에 쫓기듯 요단강을 건넌 것이 분명하게 드러난다. 사람의 흔적도 없고, 버려둔 의복과 병기와 식량이 길에 널려 있었다. 얼마나 마음이 급했는지 무기도 버리고 군복마저도 벗어던진 채 도망간 것이다. 정탐했던 사람들이 이 사실을 전하자마자 사마리아 성문이 열리고 백성들이 아람 진영을 향해 달려가서 노략한다. 한편, 아람 군대가 버리고 간 식량이 얼마나 많았는지 전날 엘리사가 예언한 대로 고운 밀가루 한 스아를 은 한 세겔에, 보리 두 스아를 은 한 세겔에 매매할 수 있었다.

17 왕이 그의 손에 의지하였던 그의 장관을 세워 성문을 지키게 하였더니 백성이 성문에서 그를 밟으매 엘리사를 믿지 못했던 장관이 백성들에게 밟혀 죽는다. 결국 엘리사의 두 가지 예언 모두가 하루 만에 이루어졌다. 하나님의 구원이 온 백성에게 임했으나, 하나님의 말씀을 믿지 않고 의심한 사람은 구원을 받지 못했을 뿐만 아니라 목숨까지 잃었다. 여기서 "그를 밟으매"라는 말은 매우 엄격하고 잔인한 의미를 담은 표현이다. 원래 그 말은 토기장이가 진흙을 이기기 위해 짓밟는 것을 뜻하는 용어다.

18-20 내일 이맘때에 사마리아 성문에서 보리 두 스아를 한 세겔로 매매하고 고운 밀가루 한 스아를 한 세겔로 매매하리라, 어찌 이 일이 있으랴, 그의 장관에게 그대로 이루어졌으니 이 부분은 7장 전체의 요약이면서 동시에 부차적인 설명이 되기도 한다. 하나님의 약속과 예언의 말씀이 성취되는 것이 강조되는데, 이로써 하나님의 권위가 부각된다. 또한 본절들을 통해 하나님의 말씀이 이루어지는 과정에서 나병환자 네 사람과 아람 군대가 하나님의 구원 역사에서 꼭 필요한 도구로 사용되었음을 알 수 있다. 이렇게 하나님은 가장 미천한 사람들을 들어 사용할 뿐만 아니라 역사적인 사건을 주관하심으로 자신이 천명한 약속을 이루는 신실함을 보여 주신다.

굶주리고 있다는 것을 알고 있소. 그래서 그들은 진을 떠나 들에 숨어 있는 것이오. 그들은 '이스라엘 사람들이 성에서 나오면 그들을 사로잡고 그들의 성으로 쳐들어가자'고 말하고 있소."

13 신하 가운데서 한 사람이 대답했습니다. "이대로 있다가는 이 성안에 남아 있는 모든 이스라엘 백성도 이미 죽은 사람들처럼 죽게 될 것이 뻔합니다. 그러니 몇 사람에게, 남아 있는 말 다섯 마리를 타고 밖으로 나가서 한 번 살펴보게 하는 것이 어떻겠습니까?"

14 그래서 몇 명의 사람들이 전차 두 대와 말들을 끌고 왕 앞으로 나아왔습니다. 왕이 그들에게 말했습니다. "아람 군대의 뒤를 쫓아가서 무슨 일이 일어났는지 살펴보아라."

15 그들이 요단 강까지 아람 군대의 뒤를 쫓아가 보았습니다. 길에는 옷과 장비들이 잔뜩 널려 있었는데, 그것은 아람 군대가 서둘러 도망치면서 내버린 것이었습니다. 사자들이 왕에게 돌아와서 그 사실을 알려 주었습니다.

16 그러자 백성들이 밖으로 나가 아람 군대의 진을 뒤져 온갖 물건들을 훔쳤습니다. 여호와께서 말씀하신 대로 고운 밀가루 한 스아를 은 한 세겔에, 보리 두 스아를 은 한 세겔에 살 수 있었습니다.

17 왕이 가까이에 있던 보좌관을 시켜 성문을 지키게 했습니다. 그러나 백성들이 그를 밟고 지나가 죽고 말았습니다. 모든 일이 하나님의 사람인 엘리사가 왕과 그 신하들에게 말한 대로 이루어졌습니다.

18 전에 엘리사는 왕에게 이렇게 말했습니다. "내일 이맘때쯤에 사마리아 성문에서 고운 밀가루 한 스아를 은 한 세겔에, 보리 두 스아를 은 한 세겔에 살 수 있을 것이오."

19 그러자 왕의 보좌관이 대답했습니다. "여호와께서 하늘의 창을 열고 곡식을 쏟아부어 주신다 하더라도 그런 일은 일어날 수 없소." 엘리사가 그에게 말했습니다. "당신 눈으로 틀림없이 볼 수 있을 것이오. 그러나 당신은 아무것도 먹지 못할 것이오."

20 그 보좌관은 엘리사의 말대로 되었습니다. 백성들이 성문에서 그를 밟고 지나가는 바람에 그는 죽고 말았습니다.

저자의 묵상

나병환자 네 사람이 아람 군대가 물러간 기쁜 소식을 전하기 위해 사마리아 성으로 급히 돌아간 것은 참으로 아름다운 모습이다. 아람 군대가 물러갔다는 귀한 소식을 알려 준 사람은 세상에서 천대받던 나병환자들이었다. 이렇게 종종 하나님께서는 소외되고 연약한 사람을 통해서 복음의 소식을 전파하신다. 더욱이 하나님은 때때로 우리가 전혀 생각하지 못했던 놀라운 방식으로 능력을 발휘하신다. 하나님께서는 아람 군대를 도망하게 역사하고, 그들이 버리고 간 식량으로 굶주려 죽어 가던 이스라엘 백성을 살리셨다. 엘리사가 예언한 그대로 모든 것이 현실이 되었다. 하나님의 말씀은 어떤 상황을 통해서라도 마침내 이루어진다. 하나님의 구원에 대한 예언을 의심했던 왕의 장관에 대한 저주도 실현되었다. 왕은 그에게 성문을 지키는 임무를 맡겼다. 그런데 밀물처럼 밀려온 백성들에 의해 밟혀 죽었다. 죽어 가던 백성들이 굶주림을 해결하며 살아나게 된 기쁨과 감격의 날이 그에게는 죽음의 날이 되었다. 그의 죽음은 하나님의 말씀을 무시하고 우상에 빠져 있는 이스라엘의 운명을 경고하는 것이기도 하다. 이와 같은 예언의 성취를 통해서 오늘을 사는 우리도 경각심을 가져야 한다. 그 어떤 절망적인 상황이라 해도 하나님의 사람은 소망을 놓쳐서는 안 된다. 동시에 하나님의 말씀을 불신해서도 안 된다. 하나님의 말씀은 반드시 성취됨을 믿어야 한다. 비록 내가 보잘것없을지라도 하나님의 말씀을 믿고 인내하면 나를 통해서 복음이 전파되고 나와 공동체의 살길이 열린다.

무릎기도 | 하나님, 하나님의 말씀은 반드시 이루어짐을 믿고 어떤 어려움이 있어도 절망하지 않고 소망을 갖게 하소서.

NLT - 2 Kings 7

1 Elisha replied, "Listen to this message from the LORD! This is what the LORD says: By this time tomorrow in the markets of Samaria, six quarts of choice flour will cost only one piece of silver,* and twelve quarts of barley grain will cost only one piece of silver.*"

2 The officer assisting the king said to the man of God, "That couldn't happen even if the LORD opened the windows of heaven!" But Elisha replied, "You will see it happen with your own eyes, but you won't be able to eat any of it!"

3 Now there were four men with leprosy* sitting at the entrance of the city gates. "Why should we sit here waiting to die?" they asked each other.

4 "We will starve if we stay here, but with the famine in the city, we will starve if we go back there. So we might as well go out and surrender to the Aramean army. If they let us live, so much the better. But if they kill us, we would have died anyway."

5 So at twilight they set out for the camp of the Arameans. But when they came to the edge of the camp, no one was there!

6 For the Lord had caused the Aramean army to hear the clatter of speeding chariots and the galloping of horses and the sounds of a great army approaching. "The king of Israel has hired the Hittites and Egyptians* to attack us!" they cried to one another.

7 So they panicked and ran into the night, abandoning their tents, horses, donkeys, and everything else, as they fled for their lives.

8 When the men with leprosy arrived at the edge of the camp, they went into one tent after another, eating and drinking wine; and they carried off silver and gold and clothing

and hid it.
9 Finally, they said to each other, "This is not right. This is a day of good news, and we aren't sharing it with anyone! If we wait until morning, some calamity will certainly fall upon us. Come on, let's go back and tell the people at the palace."
10 So they went back to the city and told the gatekeepers what had happened. "We went out to the Aramean camp," they said, "and no one was there! The horses and donkeys were tethered and the tents were all in order, but there wasn't a single person around!"
11 Then the gatekeepers shouted the news to the people in the palace.
12 The king got out of bed in the middle of the night and told his officers, "I know what has happened. The Arameans know we are starving, so they have left their camp and have hidden in the fields. They are expecting us to leave the city, and then they will take us alive and capture the city."
13 One of his officers replied, "We had better send out scouts to check into this. Let them take five of the remaining horses. If something happens to them, it will be no worse than if they stay here and die with the rest of us."
14 So two chariots with horses were prepared, and the king sent scouts to see what had happened to the Aramean army.
15 They went all the way to the Jordan River, following a trail of clothing and equipment that the Arameans had thrown away in their mad rush to escape. The scouts returned and told the king about it.
16 Then the people of Samaria rushed out and plundered the Aramean camp. So it was true that six quarts of choice flour were sold that day for one piece of silver, and twelve quarts of barley grain were sold for one piece of silver, just as the LORD had promised.
17 The king appointed his officer to control the traffic at the gate, but he was knocked down and trampled to death as the people rushed out. So everything happened exactly as the man of God had predicted when the king came to his house.
18 The man of God had said to the king, "By this time tomorrow in the markets of Samaria, six quarts of choice flour will cost one piece of silver, and twelve quarts of barley grain will cost one piece of silver."
19 The king's officer had replied, "That couldn't happen even if the LORD opened the windows of heaven!" And the man of God had said, "You will see it happen with your own eyes, but you won't be able to eat any of it!"
20 And so it was, for the people trampled him to death at the gate!

* 7:1a Hebrew *1 seah* [7.3 liters] *of choice flour will cost 1 shekel* [0.4 ounces or 11 grams]; also in 7:16, 18.
* 7:1b Hebrew *2 seahs* [14.6 liters] *of barley grain will cost 1 shekel* [0.4 ounces or 11 grams]; also in 7:16, 18.
* 7:3 Or *with a contagious skin disease*. The Hebrew word used here and throughout this passage can describe various skin diseases.
* 7:6 Possibly *and the people of Muzur*, a district near Cilicia.

1 choice 상등품의 flour 밀가루 barley 보리 3 leprosy 나병 4 starve 굶다 might(may) as well ~ ~하는 편이 낫다 surrender to ~ ~에 항복하다 5 twilight 황혼 6 clatter 소란한 소리 gallop 질주하다 7 flee 달아나다 for one's life 필사적으로, 목숨 걸고 8 carry off ~ 노략하다 9 calamity 재앙 fall upon ~ (책임 등이) ~에게 떨어지다 10 gatekeeper 문지기 tether 밧줄로 매다 12 capture 함락시키다 13 had better ~ ~하는 편이 낫다 scout 정찰병 check into 조사하다 15 trail 흔적, 자취 throw away (쓸데없어) 버리다 in one's mad rush 미친 듯이 서둘러, 정신없이 16 plunder 노략하다 17 appoint 임명하다 knock down ~ ~를 치다, 때려눕히다 trample 짓밟다 to (the) death 죽을 때까지

16 소유를 되찾은 수넴 여인

월 일

열왕기하 8:1–6 • 새찬송 91장 | 통일 91장

• 말씀묵상 전에 성령님의 인도하심을 구하는 기도를 드리십시오.

본문요약 | 엘리사를 통해 7년 기근에 대한 예언과 그에 따라 다른 곳으로 피해 있으라고 하신 하나님의 말씀에 수넴 여인은 순종한다. 7년 후에 다시 돌아온 수넴 여인은 하나님의 섭리 가운데 왕에게 요청하여 자기 집과 땅을 모두 되찾는다.

1 엘리사가 이전에 아들을 다시 살려 준 여인에게 이르되 너는 일어나서 네 가족과 함께 거주할 만한 곳으로 가서 거주하라 여호와께서 기근을 부르셨으니 그대로 이 땅에 칠 년 동안 임하리라 하니
2 여인이 일어나서 하나님의 사람의 말대로 행하여 그의 가족과 함께 가서 블레셋 사람들의 땅에 칠 년을 우거하다가
3 칠 년이 다하매 여인이 블레셋 사람들의 땅에서 돌아와 자기 집과 전토를 위하여 호소하려 하여 왕에게 나아갔더라
4 그때에 왕이 하나님의 사람의 사환 게하시와 서로 말하며 이르되 너는 엘리사가 행한 모든 큰일을 내게 설명하라 하니
5 게하시가 곧 엘리사가 죽은 자를 다시 살린 일을 왕에게 이야기할 때에 그 다시 살린 아이의 어머니가 자기 집과 전토를 위하여 왕에게 호소하는지라 게하시가 이르되 내 주 왕이여 이는 그 여인이요 저는 그의 아들이니 곧 엘리사가 다시 살린 자니이다 하니라
6 왕이 그 여인에게 물으매 여인이 설명한지라 왕이 그를 위하여 한 관리를 임명하여 이르되 이 여인에게 속한 모든 것과 이 땅에서 떠날 때부터 이제까지 그의 밭의 소출을 다 돌려주라 하였더라

1. 오늘 하나님께서 나에게 주신 깨달음은 무엇입니까?

2. 말씀을 어떻게 내 삶에 구체적으로 적용해야 합니까?

절별 해설

1 여호와께서 기근을 부르셨으니 그대로 이 땅에 칠 년 동안 임하리라 하나님은 아람 군대를 통해서 여러 번 이스라엘을 치셨으나 결국은 그들을 건져 주셨다. 때로는 기적적인 방법으로 아람 군대를 도망가게 하시고 심지어는 엄청난 전리품까지 챙기게 하셨다. 그럼에도 이스라엘은 바로 서지 못했다. 참다못해 하나님은 7년 기근을 내리신다. 이때 엘리사는 7년 가뭄이 오기 전에 과거 자신을 도와주었던 수넴 여인에게 흉년이 오니 다른 곳으로 피해 있으라고 알려 준다.

2 여인이 일어나서 하나님의 사람의 말대로 행하여 그의 가족과 함께 가서 블레셋 사람들의 땅에 칠 년을 우거하다가 아무리 하나님의 사람이 말했어도 정든 삶의 터전을 떠나기란 쉽지 않았을 것이다. 그러나 여인은 엘리사를 통해 전달된 하나님의 말씀을 믿고 순종하며 블레셋에서 7년을 우거했다. 여기서 '우거하다'란 말은 잠시 체류했다는 뜻이 있다. 즉, 이 여인과 그 가족들은 블레셋에서 정착할 생각 없이 나그네처럼 구별된 삶을 살았다는 것이다.

3 칠 년이 다하매 여인이 블레셋 사람들의 땅에서 돌아와 자기 집과 전토를 위하여 호소하려 하여 왕에게 나아갔더라 수넴 여인은 블레셋 땅에서 돌아와 정당한 법적 수속을 밟았다. 고향을 떠나 있던 7년 동안 자신의 재산이 다른 사람의 수중에 있었던 것이다. 한편, 7년이란 기간은 안식년에 해당하기 때문에 여인의 요청은 율법적인 타당성을 충분히 갖추었다.

4-5 수넴 여인이 왕을 찾아간 바로 그때, 절묘하게도 왕과 게하시는 과거 엘리사가 이 여인의 아들을 살려 준 이야기를 하고 있었다. 나아만의 병이 옮겨 갔던 게하시가 밖에서 활동하던 것으로 봐서, 나병을 앓으면서도 일상생활이 가능했던 나아만처럼, 게하시도 주어진 일을 어느 정도는 감당했을 것이다. 게하시의 나병은 어떤 이유인지는 알 수 없으나 전염성이 크지 않았기 때문이다. 하나님의 섭리는 참으로 오묘하다. 이는 마치 바사의 아하수에로 왕 당시 모르드개와 에스더가 하만의 계교를 극적으로 물리치고 이스라엘 백성을 구할 수 있도록 역사하셨던 하나님의 섭리와 유사하다. 왕에게 엘리사가 아이를 살린 기적을 말하고 있던 게하시는 갑자기 나타난 여인을 보고 바로 이 여인이 그 아이의 어머니라고 말한다.

6 왕이 그를 위하여 한 관리를 임명하여 이르되 이 여인에게 속한 모든 것과 이 땅에서 떠날 때부터 이제까지 그의 밭의 소출을 다 돌려주라 하였더라 게하시의 이야기를 들으면서 엘리사가 행한 기적에 큰 감동을 받은 왕은 그 여인이 바로 기적의 주인공임을 확인하고는 그녀에게 모든 재산을 돌려주라고 한다. 그뿐 아니라 떠난 이후 지금까지 밭에서 난 모든 소출도 다 계산해서 돌려주라고 명령한다.

쉬운성경

1 엘리사가 전에 그 아들을 살려 준 적이 있는 수넴 여자에게 말했습니다. "일어나서 가족과 함께 떠나시오. 어디든지 살 만한 나라로 가서 머무르시오. 여호와께서 이 땅에 칠 년 동안, 가뭄을 내리실 것이오."

2 그 여자는 엘리사가 말한 대로 가족과 함께 떠났습니다. 그들은 블레셋 사람들의 땅에서 칠 년 동안, 머물렀습니다.

3 칠 년이 지난 뒤에 그 여자는 블레셋 사람들의 땅에서 돌아와 자기 집과 땅을 돌려 달라고 말하기 위해 왕에게 갔습니다.

4 그때, 왕은 엘리사의 종인 게하시와 이야기를 나누고 있었습니다. 왕이 게하시에게 말했습니다. "엘리사가 보여 준 놀라운 일들을 다 이야기해 보아라."

5 그러자 게하시는 왕에게 엘리사가 죽은 사람을 다시 살려 낸 이야기를 들려 주었습니다. 그때, 마침 엘리사로 말미암아 아들의 목숨을 살린 적이 있는 수넴 여자가 들어와서 왕에게 자기 집과 땅을 돌려 달라고 부탁했습니다. 게하시가 말했습니다. "내 주 왕이시여, 이 여자가 바로 그 여자입니다. 그리고 엘리사가 이 아이를 살려 주었습니다."

6 왕이 여자에게 물었습니다. 그러자 여자가 그 일에 대해 이야기했습니다. 왕이 한 신하를 불러서 여자를 도와주도록 명령했습니다. 왕이 말했습니다. "이 여자의 재산을 다 돌려주어라. 그리고 이 여자가 떠난 날부터 지금까지 이 여자의 땅에서 생긴 수입도 다 돌려주어라."

저자의 묵상

수넴 여인은 엘리사를 통해 전달받은 하나님의 말씀에 순종하여 블레셋으로 갔다. 수넴 여인과 그녀의 가족들이 블레셋에서 산 기간은 7년이었다. 그 짧지 않은 시간은 힘든 삶의 연속이었을 것이다. 그러나 고난 가운데서도 변함없이 보호하고 지켜 주시는 하나님의 사랑을 체험하는 시간이기도 했을 것이다. 때가 되어 수넴 여인은 고국으로 돌아왔고, 여인은 잃어버린 자신의 소유를 찾기 위해 왕을 찾아간다. 우연같이 보이는 사소한 일까지도 구체적으로 사용하여 자녀를 돌보시는 하나님의 놀라운 섭리로 인해 수넴 여인은 모든 재산을 되찾을 수 있었다. 믿는 자에게 닥치는 환경은 그것이 좋은 것이든 나쁜 것이든 모두 하나님의 주권하에 있다. 하나님은 언제나 합력하여 선을 이루신다. 그러므로 믿음의 사람은 하나님께 순종하기만 하면 된다. 받아들이기 힘들어도 순종하면 은혜로운 결과를 맞이하게 된다. 그것이 믿음의 축복이다.

무릎기도 하나님, 말씀에 순종하여 합력하여 선을 이루시는 하나님의 은혜를 늘 체험하게 하소서.

NLT - 2 Kings 8

1 Elisha had told the woman whose son he had brought back to life, "Take your family and move to some other place, for the LORD has called for a famine on Israel that will last for seven years."
2 So the woman did as the man of God instructed. She took her family and settled in the land of the Philistines for seven years.
3 After the famine ended she returned from the land of the Philistines, and she went to see the king about getting back her house and land.
4 As she came in, the king was talking with Gehazi, the servant of the man of God. The king had just said, "Tell me some stories about the great things Elisha has done."
5 And Gehazi was telling the king about the time Elisha had brought a boy back to life. At that very moment, the mother of the boy walked in to make her appeal to the king about her house and land. "Look, my lord the king!" Gehazi exclaimed. "Here is the woman now, and this is her son—the very one Elisha brought back to life!"
6 "Is this true?" the king asked her. And she told him the story. So he directed one of his officials to see that everything she had lost was restored to her, including the value of any crops that had been harvested during her absence.

1 bring back to life 되살리다 call for ~ ~을 불러오다, 발생시키다 2 instruct 지시하다 settle in 자리잡고 살게 하다 3 get back 되찾다 5 at that very moment 바로 그때에 walk in 걸어 들어가다 appeal to ~ ~에 호소하다 6 direct 명령하다 restore 회복시키다 harvest 수확하다 during one's absence 부재중에

17 엘리사의 예언과 하사엘

월 일

열왕기하 8:7-15 • 새찬송 519장 | 통일 251장

• 말씀묵상 전에 성령님의 인도하심을 구하는 기도를 드리십시오.

본문요약 | 다메섹에 간 엘리사는 벤하닷 왕의 신하인 하사엘에게서 왕의 병이 나을지에 대한 질문을 받는다. 하사엘은 왕에게 엘리사의 예언 중 병이 나을 것이라는 내용만 전하고, 결국은 벤하닷을 죽이고 자신이 왕이 된다.

7 엘리사가 다메섹에 갔을 때에 아람 왕 벤
하닷이 병들었더니 왕에게 들리기를 이르
되 하나님의 사람이 여기 이르렀나이다
하니
8 왕이 하사엘에게 이르되 너는 손에 예물
을 가지고 가서 하나님의 사람을 맞이하
고 내가 이 병에서 살아나겠는지 그를 통
하여 여호와께 물으라
9 하사엘이 그를 맞이하러 갈새 다메섹의
모든 좋은 물품으로 예물을 삼아 가지고
낙타 사십 마리에 싣고 나아가서 그의 앞
에 서서 이르되 당신의 아들 아람 왕 벤하
닷이 나를 당신에게 보내 이르되 나의 이
병이 낫겠나이까 하더이다 하니
10 엘리사가 이르되 너는 가서 그에게 말하
기를 왕이 반드시 나으리라 하라 그러나
여호와께서 그가 반드시 죽으리라고 내게
알게 하셨느니라 하고
11 하나님의 사람이 그가 부끄러워하기까지
그의 얼굴을 쏘아보다가 우니
12 하사엘이 이르되 내 주여 어찌하여 우시
나이까 하는지라 대답하되 네가 이스라엘
자손에게 행할 모든 악을 내가 앎이라 네
가 그들의 성에 불을 지르며 장정을 칼로
죽이며 어린아이를 메치며 아이 밴 부녀
를 가르리라 하니
13 하사엘이 이르되 당신의 개 같은 종이 무
엇이기에 이런 큰일을 행하오리이까 하더
라 엘리사가 대답하되 여호와께서 네가
아람 왕이 될 것을 내게 알게 하셨느니라
하더라
14 그가 엘리사를 떠나가서 그의 주인에게
나아가니 왕이 그에게 묻되 엘리사가 네
게 무슨 말을 하더냐 하니 대답하되 그가
내게 이르기를 왕이 반드시 살아나시리이
다 하더이다 하더라
15 그 이튿날에 하사엘이 이불을 물에 적시
어 왕의 얼굴에 덮으매 왕이 죽은지라 그
가 대신하여 왕이 되니라

1. 오늘 하나님께서 나에게 주신 깨달음은 무엇입니까?

2. 말씀을 어떻게 내 삶에 구체적으로 적용해야 합니까?

절별 해설

7 엘리사가 다메섹에 갔을 때에 아람 왕 벤하닷이 병들었더니 엘리사가 아람의 수도 다메섹(오늘날의 다마스커스)에 갔을 때 당시 왕이던 벤하닷이 병들어 누워 있었다. 이 벤하닷은 벤하닷 2세로서 BC 860–842년에 아람을 통치했다.

8–9 내가 이 병에서 살아나겠는지 그를 통하여 여호와께 물으라 하사엘이 그를 맞이하러 갈새 다메섹의 모든 좋은 물품으로 예물을 삼아 가지고 낙타 사십 마리에 싣고 나아가서 과거에 엘리사를 잡으려고 큰 군대를 보냈던(왕하 6:8–14) 벤하닷이 지금은 엘리사를 환영하고 있다. 벤하닷은 겸손하게 자신의 병이 나을지를 물어봐 달라고 하면서 하사엘 장군을 엘리사에게 보낸다. 더욱이 풍성한 예물을 낙타 40마리에 싣고 엘리사를 찾아가게 했다.

10 그에게 말하기를 왕이 반드시 나으리라 하라 그러나 여호와께서 그가 반드시 죽으리라고 내게 알게 하셨느니라 하고 상반되는 내용이 동시에 선포된다. 벤하닷 왕의 병은 나을 것이지만 왕은 곧 죽게 된다는 말이다. 이는 벤하닷 왕이 죽기는 죽을 것이나 죽음의 이유는 병 때문이 아니라는 의미다. 엘리사는 왕이 누군가로부터 살해당할 것을 예언한 것이다.

11–13 벤하닷에 대해 예언하던 엘리사가 물끄러미 하사엘을 쳐다보다가 울음을 터뜨린다. 앞으로 하사엘이 얼마나 잔혹하게 이스라엘을 칠 것인지를 알게 되었기 때문이다. 엘리사는 하사엘이 아람의 왕이 될 것을 예언한다. 그가 왕이 된 후에 이스라엘을 침략하여 성을 불태우고 젊은이들을 칼로 죽이고 어린아이를 메어치며 아이 밴 임산부의 배를 가르는 만행을 저지를 것을 알게 된 엘리사는 자기 백성이 당하게 될 불행을 생각하면서 눈물을 쏟는다. 한편, 당시 이스라엘에서 개는 시체나 각종 썩은 고기를 먹으면서 온갖 전염병을 옮겼기에 부정하게 간주되었다. 그러므로 하사엘이 "당신의 개 같은 종"이라고 말한 것은 극도로 자신을 비하한 표현이다. 하사엘이 엘리사 앞에서 이렇게 자신을 표현한 것은 겸손을 가장하여 역모를 취하려는 탐욕이 드러나지 않게 의도한 행동이다.

14–15 그가 내게 이르기를 왕이 반드시 살아나시리이다 하더이다 하더라 그 이튿날에 하사엘이 이불을 물에 적시어 왕의 얼굴에 덮으매 왕이 죽은지라 하사엘은 엘리사가 말한 대로 왕의 쾌유를 전했으나, 말을 반만 전한다. 벤하닷이 살게 될 것이라는 사실만 말했을 뿐 그가 죽게 된다는 말은 전하지 않았다. 왕이 되고자 했던 하사엘의 입장에서 볼 때, 벤

쉬운성경

7 엘리사가 다마스커스에 갔습니다. 그 때, 아람 왕 벤하닷은 병들어 있었습니다. 누군가가 그에게 말했습니다. "하나님의 사람이 여기에 와 있습니다."

8 그러자 왕이 하사엘에게 말했습니다. "손에 선물을 들고 하나님의 사람을 만나러 가시오. 여호와께 내 병이 나을지, 낫지 않을지 여쭤 봐 달라고 하시오."

9 하사엘이 선물을 가지고 엘리사를 만나러 갔습니다. 그는 다마스커스에서 나는 온갖 좋은 물건을 사십 마리의 낙타에 싣고 갔습니다. 하사엘이 말했습니다. "아람 왕 벤하닷이 나를 선생님에게 보냈습니다. 그가 지금 앓고 있는 병이 나을지, 낫지 않을지 여쭈어 보라고 했습니다."

10 엘리사가 말했습니다. "벤하닷에게 가서 틀림없이 나을 것이라고 전하시오. 그러나 여호와께서는 그가 틀림없이 죽을 것이라고 나에게 가르쳐 주셨소."

11 그리고 엘리사는 하사엘이 부끄러움을 느낄 정도로 하사엘의 얼굴을 뚫어지게 쳐다보더니 갑자기 울음을 터뜨렸습니다.

12 하사엘이 물었습니다. "아니, 선생님, 왜 그러십니까?" 엘리사가 대답했습니다. "당신이 이스라엘 백성에게 어떤 악한 일을 할지 내가 알고 있기 때문이오. 당신은 이스라엘의 강하고 굳건한 성을 불태울 것이고, 젊은이들을 칼로 죽일 것이며, 아이들을 땅에 메어칠 것이고 임신한 여자들의 배를 가를 것이오."

13 하사엘이 말했습니다. "나는 개만도 못한 사람인데 어떻게 그런 일을 할 수 있겠습니까?" 엘리사가 대답했습니다. "당신이 아람의 왕이 될 것을 여호와께서 나에게 보여 주셨소."

14 하사엘이 엘리사 곁을 떠나 그의 주인에게 돌아갔습니다. 벤하닷이 하사엘에게 물었습니다. "엘리사가 무슨 말을 했소?" 하사엘이 대답했습니다. "왕이 틀림없이 나을 것이라고 말했습니다."

15 그러나 이튿날 하사엘은 담요를 물에 적셔서 벤하닷의 얼굴을 덮어 그를 죽였습니다. 그리고 그의 뒤를 이어 왕이 되었습니다.

하닷이 병에서 회복되면 모든 노력이 수포로 돌아가게 될 것이기에 그는 왕을 죽일 방안을 급하게 강구해서 바로 실천했다.

저자의 묵상

벤하닷 왕은 가장 믿었던 심복에게 죽임을 당했다. 사람은 정말 믿을 대상이 못 된다. 하사엘은 왕이 되려고 오래전부터 기회를 엿보며 준비했을 것이다. 그런데 엘리사가 하나님께서 자신이 아람의 왕이 될 것이라고 했다는 것이 아닌가! 하사엘은 깜짝 놀랐을 것이다. 그리고 엘리사를 떠나 벤하닷에게 돌아오면서 많은 생각을 했을 것이다. 그는 엘리사의 답변을 묻는 왕에게 "반드시 살아나시리이다 하더이다"라고만 대답했다. 하사엘은 집에 가서 밤새 깊은 생각에 잠겼다가 아침에 결단을 내린다. 그리고 바로 그날 벤하닷을 살해하고 아람의 왕이 된다. 이는 즉흥적으로 일어난 일이 아니다. 하나님이 이미 예정하고 준비하셨던 일이다. 일찍이 하나님께서는 엘리사의 스승인 엘리야를 통하여 하사엘에게 기름부으신 적이 있다(왕상 19:15). 엘리야를 통해 말씀하셨던 일이 엘리사를 통해 다시 한 번 확인되고 예언대로 이루어진 것이다. 하나님의 말씀은 시간이 지나도 어김없이 이루어진다. 믿을 것은 사람이 아니라 하나님의 말씀뿐이다.

무릎 기도 하나님, 이 땅의 환경과 사람을 믿고 따르지 아니하고, 오직 하나님의 말씀만을 의지하여 살게 하소서.

NLT - 2 Kings 8

7 Elisha went to Damascus, the capital of Aram, where King Ben-hadad lay sick. When someone told the king that the man of God had come,

8 the king said to Hazael, "Take a gift to the man of God. Then tell him to ask the LORD, 'Will I recover from this illness?'"

9 So Hazael loaded down forty camels with the finest products of Damascus as a gift for Elisha. He went to him and said, "Your servant Ben-hadad, the king of Aram, has sent me to ask, 'Will I recover from this illness?'"

10 And Elisha replied, "Go and tell him, 'You will surely recover.' But actually the LORD has shown me that he will surely die!"

11 Elisha stared at Hazael* with a fixed gaze until Hazael became uneasy.* Then the man of God started weeping.

12 "What's the matter, my lord?" Hazael asked him. Elisha replied, "I know the terrible things you will do to the people of Israel. You will burn their fortified cities, kill their young men with the sword, dash their little children to the ground, and rip open their pregnant women!"

13 Hazael responded, "How could a nobody like me* ever accomplish such great things?" Elisha answered, "The LORD has shown me that you are going to be the king of Aram."

14 When Hazael left Elisha and went back, the king asked him, "What did Elisha tell you?" And Hazael replied, "He told me that you will surely recover."

15 But the next day Hazael took a blanket, soaked it in water, and held it over the king's face until he died. Then Hazael became the next king of Aram.

* 8:11a Hebrew *He stared at him.*
* 8:11b The meaning of the Hebrew is uncertain.
* 8:13 Hebrew *a dog.*

8 recover from ~ ~에서 회복하다 illness 병 9 load down with ~ ~을 가득 싣다 11 stare at a person with a fixed gaze 뚫어질 듯 쳐다보다 uneasy 거북한, 불편한 weep 울다 12 fortified 강화된, 요새화한 dash ~ to the ground ~을 땅바닥에 내동댕이치다 rip 찢다

☐ 묵상 체크

18 유다 왕들의 악행

월 일

열왕기하 8:16-29 • 새찬송 26장 | 통일 14장

• 말씀묵상 전에 성령님의 인도하심을 구하는 기도를 드리십시오.

본문요약 | 유다 왕 여호람과 아하시야의 행적이다. 두 왕 모두 북이스라엘 오므리 왕조의 영향을 받아 하나님 보시기에 악을 행한다. 그러나 하나님은 다윗에게 주신 언약을 기억하여 유다에 은혜를 베푸신다.

16 이스라엘의 왕 아합의 아들 요람 제오년
에 여호사밧이 유다의 왕이었을 때에 유
다의 왕 여호사밧의 아들 여호람이 왕이
되니라
17 여호람이 왕이 될 때에 나이가 삼십이 세
라 예루살렘에서 팔 년 동안 통치하니라
18 그가 이스라엘 왕들의 길을 가서 아합의
집과 같이 하였으니 이는 아합의 딸이 그
의 아내가 되었음이라 그가 여호와 보시
기에 악을 행하였으나
19 여호와께서 그의 종 다윗을 위하여 유다
멸하기를 즐겨하지 아니하셨으니 이는 그
와 그의 자손에게 항상 등불을 주겠다고
말씀하셨음이더라
20 여호람 때에 에돔이 유다의 손에서 배반
하여 자기 위에 왕을 세운 고로
21 여호람이 모든 병거를 거느리고 사일로
갔더니 밤에 일어나 자기를 에워싼 에돔
사람과 그 병거의 장관들을 치니 이에 백
성이 도망하여 각각 그들의 장막들로 돌
아갔더라
22 이와 같이 에돔이 유다의 수하에서 배반
하였더니 오늘까지 그러하였으며 그때에
립나도 배반하였더라
23 여호람의 남은 사적과 그가 행한 모든 일
은 유다 왕 역대지략에 기록되지 아니하
였느냐
24 여호람이 그의 조상들과 함께 자매 그의
조상들과 함께 다윗 성에 장사되고 그의
아들 아하시야가 대신하여 왕이 되니라
25 이스라엘의 왕 아합의 아들 요람 제십이
년에 유다 왕 여호람의 아들 아하시야가
왕이 되니
26 아하시야가 왕이 될 때에 나이가 이십이
세라 예루살렘에서 일 년을 통치하니라
그의 어머니의 이름은 아달랴라 이스라엘
왕 오므리의 손녀이더라
27 아하시야가 아합의 집 길로 행하여 아합
의 집과 같이 여호와 보시기에 악을 행하
였으니 그는 아합의 집의 사위가 되었음
이러라
28 그가 아합의 아들 요람과 함께 길르앗 라
못으로 가서 아람 왕 하사엘과 더불어 싸
우더니 아람 사람들이 요람에게 부상을
입힌지라
29 요람 왕이 아람 왕 하사엘과 싸울 때에 라
마에서 아람 사람에게 당한 부상을 치료
하려 하여 이스르엘로 돌아왔더라 유다의
왕 여호람의 아들 아하시야가 아합의 아
들 요람을 보기 위하여 내려갔으니 이는
그에게 병이 생겼음이더라

1. 오늘 하나님께서 나에게 주신 깨달음은 무엇입니까?

2. 말씀을 어떻게 내 삶에 구체적으로 적용해야 합니까?

절별 해설

16-17 유다의 왕 여호사밧의 아들 여호람이 왕이 되니라, 나이가 삼십이 세라 예루살렘에서 팔 년 동안 통치하니라 여호람의 뜻은 '여호와가 존귀하게 되다'이다. 여호람은 32세에 왕이 되어 8년 동안 통치했다.

18 그가 이스라엘 왕들의 길을 가서 아합의 집과 같이 하였으니 이는 아합의 딸이 그의 아내가 되었음이라 여호람은 남유다의 왕이면서도 북이스라엘의 오므리 왕조, 즉 아합 집안의 영향을 받아 악을 행한다. 여호람이 아합과 이세벨의 딸 아달랴와 결혼하여 그들의 악행을 본받았기 때문이다.

19 여호와께서 그의 종 다윗을 위하여 유다 멸하기를 즐겨하지 아니하셨으니 이는 그와 그의 자손에게 항상 등불을 주겠다고 말씀하셨음이더라 유다가 보존된 것은 유다 왕들의 순종 때문이 아니라, 다윗과 맺은 언약을 기억하신 하나님의 긍휼과 은혜 때문이다. 훗날 이 다윗 언약에 근거해서 온 인류를 다스리는 왕이신 예수님이 다윗의 후손으로 오셨다.

20-22 에돔이 유다의 손에서 배반하여, 립나도 배반하였더라 여호람이 하나님을 떠나자, 오므리 왕조가 결성한 견고한 동맹체제였던 '북이스라엘-남유다-모압-에돔' 중에서 모압에 이어 에돔까지 반역하여 떠났다. 이에 여호람이 군사를 일으켜 에돔을 다시 정복하려고 원정을 가지만, 에돔을 정복하기는커녕 오히려 구사일생으로 겨우 살아 돌아오는 수모를 겪는다. 이후 유다는 다시는 에돔을 통치하지 못하게 된다. 에돔의 반역에서 영감을 받은 블레셋 접경의 유다 지역인 립나까지도 독립을 선언해 버린다. 여호람은 에돔의 반란을 진압하려 했지만 크게 패하고 도주한다. 뒤이어 립나까지 반역할 만큼 유다는 쇠약해져 간다.

24, 26-27, 29 그의 아들 아하시야가, 그의 어머니의 이름은 아달랴라 이스라엘 왕 오므리의 손녀이더라, 여호와 보시기에 악을 행하였으니 그는 아합의 집의 사위가 되었음이러라, 요람 왕이, 이스르엘로 돌아왔더라 유다의 왕 여호람의 아들 아하시야가 아합의 아들 요람을 보기 위하여 내려갔으니 이는 그에게 병이 생겼음이더라 여호람의 아들 아하시야가 유다의 새로운 왕이 되지만, 그 역시 아합의 딸인 어머니 아달랴의 영향으로 하나님이 기뻐하시는 다윗의 길이 아니라 악을 행하는 아합의 집안이 밟았던 길을 따른다. '여호와께서 붙드신다'는 뜻의 이름을

쉬운성경

16 아합의 아들 요람이 이스라엘 왕으로 있은 지 오 년째 되는 해에 여호사밧의 아들 여호람이 유다의 왕이 되었습니다.

17 여호람이 왕이 되었을 때, 그의 나이는 서른두 살이었습니다. 그는 예루살렘에서 팔 년 동안, 다스렸습니다.

18 그러나 여호람은 아합의 딸을 아내로 맞아들인 탓에 아합의 집안이 행한 것처럼 이스라엘 왕들의 길을 그대로 따랐습니다.

19 여호와께서는 자기 종 다윗 때문에 유다를 멸망시키려 하지는 않으셨습니다. 왜냐하면 주께서는 다윗과 그의 자손이 영원히 나라를 가지게 될 것이라고 약속하셨기 때문입니다.

20 여호람 왕이 유다를 다스리고 있을 때에 에돔이 유다에 반역했습니다. 에돔 백성은 자기들의 왕을 따로 세웠습니다.

21 그래서 여호람은 모든 전차를 이끌고 사일로 갔습니다. 밤중에 에돔 사람들이 여호람과 그의 전차 부대를 에워쌌습니다. 여호람이 일어나 에돔 사람들을 공격했으나, 그의 군대는 자기 장막으로 도망쳤습니다.

22 이처럼 에돔 사람이 유다를 배반해서 오늘날까지 에돔이 유다의 지배를 벗어나 있습니다. 그때에 립나도 유다를 배반했습니다.

23 여호람이 한 다른 모든 일은 유다 왕들의 역사책에 기록되어 있습니다.

24 여호람이 죽어 조상들과 함께 다윗성에 묻히고, 그의 아들 아하시야가 여호람의 뒤를 이어 왕이 되었습니다.

25 아합의 아들 요람이 이스라엘의 왕으로 있은 지 십이 년째 되는 해에 여호람의 아들 아하시야가 유다의 왕이 되었습니다.

가진 아하시야는 자신의 이름값을 전혀 하지 못했다. 아하시야가 타락하게 된 가장 큰 원인은 어머니만 오므리 왕조였던 것이 아니라 아내도 오므리 왕조의 여자였다는 데 있다. 더욱이 아하시야는 악으로 가득 차 있던 북이스라엘을 도와 아람 왕의 침공에 맞서기까지 했으며, 전쟁 중에 부상당한 요람을 문병할 만큼 북이스라엘과 돈독한 관계를 유지했다.

26 아하시야가 왕이 되었을 때, 그의 나이는 스물두 살이었습니다. 그는 예루살렘에서 일 년 동안, 다스렸습니다. 그의 어머니의 이름은 아달랴인데, 아달랴는 이스라엘의 오므리 왕의 손녀입니다.

27 아하시야는 아합의 집안이 했던 길을 그대로 따랐습니다. 그는 아합의 집안과 마찬가지로 여호와께서 보시기에 악한 일을 했습니다. 그것은 그가 아합 집안의 사위였기 때문입니다.

28 아하시야는 아합의 아들 요람과 함께 길르앗 땅 라못으로 갔습니다. 그들은 그곳에서 아람 왕 하사엘과 싸웠습니다. 요람은 아람 사람들과 싸우던 중 부상을 당했습니다.

29 요람 왕은 그 상처를 치료하려고 이스르엘로 돌아왔습니다. 여호람의 아들이며 유다의 왕인 아하시야가 부상을 당한 아합의 아들 요람을 문병하기 위해 이스르엘로 내려갔습니다.

저자의 묵상

여호람이 북이스라엘의 아합 가문인 오므리 왕조의 왕들과 전혀 다를 바 없었다는 점은 정말 안타까운 일이다. 그의 아버지 여호사밧은 상당히 의로운 왕이었으며 여호와를 경외하는 왕으로 알려져 있다. 그런데도 아들은 악행을 일삼았다. 여호람의 타락에는 아합 딸과의 결혼이 큰 영향을 끼쳤다. 정략결혼을 통한 외교방식이 빚은 필연적인 불행이었다. 이기적인 목적의 연합은 그 자체로 정당성을 상실한다. 어떤 가치를 위한 것인지에 따라 더 큰 악을 만들 수도 있다. 몸집을 키워 권력을 누리는 데만 여념이 없는 뒤틀린 이합집산은 또 하나의 바벨탑 쌓기가 될 수 있다. 하나님께서 인정하지 않는 인위적인 세 불리기는 늘 자기 파멸적이다. 특히 결혼에 관한 사항은 그 여파가 평생을 간다. 더욱이 여호람만이 아니라 그의 아들 아하시야도 아합 가문의 딸과 결혼했다는 것은 유다 왕국의 암울한 미래를 충분히 예측하게 한다. 하나님이 함께하시지 않는 인간의 탐욕을 위한 연합은 실패의 기초가 된다. 그러므로 믿음의 사람은 잘못된 욕심을 버릴 수 있어야 한다. 내면에 가득한 부패한 것들을 미련 없이 버릴 수 있어야 한다. 남의 눈에 피눈물을 흘리게 하면서 벌어들인 돈과 명예를 눈 딱 감고 포기할 수 있어야 한다. 나아가 사람에 대한 존중 없이 오로지 이용할 가치로만 연계하고 연합하는 일을 배격할 수 있어야 한다.

무릎 기도 하나님, 자기 이익과 탐욕에 빠져 사람을 존중하지 않거나 심지어 고통과 상처를 주는 연합이나 동업을 하지 않도록 지켜 주소서.

16 Jehoram son of King Jehoshaphat of Judah
began to rule over Judah in the fifth year of
the reign of Joram son of Ahab, king of
Israel.
17 Jehoram was thirty-two years old when he
became king, and he reigned in Jerusalem
eight years.
18 But Jehoram followed the example of the
kings of Israel and was as wicked as King
Ahab, for he had married one of Ahab's
daughters. So Jehoram did what was evil in
the LORD's sight.
19 But the LORD did not want to destroy Judah,
for he had promised his servant David that
his descendants would continue to rule,
shining like a lamp forever.
20 During Jehoram's reign, the Edomites
revolted against Judah and crowned their
own king.
21 So Jehoram* went with all his chariots to
attack the town of Zair.* The Edomites
surrounded him and his chariot
commanders, but he went out at night and
attacked them* under cover of darkness.
But Jehoram's army deserted him and fled
to their homes.
22 So Edom has been independent from Judah
to this day. The town of Libnah also revolted
about that same time.
23 The rest of the events in Jehoram's reign
and everything he did are recorded in *The
Book of the History of the Kings of Judah.*
24 When Jehoram died, he was buried with his
ancestors in the City of David. Then his son
Ahaziah became the next king.
25 Ahaziah son of Jehoram began to rule over
Judah in the twelfth year of the reign of
Joram son of Ahab, king of Israel.
26 Ahaziah was twenty-two years old when he
became king, and he reigned in Jerusalem
one year. His mother was Athaliah, a
granddaughter of King Omri of Israel.
27 Ahaziah followed the evil example of King
Ahab's family. He did what was evil in the
LORD's sight, just as Ahab's family had done,
for he was related by marriage to the family
of Ahab.
28 Ahaziah joined Joram son of Ahab in his war
against King Hazael of Aram at Ramoth-
gilead. When the Arameans wounded King
Joram in the battle,
29 he returned to Jezreel to recover from the
wounds he had received at Ramoth.*
Because Joram was wounded, King Ahaziah
of Judah went to Jezreel to visit him.

* 8:21a Hebrew *Joram,* a variant spelling of Jehoram; also in 8:23, 24.
* 8:21b Greek version reads *Seir.*
* 8:21c Or *he went out and escaped.* The meaning of the Hebrew is uncertain.
* 8:29 Hebrew *Ramah,* a variant spelling of Ramoth.

17 reign 다스리다, 통치하다 18 follow the example of ~ ~를 본받다 19 descendant 자손 20 revolt against ~ ~에게 반란을 일으키다 crown 왕위에 앉히다 21 surround 에워싸다 under cover of darkness 어둠을 틈타서 flee to ~ ~로 도피하다 22 independent 독립한 28 wound 부상을 입히다 29 recover from ~ ~에서 회복하다

• MEMO •

☐ 묵상 체크

19 월 일

왕이 된 예후

열왕기하 9:1-13 • 새찬송 14장 | 통일 30장

• 말씀묵상 전에 성령님의 인도하심을 구하는 기도를 드리십시오.

본문요약 I 엘리사는 선지자의 제자 중 하나를 예후에게 보낸다. 그리고 그에게 기름부음을 받게 함으로 왕이 되게 한다. 예후는 아합의 집안에 선포된 하나님의 심판을 수행할 자로 부름을 받았다.

1 선지자 엘리사가 선지자의 제자 중 하나를 불러 이르되 너는 허리를 동이고 이 기름병을 손에 가지고 길르앗 라못으로 가라
2 거기에 이르거든 님시의 손자 여호사밧의 아들 예후를 찾아 들어가서 그의 형제 중에서 일어나게 하고 그를 데리고 골방으로 들어가
3 기름병을 가지고 그의 머리에 부으며 이르기를 여호와의 말씀이 내가 네게 기름을 부어 이스라엘 왕으로 삼노라 하셨느니라 하고 곧 문을 열고 도망하되 지체하지 말지니라 하니
4 그 청년 곧 그 선지자의 청년이 길르앗 라못으로 가니라
5 그가 이르러 보니 군대 장관들이 앉아 있는지라 소년이 이르되 장관이여 내가 당신에게 할 말이 있나이다 예후가 이르되 우리 모든 사람 중에 누구에게 하려느냐 하니 이르되 장관이여 당신에게니이다 하는지라
6 예후가 일어나 집으로 들어가니 청년이 그의 머리에 기름을 부으며 그에게 이르되 이스라엘 하나님 여호와의 말씀이 내가 네게 기름을 부어 여호와의 백성 곧 이스라엘의 왕으로 삼노니
7 너는 네 주 아합의 집을 치라 내가 나의 종 곧 선지자들의 피와 여호와의 종들의 피를 이세벨에게 갚아 주리라
8 아합의 온 집이 멸망하리니 이스라엘 중에 매인 자나 놓인 자나 아합에게 속한 모든 남자는 내가 다 멸절하되
9 아합의 집을 느밧의 아들 여로보암의 집과 같게 하며 또 아히야의 아들 바아사의 집과 같게 할지라
10 이스르엘 지방에서 개들이 이세벨을 먹으리니 그를 장사할 사람이 없으리라 하셨느니라 하고 곧 문을 열고 도망하니라
11 예후가 나와서 그의 주인의 신복들에게 이르니 한 사람이 그에게 묻되 평안하냐 그 미친 자가 무슨 까닭으로 그대에게 왔더냐 대답하되 그대들이 그 사람과 그가 말한 것을 알리라 하더라
12 무리가 이르되 당치 아니한 말이라 청하건대 그대는 우리에게 이르라 하니 대답하되 그가 이리이리 내게 말하여 이르기를 여호와의 말씀이 내가 네게 기름을 부어 이스라엘 왕으로 삼는다 하셨다 하더라 하는지라
13 무리가 각각 자기의 옷을 급히 가져다가 섬돌 위 곧 예후의 밑에 깔고 나팔을 불며 이르되 예후는 왕이라 하니라

1. 오늘 하나님께서 나에게 주신 깨달음은 무엇입니까?

2. 말씀을 어떻게 내 삶에 구체적으로 적용해야 합니까?

절별 해설

1-3 이 기름병을 손에 가지고 길르앗 라못으로 가라, 예후를 찾아 들어가서, 그를 데리고 골방으로 들어가 기름병을 가지고 그의 머리에 부으며, 곧 문을 열고 도망하되 지체하지 말지니라 왕을 폐하고 세우는 주권은 하나님께 있다. 엘리사는 선지자의 제자 중 한 명의 손에 기름병을 들려서 예후에게 보낸다. 그리고 예후에게 기름을 부어 이스라엘 왕을 삼는 의식을 행한 후 발각되지 않도록 급히 돌아오라고 한다. 왕이 아직 살아있는 상황에서 다른 사람에게 기름을 붓는 것은 왕에 대한 반역이었기에 조심할 필요가 있었던 것이다. 한편, 길르앗 라못은 요람의 군대와 아하시야의 군대가 연합해서 아람 군과 싸우고 있는 곳이었다. 아합의 아들 요람은 이곳에서 싸우다가 부상을 당해 상처를 치료하려고 이스르엘로 돌아간 상황이었다. 남왕국의 아하시야도 요람을 병문안하기 위해서 길르앗 라못을 떠나 이스르엘에 가 있었다. 결과적으로 지금 길르앗 라못에는 요람과 아하시야의 군사들과 장군들만 있었다.

6-8 이스라엘 하나님 여호와의 말씀이 내가 네게 기름을 부어 여호와의 백성 곧 이스라엘의 왕으로 삼노니 너는 네 주 아합의 집을 치라, 이세벨에게 갚아 주리라 아합의 온 집이 멸망하리니 엘리사의 제자는 엘리사가 지시한 대로 예후에게 기름을 부으며 이스라엘의 왕 됨을 선언한다. 동시에 하나님이 예후를 이스라엘의 왕으로 세우시는 목적을 분명하게 말해 준다. 아합 집안이 저지른 악행, 특히 선지자들의 피와 또 다른 주의 종들의 피를 이세벨에게 갚기 위함이었다. 그러므로 예후는 아합 집안을 멸절해야 하는 것이다.

9 아합의 집을 느밧의 아들 여로보암의 집과 같게 하며 또 아히야의 아들 바아사의 집과 같게 할지라 하나님은 아합 집안도 여로보암 왕조와 바아사 왕조의 운명과 동일하게 할 것을 말씀하신다. 이스라엘을 다스린 네 왕조는 첫째, 여로보암 왕조(BC 930-909), 둘째, 바아사 왕조(BC 909-885), 셋째, 오므리 왕조(BC 885-841), 넷째, 예후 왕조(BC 841-752)다. 여로보암 왕조는 하나님의 진노를 사 바아사 왕조에 의해 멸망을 당했다. 바아사 왕조는 7일 동안 왕 노릇한 시므리에 의해서 아합과 같이 그 일족이 몰살됨으로 멸망했다. 이후 시므리도 바아사와 똑같이 여로보암의 길을 따라 범죄함으로 왕궁에 불을 놓고 그 속에서 타 죽었다. 마찬가지로 아합의 집안 즉, 오므리 왕조도 예후에 의해서 멸족하게 될 것이다.

쉬운성경

1 엘리사가 예언자의 무리 가운데서 한 사람을 불러 말했습니다. "옷을 단단히 동여매고 이 작은 기름병을 손에 들고 길르앗 땅 라못으로 가거라.

2 그곳에 이르거든 님시의 손자이며 여호사밧의 아들인 예후를 찾아라. 들어가서 예후를 형제들 가운데서 불러내어 골방으로 데려가거라.

3 기름병을 가지고 예후의 머리에 기름을 부으면서 '여호와께서 당신을 이스라엘의 왕으로 세우셨다고 말씀하셨소' 하고 말하여라. 그런 다음에 문을 열고 빨리 도망쳐라. 머뭇거리지 마라."

4 그리하여 예언자인 그 젊은이가 일어나 길르앗 땅 라못으로 갔습니다.

5 그가 들어가서 보니, 군대에 있는 장군들이 회의를 하고 있었습니다. 그가 말했습니다. "장군님, 전할 말씀이 있습니다." 예후가 물었습니다. "우리 가운데서 누구에게 말을 전하겠다는 거요?" 젊은이가 말했습니다. "바로 장군님입니다."

6 예후가 자리에서 일어나 집으로 들어갔습니다. 그러자 젊은 예언자가 예후의 머리에 기름을 부으며 말했습니다. "이스라엘의 하나님 여호와께서 이렇게 말씀하셨습니다. '내가 너를 여호와의 백성, 곧 이스라엘의 왕으로 세웠다.

7 너는 네 주인인 아합의 집안을 멸망시켜야 한다. 나는 내 종인 예언자들을 죽이고 여호와의 모든 종들을 죽인 이세벨에게 벌을 내려 그 죄값을 꼭 치르도록 하겠다.

8 아합의 집안은 다 죽을 것이다. 아합 집안의 남자는 종이든지 자유인이든지 한 명도 살려 두지 않겠다.

9 아합의 집안을 느밧의 아들 여로보암의 집안처럼 만들고, 아히야의 아들 바아사의 집안처럼 만들겠다.

11-13 그 미친 자가 무슨 까닭으로 그대에게 왔더냐, 그가 이리 이리 내게 말하여 이르기를 여호와의 말씀이 내가 네게 기름을 부어 이스라엘 왕으로 삼는다 하셨다 하더라 하는지라, 예후는 왕이라 하니라 엘리사의 제자를 향해 그 미친 자라고 비아냥거릴 만큼 이스라엘은 왕부터 백성까지 악했다. 그러나 예후가 엘리사의 제자가 한 일과 그를 통해 들은 것을 알려 주자 왕의 신복들은 즉시 예후에게 왕의 예를 갖추고 왕으로 추대한다. 이스라엘 왕 요람이 얼마나 신하들의 신망을 잃었는지를 보여 준다.

10 개들이 이스르엘 땅에서 이세벨의 시체를 뜯어먹을 것이며, 아무도 이세벨을 묻어 주지 않을 것이다.'" 이 말을 한 다음에 젊은 예언자는 문을 열고 도망쳤습니다.

11 예후가 자기 주인인 왕의 신하들에게 돌아오자 그들 가운데 한 사람이 물었습니다. "평안하오? 그 미친 녀석이 무슨 일로 왔소?" 예후가 대답했습니다. "그 사람이 누구며 그 사람이 무슨 말을 하는지 당신들도 알고 있지 않소?"

12 그들이 말했습니다. "그런 말 말고 그 사람이 무슨 말을 했는지 우리에게도 일러주시오." 예후가 말했습니다. "그는 '여호와께서 이렇게 말씀하셨소. 내가 너를 이스라엘의 왕으로 세웠다' 하고 말했소."

13 이 말을 들은 신하들은 급히 입고 있던 옷을 벗어 돌층계 위에 깔고 예후를 그 위에 모셨습니다. 그리고 나팔을 불며 외쳤습니다. "예후가 왕이다."

저자의 묵상

엘리사의 청년 제자는 엘리사로부터 매우 위험한 명령을 받았다. 하나님의 놀라운 계획이지만 동시에 왕을 향한 반역을 도모하는 계획이었기 때문이다. 그러나 그는 길르앗 라못에 있는 예후에게로 가서 할 일을 하고, 할 말도 빠뜨리지 않고 제대로 잘 전달했다. 하나님나라의 역사는 신실한 선지자 엘리사와 담대히 순종한 무명의 제자를 통해 하나님이 원하시는 대로 진행되었다. 하나님은 예후를 통해 아합 집안의 마지막 왕 요람을 쳐서 선지자들과 여호와의 종들의 피에 대해 심판하실 것이다. 아합과 이세벨의 죄악에 대한 심판이 과거 엘리야 선지자 때에 즉시 시행되지 않았지만 그렇다고 잊힌 것은 아니었다. 하나님의 심판은 가장 적절한 때에 반드시 이루어진다. 그러므로 믿음의 사람은 세상의 모든 권세 위에 하나님이 계신다는 사실을 꼭 기억해야 한다. 악인의 형통이 하나님의 무능을 의미하지 않음도 깨달아야 한다. 물론 불의한 세상이기에 닥쳐오는 고통스런 삶은 결코 녹록지 않다. 추운 겨울엔 매서운 추위가 당연하게 다가온다. 그러나 추워서 덜덜 떨면서도 옷을 여미며 참고 봄을 기다리는 것처럼 내가 보내고 있는 힘든 시기조차도 하나님의 주권과 주님의 계획 안에 있음을 믿는 사람은 결코 악한 현실에 체념하거나 악에 동조하지 않는다. 묵묵히 하나님의 정의를 실현하기 위해 하나님의 일을 순종하며 감당한다. 그게 믿음의 삶이다.

무릎 기도 하나님, 정의로운 하나님이 살아계심을 믿고, 악에 저항하고 의를 세우는 일을 멈추지 말게 하소서.

NLT - 2 Kings 9

1 Meanwhile, Elisha the prophet had
summoned a member of the group of
prophets. "Get ready to travel,"* he told him,
"and take this flask of olive oil with you. Go
to Ramoth-gilead,
2 and find Jehu son of Jehoshaphat, son of
Nimshi. Call him into a private room away
from his friends,
3 and pour the oil over his head. Say to him,
'This is what the LORD says: I anoint you to
be the king over Israel.' Then open the door
and run for your life!"
4 So the young prophet did as he was told
and went to Ramoth-gilead.
5 When he arrived there, he found Jehu sitting
around with the other army officers. "I have
a message for you, Commander," he said.
"For which one of us?" Jehu asked. "For
you, Commander," he replied.
6 So Jehu left the others and went into the
house. Then the young prophet poured the
oil over Jehu's head and said, "This is what
the LORD, the God of Israel, says: I anoint
you king over the LORD's people, Israel.
7 You are to destroy the family of Ahab, your
master. In this way, I will avenge the murder
of my prophets and all the LORD's servants
who were killed by Jezebel.
8 The entire family of Ahab must be wiped out.
I will destroy every one of his male
descendants, slave and free alike, anywhere
in Israel.
9 I will destroy the family of Ahab as I
destroyed the families of Jeroboam son of
Nebat and of Baasha son of Ahijah.
10 Dogs will eat Ahab's wife Jezebel at the plot
of land in Jezreel, and no one will bury her."
Then the young prophet opened the door
and ran.
11 Jehu went back to his fellow officers, and
one of them asked him, "What did that
madman want? Is everything all right?" "You
know how a man like that babbles on," Jehu
replied.
12 "You're hiding something," they said. "Tell
us." So Jehu told them, "He said to me, 'This
is what the LORD says: I have anointed you
to be king over Israel.'"
13 Then they quickly spread out their cloaks on
the bare steps and blew the ram's horn,
shouting, "Jehu is king!"

* 9:1 Hebrew *Bind up your loins.*

1 summon (오라고) 부르다 flask 휴대용 병 2 call … into ~ …를 ~ 안으로 부르다 3 anoint ~에게 기름을 부어 성별하다 5 commander 사령관 7 avenge 복수하다 8 be wiped out 전멸당하다 10 the plot of land 작은 땅덩이 11 fellow 동료 madman 미친 사람 babble on 쓸데없는 말을 늘어놓다 13 cloak 겉옷 bare step 섬돌, 돌층계 ram's horn 뿔피리

• MEMO •

20 요람과 아합 집안에 대한 심판

월 일

열왕기하 9:14-26 • 새찬송 361장 | 통일 480장

• 말씀묵상 전에 성령님의 인도하심을 구하는 기도를 드리십시오.

본문요약 | 아합 집안을 향한 하나님의 심판 예고가 예후를 통해 성취된다. 예후는 부상을 치료하고 있던 요람을 찾아간다. 예후는 하나님의 섭리 아래 나봇의 포도원에서 요람을 만나 화살을 쏴 죽임으로 요람을 처단한다. 이는 하나님의 심판을 대행한 것이다.

14 이에 님시의 손자 여호사밧의 아들 예후
가 요람을 배반하였으니 곧 요람이 온 이
스라엘과 더불어 아람의 왕 하사엘과 맞
서서 길르앗 라못을 지키다가
15 아람의 왕 하사엘과 더불어 싸울 때에 아
람 사람에게 부상한 것을 치료하려 하여
이스르엘로 돌아왔던 때라 예후가 이르되
너희 뜻에 합당하거든 한 사람이라도 이
성에서 도망하여 이스르엘에 알리러 가지
못하게 하라 하니라
16 예후가 병거를 타고 이스르엘로 가니 요
람 왕이 거기에 누워 있었음이라 유다의
왕 아하시야는 요람을 보러 내려왔더라
17 이스르엘 망대에 파수꾼 하나가 서 있더
니 예후의 무리가 오는 것을 보고 이르되
내가 한 무리를 보나이다 하니 요람이 이
르되 한 사람을 말에 태워 보내어 맞이하
여 평안하냐 묻게 하라 하는지라
18 한 사람이 말을 타고 가서 만나 이르되 왕
의 말씀이 평안하냐 하시더이다 하매 예
후가 이르되 평안이 네게 상관이 있느냐
내 뒤로 물러나라 하니라 파수꾼이 전하
여 이르되 사자가 그들에게 갔으나 돌아
오지 아니하나이다 하는지라
19 다시 한 사람을 말에 태워 보내었더니 그
들에게 가서 이르되 왕의 말씀이 평안하
냐 하시더이다 하매 예후가 이르되 평안
이 네게 상관이 있느냐 내 뒤를 따르라 하
더라
20 파수꾼이 또 전하여 이르되 그도 그들에
게까지 갔으나 돌아오지 아니하고 그 병
거 모는 것이 님시의 손자 예후가 모는 것
같이 미치게 모나이다 하니
21 요람이 이르되 메우라 하매 그의 병거를
메운지라 이스라엘 왕 요람과 유다 왕 아
하시야가 각각 그의 병거를 타고 가서 예
후를 맞을새 이스르엘 사람 나봇의 토지
에서 만나매
22 요람이 예후를 보고 이르되 예후야 평안
하냐 하니 대답하되 네 어머니 이세벨의
음행과 술수가 이렇게 많으니 어찌 평안
이 있으랴 하더라
23 요람이 곧 손을 돌이켜 도망하며 아하시야
에게 이르되 아하시야여 반역이로다 하니
24 예후가 힘을 다하여 활을 당겨 요람의 두
팔 사이를 쏘니 화살이 그의 염통을 꿰뚫
고 나오매 그가 병거 가운데에 엎드러진
지라
25 예후가 그의 장관 빗갈에게 이르되 그 시
체를 가져다가 이스르엘 사람 나봇의 밭
에 던지라 네가 기억하려니와 이전에 너
와 내가 함께 타고 그의 아버지 아합을 좇
았을 때에 여호와께서 이같이 그의 일을
예언하셨느니라
26 여호와께서 말씀하시기를 내가 어제 나봇
의 피와 그의 아들들의 피를 분명히 보았
노라 여호와께서 또 말씀하시기를 이 토
지에서 네게 갚으리라 하셨으니 그런즉
여호와의 말씀대로 그의 시체를 가져다가
이 밭에 던질지니라 하는지라

1. 오늘 하나님께서 나에게 주신 깨달음은 무엇입니까?

2. 말씀을 어떻게 내 삶에 구체적으로 적용해야 합니까?

절별 해설

14–16 예후가 요람을 배반하였으니 곧 요람이 온 이스라엘과 더불어 아람의 왕 하사엘과 맞서서, 더불어 싸울 때에 아람 사람에게 부상한 것을 치료하려 하여 이스르엘로 돌아왔던 때라, 유다의 왕 아하시야는 요람을 보러 내려왔더라 예후가 이스라엘 왕 요람을 배반한다. 그는 이스르엘에서 부상당한 몸을 치료하고 있던 요람을 찾아가기 전에 전장에 함께 있던 이들에게 반역 음모를 발설하지 말도록 지시했다. 그때 이스르엘에는 병문안을 온 유다 왕 아하시야도 있었다. 요람의 조카인 아하시야는 정치적으로 요람을 지원했을 뿐만 아니라 인간적으로도 요람과 깊은 교제를 나누었다.

17–19 한 사람을 말에 태워 보내어 맞이하여 평안하냐 묻게 하라, 파수꾼이 전하여 이르되 사자가 그들에게 갔으나 돌아오지 아니하나이다, 다시 한 사람을 말에 태워 보내었더니 갑자기 군대가 나타나자 긴장감이 감돌기 시작했다. 불안한 요람은 기마병을 보내 아군인지 적군인지 알아보게 했지만 기마병은 돌아오지 않았다. 또 한 번 보냈지만 역시 두 번째 기마병도 돌아오지 않았다. 예후가 이들을 돌려보내지 않았기 때문이다.

21–22 이스라엘 왕 요람과 유다 왕 아하시야가 각각 그의 병거를 타고 가서 예후를 맞을새 이스르엘 사람 나봇의 토지에서 만나매 요람이 예후를 보고 이르되 예후야 평안하냐 하니 예후가 온다는 말에 안심한 요람 왕과 아하시야 왕이 직접 나가 예후를 만나는데, 그곳은 나봇의 포도원이었다. "예후야 평안하냐"라고 통상적인 인사를 하는 순간까지 요람은 예후의 반역을 알아차리지 못했다. 예후와 아합의 아들 요람이 다름 아닌 나봇의 땅에서 만났다. 즉, 두 사람의 만남은 결코 우연이 아니었다. 하나님의 섭리에 의해 아합 집안에 나봇의 핏값이 갚아지는 순간이 온 것이다. 오래전 이세벨이 나봇을 죽이고 그의 포도원을 빼앗아 남편 아합에게 주었던 일에 대해 엘리야가 예언한 심판이 실현된다.

23–24 아하시야여 반역이로다 하니 예후가 힘을 다하여 활을 당겨 요람의 두 팔 사이를 쏘니, 그가 병거 가운데에 엎드러진지라 뒤늦게 상황을 알아차린 요람이 반역이라고 소리치며 도망치지만 이미 때는 늦었다. 결국 요람은 예후의 화살에 맞아 죽는다.

쉬운성경

14 그리하여 님시의 손자요, 여호사밧의 아들인 예후가 요람을 배반했습니다. 그 당시 요람과 온 이스라엘은 아람 왕 하사엘과 맞서 싸우며 길르앗 땅 라못을 지키고 있었습니다.

15 요람 왕은 아람 왕 하사엘과 싸우다가 부상을 당했기 때문에 상처를 치료하려고 이스르엘로 돌아와야 했습니다. 예후가 자기를 따르기로 한 사람들에게 말했습니다. "당신들의 뜻이 내 뜻과 같다면, 아무도 이 성을 빠져나가지 못하게 하시오. 이스르엘에 있는 왕에게 가서 우리의 상황을 알리는 사람이 있으면 안 되기 때문이오."

16 그런 다음에 예후는 자기 전차에 올라타고 요람이 쉬고 있는 이스르엘로 떠났습니다. 유다 왕 아하시야도 요람을 문병하러 그곳에 와 있었습니다.

17 이스르엘의 망대를 지키는 파수꾼이 예후의 군대가 오는 모습을 보고 말했습니다. "웬 군대가 보입니다." 요람이 말했습니다. "기마병을 불러라. 그를 보내어 그들을 맞이하게 하고 좋은 소식을 가져오는지 물어보게 하여라."

18 그리하여 기마병이 말을 타고 달려나가 예후를 맞이했습니다. 기마병이 말했습니다. "왕이 좋은 소식을 가져오는지 물어보라고 하셨습니다." 예후가 말했습니다. "너와 상관없는 일이다. 너는 내 뒤를 따라라." 파수꾼이 보고했습니다. "기마병이 저들에게 가기는 갔는데 돌아오지 않고 있습니다."

19 그래서 요람이 두 번째 기마병을 보냈습니다. 그 기마병이 그들에게 가서 말했습니다. "왕이 좋은 소식을 가져오는지 물어보라고 하셨습니다." 예후가 대답했습니다. "너와 상관없는 일이다. 너는 내 뒤를 따라라."

20 파수꾼이 보고했습니다. "두 번째 기마병도 저들에게 가기는 갔는데 돌아오지 않고 있습니다. 전차를 몰고 오는 사람은 님시의 아들 예후인 것 같습니다. 마치 미친 사람처럼 전차를 몰고 있습니다."

21 요람이 말했습니다. "내 전차를 준비하여라." 신하들이 요람의 전차를 준비하자, 이스라엘 왕 요람과 유다 왕 아하시야가 각자 자기 전차를 타고 예후를 만나러 나갔습니

25-26 예후가 그의 장관 빗갈에게 이르되 그 시체를 가져다가 이스르엘 사람 나봇의 밭에 던지라. 여호와의 말씀대로 그의 시체를 가져다가 이 밭에 던질지니라 예후가 요람의 시신을 끌어안고 있던 빗갈에게 소리친다. 하나님이 아합에 대해 하신 말씀을 기억하면서 그 시신을 들고 가 이스르엘 사람 나봇의 밭에 던지라는 말이었다. 엘리사의 제자가 와서 예후에게 왕으로 기름을 붓고 아합 집안을 제거하라고 했을 때, 예후가 그대로 따르는 이유가 무엇이었는지를 그의 말을 통해 이해할 수 있다. 예후는 오래전부터 엘리야의 예언을 통해 아합 집안이 멸망할 줄 알고 있었으며, 단지 자신이 이 일을 감당했을 뿐이라고 여겼다.

다. 그들은 이스르엘 사람 나봇의 땅에서 예후를 만났습니다.

22 요람이 예후를 보고 말했습니다. "예후여, 좋은 소식을 가지고 오는가?" 예후가 대답했습니다. "왕의 어머니 이세벨이 우상을 섬기고 요술을 부리고 있는데 어떻게 좋은 소식이 있을 수 있겠소?"

23 요람이 말을 돌려 도망치며 아하시야에게 소리쳤습니다. "아하시야여, 반역입니다!"

24 예후가 활로 요람의 두 팔 사이를 쏘았습니다. 화살이 요람의 심장을 꿰뚫고 나왔습니다. 그가 전차에서 쓰러져 죽었습니다.

25 예후가 자기의 신하인 빗갈에게 말했습니다. "요람의 시체를 들어서 이스르엘 사람 나봇의 밭에 던져라. 그대와 내가 요람의 아버지 아합의 뒤를 따라 나란히 말을 타고 달릴 때에 여호와께서 아합에 대해 하신 말씀을 기억하여라. 여호와께서 이렇게 말씀하셨다.

26 '나는 어제 나봇과 그의 아들들이 흘린 피를 보았다. 그러므로 내가 나봇의 밭에서 아합에게 벌을 내릴 것이다.' 그러니 여호와께서 말씀하신 대로 요람의 시체를 들어서 나봇의 밭에 던져라."

저자의 묵상

공교롭게도 요람과 예후가 만난 곳은 하나님이 예언하신 나봇의 포도원이다. 그곳에서 요람은 예후가 쏜 화살에 맞아 죽는다. 하나님이 엘리야를 통해서 예언한 대로 이루어진 것이다. 하나님은 아합이 나봇을 죽게 하고 그의 포도원을 빼앗았을 때, 아합이 그 포도원에서 죽고 나봇의 피를 핥아 먹던 개들이 아합의 피를 핥을 것이라고 말씀하셨다. 그런데 아합이 엘리야의 이 예언을 듣고 잠시 회개하자 하나님께서는 아합 때까지는 이 일이 일어나지 않을 것을 약속하면서 아합의 자식에게 그 저주를 넘기셨다. 그 자식이 바로 요람이다. 하나님의 예언은 아합의 자식 대에 무서울 정도로 정확하게 실현된다. 예후는 요람을 죽여 나봇의 포도원에 던짐으로써 그의 죽음이 하나님의 심판임을 온 천하에 상기시킨다. 하나님께서는 억울한 죽음을 그 세대가 지나간 후에도 잊지 않고 심판하셨다. 하나님은 반드시 심판하신다.

무릎기도 하나님, 악인을 반드시 심판하시는 하나님으로 인하여 의를 행하다가 낙심치 않게 하소서.

14 So Jehu son of Jehoshaphat, son of Nimshi,
led a conspiracy against King Joram. (Now
Joram had been with the army at Ramoth-
gilead, defending Israel against the forces of
King Hazael of Aram.
15 But King Joram* was wounded in the
fighting and returned to Jezreel to recover
from his wounds.) So Jehu told the men with
him, "If you want me to be king, don't let
anyone leave town and go to Jezreel to
report what we have done."
16 Then Jehu got into a chariot and rode to
Jezreel to find King Joram, who was lying
there wounded. King Ahaziah of Judah was
there, too, for he had gone to visit him.
17 The watchman on the tower of Jezreel saw
Jehu and his company approaching, so he
shouted to Joram, "I see a company of
troops coming!" "Send out a rider to ask if
they are coming in peace," King Joram
ordered.
18 So a horseman went out to meet Jehu and
said, "The king wants to know if you are
coming in peace." Jehu replied, "What do
you know about peace? Fall in behind me!"
The watchman called out to the king, "The
messenger has met them, but he's not
returning."
19 So the king sent out a second horseman.
He rode up to them and said, "The king
wants to know if you come in peace." Again
Jehu answered, "What do you know about
peace? Fall in behind me!"
20 The watchman exclaimed, "The messenger
has met them, but he isn't returning either! It
must be Jehu son of Nimshi, for he's driving
like a madman."
21 "Quick! Get my chariot ready!" King Joram
commanded. Then King Joram of Israel and
King Ahaziah of Judah rode out in their
chariots to meet Jehu. They met him at the
plot of land that had belonged to Naboth of
Jezreel.
22 King Joram demanded, "Do you come in
peace, Jehu?" Jehu replied, "How can there
be peace as long as the idolatry and
witchcraft of your mother, Jezebel, are all
around us?"
23 Then King Joram turned the horses around*
and fled, shouting to King Ahaziah, "Treason,
Ahaziah!"
24 But Jehu drew his bow and shot Joram
between the shoulders. The arrow pierced
his heart, and he sank down dead in his
chariot.
25 Jehu said to Bidkar, his officer, "Throw him
into the plot of land that belonged to Naboth
of Jezreel. Do you remember when you and I
were riding along behind his father, Ahab?
The LORD pronounced this message against
him:
26 'I solemnly swear that I will repay him here
on this plot of land, says the LORD, for the
murder of Naboth and his sons that I saw
yesterday.' So throw him out on Naboth's
property, just as the LORD said."

* 9:15 Hebrew *Jehoram*, a variant spelling of Joram; also in 9:17, 21, 22, 23, 24.
* 9:23 Hebrew *turned his hands*.

14 a conspiracy against ~ ~에 대한 공모 15 wound 부상을 입히다 17 watchman 파수꾼, 경비원 18 fall in (군인들이) 정렬하다 21 plot 작은 지면(땅) 22 idolatry 우상숭배 witchcraft 마법, 요술 23 treason 반역(죄) 24 pierce 꿰뚫다 sink down dead 쓰러져 죽다 25 throw … into ~ …을 ~에 던지다 pronounce 선언(선고)하다 26 repay 보복하다

☐ 묵상 체크

21

월 일

아하시야와 이세벨의 최후

열왕기하 9:27-37 • 새찬송 460장 | 통일 515장

• 말씀묵상 전에 성령님의 인도하심을 구하는 기도를 드리십시오.

본문요약 | 이스라엘의 왕 요람과 동맹관계였던 유다 왕 아하시야도 예후의 칼에 죽는다. 그 다음에는 아합 집안에 재앙을 안긴 장본인 이세벨이 엘리야의 심판 예고대로 비극적인 죽음을 맞이한다.

27 유다의 왕 아하시야가 이를 보고 정원의
정자 길로 도망하니 예후가 그 뒤를 쫓아
가며 이르되 그도 병거 가운데서 죽이라
하매 이블르암 가까운 구르 비탈에서 치
니 그가 므깃도까지 도망하여 거기서 죽
은지라
28 그의 신복들이 그를 병거에 싣고 예루살
렘에 이르러 다윗 성에서 그들의 조상들
과 함께 그의 묘실에 장사하니라
29 아합의 아들 요람의 제십일 년에 아하시
야가 유다 왕이 되었었더라
30 예후가 이스르엘에 오니 이세벨이 듣고
눈을 그리고 머리를 꾸미고 창에서 바라
보다가
31 예후가 문에 들어오매 이르되 주인을 죽
인 너 시므리여 평안하냐 하니
32 예후가 얼굴을 들어 창을 향하고 이르되
내 편이 될 자가 누구냐 누구냐 하니 두어
내시가 예후를 내다보는지라
33 이르되 그를 내려던지라 하니 내려던지매
그의 피가 담과 말에게 튀더라 예후가 그
의 시체를 밟으니라
34 예후가 들어가서 먹고 마시고 이르되 가
서 이 저주 받은 여자를 찾아 장사하라 그
는 왕의 딸이니라 하매
35 가서 장사하려 한즉 그 두골과 발과 그의
손 외에는 찾지 못한지라
36 돌아와서 전하니 예후가 이르되 이는 여
호와께서 그 종 디셉 사람 엘리야를 통하
여 말씀하신 바라 이르시기를 이스르엘
토지에서 개들이 이세벨의 살을 먹을지라
37 그 시체가 이스르엘 토지에서 거름같이
밭에 있으리니 이것이 이세벨이라고 가리
켜 말하지 못하게 되리라 하셨느니라 하
였더라

1. 오늘 하나님께서 나에게 주신 깨달음은 무엇입니까?

2. 말씀을 어떻게 내 삶에 구체적으로 적용해야 합니까?

절별 해설

27 유다의 왕 아하시야가 이를 보고 정원의 정자 길로 도망하니, 그가 므깃도까지 도망하여 거기서 죽은지라 요람의 죽음을 목격한 유다 왕 아하시야가 도망치지만 예후와 그의 부하들이 뒤쫓아가서 아하시야에게 치명적인 상처를 입힌다. 아하시야는 이스르엘에서 그리 멀지 않은 므깃도로 도망하지만 결국은 그곳에서 죽는다. 이렇게 북이스라엘과 남유다의 왕 두 명이 모두 예후의 손에 죽는다. 아하시야가 그때 그곳에 요람과 함께 있지 않았다면 죽지 않았을지도 모른다. 그러나 아하시야 역시 아합의 외손자였다. 하나님은 아합의 후손에 대해 철저하게 심판하기로 예언하셨고 그대로 실천하신 것이다.

29 아합의 아들 요람의 제십일 년에 아하시야가 유다 왕이 되었었더라 42세에 왕위에 오른 아하시야는 왕이 된 지 불과 일 년 만에 비참한 죽음을 당한다.

30-31 이세벨이 듣고 눈을 그리고 머리를 꾸미고 창에서 바라보다가, 주인을 죽인 너 시므리여 평안하냐 하니 이세벨은 남편 아합을 뒤에서 조종하며 이스라엘을 타락시킨 장본인이다. 바알과 아세라 종교를 이스라엘의 국교로 삼으려 했고, 하나님의 선지자들을 거침없이 죽이고 없앴던 악한 여인이 종말을 맞고 있다. 무시무시한 예후와 그의 부하들 앞에서도 이세벨은 조금도 약해지지 않는다. 대범하게도 화장까지 하고 예후와 만난다. 더욱이 이세벨은 예후를 시므리에 비유하며 조롱한다. 시므리는 쿠데타로 집권했으나 7일 만에 진압되어 죽은 옛 이스라엘의 왕이다. 그러니까 예후도 시므리처럼 곧 죽고 말 것이라고 저주한 것이다.

32-33 내 편이 될 자가 누구냐 누구냐 하니 두어 내시가 예후를 내다보는지라, 그를 내려던지라 하니 내려던지매 이세벨의 측근조차 더 이상 그녀를 따르지 않는다. 예후가 한 말에 조금 전까지만 해도 이세벨을 섬기던 내시들이 그녀를 성 위에서 내던진다. 높은 곳에서 떨어진 이세벨의 시체에서 나온 피가 사방으로 튀었고, 그녀의 시체는 말발굽에 짓밟힌다. 하나님의 예언대로 이세벨은 끔찍한 죽음으로 심판을 받았다.

34 예후가 들어가서 먹고 마시고 이르되 이세벨이 예후의 반역에 당당했던 것처럼 예후도 이세벨의 죽음에 전혀 요동치 않고 궁으로 들어가 먹고 마셨다.

35 예후의 부하들이 이세벨의 시체를 찾으러 갔을 때는 개들이 시체를 모두 먹어 버려서 두골과 발과 손 외에는 아무것도 없었다. 한때 온 천하를 호령하던 이세벨의 마지막은 참으로 수치스러웠다.

쉬운성경

27 유다 왕 아하시야가 이 모습을 보고 동산 별장 길로 도망쳤습니다. 예후가 그를 뒤쫓아가며 "전차에 탄 아하시야도 죽여라!" 하고 말했습니다. 아하시야는 이블르암에서 가까운 구르로 올라가는 길에서 전차를 타고 달리다 부상을 당했습니다. 아하시야는 므깃도까지 도망쳤지만 그곳에서 죽고 말았습니다.

28 아하시야의 신하들이 그의 시체를 전차에 실어 예루살렘으로 옮겨 가서 그의 조상들이 묻혀 있는 다윗 성에 묻어 주었습니다.

29 아하시야는 아합의 아들 요람이 왕으로 있은 지 십일 년째 되는 해에 유다의 왕이 되었습니다.

30 그 후, 예후가 이스르엘에 돌아왔을 때에 이세벨이 그 소식을 들었습니다. 이세벨은 눈에 화장을 하고 머리를 손질한 뒤에 창 밖을 내다보았습니다.

31 예후가 성문으로 들어오자, 이세벨이 말했습니다. "자기 주인을 죽인 너 시므리야! 평안하냐?"

32 예후가 창문을 쳐다보며 말했습니다. "내 편에 설 사람이 아무도 없느냐?" 그러자 내시 두세 사람이 밖을 내다보았습니다.

33 예후가 그들에게 명령했습니다. "저 여자를 내던져라!" 그들이 이세벨을 내던지자, 말들이 그 시체를 밟았습니다. 이세벨의 피가 담과 말에 튀었습니다.

34 예후가 집으로 들어가 먹고 마신 뒤에 말했습니다. "그 저주받은 여자가 어떻게 되었는지 보고 묻어 주어라. 그래도 그 여자는 왕의 딸이다."

35 사람들이 이세벨을 묻어 주러 갔지만 이세벨의 시체를 찾을 수 없었습니다. 찾아 낸 것이라고는 두골과 발과 손바닥뿐이었습니다.

36 그들이 돌아와서 예후에게 보고하니 예후가 말했습니다. "여호와께서 그의 종 디셉 사람 엘리야를 통해 이 일에 대해 말씀하신 일이 있다. '개들이 이세벨의 시체를 이스르엘 땅에서 먹을 것이며,

37 이세벨의 시체는 이스르엘 땅에 있는 밭의 거름처럼 될 것이다. 그러므로 아무도 그 시체를 보고 이것이 이세벨이라고 말할 수 없을 것이다.'"

저자의 묵상

죽기 전까지도 회개하지 않고 표독스럽게 허세를 부린 이세벨은 하나님의 심판으로 비참하게 죽는다. 이 땅의 악한 자들도 이세벨과 매한가지다. 그들은 회개하라는 하나님의 메시지가 선포되어도 들은 체도 하지 않는 패역한 세대다. 영원히 하나님의 심판은 오지 않을 것으로 확신하며 사는 사람들처럼, 전혀 뉘우침 없이 오히려 더욱 허세를 부리고 남에게 거만하게 굴며 심지어 독설을 퍼부으며 살아간다. 그러나 언제인지는 알 수 없으나 하나님의 심판은 그들 바로 앞에 와 있다. 절대 죽지 않을 것 같던 이세벨도 결국은 죽었다. 이세벨의 죽음을 통해 나봇의 억울한 죽음에 대한 보복은 모두 이루어졌다. 비록 긴 시간이 흘렀지만 하나님의 말씀은 성취되었다. 시간의 길이는 아무런 문제가 되지 못한다. 중요한 것은 하나님의 말씀은 틀림없이 이루어진다는 사실이다. 말씀에 비추어 회개할 것은 회개하고 겸손하게 말씀에 순종하며 살아야 한다. 그리스도인은 그래야 한다.

무릎기도 하나님, 욕심을 따라 살지 말고 허세 부리지도 말며 겸손하게 말씀을 따라 살게 하소서.

NLT - 2 Kings 9

27 When King Ahaziah of Judah saw what was happening, he fled along the road to Beth-haggan. Jehu rode after him, shouting, "Shoot him, too!" So they shot Ahaziah* in his chariot at the Ascent of Gur, near Ibleam. He was able to go on as far as Megiddo, but he died there.

28 His servants took him by chariot to Jerusalem, where they buried him with his ancestors in the City of David.

29 Ahaziah had become king over Judah in the eleventh year of the reign of Joram son of Ahab.

30 When Jezebel, the queen mother, heard that Jehu had come to Jezreel, she painted her eyelids and fixed her hair and sat at a window.

31 When Jehu entered the gate of the palace, she shouted at him, "Have you come in peace, you murderer? You're just like Zimri, who murdered his master!"*

32 Jehu looked up and saw her at the window and shouted, "Who is on my side?" And two or three eunuchs looked out at him.

33 "Throw her down!" Jehu yelled. So they threw her out the window, and her blood spattered against the wall and on the horses. And Jehu trampled her body under his horses' hooves.

34 Then Jehu went into the palace and ate and drank. Afterward he said, "Someone go and bury this cursed woman, for she is the daughter of a king."

35 But when they went out to bury her, they found only her skull, her feet, and her hands.

36 When they returned and told Jehu, he stated, "This fulfills the message from the LORD, which he spoke through his servant Elijah from Tishbe: 'At the plot of land in Jezreel, dogs will eat Jezebel's body.

37 Her remains will be scattered like dung on the plot of land in Jezreel, so that no one will be able to recognize her.'"

* 9:27 As in Greek and Syriac versions; Hebrew lacks *So they shot Ahaziah.*
* 9:31 See 1 Kgs 16:9–10, where Zimri killed his master, King Elah.

27 flee along the road to ~ ~로 가는 길을 따라 도망치다 ascent 오르막길 30 eyelid 눈꺼풀 32 eunuch 내시
33 spatter 튀다 trample … under ~ …을 ~ 아래 놓고 밟다 34 cursed 저주받은 35 skull 두개골 36 fulfill 성취시키다
37 recognize 알아보다

22

월 일

비참한 죽음

열왕기하 10:1-14 • 새찬송 543장 | 통일 342장

• 말씀묵상 전에 성령님의 인도하심을 구하는 기도를 드리십시오.

본문요약 I 예후가 편지를 써서 사마리아에 있는 이스라엘 장로들과 아합의 여러 아들을 교육하는 자들에게 보낸다. 그들은 목숨이 두려워 예후가 시키는 대로 아합의 왕자 70명을 죽인다. 예후는 아합에게 속한 모든 사람들과 아하시야의 형제들 42명까지 다 죽인다.

1 아합의 아들 칠십 명이 사마리아에 있는 지라 예후가 편지들을 써서 사마리아에 보내서 이스르엘 귀족들 곧 장로들과 아합의 여러 아들을 교육하는 자들에게 전하니 일렀으되
2 너희 주의 아들들이 너희와 함께 있고 또 병거와 말과 견고한 성과 무기가 너희에게 있으니 이 편지가 너희에게 이르거든
3 너희 주의 아들들 중에서 가장 어질고 정직한 자를 택하여 그의 아버지의 왕좌에 두고 너희 주의 집을 위하여 싸우라 하였더라
4 그들이 심히 두려워하여 이르되 두 왕이 그를 당하지 못하였거든 우리가 어찌 당하리요 하고
5 그 왕궁을 책임지는 자와 그 성읍을 책임지는 자와 장로들과 왕자를 교육하는 자들이 예후에게 말을 전하여 이르되 우리는 당신의 종이라 당신이 말하는 모든 것을 우리가 행하고 어떤 사람이든지 왕으로 세우지 아니하리니 당신이 보기에 좋은 대로 행하라 한지라
6 예후가 다시 그들에게 편지를 부치니 일렀으되 만일 너희가 내 편이 되어 내 말을 너희가 들으려거든 너희 주의 아들된 사람들의 머리를 가지고 내일 이맘때에 이스르엘에 이르러 내게 나아오라 하였더라 왕자 칠십 명이 그 성읍의 귀족들, 곧 그들을 양육하는 자들과 함께 있는 중에
7 편지가 그들에게 이르매 그들이 왕자 칠십 명을 붙잡아 죽이고 그들의 머리를 광주리에 담아 이스르엘 예후에게로 보내니라
8 사자가 와서 예후에게 전하여 이르되 그 무리가 왕자들의 머리를 가지고 왔나이다 이르되 두 무더기로 쌓아 내일 아침까지 문어귀에 두라 하고
9 이튿날 아침에 그가 나가 서서 뭇 백성에게 이르되 너희는 의롭도다 나는 내 주를 배반하여 죽였거니와 이 여러 사람을 죽인 자는 누구냐
10 그런즉 이제 너희는 알라 곧 여호와께서 아합의 집에 대하여 하신 말씀은 하나도 땅에 떨어지지 아니하리라 여호와께서 그의 종 엘리야를 통하여 하신 말씀을 이제 이루셨도다 하니라
11 예후가 아합의 집에 속한 이스르엘에 남아 있는 자를 다 죽이고 또 그의 귀족들과 신뢰 받는 자들과 제사장들을 죽이되 그에게 속한 자를 하나도 생존자를 남기지 아니하였더라
12 예후가 일어나서 사마리아로 가더니 도중에 목자가 양털 깎는 집에 이르러
13 예후가 유다의 왕 아하시야의 형제들을 만나 묻되 너희는 누구냐 하니 대답하되 우리는 아하시야의 형제라 이제 왕자들과 태후의 아들들에게 문안하러 내려가노라 하는지라
14 이르되 사로잡으라 하매 곧 사로잡아 목자가 양털 깎는 집 웅덩이 곁에서 죽이니 사십이 명이 하나도 남지 아니하였더라

1. 오늘 하나님께서 나에게 주신 깨달음은 무엇입니까?

2. 말씀을 어떻게 내 삶에 구체적으로 적용해야 합니까?

절별 해설

1 아합의 아들 칠십 명이 사마리아에 있는지라 아합에게는 70명의 아들이 있었다. 자식 교육에 관심이 아주 많았던 아합은 70명의 아들을 모아 놓고 이스라엘에서 가장 뛰어난 사람들을 모아 선생으로 세워 아들들을 가르치고 보살피게 했다.

3-4 너희 주의 아들들 중에서 가장 어질고 정직한 자를 택하여 그의 아버지의 왕좌에 두고 너희 주의 집을 위하여 싸우라 하였더라 그들이 심히 두려워하여 이르되 두 왕이 그를 당하지 못하였거든 우리가 어찌 당하리요 하고 예후의 편지는 왕자들을 보호하고 있는 선생과 사마리아의 지도자에게 아합의 아들 가운데 가장 능력 있는 사람을 왕으로 세워 한번 싸워보자는 선전포고였다. 즉, 아합 집안의 편에 있을 것인지 아니면 자신을 따를 것인지 결정하라는 것이다. 예후의 편지를 받은 사마리아의 지도자와 왕자들의 선생은 이구동성으로 요람과 아하시야도 당해 내지 못한 예후를 도저히 이길 수 없다고 판단했다.

8 그 무리가 왕자들의 머리를 가지고 왔나이다 이르되 두 무더기로 쌓아 내일 아침까지 문어귀에 두라 사마리아로부터 아합의 왕자 70명의 머리가 이스르엘에 있는 예후에게 전달된다. 예후는 왕자들의 머리를 성문 입구에 쌓아 둔다. 이렇게 고대의 왕들은 백성이 반역의 마음을 갖지 않도록 경고하거나 두려워하게끔 적들의 머리를 쌓아 두곤 했다. 이는 백성을 위협하는 효과뿐 아니라 새로운 지배자가 세워졌음을 선포하는 일이기도 했다.

10 이제 너희는 알라 곧 여호와께서 아합의 집에 대하여 하신 말씀은 하나도 땅에 떨어지지 아니하리라 여호와께서 그의 종 엘리야를 통하여 하신 말씀을 이제 이루셨도다 하니라 예후는 자신의 행위에 분명한 이유가 있음을 천명한다. 즉, 아합의 아들들이 죽은 것은 아합 집안에 대한 하나님의 심판임을 선포했다. 예후가 아합의 왕자들을 죽인 것은 권력에 대한 야망 때문이 아니라, 하나님의 말씀이 이루어지는 일에 자신이 쓰임을 받았다는 것이다. 그러므로 자신을 대적하는 일은 여호와를 대적하는 것이라고 경고한다.

11 그에게 속한 자를 하나도 생존자를 남기지 아니하였더라 예후는 나아가 이스르엘에 남아 있는 아합 가문에 속한 사람들을 모두 죽인다. 또한 아합 가문의 귀족과 친구와 제사장까지도 모조리 죽인다.

쉬운성경

1 아합의 아들 칠십 명은 사마리아에 살고 있었습니다. 예후는 사마리아에 있는 이스르엘의 관리와 장로와 아합의 아들을 보호하고 있는 사람들에게 편지를 써서 보냈습니다. 예후는 그 편지에 이렇게 썼습니다.

2 "왕의 아들들이 당신과 함께 있소. 당신들에게는 전차와 말들이 있고 성벽이 있는 굳건한 성과 무기가 있소. 그러므로 이 편지를 받거든

3 즉시 왕의 아들들 가운데 가장 뛰어나고 쓸 만한 사람을 왕으로 세우고 당신들은 왕의 집안을 위해 나와 싸울 준비를 하시오."

4 그러나 사마리아의 관리와 장로들은 매우 두려워하며 말했습니다. "두 왕도 예후를 막지 못했는데, 우리가 어떻게 막을 수 있겠소?"

5 왕궁 관리와 성의 지도자와 장로와 아합의 아들을 보호하고 있는 사람들이 예후에게 사자를 보내어 말했습니다. "우리는 당신의 종입니다. 당신 말이라면 무엇이든지 따르겠습니다. 우리는 누구도 왕으로 세우지 않겠습니다. 당신 마음에 좋을 대로 하십시오."

6 그러자 예후가 두 번째 편지를 써서 보냈습니다. "당신들이 내 편을 들고 내 뜻을 따르겠다면 왕의 아들들의 목을 베시오. 그리고 내일 이맘때쯤 이스르엘로 나를 만나러 오시오." 왕의 집안에는 아들이 칠십 명 있었습니다. 그들은 왕자들을 보호해 주던 그 성의 지도자들과 함께 있었습니다.

7 그들은 편지를 받고 왕자 칠십 명을 붙잡아 모두 죽였습니다. 그리고 그들의 머리를 광주리에 담아 이스르엘에 있는 예후에게 보냈습니다.

8 사자가 예후에게 와서 전했습니다. "그들이 왕자들의 머리를 가져왔습니다." 그러자 예후가 말했습니다. "그 머리들을 두 무더기로 나누어 아침까지 성문에 놓아 두어라."

9 아침이 되자, 예후가 나아가 백성 앞에 서서 말했습니다. "여러분에게는 죄가 없소. 보시오, 요람 왕을 없앨 계획을 세운 사람은 나요. 내가 그를 죽였소. 하지만 이들을 죽인 사람은 누구요?

10 여호와께서 하신 말씀은 절대로 어긋나지 않는다는 것을 여러분은 아셔야 하오.

14 사십이 명이 하나도 남지 아니하였더라 이미 예후에게 죽임을 당한 유다 왕 아하시야의 형제들이 사마리아로 가던 예후와 만난다. 그들은 이스르엘에서 일어난 예후의 반역에 대해 전혀 모르고 있었다. 그래서 예후에게 자신의 신분을 솔직하게 말했는데, 그 결과 42명이나 되는 아하시야의 형제들이 모두 몰살당한다.

여호와께서 아합의 집안에 대해 하신 말씀은 다 이루어질 것이오. 여호와께서는 그의 종 엘리야를 통해서 말씀하셨고, 말씀하신 것을 그대로 이루셨소."

11 그리하여 예후는 아직 이스르엘에 살아남아 있는 아합의 집안 사람들을 모두 죽였습니다. 그리고 아합을 섬기던 지도자와 아합의 가까운 친구와 제사장들도 다 죽였습니다. 아합에게 속한 사람 중에는 한 사람도 살아남은 사람이 없었습니다.

12 그런 다음, 예후는 그곳을 떠나 사마리아로 갔습니다. 사마리아로 가는 길에 목자가 양털 깎는 집에 이르렀습니다.

13 그곳에서 예후는 유다 왕 아하시야의 형제들을 만나서 말했습니다. "당신들은 누구요?" 그들이 대답했습니다. "우리는 아하시야의 형제들인데 왕의 가족들과 왕의 어머니를 만나러 가는 길이오."

14 그러자 예후가 외쳤습니다. "이 사람들을 붙잡아라!" 예후를 따르던 사람들이 그들을 붙잡아 양털 깎는 집의 한 웅덩이에서 그들을 죽였습니다. 죽은 사람은 모두 마흔두 명이었습니다. 예후는 한 사람도 살려 두지 않았습니다.

저자의 묵상

아합 왕조가 강력할 때는 온갖 아부를 일삼으며 왕을 향한 절대 충성을 맹세하고 엄청난 권세를 누리던 이들이 세상이 바뀌자 순식간에 예후에게로 돌아선다. 하나님 없는 충성은 이렇게 허무하기만 하다. 배신이 난무하고 오직 자신의 안위에만 관심을 쏟는다. 권력 앞에서는 명분도, 정의도, 사랑도 아무 소용이 없음을 보게 된다. 하늘을 나는 새도 떨어뜨릴 것 같았던 아합은 자기 아들들에게 세상에서 가장 뛰어난 선생들을 붙여 교육받게 했지만, 아합의 아들들은 정작 가장 보호받고 힘이 되어야 할 때 바로 그 선생들로부터 죽임을 당한다. 아합의 아들 70명은 어릴 때부터 자신을 키우고 보살펴 준 선생들에게 배신을 당하고 비참하게 생을 마감했다. 아합은 아들을 많이 낳아서 좋은 교육을 시키고, 든든한 지도자들을 자식 곁에 두면 다 잘될 줄 알았을 것이다. 그러나 자식들이 진정으로 잘되는 길은 부모가 바른 신앙생활을 하는 것이다. 자식들에게 사람이 아니라 하나님을 믿고 의지하는 신앙을 보여 주고 가르쳤어야 했다.

무릎 기도 | 하나님, 언제 배신할지 모르는 사람을 의지하지 말게 하시고, 오직 하나님만 믿고 따르는 믿음을 허락해 주소서.

NLT - 2 Kings 10

1 Ahab had seventy sons living in the city of Samaria. So Jehu wrote letters and sent them to Samaria, to the elders and officials of the city,* and to the guardians of King Ahab's sons. He said,

2 "The king's sons are with you, and you have at your disposal chariots, horses, a fortified city, and weapons. As soon as you receive this letter,

3 select the best qualified of your master's sons to be your king, and prepare to fight for Ahab's dynasty."

4 But they were paralyzed with fear and said, "We've seen that two kings couldn't stand against this man! What can we do?"

5 So the palace and city administrators, together with the elders and the guardians of the king's sons, sent this message to Jehu: "We are your servants and will do anything you tell us. We will not make anyone king; do whatever you think is best."

6 Jehu responded with a second letter: "If you are on my side and are going to obey me, bring the heads of your master's sons to me at Jezreel by this time tomorrow." Now the seventy sons of the king were being cared for by the leaders of Samaria, where they had been raised since childhood.

7 When the letter arrived, the leaders killed all seventy of the king's sons. They placed their heads in baskets and presented them to Jehu at Jezreel.

8 A messenger went to Jehu and said, "They have brought the heads of the king's sons." So Jehu ordered, "Pile them in two heaps at the entrance of the city gate, and leave them there until morning."

9 In the morning he went out and spoke to the crowd that had gathered around them. "You are not to blame," he told them. "I am the one who conspired against my master and killed him. But who killed all these?

10 You can be sure that the message of the LORD that was spoken concerning Ahab's family will not fail. The LORD declared through his servant Elijah that this would happen."

11 Then Jehu killed all who were left of Ahab's relatives living in Jezreel and all his important officials, his personal friends, and his priests. So Ahab was left without a single survivor.

12 Then Jehu set out for Samaria. Along the way, while he was at Beth-eked of the Shepherds,

13 he met some relatives of King Ahaziah of Judah. "Who are you?" he asked them. And they replied, "We are relatives of King Ahaziah. We are going to visit the sons of King Ahab and the sons of the queen mother."

14 "Take them alive!" Jehu shouted to his men. And they captured all forty-two of them and killed them at the well of Beth-eked. None of them escaped.

* 10:1 As in some Greek manuscripts and Latin Vulgate (see also 10:6); Hebrew reads *of Jezreel.*

2 at one's disposal ~가 원하는 대로 쓸 수 있는 3 qualified 자격 있는 dynasty 왕조 4 be paralyzed with fear 두려움 때문에 얼어붙다 5 administrator 행정관 guardian 보호자, 후견인 7 place ~ in baskets ~을 광주리에 담다 8 heap 무더기 9 be to blame (~에 대한) 책임이 있다 conspire against ~ ~에 대해 음모를 꾸미다 12 set out for ~ ~을 향해 출발하다 14 take ~ alive ~을 생포하다

23 진멸된 바알 숭배자들

월 일

열왕기하 10:15-27 • 새찬송 322장 | 통일 357장

• 말씀묵상 전에 성령님의 인도하심을 구하는 기도를 드리십시오.

본문요약 | 예후는 여호나답을 만나 의기투합하여 사마리아에 남아 있는 아합에게 속한 자들을 진멸한다. 나아가 예후는 바알 숭배자들을 한곳에 불러모아 철저히 심판한다. 또한 바알의 신당에서 목상을 가져다가 불사르고, 바알의 신당을 초토화시켜서 변소로 만든다.

15 예후가 거기에서 떠나가다가 자기를 맞이
하러 오는 레갑의 아들 여호나답을 만난
지라 그의 안부를 묻고 그에게 이르되 내
마음이 네 마음을 향하여 진실함과 같이
네 마음도 진실하냐 하니 여호나답이 대
답하되 그러하니이다 이르되 그러면 나와
손을 잡자 손을 잡으니 예후가 끌어 병거
에 올리며
16 이르되 나와 함께 가서 여호와를 위한 나
의 열심을 보라 하고 이에 자기 병거에 태
우고
17 사마리아에 이르러 거기에 남아 있는 바
아합에게 속한 자들을 죽여 진멸하였으니
여호와께서 엘리야에게 이르신 말씀과 같
이 되었더라
18 예후가 뭇 백성을 모으고 그들에게 이르
되 아합은 바알을 조금 섬겼으나 예후는
많이 섬기리라
19 그러므로 내가 이제 큰 제사를 바알에게
드리고자 하노니 바알의 모든 선지자와
모든 섬기는 자와 모든 제사장들을 한 사
람도 빠뜨리지 말고 불러 내게로 나아오
게 하라 모든 오지 아니하는 자는 살려 두
지 아니하리라 하니 이는 예후가 바알 섬
기는 자를 멸하려 하여 계책을 씀이라
20 예후가 바알을 위하는 대회를 거룩히 열
라 하매 드디어 공포되었더라
21 예후가 온 이스라엘에 사람을 두루 보냈
더니 바알을 섬기는 모든 사람이 하나도
빠진 자가 없이 다 이르렀고 무리가 바알
의 신당에 들어가매 바알의 신당 이쪽부
터 저쪽까지 가득하였더라
22 예후가 예복 맡은 자에게 이르되 예복을
내다가 바알을 섬기는 모든 자에게 주라
하매 그들에게로 예복을 가져온지라
23 예후가 레갑의 아들 여호나답과 더불어
바알의 신당에 들어가서 바알을 섬기는
자들에게 이르되 너희는 살펴보아 바알을
섬기는 자들만 여기 있게 하고 여호와의
종은 하나도 여기 너희 중에 있지 못하게
하라 하고
24 무리가 번제와 다른 제사를 드리려고 들
어간 때에 예후가 팔십 명을 밖에 두며 이
르되 내가 너희 손에 넘겨주는 사람을 한
사람이라도 도망하게 하는 자는 자기의
생명으로 그 사람의 생명을 대신하리라
하니라
25 번제 드리기를 다하매 예후가 호위병과
지휘관들에게 이르되 들어가서 한 사람도
나가지 못하게 하고 죽이라 하매 호위병
과 지휘관들이 칼로 그들을 죽여 밖에 던
지고
26 바알의 신당 있는 성으로 가서 바알의 신
당에서 목상들을 가져다가 불사르고
27 바알의 목상을 헐며 바알의 신당을 헐어
서 변소를 만들었더니 오늘까지 이르니라

1. 오늘 하나님께서 나에게 주신 깨달음은 무엇입니까?

2. 말씀을 어떻게 내 삶에 구체적으로 적용해야 합니까?

절별 해설

15 예후가 거기에서 떠나가다가 자기를 맞이하러 오는 레갑의 아들 여호나답을 만난지라 반대 세력을 하나씩 척결해 나가던 예후는 자신을 맞이하러 나오는 레갑의 아들 여호나답을 만난다. 예후가 아합 가문을 멸하고 있다는 소식을 듣고 레갑 집안이 예후를 지지하기 위해 나왔던 것이다. 레갑은 일찍이 바알 우상숭배를 거부하기 위해 자녀들에게 농경생활 대신 힘든 유목생활을 하도록 유언한 사람이다. 레갑 족속은 사치와 방종을 피하고 하나님을 경배하는 데에 엄격한 경건의 규율을 지키기 위해 레갑의 유지에 따라 철저하게 유목생활을 했다. 예레미야는 레갑 족속을 경건의 모범으로 삼아 타락한 유대인들을 경고하기도 했다(렘 35장).

16 이르되 나와 함께 가서 여호와를 위한 나의 열심을 보라 하고 예후는 여호나답에게, 자신이 행할 일이 하나님을 향한 '열심'이라는 사실에 대한 증인이 되어 주기를 요청했다. 경건함으로 소문난 레갑의 자손과 손을 잡음으로써 자신의 행위에 대한 정당성을 확보하고자 했던 것이다. 그리고 예후는 아합 집안에 대한 심판을 마무리한다.

18-19 아합은 바알을 조금 섬겼으나 예후는 많이 섬기리라, 큰 제사를 바알에게 드리고자 하노니, 한 사람도 빠뜨리지 말고 불러 내게로 나아오게 하라 모든 오지 아니하는 자는 살려 두지 아니하리라 예후는 바알 숭배자를 척결할 계책을 세운다. 자신이 아합보다 더 열성적인 바알 숭배자인 것처럼 속이면서 동시에 강력한 경고로 모든 바알 선지자와 섬기는 자와 제사장들을 한곳에 불러모은다. 백성들과 사마리아의 바알 숭배자들은 새로운 정권의 핵심인 예후가 백성들의 지지를 끌어내고 기존의 바알종교를 더욱 크게 지원하기 위해 제사를 벌이는 줄 알고 감쪽같이 속아넘어갔다.

21-24 무리가 바알의 신당에 들어가매 바알의 신당 이쪽부터 저쪽까지 가득하였더라, 예복을 내다가 바알을 섬기는 모든 자에게 주라, 예후가 팔십 명을 밖에 두며 이르되 바알 신당이 비좁을 만큼 바알종교의 신봉자와 지도자가 다 모인다. 예후는 바알 숭배자들에게만 예복을 입혀서 바알 신당으로 들여보낸다. 그러고는 여호와의 종과 바알의 종이 같은 곳에 있게 하지 말고, 바알의 종들은 한 사람도 살아남지 못하게 하라고 명령한다. 예후는 입구를 모두 봉쇄하고, 호위병과 지휘관을 시켜 바알 숭배자들을 모두 죽이게 한다.

쉬운성경

15 예후는 그곳을 떠나 계속 길을 가다가 레갑의 아들 여호나답을 만났습니다. 여호나답도 예후를 만나러 오던 길이었습니다. 예후가 그에게 인사하며 말했습니다. "나는 그대를 믿는데, 그대도 나를 믿소?" 여호나답이 대답했습니다. "예, 믿습니다." 예후가 말했습니다. "그렇다면 손을 내미시오." 여호나답이 손을 내밀자, 예후가 그를 이끌어 자기 전차로 올라오게 했습니다.

16 예후가 말했습니다. "나와 함께 가서 내가 얼마나 여호와를 위해 열성적인지 보시오." 예후는 여호나답을 자기 전차에 태웠습니다.

17 예후는 사마리아로 가서 아합의 집안 사람을 한 사람도 남김없이 다 죽였습니다. 여호와께서 엘리야를 통해 말씀하신 대로 된 것입니다.

18 예후가 모든 백성을 불러 모은 뒤에 말했습니다. "아합은 바알을 조금 섬겼으나, 나는 많이 섬길 것이오.

19 이제 바알의 예언자와 제사장들을 다 불러 주시오. 바알을 위해 큰 제사를 지내려 하니 한 사람도 빠지지 않게 하시오. 거기에 빠지는 사람은 살아남지 못할 것이오." 이는 예후가 바알을 섬기는 사람들을 없애기 위해 그들에게 거짓말을 한 것입니다.

20 예후가 말했습니다. "바알을 위해 거룩한 모임을 준비하시오." 그리하여 사람들이 거룩한 모임을 선포했습니다.

21 예후가 온 이스라엘에 자기 말을 전하게 하니, 바알을 섬기는 사람들이 하나도 빠짐없이 다 모였습니다. 그들은 바알의 신전으로 들어갔습니다. 그곳은 사람들로 꽉 찼습니다.

22 예후가 예복을 맡은 사람에게 말했습니다. "예복을 꺼내서 바알을 섬기는 사람들에게 주어라." 그리하여 그가 예복을 내왔습니다.

23 예후와 레갑의 아들 여호나답이 바알의 신전으로 들어갔습니다. 예후가 바알을 섬기는 사람들에게 말했습니다. "여러분 가운데 여호와의 종은 한 명도 있지 못

27 바알의 목상을 헐며 바알의 신당을 헐어서 변소를 만들었더니 오늘까지 이르니라 예후에 의해 바알 숭배자는 다 죽고 바알 목상은 불살라졌으며 바알 신당은 변소로 변했다. 바알의 목상은 바알의 임재를 상징하는 것이었다. 또한 신당을 변소로 만든 것은 바알종교의 폐지를 완성하는 결정적인 사건이었다. 한때는 선망의 대상이자 현실적인 축복의 원천이던 곳이 가장 수치스러운 장소로 전락한다. 고대 중동에서는 신당을 재건할 때 반드시 원래 있던 터를 찾아 거기에 다시 세웠는데, 바로 그곳을 헐어서 변소로 만들어 버렸으니 더 이상 신당을 다시 세울 수 없게 되었다.

하게 하시오. 여기에는 바알을 섬기는 사람들만 있어야 하오."

24 이처럼 바알을 섬기는 사람들이 태워 드리는 제사인 번제와 다른 제사들을 드리려고 신전으로 들어가자, 예후는 자기 부하 팔십 명을 밖에서 기다리게 해 놓고 말했습니다. "아무도 도망치지 못하게 하여라. 한 사람이라도 놓치면, 놓치는 사람이 대신 죽을 것이다."

25 예후는 번제 드리기를 마치자마자 호위병과 장교들에게 말했습니다. "들어가서 바알을 섬기는 사람들을 죽여라. 한 사람도 빠져나가지 못하게 하여라." 그리하여 호위병과 장교들이 바알을 섬기는 사람들을 칼로 죽이고 그 시체를 밖으로 내던졌습니다. 그런 다음에 그들은 바알의 신전 내실로 들어갔습니다.

26 그들은 바알 신전의 나무 우상들을 끌어내어 불태우고,

27 바알의 돌 우상도 깨뜨렸습니다. 그들은 바알 신전까지 무너뜨리고 그곳을 변소로 만들었습니다. 그 변소는 지금까지도 있습니다.

저자의 묵상

예후와 여호나답이 바알 숭배자들을 한곳에서 한꺼번에 죽이는 것은 과거 엘리야가 갈멜 산 위에서 수행했던 하나님의 심판을 떠올리게 한다. 이와 같은 처리 방식이야말로 예후에게 미친 엘리야의 영향력이었을 것이다. 엘리야는 이 세상에 없지만 그가 수행한 개혁의 과정은 아직도 이스라엘 사람들의 기억에 남아 있었다. 예후는 바알 숭배자들을 처단했을 뿐 아니라 바알의 목상을 태우고 깨뜨렸으며, 바알의 신당을 헐어 변소로 만들었다. 이렇게 바알종교는 이스라엘에서 잠시 제거된다. 바알종교는 더 이상 이스라엘 왕의 지원을 받지 못하게 되고 왕으로부터 승인도 받지 못하게 된다. 엘리야가 시작했던 사역이 예후에 의해서 마무리된 것이다. 하나님의 사역을 충실하게 수행하고자 하면 반드시 하나님의 때에 이루어진다. 엘리야의 사역도 마찬가지다. 이제부터는 예후의 몫이다. 무서운 심판으로 정리된 바알 숭배가 완전히 백성들의 삶에서 사라지게 하는 일이 남아 있다.

무릎 기도 하나님, 하나님이 인정하지 않으시는 일은 그 어떤 일도 무너질 수밖에 없음을 늘 기억하며 하나님의 가치에 순복하는 삶을 살게 하소서.

NLT - 2 Kings 10

15 When Jehu left there, he met Jehonadab
son of Recab, who was coming to meet him.
After they had greeted each other, Jehu
said to him, "Are you as loyal to me as I am
to you?" "Yes, I am," Jehonadab replied. "If
you are," Jehu said, "then give me your
hand." So Jehonadab put out his hand, and
Jehu helped him into the chariot.
16 Then Jehu said, "Now come with me, and
see how devoted I am to the LORD." So
Jehonadab rode along with him.
17 When Jehu arrived in Samaria, he killed
everyone who was left there from Ahab's
family, just as the LORD had promised
through Elijah.
18 Then Jehu called a meeting of all the people
of the city and said to them, "Ahab's
worship of Baal was nothing compared to
the way I will worship him!
19 Therefore, summon all the prophets and
worshipers of Baal, and call together all his
priests. See to it that every one of them
comes, for I am going to offer a great
sacrifice to Baal. Anyone who fails to come
will be put to death." But Jehu's cunning
plan was to destroy all the worshipers of
Baal.
20 Then Jehu ordered, "Prepare a solemn
assembly to worship Baal!" So they did.
21 He sent messengers throughout all Israel
summoning those who worshiped Baal. They
all came—not a single one remained
behind—and they filled the temple of Baal
from one end to the other.
22 And Jehu instructed the keeper of the
wardrobe, "Be sure that every worshiper of
Baal wears one of these robes." So robes
were given to them.
23 Then Jehu went into the temple of Baal with
Jehonadab son of Recab. Jehu said to the
worshipers of Baal, "Make sure no one who
worships the LORD is here—only those who
worship Baal."
24 So they were all inside the temple to offer
sacrifices and burnt offerings. Now Jehu had
stationed eighty of his men outside the
building and had warned them, "If you let
anyone escape, you will pay for it with your
own life."
25 As soon as Jehu had finished sacrificing the
burnt offering, he commanded his guards
and officers, "Go in and kill all of them. Don't
let a single one escape!" So they killed them
all with their swords, and the guards and
officers dragged their bodies outside.* Then
Jehu's men went into the innermost fortress*
of the temple of Baal.
26 They dragged out the sacred pillar* used in
the worship of Baal and burned it.
27 They smashed the sacred pillar and
wrecked the temple of Baal, converting it into
a public toilet, as it remains to this day.

* 10:25a Or *and they left their bodies lying there;* or *and they threw them out into the outermost court.*
* 10:25b Hebrew *city.*
* 10:26 As in Greek and Syriac versions and Latin Vulgate; Hebrew reads *sacred pillars.*

16 devoted 헌신적인 19 summon 불러모으다 see to it that ~ 반드시 ~하도록 (조처)하다 be put to death 처형당하다 cunning 교활한 20 solemn 엄숙한, 장엄한 22 wardrobe 옷(장) 24 station 배치하다, 주둔시키다 25 innermost 가장 깊숙한 fortress 견고(안전)한 곳 26 sacred 신성시되는 27 smash 때려부수다 wreck 망가뜨리다, 파괴하다 convert … into ~ …을 ~로 바꾸다

• MEMO •

24

월 일

미흡했던 예후의 아쉬운 개혁

열왕기하 10:28-36 • 새찬송 439장 | 통일 496장

• 말씀묵상 전에 성령님의 인도하심을 구하는 기도를 드리십시오.

본문요약 I 예후는 바알 숭배를 척결하는 데는 성공하나 벧엘과 단에 있는 금송아지는 없애지 못한다. 그는 바알 숭배자를 제거하는 일에는 열정을 쏟아부었으나, 전심으로 율법을 지키지는 못했다. 그 결과 예후의 자손 4대까지 이스라엘 왕위가 이어지긴 했지만, 아람 왕 하사엘에게 많은 영토를 빼앗기고 만다.

28 예후가 이와 같이 이스라엘 중에서 바알을 멸하였으나
29 이스라엘에게 범죄하게 한 느밧의 아들 여로보암의 죄 곧 벧엘과 단에 있는 금송아지를 섬기는 죄에서는 떠나지 아니하였더라
30 여호와께서 예후에게 이르시되 네가 나보기에 정직한 일을 행하되 잘 행하여 내 마음에 있는 대로 아합 집에 다 행하였은즉 네 자손이 이스라엘 왕위를 이어 사 대를 지내리라 하시니라
31 그러나 예후가 전심으로 이스라엘 하나님 여호와의 율법을 지켜 행하지 아니하며 여로보암이 이스라엘에게 범하게 한 그 죄에서 떠나지 아니하였더라
32 이때에 여호와께서 이스라엘에서 땅을 잘라 내기 시작하시매 하사엘이 이스라엘의 모든 영토에서 공격하되
33 요단 동쪽 길르앗 온 땅 곧 갓 사람과 르우벤 사람과 므낫세 사람의 땅 아르논 골짜기에 있는 아로엘에서부터 길르앗과 바산까지 하였더라
34 예후의 남은 사적과 행한 모든 일과 업적은 이스라엘 왕 역대지략에 기록되지 아니하였느냐
35 예후가 그의 조상들과 함께 자매 사마리아에 장사되고 그의 아들 여호아하스가 그를 대신하여 왕이 되니라
36 예후가 사마리아에서 이스라엘을 다스린 햇수는 스물여덟 해이더라

1. 오늘 하나님께서 나에게 주신 깨달음은 무엇입니까?

2. 말씀을 어떻게 내 삶에 구체적으로 적용해야 합니까?

절별 해설

28-29 예후가 이와 같이 이스라엘 중에서 바알을 멸하였으나 이스라엘에게 범죄하게 한 느밧의 아들 여로보암의 죄 곧 벧엘과 단에 있는 금송아지를 섬기는 죄에서는 떠나지 아니하였더라 예후는 바알 숭배자는 철저하게 처리했지만 금송아지 숭배는 금하지 못했다. 즉, 여로보암이 저지른 죄에서 완전히 돌아서지 못했다. 여로보암의 죄란 북왕국 백성들로 하여금 예루살렘에 있는 성전에 가지 못하게 하고서는 벧엘과 단에 금송아지를 세워놓고 여호와라고 하며 예배하게 했던 죄다. 본문은 특히 28절과 29절을 비교적인 관점에서 서술함으로써, 예후의 주된 활동을 또다시 강조함과 동시에 예후의 부정적인 측면, 즉 금송아지 우상을 척결하지 못했다는 사실을 분명하게 드러낸다. 예후는 벧엘과 단에 있는 산당을 헐고 백성들이 예루살렘 성전으로 예배를 드리러 가게 보냈어야 했다.

30-31 네 자손이 이스라엘 왕위를 이어 사 대를 지내리라, 그러나 예후가 전심으로 이스라엘 하나님 여호와의 율법을 지켜 행하지 아니하며 여로보암이 이스라엘에게 범하게 한 그 죄에서 떠나지 아니하였더라 하나님은 예후가 아합의 집안을 심판하고 바알 숭배를 척결한 일에 대해서는 크게 칭찬하신다. 그 결과 4대에 이르기까지 예후의 자손이 이스라엘 왕위를 이어갈 것이라고 보장하셨다. 그러나 더 이상의 칭찬은 없다. 예후는 하나님을 향한 열심을 품고 바알 숭배를 근절했지만, 실은 그 모든 개혁이 자기에게 이익이 되었기에 실행했을 뿐이다. 자신의 정권이 안정되기 위한 수준까지만 종교개혁을 단행한 것이다. 결국 예후의 개혁은 이스라엘에서 바알 신상을 제거하는 데는 성공하지만, 백성들을 여호와께로 돌아오게 하는 것에는 실패한다.

32-33 이때에 여호와께서 이스라엘에서 땅을 잘라 내기 시작하시매 하사엘이 이스라엘의 모든 영토에서 공격하되 요단 동쪽 길르앗 온 땅 곧 갓 사람과 르우벤 사람과 므낫세 사람의 땅 아르논 골짜기에 있는 아로엘에서부터 길르앗과 바산까지 하였더라 예후가 하나님을 온전하게 따르지 않았기 때문에 북이스라엘의 많은 영토가 이방인의 손에 넘어간다. 이스라엘이 가장 아끼고 소중히 여긴 땅 길르앗은 넓은 의미로는 요단 동편에 있는 지역 전체를 가리킨다. 한편 아로엘은 아르논 골짜기를 가로지르는 강가에 있는 요새였으며, 바산은 비옥한 광야였다. 하나님은 엘리사를 통해 세우신 아람 왕 하사엘이 이스라엘을 치게 하셨고, 하사엘은 예후에게서 많은 땅을 빼앗는다. 그럼에도 하나님은 약속하신 축복대로 예후의 왕조가 4대를 거치며 거의 100년을 통치하게끔 하셨다.

35-36 그의 아들 여호아하스가 그를 대신하여 왕이 되니라 예후가 사마리아에서 이스라엘을 다스린 햇수는 스물여덟 해이더라 예후는 사마리아에서 28년 동안 이스라엘을 다스린다. 만일 예후가 여로보암의 죄를 범하지 않고 하나님의 율법을 전심으로 지켰다면,

쉬운성경

28 이처럼 예후는 이스라엘에서 바알 종교를 없애 버렸습니다.

29 그러나 예후도 느밧의 아들 여로보암이 저지른 죄의 길에서 완전히 돌아서지는 않았습니다. 여로보암은 이스라엘 백성이 벧엘과 단에 있는 금송아지를 섬기도록 했습니다.

30 여호와께서 예후에게 말씀하셨습니다. "잘했다. 너는 내가 보기에 옳은 일을 했다. 네가 아합 집안에게 행한 일이 내 마음에 든다. 그러므로 너의 사 대 자손까지 이스라엘 왕좌에 앉게 될 것이다."

31 그러나 예후는 마음을 다하여 하나님 여호와의 율법을 지켜 따르지 않았습니다. 예후는 여로보암의 죄를 그대로 따랐습니다.

32 그러자 여호와께서 이스라엘 나라의 땅들을 떼어서 다른 나라에게 주기 시작하셨습니다. 아람 왕 하사엘이 온 이스라엘 땅에서 이스라엘 백성을 물리쳤습니다.

33 하사엘은 요단 강 동쪽 땅, 곧 길르앗 땅을 다 차지했습니다. 그 땅은 갓과 르우벤과 므낫세의 땅입니다. 하사엘은 아르논 강 옆의 아로엘에서부터 길르앗을 지나 바산까지 차지했습니다.

34 예후가 행한, 다른 모든 일과 전쟁에서 승리한 일은 이스라엘 왕들의 역사책에 기록되어 있습니다.

35 예후가 죽어서 사마리아에 묻히고, 그의 아들 여호아하스가 뒤를 이어 왕이 되었습니다.

36 예후는 사마리아에서 이십팔 년 동안, 이스라엘의 왕으로 있었습니다.

하나님이 다윗에게 주셨던 언약의 복인 영원한 통치권을 예후와 그의 후손에게 주셨을 것이다. 하나님이 기뻐하시는 참된 개혁은 자신의 이익이 아닌 철저하게 하나님을 향해 있어야 한다. 마침내 예후도 하나님의 부르심을 받고, 예후의 뒤를 이어 그의 아들 여호아하스가 왕이 된다.

저자의 묵상

예후의 개혁은 전광석화와 같이 예리하면서도 강렬했다. 그렇지만 예후의 개혁은 진정으로 하나님의 율법을 지키기 위한 과정이 아니라 자신의 권좌를 안정적으로 유지하기 위한 정치적인 책략이었다. 예후는 벧엘과 단에 있는 금송아지를 제거하고 모든 백성을 예루살렘에 있는 여호와의 성전으로 보냈어야 했다. 그는 벧엘과 단의 금송아지가 하나님의 뜻에 어긋난다는 사실을 잘 알았지만, 금송아지를 없애고 백성을 예루살렘으로 예배하러 보내면 그들이 남유다에 흡수될지도 모른다는 두려움이 있었다. 예후는 권좌를 유지하려고 벧엘과 단의 금송아지를 그대로 둔 것이다. 그러나 하나님의 말씀에 기초하여 하나님의 뜻대로 하지 않은 개혁은 결코 완전한 성공을 보장받을 수 없다. 지금 눈앞에 보이는 이익이 없어도, 심지어 여러 가지 어려움에 처한다 해도 우리는 하나님의 말씀이 이끄시는 대로 행해야 한다.

무릎기도 하나님, 그 어떤 어려움과 위협 속에서도 말씀에 순종하는 저희가 되게 하소서.

NLT - 2 Kings 10

28 In this way, Jehu destroyed every trace of Baal worship from Israel.
29 He did not, however, destroy the gold calves at Bethel and Dan, with which Jeroboam son of Nebat had caused Israel to sin.
30 Nonetheless the LORD said to Jehu, "You have done well in following my instructions to destroy the family of Ahab. Therefore, your descendants will be kings of Israel down to the fourth generation."
31 But Jehu did not obey the Law of the LORD, the God of Israel, with all his heart. He refused to turn from the sins that Jeroboam had led Israel to commit.
32 At about that time the LORD began to cut down the size of Israel's territory. King Hazael conquered several sections of the country
33 east of the Jordan River, including all of Gilead, Gad, Reuben, and Manasseh. He conquered the area from the town of Aroer by the Arnon Gorge to as far north as Gilead and Bashan.
34 The rest of the events in Jehu's reign—everything he did and all his achievements—are recorded in *The Book of the History of the Kings of Israel.*
35 When Jehu died, he was buried in Samaria. Then his son Jehoahaz became the next king.
36 In all, Jehu reigned over Israel from Samaria for twenty-eight years.

28 destroy 파괴하다 every trace of ~ ~의 모든 흔적 29 calf 송아지 30 nonetheless 그럼에도 불구하고 follow instructions 지시에 따르다 descendant 자손, 후손 generation 세대 31 obey 순종하다 refuse 거절(거부)하다 turn from ~ ~로부터 돌이키다 commit 죄를 저지르다, 범하다 32 territory 영토 conquer 정복하다 34 reign 치세

☐ 묵상 체크

25 여호야다의 반란과 요아스의 등극

월 일

열왕기하 11:1-21 • 새찬송 550장 | 통일 248장

• 말씀묵상 전에 성령님의 인도하심을 구하는 기도를 드리십시오.

본문요약 | 아합과 이세벨의 딸인 아달랴가 왕족을 다 죽이고 남유다의 왕이 되어 6년을 다스린다. 그러나 하나님은 여호세바를 통해 요아스를 살아남게 하시고, 마침내 제사장 여호야다를 통해 왕손인 요아스를 왕으로 세우신다. 한편, 아달랴도 어머니 이세벨처럼 왕궁의 말이 다니는 길에서 죽임을 당한다. 다윗 왕조의 왕권을 회복한 제사장 여호야다는 아달랴가 들여온 바알 숭배의 근거지를 철저히 파괴하고 바알의 제사장을 죽인다. 요아스가 왕위에 올라 모든 백성이 즐거워하고 예루살렘 성은 평온을 되찾는다.

1 아하시야의 어머니 아달랴가 그의 아들이 죽은 것을 보고 일어나 왕의 자손을 모두 멸절하였으나

2 요람 왕의 딸 아하시야의 누이 여호세바가 아하시야의 아들 요아스를 왕자들이 죽임을 당하는 중에서 빼내어 그와 그의 유모를 침실에 숨겨 아달랴를 피하여 죽임을 당하지 아니하게 한지라

3 요아스가 그와 함께 여호와의 성전에 육 년을 숨어 있는 동안에 아달랴가 나라를 다스렸더라

4 일곱째 해에 여호야다가 사람을 보내 가리 사람의 백부장들과 호위병의 백부장들을 불러 데리고 여호와의 성전으로 들어가서 그들과 언약을 맺고 그들에게 여호와의 성전에서 맹세하게 한 후에 왕자를 그들에게 보이고

5 명령하여 이르되 너희가 행할 것이 이러하니 안식일에 들어온 너희 중 삼분의 일은 왕궁을 주의하여 지키고

6 삼분의 일은 수르 문에 있고 삼분의 일은 호위대 뒤에 있는 문에 있어서 이와 같이 왕궁을 주의하여 지키고

7 안식일에 나가는 너희 중 두 대는 여호와의 성전을 주의하여 지켜 왕을 호위하되

8 너희는 각각 손에 무기를 잡고 왕을 호위하며 너희 대열을 침범하는 모든 자는 죽이고 왕이 출입할 때에 시위할지니라 하니

9 백부장들이 이에 제사장 여호야다의 모든 명령대로 행하여 각기 관할하는 바 안식일에 들어오는 자와 안식일에 나가는 자를 거느리고 제사장 여호야다에게 나아오매

10 제사장이 여호와의 성전에 있는 다윗 왕의 창과 방패를 백부장들에게 주니

11 호위병이 각각 손에 무기를 잡고 왕을 호위하되 성전 오른쪽에서부터 왼쪽까지 제단과 성전 곁에 서고

12 여호야다가 왕자를 인도하여 내어 왕관을 씌우며 율법책을 주고 기름을 부어 왕으로 삼으매 무리가 박수하며 왕의 만세를 부르니라

13 아달랴가 호위병과 백성의 소리를 듣고 여호와의 성전에 들어가 백성에게 이르러

14 보매 왕이 규례대로 단 위에 섰고 장관들과 나팔수가 왕의 곁에 모셔 섰으며 온 백성이 즐거워하여 나팔을 부는지라 아달랴가 옷을 찢으며 외치되 반역이로다 반역이로다 하매

15 제사장 여호야다가 군대를 거느린 백부장들에게 명령하여 이르되 그를 대열 밖으로 몰아내라 그를 따르는 자는 모두 칼로 죽이라 하니 제사장의 이 말은 여호와의 성전에서는 그를 죽이지 말라 함이라

16 이에 그의 길을 열어 주매 그가 왕궁의 말이 다니는 길로 가다가 거기서 죽임을 당하였더라

17 여호야다가 왕과 백성에게 여호와와 언약을 맺어 여호와의 백성이 되게 하고 왕과 백성 사이에도 언약을 세우게 하매

18 온 백성이 바알의 신당으로 가서 그 신당을 허물고 그 제단들과 우상들을 철저히 깨뜨리고 그 제단 앞에서 바알의 제사장 맛단을 죽이니라 제사장이 관리들을 세워 여호와의 성전을 수직하게 하고

19 또 백부장들과 가리 사람과 호위병과 온 백성을 거느리고 왕을 인도하여 여호와의 성전에서 내려와 호위병의 문 길을 통하여 왕궁에 이르매 그가 왕의 왕좌에 앉으니

20 온 백성이 즐거워하고 온 성이 평온하더라 아달랴를 무리가 왕궁에서 칼로 죽였더라

21 요아스가 왕이 될 때에 나이가 칠 세였더라

1. 오늘 하나님께서 나에게 주신 깨달음은 무엇입니까?

2. 말씀을 어떻게 내 삶에 구체적으로 적용해야 합니까?

• • •

절별 해설

1 아하시야의 어머니 아달랴가 그의 아들이 죽은 것을 보고 일어나 왕의 자손을 모두 멸절하였으나 죽은 아하시야의 어머니 아달랴는 남유다의 왕족을 닥치는 대로 죽인다. 아달랴는 여호사밧 시대 때 다윗 가문으로 시집온 아합의 딸로, 아하시야의 어머니였다. 아달랴는 아하시야가 예후에게 죽임을 당한 후, 스스로 여왕이 되어 남왕국을 6년 동안 통치한다. 악한 여인 아달랴로 인해 다윗 왕조는 멸족의 위기에 처한다.

2-3 왕자들이 처참하게 죽어가는 와중에서도 요람 왕의 딸이자 죽은 아하시야의 이복누이인 여호세바가 겨우 한 살이던 아하시야의 아들 요아스 왕자를 빼내어 유모와 함께 숨긴다. 요아스 왕자는 6년 동안이나 고모부인 대제사장의 배려로 성전 내에서 은신한다. 아달랴가 통치하던 유다에서 성전은 가장 안전한 은신처였다. 이세벨의 딸 아달랴는 이방인이었기 때문에 성전에 들어갈 수가 없었다. 한편, 요아스를 빼돌린 여호세바는 6년 후 쿠데타의 주역이 되는 제사장 여호야다의 부인이었다. 이렇게 하나님은 포악한 아달랴의 통치 가운데서도 다윗 가문의 씨를 보존하셨다.

4 일곱째 해에 여호야다가 사람을 보내, 그들과 언약을 맺고 그들에게 여호와의 성전에서 맹세하게 한 후에 왕자를 그들에게 보이고 아달랴가 정권을 잡은 지 7년째 되던 해에 제사장 여호야다가 군 지휘관들을 불러모은다. 제사장이 이처럼 다윗 왕조를 다시 세우는 일에 쓰임을 받은 것은 하나님의 섭리였다. 언약의 상징인 다윗 왕조를 말씀의 종인 제사장을 통해 일으

쉬운성경

1 유다 왕 아하시야의 어머니 아달랴는 자기 아들이 죽는 것을 보고 왕의 집안 사람들을 다 죽이기 시작했습니다.

2 그러나 요람 왕의 딸이요, 아하시야의 누이인 여호세바가 죽임을 당하는 왕자들 가운데 아하시야의 아들 요아스를 빼내어 요아스와 그의 유모를 침실에 숨겼습니다. 그래서 요아스는 아달랴로부터 죽임을 당하지 않게 되었습니다.

3 요아스는 여호세바와 함께 여호와의 성전에서 육 년 동안을 숨어 지냈습니다. 그동안, 아달랴가 그 나라를 다스렸습니다.

4 칠 년째 되던 해에 제사장 여호야다가 가리 사람의 군인 백 명을 지휘하는 백부장들과 호위병의 백부장들을 불렀습니다. 여호야다는 그들을 데리고 여호와의 성전으로 가서 그들과 언약을 맺고 그들에게 충성을 맹세하게 한 다음에 요아스 왕자를 보여주었습니다.

5 여호야다가 그들에게 명령했습니다. "그대들이 해야 할 일은 이러하오. 그대들 가운데 안식일에 왕궁을 지키는 사람이 있을 것이오. 그 사람 중 삼분의 일은 왕궁을 지키고,

6 삼분의 일은 수르 문을 지키시오. 그리

키시는 하나님의 뜻이 드러난다.

9–10 제사장 여호야다는 아달랴의 폭정에 고통받는 백성을 구하기 위해 쿠데타를 일으킨다. 거사는 안식일에 시행되었다. 이때는 그 어떤 날보다 성전을 찾는 백성이 많을 것이기에 그들이 지켜보는 가운데 요아스가 왕으로 즉위하기에 가장 적합했다. 모든 일이 순조롭게 계획대로 진행되었다. 여호야다는 여호와의 성전 안에 보관된 창과 방패를 백부장들에게 나누어 준다.

11–12 호위병이 각각 손에 무기를 잡고 왕을 호위하되, 여호야다가 왕자를 인도하여 내어 왕관을 씌우며 율법책을 주고 기름을 부어 왕으로 삼으매 여호야다는 안식일날 레위 사람과 유다 무리에게 다윗 왕의 무기들을 주어 먼저 일곱 살 된 어린 요아스 왕자를 호위하게 한다. 그런 다음 성전에서 요아스에게 왕관을 씌우고 왕이 가지는 율법책을 주고 기름을 부음으로써 즉위식이 거행된다. 모든 무리가 '왕의 만세'를 외쳤다. 민심이 요아스에게 모아지고 있었다.

14–16 아달랴가 옷을 찢으며 외치되 반역이로다 반역이로다 하매, 그가 왕궁의 말이 다니는 길로 가다가 거기서 죽임을 당하였더라 환호하는 백성들의 우레와 같은 소리에 깜짝 놀라 성전으로 간 아달랴는 옷을 찢으며 반역이라고 외친다. 그러나 반역은 여호야다가 아닌 오히려 아달랴 자신이 한 것이었다. 다윗의 왕손을 학살한 아달랴가 저지른 악행으로 인한 모든 것이 제자리를 찾아가는 과정이었다. 여호야다의 명령을 받고 대기하던 군사들은 즉시 아달랴를 성전 밖으로 끌고 나가 처형해 버린다. 한편, 아달랴가 죽은 곳은 말이 왕궁으로 드나들 때 사용하는 길이었다. 말은 솔로몬 시대에 애굽을 포함한 이방 나라를 상징하는 동물로, 이렇게 아달랴의 죽음이 말과 연관된 것은 유다 왕실에 이방인의 영향력이 종결되었음을 말해 준다.

17 여호야다가 왕과 백성에게 여호와와 언약을 맺어 여호와의 백성이 되게 하고 왕과 백성 사이에도 언약을 세우게 하매 유다는 아달랴의 통치 아래에서 하나님을 버리고 바알을 섬겼기에 다시금 언약의 갱신이 필요했다. 그래서 여호야다가 아달랴를 죽인 다음에 처음으로 한 일은 언약을 맺는 일이었다. 여호야다는 왕과 백성들로 하여금 하나님과 언약을 맺게 했고, 백성들과 왕 사이에도 언약을 맺도록 했다. 하나님과의 언약은 여호와께서 모세를 통해 이스라엘과 맺은 언약을 의미한다. 왕과 백성이 여호와 하나님의 백성으로서 율법을 준수해야 하는 것과, 여호와는 이스라엘의 하나님으로서 그들을 축복하고 보호하시는 것을 말한다. 왕과

고 나머지 삼분의 일은 호위대 뒤에 있는 문을 지키시오. 그렇게 해서 왕궁을 지키시오.

7 안식일에 왕궁을 지키지 않아도 되는 사람은 왕을 위해서 여호와의 성전을 지키시오.

8 그대들 모두는 손에 무기를 들고 왕이 가는 곳마다 따라다니며 왕을 지켜야 하오. 누구든지 가까이 다가오는 사람은 죽이시오. 왕이 나가고 들어올 때, 왕에게 바짝 붙어서 지키시오."

9 군인 백 명을 지휘하는 그 백부장들은 제사장 여호야다가 명령한 것을 다 지켰습니다. 그들은 안식일에 일할 사람들과 쉬는 사람들을 이끌고 제사장 여호야다에게 왔습니다.

10 여호야다가 백부장들에게 창과 방패를 나누어 주었습니다. 그 창과 방패들은 다윗 왕이 쓰던 것으로 여호와의 성전 안에 보관되어 있던 것입니다.

11 그리하여 성전 오른쪽에서부터 왼쪽까지, 호위병들이 손에 무기를 들고 섰습니다. 그들은 제단과 성전 둘레에 서서 왕을 지켰습니다.

12 여호야다가 왕자 요아스를 데려와서 머리에 왕관을 씌우고, 여호와의 율법책을 그에게 주었습니다. 그들은 요아스에게 기름을 부어 왕으로 세웠습니다. 그리고 손뼉을 치며 외쳤습니다. "왕 만세!"

13 호위병과 백성이 외치는 소리를 들은 아달랴는 여호와의 성전에 있는 백성에게 갔습니다.

14 아달랴가 보니, 거기에 왕이 있었습니다. 왕은 관습대로 받침대 위에 서 있었고, 관리들과 나팔 부는 사람들이 그 곁에 서 있었습니다. 온 땅의 백성이 매우 기뻐하며 나팔을 불고 있었습니다. 아달랴는 옷을 찢으며 "반역이다! 반역이다!" 하고 소리 질렀습니다.

15 제사장 여호야다가 군대를 이끌고 있는 장교들에게 명령했습니다. "저 여자를 쫓아내시오. 그리고 누구든지 저 여자를 따르는 사람은 칼로 죽이시오." 이렇게 명령한 것은 그가 전에 "여호와의 성전 안에서 아달랴를 죽이지 마시오"라고 말한 적이 있었기 때문입니다.

16 그들은 아달랴가 나갈 길을 열어 주었

백성 사이의 언약은, 왕이 백성을 율법에 따라 다스릴 것과 백성은 하나님이 임명하시는 왕을 섬기며 순종해야 하는 것을 서약하는 행위를 가리킨다.

18 언약을 갱신한 후에 여호야다는 아달랴의 통치 아래 유다에 만연하게 퍼진 바알 숭배를 타파한다. 여호야다는 바알 신당과 제단, 우상을 모두 부수고 바알의 제사장 맛단을 죽인다. 맛단의 완전한 이름은 '맛단 바알'로, 선물이라는 뜻이다. 즉 바알의 선물이라는 의미다. 바알의 제사장에게 아주 어울리는 이름이었다. 한편, 호위병을 세운 것은 무엇보다 율법대로 여호와께 번제를 드리는지를 관리 감독하기 위해서였고, 다음으로는 부정한 자들의 출입을 막기 위해서였다. 끝으로는 혹시나 아직 남아 있을지 모르는 바알 숭배자들의 공격으로 인한 피해를 사전에 막기 위해서였다.

20 온 백성이 즐거워하고 온 성이 평온하더라 본절은 그동안 아달랴의 통치로 백성들이 얼마나 고통당했는지를 역설적으로 보여 준다. 요아스가 왕위에 오르자 백성들이 즐거워하고 온 성이 평온해진다. 동시에 새로운 왕권 또한 안정된다.

습니다. 그녀는 왕궁의 말이 다니는 길에서 죽임을 당했습니다.

17 여호야다가 여호와와 왕과 백성 사이에 언약을 세웠습니다. 그리하여 그들이 여호와의 백성이 되게 하고, 왕과 백성 사이에도 언약을 맺게 했습니다.

18 그 땅의 모든 백성들이 바알 신전으로 가서 제단과 우상들을 부숴 버리고 신전을 무너뜨렸습니다. 그리고 바알의 제사장 맛단을 제단 앞에서 죽였습니다. 제사장 여호야다는 여호와의 성전에 호위병들을 세웠습니다.

19 여호야다는 군인 백 명을 거느리는 지휘관인 백부장과 가리 사람과 호위병들과 그 땅의 모든 백성이 보는 중에 여호와의 성전에서 왕을 모시고 나와 호위병들이 지키는 문을 통해 왕궁으로 인도했습니다. 왕이 보좌에 앉게 되자,

20 유다의 모든 백성은 매우 기뻐했습니다. 아달랴가 왕궁에서 칼에 맞아 죽었기 때문에 예루살렘에 다시 평화가 찾아오게 되었습니다.

21 요아스는 그의 나이 일곱 살에 왕이 되었습니다.

저자의 묵상

여호세바가 조카 요아스를 숨김으로써, 끊어질 뻔했던 다윗 왕조의 명맥이 이어진다. 더욱이 여호세바는 어린 요아스와 그를 보살필 유모를 함께 성전에 숨긴다. 그 옛날 모세의 어머니 요게벳이 애굽 사람들 몰래 모세를 숨겨 키운 일이 연상된다. 아달랴의 잔혹한 권력욕이 하나님나라를 위태롭게 했지만, 지혜로운 여호세바는 목숨을 건 헌신으로 새 시대를 여는 데 크게 기여한다. 한편, 여호세바의 남편인 제사장 여호야다는 요아스를 왕으로 세우는 데 결정적인 기여를 한다. 여호야다는 군 지휘관들에게 요아스의 생존 사실을 알리고, 그들과 언약을 맺어 요아스를 왕으로 세울 전략을 주도면밀하게 마련한다. 이렇게 여호세바의 헌신적인 노력과 제사장 여호야다의 과감한 결행으로 꺼져 버린 줄 알았던 하나님나라가 다시 회복될 수 있었다. 반면 6년 동안이나 지속된 아달랴의 시대는 종말을 고한다. 아달랴는 자신의 통치 기간 동안 어머니 이세벨 못지않게 유다에 바알종교를 적극적으로 전파했다. 그랬기에 아달랴의 죽음은 올바른 개혁을 추진할 수 있는 토대가 되었다. 드디어 여호야다 제사장의 지휘하에 총체적인 종교 개혁을 기대할 수 있게 되고, 비로소 정치적인 안정도 되찾는다. 아무리 시대가 악하고 그 악의 세력이 강하게 보일 뿐만 아니라 영원히 세상을 장악할 것 같아도, 하나님의 때가 이르면 악은 무너진다. 하나님은 준비된 사람들을 통해 선을 이루어 가신다. 이것이야말로 하나님의 약속이다. 그리스도인은 이 약속을 믿고 선을 행하는 사람이다. 악한 때일수록 선이 승리할 날이 가까워 옴을 느낄 수 있어야 한다. 선을 행하되 낙심하지 말아야 할 이유가 바로 여기에 있다.

무릎기도 하나님, 이 세상이 아무리 악해도 낙심하지 않고, 선을 행할 수 있는 담대한 믿음을 주소서.

NLT - 2 Kings 11

1 When Athaliah, the mother of King Ahaziah of Judah, learned that her son was dead, she began to destroy the rest of the royal family.

2 But Ahaziah's sister Jehosheba, the daughter of King Jehoram,* took Ahaziah's infant son, Joash, and stole him away from among the rest of the king's children, who were about to be killed. She put Joash and his nurse in a bedroom, and they hid him from Athaliah, so the child was not murdered.

3 Joash remained hidden in the Temple of the LORD for six years while Athaliah ruled over the land.

4 In the seventh year of Athaliah's reign, Jehoiada the priest summoned the commanders, the Carite mercenaries, and the palace guards to come to the Temple of the LORD. He made a solemn pact with them and made them swear an oath of loyalty there in the LORD's Temple; then he showed them the king's son.

5 Jehoiada told them, "This is what you must do. A third of you who are on duty on the Sabbath are to guard the royal palace itself.

6 Another third of you are to stand guard at the Sur Gate. And the final third must stand guard behind the palace guard. These three groups will all guard the palace.

7 The other two units who are off duty on the Sabbath must stand guard for the king at the LORD's Temple.

8 Form a bodyguard around the king and keep your weapons in hand. Kill anyone who tries to break through. Stay with the king wherever he goes."

9 So the commanders did everything as Jehoiada the priest ordered. The commanders took charge of the men reporting for duty that Sabbath, as well as those who were going off duty. They brought them all to Jehoiada the priest,

10 and he supplied them with the spears and small shields that had once belonged to King David and were stored in the Temple of the LORD.

11 The palace guards stationed themselves around the king, with their weapons ready. They formed a line from the south side of the Temple around to the north side and all around the altar.

12 Then Jehoiada brought out Joash, the king's son, placed the crown on his head, and presented him with a copy of God's laws.* They anointed him and proclaimed him king, and everyone clapped their hands and shouted, "Long live the king!"

13 When Athaliah heard the noise made by the palace guards and the people, she hurried to the LORD's Temple to see what was happening.

14 When she arrived, she saw the newly crowned king standing in his place of authority by the pillar, as was the custom at times of coronation. The commanders and trumpeters were surrounding him, and people from all over the land were rejoicing and blowing trumpets. When Athaliah saw all this, she tore her clothes in despair and shouted, "Treason! Treason!"

15 Then Jehoiada the priest ordered the commanders who were in charge of the troops, "Take her to the soldiers in front of the Temple,* and kill anyone who tries to rescue her." For the priest had said, "She must not be killed in the Temple of the LORD."

16 So they seized her and led her out to the gate where horses enter the palace grounds, and she was killed there.

17 Then Jehoiada made a covenant between the LORD and the king and the people that they would be the LORD's people. He also

made a covenant between the king and the
people.
18 And all the people of the land went over to
the temple of Baal and tore it down. They
demolished the altars and smashed the idols
to pieces, and they killed Mattan the priest
of Baal in front of the altars. Jehoiada the
priest stationed guards at the Temple of the
LORD.
19 Then the commanders, the Carite mercen-
aries, the palace guards, and all the people
of the land escorted the king from the
Temple of the LORD. They went through the
gate of the guards and into the palace, and
the king took his seat on the royal throne.
20 So all the people of the land rejoiced, and
the city was peaceful because Athaliah had
been killed at the king's palace.
21 *Joash* was seven years old when he
became king.

* 11:2 Hebrew *Joram*, a variant spelling of Jehoram.
* 11:12 Or *a copy of the covenant*
* 11:15 Or *Bring her out from between the ranks;* or *Take her out of the Temple precincts.* The meaning of the Hebrew is uncertain.
* 11:21a Verse 11:21 is numbered 12:1 in Hebrew text.
* 11:21b Hebrew *Jehoash*, a variant spelling of Joash.

3 remain hidden in ~ ~에 숨은 채로 있다 rule over ~ ~를 지배, 통치하다 4 summon 불러모으다 mercenary 용병 make a pact with ~ ~와 계약을 맺다 solemn 엄숙한, 진지한 oath 맹세, 서약 loyalty 충성 5 on duty 근무 중인(당번인) royal palace 왕궁 6 stand guard 보초 서다, 감시하다 7 off duty 근무 중이 아닌(비번인) 9 report for duty 출근하다 go off duty 비번이 되다 12 anoint (~에게) 기름을 붓다 14 at times of coronation 대관식 때의 rejoice 기뻐하다 in despair 절망(자포자기)하여 treason 반역(죄) 15 in charge of ~ ~를 맡아서 rescue 구출하다 17 make a covenant between ~ ~ 사이에 언약을 맺다 18 tear down 허물다, 파괴하다 demolish 무너뜨리다 smash ~ to pieces ~를 산산이 부수다 19 escort 호위하다

• MEMO •

26 요아스의 사적과 죽음

월 일

열왕기하 12:1-21 • 새찬송 149장 | 통일 147장

• 말씀묵상 전에 성령님의 인도하심을 구하는 기도를 드리십시오.

본문요약 | 요아스는 7세에 왕위에 올라 40년 동안 남유다를 다스린다. 비록 산당을 제거하지 못한 아쉬움이 있으나, 요아스가 남유다 통치 전반기에 수행한 성전 수리는 그의 훌륭한 업적이다. 그러나 요아스의 지혜로운 통치가 말기로 가면서 비참하게 변질된다. 아람 왕 하사엘의 침공에 대처하는 무기력한 요아스의 모습은 성전 수리를 진두지휘하던 왕과는 전혀 딴판이었다. 결국 요아스는 신복의 손에 죽임을 당한다.

1 예후의 제칠 년에 요아스가 왕이 되어 예루살렘에서 사십 년간 통치하니라 그의 어머니의 이름은 시비아라 브엘세바 사람이더라

2 요아스는 제사장 여호야다가 그를 교훈하는 모든 날 동안에는 여호와 보시기에 정직히 행하였으되

3 다만 산당들을 제거하지 아니하였으므로 백성이 여전히 산당에서 제사하며 분향하였더라

4 요아스가 제사장들에게 이르되 여호와의 성전에 거룩하게 하여 드리는 모든 은 곧 사람이 통용하는 은이나 각 사람의 몸값으로 드리는 은이나 자원하여 여호와의 성전에 드리는 모든 은을

5 제사장들이 각각 아는 자에게서 받아들여 성전의 어느 곳이든지 파손된 것을 보거든 그것으로 수리하라 하였으나

6 요아스 왕 제이십삼 년에 이르도록 제사장들이 성전의 파손한 데를 수리하지 아니하였는지라

7 요아스 왕이 대제사장 여호야다와 제사장들을 불러 이르되 너희가 어찌하여 성전의 파손한 데를 수리하지 아니하였느냐 이제부터는 너희가 아는 사람에게서 은을 받지 말고 그들이 성전의 파손한 데를 위하여 드리게 하라

8 제사장들이 다시는 백성에게 은을 받지도 아니하고 성전 파손한 것을 수리하지도 아니하기로 동의하니라

9 제사장 여호야다가 한 궤를 가져다가 그것의 뚜껑에 구멍을 뚫어 여호와의 전문 어귀 오른쪽 곧 제단 옆에 두매 여호와의 성전에 가져오는 모든 은을 다 문을 지키는 제사장들이 그 궤에 넣더라

10 이에 그 궤 가운데 은이 많은 것을 보면 왕의 서기와 대제사장이 올라와서 여호와의 성전에 있는 대로 그 은을 계산하여 봉하고

11 그 달아본 은을 일하는 자 곧 여호와의 성전을 맡은 자의 손에 넘기면 그들은 또 여호와의 성전을 수리하는 목수와 건축하는 자들에게 주고

12 또 미장이와 석수에게 주고 또 여호와의 성전 파손한 데를 수리할 재목과 다듬은 돌을 사게 하며 그 성전을 수리할 모든 물건을 위하여 쓰게 하였으되

13 여호와의 성전에 드린 그 은으로 그 성전의 은 대접이나 불집게나 주발이나 나팔이나 아무 금그릇이나 은그릇도 만들지 아니하고

14 그 은을 일하는 자에게 주어 그것으로 여호와의 성전을 수리하게 하였으며

15 또 그 은을 받아 일꾼에게 주는 사람들과 회계하지 아니하였으니 이는 그들이 성실히 일을 하였음이라

16 속건제의 은과 속죄제의 은은 여호와의 성전에 드리지 아니하고 제사장에게 돌렸더라

17 그때에 아람 왕 하사엘이 올라와서 가드를 쳐서 점령하고 예루살렘을 향하여 올라오고자 하므로
18 유다의 왕 요아스가 그의 조상들 유다 왕 여호사밧과 여호람과 아하시야가 구별하여 드린 모든 성물과 자기가 구별하여 드린 성물과 여호와의 성전 곳간과 왕궁에 있는 금을 다 가져다가 아람 왕 하사엘에게 보냈더니 하사엘이 예루살렘에서 떠나갔더라
19 요아스의 남은 사적과 그가 행한 모든 일은 유다 왕 역대지략에 기록되지 아니하였느냐
20 요아스의 신복들이 일어나 반역하여 실라로 내려가는 길가의 밀로 궁에서 그를 죽였고
21 그를 쳐서 죽인 신복은 시므앗의 아들 요사갈과 소멜의 아들 여호사바드였더라 그는 다윗 성에 그의 조상들과 함께 장사되고 그의 아들 아마샤가 그를 대신하여 왕이 되니라

1. 오늘 하나님께서 나에게 주신 깨달음은 무엇입니까?

2. 말씀을 어떻게 내 삶에 구체적으로 적용해야 합니까?

• • •

절별 해설

1 예후의 제칠 년에 요아스가 왕이 되어 예루살렘에서 사십 년간 통치하니라 그의 어머니의 이름은 시비아라 브엘세바 사람이더라 북이스라엘의 예후와 남유다의 아달랴는 같은 해에 왕위에 오른다. 아달랴는 유다를 6년 동안 통치했다. 그러므로 요아스가 7세에 왕위에 오른 해는 예후의 7년에 해당한다. 한편, 남유다에서는 왕들의 이력을 소개할 때, 그 어머니가 누구였다고 언급하는 관례가 있었다. 여기서 브엘세바는 엘리야가 이세벨을 피해 호렙 산으로 도피하는 중에 들렀던 곳이다. 시비아라는 이름은 브엘세바 출신인 사람에게 흔히 붙여졌다.

3 다만 산당들을 제거하지 아니하였으므로 요아스는 여호와를 섬기며 지속적으로 개혁해 나간다. 그러나 아쉽게도 산당은 제거하지 않았다. 산당만 없애 버렸다면 요아스는 완벽한 개혁을 이루었을 것이다.

5-6 제사장들이 각각 아는 자에게서 받아들여 성전의 어느 곳이든지 파손된 것을 보거든 그것으로 수리하라 하였으나 요아스 왕 제이십삼 년에 이르도록 제사장들이 성전의 파손한 데를 수리하지 아니하였는지라 요아스는 어려서부터 성전에서 살았기에 성전을 잘 알았다. 요아스 때에 성전은 건축된 지가 100년

쉬운성경

1 요아스는 예후가 이스라엘 왕으로 있은 지 칠 년째 되던 해에 유다의 왕이 되었습니다. 요아스는 사십 년 동안을 예루살렘에서 다스렸는데, 그의 어머니는 브엘세바 사람인 시비아입니다.

2 요아스는 제사장 여호야다가 가르쳐 준 대로 여호와가 보시기에 옳은 일을 했습니다.

3 그러나 산당은 없애지 않았으므로, 백성들은 여전히 그곳에서 제사를 지내고 향을 피웠습니다.

4 요아스가 제사장들에게 말했습니다. "백성들이 여호와의 성전에 예물로 바친 모든 돈, 곧 각 사람이 세금으로 바친 돈과 각 사람이 약속하여 바친 돈과 스스로 원해서 바친 돈을 받아 두시오.

이 훨씬 지났다. 아달랴의 통치 기간 동안에는 거의 방치되다시피 했다. 성전을 전면적으로 수리해야겠다고 결단한 요아스는 제사장들에게 성전으로 들어오는 모든 헌금을 성전 보수에 쓰라고 명령한다. 그러나 요아스가 즉위한 지 무려 23년이 다 되었는데도 제사장들은 성전을 보수하지 않았다.

7-8 요아스 왕이 대제사장 여호야다와 제사장들을 불러 이르되, 이제부터는 너희가 아는 사람에게서 은을 받지 말고 그들이 성전의 파손한 데를 위하여 드리게 하라 제사장들이 다시는 백성에게 은을 받지도 아니하고 성전 파손한 것을 수리하지도 아니하기로 동의하니라 성전 수리가 전혀 이루어지지 않자 요아스는 제사장들을 불러 야단을 친다. 제사장들은 성전을 수리하지 않고 자신의 배를 채우기에 급급했다. 제사장들은 회계에게서 돈을 타다가 성전을 수리하는 방식을 취했고, 때로는 개인적으로 백성에게서 헌금을 받기도 했다. 그러다 보니 헌금을 마치 자기 돈처럼 횡령하는 경우가 일어날 수밖에 없었다. 그래서 왕은 성전을 수리하는 비용이 제사장들을 거치지 않고 곧바로 공사를 맡은 감독관과 기술자에게 전달되게 했다.

14 그 은을 일하는 자에게 주어 그것으로 여호와의 성전을 수리하게 하였으며 요아스는 제사장들이 개인적으로 헌금을 모으지 못하게 했고, 헌금궤를 만들어 모든 사람들이 볼 수 있는 곳에 두고는 직접 그 궤에 헌금하게 했다. 헌금이 채워지면 왕의 서기와 대제사장이 함께 궤를 열어 계산했고, 즉시 헌금은 감독관을 통해서 일꾼들에게 그대로 전달되었다. 이 모든 헌금은 오직 성전 수리에만 사용되었다.

16 속건제의 은과 속죄제의 은은 여호와의 성전에 드리지 아니하고 제사장에게 돌렸더라 요아스는 지혜로웠다. 백성들이 속건제와 속죄제에 바친 돈은 그대로 제사장에게 가게 했다. 속건제는 여호와 하나님께 속한 거룩한 물건을 범하였을 때 드리는 제사다. 속죄제는 사람이 하나님께 범죄하였을 때 드리는 제사다. 이 두 제사에 사용하는 짐승의 고기는 제사장만 먹을 수 있는 것으로 율법에 규정되어 있다. 요아스는 율법을 존중하고 지켰다. 요아스는 성전을 보수할 초기에는 제사장의 생활 문제에 대한 관심보다는 투명하면서도 효율적인 성전 수리 과정에 집중했으나, 어느 정도 공사가 진척된 뒤에는 제사장들의 생활 문제까지도 해결해 나갔다.

17 그때에 아람 왕 하사엘이 올라와서 가드를 쳐서 점령하고 예루살렘을 향하여 올라오고자 하므로 '그때에'라는 표현은

5 제사장마다 그가 섬기는 백성들에게 돈을 받아서 성전을 수리할 일이 있을 때마다 수리하도록 하시오."

6 그러나 요아스가 왕이 된 지 이십삼 년째가 되었는데도 제사장들은 성전을 수리하지 않았습니다.

7 요아스 왕은 제사장 여호야다와 다른 제사장들을 불러 이렇게 말했습니다. "어찌하여 성전을 수리하지 않고 있소? 이제부터는 당신들이 섬기는 백성들에게 돈을 받지 말고 그들이 성전을 수리하는 데 직접 바치도록 하시오."

8 제사장들은 백성에게 돈을 받지 않기로 하고, 또 성전 수리도 자신들이 하지 않고 다른 사람들에게 맡기기로 했습니다.

9 제사장 여호야다가 상자 하나를 가져다가 그 위쪽에 구멍을 뚫고 제단 곁에 놓아두었는데, 그 상자는 성전에 들어가는 백성이 볼 때 오른쪽에 있었습니다. 현관을 지키는 제사장들은 백성이 여호와의 성전으로 가져오는 모든 돈을 그 상자에 넣었습니다.

10 그 안에 돈이 가득 차면, 왕의 신하와 대제사장이 와서 여호와의 성전에 가져온 돈을 계산하고 그 돈을 자루에 담았습니다.

11 돈 계산이 끝난 뒤에는 그 돈을 성전 공사를 맡은 사람들에게 주어 여호와의 성전에서 일하는 목수와 돌 쌓는 사람들의 품삯으로 쓰게 했습니다.

12 그리고 그 돈으로 미장이와 석수들에게 품삯을 주고, 여호와의 성전을 수리하는 데 필요한 나무와 돌을 사들이는 데에도 썼습니다. 그 밖에 성전을 수리하는 데에 드는 모든 비용에도 그 돈을 사용했습니다.

13 여호와의 성전으로 들어온 돈으로

16절과 17절 사이에 여러 가지 사건이 있었음을 암시한다. 역대기서에 의하면, 본문에 기록된 사건 이외에 제사장 여호야다의 죽음과 요아스가 여호야다의 죽음 이후 아세라 숭배를 허락한 사건이 나열된다(대하 24:15-18). 또한 여호야다에 이어 제사장이 된 스가랴를 요아스 왕이 돌로 쳐 죽이게 한 사건도 나온다(대하 24:20-22). 따라서 여기에 기록된 아람 왕 하사엘의 침공은 요아스의 범죄에 대한 하나님의 심판으로 보아야 한다(대하 24:24). 한편, 하사엘이 유다를 침공한 것은 아람의 영토 확장 정책 때문이며, 그 시기는 요아스 왕이 성전 수리를 기념하는 1주년 후였다(대하 24:23). 가드는 예루살렘에서 남서쪽으로 약 30km 떨어진 곳으로, 본래 블레셋의 5개 주요 성읍 가운데 하나였다. 당시로서는 매우 중요한 군사적 요충지이자 통상로였다.

18 성물과 … 금을 다 가져다가 아람 왕 하사엘에게 보냈더니 하사엘이 예루살렘에서 떠나갔더라 하사엘의 예루살렘 진군 소식을 보고받은 요아스는 싸울 엄두를 내지 못한다. 그래서 요아스는 왕궁 창고와 성전 곳간에 보관해 둔 성물과 금을 모두 모아서 하사엘에게 보낸다. 안타깝게도 요아스는 선왕인 여호사밧, 여호람, 아하시야가 하나님께 바쳤던 성물과 애써 모은 자신의 애장품까지 몽땅 써 버린다. 지금까지 각고의 노력으로 이룬 성전 수리와 개혁의 성과가 물거품같이 사라지고 만다.

20-21 요아스의 신복들이 일어나 반역하여 실라로 내려가는 길가의 밀로 궁에서 그를 죽였고 그를 쳐서 죽인 신복은 시므앗의 아들 요사갈과 소멜의 아들 여호사바드였더라, 그의 아들 아마샤가 그를 대신하여 왕이 되니라 요아스는 통치 말기에 암살당한다. 요사갈과 여호사바드라는 두 신하가 역모를 꾸며 밀로 궁에서 요아스를 살해한다. 성전 보수를 통해 힘차게 출발했던 요아스의 통치는 너무도 초라하고 비참하게 종말을 고한다. 시작이 아무리 좋아도 한결같은 초심이 없으면 언제든 무너질 수 있는 것이 인생임을 요아스는 보여 준다.

는 은잔을 만들지도 않았고, 부집게와 그릇, 나팔, 금그릇과 은그릇을 만들 때도 쓰지 않았습니다.

14 그들은 그 돈을 일꾼들에게 주어 여호와의 성전을 수리하는 데에만 쓰게 했습니다.

15 그들은 일꾼들이 정직했기 때문에 그 돈을 어디에 썼는지 물어보지 않았습니다.

16 허물을 벗는 제사인 속건제의 은과 죄를 씻는 제사인 속죄제의 은은 여호와의 성전에 드리지 않고, 제사장에게 주었습니다.

17 그 무렵, 아람 왕 하사엘이 가드로 쳐들어와 그 땅을 점령한 후, 이어 예루살렘을 치려고 올라왔습니다.

18 그러자 유다 왕 요아스는 그의 조상이자 유다의 왕이었던 여호사밧과 여호람, 아하시야가 하나님께 바쳤던 모든 거룩한 물건인 성물을 아람 왕 하사엘에게 보냈습니다. 또 자기가 하나님께 바친 거룩한 물건인 성물과 성전의 보물 창고에 있는 금과 왕궁에 있는 금을 다 하사엘에게 보냈습니다. 그러자 하사엘이 예루살렘에서 물러갔습니다.

19 요아스가 행한, 다른 모든 일은 유다 왕들의 역사책에 기록되어 있습니다.

20 그의 두 신하가 그를 배신하여 실라로 내려가는 길에 있는 밀로 궁에서 요아스를 죽였습니다.

21 요아스를 죽인 신하들은 시므앗의 아들 요사갈과 소멜의 아들 여호사바드였습니다. 요아스가 죽어 그의 조상들과 함께 다윗 성에 묻혔습니다. 그의 아들 아마샤가 뒤를 이어 왕이 되었습니다.

저자의 묵상

제사장들이 오랫동안 왕의 지시를 따르지 못한 것은 성전을 수리할 비용이 없었기 때문이다. 헌금이 제대로 걷히지 않았던 이유도 있지만, 게으르고 불의한 이득을 챙기는 제사장의 부정부패가 만연한 것도 커다란 원인이다. 요아스 왕은 이러한 제사장의 잘못을 정확하게 파악했다. 그런데도 왕은 그들을 벌하지 않고 오히려 제도를 고쳤다. 요아스 왕의 현명한 대처가 귀하게 느껴진다. 때로는 사람에 대한 처벌보다 부조리한 일을 발생시키는 제도 자체를 개혁하는 편이 훨씬 더 효과적일 수 있음을 요아스 왕은 분명하게 보여 준다. 더욱이 요아스 왕은 성전 수리를 위해 모인 헌금을 다른 곳에는 하나도 쓰지 않고 오직 성전 수리에만 사용했다. 심지어는 성전에서 사용하는 금그릇과 은그릇을 만드는 데도 사용하지 않았다. 그 결과 오랫동안 전혀 진척되지 않던 성전 수리가 완결된다. 이토록 하나님을 신실하게 섬기며 성전 수리까지 깔끔하게 마무리한 요아스가 통치 말기에 허무하게 죽임을 당하는 모습은 큰 슬픔과 안타까움을 느끼게 한다. 심지어 아람 왕 하사엘의 침공 앞에서도 하나님께 기도하며 의지하는 신앙적인 자세가 보이지 않는다. 세상적인 방법으로 성전에 있는 보물을 가지고 정치적인 해결을 모색한 요아스의 어리석음은, 그의 일생에서 가장 큰 업적인 성전 보수 사업마저도 퇴색시키고 만다. 무엇 때문에 처음과 나중이 이렇게 달라졌는가? 본문에는 자세한 요아스의 행적이 기록되지 않아 단언할 수는 없지만, 한 가지 사실만은 분명해 보인다. 어느 누구든 처음이 좋다고 해서 끝까지 좋을 수는 없다는 것이다. 그러므로 그리스도인은 항상 겸손하게 엎드려 기도하며 하나님의 도우심을 힘입고 살아가야 한다. 그렇게 해야만 넘어지지 않고 바르게 갈 수 있다.

무릎기도 하나님, 언제나 겸손하게 주님만 의지하여 초심을 잃지 않고 힘 있게 살아가게 하소서.

NLT - 2 Kings 12

1 *Joash* began to rule over Judah in the seventh year of King Jehu's reign in Israel. He reigned in Jerusalem forty years. His mother was Zibiah from Beersheba.

2 All his life Joash did what was pleasing in the LORD's sight because Jehoiada the priest instructed him.

3 Yet even so, he did not destroy the pagan shrines, and the people still offered sacrifices and burned incense there.

4 One day King Joash said to the priests, "Collect all the money brought as a sacred offering to the LORD's Temple, whether it is a regular assessment, a payment of vows, or a voluntary gift.

5 Let the priests take some of that money to pay for whatever repairs are needed at the Temple."

6 But by the twenty-third year of Joash's reign, the priests still had not repaired the Temple.

7 So King Joash called for Jehoiada and the other priests and asked them, "Why haven't you repaired the Temple? Don't use any more money for your own needs. From now on, it must all be spent on Temple repairs."

8 So the priests agreed not to accept any more money from the people, and they also agreed to let others take responsibility for repairing the Temple.

9 Then Jehoiada the priest bored a hole in the lid of a large chest and set it on the right-hand side of the altar at the entrance of the Temple of the LORD. The priests guarding the

entrance put all of the people's contributions into the chest.
10 Whenever the chest became full, the court secretary and the high priest counted the money that had been brought to the LORD's Temple and put it into bags.
11 Then they gave the money to the construction supervisors, who used it to pay the people working on the LORD's Temple—the carpenters, the builders,
12 the masons, and the stonecutters. They also used the money to buy the timber and the finished stone needed for repairing the LORD's Temple, and they paid any other expenses related to the Temple's restoration.
13 The money brought to the Temple was not used for making silver bowls, lamp snuffers, basins, trumpets, or other articles of gold or silver for the Temple of the LORD.
14 It was paid to the workmen, who used it for the Temple repairs.
15 No accounting of this money was required from the construction supervisors, because they were honest and trustworthy men.
16 However, the money that was contributed for guilt offerings and sin offerings was not brought into the LORD's Temple. It was given to the priests for their own use.
17 About this time King Hazael of Aram went to war against Gath and captured it. Then he turned to attack Jerusalem.
18 King Joash collected all the sacred objects that Jehoshaphat, Jehoram, and Ahaziah, the previous kings of Judah, had dedicated, along with what he himself had dedicated. He sent them all to Hazael, along with all the gold in the treasuries of the LORD's Temple and the royal palace. So Hazael called off his attack on Jerusalem.
19 The rest of the events in Joash's reign and everything he did are recorded in *The Book of the History of the Kings of Judah*.
20 Joash's officers plotted against him and assassinated him at Beth-millo on the road to Silla.
21 The assassins were Jozacar* son of Shimeath and Jehozabad son of Shomer—both trusted advisers. Joash was buried with his ancestors in the City of David. Then his son Amaziah became the next king.

* 12:1a Verses 12:1–21 are numbered 12:2–22 in Hebrew text.
* 12:1b Hebrew *Jehoash*, a variant spelling of Joash; also in 12:2, 4, 6, 7, 18.
* 12:21 As in Greek and Syriac versions; Hebrew reads *Jozabad*.

1 rule over ~ ~를 지배, 통치하다 2 in one's sight ~이 보는 데서 3 pagan 이교의 shrine 산당, 제단 sacrifice 제물 incense 향 4 assessment 할당금 a payment of vows 서원 헌금 6 repair 보수하다 9 lid 뚜껑 chest (귀중품 등을 넣는 뚜껑 달린) 큰 상자, 궤 contribution 기부금, 헌금 10 secretary 서기관 12 timber 목재 13 snuffer 불집게 15 construction 건축 supervisor 감독 trustworthy 믿을 만한 16 contribute 기부하다, 기증하다 17 go to war against ~ 전쟁을 일으키다 18 dedicate 봉헌하다 treasury 보물 창고, 금고 call off 취소하다, 철회하다 20 plot against ~ ~에 반대하여 음모를 꾀하다 assassinate 암살하다 21 assassin 암살범

• MEMO •

☐ 묵상 체크

27 대를 이은 불신앙

월 일

열왕기하 13:1-13 • 새찬송 455장 | 통일 507장

• 말씀묵상 전에 성령님의 인도하심을 구하는 기도를 드리십시오.

본문요약 I 여호아하스와 그의 아들 요아스 왕은 여로보암의 죄에서 돌이키지 않고 그대로 따라 한다. 하나님의 심판으로 아람이 침공한다. 여호아하스와 백성들이 기도하자 하나님은 그들을 구하고 보호하신다. 그러나 그들은 또다시 죄의 길로 들어선다. 하나님의 심판이 그 즉시 임한다.

1 유다의 왕 아하시야의 아들 요아스의 제이십삼 년에 예후의 아들 여호아하스가 사마리아에서 이스라엘 왕이 되어 십칠 년간 다스리며

2 여호와 보시기에 악을 행하여 이스라엘에게 범죄하게 한 느밧의 아들 여로보암의 죄를 따라가고 거기서 떠나지 아니하였으므로

3 여호와께서 이스라엘에게 노하사 늘 아람 왕 하사엘의 손과 그의 아들 벤하닷의 손에 넘기셨더니

4 아람 왕이 이스라엘을 학대하므로 여호아하스가 여호와께 간구하매 여호와께서 들으셨으니 이는 그들이 학대받음을 보셨음이라

5 여호와께서 이에 구원자를 이스라엘에게 주시매 이스라엘 자손이 아람 사람의 손에서 벗어나 전과 같이 자기 장막에 거하였으나

6 그들이 이스라엘에게 범죄하게 한 여로보암 집의 죄에서 떠나지 아니하고 그 안에서 따라 행하며 또 사마리아에 아세라 목상을 그냥 두었더라

7 아람 왕이 여호아하스의 백성을 멸절하여 타작마당의 티끌같이 되게 하고 마병 오십 명과 병거 열 대와 보병 만 명 외에는 여호아하스에게 남겨 두지 아니하였더라

8 여호아하스의 남은 사적과 행한 모든 일과 그의 업적은 이스라엘 왕 역대지략에 기록되지 아니하였느냐

9 여호아하스가 그의 조상들과 함께 자매 사마리아에 장사되고 그 아들 요아스가 대신하여 왕이 되니라

10 유다의 왕 요아스의 제삼십칠 년에 여호아하스의 아들 요아스가 사마리아에서 이스라엘 왕이 되어 십육 년간 다스리며

11 여호와께서 보시기에 악을 행하여 이스라엘에게 범죄하게 한 느밧의 아들 여로보암의 모든 죄에서 떠나지 아니하고 그 가운데 행하였더라

12 요아스의 남은 사적과 행한 모든 일과 유다 왕 아마샤와 싸운 그의 업적은 이스라엘 왕 역대지략에 기록되지 아니하였느냐

13 요아스가 그의 조상들과 함께 자매 이스라엘 왕들과 함께 사마리아에 장사되고 여로보암이 그 자리에 앉으니라

1. 오늘 하나님께서 나에게 주신 깨달음은 무엇입니까?

2. 말씀을 어떻게 내 삶에 구체적으로 적용해야 합니까?

절별 해설

1 여호아하스가 사마리아에서 이스라엘 왕이 되어 십칠 년간 다스리며 남유다의 요아스 왕이 즉위한 지 23년이 되던 해에, 예후의 아들 여호아하스가 북이스라엘의 왕이 된다. 여호아하스는 사마리아에서 17년을 다스린다. 그의 아들 요아스가 남유다 요아스 왕 제37년에 즉위한 것을 감안할 때, 여호아하스의 17년 통치 중 마지막 3년은 아들과 함께 나라를 다스렸던 것으로 보인다.

2-3 여로보암의 죄를 따라가고 거기서 떠나지 아니하였으므로 여호와께서 이스라엘에게 노하사 여호아하스는 악한 왕이었을 뿐만 아니라 온 이스라엘을 실족하게 한 여로보암의 죄에 관해서도 아버지 예후의 발자취를 그대로 밟았다. 이렇게 여호아하스가 죄악의 길에서 떠나지 않자 하나님은 아람 왕 하사엘과 그의 아들 벤하닷의 손에 이스라엘을 넘겨 버리신다.

4-5 여호아하스가 여호와께 간구하매 여호와께서 들으셨으니, 여호와께서 이에 구원자를 이스라엘에게 주시매, 전과 같이 자기 장막에 거하였으나 하사엘의 아들인 벤하닷 3세는 이스라엘을 가혹하게 탄압한다. 수시로 공격해 오는 아람 왕과 그의 군대로 인해 이스라엘은 잠시도 편안한 삶을 누릴 수 없었다. 이토록 끊임없이 괴롭히는 아람 왕의 학대를 견디다 못해 여호아하스와 북이스라엘 백성이 여호와께 부르짖자, 하나님이 그 간구를 듣고 구원자를 보내 이전에 그들이 자기 장막에서 누리던 평화를 회복시켜 주신다. 여기서 주목할 것은 하나님이 보내 주신 이스라엘을 구해 줄 사람이 누구인가다. 많은 학자들의 공통된 견해로는 아람의 세력을 꺾은 앗수르 왕 아다드니라리 3세(BC 810-783)였다. 이스라엘을 괴롭히던 아람도 앗수르의 공격 앞에서는 아무런 힘도 발휘하지 못한다.

6-7 사마리아에 아세라 목상을 그냥 두었더라 아람 왕이 여호아하스의 백성을 멸절하여 타작마당의 티끌같이 되게 하고 이스라엘이 은혜를 우상숭배로 갚자 하나님은 아람 왕을 보내 그 백성을 멸절하여 타작마당의 먼지 같게 만드신다. 결국 여호아하스는 군대의 전력이 마병 50명, 병거 10대, 보병 1만 명뿐인 초라한 왕으로 전락한다.

쉬운성경

1 아하시야의 아들 요아스가 유다의 왕으로 있은 지 이십삼 년째 되던 해에 예후의 아들 여호아하스가 사마리아에서 이스라엘의 왕이 되었습니다. 여호아하스는 십칠 년 동안, 이스라엘을 다스렸습니다.

2 그는 여호와께서 보시기에 악한 일을 저질렀습니다. 그는 이스라엘 백성이 죄를 짓도록 만든 느밧의 아들 여로보암의 죄를 그대로 따라 했습니다. 그는 죄에서 돌이키지 않았습니다.

3 이스라엘에게 화가 나신 여호와께서는 이스라엘을 아람 왕 하사엘과 그 아들 벤하닷에게 넘겨주어 그들의 지배를 받게 하셨습니다.

4 그러자 여호아하스는 여호와께 간절히 기도드렸습니다. 여호와께서는 그의 기도를 들으시고 이스라엘이 당하고 있는 고통을 보셨습니다. 아람 왕이 이스라엘 백성을 심하게 괴롭히는 것을 보시고

5 이스라엘 백성을 구해 줄 사람을 보내 주셨습니다. 이스라엘 백성은 아람의 손아귀에서 벗어나 예전처럼 자기 집에서 살게 되었습니다.

6 그러나 이스라엘 백성은 여전히 여로보암 집안의 죄에서 돌이키지 않고 계속해서 죄를 지었습니다. 그리고 사마리아에 아세라 우상을 그대로 남겨 두었습니다.

7 여호아하스의 군대에는 기마병 오십 명과 전차 열 대와 보병 만 명밖에 남지 않았습니다. 아람 왕이 그들을 짓밟아 타작마당의 먼지같이 만들어 버렸기 때문입니다.

8 여호아하스가 행한, 다른 모든 일과 전쟁에서 승리한 일은 이스라엘 왕들의 역사책에 기록되어 있습니다.

9 여호아하스가 죽어서 사마리아에 묻히고 그의 아들 요아스*가 뒤를 이어 왕이 되었습니다.

*13:9 '요아스'는 '여호아스'라고도 불렸다.

10-11 여호아하스의 아들 요아스가, 왕이 되어 십육 년간 다스리며 여호와께서 보시기에 악을 행하여 여호아하스의 뒤를 이어 왕이 된 요아스도 자기 아버지와 여느 이스라엘 왕과 다름없이 악을 행한다. 북이스라엘의 요아스는 남유다의 요아스와 동명이인이다. 몇몇 학자들은 남유다의 요아스 왕같이 훌륭한 왕이 되라고 부모가 같은 이름을 지어 준 것으로 추측한다. 그러나 요아스는 아버지와 마찬가지로 우상숭배에 열중했다. 북이스라엘 왕조는 요아스 왕까지 12대째 내려오면서 그 모든 왕들이 다 여로보암의 우상숭배의 죄를 그대로 답습한다. 하나님 앞에 신실했던 통일왕국의 다윗이 죽은 후에도 이스라엘 역사에 엄청난 영향을 미친 것처럼, 북이스라엘의 초대 왕 여로보암의 죄도 지속적으로 대를 이어 크게 악영향을 미친다.

10 요아스가 유다의 왕으로 있은 지
삼십칠 년째 되던 해에 여호아하스의
아들 요아스가 사마리아에서 이스라엘
의 왕이 되었습니다. 요아스는 십육 년
동안, 이스라엘을 다스렸습니다.

11 그는 여호와께서 보시기에 악한 일
을 저질렀습니다. 그는 이스라엘로 하
여금 죄를 짓게 한, 느밧의 아들 여로
보암의 죄를 그대로 따라 했습니다. 그
는 죄에서 돌이키지 않았습니다.

12 요아스가 행한, 다른 모든 일과 전
쟁에서 승리한 일과 유다 왕 아마샤와
싸운 일은 이스라엘 왕들의 역사책에
기록되어 있습니다.

13 요아스가 죽고 여로보암 7세가 뒤
를 이어 왕이 되었습니다. 요아스는 이
스라엘의 왕들과 함께 사마리아에 묻
혔습니다.

저자의 묵상

하나님은 여호아하스와 북이스라엘 백성들의 간절한 기도에 응답하신다. 앗수르의 힘을 통해 이스라엘을 아람의 압박에서 해방시켜 주시지만, 상황이 개선되자 여호아하스는 원래의 악한 모습으로 되돌아간다. 자연히 백성들도 다시 타락해 간다. 하나님의 은혜를 너무나 쉽게 잊어버리고 그 은혜를 귀하게 여길 줄 모르는 어리석은 사람에게는 무서운 심판이 곧바로 찾아온다. 하나님의 보호가 사라지자 그 즉시 아람의 군대가 침략했고 그 결과 이스라엘은 초토화된다. 한때 100만에 가까웠던 군대가 모조리 전멸되고 전력은 고작 마병 50명과 병거 10대, 보병 1만 명만 남는다. 여호아하스의 아들 요아스도 아버지와 마찬가지로 우상숭배의 죄를 범한다. 아버지와 아들 모두 여로보암의 죄에서 떠나지 못했다. 자식은 부모를 보고 자란다. 아버지의 삶을 자식들은 다 안다. 자식들은 부모를 복사해서 삶의 원칙을 부모를 통해 세운다. 다른 사람은 몰라도 자식은 내 삶을 다 안다.

무릎 기도 하나님, 자녀 앞에서 부끄럽지 않은 믿음을 갖게 하소서. 신실한 믿음의 부모가 되게 하소서.

NLT - 2 Kings 13

1 Jehoahaz son of Jehu began to rule over Israel in the twenty-third year of King Joash's reign in Judah. He reigned in Samaria seventeen years.
2 But he did what was evil in the LORD's sight. He followed the example of Jeroboam son of Nebat, continuing the sins that Jeroboam had led Israel to commit.
3 So the LORD was very angry with Israel, and he allowed King Hazael of Aram and his son Ben-hadad to defeat them repeatedly.
4 Then Jehoahaz prayed for the LORD's help, and the LORD heard his prayer, for he could see how severely the king of Aram was oppressing Israel.
5 So the LORD provided someone to rescue the Israelites from the tyranny of the Arameans. Then Israel lived in safety again as they had in former days.
6 But they continued to sin, following the evil example of Jeroboam. They also allowed the Asherah pole in Samaria to remain standing.
7 Finally, Jehoahaz's army was reduced to 50 charioteers, 10 chariots, and 10,000 foot soldiers. The king of Aram had killed the others, trampling them like dust under his feet.
8 The rest of the events in Jehoahaz's reign—everything he did and the extent of his power—are recorded in *The Book of the History of the Kings of Israel.*
9 When Jehoahaz died, he was buried in Samaria. Then his son Jehoash* became the next king.
10 Jehoash son of Jehoahaz began to rule over Israel in the thirty-seventh year of King Joash's reign in Judah. He reigned in Samaria sixteen years.
11 But he did what was evil in the LORD's sight. He refused to turn from the sins that Jeroboam son of Nebat had led Israel to commit.
12 The rest of the events in Jehoash's reign and everything he did, including the extent of his power and his war with King Amaziah of Judah, are recorded in *The Book of the History of the Kings of Israel.*
13 When Jehoash died, he was buried in Samaria with the kings of Israel. Then his son Jeroboam II became the next king.

* 13:9 Hebrew *Joash,* a variant spelling of Jehoash; also in 13:10, 12, 13, 14, 25.

2 follow the example of ~ ~을 본받다 commit 죄를 저지르다, 범하다 3 allow … to defeat~ …에게 ~를 물리치도록 허용하다 repeatedly 되풀이하여 4 severely 심하게 oppress 억압하다 5 tyranny 전제 정치 7 be reduced to ~ ~로 축소되다 chariot 전차, 병거 trample 짓밟다 8 extent 범위 11 refuse 거절하다

• MEMO •

☐ 묵상 체크

28

월 일

절반의 승리

열왕기하 13:14-25 • 새찬송 516장 | 통일 265장

• 말씀묵상 전에 성령님의 인도하심을 구하는 기도를 드리십시오.

본문요약 | 엘리사는 죽음이 임박하자 북이스라엘의 요아스 왕에게 두 가지 상징물을 준다. 하나님은 그것으로 아람에 대한 승리를 약속하셨지만, 요아스는 절반의 믿음으로 절반의 승리만 보장받는다.

14 엘리사가 죽을 병이 들매 이스라엘의 왕
요아스가 그에게로 내려와 자기의 얼굴에
눈물을 흘리며 이르되 내 아버지여 내 아
버지여 이스라엘의 병거와 마병이여 하매
15 엘리사가 그에게 이르되 활과 화살들을
가져오소서 하는지라 활과 화살들을 그에
게 가져오매
16 또 이스라엘 왕에게 이르되 왕의 손으로
활을 잡으소서 하매 그가 손으로 잡으니
엘리사가 자기 손을 왕의 손 위에 얹고
17 이르되 동쪽 창을 여소서 하여 곧 열매 엘
리사가 이르되 쏘소서 하는지라 곧 쏘매
엘리사가 이르되 이는 여호와를 위한 구
원의 화살 곧 아람에 대한 구원의 화살이
니 왕이 아람 사람을 멸절하도록 아벡에
서 치리이다 하니라
18 또 이르되 화살들을 집으소서 곧 집으매
엘리사가 또 이스라엘 왕에게 이르되 땅
을 치소서 하는지라 이에 세 번 치고 그친
지라
19 하나님의 사람이 노하여 이르되 왕이 대
여섯 번을 칠 것이니이다 그리하였더면
왕이 아람을 진멸하기까지 쳤으리이다 그
런즉 이제는 왕이 아람을 세 번만 치리이
다 하니라
20 엘리사가 죽으니 그를 장사하였고 해가
바뀌매 모압 도적 떼들이 그 땅에 온지라
21 마침 사람을 장사하는 자들이 그 도적 떼
를 보고 그의 시체를 엘리사의 묘실에 들
이던지매 시체가 엘리사의 뼈에 닿자 곧
회생하여 일어섰더라
22 여호아하스 왕의 시대에 아람 왕 하사엘
이 항상 이스라엘을 학대하였으나
23 여호와께서 아브라함과 이삭과 야곱과 더
불어 세우신 언약 때문에 이스라엘에게
은혜를 베풀며 그들을 불쌍히 여기시며
돌보사 멸하기를 즐겨하지 아니하시고 이
때까지 자기 앞에서 쫓아내지 아니하셨더
라
24 아람의 왕 하사엘이 죽고 그의 아들 벤하
닷이 대신하여 왕이 되매
25 여호아하스의 아들 요아스가 하사엘의 아
들 벤하닷의 손에서 성읍을 다시 빼앗으
니 이 성읍들은 자기 부친 여호아하스가
전쟁 중에 빼앗겼던 것이라 요아스가 벤
하닷을 세 번 쳐서 무찌르고 이스라엘 성
읍들을 회복하였더라

1. 오늘 하나님께서 나에게 주신 깨달음은 무엇입니까?

2. 말씀을 어떻게 내 삶에 구체적으로 적용해야 합니까?

절별 해설

14 엘리사가 죽을 병이 들매 이스라엘의 왕 요아스가 그에게로 내려와 자기의 얼굴에 눈물을 흘리며 이르되 내 아버지여 내 아버지여 이스라엘의 병거와 마병이여 하매 엘리사가 죽을 병이 들자 요아스 왕은 그를 찾아가 눈물을 흘리며 "내 아버지여, 내 아버지여! 이스라엘의 병거와 마병이여!" 하며 슬피 운다. 이 말은 엘리사가 스승인 엘리야를 떠나보내면서 외친 말을 연상시킨다. 당시 이스라엘의 형편을 보면 요아스의 고백은 적절했다. 북이스라엘은 나날이 쇠퇴해 가고 군사력도 바닥이었다. 이런 상황에서 위기 때마다 엘리사가 기적적으로 나라를 살렸다. 요아스가 말한 대로 엘리사야말로 이스라엘의 병거며 마병이었다.

15-17 활과 화살들을 가져오소서, 왕의 손으로 활을 잡으소서, 곧 아람에 대한 구원의 화살이니 왕이 아람 사람을 멸절하도록 아벡에서 치리이다 엘리사는 요아스 왕의 눈물을 보고 큰 감동을 받는다. 요아스는 부왕 여호아하스의 죄로 인해 아람 군대에 거의 전멸해 버린 조국의 군사력을 생각했을 것이다. 엘리사는 먼저 요아스에게 동쪽 창을 열고 화살을 쏘라고 한다. 동쪽으로 화살을 쏘는 것은 당시 이스라엘의 동쪽에 있던 아람에 대한 승리의 선언을 상징한다. 구체적으로는 나중에 아벡에서 아람을 무찌르게 될 것을 상징하는 것이었다.

18-19 엘리사가 또 이스라엘 왕에게 이르되 땅을 치소서 하는지라 이에 세 번 치고 그친지라 하나님의 사람이 노하여 이르되 왕이 대여섯 번을 칠 것이니이다 그리하였더면 왕이 아람을 진멸하기까지 쳤으리이다 그런즉 이제는 왕이 아람을 세 번만 치리이다 하니라 엘리사는 다음으로 요아스에게 화살들을 집어 땅을 치라는 명령을 내린다. 요아스가 땅을 세 번만 치고 화살을 내려놓자 엘리사는 크게 노한다. 요아스가 세 번만 쳤으니, 이스라엘은 아람 사람들을 단 세 번만 이기게 될 것이었다. 땅을 치는 것은 아람을 쳐서 이길 것에 대한 상징적 행위로, 오랜 시간 아람의 침략 앞에 움츠러든 요아스와 이스라엘에게 승리의 확신을 주기 위한 상징이었다. 만약 요아스가 전쟁에서 승리를 주시는 하나님의 능력을 확신했다면, 엘리사가 그만하라고 할 때까지 계속 땅을 쳤어야 했다. 요아스는 승리를 확신시켜 주려는 엘리사의 명령에 대해 당연히 보여야 할 열심과 열정을 보이지 않았고 화살로 땅을 겨우 세 번만 쳤다. 아마도 화살로 땅을 치는 것이 유치하게 여겨졌을 것이다. 결과적으로 요아스는 표징을 얕봄으로써, 그 표징이 의미하는 내용을 간과하고 만다. 그래서 엘리사는 격노했던 것이다.

쉬운성경

14 엘리사가 병들어 죽게 되었습니다. 이스라엘 왕 요아스가 엘리사에게 가서 울며 말했습니다. "내 아버지여, 내 아버지여! 이스라엘의 전차와 기마병이여!"

15 엘리사가 요아스에게 말했습니다. "활과 화살을 가져오시오." 그가 활과 화살을 가져왔습니다.

16 엘리사가 말했습니다. "활을 잡으시오." 그가 활을 잡자, 엘리사가 자기 손을 왕의 손 위에 얹었습니다.

17 엘리사가 말했습니다. "동쪽 창문을 여시오." 그가 창문을 열자, 엘리사가 말했습니다. "쏘시오." 요아스가 활을 쏘자, 엘리사가 말했습니다. "아람을 이길 여호와의 승리의 화살이여! 왕은 아벡에서 아람 군대와 싸워 이기고 그들을 멸망시킬 것이오."

18 엘리사가 말했습니다. "활을 잡으시오." 그가 활을 잡자, 엘리사가 말했습니다. "땅을 치시오." 요아스가 세 번 땅을 치고 그만두었습니다.

19 하나님의 사람이 왕에게 화를 내며 말했습니다. "어찌하여 대여섯 번 치지 않았소? 그렇게만 했으면 아람을 완전히 멸망시킬 때까지 크게 이길 수 있었는데. 그러나 이제는 고작 세 번밖에 이기지 못할 것이오."

20 엘리사가 죽어 땅에 묻혔습니다. 해마다 봄이 되면 모압 나라의 도적 떼가 이스라엘 땅에 쳐들어왔는데,

21 이스라엘 백성이 어떤 시체를 묻고 있던 중에 도적 떼가 쳐들어오는 것을 보고 놀란 나머지 그 시체를 엘리사의 무덤에 던졌습니다. 그런데 그 시체가 엘리사의 뼈에 닿자, 다시 살아나 제발로 일어서게 되었습니다.

21 그의 시체를 엘리사의 묘실에 들이던지매 시체가 엘리사의 뼈에 닿자 곧 회생하여 일어섰더라 엘리사가 죽었지만 그의 뼈에 닿은 시체가 살아나게 함으로써, 엘리사가 한평생 신뢰해온 생명의 하나님은 여전히 살아계심이 증명된다. 하나님은 엘리야의 승천을 통해서 보이신 생명의 능력을 엘리사의 시체를 통해서도 보여 주신다.

23-25 여호와께서 아브라함과 이삭과 야곱과 더불어 세우신 언약 때문에, 요아스가 벤하닷을 세 번 쳐서 무찌르고 이스라엘 성읍들을 회복하였더라 하나님은 이스라엘 족장들에게 주신 언약을 기억하셨다. 하나님은 죄에 물든 이스라엘이 아람에게 학대받도록 허용하셨지만, 이스라엘이 아주 멸망하지는 않게 보호하셨다. 엘리사의 말대로 무서운 아람의 벤하닷 3세가 세 번이나 이스라엘에 패배한 결과, 이스라엘은 요단 동편의 성읍을 다시 찾게 된다.

22 여호아하스가 왕으로 있는 동안, 아람 왕 하사엘이 줄곧 이스라엘을 괴롭혔습니다.

23 그러나 여호와께서는 아브라함과 이삭과 야곱과 맺으신 언약 때문에 이스라엘 백성을 도우셨습니다. 여호와께서 이스라엘 백성에게 은혜와 자비를 베푸셔서 그들을 멸망시키거나 저버리지 않으셨습니다.

24 아람 왕 하사엘이 죽고, 아들 벤하닷이 뒤를 이어 왕이 되었습니다.

25 전쟁을 하는 동안, 하사엘이 요아스의 아버지인 여호아하스가 갖고 있는 성 몇 개를 빼앗은 적이 있습니다. 그런데 요아스가 그 성들을 하사엘의 아들 벤하닷으로부터 도로 빼앗아 왔습니다. 요아스는 벤하닷을 세 번 물리쳐 이기고 이스라엘의 성들을 되찾았습니다.

저자의 묵상

하나님께서 이스라엘의 활과 화살이 되어 주셨다. 엘리사가 죽더라도 이스라엘이 하나님을 진정으로 의지한다면 아람도 적수가 되지 못한다. 또한 화살을 집어 땅을 치는 행위를 통해서도 승리를 확신할 수 있도록 해 주셨다. 문제는 하나님을 온전히 신뢰하지 못하고 여전히 불안해하며 낙심하는 우리의 불신앙과 자기중심적인 믿음이다. 우리는 항상 하나님께 순종한다고 말하지만, 하나님의 뜻대로가 아니라 우리의 방식대로 하나님의 말씀을 받아들이고 따라가려 한다. 순종하긴 하는데, 자기 생각과 방식대로 하나님을 제한해 버린다. 요아스 왕은 자기 믿음의 분량대로 아람에게 단 세 번의 승리만 거둔다. 물론 세 번의 승리도 그 자체로만 본다면 기적이다. 그러나 엘리사의 예언대로 아람은 세력이 약화되었을 뿐 끈질기게 살아남아서 이후에도 이스라엘을 괴롭히는 가시 같은 존재가 된다. 한 치의 부족함도 없이 하나님의 말씀에 온전히 순종하기 위해 꾸준히 지속적으로 노력해야 한다.

무릎 기도 | 하나님, 말씀에 온전히 순종하려고 애쓰는 신실한 주의 일꾼이 되게 하소서.

NLT - 2 Kings 13

14 When Elisha was in his last illness, King
Jehoash of Israel visited him and wept over
him. "My father! My father! I see the chariots
and charioteers of Israel!" he cried.
15 Elisha told him, "Get a bow and some
arrows." And the king did as he was told.
16 Elisha told him, "Put your hand on the bow,"
and Elisha laid his own hands on the king's
hands.
17 Then he commanded, "Open that eastern
window," and he opened it. Then he said,
"Shoot!" So he shot an arrow. Elisha
proclaimed, "This is the LORD's arrow, an
arrow of victory over Aram, for you will
completely conquer the Arameans at
Aphek."
18 Then he said, "Now pick up the other
arrows and strike them against the ground."
So the king picked them up and struck the
ground three times.
19 But the man of God was angry with him.
"You should have struck the ground five or
six times!" he exclaimed. "Then you would
have beaten Aram until it was entirely
destroyed. Now you will be victorious only
three times."
20 Then Elisha died and was buried. Groups of
Moabite raiders used to invade the land
each spring.
21 Once when some Israelites were burying a
man, they spied a band of these raiders. So
they hastily threw the corpse into the tomb of
Elisha and fled. But as soon as the body
touched Elisha's bones, the dead man
revived and jumped to his feet!
22 King Hazael of Aram had oppressed Israel
during the entire reign of King Jehoahaz.
23 But the LORD was gracious and merciful to
the people of Israel, and they were not totally
destroyed. He pitied them because of his
covenant with Abraham, Isaac, and Jacob.
And to this day he still has not completely
destroyed them or banished them from his
presence.
24 King Hazael of Aram died, and his son Ben-
hadad became the next king.
25 Then Jehoash son of Jehoahaz recaptured
from Ben-hadad son of Hazael the towns
that had been taken from Jehoash's father,
Jehoahaz. Jehoash defeated Ben-hadad on
three occasions, and he recovered the
Israelite towns.

14 illness 병 weep over ~ ~을 슬퍼하다 15 arrow 화살 17 proclaim 선언하다 conquer 정복하다 19 victorious 승리한
21 hastily 성급하게 corpse 시체 revive 되살아나다 jump to one's feet 제 발로 일어서다 22 oppress 억압하다
23 covenant 언약, 계약 banish … from ~ presence ~의 면전에서 …를 쫓아내다 25 recapture 탈환하다 defeat 물리치다

• MEMO •

29 아마샤의 몰락

월 일

열왕기하 14:1-15 • 새찬송 450장 | 통일 376장

• 말씀묵상 전에 성령님의 인도하심을 구하는 기도를 드리십시오.

본문요약 I 남유다 왕 아마샤는 29년 동안 나라를 다스린다. 아마샤는 여호와 보시기에 정직하게 행했지만 산당은 제거하지 않았다. 또 아마샤는 율법을 잘 지켰지만, 섣부른 전쟁으로 큰 수치를 당하고 여호와의 성전과 왕궁 곳간을 탈취당한다.

1 이스라엘의 왕 여호아하스의 아들 요아스 제이 년에 유다의 왕 요아스의 아들 아마샤가 왕이 되니
2 그가 왕이 된 때에 나이 이십오 세라 예루살렘에서 이십구 년간 다스리니라 그의 어머니의 이름은 여호앗단이요 예루살렘 사람이더라
3 아마샤가 여호와 보시기에 정직히 행하였으나 그의 조상 다윗과는 같지 아니하였으며 그의 아버지 요아스가 행한 대로 다 행하였어도
4 오직 산당들을 제거하지 아니하였으므로 백성이 여전히 산당에서 제사를 드리며 분향하였더라
5 나라가 그의 손에 굳게 서매 그의 부왕을 죽인 신복들을 죽였으나
6 왕을 죽인 자의 자녀들은 죽이지 아니하였으니 이는 모세의 율법책에 기록된 대로 함이라 곧 여호와께서 명령하여 이르시기를 자녀로 말미암아 아버지를 죽이지 말 것이요 아버지로 말미암아 자녀를 죽이지 말 것이라 오직 사람마다 자기의 죄로 말미암아 죽을 것이니라 하셨더라
7 아마샤가 소금 골짜기에서 에돔 사람 만 명을 죽이고 또 전쟁을 하여 셀라를 취하고 이름을 욕드엘이라 하였더니 오늘까지 그러하니라
8 아마샤가 예후의 손자 여호아하스의 아들 이스라엘의 왕 요아스에게 사자를 보내 이르되 오라 우리가 서로 대면하자 한지라

1) 히, 암마

9 이스라엘의 왕 요아스가 유다의 왕 아마샤에게 사람을 보내 이르되 레바논 가시나무가 레바논 백향목에게 전갈을 보내어 이르기를 네 딸을 내 아들에게 주어 아내로 삼게 하라 하였더니 레바논 들짐승이 지나가다가 그 가시나무를 짓밟았느니라
10 네가 에돔을 쳐서 파하였으므로 마음이 교만하였으니 스스로 영광을 삼아 왕궁에나 네 집으로 돌아가라 어찌하여 화를 자취하여 너와 유다가 함께 망하고자 하느냐 하나
11 아마샤가 듣지 아니하므로 이스라엘의 왕 요아스가 올라와서 그와 유다의 왕 아마샤가 유다의 벧세메스에서 대면하였더니
12 유다가 이스라엘 앞에서 패하여 각기 장막으로 도망한지라
13 이스라엘 왕 요아스가 벧세메스에서 아하시야의 손자 요아스의 아들 유다 왕 아마샤를 사로잡고 예루살렘에 이르러 예루살렘 성벽을 에브라임 문에서부터 성 모퉁이 문까지 사백 [1]규빗을 헐고
14 또 여호와의 성전과 왕궁 곳간에 있는 금은과 모든 기명을 탈취하고 또 사람을 볼모로 잡고서 사마리아로 돌아갔더라
15 요아스의 남은 사적과 그의 업적과 또 유다의 왕 아마샤와 싸운 일은 이스라엘 왕 역대지략에 기록되지 아니하였느냐

1. 오늘 하나님께서 나에게 주신 깨달음은 무엇입니까?

2. 말씀을 어떻게 내 삶에 구체적으로 적용해야 합니까?

절별 해설

4 오직 산당들을 제거하지 아니하였으므로 백성이 여전히 산당에서 제사를 드리며 분향하였더라 아마샤는 29년 동안 남유다를 다스리면서 여호와 보시기에 정직하게 행했다. 그러나 앞선 유다의 왕들처럼 산당을 제거하지 않았고, 백성이 산당에서 제사하고 분향하는 것도 막지 못했다. 그냥 어물쩍 넘어간 것이다. 그 앞이나 뒤의 다른 왕들도 그랬던 것을 보면, 산당을 없애지 않은 것은 백성을 지나치게 자극하지 않기 위한 하나의 통치전략이었을 것이다.

6 왕을 죽인 자의 자녀들은 죽이지 아니하였으니 아마샤는 부왕을 죽인 신복을 처형했지만, 부모의 죄 때문에 자녀를 죽이지 말라는 율법에 순종해 자녀들은 죽이지 않는다. 아마샤는 율법이 가르친 대로 개인적인 보복이 아니라 하나님의 공의를 실현하는 데 주력했다.

7-8 아마샤가 소금 골짜기에서 에돔 사람 만 명을 죽이고 또 전쟁을 하여 셀라를 취하고 이름을 욕드엘이라 하였더니, 오라 우리가 서로 대면하자 한지라 아마샤는 과거 다윗이 에돔을 굴복시킨 소금 골짜기에서 에돔 사람 만 명을 죽이고 승리한다. 이에 기고만장해져 북이스라엘에 도전장을 내민다. 승리 이후에 교만해진 아마샤의 모습이 드러난다. 여기서 셀라는 에돔의 수도를 가리키는 별칭이다. 욕드엘이라는 지명은 '하나님에 의해 정복되다'라는 의미다.

9-10 이스라엘의 왕 요아스가 유다의 왕 아마샤에게 사람을 보내 이르되 레바논 가시나무가 레바논 백향목에게, 그 가시나무를 짓밟았느니라, 스스로 영광을 삼아 왕궁에나 네 집으로 돌아가라 어찌하여 화를 자취하여 너와 유다가 함께 망하고자 하느냐 하나 아마샤의 도전장을 받은 요아스가 유다의 왕을 비하하며 답한다. 북이스라엘 왕 요아스는 가시나무가 주제넘게 백향목 앞에서 무례하게 굴다가 짓밟힌 우화를 들려주면서, 아마샤가 에돔을 이긴 것 때문에 교만해졌다고 조롱한다. 북이스라엘의 요아스도 아람을 세 번이나 쳐서 이긴 적이 있었기에 자신만만했다. 그의 무례함은 유다가 싸우려고 하면 언제든 해 보겠다는 의지를 다지는 행위였다. 당연히 승리의 감격에 취해 있던 아마샤도 자존심을 굽히기 어려웠다. 결국 두 왕의 교만으로 인해 전쟁이 일어난다.

쉬운성경

1 여호아하스의 아들 요아스가 이스라엘의 왕으로 있은 지 이 년째 되는 해에 유다 왕 요아스의 아들 아마샤가 왕이 되었습니다.

2 아마샤가 왕이 되었을 때, 나이는 스물다섯 살이었습니다. 그는 예루살렘에서 이십구 년 동안을 다스렸습니다. 그의 어머니는 예루살렘 사람 여호앗단입니다.

3 아마샤는 여호와께서 보시기에 옳은 일을 했습니다. 아마샤는 그의 아버지 요아스가 행한 대로 모두 행하였습니다. 그러나 그의 조상 다윗만큼은 못했습니다.

4 산당을 없애지 않은 까닭에 백성이 여전히 그곳에서 제사를 지내고 향을 피웠습니다.

5 아마샤는 왕권을 굳게 세운 뒤에 자기 아버지를 살해한 신하들을 죽였습니다.

6 그러나 그들의 자녀는 죽이지 않았습니다. 그것은 모세의 율법책에 적혀 있는 말씀을 따른 것입니다. 여호와께서는 "자녀가 잘못했다고 해서 아버지를 죽이면 안 된다. 또한 아버지가 잘못했다고 해서 자녀를 죽여도 안 된다. 각 사람은 자기가 지은 죄에 따라 죽어야 한다"라고 명령하셨습니다.

7 아마샤는 '소금 골짜기'에서 에돔 사람 만 명을 죽였습니다. 그는 전쟁 중에 셀라 성을 점령하고 그 이름을 욕드엘이라고 불렀는데, 그 성은 지금까지도 그렇게 불립니다.

8 아마샤가 예후의 손자요, 여호아하스의 아들인 이스라엘 왕 요아스에게 사신들을 보내어 말했습니다. "자, 한번 만나서 겨루어 보자."

9 이스라엘 왕 요아스가 유다 왕 아마샤에게 대답했습니다. "레바논의 가시나무가 레바논의 백향목에게 사자를 보내어 '그대의 딸을 내 아들과 결혼시키자' 하고 말했다. 그러나 레바논에서 들짐승이 지나가다가 그 가시나무를 짓밟았다.

10 네가 에돔을 물리쳐 이겼다고 해서 교만해졌다. 그 기분으로 집안에 머물러 있어라. 괜히 나에게 싸움을 걸어 스스로 재앙을 부르지 마라. 그랬다가는 너와 유다가 망하고 말 것이다."

11 그래도 아마샤가 듣지 않자, 이스라엘 왕

13–14 이스라엘 왕 요아스가 벧세메스에서 아하시야의 손자 요아스의 아들 유다 왕 아마샤를 사로잡고, 여호와의 성전과 왕궁 곳간에 있는 금은과 모든 기명을 탈취하고 또 사람을 볼모로 잡고서 사마리아로 돌아갔더라 예루살렘에서 서쪽으로 30km 정도 떨어진 벧세메스에서 전쟁이 시작된다. 요아스가 벧세메스를 첫 전투 장소로 결정한 것은, 이곳을 교두보로 삼아 승리한 후에 남과 북으로 오가는 무역로를 확보하고 장악하기 위해서다. 전쟁은 북이스라엘의 일방적인 승리로 끝난다. 북이스라엘의 왕 요아스는 예루살렘 성벽을 허물고, 성전과 왕궁 곳간의 금과 은 그리고 모든 귀한 물품을 탈취하고 사람들을 볼모로 잡아간다.

요아스가 유다를 치러 나섰습니다. 요아스와 유다의 아마샤 왕은 유다 땅 벧세메스에서 마주쳤습니다.

12 싸운 결과 이스라엘이 유다를 물리쳐 이겼습니다. 유다 사람들은 뿔뿔이 흩어져 자기 집으로 도망쳤습니다.

13 벧세메스에서 이스라엘 왕 요아스가 아하시야의 손자요, 요아스의 아들인 유다 왕 아마샤를 사로잡았습니다. 요아스는 예루살렘으로 가서 에브라임 문에서부터 모퉁이 문에 이르기까지 예루살렘 성벽을 부쉈습니다. 부서진 성벽의 길이는 사백 규빗* 가량 되었습니다.

14 그런 다음에 요아스는 여호와의 성전 안에 있는 금과 은과 그 밖의 모든 것을 빼앗아 갔습니다. 그리고 왕궁의 보물도 다 가져갔습니다. 그는 사람들을 인질로 잡아 사마리아로 돌아갔습니다.

15 요아스가 행한, 다른 모든 일과 전쟁에서 승리한 일과 유다 왕 아마샤와 싸운 일은 이스라엘 왕들의 역사책에 기록되어 있습니다.

*14:13 400규빗은 약 180m에 해당된다.

저자의 묵상

실패보다는 성공과 성취 후에 더 큰 시험이 찾아온다. 남유다의 왕들을 살펴보면, 처음에는 신앙적으로 잘 시작했다가 어느 정도 나라가 안정되고 성과를 내면 교만해져서 하나님을 떠나 자기중심적으로 욕심을 부리는 경우를 보게 된다. 결과는 역시 비참한 종말이었다. 그 대표적인 사람이 아달랴의 반란에서 살아남은 남유다의 요아스다. 그 아들 아마샤도 마찬가지였다. 아마샤도 시작은 괜찮았다. 하나님의 율법에 순종하며 비교적 정직하게 행했지만 이후 그 또한 아버지와 다른 선왕들처럼 우상숭배에 빠져들고 교만해졌다. 승리의 환호를 하루아침에 수치와 조롱의 신음으로 바꾼 것은 다름 아닌 아마샤의 교만이었다. 아무리 북이스라엘의 요아스 왕이 무례하게 우화를 들어 비하해도 아마샤는 하나님을 의지하며 겸손했어야 한다. 안타깝게도 아마샤는 하나님이 함께하신 전쟁을 자신의 능력이 탁월해서 승리한 것으로 착각했다. 돕기도 하시고 패하게도 하시는 능력의 하나님을 신뢰하고 의지하는 것이 복이다. 하나님을 불신하고 저버리는 것은 재앙이다. 그러므로 그리스도인은 항상 자신을 성찰해야 한다. 내가 누구인지를 세상과 비교하면 안 된다. 세상과 나를 비교하면 한없이 작아지거나 반대로 과도하게 높아질 수 있기 때문이다. 세상이 아닌 하나님 앞에 내가 누구인지를 묻고 거기서 답을 찾아야 한다. 그러면 더 이상 세상과의 비교는 아무런 의미가 없어진다. 우월감도 열등감도 생길 수 없다. 그저 겸손하게 하나님이 말씀하신 대로 살면 된다.

무릎기도 하나님, 자존심을 지나치게 내세우거나 교만해져서 삶이 몰락하는 일이 없게 하소서.

NLT - 2 Kings 14

1 Amaziah son of Joash began to rule over Judah in the second year of the reign of King Jehoash* of Israel.

2 Amaziah was twenty-five years old when he became king, and he reigned in Jerusalem twenty-nine years. His mother was Jehoaddin from Jerusalem.

3 Amaziah did what was pleasing in the LORD's sight, but not like his ancestor David. Instead, he followed the example of his father, Joash.

4 Amaziah did not destroy the pagan shrines, and the people still offered sacrifices and burned incense there.

5 When Amaziah was well established as king, he executed the officials who had assassinated his father.

6 However, he did not kill the children of the assassins, for he obeyed the command of the LORD as written by Moses in the Book of the Law: "Parents must not be put to death for the sins of their children, nor children for the sins of their parents. Those deserving to die must be put to death for their own crimes."*

7 Amaziah also killed 10,000 Edomites in the Valley of Salt. He also conquered Sela and changed its name to Joktheel, as it is called to this day.

8 One day Amaziah sent messengers with this challenge to Israel's king Jehoash, the son of Jehoahaz and grandson of Jehu: "Come and meet me in battle!"*

9 But King Jehoash of Israel replied to King Amaziah of Judah with this story: "Out in the Lebanon mountains, a thistle sent a message to a mighty cedar tree: 'Give your daughter in marriage to my son.' But just then a wild animal of Lebanon came by and stepped on the thistle, crushing it!

10 "You have indeed defeated Edom, and you are proud of it. But be content with your victory and stay at home! Why stir up trouble that will only bring disaster on you and the people of Judah?"

11 But Amaziah refused to listen, so King Jehoash of Israel mobilized his army against King Amaziah of Judah. The two armies drew up their battle lines at Beth-shemesh in Judah.

12 Judah was routed by the army of Israel, and its army scattered and fled for home.

13 King Jehoash of Israel captured Judah's king, Amaziah son of Joash and grandson of Ahaziah, at Beth-shemesh. Then he marched to Jerusalem, where he demolished 600 feet* of Jerusalem's wall, from the Ephraim Gate to the Corner Gate.

14 He carried off all the gold and silver and all the articles from the Temple of the LORD. He also seized the treasures from the royal palace, along with hostages, and then returned to Samaria.

15 The rest of the events in Jehoash's reign and everything he did, including the extent of his power and his war with King Amaziah of Judah, are recorded in *The Book of the History of the Kings of Israel.*

* 14:1 Hebrew *Joash,* a variant spelling of Jehoash; also in 14:13, 23, 27.
* 14:6 Deut 24:16.
* 14:8 Hebrew *Come, let us look one another in the face.*
* 14:13 Hebrew *400 cubits* [180 meters].

3 follow the example of ~ ~을 본받다 5 establish 세우다 execute 처형하다 assassinate 암살하다 7 conquer 정복하다 9 thistle 가시나무, 엉겅퀴 cedar 백향목 crush 눌러 부수다 10 be content with ~ ~으로 만족하다 bring disaster on ~ ~에게 재앙을 끼치다 11 mobilize 동원하다 12 be routed by ~ ~에 의해 패주하다 scatter 흩어지다 13 march 행진하다 demolish 멸하다

☐ 묵상 체크

30 언약

월 일

열왕기하 14:16-29 • 새찬송 20장 | 통일 41장

• 말씀묵상 전에 성령님의 인도하심을 구하는 기도를 드리십시오.

본문요약 I 남유다 왕 아마샤가 백성들의 반란으로 비참한 최후를 맞는다. 그 뒤를 아사랴 왕이 잇는다. 한편, 북이스라엘 왕 여로보암 2세가 하나님 보시기에 악을 행했지만, 하나님은 언약에 따른 긍휼을 베풀어 주심으로 과거 솔로몬 때의 국경까지 북이스라엘의 영토를 회복시키신다.

16 요아스가 그의 조상들과 함께 자매 이스라엘 왕들과 사마리아에 함께 장사되고 그의 아들 여로보암이 대신하여 왕이 되니라
17 이스라엘의 왕 여호아하스의 아들 요아스가 죽은 후에도 유다의 왕 요아스의 아들 아마샤가 십오 년간을 생존하였더라
18 아마샤의 남은 행적은 유다 왕 역대지략에 기록되지 아니하였느냐
19 예루살렘에서 무리가 그를 반역한 고로 그가 라기스로 도망하였더니 반역한 무리가 사람을 라기스로 따라 보내 그를 거기서 죽이게 하고
20 그 시체를 말에 실어다가 예루살렘에서 그의 조상들과 함께 다윗 성에 장사하니라
21 유다 온 백성이 아사랴를 그의 아버지 아마샤를 대신하여 왕으로 삼으니 그때에 그의 나이가 십육 세라
22 아마샤가 그의 조상들과 함께 잔 후에 아사랴가 엘랏을 건축하여 유다에 복귀시켰더라
23 유다의 왕 요아스의 아들 아마샤 제십오년에 이스라엘의 왕 요아스의 아들 여로보암이 사마리아에서 왕이 되어 사십일 년간 다스렸으며
24 여호와 보시기에 악을 행하여 이스라엘에게 범죄하게 한 느밧의 아들 여로보암의 모든 죄에서 떠나지 아니하였더라
25 이스라엘의 하나님 여호와께서 그의 종 가드헤벨 아밋대의 아들 선지자 요나를 통하여 하신 말씀과 같이 여로보암이 이스라엘 영토를 회복하되 하맛 어귀에서부터 아라바 바다까지 하였으니
26 이는 여호와께서 이스라엘의 고난이 심하여 매인 자도 없고 놓인 자도 없고 이스라엘을 도울 자도 없음을 보셨고
27 여호와께서 또 이스라엘의 이름을 천하에서 없이 하겠다고도 아니하셨으므로 요아스의 아들 여로보암의 손으로 구원하심이었더라
28 여로보암의 남은 사적과 모든 행한 일과 싸운 업적과 다메섹을 회복한 일과 이전에 유다에 속하였던 하맛을 이스라엘에 돌린 일은 이스라엘 왕 역대지략에 기록되지 아니하였느냐
29 여로보암이 그의 조상 이스라엘 왕들과 함께 자고 그의 아들 스가랴가 대신하여 왕이 되니라

1. 오늘 하나님께서 나에게 주신 깨달음은 무엇입니까?

2. 말씀을 어떻게 내 삶에 구체적으로 적용해야 합니까?

절별 해설

17-19 이스라엘의 왕 여호아하스의 아들 요아스가 죽은 후에도 유다의 왕 요아스의 아들 아마샤가 십오 년간을 생존하였더라, 예루살렘에서 무리가 그를 반역한 고로 그가 라기스로 도망하였더니, 그를 거기서 죽이게 하고 아마샤는 요아스가 죽은 후에도 15년을 더 살았다. 그러나 그의 말년은 아버지 요아스만큼이나 비참했다. 아마샤가 머물던 예루살렘에서 반란이 일어나 그는 라기스로 도망한다. 당시 라기스는 예루살렘 남서쪽 약 48km에 위치한 요새로 유다에서 두 번째로 큰 도성이었다. 아마샤 왕은 라기스가 견고한 요새였기에 안전하리라고 판단했지만 그곳에서 살해되고 만다.

21 유다 온 백성이 아사랴를 그의 아버지 아마샤를 대신하여 왕으로 삼으니 아마샤의 뒤를 이어 열여섯 살이던 아사랴 왕이 즉위한다. 이 아사랴 왕이 바로 웃시야 왕이다. 아사랴와 웃시야라는 이름이 계속 혼용되는데, 그 이유에 대한 견해는 학자들마다 다르다. 대체로 웃시야는 공식적인 왕명이고, 아사랴는 본명이라고 판단된다.

22 아마샤가 그의 조상들과 함께 잔 후에 아사랴가 엘랏을 건축하여 유다에 복귀시켰더라 엘랏은 '작은 숲'이란 의미의 지명으로 솔로몬 왕이 이용한 에시온게벨 항구 근처에 있었다. 엘랏은 무역과 상업의 거점 항구로서 경제적인 가치가 매우 큰 요지였다.

23-24 이스라엘의 왕 요아스의 아들 여로보암이 사마리아에서 왕이 되어 사십일 년간 다스렸으며, 느밧의 아들 여로보암의 모든 죄에서 떠나지 아니하였더라 세속의 역사에서 여로보암 2세는 북이스라엘을 41년이나 다스리면서, 경제적으로 솔로몬 이후 이스라엘의 제2의 전성기를 이끈 위대한 왕이다. 그러나 여로보암 2세는 북이스라엘의 초대 왕 여로보암 1세처럼 악한 사람이었다. 성경은 그가 여호와 보시기에 악한 일을 저질러서 여로보암 1세처럼 이스라엘을 범죄케 한 사람이라고 평가한다.

25-27 가드헤벨 아밋대의 아들 선지자 요나를 통하여 하신 말씀과 같이 여로보암이 이스라엘 영토를 회복하되 하맛 어귀에서부터 아라바 바다까지 하였으니 이는 여호와께서 이스라엘의 고난이 심하여, 이스라엘을 도울 자도 없음을 보셨고, 요아스의 아들 여로보암의 손으로 구원하심이었더라

쉬운성경

16 요아스가 죽어 이스라엘의 왕들과 함께 사마리아에 묻혔습니다. 그의 아들 여로보암 2세가 뒤를 이어 왕이 되었습니다.

17 유다 왕 요아스의 아들 아마샤는 이스라엘 왕 여호아하스의 아들 요아스 왕이 죽은 뒤에도 십오 년을 더 살았습니다.

18 아마샤가 행한, 다른 모든 일은 유다 왕들의 역사책에 기록되어 있습니다.

19 백성들이 예루살렘에서 아마샤에게 반란을 일으켰습니다. 아마샤는 라기스 성으로 도망쳤습니다. 그러나 백성들은 라기스로 사람들을 보내어 아마샤를 죽였습니다.

20 그들은 아마샤의 시체를 말 위에 실어 와 예루살렘에 있는 그의 조상들과 함께 다윗 성에 묻어 주었습니다.

21 유다의 모든 백성들이 아사랴*를 왕으로 세워 그의 아버지 아마샤의 뒤를 잇게 했습니다. 그때, 아사랴의 나이는 열여섯 살이었습니다.

22 아사랴는 아마샤 왕이 죽은 뒤에 엘랏 마을을 다시 건설하여 유다 땅의 일부를 되돌려 놓았습니다.

23 요아스의 아들 아마샤가 유다의 왕으로 있은 지 십오 년째 되던 해에 이스라엘 왕 요아스의 아들 여로보암 2세가 사마리아에서 이스라엘의 왕이 되었습니다. 여로보암 2세는 사십일 년 동안, 이스라엘을 다스렸습니다.

24 그는 여호와께서 보시기에 악한 일을 저질렀습니다. 그는 이스라엘로 하여금 죄를 짓게 한 느밧의 아들 여로보암의 죄를 그대로 따라 했습니다. 그는 그의 죄에서 돌이키지 않았습니다.

25 여로보암 2세는 하맛에서부터 사해*까지 이르는 이스라엘의 국경을 다시 찾았습니다. 그것은 이스라엘의 하나님 여호와께서 그의 종 요나를 통해 말씀하신 대로였습니다. 아밋대의 아들인 요나는 가드헤벨 사람으로 예언자였습니다.

* 14:21 '아사랴'는 '웃시야'라고도 불렸다.
* 14:25 '사해'는 '아라바 바다'라고도 알려졌다.

예언자 요나가 예언한 대로 하나님은 이스라엘의 국경을 하맛 어귀에서부터 아라바 바다(사해)까지 회복시켜 주신다. 솔로몬 시대에 하맛은 이스라엘의 북쪽 국경이었으며 유프라테스 강 근처였다. 하나님은 백성들이 겪는 고통을 이해하고 여로보암 2세를 통해 그들을 고통에서 구하셨다. 그러나 하나님은 예언자를 통한 예언을 성취하기 위해 여로보암 2세를 잠시 사용하셨을 뿐이다. 한편, 선지자 요나에 관한 기록은 요나서 외에 오직 여기에만 나온다. 가드헤벨에 요나의 무덤이 있던 것으로 보아 이곳은 요나의 고향이었을 것으로 추정된다.

26 여호와께서는 모든 이스라엘 백성이 큰 고통을 당하는 것을 보셨습니다. 이스라엘에 종이나 자유자나 남아 있는 사람이 없었으며, 도와줄 사람은 한 명도 남지 않았습니다.
27 그러나 여호와께서는 이스라엘을 완전히 없애 버리겠다고 말씀하신 적이 없었습니다. 여호와께서는 요아스의 아들 여로보암 2세를 통해 이스라엘 백성을 구원하셨습니다.
28 여로보암 2세가 행한, 다른 모든 일과 전쟁에서 승리한 일과 또 유다가 차지하고 있었던 다마스커스와 하맛 땅을 다시 찾은 일들은 이스라엘 왕들의 역사책에 기록되어 있습니다.
29 여로보암 2세가 죽자 그는 그의 조상들, 곧 이스라엘의 왕들과 함께 사마리아에 묻혔습니다. 그의 아들 스가랴가 뒤를 이어 왕이 되었습니다.

저자의 묵상

하나님은 여로보암 2세 때 북이스라엘을 번성하게 하셨다. 여로보암 2세가 다스리던 때, 요단강 동편 땅을 회복하고 모압과의 국경도 확정된다. 북이스라엘은 솔로몬 전성기 때의 드넓었던 국경의 경계를 되찾는다. 하나님은 이것을 요나 선지자를 통해 예언하시고 그 예언 그대로 성취되게 하셨다. 그러나 이는 왕이나 백성에게 그런 축복을 받을 자격이 있어서가 아니었다. 학대를 당하나 도울 자 하나 없는 자기 백성 이스라엘을 향한 하나님의 긍휼하심 때문이었다. 이스라엘의 이름을 천하에서 없애지 않겠다는 약속을 지키려는 하나님의 신실하신 언약 때문이었다. 긍휼을 베푸는 은혜와 언약에 대한 신실한 지키심, 그것 때문에 우리 또한 구원을 받았다. 그러므로 우리가 자랑할 것은 오직 하나님의 은혜로, 그분의 언약 때문에 살아 간다는 신앙고백뿐이다. 이를 온전하게 인정하는 것이 진정한 믿음이다.

무릎 기도 하나님, 부족한 저희들을 구원해 주시고, 저희의 삶을 복되게 해 주심을 늘 감사하게 하소서.

NLT - 2 Kings 14

16 When Jehoash died, he was buried in Samaria with the kings of Israel. And his son Jeroboam II became the next king.

17 King Amaziah of Judah lived for fifteen years after the death of King Jehoash of Israel.

18 The rest of the events in Amaziah's reign are recorded in *The Book of the History of the Kings of Judah.*

19 There was a conspiracy against Amaziah's life in Jerusalem, and he fled to Lachish. But his enemies sent assassins after him, and they killed him there.

20 They brought his body back to Jerusalem on a horse, and he was buried with his ancestors in the City of David.

21 All the people of Judah had crowned Amaziah's sixteen-year-old son, Uzziah,* as king in place of his father, Amaziah.

22 After his father's death, Uzziah rebuilt the town of Elath and restored it to Judah.

23 Jeroboam II, the son of Jehoash, began to rule over Israel in the fifteenth year of King Amaziah's reign in Judah. He reigned in Samaria forty-one years.

24 He did what was evil in the LORD's sight. He refused to turn from the sins that Jeroboam son of Nebat had led Israel to commit.

25 Jeroboam II recovered the territories of Israel between Lebo-hamath and the Dead Sea,* just as the LORD, the God of Israel, had promised through Jonah son of Amittai, the prophet from Gath-hepher.

26 For the LORD saw the bitter suffering of everyone in Israel, and that there was no one in Israel, slave or free, to help them.

27 And because the LORD had not said he would blot out the name of Israel completely, he used Jeroboam II, the son of Jehoash, to save them.

28 The rest of the events in the reign of Jeroboam II and everything he did—including the extent of his power, his wars, and how he recovered for Israel both Damascus and Hamath, which had belonged to Judah*—are recorded in *The Book of the History of the Kings of Israel.*

29 When Jeroboam II died, he was buried in Samaria* with the kings of Israel. Then his son Zechariah became the next king.

* 14:21 Hebrew *Azariah,* a variant spelling of Uzziah.
* 14:25 Hebrew *the sea of the Arabah.*
* 14:28 Or *to Yaudi.* The meaning of the Hebrew is uncertain.
* 14:29 As in some Greek manuscripts; Hebrew lacks *he was buried in Samaria.*

19 a conspiracy against ~ ~를 해치려는 음모 send … after ~ …를 보내 ~를 추격하게 하다 assassin 암살자 21 in place of ~ ~을 대신해서 22 rebuild 재건하다 restore 복귀시키다 24 refuse 거절하다 lead ~ to commit ~로 하여금 범죄하게 하다 25 recover 회복하다 26 bitter 쓰라린 suffering 고통 27 blot out 완전히 지워버리다 28 extent 범위

• MEMO •

□ 묵상 체크

31 남유다 왕 아사랴

월 일

열왕기하 15:1-7 • 새찬송 488장 | 통일 539장

• 말씀묵상 전에 성령님의 인도하심을 구하는 기도를 드리십시오.

본문요약 I 아사랴(웃시야)가 남유다의 왕이 되어 52년 동안 나라를 다스린다. 아사랴는 통치 기간 초반에는 여호와 보시기에 정직히 행했으나, 그도 산당 제사를 없애지 않고 백성들의 영적 생활을 방치한다. 그 결과 아사랴는 하나님의 진노로 나병환자가 된다. 그 후 아사랴는 별궁에 격리되어 아들 요담과 공동 통치를 해 나간다.

1 이스라엘 왕 여로보암 제이십칠 년에 유
다 왕 아마샤의 아들 아사랴가 왕이 되니
2 그가 왕이 될 때에 나이가 십육 세라 예
루살렘에서 오십이 년간 다스리니라 그의
어머니의 이름은 여골리야라 예루살렘 사
람이더라
3 아사랴가 그의 아버지 아마샤의 모든 행
위대로 여호와 보시기에 정직히 행하였으
나
4 오직 산당은 제거하지 아니하였으므로 백
성이 여전히 그 산당에서 제사를 드리며
분향하였고
5 여호와께서 왕을 치셨으므로 그가 죽는
날까지 나병환자가 되어 별궁에 거하고
왕자 요담이 왕궁을 다스리며 그 땅의 백
성을 치리하였더라
6 아사랴의 남은 사적과 행한 모든 일은 유
다 왕 역대지략에 기록되지 아니하였느냐
7 아사랴가 그의 조상들과 함께 자매 다윗
성에 그의 조상들과 함께 장사되고 그의
아들 요담이 대신하여 왕이 되니라

1. 오늘 하나님께서 나에게 주신 깨달음은 무엇입니까?

2. 말씀을 어떻게 내 삶에 구체적으로 적용해야 합니까?

절별 해설

1–2 아마샤의 아들 아사랴가 왕이 되니 그가 왕이 될 때에 나이가 십육 세라 예루살렘에서 오십이 년간 다스리니라 '여호와는 나의 힘이시다'라는 뜻의 이름을 가진 웃시야는 '여호와는 나를 도우신다'는 의미인 아사랴로도 불렸다. 아사랴는 16세의 어린 나이에 왕위에 올라 52년이란 긴 세월 동안 나라를 다스린다. 아사랴는 아버지 아마샤가 북이스라엘에 포로로 잡혀간 때부터 섭정 왕으로 통치했다. 아사랴의 아버지인 아마샤도 25세의 어린 나이에 왕위에 올라 29년 동안 나라를 다스렸다. 아마샤는 통치 초기에는 좋았으나 에돔과의 전쟁에서 승리한 후 교만해져서 북이스라엘에 선전포고했다가 처참하게 패하고, 자신도 이스라엘 군의 포로가 되어 고생하다가 귀환한다. 아마샤는 자신을 사로잡은 북이스라엘의 요아스 왕보다 15년을 더 살지만 반란으로 죽임을 당한다. 이 모든 정황상 아사랴의 어린 시절은 불행했다. 그럼에도 아사랴는 세계 최강의 앗수르가 쇠퇴한 틈을 타 국력을 크게 키웠다. 영토를 확장하고 무역을 통해 경제력도 키웠다. 아버지와 마찬가지로 통치 초기 아사랴도 탁월한 리더십으로 나라를 일으켰다.

4 오직 산당은 제거하지 아니하였으므로 백성이 여전히 그 산당에서 제사를 드리며 분향하였고 남유다 왕들에 대한 평가에서 빠지지 않고 나오는 기준이 본절에 다시 나온다. 바로 산당을 없앴는지에 대한 여부다. 하나님은 강력하면서도 일관되게 산당에서 드리는 제사를 금하셨다. 산당은 원래 우상을 숭배하는 곳이기 때문이다. 그러나 이스라엘 백성은 산당 제사를 빈번하게 행했다. 예루살렘 성전까지 가서 예배드리는 것을 귀찮아하며, 여기저기 산재한 산당에서 편리하게 예배드리는 것을 선호했다. 자연스레 산당 제사는 이스라엘의 오랜 관습으로 고착된다. 잘못된 일인 줄 알면서도 하나님을 신뢰하는 왕들조차 백성의 눈치를 보며 산당 제사를 내버려두었다. 왕들이 민심에 너무 민감한 나머지 인기에 영합하는 정치를 하다 보니 그렇게 된 것이다. 아사랴 왕도 선왕들의 잘못된 전철을 그대로 밟았다.

5 여호와께서 왕을 치셨으므로 그가 죽는 날까지 나병환자가 되어 별궁에 거하고 왕자 요담이 왕궁을 다스리며 그 땅의 백성을 치리하였더라 아사랴가 산당 제사를 방치함으로 인해 백성들의 영적 상태도 나빠졌다. 더욱이 국력이 강해지고 백성들의 마음도 교만해지면서 나라 전체가 하나님보다는 악한 우상을 섬기는 경향으로 흘러간다. 그 결과 하나님이 진노하셨고, 아사랴는 나병을 얻게 된다. 아사랴는 남은 여생을 백성들과 격리된 채 살아야 했으며, 아들 요담과 함께 공동으로 대략 10년 동안 나라를 다스린다.

쉬운성경

1 여로보암 2세가 이스라엘의 왕으로 있은 지 이십칠 년째 되던 해에 아마샤의 아들 아사랴가 유다의 왕이 되었습니다.

2 아사랴가 왕이 되었을 때의 나이는 열여섯 살이었습니다. 그는 오십이 년 동안, 예루살렘에서 다스렸습니다. 그의 어머니는 예루살렘 사람 여골리야입니다.

3 아사랴는 그의 아버지 아마샤처럼 여호와께서 보시기에 옳은 일을 하였습니다.

4 그러나 산당을 없애지 않았으므로, 백성들은 여전히 그곳에서 제사를 지내고 향을 피웠습니다.

5 여호와께서 아사랴에게 벌을 내리셔서, 그는 죽을 때까지 문둥병으로 고생했습니다. 그는 특별히 따로 지은 궁전에서 살았고 그의 아들 요담이 왕궁을 관리하며 그 땅의 백성을 다스렸습니다.

6 아사랴가 행한, 다른 모든 일은 유다 왕들의 역사책에 기록되어 있습니다.

7 아사랴가 죽자 그의 조상들과 함께 다윗 성에 묻혔습니다. 그리고 그의 아들 요담이 뒤를 이어 왕이 되었습니다.

저자의 묵상

안타깝게도 요아스 왕 때부터 시작해 아마샤 그리고 아사랴까지 3대에 걸쳐 모두 처음은 좋았으나 나중에는 좋지 않은 통치 형태를 띤다. 가히 '용두사미'란 말이 딱 들어맞는다. 아무리 과거가 화려해도 지금 바르지 않으면 아무 소용이 없다. 처음 시작도 중요하지만 마무리는 더더욱 중요하다. 끝까지 최선을 다하는 신앙생활이 그리스도인에게 요구되는 것은 당연한 일이다. 초심을 잃지 않고, 한결같이 겸손하게 하나님을 신뢰하고 따르는 삶이 복을 받는 비결이다. '나의 나 된 것'은 내 능력이나 재능 때문이 아님을 깨닫고, 오늘 하루도 하나님의 은혜로 사는 지혜로운 사람이 되고자 애써야 한다. 그렇지 않으면 나병에 걸려서 격리된 허울 좋은 왕 아사랴 같은 인생을 살게 될지도 모른다. 하나님은 잘 참으시지만 도저히 안 되겠다 싶으시면 심판하는 분이기 때문이다.

무릎기도 하나님, 겸손과 초심을 잃지 않는 신실함으로 바른 예배를 드리게 하소서.

NLT - 2 Kings 15

1 Uzziah* son of Amaziah began to rule over Judah in the twenty-seventh year of the reign of King Jeroboam II of Israel.
2 He was sixteen years old when he became king, and he reigned in Jerusalem fifty-two years. His mother was Jecoliah from Jerusalem.
3 He did what was pleasing in the LORD's sight, just as his father, Amaziah, had done.
4 But he did not destroy the pagan shrines, and the people still offered sacrifices and burned incense there.
5 The LORD struck the king with leprosy,* which lasted until the day he died. He lived in isolation in a separate house. The king's son Jotham was put in charge of the royal palace, and he governed the people of the land.
6 The rest of the events in Uzziah's reign and everything he did are recorded in *The Book of the History of the Kings of Judah.*
7 When Uzziah died, he was buried with his ancestors in the City of David. And his son Jotham became the next king.

* 15:1 Hebrew *Azariah,* a variant spelling of Uzziah; also in 15:6, 7, 8, 17, 23, 27.

* 15:5 Or *with a contagious skin disease.* The Hebrew word used here and throughout this passage can describe various skin diseases.

1 rule over ~ ~을 통치하다 reign 치세 4 destroy 멸하다 pagan 이교의 shrine 산당, 제단 incense 향 5 strike ~ with leprosy ~을 나병으로 치다 isolation 격리, 분리 separate 단독의 put in charge of ~ ~의 책임을 맡다

32 걷잡을 수 없이 요동치는 이스라엘

월 일

열왕기하 15:8-22 • 새찬송 525장 | 통일 315장

• 말씀묵상 전에 성령님의 인도하심을 구하는 기도를 드리십시오.

본문요약 I 북이스라엘 여로보암 2세의 아들 스가랴는 살룸의 반역으로 왕위에 오른 지 여섯 달 만에 죽고, 므나헴은 다시 살룸을 한 달 만에 반역하여 왕이 된다. 그들은 모두 여호와 보시기에 악을 행했다. 하나님은 엘리사를 통해 예언하신 대로 스가랴 왕의 죽음과 함께 예후 가문의 통치를 끝내신다.

8 유다의 왕 아사랴의 제삼십팔 년에 여로
보암의 아들 스가랴가 사마리아에서 여섯
달 동안 이스라엘을 다스리며
9 그의 조상들의 행위대로 여호와 보시기에
악을 행하여 이스라엘로 범죄하게 한 느
밧의 아들 여로보암의 죄에서 떠나지 아
니한지라
10 야베스의 아들 살룸이 그를 반역하여 백
성 앞에서 쳐 죽이고 대신하여 왕이 되니
라
11 스가랴의 남은 사적은 이스라엘 왕 역대
지략에 기록되니라
12 여호와께서 예후에게 말씀하여 이르시기
를 네 자손이 사 대 동안 이스라엘 왕위에
있으리라 하신 그 말씀대로 과연 그렇게
되니라
13 유다 왕 웃시야 제삼십구 년에 야베스의
아들 살룸이 사마리아에서 왕이 되어 한
달 동안 다스리니라
14 가디의 아들 므나헴이 디르사에서부터 사
마리아로 올라가서 야베스의 아들 살룸을
거기에서 쳐 죽이고 대신하여 왕이 되니
라
15 살룸의 남은 사적과 그가 반역한 일은 이
스라엘 왕 역대지략에 기록되니라
16 그때에 므나헴이 디르사에서 와서 딥사
와 그 가운데에 있는 모든 사람과 그 사방
을 쳤으니 이는 그들이 성문을 열지 아니
하였음이라 그러므로 그들이 그곳을 치고
그 가운데에 아이 밴 부녀를 갈랐더라
17 유다 왕 아사랴 제삼십구 년에 가디의 아
들 므나헴이 이스라엘 왕이 되어 사마리
아에서 십 년간 다스리며
18 여호와 보시기에 악을 행하여 이스라엘로
범죄하게 한 느밧의 아들 여로보암의 죄
에서 평생 떠나지 아니하였더라
19 앗수르 왕 불이 와서 그 땅을 치려 하매
므나헴이 은 천 달란트를 불에게 주어서
그로 자기를 도와주게 함으로 나라를 자
기 손에 굳게 세우고자 하여
20 그 은을 이스라엘 모든 큰 부자에게서 강
탈하여 각 사람에게 은 오십 세겔씩 내게
하여 앗수르 왕에게 주었더니 이에 앗수
르 왕이 되돌아가 그 땅에 머물지 아니하
였더라
21 므나헴의 남은 사적과 그가 행한 모든 일
은 이스라엘 왕 역대지략에 기록되지 아
니하였느냐
22 므나헴이 그의 조상들과 함께 자고 그의
아들 브가히야가 대신하여 왕이 되니라

1. 오늘 하나님께서 나에게 주신 깨달음은 무엇입니까?

2. 말씀을 어떻게 내 삶에 구체적으로 적용해야 합니까?

절별 해설

8 여로보암의 아들 스가랴가 사마리아에서 여섯 달 동안 이스라엘을 다스리며 여로보암 2세의 아들 스가랴의 통치 기간은 6개월로, 그는 예후 왕조의 마지막 왕이었다. 예후가 아합 가문을 완전히 멸한 일에 대해 하나님이 예후의 자손이 4대까지 이스라엘을 통치하게끔 하겠다고 약속하셨다(왕하 10:30). 스가랴가 바로 예후의 4대째 되는 사람이었다.

9-10 그의 조상들의 행위대로 여호와 보시기에 악을 행하여, 야베스의 아들 살룸이 그를 반역하여 백성 앞에서 쳐 죽이고 대신하여 왕이 되니라 스가랴도 선왕들처럼 여로보암 1세의 죄를 그대로 따랐다. 스가랴가 왕이 된 지 6개월이 되었을 때, 살룸이 역모를 통해 스가랴를 암살한다. 스가랴가 죽은 이후 북이스라엘은 엄청난 정치적 소용돌이에 빠진다.

13-14 야베스의 아들 살룸이 사마리아에서 왕이 되어, 가디의 아들 므나헴이, 살룸을 거기에서 쳐 죽이고 대신하여 왕이 되니라 스가랴를 죽이고 왕이 된 살룸은 야베스의 아들이었다고 나온다. 야베스의 아들이란 표현은 야베스가 고향인 사람이라는 의미로 해석할 수 있다. 살룸은 길르앗 야베스 출신이었다. 길르앗 야베스는 요단강 동편에 위치한 도시다. 이후 등장하게 될 므나헴도 요단강 동편에 위치한 갓 지파 사람이다. 이런 맥락에서 여로보암 2세 사후에 북이스라엘에 임한 정쟁은 요단강을 중앙에 두고 동쪽 지파들과 서쪽 지파들 간에 벌인 이권 다툼으로 볼 수 있다. 한편, 살룸의 통치도 겨우 한 달로 매우 짧았다. 남과 북을 모두 합쳐 시므리의 7일 천하(왕상 16:15-20)를 제외하고는 가장 짧은 기간이다.

16-17 그때에 므나헴이 디르사에서 와서 딥사와 그 가운데에 있는 모든 사람과 그 사방을 쳤으니, 그 가운데에 아이 밴 부녀를 갈랐더라, 므나헴이 이스라엘 왕이 되어 사마리아에서 십 년간 다스리며 므나헴이 디르사에서부터 사마리아로 진군해 와서 살룸을 쳐 죽이고 스스로 왕이 된다. 디르사는 유프라테스 강 유역에 있던 도시로 추정된다. 또한 므나헴은 솔로몬 영토의 가장 북단에 위치한 딥사라는 유프라테스 강 주변에 있는 성을 쳐들어갔다가, 순순히 성문을 열어 주지 않는다며 성읍 주민을 모두 학살한다. 심지어 임신한 여자들의 배를 갈라 죽이기까지 했다. 이토록 잔인했던 므나헴은 10년 동안 왕으로 군림한다.

쉬운성경

8 아사랴가 유다의 왕으로 있은 지 삼십팔 년째 되던 해에 여로보암 2세의 아들 스가랴가 사마리아에서 이스라엘의 왕이 되었습니다. 그는 여섯 달 동안, 나라를 다스렸습니다.

9 스가랴는 여호와께서 보시기에 악한 일을 저질렀습니다. 그는 죄에서 돌이키지 않았으며, 이스라엘이 죄를 짓게 만든 느밧의 아들 여로보암의 죄를 그대로 따라 했습니다.

10 야베스의 아들 살룸이 스가랴를 없애기 위해 남이 모르게 나쁜 일을 꾸몄습니다. 그는 스가랴를 그 백성들 앞에서 죽이고, 스가랴의 뒤를 이어 왕이 되었습니다.

11 스가랴가 행한, 다른 모든 일은 이스라엘 왕들의 역사책에 기록되어 있습니다.

12 그리하여 여호와께서 전에 예후에게 "너의 사 대 자손까지는 이스라엘의 왕좌에 앉게 될 것이다"라고 약속하신 말씀이 그대로 이루어졌습니다.

13 웃시야*가 유다의 왕으로 있은 지 삼십구 년째 되던 해에 야베스의 아들 살룸이 왕이 되었습니다. 그는 사마리아에서 한 달 동안, 다스렸습니다.

14 가디의 아들 므나헴이 디르사에서 사마리아로 올라와 야베스의 아들 살룸을 공격했습니다. 그리하여 므나헴이 살룸을 죽이고 살룸의 뒤를 이어 왕이 되었습니다.

15 살룸이 행한, 다른 모든 일과 음모를 꾸민 일은 이스라엘 왕들의 역사책에 기록되어 있습니다.

16 그때에 므나헴이 디르사를 떠나 딥사를 공격했습니다. 그는 딥사 성의 사람들이 문을 열어 주지 않은 것을 이유로 그 성과 성의 주변 지역을 파괴하고 임신한 여자들의 배를 갈랐습니다.

17 아사랴가 유다의 왕으로 있은 지 삼십구 년째 되던 해에 가디의 아들 므나헴이 이스라엘의 왕이 되었습니다. 므나헴은 사마리아에서 십 년 동안, 나라를 다스렸습니다.

*15:13 '웃시야'는 '아사랴'라고도 불렸다.

19-20 앗수르 왕 불이 와서 그 땅을 치려 하매 므나헴이 은 천 달란트를 불에게 주어서, 각 사람에게 은 오십 세겔씩 내게 하여 앗수르 왕에게 주었더니 므나헴은 앗수르의 왕 디글랏 빌레셀, 즉 불(집필자 주: 불은 디글랏 빌레셀 3세의 바벨론식 이름)의 침략을 정치적으로 해결하기 위해 부자들에게 은 50세겔씩을 강제적으로 징수해서 은 1,000달란트를 불에게 바친다. 당시 앗수르에서는 노예 1명의 몸값이 50세겔이었기에, 므나헴이 바친 돈은 대략 노예 6만 명의 몸값이었다(은 1달란트=3,000세겔).

18 그는 여호와가 보시기에 악한 일을 저질렀습니다. 그는 왕으로 있는 동안, 이스라엘로 하여금 죄를 짓게 한 느밧의 아들 여로보암의 죄를 그대로 따라 했습니다. 그는 죄에서 돌이키지 않았습니다.

19 앗시리아 왕 불*이 와서 그 땅을 공격했습니다. 므나헴은 불의 도움을 받아 왕권을 굳게 세우기 위해 그에게 은 천 달란트* 가량을 주었습니다.

20 므나헴은 이스라엘의 모든 부자들에게 세금을 매겨 그 돈을 거두었습니다. 그는 한 사람마다 은 오십 세겔*을 바치게 했습니다. 므나헴이 그렇게 거둔 돈을 앗시리아 왕에게 주자, 앗시리아 왕은 그 땅에 머물지 않고 떠났습니다.

21 므나헴이 행한, 다른 모든 일은 이스라엘 왕들의 역사책에 기록되어 있습니다.

22 므나헴이 죽고, 그의 아들 브가히야가 뒤를 이어 왕이 되었습니다.

* 15:19 '불'은 '디글랏빌레셀'의 또 다른 이름이다.
* 15:19 1,000달란트는 약 34.27t에 해당된다.
* 15:20 50세겔은 약 570g에 해당된다.

저자의 묵상

남유다의 왕들은 비록 끝은 안 좋았다 해도 처음은 괜찮았기에, 북왕국에 비해 상대적으로 안정된 통치를 이어간다. 그러나 북이스라엘은 반역에 반역을 거듭하면서 극심한 혼란과 불안을 겪는다. 대외적으로는 앗수르가 초강대국이 되면서 막강한 군사력을 앞세워 고대 근동지역을 평정한다. 이렇게 급변하는 국제 정세 속에서 생존하려면 국내 정치가 잘되어야 한다. 그리고 그 모든 힘의 근원은 하나님을 신뢰하고 그분의 뜻에 순종하는 데서 나온다. 불행하게도 북이스라엘의 왕들은 하나님을 따르지 않았다. 오히려 하나님 보시기에 악을 행했다. 하나님께서 여로보암 2세 때 경제적인 번영과 안정적인 정치를 허락해 주셨는데도 북이스라엘 왕들과 백성은 돌이키지 않았다. 부패한 지도자는 타락한 백성을 만들고 나라를 망하게 한다.

무릎 기도 하나님, 이 나라와 교회의 지도자들이 하나님 앞에서 스스로 겸비하여 정직히 행하게 하소서.

8 Zechariah son of Jeroboam II began to rule over Israel in the thirty-eighth year of King Uzziah's reign in Judah. He reigned in Samaria six months.

9 Zechariah did what was evil in the LORD's sight, as his ancestors had done. He refused to turn from the sins that Jeroboam son of Nebat had led Israel to commit.

10 Then Shallum son of Jabesh conspired against Zechariah, assassinated him in public,* and became the next king.

11 The rest of the events in Zechariah's reign are recorded in *The Book of the History of the Kings of Israel.*

12 So the LORD's message to Jehu came true: "Your descendants will be kings of Israel down to the fourth generation."

13 Shallum son of Jabesh began to rule over Israel in the thirty-ninth year of King Uzziah's reign in Judah. Shallum reigned in Samaria only one month.

14 Then Menahem son of Gadi went to Samaria from Tirzah and assassinated him, and he became the next king.

15 The rest of the events in Shallum's reign, including his conspiracy, are recorded in *The Book of the History of the Kings of Israel.*

16 At that time Menahem destroyed the town of Tappuah* and all the surrounding countryside as far as Tirzah, because its citizens refused to surrender the town. He killed the entire population and ripped open the pregnant women.

17 Menahem son of Gadi began to rule over Israel in the thirty-ninth year of King Uzziah's reign in Judah. He reigned in Samaria ten years.

18 But Menahem did what was evil in the LORD's sight. During his entire reign, he refused to turn from the sins that Jeroboam son of Nebat had led Israel to commit.

19 Then King Tiglath-pileser* of Assyria invaded the land. But Menahem paid him thirty-seven tons* of silver to gain his support in tightening his grip on royal power.

20 Menahem extorted the money from the rich of Israel, demanding that each of them pay fifty pieces* of silver to the king of Assyria. So the king of Assyria turned from attacking Israel and did not stay in the land.

21 The rest of the events in Menahem's reign and everything he did are recorded in *The Book of the History of the Kings of Israel.*

22 When Menahem died, his son Pekahiah became the next king.

* 15:10 Or *at Ibleam.*
* 15:16 As in some Greek manuscripts; Hebrew reads *Tiphsah.*
* 15:19a Hebrew *Pul,* another name for Tiglath-pileser.
* 15:19b Hebrew *1,000 talents* [34 metric tons].
* 15:20 Hebrew *50 shekels* [20 ounces or 570 grams].

9 turn from ~ ~로부터 돌이키다 lead ~ to commit ~로 하여금 범죄하게 하다 10 conspire against ~ ~에 대해 음모를 꾸미다 assassinate 암살하다 12 descendant 자손, 후손 15 conspiracy 음모 16 destroy 멸하다 surrender 항복하다 rip open ~ 찢어서 열다, 절개하다 19 invade 침공하다 to gain one's support ~의 지원을 얻기 위해서 grip 장악 20 extort 강탈하다 demand 요구하다 stay in ~ ~에 머물다

• MEMO •

33

월 일

이스라엘 왕 브가히야와 베가

열왕기하 15:23-31 • 새찬송 523장 | 통일 262장

• 말씀묵상 전에 성령님의 인도하심을 구하는 기도를 드리십시오.

본문요약 I 브가히야가 북쪽 이스라엘의 왕이 되나 불과 2년 만에 베가의 반역으로 죽임을 당한다. 베가 또한 앗수르의 디글랏 빌레셀 왕의 침략을 당해 나라가 초토화되는 상황에 이른다. 베가는 엘라의 아들 호세아에게 죽고, 호세아가 대신하여 왕이 된다.

23 유다의 왕 아사랴 제오십 년에 므나헴의
아들 브가히야가 사마리아에서 이스라엘
왕이 되어 이 년간 다스리며
24 여호와께서 보시기에 악을 행하여 이스라
엘로 범죄하게 한 느밧의 아들 여로보암
의 죄에서 떠나지 아니한지라
25 그 장관 르말랴의 아들 베가가 반역하여
사마리아 왕궁 호위소에서 왕과 아르곱과
아리에를 죽이되 길르앗 사람 오십 명과
더불어 죽이고 대신하여 왕이 되었더라
26 브가히야의 남은 사적과 그가 행한 모든
일은 이스라엘 왕 역대지략에 기록되니라
27 유다의 왕 아사랴 제오십이 년에 르말랴
의 아들 베가가 이스라엘 왕이 되어 사마
리아에서 이십 년간 다스리며
28 여호와께서 보시기에 악을 행하여 이스라
엘로 범죄하게 한 느밧의 아들 여로보암
의 죄에서 떠나지 아니하였더라
29 이스라엘 왕 베가 때에 앗수르 왕 디글랏
빌레셀이 와서 이욘과 아벨벳 마아가와
야노아와 게데스와 하솔과 길르앗과 갈릴
리와 납달리 온 땅을 점령하고 그 백성을
사로잡아 앗수르로 옮겼더라
30 웃시야의 아들 요담 제이십 년에 엘라의
아들 호세아가 반역하여 르말랴의 아들
베가를 쳐서 죽이고 대신하여 왕이 되니
라
31 베가의 남은 사적과 그가 행한 모든 일은
이스라엘 왕 역대지략에 기록되니라

1. 오늘 하나님께서 나에게 주신 깨달음은 무엇입니까?

2. 말씀을 어떻게 내 삶에 구체적으로 적용해야 합니까?

절별 해설

23-25 브가히야가 사마리아에서 이스라엘 왕이 되어 이 년간 다스리며, 죄에서 떠나지 아니한지라 그 장관 르말랴의 아들 베가가 반역하여, 길르앗 사람 오십 명과 더불어 죽이고 대신하여 왕이 되었더라 므나헴의 아들 브가히야 역시 2년밖에 통치하지 못한다. 이는 당시 북쪽 이스라엘 왕국의 정치적 상황이 얼마나 불안정한지를 단적으로 보여 준다. 르말랴의 아들 베가가 길르앗 사람 50명으로 반란을 일으켜서 브가히야를 사마리아에서 죽이고 왕이 된다. 왕을 호위하는 군대의 최고책임자인 베가가 왕을 반역했다는 것은, 군대의 충성심과 기강이 얼마나 해이했는지를 잘 나타낸다.

27 베가가 이스라엘 왕이 되어 사마리아에서 이십 년간 다스리며 베가가 20년 동안 통치했다고 본절은 말한다. 그러나 디글랏 빌레셀(3세)의 비문을 보면 앗수르가 BC 732년에 베가를 정복했다고 기록되어 있다. 이 앗수르 왕은 BC 745년부터 727년까지 약 18년간 통치했기 때문에, 그중에서 므나헴의 통치 기간 10년과 브가히야의 통치 기간 2년을 제외하면 베가에 해당되는 통치 기간은 불과 6년 남짓에 지나지 않는다. 최대한 잡아도 8-9년 정도밖에는 안 된다. 그러므로 베가가 20년간 통치했다는 것은 수치적으로 불가능해 보인다. 그러나 당시의 상황을 깊게 들여다볼 필요가 있다. 실제로 베가는 BC 740년부터 732년까지 약 9년 동안 북이스라엘을 통치했다. 그 이전에는 길르앗 지방을 11년간 다스렸다. 다시 말해서 베가는 여로보암 2세가 죽고 나서 BC 752년경 길르앗 지방을 장악했다. 베가는 계속해서 북이스라엘 전체를 통치하기 위해 기회를 엿보다가 BC 740년경 앗수르의 후원에 힘입어 쿠데타에 성공했고, 이스라엘의 왕위를 획득했다. 따라서 길르앗 통치 기간까지 합하면 그의 통치는 20년 동안 이루어진 것이 된다.

29 이스라엘 왕 베가 때에 앗수르 왕 디글랏 빌레셀이 와서, 온 땅을 점령하고 그 백성을 사로잡아 앗수르로 옮겼더라 하나님은 악을 행하고 여로보암의 길을 따라 살았던 베가의 북이스라엘을 앗수르가 침공하도록 허락하신다. 디글랏 빌레셀이 일으켰던 이 전쟁의 직접적인 발발 원인은, 남유다 왕이 북이스라엘과 아람(수리아, 오늘날의 시리아) 사이에 맺어진 동맹 관계에 대항하기 위해서 앗수르의 도움을 요청했기 때문이다. 침략의 구실을 찾고 있던 디글랏 빌레셀은 이스라엘로 진군하여 갈릴리와 길르앗 주변의 모든 성읍을 파괴하고 수많은 백성들을 사로잡았다.

30 엘라의 아들 호세아가 반역하여 르말랴의 아들 베가를 쳐

쉬운성경

23 아사랴가 유다의 왕으로 있은 지 오십 년째 되는 해에 므나헴의 아들 브가히야가 사마리아에서 이스라엘의 왕이 되었습니다. 브가히야는 이 년 동안, 나라를 다스렸습니다.

24 그는 여호와께서 보시기에 악한 일을 저질렀습니다. 그는 이스라엘로 하여금 죄를 짓게 한 느밧의 아들 여로보암의 죄를 그대로 따라 했습니다. 브가히야는 죄에서 돌이키지 않았습니다.

25 브가히야의 장교인 르말랴의 아들 베가가 브가히야를 배신했습니다. 그는 길르앗 사람 오십 명을 이끌고 사마리아 왕궁에서 브가히야와 아르곱과 아리에를 죽였습니다. 그리고 베가가 브가히야의 뒤를 이어 왕이 되었습니다.

26 브가히야가 행한, 다른 모든 일은 이스라엘 왕들의 역사책에 기록되어 있습니다.

27 아사랴가 유다의 왕으로 있은 지 오십이 년째 되는 해에 르말랴의 아들 베가가 사마리아에서 이스라엘의 왕이 되었습니다. 베가는 이십 년 동안, 나라를 다스렸습니다.

28 베가는 여호와께서 보시기에 악한 일을 저질렀습니다. 베가는 이스라엘로 하여금 죄를 짓게 한 느밧의 아들 여로보암의 죄를 그대로 따라 했습니다. 베가는 죄에서 돌이키지 않았습니다.

29 베가가 이스라엘의 왕으로 있던 때에 앗시리아 왕 디글랏빌레셀*이 쳐들어와서 이욘과 아벨벳마아가와 야노아와 게데스와 하솔과 길르앗과 갈릴리와 납달리 온 땅을 점령했습니다. 그리고 그곳의 백성들을 앗시리아로 잡아갔습니다.

30 엘라의 아들 호세아가 르말랴의 아들 베가를 죽이고 왕이 되었습니다. 그때는 웃시야의 아들 요담이 왕으로 있은 지 이십 년째 되던 해였습니다.

31 베가가 행한, 다른 모든 일은 이스라엘 왕들의 역사책에 기록되어 있습니다.

*15:29 '디글랏빌레셀'은 '불'의 또 다른 이름이다.

서 죽이고 대신하여 왕이 되니라 베가의 어리석은 외교정책으로 인해 큰 어려움을 겪게 되었다고 생각한 백성들은 동요했고, 이 틈에 호세아가 무능하고 분별력 없던 베가를 죽이고 왕이 된다.

저자의 묵상

북이스라엘에서 반역의 역사는 끝나지 않았다. 반역으로 차지한 왕위를 반역으로 빼앗기는 일이 반복된다. 왕의 자리는 개인이 차지하고 빼앗아 얻는 것이 아니라 하나님의 사명으로 주어지는 거룩한 헌신의 기회다. 즉, 하나님께서 당신의 뜻을 이루어 가시기 위해 위임하신 권력이다. 그러나 이러한 하나님의 뜻을 헤아리지 못하고 오히려 하나님 보시기에 악하고, 여로보암의 죄에서 조금도 떠날 생각 없이, 스스로 왕이 되어 자기 힘으로 왕권을 유지하려는 자들의 권력까지 하나님은 책임져 주시지 않는다. 화려한 권력의 그늘을 그들 스스로 경험하게 하신다. 어느 곳에서든 사명보다 자리를 탐하는 사람들이 늘 있다. 내가 속한 곳에서, 내가 선 자리에서, 그럴듯한 명분으로 치장한 다툼에 가담하지 않고 오로지 하나님 보시기에 정직한 삶을 살아가야 한다. 부끄러움과 심판을 당하기 전에 회개하고 하나님의 뜻을 따라 올바른 삶을 사는 것이 지혜로운 길이다.

무릎 기도 | 하나님, 저희들이 가지고 있는 힘과 능력을 자신의 야심과 이기적인 목적을 이루기 위해 사용하지 않도록 하소서.

NLT - 2 Kings 15

23 Pekahiah son of Menahem began to rule over Israel in the fiftieth year of King Uzziah's reign in Judah. He reigned in Samaria two years.
24 But Pekahiah did what was evil in the LORD's sight. He refused to turn from the sins that Jeroboam son of Nebat had led Israel to commit.
25 Then Pekah son of Remaliah, the commander of Pekahiah's army, conspired against him. With fifty men from Gilead, Pekah assassinated the king, along with Argob and Arieh, in the citadel of the palace at Samaria. And Pekah reigned in his place.
26 The rest of the events in Pekahiah's reign and everything he did are recorded in *The Book of the History of the Kings of Israel.*
27 Pekah son of Remaliah began to rule over Israel in the fifty-second year of King Uzziah's reign in Judah. He reigned in Samaria twenty years.
28 But Pekah did what was evil in the LORD's sight. He refused to turn from the sins that Jeroboam son of Nebat had led Israel to commit.
29 During Pekah's reign, King Tiglath-pileser of Assyria attacked Israel again, and he captured the towns of Ijon, Abel-beth-maacah, Janoah, Kedesh, and Hazor. He also conquered the regions of Gilead, Galilee, and all of Naphtali, and he took the people to Assyria as captives.
30 Then Hoshea son of Elah conspired against Pekah and assassinated him. He began to rule over Israel in the twentieth year of Jotham son of Uzziah.
31 The rest of the events in Pekah's reign and everything he did are recorded in *The Book of the History of the Kings of Israel.*

23 rule over ~ ~을 통치하다 reign 치세 24 in one's sight ~가 보는 데서 turn from ~ ~로부터 돌이키다 25 citadel 요새 26 be recorded in ~ ~에 기록되다 29 attack 공격하다 capture 포로로 잡다 conquer 정복하다 region 지방, 지역 captive 포로

□ 묵상 체크

34 요담의 유다 통치

월 일

열왕기하 15:32-38 • 새찬송 290장 | 통일 412장

• 말씀묵상 전에 성령님의 인도하심을 구하는 기도를 드리십시오.

본문요약 | 웃시야의 아들 요담이 남유다의 왕이 된다. 그러나 요담도 산당을 제거하지는 않는다. 하나님은 르신과 베가를 보내 유다를 치게 하신다. 전쟁 중에 아하스가 왕위를 이어받는다.

32 이스라엘의 왕 르말랴의 아들 베가 제이
년에 유다 왕 웃시야의 아들 요담이 왕이
되니
33 나이가 이십오 세라 예루살렘에서 십육
년간 다스리니라 그의 어머니의 이름은
여루사라 사독의 딸이더라
34 요담이 그의 아버지 웃시야의 모든 행위
대로 여호와께서 보시기에 정직히 행하였
으나
35 오직 산당을 제거하지 아니하였으므로 백
성이 여전히 그 산당에서 제사를 드리며
분향하였더라 요담이 여호와의 성전의 윗
문을 건축하니라
36 요담의 남은 사적과 그가 행한 모든 일은
유다 왕 역대지략에 기록되지 아니하였느
냐
37 그때에 여호와께서 비로소 아람 왕 르신
과 르말랴의 아들 베가를 보내어 유다를
치게 하셨더라
38 요담이 그의 조상들과 함께 자매 그의 조
상 다윗 성에 조상들과 함께 장사되고 그
아들 아하스가 대신하여 왕이 되니라

1. 오늘 하나님께서 나에게 주신 깨달음은 무엇입니까?

2. 말씀을 어떻게 내 삶에 구체적으로 적용해야 합니까?

절별 해설

32-33 유다 왕 웃시야의 아들 요담이 왕이 되니 나이가 이십오 세라, 그의 어머니의 이름은 여루사라 사독의 딸이더라 북이스라엘의 베가 왕이 즉위한 지 2년째 되던 해에 요담이 남유다의 왕이 된다. 요담은 16년 동안 통치한다. 요담의 어머니는 여루사로 사독의 딸이다. 다윗 시대 때 사독이란 유명한 제사장이 있던 점으로 볼 때, 요담의 어머니는 제사장 집안의 사람이었을 것이다.

35 오직 산당을 제거하지 아니하였으므로, 요담이 여호와의 성전의 윗문을 건축하니라 요담은 아버지 웃시야(아사랴)처럼 하나님 보시기에 옳은 일을 했지만, 그 역시 산당은 제거하지 않았다. 그럼에도 요담은 아마샤 때 헐린 성전의 윗문을 건축했다. 일반적으로 당시 성전 윗문은 성전 마당의 북쪽에 있는 문(대하 27:3; 겔 9:2)으로서 북쪽 지방으로부터의 침략을 방어할 목적으로 세워진 것으로 보인다. 구체적으로는 예루살렘 성전의 북쪽 문을 말한다. 일명 '베냐민의 윗문'이라고도 했다(슥 14:10). 역대하 27장 3절과 4절에 의하면 요담이 오벨 성벽을 많이 증축했을 뿐만 아니라 유다 산중에 성읍들을 건축했음을 알 수 있다. 이렇게 요담이 수도를 요새화하고 성읍을 건축한 것은 당시의 혼란한 국제 정세를 반영함과 동시에 여호와 하나님의 성전을 보존하려는 그의 신앙적 자세를 나타낸다. 실제로 요담은 예루살렘을 공격하러 왔던 암몬과의 전쟁에서 승리했는데(대하 27:5), 그가 건축했던 성벽이 크게 도움이 되었을 것이다.

37 그때에 여호와께서 비로소 아람 왕 르신과 르말랴의 아들 베가를 보내어 유다를 치게 하셨더라 요담이 죽기 전에 북이스라엘 왕 베가와 아람 왕 르신에게 위협을 당한다. 남유다의 다른 왕들처럼 요담 역시 친앗수르 정책을 펼쳐 나간다. 이와 같은 상황에서, 앗수르와 대치하던 북이스라엘과 아람이 자신들의 연합군에 가입할 것을 남유다에 요구한다. 남유다가 이들의 강요에 따르지 않자 군사를 이끌고 예루살렘을 치러 온 것이다.

쉬운성경

32 르말랴의 아들 베가가 이스라엘의 왕으로 있은 지 이 년째 되던 해에 웃시야의 아들 요담이 유다의 왕이 되었습니다.

33 요담이 왕이 되었을 때의 나이는 스물다섯 살이었습니다. 그는 예루살렘에서 십육 년 동안, 다스렸습니다. 그의 어머니는 사독의 딸 여루사입니다.

34 요담은 그의 아버지 웃시야처럼 여호와께서 보시기에 옳은 일을 했습니다.

35 그러나 산당을 없애지 않았으므로 백성이 여전히 그곳에서 제사를 지내고 향을 피웠습니다. 요담은 여호와의 성전의 '윗문'을 건축하였습니다.

36 요담이 행한, 다른 모든 일은 유다 왕들의 역사책에 기록되어 있습니다.

37 그때에 여호와께서 아람 왕 르신과 르말랴의 아들 베가를 보내어 유다를 치게 하셨습니다.

38 요담이 죽어 그의 조상들과 함께 그의 조상 다윗 성에 묻혔습니다. 뒤를 이어 아하스가 왕이 되었습니다.

저자의 묵상

남유다 왕 요담은 아버지 웃시야처럼 정직히 행했고 성전의 윗문을 건축하는 등 성전을 소중히 여겼지만, 여전히 아버지처럼 산당은 제거하지 않았다. 그래서였을까? 백성은 여호와 하나님을 온전히 섬기지 않았다. 하나님 중심으로 다른 것은 다 개혁했는데, 이상하게도 백성이 우상을 숭배하든 말든 산당은 그대로 놔두고 방치했다. 그 결과 선한 왕이 다스리고 있는데도, 백성들은 하나님 보시기에 악한 행위를 계속했다. 악한 영적 원인을 제공한 셈이 되었다. 그래서 하나님께서는 요담 때에 이미 아람 왕이 유다를 계속 침공하게 허락하셨다. 요담 이후에 왕위에 오른 아하스의 통치 시대가 유다 역사상 최악의 시대로 전개되는 것도 결코 우연이 아니다. 웃시야와 요담 때에 산당을 제거하지 않은 결과다. 산당이 사라지기 전까지 언제든 하나님이 나를 징계하실 채찍은 내 주변에 많이 있음을 기억해야 한다. 마찬가지로 내 삶의 현장에도 산당과 같이 하나님을 멀리하는 곳이 있다면, 하나님이 징계하시기 전에 반드시 제거해야 한다.

무릎 기도 하나님, 성전과 산당을 오가는 것처럼 신앙생활하지 말고, 오직 하나님만 신뢰함으로 하나님께서 싫어하시는 것들은 모두 다 정리하는 담대한 믿음을 주소서.

NLT - 2 Kings 15

32 Jotham son of Uzziah began to rule over Judah in the second year of King Pekah's reign in Israel.

33 He was twenty-five years old when he became king, and he reigned in Jerusalem sixteen years. His mother was Jerusha, the daughter of Zadok.

34 Jotham did what was pleasing in the LORD's sight. He did everything his father, Uzziah, had done.

35 But he did not destroy the pagan shrines, and the people still offered sacrifices and burned incense there. He rebuilt the upper gate of the Temple of the LORD.

36 The rest of the events in Jotham's reign and everything he did are recorded in *The Book of the History of the Kings of Judah.*

37 In those days the LORD began to send King Rezin of Aram and King Pekah of Israel to attack Judah.

38 When Jotham died, he was buried with his ancestors in the City of David. And his son Ahaz became the next king.

34 please 기쁘게 하다 35 pagan 이교의 shrine 산당, 제단 offer 제물을 바치다 incense 향 rebuild 재건하다 the upper gate of the Temple 성전의 윗문 38 bury 묻다 ancestor 조상

35 아하스의 악정

월 일

열왕기하 16:1-20 • 새찬송 595장 | 통일 372장

• 말씀묵상 전에 성령님의 인도하심을 구하는 기도를 드리십시오.

본문요약 | 위기에 처한 아하스는 하나님을 의지하는 대신 앗수르의 도움을 빌린다. 그 결과 아하스는 앗수르의 우상숭배 제단을 유다로 들여와 하나님을 배신한다. 백성들의 영적 상태는 최악으로 치닫는다. 심지어 아하스는 앗수르 왕에게 잘 보이기 위해서 성전 기물의 배치를 새롭게 하고, 그 결과 여호와의 성전의 구조가 바뀐다.

1 르말랴의 아들 베가 제십칠 년에 유다의 왕 요담의 아들 아하스가 왕이 되니
2 아하스가 왕이 될 때에 나이가 이십 세라 예루살렘에서 십육 년간 다스렸으나 그의 조상 다윗과 같지 아니하여 그의 하나님 여호와께서 보시기에 정직히 행하지 아니하고
3 이스라엘의 여러 왕의 길로 행하며 또 여호와께서 이스라엘 자손 앞에서 쫓아내신 이방 사람의 가증한 일을 따라 자기 아들을 불 가운데로 지나가게 하며
4 또 산당들과 작은 산 위와 모든 푸른 나무 아래에서 제사를 드리며 분향하였더라
5 이때에 아람의 왕 르신과 이스라엘의 왕 르말랴의 아들 베가가 예루살렘에 올라와서 싸우려 하여 아하스를 에워쌌으나 능히 이기지 못하니라
6 당시에 아람의 왕 르신이 엘랏을 회복하여 아람에 돌리고 유다 사람을 엘랏에서 쫓아내었고 아람 사람이 엘랏에 이르러 거기에 거주하여 오늘까지 이르렀더라
7 아하스가 앗수르 왕 디글랏 빌레셀에게 사자를 보내 이르되 나는 왕의 신복이요 왕의 아들이라 이제 아람 왕과 이스라엘 왕이 나를 치니 청하건대 올라와 그 손에서 나를 구원하소서 하고
8 아하스가 여호와의 성전과 왕궁 곳간에 있는 은금을 내어다가 앗수르 왕에게 예물로 보냈더니
9 앗수르 왕이 그 청을 듣고 곧 올라와서 다메섹을 쳐서 점령하여 그 백성을 사로잡아 기르로 옮기고 또 르신을 죽였더라
10 아하스 왕이 앗수르의 왕 디글랏 빌레셀을 만나러 다메섹에 갔다가 거기 있는 제단을 보고 아하스 왕이 그 제단의 모든 구조와 제도의 양식을 그려 제사장 우리야에게 보냈더니
11 아하스 왕이 다메섹에서 돌아오기 전에 제사장 우리야가 아하스 왕이 다메섹에서 보낸 대로 모두 행하여 제사장 우리야가 제단을 만든지라
12 왕이 다메섹에서 돌아와 제단을 보고 제단 앞에 나아가 그 위에 제사를 드리되
13 자기의 번제물과 소제물을 불사르고 또 전제물을 붓고 수은제 짐승의 피를 제단에 뿌리고
14 또 여호와의 앞 곧 성전 앞에 있던 놋 제단을 새 제단과 여호와의 성전 사이에서 옮겨다가 그 제단 북쪽에 그것을 두니라
15 아하스 왕이 제사장 우리야에게 명령하여 이르되 아침 번제물과 저녁 소제물과 왕의 번제물과 그 소제물과 모든 국민의 번제물과 그 소제물과 전제물을 다 이 큰 제단 위에 불사르고 또 번제물의 피와 다른 제물의 피를 다 그 위에 뿌리라 오직 놋제단은 내가 주께 여쭐 일에만 쓰게 하라 하매
16 제사장 우리야가 아하스 왕의 모든 명령대로 행하였더라
17 아하스 왕이 물두멍 받침의 옆판을 떼내

고 물두멍을 그 자리에서 옮기고 또 놋바
다를 놋소 위에서 내려다가 돌판 위에 그
것을 두며
18 또 안식일에 쓰기 위하여 성전에 건축한
낭실과 왕이 밖에서 들어가는 낭실을 앗
수르 왕을 두려워하여 여호와의 성전에
옮겨 세웠더라
19 아하스가 행한 그 남은 사적은 유다 왕 역
대지략에 기록되지 아니하였느냐
20 아하스가 그의 조상들과 함께 자매 다윗
성에 그 열조와 함께 장사되고 그의 아들
히스기야가 대신하여 왕이 되니라

1. 오늘 하나님께서 나에게 주신 깨달음은 무엇입니까?

2. 말씀을 어떻게 내 삶에 구체적으로 적용해야 합니까?

• • •

절별 해설

3-4 이스라엘의 여러 왕의 길로 행하며 또 여호와께서 이스라엘 자손 앞에서 쫓아내신 이방 사람의 가증한 일을 따라 자기 아들을 불 가운데로 지나가게 하며 또 산당들과 작은 산 위와 모든 푸른 나무 아래에서 제사를 드리며 분향하였더라 안타깝게도 아하스는 남유다 왕국의 왕이면서도 북이스라엘 왕들이 행했던 죄의 길을 따라가고 말았다. 아하스는 남유다 왕국 역사상 므낫세와 함께 가장 악했던 두 왕 중의 하나가 된다. 이 두 왕은 자기 자식을 우상에게 제물로 바쳤다. 또 아하스는 직접 산당과 작은 산 위와 모든 푸른 나무 아래서 제사를 지내고 분향했다. 앗수르의 다신주의를 받아들인 것이다.

7-8 나는 왕의 신복이요 왕의 아들이라 이제 아람 왕과 이스라엘 왕이 나를 치니 청하건대 올라와 그 손에서 나를 구원하소서 하고 아하스가 여호와의 성전과 왕궁 곳간에 있는 은금을 내어다가 앗수르 왕에게 예물로 보냈더니 곤경에 처한 아하스는 하나님께 도움을 구하지 않았다. 하나님을 믿지 않았기 때문이다. 대신 앗수르 왕 디글랏 빌레셀에게 아첨하며 성전의 보물까지 보내면서 도움을 요청한다. 여기서 보물은 뇌물을 의미한다. 아하스가 앗수르 왕에게 바친 재물은 하나님께 바쳐진 성전의 헌물과 백성들이 낸 세금으로, 실은 하나님을 위해 사용해야 했다.

9 앗수르 왕이 그 청을 듣고 곧 올라와서 다메섹을 쳐서 점령하여 그 백성을 사로잡아 기르로 옮기고 또 르신을 죽였더라 아하스의 요청은 디글랏 빌레셀의 입장에서는 생각지도 않은 횡재였다. 끊임없는 위협이었던 아람과 가시같이 귀찮은 존재인 북이스라엘을 적절한 때 응징하려 했는데, 오히려 유다가 자신들을 도와달라는 명분까지 세워 주며 은금과 보물을 가져다

쉬운성경

1 르말랴의 아들 베가가 이스라엘의 왕으로 있은 지 십칠 년째 되던 해에 요담의 아들 아하스가 유다 왕이 되었습니다.

2 아하스가 왕이 되었을 때의 나이는 스무 살이었습니다. 아하스는 예루살렘에서 십육 년 동안, 다스렸습니다. 그는 그의 조상 다윗과 달리 여호와께서 보시기에 악한 일을 하였습니다.

3 아하스는 이스라엘 왕들이 행했던 죄의 길을 따라갔습니다. 그는 심지어 자기 아들까지도 불에 태워 제물로 바쳤습니다.* 그는 여호와께서 이스라엘 백성 앞에서 쫓아내신 다른 나라들처럼 그들이 저질렀던 더러운 죄를 그대로 따라 했습니다.

4 아하스는 산당과 언덕과 모든 푸른 나무 아래에서 제사를 지내고 향을 피웠습니다.

5 아람* 왕 르신과 이스라엘 왕 르말랴의 아들 베가가 예루살렘을 치러 올라왔습니다. 그들은 아하스를 에워쌌으나 정복하지는 못했습니다.

* 16:3 개역 성경에는 '자기 아들을 불 가운데로 지나게 하며'라고 표기되어 있다.
* 16:5 '아람'은 현재의 '시리아' 땅에 해당된다.

주었기 때문이다. 앗수르 군대는 아람의 수도인 다메섹으로 진격해서 성을 함락하고, 주민들을 기르로 끌고 갔으며, 르신을 살해했다. 기르는 아람 사람들의 고향과도 같은 곳이다. 일각에서는 기르 성을 니느웨로 보기도 한다. 그런데 문제는 아람이 패망하면서 이제는 그 어떤 나라도 앗수르를 제어하지 못하게 되었다는 것이다. 아람보다 무섭고 잔혹한 앗수르의 유다 압박이 가중될 수밖에 없는 상황이 된다.

10 아하스 왕이 앗수르의 왕 디글랏 빌레셀을 만나러 다메섹에 갔다가, 그 제단의 모든 구조와 제도의 양식을 그려 제사장 우리아에게 보냈더니 아하스는, 아람을 멸망시키고 아람의 수도 다메섹에 주둔해 있던 앗수르 왕을 만나러 간다. 거기서 아하스는 앗수르 왕이 숭배하던 우상의 제단을 보고, 예루살렘으로 돌아오는 즉시 그 제단과 동일한 형태의 제단을 만들고 그 우상을 숭배한다. 반면, 하나님의 성전 기물은 다 한곳에 모아 방치한다. 한 걸음 더 나아가 성전 본관의 문을 닫아 버림으로써 백성들이 성전에서 제사를 드리지 못하게 아예 원천봉쇄한다. 성전과 지성소에서의 예배가 중단되는 초유의 사태가 버젓이 벌어진다.

11 아하스 왕이 다메섹에서 돌아오기 전에 제사장 우리야가 아하스 왕이 다메섹에서 보낸 대로 모두 행하여 제사장 우리야가 제단을 만든지라 통탄할 일은 아하스의 배교 행위를 강력하게 반대하고 막아야 할 책임이 있는 제사장 우리야가 오히려 앞장서서 왕을 도왔다는 사실이다. 아하스 왕의 지시대로 제단을 만든 것도 모자라서, 왕이 돌아오기 전에 부지런히 다 만들어 놓았다. 우리야는 신속하면서도 정확하게 왕의 지시를 수행해 왕에게 인정받으려 했다.

12 왕이 다메섹에서 돌아와 제단을 보고 제단 앞에 나아가 그 위에 제사를 드리되 아하스의 행동이 매우 구체적으로 나타난다. '돌아왔다' '보았다' '나아갔다' 그러고는 '그 위에' 제물을 바치는 일련의 과정이 묘사되면서, 아하스가 마치 제사장같이 행동하고 있음을 보여 준다. 아하스는 제사장 역할을 자처했다.

15 아하스 왕이 제사장 우리야에게 명령하여 이르되, 다 이 큰 제단 위에 불사르고 또 번제물의 피와 다른 제물의 피를 다 그 위에 뿌리라 오직 놋제단은 내가 주께 여쭐 일에만 쓰게 하라 큰 제단은 열왕기상 8장 64절에서 솔로몬의 성전에 놓여 있던 '놋제단이 너무 작았다'는 기록과 대조된다. 아하스 왕이 세운 새로운 제단은 하나님이 아닌 앗수르 왕에게 아부하기 위해 만들었다(10절). 무척이나 웅장한 이 제단

6 그때에 아람 왕 르신이 엘랏 성을 도로 찾으면서 그곳에 살고 있던 유다 백성을 쫓아냈습니다. 그리고 아람 사람들이 엘랏으로 옮겨 왔습니다. 그들은 지금까지도 그곳에서 살고 있습니다.

7 아하스가 앗시리아 왕 디글랏빌레셀에게, 명령을 받고 심부름하는 사람들을 보내어 말했습니다. "나는 왕의 종입니다. 오셔서 나를 아람 왕과 이스라엘 왕에게서 구해 주십시오. 그들이 나를 치고 있습니다."

8 아하스는 여호와의 성전에 있는 은과 금과 왕궁에 있는 보물들을 가져와서 앗시리아 왕에게 선물로 주었습니다.

9 그리하여 앗시리아 왕이 아하스의 부탁을 받아들여 다마스커스를 쳐서 점령했습니다. 그는 다마스커스의 모든 백성들을 길 성으로 보내고 르신을 죽였습니다.

10 아하스 왕이 앗시리아 왕 디글랏빌레셀을 만나려고 다마스커스로 갔습니다. 아하스가 거기에서 한 제단을 보고 그 제단의 설계도와 모형을 제사장 우리야에게 보냈습니다.

11 우리야는 아하스 왕이 다마스커스에서 보내 준 설계도에 따라 제단을 만들었습니다. 우리야는 아하스 왕이 다마스커스에서 돌아오기 전에 제단을 모두 완성했습니다.

12 아하스 왕이 다마스커스에서 돌아와서, 그 제단을 보고 가까이 나아가 그 위에 제물을 바쳤습니다.

13 그는 태워 드리는 제물인 번제물과 곡식 제물을 바쳤고, 부어 드리는 제물인 전제물도 부었으며 화목 제물의 피를 제단 위에 뿌리기도 했습니다.

은 앗수르의 양식에 따라 만든 것이다. 비록 아하스가 제사장 우리야에게 명한 각종 제사가 율법적으로 조금도 어긋남이 없었다(출 29:38-42; 민 28:2-8)고 해도, 새롭게 만든 큰 제단은 우상을 숭배하는 데 적합한 것이지 하나님을 섬기는 데 알맞은 것이 아니었다. 또한 "내가 주께 여쭐 일에만 쓰게 하라"는 말은 하나님께 기도할 때 사용하겠다는 뜻이 아니다. 아하스가 한 말은 아예 '내가 그 놋제단의 활용에 대한 생각을 다시 하겠다'는 의미다. 본절에 나오는 사건과 동일한 내용을 담은 역대하 28장 23절은, 아하스가 "다메섹 신들에게 제사하였다"고 증거하기 때문이다. 이는 아하스가 아람 왕의 신에게 제사를 지내 그 신의 도움을 받으려고 했음을 보여 준다. 그래서 새 제단은 번제단으로 사용하고, 놋제단은 결국 치워 버린다(14절).

17 아하스 왕이 물두멍 받침의 옆판을 떼내고 물두멍을 그 자리에서 옮기고 또 놋바다를 놋소 위에서 내려다가 돌판 위에 그것을 두며 놋바다, 즉 바다는 물을 담기 위해 만든 뚜껑 없는 원형 물통이다. 바퀴 달린 받침대 위에 놓여 자유롭게 이동시킬 수 있었으며, 받침과 분리할 수 있도록 만들어졌다. 제사장의 손발과 희생제물을 씻는 데 사용되었다. 모든 제사장은 여호와의 제단에 나아가서 그들의 공식적인 임무를 수행하기 전 반드시 손발을 씻어야 했다. 그런데 아하스는 이러한 성전 기물의 위치를 바꿈으로써 궁극적으로는 성전의 구조를 훼손시킨다.

18 또 안식일에 쓰기 위하여 성전에 건축한 낭실과 왕이 밖에서 들어가는 낭실을 앗수르 왕을 두려워하여 여호와의 성전에 옮겨 세웠더라 아하스는 앗수르 왕 때문에 성전에 건축한 두 개의 낭실, 즉, 성전 뜰의 낭실(지붕을 올려서 만든 어좌 혹은 회랑; 닫집)과 왕만 출입하는 전용 출입구(통로)를 다른 곳으로 옮겨 버린다. 이는 여호와 하나님의 흔적을 최대한 없애 버림으로써 앗수르 왕의 심기를 거스르는 일을 피하려고 노력했던 것이다. 성전 뜰의 낭실은 안식일에 왕이 성전에 오면 자리 잡던 곳이다. 왕이 밖에서 들어가는 낭실은 왕이 성전으로 들어갈 때 거쳐가던 (주랑) 현관(통로)이다. 이 두 낭실은 하나님을 섬기려고 성전에 온 이스라엘 왕이 지나며 머물고 예배드리던 장소다.

14 아하스는 여호와 앞, 곧 성전 앞에 있던 놋제단을 새로 만든 제단과 여호와의 성전 사이에 옮겨 놓았습니다. 아하스는 놋제단을 새로 만든 제단의 북쪽에 두었습니다.

15 아하스 왕이 제사장 우리야에게 명령했습니다. "아침 번제물과 저녁의 곡식 제물과 왕의 번제물과 곡식 제물과 이 땅의 모든 백성의 번제물과 그들의 곡식 제물과 그들의 전제물을 이 큰 제단 위에서 바치도록 하시오. 그리고 모든 번제물의 피와 희생 제물의 피를 이 제단 위에 뿌리시오. 그러나 놋제단은 내가 여호와의 뜻을 여쭈어 볼 때만 쓰겠소."

16 제사장 우리야는 아하스가 명령한 대로 했습니다.

17 그 뒤에 아하스 왕은 물을 운반할 수 있는 놋받침대*에서 옆에 있던 널빤지를 떼어 내고, 위에 있던 놋대야도 뜯어냈습니다. 그는 놋황소 위에 놓여 있던 바다라고 불리는 커다란 대야를 떼어 내서 돌받침 위에 놓았습니다.

18 또 아하스는 안식일에 사용하는 성전 뜰의 현관과, 왕이 밖에서 여호와의 성전으로 들어가는 현관을 없애 버렸습니다. 그가 이런 일을 한 까닭은 앗시리아 왕에게 잘 보이기 위한 것이었습니다.

19 아하스가 행한, 다른 모든 일은 유다 왕들의 역사책에 기록되어 있습니다.

20 아하스는 죽어서 그의 조상들과 함께 다윗 성에 묻혔습니다. 그의 아들 히스기야가 뒤를 이어 왕이 되었습니다.

* 16:17 개역 성경에는 '물두멍'이라고 표기되어 있다.

저자의 묵상

아하스는 앗수르의 도움으로 잠시 동안은 '아람-북이스라엘 연합군'으로부터 자신과 나라를 지킬 수 있었다. 그러나 이후에 앗수르에 의해 더 큰 고통과 압제를 받는다. 하나님을 의지하지 않고 사람을 의지할 때 그의 종이 되고 더 큰 낭패를 당하게 된다. 아하스는 앗수르의 도움을 구하는 과정에서 앗수르의 우상숭배 의식을 본받아 제단을 만들고 우상을 섬긴다. 아하스는 성전의 기물을 자기 마음대로 옮겨 놓고 하나님이 명하신 제사의 규례를 무시하며 자기 멋대로 제사를 드린다. 즉, 여호와의 놋제단을 새로 만든 앗수르 신의 제단 북쪽으로 옮겨 놓는다. 그리고 모든 제물을 새로 만든 제단에서만 드리게 한다. 아하스는 또한 하나님께 예배할 때 사용된 여러 가지 기물을 없애거나 개조한다. 이는 하나님을 멸시하는 악한 행위다. 아하스는 오로지 앗수르 왕에게 잘 보이기 위해서 하나님의 성전을 훼손시켰다. 그런데 아하스의 악행을 여호와의 종인 우리야가 순순히 뒷받침한다. 우리야가 당시에 아무리 신뢰받는 제사장이었다 해도, 하나님의 율법에 명백하게 어긋나는 아하스의 명령을 그대로 순종한 것은 큰 잘못이다. 왕의 잘못된 배역 행위를 꾸짖지 않은 것은 못내 아쉽다. 예수님도 대제사장과 바리새인 그리고 율법사와 서기관 같은 자들의 잘못을 적나라하게 책망하시지 않았던가! 그러므로 교회의 지도자들은 매일의 삶 가운데서 종교적인 개혁은 물론 사회의 변혁과 올바른 정치가 이 땅에 구현될 수 있도록 깨어 있는 영성을 가져야 한다. 만일 그렇지 않고 제사장 우리야처럼 잠잠하면, 하나님은 죄 가운데서 죽은 자들의 핏값을 '말씀을 맡은 지도자들'에게서 찾으실 것이다.

무릎 기도 하나님, 하나님의 말씀을 전하는 목회자들이 깨어 있는 영성으로 참된 진리만을 드러내게 하소서.

NLT - 2 Kings 16

1 Ahaz son of Jotham began to rule over Judah in the seventeenth year of King Pekah's reign in Israel.

2 Ahaz was twenty years old when he became king, and he reigned in Jerusalem sixteen years. He did not do what was pleasing in the sight of the LORD his God, as his ancestor David had done.

3 Instead, he followed the example of the kings of Israel, even sacrificing his own son in the fire.* In this way, he followed the detestable practices of the pagan nations the LORD had driven from the land ahead of the Israelites.

4 He offered sacrifices and burned incense at the pagan shrines and on the hills and under every green tree.

5 Then King Rezin of Aram and King Pekah of Israel came up to attack Jerusalem. They besieged Ahaz but could not conquer him.

6 At that time the king of Edom* recovered the town of Elath for Edom.* He drove out the people of Judah and sent Edomites* to live there, as they do to this day.

7 King Ahaz sent messengers to King Tiglath-pileser of Assyria with this message: "I am your servant and your vassal.* Come up and rescue me from the attacking armies of Aram and Israel."

8 Then Ahaz took the silver and gold from the Temple of the LORD and the palace treasury and sent it as a payment to the Assyrian king.

9 So the king of Assyria attacked the Aramean capital of Damascus and led its population away as captives, resettling them in Kir. He also killed King Rezin.

10 King Ahaz then went to Damascus to meet

with King Tiglath-pileser of Assyria. While he was there, he took special note of the altar. Then he sent a model of the altar to Uriah the priest, along with its design in full detail.
11 Uriah followed the king's instructions and built an altar just like it, and it was ready before the king returned from Damascus.
12 When the king returned, he inspected the altar and made offerings on it.
13 He presented a burnt offering and a grain offering, he poured out a liquid offering, and he sprinkled the blood of peace offerings on the altar.
14 Then King Ahaz removed the old bronze altar from its place in front of the LORD's Temple, between the entrance and the new altar, and placed it on the north side of the new altar.
15 He told Uriah the priest, "Use the new altar* for the morning sacrifices of burnt offering, the evening grain offering, the king's burnt offering and grain offering, and the burnt offerings of all the people, as well as their grain offerings and liquid offerings. Sprinkle the blood from all the burnt offerings and sacrifices on the new altar. The bronze altar will be for my personal use only."
16 Uriah the priest did just as King Ahaz commanded him.
17 Then the king removed the side panels and basins from the portable water carts. He also removed the great bronze basin called the Sea from the backs of the bronze oxen and placed it on the stone pavement.
18 In deference to the king of Assyria, he also removed the canopy that had been constructed inside the palace for use on the Sabbath day,* as well as the king's outer entrance to the Temple of the LORD.
19 The rest of the events in Ahaz's reign and everything he did are recorded in *The Book of the History of the Kings of Judah.*
20 When Ahaz died, he was buried with his ancestors in the City of David. Then his son Hezekiah became the next king.

* 16:3 Or *even making his son pass through the fire.*
* 16:6a As in Latin Vulgate; Hebrew reads *Rezin king of Aram.*
* 16:6b As in Latin Vulgate; Hebrew reads *Aram.*
* 16:6c As in Greek version, Latin Vulgate, and an alternate reading of the Masoretic Text; the other alternate reads *Arameans.*
* 16:7 Hebrew *your son.*
* 16:15 Hebrew *the great altar.*
* 16:18 The meaning of the Hebrew is uncertain.

3 sacrifice 희생(산 제물)으로 하다 the detestable practices 가증스러운 풍습 drive from ~ ~에서 몰아내다 5 besiege 포위하다, 에워싸다 7 vassal 신하 come up (성큼성큼) 다가오다 rescue from ~ ~로부터 구출하다 8 treasury 보물 창고, 금고 as a payment 예물로, 뇌물로 9 captive 포로 resettle 재정착시키다 10 take note of ~ ~에 주목하다 in full detail 아주 상세한 11 instruction 지시 12 inspect 조사하다 13 sprinkle 뿌리다 14 remove 제거하다 15 altar 제단 burnt offering 번제 grain offering 소제 bronze altar 놋제단 16 command 명령하다, 지시하다 17 basin 물두멍 portable 운반(이동)할 수 있는 18 in deference to ~ ~에게 경의를 표하려 canopy (장식적인) 닫집 모양의 차양 construct 건설하다

• MEMO •

36 망해 가는 이스라엘

월 일

열왕기하 17:1-12 • 새찬송 521장 | 통일 253장

• 말씀묵상 전에 성령님의 인도하심을 구하는 기도를 드리십시오.

본문요약 I 북이스라엘 왕 호세아의 잘못된 판단으로 나라가 멸망하는 과정이 서술된다. 3년간 포위된 사마리아는 마침내 앗수르에 의해 함락된다. 본문은 이렇게 북이스라엘이 망하게 된 이유를 조목조목 설명한다.

1 유다의 왕 아하스 제십이 년에 엘라의 아들 호세아가 사마리아에서 이스라엘 왕이 되어 구 년간 다스리며

2 여호와께서 보시기에 악을 행하였으나 다만 그 전 이스라엘 여러 왕들과 같이 하지는 아니하였더라

3 앗수르의 왕 살만에셀이 올라오니 호세아가 그에게 종이 되어 조공을 드리더니

4 그가 애굽의 왕 소에게 사자들을 보내고 해마다 하던 대로 앗수르 왕에게 조공을 드리지 아니하매 앗수르 왕이 호세아가 배반함을 보고 그를 옥에 감금하여 두고

5 앗수르 왕이 올라와 그 온 땅에 두루 다니고 사마리아로 올라와 그곳을 삼 년간 에워쌌더라

6 호세아 제구 년에 앗수르 왕이 사마리아를 점령하고 이스라엘 사람을 사로잡아 앗수르로 끌어다가 고산 강가에 있는 할라와 하볼과 메대 사람의 여러 고을에 두었더라

7 이 일은 이스라엘 자손이 자기를 애굽 땅에서 인도하여 내사 애굽의 왕 바로의 손에서 벗어나게 하신 그 하나님 여호와께 죄를 범하고 또 다른 신들을 경외하며

8 여호와께서 이스라엘 자손 앞에서 쫓아내신 이방 사람의 규례와 이스라엘 여러 왕이 세운 율례를 행하였음이라

9 이스라엘의 자손이 점차로 불의를 행하여 그 하나님 여호와를 배역하여 모든 성읍에 망대로부터 견고한 성에 이르도록 산당을 세우고

10 모든 산 위에와 모든 푸른 나무 아래에 목상과 아세라 상을 세우고

11 또 여호와께서 그들 앞에서 물리치신 이방 사람같이 그곳 모든 산당에서 분향하며 또 악을 행하여 여호와를 격노하게 하였으며

12 또 우상을 섬겼으니 이는 여호와께서 그들에게 행하지 말라고 말씀하신 일이라

1. 오늘 하나님께서 나에게 주신 깨달음은 무엇입니까?

2. 말씀을 어떻게 내 삶에 구체적으로 적용해야 합니까?

절별 해설

1-2 엘라의 아들 호세아가 사마리아에서 이스라엘 왕이 되어 구 년간 다스리며 여호와께서 보시기에 악을 행하였으나 다만 그 전 이스라엘 여러 왕들과 같이 하지는 아니하였더라 호세아가 북이스라엘의 왕이 되어 9년 동안 통치한다. 본절의 호세아 왕은 선지자 호세아와는 동명이인이다. 호세아는 앗수르 왕의 지원으로 왕위에 오른 북이스라엘의 마지막 왕이다. 호세아가 왕위에 있던 시기는 북이스라엘이 멸망을 향해 달려가는 비참한 때다. 호세아는 앗수르에 적대적인 베가를 죽이고 왕위에 올라 처음에는 앗수르와 비교적 좋은 관계를 유지하는 정치적 수완을 발휘했다. 성경에서도 호세아가 악하긴 했어도 앞선 왕들만큼 악하지는 않았다고 평가한다. 그러나 중요한 것은 호세아의 정치적 오판으로 인해 북이스라엘이 망했다는 사실이다.

4 그가 애굽의 왕 소에게 사자들을 보내고 해마다 하던 대로 앗수르 왕에게 조공을 드리지 아니하매 호세아는 잘못된 판단을 하는 어리석음으로 이스라엘을 궁지에 몰아넣는다. 앗수르의 번영을 이끈 디글랏 빌레셀이 죽고 난 후 호세아는 앗수르를 얕잡아 보기 시작한다. 호세아는 먼저 앗수르에게 조공을 바치지 않겠다고 결정한다. 그렇게 한 결정적인 이유는 당시 또 하나의 강대국이었던 애굽의 왕 '소(So)'에게 사신을 보내 새로운 동맹을 맺으려 했기 때문이다. 애굽과 힘을 합하면 충분히 앗수르와 해볼 만하다고 생각한 것이다. 그러나 이는 커다란 실수였다. 당시 애굽은 불안한 국내 정치로 인해 대외적인 일에 관심을 쏟을 여유가 없었다. 결국 호세아는 앗수르의 왕 살만에셀에 의해 감옥에 갇힌다.

5 앗수르 왕이 올라와 그 온 땅에 두루 다니고 사마리아로 올라와 그곳을 삼 년간 에워쌌더라 호세아의 친애굽 정책은 앗수르의 새로운 왕 살만에셀을 격분하게 만든다. 호세아를 옥에 감금하는 것으로는 성에 차지 않은 살만에셀과 앗수르의 대군은 북이스라엘의 수도 사마리아를 3년간 포위한다. 이 3년간 이스라엘에는 왕을 대신할 만한 지도자가 없었다. 사마리아는 견고한 요새였기에 왕이 없어도 3년을 버틸 수 있었다. 그러나 포위 3년 만에 사마리아 성은 함락되고 마침내 북이스라엘은 멸망한다.

7-12 본문은 이스라엘이 망하게 된 이유를 설명한다. 즉, 이스라엘이 그들을 애굽에서 이끌어 내고 광야에서 인도하며 시내 산에서 그들과 언약을 맺으신 하나님을 거역했기 때문

쉬운성경

1 아하스가 유다의 왕으로 있은 지 십이 년째 되는 해에 엘라의 아들 호세아가 이스라엘의 왕이 되었습니다. 호세아는 사마리아에서 구 년 동안, 이스라엘을 다스렸습니다.

2 호세아는 여호와께서 보시기에 악한 일을 했지만, 그전의 이스라엘 왕들만큼 악하지는 않았습니다.

3 앗시리아 왕 살만에셀이 호세아를 치러 올라왔습니다. 호세아는 살만에셀의 종이 되어 그가 달라는 대로 예물을 바쳤습니다.

4 그러나 앗시리아 왕 살만에셀은 호세아가 반역을 꾀하고 있다는 것을 알았습니다. 호세아가 이집트 왕 소에게 사신들을 보내는가 하면 해마다 바치던 조공도 바치지 않았던 것입니다. 그래서 살만에셀 왕은 호세아를 감옥에 가두었습니다.

5 그 뒤에 앗시리아의 왕이 이스라엘 온 땅을 공격하고 사마리아로 와서 삼 년 동안, 그곳을 에워쌌습니다.

6 호세아가 왕으로 있은 지 구 년째 되는 해에 앗시리아 왕이 사마리아를 점령했습니다. 그는 이스라엘 백성을 앗시리아로 끌고 가서 할라와 고산 강가의 하볼과 메대의 여러 성에서 살게 했습니다.

7 이 모든 일이 일어난 것은 이스라엘 백성이 그들의 하나님 여호와께 죄를 지었기 때문입니다. 여호와는 이스라엘 백성을 이집트에서 인도해 내셨고 이집트 왕 파라오의 손에서 벗어나게 해 주셨습니다. 그런데도 이스라엘 백성은 다른 신들을 섬겼습니다.

8 그들은 여호와께서 그들 앞에서 쫓아내신 다른 민족들의 관습을 좇아 악한 왕들이 저지른 죄를 그대로 따라 했습니다.

9 그들은 하나님 여호와께서 보시기에 옳지 않은 일을 몰래 저질렀습니다. 그들은 마을마다 우상을 섬기는 산당을 지었

이라는 것이다. 그 증거로 이스라엘이 다른 신을 섬기고, 가나안 사람들의 관습을 따르며, 이스라엘 곳곳에 산당을 세우고, 아세라 상을 포함한 다양한 우상을 세우고는 그 산당에서 이 모든 신들을 섬긴 일이 제시된다.

습니다. 망대에서부터 성벽이 있는 굳건한 성에 이르기까지 산당이 없는 곳이 없었습니다.

10 그리고 높은 언덕 위와 푸른 나무 아래마다 돌기둥과 아세라 우상을 만들어 세웠습니다.

11 그들은 여호와께서 그들 앞에서 쫓아내신 다른 나라들처럼 모든 산당에서 향을 피우고 여호와를 노하게 하는 악한 일들을 했습니다.

12 여호와께서 "너희는 우상을 섬기지 마라" 하고 말씀하셨는데도 그들은 우상을 섬겼습니다.

저자의 묵상

앗수르와 애굽 사이에서 갈팡질팡하던 호세아는 결국 앗수르의 살만에셀 왕의 보복으로 감금되고, 수도 사마리아는 3년 만에 함락된다. 수많은 백성들이 앗수르의 포로로 끌려간다. 호세아는 자신과 백성을 파멸로 이끌고 말았다. 북이스라엘은 멸망했다. 이렇게 북이스라엘이 망하게 된 것은, 그들이 하나님의 은혜를 저버리고 하나님 아닌 다른 신도 숭배했을 뿐 아니라 이방 민족인 가나안 사람들의 관습을 좇아 살아 갔기 때문이다. 겉으로만 보면 북이스라엘의 패망은 정치와 외교적인 잘못에 있는 것 같으나, 더 근본적인 원인은 이스라엘의 신앙적 타락에 있었다. 한마디로 우상숭배 때문이었다. 북이스라엘 왕조의 19명의 왕들은 하나같이 하나님의 경고를 무시하고 우상숭배로 백성을 이끌다가 결국 나라를 망하게 만든다. 무엇이든 하나님보다 그것을 더 즐거워하며 따라가면 이는 우상숭배가 될 수 있다. 바울은 탐심이 곧 우상숭배라고 했다(골3:5). 탐심이란 잘못된 방식으로 하나님보다 다른 것을 훨씬 더 많이 갈망하는 것을 뜻한다. 여기서 잘못된 방식이란 하나님이 원하고 기뻐하시지 않는 모든 방법을 말한다. 하나님이 하지 말라고 하는 일을 하는 것이 잘못된 방식이다. 예컨대 간음과 음행과 도둑질과 거짓말은 하나님이 금하신 일이다. 이 일을 행하는 것이 우상숭배다. 또한 뭔가를 즐길 때마다 생각이 하나님과 멀어진다면 우상숭배 쪽으로 가고 있는 것이다. 반대로 그것을 즐길 때마다 하나님께 감사하는 마음이 들면 우상숭배가 차단된다. 아울러 하나님께서 주시는 축복만 즐기며 좋아하고, 정작 하나님은 외면하게 되면 그 축복은 우상이 된다. 그러므로 그리스도인이 가장 주의해야 할 일은 하나님보다 더 사랑하는 우상이 생기지 않도록 늘 기도하는 것이다.

무릎 기도 하나님, 하나님보다 더 사랑하는 우상이 생기지 않도록 기도로 충만한 삶이 되게 하소서.

NLT - 2 Kings 17

1 Hoshea son of Elah began to rule over Israel in the twelfth year of King Ahaz's reign in Judah. He reigned in Samaria nine years.

2 He did what was evil in the LORD's sight, but not to the same extent as the kings of Israel who ruled before him.

3 King Shalmaneser of Assyria attacked King Hoshea, so Hoshea was forced to pay heavy tribute to Assyria.

4 But Hoshea stopped paying the annual tribute and conspired against the king of Assyria by asking King So of Egypt* to help him shake free of Assyria's power. When the king of Assyria discovered this treachery, he seized Hoshea and put him in prison.

5 Then the king of Assyria invaded the entire land, and for three years he besieged the city of Samaria.

6 Finally, in the ninth year of King Hoshea's reign, Samaria fell, and the people of Israel were exiled to Assyria. They were settled in colonies in Halah, along the banks of the Habor River in Gozan, and in the cities of the Medes.

7 This disaster came upon the people of Israel because they worshiped other gods. They sinned against the LORD their God, who had brought them safely out of Egypt and had rescued them from the power of Pharaoh, the king of Egypt.

8 They had followed the practices of the pagan nations the LORD had driven from the land ahead of them, as well as the practices the kings of Israel had introduced.

9 The people of Israel had also secretly done many things that were not pleasing to the LORD their God. They built pagan shrines for themselves in all their towns, from the smallest outpost to the largest walled city.

10 They set up sacred pillars and Asherah poles at the top of every hill and under every green tree.

11 They offered sacrifices on all the hilltops, just like the nations the LORD had driven from the land ahead of them. So the people of Israel had done many evil things, arousing the LORD's anger.

12 Yes, they worshiped idols,* despite the LORD's specific and repeated warnings.

* 17:4 Or *by asking the king of Egypt at Sais.*

* 17:12 The Hebrew term (literally *round things*) probably alludes to dung.

2 extent 범위 3 be forced to ~ 강제로 ~하다 tribute 조공, 공물 4 treachery 배반 5 invade 침공하다 besiege 포위하다, 에워싸다 6 be exiled to ~ ~으로 유배당하다 7 rescue from ~ ~로부터 구출하다 8 drive from ~ ~에서 몰아내다 introduce 도입하다 11 arouse one's anger ~ ~의 분노를 일으키다

• MEMO •

37 하나님의 말씀을 외면한 결과

월 일

열왕기하 17:13-23 • 새찬송 503장 | 통일 373장

• 말씀묵상 전에 성령님의 인도하심을 구하는 기도를 드리십시오.

본문요약 I 하나님께서 이스라엘과 유다에 선지자와 선견자를 보내 경고하신다. 그러나 이스라엘과 유다 모두 그 말씀을 듣지 않는다. 이스라엘 백성은 하나님을 떠나서 허무한 것을 좇고 이방 사람을 본받는 죄를 범한다. 그 결과 이스라엘은 하나님께 버림을 받아 하나님이 허락하신 땅에서 살지 못하고 이방 땅으로 쫓겨난다.

13 여호와께서 각 선지자와 각 선견자를 통하여 이스라엘과 유다에게 지정하여 이르시기를 너희는 돌이켜 너희 악한 길에서 떠나 나의 명령과 율례를 지키되 내가 너희 조상들에게 명령하고 또 내 종 선지자들을 통하여 너희에게 전한 모든 율법대로 행하라 하셨으나
14 그들이 듣지 아니하고 그들의 목을 곧게 하기를 그들의 하나님 여호와를 믿지 아니하던 그들 조상들의 목같이 하여
15 여호와의 율례와 여호와께서 그들의 조상들과 더불어 세우신 언약과 경계하신 말씀을 버리고 허무한 것을 뒤따라 허망하며 또 여호와께서 명령하사 따르지 말라 하신 사방 이방 사람을 따라
16 그들의 하나님 여호와의 모든 명령을 버리고 자기들을 위하여 두 송아지 형상을 부어 만들고 또 아세라 목상을 만들고 하늘의 일월성신을 경배하며 또 바알을 섬기고
17 또 자기 자녀를 불 가운데로 지나가게 하며 복술과 사술을 행하고 스스로 팔려 여호와 보시기에 악을 행하여 그를 격노하게 하였으므로
18 여호와께서 이스라엘에게 심히 노하사 그들을 그의 앞에서 제거하시니 오직 유다 지파 외에는 남은 자가 없으니라
19 유다도 그들의 하나님 여호와의 명령을 지키지 아니하고 이스라엘 사람들이 만든 관습을 행하였으므로
20 여호와께서 이스라엘의 온 족속을 버리사 괴롭게 하시며 노략꾼의 손에 넘기시고 마침내 그의 앞에서 쫓아내시니라
21 이스라엘을 다윗의 집에서 찢어 나누시매 그들이 느밧의 아들 여로보암을 왕으로 삼았더니 여로보암이 이스라엘을 몰아 여호와를 떠나고 큰 죄를 범하게 하매
22 이스라엘 자손이 여로보암이 행한 모든 죄를 따라 행하여 거기서 떠나지 아니하므로
23 여호와께서 그의 종 모든 선지자를 통하여 하신 말씀대로 드디어 이스라엘을 그 앞에서 내쫓으신지라 이스라엘이 고향에서 앗수르에 사로잡혀 가서 오늘까지 이르렀더라

1. 오늘 하나님께서 나에게 주신 깨달음은 무엇입니까?

2. 말씀을 어떻게 내 삶에 구체적으로 적용해야 합니까?

절별 해설

13-15 여호와께서 각 선지자와 각 선견자를 통하여, 그들이 듣지 아니하고 그들의 목을 곧게 하기를, 허무한 것을 뒤따라 허망하며 또 여호와께서 명령하사 따르지 말라 하신 사방 이방 사람을 따라 하나님은 선지자와 선견자를 이스라엘과 유다에 보내 악한 길을 떠나 율법대로 살라는 하나님의 뜻을 전달하신다. 그러나 이스라엘과 유다 모두 그 말씀을 듣지 않고 여호와를 믿지도 않았다. 그들은 주변에 있는 이방 사람들을 따라 헛된 우상을 섬겼다. 이스라엘 백성은 하나님을 떠나서 허무한 것을 좇고 이방 사람을 본받는 죄를 범했다(15절).

16-17 자기들을 위하여 두 송아지 형상을 부어 만들고 또 아세라 목상을 만들고 하늘의 일월성신을 경배하며 또 바알을 섬기고 또 자기 자녀를 불 가운데로 지나가게 하며 복술과 사술을 행하고 이스라엘은 아예 대놓고 우상을 숭배했다. 송아지 형상, 아세라 목상, 하늘의 해와 달과 별들, 바알 등을 섬긴 것도 모자라 자신의 자녀를 불살라 제물로 드렸다. 여기에 온갖 복술과 사술을 더했다. 특별히 두 송아지가 언급된 것으로 보아, 이는 아론의 금송아지 사건(출 32장)이 아닌 여로보암의 두 금송아지 사건(왕상 12:28-30)을 말하는 것으로 볼 수 있다. 즉, 두 송아지 형상은 여로보암이 벧엘과 단에 세워 둔 우상을 가리킨다. 한편, 하늘의 일월성신을 경배하는 것은 바벨론이나 아라비아에서 널리 유행한 우상숭배다. 이스라엘은 이와 같은 천체를 숭배하는 일까지 아무 거리낌 없이 받아들였다.

18-19 그들을 그의 앞에서 제거하시니 오직 유다 지파 외에는 남은 자가 없으니라 유다도 그들의 하나님 여호와의 명령을 지키지 아니하고 이스라엘 사람들이 만든 관습을 행하였으므로 하나님은 이스라엘을 과거 그들의 조상에게 허락하신 땅에서 내쫓으신다. 그 땅에는 유다 지파만 남게 되지만, 유다도 이스라엘과 별반 다를 바 없이 배교의 죄악을 행했다. 따라서 남유다도 북이스라엘과 같은 이유로 멸망하게 될 것이었다. 아직은 남유다가 멸망하려면 시간이 제법 남아 있지만 결국은 멸망하게 될 수밖에 없다.

20-21 여호와께서 이스라엘의 온 족속을 버리사, 이스라엘을 다윗의 집에서 찢어 나누시매 성경에서 이처럼 '여호와'라는 이름이 직접 주어로 등장한 경우는 상당히 이례적이다. 그만큼 여호와 하나님의 율법과 규례와 명령에 순종하지 않은 이스라엘 백성에게 하나님이 진노하셨고, 그에 준한 심판을 하나님이 직접 시행하셨음을 강조한다. 또한 본절은 과거 선

쉬운성경

13 여호와께서는 모든 예언자와 선견자들을 보내셔서 이스라엘과 유다에 경고하셨습니다. "너희는 악한 길에서 돌이켜서 내 명령과 규례를 지켜라. 내가 나의 종 예언자들을 통해 너희 조상에게 준 가르침에 복종하여라."

14 그러나 이스라엘 백성은 들으려 하지 않았습니다. 그들은 여호와 하나님을 믿지 않았던 그들의 조상들처럼 고집을 부렸습니다.

15 그들은 여호와의 율법과 여호와께서 그들의 조상과 맺어 주신 언약을 받아들이지 않았습니다. 그들은 여호와께서 주신 경고를 무시했습니다. 그리고 헛된 우상들을 섬기며 어리석은 길에 빠져 들었습니다. 그들은 여호와께서 하지 말라고 경고하셨음에도 불구하고 주변의 다른 나라들이 하는 것처럼 악한 우상을 섬기며 살았습니다.

16 이스라엘 백성은 여호와 하나님께서 내리신 모든 명령에 복종하지 않았습니다. 그들은 쇠를 녹여 두 개의 송아지 형상을 만들었으며 아세라 우상도 만들었습니다. 그들은 하늘의 모든 별에게 절하고 바알을 섬겼습니다.

17 그들은 자식을 불에 태워 제물로 바치기도 하고 마술이나 요술을 부려 점을 치기도 했습니다. 그들은 언제나 여호와께서 보시기에 악한 일만 골라서 하므로 여호와를 노하시게 만들었습니다.

18 이 때문에 여호와께서 이스라엘 백성에게 크게 노하셨습니다. 그래서 여호와께서는 그들을 자기 앞에서 내쫓으셨으며 오직 유다 지파만을 남겨 두셨습니다.

19 그러나 유다도 그들의 하나님 여호와의 명령에 복종하지 않았습니다. 그들도 이스라엘 백성의 관습을 그대로 따라 했습니다.

20 여호와께서는 이스라엘의 모든 백성을 내버리셨습니다. 그들을 벌하셔서 침략자들에게 넘겨주시고 이스라엘 땅에서

지자 아히야가 여로보암에게 준 예언(왕상 11:31)과 일치한다. 즉, 하나님이 솔로몬의 죄악으로 인해 통일 이스라엘 왕국이 분열될 것이라 경고하셨는데, 여로보암이 다윗 왕조에 등을 돌리고 북이스라엘 왕국을 세움으로써 그 예언이 온전하게 성취된 것이다(왕상 12:16-20).

23 여호와께서 그의 종 모든 선지자를 통하여 하신 말씀대로 드디어 이스라엘을 그 앞에서 내쫓으신지라 이스라엘의 멸망을 예언한 선지자들의 말대로, 이스라엘이 앗수르에 패망하고 포로로 잡혀간다. 이는 결국 하나님의 말씀이 정확하게 성취된 결과다.

내쫓으셨습니다.

21 여호와께서 다윗의 집안을 찢어 그들을 두 나라로 갈라놓으셨습니다. 그 때 이스라엘 백성은 느밧의 아들 여로보암을 자기 왕으로 삼았고, 여로보암은 이스라엘 백성을 잘못된 길로 이끌었습니다. 그는 이스라엘 백성으로 하여금 여호와를 떠나 큰 죄를 짓게 했습니다.

22 이스라엘 백성은 여로보암이 지은 죄를 그대로 따라 했습니다. 그들은 죄에서 돌이키지 않았습니다.

23 마침내 여호와께서는 그의 종인 예언자들을 통해 말씀하신 대로 그 백성을 자기 앞에서 내쫓으셨습니다. 그래서 이스라엘 백성은 자기 땅에서 쫓겨나 앗시리아로 끌려간 뒤 지금까지 거기에서 살고 있습니다.

저자의 묵상

이스라엘은 하나님의 말씀을 듣지 않고 그 말씀을 저버렸다. 오히려 후안무치하게도 하나님께서 본받지 말라고 명령하신 이방 족속이 섬기는 우상을 숭배했다. 오늘날 우리도 당시의 이스라엘과 같이 세속화되고 있다. 실제 생활에서는 하나님의 말씀보다 세상의 풍속을 좇으며 하나님을 신뢰하지 못하고, 세상 물질과 권력을 의지하며 자기 욕심을 위해 세상과 벗하며 산다. 이것이 우리가 경계해야 할 세속화며 우상숭배다. 그리스도인이 빛과 소금으로서 세상에 선한 영향력을 미치지 못할 때, 오히려 우리가 세상의 영향을 받아 부패하고 타락해 간다. 하나님께서는 오랫동안 선지자를 통해 무수히 경고하며 돌이키기를 권고하셨으나, 사람들은 악에서 떠나지 않고 그 악한 길을 따라갔다. 그 결과 북이스라엘은 호세아 왕을 끝으로 앗수르에 함락된다. 그리스도인은 하나님의 말씀에 늘 귀를 기울이고 그 말씀을 따라가야 한다. "내가 주께 범죄하지 아니하려 하여 주의 말씀을 내 마음에 두었나이다"(시 119:11). 그러기 위해서 우리는 매일 꾸준히 성경말씀을 읽으며 단 하루도 빼먹지 않도록 해야 한다. 복 있는 사람은 하나님의 말씀을 날마다 음미한다. 그 사람의 삶은 시냇가에 심은 나무와 같다. "그의 율법을 주야로 묵상하는도다"(시 1:2).

무릎 기도 하나님, 이 세대를 본받지 말고 오직 하나님의 선하고 거룩하신 뜻을 분별하도록 늘 말씀과 동행하는 생활을 하게 하소서.

13 Again and again the LORD had sent his prophets and seers to warn both Israel and Judah: "Turn from all your evil ways. Obey my commands and decrees—the entire law that I commanded your ancestors to obey, and that I gave you through my servants the prophets."

14 But the Israelites would not listen. They were as stubborn as their ancestors who had refused to believe in the LORD their God.

15 They rejected his decrees and the covenant he had made with their ancestors, and they despised all his warnings. They worshiped worthless idols, so they became worthless themselves. They followed the example of the nations around them, disobeying the LORD's command not to imitate them.

16 They rejected all the commands of the LORD their God and made two calves from metal. They set up an Asherah pole and worshiped Baal and all the forces of heaven.

17 They even sacrificed their own sons and daughters in the fire.* They consulted fortune-tellers and practiced sorcery and sold themselves to evil, arousing the LORD's anger.

18 Because the LORD was very angry with Israel, he swept them away from his presence. Only the tribe of Judah remained in the land.

19 But even the people of Judah refused to obey the commands of the LORD their God, for they followed the evil practices that Israel had introduced.

20 The LORD rejected all the descendants of Israel. He punished them by handing them over to their attackers until he had banished Israel from his presence.

21 For when the LORD* tore Israel away from the kingdom of David, they chose Jeroboam son of Nebat as their king. But Jeroboam drew Israel away from following the LORD and made them commit a great sin.

22 And the people of Israel persisted in all the evil ways of Jeroboam. They did not turn from these sins

23 until the LORD finally swept them away from his presence, just as all his prophets had warned. So Israel was exiled from their land to Assyria, where they remain to this day.

* 17:17 Or *They even made their sons and daughters pass through the fire.*

* 17:21 Hebrew *he;* compare 1 Kgs 11:31–32.

13 seer 선견자, 선각자 turn from ~ ~에서 돌이키다 command 명령 decree 계율, 율법 ancestor 조상, 선조 14 stubborn 완고한 refuse 거절하다 15 covenant 언약 despise 경멸하다 imitate 모방하다 16 make … from ~ ~의 재료로 …를 만들다 17 consult 문의하다 18 sweep … away from ~ …을 ~에서 쓸어버리다 20 banish from ~ ~에서 추방하다 23 exile 추방하다

• MEMO •

38 사마리아에 이주한 이방인들

월 일

열왕기하 17:24-41 • 새찬송 183장 | 통일 172장

• 말씀묵상 전에 성령님의 인도하심을 구하는 기도를 드리십시오.

본문요약 | 앗수르의 이주 정책 때문에 사마리아에 정착한 이방인들이 하나님을 섬기지 않아서 사자들에게 물려 죽는다. 이 문제를 해결하기 위해, 사마리아에서 사로잡혀 간 제사장 한 사람이 벧엘에 살며 여호와를 경외하는 방법을 가르친다. 그러나 이방인들은 자기의 신을 버리지 못한다. 이방인들에게도 언약의 축복을 허락하시려는 하나님의 노력에도, 이들은 이스라엘 백성들과 마찬가지로 온전히 하나님을 섬기지 않는다.

24 앗수르 왕이 바벨론과 구다와 아와와 하
맛과 스발와임에서 사람을 옮겨다가 이스
라엘 자손을 대신하여 사마리아 여러 성
읍에 두매 그들이 사마리아를 차지하고
그 여러 성읍에 거주하니라
25 그들이 처음으로 거기 거주할 때에 여호
와를 경외하지 아니하므로 여호와께서 사
자들을 그들 가운데에 보내시매 몇 사람
을 죽인지라
26 그러므로 어떤 사람이 앗수르 왕에게 말
하여 이르되 왕께서 사마리아 여러 성읍
에 옮겨 거주하게 하신 민족들이 그 땅 신
의 법을 알지 못하므로 그들의 신이 사자
들을 그들 가운데에 보내매 그들을 죽였
사오니 이는 그들이 그 땅 신의 법을 알지
못함이니이다 하니라
27 앗수르 왕이 명령하여 이르되 너희는 그
곳에서 사로잡아 온 제사장 한 사람을 그
곳으로 데려가되 그가 그곳에 가서 거주
하며 그 땅 신의 법을 무리에게 가르치게
하라 하니
28 이에 사마리아에서 사로잡혀 간 제사장
중 한 사람이 와서 벧엘에 살며 백성에게
어떻게 여호와 경외할지를 가르쳤더라
29 그러나 각 민족이 각기 자기의 신상들을
만들어 사마리아 사람이 지은 여러 산당
들에 두되 각 민족이 자기들이 거주한 성
읍에서 그렇게 하여
30 바벨론 사람들은 숙곳브놋을 만들었고 굿
사람들은 네르갈을 만들었고 하맛 사람들
은 아시마를 만들었고
31 아와 사람들은 닙하스와 다르닥을 만들었
고 스발와임 사람들은 그 자녀를 불살라
그들의 신 아드람멜렉과 아남멜렉에게 드
렸으며
32 그들이 또 여호와를 경외하여 자기 중에
서 사람을 산당의 제사장으로 택하여 그
산당들에서 자기를 위하여 제사를 드리게
하니라
33 이와 같이 그들이 여호와도 경외하고 또
한 어디서부터 옮겨왔든지 그 민족의 풍
속대로 자기의 신들도 섬겼더라
34 그들이 오늘까지 이전 풍속대로 행하여
여호와를 경외하지 아니하며 또 여호와께
서 이스라엘이라 이름을 주신 야곱의 자
손에게 명령하신 율례와 법도와 율법과
계명을 준행하지 아니하는도다
35 옛적에 여호와께서 야곱의 자손에게 언약
을 세우시고 그들에게 명령하여 이르시되
너희는 다른 신을 경외하지 말며 그를 경
배하지 말며 그를 섬기지 말며 그에게 제
사하지 말고
36 오직 큰 능력과 편 팔로 너희를 애굽에서
인도하여 내신 여호와만 경외하여 그를
예배하며 그에게 제사를 드릴 것이며
37 또 여호와가 너희를 위하여 기록한 율례
와 법도와 율법과 계명을 지켜 영원히 행
하고 다른 신들을 경외하지 말며
38 또 내가 너희와 세운 언약을 잊지 말며 다
른 신들을 경외하지 말고

39 오직 너희 하나님 여호와만을 경외하라
그가 너희를 모든 원수의 손에서 건져내
리라 하셨으나
40 그러나 그들이 듣지 아니하고 오히려 이
전 풍속대로 행하였느니라
41 이 여러 민족이 여호와를 경외하고 또 그
아로새긴 우상을 섬기니 그들의 자자손손
이 그들의 조상들이 행하던 대로 그들도
오늘까지 행하니라

1. 오늘 하나님께서 나에게 주신 깨달음은 무엇입니까?

2. 말씀을 어떻게 내 삶에 구체적으로 적용해야 합니까?

절별 해설

24 앗수르 왕이 바벨론과 구다와 아와와 하맛과 스발와임에서 사람을 옮겨다가 이스라엘 자손을 대신하여 사마리아 여러 성읍에 두매 그들이 사마리아를 차지하고 그 여러 성읍에 거주하니라 이스라엘 백성을 앗수르로 끌고 간 앗수르의 사르곤 2세를 이어서 앗수르 왕은 이스라엘 백성이 살던 곳에 다른 지역의 타민족을 이주시켜 정착하게 했다. 구다는 바벨론의 북동쪽 약 20km 지점에 위치했다. 이곳은 앗수르의 비문(碑文)에 자주 언급되는 바벨론의 주요 성읍이었다. 아와는 유프라테스 강변에 위치한 성읍이다. 하맛은 아람의 수도인 다메섹에서 북쪽으로 214km 지점에 있는 오론테스 강변에 위치했다. 스발와임은 살만에셀 왕에 의해 정복된 아람의 주요 성읍 중 하나로, 이곳도 유프라테스 강변에 위치했다.

25-26 여호와께서 사자들을 그들 가운데에 보내시매 몇 사람을 죽인지라, 이는 그들이 그 땅 신의 법을 알지 못함이니이다 하니라 사마리아로 이주한 이방인들은 여호와를 알지 못했고 섬기지도 않았다. 하나님은 이들에게 사자를 보내 물어 죽이게 하셨다. 놀란 이방인 정착민들은 앗수르 왕에게 상황을 설명하고, 그들에게 이스라엘의 신에 대해서 알려줄 사람을 요청했다.

27-28 너희는 그곳에서 사로잡아 온 제사장 한 사람을 그곳으로 데려가되 그가 그곳에 가서 거주하며 그 땅 신의 법을 무리에게 가르치게 하라 하니, 한 사람이 와서 벧엘에 살며 백성에게 어떻게 여호와 경외할지를 가르쳤더라 앗수르 왕은 이스라엘에서 잡혀 온 제사장들 중 하나를 보내 벧엘에서 여호와를 경외하는 방법을 가르치게 했다. 벧엘은 과거 여로보암이 만든 금송아지가 세워진 곳이다. 이곳의 금송아

쉬운성경

24 앗시리아 왕은 바빌론과 구다와 아와와 하맛과 스발와임에서 사람들을 데려다가 이스라엘 백성을 대신해서 사마리아의 여러 성에서 살게 했습니다. 그래서 그들은 사마리아를 차지하고 여러 성에서 살았습니다.

25 그들은 여호와를 섬기지 않았기 때문에 여호와께서 사나운 사자들을 그들 가운데 보내어 몇 명을 물어 죽게 하셨습니다.

26 앗시리아 왕이 이 소식을 들었습니다. 그가 전해 들은 말은 이러합니다. "왕께서 사마리아의 여러 성에 보낸 외국인들은 그 땅의 하나님에 대한 법을 알지 못합니다. 그래서 그 땅의 하나님이 그들에게 사자들을 보내어 죽게 하셨습니다. 이는 그 땅의 하나님의 법을 알지 못하였기 때문입니다."

27 그러자 앗시리아 왕이 명령을 내렸습니다. "사마리아에서 붙잡아 온 제사장들 가운데서 한 명을 돌려보내어 그 땅에서 살게 하여라. 그리고 그 땅의 하나님에 대한 법을 백성에게 가르쳐 주게 하여라."

28 사마리아에서 붙잡혀 간 제사장들 가운데서 한 명이 돌아와 벧엘에 살면서 여호와를 섬기는 방법을 백성에게 가르쳐 주었습니다.

지는 사마리아 멸망 당시 앗수르로 옮겨졌으나, 이 제사장이 벧엘에서 사는 것으로 보아 다시 금송아지를 숭배했을 것으로 추정된다. 그렇기에 백성을 올바르게 이끌어갈 수 없던 것은 지극히 당연한 일이었을 것이다.

29 사마리아에 정착한 이방인들은 처음에는 여호와를 잘 섬길 것 같았지만 사자가 숲으로 돌아가자 다시 자신의 종교에 몰두했다. 결국 이스라엘 땅이었던 사마리아 내에 이방인들을 불러모아 놓음으로써 종교적인 혼합이 야기된다. 이방인들의 종교 행위는 결코 하나님을 진정으로 경배한 것이라고 볼 수 없다.

30-31 이주한 이방인들이 이스라엘 영토에 세운 신상들은 무척이나 다양했다. 바벨론 사람은 숙곳브놋을, 굿 사람은 네르갈을, 하맛 사람은 아시마를, 아와 사람은 닙하스와 다르닥을 만들었고, 스발와임 사람은 자녀를 불살라 그들의 신 아드람멜렉과 아남멜렉에게 드렸다. 하나님의 나라며 한때는 거룩한 백성들의 처소였던 곳에 어느덧 이렇게 많은 우상들이 세워졌다.

32-33 그들이 여호와도 경외하고 또한 어디서부터 옮겨왔든지 그 민족의 풍속대로 자기의 신들도 섬겼더라 각 민족이 여호와 종교를 완전히 버린 것은 아니었다. 심지어 이 이방인들은 그들 중에서 제사장을 세워 여호와 하나님께 예배하게끔 했다. 여호와를 유일한 신으로 생각해서 섬긴 것이 아니라 여러 신들 중 하나로 섬긴 것이다. 이들은 엄밀하게 말해 다신주의자였다.

35 옛적에 여호와께서 야곱의 자손에게 언약을 세우시고 그들에게 명령하여 이르시되 하나님이 이스라엘과 세우신 언약은 무엇보다 다음 두 가지 사실에 기초한다. 첫째, 다른 신을 섬기지 말고 오직 여호와만 경외해야 한다(36, 39절)는 것과 둘째, 여호와가 주신 율례와 법도와 율법과 계명을 지키라는 것(37절)이다.

37 율례와 법도와 율법과 계명 이 단어를 정확히 구분하기는 쉽지 않다. 그럼에도 굳이 분류하자면 다음과 같이 정리할 수 있다. 먼저 율법이란 하나님이 이스라엘 백성들에게 주신 모든 명령과 지시를 포괄하는 말이다. 때때로 이는 모세오경이나 구약성경 전체를 지칭하기도 한다. 다음으로 율례는 대개 도덕법, 의식법(儀式法), 시민법, 사회법 등과 같이 세부적으로 규정된 법규를 의미한다. 그리고 법도는 규례로부터 파생된 인간과 하나님, 인간과 인간 간의 모든 공

29 그러나 각 민족은 제각기 자기들의 신을 만들어 성안에 두었습니다. 그들은 사마리아 사람들이 만든 산당 안에 자기들의 신을 두었습니다.

30 바빌론 사람은 숙곳브놋을 만들고, 구다 사람은 네르갈을 만들고, 하맛 사람은 아시마를 만들었습니다.

31 아와 사람은 닙하스와 다르닥을 만들고, 스발와임 사람은 자기들의 신인 아드람멜렉과 아남멜렉에게 자기 자녀를 불에 태워 바쳤습니다.

32 그들은 여호와도 섬겼습니다. 그들은 자기들 중에 산당에서 일할 제사장을 뽑았습니다. 그렇게 뽑힌 제사장은 그들을 위해 제사를 지냈습니다.

33 백성은 여호와께 예배를 드리면서 자기들의 신도 섬겼습니다. 그들은 잡혀 오기 전에 살던 나라에서 섬기던 방법대로 자기들의 신을 섬겼습니다.

34 그들은 오늘날까지도 옛 관습을 그대로 따르고 있습니다. 그들은 여호와를 섬기지 않고 있으며 여호와께서 이스라엘이라고 명하신 야곱의 자녀들에게 주셨던 여호와의 명령과 규례와 가르침과 계명을 따르지 않습니다.

35 여호와께서 전에 야곱의 자손들과 언약을 맺으시며 명령하셨습니다. "다른 신을 섬기지 마라. 다른 신에게 절하거나 예배하지 마라. 다른 신에게 제물을 바치지도 마라.

36 크신 능력과 힘으로 너희를 이집트 땅에서 인도해 내신 여호와께 예배드려라. 여호와께만 절하고 제물을 바쳐라.

37 언제나 여호와께서 너희에게 써 주신 규례와 명령과 계명과 가르침을 지켜라. 다른 신을 섬기지 마라.

38 내가 너희와 맺은 언약을 잊지 마라. 다른 신을 섬기지 마라.

적이며 사적인 권리와 의무를 가리킨다. 마지막으로 계명은 십계명이나 기타 제반 규정과 같이 특별히 법규화되거나 성문화(成文化)된 하나님의 말씀을 뜻한다.

38 또 내가 너희와 세운 언약을 잊지 말며 다른 신들을 경외하지 말고 본절의 내용은 여호와가 이스라엘 백성 전체를 상대로 맺으신 시내 산 언약을 가리킨다. 한편, 본문은 34절부터 41절까지에서 거의 반복적인 형태로 '언약'을 언급한다. 그뿐만 아니라 이와 병행하여 "다른 신들을 경외하지 말며"(35,37,38절)라는 말도 계속 반복한다. 바로 여기서 하나님이 우상숭배에 대해 얼마만큼 엄중한 태도를 취하고 계신지를 알게 된다.

41 이 여러 민족이 여호와를 경외하고 또 그 아로새긴 우상을 섬기니 그들의 자자손손이 그들의 조상들이 행하던 대로 그들도 오늘까지 행하니라 본절의 상반절은 33절에 이어 다시 한 번 28절부터 33절까지를 요약해서 결론적으로 또다시 반복해서 강조한 내용이다. 하반절은 이스라엘과 이방인들의 불신앙과 불순종이 자자손손 계승되었음을 말해 준다.

39 오직 너희 하나님 여호와만을 섬겨라. 그가 너희의 모든 원수에게서 너희를 구원해 주실 것이다."

40 그러나 이스라엘 백성은 들으려 하지 않았습니다. 그들은 옛 관습을 그대로 따랐습니다.

41 이스라엘 땅으로 옮겨 와 살게 된 다른 민족들도 여호와께 예배드리기는 했지만 여전히 자기들이 만든 우상을 같이 섬겼습니다. 그들의 자녀와 자손도 오늘날까지도 조상들이 한 일을 그대로 따라 하고 있습니다.

저자의 묵상

이방신을 섬기는 사람들이 사마리아로 오면서 자기들의 우상도 함께 가지고 왔다. 사마리아 땅은 우상으로 가득 찬다. 하나님의 공의로운 심판은 이방인에게도 예외가 없다. 하나님은 사나운 사자를 그들에게 보내 경고하셨다. 이방인들은 이 사건을 통해 하나님의 존재를 깨닫고 하나님이 두려워 섬기게 되지만, 여전히 자신의 우상도 계속 섬겼다. 사마리아에 이주한 이방인들의 하나님을 향한 신앙은 형식에 불과했을 뿐, 그들이 실제로 의지한 대상은 자기의 우상이었다. 반면, 하나님께서는 비록 이방인이지만 그들을 향해서도 은혜를 베풀면서 이스라엘 백성과 같이 언약을 허락하려고 애쓰셨다. 그리하여 세 번씩이나 "다른 신들을 경외하지 말라"(35, 37, 38절)고 강조하며 오직 여호와만을 경외하라고 명령하셨다. 그러나 이스라엘 백성과 마찬가지로 그들은 들으려 하지 않았으며 이전의 관습대로 행했다. 오늘날 우리 시대도 이와 비슷하지 않은가? 스스로에게 질문해 보자. 나는 하나님을 진정으로 섬기는가? 아니면 하나님보다 더 소중하게 여기는 나만의 우상을 섬기는가? 많은 현대인이 하나님보다 '돈'이라는 우상을 집착에 가까울 정도로 섬긴다. 사마리아는 멀리 있지 않다. 내가 서 있는 이곳이 사마리아일 수 있다. 하나님과 우상은 동시에 섬길 수 없다.

무릎 기도 하나님, 내가 집착하는 우상을 버리고 오직 여호와 하나님만을 경외하며 온전히 섬기게 하소서.

NLT - 2 Kings 17

24 The king of Assyria transported groups of people from Babylon, Cuthah, Avva, Hamath, and Sepharvaim and resettled them in the towns of Samaria, replacing the people of Israel. They took possession of Samaria and lived in its towns.

25 But since these foreign settlers did not worship the LORD when they first arrived, the LORD sent lions among them, which killed some of them.

26 So a message was sent to the king of Assyria: "The people you have sent to live in the towns of Samaria do not know the religious customs of the God of the land. He has sent lions among them to destroy them because they have not worshiped him correctly."

27 The king of Assyria then commanded, "Send one of the exiled priests back to Samaria. Let him live there and teach the new residents the religious customs of the God of the land."

28 So one of the priests who had been exiled from Samaria returned to Bethel and taught the new residents how to worship the LORD.

29 But these various groups of foreigners also continued to worship their own gods. In town after town where they lived, they placed their idols at the pagan shrines that the people of Samaria had built.

30 Those from Babylon worshiped idols of their god Succoth-benoth. Those from Cuthah worshiped their god Nergal. And those from Hamath worshiped Ashima.

31 The Avvites worshiped their gods Nibhaz and Tartak. And the people from Sepharvaim even burned their own children as sacrifices to their gods Adrammelech and Anammelech.

32 These new residents worshiped the LORD, but they also appointed from among themselves all sorts of people as priests to offer sacrifices at their places of worship.

33 And though they worshiped the LORD, they continued to follow their own gods according to the religious customs of the nations from which they came.

34 And this is still going on today. They continue to follow their former practices instead of truly worshiping the LORD and obeying the decrees, regulations, instructions, and commands he gave the descendants of Jacob, whose name he changed to Israel.

35 For the LORD had made a covenant with the descendants of Jacob and commanded them: "Do not worship any other gods or bow before them or serve them or offer sacrifices to them.

36 But worship only the LORD, who brought you out of Egypt with great strength and a powerful arm. Bow down to him alone, and offer sacrifices only to him.

37 Be careful at all times to obey the decrees, regulations, instructions, and commands that he wrote for you. You must not worship other gods.

38 Do not forget the covenant I made with you, and do not worship other gods.

39 You must worship only the LORD your God. He is the one who will rescue you from all your enemies."

40 But the people would not listen and continued to follow their former practices.

41 So while these new residents worshiped the LORD, they also worshiped their idols. And to this day their descendants do the same.

24 transport 옮기다 resettle 재정착시키다 replace 대체하다 take possession of ~ ~를 손에 넣다, 점유하다 25 settler 이주자, 정착자 worship 예배하다 27 priest 제사장 resident 거주민 28 be exiled from ~ ~에서 추방되다 29 continue to ~ 계속해서 ~하다 pagan 이교의 shrine 산당, 제단 31 sacrifice 제물 32 resident 거주민 appoint 임명하다 priest 제사장 34 obey 따르다, 순종하다 decree 계율, 율법 regulation 율례 instruction 지시 descendant 자손 35 covenant 언약 bow before ~ ~앞에서 절하다 36 bow down to ~ ~에게 머리를 조아리다 39 rescue 구출하다

□ 묵상 체크

39 히스기야의 개혁

월 일

열왕기하 18:1-12 • 새찬송 446장 | 통일 500장

• 말씀묵상 전에 성령님의 인도하심을 구하는 기도를 드리십시오.

본문요약 | 유다 왕 히스기야는 하나님을 의지하고 하나님과 동행한 전무후무한 매우 믿음 좋은 왕이라는 평가를 받는다. 실제로 히스기야는 형통의 복을 누렸으며 블레셋을 제압하는 등 승승장구했다. 이는 북이스라엘이 멸망한 일과 뚜렷하게 구별되는 모습이다.

1 이스라엘의 왕 엘라의 아들 호세아 제삼
년에 유다 왕 아하스의 아들 히스기야가
왕이 되니
2 그가 왕이 될 때에 나이가 이십오 세라 예
루살렘에서 이십구 년간 다스리니라 그의
어머니의 이름은 아비요 스가리야의 딸이
더라
3 히스기야가 그의 조상 다윗의 모든 행위
와 같이 여호와께서 보시기에 정직하게
행하여
4 그가 여러 산당들을 제거하며 주상을 깨
뜨리며 아세라 목상을 찍으며 모세가 만
들었던 놋뱀을 이스라엘 자손이 이때까지
향하여 분향하므로 그것을 부수고 [1]느후
스단이라 일컬었더라
5 히스기야가 이스라엘 하나님 여호와를 의
지하였는데 그의 전후 유다 여러 왕 중에
그러한 자가 없었으니
6 곧 그가 여호와께 연합하여 그에게서 떠
나지 아니하고 여호와께서 모세에게 명령
하신 계명을 지켰더라
7 여호와께서 그와 함께하시매 그가 어디로
가든지 형통하였더라 저가 앗수르 왕을
배반하고 섬기지 아니하였고
8 그가 블레셋 사람들을 쳐서 가사와 그 사
방에 이르고 망대에서부터 견고한 성까지
이르렀더라
9 히스기야 왕 제사 년 곧 이스라엘의 왕 엘
라의 아들 호세아 제칠 년에 앗수르의 왕
살만에셀이 사마리아로 올라와서 에워쌌
더라
10 삼 년 후에 그 성읍이 함락되니 곧 히스기
야 왕의 제육 년이요 이스라엘 왕 호세아
의 제구 년에 사마리아가 함락되매
11 앗수르 왕이 이스라엘을 사로잡아 앗수르
에 이르러 고산 강가에 있는 할라와 하볼
과 메대 사람의 여러 성읍에 두었으니
12 이는 그들이 하나님 여호와의 말씀을 듣
지 아니하고 그의 언약과 여호와의 종 모
세가 명령한 모든 것을 따르지 아니하였
음이더라

1) 놋조각이라는 뜻

1. 오늘 하나님께서 나에게 주신 깨달음은 무엇입니까?

2. 말씀을 어떻게 내 삶에 구체적으로 적용해야 합니까?

절별 해설

1-2 호세아 제삼 년에 유다 왕 아하스의 아들 히스기야가 왕이 되니 그가 왕이 될 때에 나이가 이십오 세라 예루살렘에서 이십구 년간 다스리니라 북이스라엘 호세아 왕 제3년에 히스기야가 아하스의 대를 이어 남유다의 왕이 된다. 히스기야는 25세에 왕이 되어 이후 29년 동안 통치한다. 호세아 3년은 BC 730년에 해당한다. 문제는 이때가 히스기야와 아하스의 공동 통치 시대였다는 것이다. 정작 히스기야가 왕위에 오른 때는 BC 728년경이었다. 본장 중반부에 나오는 앗수르 왕 산헤립이 유다를 침입한 때, 즉 BC 701년을 히스기야 14년으로 언급하고 있는데(13절), 그렇다면 히스기야는 BC 715년경에 즉위한 셈이 된다. 대략 13-14년 정도 차이가 난다. 히스기야의 연대에 대해 현재까지 합의된 바는 없다. 다만 히스기야의 통치 기간을 BC 715년부터 687년으로 추측하는 주장이 가장 신빙성이 높을 것으로 판단된다.

3-4 히스기야가 그의 조상 다윗의 모든 행위와 같이 여호와께서 보시기에 정직하게 행하여 그가 여러 산당들을 제거하며 주상을 깨뜨리며 아세라 목상을 찍으며 모세가 만들었던 놋뱀을, 부수고 느후스단이라 일컬었더라 길고 긴 우상숭배의 역사가 마침내 히스기야에 의해서 단절된다. 믿음의 사람 다윗 이후로 이만한 왕이 없었다. 모두가 당연시한 산당이 무너졌고 주상(돌기둥)과 아세라 목상도 깨졌다. 한때 구원의 상징이었지만 이제는 숭배의 대상이 된 모세의 놋뱀도 과감하게 부수었다. 오랜 세월이 흐르면서 하나님 대신 구리 뱀을 기념하고 그 앞에서 백성들이 분향했기 때문이다. 구리 뱀으로 알려지기도 했던 느후스단은, 하나님이 보내신 뱀에 물려 죽게 된 이스라엘 사람들을 살리기 위해 모세가 광야에서 만든 것이다.

5-8 그의 전후 유다 여러 왕 중에 그러한 자가 없었으니, 그가 어디로 가든지 형통하였더라, 그가 블레셋 사람들을 쳐서, 견고한 성까지 이르렀더라 전례 없이 여호와를 의지하여 그분과 연합하고 떠나지 않은 왕 히스기야에게 여호와도 늘 동행해 주셨다. 그래서 히스기야는 어디로 가든지 형통했고, 담대하게 앗수르 왕을 섬기지 않기로 결단할 수 있었다. 늘 골칫덩이였던 블레셋마저 히스기야 시대 때는 유다의 적수가 되지 못했다.

9-12 사마리아로 올라와서 에워쌌더라 삼 년 후에 그 성읍이 함락되니, 그들이 하나님 여호와의 말씀을 듣지 아니하고 그의 언약과 여호와의 종 모세가 명령한 모든 것을 따르지 아니하였음이더라 이미 앞서 언급된 북이스라엘의 멸망에 대한 내용이 다시 나온다. 북이스라엘은 앗수르의 왕 살만에셀의 포위 공격에

쉬운성경

1 엘라의 아들 호세아가 이스라엘의 왕으로 있은 지 삼 년째 되던 해에 아하스의 아들 히스기야가 유다의 왕이 되었습니다.

2 히스기야가 왕이 되었을 때의 나이는 스물다섯 살이었습니다. 그는 예루살렘에서 이십구 년 동안, 다스렸습니다. 그의 어머니는 스가랴의 딸 아비입니다.

3 히스기야는 그의 조상 다윗처럼 여호와께서 보시기에 옳은 일을 했습니다.

4 그는 산당들을 없애고 돌기둥들을 부수고 아세라 우상을 찍어 버렸습니다. 그는 또 이스라엘 백성들이 그때까지도 모세가 만든 놋뱀에게 향을 피워 섬기는 것을 보고 그 놋뱀도 부숴 버렸습니다. 그 놋뱀은 느후스단이라고 불렸던 것입니다.

5 히스기야는 이스라엘 하나님 여호와를 믿고 의지했습니다. 유다의 모든 왕 가운데서 히스기야 같은 사람은 전에도 없었고 그 뒤에도 없었습니다.

6 히스기야는 여호와께 충성했습니다. 그는 여호와를 떠나지 않고 여호와께서 모세에게 명령하신 계명을 다 지켰습니다.

7 여호와께서 히스기야와 함께하셔서 히스기야는 하는 일마다 성공했습니다. 히스기야는 앗시리아 왕에게 등을 돌리고 섬기는 일을 그만두었습니다.

8 히스기야는 가사와 그 국경까지 블레셋 사람들을 공격했습니다. 그는 블레셋 땅의 망대에서부터 성벽이 있는 굳건한 성에 이르기까지 쳤습니다.

9 히스기야가 왕으로 있은 지 사 년째 되는 해, 곧 엘라의 아들 호세아가 이스라엘 왕으로 있은 지 칠 년째 되던 해에 앗시리아 왕 살만에셀이 사마리아를 에워싸고 공격했습니다.

3년간 버티지만 결국 멸망하고 만다. 왕과 백성이 하나님의 말씀을 듣지 않고 언약을 멸시했을 뿐만 아니라 율법마저도 따르지 않았기 때문이다. 이렇게 북왕국 이스라엘의 멸망에 관한 내용이 반복되는 것은 그만큼 히스기야가 앗수르에 반기를 든 일이(7절) 당시로서는 얼마나 엄청난 모험이었는지를 강조하기 위함이었을 것이다. 이는 또한 이후에 벌어질 사건, 즉 산헤립이 예루살렘을 공격할 사건의 결과는 북왕국의 사마리아와는 다를 수 있음을 암시한다.

10 삼 년 뒤에 살만에셀이 사마리아를 점령했습니다. 그때는 히스기야가 왕으로 있은 지 육 년째 되는 해였고, 호세아가 이스라엘의 왕으로 있은 지 구 년째 되는 해였습니다.

11 앗시리아 왕은 이스라엘 백성을 앗시리아로 잡아가서 고산 강가의 할라와 하볼과 메대의 여러 성에서 살게 했습니다.

12 이런 일이 일어난 것은 이스라엘 백성이 그들의 하나님인 여호와께 복종하지 않았기 때문입니다. 그들은 여호와의 언약을 어기고 여호와의 종인 모세가 명령한 모든 것에 복종하지 않았습니다. 그들은 그 명령을 들으려 하지도 않았고 지키지도 않았습니다.

저자의 묵상

악한 왕이었던 아버지의 잘못으로 나라는 쇠약해지고, 아람과 북이스라엘의 계속된 침략으로 군사력도 거의 바닥이 드러날 정도였다. 재물은 강탈당했으며 백성들의 삶은 피폐해 있었다. 그 당시 젊은 왕이었던 히스기야가 처한 상황이다. 그러나 하나님께서 동행하는 사람은 위기에서 진가가 빛나는 법이다. 히스기야는 강력한 개혁을 추진해 나간다. 그 상징적인 사건이 바로 어떤 왕도 제거하지 못한 산당을 없앤 일이다. 심지어 모세가 만든 놋뱀까지 부수었다. 살아계신 하나님을 경배하지 않고 놋뱀 자체를 우상화하는 것을 내버려 두지 않았다. 히스기야로 인해서 남유다에는 모처럼 '영적 대각성 운동'이 일어난다. 나라의 미래가 불투명한 상황에서 히스기야의 통치는 유다의 미래에 소망을 심어 주었고, 하나님도 그의 통치를 매우 흡족해하셨다. 개인과 사회와 국가가 발전하는 비결은 신앙의 부흥에서 출발한다. 히스기야는 이것을 분명하게 보여 준다.

무릎 기도 하나님, 이 나라와 교회, 개인과 가정에 진정한 갱신과 부흥이 일어나게 하소서.

NLT - 2 Kings 18

1 Hezekiah son of Ahaz began to rule over Judah in the third year of King Hoshea's reign in Israel.

2 He was twenty-five years old when he became king, and he reigned in Jerusalem twenty-nine years. His mother was Abijah,* the daughter of Zechariah.

3 He did what was pleasing in the LORD's sight, just as his ancestor David had done.

4 He removed the pagan shrines, smashed the sacred pillars, and cut down the Asherah poles. He broke up the bronze serpent that Moses had made, because the people of Israel had been offering sacrifices to it. The bronze serpent was called Nehushtan.*

5 Hezekiah trusted in the LORD, the God of Israel. There was no one like him among all the kings of Judah, either before or after his time.

6 He remained faithful to the LORD in everything, and he carefully obeyed all the commands the LORD had given Moses.

7 So the LORD was with him, and Hezekiah was successful in everything he did. He revolted against the king of Assyria and refused to pay him tribute.

8 He also conquered the Philistines as far distant as Gaza and its territory, from their smallest outpost to their largest walled city.

9 During the fourth year of Hezekiah's reign, which was the seventh year of King Hoshea's reign in Israel, King Shalmaneser of Assyria attacked the city of Samaria and began a siege against it.

10 Three years later, during the sixth year of King Hezekiah's reign and the ninth year of King Hoshea's reign in Israel, Samaria fell.

11 At that time the king of Assyria exiled the Israelites to Assyria and placed them in colonies in Halah, along the banks of the Habor River in Gozan, and in the cities of the Medes.

12 For they refused to listen to the LORD their God and obey him. Instead, they violated his covenant—all the laws that Moses the LORD' s servant had commanded them to obey.

* 18:2 As in parallel text at 2 Chr 29:1; Hebrew reads *Abi*, a variant spelling of Abijah.

* 18:4 *Nehushtan* sounds like the Hebrew terms that mean "snake," "bronze," and "unclean thing."

4 remove 제거하다 smash 깨뜨리다 break up ~ ~을 분쇄하다 bronze serpent 놋뱀 6 remain faithful 변함없이 충실하다 7 be successful in ~ ~에 성공하다 revolt against ~ ~에 대해 반란을 일으키다 tribute 공물, 조공 9 siege 포위 공격 11 exile 추방하다 colony 식민지 along the banks of ~ ~의 강둑을 따라 12 violate 위반하다

• MEMO •

☐ 묵상 체크

40 산헤립을 달래려고 애쓰는 히스기야

월 일

열왕기하 18:13-18 • 새찬송 263장 | 통일 197장

• 말씀묵상 전에 성령님의 인도하심을 구하는 기도를 드리십시오.

본문요약 I 앗수르의 산헤립이 유다를 침공해서 대부분의 성읍을 점령한다. 히스기야는 산헤립이 머물던 라기스에 사신을 보내 잘못했다고 하면서 그를 재물로 달래려고 한다. 그러나 산헤립은 부하인 다르단과 랍사리스와 랍사게에게 많은 군사를 주어 예루살렘을 치게 한다.

13 히스기야 왕 제십사 년에 앗수르의 왕 산
헤립이 올라와서 유다 모든 견고한 성읍
들을 쳐서 점령하매
14 유다의 왕 히스기야가 라기스로 사람을
보내어 앗수르 왕에게 이르되 내가 범죄
하였나이다 나를 떠나 돌아가소서 왕이
내게 지우시는 것을 내가 당하리이다 하
였더니 앗수르 왕이 곧 은 삼백 달란트와
금 삼십 달란트를 정하여 유다 왕 히스기
야에게 내게 한지라
15 히스기야가 이에 여호와의 성전과 왕궁
곳간에 있는 은을 다 주었고
16 또 그때에 유다 왕 히스기야가 여호와의
성전 문의 금과 자기가 모든 기둥에 입힌
금을 벗겨 모두 앗수르 왕에게 주었더라
17 앗수르 왕이 다르단과 랍사리스와 랍사게
로 하여금 대군을 거느리고 라기스에서부
터 예루살렘으로 가서 히스기야 왕을 치
게 하매 그들이 예루살렘으로 올라가니라
그들이 올라가서 윗못 수도 곁 곧 세탁자
의 밭에 있는 큰길에 이르러 서니라
18 그들이 왕을 부르매 힐기야의 아들로서
왕궁의 책임자인 엘리야김과 서기관 셉나
와 아삽의 아들 사관 요아가 그에게 나가
니

1. 오늘 하나님께서 나에게 주신 깨달음은 무엇입니까?

2. 말씀을 어떻게 내 삶에 구체적으로 적용해야 합니까?

절별 해설

13 히스기야 왕 제십사 년에 앗수르의 왕 산헤립이 올라와서 유다 모든 견고한 성읍들을 쳐서 점령하매 앗수르의 산헤립은 수로를 개척하고 신전을 복원하며 커다란 궁궐을 세우는 등 앗수르 건축 예술의 전성기를 이끈 왕이다. 산헤립은 정복자로서도 그 위상을 드높였는데 바벨론, 시돈, 아스돗, 에돔, 모압, 에그론 등을 점령했다. 이런 산헤립의 1차 남유다 침공의 목적은 애굽을 정벌하기 위한 거점을 만들기 위해서였다. 원래는 애굽을 향해 곧바로 진격하려고 했으나, 남유다의 히스기야가 아하스 때와는 달리 조공을 거부했을 뿐만 아니라 블레셋마저 공격함으로써 산헤립이 블레셋과 동맹하여 애굽을 치려던 계획에 차질을 빚게 했다. 그래서 산헤립은 먼저 남유다를 공략해 눈엣가시 같은 히스기야를 제거하려 했다.

14-16 히스기야가 라기스로 사람을 보내어, 내가 범죄하였나이다, 왕이 내게 지우시는 것을 내가 당하리이다, 은 삼백 달란트와 금 삼십 달란트를 정하여, 이에 여호와의 성전과 왕궁 곳간에 있는 은을 다 주었고, 여호와의 성전 문의 금과 자기가 모든 기둥에 입힌 금을 벗겨 모두 앗수르 왕에게 주었더라 라기스는 유다 지파에 할당된 성읍 중 하나로서 견고한 요새다. 그런 라기스와 남유다의 46개 성읍이 모두 점령되다 보니, 처음엔 히스기야도 앗수르를 달래기 위해 조공을 바치고 앗수르 왕에게 용서를 빌었다. 이에 앗수르는 은 300달란트와 금 30달란트라는 엄청난 돈을 요구했다. 요구를 들어주기 위해 히스기야는 왕궁에 있는 보물은 물론, 성전 문과 기둥에 입힌 금까지 다 벗겨서 모든 금을 모아 앗수르 왕에게 바쳤다. 성전 창고에 보관된 금은 이미 선왕 아하스가 다 탕진했기 때문이다.

17 앗수르 왕이 다르단과 랍사리스와 랍사게로 하여금 대군을 거느리고, 히스기야 왕을 치게 하매, 윗못 수도 곁 곧 세탁자의 밭에 있는 큰길에 이르러 서니라 산헤립 자신은 라기스에 머물면서 대신 부하들에게 군대를 맡겨 예루살렘을 공격하게 했다. 이미 1차 침공으로 완전히 쇠진해 버린 유다는 어떻게든 또 다른 침공이 일어나지 않도록 갖은 수단과 방법을 다 사용했다. 산헤립의 마음을 얻기 위해 엄청난 양의 은과 금을 바쳤고, 한편으로는 구스(에티오피아)와의 동맹을 통해 군사적인 역량을 보충하려고 노력했다. 실제로 구스 왕은 유다를 도우러 와서 앗수르와 교전했다(왕하 19:9). 그러나 산헤립은 2차 침공을 진행한다. 여기서 다르단, 랍사리스, 랍사게는 사람의 이름이 아니라 모두 관직의 명칭이다. 다르단은 앗수르의 군대 총사령관의 직위를 뜻하고, 랍사리스는 총사령관의 비서실장, 랍사게는 '술 맡은 자'라는 의미의 왕의 비서다. 랍사게는 산헤립이 파견한 왕의 비서였다. 총사령관이 있었으나 실질적으로는 왕으로부터 보냄을 받은 최측근인 랍사게가 예루살렘 공격의 최고 책임자였다. 랍사게가 끌고 온 앗수르 군은 윗못 수도 곁 곧 세탁자의 밭에 있는 큰길에 포진했다. 히스기야

쉬운성경

13 히스기야가 왕으로 있은 지 십사 년째 되던 해에 앗시리아 왕 산헤립이 유다를 공격했습니다. 산헤립은 성벽으로 굳건하게 둘러싸인 유다의 모든 성을 공격하여 점령했습니다.

14 그러자 유다 왕 히스기야가 라기스에 있는 앗시리아 왕에게 사신을 보내어 말했습니다. "내가 잘못했습니다. 이곳에서 떠나 주십시오. 그러면 요구하시는 대로 다 드리겠습니다." 그러자 앗시리아 왕이 히스기야에게 은 삼백 달란트* 가량과 금 삼십 달란트* 가량을 요구했습니다.

15 히스기야는 여호와의 성전과 왕궁 보물 창고에 있는 모든 은을 산헤립에게 주었습니다.

16 히스기야는 여호와의 성전 문과 문 기둥에 자기가 입혀 놓은 금을 벗겨 내어 앗시리아 왕에게 모두 주었습니다.

17 앗시리아 왕이 군대 장관 다르단과 랍사리스와 랍사게를 큰 군대와 함께 라기스에서 예루살렘에 있는 히스기야 왕에게 보내며 히스기야 왕을 치라고 명령하였습니다. 그들은 예루살렘에 도착하여 윗연못에서 흘러나오는 물길 곁에 멈추어 섰습니다. 윗연못은 '빨랫집 밭'으로 가는 길가에 있었습니다.

18 그들이 왕을 부르자, 엘리야김과 셉나와 요아가 그들을 맞으러 나갔습니다. 힐기야의 아들 엘리야김은 왕궁 관리인이었고, 셉나는 왕의 서기관이었고, 아삽의 아들 요아는 역사 기록관이었습니다.

* 18:14 300달란트는 약 10.28t에 해당되고, 30달란트는 약 1.03t에 해당된다.

는 예루살렘 성 밑으로 수로를 건설하여 성 밖에서 흐르는 물줄기와 기혼 샘물을 끌어들여 이곳 샘에 저장해서 식수나 세탁용 또는 전쟁 시 비상용으로 사용했다. 그래서 이곳은 군사적 요충지였다.

18 왕궁의 책임자인 엘리아김과 서기관 셉나와 아삽의 아들 사관 요아가 그에게 나가니 히스기야는 마지막까지 정치적 타협으로 앗수르의 침략을 막아보려고 세 명의 신하를 보낸다. 왕궁 책임자인 엘리아김, 서기관 셉나, 사관 요아가 랍사게를 맞이하러 간다.

저자의 묵상

하나님을 잘 믿던 젊은 왕 히스기야도 앗수르 왕 산헤립의 침공 앞에서는 두려워 떨었다. 히스기야는 간절하게 기도하며 하나님의 도우심을 구하기보다는 눈앞에 닥쳐온 엄청난 고난의 현실을 보면서 나라의 재정을 다 털어서라도 산헤립을 회유하려고 시도했다. 사정이 너무 다급해지면 하나님을 믿는 사람도 하나님보다 인간적인 방법에 더 의존하게 된다. 그러나 아무 소용도 없었다. 산헤립은 챙길 재물을 다 확보했다고 판단했는지 조금도 주저하지 않고 부하들에게 군대를 맡기고는 히스기야를 제거할 목적으로 예루살렘을 치게 했다. 적과의 분쟁은 결코 돈만으로 해결될 수 없다. 앗수르는 절대 그렇게 해서 물러가지 않는다. 돈은 돈대로 빼앗기고 당할 것은 또 몽땅 당할 수밖에 없다. 하나님이 돕고 해결하셔야만 된다. 그러므로 내 힘을 벗어난 일은 하나님께 맡겨야 한다. 그리고 기도해야 한다.

무릎 기도 | 하나님, 무거운 인생의 짐을 주님께 맡길 수 있는 믿음을 주소서. 반드시 해야 하는 일이지만 도무지 감당할 수 없는 일을 주님께 의탁하오니 주님께서 이루어 주소서.

NLT - 2 Kings 18

13 In the fourteenth year of King Hezekiah's reign,* King Sennacherib of Assyria came to attack the fortified towns of Judah and conquered them.

14 King Hezekiah sent this message to the king of Assyria at Lachish: "I have done wrong. I will pay whatever tribute money you demand if you will only withdraw." The king of Assyria then demanded a settlement of more than eleven tons of silver and one ton of gold.*

15 To gather this amount, King Hezekiah used all the silver stored in the Temple of the LORD and in the palace treasury.

16 Hezekiah even stripped the gold from the doors of the LORD's Temple and from the doorposts he had overlaid with gold, and he gave it all to the Assyrian king.

17 Nevertheless, the king of Assyria sent his commander in chief, his field commander, and his chief of staff* from Lachish with a huge army to confront King Hezekiah in Jerusalem. The Assyrians took up a position beside the aqueduct that feeds water into the upper pool, near the road leading to the field where cloth is washed.*

18 They summoned King Hezekiah, but the king sent these officials to meet with them: Eliakim son of Hilkiah, the palace administrator; Shebna the court secretary; and Joah son of Asaph, the royal historian.

* 18:13 The fourteenth year of Hezekiah's reign was 701 B.C.
* 18:14 Hebrew *300 talents* [10 metric tons] *of silver and 30 talents* [1 metric ton] *of gold*.
* 18:17a Or *the rabshakeh;* also in 18:19, 26, 27, 28, 37.
* 18:17b Or *bleached*.

13 fortify 요새화하다 14 tribute 조공, 공물 withdraw 철수하다 settlement 화해금, 합의금 15 stored in ~ ~에 보관된 treasury 보물 창고, 금고 16 strip 벗기다 doorpost 문설주 overlay with gold 금을 입히다 17 confront 대치하다 aqueduct 수로 feed water into ~ ~에 물을 흘려보내다

41 랍사게의 무례한 연설

월 일

열왕기하 18:19-27 • 새찬송 257장 | 통일 189장

• 말씀묵상 전에 성령님의 인도하심을 구하는 기도를 드리십시오.

본문요약 | 랍사게는 유다 백성들을 낙담시키기 위해 술책을 부린다. 랍사게는 히스기야가 믿는 하나님이 얼마나 미덥지 못한지를 지적하며, 하나님을 향해 종교개혁을 했어도 망할 수밖에 없다고 호언장담한다. 유다의 부실한 군사력과 동맹을 맺은 애굽의 허약함도 지적한다. 심지어 앗수르의 유다 침공도 하나님의 뜻이라고 외쳐댄다.

19 랍사게가 그들에게 이르되 너희는 히스기
야에게 말하라 대왕 앗수르 왕의 말씀이
네가 의뢰하는 이 의뢰가 무엇이냐
20 네가 싸울 만한 계교와 용력이 있다고 한
다마는 이는 입에 붙은 말뿐이라 네가 이
제 누구를 의뢰하고 나를 반역하였느냐
21 이제 네가 너를 위하여 저 상한 갈대 지팡
이 애굽을 의뢰하도다 사람이 그것을 의
지하면 그의 손에 찔려 들어갈지라 애굽
의 왕 바로는 그에게 의뢰하는 모든 자에
게 이와 같으니라
22 너희가 내게 이르기를 우리는 우리 하나
님 여호와를 의뢰하노라 하리라마는 히스
기야가 그들의 산당들과 제단을 제거하고
유다와 예루살렘 사람에게 명령하기를 예
루살렘 이 제단 앞에서만 예배하라 하지
아니하였느냐 하셨나니
23 청하건대 이제 너는 내 주 앗수르 왕과 내
기하라 네가 만일 말을 탈 사람을 낼 수
있다면 나는 네게 말 이천 마리를 주리라
24 네가 어찌 내 주의 신하 중 지극히 작은
지휘관 한 사람인들 물리치며 애굽을 의
뢰하고 그 병거와 기병을 얻을 듯하냐
25 내가 어찌 여호와의 뜻이 아니고야 이제
이곳을 멸하러 올라왔겠느냐 여호와께서
전에 내게 이르시기를 이 땅으로 올라와
서 쳐서 멸하라 하셨느니라 하는지라
26 힐기야의 아들 엘리야김과 셉나와 요아가
랍사게에게 이르되 우리가 알아듣겠사오
니 청하건대 아람 말로 당신의 종들에게
말씀하시고 성 위에 있는 백성이 듣는 데
서 유다 말로 우리에게 말씀하지 마옵소
서
27 랍사게가 그에게 이르되 내 주께서 네 주
와 네게만 이 말을 하라고 나를 보내신 것
이냐 성 위에 앉은 사람들도 너희와 함께
자기의 대변을 먹게 하고 자기의 소변을
마시게 하신 것이 아니냐 하고

1. 오늘 하나님께서 나에게 주신 깨달음은 무엇입니까?

2. 말씀을 어떻게 내 삶에 구체적으로 적용해야 합니까?

절별 해설

19 네가 의뢰하는 이 의뢰가 무엇이냐 예루살렘 성문 밖에서 랍사게가 소리친다. 한마디로 아무 힘도 없는 유다가 무엇을 믿고 버티고 있느냐는 것이다. 유다에게는 지금 도와줄 사람이 없는데 포위된 처지에 누구를 의지하겠느냐고 말하며, 하나님이 구해 줄 것이라는 히스기야의 말에 현혹되지 말라는 것이다. 놀랍게도 랍사게는 유다의 상황을 이미 정확하게 파악하고 있었다. 아마 성 밖의 물을 막고, 무기를 재정비하고, 성벽을 다시 쌓고, 군대 조직을 개혁한 히스기야의 준비도 대충 파악하고 있었던 것으로 보인다. 랍사게는 이런 히스기야의 노력을 다 알지만 막강한 앗수르 군대 앞에서는 이 모든 것이 소용없다고 말한다.

20 네가 싸울 만한 계교와 용력이 있다고 한다마는 '너희의 군사력을 믿을 수 있겠는가?'라는 말이다. 랍사게의 말대로 유다에는 앗수르에 대항할 만한 군사력이 없었다. 심지어 랍사게가 비웃었던 것처럼 말 이천 마리를 준다고 해도 그 말을 타고 싸울 병사들이 없었다(23절).

21 이제 네가 너를 위하여 저 상한 갈대 지팡이 애굽을 의뢰하도다 사람이 그것을 의지하면 그의 손에 찔려 들어갈지라 유다가 애굽을 믿을 수 없다는 단언이다. 실제로 애굽은 이미 산헤립에게 대패하여 도망간 상황으로, 유다에 그 어떤 도움도 줄 수 없는 형편이었다. 그러므로 랍사게가 애굽을 가리켜 "상한 갈대 지팡이"라고 하면서, 그것에 의지하면 그들의 손만 찔리게 된다는 말은 틀리지 않았다.

22 너희가 내게 이르기를 우리는 우리 하나님 여호와를 의뢰하노라 하리라마는 랍사게는 히스기야의 종교개혁을 비난한다. 랍사게의 비난은 두 가지 의미가 있었다. 첫째, 히스기야가 종교개혁의 일환으로 산당과 제단을 파괴한 것이 지금에 와서는 전혀 도움이 안 된다는 것이다. 둘째, 히스기야의 종교적 혁신이 지금 봐서는 그가 하나님을 의뢰함에서 나온 행위였다고 주장할 만한 근거가 없다는 것이다. 분명 히스기야가 수행한 종교개혁은 하나님이 기뻐하신 바른 신앙적 결단이었다. 그런데도 나라가 앗수르에 의해 망할지도 모르는 어려움에 처한다. 고통의 현실 앞에서 랍사게가 외치는 이 말은 히스기야의 기세를 꺾는 데 성공한다.

26-27 유다의 사신들은 유다 백성과 하나님을 맘껏 조롱하며 내뱉는 랍사게의 무례한 연설에 당황하여 성 위의 백성들이 듣지 못하도록 아람 말로 해 달라고 랍사게에게 간청한다. 랍사게는 딱 잘라 무시하고는 최소한의 예의도 없이 모욕적인 말로 더 크게 말하며, 포위전이 계속되면 성안의 사람들은 자기 대소변을 받아먹고 연명해야 할 것이라고 위협한다.

쉬운성경

19 랍사게가 그들에게 말했습니다. "히스기야에게 위대하신 앗시리아 왕의 말씀을 전하여라. '너는 누가 너를 도와줄 것이라고 믿느냐?

20 군사 전략을 짜고 전쟁할 힘을 갖는 것이 입만 가지고 되느냐? 너는 누구를 믿고 나에게 반역하느냐?

21 보아라. 네가 이집트를 믿고 의지하는 모양인데, 이집트는 부서진 지팡이에 지나지 않는다. 그것에 의지했다가는 찔려서 다칠 뿐이다. 이집트의 왕을 의지하는 사람은 누구나 다 그렇게 될 것이다.' "

22 랍사게가 계속 말했습니다. "혹시 너희가 '우리는 우리 하나님 여호와를 의지한다'고 말할지도 모르겠다. 히스기야가 여호와의 제단과 산당을 없애 버리면서 유다와 예루살렘 백성에게 '너희는 이 예루살렘의 제단에서만 예배드려야 한다'고 말하지 않았느냐?

23 그렇다면 내 주이신 앗시리아 왕과 내기를 해 보자. 네가 말을 탈 사람 이천 명을 구할 수 있다면, 내가 너에게 말 이천 마리를 주겠다.

24 너희가 앗시리아의 가장 약한 병사라도 물리칠 수 있겠느냐? 그러면서도 전차와 기마병의 도움을 받으려고 이집트를 의지하느냐?

25 내가 이곳에 와서 멸망시키는 일도 다 여호와의 허락을 받고 하는 것이다. 여호와께서 나에게 이 땅으로 가서 이 땅을 멸망시키라고 말씀하셨다."

26 힐기야의 아들 엘리야김과 셉나와 요아가 랍사게에게 말했습니다. "우리에게 아람 말로 말씀해 주십시오. 우리가 아람 말을 알아듣습니다. 성벽 위에 있는 백성이 듣고 있으니 히브리 말로 말씀하지 말아 주십시오."

27 그러자 랍사게가 말했습니다. "아니다. 앗시리아 왕이 나를 보내신 것은 이 말을 너희와 너희의 왕에게만 전하라고 보내신 것이 아니다. 이 말을 성벽 위에 앉아 있는 백성에게도 전하라고 보내신 것이다. 그들도 너희처럼 자기 똥을 먹고 자기 오줌을 마시게 될 것이다."

저자의 묵상

히스기야는 우상을 타파하고 종교개혁을 성공적으로 수행하며 영토도 확장하는 커다란 성과를 낸 후 얼마 되지 않아 앗수르의 침략을 받는다. 그러자 히스기야의 좋았던 믿음은 온데간데없이 사라지고 심히 약한 모습을 보인다. 하나님께 의뢰하는 대신 인간적인 수단으로 타협하고 굴욕적인 방법으로 앗수르에 평화를 구걸했다. 막대한 국가적 손실을 감수하면서까지 정치적 협상을 추구했으나, 그 결과는 참담한 모욕과 여전한 침략의 위기였다. 우리는 하나님의 뜻에 순종하고자 할 때 예기치 않은 어려움을 경험한다. 때로는 은혜를 경험하고 승리의 기쁨이 채 가시기 전에 뜻밖의 시련을 만나기도 한다. 그러므로 잘될 때일수록 방심하거나 자만하지 말고 깨어 기도해야 한다. 겸손하게 엎드리지 않으면 아무리 믿음이 좋고 능력이 있어도 넘어질 수밖에 없다. 그리스도인은 처음부터 끝까지 하나님만 의지해야 한다.

무릎 기도 하나님, 제 일생 동안 오로지 주님만을 온전히 의지하게 하소서.

NLT - 2 Kings 18

19 Then the Assyrian king's chief of staff told them to give this message to Hezekiah: "This is what the great king of Assyria says: What are you trusting in that makes you so confident?
20 Do you think that mere words can substitute for military skill and strength? Who are you counting on, that you have rebelled against me?
21 On Egypt? If you lean on Egypt, it will be like a reed that splinters beneath your weight and pierces your hand. Pharaoh, the king of Egypt, is completely unreliable!
22 "But perhaps you will say to me, 'We are trusting in the LORD our God!' But isn't he the one who was insulted by Hezekiah? Didn't Hezekiah tear down his shrines and altars and make everyone in Judah and Jerusalem worship only at the altar here in Jerusalem?
23 "I'll tell you what! Strike a bargain with my master, the king of Assyria. I will give you 2,000 horses if you can find that many men to ride on them!
24 With your tiny army, how can you think of challenging even the weakest contingent of my master's troops, even with the help of Egypt's chariots and charioteers?
25 What's more, do you think we have invaded your land without the LORD's direction? The LORD himself told us, 'Attack this land and destroy it!'"
26 Then Eliakim son of Hilkiah, Shebna, and Joah said to the Assyrian chief of staff, "Please speak to us in Aramaic, for we understand it well. Don't speak in Hebrew,* for the people on the wall will hear."
27 But Sennacherib's chief of staff replied, "Do you think my master sent this message only to you and your master? He wants all the people to hear it, for when we put this city under siege, they will suffer along with you. They will be so hungry and thirsty that they will eat their own dung and drink their own urine."

* 18:26 Hebrew *in the dialect of Judah;* also in 18:28.

20 substitute for ~ ~을 대신하다 count on ~ ~을 믿다 rebel against ~ ~에 대항하다 21 reed 갈대 22 insult 모욕하다 23 strike a bargain with ~ ~와 협정하다 24 contingent 파견단 chariot 병거 25 invade 침공하다 27 be put under siege 포위 공격을 당하다 suffer 고통을 겪다 urine 오줌, 소변

☐ 묵상 체크

42 계속되는 랍사게의 회유와 협박

월 일

열왕기하 18:28-37 • 새찬송 255장 | 통일 187장

• 말씀묵상 전에 성령님의 인도하심을 구하는 기도를 드리십시오.

본문요약 | 랍사게는 간교한 회유와 협박으로 계층 간의 불화를 조장하고 저항 의지를 꺾으려 한다. 유다가 항복하면 좋은 땅과 안전을 선물할 것처럼 회유한다. 다른 한편으로는, 앗수르의 손에서 살아남은 나라가 없었던 역사를 상기시키며 히스기야에게 속지 말라고 백성들을 위협한다.

28 랍사게가 드디어 일어서서 유다 말로 크게 소리 질러 불러 이르되 너희는 대왕 앗수르 왕의 말씀을 들으라

29 왕의 말씀이 너희는 히스기야에게 속지 말라 그가 너희를 내 손에서 건져내지 못하리라

30 또한 히스기야가 너희에게 여호와를 의뢰하라 함을 듣지 말라 그가 이르기를 여호와께서 반드시 우리를 건지실지라 이 성읍이 앗수르 왕의 손에 함락되지 아니하게 하시리라 할지라도

31 너희는 히스기야의 말을 듣지 말라 앗수르 왕의 말씀이 너희는 내게 항복하고 내게로 나아오라 그리하고 너희는 각각 그의 포도와 무화과를 먹고 또한 각각 자기의 우물의 물을 마시라

32 내가 장차 와서 너희를 한 지방으로 옮기리니 그곳은 너희 본토와 같은 지방 곧 곡식과 포도주가 있는 지방이요 떡과 포도원이 있는 지방이요 기름 나는 감람과 꿀이 있는 지방이라 너희가 살고 죽지 아니하리라 히스기야가 너희를 설득하여 이르기를 여호와께서 우리를 건지시리라 하여도 히스기야에게 듣지 말라

33 민족의 신들 중에 어느 한 신이 그의 땅을 앗수르 왕의 손에서 건진 자가 있느냐

34 하맛과 아르밧의 신들이 어디 있으며 스발와임과 헤나와 아와의 신들이 어디 있느냐 그들이 사마리아를 내 손에서 건졌느냐

35 민족의 모든 신들 중에 누가 그의 땅을 내 손에서 건졌기에 여호와가 예루살렘을 내 손에서 건지겠느냐 하셨느니라

36 그러나 백성이 잠잠하고 한 마디도 그에게 대답하지 아니하니 이는 왕이 명령하여 대답하지 말라 하였음이라

37 이에 힐기야의 아들로서 왕궁 내의 책임자인 엘리야김과 서기관 셉나와 아삽의 아들 사관 요아가 옷을 찢고 히스기야에게 나아가서 랍사게의 말을 전하니라

1. 오늘 하나님께서 나에게 주신 깨달음은 무엇입니까?

2. 말씀을 어떻게 내 삶에 구체적으로 적용해야 합니까?

절별 해설

28-31 랍사게는 백성들에게, 히스기야에게 속지 말고 심지어는 하나님에게도 속지 말라고 유다 말로 외친다. 세상 그 누구도 앗수르 왕의 손에서 예루살렘을 건질 수 없으니, 히스기야도 믿지 말고 하나님도 의지하지 말고 빨리 항복하라는 요구였다. 그러고는 유다가 항복하면 아주 좋은 땅을 줘서 풍요롭게 살 수 있게 해 주겠다고 회유한다.

32 랍사게는 앗수르의 이주 정책을 미화시켜 유다 백성들을 설득한다. 그러나 앗수르는 점령한 곳의 백성들에게 단 한 번도 관용을 베푼 적이 없다. 점령지 거민을 포로로 잡아 다른 곳으로 이주시키는 정책을 폈지만, 그렇게 끌려간 사람들은 모두 낯선 땅에서 노예가 되어 평생 중노동에 시달리다가 죽었다.

34 하맛과 아르밧의 신들이 어디 있으며 스발와임과 헤나와 아와의 신들이 어디 있느냐 하맛 출신 이주민이 섬긴 신은 아시마(왕하 17:30)였다. 아시마는 염소와 흡사한 형상으로, 폭풍을 다스리는 신이다. 스발와임 사람들은 아드람멜렉과 아남멜렉을 그들의 신으로 섬겼다. 스발와임의 신은 자녀를 불살라 바치게 한 태양신을 가리킨다. 아와 사람들은 여신 아타르가티스를 숭배했다. 아르밧은 아람의 한 도시인 알렙포의 북쪽에 위치했다. 헤나는 유프라테스 강 인근으로 추정된다. 당시의 아르밧과 헤나는 풍요로운 성읍으로 널리 알려져 있었다. 이 신들은 날씨와 계절을 다스려서 풍성한 수확과 목축, 다산 등을 가능하게 해 주는 것으로 볼 수 있다.

35 민족의 모든 신들 중에 누가 그의 땅을 내 손에서 건졌기에 여호와가 예루살렘을 내 손에서 건지겠느냐 랍사게의 주장은 틀리지 않았다. 실제로 사마리아는 앗수르의 침략 앞에서 제대로 힘도 써 보지 못하고 멸망했다. 그러나 사마리아의 멸망은 하나님이 심판하신 결과였으며 단지 앗수르의 침략 때문만은 아니었다는 사실을 기억해야 한다. 만일 하나님이 사마리아를 구원하시고자 했다면 단번에 앗수르의 손에서 건져 내셨을 것이다(왕하 17:7-18).

36-37 그러나 백성이 잠잠하고 한 마디도 그에게 대답하지 아니하니 이는 왕이 명령하여 대답하지 말라 하였음이라, 엘리야김과, 셉나와, 요아가 옷을 찢고 히스기야에게 나아가서 랍사게의 말을 전하니라 랍사게의 말을 들은 유다 백성들 사이에는 고요한 침묵이 흐른다. 히스기야의 명령 때문이기도 했지만 실제로도 그들에게는 할 말이 없었다. 유다 왕국은 이러지도 저러지도 못하는 절박한 상황에 처해 있었다. 한편, 성경에는 옷을 찢는 행위가 종종 나온다. 이를테면 나병환자의 경우(레 13:45), 상징적 행동(왕상 11:30), 혹은 회개할 때(왕하 22:8-20) 옷을 찢었다. 그런데 가장 빈번하게 사용된

쉬운성경

28 사령관이 일어나서 히브리 말로 크게 외쳤습니다. "위대하신 앗시리아 왕의 말씀을 들어라.

29 왕은 너희더러 히스기야에게 속지 말라고 말씀하셨다. 히스기야는 너희를 내 손에서 구할 수 없다.

30 히스기야가 너희에게 '여호와께서 틀림없이 우리를 구하실 것이다. 이 성은 앗시리아의 왕에게 넘어가지 않을 것이다'라고 말하면서 여호와를 의지하게 하여도 믿지 마라."

31 "히스기야의 말을 듣지 마라. 앗시리아 왕이 이렇게 말씀하셨다. '너희는 항복하고 나에게 나오너라. 그러면 누구나 자유롭게 자기의 포도나무와 무화과나무의 열매를 먹을 수 있을 것이다. 누구나 자유롭게 자기의 샘에서 물을 마실 수 있을 것이다.

32 내가 다시 와서 너희를 너희가 전에 살던 곳과 같은 땅으로 데려가 살게 하겠다. 그 땅은 곡식과 새 포도주의 땅이며 빵과 포도나무의 땅이며 올리브 기름과 꿀의 땅이다. 너희는 그 땅에 가서 살 수 있다. 결코 너희를 죽이지 않겠다.' 히스기야의 말을 듣지 마라. '여호와께서 우리를 구하실 것이다'라는 히스기야의 말은 거짓말이다.

33 다른 어떤 나라의 신도 그 백성을 앗시리아 왕의 손에서 구해 내지 못했다.

34 '하맛과 아르밧의 신들은 어디에 있느냐? 스발와임과 헤나와 아와의 신들은 어디에 있느냐? 그들이 사마리아를 내 손에서 구해 냈느냐?

35 이 모든 나라의 그 어떤 신도 그 백성을 내 손에서 구해 내지 못했다. 그러니 여호와도 예루살렘을 내 손에서 구해 내지 못할 것이다.'"

36 백성은 잠잠히 있었습니다. 그들은 랍사게의 말에 대답하지 않았습니다. 히스기야 왕이 그에게 대답하지 말라고 명령했기 때문입니다.

37 엘리야김과 셉나와 요아가 기가 막혀 옷을 찢었습니다. 힐기야의 아들 엘리야김은 왕궁 관리인이었고, 셉나는 왕의 서기관이었고, 아삽의 아들 요아는 역사 기록관이었습니다. 세 사람은 히스기야에게 돌아와서 랍사게가 한 말을 전해 주었습니다.

옷을 찢는 행위는 슬픔이나 고통, 분노 등을 나타낼 때였다(창 37:34; 수 7:6; 삿 11:35; 삼하 3:31). 본절에서 신하들의 행위는 슬픔과 분노를 표시함과 동시에 랍사게가 왕과 백성 모두를 무시하여 조롱한 것에 대한 반발의 표현이기도 하다.

저자의 묵상

앗수르의 산헤립이 랍사게를 예루살렘으로 보낸 의도는 분명했다. 랍사게는 남유다에서 통용되는 유다 말을 유창하게 구사할 줄 아는 무례하고 교활한 사람이었다. 산헤립은 랍사게를 대표로 보내 유다 백성들의 마음에 공포심을 불러일으키고, 그로 인해 히스기야와 백성들 사이를 갈라놓고자 했다. 오늘날도 사탄은 사람과 환경을 통해 하나님을 믿는 사람들을 회유하고 협박한다. 하나님의 뜻대로 살려고 애쓰는 신실한 사람의 마음에 불안과 낙심을 심는다. 심지어 우리가 왜 하나님을 믿고 따르는지, 우리가 믿는 하나님이 어떤 분인지 전혀 이해하지 못하면서 우리를 조롱하기까지 한다. 하나님의 길을 떠나 세상과 짝하면 아주 잘살게 해 주겠다고 속삭인다. 더욱이 하나님이 세운 지도자와 백성들 사이에 자꾸만 갈등이 생기도록 만든다. 그때마다 정신을 바짝 차리고, 우리를 대적하는 그들의 말에 일일이 대꾸하기보다는 자신의 마음을 찢으면서 간절히 간구하며 하나님의 음성을 들어야 한다.

무릎 기도 하나님, 세상의 유혹에 넘어지지 않도록 기도하는 사람이 되게 하소서.

NLT - 2 Kings 18

28 Then the chief of staff stood and shouted in Hebrew to the people on the wall, "Listen to this message from the great king of Assyria!
29 This is what the king says: Don't let Hezekiah deceive you. He will never be able to rescue you from my power.
30 Don't let him fool you into trusting in the LORD by saying, 'The LORD will surely rescue us. This city will never fall into the hands of the Assyrian king!'
31 "Don't listen to Hezekiah! These are the terms the king of Assyria is offering: Make peace with me—open the gates and come out. Then each of you can continue eating from your own grapevine and fig tree and drinking from your own well.
32 Then I will arrange to take you to another land like this one—a land of grain and new wine, bread and vineyards, olive groves and honey. Choose life instead of death! "Don't listen to Hezekiah when he tries to mislead you by saying, 'The LORD will rescue us!'
33 Have the gods of any other nations ever saved their people from the king of Assyria?
34 What happened to the gods of Hamath and Arpad? And what about the gods of Sepharvaim, Hena, and Ivvah? Did any god rescue Samaria from my power?
35 What god of any nation has ever been able to save its people from my power? So what makes you think that the LORD can rescue Jerusalem from me?"
36 But the people were silent and did not utter a word because Hezekiah had commanded them, "Do not answer him."
37 Then Eliakim son of Hilkiah, the palace administrator; Shebna the court secretary; and Joah son of Asaph, the royal historian, went back to Hezekiah. They tore their clothes in despair, and they went in to see the king and told him what the Assyrian chief of staff had said.

29 deceive 속이다 rescue from ~ ~로부터 구출하다 30 fall into the hands of ~ ~의 수중에 들어가다 31 grapevine 포도덩굴 fig tree 무화과나무 32 arrange to ~ ~하도록 준비하다 vineyard 포도원 olive groves 올리브(감람) 과수원 mislead 잘못 인도하다, 속이다 36 silent 조용한 utter 입 밖에 내다

43

월 일

하나님을 찾은 히스기야

열왕기하 19:1-7 • 새찬송 267장 | 통일 201장

• 말씀묵상 전에 성령님의 인도하심을 구하는 기도를 드리십시오.

본문요약 I 신하들로부터 모든 상황을 보고받은 히스기야는 하나님의 성전으로 가서 기도한다. 그리고 신하들을 이사야 선지자에게 보내 기도를 부탁한다. 하나님은 겸손하게 낮아져 하나님을 의지하는 히스기야에게 이사야를 통해 소망의 메시지를 전하신다.

1 히스기야 왕이 듣고 그 옷을 찢고 굵은 베
를 두르고 여호와의 전에 들어가서
2 왕궁의 책임자인 엘리야김과 서기관 셉나
와 제사장 중 장로들에게 굵은 베를 둘려
서 아모스의 아들 선지자 이사야에게로
보내매
3 그들이 이사야에게 이르되 히스기야의 말
씀이 오늘은 환난과 징벌과 모욕의 날이
라 아이를 낳을 때가 되었으나 해산할 힘
이 없도다
4 랍사게가 그의 주 앗수르 왕의 보냄을 받
고 와서 살아계신 하나님을 비방하였으니
당신의 하나님 여호와께서 혹시 그의 말
을 들으셨을지라 당신의 하나님 여호와께
서 그 들으신 말 때문에 꾸짖으실 듯하니
당신은 이 남아 있는 자들을 위하여 기도
하소서 하더이다 하니라
5 이와 같이 히스기야 왕의 신복이 이사야
에게 나아가니
6 이사야가 그들에게 이르되 너희는 너희
주에게 이렇게 말하라 여호와의 말씀이
너는 앗수르 왕의 신복에게 들은 바 나를
모욕하는 말 때문에 두려워하지 말라
7 내가 한 영을 그의 속에 두어 그로 소문을
듣고 그의 본국으로 돌아가게 하고 또 그
의 본국에서 그에게 칼에 죽게 하리라 하
셨느니라 하더라

1. 오늘 하나님께서 나에게 주신 깨달음은 무엇입니까?

2. 말씀을 어떻게 내 삶에 구체적으로 적용해야 합니까?

절별 해설

1 히스기야 왕이 듣고 그 옷을 찢고 굵은 베를 두르고 여호와의 전에 들어가서 세 명의 신하들로부터 랍사게의 오만하기 짝이 없는 협박을 전해 들은 히스기야는, 그 자리에서 자기 옷을 찢고 굵은 베를 두르고 하나님의 성전으로 간다. 옷을 찢은 행위는 슬픔을 표현하는 것이고, 굵은 베를 두른 행위는 하나님 앞에서 회개한다는 의미다. 히스기야는 무엇을 회개했을까? 하나님만을 의지하지 않고 오히려 애굽을 더 바라보며 도움을 요청했던 자신의 불신앙을 회개했을 것이다. 이미 하나님은 이스라엘 백성이 출애굽할 때부터 애굽과는 함께하지 말 것을 당부하셨다. 애굽이야말로 이스라엘 백성에게는 속박과 고통의 상징이었기 때문이다. 그럼에도 히스기야는 애굽의 도움을 기대하며 앗수르와 대적했다. 하나님의 말씀에 순종하지 못한 것을 회개하는 히스기야의 모습은 그나마 다행스럽다.

2 왕궁의 책임자인 엘리야김과 서기관 셉나와 제사장 중 장로들에게 굵은 베를 둘려서 아모스의 아들 선지자 이사야에게로 보내매 히스기야는 이사야에게 도움을 요청하기 위해 신하들을 보낸다. 즉, 히스기야 자신은 성전으로 가서 하나님께 기도하고 신하들은 이사야에게 가게 해서 하나님의 도움을 청하도록 기도를 부탁했다.

3 오늘은 환난과 징벌과 모욕의 날이라 아이를 낳을 때가 되었으나 해산할 힘이 없도다 신하들을 통해 이사야에게 전달된 히스기야의 고백은 솔직했다. 하나님 앞에 철저하게 엎드린 히스기야의 모습이야말로 유다의 새로운 소망이 아닐 수 없었다. "아이를 낳을 때가 되었으나 해산할 힘이 없도다"라는 히스기야의 고백은, 지금 자신과 백성들이 고통을 당하고 있음에도 그것을 해결할 능력과 방법이 없음을 의미한다. 오로지 하나님의 능력만이 유다 왕국을 지켜 주실 수 있음을 말한다.

4 이 남아 있는 자들을 위하여 남아 있는 자들, 즉 '남은 자' 사상은 바벨론 포로기 이후에 주로 등장한다. 당시의 상황으로 볼 때, 남은 자는 직접적으로 북이스라엘의 열 지파와 산헤립의 1차 침공 시에 멸망한 46개 이상의 성읍 거민(왕하 18:13)을 제외한 예루살렘 백성을 가리킨다. 그중에서도 특히 히스기야와 같이 믿음으로 하나님을 의지한 신앙인을 말한다.

6–7 두려워하지 말라, 그의 본국에서 그에게 칼에 죽게 하리라 신하들로부터 왕의 말을 전해 들은 이사야는 하나님의 말씀을 들려준다. 그것은 '두려워하지 말라'는 구원의 메시지였다. 하나님이 앗수르 왕과 그 부하들의 오만불손한 말을 모두 들으셨기에 전혀 걱정할 필요가 없다는 것이다. 하나님은 히스기야의 하나님이시기에 앗수르 왕의 신복들이 한 망언은 곧 하나님을 대적하는 행위였다. 나아가 이사야 선지자는 산헤립의 비참한 종말까지 예언한다. 이 예언은 실제로 성취된다(왕하 19:37).

쉬운성경

1 히스기야 왕도 그 말을 듣고 자기 옷을 찢었습니다. 그는 너무나 슬퍼서 베옷을 입고 여호와의 성전으로 갔습니다.

2 히스기야는 엘리야김과 셉나와 나이 든 제사장들을 아모스의 아들인 예언자 이사야에게 보냈습니다. 엘리야김은 왕궁 관리인이었고, 셉나는 왕의 서기관이었습니다. 그들은 모두 베옷을 입고 이사야에게 갔습니다.

3 그 사람들이 이사야에게 말했습니다. "히스기야 왕께서 이렇게 말씀하셨습니다. '오늘은 슬픔과 심판과 부끄러움의 날이오. 마치 아이를 낳을 때가 되었는데도 아이를 낳을 힘이 없는 여자와도 같소.

4 앗시리아 왕이 랍사게를 보내어 살아계신 하나님을 조롱했소. 당신의 하나님 여호와께서도 그 말을 들으셨을 것이요. 당신의 하나님 여호와께서도 그를 책망하실 것이요. 그러니 살아남은 이스라엘 백성을 위해 기도드려 주시오.'"

5 이와 같이 히스기야의 신하들이 이사야에게 오자,

6 이사야가 말했습니다. "그대들의 왕께 여호와께서 하신 말씀을 전하시오. '너는 앗시리아 왕의 신하들이 한 말 때문에 두려워하지 마라.

7 내가 앗시리아의 왕에게 한 영을 넣으리니, 그는 자기 나라에서 들려 오는 어떤 소문을 듣고 자기 나라로 돌아가게 될 것이다. 그러면 내가 그를 그곳에서 칼에 맞아 죽게 하겠다.'"

저자의 묵상

히스기야는 국가적 위기 앞에서 마침내 하나님만을 의지한다. 사람을 의지함으로 실패를 맛본 히스기야는 다른 곳으로 달려가지 않고 가장 먼저 하나님의 성전으로 간다. 그리고 하나님의 종 이사야 선지자에게 기도를 요청한다. 히스기야는 자신이 아무것도 할 수 없는 무능한 존재임을 고백하고 하나님께 기도하는 길만이 진정으로 문제를 해결하는 방법이라고 믿었다. 하나님을 믿는다는 것! 하나님을 의지한다는 것은 그 어떤 세상의 방법을 찾기에 앞서 먼저 하나님께 전심으로 기도하는 것을 말한다. 사람의 생각과 방법을 앞세웠던 히스기야는 실패했으나, 그가 다시 회개하고 하나님을 먼저 찾고 온전히 하나님께 맡길 때 비로소 모든 문제가 해결될 수 있는 새로운 소망이 움트기 시작했다. 그러므로 그리스도인은 위기의 순간에 가장 먼저 기도하는 사람이어야 한다.

무릎 기도 | 하나님, 나의 모든 문제를 하나님께 먼저 아뢰게 하소서. 세상과 타협하지 않게 하시고 사람을 의지하지 않도록 지켜 주소서.

NLT - 2 Kings 19

1 When King Hezekiah heard their report, he tore his clothes and put on burlap and went into the Temple of the LORD.

2 And he sent Eliakim the palace administrator, Shebna the court secretary, and the leading priests, all dressed in burlap, to the prophet Isaiah son of Amoz.

3 They told him, "This is what King Hezekiah says: Today is a day of trouble, insults, and disgrace. It is like when a child is ready to be born, but the mother has no strength to deliver the baby.

4 But perhaps the LORD your God has heard the Assyrian chief of staff,* sent by the king to defy the living God, and will punish him for his words. Oh, pray for those of us who are left!"

5 After King Hezekiah's officials delivered the king's message to Isaiah,

6 the prophet replied, "Say to your master, 'This is what the LORD says: Do not be disturbed by this blasphemous speech against me from the Assyrian king's messengers.

7 Listen! I myself will move against him,* and the king will receive a message that he is needed at home. So he will return to his land, where I will have him killed with a sword.'"

* 19:4 Or *the rabshakeh;* also in 19:8.
* 19:7 Hebrew *I will put a spirit in him.*

1 burlap 올이 굵은 삼베　2 secretary 서기관　priest 제사장　prophet 선지자　3 insult 모욕　disgrace 불명예　strength 힘　deliver 출산하다　4 defy 도전하다　punish 벌하다　6 be disturbed by ~ ~에 의해 방해받다　blasphemous 불경스러운　7 sword 칼

□ 묵상 체크

44 산헤립의 망언과 히스기야의 기도

월 일

열왕기하 19:8-20 • 새찬송 276장 | 통일 334장

• 말씀묵상 전에 성령님의 인도하심을 구하는 기도를 드리십시오.

본문요약 I 하나님은 예루살렘을 포위한 산헤립의 군대가 철수하도록 상황을 이끄신다. 산헤립은 포기하지 못하고 히스기야에게 편지를 보내 또다시 위협한다. 이에 히스기야가 하나님 앞에 모든 문제를 내놓고 올바른 기도를 드리자 하나님이 히스기야의 기도를 들으신다.

8 랍사게가 돌아가다가 앗수르 왕이 이미
라기스에서 떠났다 함을 듣고 립나로 가
서 앗수르 왕을 만났으니 왕이 거기서 립
나와 싸우는 중이더라
9 앗수르 왕은 구스 왕 디르하가가 당신과
싸우고자 나왔다 함을 듣고 다시 히스기
야에게 사자를 보내며 이르되
10 너희는 유다의 왕 히스기야에게 이같이
말하여 이르기를 네가 믿는 네 하나님이
예루살렘을 앗수르 왕의 손에 넘기지 아
니하겠다 하는 말에 속지 말라
11 앗수르의 여러 왕이 여러 나라에 행한 바
진멸한 일을 네가 들었나니 네가 어찌 구
원을 얻겠느냐
12 내 조상들이 멸하신 여러 민족 곧 고산과
하란과 레셉과 들라살에 있는 에덴 족속
을 그 나라들의 신들이 건졌느냐
13 하맛 왕과 아르밧 왕과 스발와임 성의 왕
과 헤나와 아와의 왕들이 다 어디 있느냐
하라 하니라
14 히스기야가 사자의 손에서 편지를 받아보
고 여호와의 성전에 올라가서 히스기야가
그 편지를 여호와 앞에 펴 놓고
15 그 앞에서 히스기야가 기도하여 이르되
그룹들 위에 계신 이스라엘의 하나님 여
호와여 주는 천하만국에 홀로 하나님이시
라 주께서 천지를 만드셨나이다
16 여호와여 귀를 기울여 들으소서 여호와여
눈을 떠서 보시옵소서 산헤립이 살아계신
하나님을 비방하러 보낸 말을 들으시옵소
서
17 여호와여 앗수르 여러 왕이 과연 여러 민
족과 그들의 땅을 황폐하게 하고
18 또 그들의 신들을 불에 던졌사오니 이는
그들이 신이 아니요 사람의 손으로 만든
것 곧 나무와 돌 뿐이므로 멸하였나이다
19 우리 하나님 여호와여 원하건대 이제 우
리를 그의 손에서 구원하옵소서 그리하시
면 천하만국이 주 여호와가 홀로 하나님
이신 줄 알리이다 하니라
20 아모스의 아들 이사야가 히스기야에게 보
내 이르되 이스라엘 하나님 여호와의 말
씀이 네가 앗수르 왕 산헤립 때문에 내게
기도하는 것을 내가 들었노라 하셨나이다

1. 오늘 하나님께서 나에게 주신 깨달음은 무엇입니까?

2. 말씀을 어떻게 내 삶에 구체적으로 적용해야 합니까?

절별 해설

8-9 하나님의 섭리에 의해 놀랍게도 산헤립이 예루살렘에서 군대를 이동해야 하는 상황이 발생한다. 랍사게를 비롯하여 산헤립의 부하들은, 산헤립이 애굽에서 진군해 오는 구스(에티오피아)의 군대와 싸우기 위해 라기스에서 립나로 이동했다는 소식을 듣게 된다. 산헤립은 예루살렘을 포기하고 조용히 후퇴할 생각이 없었기에 다시 한 번 히스기야와 유다를 위협하지만, 구스의 디르하가 왕이 대군을 이끌고 공격하러 온다는 보고를 받고 어쩔 수 없이 립나로 간다.

10-13 네가 믿는 네 하나님이 예루살렘을 앗수르 왕의 손에 넘기지 아니하겠다 하는 말에 속지 말라, 네가 어찌 구원을 얻겠느냐, 그 나라들의 신들이 건졌느냐, 왕들이 다 어디 있느냐 산헤립이 예루살렘을 포위한 군대를 이동시키면서 히스기야에게 사자를 통해 편지를 보낸다. 편지의 내용은 이전에 이미 랍사게를 통해 전달한 것과 유사했다. 유다는 앗수르에 망할 수밖에 없으니 히스기야와 그의 하나님에게 속지 말라는 것이다. 이는 하나님을 모욕하는 망언이었다.

14-15 그 편지를 여호와 앞에 펴 놓고, 히스기야가 기도하여 이르되, 이스라엘의 하나님 여호와여 주는 천하만국에 홀로 하나님이시라 산헤립의 최후통첩을 편지로 받은 히스기야는 군사력을 점검하고 무기를 준비하는 일을 하지 않았다. 히스기야는 무시무시한 협박 편지를 그대로 하나님의 성전에 갖고 간다. 그리고 그 편지를 하나님 앞에 펴 놓는다. 히스기야는 하나님의 전능하심을 고백하면서 오직 하나님만이 세상을 창조하고 통치하시기에 합당한 분이라고 영광을 돌린다.

16-17 산헤립이 살아계신 하나님을 비방하러 보낸 말을 들으시옵소서 여호와여 앗수르 여러 왕이 과연 여러 민족과 그들의 땅을 황폐하게 하고 하나님의 능력을 확인한 다음 히스기야는 이러한 하나님의 주권을 위협하는 일이 생겼음을 간절히 호소한다. 산헤립이 하나님을 모욕하며 경멸했다는 것이다. 그런 후에 앗수르 왕이 이렇게 교만할 만한 능력을 발휘했다고 하면서 산헤립에 대해 하나님이 분노하시게끔 노력한다.

19 우리 하나님 여호와여 원하건대 이제 우리를 그의 손에서 구원하옵소서 히스기야는 하나님께 간구한다. 단지 살려 달라는 정도가 아니라 하나님의 영광을 위해서 구해 달라는 기도였다. 하나님의 명예를 훼손하는 산헤립을 하나님이 벌해 달라는 것이다. 히스기야 자신과 유다 왕국을 구해 주심으로 온 세상이 하나님의 살아계심을 보게 해 달라는 기도다.

쉬운성경

8 그때, 랍사게가 돌아가다가 앗시리아 왕이 라기스에서 떠났다는 말을 듣고 립나로 가서 만났습니다. 왕은 립나 성에서 싸우는 중이었습니다.

9 앗시리아 왕은 에티오피아* 왕 디르하가가 자기를 치려 한다는 보고를 듣고 히스기야에게 사람들을 보내어 말했습니다.

10 "네가 의지하는 하나님께 속지 마라. 앗시리아 왕이 예루살렘을 정복하지 못할 것이라는 네 하나님의 말을 믿지 마라.

11 너는 앗시리아의 왕들이 여러 나라들을 멸망시킨 일을 들어 알고 있을 것이다. 너라고 해서 구원받을 것이라고 생각하지 마라.

12 나의 조상들은 고산과 하란과 레셉을 멸망시켰고, 들라살에 사는 에덴 백성을 멸망시켰다. 하지만 그 백성들의 신들도 그들을 구원하지는 못했다.

13 하맛과 아르밧의 왕들이 어디에 있느냐? 스발와임 성의 왕이 어디에 있느냐? 헤나와 아와의 왕들이 어디에 있느냐?"

14 히스기야는 사신들이 보낸 편지를 받아 읽고는 여호와의 성전으로 올라가 그 편지를 여호와 앞에 펼쳐 놓았습니다.

15 히스기야가 여호와께 기도드렸습니다. "이스라엘의 하나님 여호와여, 주의 보좌는 날개 달린 생물인 그룹들 사이에 있습니다. 오직 주만이 땅 위 온 나라의 하나님이십니다. 주께서는 하늘과 땅을 지으셨습니다.

16 여호와여, 귀를 기울여 들어 주십시오. 여호와여, 눈을 열어 보아 주십시오. 산헤립이 살아계신 하나님을 조롱한 말을 들어 주십시오.

* 19:9 개역 성경에는 (히)'구스'라고 표기되어 있다.

20 히스기야의 기도를 하나님이 들으신다. 하나님은 기도의 핵심을 정확하게 파악하실 뿐만 아니라 적절한 때에 완전하게 모든 문제를 해결함으로 응답하신다.

17 여호와여, 앗시리아의 왕들은 정말로 여러 나라와 그 땅을 멸망시켰습니다.

18 그 왕들은 여러 나라의 신들을 불 속에 던져 넣었습니다. 그러나 그 신들은 사람이 만든 나무요, 돌에 지나지 않습니다. 그래서 그 왕들이 그것을 없앨 수 있었습니다.

19 우리 하나님 여호와시여, 우리를 저 왕의 손에서 구해 주십시오. 그러면 온 땅의 나라들이 주만이 오직 한 분이신 하나님이라는 것을 알게 될 것입니다."

20 아모스의 아들 이사야가 히스기야에게 사람을 보내어 말했습니다. "이스라엘 하나님 여호와께서 왕이 앗시리아 왕 산헤립에 대해 기도한 것을 들으셨소.

저자의 묵상

위대한 지도자는 기도하는 사람이며 동시에 위대한 기도를 할 줄 아는 사람이다. 히스기야에게 닥쳐온 크나큰 위기는 곧 그의 기도 제목이 되었다. 히스기야는 불안과 공포로 다가오는 위기상황을 하나님 앞에 펼쳐 놓는다. 그리고 하나님께 간절히 기도한다. 단순히 자신과 백성의 안위만을 놓고 기도하기보다는 하나님의 영광이 가려지지 않게 해 달라는 기도를 한다. 이러한 히스기야의 기도는 진정으로 위대한 지도자가 하는 기도의 모범이다. 하나님의 이름을 드높이기 위해 자신과 백성들을 구해 달라 탄원하는 히스기야의 기도는 오늘 우리가 드리는 기도 내용을 성찰하는 기회가 되어야 한다. 우리의 기도 내용은 대부분 개인적인 차원의 기도다. 개인적인 필요를 구하는 기도가 있어야 하는 것은 틀림없지만, 모든 기도는 궁극적으로 하나님께 영광을 돌려야 함을 잊지 말아야 한다.

무릎기도 하나님, 하나님의 영광을 드러내는 참된 믿음의 사람이 되게 하소서.

NLT - 2 Kings 19

8 Meanwhile, the Assyrian chief of staff left
Jerusalem and went to consult the king of
Assyria, who had left Lachish and was
attacking Libnah.
9 Soon afterward King Sennacherib received
word that King Tirhakah of Ethiopia* was
leading an army to fight against him. Before
leaving to meet the attack, he sent messen-
gers back to Hezekiah in Jerusalem with this
message:
10 "This message is for King Hezekiah of
Judah. Don't let your God, in whom you
trust, deceive you with promises that
Jerusalem will not be captured by the king
of Assyria.
11 You know perfectly well what the kings of
Assyria have done wherever they have
gone. They have completely destroyed
everyone who stood in their way! Why
should you be any different?
12 Have the gods of other nations rescued
them--such nations as Gozan, Haran,
Rezeph, and the people of Eden who were
in Tel-assar? My predecessors destroyed
them all!
13 What happened to the king of Hamath and
the king of Arpad? What happened to the
kings of Sepharvaim, Hena, and Ivvah?"
14 After Hezekiah received the letter from the
messengers and read it, he went up to the
LORD's Temple and spread it out before the
LORD.
15 And Hezekiah prayed this prayer before the
LORD: "O LORD, God of Israel, you are
enthroned between the mighty cherubim!
You alone are God of all the kingdoms of the
earth. You alone created the heavens and
the earth.
16 Bend down, O LORD, and listen! Open your
eyes, O LORD, and see! Listen to Sennach-
erib's words of defiance against the living
God.
17 "It is true, LORD, that the kings of Assyria
have destroyed all these nations.
18 And they have thrown the gods of these
nations into the fire and burned them. But of
course the Assyrians could destroy them!
They were not gods at all—only idols of
wood and stone shaped by human hands.
19 Now, O LORD our God, rescue us from his
power; then all the kingdoms of the earth will
know that you alone, O LORD, are God."
20 Then Isaiah son of Amoz sent this message
to Hezekiah: "This is what the LORD, the God
of Israel, says: I have heard your prayer
about King Sennacherib of Assyria.

* 19:9 Hebrew *of Cush.*

9 fight against ~ ~와 싸우다 10 deceive 속이다 be captured by ~ ~에 의해 함락되다 12 predecessor 조상, 전임자 14 spread 펼치다 15 enthrone 권좌에 앉다 cherubim 그룹(들), 케루빔 16 defiance against ~ ~에 대한 도전, 대담한 반항 18 throw into the fire 태워 버리다, 불사르다

• MEMO •

☐ 묵상 체크

45 유다의 구원에 대한 이사야의 예언

월 일

열왕기하 19:21-37 • 새찬송 282장 | 통일 339장

• 말씀묵상 전에 성령님의 인도하심을 구하는 기도를 드리십시오.

본문요약 I 히스기야의 기도를 들은 하나님은 이사야 선지자를 통해 말씀하신다. 히스기야는 하나님을 신뢰하고 의지했기에 하나님께 간구할 수 있었다. 하나님은 이사야 선지자를 통해 히스기야의 기도에 응답하신다. 하나님은 교만한 앗수르 왕 산헤립의 말을 다 듣고 계셨다. 하나님이 예언하신 대로 앗수르가 참패하고 산헤립 왕은 아들들에게 반역을 당해 죽는다.

21 여호와께서 앗수르 왕에게 대하여 이같이
말씀하시기를
처녀 딸 시온이 너를 멸시하며 너를 비
웃었으며 딸 예루살렘이 너를 향하여
머리를 흔들었느니라
22 네가 누구를 꾸짖었으며 비방하였느냐
누구를 향하여 소리를 높였으며 눈을
높이 떴느냐 이스라엘의 거룩한 자에게
그리하였도다
23 네가 사자들을 통하여 주를 비방하여
이르기를 내가 많은 병거를 거느리고
여러 산꼭대기에 올라가며 레바논 깊은
곳에 이르러 높은 백향목과 아름다운
잣나무를 베고 내가 그 가장 먼 곳에 들
어가며 그의 동산의 무성한 수풀에 이
르리라
24 내가 땅을 파서 이방의 물을 마셨고 나
의 발바닥으로 애굽의 모든 강들을 말
렸노라 하였도다
25 네가 듣지 못하였느냐 이 일은 내가 태
초부터 행하였고 옛날부터 정한 바라
이제 내가 이루어 너로 견고한 성들을
멸하여 무너진 돌무더기가 되게 함이니
라
26 그러므로 거기에 거주하는 백성의 힘이
약하여 두려워하며 놀랐나니 그들은 들
의 채소와 푸른 풀과 지붕의 잡초와 자
라기 전에 시든 곡초같이 되었느니라
27 네 거처와 네 출입과 네가 내게 향한 분
노를 내가 다 아노니
28 네가 내게 향한 분노와 네 교만한 말이
내 귀에 들렸도다 그러므로 내가 갈고
리를 네 코에 꿰고 재갈을 네 입에 물려
너를 오던 길로 끌어 돌이키리라
하셨나이다
29 또 네게 보일 징조가 이러하니 너희가 금
년에는 스스로 자라난 것을 먹고 내년에
는 그것에서 난 것을 먹되 제삼 년에는 심
고 거두며 포도원을 심고 그 열매를 먹으
리라
30 유다 족속 중에서 피하고 남은 자는 다시
아래로 뿌리를 내리고 위로 열매를 맺을
지라
31 남은 자는 예루살렘에서부터 나올 것이요
피하는 자는 시온 산에서부터 나오리니
여호와의 열심이 이 일을 이루리라 하셨
나이다 하니라
32 그러므로 여호와께서 앗수르 왕을 가리켜
이르시기를 그가 이 성에 이르지 못하며
이리로 화살을 쏘지 못하며 방패를 성을
향하여 세우지 못하며 치려고 토성을 쌓
지도 못하고
33 오던 길로 돌아가고 이 성에 이르지 못하
리라 하셨으니 이는 여호와의 말씀이시라
34 내가 나와 나의 종 다윗을 위하여 이 성을
보호하여 구원하리라 하셨나이다 하였더
라
35 이 밤에 여호와의 사자가 나와서 앗수르
진영에서 군사 십팔만 오천 명을 친지라
아침에 일찍이 일어나 보니 다 송장이 되

었더라
36 앗수르 왕 산헤립이 떠나 돌아가서 니느
웨에 거주하더니
37 그가 그의 신 니스록의 신전에서 경배할
때에 아드람멜렉과 사레셀이 그를 칼로
쳐 죽이고 아라랏 땅으로 그들이 도망하
매 그 아들 에살핫돈이 대신하여 왕이 되
니라

1. 오늘 하나님께서 나에게 주신 깨달음은 무엇입니까?

2. 말씀을 어떻게 내 삶에 구체적으로 적용해야 합니까?

• • •

절별 해설

21 처녀 딸 시온이 너를 멸시하며 너를 비웃었으며 딸 예루살렘이 너를 향하여 머리를 흔들었느니라 히스기야의 기도를 들으신 하나님은 이사야 선지자를 통해 앗수르가 멸시를 받고 수치를 당하게 될 것을 말씀하신다. 여기서 시온(Zion)은 일명 '다윗성'이라고도 불린 예루살렘 성읍을 가리킨다. 시온은 그토록 잦은 침략에도 히스기야 때까지 한 번도 이방인의 발에 완전히 점령당한 적이 없었는데, 이 시온이 산헤립을 비웃게 될 것을 말하고 있다. 즉, 산헤립이 멸시와 조롱을 받게 될 것을 뜻한다.

22-25 이스라엘의 거룩한 자에게 그리하였도다, 주를 비방하여 이르기를, 내가 땅을 파서 이방의 물을 마셨고 나의 발바닥으로 애굽의 모든 강들을 말렸노라, 이 일은 내가 태초부터 행하였고 옛날부터 정한 바라 이제 내가 이루어 너로 견고한 성들을 멸하여 무너진 돌무더기가 되게 함이니라 이사야 선지자는 기고만장한 산헤립의 오만함을 비난하면서 현실을 직시하라고 선언한다. 누가 산헤립에게 힘과 능력을 주었는지를 인식하라는 것이다. 특히 '땅을 파서 물을 마셨다'는 표현은, 적이 도망가면서 메워 버린 우물을 다시 판다는 의미가 아니라 물이 솟아날 만한 땅은 모두 파서 그 물을 취했다는 뜻이다. 당시 다른 사람이나 족속의 영역에 들어가 그곳에 우물을 판다는 것은 곧 그 지역을 정복하고 소유했다는 의미다. 더욱이 '모든 강들을 말렸다'는 표현은 애굽에 있는 모든 강을 정복했다는 뜻이다. 당시 산헤립이 얼마나 오만불손했는지 충분히 알 수 있다. 이렇게 창조주 하나님을 몰랐던 산헤립은 교만과 방종으로 가득 차 있었다. 산헤립은 군대의 힘을 믿었고, 과거의 화려한 전과를 믿었다. 그러나 이 모든 것은 하나님이 태초부터 정하신 일이었다. 하나님이 앗수르를 통해 이스라엘을 벌하기 위해 산헤립을 활용하셨기에 그가 견고한 유다의 성들을 점령할 수 있었던 것이다.

쉬운성경

21 그리고 산헤립에 대해 여호와께서 이
렇게 말씀하셨소.
'시온 백성이 너를 미워하고 조롱할
것이다. 예루살렘 백성이 도망치는
너를 보고 비웃을 것이다.

22 네가 누구를 꾸짖으며 조롱하였느
냐? 네가 누구에게 목소리를 높였
느냐? 네가 누구에게 눈을 부릅떴
느냐? 이스라엘의 거룩하신 분에게
냐?

23 너는 사자들을 보내어 여호와를 조
롱하며 이렇게 비아냥거렸다. 나에
게는 전차가 많이 있다. 나는 그 전
차를 타고 산꼭대기로 올라갔으며
거기서 레바논의 가장 높은 산으로
올라갔다. 레바논의 키 큰 백향목과
훌륭한 잣나무를 베어 버렸다. 가장
깊숙한 곳까지 들어갔고 가장 울창
한 숲까지 들어갔다.

24 또 나는 내가 빼앗은 다른 나라에서
샘을 파서 그 물을 마셨다. 내 발바
닥으로 이집트의 모든 강물을 마르
게 했다.

25 앗시리아 왕아, 나 여호와가 오래
전에 이 일들을 결정했고 옛날에 이
일들을 계획했다는 것을 네가 틀림
없이 들었을 것이다. 네가 성벽이
있는 저 굳건한 성들을 쳐서 잿더
미로 만들 수 있게 한 것도 바로 나
여호와이다.

28 갈고리를 네 코에 꿰고 재갈을 네 입에 물려 너를 오던 길로 끌어 돌이키리라 이사야 선지자는 산헤립이 치욕을 당할 것을 예언한다. 코에 갈고리가 걸리고 입에 재갈이 물린 채 본인의 의지와는 상관없이 하나님이 끌고 가시는 대로 끌려다니는 처량한 신세가 되어 본국으로 돌아갈 것이다. '갈고리를 네 코에 꿰고 재갈을 네 입에 물리겠다'는 본절의 표현은 앗수르인이 포로에게 주로 행했던 모습이다. 앗수르는 어떤 지역이든지 초토화시키고 정복한 뒤에는 어김없이 정복지에 살아남은 왕과 백성들을 이와 같은 방식으로 묶어서 끌고 갔다. 놀랍게도 자신들이 하던 방식으로 고스란히 되돌려 받게 된다는 것이다.

29-31 제삼 년에는, 유다 족속 중에서 피하고 남은 자는 다시 아래로 뿌리를 내리고 위로 열매를 맺을지라, 여호와의 열심이 이 일을 이루리라 앗수르의 침공과 그들의 무자비한 파괴 때문에 땅이 회복되어 열매를 맺기까지 3년이 걸릴 것이다. 그러나 하나님은 피하고 남은 자가 반드시 그 열매를 보게 해 주실 것이다. 나무뿌리가 완전히 뽑힌 것 같은 유다가 다시 이 땅에 심겨서 뿌리를 내리고 열매를 맺게 될 것이다. 한편, 앗수르의 침입은 북이스라엘과 아람의 예루살렘 침입과 마찬가지로(왕하 16:5) 유다에 내린 하나님의 심판이었다. 그런데 이제 그와 같은 하나님의 심판 속에서 구원을 받는 남은 자들이 다시 하나님 앞에서 견고히 서게 될 것을 말하고 있다. 이는 유다가 아직은 앗수르의 침입에 의해 멸망당하지 않고 다시 번영하게 될 것을 의미한다. 이러한 번영에 대한 하나님의 예언은 요시야 왕 때에 실제로 이루어진다(왕하 23:1-25).

32-34 그가 이 성에 이르지 못하며, 오던 길로 돌아가고 이 성에 이르지 못하리라, 이 성을 보호하여 구원하리라 하나님이 유다를 보호하시면 산헤립이라도 감히 예루살렘 성으로 들어올 수 없다. 아니 산헤립은 하나님이 심판하실 것이다. 이사야 선지자는 하나님이 자신의 명예를 지키기 위해서 히스기야와 예루살렘을 구원하실 것을 선포한다. 다윗에게 한 언약을 기억하시는 하나님은 이 약속을 반드시 성취하실 것이다. 또한 하나님 자신을 위해서라도 이 약속을 반드시 이루실 것이다. 예루살렘의 구원은 유다 백성이나 히스기야의 공로에 의해서가 아니라 오직 하나님의 영광을 위해서기 때문이다. 이것이야말로 하나님이 세상을 창조하고 섭리하시는 제일의 목적이다. 그러므로 하나님은 모든 피조물이 그분께 영광 돌리기를 바라신다(고전 10:31).

26 그래서 그 성에 사는 백성들이 겁을 내고 두려움에 떤 것이다. 그들은 들의 식물과 같았고 연약한 풀과 같았다. 자라기도 전에 말라 버리는 지붕 위의 풀과 같았다.

27 나는 네가 어디에 살고 있으며, 언제 나가고 들어가는지도 다 알고 있다. 네가 나에게 악한 말을 하고 있는 것과 분을 품고 있는 것도 알고 있다.

28 너는 나에게 반역하였고 네 교만이 내 귀에까지 들렸으므로 네 코에 갈고리를 걸고 네 입에 재갈을 물리겠다. 그리고 네가 왔던 그 길로 다시 돌아가게 하겠다.

29 히스기야야, 내가 너에게 이 증거를 보이겠다. 너는 금년에 들에서 저절로 자란 곡식을 먹겠고, 내년에도 들에서 저절로 자란 곡식을 먹을 것이다. 그러나 삼 년째 되는 해에는 심고 거두며 포도밭을 가꾸어서 그 열매를 먹을 것이다.

30 유다 집안의 남은 백성은 뿌리를 내리고 튼튼하게 자라나서 많은 열매를 맺게 될 것이다.

31 예루살렘에서 살아남은 사람이 나오겠고 시온 산에서 살아남은 사람이 나올 것이다. 나 여호와는 열심으로 그 일을 이룰 것이다.'"

32 "여호와께서 앗시리아 왕에 대하여 이렇게 말씀하셨소.

'그는 이 성에 들어오지 못한다. 그는 화살 한 발도 쏘지 못하며 방패를 가지고 가까이 오지도 못하고 성을 공격할 흙 언덕도 쌓지 못할 것이다.

33 그는 왔던 길로 다시 자기 나라로 돌아갈 것이다. 그는 이 성에 들어오지 못한다. 이것은 나 여호와의 말이다.

35-37 여호와의 사자가 나와서 앗수르 진영에서 군사 십팔만 오천 명을 친지라, 앗수르 왕 산헤립이 떠나 돌아가서, 그가 그의 신 니스록의 신전에서 경배할 때에 아드람멜렉과 사레셀이 그를 칼로 쳐 죽이고 하루아침에 앗수르 군사 18만 5천명이 죽었다. 초라한 병력의 유다 군대가 아니라 여호와의 사자(천사)가 직접 나섰기 때문에 가능한 일이다. 여기서 여호와의 사자는 애굽에서 장자를 친(출 12장) 천사였고, 다윗이 인구 조사를 했을 때 이스라엘 전역에 전염병을 내린 천사(삼하 24:15-16)기도 했다. 하나님이 앗수르를 징계하기 위해 앗수르 군대에 바로 그 천사를 보내신 것이다. 또한 18만5천 명을 죽였다고 했는데, 이 수치로 볼 때 당시 앗수르 군대가 얼마나 큰 규모였는지 짐작할 수 있다. 이토록 엄청난 수의 병력이 하나님의 역사하심으로 일거에 몰살된다. 퇴각한 산헤립 왕은 그 후 20년 동안 한 번도 유다를 공격할 엄두를 내지 못한다. 그러다가 예언대로 반역 때문에 죽게 된다. 그를 죽인 반역자는 다른 사람이 아니라 자신의 아들들이었다. 참으로 초라하고 허무한 종말이다.

34 나를 위해, 그리고 내 종 다윗을
위해 이 성을 지켜 구원해 주겠
다.'"

35 그날 밤에 여호와의 천사가 앗시리
아의 진으로 나아가서 앗시리아군 십
팔만 오천 명을 죽였습니다. 백성이 이
튿날 아침 일찍 일어나 보니, 그들이
모두 죽어 있었습니다.

36 그리하여 앗시리아 왕 산헤립은 그
곳을 떠나 니느웨로 돌아가서 그곳에
머물렀습니다.

37 어느 날, 산헤립이 자기의 신 니스
록의 신전에서 예배하고 있을 때에 그
의 아들 아드람멜렉과 사레셀이 그를
칼로 죽이고 아라랏 땅으로 도망쳤습
니다. 그리하여 산헤립의 아들 에살핫
돈이 앗시리아의 왕이 되었습니다.

저자의 묵상

하나님께서는 교만에 가득 차서 자기 자랑을 일삼는 산헤립에게 이사야를 통해 분명하게 뜻을 전하신다. 이 세상의 나라를 흥하고 망하게 하시는 분은 하나님이지 산헤립이 아니라는 말이었다. 잠시 하나님께서 산헤립을 도구로 사용하셔서 범죄한 유다 백성을 심판하신 것뿐이다. 산헤립은 그것도 알지 못한 채, 자신의 능력인 줄 알고 자랑하고 있으니 얼마나 어리석은가! 그래서 하나님께서는 부득이하게 산헤립의 교만을 무너뜨리실 수밖에 없는 것이다. 여호와의 천사가 내려와서 앗수르 군대를 치자 불과 하룻밤 동안에 앗수르 군사 18만5천 명이 죽는다. 히스기야의 아버지 때부터 수십 년 동안 유다를 고통스럽게 만들었던 앗수르의 막강한 군대가 단 하루 만에 패하고 만다. 하나님께서 행하시면 그 어떤 문제도 순식간에 해결된다. 반면, 그토록 기세등등했던 산헤립은 반역으로 인해 비참한 죽음을 맞이한다. 주목할 것은 산헤립이 죽임을 당할 때 그가 자신이 섬기는 신의 신전에서 예배하고 있었다는 사실이다. 하나님을 무시하고 경멸하는 자는 반드시 심판을 받는다. 우습게도 산헤립의 신은 자신의 신전에서조차 자기를 섬기는 자를 보호하지 못했다. 오직 하나님만이 진정한 신이다. 그 하나님께서 행하실 구원을 바라보아야 한다. 하나님을 의지하며 기도함으로 나아가는 데 소망이 있다. 그것이 참된 지혜며 성공적인 삶을 사는 비결이다.

무릎 기도 하나님, 그 어떤 때에라도 그 무슨 일이 있어도 절대 교만하지 않도록 지켜 주소서. 하나님께서 하시면 어떤 어려운 문제도 해결될 줄로 믿고 기도하는 일꾼이 되게 하소서.

NLT - 2 Kings 19

21 And the LORD has spoken this word against him: "The virgin daughter of Zion despises you and laughs at you. The daughter of Jerusalem shakes her head in derision as you flee.

22 "Whom have you been defying and ridiculing? Against whom did you raise your voice? At whom did you look with such haughty eyes? It was the Holy One of Israel!

23 By your messengers you have defied the Lord. You have said, 'With my many chariots I have conquered the highest mountains—yes, the remotest peaks of Lebanon. I have cut down its tallest cedars and its finest cypress trees. I have reached its farthest corners and explored its deepest forests.

24 I have dug wells in many foreign lands and refreshed myself with their water. With the sole of my foot I stopped up all the rivers of Egypt!'

25 "But have you not heard? I decided this long ago. Long ago I planned it, and now I am making it happen. I planned for you to crush fortified cities into heaps of rubble.

26 That is why their people have so little power and are so frightened and confused. They are as weak as grass, as easily trampled as tender green shoots. They are like grass sprouting on a housetop, scorched before it can grow lush and tall.

27 "But I know you well—where you stay and when you come and go. I know the way you have raged against me.

28 And because of your raging against me and your arrogance, which I have heard for myself, I will put my hook in your nose and my bit in your mouth. I will make you return by the same road on which you came."

29 Then Isaiah said to Hezekiah, "Here is the proof that what I say is true: "This year you will eat only what grows up by itself, and next year you will eat what springs up from that. But in the third year you will plant crops and harvest them; you will tend vineyards and eat their fruit.

30 And you who are left in Judah, who have escaped the ravages of the siege, will put roots down in your own soil and will grow up and flourish.

31 For a remnant of my people will spread out from Jerusalem, a group of survivors from Mount Zion. The passionate commitment of the LORD of Heaven's Armies* will make this happen!

32 "And this is what the LORD says about the king of Assyria: "His armies will not enter Jerusalem. They will not even shoot an arrow at it. They will not march outside its gates with their shields nor build banks of earth against its walls.

33 The king will return to his own country by the same road on which he came. He will not enter this city, says the LORD.

34 For my own honor and for the sake of my servant David, I will defend this city and protect it."

35 That night the angel of the LORD went out to the Assyrian camp and killed 185,000 Assyrian soldiers. When the surviving Assyrians* woke up the next morning, they found corpses everywhere.

36 Then King Sennacherib of Assyria broke camp and returned to his own land. He went home to his capital of Nineveh and stayed there.

37 One day while he was worshiping in the temple of his god Nisroch, his sons* Adrammelech and Sharezer killed him with their swords. They then escaped to the land of Ararat, and another son, Esarhaddon, became the next king of Assyria.

* 19:31 As in Greek and Syriac versions, Latin Vulgate, and an alternate reading of the Masoretic Text (see also Isa 37:32); the other alternate reads *the LORD*.

* 19:35 Hebrew *When they*.

* 19:37 As in Greek version and an alternate reading of the Masoretic Text (see also Isa 37:38); the other alternate reading lacks *his sons*.

21 despise 경멸하다 derision 조롱, 조소 22 defy 반항하다 ridicule 조롱하다 haughty 거만한, 오만한 23 remote 외진, 외딴 peak 봉우리 cedar 백향목 24 refresh oneself with ~ ~로 기분을 전환하다 sole 발바닥 25 crush 눌러 부수다 rubble 돌무더기 26 trample 짓밟다 sprout (싹·잎 등이) 자라기 시작하다 29 proof 증거 crop 농작물 vineyard 포도원 30 ravage 참혹한 피해, 황폐 siege 포위 공격 flourish 융성하다 31 remnant 남은 자 spread out 퍼져나가다 survivor 생존자 commitment 전념 32 shield 방패 34 honor 영예 defend 보호하다 35 corpse 송장, 시체

46 히스기야의 기도와 회복

월 일

열왕기하 20:1-11 • 새찬송 368장 | 통일 486장

• 말씀묵상 전에 성령님의 인도하심을 구하는 기도를 드리십시오.

본문요약 I 히스기야는 자신이 죽게 될 것이라는 이사야의 말을 듣고 심히 통곡하며 기도한다. 히스기야는 하나님 앞에서 진실과 전심으로 선하게 행한 것을 하나님이 기억해 주시기를 눈물로 기도한다. 하나님은 히스기야에게 15년의 삶을 더 연장해 주시고, 유다 역시 구원받게 될 것이라고 응답하신다.

1 그때에 히스기야가 병들어 죽게 되매 아
모스의 아들 선지자 이사야가 그에게 나
아와서 그에게 이르되 여호와의 말씀이
너는 집을 정리하라 네가 죽고 살지 못하
리라 하셨나이다
2 히스기야가 낯을 벽으로 향하고 여호와께
기도하여 이르되
3 여호와여 구하오니 내가 진실과 전심으로
주 앞에 행하며 주께서 보시기에 선하게
행한 것을 기억하옵소서 하고 히스기야가
심히 통곡하더라
4 이사야가 성읍 가운데까지도 이르기 전에
여호와의 말씀이 그에게 임하여 이르시되
5 너는 돌아가서 내 백성의 주권자 히스기
야에게 이르기를 왕의 조상 다윗의 하나
님 여호와의 말씀이 내가 네 기도를 들었
고 네 눈물을 보았노라 내가 너를 낫게 하
리니 네가 삼 일 만에 여호와의 성전에 올
라가겠고
6 내가 네 날에 십오 년을 더할 것이며 내가
너와 이 성을 앗수르 왕의 손에서 구원하
고 내가 나를 위하고 또 내 종 다윗을 위
하므로 이 성을 보호하리라 하셨다 하라
하셨더라
7 이사야가 이르되 무화과 반죽을 가져오라
하매 무리가 가져다가 그 상처에 놓으니
나으니라
8 히스기야가 이사야에게 이르되 여호와께
서 나를 낫게 하시고 삼 일 만에 여호와의
성전에 올라가게 하실 무슨 징표가 있나
이까 하니
9 이사야가 이르되 여호와께서 하신 말씀을
응하게 하실 일에 대하여 여호와께로부터
왕에게 한 징표가 임하리이다 해 그림자
가 십도를 나아갈 것이니이까 혹 십도를
물러갈 것이니이까 하니
10 히스기야가 대답하되 그림자가 십도를 나
아가기는 쉬우니 그리할 것이 아니라 십
도가 뒤로 물러갈 것이니이다 하니라
11 선지자 이사야가 여호와께 간구하매 아하
스의 해시계 위에 나아갔던 해 그림자를
십도 뒤로 물러가게 하셨더라

1. 오늘 하나님께서 나에게 주신 깨달음은 무엇입니까?

2. 말씀을 어떻게 내 삶에 구체적으로 적용해야 합니까?

절별 해설

1 히스기야가 심각한 병에 걸려 거의 죽게 된다. 이사야 선지자는 히스기야를 찾아가 죽을 준비를 하라고 말한다. 즉, 왕이 죽고 난 후에 혼란이 생기지 않도록 후계 문제 등과 같은 여러 가지 현안을 챙기라는 말이었다. 더욱이 그 무렵이라고 하는 때는 지난 장에서 살펴본 앗수르 대군의 예루살렘 포위 사건 전이다. 더 구체적으로 말하면, 북이스라엘을 멸망시킨 강대국 앗수르의 군대가 서서히 유다의 성읍을 함락시키며 예루살렘까지 진격해 오는 위기상황이었다. 이토록 중요한 때 왕에게 중병이 찾아든 것이다.

2-3 히스기야가 낯을 벽으로 향하고 여호와께 기도하여 이르되, 주께서 보시기에 선하게 행한 것을 기억하옵소서 하고 히스기야가 심히 통곡하더라 히스기야는 벽을 향해서 엎드려 울며 기도한다. 히스기야는 죽어야 하는 자신의 처지를 비관하거나 원망하지 않았다. 그저 자신이 하나님의 뜻대로 수행했던 일을 기억해 달라고만 간청한다. 실제로 히스기야는 다윗 왕 이후 300년 만에 등장한 신실한 믿음을 가진 훌륭한 왕이었다. 그는 여호사밧 이래로 가장 광범위하면서도 강력한 종교개혁을 단행했다. 무엇보다도 우상숭배의 핵심인 산당을 없앴다. 히스기야는 자신이 하나님의 말씀대로 살려고 애써 왔음을 보시고 긍휼히 여겨 달라고 애원한다. 온전히 하나님께 모든 것을 맡기고 주신 말씀을 중심으로 진실하게 기도했다.

4-5 이사야가 성읍 가운데까지도 이르기 전에 여호와의 말씀이 그에게 임하여 이르시되, 내가 네 기도를 들었고 네 눈물을 보았노라 내가 너를 낫게 하리니 네가 삼 일 만에 여호와의 성전에 올라가겠고 히스기야의 애끓는 기도는 즉각 응답된다. 히스기야에게 죽을 것이라고 말한 이사야 선지자가 왕궁을 벗어나기도 전에 다시 하나님의 말씀이 임한다. 하나님이 히스기야의 기도를 듣고 그의 눈물을 보셨다는 것이다. 고쳐 주시겠다는 것이다.

6-7 눈물 어린 기도에 대한 응답으로 히스기야는 15년 동안 생명을 연장받는다. 히스기야가 하나님께 간구한 것은 단지 자신을 불쌍히 여겨 달라는 것이었으나 하나님은 그의 생명을 무려 15년이나 연장해 주겠다고 약속하신다. 또한 앗수르의 손에서 예루살렘도 건져 내겠다고 약속하신다. 이처럼 하나님은 믿음의 사람에게 복을 주시되 구하는 것이나 생각하는 것에 더 넘치도록 주신다. 이제 히스기야가 시한부 인생으로 생명을 연장받은 만큼 예루살렘에 대한 심판도 당분

쉬운성경

1 그 무렵에 히스기야가 심한 병에 걸려 거의 죽게 되었습니다. 아모스의 아들인 예언자 이사야가 그를 보러 와서 말했습니다. "여호와께서 이렇게 말씀하셨소. '너는 이제 죽을 것이다. 그러니 네 집안일을 정리하여라. 너는 회복되지 못할 것이다.'"

2 히스기야가 벽쪽을 바라보며 여호와께 기도드렸습니다.

3 "여호와여, 제가 언제나 마음을 다하여 여호와께 복종하고, 여호와께서 보시기에 옳은 일을 한 것을 기억해 주십시오." 기도를 하던 히스기야가 슬프게 울었습니다.

4 이사야가 안뜰을 지날 때에 여호와께서 이사야에게 말씀하셨습니다.

5 "다시 돌아가서 내 백성의 지도자인 히스기야에게 전하여라. '네 조상 다윗의 하나님 여호와께서 이렇게 말씀하셨다. 내가 네 기도를 들었고 네 눈물을 보았다. 그러므로 내가 너를 고쳐 주겠다. 지금부터 삼일 만에 너는 여호와의 성전으로 올라갈 것이다.

6 내가 네 목숨을 십오 년 더 연장해 주겠다. 그리고 너와 이 성을 앗시리아의 왕에게서 구해 주겠다. 나를 위해, 그리고 내 종 다윗을 위해 이 성을 지켜 주겠다.'"

7 이사야가 신하들에게 말했습니다. "무화과로 만든 연고를 가져오시오." 그들이 연고를 만들어 가져와서 왕의 상처 위에 바르니, 왕의 병이 나았습니다.

8 히스기야가 이사야에게 물었습니다. "여호와께서 나를 고쳐 주시고 내가 삼 일 만에 여호와의 성전에 올라가게 될 것이라 하였는데 그 표적이 무엇이오?"

간 보류된다. 한편, 이사야가 왕의 신하들에게 무화과 반죽을 가져와 히스기야의 상처에 바르게 했더니 병이 낫는다.

9-11 왕에게 한 징표가 임하리이다, 해시계 위에 나아갔던 해 그림자를 십도 뒤로 물러가게 하셨더라 징표(표적)를 구하는 히스기야의 요청에 이사야는 모든 일이 하나님이 선언하신 대로 이루어질 것이라고 말한다. 하나님은 히스기야에게 해시계의 해 그림자를 10도 뒤로 물러가게 하는 징표를 보이신다.

9 이사야가 말했습니다. "여호와께서 약속하신 것을 그대로 이루신다는 표적이 임할 것이오. 왕은 해 그림자가 해시계 위에서 열 칸 앞으로 나아가게 하는 것이 좋겠소, 아니면 열 칸 뒤로 물러나게 하는 것이 좋겠소?"

10 히스기야가 대답했습니다. "열 칸 앞으로 나아가게 하는 것은 쉬운 일이니 열 칸 뒤로 물러나게 해 주시오."

11 예언자 이사야가 여호와께 부르짖자, 여호와께서는 아하스 왕이 만들어 놓은 해시계의 해 그림자를 열 칸 뒤로 물러나게 해 주셨습니다.

저자의 묵상

최악의 위기는 최악의 상황에서 생길 때가 자주 있다. 가장 열심히 일해야 할 때 건강을 잃게 되거나, 돈이 가장 필요할 때 돈이 떨어지거나, 가장 시간이 없을 때 가장 분주하게 된다. 본문에서는 멸망의 위기 앞에서 강력한 리더십으로 백성을 이끌어야 할 때 왕이 죽어가는 형국이었다. 그러나 히스기야 왕은 이때 벽 쪽을 향해 하나님께 기도한다. 사면으로 막히고 어쩔 수 없는 절망과 불가능의 때가, 믿음의 사람에게는 큰 소망과 기회가 열리는 때다. 그러므로 고난과 시련은 그 사람의 신앙과 인격을 달아 보는 저울과 같다. 또한 벽 쪽을 향해 기도했다는 사실은 히스기야가 오직 하나님만을 전심으로 의지했음을 보여준다. 이렇게 기도하였기에 하나님은 즉각 응답하신다. 우리의 기도가 순전하고 간절하면 하나님은 우리의 생각보다 훨씬 더 좋은 것으로 응답해 주신다. 삶 속에서 하나님의 응답을 풍성하게 체험하며 살아가는 믿음과 기도의 생활이 그리스도인에게 필요하다.

무릎 기도 하나님, 오늘도 믿음으로 주님 앞에 나아가 풍성한 응답을 받으며 하나님께 영광 돌리게 하소서.

NLT - 2 Kings 20

1 About that time Hezekiah became deathly ill, and the prophet Isaiah son of Amoz went to visit him. He gave the king this message: "This is what the LORD says: Set your affairs in order, for you are going to die. You will not recover from this illness."

2 When Hezekiah heard this, he turned his face to the wall and prayed to the LORD,

3 "Remember, O LORD, how I have always been faithful to you and have served you single-mindedly, always doing what pleases you." Then he broke down and wept bitterly.

4 But before Isaiah had left the middle courtyard,* this message came to him from the LORD:

5 "Go back to Hezekiah, the leader of my people. Tell him, 'This is what the LORD, the God of your ancestor David, says: I have heard your prayer and seen your tears. I will heal you, and three days from now you will get out of bed and go to the Temple of the LORD.

6 I will add fifteen years to your life, and I will rescue you and this city from the king of Assyria. I will defend this city for my own honor and for the sake of my servant David.'"

7 Then Isaiah said, "Make an ointment from figs." So Hezekiah's servants spread the ointment over the boil, and Hezekiah recovered!

8 Meanwhile, Hezekiah had said to Isaiah, "What sign will the LORD give to prove that he will heal me and that I will go to the Temple of the LORD three days from now?"

9 Isaiah replied, "This is the sign from the LORD to prove that he will do as he promised. Would you like the shadow on the sundial to go forward ten steps or backward ten steps?*"

10 "The shadow always moves forward," Hezekiah replied, "so that would be easy. Make it go ten steps backward instead."

11 So Isaiah the prophet asked the LORD to do this, and he caused the shadow to move ten steps backward on the sundial* of Ahaz!

* 20:4 As in Greek version and an alternate reading in the Masoretic Text; the other alternate reads *the middle of the city.*

* 20:9 Or *The shadow on the sundial has gone forward ten steps; do you want it to go backward ten steps?*

* 20:11 Hebrew *the steps.*

1 set one's affair in order ~의 일을 정리하다 recover 회복하다 3 single-mindedly 일편단심으로 weep 울다 bitterly 비통하게 6 defend 보호하다 honor 영예 7 ointment 연고 boil 종기 9 sundial 해시계

• MEMO •

47

월 일

히스기야의 실책

열왕기하 20:12-21 • 새찬송 288장 | 통일 204장

• 말씀묵상 전에 성령님의 인도하심을 구하는 기도를 드리십시오.

본문요약 | 바벨론 왕의 사절단이 온다. 이들의 예방을 받은 히스기야는 소유하고 있는 무기와 보물, 그리고 그 모든 것을 보관하는 창고를 사자들에게 보여 주며 유다의 군사력과 경제력을 과시한다. 하나님은 히스기야가 사자들에게 보여 준 것이 다 바벨론으로 옮겨질 것이라고 이사야 선지자를 통해 선언하신다.

12 그때에 발라단의 아들 바벨론의 왕 브로닥발라단이 히스기야가 병들었다 함을 듣고 편지와 예물을 그에게 보낸지라
13 히스기야가 사자들의 말을 듣고 자기 보물고의 금은과 향품과 보배로운 기름과 그의 군기고와 창고의 모든 것을 다 사자들에게 보였는데 왕궁과 그의 나라 안에 있는 모든 것 중에서 히스기야가 그에게 보이지 아니한 것이 없더라
14 선지자 이사야가 히스기야 왕에게 나아와 그에게 이르되 이 사람들이 무슨 말을 하였으며 어디서부터 왕에게 왔나이까 히스기야가 이르되 먼 지방 바벨론에서 왔나이다 하니
15 이사야가 이르되 그들이 왕궁에서 무엇을 보았나이까 하니 히스기야가 대답하되 내 궁에 있는 것을 그들이 다 보았나니 나의 창고에서 하나도 보이지 아니한 것이 없나이다 하더라
16 이사야가 히스기야에게 이르되 여호와의 말씀을 들으소서
17 여호와의 말씀이 날이 이르리니 왕궁의 모든 것과 왕의 조상들이 오늘까지 쌓아 두었던 것이 바벨론으로 옮긴 바 되고 하나도 남지 아니할 것이요
18 또 왕의 몸에서 날 아들 중에서 사로잡혀 바벨론 왕궁의 환관이 되리라 하셨나이다 하니
19 히스기야가 이사야에게 이르되 당신이 전한 바 여호와의 말씀이 선하니이다 하고 또 이르되 만일 내가 사는 날에 태평과 진실이 있을진대 어찌 선하지 아니하리요 하니라
20 히스기야의 남은 사적과 그의 모든 업적과 저수지와 수도를 만들어 물을 성안으로 끌어들인 일은 유다 왕 역대지략에 기록되지 아니하였느냐
21 히스기야가 그의 조상들과 함께 자고 그의 아들 므낫세가 대신하여 왕이 되니라

1. 오늘 하나님께서 나에게 주신 깨달음은 무엇입니까?

2. 말씀을 어떻게 내 삶에 구체적으로 적용해야 합니까?

절별 해설

12-13 그때에 발라단의 아들 바벨론의 왕 브로닥발라단이 히스기야가 병들었다 함을 듣고 편지와 예물을 그에게 보낸지라, 왕궁과 그의 나라 안에 있는 모든 것 중에서 히스기야가 그에게 보이지 아니한 것이 없더라 병중에 히스기야는 하나님 앞에서는 겸손했지만, 병이 다 낫고 난 뒤에 바벨론 왕의 사자들 앞에서는 교만했다. 히스기야는 반앗수르 동맹을 강화할 목적으로 선물과 편지를 보낸 바벨론 왕의 사자들에게 유다 왕궁의 보물과 무기를 보관하는 창고의 모든 것을 남김없이 다 보여준다. 히스기야는 바벨론 같은 대국의 왕이 자신의 병에 관심을 쏟고 우호적인 관계를 유지하기 위해 사자와 선물을 보낸 것에 감격했다. 그는 허세에 가득 차서 경제력과 군사력을 과시하며 자신이 얼마나 믿을 만한 존재인지 드러내려고 했다. 한편, 바벨론의 수호신인 마르둑이 아들을 주셨다는 의미인 '브로닥발라단'은 발라단의 아들이자 바벨론의 왕이었다. 그는 독립된 통일 국가 이룩이라는 확고한 목표를 갖고 노력한 훌륭한 왕이었으나, 앗수르 왕 산헤립의 2차 공격을 받고 전사했다.

14-15 선지자 이사야가 히스기야 왕에게 나아와, 무엇을 보았나이까 하니 히스기야가 대답하되 내 궁에 있는 것을 그들이 다 보았나니 산헤립의 침공을 받을 때는 먼저 이사야를 찾은 히스기야가 이번에는 이사야의 방문을 받게 된다. 어려울 때는 하나님을 찾던 왕이 편안해지니 하나님을 잊어버린다. 바벨론 사자들에게 무엇을 보여 주었는지 묻는 이사야에게 히스기야는 다 보여 주었다고 대답한다. 이사야는 회개의 기회를 주기 위해 질문했을 뿐, 이미 히스기야에게 할 말을 하나님으로부터 전달받은 상황이었다.

16-18 이사야는 히스기야에게 하나님의 말씀을 선포한다. 히스기야가 바벨론 사자들에게 보여 준 모든 것이 언젠가 바벨론으로 옮겨갈 것이며, 히스기야의 자손들이 바벨론으로 끌려가 환관이 되는 수치를 당할 것이라는 예언이다.

19 당신이 전한 바 여호와의 말씀이 선하니이다 히스기야는 이사야를 통해서 전해진 하나님의 심판 선고를 수용한다. 그 말씀이, 그 판단이 선하다고 인정한다. 그러나 한편으로 히스기야의 반응은 매우 이기적인 것이었다. 이렇게 충격적인 예언을 들으면 옷을 찢으며 회개해야 했다. 그러나 히스기야는 유다의 멸망이 절대로 피할 수 없는 일임을 알고 있으며, 단지 자신이 이 심판의 때에 살아있지 않은 것을 안도한다. 내가 왕으로 있는 동안에만 평안하고 안정적이면 괜찮다는 식이다. 위대한 왕인 히스기야가 다른 면에서는 크나큰 한계를 보여 준다.

20 히스기야의 남은 사적과 그의 모든 업적과 저수지와 수도를 만들어 물을 성안으로 끌어들인 일 히스기야가 병에서 완쾌한

쉬운성경

12 그 무렵에 발라단의 아들인 바빌로니아 왕 부로닥발라단이 히스기야가 병들었다가 나았다는 소식을 듣고 그에게 편지와 선물을 보내 왔습니다.

13 히스기야는 부로닥발라단이 보낸 사자들을 보고 매우 기뻐서 그들에게 자기 보물 창고에 있는 것을 다 보여주었습니다. 은과 금과 향료와 값진 향유를 보여주고 자기의 칼과 방패들도 보여주었습니다. 히스기야는 자기가 가진 귀한 것들과 왕궁과 나라 안에 있는 것을 하나도 빠짐없이 보여주었습니다.

14 예언자 이사야가 왕에게 가서 물었습니다. "이 사람들이 무슨 말을 했소? 이 사람들은 어디에서 온 사람들이오?" 히스기야가 대답했습니다. "이 사람들은 먼 나라, 바빌로니아에서 왔소."

15 이사야가 왕에게 물었습니다. "그들이 왕궁에서 무엇을 보았소?" 히스기야가 대답했습니다. "내 집에 있는 것은 다 보았소. 내 보물 창고에 있는 것은 하나도 빠짐없이 다 보여주었소."

16 그러자 이사야가 히스기야에게 말했습니다. "여호와의 말씀을 들으시오.

17 '장차 네 왕궁 안에 있는 모든 것을 바빌로니아에 빼앗길 날이 올 것이다. 네 조상들이 이날까지 쌓아 놓은 모든 것을 빼앗겨 아무것도 남지 않을 것이다. 이것은 나 여호와의 말이다.

18 또 네가 낳은 자녀들도 포로로 끌려가서, 바빌로니아 왕궁의 내시가 될 것이다.'"

19 히스기야가 이사야에게 말했습니다. "당신이 전한 여호와의 말씀은 옳은 말씀이오." 그가 이렇게 말한 것은 그가 마음속으로 '내가 왕으로 있는 동안에는 평화와 안정이 있겠지'라고 생각했기 때문입니다.

20 히스기야가 한, 다른 모든 일과 전쟁에서 승리한 일과 연못과 물길을 만들어 물을 성안으로 끌어들인 일은 유다 왕들의 역사책에 기록되어 있습니다.

21 히스기야가 죽고, 그의 아들 므낫세가 뒤를 이어 왕이 되었습니다.

후 15년 동안은 실로 태평성대를 이룬다. 또한 앗수르의 침략에 대비하기 위해 히스기야가 예루살렘 성 밑으로 물길을 뚫어 만든 저수지와 수도는 백성들의 일상생활을 편리하게 해 주었다.

저자의 묵상

앗수르에는 미치지 못하지만 호시탐탐 앗수르를 넘볼 수 있었던 강대국 바벨론에서 사자들이 병문안까지 와서 회복을 기원하고 왕의 편지와 선물을 전했으니 히스기야는 크게 감격했을 것이다. 이에 지나치게 고무된 나머지 히스기야는 허세에 들떠서 바벨론 사자들에게 나라의 모든 보물과 재물 그리고 무기까지 샅샅이 보여 준다. 하나님의 은혜로 병이 나았고 그 덕에 덤으로 살아가는 존재임을 망각했던 것이다. 히스기야는 오직 여호와 하나님만을 자랑했어야 한다. 이렇게 교만해진 히스기야에게 이사야를 통해 하나님의 준엄한 심판이 내려진다. 히스기야가 자랑한 모든 보화가 하나도 남김없이 바벨론으로 옮겨가고, 심지어 왕의 자손들까지 사로잡혀 가서 바벨론 왕궁의 환관이 될 것이라는 예언이었다. 그러므로 그리스도인은 세상의 헛된 것을 자랑하지 말아야 한다. 그리스도인의 참 보배는 우리 주 예수 그리스도시다. 그리스도인의 자랑은 하나님 한 분뿐임을 기억하고 살아야 한다.

무릎 기도 하나님, 오직 우리의 참 보배 되시는 하나님만 높이며 살게 하소서.

NLT - 2 Kings 20

12 Soon after this, Merodach-baladan* son of Baladan, king of Babylon, sent Hezekiah his best wishes and a gift, for he had heard that Hezekiah had been very sick.
13 Hezekiah received the Babylonian envoys and showed them everything in his treasure-houses—the silver, the gold, the spices, and the aromatic oils. He also took them to see his armory and showed them everything in his royal treasuries! There was nothing in his palace or kingdom that Hezekiah did not show them.
14 Then Isaiah the prophet went to King Hezekiah and asked him, "What did those men want? Where were they from?" Hezekiah replied, "They came from the distant land of Babylon."
15 "What did they see in your palace?" Isaiah asked. "They saw everything," Hezekiah replied. "I showed them everything I own—all my royal treasuries."
16 Then Isaiah said to Hezekiah, "Listen to this message from the LORD:
17 The time is coming when everything in your palace—all the treasures stored up by your ancestors until now—will be carried off to Babylon. Nothing will be left, says the LORD.
18 Some of your very own sons will be taken away into exile. They will become eunuchs who will serve in the palace of Babylon's king."
19 Then Hezekiah said to Isaiah, "This message you have given me from the LORD is good." For the king was thinking, "At least there will be peace and security during my lifetime."
20 The rest of the events in Hezekiah's reign, including the extent of his power and how he built a pool and dug a tunnel* to bring water into the city, are recorded in *The Book of the History of the Kings of Judah.*
21 Hezekiah died, and his son Manasseh became the next king.

* 20:12 As in some Hebrew manuscripts and Greek and Syriac versions (see also Isa 39:1); Masoretic Text reads *Berodach-baladan.*
* 20:20 Hebrew *watercourse.*

13 envoy 사절 spice 향신료 aromatic 향기로운 armory 무기고 17 be carried off to ~ ~에게로 옮겨지다 18 exile 추방, 유배 eunuch 환관, 내시 20 the extent of ~ ~의 범위

□ 묵상 체크

48

월 일

악한 왕 므낫세

열왕기하 21:1-9 • 새찬송 284장 | 통일 206장

• 말씀묵상 전에 성령님의 인도하심을 구하는 기도를 드리십시오.

본문요약 | 므낫세는 유다와 이스라엘을 통틀어 가장 오래 통치했지만, 산당을 활성화하고 우상숭배에 몰두하는 죄악을 범한 역대 최악의 왕들 가운데 하나가 된다. 므낫세는 아버지 히스기야가 각고의 노력 끝에 이룩해 놓은 종교개혁의 성과를 물거품으로 만든 악한 왕이다.

1 므낫세가 왕이 될 때에 나이가 십이 세라 예루살렘에서 오십오 년간 다스리니라 그의 어머니의 이름은 헵시바더라
2 므낫세가 여호와 보시기에 악을 행하여 여호와께서 이스라엘 자손 앞에서 쫓아내신 이방 사람의 가증한 일을 따라서
3 그의 아버지 히스기야가 헐어 버린 산당들을 다시 세우며 이스라엘의 왕 아합의 행위를 따라 바알을 위하여 제단을 쌓으며 아세라 목상을 만들며 하늘의 일월성신을 경배하여 섬기며
4 여호와께서 전에 이르시기를 내가 내 이름을 예루살렘에 두리라 하신 여호와의 성전에 제단들을 쌓고
5 또 여호와의 성전 두 마당에 하늘의 일월성신을 위하여 제단들을 쌓고
6 또 자기의 아들을 불 가운데로 지나게 하며 점치며 사술을 행하며 신접한 자와 박수를 신임하여 여호와께서 보시기에 악을 많이 행하여 그 진노를 일으켰으며
7 또 자기가 만든 아로새긴 아세라 목상을 성전에 세웠더라 옛적에 여호와께서 이 성전에 대하여 다윗과 그의 아들 솔로몬에게 이르시기를 내가 이스라엘의 모든 지파 중에서 택한 이 성전과 예루살렘에 내 이름을 영원히 둘지라
8 만일 이스라엘이 나의 모든 명령과 나의 종 모세가 명령한 모든 율법을 지켜 행하면 내가 그들의 발로 다시는 그의 조상들에게 준 땅에서 떠나 유리하지 아니하게 하리라 하셨으나
9 이 백성이 듣지 아니하였고 므낫세의 꾐을 받고 악을 행한 것이 여호와께서 이스라엘 자손 앞에서 멸하신 여러 민족보다 더 심하였더라

1. 오늘 하나님께서 나에게 주신 깨달음은 무엇입니까?

2. 말씀을 어떻게 내 삶에 구체적으로 적용해야 합니까?

절별 해설

1 므낫세가 왕이 될 때에 나이가 십이 세라 예루살렘에서 오십오 년간 다스리니라 므낫세는 12세의 어린 나이에 왕이 되어 55년간 나라를 다스린다. 므낫세는 히스기야가 15년의 생명을 연장받게 된 때부터 제3년째 해에 태어났다.

2 므낫세가 여호와 보시기에 악을 행하여, 이방 사람의 가증한 일을 따라서 므낫세는 하나님이 이스라엘 백성 앞에서 쫓아낸 이방 사람들의 역겨운 풍속을 따른다. 이방인과 하나님의 선민이 전혀 다르지 않게 된다.

3 그의 아버지 히스기야가 헐어 버린 산당들을 다시 세우며, 바알을 위하여 제단을 쌓으며 아세라 목상을 만들며 하늘의 일월성신을 경배하여 섬기며 므낫세는 아버지 히스기야가 온갖 방해와 정치적 공격을 무릅쓰고 이룩해 놓은 산당 제거를 하루아침에 없던 일로 만든다. 므낫세는 산당이 다시 성행하도록 조치한다. 또한 바알 종교를 장려하고, 바알의 아내 격인 아세라 목상도 세운다. 심지어 하늘의 해, 달, 별을 숭배하고 섬긴다.

4-5 여호와의 성전에 제단들을 쌓고 또 여호와의 성전 두 마당에 하늘의 일월성신을 위하여 제단들을 쌓고 므낫세는 우상숭배를 제대로 하기 위해서 여호와의 성전 안에 다른 우상을 섬기는 번제단을 세운다. 조금도 거리낌 없이 할아버지 아하스 왕이 했던 악행을 그대로 따라한다. 단지 이방 신들만 섬긴 것이 아니라 하나님의 성전까지도 더럽혔다. 하나님을 유일신으로서가 아니라 여러 신들 중의 하나로 격하시킨 것이다.

6 또 자기의 아들을 불 가운데로 지나게 하며 우상숭배 의식 중 가장 심각한 문제가 바로 사람을 제물로 바치는 것이었는데, 므낫세가 자기 아들을 불살라 제물로 바친다. 므낫세는 하나님의 나라인 유다 왕국을 이방의 우상과 온갖 악한 신이 난무하는 곳으로 변질시켰다.

7 옛적에 여호와께서 이 성전에 대하여 다윗과 그의 아들 솔로몬에게 이르시기를 내가 이스라엘의 모든 지파 중에서 택한 이 성전과 예루살렘에 내 이름을 영원히 둘지라 므낫세의 악한 행위는 구약의 제사 정신을 크게 위배했으며, 가히 괴기적이었다. 솔로몬이나 다른 선대의 왕이 우상숭배에 빠졌을 때도 예루살렘 성전 안까지 우상을 들여오는 일은 없었다. 다만 그들은 예루살렘 성전 앞 산에 산당을 짓고 그 우상들을 세운 적은 있었다(왕상 11:7). 그러나 므낫세와 그의 할아버지 아하스(왕하 16:11-14) 왕은 하나님의 이름을 둔 성전에까지 우상을 들여와 섬겼다.

9 이 백성이 듣지 아니하였고 므낫세의 꾐을 받고 악을 행한

쉬운성경

1 므낫세가 왕이 되었을 때의 나이는 열두 살이었습니다. 그는 오십오 년 동안 예루살렘에서 다스렸습니다. 그의 어머니의 이름은 헵시바입니다.

2 므낫세는 여호와께서 보시기에 악한 일을 저질렀습니다. 그는 여호와께서 이스라엘 백성 앞에서 쫓아낸 다른 나라들이 했던 것처럼 더러운 짓들을 그대로 했습니다.

3 므낫세는 그의 아버지 히스기야가 없앤 산당들을 다시 짓고 바알을 위해 제단들을 쌓았습니다. 그리고 그는 이스라엘의 아합 왕처럼 아세라 우상을 만들었으며 하늘의 온갖 별들을 예배하고 섬겼습니다.

4 므낫세는 여호와께서 "내가 예루살렘에 내 이름을 둘 것이다"라고 하셨던 여호와의 성전에 제단들을 쌓았습니다.

5 그는 여호와의 성전 안에 있는 두 뜰에 하늘의 별들을 섬기는 제단을 쌓았습니다.

6 그는 자기 아들까지도 제물로 바쳤습니다. 그는 요술을 부렸으며 표적과 꿈을 풀어 점을 치기도 했습니다. 그는 무당과 점쟁이를 불러 의논하기도 했습니다. 그는 여호와께서 악하다고 말씀하신 일을 많이 했습니다. 그래서 여호와를 노하시게 만들었습니다.

7 므낫세는 아세라 우상을 새겨서 성전 안에 놓아 두었습니다. 여호와께서는 예전에 그 성전에 대해 다윗과 그의 아들 솔로몬에게 이렇게 말씀하신 적이 있습니다. "내가 이스라엘 모든 지파 중에서 뽑은 이 성전과 예루살렘에 내 이름을 영원히 둘 것이다.

8 이스라엘 백성이 내가 명령한 모든 말에 복종하고 내 종 모세가 명령한 모든 계명대로 살기만 하면 다시는 내가 그들을 이 땅에서 떠나 방황하지 않게 하겠다."

9 그러나 그들은 그 말씀을 듣지 않았습니다. 므낫세는 이스라엘을 잘못된 길로 이끌었을 뿐만 아니라, 여호와께서 이스라엘 백성 앞에서 멸망시키신 다른 나라들보다 더 악한 일을 하게 했습니다.

것이 여호와께서 이스라엘 자손 앞에서 멸하신 여러 민족보다 더 심하였더라 므낫세가 우상숭배의 주동자였음을 말해 준다. 한편, 이스라엘 백성들의 악한 행위를 그들 앞에서 멸망당한 다른 여러 나라의 행위와 비교하는 본절의 어법은 선지자의 예언에서 자주 나타나는데, 이는 그 악한 행위의 끝이 멸망임을 상징한다.

저자의 묵상

앗수르 산헤립 왕의 침략으로 역사상 가장 힘든 위기를 맞은 유다 왕국이 멸망하지 않을 수 있었던 것은, 병석에 누워 죽음을 선고받은 히스기야의 간절한 기도를 하나님이 들으셨기 때문이다. 겸손하게 하나님의 영광을 위해 기도한 히스기야의 믿음을 보고 하나님께서는 히스기야와 유다 왕국의 모든 백성들에게 은혜를 베푸셨다. 이로써 유다에는 새로운 희망과 비전이 움트기 시작했다. 그러나 그 모든 소망을 사그라지게 만든 왕이 히스기야의 뒤를 잇는다. 바로 므낫세 왕이다. 므낫세는 유다와 이스라엘을 통틀어 가장 오래 통치했지만, 이스라엘의 아합만큼이나 우상숭배에 몰두했다. 므낫세는 아버지 히스기야가 그토록 애쓴 종교개혁의 성과를 일시에 물거품으로 만들어 버린다. 하나님의 뜻대로 이 세상을 만들어 가는 일은 너무나도 어렵지만 그것이 무너지는 것은 순식간이다. 제거했던 산당이 다시 출현하고 온갖 우상숭배가 버젓이 성행하는 나라가 되는 것은 너무 쉬웠다.

무릎기도 하나님, 믿음의 선배들이 이루어놓은 아름다운 신앙의 유산을 잃어버리는 어리석음을 범하지 않게 하소서.

NLT - 2 Kings 21

1 Manasseh was twelve years old when he became king, and he reigned in Jerusalem fifty-five years. His mother was Hephzibah.
2 He did what was evil in the LORD's sight, following the detestable practices of the pagan nations that the LORD had driven from the land ahead of the Israelites.
3 He rebuilt the pagan shrines his father, Hezekiah, had destroyed. He constructed altars for Baal and set up an Asherah pole, just as King Ahab of Israel had done. He also bowed before all the powers of the heavens and worshiped them.
4 He built pagan altars in the Temple of the LORD, the place where the LORD had said, "My name will remain in Jerusalem forever."
5 He built these altars for all the powers of the heavens in both courtyards of the LORD's Temple.
6 Manasseh also sacrificed his own son in the fire.* He practiced sorcery and divination, and he consulted with mediums and psychics. He did much that was evil in the LORD's sight, arousing his anger.
7 Manasseh even made a carved image of Asherah and set it up in the Temple, the very place where the LORD had told David and his son Solomon: "My name will be honored forever in this Temple and in Jerusalem—the city I have chosen from among all the tribes of Israel.
8 If the Israelites will be careful to obey my commands—all the laws my servant Moses gave them—I will not send them into exile from this land that I gave their ancestors."
9 But the people refused to listen, and Manasseh led them to do even more evil than the pagan nations that the LORD had destroyed when the people of Israel entered the land.

* 21:6 Or *also made his son pass through the fire.*

2 detestable 가증스러운 pagan 이교의 drive from ~ ~에서 몰아내다 3 rebuild 재건하다 shrine 산당, 제단 construct 건축하다 altar 제단 bow before ~ ~앞에서 절하다 5 courtyard 안마당 6 sorcery 주술 consult 문의하다 medium 영매, 무당 psychic 심령술사 arouse one's anger ~의 분노를 일으키다

49 선포된 하나님의 심판

월 일

열왕기하 21:10-18 • 새찬송 311장 | 통일 185장

• 말씀묵상 전에 성령님의 인도하심을 구하는 기도를 드리십시오.

본문요약 I 하나님이 예비하신 무명의 선지자들을 통해서 악한 왕 므낫세에게 하나님의 심판이 선포된다. 므낫세가 유다 왕국을 우상숭배로 물들게 했을 뿐만 아니라 죄 없는 백성까지 죽게 해서 예루살렘 곳곳이 억울한 사람들의 피로 가득 차게 했기 때문이다.

10 여호와께서 그의 종 모든 선지자들을 통
하여 말씀하여 이르시되
11 유다 왕 므낫세가 이 가증한 일과 악을 행
함이 그 전에 있던 아모리 사람들의 행위
보다 더욱 심하였고 또 그들의 우상으로
유다를 범죄하게 하였도다
12 그러므로 이스라엘의 하나님 여호와가 말
하노니 내가 이제 예루살렘과 유다에 재
앙을 내리리니 듣는 자마다 두 귀가 울리
리라
13 내가 사마리아를 잰 줄과 아합의 집을 다
림 보던 추를 예루살렘에 베풀고 또 사람
이 그릇을 씻어 엎음같이 예루살렘을 씻
어 버릴지라
14 내가 나의 기업에서 남은 자들을 버려 그
들의 원수의 손에 넘긴즉 그들이 모든 원
수에게 노략거리와 겁탈거리가 되리니
15 이는 애굽에서 나온 그의 조상 때부터 오
늘까지 내가 보기에 악을 행하여 나의 진
노를 일으켰음이니라 하셨더라
16 므낫세가 유다에게 범죄하게 하여 여호와
께서 보시기에 악을 행한 것 외에도 또 무
죄한 자의 피를 심히 많이 흘려 예루살렘
이 끝에서 저 끝까지 가득하게 하였더라
17 므낫세의 남은 사적과 그가 행한 모든 일
과 범한 죄는 유다 왕 역대지략에 기록되
지 아니하였느냐
18 므낫세가 그의 조상들과 함께 자매 그의
궁궐 동산 곧 웃사의 동산에 장사되고 그
의 아들 아몬이 대신하여 왕이 되니라

1. 오늘 하나님께서 나에게 주신 깨달음은 무엇입니까?

2. 말씀을 어떻게 내 삶에 구체적으로 적용해야 합니까?

절별 해설

10 여호와께서 그의 종 모든 선지자들을 통하여 말씀하여 이르시되 므낫세의 통치 기간 동안에 어떤 선지자가 활동했는지는 알 수 없다. 이사야 선지자와 미가 선지자는 히스기야가 죽기 이전에 예언을 중단했다. 예레미야와 스바냐의 사역은 요시야 왕 때에 시작되었다. 그러므로 므낫세 왕이 다스리던 시기에는 뚜렷하게 알려진 선지자들은 없었다. 그러나 본문의 기록으로 봐서는 하나님이 무명의 선지자들을 미리 예비해 놓으셨으며, 이들을 통해 하나님의 심판을 선포했을 것으로 추정된다.

11-12 그 전에 있던 아모리 사람들의 행위보다 더욱 심하였고 또 그들의 우상으로 유다를 범죄하게 하였도다, 내가 이제 예루살렘과 유다에 재앙을 내리리니 듣는 자마다 두 귀가 울리리라 여기 나오는 아모리 사람은 일반적으로 가나안 족속을 가리킨다. 이들은 우상숭배 때문에 하나님에 의해 가나안 땅에서 쫓겨난 대표적인 족속이다. 한편, 하나님이 보내신 선지자들은 유다와 예루살렘에 재앙이 임할 것을 선언한다. 얼마나 무시무시한 재앙인지 소식을 듣는 사람은 누구나 벌벌 떨게 될 것이라고 경고한다.

13-14 내가 사마리아를 잰 줄과 아합의 집을 다림 보던 추를 예루살렘에 베풀고 또 사람이 그릇을 씻어 엎음같이 예루살렘을 씻어 버릴지라, 그들이 모든 원수에게 노략거리와 겁탈거리가 되리니 본절은 사마리아가 망하게 된 그대로 예루살렘도 망하게 될 것을 예고한다. 전쟁을 통해서 비참한 종말을 고한 사마리아처럼 예루살렘도 그렇게 될 것이다. 어떠한 음식도 남아 있지 않는 그릇처럼 예루살렘을 말끔히 씻어 버리시겠다는 무서운 심판 선언이었다. 심지어 살아남은 사람을 악한 원수의 손에 넘겨 버리시겠다는 말씀이다.

16 유대인의 전승에 의하면, 므낫세는 당시 선지자의 입을 막기 위해서 그들을 핍박하고 매일 그들 중 몇 사람을 살해했다고 한다. 이사야 선지자도 이때 톱에 잘려서 순교했다고 전해진다. 한편, 본절에 나오는 "무죄한 자"라는 표현은 율법적인 용례다. 율법에서 무죄한 자란 죽음의 심판에 해당되지 않는 자, 즉 사면을 받을 수 있는 자를 가리킨다. 쉽게 말하면 하나님의 율법을 지키는 사람이었고, 아무런 이유 없이 이런 사람들을 상하게 해서는 안 되도록 보호하게끔 되어 있었다. 따라서 무죄한 자를 죽이는 것은 명백한 살인 행위였다. "이 끝에서 저 끝까지"라는 표현은 예루살렘 성의 한쪽 문에서 그 반대편 문까지라는 의미로, 예루살렘 성벽 한 면을 따라 죽은 사람들의 피가 뿌려져 있었음을 뜻한다.

18 므낫세가 그의 조상들과 함께 자매 그의 궁궐 동산 곧 웃사의 동산에 장사되고 웃사는 유대인 중에 아주 흔한 이름이었

쉬운성경

10 여호와께서 그의 종인 예언자들을 통해 말씀하셨습니다.

11 "유다 왕 므낫세가 이런 악한 일을 저질렀다. 그는 그전의 아모리 사람들보다 더 악한 일을 저질렀다. 그는 또 유다 백성들이 우상 섬기는 죄를 짓도록 만들었다.

12 그러므로 이스라엘 하나님 여호와가 말한다. 내가 예루살렘과 유다에 큰 재앙을 내리겠다. 누구든지 그 재앙에 대한 이야기를 듣는 사람은 무서워서 벌벌 떨게 될 것이다.

13 내가 사마리아와 아합의 집안에 벌을 내렸던 것처럼 예루살렘에도 벌을 내리겠다. 사람이 접시를 닦아 엎어 놓듯 내가 예루살렘을 말끔히 씻어 버리겠다.

14 또 내가 준 땅에서 살아남은 내 백성을 내쫓아서 원수에게 넘겨주겠다. 그들은 원수들로부터 모두 빼앗기고 도적질당할 것이다.

15 그들의 조상이 이집트에서 나오던 날부터 오늘까지 내 백성은 내가 보기에 악한 일을 하여 나를 분노하게 했다."

16 므낫세는 유다 백성들이 죄를 짓게 만들었습니다. 유다 백성은 여호와께서 보시기에 악한 일을 했습니다. 더구나 므낫세는 죄 없는 사람을 많이 죽여 예루살렘을 이쪽 끝에서 저쪽 끝까지 피로 가득 채웠습니다.

17 므낫세가 행한, 다른 모든 일과 저지른 죄는 유다 왕들의 역사책에 기록되어 있습니다.

18 므낫세가 죽어 그의 왕궁 정원, 곧 웃사의 정원에 묻혔습니다. 그리고 므낫세의 아들 아몬이 뒤를 이어 왕이 되었습니다.

기 때문에 본절에 나오는 사람이 정확히 누구인지는 알 수 없다. 다만 대부분의 학자들은, 웃사라고 불리는 사람이 만든 정원이 있었고 그곳에 므낫세가 묻혔다고 본다.

저자의 묵상

출애굽 때부터 므낫세의 통치 때까지 이스라엘은 끊임없이 하나님을 배신하고 반역한다. 므낫세 통치 시대를 지나면서 이스라엘의 배역은 극에 달한다. 우상을 숭배하는 죄만이 아니라 백성들 간에 불의가 판치면서 죄 없는 억울한 사람까지도 죽임을 당해 그 피로 온 땅이 붉게 물든다. 그야말로 하나님의 심판의 때가 된 것이다. 이렇게 유다 왕국의 최고 지도자인 왕의 타락은 결국 종교의 타락으로 이어졌고, 마침내 사회 정의도 무너지게 만든다. 지도자의 영성은 너무도 중요하다. 아울러 사회지도층의 영성은 교회로부터 크게 영향을 받아 형성된다. 그러므로 우리가 이 사회에 공의와 정의가 강물같이 흐르기를 진정으로 염원한다면, 무엇보다도 먼저 영적 부흥이 일어나도록 기도하고 노력해야 한다. 오늘날 우리 사회에 혼탁한 영적 상황과 죄악된 세상 문화가 판치는 현실은 교회가 하나님의 말씀으로 바르게 서 있지 못한 결과다. 교회가 일어나야 한다. 교회의 영적 권위가 회복되어야 한다. 그때 사회지도층에서부터 모든 시민에 이르기까지 믿음의 영성이 가득 채워지게 된다.

무릎 기도 하나님, 주님의 몸 된 교회가 말씀의 능력과 영적 권위를 다시 발휘할 수 있도록 인도해 주소서.

NLT - 2 Kings 21

10 Then the LORD said through his servants the prophets:

11 "King Manasseh of Judah has done many detestable things. He is even more wicked than the Amorites, who lived in this land before Israel. He has caused the people of Judah to sin with his idols.*

12 So this is what the LORD, the God of Israel, says: I will bring such disaster on Jerusalem and Judah that the ears of those who hear about it will tingle with horror.

13 I will judge Jerusalem by the same standard I used for Samaria and the same measure* I used for the family of Ahab. I will wipe away the people of Jerusalem as one wipes a dish and turns it upside down.

14 Then I will reject even the remnant of my own people who are left, and I will hand them over as plunder for their enemies.

15 For they have done great evil in my sight and have angered me ever since their ancestors came out of Egypt."

16 Manasseh also murdered many innocent people until Jerusalem was filled from one end to the other with innocent blood. This was in addition to the sin that he caused the people of Judah to commit, leading them to do evil in the LORD's sight.

17 The rest of the events in Manasseh's reign and everything he did, including the sins he committed, are recorded in *The Book of the History of the Kings of Judah.*

18 When Manasseh died, he was buried in the palace garden, the garden of Uzza. Then his son Amon became the next king.

* 21:11 The Hebrew term (literally *round things*) probably alludes to dung; also in 21:21.

* 21:13 Hebrew *the same plumb line I used for Samaria and the same plumb bob.*

11 detestable 가증스러운 even more wicked than ~ 심지어 ~보다 악한 12 disaster 재앙 tingle with horror 공포로 울리다 13 measure 척도, 기준 wipe away 제거하다 upside down 뒤집혀, 엉망으로 14 reject 거절하다, 버리다 remnant 남은 자 plunder 전리품, 노획물 16 murder 살해하다 innocent 무죄한

50

월 일

아몬의 악행과 그로 인한 결과

열왕기하 21:19-26 • 새찬송 312장 | 통일 341장

• 말씀묵상 전에 성령님의 인도하심을 구하는 기도를 드리십시오.

본문요약 | 아몬 역시 아버지 므낫세에 뒤지지 않을 만큼 우상숭배에 몰두해 하나님을 저버린다. 하나님도 아몬을 버리신다. 그 결과 아몬은 신복에게 반역을 당해 그들의 손에 죽는다. 아몬을 시해한 반역자들도 색출되어 모두 처단된다.

19 아몬이 왕이 될 때에 나이가 이십이 세라 예루살렘에서 이 년간 다스리니라 그의 어머니의 이름은 므슬레멧이요 욧바 하루스의 딸이더라
20 아몬이 그의 아버지 므낫세의 행함같이 여호와 보시기에 악을 행하되
21 그의 아버지가 행한 모든 길로 행하여 그의 아버지가 섬기던 우상을 섬겨 그것들에게 경배하고
22 그의 조상들의 하나님 여호와를 버리고 그 길로 행하지 아니하더니
23 그의 신복들이 그에게 반역하여 왕을 궁중에서 죽이매
24 그 국민이 아몬 왕을 반역한 사람들을 다 죽이고 그의 아들 요시야를 대신하게 하여 왕을 삼았더라
25 아몬이 행한 바 남은 사적은 유다 왕 역대지략에 기록되지 아니하였느냐
26 아몬이 웃사의 동산 자기 묘실에 장사되고 그의 아들 요시야가 대신하여 왕이 되니라

1. 오늘 하나님께서 나에게 주신 깨달음은 무엇입니까?

2. 말씀을 어떻게 내 삶에 구체적으로 적용해야 합니까?

절별 해설

19 아몬이 왕이 될 때에 나이가 이십이 세라 예루살렘에서 이 년 간 다스리니라 므낫세가 죽고 그의 아들 아몬이 22세에 유다의 왕이 되지만, 2년 동안 통치하다가 암살당한다. 여기서 의문이 든다. 아버지 므낫세는 거의 동일한 악행을 일삼았는데도 55년이나 되는 긴 시간 동안 통치했는데, 왜 아들 아몬은 회개할 기회조차도 얻지 못한 채 2년 만에 죽어야 했는지 말이다. 하나님만이 아실 것이다. 다만 아버지가 악한 통치를 해서 어떤 고통을 겪는지 두 눈으로 분명히 보았을 텐데도 고스란히 같은 길을 걸어가는 것을 통해, 선행이든 악행이든 모든 행위는 대대로 대물림될 수 있다는 사실을 보게 된다.

20-21 아몬이 그의 아버지 므낫세의 행함같이 여호와 보시기에 악을 행하되 그의 아버지가 행한 모든 길로 행하여 아몬의 행적이 간략하게 묘사된다. 아몬의 통치 방식은 아버지 므낫세를 그대로 따라 한 것이다. 아몬의 뒤를 이어 왕이 된 요시야가 시행한 종교개혁을 보면, 당시 아몬이 얼마나 우상숭배에 집착했는지 충분히 짐작할 수 있다. 비록 므낫세가 말년에 회개했다고 해도 오랜 세월 우상을 숭배한 여파는 쉽게 가시지 않았음을 알게 된다. 부가적으로 살펴보면, 열왕기 기자와는 달리 역대기 기자는 므낫세가 말년에 회개하고 종교개혁을 단행했다고 기록한다. 하나님도 그를 용서했다고 말씀하신다(대하 33:10-17). 그러나 이 개혁은 잠시 동안 이루어졌으며, 장기간 우상숭배로 가득 차 있었던 유다 왕국을 하나님께로 되돌리기에는 미흡했다. 므낫세는 어떻게 해 볼 수 없을 정도로 나라를 망가뜨린 장본인이었다.

23 그의 신복들이 그에게 반역하여 왕을 궁중에서 죽이매 본문에서는 아몬의 신복들이 왕을 반역하고 시해한 이유에 대해 전혀 언급하지 않는다. 여러 학자들의 견해를 종합해 보면, 이 사건의 배후에는 애굽이 있었을 것으로 짐작할 수 있다. 아몬이 친앗수르 정책을 펼쳤기 때문에 애굽의 사주를 받은 유다 내 세력에 의해 반역이 진행된 것으로 본다.

24 그 국민이 아몬 왕을 반역한 사람들을 다 죽이고 그의 아들 요시야를 대신하게 하여 왕을 삼았더라 아몬을 암살한 신복들이 백성에 의해 곧바로 제거된다. 아몬이 암살되고 그의 뒤를 이어 요시야가 8세의 나이로 즉위한 것을 볼 때, 당시 유다의 정치적 상황은 여러 세력이 지배 권력을 분점하며 상호 견제가 심했을 것이다. 어린 요시야도 그의 후견 세력에 의해 왕으로 세워졌을 것이다.

26 그의 아들 요시야가 대신하여 왕이 되니라 요시야는 므낫세와 아몬으로 이어진 악한 선왕들과 전혀 다른 경건한 왕이

쉬운성경

19 아몬이 왕이 되었을 때의 나이는 스물두 살이었습니다. 그는 예루살렘에서 이 년 동안, 다스렸습니다. 그의 어머니는 므술레멧인데, 욧바 사람인 하루스의 딸입니다.

20 아몬은 그의 아버지 므낫세처럼 여호와께서 보시기에 악한 일을 저질렀습니다.

21 아몬은 그의 아버지 므낫세가 산 것처럼 살았습니다. 그는 그의 아버지와 마찬가지로 우상을 섬겼고 그 앞에서 절을 했습니다.

22 아몬은 그의 조상의 하나님 여호와를 저버리고 여호와의 길을 따르지 않았습니다.

23 아몬의 신하들이 아몬을 배신하여 왕궁에서 그를 죽였습니다.

24 그러자 유다 백성은 아몬 왕을 반역하였던 사람들을 다 죽이고 그의 아들 요시야를 왕으로 세웠습니다.

25 아몬이 행한, 다른 모든 일은 유다 왕들의 역사책에 기록되어 있습니다.

26 아몬이 웃사의 정원에 묻히고, 그의 아들 요시야가 뒤를 이어 왕이 되었습니다.

다. 남북으로 나라가 나뉠 때, 북이스라엘의 여로보암이 벧엘과 단에 산당을 짓고 금송아지를 세웠다. 그때 한 선지자가 나타나 훗날 요시야가 여로보암이 세운 제단을 허물어뜨릴 것을 예언했는데, 그 예언이 드디어 이루어진다(왕상 13:2).

저자의 묵상

아무리 잘 살고 싶어도 하나님을 떠나면 결과는 물어보나 마나다. 하나님을 따라야 한다. 하나님을 따른다는 것은 하나님의 말씀에 순종한다는 뜻이다. 우리에게는 많은 신앙의 선진들에 의해 바른 길, 생명의 길, 형통의 길이라고 충분히 입증된 길이 있다. 이 길을 마다하고 곁길로 가면 결국에는 망할 수밖에 없다. 앞서간 믿음의 선배들이 말씀을 중심으로 걸어갔던 길을 따라가자! 혹 선배들의 한계나 잘못을 따라 밟는 어리석은 일을 되풀이하지 않도록 주의하자! 좋은 모습, 바른 모습과 동시에 잘못되고 나쁜 모습이 병행되는 것이 삶이라고 할 때, 어느 쪽을 선택하느냐는 자신의 몫이다. 악한 므낫세 왕에게도 비록 짧은 말년의 시기였지만 회개한 때가 있었다. 므낫세의 아들 아몬은 회개한 아버지를 본받지 못하고, 오랫동안 죄악으로 점철된 삶을 산 악한 행실을 자기의 것으로 삼는 우를 범했다. 길은 하나다! 하나님의 말씀대로 살아야 한다.

무릎 기도 | 하나님, 우리를 미혹하는 곁길로 빠지지 않도록 바른 길로 인도하소서.

NLT - 2 Kings 21

19 Amon was twenty-two years old when he became king, and he reigned in Jerusalem two years. His mother was Meshullemeth, the daughter of Haruz from Jotbah.
20 He did what was evil in the LORD's sight, just as his father, Manasseh, had done.
21 He followed the example of his father, worshiping the same idols his father had worshiped.
22 He abandoned the LORD, the God of his ancestors, and he refused to follow the LORD's ways.
23 Then Amon's own officials conspired against him and assassinated him in his palace.
24 But the people of the land killed all those who had conspired against King Amon, and they made his son Josiah the next king.
25 The rest of the events in Amon's reign and what he did are recorded in The Book of the History of the Kings of Judah.
26 He was buried in his tomb in the garden of Uzza. Then his son Josiah became the next king.

19 reign 다스리다 21 idol 우상 22 abandon 버리다 23 conspire against …에게 반역하다 assassinate 죽이다
25 record 기록하다 26 bury 묻다, 장사하다

51 요시야의 통치와 율법책의 발견

월 일

열왕기하 22:1-11 • 새찬송 327장 | 통일 361장

• 말씀묵상 전에 성령님의 인도하심을 구하는 기도를 드리십시오.

본문요약 I 요시야는 8세에 왕으로 즉위하여 31년 동안 유다를 다스린다. 요시야가 통치한 지 18년째 되던 해에 서기관 사반을 통해 여호와의 성전을 수리하게 한다. 그 과정에서 율법책이 발견되고, 율법책의 내용을 들으면서 요시야는 회개한다.

1 요시야가 왕위에 오를 때에 나이가 팔 세라 예루살렘에서 삼십일 년간 다스리니라 그의 어머니의 이름은 여디다요 보스갓 아다야의 딸이더라
2 요시야가 여호와 보시기에 정직히 행하여 그의 조상 다윗의 모든 길로 행하고 좌우로 치우치지 아니하였더라
3 요시야 왕 열여덟째 해에 왕이 므술람의 손자 아살리야의 아들 서기관 사반을 여호와의 성전에 보내며 이르되
4 너는 대제사장 힐기야에게 올라가서 백성이 여호와의 성전에 드린 은 곧 문 지킨 자가 수납한 은을 계산하여
5 여호와의 성전을 맡은 감독자의 손에 넘겨 그들이 여호와의 성전에 있는 작업자에게 주어 성전에 부서진 것을 수리하게 하되
6 곧 목수와 건축자와 미장이에게 주게 하고 또 재목과 다듬은 돌을 사서 그 성전을 수리하게 하라
7 그러나 그들의 손에 맡긴 은을 회계하지 말지니 이는 그들이 진실하게 행함이니라
8 대제사장 힐기야가 서기관 사반에게 이르되 내가 여호와의 성전에서 율법책을 발견하였노라 하고 힐기야가 그 책을 사반에게 주니 사반이 읽으니라
9 서기관 사반이 왕에게 돌아가서 보고하여 이르되 왕의 신복들이 성전에서 찾아낸 돈을 쏟아 여호와의 성전을 맡은 감독자의 손에 맡겼나이다 하고
10 또 서기관 사반이 왕에게 말하여 이르되 제사장 힐기야가 내게 책을 주더이다 하고 사반이 왕의 앞에서 읽으매
11 왕이 율법책의 말을 듣자 곧 그의 옷을 찢으니라

1. 오늘 하나님께서 나에게 주신 깨달음은 무엇입니까?

2. 말씀을 어떻게 내 삶에 구체적으로 적용해야 합니까?

절별 해설

1-2 시해당한 아버지 므낫세를 이어 8세의 어린 나이에 왕이 된 요시야는 자칫하면 그를 이용하려는 정치 세력에 의해 휘둘릴 위험이 컸다. 그렇지만 요시야는 하나님의 말씀에 순종하며 자신의 정권을 든든하게 세워 갔다. 그는 31년 동안이나 왕국을 통치했다. 한편, 요시야가 "좌우로 치우치지 아니하였다"는 것은 모세의 율법을 잘 지켰다는 의미다.

3 요시야 왕 열여덟째 해에, 서기관 사반을 여호와의 성전에 보내며 열왕기 기자는 역대기 기자와는 달리 요시야의 초기 개혁에 대해서는 생략한다. 그런데 역대기에 보면, 요시야는 이미 그의 통치 12년째 되던 해에 한 차례 종교개혁을 단행하여 모든 우상을 없애려고 했던 것(대하 34:3-7)을 알 수 있다. 그러나 요시야가 유다 역사상 가장 철저하고도 대대적인 개혁을 시작한 것은 그의 나이 26세로 통치 18년째 되던 해인 BC 621년경이다. 이 시기는 앗술바니팔 왕의 죽음(BC 626년)으로 인해 앗수르 제국이 다시 회복할 수 없을 정도로 쇠락하던 때다. 그러므로 요시야는 대외적인 어려움 없이 오로지 대내적으로 종교개혁에만 집중할 수 있었다. 요시야는 이때에 서기관 사반을 통해 여호와의 성전을 수리한다. 당시 사반은 경건한 믿음의 소유자로 명성이 높았기에 왕의 선택은 지혜로운 결정이었다.

7 이는 그들이 진실하게 행함이니라 요시야는 선왕 요아스가 과거에 세워놓은 방식(왕하 12:6-15)대로 백성들이 여호와의 성전에 바친 헌금(은)을 모은 것으로 성전을 수리한다. 감독관에게 모든 돈을 주어 작업하는 인부에게 급여를 주도록 했고, 어떠한 회계 보고도 요구하지 않았다. 그들이 믿을 만한 사람들이었기 때문이다.

8 대제사장 힐기야가 서기관 사반에게 이르되 내가 여호와의 성전에서 율법책을 발견하였노라 대제사장 힐기야가 발견한 율법책은 모세오경 전체였을 것이라 보는 견해가 가장 신빙성 있다. 또한 이 율법책은 언약궤 옆에 비치해 두는 성전용 율법서로서 제사장에 의해 수시로 읽히던 것이다(신 31:12,26). 므낫세 당시의 극심한 배교(背敎) 현상에 불안을 느낀 누군가가 율법서를 보존하기 위하여 성전 모퉁이에 감추어 둔 것이다.

11 왕이 율법책의 말을 듣자 곧 그의 옷을 찢으니라 요시야의 지시에 따라 성전을 수리하는 과정에서 율법책이 발견된다. 대제사장 힐기야가 이 책을 서기관 사반에게 넘겨주고, 사반이 발견된 율법책을 읽어 보았다. 그 내용이 매우 충격적이어서 곧바로 요시야 왕을 찾아가 율법책을 읽어 주었다. 사반이 읽어 준 율법책의 내용을 들으면서 깊은 감명을 받은 요시야는 두렵고 떨리는 마음으로 하나님 앞에서 자신의 옷을 찢으며 회개한다.

쉬운성경

1 요시야가 왕이 되었을 때의 나이는 여덟 살이었습니다. 그는 삼십일 년 동안, 예루살렘에서 다스렸습니다. 그의 어머니는 여디다인데 보스갓 사람 아다야의 딸입니다.

2 요시야는 여호와께서 보시기에 옳은 일을 했습니다. 그는 그의 조상 다윗이 했던 대로 행하였으며 나쁜 일을 하지 않았습니다.

3 요시야가 왕으로 있은 지 십팔 년째 되던 해에 므술람의 손자요, 아살리야의 아들인 왕의 서기관 사반을 여호와의 성전으로 보냈습니다. 요시야가 말했습니다.

4 "대제사장 힐기야에게 올라가시오. 가서 문지기들이 백성에게서 모은 돈, 곧 백성이 여호와의 성전으로 가져온 돈을 계산하라고 하시오.

5 그리고 그 돈을 성전 수리하는 일을 감독하는 사람들에게 주어 성전에서 부서진 곳을 고치도록 하시오.

6 곧 목수와 돌 쌓는 사람과 미장이에게 주게 하시오. 그리고 그 돈으로 성전을 수리하는 데에 필요한 나무와 돌을 사들이게 하시오.

7 그러나 그 돈을 어디에 썼는지 보고하게 할 필요는 없소. 왜냐하면 그들이 정직하게 일하고 있기 때문이오."

8 대제사장 힐기야가 왕의 서기관 사반에게 말했습니다. "내가 여호와의 성전에서 율법책을 발견했소." 힐기야가 그 책을 사반에게 주자, 사반이 그 책을 읽었습니다.

9 서기관 사반이 왕에게 가서 보고했습니다. "왕의 신하들이 여호와의 성전에서 꺼낸 돈을 여호와의 성전에서 일하는 감독들에게 주었습니다."

10 그리고 또 왕에게 말했습니다. "제사장 힐기야가 저에게 책 한 권을 주었습니다." 그리고 사반이 소리내어 그 책을 왕에게 읽어 주었습니다.

11 왕이 율법책의 말씀을 듣더니 너무나 슬퍼서 자기 옷을 찢었습니다.

저자의 묵상

요시야는 하나님 보시기에 정직하게 행했고, 다윗처럼 율법대로 살아 가려고 애썼다. 하나님을 향한 요시야의 각별한 믿음은 퇴락한 여호와의 성전을 수리하게끔 했다. 성전 수리를 하는 과정에서 대제사장이 하나님의 말씀인 율법책을 발견한 것은 큰 소득임과 동시에 축복이었다. 그러나 또 다른 면에서 보면, 율법책이 그제야 발견되었던 것은 그동안 하나님의 백성이 얼마나 하나님의 말씀에 무관심했는지를 깨닫게 한다. 그때까지 무심하게 방치되어 꼭꼭 숨겨져 있던 율법책이 경건한 사람들에 의해 발견되자 너무도 놀랍고 은혜로운 역사가 일어나기 시작했다. 그 어떤 사람보다도 가장 먼저 요시야 왕이 율법책의 말씀을 듣고 자신의 옷을 찢으며 회개했다. 그렇다면 오늘 우리는 어떠한가? 집집마다 성경책은 많으나 하나님의 말씀으로서 성경이 제대로 인정받고 있는가? 지금 우리에게도 말씀의 권위와 가치, 그 능력이 새롭게 발견되지 않으면 참된 소망은 없는 것과 마찬가지다. 하나님의 말씀이 가장 큰 힘이요 소망이다.

무릎 기도 | 하나님, 성경의 가치와 능력을 새롭게 발견할 수 있는 통찰력을 주소서.

NLT - 2 Kings 22

1 Josiah was eight years old when he became king, and he reigned in Jerusalem thirty-one years. His mother was Jedidah, the daughter of Adaiah from Bozkath.

2 He did what was pleasing in the LORD's sight and followed the example of his ancestor David. He did not turn away from doing what was right.

3 In the eighteenth year of his reign, King Josiah sent Shaphan son of Azaliah and grandson of Meshullam, the court secretary, to the Temple of the LORD. He told him,

4 "Go to Hilkiah the high priest and have him count the money the gatekeepers have collected from the people at the LORD's Temple.

5 Entrust this money to the men assigned to supervise the restoration of the LORD's Temple. Then they can use it to pay workers to repair the Temple.

6 They will need to hire carpenters, builders, and masons. Also have them buy the timber and the finished stone needed to repair the Temple.

7 But don't require the construction supervisors to keep account of the money they receive, for they are honest and trustworthy men."

8 Hilkiah the high priest said to Shaphan the court secretary, "I have found the Book of the Law in the LORD's Temple!" Then Hilkiah gave the scroll to Shaphan, and he read it.

9 Shaphan went to the king and reported, "Your officials have turned over the money collected at the Temple of the LORD to the workers and supervisors at the Temple."

10 Shaphan also told the king, "Hilkiah the priest has given me a scroll." So Shaphan read it to the king.

11 When the king heard what was written in the Book of the Law, he tore his clothes in despair.

2 follow example of… …를 본받다　3 secretary 서기관　4 high priest 대제사장　gatekeeper 문지기　5 entrust… to ~ …을 ~에게 맡기다　assigned to… …을 할당받은　supervise 감독하다　restoration 회복　6 carpenter 목수　mason 미장이　timber 재목　7 keep account of… …을 장부에 기록하다　8 scroll 두루마리, 책　9 official 신하

☐ 묵상 체크

52 요시야의 죽음 이후로 연기된 심판

월 일

열왕기하 22:12-20 • 새찬송 280장 | 통일 338장

• 말씀묵상 전에 성령님의 인도하심을 구하는 기도를 드리십시오.

본문요약 I 요시야는 발견된 율법책을 여선지자인 훌다에게 가져가서 하나님의 뜻을 묻는다. 훌다는 유다 왕국의 멸망을 예언한다. 이에 눈물로 호소한 요시야의 기도를 하나님께서 들으시고, 훌다를 통해 지금이 아니라 요시야의 사후에 멸망할 것이라고 말씀하신다.

12 왕이 제사장 힐기야와 사반의 아들 아히감과 미가야의 아들 악볼과 서기관 사반과 왕의 시종 아사야에게 명령하여 이르되

13 너희는 가서 나와 백성과 온 유다를 위하여 이 발견한 책의 말씀에 대하여 여호와께 물으라 우리 조상들이 이 책의 말씀을 듣지 아니하며 이 책에 우리를 위하여 기록된 모든 것을 행하지 아니하였으므로 여호와께서 우리에게 내리신 진노가 크도다

14 이에 제사장 힐기야와 또 아히감과 악볼과 사반과 아사야가 여선지 훌다에게로 나아가니 그는 할하스의 손자 디과의 아들로서 예복을 주관하는 살룸의 아내라 예루살렘 둘째 구역에 거주하였더라 그들이 그와 더불어 말하매

15 훌다가 그들에게 이르되 이스라엘 하나님 여호와의 말씀이 너희는 너희를 내게 보낸 사람에게 말하기를

16 여호와의 말씀이 내가 이곳과 그 주민에게 재앙을 내리되 곧 유다 왕이 읽은 책의 모든 말대로 하리니

17 이는 이 백성이 나를 버리고 다른 신에게 분향하며 그들의 손의 모든 행위로 나를 격노하게 하였음이라 그러므로 내가 이곳을 향하여 내린 진노가 꺼지지 아니하리라 하라 하셨느니라

18 너희를 보내 여호와께 묻게 한 유다 왕에게는 너희가 이렇게 말하라 이스라엘의 하나님 여호와가 이같이 말씀하셨느니라 네가 들은 말들에 대하여는

19 내가 이곳과 그 주민에게 대하여 빈터가 되고 저주가 되리라 한 말을 네가 듣고 마음이 부드러워져서 여호와 앞 곧 내 앞에서 겸비하여 옷을 찢고 통곡하였으므로 나도 네 말을 들었노라 여호와가 말하였느니라

20 그러므로 보라 내가 너로 너의 조상들에게 돌아가서 평안히 묘실로 들어가게 하리니 내가 이곳에 내리는 모든 재앙을 네 눈이 보지 못하리라 하셨느니라 하니 사자들이 왕에게 보고하니라

1. 오늘 하나님께서 나에게 주신 깨달음은 무엇입니까?

2. 말씀을 어떻게 내 삶에 구체적으로 적용해야 합니까?

절별 해설

13 너희는 가서 나와 백성과 온 유다를 위하여 이 발견한 책의 말씀에 대하여 여호와께 물으라 요시야 왕은 율법책의 말씀을 듣고 그 말씀을 먼저 자기에게 적용한다. 옷을 찢은 그의 행위가 이것을 잘 보여 준다. 실제로 하나님의 심판은 왕으로부터 시작하여 온 백성에게 미친다. 다음으로 요시야는 율법책에 기록된 심판의 내용이 진짜 일어날 것인지를 선지자에게 묻는다. 그는 앞으로 닥칠 임박한 심판에 대해 염려했다. 특히 선왕들의 반복된 배교 행위 때문에 축적된 죄의 결과로 이제는 멸망의 심판이 불가피하게 되었다는 자괴감과 두려움이 그를 엄습해 온 것이다.

14 여선지 훌다에게로 나아가니 그는 할하스의 손자 디과의 아들로서 예복을 주관하는 살룸의 아내라 예루살렘 둘째 구역에 거주하였더라 여선지자 훌다에 관해서는 크게 알려진 바가 없다. 또한 이스라엘의 역사상 여선지자의 활동에 대한 구체적인 기록도 거의 없는 실정이다. 그러나 훌다가 예언의 은사로 당시에 명성이 자자했던 것만은 분명해 보인다. 아울러 요시야 때에는 예레미야와 스바냐 등 기라성 같은 위대한 선지자들이 활동하고 있었다. 그러나 예레미야는 베냐민 땅 아나돗 출신이므로 율법책이 발견될 즈음에는 예루살렘에 있지 않았던 듯하다. 더욱이 예레미야와 스바냐 모두 왕궁에 소속된 전속 선지자도 아니었다. 그러다 보니 요시야의 개혁에 직접 관여하기란 정황상 어려웠을 것으로 판단된다. 반면, 훌다는 왕궁에서 예복을 주관하는 공직자인 살룸과 결혼한 것으로 보아 왕의 측근에 있던 선지자임이 틀림없다. 그래서 왕의 신하들은 예레미야나 스바냐 대신에 만나기 수월하고 예언의 능력도 검증된 훌다를 찾아갔던 것이다.

한편, 예루살렘 둘째 구역이란 다윗 왕조 시대에 들어와서 예루살렘 성이 확장될 때 포함된 지역을 말한다. 이곳은 계속 증가하는 인구로 인해 히스기야 때에 예루살렘 성의 퇴락한 곳을 중수하면서 성 밖에 낮은 계곡 지대를 둘러서 한 겹 더 성벽을 쌓아 만든 지역이다. 따라서 다윗이 고지대에 건설한 애초의 예루살렘 성을 제1구역이라고 한다면, 히스기야에 의해 새롭게 북쪽 옛 성벽 너머 저지대까지 확장된 지역을 제2구역 혹은 둘째 구역이라 부른다.

17 이는 이 백성이 나를 버리고 다른 신에게 분향하며 그들의 손의 모든 행위로 나를 격노하게 하였음이라 그러므로 내가 이 곳을 향하여 내린 진노가 꺼지지 아니하리라 유다가 하나님을 분노하게 했던 두 가지 원인이 분명하게 제시된다. 첫째, 하나님을 저버렸기 때문이다. 이는 유다 백성들이 하나님과의 언약

쉬운성경

12 왕이 제사장 힐기야와 사반의 아들 아히감과 미가야의 아들 악볼과 서기관 사반과 왕의 조언자 아사야에게 명령했습니다.

13 "가서 나와 모든 백성과 온 유다를 위하여 지금 발견된 이 책의 말씀에 대해 여호와의 뜻을 여쭈어 보도록 하시오. 우리 조상이 이 책의 말씀에 복종하지 않았기 때문에 우리를 향한 여호와의 분노가 너무나 크오. 우리 조상은 우리가 지켜야 할 것을 적어 주신 이 책의 말씀대로 따라 살지 않았소."

14 그리하여 제사장 힐기야와 아히감과 악볼과 사반과 아사야가 여자 예언자 훌다에게 가서 여호와의 뜻을 여쭈어 보았습니다. 훌다는 할하스의 손자이며 디과의 아들인 왕의 옷을 관리하는 살룸의 아내입니다. 훌다는 예루살렘 성의 새 구역에서 살고 있었습니다.

15 훌다가 그들에게 말했습니다. "이스라엘의 하나님 여호와께서 이렇게 말씀하셨소. 당신들을 나에게 보낸 왕에게 전하시오.

16 '내가 이곳과 여기에 사는 백성에게 재앙을 내리겠다. 유다 왕 요시야가 읽은 책에 따라 내가 재앙을 내리겠다.

17 유다 백성은 나를 저버리고 다른 신들에게 향을 피우며 온갖 우상을 만들어 나를 노하게 했다. 나의 분노가 이곳을 향해 불붙는 듯하다. 아무도 나의 분노를 그치게 하지 못할 것이다.'

18 여호와의 뜻을 여쭤 보라고 당신들을 보낸 유다의 왕에게 전하시오. 이스라엘의 하나님 여호와께서 이렇게 말씀하셨소.

19 '너는 이곳과 여기에 사는 백성에 대한 내 말, 곧 그들이 저주를 받아 멸

을 파기하고 불순종했다는 뜻이다. 이와 같이 하나님을 떠난 자에게서는 어떠한 의로움도 기대할 수가 없기에 하나님의 심판을 받게 된다. 둘째, 우상숭배에 빠졌기 때문이다. 하나님을 떠나면 이처럼 자연히 우상숭배에 빠질 수밖에 없다. 인간은 스스로 존재할 수 없고, 하나님 안에서 살든지 하나님을 떠나 다른 무엇을 섬기든지, 반드시 무엇엔가 의존해야만 하는 속성을 지녔기 때문이다.

19-20 내 앞에서 겸비하여 옷을 찢고 통곡하였으므로 나도 네 말을 들었노라, 내가 이곳에 내리는 모든 재앙을 네 눈이 보지 못하리라 간절하게 울며 회개하는 요시야의 기도가 하나님께 상달되었음을 가리킨다. 그 결과 히스기야 때에 그의 경건함으로 인하여 하나님의 심판이 연기된 것처럼, 유다 왕국을 향한 하나님의 심판도 요시야가 죽고 난 후에 있을 것으로 약속된다. 이처럼 하나님 앞에 겸비한 의인이 있음으로써, 의인이 없어서 하나님의 심판을 받은 소돔과 고모라의 경우와 요시야는 완전히 대조된다.

망할 것이라는 말을 듣고 내 앞에서 뉘우치는 마음과 겸손한 모습을 보였다. 너는 너무나 슬퍼서 네 옷을 찢었으며 내 앞에서 흐느꼈다. 나는 네 기도를 들어 주겠다. 이것은 나 여호와의 말씀이다.

20 그러므로 나는 너를 평안히 죽게 하여 너의 조상들의 묘실에 묻히게 하겠다. 너는 내가 이곳에 내릴 온갖 재앙을 네 눈으로 보지 않게 될 것이다.'" 그들은 왕에게 돌아가서 이 말을 전했습니다.

저자의 묵상

요시야의 개혁과 간절한 회개의 기도로도 유다 왕국에 곧 닥치게 될 심판은 결코 피할 수 없었다. 그만큼 유다는 악했다. 다만 하나님께서는 말씀을 '듣고' 회개한 요시야의 통곡을 들으시고 그의 시대에는 심판이 임하지 않도록 유예해 주셨다. 하나님께서는 이처럼 아무리 결정을 하셨을지라도, 말씀하시는 바로 그 순간이라도 하나님의 말씀 앞에 회개하며 온전한 기도를 드리는 사람이 한 사람이라도 있을 때 절대로 그 사람의 고백을 외면하지 못하신다. 그 기도를 들어주신다. 심지어 하나님 자신이 세워 놓은 계획마저 변경하신다. 우리가 자기 뜻대로 기도하지 않고 기도를 받으시는 전능하신 하나님께 초점을 맞추고, 말씀대로 순종하며 기도할 때 하나님께서는 깊은 관심을 가지신다. 그러므로 하나님께서 원하시는 것을 먼저 듣고자 하는 믿음의 자세가 가장 우선이다. 내가 말하기 전에 하나님께서 먼저 말씀하시는 것을 듣고 행동해야 하는 이유가 여기에 있다.

무릎 기도 하나님, 악하고 패역한 이 세대를 멸하지 말고 구해 주소서.

NLT - 2 Kings 22

12 Then he gave these orders to Hilkiah the
priest, Ahikam son of Shaphan, Acbor son
of Micaiah, Shaphan the court secretary,
and Asaiah the king's personal adviser:
13 "Go to the Temple and speak to the LORD
for me and for the people and for all Judah.
Inquire about the words written in this scroll
that has been found. For the LORD's great
anger is burning against us because our
ancestors have not obeyed the words in this
scroll. We have not been doing everything it
says we must do."
14 So Hilkiah the priest, Ahikam, Acbor,
Shaphan, and Asaiah went to the New
Quarter* of Jerusalem to consult with the
prophet Huldah. She was the wife of Shallum
son of Tikvah, son of Harhas, the keeper of
the Temple wardrobe.
15 She said to them, "The LORD, the God of
Israel, has spoken! Go back and tell the
man who sent you,
16 'This is what the LORD says: I am going to
bring disaster on this city* and its people. All
the words written in the scroll that the king
of Judah has read will come true.
17 For my people have abandoned me and
offered sacrifices to pagan gods, and I am
very angry with them for everything they
have done. My anger will burn against this
place, and it will not be quenched.'
18 "But go to the king of Judah who sent you to
seek the LORD and tell him: 'This is what the
LORD, the God of Israel, says concerning the
message you have just heard:
19 You were sorry and humbled yourself before
the LORD when you heard what I said
against this city and its people—that this
land would be cursed and become desolate.
You tore your clothing in despair and wept
before me in repentance. And I have indeed
heard you, says the LORD.
20 So I will not send the promised disaster until
after you have died and been buried in
peace. You will not see the disaster I am
going to bring on this city.'" So they took her
message back to the king.

* 22:14 Or *the Second Quarter,* a newer section of Jerusalem. Hebrew reads *the Mishneh.*
* 22:16 Hebrew *this place;* also in 22:19, 20.

13 Inquire 묻다 scroll 두루마리, 책 obey 순종하다 14 consult with… …에게 자문하다 wardrobe 의상 17 abandon 저버리다 pagan 이교의 be angry with… …에게 격분하다 quench 끄다 19 curse 저주하다 desolate 황폐한 despair 절망 weep in repentance 회개하며 울다 20 be buried in peace 평화롭게 묻히다

• MEMO •

☐ 묵상 체크

53 요시야의 개혁

월 일

열왕기하 23:1-9 • 새찬송 261장 | 통일 195장

• 말씀묵상 전에 성령님의 인도하심을 구하는 기도를 드리십시오.

본문요약 I 요시야는 유다 왕국이 심판을 면하지 못할 것을 알면서도 언약책을 장로들과 백성들에게 읽어 주고 언약을 세운다. 백성들도 마음과 뜻을 다하여 언약의 말씀에 순종하기로 다짐한다. 요시야는 철저하고 광범위하게 우상을 혁파하며 개혁을 수행한다.

1 왕이 보내 유다와 예루살렘의 모든 장로
를 자기에게로 모으고
2 이에 왕이 여호와의 성전에 올라가매 유
다 모든 사람과 예루살렘 주민과 제사장
들과 선지자들과 모든 백성이 노소를 막
론하고 다 왕과 함께한지라 왕이 여호와
의 성전 안에서 발견한 언약책의 모든 말
씀을 읽어 무리의 귀에 들리고
3 왕이 단 위에 서서 여호와 앞에서 언약을
세우되 마음을 다하고 뜻을 다하여 여호
와께 순종하고 그의 계명과 법도와 율례
를 지켜 이 책에 기록된 이 언약의 말씀을
이루게 하리라 하매 백성이 다 그 언약을
따르기로 하니라
4 왕이 대제사장 힐기야와 모든 부제사장들
과 문을 지킨 자들에게 명령하여 바알과
아세라와 하늘의 일월성신을 위하여 만든
모든 그릇들을 여호와의 성전에서 내다가
예루살렘 바깥 기드론 밭에서 불사르고
그것들의 재를 벧엘로 가져가게 하고
5 옛적에 유다 왕들이 세워서 유다 모든 성
읍과 예루살렘 주위의 산당들에서 분향하
며 우상을 섬기게 한 제사장들을 폐하며
또 바알과 해와 달과 별 떼와 하늘의 모든
별에게 분향하는 자들을 폐하고
6 또 여호와의 성전에서 아세라 상을 내다
가 예루살렘 바깥 기드론 시내로 가져다
거기에서 불사르고 빻아서 가루를 만들어
그 가루를 평민의 묘지에 뿌리고
7 또 여호와의 성전 가운데 남창의 집을 헐
었으니 그곳은 여인이 아세라를 위하여
휘장을 짜는 처소였더라
8 또 유다 각 성읍에서 모든 제사장을 불러
오고 또 제사장이 분향하던 산당을 게바
에서부터 브엘세바까지 더럽게 하고 또
성문의 산당들을 헐어 버렸으니 이 산당
들은 그 성읍의 지도자 여호수아의 대문
어귀 곧 성문 왼쪽에 있었더라
9 산당들의 제사장들은 예루살렘 여호와의
제단에 올라가지 못하고 다만 그의 형제
중에서 무교병을 먹을 뿐이었더라

1. 오늘 하나님께서 나에게 주신 깨달음은 무엇입니까?

2. 말씀을 어떻게 내 삶에 구체적으로 적용해야 합니까?

절별 해설

1-3 유다와 예루살렘의 모든 장로를, 왕이 여호와의 성전 안에서 발견한 언약책의 모든 말씀을 읽어 무리의 귀에 들리고 왕이 단 위에 서서 여호와 앞에서 언약을 세우되 당시의 장로들은 유다의 각 지파에서 최고의 지도자거나 전통이 깊은 가문의 가장으로서, 비록 제한적이긴 하지만 어느 정도 정치적인 힘을 가지고 있었다. 그래서 어느 한 성이나 나라에 중대사가 있을 때마다 장로들의 회동이 빈번하게 있었다. 요시야가 유다 전 지역의 장로를 불러모은 것은 앞서 성전을 수리하다가 발견한 율법책의 말씀을 그들과 온 백성에게 들려주기 위해서다. 한편 단 위는 왕의 자리를 뜻한다. 유다의 왕으로서 이 자리에 선 요시야는 마음과 뜻과 힘을 다하여 여호와께 순종할 것을 언약한다. 그러한 왕의 모습에 백성도 마음을 새롭게 하고 언약의 말씀을 지킬 것을 맹세한다.

4 예루살렘 바깥 기드론 밭 기드론은 다윗 성 동쪽에 있는 계곡이다. 길이는 약 5km로 예루살렘 성벽과 감람 산 사이에 위치했다. 기드론 계곡은 예루살렘 성보다 낮은 곳에 있었기 때문에 우상숭배에 쓰인 모든 그릇을 끌어내 불태워 버리기에 적절한 곳이었을 것이다. 아사 왕도 바로 이 기드론 골짜기에 있는 시냇가에서 우상을 불태운 적이 있다(왕상 15:13).

6 이스라엘 사람들의 묘지는 일반적으로 천연 동굴이나 연한 암석, 혹은 산 중턱을 파서 만든 동굴이었다. 그러나 굴을 마련하지 못한 하층민은 그냥 땅을 파서 시체를 매장할 수밖에 없었다. 꽤 오래전부터 기드론 골짜기에는 평민의 공동묘지가 있었는데, 이스라엘 사람들에게 그러한 묘지는 보통 부정한 곳으로 간주된다. 따라서 요시야가 이곳에 우상을 빻은 가루를 뿌렸다는 것은 곧 그 우상이 부정한 것임을 의미한다. 더욱이 요시야는 이처럼 부정한 것을 묘지에 뿌려 없애버림으로써 다시는 백성들 가운데서 그러한 가증스러운 일이 재발되지 않기를 원했다.

7 또 여호와의 성전 가운데 남창의 집을 헐었으니 그곳은 여인이 아세라를 위하여 휘장을 짜는 처소였더라 남창, 즉 남자 창기들은 우상숭배 의식 때 여제사장과 의식상의 성관계를 맺거나 남색 행위를 했다. 한편, 여기서 여인은 아세라의 여사제들을 가리킨다. 이들은 천으로 휘장을 만들어 우상을 꾸미거나 우상 신전을 장식하며 그곳에서 행음하였다. 여사제들은 항상 남자 창기와 함께 거처했다.

8-9 모든 제사장을 불러오고 또 제사장이 분향하던 산당을 게바에서부터 브엘세바까지, 산당들의 제사장들은, 무교병을 먹을

쉬운성경

1 왕이 유다와 예루살렘의 장로들을 불러모았습니다.

2 왕이 여호와의 성전으로 올라가자, 유다와 예루살렘에 사는 모든 백성도 그와 함께 올라갔습니다. 제사장과 예언자와 젊은 사람, 늙은 사람 할 것 없이 모든 백성들이 왕과 함께 올라갔습니다. 왕이 그들에게 여호와의 성전에서 발견한 언약의 책에 있는 모든 말씀을 읽어 주었습니다.

3 왕은 성전 기둥 곁에 서서 여호와 앞에서 언약을 맺었습니다. 그는 여호와를 따르고 여호와의 계명과 규례와 율법을 마음과 정성을 다하여 지키기로 약속했습니다. 그는 또 그 책에 적혀 있는 언약의 말씀을 다 지키기로 약속했습니다. 모든 백성도 그 언약을 지키기로 약속했습니다.

4 왕이 대제사장 힐기야와 그 아래 제사장들과 문지기들에게 바알과 아세라와 하늘의 모든 별을 위해 만든 것들을 여호와의 성전에서 다 내오라고 명령했습니다. 요시야는 그것들을 예루살렘 바깥 기드론 들에서 태워 버렸습니다. 그리고 그 남은 재는 벧엘로 가져갔습니다.

5 이전에 있던 유다의 왕들은 우상을 섬기는 제사장들을 뽑아 유다의 여러 성과 예루살렘 가까이에 있는 산당에서 향을 피우게 했습니다. 그 제사장들은 바알과 해와 달에게 제사를 지냈고, 하늘의 행성과 모든 별에게도 제사를 지냈습니다. 그러나 요시야는 그런 제사장들을 쫓아냈습니다.

6 요시야는 여호와의 성전에서 아세라 우상을 없애기 위해, 예루살렘 바깥 기드론 들로 가져가서 불에 태워 재로 만든 다음에 그 재를 보통 사람들의 무덤 위에 뿌렸습니다.

뿐이었더라 요시야는 각처에 흩어져 있는 산당에서 더 이상 우상숭배가 행해질 수 없도록 모든 제사장을 예루살렘으로 불러모은다. 게바는 예루살렘에서 북쪽으로 얼마 되지 않는 곳에 위치했다. 이곳은 본래 베냐민 지파의 성읍이었지만 훗날 레위 지파의 기업이 되었다(수 21:17; 대상 6:60). 그럼에도 이곳에서는 우상숭배가 극심했다. 브엘세바는 유다의 최남단에 위치한 성읍으로(삿 20:1; 삼상 3:20), 게바 못지않게 우상숭배가 성행했다. 그런 정황으로 볼 때, 제사장을 불러모은 것은, 각 산당에서 이루어지던 우상숭배를 청산함과 동시에 예루살렘 중앙 성전에서 거국적으로 유월절을 지키기 위함이었다. 또한 요시야는 산당에서 예배를 인도했던 제사장들의 직무를 거의 박탈한다. 이러한 징계를 가한 것은, 우상숭배를 하지 않은 제사장들의 사기를 높이고, 다음으로는 우상숭배적인 요소가 가미된 예배를 완전히 종식하기 위해서였을 것이다. 한편 율법에 따르면, 개인적인 결함으로 제사장의 자격을 잃은 자의 경우 예배에는 참여할 수 없었으나 성전에 바친 성물만은 먹을 수 있었다. 즉, 직무를 정지당한 제사장이라도 다른 제사장과 더불어 식사는 할 수 있었다.

7 왕은 또 여호와의 성전에 있던 남자 창기들의 집을 헐어 버렸습니다. 그 집은 여자들이 아세라를 위해 천을 짜던 곳이기도 합니다.

8 그리고 그는 유다의 여러 성에 사는 모든 제사장들을 예루살렘으로 불러들였습니다. 그리고 게바에서 브엘세바에 이르기까지 그들이 제사를 지내던 산당들을 모두 못 쓰게 만들었습니다. '여호수아의 문' 입구, 곧 성문 왼쪽에 있는 산당들도 부쉈습니다. 여호수아는 그 성을 다스리던 사람입니다.

9 산당에 있었던 제사장들은 예루살렘에 있는 여호와의 제단에서 여호와를 섬길 수는 없었으나, 누룩을 넣지 않고 만든 빵인 무교병은 다른 제사장들과 함께 나누어 먹을 수 있었습니다.

저자의 묵상

앞장에서는 '율법책'이라고 언급되었는데 본문에서는 '언약책'이라고 나온다. 사실 언약과 율법은 유사하지만 동일한 의미는 아니다. 그런데도 굳이 언약책이라는 용어를 사용한 것은 두 가지 목적 때문이었을 것이다. 첫째는 하나님께서 이스라엘 백성과 맺은 언약을 강조하기 위해서고, 둘째는 이제 그 언약을 재확립하려는 상황을 설명하기 위해서였을 것이다. 하나님은 이토록 언약을 소중히 여기시고, 언약이 파기되는 것을 원하지 않으신다. 언약이 실현되기를 소망하신다. 하나님은 용서와 자비를 베풀면서 언약의 백성을 가장 복된 길로 인도하려고 고군분투하신다. 마음을 다하고 뜻을 다해 힘껏 하나님을 사랑하면, 하나님은 풍성한 복으로 함께해 주겠다고 약속하셨다. 구원을 허락하고 은총으로 삶을 행복하게 만들어 주시는 그 하나님과의 약속을 지키는 일은 어렵지 않다. 하나님의 말씀에 순종하고 하나님을 진정으로 사랑하면 된다.

무릎 기도 하나님, 하나님과의 언약을 저버리지 않고 그 언약을 기억하며 하나님의 말씀대로 순종하며 살게 하소서.

NLT - 2 Kings 23

1 Then the king summoned all the elders of Judah and Jerusalem.

2 And the king went up to the Temple of the LORD with all the people of Judah and Jerusalem, along with the priests and the prophets—all the people from the least to the greatest. There the king read to them the entire Book of the Covenant that had been found in the LORD's Temple.

3 The king took his place of authority beside the pillar and renewed the covenant in the LORD's presence. He pledged to obey the LORD by keeping all his commands, laws, and decrees with all his heart and soul. In this way, he confirmed all the terms of the covenant that were written in the scroll, and all the people pledged themselves to the covenant.

4 Then the king instructed Hilkiah the high priest and the priests of the second rank and the Temple gatekeepers to remove from the LORD's Temple all the articles that were used to worship Baal, Asherah, and all the powers of the heavens. The king had all these things burned outside Jerusalem on the terraces of the Kidron Valley, and he carried the ashes away to Bethel.

5 He did away with the idolatrous priests, who had been appointed by the previous kings of Judah, for they had offered sacrifices at the pagan shrines throughout Judah and even in the vicinity of Jerusalem. They had also offered sacrifices to Baal, and to the sun, the moon, the constellations, and to all the powers of the heavens.

6 The king removed the Asherah pole from the LORD's Temple and took it outside Jerusalem to the Kidron Valley, where he burned it. Then he ground the ashes of the pole to dust and threw the dust over the graves of the people.

7 He also tore down the living quarters of the male and female shrine prostitutes that were inside the Temple of the LORD, where the women wove coverings for the Asherah pole.

8 Josiah brought to Jerusalem all the priests who were living in other towns of Judah. He also defiled the pagan shrines, where they had offered sacrifices—all the way from Geba to Beersheba. He destroyed the shrines at the entrance to the gate of Joshua, the governor of Jerusalem. This gate was located to the left of the city gate as one enters the city.

9 The priests who had served at the pagan shrines were not allowed to serve at* the LORD's altar in Jerusalem, but they were allowed to eat unleavened bread with the other priests.

* 23:9 Hebrew *did not come up to.*

1 summon 불러모으다 2 entire 전체의 covenant 언약 3 pillar 기둥 presence 면전 pledge to… …하기로 약속하다 decree 율례, 율법 all the terms of… …의 모든 조항들 4 article 물품 ash 재 5 do away with 제거하다 idolatrous 우상을 숭배하는 be appointed by… …에 의해 임명된 shrine 산당 vicinity 주변 constellation 별자리 7 prostitute 매춘부 8 defile 더럽히다 be located to… …에 자리잡다 9 unleavened bread 무교병

• MEMO •

☐ 묵상 체크

54 예언대로 진행된 요시야의 개혁

월 일

열왕기하 23:10-20 • 새찬송 266장 | 통일 200장

• 말씀묵상 전에 성령님의 인도하심을 구하는 기도를 드리십시오.

본문요약 I 요시야는 선대의 유다 왕들이 섬긴 우상을 제거한다. 오랜 기간 하나님의 마음을 아프게 했던 우상숭배와 악행들이 사라지기 시작한다. 더욱이 여로보암을 비롯하여 북이스라엘 왕들이 심어 놓은 우상숭배의 흔적도 없앤다. 이 모든 것은 이미 예언된 일이었다.

10 왕이 또 힌놈의 아들 골짜기의 도벳을 더
럽게 하여 어떤 사람도 몰록에게 드리기
위하여 자기의 자녀를 불로 지나가지 못
하게 하고
11 또 유다 여러 왕이 태양을 위하여 드린 말
들을 제하여 버렸으니 이 말들은 여호와
의 성전으로 들어가는 곳의 근처 내시 나
단멜렉의 집 곁에 있던 것이며 또 태양 수
레를 불사르고
12 유다 여러 왕이 아하스의 다락 지붕에 세
운 제단들과 므낫세가 여호와의 성전 두
마당에 세운 제단들을 왕이 다 헐고 거기
서 빻아 내려서 그것들의 가루를 기드론
시내에 쏟아 버리고
13 또 예루살렘 앞 멸망의 산 오른쪽에 세운
산당들을 왕이 더럽게 하였으니 이는 옛
적에 이스라엘 왕 솔로몬이 시돈 사람의
가증한 아스다롯과 모압 사람의 가증한
그모스와 암몬 자손의 가증한 밀곰을 위
하여 세웠던 것이며
14 왕이 또 석상들을 깨뜨리며 아세라 목상
들을 찍고 사람의 해골로 그곳에 채웠더
라
15 또한 이스라엘에게 범죄하게 한 느밧의
아들 여로보암이 벧엘에 세운 제단과 산
당을 왕이 헐고 또 그 산당을 불사르고 빻
아서 가루를 만들며 또 아세라 목상을 불
살랐더라
16 요시야가 몸을 돌이켜 산에 있는 무덤들
을 보고 보내어 그 무덤에서 해골을 가져
다가 제단 위에서 불살라 그 제단을 더럽
게 하니라 이 일을 하나님의 사람이 전하
였더니 그 전한 여호와의 말씀대로 되었
더라
17 요시야가 이르되 내게 보이는 저것은 무
슨 비석이냐 하니 성읍 사람들이 그에게
말하되 왕께서 벧엘의 제단에 대하여 행
하신 이 일을 전하러 유다에서 왔던 하나
님의 사람의 묘실이니이다 하니라
18 이르되 그대로 두고 그의 뼈를 옮기지 말
라 하매 무리가 그의 뼈와 사마리아에서
온 선지자의 뼈는 그대로 두었더라
19 전에 이스라엘 여러 왕이 사마리아 각 성
읍에 지어서 여호와를 격노하게 한 산당
을 요시야가 다 제거하되 벧엘에서 행한
모든 일대로 행하고
20 또 거기 있는 산당의 제사장들을 다 제단
위에서 죽이고 사람의 해골을 제단 위에
서 불사르고 예루살렘으로 돌아왔더라

1. 오늘 하나님께서 나에게 주신 깨달음은 무엇입니까?

2. 말씀을 어떻게 내 삶에 구체적으로 적용해야 합니까?

절별 해설

10 왕이 또 힌놈의 아들 골짜기의 도벳을 더럽게 하여 힌놈의 아들 골짜기는 예루살렘 성 밖 서쪽에서 남쪽으로 쭉 둘러선 계곡이다. 도벳은 이 힌놈의 아들 골짜기 가운데에 위치한 토기장이의 밭 부근에 있던 산당이다(렘 7:31–32). 이 일대는 본래 가나안 사람들이 신성시하던 곳인데, 후에 타락한 유대인들에 의하여 바알과 몰렉을 숭배하는 우상의 중심지가 된다(렘 32:35). 한편 도벳이라는 말의 뜻은 용광로다. 그곳에서 몰렉을 숭배할 때 아이들을 불로 태워 바쳤기 때문이다(사 30:33). 무시무시한 신 몰렉을 숭배하는 사람들은 자신의 자녀를 희생제물로 바치기를 주저하지 않았다. 몰렉은 가나안 지역에 살던 사람들에 의해 만들어져서 숭배의 대상이 되었다. 몰렉을 섬기는 사람들은 첫 자녀를 불에 태워 소의 얼굴을 한 형상인 몰렉 앞에서 번제를 드렸다. 특히 바알의 산당을 건축할 때 몰렉을 숭배하면서 맏아들을 불살라 범죄한 행위는 여호와 하나님의 장자권에 도전하는 하나의 의식이었다.

11 또 유다 여러 왕이 태양을 위하여 드린 말들을 제하여 버렸으니, 내시 나단멜렉의 집 곁에 있던 것이며 또 태양 수레를 불사르고 태양신에 대한 숭배는 이미 오래전 애굽에서부터 유행했고, 앗수르에서도 태양숭배와 우상숭배가 병행되었다. 아울러 태양에게 말을 바치는 관습은 고대 여러 민족들 가운데 행해졌다. 수레 혹은 마차가 말과 함께 드려지던 의식은 페르시아 시대에 유행했다. 그 당시 유다 왕국에도 태양숭배 의식에 말과 수레가 널리 사용되었다. 한편, 나단멜렉의 집은 성전의 물품과 기구를 저장해 두는 성전 창고 중 하나였다. 실제로 성전의 많은 창고가 때로는 사람들의 거처로도 사용되었다(느 13:7). 그 창고들 가운데 일부는 마구간으로 사용되었다. 요시야는 이와 같이 태양을 비롯한 천체를 숭배하거나 우상을 숭배하는 과정에서 더럽혀진 성전 물건 또는 동물들을 남김없이 제거했다.

13 또 예루살렘 앞 멸망의 산 오른쪽에 세운 산당들을, 시돈 사람의 가증한 아스다롯과 모압 사람의 가증한 그모스와 암몬 자손의 가증한 밀곰을 위하여 세웠던 것이며 멸망의 산은 예루살렘 앞, 감람 산 남쪽 끝 지역을 말한다. 과거 솔로몬은 이방 여인들과 결혼하면서 우상숭배에 빠져 이곳에 모압, 암몬 등 여러 이방 나라의 신을 섬기는 산당을 세웠다(왕상 11:5,7,33). 아스다롯은 풍요와 다산, 쾌락의 여신이고, 그모스는 모압 사람들이 자기 민족의 신으로 섬긴 전쟁의 신이다. 밀곰은 일명 몰렉, 몰록 등으로 불렸는데, 앞서 10절에 언급된 몰록과 동일한 신이다.

15 여로보암이 벧엘에 세운 제단과 산당을 왕이 헐고 여로보암 시대부터 벧엘은 금송아지 우상숭배의 중심지였고, 이방인의

쉬운성경

10 요시야는 힌놈 골짜기에 있던 도벳을 더럽혀 놓았습니다. 그래서 아무도 그곳에서 자기 아들이나 딸을 몰렉에게 제물로 바칠 수 없게 되었습니다.

11 요시야는 유다의 왕들이 여호와의 성전 입구에 놓아 둔 말들을 없앴습니다. 그 말들은 내시인 나단멜렉의 집 곁에 있었고, 해를 섬기려고 만든 것이었습니다. 요시야는 해를 섬길 때 쓰는 수레들도 다 태워 버렸습니다.

12 요시야는 그전에 유다의 왕들이 아하스의 윗방 지붕 위에 만들어 놓았던 제단들도 헐어 버렸습니다. 그리고 므낫세가 여호와의 성전 안 두 뜰에 만들어 놓은 제단들도 부수고 그 재를 기드론 골짜기에 뿌렸습니다.

13 요시야 왕은 예루살렘 맞은편, 곧 '멸망의 산' 오른쪽에 있던 산당들을 더럽혀 놓았습니다. 그 산당들은 솔로몬 왕이 시돈 사람들의 역겨운 여신 아스다롯과 모압의 역겨운 신 그모스와 암몬 사람들의 역겨운 신 밀곰*을 위해 세운 것입니다.

14 요시야는 돌 우상들을 부숴 버리고 아세라 우상을 베어 버렸습니다. 그리고 그곳을 죽은 사람들의 뼈로 덮었습니다.

15 요시야는 느밧의 아들 여로보암이 세운 벧엘의 제단도 헐어 버렸습니다. 여로보암은 이스라엘 백성들이 죄를 짓게 만든 왕이었습니다. 요시야는 그곳을 불태우고 제단의 돌들을 부숴서 가루로 만들었습니다. 그리고 아세라 우상도 불태웠습니다.

16 요시야가 몸을 돌이켜 보니 산 위에 무덤들이 있었습니다. 그는 사람들을 보내어 무덤에서 뼈를 꺼내게 하고 그 뼈를 제단 위에서 태워 제단을 부정하

* 23:13 암몬 족속이 섬기던 중요한 신으로, 때때로 '말감'으로 발음하기도 한다.

이주가 늘어나면서 금송아지 숭배와 우상숭배가 혼합되어 왔다. 요시야의 개혁은 북이스라엘의 벧엘까지 확산된다.

16-17 요시야가 몸을 돌이켜 산에 있는 무덤들을 보고, 하나님의 사람의 묘실 산 위의 무덤들은 벧엘 부근 동산에 있던 공동묘지였을 것이다. 요시야는 무덤에서 뼈를 가져다가 단 위에서 불사르게 했다. 여기서 "하나님의 사람"이란 과거 여로보암 당시 여로보암의 우상숭배 행위에 대한 하나님의 경고와 심판을 선포하기 위해 유다에서 벧엘로 왔던 무명의 선지자를 가리킨다(왕상 13:20-26).

18 이르되 그대로 두고 그의 뼈를 옮기지 말라 하매 무리가 그의 뼈와 사마리아에서 온 선지자의 뼈는 그대로 두었더라 북이스라엘의 새로운 수도인 사마라아 성이 세워진 것은 오므리 시대다(왕상 16:24). 이후 사마리아는 이스라엘 전체를 가리키는 별칭으로 통용된다. 사마리아에서 온 선지자란 열왕기상 13장에 나타나는 '벧엘에 사는 한 늙은 선지자'를 가리킨다. 요시야가 유다에서 온 하나님의 사람과 사마리아에서 온 선지자의 뼈를 그대로 두게 한 것은 하나님의 사람에 대한 예우였다고 볼 수 있다.

게 만들어 놓았습니다. 이로써 여호와께서 하나님의 사람을 통해서 하신 말씀을 모두 이루었습니다.

17 요시야가 물었습니다. "저기 보이는 저 비석은 무엇이냐?" 그 성의 백성이 대답했습니다. "그것은 유다에서 온, 하나님의 사람이 묻혀 있는 무덤입니다. 그는 왕이 벧엘의 제단에 대해서 하실 일을 예언한 사람입니다."

18 왕이 말했습니다. "그 무덤은 그대로 두어라. 아무도 그 사람의 뼈를 옮기지 못하게 하여라." 그래서 그 뼈와 사마리아에서 온 예언자의 뼈를 그대로 두었습니다.

19 이스라엘의 왕들은 사마리아의 여러 성에 우상을 섬기는 신전들을 세워 여호와를 노하시게 했는데, 요시야는 벧엘에서 한 것처럼 그 신전들을 다 헐어 버렸습니다.

20 요시야는 그런 산당의 제사장들을 제단 위에서 다 죽였습니다. 그리고 그들의 뼈를 제단 위에서 불태우고 예루살렘으로 돌아갔습니다.

저자의 묵상

요시야는 몰렉에게 인간 번제를 드리던 도벳을 하루아침에 부정한 곳으로 만든다. 또한 유다 왕국 곳곳에 퍼진 온갖 악행과 물건을 제거한다. 그런 다음 어느 정도 개혁이 달성되었다고 판단했을 때, 북이스라엘로 눈을 돌린다. 당시 옛 이스라엘의 영토에는 이렇다 할 정치적 세력이 없었다. 앗수르가 장악하긴 했지만 급속히 쇠락해 가고 있어서 이스라엘에 신경 쓸 여력은 거의 없었다. 요시야는 곧장 벧엘로 올라가 여로보암 시대 때부터 이스라엘 종교의 중심지인 이곳을 파괴한다. 특히 요시야는 벧엘 산당 근처에 있던 무덤 속의 뼈들을 꺼내서 제단 위에서 불태운다. 사람의 뼈를 태움으로써 벧엘을 부정하게 만든 것이다. 반면, 요시야는 자신의 개혁을 예고한 무명의 선지자와 사마리아에서 온 늙은 선지자의 무덤을 잘 보존했다. 300여 년 전 무명의 선지자가 여로보암 때 한 예언이 그대로 성취된다. 하나님의 말씀은 시간이 지나도 반드시 이루어진다.

무릎기도 하나님, 하나님이 뜻하시는 선한 일은 시간이 흘러도 반드시 이루어짐을 믿고, 비록 더디 이루어져서 힘들더라도 낙심치 않게 하소서.

10 Then the king defiled the altar of Topheth in the valley of Ben-Hinnom, so no one could ever again use it to sacrifice a son or daughter in the fire* as an offering to Molech.

11 He removed from the entrance of the LORD's Temple the horse statues that the former kings of Judah had dedicated to the sun. They were near the quarters of Nathan-melech the eunuch, an officer of the court.* The king also burned the chariots dedicated to the sun.

12 Josiah tore down the altars that the kings of Judah had built on the palace roof above the upper room of Ahaz. The king destroyed the altars that Manasseh had built in the two courtyards of the LORD's Temple. He smashed them to bits* and scattered the pieces in the Kidron Valley.

13 The king also desecrated the pagan shrines east of Jerusalem, to the south of the Mount of Corruption, where King Solomon of Israel had built shrines for Ashtoreth, the detestable goddess of the Sidonians; and for Chemosh, the detestable god of the Moabites; and for Molech,* the vile god of the Ammonites.

14 He smashed the sacred pillars and cut down the Asherah poles. Then he desecrated these places by scattering human bones over them.

15 The king also tore down the altar at Bethel—the pagan shrine that Jeroboam son of Nebat had made when he caused Israel to sin. He burned down the shrine and ground it to dust, and he burned the Asherah pole.

16 Then Josiah turned around and noticed several tombs in the side of the hill. He ordered that the bones be brought out, and he burned them on the altar at Bethel to desecrate it. (This happened just as the LORD had promised through the man of God when Jeroboam stood beside the altar at the festival.) Then Josiah turned and looked up at the tomb of the man of God* who had predicted these things.

17 "What is that monument over there?" Josiah asked. And the people of the town told him, "It is the tomb of the man of God who came from Judah and predicted the very things that you have just done to the altar at Bethel!"

18 Josiah replied, "Leave it alone. Don't disturb his bones." So they did not burn his bones or those of the old prophet from Samaria.

19 Then Josiah demolished all the buildings at the pagan shrines in the towns of Samaria, just as he had done at Bethel. They had been built by the various kings of Israel and had made the LORD* very angry.

20 He executed the priests of the pagan shrines on their own altars, and he burned human bones on the altars to desecrate them. Finally, he returned to Jerusalem.

* 23:10 Or *to make a son or daughter pass through the fire.*
* 23:11 The meaning of the Hebrew is uncertain.
* 23:12 Or He *quickly removed them.*
* 23:13 Hebrew *Milcom*, a variant spelling of Molech.
* 23:16 As in Greek version; Hebrew lacks *when Jeroboam stood beside the altar at the festival. Then Josiah turned and looked up at the tomb of the man of God.*
* 23:19 As in Greek and Syriac versions and Latin Vulgate; Hebrew lacks *the LORD.*

10 defile 더럽히다 11 statue 조각상 dedicate to… …에게 바치다 eunuch 내시 12 courtyard 안마당 smash… to bits …을 잘게 부수다 scatter 흩어 버리다 13 shrine 산당 detestable 가증스러운 14 desecrate 더럽히다 15 tear down 무너뜨리다 16 altar 제단 predict 예언하다 17 monument 기념비 19 demolish 헐다 pagan 이교의

☐ 묵상 체크

55 요시야의 죽음

월 일

열왕기하 23:21-30 • 새찬송 260장 | 통일 194장

• 말씀묵상 전에 성령님의 인도하심을 구하는 기도를 드리십시오.

본문요약 I 요시야는 언약책에 적힌 대로 유월절을 지키고, 무당과 점쟁이와 온갖 우상을 모두 없앤다. 그러나 유다에 내린 하나님의 심판은 철회되지 않는다. 요시야는 므깃도에서 애굽 왕 느고와의 전투 중에 전사한다.

21 왕이 뭇 백성에게 명령하여 이르되 이 언
약책에 기록된 대로 너희의 하나님 여호
와를 위하여 유월절을 지키라 하매
22 사사가 이스라엘을 다스리던 시대부터 이
스라엘 여러 왕의 시대와 유다 여러 왕의
시대에 이렇게 유월절을 지킨 일이 없었
더니
23 요시야 왕 열여덟째 해에 예루살렘에서
여호와 앞에 이 유월절을 지켰더라
24 요시야가 또 유다 땅과 예루살렘에 보이
는 신접한 자와 점쟁이와 드라빔과 우상
과 모든 가증한 것을 다 제거하였으니 이
는 대제사장 힐기야가 여호와의 성전에서
발견한 책에 기록된 율법의 말씀을 이루
려 함이라
25 요시야와 같이 마음을 다하며 뜻을 다하
며 힘을 다하여 모세의 모든 율법을 따라
여호와께로 돌이킨 왕은 요시야 전에도
없었고 후에도 그와 같은 자가 없었더라
26 그러나 여호와께서 유다를 향하여 내리신
그 크게 타오르는 진노를 돌이키지 아니
하셨으니 이는 므낫세가 여호와를 격노하
게 한 그 모든 격노 때문이라
27 여호와께서 이르시되 내가 이스라엘을 물
리친 것같이 유다도 내 앞에서 물리치며
내가 택한 이 성 예루살렘과 내 이름을 거
기에 두리라 한 이 성전을 버리리라 하셨
더라
28 요시야의 남은 사적과 행한 모든 일은 유
다 왕 역대지략에 기록되지 아니하였느냐
29 요시야 당시에 애굽의 왕 바로 느고가 앗
수르 왕을 치고자 하여 유브라데 강으로
올라가므로 요시야 왕이 맞서 나갔더니
애굽 왕이 요시야를 므깃도에서 만났을
때에 죽인지라
30 신복들이 그의 시체를 병거에 싣고 므깃
도에서 예루살렘으로 돌아와 그의 무덤에
장사하니 백성들이 요시야의 아들 여호아
하스를 데려다가 그에게 기름을 붓고 그
의 아버지를 대신하여 왕으로 삼았더라

1. 오늘 하나님께서 나에게 주신 깨달음은 무엇입니까?

2. 말씀을 어떻게 내 삶에 구체적으로 적용해야 합니까?

절별 해설

21 왕이 뭇 백성에게 명령하여 이르되 이 언약책에 기록된 대로 너희의 하나님 여호와를 위하여 유월절을 지키라 하매 요시야는 북이스라엘에서 우상숭배의 잔재까지 모두 척결한 후 예루살렘으로 돌아와 유월절을 지킨다. 당연히 성전에서 발견된 율법책에 기록된 대로 행했다.

26 그러나 여호와께서 유다를 향하여 내리신 그 크게 타오르는 진노를 돌이키지 아니하셨으니 이는 므낫세가 여호와를 격노하게 한 그 모든 격노 때문이라 요시야가 실천한 많은 개혁과 선한 행위에도 불구하고, 유다를 멸망시키고자 하는 하나님의 진노를 돌이킬 수는 없었다. 그 이유는 선왕 므낫세의 지은 모든 죄(왕하 24:3) 때문이었다. 므낫세의 죄라고 하는 것은, 지금까지 유다가 하나님 앞에서 행한 모든 죄를 통틀어 가리키는 표현임과 동시에 유다가 반드시 멸망할 수밖에 없는 이유를 단적으로 표현한 것이다. 그것은 마치 과거 북이스라엘이 느밧의 아들 여로보암의 죄로 인해 멸망한 것과 같다. 사실 하나님은 오래 참으셨다. 그럼에도 요시야 왕의 완벽에 가까운 순종과 노력과는 달리 유다 백성들의 마음은 여전히 변하지 않고 므낫세 때의 옛 관습을 좇아 행하고 있었기 때문에 하나님의 심판은 불가피했다. 하나님은 더 이상 심판을 연기하거나 돌이키실 명분이 없으셨다.

29 애굽 왕 느고는 패퇴하던 앗수르의 잔류군과 함께 당시 앗수르를 장악한 바벨론과 격전을 벌였으나 승부를 내지 못하고, 오히려 유다 땅을 침략해 왔다. 이에 요시야는 유다를 방어하기 위해 군대를 동원함으로써 므깃도 전쟁이 발발한다. 애굽 군대는 파죽지세로 북상하여 므깃도에 이른다. 요시야의 군대도 갈멜 산맥을 통과하여 므깃도에 도착하며, 이곳에서 양군 간에 전투가 벌어진다. 이때 요시야가 전사하고 유다군은 전쟁에서 패한다. 한편, 므깃도는 이스르엘 평야에 위치한 청동기 시대의 성읍으로(수 12:11), 애굽에서 메소포타미아로 통하는 주요 간선 도로상에 위치했다. 요시야가 예루살렘에서 북쪽으로 멀리까지 올라온 것은 전투 중 유다 성읍에 어떠한 위험도 미치지 않게 하기 위해서였다.

30 신복들이 그의 시체를 병거에 싣고 므깃도에서 예루살렘으로 돌아와, 백성들이 요시야의 아들 여호아하스를 데려다가, 왕으로 삼았더라 므깃도에서 전사한 요시야의 시체가 예루살렘으로 옮겨진다. 요시야는 이스라엘 역사상 그 어떤 왕들보다 획기적이고 거국적인 종교개혁을 단행한다. 그렇지만 그토록 놀라운 업적을 성취한 왕에 걸맞지 않은 죽음을 당한다. 개인적으로는 안타까운 일이겠지만 멸망을 향해 가는 나라를 되돌릴 수는 없었다. 요시야의 죽음을 맞이한 유다 백성들은 요시야의 아들 여호아하스를 왕으로 세운다.

쉬운성경

21 왕이 모든 백성에게 명령했습니다. "언약의 책에 적혀 있는 대로 여러분의 하나님 여호와를 위해 유월절을 지키시오."

22 사사들이 이스라엘을 다스리던 때부터 이스라엘과 유다의 왕들이 나라를 다스리던 때까지 유월절을 지킨 적은 한 번도 없었습니다.

23 요시야가 왕으로 있은 지 십팔 년째 되던 해에 예루살렘에서 여호와께 유월절을 지켰습니다.

24 요시야는 유다 땅과 예루살렘에 있는 무당과 점쟁이와 집 귀신과 우상들과 온갖 역겨운 신들을 없애 버렸습니다. 이렇게 하여 그는 제사장 힐기야가 여호와의 성전에서 발견한 율법책에 적혀 있는 대로 말씀을 지켰습니다.

25 요시야와 같은 왕은 전에도 없었고 그 뒤에도 없었습니다. 그는 마음과 정성과 힘을 다하여 여호와를 섬겼습니다. 그리고 모세의 가르침을 다 지켰습니다.

26 그러나 여호와께서는 유다를 향한 크고 무서운 진노를 거두지 않으셨습니다. 여호와의 분노는 유다를 향해 불붙었습니다. 그것은 므낫세가 저지른 온갖 죄 때문이었습니다.

27 여호와께서 말씀하셨습니다. "내가 이스라엘을 없앴듯이 유다도 내 눈앞에서 없애겠다. 그리고 내가 선택한 이 성 예루살렘과 '내가 그곳에 내 이름을 두겠다'라고 말했던 이 성전도 내버리고 말겠다."

28 요시야가 행한, 다른 모든 일은 유다 왕들의 역사책에 기록되어 있습니다.

29 요시야가 왕으로 있을 때에 이집트 왕 느고가 앗시리아를 돕기 위해 유프라테스 강으로 올라갔습니다. 요시야 왕이 이것을 막으려고 나갔으나, 이집트 왕이 므깃도에서 요시야를 죽이고 말았습니다.

30 요시야의 신하들이 므깃도에서 그의 시체를 전차에 싣고 예루살렘으로 옮겨 와서 묻어 주었습니다. 유다 백성은 요시야의 아들 여호아하스를 뽑아 그에게 기름을 붓고 아버지의 뒤를 이어 왕이 되게 하였습니다.

저자의 묵상

요시야는 이스라엘 역사상 가장 율법에 충실한 유월절을 지켰고 종교개혁도 계속했다. 무당과 점쟁이를 제거했고 혐오스러운 우상을 낱낱이 훼파했다. 나아가 우상숭배를 조금이라도 부추길 수 있는 물건들까지 없애 버렸다. 요시야 왕이야말로 모세 율법에 기초해서 하나님의 뜻에 부합하는 정치를 하고자 시도한 참된 군주였다. 그러나 하나님께서 유다에 대해 예정하신 계획에는 변함이 없었다. 하나님을 향한 요시야 왕의 믿음과 열정에 비해 유다 백성들은 너무 오랜 기간 동안 하나님 앞에 죄악을 범했고, 여전히 온전한 회개를 하지 않았다. 실제로 요시야가 죽자마자 유다는 다시 우상숭배의 길로 들어선다. 이것만 봐도 하나님의 판단은 옳으셨다. 요시야의 죽음은 하나님이 유다를 멸망시키려는 계획을 철회하지 않으셨음을 보여준다. 요시야만이 아니라 백성들까지 함께 하나님 앞에 바로 섰다면 얼마나 좋았을까? 두고두고 아쉽다. 니느웨도 살려 주신 하나님이신데 말이다.

무릎 기도 하나님, 소수의 지도자만이 아니라 모든 국민이 하나님 앞에 바로 서는 복음의 나라가 되게 하소서.

NLT - 2 Kings 23

21 King Josiah then issued this order to all the people: "You must celebrate the Passover to the LORD your God, as required in this Book of the Covenant."

22 There had not been a Passover celebration like that since the time when the judges ruled in Israel, nor throughout all the years of the kings of Israel and Judah.

23 But in the eighteenth year of King Josiah's reign, this Passover was celebrated to the LORD in Jerusalem.

24 Josiah also got rid of the mediums and psychics, the household gods, the idols,* and every other kind of detestable practice, both in Jerusalem and throughout the land of Judah. He did this in obedience to the laws written in the scroll that Hilkiah the priest had found in the LORD's Temple.

25 Never before had there been a king like Josiah, who turned to the LORD with all his heart and soul and strength, obeying all the laws of Moses. And there has never been a king like him since.

26 Even so, the LORD was very angry with Judah because of all the wicked things Manasseh had done to provoke him.

27 For the LORD said, "I will also banish Judah from my presence just as I have banished Israel. And I will reject my chosen city of Jerusalem and the Temple where my name was to be honored."

28 The rest of the events in Josiah's reign and all his deeds are recorded in The Book of the History of the Kings of Judah.

29 While Josiah was king, Pharaoh Neco, king of Egypt, went to the Euphrates River to help the king of Assyria. King Josiah and his army marched out to fight him,* but King Neco* killed him when they met at Megiddo.

30 Josiah's officers took his body back in a chariot from Megiddo to Jerusalem and buried him in his own tomb. Then the people of the land anointed Josiah's son Jehoahaz and made him the next king.

* 23:24 The Hebrew term (literally *round things*) probably alludes to dung.
* 23:29a Or *Josiah went out to meet him.*
* 23:29b Hebrew *he.*

21 issue order to… …에게 명령을 내리다 Passover 유월절 22 since the time when… …한 때 이래로 24 get rid of 없애다 medium 무당 psychic 점쟁이 obedience 순종 25 turn to… with all one's heart and soul and strength 마음과 영혼과 힘을 다하여 …께 돌아가다 27 banish from… …로부터 추방하다 presence 면전 reject 배척하다 honor 존경하다 28 reign 치세 29 march 진군하다 30 chariot 병거 tomb 무덤 anoint 기름을 붓다

56 망해 가는 유다 왕국

월 일

열왕기하 23:31-24:7 • 새찬송 274장 | 통일 332장

• 말씀묵상 전에 성령님의 인도하심을 구하는 기도를 드리십시오.

본문요약 I 요시야의 두 아들 여호아하스와 여호야김이 차례로 유다의 왕이 된다. 그러나 두 왕 모두 애굽과 바벨론 사이에서 시달림을 당한다. 마침내 여호아하스는 애굽에서 죽고 유다 왕국은 바벨론에 점령된다.

31 여호아하스가 왕이 될 때에 나이가 이십
삼 세라 예루살렘에서 석 달간 다스리니
라 그의 어머니의 이름은 하무달이라 립
나 예레미야의 딸이더라
32 여호아하스가 그의 조상들의 모든 행위대
로 여호와 보시기에 악을 행하였더니
33 바로 느고가 그를 하맛 땅 리블라에 가두
어 예루살렘에서 왕이 되지 못하게 하고
또 그 나라로 은 백 달란트와 금 한 달란
트를 벌금으로 내게 하고
34 바로 느고가 요시야의 아들 엘리아김을
그의 아버지 요시야를 대신하여 왕으로
삼고 그의 이름을 고쳐 여호야김이라 하
고 여호아하스는 애굽으로 잡아갔더니 그
가 거기서 죽으니라
35 여호야김이 은과 금을 바로에게 주니라
그가 바로 느고의 명령대로 그에게 그 돈
을 주기 위하여 나라에 부과하되 백성들
각 사람의 힘대로 액수를 정하고 은금을
징수하였더라
36 여호야김이 왕이 될 때에 나이가 이십오
세라 예루살렘에서 십일 년간 다스리니라
그의 어머니의 이름은 스비다라 루마 브
다야의 딸이더라
37 여호야김이 그의 조상들이 행한 모든 일
을 따라서 여호와 보시기에 악을 행하였
더라
1 여호야김 시대에 바벨론의 왕 느부갓네살
이 올라오매 여호야김이 삼 년간 섬기다
가 돌아서 그를 배반하였더니
2 여호와께서 그의 종 선지자들을 통하여
하신 말씀과 같이 갈대아의 부대와 아람
의 부대와 모압의 부대와 암몬 자손의 부
대를 여호야김에게로 보내 유다를 쳐 멸
하려 하시니
3 이 일이 유다에 임함은 곧 여호와의 말씀
대로 그들을 자기 앞에서 물리치고자 하
심이니 이는 므낫세의 지은 모든 죄 때문
이며
4 또 그가 무죄한 자의 피를 흘려 그의 피가
예루살렘에 가득하게 하였음이라 여호와
께서 사하시기를 즐겨하지 아니하시니라
5 여호야김의 남은 사적과 행한 모든 일은
유다 왕 역대지략에 기록되지 아니하였느
냐
6 여호야김이 그의 조상들과 함께 자매 그
의 아들 여호야긴이 대신하여 왕이 되니
라
7 애굽 왕이 다시는 그 나라에서 나오지 못
하였으니 이는 바벨론 왕이 애굽 강에서
부터 유브라데 강까지 애굽 왕에게 속한
땅을 다 점령하였음이더라

1. 오늘 하나님께서 나에게 주신 깨달음은 무엇입니까?

2. 말씀을 어떻게 내 삶에 구체적으로 적용해야 합니까?

절별 해설

31-32 여호아하스가 왕이 될 때에 나이가 이십삼 세라 예루살렘에서 석 달간 다스리니라, 여호와 보시기에 악을 행하였더니 요시야의 아들 여호아하스는 23세의 나이로 왕위에 오르지만 겨우 3개월 남짓 통치한다. 애굽 왕 느고가 그를 폐위시켰기 때문이다. 왜 느고가 여호아하스를 폐위시키고 볼모로 잡아갔는지에 대한 이유는 알 수 없다. 그러니 분명한 원인은 여호아하스에게 있었다. 여호아하스는 최선을 다해 종교개혁을 이루어 놓은 아버지 요시야의 길 대신 이전의 유다와 이스라엘의 악한 왕들이 했던 악행을 고스란히 따라 했다. 순식간에 유다는 우상숭배로 되돌아가고 만다. 쌓기는 어려워도 무너지기는 한순간이었다.

34 엘리아김을 그의 아버지 요시야를 대신하여 왕으로 삼고 그의 이름을 고쳐 여호야김이라 하고 애굽은 요시야의 다른 아들인 엘리아김을 유다의 새로운 왕으로 세운다. 그런데 여기서 애굽 왕 느고가 엘리아김에게 이름을 바꾸도록 요구한 것은, 이름의 뜻이 마음에 들지 않아서가 아니라 자신의 명령에 대한 완전한 복종의 표시를 보이라는 의미다. 즉, 유다가 애굽의 지배를 받는 나라임을 과시했던 것이다.

35 여호야김이 은과 금을 바로에게 주니라 그가 바로 느고의 명령대로 그에게 그 돈을 주기 위하여 나라에 부과하되 백성들 각 사람의 힘대로 액수를 정하고 은금을 징수하였더라 애굽은 여호야김을 새 왕으로 세우면서 유다에 어마어마한 벌금(전쟁 배상금)을 요구한다(33-34절). 애굽에 의해 세워진 왕이기에 그 요구액이 아무리 많다고 해도 거절할 수가 없었던 여호야김은 백성들에게 가혹한 세금을 징수한다.

1 느부갓네살 느부갓네살이란 이름은 바벨론의 신 '느보'의 이름과 결합된 것으로서 '느보여 내가 서 있는 이 땅을 지켜 주소서'라는 뜻이다.

2 여호와께서 그의 종 선지자들을 통하여 하신 말씀과 같이 갈대아의 부대와 아람의 부대와 모압의 부대와 암몬 자손의 부대를 여호야김에게로 보내 유다를 쳐 멸하려 하시니 애굽의 도움으로 왕이 된 여호야김은 재위 기간 내내 애굽의 눈치를 보며 백성들을 압제한다. 그런데 느부갓네살이 왕이 된 후, 바벨론이 무서운 기세로 성장해서 애굽을 제압하고 유다까지 점령해 버린다. 여호야김은 한동안 조용히 바벨론의 뜻을 따르며 지냈다. 그러던 중에 느부갓네살이 유다를 전진 기지로 삼아 애굽을 공격한다. 그러나 애굽 군대의 거센 저항으로 공격에 실패하고, 느부갓네살은 본국으로 도망치

쉬운성경

31 여호아하스가 왕이 되었을 때의 나이는 스물세 살이었습니다. 그는 예루살렘에서 세 달 동안, 다스렸습니다. 그의 어머니의 이름은 하무달입니다. 하무달은 립나 사람인 예레미야의 딸입니다.

32 여호아하스는 그의 조상들처럼 여호와께서 보시기에 악한 일을 저질렀습니다.

33 이집트 왕 느고가 하맛 땅 립나에서 여호아하스를 사로잡았습니다. 그래서 여호아하스는 예루살렘에서 다스릴 수 없게 되었습니다. 느고는 유다 백성에게은 백 달란트* 가량과 금 한 달란트* 가량을 바치게 했습니다.

34 느고 왕은 요시야의 다른 아들인 엘리아김을 왕으로 세우고, 그의 이름을 여호야김으로 고치게 하였습니다. 여호아하스는 이집트로 끌려가 그곳에서 죽었습니다.

35 여호야김은 이집트 왕 느고가 달라는 대로 은과 금을 주었습니다. 여호야김은 느고가 달라는 것을 채우기 위해 백성들의 재산이 많고 적음에 따라 세금을 매겨 은과 금을 거두어들였습니다.

36 여호야김이 왕이 되었을 때의 나이는 스물다섯 살이었습니다. 그는 예루살렘에서 십일 년 동안, 다스렸습니다. 그의 어머니의 이름은 스비다입니다. 스비다는 루마 사람인 브다야의 딸입니다.

37 여호야김은 그의 조상들처럼 여호와께서 보시기에 악한 일을 했습니다.

1 여호야김이 왕으로 있을 때, 바빌로니아 왕 느부갓네살이 유다 땅으로 쳐들어왔습니다. 그래서 여호야김은 삼 년 동안, 느부갓네살의 종이 되었습니다. 그 뒤에 여호야김이 느부갓네살에게 반역하였습니다.

2 여호와께서 바빌로니아와 아람*과 모압과 암몬의 군대를 유다에 보내셔서 유

* 23:33 100달란트는 약 3.43t에 해당되고, 1달란트는 약 34.27kg에 해당된다.
* 24:2 '아람'은 현재의 '시리아' 땅에 해당된다.

듯 돌아간다. 이에 여호야김은 어리석게도 애굽의 힘을 과신한 채 바벨론에 반역을 꾀한다. 그 결과 느부갓네살이 아람, 모압, 암몬 사람들로 구성된 부대를 유다에 보내 반란을 평정하고자 한다. 이렇게 여호야김이 느부갓네살을 배반한 탓에 연합군의 침입을 당한 것은 유다가 본격적으로 멸망해 가는 신호탄이 된다.

7 애굽 왕이 다시는 그 나라에서 나오지 못하였으니 이는 바벨론 왕이 애굽 강에서부터 유브라데 강까지 애굽 왕에게 속한 땅을 다 점령하였음이더라 애굽 왕 느고는 두 번에 걸쳐 유다 침공을 위한 원정에 나선다. 첫 번째 원정 시에는 성공하여 유다를 장악할 수 있었다(왕하 23:29-34). 그러나 두 번째 원정에서는 이미 강력한 제국을 형성한 바벨론의 느부갓네살 왕에게 대패를 당하여(렘 46:2-12), 유다에 더 이상 힘을 발휘할 수 없을 만큼 국력이 쇠약해진다. 따라서 애굽 왕 느고는 느부갓네살이 생존해 있는 동안에는 더 이상 국경 밖으로 나올 수 없었다.

다를 멸망시키게 하셨습니다. 그래서 여호와께서 그의 종인 예언자들을 통해서 하신 말씀을 이루셨습니다.

3 이 일이 유다 백성에게 일어난 것은 여호와의 명령에 따른 것입니다. 여호와께서는 므낫세가 저지른 모든 죄 때문에 유다 백성을 여호와 앞에서 내쫓으셨습니다.

4 므낫세는 죄 없는 사람을 많이 죽였습니다. 므낫세는 예루살렘을 피로 가득 차게 만들었습니다. 여호와께서는 그런 죄를 용서하려 하지 않으셨습니다.

5 여호야김이 왕으로 있는 동안, 일어난 일과 그가 행한, 다른 모든 일은 유다 왕들의 역사책에 기록되어 있습니다.

6 여호야김이 죽고, 그의 아들 여호야긴이 뒤를 이어 왕이 되었습니다.

7 이집트 왕은 자기 땅 밖으로 다시는 나오지 못했습니다. 그것은 바빌로니아 왕이 이집트 시내에서 유프라테스 강에 이르는 이집트 왕의 땅을 다 점령했기 때문이었습니다.

저자의 묵상

강력한 바벨론 앞에서 여호야김은 숨죽이며 납작 엎드려 있었다. 그런데 3년쯤 지났을까? 느부갓네살이 유다를 전진 기지로 삼고 애굽을 공격했다. 필사적인 애굽의 방어에 느부갓네살은 결국 실패하고 본국으로 돌아간다. 바로 이때, 여호야김은 결정적인 판단 착오를 한다. 애굽이 여전히 강력한 힘을 가지고 있다고 생각한 여호야김은 느부갓네살을 배반한다. 느부갓네살은 바벨론의 갈대아군 본대와 함께 유다 변방의 아람, 모압, 암몬 족속의 연합군까지 총동원하여 유다를 징벌하기 위해 침공해온다. 예루살렘은 멸망 직전까지 가도록 처참하게 유린당한다. 이 모든 일은 하나님을 거역하고 우상숭배에 빠진 유다 왕들과 백성에 대한 하나님의 진노의 결과였다. 그러면서도 동시에 어리석은 왕 여호야김의 어이없는 패착의 결과이기도 하다. 지도자를 잘못 만나면 망해도 최악으로 망하게 된다. 지도자를 잘 만나야 한다. 지도자를 위해 중보해야 한다.

무릎 기도 하나님, 위정자들이 지혜롭게 이 나라를 잘 이끌 수 있도록 인도하소서.

31 Jehoahaz was twenty-three years old when he became king, and he reigned in Jerusalem three months. His mother was Hamutal, the daughter of Jeremiah from Libnah.

32 He did what was evil in the LORD's sight, just as his ancestors had done.

33 Pharaoh Neco put Jehoahaz in prison at Riblah in the land of Hamath to prevent him from ruling* in Jerusalem. He also demanded that Judah pay 7,500 pounds of silver and 75pounds of gold* as tribute.

34 Pharaoh Neco then installed Eliakim, another of Josiah's sons, to reign in place of his father, and he changed Eliakim's name to Jehoiakim. Jehoahaz was taken to Egypt as a prisoner, where he died.

35 In order to get the silver and gold demanded as tribute by Pharaoh Neco, Jehoiakim collected a tax from the people of Judah, requiring them to pay in proportion to their wealth.

36 Jehoiakim was twenty-five years old when he became king, and he reigned in Jerusalem eleven years. His mother was Zebidah, the daughter of Pedaiah from Rumah.

37 He did what was evil in the LORD's sight, just as his ancestors had done.

1 During Jehoiakim's reign, King Nebuchadnezzar of Babylon invaded the land of Judah. Jehoiakim surrendered and paid him tribute for three years but then rebelled.

2 Then the LORD sent bands of Babylonian,* Aramean, Moabite, and Ammonite raiders against Judah to destroy it, just as the LORD had promised through his prophets.

3 These disasters happened to Judah because of the LORD's command. He had decided to banish Judah from his presence because of the many sins of Manasseh,

4 who had filled Jerusalem with innocent blood. The LORD would not forgive this.

5 The rest of the events in Jehoiakim's reign and all his deeds are recorded in The Book of the History of the Kings of Judah.

6 When Jehoiakim died, his son Jehoiachin became the next king.

7 The king of Egypt did not venture out of his country after that, for the king of Babylon captured the entire area formerly claimed by Egypt—from the Brook of Egypt to the Euphrates River.

* 23:33a The meaning of the Hebrew is uncertain.
* 23:33b Hebrew *100 talents* [3,400 kilograms] *of silver and 1 talent* [34 kilograms] *of gold.*
* 24:2 Or *Chaldean.*

32 ancestor 조상 33 prevent A from B A를 B하지 못하게 하다 tribute 조공 35 in order to… …하기 위하여 demand 요구하다 require A to B A에게 B하도록 요구하다 in proportion to… …에 비례하여 1 invade 침략하다 surrender 넘겨주다 rebel 반역하다 2 raider 침략자 destroy 멸하다 4 fill A with B A를 B로 채우다 5 reign 통치 7 venture 위험을 무릅쓰고 나가다 claim 점령하다

• MEMO •

57 유다 왕 여호야긴과 시드기야

월 일

열왕기하 24:8-20 • 새찬송 279장 | 통일 337장

• 말씀묵상 전에 성령님의 인도하심을 구하는 기도를 드리십시오.

본문요약 | 여호야긴도 여느 왕들과 마찬가지로 하나님 보시기에 악을 행한다. 그 결과 느부갓네살 왕에게 항복하고 자신을 포함하여 수많은 유다의 인재들이 바벨론으로 잡혀간다. 다음에 즉위한 시드기야도 악한 왕이었다. 하나님의 예언대로 유다는 망하게 될 것이었다.

8 여호야긴이 왕이 될 때에 나이가 십팔 세
라 예루살렘에서 석 달간 다스리니라 그
의 어머니의 이름은 느후스다요 예루살렘
엘라단의 딸이더라
9 여호야긴이 그의 아버지의 모든 행위를
따라서 여호와께서 보시기에 악을 행하였
더라
10 그때에 바벨론의 왕 느부갓네살의 신복들
이 예루살렘에 올라와서 그 성을 에워싸
니라
11 그의 신복들이 에워쌀 때에 바벨론의 왕
느부갓네살도 그 성에 이르니
12 유다의 왕 여호야긴이 그의 어머니와 신
복과 지도자들과 내시들과 함께 바벨론
왕에게 나아가매 왕이 잡으니 때는 바벨
론의 왕 여덟째 해이라
13 그가 여호와의 성전의 모든 보물과 왕궁
보물을 집어내고 또 이스라엘의 왕 솔로
몬이 만든 것 곧 여호와의 성전의 금그릇
을 다 파괴하였으니 여호와의 말씀과 같
이 되었더라
14 그가 또 예루살렘의 모든 백성과 모든 지
도자와 모든 용사 만 명과 모든 장인과 대
장장이를 사로잡아 가매 비천한 자 외에
는 그 땅에 남은 자가 없었더라
15 그가 여호야긴을 바벨론으로 사로잡아 가
고 왕의 어머니와 왕의 아내들과 내시들
과 나라에 권세 있는 자도 예루살렘에서
바벨론으로 사로잡아 가고
16 또 용사 칠천 명과 장인과 대장장이 천 명
곧 용감하여 싸움을 할 만한 모든 자들을
바벨론 왕이 바벨론으로 사로잡아 가고
17 바벨론 왕이 또 여호야긴의 숙부 맛다니
야를 대신하여 왕으로 삼고 그의 이름을
고쳐 시드기야라 하였더라
18 시드기야가 왕이 될 때에 나이가 이십일
세라 예루살렘에서 십일 년간 다스리니라
그의 어머니의 이름은 하무달이요 립나인
예레미야의 딸이더라
19 그가 여호야김의 모든 행위를 따라 여호
와 보시기에 악을 행한지라
20 여호와께서 예루살렘과 유다를 진노하심
이 그들을 그 앞에서 쫓아내실 때까지 이
르렀더라 시드기야가 바벨론 왕을 배반하
니라

1. 오늘 하나님께서 나에게 주신 깨달음은 무엇입니까?

2. 말씀을 어떻게 내 삶에 구체적으로 적용해야 합니까?

절별 해설

10-12 그때에 바벨론의 왕 느부갓네살의 신복들이 예루살렘에 올라와서 그 성을 에워싸니라, 느부갓네살도 그 성에 이르니 유다의 왕 여호야긴이, 바벨론 왕에게 나아가매 왕이 잡으니 '그때'는 여호야긴이 유다의 왕이 되었을 때를 가리킨다. 바로 이때 느부갓네살 왕은 예루살렘을 공격하기 위해 제2차 유다 침공을 시도한다. 유다로서는 이미 선왕 여호야김 때 바벨론과 다국적 연합군에 의해 제1차 침공을 당한 후, 또다시 공격을 받게 된 것이다. 한편, 처음에 예루살렘을 에워싼 것은 느부갓네살의 신하들이었고, 느부갓네살 왕은 한참 후에 예루살렘에 도착한다. 여호야긴은 애굽의 지원을 기대하면서 완강하게 저항했으나 애굽으로부터 아무런 소식이 없었다. 마침내 느부갓네살 왕이 추가 병력을 이끌고 도착하자 여호야긴은 곧 항복해 버린다.

13 그가 여호와의 성전의 모든 보물과 왕궁 보물을 집어내고 또 이스라엘의 왕 솔로몬이 만든 것 곧 여호와의 성전의 금그릇을 다 파괴하였으니 여호와의 말씀과 같이 되었더라 느부갓네살 왕은 여호야긴을 비롯하여 수많은 사람들을 바벨론으로 잡아갔을 뿐만 아니라 여호와의 성전과 왕궁에 들어가 엄청난 양의 보물을 약탈한다. 심지어 솔로몬이 만든 성전의 금그릇도 모두 깨뜨려 버린다. 이 모든 일은 솔로몬 시대 때부터 진행되어 온 죄가 심판을 받는 것이며, 하나님이 오래전에 예언하신 말씀이 성취되고 있는 것이었다(왕하 20:16-19).

14 그가 또 예루살렘의 모든 백성과 모든 지도자와 모든 용사 만 명과 모든 장인과 대장장이를 사로잡아 가매 여기서 지도자란 군대의 하부 조직 책임자를 말한다. 신약성경으로 보면 백부장 정도의 지위였을 것으로 추정된다. 용사란 혈기 왕성한 남자들 혹은 훈련받은 남자들을 뜻한다. 장인은 돌이나 금속 또는 나무를 자유자재로 다루는 모든 기술자를 말한다. 대장장이는 각종 무기를 만드는 기술자를 의미한다.

17 바벨론 왕이 또 여호야긴의 숙부 맛다니야를 대신하여 왕으로 삼고 그의 이름을 고쳐 시드기야라 하였더라 요시야의 아들은 모두 네 명으로 요하난, 엘리아김(여호야김), 맛다니야(시드기야), 여호아하스(살룸)다(대상 3:15 참조). 맛다니야는 요시야의 셋째 아들로 여호야긴에게는 삼촌이 된다.

18 시드기야가 왕이 될 때에 나이가 이십일 세라 예루살렘에서 십일 년간 다스리니라 시드기야는 여호야김과 이복형제

쉬운성경

8 여호야긴이 왕이 되었을 때의 나이는 열여덟 살이었습니다. 그는 예루살렘에서 세 달 동안, 다스렸습니다. 그의 어머니의 이름은 느후스다입니다. 느후스다는 예루살렘 사람인 엘라단의 딸입니다.

9 여호야긴은 그의 조상들처럼 여호와께서 보시기에 악한 일을 저질렀습니다.

10 그 무렵, 바빌로니아 왕 느부갓네살의 신하들이 예루살렘으로 올라와서 그 성을 에워쌌습니다.

11 느부갓네살 왕도 그의 신하들이 그 성을 에워싸고 있는 사이에 그 성에 왔습니다.

12 유다 왕 여호야긴이 자기 어머니와 신하들과 장교들과 관리들과 함께 느부갓네살 왕에게 항복했습니다. 그러자 바빌로니아 왕이 여호야긴을 사로잡았습니다. 그때는 느부갓네살이 왕으로 있은 지 팔 년째 되던 해였습니다.

13 느부갓네살은 여호와의 성전과 왕궁에 있는 보물을 다 빼앗아 갔습니다. 그리고 이스라엘의 왕 솔로몬이 성전에서 쓰려고 만든 금그릇들을 다 깨뜨렸습니다. 이 모든 일이 여호와께서 말씀하신 대로 이루어졌습니다.

14 느부갓네살은 예루살렘에 있는 모든 백성을 사로잡아 갔습니다. 모든 관리와 모든 용사와 모든 기술자와 대장장이들을 데려갔는데, 그가 잡아 간 사람은 모두 만 명에 이릅니다. 그 땅에는 가장 천한 사람만이 남았습니다.

15 느부갓네살은 여호야긴을 바빌론으로 사로잡아 갔을 뿐만 아니라, 여호야긴 왕의 어머니와 왕의 아내들, 그리고 왕의 관리들과 그 땅의 지도자들도 데려갔습니다.

16 바빌로니아 왕은 군인 칠천 명도 사로잡아 갔습니다. 그들은 모두 강하고 용감한 군인들이었습니다. 그리고 기술자와 대장장이들 천 명도 사로잡아 갔습니다.

로, 11년 동안 유다 왕국을 다스린다. 그는 유다 왕조의 최후 통치자로서 예루살렘의 함락을 직면한 비극적인 인물이다.

19-20 그가 여호야김의 모든 행위를 따라 여호와 보시기에 악을 행한지라, 시드기야가 바벨론 왕을 배반하니라 시드기야도 하나님 보시기에 악한 왕이었다. 참으로 어려운 때에 나라를 맡았음에도 불구하고 시드기야는 정신을 차리지 못하고 어리석었다. 여호야김이 그랬던 것처럼 시드기야도 애굽을 믿고 바벨론과 대적하기로 결정한다.

17 바빌로니아 왕은 여호야긴을 대신해서 여호야긴의 삼촌 맛다니야를 왕으로 세우고 이름을 시드기야로 고쳤습니다.

18 시드기야가 왕이 되었을 때의 나이는 스물한 살이었습니다. 그는 예루살렘에서 십일 년 동안 다스렸습니다. 그의 어머니는 하무달로서 립나 사람인 예레미야의 딸입니다.

19 시드기야는 여호야김처럼 여호와께서 보시기에 악한 일을 저질렀습니다.

20 이 모든 일이 예루살렘과 유다에 일어난 까닭은 여호와께서 그들에게 노하셨기 때문입니다. 여호와께서 마침내 그들을 여호와 앞에서 내쫓으셨습니다. 시드기야 왕이 바빌론 왕을 배반했습니다.

저자의 묵상

느부갓네살은 유다의 많은 사람을 인질로 끌고 간다. 지도자와 용사, 장인, 대장장이 등 사회의 인적 기반이 되는 소중한 인력을 잡아갔다. 이처럼 유능한 인재가 모조리 잡혀가고 남은 사람은 유다에서 가장 천한 사람들뿐이었다. 그들은 사회적으로 낮은 계층민이었고, 물질적으로 가난할 뿐만 아니라 힘없는 천민이었다. 즉, 당시에 남겨진 백성은 대다수 가난하고 천한 사람들로서 더 이상 바벨론에 대항할 수조차 없는 보잘것없는 존재였다. 이렇게 당시의 유다 상황은 너무나도 암울했다. 어리석은 왕들로 인해 애꿎은 백성만 생고생을 했던 것이다. 오늘날도 마찬가지다. 지도자의 잘못으로 국민이 고통받는 경우가 비일비재하다. 전 세계 곳곳에서 일어나는 분쟁과 불법, 어려움이 거의 대부분 지도자의 문제 때문에 발생한다. 그러므로 지도자로 인해 시련을 겪고 있는 사람들을 위해 기도해야 한다. 우리 민족을 생각하면서 당장 북한 동포를 위한 기도부터 해야 한다.

무릎기도 하나님, 지도자의 잘못으로 분쟁과 불법 아래 고통받는 북한 동포를 긍휼히 여겨 주소서.

NLT - 2 Kings 24

8 Jehoiachin was eighteen years old when he became king, and he reigned in Jerusalem three months. His mother was Nehushta, the daughter of Elnathan from Jerusalem.

9 Jehoiachin did what was evil in the LORD's sight, just as his father had done.

10 During Jehoiachin's reign, the officers of King Nebuchadnezzar of Babylon came up against Jerusalem and besieged it.

11 Nebuchadnezzar himself arrived at the city during the siege.

12 Then King Jehoiachin, along with the queen mother, his advisers, his commanders, and his officials, surrendered to the Babylonians. In the eighth year of Nebuchadnezzar's reign, he took Jehoiachin prisoner.

13 As the LORD had said beforehand, Nebuchadnezzar carried away all the treasures from the LORD's Temple and the royal palace. He stripped away* all the gold objects that King Solomon of Israel had placed in the Temple.

14 King Nebuchadnezzar took all of Jerusalem captive, including all the commanders and the best of the soldiers, craftsmen, and artisans—10,000 in all. Only the poorest people were left in the land.

15 Nebuchadnezzar led King Jehoiachin away as a captive to Babylon, along with the queen mother, his wives and officials, and all Jerusalem's elite.

16 He also exiled 7,000 of the best troops and 1,000 craftsmen and artisans, all of whom were strong and fit for war.

17 Then the king of Babylon installed Mattaniah, Jehoiachin's* uncle, as the next king, and he changed Mattaniah's name to Zedekiah.

18 Zedekiah was twenty-one years old when he became king, and he reigned in Jerusalem eleven years. His mother was Hamutal, the daughter of Jeremiah from Libnah.

19 But Zedekiah did what was evil in the LORD's sight, just as Jehoiakim had done.

20 These things happened because of the LORD's anger against the people of Jerusalem and Judah, until he finally banished them from his presence and sent them into exile. Zedekiah rebelled against the king of Babylon.

* 24:13 Or *He cut apart.*
* 24:17 Hebrew *his.*

10 besiege 포위 공격하다 12 surrender 항복하다 13 beforehand 전에 carry away 가져가 버리다 strip 없애다, 약탈하다 14 craftsman 숙련공 artisan 장인 in all 통틀어, 합계 15 along with… …와 함께 elite 상류층 사람들 16 exile 추방하다 troop 용사 17 install 세우다 20 banish A from B A를 B로부터 추방하다

• MEMO •

58 시드기야의 최후

월 일

열왕기하 25:1–7 • 새찬송 492장 | 통일 544장

• 말씀묵상 전에 성령님의 인도하심을 구하는 기도를 드리십시오.

본문요약 I 느부갓네살 왕이 군대를 이끌고 유다를 침공한다. 바벨론 군대가 예루살렘 성을 포위한 지 18개월 만에 예루살렘 성이 함락된다. 시드기야 왕과 부하들은 밤중에 도망쳤는데, 시드기야는 여리고 평지에서 갈대아 군대에게 사로잡혀 바벨론 왕 앞에 끌려간다. 시드기야의 아들들은 죽고, 시드기야는 두 눈이 뽑힌 채 바벨론으로 끌려간다.

1 시드기야 제구 년 열째 달 십일에 바벨론의 왕 느부갓네살이 그의 모든 군대를 거느리고 예루살렘을 치러 올라와서 그 성에 대하여 진을 치고 주위에 토성을 쌓으매
2 그 성이 시드기야 왕 제십일 년까지 포위되었더라
3 그 해 넷째 달 구 일에 성중에 기근이 심하여 그 땅 백성의 양식이 떨어졌더라
4 그 성벽이 파괴되매 모든 군사가 밤중에 두 성벽 사이 왕의 동산 곁문 길로 도망하여 갈대아인들이 그 성읍을 에워쌌으므로 그가 아라바 길로 가더니
5 갈대아 군대가 그 왕을 뒤쫓아 가서 여리고 평지에서 그를 따라잡으매 왕의 모든 군대가 그를 떠나 흩어진지라
6 그들이 왕을 사로잡아 그를 리블라에 있는 바벨론 왕에게로 끌고 가매 그들이 그를 심문하니라
7 그들이 시드기야의 아들들을 그의 눈앞에서 죽이고 시드기야의 두 눈을 빼고 놋 사슬로 그를 결박하여 바벨론으로 끌고 갔더라

1. 오늘 하나님께서 나에게 주신 깨달음은 무엇입니까?

2. 말씀을 어떻게 내 삶에 구체적으로 적용해야 합니까?

절별 해설

1 시드기야 제구 년 열째 달 십일에 열왕기서 전체에서 처음으로 연, 월, 일까지 정확히 밝히고 있다. 그만큼 이 사건이 이스라엘 역사에 있어서 가장 큰 위기임을 나타낸다. 바벨론의 느부갓네살이 1차에 이어 2차 침략을 하기 위해 예루살렘을 치러 올라왔다는 것은, 느부갓네살 왕이 직접 진두지휘하면서 예루살렘으로 진격해 온 것이 아니었다. 오히려 그는 뒤에서 배후 조종자의 역할을 했다. 예레미야 38장 17절에는 당시 바벨론의 군대 통솔자가 느부갓네살 왕의 고관들이었음을 분명히 밝힌다. 이렇게 바벨론이 유다를 침공한 이유는 느부갓네살에게 충성을 맹세한 시드기야가 배반했기 때문이다. 시드기야도 선대 왕인 여호야긴처럼 어리석게도 애굽을 믿고 바벨론에 대적하기로 작정했다. 때마침 주변 국가들이 연합하여 바벨론과 싸우기로 했는데, 그때 시드기야도 참여했다. 한편, 여기의 토성은 일렬로 된 성벽이 아니라 망대, 더 구체적으로는 공격용 망대다.

4 모든 군사가 밤중에 두 성벽 사이 왕의 동산 곁문 길로 도망하여 갈대아인들이 그 성읍을 에워쌌으므로 그가 아라바 길로 가더니 아라바 길은 예루살렘에서 여리고로 내려가는 길이었는데 흔히 요단 계곡이라고도 했다. 이 길을 따라 북쪽으로 계속 가면 모압과 암몬에 이른다. 시드기야는 이 길을 통해 도피하려 한 것이다.

5 갈대아 군대가 그 왕을 뒤쫓아 가서 여리고 평지에서 그를 따라잡으매 왕의 모든 군대가 그를 떠나 흩어진지라 바벨론 군대에 즉각적으로 발견되면서 왕의 도피는 실패한다. 여리고 평지는 여리고의 동쪽 요단 계곡 입구 쪽에 있는 넓은 건조 지역으로서 여리고 주변 요단 평야의 한 부분이다(수 4:13). 많은 군사와 함께 이 넓은 지역을 바벨론 군대 몰래 통과하여 도망하기란 결코 쉽지 않았다. 그러나 모압이나 암몬 쪽으로 가려면 이곳을 거쳐야만 했기 때문에, 시드기야는 위험을 무릅쓰고 통과하려고 했다. 당시 모압과 암몬은 바벨론과 대적하기 위해 서로 동맹을 맺었고, 시드기야에게도 호의적이었기에 그가 망명할 곳으로 안성맞춤이었다.

7 그들이 시드기야의 아들들을 그의 눈앞에서 죽이고 시드기야의 두 눈을 빼고 시드기야에게 행한 형벌은 고대 사회에서 흔히 있는 일이었지만 그래도 매우 잔인했다. 시드기야는 느부갓네살과 맺은 언약을 파기함으로써 이렇게 곤혹스러운 어려움을 경험했다. 그러나 한편으로는 갈대아 군대에 항복하는 길만이 자신과 백성을 살리는 길이라는 예레미야의 끈질긴 호소(렘 21:8-10)를 거부한 탓에 받은 하나님의 형벌이었다(렘 38:18). 그의 아들들이 죽임을 당한 일은 희생물을 제사에 참여하는 사람들 눈앞에서 죽이는 예식에서 주로 사용된 행위다(레 6:25). 시드기야의 아들들이 이렇게 죽임을 당한 것은 언약을 깨뜨린 자가 맞는 최후가 죽음임을 시사한다. 특히 왕 앞에서 시드기야를 심문하고 두 눈을 뺐다는 것은 그가 느부갓네살과 얼굴을 맞대고 직접 이야기하게 될 것이라는 경고(렘 32:4; 34:3)에 대한 성취다. 죄수의 눈을 빼는 것은 전쟁 이후 전범에 대

쉬운성경

1 시드기야가 왕으로 있은 지 구 년째 되는 해의 열째 달 십일*에 바빌로니아 왕 느부갓네살이 모든 군대를 이끌고 예루살렘으로 쳐들어왔습니다. 느부갓네살은 성을 공격하기 위해서 그 주변을 에워싸고 흙 언덕을 성 둘레에 쌓았습니다.

2 성은 시드기야가 왕으로 있은 지 십일 년째 되던 해까지 포위되어 있었습니다.

3 그 해 넷째 달 구일*이 되자 성 안에 기근이 심해졌습니다. 백성들은 먹을 것을 하나도 구할 수 없었습니다.

4 그리고 때맞춰 성벽도 뚫리고 말았습니다. 모든 군대가 밤중에 도망쳤습니다. 그들은 왕의 정원 곁에 있는 두 성벽 사이에 있는 성문 길로 빠져나갔습니다. 그때까지도 바빌로니아 사람들은 성을 에워싸고 있었습니다. 시드기야와 그의 군대는 아라바 길로 달려갔습니다.

5 그러나 바빌로니아 군대가 시드기야 왕을 여리고 평야에서 붙잡았습니다. 시드기야 왕의 모든 군대는 뿔뿔이 흩어졌습니다.

6 바빌로니아 군대가 시드기야 왕을 사로잡아 리블라에 있는 바빌로니아 왕에게 끌고 갔습니다. 바빌로니아 왕이 시드기야를 심문했습니다.

7 그들은 시드기야가 보는 앞에서 그의 아들들을 죽이고, 그의 눈을 뺀 뒤 쇠사슬로 묶어 바빌론으로 끌고 갔습니다.

* 25:1 이날은 B.C. 588년 1월 15일에 해당된다.
* 25:3 이날은 B.C. 586년 7월 18일에 해당된다.

한 보편적인 관례긴 했지만(삿 16:21) 특별히 이러한 행위를 적국의 왕에게 행한 것은 바벨론과 바사(페르시아)에서도 이례적인 광경이다. 적국의 수장인 왕의 두 눈을 빼는 행위는 상대 국가를 완벽하게 무기력한 상태로 만드는 것을 상징한다.

저자의 묵상

시드기야가 반역하자 바벨론 왕 느부갓네살은 군대를 이끌고 유다 왕국으로 진격한다. 바벨론 왕은 립나에서 자신의 부하들과 군대를 예루살렘 성으로 보내 포위하게 한다. 예루살렘 성은 시드기야 재위 11년까지 포위된다. 성안의 식량이 바닥나고 기근마저 혹심했다. 마침내 느부사라단이 이끄는 갈대아 군대의 공격이 진행되고 유다 왕국은 허무하게 무너져 내린다. 예루살렘 주위의 성벽이 허물어지자 도망치는 시드기야와 군사들을 바벨론 군대가 전력을 다해 쫓아온다. 시드기야를 호위하던 군사들은 뿔뿔이 흩어지고, 시드기야는 여리고 평지에서 사로잡혀 느부갓네살 왕 앞으로 끌려간다. 시드기야의 아들들과 포로로 잡혀 온 부하들은 모두 처형된다. 시드기야 또한 두 눈이 뽑혀서 사슬에 묶여 바벨론으로 잡혀간다. 시드기야는 죽는 날까지 감옥에 갇혀 한 맺힌 삶을 살았다. 하나님의 경고를 무시한 자의 비참한 종말이다. 하나님을 대항해서 싸우면 이렇게 된다. 성도는 순종의 삶을 살아야 한다. 그것이 살길이다.

무릎 기도 하나님, 하나님을 불순종해서 비참한 인생을 살지 않도록 도우소서.

NLT - 2 Kings 25

1 So on January 15,* during the ninth year of Zedekiah's reign, King Nebuchadnezzar of Babylon led his entire army against Jerusalem. They surrounded the city and built siege ramps against its walls.
2 Jerusalem was kept under siege until the eleventh year of King Zedekiah's reign.
3 By July 18 in the eleventh year of Zedekiah's reign,* the famine in the city had become very severe, and the last of the food was entirely gone.
4 Then a section of the city wall was broken down. Since the city was surrounded by the Babylonians,* the soldiers waited for nightfall and escaped* through the gate between the two walls behind the king's garden. Then they headed toward the Jordan Valley.*
5 But the Babylonian* troops chased the king and overtook him on the plains of Jericho, for his men had all deserted him and scattered.
6 They captured the king and took him to the king of Babylon at Riblah, where they pronounced judgment upon Zedekiah.
7 They made Zedekiah watch as they slaughtered his sons. Then they gouged out Zedekiah's eyes, bound him in bronze chains, and led him away to Babylon.

* 25:1 Hebrew *on the tenth day of the tenth month,* of the ancient Hebrew lunar calendar. A number of events in 2 Kings can be cross-checked with dates in surviving Babylonian records and related accurately to our modern calendar. This day was January 15, 588 B.C.
* 25:3 Hebrew *By the ninth day of the [fourth] month* [in the eleventh year of Zedekiah's reign] (compare Jer 39:2; 52:6 and the notes there). This day was July 18, 586 B.C.; also see note on 25:1.
* 25:4a Or *the Chaldeans;* also in 25:13, 25, 26.
* 25:4b As in Greek version (see also Jer 39:4; 52:7); Hebrew lacks *escaped.*
* 25:4c Hebrew *the Arabah.*
* 25:5 Or *Chaldean;* also in 25:10, 24.

1 siege 포위 공격 ramp 경사로 3 famine 기근 severe 엄한, 심한 4 break down 파괴하다 wait for… …을 기다리다 nightfall 해질녘 head 나아가다 5 overtake 따라잡다 desert 버리다 7 slaughter 참살하다 gouge (눈알을) 후벼내다 lead away 데려가다

☐ 묵상 체크

59 파괴된 예루살렘

월 일

열왕기하 25:8-17 • 새찬송 608장 | 통일 295장

• 말씀묵상 전에 성령님의 인도하심을 구하는 기도를 드리십시오.

본문요약 I 느부갓네살 왕의 시위대장인 느부사라단이 예루살렘에 이르러 철저히 성을 파괴한다. 느부사라단은 성중에 남아 있는 사람들을 바벨론으로 사로잡아 가고 유다 땅에는 비천한 자들을 남겨 두어 농사를 짓게 한다. 여호와의 성전의 기물과 금, 은, 놋으로 된 물건을 모두 바벨론으로 가져간다.

8 바벨론 왕 느부갓네살의 열아홉째 해 오월 칠일에 바벨론 왕의 신복 시위대장 느부사라단이 예루살렘에 이르러
9 여호와의 성전과 왕궁을 불사르고 예루살렘의 모든 집을 귀인의 집까지 불살랐으며
10 시위대장에게 속한 갈대아 온 군대가 예루살렘 주위의 성벽을 헐었으며
11 성중에 남아 있는 백성과 바벨론 왕에게 항복한 자들과 무리 중 남은 자는 시위대장 느부사라단이 모두 사로잡아 가고
12 시위대장이 그 땅의 비천한 자를 남겨 두어 포도원을 다스리는 자와 농부가 되게 하였더라
13 갈대아 사람이 또 여호와의 성전의 두 놋 기둥과 받침들과 여호와의 성전의 놋 바다를 깨뜨려 그 놋을 바벨론으로 가져가고
14 또 가마들과 부삽들과 부집게들과 숟가락들과 섬길 때에 쓰는 모든 놋그릇을 다 가져갔으며
15 시위대장이 또 불 옮기는 그릇들과 주발들 곧 금으로 만든 것이나 은으로 만든 것이나 모두 가져갔으며
16 또 솔로몬이 여호와의 성전을 위하여 만든 두 기둥과 한 바다와 받침들을 가져갔는데 이 모든 기구의 놋 무게를 헤아릴 수 없었으니
17 그 한 기둥은 높이가 열여덟 규빗이요 그 꼭대기에 놋 머리가 있어 높이가 세 규빗이요 그 머리에 둘린 그물과 석류가 다 놋이라 다른 기둥의 장식과 그물도 이와 같았더라

1. 오늘 하나님께서 나에게 주신 깨달음은 무엇입니까?

2. 말씀을 어떻게 내 삶에 구체적으로 적용해야 합니까?

절별 해설

8-9 바벨론 왕의 신복 시위대장 느부사라단이 예루살렘에 이르러 여호와의 성전과 왕궁을 불사르고 시위대장 느부사라단은 왕의 명을 받아 궁내부의 일을 도맡아 하는 사람으로 특별히 사형을 집행하는 직책을 가졌다. 그런 느부사라단이 예루살렘 성전과 왕궁을 불살라 버린다. 이 사건은 하나님이 솔로몬에게 경고하신 예언(대하 7:20)의 성취임과 동시에 히스기야에게 경고하신 예언(왕하 20:17)이 이루어진 것이기도 했다. 따라서 성전과 왕궁의 파괴는 하나님의 심판의 예언이 그대로 실현된 것이다. 계속해서 이스라엘 백성이 하나님의 말씀대로 살지 않고 우상을 섬기면, 하나님이 그들을 약속의 땅에서 뽑아내실 뿐 아니라 엄격히 심판하시겠다는 경고가 그대로 이행된 결과였다.

11 성중에 남아 있는 백성과 바벨론 왕에게 항복한 자들과 무리 중 남은 자는 시위대장 느부사라단이 모두 사로잡아 가고 느부사라단은 예루살렘의 백성과 유다의 거민을 분류하기 시작한다. 느부사라단은 사회의 통상적인 분류 방법인 사회적 신분에 의해 사람들을 분류해서 포로로 잡아갔다. 첫째, 왕과 군사들이 모두 도망가고 예루살렘 성이 멸망한 뒤에도 계속해서 성중에 남아 있던 백성들, 둘째, 바벨론 왕에게 항복한 자들, 셋째, 전쟁에 쓰이는 무기를 생산하는 기술자나 대장장이들이었다. 사실상 예루살렘 성중에는 거의 아무도 남아 있지 않은 상태가 되었다고 해도 과언이 아니었다. 바벨론의 느부갓네살 왕에 의해 1차와 2차로 침공당한 남유다는 많은 백성을 포로로 잃어 그 땅에는 비천한 자만 남았다(왕하 24:14). 이제 제3차 침공에 의해 유다는 완전히 초토화된다.

12 시위대장이 그 땅의 비천한 자를 남겨 두어 포도원을 다스리는 자와 농부가 되게 하였더라 본절에 나오는 비천한 사람들은 아무 소유가 없는 가난한 자일 뿐 아니라(렘 39:10) 계층적으로도 낮은 천민을 말한다. 이런 비천한 자들을 농사짓게 했다는 것이다. 당시 바벨론이 유다에 농부들을 남겨 놓음으로써 계속 농사일을 하게 만든 것은, 식민지 유다로부터 조공이라는 형태로 식량을 약탈해 가기 위해서다.

13 성전 입구에 서 있던 두 놋기둥은 솔로몬의 명령에 의해 히람이 만든 야긴과 보아스의 두 기둥을 가리킨다(왕상 7:14-22). 이 두 기둥은 하나님께 대한 예배, 하나님의 인도하심과 보호하심, 그리고 하나님의 위엄과 영광 등을 나타낸다. 두 기둥을 깨뜨렸다는 것은 이스라엘에 함께하시는 여호와의 능력을 파괴했다는 상징적 의미가 있다. 그래서 이는 성전의 파괴와 함께 이스라엘의 완전한 멸망을 의미한다. 한편, 성전 기물을 그대로 운반하지 않고 깨뜨려서 가져간 것은 기둥이 너무 거대해 운반하기 어려웠기 때문이다.

쉬운성경

8 바빌로니아의 느부갓네살이 왕으로 있은 지 십구 년째 되던 해의 다섯째 달 칠일*에 경호대장인 느부사라단이 예루살렘으로 왔습니다.

9 느부사라단은 여호와의 성전과 왕궁에 불을 지르고 예루살렘의 모든 집을 불태웠습니다. 그래서 중요한 건물은 다 불타고 말았습니다.

10 바빌로니아의 모든 군대가 예루살렘의 성벽을 헐어 버렸습니다. 그 군대는 왕의 경호대장이 지휘했습니다.

11 경호대장인 느부사라단은 예루살렘에 남아 있는 백성과 바빌로니아 왕에게 항복한 백성과 나머지 백성을 사로잡아 갔습니다.

12 그러나 그 땅의 가장 천한 사람들은 남겨 두어 포도밭을 가꾸고 농사를 짓게 했습니다.

13 바빌로니아 군대는 여호와의 성전에 있는 놋기둥과 놋받침대와 바다라고 부르는 커다란 놋대야를 깨뜨려 그 놋쇠를 바빌론으로 가져갔습니다.

14 그들은 또 성전에서 제사드릴 때 쓰는 솥과 부삽과 불집게와 접시와 온갖 놋기구들도 가져갔습니다.

15 왕의 경호대장은 화로와 대야들도 가져갔고 금이나 은으로 만든 것도 다 가져갔습니다.

16 또 놋기둥 두 개와 커다란 놋대야 하나와 솔로몬이 여호와의 성전을 위해 만든 놋받침대도 모두 가져갔습니다. 경호대장이 가져간 놋은 너무 많아서 무게를 달 수 없을 정도였습니다.

17 그 기둥은 각각 높이가 십팔 규빗* 이었습니다. 기둥 꼭대기에는 높이가 삼 규빗* 되는 기둥머리가 놓여 있었습니다. 기둥머리의 둘레는 그물과 놋석류로 장식되어 있었습니다. 다른 기둥에도 그물 장식이 있었는데 첫 번째 기둥과 같은 모양이었습니다.

* 25:8 이날은 B.C. 586년 8월 14일에 해당된다.
* 25:17 18규빗은 약 8.1m에 해당되고, 3규빗은 약 1.35m에 해당된다.

저자의 묵상

여호와의 성전과 왕궁, 예루살렘의 모든 건물과 집이 불살라져 철저히 파괴된다. 예루살렘 주위의 성벽도 무너진다. 백성들은 대부분 바벨론에 포로로 잡혀갔으며, 그 땅에 남은 사람은 농사를 지어 바벨론에 식량을 제공해야 할 운명이 된다. 성전 기물과 돈이 되는 성중의 물건은 모조리 약탈당한다. 하나님의 뜻을 따르지 않고 우상을 숭배하며 죄악을 일삼은 자들이 치러야 하는 대가가 얼마나 큰 것인지를 여실히 보여 준다. 하나님의 백성으로서의 당당한 기상은 사라지고 이제는 폐허가 된 예루살렘의 허망한 현실만 초라하게 남겨진다. 이방인의 비웃음이 울려 퍼지는 반면, 하나님의 백성들이 통곡하는 비참한 모습이 보이는 듯하다. 하나님의 품을 떠나 방종하면 누구나 이렇게 피눈물을 흘릴 수밖에 없다. 하나님께로 돌아가야 한다. 더 늦기 전에 손들고 회개하며, 하나님과 함께하는 은혜의 삶으로 복귀해야 한다. 후회할 시간이 오기 전에 그저 하나님께 다가가면 된다. 나머지는 하나님이 다 알아서 하신다.

무릎 기도 | 하나님, 건물이든 장식이든 그 어떤 것도 하나님이 안 계시면 아무것도 아님을 깨닫게 하소서. 하나님만 바라보는 믿음의 사람이 되게 하소서.

NLT - 2 Kings 25

8 On August 14 of that year,* which was the nineteenth year of King Nebuchadnezzar's reign, Nebuzaradan, the captain of the guard and an official of the Babylonian king, arrived in Jerusalem.

9 He burned down the Temple of the LORD, the royal palace, and all the houses of Jerusalem. He destroyed all the important buildings* in the city.

10 Then he supervised the entire Babylonian army as they tore down the walls of Jerusalem on every side.

11 Then Nebuzaradan, the captain of the guard, took as exiles the rest of the people who remained in the city, the defectors who had declared their allegiance to the king of Babylon, and the rest of the population.

12 But the captain of the guard allowed some of the poorest people to stay behind to care for the vineyards and fields.

13 The Babylonians broke up the bronze pillars in front of the LORD's Temple, the bronze water carts, and the great bronze basin called the Sea, and they carried all the bronze away to Babylon.

14 They also took all the ash buckets, shovels, lamp snuffers, ladles, and all the other bronze articles used for making sacrifices at the Temple.

15 The captain of the guard also took the incense burners and basins, and all the other articles made of pure gold or silver.

16 The weight of the bronze from the two pillars, the Sea, and the water carts was too great to be measured. These things had been made for the LORD's Temple in the days of Solomon.

17 Each of the pillars was 27 feet* tall. The bronze capital on top of each pillar was 7½ feet* high and was decorated with a network of bronze pomegranates all the way around.

* 25:8 Hebrew *On the seventh day of the fifth month*, of the ancient Hebrew lunar calendar. This day was August 14, 586 B.C.; also see note on 25:1.

* 25:9 Or *destroyed the houses of all the important people*.

* 25:17a Hebrew *18 cubits* [8.3 meters].

* 25:17b As in parallel texts at 1 Kgs 7:16, 2 Chr 3:15, and Jer 52:22, all of which read *5 cubits* [2.3 meters]; Hebrew reads *3 cubits*, which is 4.5 feet or 1.4 meters.

9 burn down 불태우다 10 supervise 지휘하다 tear down 헐다, 해체하다 on every side 모든 방면에 11 defector 망명자 allegiance 충성 12 care for 보살피다 13 break up 깨뜨리다 pillar 기둥 basin 대야 14 shovel 삽 snuffer 촛불 끄는 기구 ladle 숟가락 article 물품, 품목 17 decorate 장식하다 pomegranate 석류

60 유다 총독 그달리야와 여호야긴 왕

월 일

열왕기하 25:18-30 • 새찬송 490장 | 통일 542장

• 말씀묵상 전에 성령님의 인도하심을 구하는 기도를 드리십시오.

본문요약 | 유다 백성들이 바벨론으로 사로잡혀 간다. 느부갓네살은 그달리야를 유다 총독으로 세우지만 그달리야는 이스마엘에게 암살당한다. 그달리야가 암살당하자 많은 사람들이 바벨론의 보복이 두려워 애굽으로 망명한다. 유다 왕 여호야긴이 사로잡혀 간 지 삼십칠 년 곧 바벨론 왕 에윌므로닥이 즉위한 해에, 에윌므로닥이 여호야긴을 풀어주고 융숭한 대우를 한다.

18 시위대장이 대제사장 스라야와 부제사장
스바냐와 성전 문지기 세 사람을 사로잡
고
19 또 성중에서 사람을 사로잡았으니 곧 군
사를 거느린 내시 한 사람과 또 성중에서
만난 바 왕의 시종 다섯 사람과 백성을 징
집하는 장관의 서기관 한 사람과 성중에
서 만난 바 백성 육십 명이라
20 시위대장 느부사라단이 그들을 사로잡아
가지고 리블라 바벨론 왕에게 나아가매
21 바벨론 왕이 하맛 땅 리블라에서 다 쳐 죽
였더라 이와 같이 유다가 사로잡혀 본토
에서 떠났더라
22 유다 땅에 머물러 있는 백성은 곧 바벨론
왕 느부갓네살이 남긴 자라 왕이 사반의
손자 아히감의 아들 그달리야가 관할하게
하였더라
23 모든 군대 지휘관과 그를 따르는 자가 바
벨론 왕이 그달리야를 지도자로 삼았다
함을 듣고 이에 느다니야의 아들 이스마
엘과 가레아의 아들 요하난과 느도바 사
람 단후멧의 아들 스라야와 마아가 사람
의 아들 야아사니야와 그를 따르는 사람
이 모두 미스바로 가서 그달리야에게 나
아가매
24 그달리야가 그들과 그를 따르는 군사들에
게 맹세하여 이르되 너희는 갈대아 인을
섬기기를 두려워하지 말고 이 땅에 살며
바벨론 왕을 섬기라 그리하면 너희가 평
안하리라 하니라
25 칠월에 왕족 엘리사마의 손자 느다니야의
아들 이스마엘이 부하 열 명을 거느리고
와서 그달리야를 쳐서 죽이고 또 그와 함
께 미스바에 있는 유다 사람과 갈대아 사
람을 죽인지라
26 노소를 막론하고 백성과 군대 장관들이
다 일어나서 애굽으로 갔으니 이는 갈대
아 사람을 두려워함이었더라
27 유다의 왕 여호야긴이 사로잡혀 간 지 삼
십칠 년 곧 바벨론의 왕 에윌므로닥이 즉
위한 원년 십이월 그달 이십칠일에 유다
의 왕 여호야긴을 옥에서 내놓아 그 머리
를 들게 하고
28 그에게 좋게 말하고 그의 지위를 바벨론
에 그와 함께 있는 모든 왕의 지위보다 높
이고
29 그 죄수의 의복을 벗게 하고 그의 일평생
에 항상 왕의 앞에서 양식을 먹게 하였고
30 그가 쓸 것은 날마다 왕에게서 받는 양이
있어서 종신토록 끊이지 아니하였더라

1. 오늘 하나님께서 나에게 주신 깨달음은 무엇입니까?

2. 말씀을 어떻게 내 삶에 구체적으로 적용해야 합니까?

절별 해설

18 시위대장이 대제사장 스라야와 부제사장 스바냐와 성전 문지기 세 사람을 사로잡고 여기서 대제사장은 수석 제사장이었으며, 스라야는 에스라의 조상인 것으로 추정된다(스 7:1). 부제사장 스바냐는 평 제사장이 아니라 말 그대로 차석 제사장이었다. 그래서 대제사장의 대리인으로서 활동할 수 있는 권한이 있었다. 한편, 성전을 지키는 문지기는 통상 24명이었는데, 사로잡힌 세 사람은 이들을 관리·감독하는 책임자였다.

22 앗수르와 달리 바벨론은 정복한 땅에 자기 나라 국민을 이주시키는 정책을 펴지 않고, 그곳의 사람들로 하여금 스스로 통치할 수 있는 자치제를 실시해 세금과 조공을 받아 갔다. 바벨론은 유다인 가운데 명문 출신인 그달리야를 총독으로 세우고 새로운 형태의 행정을 유다에 도입했다. 그러나 이러한 처사에 대해서 그 땅에 남아 있던 많은 사람들이 불만을 품어 그달리야를 몰아내고 다른 유다 사람으로 총독을 삼기 위한 시도가 일어났다.

23 총독이 된 그달리야는 유다가 멸망한 후 각지에 숨어 있던 그 땅에 남은 자들을 불러모았다. 미스바로 돌아온 사람들 중에는 후에 그달리야를 암살하는 이스마엘이란 자도 있었다. 그달리야는 수도를 새로 미스바에 정하고, 각자 집으로 돌아가 땅의 소산을 누리며 살 것을 명령했다. 그는 많은 사람에게 존경을 받았고, 어질고 따뜻하게 사람들을 포용했다. 점점 더 많은 사람들이 돌아오기 시작했다. 이스마엘과 다른 사람들은 그달리야에게 충성을 맹세했다. 그달리야는 이스마엘을 환대하고 신뢰했으나 이스마엘은 호시탐탐 그달리야를 없앨 기회만 노리고 있었다. 이스마엘은 유다의 왕족이었기에 자신이 왕권을 가져야 한다고 여겼다. 더욱이 이스마엘 뒤에는 암몬 왕이 있었다. 암몬 왕은 이스마엘이 그달리야를 암살하도록 모든 지원을 아끼지 않았다. 이런 정보를 입수한 그달리야의 군사 고문 요하난은 그달리야에게 그들의 맹세가 거짓임을 경고했다. 요하난은 이미 자신의 군사들을 거느린 권력자였기에 그달리야로부터 크게 신임을 얻었다. 그러나 안타깝게도 그달리야는 요하난의 경고를 믿지 않았다(렘 40:13-14).

24 그달리야가 그들과 그를 따르는 군사들에게 맹세하여 이르되 너희는 갈대아 인을 섬기기를 두려워하지 말고 이 땅에 살며 바벨론 왕을 섬기라 그리하면 너희가 평안하리라 하니라 그달리야의 충고는 예레미야의 충고와 매우 유사하다(렘 27:8). 그달리야와 예레미야의 충고는, 바벨론이 폐허로 변해 버린 유다에 대해 전혀 관심을 두지 않을 것이기 때문에 필요 없이 바벨론에 저항해서는 안 된다는 뜻이었다. 이스라엘의 '남은 자'를 보존하기 위한 하나님의 뜻을 지켜야 한다는 사명 때문

쉬운성경

18 경호대장은 대제사장 스라야와 그 아래 제사장 스바냐와 문지기 세 사람을 붙잡았습니다.

19 그리고 성안에 남아 있던 사람들, 곧 군인들을 지휘하던 장교 한 사람과, 왕에게 도움말을 주던 신하 다섯 사람과, 군대에 갈 사람들을 뽑았던 왕의 시종 한 사람과, 그 밖에 성안에 있던 다른 백성 육십 명을 붙잡았습니다.

20 경호대장 느부사라단은 그들을 붙잡아서 립나에 있는 바빌로니아 왕에게 끌고 갔습니다.

21 바빌로니아 왕은 하맛 땅 립나에서 그들을 죽였습니다. 이처럼 유다 백성은 그들의 땅에서 쫓겨나 포로가 되어 끌려갔습니다.

22 바빌로니아 왕 느부갓네살은 유다 땅에 남아 있는 백성을 다스릴 총독으로 그달리야를 세웠는데, 그는 사반의 손자이며 아히감의 아들이었습니다.

23 바빌로니아 왕이 그달리야를 총독으로 세웠다는 소식을 듣고, 유다 군대의 장교들과 그 부하들이 모두 미스바에 있는 그달리야에게 모여들었습니다. 그곳에 모인 사람은 느다냐의 아들 이스마엘과 가레아의 아들 요하난과 느도바 사람 단후멧의 아들 스라야와 마아가 사람의 아들 야아사냐와 그 부하들입니다.

24 그러자 그달리야가 군대 장교들과 그들의 부하들에게 약속했습니다. "바빌로니아의 관리들을 두려워하지 마시오. 이 땅에 살면서 바빌로니아왕을 섬기시오. 그러면 모든 것이 잘될 것이오."

25 그러나 그해 칠월*에 이스마엘이 부하 열 사람을 데리고 와서 그달리야를 죽였습니다. 이스마엘은 엘리사마의 손자이며 느다냐의 아들로서 왕족이었습니다. 그들은 또 미스바에 그달리야와 함께 있던 유다 사람과 바빌로니아 사람들도 죽였습니다.

에 이런 주장을 한 것이다.

25 칠월에 왕족 엘리사마의 손자 느다니야의 아들 이스마엘이 부하 열 명을 거느리고 와서 그달리야를 쳐서 죽이고 칠월, 즉 그달리야가 총독으로 임명되고 새로운 행정이 시작된 지 불과 2개월 만에 이스마엘을 중심으로 한 격렬한 무리가 반정을 일으킨다. 그달리야는 이들에게 죽임을 당하고, 총독 중심의 유다 통치 행정은 붕괴된다.

26 노소를 막론하고 백성과 군대 장관들이 다 일어나서 애굽으로 갔으니 이는 갈대아 사람을 두려워함이었더라 그달리야의 미스바 행정에 조금이라도 협력했거나 관련이 있던 많은 사람들이 도망친다. 예레미야 41장 15절에 의하면, 요하난은 그달리야를 죽인 이스마엘을 공격하여 암몬 족속에게로 쫓아낸다. 그 다음에는 느부갓네살 왕으로부터 미칠 화를 피하기 위하여 애굽으로 도망간다. 그달리야가 살해당한 것에 대한 책임을 물어 자신에게도 화가 미칠까 두려웠기 때문이다. 그래서 요하난은 자신이 앞장서서 애굽으로의 망명 행렬을 주도했다(렘 41:15-18).

27-30 느부갓네살 왕이 죽은 후 왕위를 계승한 에윌므로닥 왕이 유다 왕 여호야긴을 감옥에서 풀어 주고 특별 대우를 한다. 이렇게 한 이유는, 유다 백성에게 미래에 대한 희망을 심어 줌으로써 저항이나 반발 없이 평탄하게 통치하기 위해서였을 것이다.

26 그런 다음에 젊은 사람이나 늙은 사람 할 것 없이 다 이집트로 도망쳤습니다. 군대 장교들도 이집트로 도망쳤습니다. 이는 바빌로니아 사람들*을 두려워한 까닭입니다.

27 유다 왕 여호야긴이 사로잡혀 간 지 삼십칠 년째 되던 해, 곧 에윌므로닥이 바빌로니아 왕이 된 해 십이월 이십칠일*에 에윌므로닥이 여호야긴을 감옥에서 풀어주었습니다.

28 에윌므로닥은 여호야긴에게 친절하게 대하면서, 바빌론에 와 있던 다른 왕들의 자리보다 더 높은 자리를 주었습니다.

29 그리하여 여호야긴은 죄수가 입는 옷을 벗었습니다. 그는 죽기 전까지 왕의 상에서 왕과 함께 먹었습니다.

30 왕은 여호야긴이 살아있는 동안에 날마다 그에게 용돈을 주었습니다.

* 25:25 이달은 B.C. 586년 10월과 11월에 해당된다.
* 25:26 '갈대아 사람들'을 가리킨다.
* 25:27 이날은 B.C. 561년 4월 2일에 해당된다.

저자의 묵상

바벨론 왕은 절망과 한숨으로 얼룩진 유다에 그달리야라는 총독을 임명한다. 그러나 얼마 후 그달리야는 반(反)바벨론파 유다인들에게 죽임을 당한다. 이 일 때문에 유다인들에 대한 바벨론의 핍박은 더욱 거세고 잔혹해진다. 가난과 핍박에 견디다 못한 수많은 유다인이 애굽으로 이주하기 시작했다. 그 옛날 모세를 따라 애굽을 탈출한 유다 백성들이 나라가 망해서 다시 애굽으로 돌아가게 된 것은 참담한 일이었다. 유다 왕국은 이렇게 망했다. 그러나 놀라지 말자! 하나님의 섭리는 크고도 오묘하시다. 느부갓네살이 죽고 그 아들 에윌므로닥은 왕으로 즉위하는 기념으로 유다의 제19대 왕 여호야긴을 석방하고 일정한 수준의 대우를 해 주었다. 하나님은 유다 왕조의 씨를 남겨 두셨던 것이다. 여호야긴의 자손들이 바벨론에서 생존했기에 장차 포로생활이 끝난 뒤 유다인들이 유다 땅으로 귀환할 수 있었다. 죄와 불순종이 야기한 심판 가운데서도 하나님은 살길을 열어 두신다. 하나님은 사랑이시다.

무릎기도 하나님, 고통과 절망의 현장에서도 소망의 빛을 비춰 주시는 하나님을 찬양하며 인내하게 하소서.

18 Nebuzaradan, the captain of the guard, took with him as prisoners Seraiah the high priest, Zephaniah the priest of the second rank, and the three chief gatekeepers.

19 And from among the people still hiding in the city, he took an officer who had been in charge of the Judean army; five of the king's personal advisers; the army commander's chief secretary, who was in charge of recruitment; and sixty other citizens.

20 Nebuzaradan, the captain of the guard, took them all to the king of Babylon at Riblah.

21 And there at Riblah, in the land of Hamath, the king of Babylon had them all put to death. So the people of Judah were sent into exile from their land.

22 Then King Nebuchadnezzar appointed Gedaliah son of Ahikam and grandson of Shaphan as governor over the people he had left in Judah.

23 When all the army commanders and their men learned that the king of Babylon had appointed Gedaliah as governor, they went to see him at Mizpah. These included Ishmael son of Nethaniah, Johanan son of Kareah, Seraiah son of Tanhumeth the Netophathite, Jezaniah* son of the Maacathite, and all their men.

24 Gedaliah vowed to them that the Babylonian officials meant them no harm. "Don't be afraid of them. Live in the land and serve the king of Babylon, and all will go well for you," he promised.

25 But in midautumn of that year,* Ishmael son of Nethaniah and grandson of Elishama, who was a member of the royal family, went to Mizpah with ten men and killed Gedaliah. He also killed all the Judeans and Babylonians who were with him at Mizpah.

26 Then all the people of Judah, from the least to the greatest, as well as the army commanders, fled in panic to Egypt, for they were afraid of what the Babylonians would do to them.

27 In the thirty-seventh year of the exile of King Jehoiachin of Judah, Evil-merodach ascended to the Babylonian throne. He was kind to* Jehoiachin and released him* from prison on April 2 of that year.*

28 He spoke kindly to Jehoiachin and gave him a higher place than all the other exiled kings in Babylon.

29 He supplied Jehoiachin with new clothes to replace his prison garb and allowed him to dine in the king's presence for the rest of his life.

30 So the king gave him a regular food allowance as long as he lived.

* 25:23 As in parallel text at Jer 40:8; Hebrew reads *Jaazaniah,* a variant spelling of Jezaniah.

* 25:25 Hebrew *in the seventh month,* of the ancient Hebrew lunar calendar. This month occurred within the months of October and November 586 B.C.; also see note on 25:1.

* 25:27a Hebrew *He raised the head of.*

* 25:27b As in some Hebrew manuscripts and Greek and Syriac versions (see also Jer 52:31); Masoretic Text lacks *released him.*

* 25:27c Hebrew *on the twenty-seventh day of the twelfth month,* of the ancient Hebrew lunar calendar. This day was April 2, 561 B.C.; also see note on 25:1.

18 rank 계급 gatekeeper 문지기 19 in charge of… …을 맡고 있는 commander 지휘자, 사령관 recruitment 신병 모집 21 exile 망명, 추방, 유배 22 appoint A as B A를 B로 임명하다 24 vow 맹세하다 go well 잘되다 25 midautumn 중추 27 ascend 즉위하다 release A from B A를 B에서 놓아주다 29 supply 공급하다 replace 대체하다 garb 의복 dine 정찬을 먹다 30 regular 정기적인 allowance 용돈

권별주삶

아가페 주삶 GBS

- 1주(1회–5회) _ 열왕기하 2:18–25
  고치시는 하나님, 벌하시는 하나님
- 2주(6회–10회) _ 열왕기하 5:1–14
  하나님을 기억하기, 하나님께 순종하기
- 3주(11회–15회) _ 열왕기하 6:14–23
  우리와 함께한 자가 그들과 함께한 자보다 많으니라
- 4주(16회–20회) _ 열왕기하 9:1–13
  사필귀정(事必歸正)
- 5주(21회–25회) _ 열왕기하 9:25–37
  내가 어제 분명히 보았노라
- 6주(26회–30회) _ 열왕기하 12:1–15
  투명하게 그리고 정직하게
- 7주(31회–35회) _ 열왕기하 16:1–15
  이방신의 제단에서 하나님께 드린 제사
- 8주(36회–40회) _ 열왕기하 17:7–18
  북왕국 이스라엘의 멸망
- 9주(41회–45회) _ 열왕기하 19:1–7
  하나님을 모욕한 죄, 모욕당하게 한 죄
- 10주(46회–50회) _ 열왕기하 21:10–18
  하나님의 다림추
- 11주(51회–55회) _ 열왕기하 22:1–13
  성공의 비결, 올바른 신앙생활
- 12주(56회–60회) _ 열왕기하 25:1–17
  잊지 말아야 할 과거

* GBS 해설서는 뒷면에 있습니다

고치시는 하나님, 벌하시는 하나님

열왕기하 2:18-25 | 새찬송 15장 • 통일 55장

주간 말씀묵상 나눔

1 지난 한 주 동안 묵상하면서 깨달은 말씀을 그룹원들과 함께 나누어 봅시다.

2 깨달은 것을 실천함으로 삶의 변화를 가져온 것이 있다면 서로 나누어 봅시다.

• 오늘의 성경공부 목표

엘리사의 기적을 통해 알 수 있는 하나님의 성품은 무엇인지 생각해 봅니다.

18 엘리사가 여리고에 머무는 중에 무리가
그에게 돌아오니 엘리사가 그들에게 이
르되 내가 가지 말라고 너희에게 이르지
아니하였느냐 하였더라
19 그 성읍 사람들이 엘리사에게 말하되 우
리 주인께서 보시는 바와 같이 이 성읍의
위치는 좋으나 물이 나쁘므로 토산이 익
지 못하고 떨어지나이다
20 엘리사가 이르되 새 그릇에 소금을 담아
내게로 가져오라 하매 곧 가져온지라
21 엘리사가 물 근원으로 나아가서 소금을
그 가운데에 던지며 이르되 여호와의 말
씀이 내가 이 물을 고쳤으니 이로부터 다
시는 죽음이나 열매 맺지 못함이 없을지
니라 하셨느니라 하니
22 그 물이 엘리사가 한 말과 같이 고쳐져서
오늘에 이르렀더라
23 엘리사가 거기서 벧엘로 올라가더니 그
가 길에서 올라갈 때에 작은 아이들이 성
읍에서 나와 그를 조롱하여 이르되 대머
리여 올라가라 대머리여 올라가라 하는
지라
24 엘리사가 뒤로 돌이켜 그들을 보고 여호
와의 이름으로 저주하매 곧 수풀에서 암
곰 둘이 나와서 아이들 중의 사십이 명을
찢었더라
25 엘리사가 거기서부터 갈멜 산으로 가고
거기서 사마리아로 돌아왔더라

• **함께 읽어보기**

오늘 본문은 엘리사의 사역 초기에 있었던 서로 상반된 성격의 두 가지 일화를 소개하고 있습니다. 엘리사는 여리고 지방의 고질적인 문제였던 '나쁜 물'의 근원을 고쳐 성읍 사람들에게 큰 기쁨을 주었습니다. 그러나 엘리사는 자신을 조롱한 아이들에게는 저주를 내렸고, 아이들은 수풀에서 나온 암곰에게 찢겨 죽음을 당했습니다. 당시 선지자들의 중요한 역할 가운데 하나는 하나님의 뜻을 백성들에게 선포하는 것이었습니다. 엘리사가 행한 두 가지 기적에는 백성들을 향한 하나님의 메시지가 담겨 있습니다. 오늘 성경공부를 통해 본문이 담고 있는 하나님의 메시지는 무엇인지, 그 메시지가 함축하는 하나님의 성품은 무엇인지 생각해 볼 것입니다.

도입 질문

3 나에게 하나님은 어떤 분이십니까? 각자의 경험과 느낌을 솔직하게 나누어 봅시다.

함께 나누기

4 엘리사가 머물고 있던 곳은 어디입니까? **18절**

5 여리고 성에 살고 있는 사람들은 어떤 문제를 겪고 있었습니까? **19절**

6 엘리사는 어떤 방법으로 나쁜 물을 깨끗하게 고쳤습니까? 21절

7 '고치시는 하나님'과 '구원하시는 하나님'은 공통점이 있습니다. 어떤 의미에서 그렇게 생각할 수 있을까요? 각자의 생각을 나누어 봅시다.

8 벧엘로 올라가는 길에서 엘리사를 조롱한 사람들은 누구였습니까? 무엇이라 조롱하였습니까? 23절

9 엘리사는 자신을 조롱하는 아이들에게 어떻게 반응했습니까? 그리고 어떤 일이 벌어졌습니까? 24절

10 오늘 본문은 하나님의 두 가지 모습, '고치시는 하나님'과 '벌하시는 하나님'을 차례대로 보여줍니다. 얼핏 보면 서로 상반된 듯한 두 가지 성품이, 한 분 하나님 안에 함께 존재하는 것입니다. 이것은 어떻게 설명될 수 있을까요? 각자의 생각을 나누어 봅시다.

주간 그룹성경공부 • GBS

2주차 (6회~10회)

하나님을 기억하기, 하나님께 순종하기

열왕기하 5:1-14 | 새찬송 342장 • 통일 395장

주간 말씀묵상 나눔

1 지난 한 주 동안 묵상하면서 깨달은 말씀을 그룹원들과 함께 나누어 봅시다.

2 깨달은 것을 실천함으로 삶의 변화를 가져온 것이 있다면 서로 나누어 봅시다.

• 오늘의 성경공부 목표

하나님을 늘 인정하고, 그분께 순종하는 삶은 어떤 삶인지 생각해 보도록 합니다.

1 아람 왕의 군대 장관 나아만은 그의 주인 앞에서 크고 존귀한 자니 이는 여호와께서 전에 그에게 아람을 구원하게 하셨음이라 그는 큰 용사이나 나병 환자더라
2 전에 아람 사람이 떼를 지어 나가서 이스라엘 땅에서 어린 소녀 하나를 사로잡으매 그가 나아만의 아내에게 수종들더니
3 그의 여주인에게 이르되 우리 주인이 사마리아에 계신 선지자 앞에 계셨으면 좋겠나이다 그가 그 나병을 고치리이다 하는지라
4 나아만이 들어가서 그의 주인께 아뢰어 이르되 이스라엘 땅에서 온 소녀의 말이 이러이러하더이다 하니
5 아람 왕이 이르되 갈지어다 이제 내가 이스라엘 왕에게 글을 보내리라 하더라 나아만이 곧 떠날새 은 십 달란트와 금 육천 개와 의복 열 벌을 가지고 가서
6 이스라엘 왕에게 그 글을 전하니 일렀으되 내가 내 신하 나아만을 당신에게 보내오니 이 글이 당신에게 이르거든 당신은 그의 나병을 고쳐 주소서 하였더라
7 이스라엘 왕이 그 글을 읽고 자기 옷을 찢으며 이르되 내가 사람을 죽이고 살리는 하나님이냐 그가 어찌하여 사람을 내게로 보내 그의 나병을 고치라 하느냐 너희는 깊이 생각하고 저 왕이 틈을 타서 나와 더불어 시비하려 함인 줄 알라 하니라
8 하나님의 사람 엘리사가 이스라엘 왕이 자기의 옷을 찢었다 함을 듣고 왕에게 보내 이르되 왕이 어찌하여 옷을 찢었나이까 그 사람을 내게로 오게 하소서 그가 이스라엘 중에 선지자가 있는 줄을 알리

이다 하나니라
9 나아만이 이에 말들과 병거들을 거느리
고 이르러 엘리사의 집 문에 서니
10 엘리사가 사자를 그에게 보내 이르되 너
는 가서 요단 강에 몸을 일곱 번 씻으라
네 살이 회복되어 깨끗하리라 하는지라
11 나아만이 노하여 물러가며 이르되 내 생
각에는 그가 내게로 나와 서서 그의 하나
님 여호와의 이름을 부르고 그의 손을 그
부위 위에 흔들어 나병을 고칠까 하였도
다
12 다메섹 강 아바나와 바르발은 이스라엘
모든 강물보다 낫지 아니하냐 내가 거기
서 몸을 씻으면 깨끗하게 되지 아니하랴
하고 몸을 돌려 분노하여 떠나니
13 그의 종들이 나아와서 말하여 이르되 내
아버지여 선지자가 당신에게 큰일을 행
하라 말하였더면 행하지 아니하였으리이
까 하물며 당신에게 이르기를 씻어 깨끗
하게 하라 함이리이까 하니
14 나아만이 이에 내려가서 하나님의 사람
의 말대로 요단 강에 일곱 번 몸을 잠그
니 그의 살이 어린아이의 살같이 회복되
어 깨끗하게 되었더라

• 함께 읽어보기

갑자기 찾아온 위기의 순간에 하나님을 생각해 내고, 먼저 그분의 도우심을 구합니까? 하나님께서 응답으로 보여주신 그 길을 믿음과 순종으로 걸어갑니까? 그리스도인에게 묻기에는 너무 당연한 질문이지만, 우리는 때로 그것을 놓치고 사는 경우가 많습니다. 오늘 본문에서 열왕기하 저자는 등장인물을 서로 대조하며 중요한 주제를 전달합니다. 첫째, 이스라엘 왕과 어린 소녀를 대조합니다. 둘째, 나아만과 그의 종들을 대조합니다. 등장인물의 대화를 주의 깊게 읽으면서, 저자가 전하는 주제를 찾아보는 것이 오늘의 목표입니다.

도입 질문

3 눈앞에 물건을 두고도 보지 못하고 찾아다닌 경험이 있습니까? 간단한 해결책이 있었는데 그것을 생각해 내지 못하고 고민한 적이 있습니까?

함께 나누기

4 나아만은 누구입니까? 그리고 그가 가지고 있었던 문제는 무엇입니까? **1절**

5 나아만의 아내를 수종들던 어린 소녀가 주인에게 한 말은 무엇입니까? **3절**

6 아람 왕의 글을 읽은 이스라엘 왕의 반응은 어떠했습니까? **7절**

7 아람 땅에서 종노릇하던 어린 소녀도 알고 있던 사실을 이스라엘 왕이 기억하지 못했습니다. 그것은 무엇입니까? **8절 참고**

8 엘리사가 나아만에게 내린 처방은 무엇입니까? **10절** 그 처방에 대한 나아만의 반응은 어떠했습니까? **11-12절**

9 나아만의 종들이 나아만에게 말한 내용은 무엇입니까? **13절**

10 무엇이 나아만으로 하여금 엘리사의 말에 순종하지 못하도록 만들었을까요? 하나님의 말씀에 순종하지 못하도록 만드는 것이 내 안에도 있다면 그것은 무엇입니까? 서로 이야기를 나누어 봅시다.

주간 그룹성경공부 • GBS

3주차 (11회~15회)

우리와 함께한 자가 그들과 함께한 자보다 많으니라

열왕기하 6:14-23 | 새찬송 353장 • 통일 391장

주간 말씀묵상 나눔

1 지난 한 주 동안 묵상하면서 깨달은 말씀을 그룹원들과 함께 나누어 봅시다.

2 깨달은 것을 실천함으로 삶의 변화를 가져온 것이 있다면 서로 나누어 봅시다.

• 오늘의 성경공부 목표

우리와 늘 함께하시는 하나님을 묵상해 보도록 합니다.

14 왕이 이에 말과 병거와 많은 군사를 보내매 그들이 밤에 가서 그 성읍을 에워쌌더라
15 하나님의 사람의 사환이 일찍이 일어나서 나가보니 군사와 말과 병거가 성읍을 에워쌌는지라 그의 사환이 엘리사에게 말하되 아아, 내 주여 우리가 어찌하리이까 하니
16 대답하되 두려워하지 말라 우리와 함께한 자가 그들과 함께한 자보다 많으니라 하고
17 기도하여 이르되 여호와여 원하건대 그의 눈을 열어서 보게 하옵소서 하니 여호와께서 그 청년의 눈을 여시매 그가 보니 불말과 불병거가 산에 가득하여 엘리사를 둘렀더라
18 아람 사람이 엘리사에게 내려오매 엘리사가 여호와께 기도하여 이르되 원하건대 저 무리의 눈을 어둡게 하옵소서 하매 엘리사의 말대로 그들의 눈을 어둡게 하신지라
19 엘리사가 그들에게 이르되 이는 그 길이 아니요 이는 그 성읍도 아니니 나를 따라오라 내가 너희를 인도하여 너희가 찾는 사람에게로 나아가리라 하고 그들을 인도하여 사마리아에 이르니라
20 사마리아에 들어갈 때에 엘리사가 이르되 여호와여 이 무리의 눈을 열어서 보게 하옵소서 하니 여호와께서 그들의 눈을 여시매 그들이 보니 자기들이 사마리아 가운데에 있더라
21 이스라엘 왕이 그들을 보고 엘리사에게 이르되 내 아버지여 내가 치리이까 내가 치리이까 하니

22 대답하되 치지 마소서 칼과 활로 사로잡
은 자인들 어찌 치리이까 떡과 물을 그들
앞에 두어 먹고 마시게 하고 그들의 주인
에게로 돌려보내소서 하는지라
23 왕이 위하여 음식을 많이 베풀고 그들이
먹고 마시매 놓아 보내니 그들이 그들의
주인에게로 돌아가니라 이로부터 아람
군사의 부대가 다시는 이스라엘 땅에 들
어오지 못하니라

• 함께 읽어보기

성경은 우리가 그리스도인으로 살아가는 동안 수많은 장애물과 어려움을 만나게 될 것이라고 말합니다(요 16:33; 히 11:37). 사도 바울은 "힘에 겹도록 심한 고난을 당하여 살 소망까지 끊어지고"(고후 1:8)라고 자신의 경험을 고백합니다. 앞서간 믿음의 선배들이 그 길을 걸어왔고, 우리도 걸을 것이고, 우리를 뒤따를 믿음의 후배들도 그 길을 걷게 될 것입니다. 그런 의미에서 오늘 본문은 많은 격려가 됩니다. 누군가가 든든히 내 옆에 있다는 사실을 아는 것만으로도 때로는 큰 힘이 되는데, 내 옆에 있는 그 누군가가 바로 창조주 하나님이라는 사실은 얼마나 더 큰 힘이 되겠습니까? 지금 그분의 길을 걷고 있다면 그리고 복음으로 살고 있다면 걱정하지 마십시오. 하나님이 우리 편입니다.

도입 질문

3 늘 내 옆에서 나와 함께해 주는 사람이 있습니까?

함께 나누기

4 도단 성읍을 에워싼 말과 병거를 보고 엘리사의 사환이 한 말은 무엇입니까? 15절

5 엘리사는 사환에게 무엇이라 대답했습니까? 16절

6 엘리사가 기도하자 하나님께서 그 사환의 눈을 여셨습니다. 사환은 어떤 광경을 목격했습니까? 17절

7 아람 왕은 많은 말과 병거와 군사를 보냈고(14절), 하나님은 더 많은 불말과 불병거를 보내셨습니다(16-17절). 어떤 하나님이 느껴집니까? 자유롭게 생각을 나누어 봅시다.

8 엘리사를 잡으러 내려오던 아람 사람은 어떻게 되었습니까? 18절

9 이스라엘 왕은 엘리사에게 무엇이라고 묻습니까? 21절

10 엘리사는 아람 군사들을 어떻게 대했습니까? 22절

주간 그룹성경공부 • GBS

4주차 (16회~20회)

사필귀정(事必歸正)

열왕기하 9:1-13 | 새찬송 96장 • 통일 94장

주간 말씀묵상 나눔

1 지난 한 주 동안 묵상하면서 깨달은 말씀을 그룹원들과 함께 나누어 봅시다.

2 깨달은 것을 실천함으로 삶의 변화를 가져온 것이 있다면 서로 나누어 봅시다.

• 오늘의 성경공부 목표

심판하실 하나님을 기억하고 늘 의로운 삶을 살아가는 그리스도인이 되도록 합니다.

1 선지자 엘리사가 선지자의 제자 중 하나를 불러 이르되 너는 허리를 동이고 이 기름병을 손에 가지고 길르앗 라못으로 가라
2 거기에 이르거든 님시의 손자 여호사밧의 아들 예후를 찾아 들어가서 그의 형제 중에서 일어나게 하고 그를 데리고 골방으로 들어가
3 기름병을 가지고 그의 머리에 부으며 이르기를 여호와의 말씀이 내가 네게 기름을 부어 이스라엘 왕으로 삼노라 하셨느니라 하고 곧 문을 열고 도망하되 지체하지 말지니라 하니
4 그 청년 곧 그 선지자의 청년이 길르앗 라못으로 가니라
5 그가 이르러 보니 군대 장관들이 앉아 있는지라 소년이 이르되 장관이여 내가 당신에게 할 말이 있나이다 예후가 이르되 우리 모든 사람 중에 누구에게 하려느냐 하니 이르되 장관이여 당신에게니이다 하는지라
6 예후가 일어나 집으로 들어가니 청년이 그의 머리에 기름을 부으며 그에게 이르되 이스라엘 하나님 여호와의 말씀이 내가 네게 기름을 부어 여호와의 백성 곧 이스라엘의 왕으로 삼노니
7 너는 네 주 아합의 집을 치라 내가 나의 종 곧 선지자들의 피와 여호와의 종들의 피를 이세벨에게 갚아 주리라
8 아합의 온 집이 멸망하리니 이스라엘 중

에 매인 자나 놓인 자나 아합에게 속한
모든 남자는 내가 다 멸절하되
9 아합의 집을 느밧의 아들 여로보암의 집
과 같게 하며 또 아히야의 아들 바아사의
집과 같게 할지라
10 이스르엘 지방에서 개들이 이세벨을 먹
으리니 그를 장사할 사람이 없으리라 하
셨느니라 하고 곧 문을 열고 도망하니라
11 예후가 나와서 그의 주인의 신복들에게
이르니 한 사람이 그에게 묻되 평안하냐
그 미친 자가 무슨 까닭으로 그대에게 왔
더냐 대답하되 그대들이 그 사람과 그가
말한 것을 알리라 하더라
12 무리가 이르되 당치 아니한 말이라 청하
건대 그대는 우리에게 이르라 하니 대답
하되 그가 이리 이리 내게 말하여 이르기
를 여호와의 말씀이 내가 네게 기름을 부
어 이스라엘 왕으로 삼는다 하셨다 하더
라 하는지라
13 무리가 각각 자기의 옷을 급히 가져다가
섬돌 위 곧 예후의 밑에 깔고 나팔을 불
며 이르되 예후는 왕이라 하니라

• 함께 읽어보기

아합과 이세벨이 다스리던 시대에 이스라엘에 살고 있던 의로운 백성들은 어쩌면 하나님께 이렇게 물었을지도 모릅니다. “하나님, 어찌해서 저토록 악한 아합 가문을 그대로 두십니까?” “하나님의 정의로움은 어디 있습니까?” 오늘 본문을 통해 우리는 그 질문에 이렇게 대답하시는 하나님을 만날 수 있을 것 같습니다. “오래 기다렸구나. 이제 내가 예후를 통해 아합 가문과 이세벨을 심판하고 잘못된 모든 것을 바로잡을 것이다!” 악인이 끝까지 형통하고, 죄인이 마땅한 벌을 받지 않는 세상에 우리가 살고 있다고 상상해 보십시오. 그처럼 암울한 상황은 없을 것입니다. 바르지 않은 것, 악한 것들이 잠깐은 득세할 수 있습니다. 그러나 하나님께서는 그분의 때에 반드시 모든 잘못된 것을 바로잡는 분이십니다. 오늘 본문을 통해 사필귀정(事必歸正)의 교훈을 가르쳐 주시는 하나님을 만나 보도록 하겠습니다.

도입 질문

3 매스컴을 통해 우리는 과거의 잘못된 판결, 혹은 왜곡되었던 역사가 시간이 지나면서 바로잡히는 경우를 종종 보게 됩니다. 그런 소식을 접할 때 어떤 생각이 듭니까? 각자의 생각을 나누어 봅시다.

함께 나누기

4 본문에 등장하는 선지자의 이름은 무엇입니까? 1절

5 선지자 엘리사는 제자 중 한 명에게 어디로 가서 누구를 찾으라고 명하였습니까? 1–2절

6 엘리사는 그 제자에게 예후를 찾아서 어떤 의식을 행하라고 명하였습니까? 2–3절

7 하나님께서 예후를 왕으로 삼으신 후에 그에게 명하신 일은 무엇입니까? 그렇게 명하신 이유는 무엇입니까? 7절

8 아합의 가문에 내려진 심판은 구체적으로 어떤 내용을 포함하고 있습니까? 8–10절

9 하나님께서 예후에게 기름을 부어 이스라엘의 왕으로 삼으셨다는 이야기를 들은 왕의 신복들은 어떤 행동을 하였습니까? 12–13절

10 하나님께서 수많은 악행에도 불구하고 오랜 시간 아합 가문을 멸하지 않고 살려 두셨던 것은 어쩌면 그들에게 회개할 기회를 주시기 위함이었을지도 모릅니다. 그러나 그들은 끝까지 회개하지 않았고, 하나님은 무자비하게 느껴질 만큼 무서운 심판을 내리셨습니다. 오늘 본문의 일화가 말세를 사는 그리스도인에게 주는 교훈은 무엇일까요?

주간 그룹성경공부 • GBS

5주차 (21회~25회)

내가 어제 분명히 보았노라

열왕기하 9:25-37 | 새찬송 460장 • 통일 515장

주간 말씀묵상 나눔

1 지난 한 주 동안 묵상하면서 깨달은 말씀을 그룹원들과 함께 나누어 봅시다.

2 깨달은 것을 실천함으로 삶의 변화를 가져온 것이 있다면 서로 나누어 봅시다.

• 오늘의 성경공부 목표

이세벨의 악행을 하나님이 어떻게 갚으셨는지 살펴보고 교훈으로 삼도록 합니다.

25 예후가 그의 장관 빗갈에게 이르되 그 시
체를 가져다가 이스르엘 사람 나봇의 밭
에 던지라 네가 기억하려니와 이전에 너
와 내가 함께 타고 그의 아버지 아합을
좇았을 때에 여호와께서 이같이 그의 일
을 예언하셨느니라
26 여호와께서 말씀하시기를 내가 어제 나
봇의 피와 그의 아들들의 피를 분명히 보
았노라 여호와께서 또 말씀하시기를 이
토지에서 네게 갚으리라 하셨으니 그런
즉 여호와의 말씀대로 그의 시체를 가져
다가 이 밭에 던질지니라 하는지라
27 유다의 왕 아하시야가 이를 보고 정원의
정자 길로 도망하니 예후가 그 뒤를 쫓아
가며 이르되 그도 병거 가운데서 죽이라
하매 이블르암 가까운 구르 비탈에서 치
니 그가 므깃도까지 도망하여 거기서 죽
은지라
28 그의 신복들이 그를 병거에 싣고 예루살
렘에 이르러 다윗 성에서 그들의 조상들
과 함께 그의 묘실에 장사하니라
29 아합의 아들 요람의 제십일년에 아하시
야가 유다 왕이 되었었더라
30 예후가 이스르엘에 오니 이세벨이 듣고
눈을 그리고 머리를 꾸미고 창에서 바라
보다가
31 예후가 문에 들어오매 이르되 주인을 죽
인 너 시므리여 평안하냐 하니
32 예후가 얼굴을 들어 창을 향하고 이르되
내 편이 될 자가 누구냐 누구냐 하니 두
어 내시가 예후를 내다보는지라
33 이르되 그를 내려 던지라 하니 내려 던지
매 그의 피가 담과 말에게 튀더라 예후가
그의 시체를 밟으니라

34 예후가 들어가서 먹고 마시고 이르되 가
서 이 저주 받은 여자를 찾아 장사하라
그는 왕의 딸이니라 하매
35 가서 장사하려 한즉 그 두골과 발과 그의
손 외에는 찾지 못한지라
36 돌아와서 전하니 예후가 이르되 이는 여
호와께서 그 종 디셉 사람 엘리야를 통하
여 말씀하신 바라 이르시기를 이스르엘
토지에서 개들이 이세벨의 살을 먹을지
라
37 그 시체가 이스르엘 토지에서 거름같이
밭에 있으리니 이것이 이세벨이라고 가
리켜 말하지 못하게 되리라 하셨느니라
하였더라

• 함께 읽어보기

짐 길레피스 감독이 제작한 〈나는 네가 지난여름에 한 일을 알고 있다〉는, 행인을 차로 치고 사체를 유기한 네 명의 고교생들이 정확히 일 년 뒤에 익명의 킬러에 의해 차례대로 복수를 당하는 내용의 공포영화입니다. 영화의 제목이 무척 인상적이어서 한국에서도 한동안 많은 이슈가 되었고, 많은 패러디물이 등장하기도 했습니다. 이 영화의 제목과 유사한 문장이 오늘 본문 26절에 기록되어 있습니다. "내가 어제 나봇의 피와 그의 아들들의 피를 분명히 보았노라." 그 누구도 하나님의 눈을 피할 수는 없습니다. "모든 교회가 나는 사람의 뜻과 마음을 살피는 자인 줄 알지라 내가 각 사람의 행위대로 갚아 주리라"(계 2:23). 마음에 새겨 두어야 할 말씀입니다.

도입 질문

3 하나님 앞에 죄를 지은 기억이 있습니까? 악한 의도로 누군가를 부당하게 대한 적이 있습니까? 공개적으로 나누지 않아도 괜찮습니다. 조용히 생각해 보는 시간을 가지도록 합시다.

함께 나누기

4 나봇이 이세벨과 아합에 의해 억울한 죽음을 당했을 때, 그 일로 인해 아합에게 내려진 심판의 말씀은 무엇이었습니까? **26절, 왕상 21:19,23 참고**

5 이스라엘의 왕 요람과 함께 비극적인 죽음을 맞게 된 유다의 왕은 누구입니까? 27절

6 이스르엘에 도착한 예후에게 이세벨은 무엇이라 말합니까? 31절

7 누가 이세벨을 창문 밖으로 내던졌습니까? 32-33절

8 이세벨의 시체를 찾으러 간 사람들이 찾아낸 것은 무엇이었습니까? 35절

9 이세벨의 죽음을 두고 예후는 엘리야가 남긴 예언이 성취된 것이라 진술합니다. 그 예언의 말씀은 무엇이었습니까? 36-37절

10 이스라엘 역사에서 가장 악한 왕으로 기억되는 아합 왕의 배후에는 이세벨이 있었습니다(왕상 21:25). 그녀의 악행은 결국 하나님의 심판을 받습니다. 오늘 본문은 이세벨의 죽음을 자세하고 적나라하게 묘사합니다. 악한 인생의 비참한 결말을 강조하기 위함입니다. 하나님 앞에서 우리는 어떻게 살아야 되겠습니까? 자유롭게 이야기를 나누어 봅시다.

주간 그룹성경공부 • GBS

6주차 (26회~30회)

투명하게 그리고 정직하게

열왕기하 12:1–15 | 새찬송 325장 • 통일 359장

주간 말씀묵상 나눔

1 지난 한 주 동안 묵상하면서 깨달은 말씀을 그룹원들과 함께 나누어 봅시다.

2 깨달은 것을 실천함으로 삶의 변화를 가져온 것이 있다면 서로 나누어 봅시다.

• 오늘의 성경공부 목표

요아스의 개혁을 통해 얻을 수 있는 교훈은 무엇인지 생각해 보도록 합니다.

1 예후의 제칠 년에 요아스가 왕이 되어 예루살렘에서 사십 년간 통치하니라 그의 어머니의 이름은 시비아라 브엘세바 사람이더라
2 요아스는 제사장 여호야다가 그를 교훈하는 모든 날 동안에는 여호와 보시기에 정직히 행하였으되
3 다만 산당들을 제거하지 아니하였으므로 백성이 여전히 산당에서 제사하며 분향하였더라
4 요아스가 제사장들에게 이르되 여호와의 성전에 거룩하게 하여 드리는 모든 은 곧 사람이 통용하는 은이나 각 사람의 몸값으로 드리는 은이나 자원하여 여호와의 성전에 드리는 모든 은을
5 제사장들이 각각 아는 자에게서 받아들여 성전의 어느 곳이든지 파손된 것을 보거든 그것으로 수리하라 하였으나
6 요아스 왕 제이십삼 년에 이르도록 제사장들이 성전의 파손한 데를 수리하지 아니하였는지라
7 요아스 왕이 대제사장 여호야다와 제사장들을 불러 이르되 너희가 어찌하여 성전의 파손한 데를 수리하지 아니하였느냐 이제부터는 너희가 아는 사람에게서 은을 받지 말고 그들이 성전의 파손한 데

를 위하여 드리게 하라
8 제사장들이 다시는 백성에게 은을 받지
도 아니하고 성전 파손한 것을 수리하지
도 아니하기로 동의하니라
9 제사장 여호야다가 한 궤를 가져다가 그
것의 뚜껑에 구멍을 뚫어 여호와의 전 문
어귀 오른쪽 곧 제단 옆에 두매 여호와의
성전에 가져오는 모든 은을 다 문을 지키
는 제사장들이 그 궤에 넣더라
10 이에 그 궤 가운데 은이 많은 것을 보면
왕의 서기와 대제사장이 올라와서 여호
와의 성전에 있는 대로 그 은을 계산하여
봉하고
11 그 달아본 은을 일하는 자 곧 여호와의
성전을 맡은 자의 손에 넘기면 그들은 또
여호와의 성전을 수리하는 목수와 건축
하는 자들에게 주고
12 또 미장이와 석수에게 주고 또 여호와의
성전 파손한 데를 수리할 재목과 다듬은
돌을 사게 하며 그 성전을 수리할 모든
물건을 위하여 쓰게 하였으되
13 여호와의 성전에 드린 그 은으로 그 성전
의 은 대접이나 불집게나 주발이나 나팔
이나 아무 금그릇이나 은그릇도 만들지
아니하고
14 그 은을 일하는 자에게 주어 그것으로 여
호와의 성전을 수리하게 하였으며
15 또 그 은을 받아 일꾼에게 주는 사람들과
회계하지 아니하였으니 이는 그들이 성
실히 일을 하였음이라

• 함께 읽어보기

오늘 본문은 유다 왕 요아스의 개혁 중에서도 '여호와의 성전' 수리를 구체적으로 다루고 있습니다. 백성들이 여호와의 성전 수리를 위해 바치는 은의 양이 줄었던 것도 아닌데, 성전의 수리는 20여 년이 지나도록 이루어지지 않았습니다. 요아스는 두 가지 문제점을 발견합니다. 첫째, 사람의 문제입니다. 성전의 수리를 맡은 제사장들의 부정직함 혹은 비전문성입니다. 둘째, 제도의 문제입니다. 기존의 시스템이 투명하고 효율적이지 않았던 것입니다. 요아스는 지혜롭게 문제점을 다루었고, 마침내 성전의 수리를 이루어 냅니다.

도입 질문

3 학생의 경우를 생각해 봅시다. 변함없이 많은 시간과 노력을 기울였는데도 불구하고 학업의 진전이 좀처럼 나타나지 않는다면, 어떤 것들을 점검해 보아야 할까요?

함께 나누기

4 요아스는 몇 년 동안 유다를 다스렸습니까? 열왕기하 저자는 그의 통치를 어떻게 평가하고 있습니까? **1–2절**

5 여호와의 성전을 수리할 필요성을 발견한 요아스는 어떤 제도를 마련했습니까? **4–5절**

6 요아스 왕 제 이십삼 년이 되었을 때 어떤 결과가 있었습니까? **6절**

7 이전 제도의 문제점을 파악한 요아스는 7절에서 "이제부터는 너희(제사장들)가 아는 사람에게서 은을 받지 말고 그들이 성전의 파손한 데를 위하여 드리게 하라"고 명령합니다. 여호와의 성전 수리를 위해 바쳐진 돈을 제사장들이 사용함에 있어서 잘못된 점 혹은 부족한 점이 있었을 것이라 짐작하게 합니다. 어떤 것이었을까요? 각자의 생각을 나누어 봅시다.

8 요아스는 여호와의 성전에 가져온 은을 넣을 수 있도록 궤를 마련합니다. 그것을 어디에 두었습니까? **9절**

9 요아스의 개혁은 성공적이었습니까? 그 이유는 무엇이었을까요? 9–15절을 주의 깊게 읽고 서로의 생각을 자유롭게 나누어 봅시다.

10 하나님께 드리는 헌금, 그리고 그 헌금의 사용이라는 두 가지 측면에서 오늘 본문이 우리에게 주는 교훈은 무엇입니까? 함께 의견을 나누어 보고, 내가 속한 공동체 혹은 교회에 어떻게 적용될 수 있는지 생각해 봅시다.

이방신의 제단에서 하나님께 드린 제사

열왕기하 16:1-15 | 새찬송 200장 • 통일 235장

주간 말씀묵상 나눔

1 지난 한 주 동안 묵상하면서 깨달은 말씀을 그룹원들과 함께 나누어 봅시다.

2 깨달은 것을 실천함으로 삶의 변화를 가져온 것이 있다면 서로 나누어 봅시다.

• 오늘의 성경공부 목표

아하스가 드린 제사의 문제점이 무엇인지 생각해 보도록 합니다.

1 르말랴의 아들 베가 제십칠 년에 유다의 왕 요담의 아들 아하스가 왕이 되니
2 아하스가 왕이 될 때에 나이가 이십 세라 예루살렘에서 십육 년간 다스렸으나 그의 조상 다윗과 같지 아니하여 그의 하나님 여호와께서 보시기에 정직히 행하지 아니하고
3 이스라엘의 여러 왕의 길로 행하며 또 여호와께서 이스라엘 자손 앞에서 쫓아내신 이방 사람의 가증한 일을 따라 자기 아들을 불 가운데로 지나가게 하며
4 또 산당들과 작은 산 위와 모든 푸른 나무 아래에서 제사를 드리며 분향하였더라
5 이때에 아람의 왕 르신과 이스라엘의 왕 르말랴의 아들 베가가 예루살렘에 올라와서 싸우려 하여 아하스를 에워쌌으나 능히 이기지 못하니라
6 당시에 아람의 왕 르신이 엘랏을 회복하여 아람에 돌리고 유다 사람을 엘랏에서 쫓아내었고 아람 사람이 엘랏에 이르러 거기에 거주하여 오늘까지 이르렀더라
7 아하스가 앗수르 왕 디글랏 빌레셀에게 사자를 보내 이르되 나는 왕의 신복이요 왕의 아들이라 이제 아람 왕과 이스라엘 왕이 나를 치니 청하건대 올라와 그 손에서 나를 구원하소서 하고
8 아하스가 여호와의 성전과 왕궁 곳간에 있는 은금을 내어다가 앗수르 왕에게 예물로 보냈더니
9 앗수르 왕이 그 청을 듣고 곧 올라와서 다메섹을 쳐서 점령하여 그 백성을 사로잡아 기르로 옮기고 또 르신을 죽였더라
10 아하스 왕이 앗수르의 왕 디글랏 빌레셀

을 만나러 다메섹에 갔다가 거기 있는 제
단을 보고 아하스 왕이 그 제단의 모든
구조와 제도의 양식을 그려 제사장 우리
야에게 보냈더니
11 아하스 왕이 다메섹에서 돌아오기 전에
제사장 우리야가 아하스 왕이 다메섹에
서 보낸 대로 모두 행하여 제사장 우리야
가 제단을 만든지라
12 왕이 다메섹에서 돌아와 제단을 보고 제
단 앞에 나아가 그 위에 제사를 드리되
13 자기의 번제물과 소제물을 불사르고 또
전제물을 붓고 수은제 짐승의 피를 제단
에 뿌리고
14 또 여호와의 앞 곧 성전 앞에 있던 놋 제
단을 새 제단과 여호와의 성전 사이에서
옮겨다가 그 제단 북쪽에 그것을 두니라
15 아하스 왕이 제사장 우리야에게 명령하
여 이르되 아침 번제물과 저녁 소제물과
왕의 번제물과 그 소제물과 모든 국민의
번제물과 그 소제물과 전제물을 다 이 큰
제단 위에 불사르고 또 번제물의 피와 다
른 제물의 피를 다 그 위에 뿌리라 오직
놋 제단은 내가 주께 여쭐 일에만 쓰게
하라 하매

• 함께 읽어보기

물감을 사용해서 그림을 그릴 때 때로는 겹치게 칠하기도 하고 또 색을 섞기도 합니다. 자유롭게 색을 사용하지만 나름대로의 기준이 있을 것입니다. 각각 보기에 아무리 아름답고 고운 색의 물감이라도, 무분별하게 이것저것 섞는다면 어떤 색이 남겠습니까? 바로 검은색입니다. 오늘 본문에서 유다 왕 아하스가 범하고 있는 오류가 바로 이것입니다. 아하스는 하나님이 정해 주신 제사의 기준을 무시하고 자신이 보기에 합당한 대로 이방의 관습을 도입합니다. 아하스가 새로운 아이디어를 적용하고 많은 노력과 열정을 기울인 것은 맞습니다. 그러나 기준이 옳지 않았습니다. 안타깝지만 결과는 검은색입니다. 그것은 죄입니다.

도입 질문

3 몸에 좋은 음식이라는 말을 듣고 무분별하게 먹다가 탈이 난 적이 있습니까?

함께 나누기

4 아하스는 몇 세에 왕이 되었습니까? 몇 년간 유다를 다스렸습니까? 열왕기하의 저자는 아하스를 어떻게 평가합니까? **2절**

5 아하스의 악행이 구체적으로 나열됩니다. 어떤 것들이 있습니까? **3–4절**

6 아람과 이스라엘이 연합하여 유다를 치려고 하자 아하스는 누구에게 도움을 요청했습니까? **7절**

7 앗수르 왕 디글랏 빌레셀을 만나러 다메섹에 간 아하스가 한 일은 무엇이었습니까? **10–11절 참고**

8 아하스가 다메섹에서 돌아와 가장 먼저 한 일은 무엇이었습니까? **12절**

9 아하스는 이방의 관습을 따라 제단을 만들었습니다. 그러나 제사의 규정과 절차에 있어서는 아침과 저녁으로 번제, 소제, 전제를 드리면서 하나님의 법을 따릅니다(출 29:38–41 참고). 아하스는 어쩌면 이방신을 위한 제사와 하나님께 드리는 제사의 장점을 섞어 더 나은 제사를 드리려고 했을지도 모릅니다. 아하스의 방법은 올바른 것입니까? 자유롭게 이야기를 나누어 봅시다.

10 아하스는 자신이 생각해 낸 더 좋은 제사를 하나님이 기뻐하실 것이라 생각했을 수도 있습니다. 그러나 이것은 죄입니다. 하나님께 드리는 제사는 하나님이 원하시는 방법으로 드려야 하기 때문입니다. 우리의 신앙 가운데 아하스와 같은 모습이 있지는 않습니까?

주간 그룹성경공부 • GBS

8주차 (36회~40회)

북왕국 이스라엘의 멸망

열왕기하 17:7–18 | 새찬송 354장 • 통일 394장

주간 말씀묵상 나눔

1 지난 한 주 동안 묵상하면서 깨달은 말씀을 그룹원들과 함께 나누어 봅시다.

2 깨달은 것을 실천함으로 삶의 변화를 가져온 것이 있다면 서로 나누어 봅시다.

• 오늘의 성경공부 목표

북왕국 멸망의 역사를 살펴보고 타산지석(他山之石)의 교훈으로 삼도록 합니다.

7 이 일은 이스라엘 자손이 자기를 애굽 땅
에서 인도하여 내사 애굽의 왕 바로의 손
에서 벗어나게 하신 그 하나님 여호와께
죄를 범하고 또 다른 신들을 경외하며
8 여호와께서 이스라엘 자손 앞에서 쫓아
내신 이방 사람의 규례와 이스라엘 여러
왕이 세운 율례를 행하였음이라
9 이스라엘의 자손이 점차로 불의를 행하
여 그 하나님 여호와를 배역하여 모든 성
읍에 망대로부터 견고한 성에 이르도록
산당을 세우고
10 모든 산 위에와 모든 푸른 나무 아래에
목상과 아세라 상을 세우고
11 또 여호와께서 그들 앞에서 물리치신 이
방 사람같이 그곳 모든 산당에서 분향하
며 또 악을 행하여 여호와를 격노하게 하
였으며
12 또 우상을 섬겼으니 이는 여호와께서 그
들에게 행하지 말라고 말씀하신 일이라
13 여호와께서 각 선지자와 각 선견자를 통
하여 이스라엘과 유다에게 지정하여 이
르시기를 너희는 돌이켜 너희 악한 길에
서 떠나 나의 명령과 율례를 지키되 내가
너희 조상들에게 명령하고 또 내 종 선지
자들을 통하여 너희에게 전한 모든 율법
대로 행하라 하셨으나
14 그들이 듣지 아니하고 그들의 목을 곧게
하기를 그들의 하나님 여호와를 믿지 아
니하던 그들 조상들의 목같이 하여
15 여호와의 율례와 여호와께서 그들의 조
상들과 더불어 세우신 언약과 경계하신
말씀을 버리고 허무한 것을 뒤따라 허망
하며 또 여호와께서 명령하사 따르지 말
라 하신 사방 이방 사람을 따라

16 그들의 하나님 여호와의 모든 명령을 버
리고 자기들을 위하여 두 송아지 형상을
부어 만들고 또 아세라 목상을 만들고 하
늘의 일월성신을 경배하며 또 바알을 섬
기고
17 또 자기 자녀를 불 가운데로 지나가게 하
며 복술과 사술을 행하고 스스로 팔려 여
호와 보시기에 악을 행하여 그를 격노하
게 하였으므로
18 여호와께서 이스라엘에게 심히 노하사
그들을 그의 앞에서 제거하시니 오직 유
다 지파 외에는 남은 자가 없으니라

• 함께 읽어보기

인간은 망각하는 존재입니다. 무엇인가를 잊을 수 있다는 것은 때로는 유익입니다. 과거의 아픈 기억과 상처도 시간이 지나면 조금씩 잊을 수 있기 때문입니다. 그러나 망각하지 말아야 할 것들도 분명히 있습니다. 망각은 인간의 본질적 특징이기 때문에, 망각하지 않기 위해서는 별도의 과정과 노력이 필요합니다. 심리학에서는 그것을 '기억 인출(memory-retrieval)'이라고 합니다. 기억을 인출해 내는 일반적인 방법은 무엇일까요? 회상입니다. 자꾸 되새겨 보는 것입니다. 오늘 본문에서 북왕국 이스라엘은 출애굽의 은혜를 망각했습니다. 망각은 범죄를 낳았고, 결국 멸망으로 이어졌습니다.

도입 질문

3 우리가 잊지 말아야 할 은혜에는 어떤 것들이 있을까요? 서로의 생각을 나누어 봅시다.

함께 나누기

4 열왕기하 저자는 북왕국 이스라엘이 멸망한 원인을 포괄적으로 진술합니다. 그것은 무엇입니까? 7–8절

5 이스라엘 자손의 죄목이 구체적으로 나열됩니다. 그 죄목들은 무엇입니까? 9–12절

6 하나님께서는 이스라엘과 유다에 돌이킬 기회를 주기 위해 누구를 보내셨습니까? **13절**

7 선지자들의 외침에 대해 이스라엘은 어떻게 반응했습니까? **14절**

8 이스라엘은 회개하지 않았고, 그들의 악행은 점점 더 심해졌습니다. 16절에 기록된 이스라엘의 악행은 무엇입니까? **16절**

9 17절에 기록된 이스라엘의 악행은 무엇입니까? **17절**

10 우상숭배에 정신이 팔려 하나님을 버리고, 돌이키라는 하나님의 권고도 무시한 북왕국 이스라엘은 결국 멸망합니다. 본문을 통해 오늘 우리가 얻을 수 있는 교훈은 어떤 것이 있을까요? 자유롭게 이야기를 나누어 봅시다.

주간 그룹성경공부 • GBS

9주차 (41회~45회)

하나님을 모욕한 죄, 모욕당하게 한 죄

열왕기하 19:1-7 | 새찬송 94장 • 통일 102장

주간 말씀묵상 나눔

1 지난 한 주 동안 묵상하면서 깨달은 말씀을 그룹원들과 함께 나누어 봅시다.

2 깨달은 것을 실천함으로 삶의 변화를 가져온 것이 있다면 서로 나누어 봅시다.

• 오늘의 성경공부 목표

하나님의 경외하는 마음으로 자신의 행실을 돌아보는 마음을 갖도록 합니다.

1 히스기야 왕이 듣고 그 옷을 찢고 굵은 베를 두르고 여호와의 전에 들어가서
2 왕궁의 책임자인 엘리야김과 서기관 셉나와 제사장 중 장로들에게 굵은 베를 둘려서 아모스의 아들 선지자 이사야에게로 보내매
3 그들이 이사야에게 이르되 히스기야의 말씀이 오늘은 환난과 징벌과 모욕의 날이라 아이를 낳을 때가 되었으나 해산할 힘이 없도다
4 랍사게가 그의 주 앗수르 왕의 보냄을 받고 와서 살아계신 하나님을 비방하였으니 당신의 하나님 여호와께서 혹시 그의 말을 들으셨을지라 당신의 하나님 여호와께서 그 들으신 말 때문에 꾸짖으실 듯하니 당신은 이 남아 있는 자들을 위하여 기도하소서 하더이다 하니라
5 이와 같이 히스기야 왕의 신복이 이사야에게 나아가니
6 이사야가 그들에게 이르되 너희는 너희 주에게 이렇게 말하라 여호와의 말씀이 너는 앗수르 왕의 신복에게 들은 바 나를 모욕하는 말 때문에 두려워하지 말라
7 내가 한 영을 그의 속에 두어 그로 소문을 듣고 그의 본국으로 돌아가게 하고 또 그의 본국에서 그에게 칼에 죽게 하리라 하셨느니라 하더라

• **함께 읽어보기**

공연히 사람을 모욕했을 때 성립하는 범죄를 모욕죄라고 합니다. 이병태 교수의 〈법률용어사전〉에서는 모욕죄를 이렇게 정의합니다. "모욕(侮辱)이라 함은 상대방에 대하여 욕을 하거나 조롱을 하거나 또는 악평을 가하는 등 구체적인 사실을 적시하지 않고서 범인 자신의 추상적 판단을 발표하여 사람의 사회적 지위를 경멸(輕蔑)하는 것을 말한다." 인간은 누구나 자신의 명예를 지키고 싶어 합니다. 그래서 누군가가 자신을 모욕했다는 생각이 들 때 상당한 불편함을 느낍니다. 모욕죄가 법률상에 존재하는 이유는 법을 통해서라도 자신의 명예를 지키려는 인간의 의지가 반영되었기 때문일 것입니다. 그렇다면 하나님은 그분의 이름이 모욕당할 때 어떤 행동을 취하실까요? 오늘 본문은 앗수르 왕 산헤립과 랍사게의 일화를 통해, 하나님께서 자신을 모욕한 이방 나라의 왕을 어떻게 심판하셨는지를 보여줍니다.

도입 질문

3 어떤 경우에 하나님의 이름이 불신자들에게 모욕을 당하게 될까요?

함께 나누기

4 앗수르의 사신 랍사게가 하나님을 모욕하는 말을 들은 히스기야는 어떤 반응을 보였습니까? **왕하 18:33-35 참고, 1절**

5 히스기야 왕은 누구에게 사람을 보냈습니까? **2절**

6 앗수르 왕의 사신이 백성들 앞에서 하나님을 모욕한 그날을 히스기야 왕은 어떤 날이라고 칭했습니까? **3절 상반절**

7 히스기야는 자신과 유다 왕국의 무력함을 무엇에 비유하고 있습니까? **3절 하반절**

8 4절에서 신하들은 이사야 선지자에게 히스기야 왕의 말을 전합니다. "여호와께서 혹시 그의 말을 들으셨을지라 당신의 하나님 여호와께서 그 들으신 말 때문에 꾸짖으실 듯하니…." 히스기야가 "혹시 … 듯하니" 라는 표현을 사용하고 있는 이유는 무엇일까요? 각자의 생각을 말해 봅시다. **7절**

9 앗수르 왕 산헤립에게 내려진 예언의 말씀은 무엇입니까? **7절**

10 오늘 우리는 하나님을 모욕한 산헤립이 얼마나 무서운 심판을 받았는지 살펴보았습니다. 그리스도인이 하나님의 이름을 직접 모욕하는 경우는 거의 없습니다. 그러나 그리스도인의 나쁜 행실로 인해 하나님의 이름이 세상에서 모욕을 받는 경우는 빈번합니다. 그러면 하나님께서는 누구에게 책임을 물으실까요? 각자의 생각을 나누어 봅시다.

주간 그룹성경공부 • GBS

10주차 (46회~50회)

하나님의 다림추

열왕기하 21:10–18 | 새찬송 255장 • 통일 187장

주간 말씀묵상 나눔

1 지난 한 주 동안 묵상하면서 깨달은 말씀을 그룹원들과 함께 나누어 봅시다.

2 깨달은 것을 실천함으로 삶의 변화를 가져온 것이 있다면 서로 나누어 봅시다.

• 오늘의 성경공부 목표

하나님 앞에서 늘 최선을 다해 살아가는 신실한 백성이 되도록 합니다.

10 여호와께서 그의 종 모든 선지자들을 통
하여 말씀하여 이르시되
11 유다 왕 므낫세가 이 가증한 일과 악을
행함이 그 전에 있던 아모리 사람들의 행
위보다 더욱 심하였고 또 그들의 우상으
로 유다를 범죄하게 하였도다
12 그러므로 이스라엘의 하나님 여호와가
말하노니 내가 이제 예루살렘과 유다에
재앙을 내리리니 듣는 자마다 두 귀가 울
리리라
13 내가 사마리아를 잰 줄과 아합의 집을 다
림 보던 추를 예루살렘에 베풀고 또 사람
이 그릇을 씻어 엎음같이 예루살렘을 씻
어 버릴지라
14 내가 나의 기업에서 남은 자들을 버려 그
들의 원수의 손에 넘긴즉 그들이 모든 원
수에게 노략거리와 겁탈거리가 되리니
15 이는 애굽에서 나온 그의 조상 때부터 오
늘까지 내가 보기에 악을 행하여 나의 진
노를 일으켰음이니라 하셨더라
16 므낫세가 유다에게 범죄하게 하여 여호
와께서 보시기에 악을 행한 것 외에도 또
무죄한 자의 피를 심히 많이 흘려 예루살
렘 이 끝에서 저 끝까지 가득하게 하였더
라
17 므낫세의 남은 사적과 그가 행한 모든 일
과 범한 죄는 유다 왕 역대지략에 기록되
지 아니하였느냐
18 므낫세가 그의 조상들과 함께 자매 그의
궁궐 동산 곧 웃사의 동산에 장사되고 그
의 아들 아몬이 대신하여 왕이 되니라

• **함께 읽어보기**

건축가가 사용하는 장비 중 하나인 다림추(pummet), 혹은 다림줄(plumb line)은 추가 매달려 있는 끈을 수직으로 땅으로 내려뜨린 후에 건물의 벽이 가지런히 잘 세워져 있는지, 지면과 직각을 이루는지를 확인하기 위해 사용되었습니다. 그 과정에서 혹시라도 벽이 기울어져 있다거나 붕괴의 위험이 감지되는 경우, 건축가들은 그 벽을 허물기도 했습니다. 오늘 본문에서 하나님께서는 예루살렘에 다림추를 내리겠다고 말씀하십니다. 성경에서 하나님의 다림추는 보통 심판의 메시지로 이해됩니다. 다림추를 내렸을 때 이스라엘 백성들의 비뚤어지고 기울어진 삶이 드러나게 된다면 그들을 심판하시겠다는 하나님의 경고를 내포하기 때문입니다.

도입 질문

3 하나님이 기뻐하시지 않을 생활 습관이 나에게 있다면 그것은 무엇입니까? 각자 마음속으로 생각해 보도록 합시다.

함께 나누기

4 하나님께서 누구를 통해 말씀하고 계십니까? 10절

5 하나님께서는 어떤 책망을 하고 계십니까? 11절

6 하나님께서는 예루살렘에 어떤 일을 행하겠다고 말씀하십니까? 13절

7 하나님은 어떤 이유로 이스라엘의 남은 자들을 원수의 손에 넘겨 노략거리와 겁탈거리가 되도록 하겠다고 하셨습니까? 14-15절

8 므낫세가 저지른 또 다른 죄는 무엇입니까? 16절

9 므낫세는 어디에 장사되었습니까? 18절

10 하나님께서 지금 그분의 다림추를 나의 삶에, 우리 교회 공동체에 내려 보겠다고 말씀하신다면, 주저함 없이 "예"라고 대답할 준비가 되어 있습니까?

구역예배, 청년부 성경공부, 직장 신우회 등 각종 성경공부 모임에 활용하면 좋습니다.

주간 그룹성경공부 · GBS

11주차 (51회~55회)

성공의 비결, 올바른 신앙생활

열왕기하 22:1–13 | 새찬송 327장 · 통일 361장

주간 말씀묵상 나눔

1 지난 한 주 동안 묵상하면서 깨달은 말씀을 그룹원들과 함께 나누어 봅시다.

2 깨달은 것을 실천함으로 삶의 변화를 가져온 것이 있다면 서로 나누어 봅시다.

• 오늘의 성경공부 목표

요시야의 성공적인 통치를 가능하게 했던 신앙의 원리를 배우도록 합니다.

1 요시야가 왕위에 오를 때에 나이가 팔 세라 예루살렘에서 삼십일 년간 다스리니라 그의 어머니의 이름은 여디다요 보스갓 아다야의 딸이더라
2 요시야가 여호와 보시기에 정직히 행하여 그의 조상 다윗의 모든 길로 행하고 좌우로 치우치지 아니하였더라
3 요시야 왕 열여덟째 해에 왕이 므술람의 손자 아살리야의 아들 서기관 사반을 여호와의 성전에 보내며 이르되
4 너는 대제사장 힐기야에게 올라가서 백성이 여호와의 성전에 드린 은 곧 문 지킨 자가 수납한 은을 계산하여
5 여호와의 성전을 맡은 감독자의 손에 넘겨 그들이 여호와의 성전에 있는 작업자에게 주어 성전에 부서진 것을 수리하게 하되
6 곧 목수와 건축자와 미장이에게 주게 하고 또 재목과 다듬은 돌을 사서 그 성전을 수리하게 하라
7 그러나 그들의 손에 맡긴 은을 회계하지 말지니 이는 그들이 진실하게 행함이니라
8 대제사장 힐기야가 서기관 사반에게 이르되 내가 여호와의 성전에서 율법책을 발견하였노라 하고 힐기야가 그 책을 사반에게 주니 사반이 읽으니라
9 서기관 사반이 왕에게 돌아가서 보고하여 이르되 왕의 신복들이 성전에서 찾아낸 돈을 쏟아 여호와의 성전을 맡은 감독

자의 손에 맡겼나이다 하고
10 또 서기관 사반이 왕에게 말하여 이르되
제사장 힐기야가 내게 책을 주더이다 하
고 사반이 왕의 앞에서 읽으매
11 왕이 율법책의 말을 듣자 곧 그의 옷을
찢으니라
12 왕이 제사장 힐기야와 사반의 아들 아히
감과 미가야의 아들 악볼과 서기관 사반
과 왕의 시종 아사야에게 명령하여 이
르되
13 너희는 가서 나와 백성과 온 유다를 위하
여 이 발견한 책의 말씀에 대하여 여호와
께 물으라 우리 조상들이 이 책의 말씀을
듣지 아니하며 이 책에 우리를 위하여 기
록된 모든 것을 행하지 아니하였으므로
여호와께서 우리에게 내리신 진노가 크
도다

• 함께 읽어보기

오늘날 그리스도인들은 '신앙생활'이라는 말을 자주 사용합니다. 기독교 서점에서 신앙생활을 주제로 한 책도 어렵지 않게 찾아볼 수 있습니다. 신앙생활이란 무엇일까요? 신앙생활의 사전적 의미는 '절대자를 믿고 따르며 종교에 의지하는 영적 생활'이라고 나와 있습니다. 다시 말해, 신앙생활은 그리스도인의 '믿음의 삶(The life of faith)' 그 자체인 것입니다. "이제 내가 육체 가운데 사는 것은 나를 사랑하사 나를 위하여 자기 자신을 버리신 하나님의 아들을 믿는 믿음 안에서 사는 것이라"(갈 2:20). 오늘 본문의 저자는 요시야 왕의 통치 행위를 그의 명석함이나 외교적 탁월성의 관점에서 서술하지 않습니다. 요시야 왕이 하나님 앞에서 어떤 믿음으로 살았는가를 중요한 서술의 기준으로 삼습니다. 다시 말해, 왕으로서의 통치행위와 신앙생활은 본질적으로 같다는 것을 말해주고 있습니다.

도입 질문

3 그리스도인에게 성공적인 삶이란 어떤 삶일까요?

함께 나누기

4 요시야는 몇 세에 왕이 되었습니까? 열왕기하 저자는 요시야를 어떻게 평가합니까?
1–2절

5 요시야 왕 열여덟째 해에 한 일은 무엇이었습니까? **3–7절**

6 본문의 저자는 여호와의 성전 수리에 관한 이야기를 먼저 다루면서, 요시야 왕의 통치가 여호와의 성전을 중심으로 하고 있었음을 보여줍니다. '성전 중심의 삶'이란 어떤 삶일까요? 자유롭게 생각을 나누어 봅시다.

7 대제사장 힐기야가 여호와의 성전에서 발견한 것은 무엇입니까? **8절**

8 서기관 사반은 요시야 왕 앞에서 율법책을 읽었습니다. 요시야는 어떤 반응을 보였습니까? **11절**

9 요시야 왕은 제사장, 서기관, 시종에게 어떤 명령을 내렸습니까? **13절**

10 본문은 요시야 왕의 신앙의 모습을 보여줍니다. 요시야는 하나님의 성전을 가까이했고(3–7절), 하나님의 말씀을 듣고 회개했으며(11절), 하나님께 가야 할 길을 물었습니다(13절). 요시야의 신앙은 결국 성공적인 통치의 원동력이었던 것입니다. 나의 신앙의 모습은 어떻습니까? 서로 이야기를 나누어 봅시다.

주간 그룹성경공부 • GBS

12주차 (56회~60회)

잊지 말아야 할 과거

열왕기하 25:1–17 | 새찬송 492장 • 통일 544장

주간 말씀묵상 나눔

1 지난 한 주 동안 묵상하면서 깨달은 말씀을 그룹원들과 함께 나누어 봅시다.

2 깨달은 것을 실천함으로 삶의 변화를 가져온 것이 있다면 서로 나누어 봅시다.

• 오늘의 성경공부 목표

유다 왕국의 멸망의 이야기가 가지는 역사적 교훈은 무엇인지 생각해 봅니다.

1 시드기야 제구 년 열째 달 십일에 바벨론의 왕 느부갓네살이 그의 모든 군대를 거느리고 예루살렘을 치러 올라와서 그 성에 대하여 진을 치고 주위에 토성을 쌓으매
2 그 성이 시드기야 왕 제십일 년까지 포위되었더라
3 그 해 넷째 달 구일에 성중에 기근이 심하여 그 땅 백성의 양식이 떨어졌더라
4 그 성벽이 파괴되매 모든 군사가 밤중에 두 성벽 사이 왕의 동산 곁문 길로 도망하여 갈대아인들이 그 성읍을 에워쌌으므로 그가 아라바 길로 가더니
5 갈대아 군대가 그 왕을 뒤쫓아가서 여리고 평지에서 그를 따라잡으매 왕의 모든 군대가 그를 떠나 흩어진지라
6 그들이 왕을 사로잡아 그를 리블라에 있는 바벨론 왕에게로 끌고 가매 그들이 그를 심문하니라
7 그들이 시드기야의 아들들을 그의 눈앞에서 죽이고 시드기야의 두 눈을 빼고 놋사슬로 그를 결박하여 바벨론으로 끌고 갔더라
8 바벨론 왕 느부갓네살의 열아홉째 해 오월 칠일에 바벨론 왕의 신복 시위 대장 느부사라단이 예루살렘에 이르러
9 여호와의 성전과 왕궁을 불사르고 예루살렘의 모든 집을 귀인의 집까지 불살랐으며
10 시위대장에게 속한 갈대아 온 군대가 예루살렘 주위의 성벽을 헐었으며
11 성중에 남아 있는 백성과 바벨론 왕에게 항복한 자들과 무리 중 남은 자는 시위대장 느부사라단이 모두 사로잡아 가고

12 시위대장이 그 땅의 비천한 자를 남겨 두
어 포도원을 다스리는 자와 농부가 되게
하였더라
13 갈대아 사람이 또 여호와의 성전의 두 놋
기둥과 받침들과 여호와의 성전의 놋 바
다를 깨뜨려 그 놋을 바벨론으로 가져가
고
14 또 가마들과 부삽들과 부집게들과 숟가
락들과 섬길 때에 쓰는 모든 놋그릇을 다
가져갔으며
15 시위대장이 또 불 옮기는 그릇들과 주발
들 곧 금으로 만든 것이나 은으로 만든
것이나 모두 가져갔으며
16 또 솔로몬이 여호와의 성전을 위하여 만
든 두 기둥과 한 바다와 받침들을 가져갔
는데 이 모든 기구의 놋 무게를 헤아릴
수 없었으니
17 그 한 기둥은 높이가 열여덟 규빗이요 그
꼭대기에 놋 머리가 있어 높이가 세 규빗
이요 그 머리에 둘린 그물과 석류가 다
놋이라 다른 기둥의 장식과 그물도 이와
같았더라

• 함께 읽어보기

과거는 현재를 위한 반면교사가 되고, 현재를 사는 우리는 과거의 역사에 대해 새로운 의미를 부여하기도 합니다. 그런 의미에서 영국의 역사학자 에드워드 카(E.H. Carr)는 "역사는 현재와 과거 사이의 끊임없는 대화"라고 정의했습니다. 오늘 살펴볼 본문은 유다 왕국 멸망의 역사입니다. 본문에 나타난 한 가지 특이한 점은 열왕기하의 저자가 날짜까지 언급하면서 정확한 역사를 기록하고 있다는 점입니다. 그것은 이 역사적 사건이 꼭 기억해야 할 중요한 메시지를 지닌 것임을 우리에게 전하고 싶었기 때문입니다. 그 메시지가 무엇인지 발견해 보도록 합시다.

도입 질문

3 인생에서 값진 교훈을 얻게 해 준 잊지 못할 사건이 있습니까?

함께 나누기

4 시드기야 왕 구년 열째달 십일에 예루살렘을 치러 올라왔던 나라의 이름은 무엇입니까? 또 그 나라의 왕은 누구입니까? **1절**

5 바벨론에 포위된 예루살렘 성에 무엇이 극심했습니까? 3절

6 시드기야 왕의 군대는 성벽에 구멍을 뚫고 도망하다가 여리고 평지에서 잡혔습니다. 시드기야 왕은 어떤 형벌을 받게 됩니까? 6–7절

7 시드기야 왕은 비참한 최후를 피할 수도 있었습니다. 이 일이 일어나기 전에 하나님께서 선지자 예레미야를 통해, 시드기야가 바벨론에 항복하면 시드기야도 살 수 있을 것이고 예루살렘 성도 불타지 않을 것이라는 예언의 말씀을 주셨기 때문입니다(렘 38:17–18). 그러나 시드기야는 이를 무시했습니다. 이 일화가 우리에게 주는 교훈은 무엇입니까? 자유롭게 생각을 나누어 봅시다.

8 바벨론 왕 느부갓네살의 열아홉째 해 오월 칠일에 예루살렘은 어떻게 되었습니까? 9–10절

9 갈대아 사람이 여호와의 성전에서 가져간 것들은 무엇입니까? 13–15절

10 하나님의 경고를 귀담아듣지 않고, 악행으로부터 자신을 돌이키지 않았던 유다 왕국은 결국 하나님의 심판을 받게 됩니다. 한 가지 주목할 만한 것은 열왕기하 저자가 처음으로 정확한 날짜를 언급하며 유다 왕국의 멸망을 기록하였다는 사실입니다. 어쩌면 기억하고 싶지 않았을지 모르는 아픔의 역사를 더 정확하게 기록하고 있는 것입니다. 저자는 무엇을 강조하고 싶었던 것일까요? 자유롭게 이야기를 나누어 봅시다.

권별주삶

아가페 주삶 GBS 해설서

- 1주(1회–5회) _ 열왕기하 2:18–25
  고치시는 하나님, 벌하시는 하나님
- 2주(6회–10회) _ 열왕기하 5:1–14
  하나님을 기억하기, 하나님께 순종하기
- 3주(11회–15회) _ 열왕기하 6:14–23
  우리와 함께한 자가 그들과 함께한 자보다 많으니라
- 4주(16회–20회) _ 열왕기하 9:1–13
  사필귀정(事必歸正)
- 5주(21회–25회) _ 열왕기하 9:25–37
  내가 어제 분명히 보았노라
- 6주(26회–30회) _ 열왕기하 12:1–15
  투명하게 그리고 정직하게
- 7주(31회–35회) _ 열왕기하 16:1–15
  이방신의 제단에서 하나님께 드린 제사
- 8주(36회–40회) _ 열왕기하 17:7–18
  북왕국 이스라엘의 멸망
- 9주(41회–45회) _ 열왕기하 19:1–7
  하나님을 모욕한 죄, 모욕당하게 한 죄
- 10주(46회–50회) _ 열왕기하 21:10–18
  하나님의 다림추
- 11주(51회–55회) _ 열왕기하 22:1–13
  성공의 비결, 올바른 신앙생활
- 12주(56회–60회) _ 열왕기하 25:1–17
  잊지 말아야 할 과거

3 가이드》 하나님은 스스로 존재하는 분이지만, 인간과의 관계 속에서 다양한 모습으로 자신을 드러내는 분이기도 합니다. 하나님은 자상한 아버지이시고, 때로는 든든한 친구이자, 가끔은 엄한 선생님과도 같습니다. 각자의 소중한 경험을 나누어 보시기 바랍니다.

4 답》 여리고

해설》 여리고는 사해에서 북서쪽으로 16km에 위치한 성읍으로 종려나무(야자나무)의 성읍(신 34:3)이라 불리기도 할 만큼 아름다운 경치를 자랑하는 지역이었습니다.

5 답》 물이 나쁘므로 토산이 익지 못하고 떨어졌다.

해설》 여리고는 좋은 위치와 아름다운 경치를 자랑하는 성읍으로, 겉으로 보기에는 아무런 문제가 없었습니다. 그러나 그 이면에는 아무도 해결할 수 없는 고질적인 문제가 있었습니다. 물이 좋지 않아서 열매가 익지 못하고 떨어졌던 것입니다.

6 답》 소금을 물의 근원에 던지며 여호와의 말씀을 선포했다.

해설》 소금은 종종 하나님과의 언약을 상징합니다(레 2:13; 민 18:19). 엘리사는 소금을 던지며 하나님의 약속의 말씀을 선포합니다. "내가 이 물을 고쳤으니 이로부터 다시는 죽음이나 열매 맺지 못함이 없을지니라"(21절). 이 기적은 모세가 광야에서 쓴물을 고친 사건을 기억나게 합니다(출 15:22-26).

7 가이드》 하나님께서는 세상을 선하게 창조하셨지만, 아담의 타락으로 말미암아 죄와 사망이 세상에 들어왔습니다. 모든 인간은 죄와 죽음의 문제에서 자유로울 수 없게 되었지만, 인간들 중 누구도 그 문제를 고칠 수 없었기에 하나님은 예수 그리스도의 십자가 죽음을 통해 죄의 문제를 해결하고 '생명'을 주셨습니다(롬 5:12-19). 그런 의미에서 여리고 성읍의 물을 고치시며 "다시는 죽음이나 열매(생명) 맺지 못함이 없을지니라" 선포하신 하나님의 모습은, 예수 그리스도와 그분의 구원의 역사에도 투영되어 있습니다.

8 답》 작은 아이들 / 대머리여 올라가라 대머리여 올라가라

해설》 아이들이라고 번역된 히브리어 '나아르'는 철없는 어린아이를 가리키는 말이 아닙니다. 12세에서 30세 사이의 청년을 가리키는 단어입니다. 그들 중 암곰에 찢겨 죽은 인원만 42명이었음을 생각해 볼 때, 엘리사를 둘러싼 군중의 숫자는 다소 위협적이었을 수 있습니다. 그들은 하나님을 두려워하지 않았을 뿐만 아니라 오히려 하나님의 선지자를 위협하며 대적했습니다.

9 답》 여호와의 이름으로 저주하였다. / 수풀에서 암곰 둘이 나와서 아이들 중의 42명을 찢었다.

해설》 "여호와의 이름으로 저주하매"라는 표현은 두 가지 의미가 있습니다. 첫째, 하나님의 선지자로서 엘리사가 가진 영적 권위를 보여줍니다. 둘째, 엘리사는 아이들의 조롱이 자신에 대한 단순한 놀림이 아니라 하나님에 대한 모독이었다고 판단했습니다. 하나님을 모독하는 것은 당시 가장 큰 죄 중의 하나였습니다. "여호와의 이름을 모독하면 그를 반드시 죽일지니 온 회중이 돌로 그를 칠 것이니라"(레 24:16).

10 가이드》 병들어 썩은 부위를 도려내는 의사의 시술이 냉정하게 느껴질 수 있습니다. 그러나 그 시술의 과정이 없다면, 환자를 치료하고 회복시킬 수 없을 것입니다. 하나님은 어떤 면에서 의사와도 같습니다. 때로는 냉정하게 벌하고 심판하시지만, 그것은 결국 세상을 고치고 회복시키기 위한 하나님의 섭리인 것입니다.

*서로 기도 제목을 나누면서 뒤에 있는 기도 노트를 활용하십시오(p.293-295).

3 가이드》 지갑을 잃어버렸다고 생각하며 찾아다녔던 경험이 있습니다. 당황해 한참을 찾다가 손에 들려 있던 지갑을 발견했을 때의 안도감과 허탈함이 기억납니다. 지갑은 늘 내 옆에 있었습니다. 그러나 없어졌다는 생각에 사로잡혀 그것을 바로 보지 못했던 것입니다.

4 답》 아람 왕의 군대장관 / 그는 큰 용사이나 나병환자였다.

해설》 저자는 나아만을 "크고 존귀한 자"라고 묘사하면서, 그의 존귀함은 하나님이 허락하신 승리에서 비롯되었음을 명확히 합니다. 이러한 진술은 하나님의 주권은 이스라엘에만 국한되지 않는다는 것을 보여줍니다.

5 답》 우리 주인이 사마리아에 계신 선지자 앞에 계셨으면 좋겠나이다 그가 그 나병을 고치리이다

해설》 어린 소녀는 아람에 끌려가서 종노릇하는 중에도 하나님과 그의 선지자 엘리사에 대한 소식을 알고 있었습니다. 주인의 고민 앞에서 어린 소녀는 주저하지 않았습니다. 하나님을 기억했고, 단순하고 분명하게 자신의 믿음을 고백합니다. "그(선지자)가 그 나병을 고치리이다"

6 답》 자기 옷을 찢으며 이르되 내가 사람을 죽이고 살리는 하나님이냐, 저 왕이 틈을 타서 나와 더불어 시비하려 함인줄 알라

해설》 이스라엘 왕은 옷을 찢으며 당황스러워합니다. 그는 아람 왕의 편지를 오해합니다. 주의 깊게 오늘 본문을 살펴보면, 이야기의 시작부터 모든 등장인물의 대화는 이스라엘의 하나님과 선지자 엘리사를 염두에 두고 있습니다. 단 한 명, 이스라엘의 왕을 제외하고 말입니다.

7 답》 이스라엘 중에 선지자가 있다.

해설》 이스라엘 왕은 죽고 사는 것이 하나님께 달려 있다는 것은 알고 있었지만, 하나님과 그의 선지자에게 도움을 구할 생각은 하지 못했습니다. 아이러니하게도 이국땅에서 포로로 살아가던 어린 소녀가 가졌던 그 믿음이 이스라엘의 왕에게는 없었던 것입니다. 8절에서 저자는 엘리사의 말을 통해 왕이 기억하지 못한 사실을 진술합니다. "그 사람을 내게로 오게 하소서 그가 이스라엘 중에 선지자가 있는 줄을 알리이다"

8 답》 요단강에 몸을 일곱 번 씻으라. / 나아만이 노하여 물러갔다.

해설》 엘리사의 처방은 간단했습니다. 그러나 나아만은 불만을 터트렸습니다. 준비한 많은 선물(5절)과 자신의 사회적 지위에 어울릴 법한 거창하고 성의 있는 처방을 기대했기 때문입니다(11절). 상식적으로 생각해 볼 때, 요단 강에서 몸을 씻으라는 간단한 처방은 오히려 하나님의 은혜입니다. 그러나 나아만의 교만은 은혜를 은혜로 깨닫지 못하게 만들었습니다.

9 답》 내 아버지여 선지자가 당신에게 큰일을 행하라 말하였더면 행하지 아니하였으리이까 하물며 당신에게 이르기를 씻어 깨끗하게 하라 함이리이까

해설》 나아만의 종들은 상황을 정확히 파악하고 있었습니다. 저자는 나아만의 어리석음과 종들의 지혜로움을 분명하게 대조시킵니다. 그들은 비록 종의 신분이지만, 지혜롭게 상황을 파악하고 주인을 설득합니다.

10 가이드》 내가 원하는 방식으로, 내가 원하는 때에, 나의 사회적 지위에 걸맞게, 될 수 있으면 좋은 모양새를 갖출 수 있을 때에만 하나님께 순종한다면, 그것은 순종이 아닙니다. 때로는 이해할 수 없고 받아들이기 힘든 때에도, 하나님 앞에서 자신을 낮추고 그 뜻을 따르는 것이 순종입니다. 교만은 순종하지 못하게 만들고, 순종으로 얻게 될 하나님의 은혜를 누리지 못하게 합니다. 하나님 앞에서 우리는 '나아만의 종들'과 같은 사람이 되어야 합니다.

3 가이드》 두려움은 때로, 혼자라는 느낌에서 시작될 때가 있습니다. 그러나 나를 지지해 주고 응원해 주는 사람들을 통해 두려움을 극복하기도 합니다. 인간은 관계의 존재입니다. 지금 내가 잘 살아 있다면, 나 혼자 잘나서 살아남은 것이 아닙니다. 누군가가 나를 돌봐 주었고 함께해 주었기 때문입니다. 차분히 주변을 돌아보면 그 사람을 발견할 수 있을 것입니다.

4 답》 아아, 내 주여 우리가 어찌하리이까

해설》 엘리사의 사환의 반응은 너무도 당연합니다. 그가 아닌 다른 누구였더라도 동일한 반응을 보였을 것입니다. 사환은 탄식하며 두려워했습니다. 엘리사와 같은 믿음은 없었지만, 적어도 그 사환은 정직하게 자신의 약함을 보았던 것입니다.

5 답》 두려워하지 말라 우리와 함께한 자가 그들과 함께한 자보다 많으니라

해설》 엘리사와 그의 사환은 같은 장소에 있었고, 같은 상황에서, 같은 곳을 보고 있었습니다. 그러나 엘리사가 보았던 것을 그 사환은 보지 못했습니다. 오늘 본문은 그 이유를 '두려움' 때문이라고 설명합니다. 두려움이 나를 사로잡을 때 필요한 것은 무엇입니까? 바로 자신감입니다. 그리스도인의 자신감은 어디에서 옵니까? 바로 하나님입니다. "나의 도움은 천지를 지으신 여호와에게서로다"(시 121:2).

6 답》 불말과 불병거가 산에 가득하여 엘리사를 둘러쌌다.

해설》 구약성경에서 '불'은 하나님의 임재(출 3:2), 여호와의 영광(출 24:17), 인도와 보호(출 13:22) 등 다양한 의미가 있습니다. 갈멜산의 엘리야에게 하나님은 불로 응답하셨고(왕상 18:38), 엘리야는 하늘에서 불을 내려 주시기를 구하기도 했습니다(왕하 1:12). 엘리야가 승천할 때에도 불수레와 불말들이 등장한 것으로 볼 때(왕하 2:11), 불은 하나님의 능력과 현현으로 이해할 수 있을 것입니다.

7 가이드》 아람 왕은 말과 병거와 많은 군사를 보냈지만, 하나님은 마치 보란 듯이 '불'말과 '불'병거를 보내셨습니다. 소돔 성을 멸망시키실 때도 두 명의 천사만을 보내신(창 19:1) 하나님이 이번에는 산을 가득 메울 만큼의 많은 불말과 불병거를 보내신 것입니다. 조금은 익살스러운 상황일 수 있습니다. "내가 있으니 절대 기죽지 말아라. 아람 군대보다 더 센 것으로 준비했다"고 말씀하시는 친근한 아버지의 모습이 그려지지 않습니까?

8 답》 엘리사의 기도대로 그들의 눈이 어둡게 되었다.

해설》 하나님은 엘리사가 기도한 대로 아람 사람의 눈을 어둡게 만드셨습니다. 눈이 어두워졌다는 표현을 반드시 물리적인 시력을 잃었다는 뜻으로 이해할 필요는 없습니다. 그들은 엘리사를 따라 도단에서 사마리아까지 가면서도 의심하지 않았습니다. 정신을 차렸을 때는 적군의 수도 한복판에 와 있었던 것입니다.

9 답》 내 아버지여 내가 치리이까 내가 치리이까

해설》 같은 말을 반복하여 기록함으로 저자는 왕의 다급하고 흥분된 상태를 표현합니다. 아람 군대와 싸우지 않고 전쟁에서 승리할 수 있는 절호의 기회가 눈앞에 펼쳐졌기 때문입니다. 이스라엘 왕의 제안은 자연스러운 반응일 수 있습니다. 그러나 하나님은 다른 계획을 가지고 계셨습니다. 때때로 하나님의 계획은 우리의 상식을 벗어나기도 합니다.

10 답》 떡과 물을 그들 앞에 두어 먹고 마시게 하고 그들의 주인에게로 돌려보내도록 하였다.

해설》 엘리사는 두려움에 떨고 있는 아람 군사들에게 많은 음식을 베풀게 합니다. 아람 군사들이 느꼈을 감정은 두 가지 정도 될 것입니다. 첫째, 그들은 엘리사를 통해 초자연적인 하나님의 능력을 경험했을 것입니다. 둘째, 포로들을 후대하는 하나님의 은혜를 경험했을 것입니다. 또한 아람 군사들의 증언은 아람 지역 전체에 회자되었을 것입니다. 이 사건의 결론은 23절의 한 문장으로 정리가 됩니다. "이로부터 아람 군사의 부대가 다시는 이스라엘 땅에 들어오지 못하니라"

*서로 기도 제목을 나누면서 뒤에 있는 기도 노트를 활용하십시오(p.293-295).

3 가이드》 과거의 잘못된 재판의 판결, 혹은 왜곡된 역사로 인해 수년 혹은 수십 년 동안 고통을 겪은 피해자들이 뒤늦게라도 그 억울함을 풀게 되었다는 소식을 접할 때, 우리는 다양한 감정을 경험할 것입니다. 분노, 안타까움, 혹은 그래도 아직 정의가 살아있구나 하는 안도감…. 각자의 생각을 나누어 봅시다.

4 답》 엘리사

해설》 1절에서 저자는 "선지자 엘리사"라는 표현을 씁니다. 엘리사를 묘사할 때 선지자라는 표현을 함께 사용하는 경우는 흔하지 않습니다. 구약 시대에 선지자가 하나님의 뜻을 대행하는 역할을 했던 것을 고려하면, "선지자 엘리야"라는 표현은 예후의 왕위 즉위가 하나님의 뜻 아래 이루어진 사건임을 암시합니다.

5 답》 길르앗 라못 / 님시의 손자 여호사밧의 아들 예후

해설》 저자는 "님시의 손자 여호사밧의 아들"이라는 수식어를 사용하여 유다 왕 여호사밧과 구별되는 인물임을 알려 줍니다. 예후와 군대장관들이 길르앗 라못에 머물고 있을 때, 이스라엘 왕 요람은 이스르엘에서 머물며 전투에서 입은 부상을 치료하고 있었습니다(왕하 9:14-15).

6 답》 예후의 머리에 기름을 붓고 하나님께서 그를 이스라엘의 왕으로 삼으셨음을 선포하라고 명하였다.

해설》 이스라엘 선지자들은 왕을 임명할 때 머리에 기름을 붓는 의식을 행하였습니다(삼상 9:16; 10:1; 삼하 2:7). 조금 특이한 점은 엘리사가 제자에게 의식을 행한 후에 지체하지 말고 도망가라는 지침을 주었다는 것입니다. 아마도 예후가 지닌 다혈질적인 성격 때문일 것입니다(왕하 9:20).

7 답》 아합의 집을 칠 것을 명하셨다. / 선지자들의 피와 여호와의 종들의 피를 이세벨에게 갚아주기 위해서

해설》 하나님께서 예후를 왕으로 세우신 이유는 아합 가문을 심판하시기 위함이었습니다. 아합은 이스라엘 왕조에서 가장 악한 왕이었다고 해도 과언이 아닐 것입니다. 아합은 느밧의 아들 여로보암의 죄를 따라 우상을 숭배했을 뿐만 아니라, 그의 아내 이세벨은 수많은 하나님의 선지자들을 죽이고 핍박했습니다(왕상 16:30-33; 18:4).

8 답》 여로보암과 바아사의 가문이 멸절되었던 것과 같이 아합에게 속한 모든 남자는 다 멸절하게 될 것이다. / 개들이 이세벨의 시체를 먹을 것이고 그녀를 장사 지낼 사람이 없을 것이다.

해설》 여로보암과 바아사는 가문이 멸절하는 큰 심판을 받은 왕들이었습니다. 아합의 가문도 그와 같은 심판을 받을 것이라는 예언은, 아합 왕의 죄가 그만큼 크고 중했다는 것을 의미합니다. 이세벨 역시 치욕스러운 죽음을 맞게 됩니다. 개들이 그녀의 시체를 먹고, 남은 것은 두골과 발과 손밖에 없었기 때문에 장사조차 지낼 수 없었습니다(왕하 9:35).

9 답》 신복들은 자기의 옷을 예후의 밑에 깔고 나팔을 불며 '예후는 왕이라' 외쳤다.

해설》 하나님께서 예후를 왕으로 삼으셨다는 말을 들은 요람 왕의 신복들(군대장관들)은 즉시 예후를 왕으로 추대했습니다. 자기의 옷을 가져다가 예후의 밑에 깔았다는 표현은, 예후에 대해 그들이 할 수 있는 최고의 예우를 했다는 의미입니다.

10 가이드》 예후를 왕으로 세워 아합 가문을 심판하신 그 하나님은 오늘 내가 믿고 섬기는 하나님과 동일한 분입니다. 그리고 그 하나님은 마지막 날에 다시 오셔서 악인과 죄인을 심판하고 세상의 모든 부조리를 바로잡으실 것입니다. 하나님 앞에서 어떻게 살아야 하겠습니까? 성경은 이렇게 말합니다. "만물의 마지막이 가까이 왔으니 그러므로 너희는 정신을 차리고 근신하여 기도하라"(벧전 4:7).

3 가이드》 그리스도인도 물론 죄를 짓고 삽니다. 그러나 죄의 자리에 머무르지는 않습니다. 참된 그리스도인의 면모는, '내가 죄를 지었구나!'라고 깨닫는 순간 어떤 결정을 하는가에서 드러납니다. 하나님 앞에 회개하고, 사과할 사람에게는 사과하고, 죄로부터 단호히 돌아설 줄 아는 자가 그리스도인입니다. 지나온 삶을 돌이켜 보고, 잘못한 것이 있다면 너무 늦기 전에 바로잡아 보는 것은 어떨까요?

4 답》 내가 어제 나봇의 피와 그의 아들들의 피를 분명히 보았노라, 이 토지에서 네게 갚으리라

해설》 아합과 이세벨은 물론이고, 이스르엘의 장로와 귀족이 함께 모함하여 무고한 백성을 죽인 비극적인 사건이 바로 나봇의 포도원 사건입니다(왕상 21장). 이 사건 직후에 하나님은 엘리야를 통해 아합과 이세벨에게 심판의 메시지를 전하셨습니다. 오늘 본문에서 저자는 예후의 입을 통해 그 메시지를 다시 상기시키며 아합 일가의 멸망이 하나님의 징벌임을 강조합니다.

5 답》 아하시야

해설》 아하시야는 남왕국 유다의 왕이었으며, 그의 부모 여호람과 아달랴 역시 여호와 보시기에 악을 행한 자였습니다(왕하 8:18). 어머니 아달랴가 아합과 이세벨의 딸이었기 때문에, 아하시야는 자연히 북왕국 이스라엘의 요람 왕은 물론이고 이세벨과도 친밀한 관계를 유지하게 되었을 것입니다. 그러나 아하시야는 요람의 문병을 위해 이스르엘에 내려갔다가(왕하 8:29) 예후의 손에 죽게 됩니다.

6 답》 주인을 죽인 너 시므리여 평안하냐

해설》 시므리는 이스라엘 왕 바아사를 죽이고 왕이 되지만, 이세벨의 시아버지였던 오므리에 의해 7일 만에 죽임을 당합니다(왕상 16:16-20). 이세벨은 예후를 시므리에 빗대어 말합니다. 자신의 최후를 예감한(30절, "눈을 그리고 머리를 꾸미고") 이세벨의 마지막 말이었습니다.

7 답》 내시 두세 사람

해설》 두어 내시는 아마도 가장 가까이에서 이세벨을 돕던 자들이었을 것입니다. 그러나 이세벨의 권력이 이제 끝났다는 사실을 알게 된 순간, 그들은 주저함 없이 배신합니다. 이세벨은 가장 가까운 사람들의 마음조차도 얻지 못했던 것입니다. 이 사건은 악한 권력의 쓸쓸한 마지막을 보여줍니다.

8 답》 두골과 발과 손

해설》 예후는 이세벨을 "저주 받은 여자"라고 칭합니다. 이세벨의 시신을 회수하러 갔을 때 이미 남은 것이 없었습니다. 이세벨의 죽음에 대한 저자의 적나라하고 원색적인 묘사는 하나님께서 이세벨의 악행을 얼마나 싫어하셨는가에 대한 방증입니다.

9 답》 이스르엘 토지에서 개들이 이세벨의 살을 먹을지라, 그 시체가 이스르엘 토지에서 거름같이 밭에 있으리니 이것이 이세벨이라고 가리켜 말하지 못하게 되리라

해설》 나봇의 포도원은 이스르엘에 있었는데, 그는 그곳에서 죽임을 당했습니다. 나봇과 그 아들들 모두 죽임을 당했기 때문에(26절) 장사도 제대로 치르지 못했을 것입니다. 열왕기상은 나봇의 피를 개들이 핥았다고 증언합니다(왕상 21:19). 하나님은 그 모든 것을 '분명히' 보셨고, 이세벨이 행한 그대로 갚으셨습니다.

10 가이드》 오늘 본문에서 저자는 이세벨에 대한 하나님의 진노와 그녀의 비참한 죽음을 오버랩시키면서 중요한 한 가지 진리를 전합니다. 그것은 행한 대로 갚으시는 하나님입니다. 요즘 어떤 이들은 '나는 오직 하나님께 회개했노라' 하고 스스로에게 면죄부를 주며, 공동체 앞에 사죄하기를 거부합니다. 이는 잘못된 신앙입니다. 이세벨은 하나님께 죄를 지었고, 나봇에게도 죄를 지었습니다. 이세벨에 대한 하나님의 진노는 하나님의 의로운 심판인 동시에 무고하게 흘려야 했던 나봇의 피에 대한 것이기도 합니다. 하나님께 회개했으면, 나로 인해 무고하게 상처 입은 사람들 앞에서도 반드시 회개해야 합니다. 언젠가 우리 모두 행위대로 갚아 주시는 하나님 앞에 서게 될 것입니다. 늘 기억합시다.

*서로 기도 제목을 나누면서 뒤에 있는 기도 노트를 활용하십시오(p.293-295).

3 가이드》 학업 효율성의 문제를 점검해 볼 수 있을 것입니다. 공부 습관, 환경, 집중력, 심지어는 건강의 문제도 포함될 것입니다. 어떤 문제를 대할 때, 신중하고 객관적으로 판단하는 것은 중요합니다. 정확한 판단은 문제를 해결하는 열쇠입니다.

4 답》 40년 / 여호와 보시기에 정직히 행하였다.

해설》 아합의 길을 따랐던 아하시야(대하 22:2-4)가 죽은 것을 보고 그의 어머니 아달랴는 권력을 차지하기 위해 왕자들을 모두 죽이려 했습니다(왕하 11:1). 그러나 요아스는 아하시야의 누이 여호세바의 도움으로 구출되어 성전에서 6년을 숨어 지냈습니다. 요아스는 아마도 제사장 여호야다의 가르침 속에서 정직하고 바르게 성장할 수 있었을 것입니다(2절).

5 답》 여호와의 성전에 드리는 모든 은을 제사장들이 각각 아는 자에게서 받아서 수리하도록 하였다.

해설》 아는 자로 번역된 히브리어 '마카르'는 구약 전체에서 열왕기하 12장에서만 2회 언급됩니다. 정확히 어떤 사람을 가리키는지 알 수는 없지만, 학자들은 당시 성전 수리를 위한 돈을 담당했던 관리였을 것으로 추정합니다. 제사장들의 필요에 따라 '아는 자'들이 지출하도록 했습니다. 여호와의 성전 보수를 위한 돈의 사용을 제사장들의 자율적인 판단에 맡겼던 것입니다.

6 답》 제사장들이 성전의 파손한 데를 수리하지 않았다.

해설》 이십 년이 넘는 시간이 흘렀지만 성전은 수리되지 않았습니다. 요아스는 "너희가 어찌하여 성전의 파손한 데를 수리하지 아니하였느냐"라고 제사장들에게 책임을 묻습니다. 열왕기하 저자는 성전의 수리가 이루어지지 않은 구체적인 원인을 언급하지는 않지만, 당시 외부적인 어려움이 있었던 시기가 아님을 고려하면, 제사장들에게 문제가 있었던 것으로 생각됩니다.

7 가이드》 두 가지 문제점이 있을 수 있습니다. 첫째, 제사장들이 정직하게 사용하지 않았을 가능성입니다. 둘째, 정직하게 사용했지만 효율적으로 사용하지 못했을 가능성입니다. 그러한 문제점은 20여 년 동안 계속되었고 또한 묵인되었습니다. 일차적인 책임은 제사장들에게 있습니다. 그러나 제사장들이 정직하게 맡은 일을 수행하고 있는지 꼼꼼히 살피지 않았던 왕과 백성도 책임을 회피할 수는 없을 것입니다.

8 답》 여호와의 전 문 어귀 오른쪽 곧 제단 옆에 두었다.

해설》 백성들은 성전으로 들어가면서 오른편, 즉 제단 옆에 은을 넣는 궤를 볼 수 있었습니다. 제사장들은 그들이 가져온 은을 받아 궤에 넣었습니다. 그 과정을 성전을 드나드는 누구나 볼 수 있었다는 사실은 중요합니다. 그만큼 투명한 과정이 될 수 있었기 때문입니다.

9 가이드》 제단 옆에 두었던 궤에 은이 가득 차면 왕의 서기와 대제사장이 함께 계산하고 봉했습니다(10절). 그 돈은 실무자와 일꾼에게 그대로 전달되었고, 필요한 돈을 받을 수 있게 된 실무자들은 성실히 일했습니다(11-14절). 성실히라고 번역된 히브리어 '베에무나'는 정직하게 혹은 신실하게라는 의미입니다. 15절은 일꾼들이 성실하게 일했기 때문에 서로 회계하지 않았다고 말합니다. 결국 여호와의 성전은 성공적으로 수리되었습니다. 투명한 절차와 정직한 사용, 그것이 바로 성공의 키워드였습니다.

10 가이드》 교회의 재정이 투명하고 정직하게 사용되지 않아서 교회 내적으로 혹은 사회적으로 물의를 일으키는 경우를 보게 됩니다. 누구의 책임일까요? 재정을 담당하는 지체에게만 그 책임을 물을 수 있습니까? 아닙니다. 교회 공동체에게도 책임이 있습니다. 나의 소득의 일부를 하나님께 헌금하는 믿음은 귀합니다. 그러나 내가 드린 헌금이 하나님나라를 위해 올바르게 사용되고 있는지 살피는 믿음은 더욱 귀합니다.

3 가이드》 아무리 좋은 음식이라도 내 몸에서 알레르기 반응을 일으킨다면 적어도 나에게는 좋은 음식이 될 수 없습니다. 그리고 아무리 좋은 음식이라도 과식하게 되면 몸을 상하게 할 수도 있습니다. 일상에서 음식을 섭취하는 평범한 행동에도 기준은 필요합니다.

4 답》 20세 / 16년 / 그의 조상 다윗과 같지 아니하여 그의 하나님 여호와께서 보시기에 정직히 행하지 않았다.

해설》 열왕기하의 저자가 다윗을 언급하면서 후대 왕들을 평가하는 경우는 그리 많지 않습니다. 이것은 오늘 본문에 언급된 아하스의 행적에 관한 기술이 비교적 중요한 교훈을 담고 있음을 간접적으로 암시합니다.

5 답》 이방 사람의 가증한 일을 따라 자기 아들을 불 가운데로 지나가게 하였고, 산당들과 작은 산 위와 모든 푸른 나무 아래에서 제사를 드리며 분향하였다.

해설》 가나안 족속들은 제사를 드릴 때 아들을 불 가운데로 지나가게 했습니다. 성경은 그것을 가증한 행위라고 규정합니다(신 18:9–10). "산당들과 작은 산 위와 모든 푸른 나무 아래에서"라는 구절은 제사와 음행을 함께 행하는 이방인의 관습을 묘사하는 것으로 볼 수 있습니다(호 4:13 참고).

6 답》 앗수르 왕 디글랏 빌레셀

해설》 위기의 상황이 닥치자, 아하스는 앗수르 왕에게 "나는 왕의 신복이요 왕의 아들이라"고 말하며 도움을 청합니다. 하나님을 의지하며 기도해야 할 유다의 왕이 굴욕적으로 자신을 낮추며 앗수르에 도움을 청하고 있는 것입니다. 위험과 어려움에 처할 때 누구를 가장 먼저 기억해야 합니까? "어떤 사람은 병거, 어떤 사람은 말을 의지하나 우리는 여호와 우리 하나님의 이름을 자랑하리로다"(시 20:7).

7 답》 다메섹에 있는 제단을 보고 그 제단의 모든 구조와 제도의 양식을 그려 제사장 우리야에게 보냈다.

해설》 다메섹에 있는 제단은 아하스의 마음을 사로잡았습니다. 예루살렘 성전에 있는 놋제단과 비교했을 때, 더 크고 웅장해 보였을 것입니다("이 큰 제단 위에" 15절 참고). 흥미로운 점은 제사장 우리야 역시 아무런 대응도 하지 않았다는 것입니다. 우리야는 아하스가 시키는 대로 제단을 만듭니다. 어리석게도, 왕과 제사장 모두 더 크고 좋은 제단으로 하나님께 더 나은 제사를 드릴 수 있다고 생각했던 것입니다.

8 답》 제단 앞에 나아가 그 위에서 제사를 드렸다.

해설》 아하스는 돌아와 가장 먼저 제사를 드립니다. 그러고 나서 그는 이전에 사용된 놋제단을 북쪽으로 옮기고(14절), 물두멍 받침의 옆판을 떼내고 물두멍을 그 자리에서 옮겼으며(17절상), 놋바다를 놋소 위에서 내려다가 돌판 위에 두었습니다(17절하). 심지어 앗수르 왕을 두려워하여 여호와의 성전의 구조물을 옮기기도 했습니다(18절).

9 가이드》 아하스는 여호와의 성전을 외형적 혹은 기능적인 면에서 더 나은 모습으로 바꾸었을 수 있습니다. 더 큰 제단은 더 효율적인 제사를 가능하게 했을 것이고, 이에 따라 성전 구조물의 배치를 달리했을 것입니다. 모든 과정 가운데, 아하스 자신은 만족했을 수 있습니다. 그러나 그것이 하나님의 뜻은 아니었습니다.

10 가이드》 하나님의 말씀과 명령에 기초하지 않은 열정과 헌신은 자기만족에 불과합니다. 세상의 지식과 가치관을 기준으로 판단했을 때는 아무런 문제가 없어 보여도, 하나님의 말씀이 허락하지 않는다면 그 길을 가지 않는 사람이 바로 그리스도인입니다. 하나님나라를 위한 뜨거운 열정은, 어떤 상황에서도 말씀의 기준을 놓지 않는 냉철함 위에서 참 가치를 드러냅니다. '냉철한 열정!' 늘 기억해야 할 것입니다.

*서로 기도 제목을 나누면서 뒤에 있는 기도 노트를 활용하십시오(p.293–295).

3 가이드》 낳아 주시고 길러 주신 부모님의 은혜, 가르쳐 주시고 돌보아 주신 은혜 등 가까운 곳에서부터 시작해 봅시다. 감사하고 행복했던 기억이 하나둘씩 떠오를 것입니다.

4 답》 여호와께 죄를 범하고 또 다른 신들을 경외하며, 이방 사람의 규례와 이스라엘 여러 왕이 세운 율례를 행하였다.

해설》 출애굽 사건은 여호와 하나님이 전능하고 참된 신이라는 사실을 증명한 역사적 사건입니다. 그러나 시간이 지나면서 이스라엘은 출애굽의 감격도, 그들의 조상을 인도해 내셨던 하나님도 잊었습니다. 오히려 이방 신을 경외하며, 이방의 관습을 따라 살면서 하나님께 죄를 범했습니다. '배은망덕'이라는 사자성어가 너무 잘 어울리는 대목입니다.

5 답》 모든 성읍에 산당을 세웠다(9절), 모든 산 위에와 푸른 나무 아래에 목상과 아세라 상을 세웠다(10절), 그곳 모든 산당에서 분향하며 악을 행하였다(11절), 우상을 섬겼다(12절).

해설》 이스라엘은 "너는 나 외에는 다른 신들을 네게 두지 말라"(출 20:3; 신 5:7)는 하나님의 첫 번째 계명을 어겼습니다. 그들은 산당과 나무 아래에서 분향하며 음행했습니다. 열왕기하 저자는 그들의 행위가 "여호와를 격노하게 하였으며"라고 표현합니다(11절).

6 답》 각 선지자와 각 선견자를 보내셨다.

해설》 선지자와 선견자들이 전한 메시지는 간단합니다. "너희는 돌이켜 너희 악한 길에서 떠나 … 너희에게 전한 모든 율법대로 행하라"(13절). 선지자들의 메시지에는 자기 백성을 향한 하나님의 안타까운 심정이 담겨 있습니다.

7 답》 그들이 듣지 아니하고 그들의 목을 곧게 하였다.

해설》 '목을 곧게 하였다'는 표현에서 사용된 히브리어 '오레프'는 목 뒷부분을 의미합니다. 문자적으로, 이스라엘이 '하나님께 뒷목을 보였다' 정도가 될 수 있을 것입니다. 이것은 강한 거절 혹은 외면을 의미합니다. 더 나아가 자신에게는 하나님이 더 이상 필요 없다는 교만의 표현이기도 합니다. 하나님이 손 내미실 때 고개를 돌리며 외면하는 교만함, 우리에게도 있지는 않습니까?

8 답》 두 송아지 형상을 부어 만들고, 아세라 목상을 만들고, 일월성신을 경배하며, 바알을 섬겼다.

해설》 이스라엘 자손은 어리석게도 송아지 형상을 만들었던 조상들이 범한 죄를 그대로 모방합니다(출 32:4). 자연숭배를 하고, 이방신인 바알과 아세라를 섬겼습니다. 열왕기하 저자는 이 모든 행위들이 "자기들을 위하여"(16절) 행해진 것이라고 말합니다. 우상숭배는 결국 자기 자신을 향합니다. 인간이 하나님의 자리를 차지하는 것이 바로 우상숭배의 본질입니다.

9 답》 자기 자녀를 불 가운데로 지나가게 하며 복술과 사술을 행하고 스스로 팔려 여호와 보시기에 악을 행하였다.

해설》 우상숭배에 빠진 백성들은 분별력을 잃었습니다. 자녀를 불에 태워 제물로 바치기도 했고, 무당과 점술에 의존하기도 했습니다. "스스로 팔려"라는 구절에 쓰인 히브리어 '마카르'의 문맥적 의미를 잘 설명할 수 있는 우리말 표현은 '정신이 팔려' 정도가 될 수 있을 것입니다. 말 그대로 이스라엘 백성들은 '우상숭배에 정신이 팔려' 있었습니다.

10 가이드》 저자가 북왕국 이스라엘의 멸망에 대해 자세히 기록한 이유 중 하나는 후대에 교훈을 전하기 위해서입니다. 아무리 큰 은혜를 경험하고 기적을 목격했어도, 시간이 지나면 망각하는 존재가 인간입니다. '하나님 중심'으로 살겠다고 하면서도, 결국은 '나 중심'으로 살고 싶어 하는 끊임없는 욕망을 가진 존재가 인간입니다. 그런 의미에서 북왕국 이스라엘은 현재를 사는 우리와 닮아 있는지도 모릅니다.

3 가이드》 두 가지 경우로 생각해 볼 수 있을 것입니다. 첫째, 불신자들 스스로의 무지함과 악함으로 인해 하나님을 대적하며 모욕하는 경우입니다. 둘째, 그리스도인의 비도덕적, 비윤리적, 비양심적 행동으로 인해 하나님을 모욕하는 경우입니다. 어떤 경우를 더 자주 경험합니까?

4 답》 자기 옷을 찢고 굵은 베를 두르고 여호와의 전에 들어갔다.

해설》 열왕기하의 저자가 "그의 전후 유다 여러 왕 중에 그러한 자가 없었으니"(18:5)라고 기록했을 만큼 하나님을 향한 히스기야 왕의 마음은 뜨거웠습니다. 당시 큰 제국을 이룬 앗수르에 비해 유다의 군사력은 너무 약했습니다. 히스기야는 여호와의 성전과 왕국 곳간에 있는 은과 금을 모두 모아 앗수르 왕에게 바치며 용서를 구하는 굴욕을 견뎌 냈습니다. 그러나 앗수르 왕은 그것으로 그치지 않고 랍사게를 보내 유다 백성들 앞에서 하나님을 모욕했습니다. 히스기야는 이방인 앞에서 하나님의 이름이 모욕을 당했다는 사실이 가장 참기 힘들었을 것입니다.

5 답》 아모스의 아들 선지자 이사야

해설》 히스기야는 가장 먼저 하나님의 뜻을 구합니다. 평소 히스기야가 어떤 신앙의 모습으로 살아왔는가를 짐작하게 해 줍니다. 나는 위기의 순간에 하나님을 가장 먼저 떠올립니까?

6 답》 환난과 징벌과 모욕의 날

해설》 히스기야는 환난, 징벌, 모욕이라는 단어를 사용하여 현재 처한 어려운 상황을 묘사합니다. 환난은 전쟁으로 인한 어려움을, 징벌은 유다 백성의 죄에 대한 하나님의 심판을, 모욕은 이방인에게 당하는 수치를 의미합니다. 히스기야는 유다가 처한 어려운 상황이 하나님의 징계라는 사실을 인식하고 있었습니다.

7 답》 아이를 낳을 때가 되었으나 해산할 힘이 없는 여자와도 같은 상황

해설》 해산의 고통이 다가올 때, 그 고통을 없애기 위해 산모는 온 힘을 다해 아이를 낳아야 합니다. 만약 아이를 낳을 힘이 없다면 아이와 산모의 생명 모두가 위태롭게 되며, 그 고통은 계속될 것입니다. 히스기야는 자신과 유다 백성이 현재의 고통을 해결할 능력이 없다는 것을 비유적으로 이야기하고 있습니다.

8 가이드》 약간은 어색하게 느껴지는 이 표현은 히스기야의 간절한 마음을 나타냅니다. 히스기야의 말을 이해하기 쉽게 풀어 써 보면 이렇습니다. "우리의 잘못으로 하나님께서 심판하신다는 것을 알고 있습니다. 그러나 저 이방인이 지금 하나님을 모욕하는 큰 죄를 범했으니, 혹시 하나님께서 그 이유로라도 앗수르 왕을 심판하고 저희를 용서해 주실 수 있도록 기도해 주십시오!"

9 답》 "내가 한 영을 그의 속에 두어 그로 소문을 듣고 그의 본국으로 돌아가게 하고 또 그의 본국에서 그에게 칼에 죽게 하리라"

해설》 하나님께서는 앗수르 군사 18만 5천 명을 몰살시키셨고, 산헤립은 니느웨로 돌아갑니다. 산헤립은 그곳에서 자신의 아들인 아드람멜렉과 사레셀의 칼에 죽음을 맞습니다(왕하 19:35-37 참고). 하나님을 모욕한 산헤립을 하나님께서 친히 심판하신 것입니다.

10 가이드》 그리스도인의 악행으로 인해 하나님이 세상에서 모욕을 당하는 경우 우리는 그것을 하나님이 모욕당하도록 한 죄라고 부를 수 있지 않을까요? 성경은 "그들로 너희 착한 행실을 보고 하늘에 계신 너희 아버지께 영광을 돌리게 하라"(마 5:16)고 말씀합니다. 나의 악행 때문에 하나님의 이름이 세상에서 모욕을 당한다면, 하나님께서는 분명히 나에게 그 책임을 물으실 것입니다. 조심합시다!

*서로 기도 제목을 나누면서 뒤에 있는 기도 노트를 활용하십시오(p.293-295).

3 가이드》 반복되는 일상 속에 정신없이 살아가다 보면 삶을 돌아보기가 쉽지 않습니다. 그러나 말씀에 비추어 자신을 반성하고 성찰하는 시간을 갖는 것은 그리스도인에게 꼭 필요합니다. 조용히 지나온 나의 시간을 다시 들여다보도록 합시다.

4 답》 그의 종 모든 선지자들

해설》 므낫세는 이스라엘을 가장 오래 통치한 왕이기도 하지만, 그가 통치하던 시기는 이스라엘이 영적으로 가장 타락하고 어두웠던 때이기도 합니다. 이 시기에 활동한 선지자에 대해서도 알려진 바가 없습니다. 그러나 하나님은 드러나지 않은 선지자들을 통해 그분의 뜻을 전달하십니다. 세상이 아무리 암울해도 하나님의 뜻은 가려지지 않습니다.

5 답》 유다 왕 므낫세가 가증한 일과 악을 행하였고, 유다 백성이 므낫세의 우상을 따라 범죄하게 만들었다.

해설》 아모리 사람은 가나안의 모든 족속을 가리키는 말로 사용되기도 하는데, 그들이 섬기던 신은 바알과 아세라였습니다. 므낫세 왕의 악행이 아모리 사람들의 행위보다 더욱 심했다는 표현을 통해 당시 이스라엘의 타락이 얼마나 심했는지 짐작할 수 있습니다.

6 답》 사마리아를 잰 줄과 아합의 집을 다림 보던 추를 예루살렘에 베풀고, 사람이 그릇을 씻어 엎듯이 예루살렘을 씻어 버리겠다고 말씀하셨다.

해설》 줄은 땅을 측량할 때, 추는 건축물의 수평과 수직을 확인하기 위해 사용한 건축 도구입니다. 이사야 선지자는 하나님을 '정의를 측량줄로 삼고 공의를 저울추로 삼으시는' 분으로 묘사합니다(사 28:17). 그릇을 씻어 엎듯이 예루살렘을 씻어 버리겠다는 표현은 하나님께서 이스라엘을 멸절하시겠다는 무서운 심판의 말씀입니다.

7 답》 출애굽 이후로부터 이스라엘 백성들이 계속 악을 행하여 하나님을 진노하게 했기 때문이다.

해설》 이스라엘 백성들이 출애굽 이후로 계속 악을 행하였음에도 불구하고, 그들이 존재할 수 있었던 것은 하나님께서 출애굽 이후로 백성들에게 자비와 인내를 베풀어 주셨기 때문일 것입니다. 하나님은 언제나 회개할 기회를 주십니다. 기회를 주실 때 회개하는 것이 지혜입니다. "또 내가 그에게 회개할 기회를 주었으되…"(계 2:21).

8 답》 무죄한 자의 피를 심히 많이 흘리게 하였다.

해설》 "무죄한 피를 흘린 죄를 이스라엘에서 제하라"(신 19:13)는 구절에서 볼 수 있듯이, 하나님은 무죄한 자를 보호하시는 분입니다. 구약 시대에는 부지중에 사람을 죽이게 되었을 때 도피성이라는 제도를 통해 구제를 받는 일도 있었습니다. 그렇지만 고의로 무죄한 사람을 죽였을 때는 예외 없이 죽음으로 죗값을 치러야 했습니다. 므낫세는 고의로 수많은 사람을 죽였습니다. 그는 율법의 가르침을 명백히 어겼던 것입니다.

9 답》 웃사의 동산

해설》 웃사의 동산이 어디에 있었는지에 관한 다양한 견해가 있지만, 다윗 성 밖에 있었다는 것은 확실합니다. 므낫세가 유다의 선대 왕처럼 다윗 성에 장사되지 못한 이유는 아마도 그의 악한 통치 때문이었을 것입니다(왕상 11:43; 14:31; 왕하 8:24; 16:20).

10 가이드》 하나님 앞에서 우리의 담대함은 윤리적이고 도덕적인 완벽함에서 나오는 것이 아닙니다. 완벽한 삶은 아니었어도 예수 안에서 믿음으로 바로 서기 위해 끊임없이 노력하며 살아왔다면 그것으로 충분할 것입니다. 하나님이 이미 알고 계실 것이기 때문입니다. 욥은 이렇게 고백합니다. "지금 나의 증인이 하늘에 계시고 나의 중보자가 높은 데 계시니라"(욥 16:19). 열심히 살아온 당신, 열심히 살아온 교회, "예"라고 대답하십시오!

3 가이드》 성공에 대한 기준이 무엇이냐에 따라 다양한 의견이 존재할 것입니다. 그리스도인은 예수님의 도를 따르는 사람(행 9:2)입니다. '그리스도인'이라는 호칭은 예수 그리스도가 우리의 성공 기준이 됨을 의미할 것입니다. 예수님이 우리에게 원하시는 성공적인 삶은 어떤 삶일지 생각해 봅시다.

4 답》 8세 / 여호와 보시기에 정직히 행하여 그의 조상 다윗의 모든 길로 행하고 좌우로 치우치지 아니하였다.

해설》 어린 나이에 왕위에 오른 요시야는 여호와 보시기에 정직히 행했습니다. "그의 조상 다윗의 모든 길로 행하고 좌우로 치우치지 아니하였더라"는 표현은 열왕기서의 저자가 요시야 왕의 통치를 매우 긍정적으로 평가하고 있음을 말해 줍니다.

5 답》 선지자 사반을 보내어 여호와의 성전을 수리하게 하였다.

해설》 3-7절에 언급된 요시야 왕의 성전 수리는 요아스 시대에 있었던 성전 개혁을 생각나게 합니다(왕하 12:6-15). 악을 행하고 우상을 숭배한 이전 왕들은 성전 수리에는 관심이 없었습니다. 요시야 왕이 "성전에 부서진 것"(5절)을 볼 수 있었다는 것은, 그가 여호와의 성전을 가까이하는 신앙을 가지고 있었음을 알게 합니다.

6 가이드》 성전은 하나님의 영광과 임재가 있는 곳입니다. 당시 이스라엘 백성들의 모든 삶은 예루살렘 성전을 중심으로 이루어졌습니다. 예루살렘 성전은 예배의 장소였으며, 하나님의 용서와 축복이 있는 곳이었습니다. 성전 중심의 삶이란, 하나님을 예배하고 하나님을 의지하며 하나님의 뜻을 구하는 삶을 의미합니다.

7 답》 율법책

해설》 성전을 수리하는 과정에서 제사장 힐기야는 율법책을 발견합니다. 오늘 본문은 그 율법책에 어떤 내용이 기록되어 있는지에 대해 구체적으로 언급하지는 않습니다. 아마도 하나님의 계명들과 그것을 어겼을 때 받게 될 심판에 관한 내용을 포함하고 있었을 것입니다. "이 책에 우리를 위하여 기록된 모든 것을 행하지 아니하였으므로 여호와께서 우리에게 내리신 진노가 크도다"(13절).

8 답》 율법책의 말을 듣자 곧 그의 옷을 찢었다.

해설》 율법책에 기록된 말씀을 듣게 된 요시야 왕은 즉각 회개합니다. '옷을 찢었다'는 표현은 그가 비통한 심정으로 회개했음을 의미합니다. 19절은 요시야 왕의 회개를 하나님이 어떻게 받으셨는지 구체적으로 설명합니다. "네가 듣고 마음이 부드러워져서 여호와 앞 곧 내 앞에서 겸비하여 옷을 찢고 통곡하였으므로"(19절). 하나님의 말씀 앞에서 자신뿐 아니라 온 나라의 죄를 짊어지고 통곡하며 회개하는 요시야의 모습이 나에게도 있습니까?

9 답》 율법책의 말씀에 대하여 여호와께 물으라고 명하였다.

해설》 요시야 왕은 "나와 백성과 온 유다를 위하여"라고 말합니다. 율법책에 기록된 하나님의 심판이 나라 전체에 임할 것임을 암시합니다. 두려운 심판의 메시지를 들은 요시야 왕의 마음속에 '이제 우리는 어떻게 해야 하는가?'라는 질문이 생겼을 것입니다. 요시야는 하나님께 그 답이 있다는 것을 알고 있었습니다. 나의 삶에서 벌어지는 모든 문제의 정답도 역시 하나님께 있습니다. 어디로 가야 할지 알 수 없을 때 하나님께 묻는 것, 이는 중요한 것임에도 불구하고 우리가 자주 놓치고 있는 부분일 수도 있습니다.

10 가이드》 성공에 대한 사람들의 열망은 예나 지금이나 한결같습니다. 그런 이유로 성공한 사람의 비결이 무엇인지는 늘 큰 관심거리가 됩니다. 오늘 본문은 요시야 왕의 성공적인 통치 비결이 무엇이었는지 우리에게 가르쳐 줍니다. 그것은 바로 '올바른 신앙생활'입니다. 하나님의 성전을 사모하고, 말씀의 책망 앞에 진심으로 회개하며, 인생의 진로를 하나님께 묻는 삶입니다. 성공한 그리스도인이 되기를 원하십니까? 신앙생활 먼저 성공하십시오.

*서로 기도 제목을 나누면서 뒤에 있는 기도 노트를 활용하십시오(p.293-295).

3 가이드》 기억 속에 깊이 각인된 개인적 혹은 사회적, 국가적 사건들이 있을 것입니다. 좋은 일이든 나쁜 일이든 그것은 우리에게 특정한 교훈을 남깁니다. 그것이 무엇인지 생각해 보도록 합시다.

4 답》 바벨론 / 느부갓네살

해설》 저자는 바벨론이 침입한 정확한 날짜를 언급하며 그날의 역사적 중요성을 강조합니다. 느부갓네살 왕은 자신과의 조약을 어긴 시드기야를 응징하기 위해 예루살렘을 치러 올라왔습니다(렘 52:3 참고). 전쟁은 장기화되었고 예루살렘 성은 18개월 동안 바벨론 군대에 포위당했습니다.

5 답》 기근이 심하여 그 땅 백성의 양식이 떨어졌다.

해설》 바벨론 군대에 장기간 포위되어 있던 예루살렘 성에, 설상가상으로 극심한 기근이 발생했습니다. 전쟁 중에, 특히 사방으로 포위된 상황에서 발생한 기근은 하나님께서 내리신 일종의 징벌이었을 것입니다. 예루살렘과 유다를 향한 하나님의 진노를 짐작하게 합니다.

6 답》 시드기야의 아들들을 그의 눈앞에서 죽였다. / 시드기야의 두 눈을 빼고 놋 사슬로 결박하여 바벨론으로 끌고 갔다.

해설》 시드기야의 최후에 대한 예언은 예레미야서에서도 언급됩니다(렘 32:3-5; 34:2-5). 시드기야의 아들들은 잔인하게 죽임을 당하고, 시드기야 역시 눈이 뽑히는 형벌을 받습니다. 시드기야에게 이런 잔인한 형벌이 내려진 이유는, 바벨론을 배신한 자는 어떤 최후를 맞게 되는지 경고하기 위함이었을 것입니다.

7 가이드》 하나님께서는 시드기야에게 회개하고 돌이킬 수 있는 기회를 주셨습니다. 그러나 교만했던 시드기야는 그 기회를 놓치고 맙니다. 지금도 하나님께서는, 때때로 우리가 죄를 범했을 때, 성령을 통해 회개하라고 말씀하십니다. 하나님의 음성이 마음속에 들려올 때 회개하고 돌이키는 것이 우리가 해야 할 최선입니다.

8 답》 바벨론 왕의 신복 시위대장 느부사라단에 의해 여호와의 성전과 왕궁, 예루살렘의 모든 집이 불살라지고 예루살렘 주위의 성벽은 허물어졌다.

해설》 여호와의 성전은 하나님이 거하시는 곳입니다. 그곳은 유다 백성들과 함께하시는 하나님의 임재를 상징합니다. 성전이 불살라졌을 때 백성들이 느낀 상실감은 굉장히 컸을 것입니다. 그러나 심판에 대한 하나님의 경고를 무시하고, 우상숭배와 악행에서 자신을 돌이키지 않았던 그들에게 멸망은 예고된 결과였습니다.

9 답》 두 놋 기둥과 받침, 놋 바다, 가마, 부삽, 부집게, 숟가락, 모든 놋그릇, 불 옮기는 그릇과 주발 곧 금과 은으로 만든 모든 것

해설》 예루살렘 성전에 있던 두 기둥은 야긴과 보아스입니다. 남쪽 기둥인 야긴은 이스라엘과 언약을 세우신 하나님의 주권과 능력을 나타냅니다. 북쪽 기둥인 보아스는(보아스가 다윗의 할아버지의 이름인 것을 고려할 때) 다윗 왕조의 강성함과 안녕을 상징하는 것으로 추측됩니다. 이방인에 의해 두 기둥이 약탈당했다는 것은 하나님의 능력과 보호하심이 더 이상 유다 왕국과 함께하지 않을 것이라는 사실을 암시합니다.

10 가이드》 유다 왕국의 멸망의 역사를 정확한 날짜를 언급하며 기록한 것은 열왕기서 전체에서 처음 나타나는 기록 방식입니다. 조상들이 하나님을 거역한 결과가 어떤 것이었는지 정확히 알고, 다음 세대가 다시는 그런 실수를 범하지 않도록 하기 위한 교육적 의도가 있었을 것입니다. 우리나라도 숱한 외침의 역사가 있었고, 아픈 기억도 많이 있습니다. 그런 역사일수록 미화되거나 왜곡되어서는 안 될 것입니다. 그런 의미에서 오늘 본문에 나타난 저자의 역사 서술 방식은 현재적 가치를 가질 수 있을 것입니다.

기도 노트 Prayer Note

● 하나님께서 기도에 응답하셨으면 'Yes', 거절하셨으면 'No', 보류 중이시면 'Wait'에 체크해 보세요.
시간이 흐른 뒤 하나님의 세심한 인도하심을 느낄 수 있습니다.

날짜 Date	기도 대상 Who	기도 제목 Title	응답 여부 Yes	응답 여부 No	응답 여부 Wait

Prayer Note

날짜 Date	기도 대상 Who	기도 제목 Title	응답 여부 Yes	No	Wait

Prayer Note

날짜 Date	기도 대상 Who	기도 제목 Title	응답 여부		
			Yes	No	Wait

권별주삶

아가페

주삶

열왕기하

초판 1쇄 발행 2019년 1월 17일

지은이 이준우

펴낸이 정형철
펴낸곳 ㈜아가페출판사
등록 제21-754호
등록일 1995년 4월 12일
편집장 이수진
편집 방재경, 이연우
디자인 박지영, 정육남

주소 (06698) 서울시 서초구 효령로8길 5 (방배동)
전화 584-4835(본사)
팩스 586-3078(본사)
홈페이지 www.iagape.co.kr

ISBN 978-89-537-1941-5 (04230)
ISBN 978-89-537-1934-7 (세트)

이 도서의 국립중앙도서관 출판예정도서목록(CIP)은
서지정보유통지원시스템 홈페이지(http://seoji.nl.go.kr)와
국가자료공동목록시스템(http://nl.go.kr/kolisnet)에서 이용하실 수 있습니다.
(CIP제어번호: CIP2018042985)

아가페 출판사